The New Cambridge Modern History

VOL.8: The American and French Revolutions, 1763-1793

新编剑桥世界近代史

美国革命与法国革命 1763—1793年

[英] A. 古德温 (A. Goodwin)　编
中国社会科学院世界历史研究所组译

CAMBRIDGE

中国社会科学出版社

图字：01-2018-7946号

图书在版编目（CIP）数据

新编剑桥世界近代史. 第8卷，美国革命与法国革命：1763—1793年／（英）A. 古德温（A. Goodwin）编；中国社会科学院世界历史研究所组译. —北京：中国社会科学出版社，2018.12（2025.4重印）

书名原文：The New Cambridge Modern History Vol. 8, the American and French Revolutions, 1763-1793

ISBN 978-7-5203-2594-3

Ⅰ.①新…　Ⅱ.①A…②中…　Ⅲ.①世界史—近代史—1763-1793　Ⅳ.①K14

中国版本图书馆CIP数据核字（2018）第242334号

出 版 人	赵剑英
责任编辑	郭沂纹
特约编辑	安　芳
责任校对	王佳玉
责任印制	李寡寡

出　　版	中国社会科学出版社
社　　址	北京鼓楼西大街甲158号
邮　　编	100720
网　　址	http://www.csspw.cn
发 行 部	010-84083685
门 市 部	010-84029450
经　　销	新华书店及其他书店

印刷装订	北京君升印刷有限公司
版　　次	2018年12月第1版
印　　次	2025年4月第4次印刷

开　　本	650×960　1/16
印　　张	52
字　　数	822千字
定　　价	180.00元

凡购买中国社会科学出版社图书，如有质量问题请与本社营销中心联系调换
电话：010-84083683
版权所有　侵权必究

This is a Simplified-Chinese translation edition of the following title published by Cambridge University Press:

The New Cambridge Modern History, Vol. 8: The American and French Revolutions 1763 – 1793

ISBN 978 – 0521045469

© Cambridge University Press 1965

This Simplified-Chinese translation edition for the People's Republic of China (excluding Hong Kong, Macau and Taiwan) is published by arrangement with the Press Syndicate of the University of Cambridge, Cambridge, United Kingdom.

© Cambridge University Press and China Social Sciences Press 2018

This Simplified-Chinese translation edition is authorized for sale in the People's Republic of China (excluding Hong Kong, Macau and Taiwan) only. Unauthorised export of this Simplified-Chinese translation edition is a violation of the Copyright Act. No part of this publication may be reproduced or distributed by any means, or stored in a database or retrieval system, without the prior written permission of Cambridge University Press and China Social Sciences Press.

出 版 前 言

英国剑桥大学出版的世界通史分为古代史、中世纪史、近代史三部。近代史由阿克顿勋爵主编，共14卷。20世纪初出版。经过几十年后，到50年代，剑桥大学出版社又出版了由克拉克爵士主编的《新编剑桥世界近代史》。新编本仍为14卷，论述自文艺复兴到第二次世界大战结束，即自1493—1945年间共400多年的世界历史。国别史、地区史、专题史交错论述，由英语国家著名学者分别执笔。新编本反映了他们最新的研究成果，有许多新的材料，内容也更为充实，代表了西方的较高学术水平，有较大的影响。

为了供我国世界史研究工作者和广大读者参考，我们将这部书分卷陆续翻译、出版（地图集一卷暂不出）。需要指出的是，书中有些观点我们并不同意，希望读者阅读时注意鉴别。

致　　谢

编者谨向彼得·默里博士、J.林奇博士、J.罗伯茨博士和M.S.安德森博士致谢，承蒙他们在编辑本卷的重要阶段一俟接到邀请即同意鼎力合作。他们均欣然接受并完成了时间十分紧迫的任务。编者深知未能给予他们以在通常情况下本应有权要求得到的充裕时间来撰写或最后修订他们的文稿。

目　录

第 一 章
导　言
曼彻斯特维多利亚大学近代史教授

A. 古德温　著

第 二 章
人口、商业和经济思想
牛津大学万灵学院研究员和奇切利讲座经济史教授

H. J. 哈巴卡克　著

一　人口的增加

18世纪下半叶人口的迅速增加仅限于北欧的一些地区 …………（25）
马尔萨斯区别人口的"预防"和"积极"抑制 ………………（26）
人口增长率的差异主要归因于出生率水平的不同 …………（27）
时疫、战争和饥馑的影响 …………………………………（30）
由于高死亡率而造成的年龄结构的变化是导致人口迅速增加的
　　一个原因 ……………………………………………………（30）
对18世纪下半叶死亡率降低的原因仍有争论 …………………（30）
支撑出生率的种种影响 ………………………………………（32）

二　贸易

贸易集中于大西洋、地中海和波罗的海 ………………………（33）
与美洲进行贸易的机制 ………………………………………（33）
与远东、中东、近东交换的困难 ……………………………（34）
波罗的海的贸易 ………………………………………………（35）

垄断殖民地的贸易在经济上产生的后果 …………………………………（36）
荷兰人经营的贸易的衰落 …………………………………………………（38）
对贸易的束缚逐渐放松 ……………………………………………………（39）
英国的和国际的贸易发展 …………………………………………………（39）
这种发展对工业发展的影响 ………………………………………………（41）
英国成为工业革命的先锋的原因 …………………………………………（42）
法国国外贸易的扩大 ………………………………………………………（43）
工业生产求助于新的方法 …………………………………………………（43）

三　经济思想

系统的经济分析的兴起 ……………………………………………………（44）
自行调节的自然秩序的观念 ………………………………………………（45）
重农主义者——土地和财政问题 …………………………………………（46）
经济自由主义——亚当·斯密 ……………………………………………（47）
西班牙经济思想的派生性质 ………………………………………………（48）
意大利经济思想的分歧趋势 ………………………………………………（49）
德国和奥地利的重商主义与西方经济自由主义的对比 …………………（50）
经济思想对国家政策的影响 ………………………………………………（53）

第 三 章
文学与思想：浪漫主义倾向，卢梭、康德
美国福德姆大学社会学教授
W. 斯塔克　著

旧有的正统观念，启蒙运动和前浪漫主义的兴起 ………………………（55）
让-雅克·卢梭（1712—1778年）……………………………………………（56）
他对现代社会腐蚀性影响的见解 …………………………………………（57）
他的社会理想渊源于日内瓦和共和罗马 …………………………………（58）
《论科学和艺术》……………………………………………………………（61）
《论人类不平等的起源和基础》（1755年）…………………………………（62）
《社会契约论》（1762年）……………………………………………………（64）
《关于波兰政府机构的几点设想》…………………………………………（67）
《科西嘉宪法草案》…………………………………………………………（67）
《新爱洛伊丝》（1761年）；《爱弥儿》（1762年）……………………………（68）
卢梭与日内瓦和霍尔巴赫小集团的决裂 …………………………………（68）
英国卫斯理派教义与卢梭学说的比较 ……………………………………（70）

英国的前浪漫主义文学——莪相诗歌 ………………………………… (71)
德国的狂飙突进运动 ……………………………………………………… (71)
回到理性主义。伊曼努尔·康德(1724—1804年) ………………… (74)
康德哲学的永恒意义 ……………………………………………………… (75)
《纯粹理性批判》(1781年)中将理性主义与经验主义结合在一起 …… (75)
先验论哲学 ………………………………………………………………… (77)
作为道德哲学家的康德——绝对命令 ………………………………… (78)
《实践理性批判》(1788) ………………………………………………… (78)
伯克的《法国革命感想录》(1790年) ………………………………… (81)
边沁的功利主义 …………………………………………………………… (81)

第 四 章
音乐、美术和建筑

一 音乐
牛津大学大学音乐讲师
F. W. 斯顿菲尔德 著

现代奏鸣曲形式的起源——约翰·斯塔米茨在曼海姆以及
　　维也纳的古典学派 …………………………………………………… (83)
音乐词典和专著 …………………………………………………………… (85)
海顿的音乐前辈 …………………………………………………………… (86)
喜歌剧——佩戈莱西的《女佣作主妇》(1752年) …………………… (88)
卢梭的《乡村占卜师》(1752年) ………………………………………… (88)
格鲁克的《奥菲欧》(1762年)在历史上的重要意义 ………………… (89)
斯塔米茨在曼海姆的影响 ………………………………………………… (90)
C. P. 埃马努埃尔·巴赫 ………………………………………………… (90)
戈特弗里德·范·斯威滕作为音乐赞助人 …………………………… (91)
海顿的音乐生涯 …………………………………………………………… (91)
　　交响曲 ………………………………………………………………… (92)
　　弦乐四重奏 …………………………………………………………… (93)
　　声乐 …………………………………………………………………… (94)
　　后期的器乐作品——扎洛蒙音乐会(1791—1792年) …………… (94)
莫扎特青年时代的演出 …………………………………………………… (95)
　　他不依靠赞助,不关心时尚 ………………………………………… (95)
　　他在维也纳时期的音乐创作(1781—1791年) …………………… (98)

钢琴协奏曲(1782—1786年);《后宫诱逃》和《费加罗的
　　婚姻》……………………………………………………………（98）
《唐·乔万尼》(1787年) ……………………………………………（99）
《魔笛》(1791年) ……………………………………………………（99）

二　美术和建筑
伦敦大学考陶尔德艺术学院威特图书馆馆长
彼得·默里　著

新古典主义 ……………………………………………………………（101）
艺术中心罗马——"大旅游" ………………………………………（102）
詹巴蒂斯塔·皮拉内西的铜版画 ……………………………………（102）
新古典主义的倡导者J.J.温克尔曼 ………………………………（103）
赫库兰尼姆和庞贝的发掘 ……………………………………………（104）
A.R.孟斯(1728—1779年)与新古典主义绘画的早期阶段 ………（105）
乌东和卡诺瓦的雕塑 …………………………………………………（106）
建筑学的理性主义理论——德科德穆瓦、洛多利和M.A.洛
　　吉埃 ……………………………………………………………（107）
抵制希腊建筑风格 ……………………………………………………（108）
　皮拉内西的《罗马的宏伟和建筑》(1761年) ……………………（109）
　威廉·钱伯斯爵士的《民用建筑概述》(1759年) ………………（110）
哥特式的复兴 …………………………………………………………（110）
风景如画运动和英国的风景园艺 ……………………………………（111）
皇家艺术院院长乔舒亚·雷诺兹爵士的影响 ………………………（112）
历史画——本杰明·韦斯特和J.S.科普利 ………………………（114）
奥尔德曼·博伊德尔的莎士比亚画廊 ………………………………（115）
建筑学上的"亚当革命" ……………………………………………（115）
法国的新古典主义 ……………………………………………………（116）
苏夫洛的先贤祠 ………………………………………………………（116）
新古典主义建筑师C.N.勒杜和E.L.部雷 ………………………（117）
J.L.大卫的《贺拉斯兄弟之誓》和向革命的新古典主义的过渡 …（119）

第　五　章
科学和技术
前伦敦大学科学史与科学原理教授
D.麦凯　著

数学和力学——J.L.拉格朗日的《分析力学》(1788年) ………（121）

天文学——赫歇尔发现天王星(1781年) ………………………… (122)
布丰的《自然史》(1778年) ……………………………………… (122)
科学仪器的改进 …………………………………………………… (124)
约瑟夫·布莱克与热学 …………………………………………… (124)
燃烧的"燃素"理论 ………………………………………………… (127)
普里斯特利分离出氧 ……………………………………………… (128)
拉瓦锡发现空气和水的化学成分 ………………………………… (129)
化学物质的科学分类 ……………………………………………… (131)
拉瓦锡的《初等化学概论》(1789年)和近代化学的奠基 ……… (132)
拉瓦锡和拉普莱斯与对呼吸的研究 ……………………………… (133)
反比定律 …………………………………………………………… (135)
普里斯特利、伽伐尼和伏打——电的研究 ……………………… (136)
气象学中的定量研究 ……………………………………………… (137)
地质学——水成论者与火成论者之间的争论 …………………… (138)
法国和英国的制图学 ……………………………………………… (140)
科学协会、院校和杂志 …………………………………………… (141)
工艺的发展 ………………………………………………………… (143)
詹姆斯·瓦特与蒸汽机的演进 …………………………………… (143)
贝托莱与氯漂白在工业上的应用 ………………………………… (144)
机械发明 …………………………………………………………… (144)
18 世纪后期法国科学的领先地位 ………………………………… (146)

第 六 章
教育的思想、实践和机构
伦敦大学教育史教授

A. V. 贾奇斯 著

18 世纪理性主义的教育含义 ……………………………………… (148)
法国的《百科全书》和成人教育的概念 ………………………… (150)
寻求一种教育以替代宗教教育 …………………………………… (150)
教育改革的国际合作——共济会运动 …………………………… (152)
生物研究在教育实验中的重要性 ………………………………… (153)
大学在苏格兰、北美洲和德意志所起的作用 …………………… (155)
德意志、法国和俄国的学术研究机构 …………………………… (156)
德意志反对洛克感觉论心理学的反应 …………………………… (158)
孔狄亚克神父的心理学论文的影响 ……………………………… (160)

戴维·哈特莱和功利主义行为论的起源 …………………………………… (161)
法国教育理论中的生物学倾向 ………………………………………… (162)
教育与社会重建——爱尔维修和欧文 ………………………………… (163)
英国的不信奉国教的学院 ……………………………………………… (165)
美国和德意志的"现代"学校——巴泽多在德绍的博爱学馆 ………… (166)
卢梭的教育理论 ………………………………………………………… (168)
耶稣会解体的影响 ……………………………………………………… (171)
革命的法国的教育改革 ………………………………………………… (174)
孔多塞的国民教育计划（1793年4月） ……………………………… (176)
勒佩尔蒂埃·德·圣-法尔若的小学计划草案 ………………………… (177)
1795年的"中心学校" ………………………………………………… (178)
高等学府——高等师范学校和综合工科学校 ………………………… (178)

第 七 章
武装力量和战争艺术

一 海军
格林威治皇家海军学院历史教授
克里斯托弗·劳埃德 著

英国在美国独立战争中的海军战略相形见绌 …………………………… (180)
18世纪海军战术的缺点 ………………………………………………… (181)
英国海军信号系统的缺陷 ……………………………………………… (182)
英国海军在平时和战时的建制 ………………………………………… (183)
征募兵员和强制服役 …………………………………………………… (183)
疾病发生率 ……………………………………………………………… (184)
海军服役对军官的吸引力 ……………………………………………… (185)
桑威奇勋爵任海军大臣 ………………………………………………… (186)
海军的行政管理 ………………………………………………………… (187)
木材和海军木材储备的短缺 …………………………………………… (187)
舒瓦瑟尔恢复法国海军 ………………………………………………… (189)
改革法国军官结构的失败——"文人派"和"军人派"之间的
　斗争 …………………………………………………………………… (190)
法国海军造船的优势 …………………………………………………… (192)
1789年革命对法国海军的影响 ………………………………………… (193)
美国的"大陆"海军 …………………………………………………… (194)
保罗·琼斯与美国独立战争中的武装民船 …………………………… (194)

俄国海军 …………………………………………………………… (196)
1792年欧洲各国海军对比的统计 ………………………………… (197)

二 陆军
曼彻斯特维多利亚大学历史讲师
J. R. 韦斯顿 著

18世纪的战争没有决定性结果 …………………………………… (197)
轻武器的改进 ……………………………………………………… (199)
炮兵的机动性和火力的加强 ……………………………………… (200)
非正规轻步兵的战术作用 ………………………………………… (202)
吉贝尔的《战术总论》(1772年)和纵队阵形的使用 …………… (204)
进攻战略的新原则 ………………………………………………… (206)
供应问题 …………………………………………………………… (208)
制图学和总参谋部的兴起 ………………………………………… (209)
军事改革与政治进步 ……………………………………………… (210)
大陆各国陆军中的中小贵族既得利益集团 ……………………… (211)
阿尔克骑士的《军事贵族》(1756年) …………………………… (213)
法国和普鲁士的军官学校 ………………………………………… (214)
辅助兵种和民兵 …………………………………………………… (214)
圣日耳曼的陆军改革(1775—1777年)和1781年的法令 ……… (215)
征募士兵 …………………………………………………………… (216)
外国雇佣军 ………………………………………………………… (217)
国民军和后备军 …………………………………………………… (218)
军纪 ………………………………………………………………… (220)
士兵生活条件的改善 ……………………………………………… (221)
欧洲各国军事改革家的成就 ……………………………………… (222)
革命对法国陆军的影响 …………………………………………… (224)

第 八 章
欧洲与亚洲和非洲的关系

一 与亚洲的关系
牛津大学印度史高级讲师
K. A. 巴尔哈切特 著

欧亚关系的主要方面(1763—1793年) ………………………… (227)
把孟加拉、比哈尔和奥里萨的"迪瓦尼"权交给英国东印度公司 … (228)

1773年的管理法 …………………………………………… (229)
东印度公司对克莱武的"双重管理制"的修改 ………… (229)
孟加拉民事法庭和刑事法庭的建立 …………………… (230)
马拉特战争 ………………………………………………… (231)
皮特的印度法(1784年) ………………………………… (233)
对沃伦·黑斯廷斯的弹劾 ……………………………… (233)
康华里任总督 ……………………………………………… (234)
他的司法改革 ……………………………………………… (235)
孟加拉税收的永久解决办法 …………………………… (236)
马拉特联盟的削弱 ………………………………………… (237)
法国人在印度(1763—1793年) ……………………… (238)
英国远东贸易的扩展 …………………………………… (240)
中国的茶叶贸易和马嘎尔尼出使北京(1793年) …… (241)
荷兰东印度公司(1765—1799年) …………………… (242)
欧洲对中国和印度的文化和文明的兴趣 ……………… (244)

二 与非洲的关系

阿伯丁大学历史教授

J. D. 哈格里夫斯 著

对非洲科学上和商业上的兴趣 ………………………… (246)
荷属开普殖民地的经济和社会结构 …………………… (247)
英法在南非的角逐 ………………………………………… (248)
布尔人的扩张与"卡菲尔战争" ………………………… (248)
葡萄牙人和法国人在东非 ……………………………… (248)
英、法与埃及的关系 ……………………………………… (249)
欧洲在北非的贸易利益 ………………………………… (250)
西非与大西洋奴隶贸易 ………………………………… (250)
法国在非洲的殖民政策 ………………………………… (253)
在西非与内陆的接触 …………………………………… (254)
欧洲在非洲有限的文化影响 …………………………… (255)
用来换取奴隶的非洲进口货物 ………………………… (257)
非洲社会堕落的原因 …………………………………… (257)
废除奴隶贸易运动的成长 ……………………………… (258)
   在法国 ………………………………………………… (259)
   在英国 ………………………………………………… (259)

寻求欧非之间新的经济关系——塞拉利昂的殖民地化 …………… (260)
在塞拉利昂的早期殖民计划和成就的局限 ……………………… (261)

第 九 章
欧洲的外交关系(1763—1790 年)
伦敦经济和政治学院国际史高级讲师
M. S. 安德森 著

1763 年和约后欧洲的国际问题 ……………………………………… (263)
舒瓦瑟尔掌权时期法国海上和殖民野心的复活 …………………… (265)
英国外交上的孤立 …………………………………………………… (266)
帕宁计划中的"北方体系" …………………………………………… (267)
英国和西班牙在福克兰群岛问题上的争端和舒瓦瑟尔的
　垮台(1770—1771) ……………………………………………… (268)
1764 年的俄普联盟和波尼亚托夫斯基当选为波兰国王 …………… (269)
法国在波兰势力的衰落和俄土战争的爆发(1768 年 9 月) ………… (269)
俄国的战争目的与奥俄在巴尔干的对抗 …………………………… (271)
普鲁士、俄国和奥地利一致同意瓜分波兰 ………………………… (273)
瑞典的古斯塔夫三世的政变(1772 年) ……………………………… (275)
俄土凯纳甲湖和约(1774 年) ………………………………………… (275)
武装中立同盟(1780 年) ……………………………………………… (277)
法国和西班牙在美国独立战争中采取背道而驰的政策 …………… (278)
英国在凡尔赛条约中对欧洲各强国的让步(1783 年 1 月—1784
　年 5 月) …………………………………………………………… (279)
奥普两国在巴伐利亚继承权问题上的摩擦和战争(1778—
　1779 年) …………………………………………………………… (280)
1781 年的奥俄联盟和俄国兼并克里米亚(1783 年) ………………… (283)
约瑟夫二世开放斯凯尔特河和交换尼德兰计划的失败 …………… (284)
叶卡捷琳娜二世的"希腊"计划和 1787 年的俄土战争 …………… (286)
1787 年的荷兰危机和 1788 年的英普联盟 ………………………… (287)
英普两国在赫茨贝格的领土交换计划问题上的紧张局势 ………… (288)
叶卡捷琳娜二世与英国、普鲁士的不和 …………………………… (288)
赖兴巴赫协定(1790 年 7 月) ………………………………………… (289)
1763 年以来国际关系结构的变化 …………………………………… (289)

第 十 章
哈布斯堡各领地和德意志
利兹大学近代史讲师
E. 万格曼 著

1763年后哈布斯堡各领地需要继续进行行政和财政的重建 …………（291）
玛丽亚·特蕾西亚在取消特权阶层的财政豁免权和限制农民的义务
　　方面所做的努力 ……………………………………………………（292）
玛丽亚·特蕾西亚的教会改革和"约瑟夫主义"的起源 ………………（295）
共同摄政时期约瑟夫的领土扩张计划（1772—1779年）………………（298）
约瑟夫二世皇帝领导的改革的动机（1780—1790年）…………………（299）
约瑟夫二世实行统一土地税的计划（1784—1789年）…………………（300）
他的发展农业和工业的计划以及宗教宽容法令 ………………………（302）
废除农奴制（1781年11月—1782年7月）……………………………（303）
约瑟夫二世的教会政策 …………………………………………………（304）
约瑟夫二世的对外政策对其国内困难的影响 …………………………（306）
德意志各小邦的开明专制主义 …………………………………………（309）
普鲁士国王弗里德里希二世享有"开明"统治者的虚名 ………………（309）
哈布斯堡领地和德意志的非特权阶层的政治觉醒 ……………………（311）
人民大众要求进一步的宗教宽容和现代的代议制政府 ………………（313）
1785年后德意志政府的镇压政策 ………………………………………（314）
约瑟夫二世从开明专制主义向后倒退 …………………………………（315）
利奥波德二世为结束奥地利在外部事务中的孤立地位所作的
　　成功努力 ……………………………………………………………（316）
利奥波德二世作为特权阶层与非特权阶层之间的仲裁者和他对
　　刑法典的改革 ………………………………………………………（317）
他对各省等级会议的改革计划 …………………………………………（318）

第 十 一 章
俄　　国
前剑桥大学斯拉夫学讲师
I. 扬 著

从彼得大帝到叶卡捷琳娜二世的俄国 …………………………………（319）
作为女沙皇叶卡捷琳娜的地位不稳 ……………………………………（320）
国家控制教会的岁收，叶卡捷琳娜确认贵族的特权 …………………（321）

1767 年的立法委员会 …………………………………………… (322)
叶卡捷琳娜鼓励教育改革和社会讽刺文学 ………………… (325)
普加乔夫的叛乱(1773 年) …………………………………… (326)
1775 年的地方政府体制 ……………………………………… (328)
叶卡捷琳娜的贵族特权证书及城市权利和利益诏书(1785 年) …… (329)
扬科维茨的教育计划(1786 年) ……………………………… (330)
尼古拉·诺维科夫与俄国的共济会 …………………………… (332)
亚历山大·拉季舍夫的《从圣彼得堡到莫斯科旅行记》
　(1790 年) ……………………………………………………… (333)
叶卡捷琳娜对外政策的基本原则 ……………………………… (334)
帕宁的"北方协议" ……………………………………………… (335)
1764 年俄普联盟所引起的困难 ……………………………… (335)
与土耳其的战争(1768 年)和俄国海军在切斯马湾的胜利
　(1770 年) ……………………………………………………… (336)
俄国同意瓜分波兰 ……………………………………………… (337)
凯纳甲湖条约(1774 年 6 月) ………………………………… (337)
叶卡捷琳娜在巴伐利亚继承权问题上采取不承担义务的政策与
　武装中立联盟 ………………………………………………… (338)
波将金对俄国外交政策的影响(1776—1789 年) …………… (339)
别兹博罗德科的"希腊计划"和 1787—1792 年的俄土战争 … (339)
第二次和第三次瓜分波兰(1793—1795 年) ………………… (340)
叶卡捷琳娜忽视预算问题与俄国工商业的发展趋势 ………… (342)
叶卡捷琳娜的目标和成就 ……………………………………… (343)

第 十 二 章
瓜 分 波 兰
剑桥大学基督学院研究员、斯拉夫学(波兰)讲师
L. R. 莱维特　著

波兰史学中的瓜分时代 ………………………………………… (345)
瓜分是 18 世纪外交的一种固定传统 ………………………… (346)
瓜分是保持势力均衡的一种手段 ……………………………… (347)
波兰内在的和战略上的弱点 …………………………………… (348)
斯坦尼斯拉夫·奥古斯特(波尼亚托夫斯基)成为波兰国王 … (349)
叶卡捷琳娜二世、弗里德里希二世和玛丽亚·特蕾西亚对瓜分
　的态度 ………………………………………………………… (350)

波兰的宗教信仰分歧和宗教宽容(1767—1768 年) ……………………（351）
巴尔同盟和总同盟(1769 年) ………………………………………（352）
第一次瓜分(1772 年 8 月) …………………………………………（353）
西方启蒙思想的传播和全国教育委员会的工作 ……………………（353）
1764 年以后波兰的宪法、行政和财政改革 …………………………（355）
四年议会(1788—1792 年) …………………………………………（356）
1791 年 5 月 3 日的波兰宪法 ………………………………………（357）
1775 年后普鲁士对波兰的经济封锁 ………………………………（359）
波兰工业发展的有限进展 ……………………………………………（360）
叶卡捷琳娜拒绝批准波兰的政治改革和 1790 年 3 月普波条约
　的签订 ……………………………………………………………（362）
拟议中的英、波、普进行合作以恢复土耳其现状的失败
　(1791 年) …………………………………………………………（364）
普鲁士对波兰宪政改革的态度与 1791 年 7 月的奥普条约 ………（365）
第二次瓜分的起源(1793 年 1 月 23 日) ……………………………（366）
柯斯丘什科起义(1794 年) …………………………………………（367）
第三次瓜分(1795 年 10 月) …………………………………………（369）
柯斯丘什科解放农民的计划 …………………………………………（369）
他的法波合作战略计划的失败 ………………………………………（370）
瓜分的"原因" …………………………………………………………（372）

第 十 三 章
伊比利亚各国和意大利各国(1763—1793 年)

一　伊比利亚各国
伦敦大学学院莱弗休姆讲座伊比利亚和拉丁美洲史讲师
J. 林奇　著

卡洛斯三世和他的大臣们 ……………………………………………（374）
西班牙"开明"改革的功利主义目标 ………………………………（375）
1766 年的反政府暴乱，驱逐耶稣会会士和限制西班牙宗教法庭
　的权力 ……………………………………………………………（376）
中央的改革机构——卡斯蒂利亚政务会议、各部和国务委员会 …（379）
地方政府和土地改革的有限成就 ……………………………………（380）
商业和工业的发展 ……………………………………………………（383）
与英国在海上和殖民地的冲突 ………………………………………（384）
卡洛斯三世统治下西班牙的政治、经济和文化复兴 ………………（386）

卡洛斯四世政治上的无能 ……………………………………… (387)
法国大革命爆发后佛罗里达布兰卡的高压政策 ……………… (388)
曼努埃尔·戈多伊由宠臣而成为首席大臣(1792年11月) …… (389)
与法国的战争(1793—1795年) ………………………………… (390)
葡萄牙庞巴尔侯爵的政府 ………………………………………… (390)
他对教会的政策 …………………………………………………… (391)
他的经济立法前后不一致,教育计划未见成效 ………………… (391)
玛丽亚一世女王推翻了庞巴尔的政策 …………………………… (392)

二 意大利各国
牛津大学默顿学院研究员
J. 罗伯茨 著

18世纪意大利半岛的政治、经济和地形差异 …………………… (392)
意大利各国在结构上四分五裂 …………………………………… (393)
1748年后政治局势的稳定 ………………………………………… (395)
这个时期意大利工业发展无足轻重 ……………………………… (396)
各地区的差异、农业的停滞和落后状况 ………………………… (396)
各地区社会结构的差异 …………………………………………… (398)
从历史角度看18世纪的启蒙运动 ………………………………… (400)
帕尔米耶里、菲兰杰里、彼得罗·韦里、贝卡里亚和加利亚尼等人
　著作中的"社会福利"观念 …………………………………… (401)
伦巴第和托斯卡纳成为行政和经济改革的中心 ………………… (403)
意大利政教关系的普遍问题 ……………………………………… (404)
在教士拥有土地、禁欲和庇护权问题上的冲突 ………………… (405)
耶稣会的解散(1773年)和由此而引起的教皇庇护六世的不妥协
　态度 …………………………………………………………… (406)
意大利詹森主义在教会内部的影响和与主张改革的君主国的结盟 ……… (407)
1793年以前法国大革命在意大利的有限影响 …………………… (410)

第 十 四 章
英国统治以外的美洲社会的发展
伦敦大学拉丁美洲史教授
R. A. 汉弗莱斯(获帝国勋章的军官) 著

波旁王朝统治下西班牙的复兴和现代化 ………………………… (413)
西属美洲殖民帝国的领土和经济扩张 …………………………… (414)

波旁王朝早期统治下行政和商业革新 …………………………………（415）
西属殖民地贸易的自由化（1765—1790年） ………………………（417）
卡洛斯三世在南美洲的行政改革和地方行政长官制度的实行 ………（418）
殖民地民兵的组建、对教会特权的限制和对科学考察的鼓励 ………（420）
卡洛斯三世统治下的南美改革的利弊得失 ……………………………（422）
18世纪克里奥尔人自觉意识的增强 ……………………………………（422）
西属美洲殖民地的启蒙运动 ……………………………………………（423）
卡洛斯四世统治下殖民帝国的衰落 ……………………………………（425）
革命战争和拿破仑战争期间美、英在加勒比海和南美洲的走私
　　贸易 …………………………………………………………………（425）
卢梭和法国大革命的影响 ………………………………………………（426）
克里奥尔人击败英国1806年对拉普拉塔的掠夺性入侵 ……………（428）
南美洲葡萄牙殖民帝国向西和向南的扩张 ……………………………（428）
庞巴尔的改革 ……………………………………………………………（430）
巴西矿区的衰落和农业的复兴 …………………………………………（431）
巴西的社会和文化 ………………………………………………………（432）
米纳斯密谋（1788年） …………………………………………………（433）
法属圭亚那（卡宴）的停滞状态 ………………………………………（433）
荷属圭亚那殖民地和英属圭亚那的起源 ………………………………（433）
法属西印度殖民地圣多曼格 ……………………………………………（434）
法国大革命的影响——1790年和1791年的混血种人起义和
　　黑人起义 ……………………………………………………………（435）
图桑-卢维杜尔与西属圣多明各的被占领 ……………………………（436）
海地宣布独立（1804年） ………………………………………………（437）

第 十 五 章

革命时代的社会和心理基础

美国圣路易斯华盛顿大学文理学院院长

R. R. 帕尔默　著

18世纪后期是一个革命变革的时代 ……………………………………（438）
法国革命中的贵族、资产阶级、农民和群众运动 ……………………（439）
欧洲其他地区夭折的革命运动 …………………………………………（440）
易北河以东的欧洲的社会结构及南北美洲某些地区的类似社会
　　结构 …………………………………………………………………（442）
西欧的社会结构及英属美洲北部各殖民地的类似社会结构 …………（444）

欧洲的"行政"和商业资产阶级 …………………………………………（447）
欧洲和美洲的贵族统治 ……………………………………………（448）
贵族占支配地位的组织机构 ………………………………………（450）
欧洲社会和政治变革的动力（1763—1789年）…………………（451）
贵族集团日益强烈的排他性 ………………………………………（451）
资产阶级和贵族在政府、军队和教会中的竞争 …………………（453）
七年战争后贵族对欧洲各国政府财政要求的反抗 ………………（454）
北美对英帝国议会财政要求的反抗 ………………………………（456）
北美对英国权力的抵制与《独立宣言》……………………………（456）
美国革命在政治上和心理上对欧洲的影响 ………………………（457）
欧洲人移居美国 ……………………………………………………（461）
交通通信的改进和新闻出版业的发展是"舆论"成长的因素 ……（461）
欧洲下层阶级对革命时期政治激进主义的矛盾态度 ……………（463）
革命前和革命期间法国群众的心态 ………………………………（464）
法国革命狂热的根源和重要意义 …………………………………（465）

第 十 六 章
美国革命（1763—1793年）：宪法问题面面观
牛津大学万灵学院研究员、格莱斯顿讲座政府和公共行政教授

马克斯·贝洛夫 著

英属北美殖民地的代议制结构 ……………………………………（467）
殖民地的行政机构与议会之间不融洽的关系 ……………………（468）
帝国控制的机构和体制 ……………………………………………（469）
帝国议会对殖民地事务的作用日益增加 …………………………（470）
妥协的困难 …………………………………………………………（473）
1763年后格伦维尔在加强帝国控制方面所作的努力 ……………（473）
1765年的印花税条例危机 …………………………………………（474）
公告令和汤森税 ……………………………………………………（475）
殖民地之间合作的增长 ……………………………………………（475）
殖民地对1773年的茶叶条例和强制性法令的反抗 ………………（477）
第一届大陆会议 ……………………………………………………（478）
莱克星敦冲突（1775年4月19日）和第二届大陆会议 …………（480）
在联邦基础上进行的战时和解的努力 ……………………………（480）
大陆会议中激进与保守两派的斗争和富兰克林的邦联计划 ……（481）
独立宣言 ……………………………………………………………（482）

各州宪法的起草 …………………………………………… (483)
美国历史的编纂和联邦宪法的出现 …………………… (483)
迪金森草案和邦联条款(1781年) …………………… (485)
根据邦联条款国会权力的缺陷 ………………………… (486)
谢斯起义(1786年)和保守派的反应 ………………… (487)
西北法令(1787年7月) ……………………………… (487)
宪法的修订：安纳波利斯会议和费城联邦会议 ……… (488)
伦道夫、帕特森和汉密尔顿的方案 …………………… (489)
最后的妥协 ……………………………………………… (491)
行政部门和联邦司法制度 ……………………………… (492)
争取批准宪法的斗争 …………………………………… (493)
早期的宪法修正案和《权利法案》 …………………… (494)
联邦政府和总统"内阁" ……………………………… (495)
汉密尔顿与联邦派和反联邦派的出现 ………………… (496)

第 十 七 章
从帝国、战略和外交诸方面看美国革命
曼彻斯特维多利亚大学美国历史与体制问题高级讲师
M.A. 琼斯　著

1763年后的帝国改组问题 ……………………………… (498)
英国在美洲征税的努力与日益高涨的殖民地反抗运动(1764—
　1775年) ……………………………………………… (499)
敌对行动的爆发及华盛顿被任命为大陆军总司令 …… (500)
从布里德山战役到英国人撤往哈利法克斯这一阶段波士顿周围
　的战斗(1775年6月—1776年3月) …………… (504)
美军入侵加拿大被击退(1775年9月—1776年6月) …… (506)
走向脱离的行动和《独立宣言》 ……………………… (507)
分裂的效忠派——美洲的亲英分子和英国的批评战争的人 …… (507)
英国在美洲的战略和战术上的困难 …………………… (508)
乔治·杰曼勋爵与军事行动的领导工作 ……………… (509)
克林顿在南方各殖民地的失败(1776年) …………… (509)
英军攻克纽约和新泽西(1776年9—11月) ………… (510)
华盛顿在1776年和1777年之交的冬季的战役中在战术上的胜利 …… (511)
英国1777年孤立新英格兰的战略计划和伯戈因在萨拉托加
　的投降 ………………………………………………… (511)

福吉谷的冬季和对华盛顿任总司令的批评 …………………………（513）
韦尔热讷秘密援助美国人的政策与法美联盟（1778年2月）………（514）
诺思的"和解建议"遭到拒绝 ……………………………………………（515）
英军重新占领佐治亚（1779年3月）……………………………………（517）
美国武装民船的掠捕行动和商业破坏 …………………………………（517）
法国海军对美国人的援助最初未取得成效及西班牙之不愿参战 ……（518）
英国在欧洲日益孤立与武装中立同盟 …………………………………（519）
本尼迪克特·阿诺德的叛变与宾夕法尼亚和新泽西前线的兵变 ……（520）
克林顿对南方各州的攻势（1780年）……………………………………（520）
约克敦的决定性失败（1781年10月）…………………………………（522）
和平谈判与凡尔赛和约（1783年9月）…………………………………（523）
谢尔本的英美和解计划的失败 …………………………………………（524）
和约造成的美国与英国和西班牙的争端 ………………………………（526）

第 十 八 章
从美洲的情况看美国独立：
社会和政治面面观；向西部的扩张
格拉斯哥大学近代史教授
埃斯蒙德·赖特 著

新斯科舍和东西佛罗里达作为英属北美洲的军事前哨 ………………（527）
大陆各殖民地不同形式的政体 …………………………………………（528）
殖民地美洲的社会结构 …………………………………………………（530）
向西扩张的经济和政治后果 ……………………………………………（531）
人口激增 …………………………………………………………………（532）
北部、中部和南部各殖民地的经济和社会的地域主义 ………………（532）
殖民地美洲兴起的多语种的民族主义 …………………………………（535）
17世纪英国的宪法自由观念在美洲所起的作用 ………………………（536）
对英国君主专制主义的看法 ……………………………………………（537）
经济和社会不满的地区范围 ……………………………………………（537）
宣传活动在美国革命中的重大作用 ……………………………………（539）
这场革命是七年战争造成的后果 ………………………………………（539）
在北美对航海条例并非普遍表示不满 …………………………………（540）
新英格兰在经济和商业方面表现出特别不满 …………………………（541）
南方殖民地在金融上依赖英国商行 ……………………………………（541）
西部土地问题和1763年10月英王诏谕的失败 ………………………（542）

宾夕法尼亚和南北卡罗来纳的边疆激进主义(1763—1775年) ………… (543)
革命领袖与社会动乱 ……………………………………………………… (547)
各州新宪法中对政治民主作出的有限让步 …………………………… (548)
革命时代的社会和经济改革 …………………………………………… (549)
刑法改革和反奴隶制运动的进展 ……………………………………… (549)
美国革命的得失——小农场主获得的利益和殖民地贵族的消失 ……… (550)
各州单独放弃对西部土地的要求和邦联条款的批准 ………………… (551)
美国的经济和外交问题(1783—1787年) ……………………………… (552)
具有政治家远见的西北法令(1784—1787年) ………………………… (553)
向老西南部移民的障碍 ………………………………………………… (554)
西部边疆的历史重要性 ………………………………………………… (557)

第 十 九 章
英国改革的开始：帝国的问题；政治和行政；经济增长
曼彻斯特维多利亚大学历史高级讲师
W. R. 沃德 著

1763年后帝国在北美防务中的财政和宪法问题 ……………………… (559)
英国的政治派系与东印度公司 ………………………………………… (560)
七年战争后的经济增长 ………………………………………………… (560)
乔治三世与比特政府 …………………………………………………… (560)
格伦维尔、威尔克斯与通用逮捕状的签发 …………………………… (562)
乔治三世疏远格伦维尔并将其撤职 …………………………………… (562)
罗金厄姆和查塔姆两届政府 …………………………………………… (563)
格拉夫顿内阁、米德尔塞克斯的选举和"伦敦城激进主义" ………… (565)
诺思勋爵政府政治稳定的原因 ………………………………………… (567)
东印度公司事务的危机与1773年诺思的管理法 ……………………… (568)
帝国在美洲、印度和爱尔兰的问题 …………………………………… (570)
议会改革和拯救非国教新教徒运动的进展 …………………………… (572)
美洲战争的财政负担与约克郡和米德尔塞克斯郡的
　　各郡联盟(1779—1780年) ………………………………………… (573)
"经济"改革运动及其在第二届罗金厄姆内阁领导下取得的
　　有限成就 …………………………………………………………… (573)
谢尔本政府的垮台和福克斯—诺斯联合政府 ………………………… (576)
福克斯的印度法案：小皮特政府与1784年的大选 …………………… (577)
皮特在任期间的不安定局面与1788—1789年的摄政危机 …………… (578)

财政和行政改革(1784—1789年) …………………………………… (579)
法国大革命对英国国内政治的影响(1789—1794年) …………… (582)
福音派运动与不信奉国教者的问题 …………………………………… (584)
经济增长与实际工资的变动 ………………………………………… (586)
帝国和国内的政治改革的遗产 ……………………………………… (587)

第 二 十 章
欧洲背景下的法国行政管理和国家财政
不列颠哥伦比亚大学历史副教授
J. F. 博谢尔 著

18世纪后期欧洲中央权力的加强 …………………………………… (590)
政府官员的地位、职责和薪金的变化 ………………………………… (591)
政府的形式和职能的变化 …………………………………………… (592)
重商主义经济学派和重农学派对国家作用的看法 …………………… (592)
1789年以前法国中央政府的议事机构 ……………………………… (593)
各部的组织及其缺点 ………………………………………………… (594)
舒瓦瑟尔、圣日耳曼、萨蒂纳和卡斯特里的改革 ……………………… (595)
中央通过省督对地方政府实行控制 ………………………………… (596)
财政总监及其专业化机构 …………………………………………… (597)
旧制度下的工商业行政管理 ………………………………………… (598)
政府对商业、工业和农业的技术援助 ………………………………… (599)
法国关税税则的改革(1664—1790年) ……………………………… (601)
间接税和直接税的管理与改革 ……………………………………… (602)
旧制度下间接税和直接税的征收 …………………………………… (605)
政府对短期和长期贷款的依赖与年度赤字问题 …………………… (608)
建立国家中央银行的需要与特别金库的建立 ……………………… (609)
近代预算制度在法国的建立 ………………………………………… (611)
旧制度后期对国库的控制 …………………………………………… (612)
大革命期间统一国库的组成 ………………………………………… (613)
审计和会计制度的根本改革(1763—1793年) ……………………… (614)
国家财政制度在法国的最后出现 …………………………………… (616)

第二十一章
法国旧制度的崩溃
伦敦大学伯克贝克学院历史讲师
D. 达金 著

旧制度下的君主专制为当时的人们所接受 ………………………… (618)

路易十五的开明官僚政治和它所起的有限作用 …………………… （618）
舒瓦瑟尔公爵的外交和国内政策 ………………………………… （620）
莫普的司法改革（1771年） ……………………………………… （622）
泰雷神父在财政上的应急措施 …………………………………… （623）
路易十六统治下公债和年度赤字的增加 ………………………… （624）
直接税和间接税二者征税范围的不公平 ………………………… （625）
农民承受的财政和封建负担 ……………………………………… （626）
法国农业的落后和工业的有限发展 ……………………………… （627）
旧制度下社会结构的变化 ………………………………………… （627）
引起农民不满的原因 ……………………………………………… （628）
旧制度的抨击者和辩护士 ………………………………………… （630）
法国自由派思想的功利主义和非革命性质 ……………………… （632）
路易十六与三人集团的被罢黜 …………………………………… （632）
杜尔哥作为财政总监提出的理论和实践目标 …………………… （633）
巴黎高等法院权力的恢复 ………………………………………… （634）
杜尔哥最初的财政措施 …………………………………………… （634）
国内谷物自由贸易与"面粉战" …………………………………… （635）
六条法令与杜尔哥的被罢黜 ……………………………………… （636）
内克尔的财政和行政改革 ………………………………………… （638）
卡洛纳的激进改革计划 …………………………………………… （639）
召开显贵会议的理由 ……………………………………………… （640）
显贵们的反对与卡洛纳的失宠 …………………………………… （641）
布里安政府，拉穆瓦尼翁的司法改革的失败与三级会议的召开 …… （642）

第二十二章
法国大革命的史学研究
悉尼大学近代史教授
J. 麦克曼纳牧师 著

历史上对法国大革命的解释发生争议的根源 …………………… （644）
早期同时代人的著作和热月政变后的历史著作 ………………… （645）
巴吕埃尔神父对革命起源的"密谋说" …………………………… （647）
右翼对贵族流亡时期的分析及其与左翼史学研究的联系 ……… （647）
拿破仑的传奇与爱国主义的偏见 ………………………………… （649）
关于思想在革命起源中所起作用的争论 ………………………… （650）
基佐和巴尔扎克的著作中法国资产阶级的历史作用 …………… （651）

梯也尔和米涅的历史决定论 …………………………………（652）
巴贝夫与革命专政论 ………………………………………（655）
孔德与为丹东恢复名誉 ……………………………………（656）
拉马丁的政治传奇——《吉伦特派史》(1847年) ………（657）
米什莱和卡莱尔对历史的曲解和洞察力 …………………（658）
早期革命文献的编纂——比歇和米什莱 …………………（661）
托克维尔与对旧制度下社会结构和行政管理的研究 ……（663）
索列尔《欧洲与法国大革命》一书中关于连续性的论题 …（666）
泰纳的奇特的苛评——《当代法国的由来》(1876—1893年) …（667）
对革命的研究中科学方法的兴起 …………………………（670）
欧拉尔与"环境说"文献的编纂 ……………………………（673）
饶勒斯与社会主义者对革命的解释 ………………………（675）
马蒂埃与恐怖统治的政治和经济背景 ……………………（676）
第一次世界大战后右翼的论述为人们所普遍接受 ………（678）
科尚对革命理论在布列塔尼传播情况的研究 ……………（680）
近代研究工作中的统计分析与勒费弗尔权威性的综合研究 …（681）

第二十三章
法国大革命的爆发
阿德莱德大学历史高级讲师
G.E. 吕代 著

革命爆发中社会和经济力量的重要作用 …………………（683）
面包缺乏而且价格昂贵是群众不满的一个根源 …………（684）
"面粉战"(1775年)和1775—1787年期间不时发生的面包
　骚乱 ………………………………………………………（685）
卡洛纳的改革计划与1787年的贵族叛乱 …………………（686）
巴黎高等法院的反对与要求召开全国三级会议 …………（687）
拉穆瓦尼翁停止高等法院行使权力与1788年的地方叛乱 …（688）
1788—1789年之交的冬季各种政治力量的重新组合 ……（689）
1788年12月支持第三等级要求的小册子战与国王在双重代表
　制上的让步 ………………………………………………（691）
全国三级会议的代表选举和社会成分 ……………………（692）
"爱国者"党的出现 …………………………………………（693）
各个等级的陈情书 …………………………………………（693）
各省的骚乱和巴黎的圣诞节前夜暴乱 ……………………（695）

全国三级会议在凡尔赛召开和在权力证明问题上发生的议事
　程序上的冲突 ………………………………………………（697）
1789年6月17日第三等级的革命法令 ……………………（698）
6月23日御前会议的失败 …………………………………（699）
革命的领导在巴黎出现 ……………………………………（699）
军队不满的原因 ……………………………………………（700）
国王企图对抗革命和巴士底狱的陷落 ……………………（702）
各省的城市选举 ……………………………………………（705）
"大恐慌"和封建制度的"灭亡" ……………………………（705）
《人权和公民权宣言》 ………………………………………（706）
爱国者党在国王否决权和第二院问题上出现分裂 ………（706）
巴黎人十月起义的政治和经济背景 ………………………（707）
十月事件与君主立宪派占据优势 …………………………（708）

第二十四章
法国的改革与革命(1789年10月—1793年2月)
曼彻斯特维多利亚大学近代史教授
A. 古德温　著

十月危机与宪政改革的前景 ………………………………（710）
对路易十六行政权力的限制 ………………………………（711）
宪法理论家西哀士神父 ……………………………………（711）
有限制的选举权和立法议会享有的全权 …………………（712）
行政权的分散和选举地方政权的新制度 …………………（712）
封建土地制度的改革 ………………………………………（714）
农民对立法议会的土地和经济政策的希望的破灭 ………（716）
教士公民组织法与宗教分裂的起源 ………………………（717）
制宪议会政治领导的再次分裂 ……………………………（719）
群众性俱乐部的激增与有组织的工人阶级运动在巴黎的出现 ……（720）
制宪议会遏制群众激进主义的措施 ………………………（721）
国王逃往瓦伦成为革命的转折点 …………………………（721）
练兵场"大屠杀"与雅各宾俱乐部的分裂 …………………（723）
巴纳夫与宫廷的秘密谅解和宪法的修订 …………………（723）
利奥波德皇帝的态度与皮尔尼茨宣言 ……………………（725）
立法议会继承下来的各种问题和派系的发展 ……………（725）
反对顽固教士和逃亡贵族的法令 …………………………（727）

政府的变动：纳博讷任陆军部长 …………………………………… (728)
布里索派的战争政策 ……………………………………………… (728)
奥地利的挑衅和考尼茨恫吓立法议会的努力 …………………… (729)
迪穆里埃的布里索派政府与对奥地利的战争 …………………… (730)
拉法耶特实行军事独裁的计划 …………………………………… (731)
立法议会在国防方面的失败 ……………………………………… (732)
巴黎各派别和各省联盟派的干涉 ………………………………… (733)
罗伯斯庇尔的政治战略 …………………………………………… (733)
起义的巴黎公社和对土伊勒利宫的攻击 ………………………… (734)
君主体制的垮台在国内和外交上造成的后果 …………………… (735)
国民公会和共和国的建立 ………………………………………… (736)
国民议会中的政治派别 …………………………………………… (736)
审判路易十六 ……………………………………………………… (737)
外交政策中的革命理想。勒布伦与十一月法令 ………………… (739)
1792年12月15日的法令与兼并政策 …………………………… (740)
战和问题的最后争论与对英国和联合省敌对行动的爆发 ……… (740)

附录　18世纪欧洲和北美人口增长统计资料 ………………… (742)

索　引 ……………………………………………………………… (745)

第 一 章
导　言

从1763年的《巴黎和约》到30年以后的欧洲反对革命法国的第一次联盟战争这段时间里，一种西方文明的轮廓很快地显露了出来。代表其特征的种种主张和象征，大多明显地具有"近代"色彩。北美的英国殖民者同威斯敏斯特帝国政府之间的内战，英国空前的工商业扩张，法国激进的社会和政治改革，以及人口稳定但不平衡的增长，给西方世界带来了经久不衰的革命变革的势头。西欧还爆发了一系列规模虽小但其结果促使这一阶段的潮流向更大的社会和政治平等的方向发展的革命，如：1768—1789年在小小的城市共和国日内瓦爆发的斗争，其目的是从政治和经济上解放中产阶级代表和社会地位低下的没有特权的本地人；1784—1787年荷兰的"爱国"运动；1789—1792年在奥属尼德兰的比利时民主主义者掀起的分离暴动。甚至在保守的英格兰，自相矛盾的辉格党信条中所固有的激进主义在以下两次事件中也得到了新的强调：一是1779—1780年主张议会改革的郡县"联合"运动；二是1787—1790年为恢复不信奉国教的新教徒根据宗教考查法和市镇机关法被剥夺的公民权利而展开的鼓动活动。一些历史学家在仔细地研究了这些激进运动以及它们与美国革命和法国革命的联系之后，从这段时期中找到一种在西方世界许多地方共同存在的激进改革和革命变化的模式。[①]

这种研究方法之产生，是因为不满足于对美国革命和法国革命作

[①] 重点参见R.R.帕尔默《民主革命的时代——欧美政治史，1760—1800年》第1卷（新泽西州普林斯顿，1959年），以及J.戈德肖《伟大的民族，1789—1799年法国革命在世界上的扩散》（巴黎，1956年），第1卷，第1章。

孤立的而不是更广泛地从已经出现的18世纪"大西洋共同体"[①]的角度来进行研究的倾向。这个"共同体"本身就是西欧与新世界之间不断扩大的商业、知识和宗教交往的产物。在这种广阔的联合体内，随着速度越来越快的航运和邮政往来而把港口和城市中心更紧密地联系起来，欧洲启蒙运动的思想和观念遂得以广为传播而畅通无阻。[②] 有人认为，1763年以后大西洋两岸支持民主事业的人们同样信奉天赋权利的哲学，同样主张人民主权的观点，同样倾向于以三权"分立"原则为基础的成文宪法，并且力主所有公民不论其社会背景和宗教信仰，都可担任公职。[③] 这些政治原则得以在大西洋两岸双向交流的原因是，这个时期出现了许多文学和哲学学会，共济会支部、科学和学术团体，并且有急剧增加的首都的和地方的报纸。在这一共同体内，激进的政治和宗教观点的倡导者们相互同情并为共同的理想所驱使，在反对教会和国家已确立的权力的斗争中相互支持。这种合作关系清楚地表现在英国"哲学"领域不信奉国教的领导人——普赖斯和普里斯特利对美国独立运动和后来的法国大革命的支持，托马斯·潘恩进行的强有力的共和政体宣传，以及美国先后驻凡尔赛的两位大使——本杰明·富兰克林和托马斯·杰斐逊对法国自由派改革的同情和鼓励。相比之下，1789年以后英国兰斯多恩勋爵的鲍伍德功利主义改革派与巴黎米拉波的被驱逐出境的日内瓦合作者之间建立的密切联系，则显得不那么成功，而且靠不住。在英吉利海峡两岸，英国废除奴隶贸易协会和法国的类似团体——黑人之友社展开的与此相似的宣传鼓动情况也是如此。[④]

有一种观点认为，朝着现代民主方向发展的这种总趋势，从根本上说是反抗各种欧洲"合法机构"中根深蒂固的贵族权势，这类机构包括全国的和地方的议会、国会、拥有最高权力的法院或国教等，以及英属北美的殖民地议会和总督议事机构。[⑤] 1763年以后，这些贵

[①] 原文为 Atlantic community。——译者注
[②] M. 克罗斯：《大西洋文明：18世纪的起源》（纽约州，伊萨卡，1949年），第2章。
[③] J. 戈德肖和 R. R. 帕尔默：《18—20世纪的大西洋问题》，《第十届国际历史科学大会（罗马，1955年）论文集》第5卷，第219—233页。
[④] 关于米拉波的合作者的情况，参见 J. 贝内特律《米拉波的追随者，革命动荡中四个被流放的日内瓦人》（日内瓦，1962年）。
[⑤] 参见后面第15章，原文第432页（书中凡原文第×页均见本书边码）。

第一章 导言

族权势中心受到来自三个主要方面的压力。在法国，尚存的地方三级会议和高等法院，因波旁王朝实行的中央集权和改革政策而岌岌可危；在中欧和北欧，全国和地方的议会的权力正逐步地被受到启蒙运动影响的专制政体日益壮大的权力所侵蚀；在殖民地美洲、英国、日内瓦和联合省，立法议院或地方议会遭到来自中产阶级或民众激进主义的压力和批评。由于受到上述种种抨击，以及部分地迫于日渐严重的经济困难，导致特权阶层重新强调其豁免权和独有的市镇特权。这种贵族的"反动"在法国最为明显，其表现形式是俗人、教士和司法界贵族之间在政治上越来越紧密地团结在一起，最后导致企图阻止对旧体制的激进改革，即所谓的1787—1788年的贵族反叛。然而这种反动也明显地表现在：1782年贵族政变后日内瓦"自由派"的被驱逐；马扎尔贵族和保守的比利时议会反对约瑟夫二世皇帝推行的社会和行政改革的叛乱；以及1787年对荷兰"爱国者"的镇压。所有这一切都说明北美和西欧正在演变的革命形势极为复杂，表明"保守主义和反革命不是仅有的对革命的'反动'，而革命本身就是对18世纪各种势力的一种反动"①。

尽管关于西方出现一场普遍的"民主"革命运动的概念主要是用政治术语来陈述的，但是人们对在大西洋共同体范围之外没有类似的推动力这一点，则是从中欧和东欧经济和社会结构的差异来加以解释的。实际上，西欧与易北河以东的地区形成了鲜明的对照。在西欧，英国旧日的封建主义只留下几丝残余的痕迹；法国绝大部分农民早已获得人身自由，他们拥有的土地一再被划分。但在易北河以东地区，除了普鲁士国王的直辖领地之外，整个严酷的封建体制仍然存在；尤其在匈牙利、波兰和俄罗斯，拥有大片土地的庄园依旧原封不动。但是，人们早就认识到，社会不公正感和对经济状况不满的严重程度在欧洲西部地区反而更加突出，因为在那里封建主义已放松控制，人们对18世纪下半叶法国的"封建反动"更加憎恨。东、西欧之间在其他方面的三个差异可以帮助人们更清楚地理解西欧这种表面上自相矛盾的不满情绪。第一，正如托克维尔一个多世纪以前就指出的那样，在法国，贫困潦倒的地方贵族在教区一级已经丝毫无法行使

---

① R.R.帕尔默：《民主革命的时代》，第22页。

行政职能；而在德意志中部的农村，尽管邦议会已不发挥作用，但普鲁士、奥地利和马扎尔贵族仍积极参与地方政府的工作。第二，虽然在法国，中央政府不愿意阻止贵族牺牲农民来恢复已废弃的封建地租；而在普鲁士，弗里德里希二世（腓特烈）则采取了坚决的措施，以保护皇家领地以外的农奴免遭贵族的无理压榨；在哈布斯堡领地上，玛丽亚·特蕾西亚女皇规定了农奴向地主承担义务的数额；而约瑟夫二世甚至试图用另一种方式取代这些义务，即根据年收成以货币计算出一种固定的并降低了比例的贡赋。第三，在中欧和东欧，大规模的城市人口中心寥寥无几，且彼此相距甚远，基本上不存在造成激烈动荡局面的最重要的媒介之一——人数众多并且有影响的中产阶级。这就是法国成为西方革命运动的名副其实的熔炉的缘故。因为在法国，中产阶级对社会和政治不平等的憎恨，以及农民对尚存的封建主义和资本主义剥削方式的不满，都会由于君主权威的崩溃和全国性危机的迫近而更加增强。

  这种普遍的民主运动的思想自七年战争结束起就支配着西方世界，其可贵之处是它突出强调了常常被那些只将注意力集中在某些特定国家的历史学家们所忽视的一个真相：在美洲以及西欧的许多地方，旧的体制和机构、社会组织和经济活动，都受到有同样思想的激进派的怀疑和挑战；而且究竟是从上而下地推行激烈的改革还是从下而上地进行革命，这一选择摆在了当时绝大多数欧洲国家政府的面前，而不只是法国政府面前。毫无疑问，18世纪80年代西欧爆发的一系列革命和动荡，不仅是由当地的情况，同样是由美洲殖民地人民的政治概念、榜样和策略造成的。而法国革命多少也是由于从在它之前爆发的小规模的欧洲革命中吸取了动力而促成的。进一步的研究也许会有助于更清楚地找出西方世界许多国家改革派之间存在的多种联系。这一西方世界的文化统一维系于18世纪的世界主义、贵族子弟所崇尚的大陆旅行、"启蒙哲学"运动的声势以及索列尔所描述的一些"游牧王朝"。另一方面，这一论点也许会过分夸大不同革命运动之间的共同点而低估了它们彼此间的差异。美国的历史学家们就曾对启蒙运动思想对美国革命政治原则的形成所起的所谓重要作用提出疑义；英国的历史学家们感到很难将这一阶段的英国历史比作一种即使是准革命的模式；而法国的历史学家们则不无道理地认为，这种观点有低估1789年革命的独特历史意义的倾向。[1]

在介绍本卷内容时，也许可以强调七年战争和1763年巴黎和约的重要性，这一点是很少会有争论的，因为在随后10年的大部分时间里，它们是西方世界历史的决定性因素。例如，从这一来源中也许能找出当时国际关系改变方向的踪迹，这种改变立即使中欧和东欧的政治问题明显突出了。七年战争引起的物质破坏和经济混乱使得原交战国——战胜国和战败国——同样地需要紧缩财政和进一步的行政改革。在北美，对加拿大的征服，使英国政府面临着帝国的防务和重建等急迫而麻烦的问题。波兰眼下的命运和奥斯曼帝国的最后结局，"大西洋共同体"范围之外的大部分欧洲地区朝着开明专制制度发展的倾向，以及在第一个英帝国的教会分立等，都因此直接或间接地与七年战争和随之而来的和平条约有关。

巴黎和约的直接后果是使英国在欧洲大陆上没有任何盟友，同时更坚定了法国首席大臣舒瓦瑟尔为法国在北美和印度丧失的领土进行复仇的决心。1763年以后，英国在外交上处于孤立地位的原因并不主要是它所说的普鲁士为了与法国单独言和而脱离了它，而是1756—1757年各同盟国逆转的长期后果，以及弗里德里希二世（腓特烈大帝）直率地公开承认和明白无误地表示他毫不在乎纽芬兰鳕鱼捕捞场的命运。[2] 法国与奥地利同盟的后果之一是它放弃了原先打算侵略奥属尼德兰的企图。这自然而然地削弱了英国与联合省的长期联系，并加强了当时荷兰人欲在欧洲大陆的冲突中保持中立的倾向。法奥同盟产生的另一个影响是：进一步稳定了意大利半岛的政局，而在1748年之前意大利半岛一直是波旁—哈布斯堡冲突的主战场，这样做的结果，有助于巩固波旁家族协约。最后，由于该同盟显然不符合法国对奥斯曼帝国的传统支持，奥地利同盟者便促使法国政府在1763年以后越来越增强了置身于东欧事务之外的倾向。英国政府采

---

[1] 对这种总的论点的批评，见M. 莱因哈德《论法国革命史：最近的论著及前景》，载《编年史，经济、社会、文明》，第14卷，1959年，第554—556页，以及A. 科班《民主革命的时代》，载《历史》，第45卷（1960年10月），第234—239页。有关不同的论点，即启蒙运动思想在促使革命以后时期美国制宪概念的形成方面起了重大作用，见贝林《18世纪美国的政治历程与启蒙运动思想》，载《美国历史评论》，第67卷（1962年），第339—351页。

[2] F. 斯潘塞：《1762年的英普决裂：对历史的重新评论》，载《历史》，新丛刊，第41卷（1956年），第100—112页。关于外交的革命，见该丛刊第7卷，第19章。

取的类似态度，也可说明它在这一时期未能实现与俄国结成政治同盟的原因。

舒瓦瑟尔直到他1770年下台之前，一直借助其优越的大臣地位，把法国所有可利用的资源集中于重新建立本国的海军和陆军实力以及大刀阔斧地改革法国的殖民地管理体制方面。① 舒瓦瑟尔虽然依旧忠实其与奥地利的关系，但却小心翼翼地限制其在大陆上的义务，而且明显地把他一手造成的1761年法兰西—西班牙攻守同盟视为从英国夺取海军优势的主要手段，因这种优势在七年战争中使法国惨遭失败。与路易十五旨在维护波旁王朝在波兰的利益而建立的秘密外交体制相比，法国1763年以后的官方外交政策主要侧重于与英国重新恢复海上和殖民地的竞争。这一政策正好与西班牙的最高利益紧密相连，即保卫它的殖民领地和保护它在拉丁美洲的商业垄断地位。② 由于法国同盟者是西班牙在该阶段唯一可利用的一个，因此法国盟友拒绝支持西班牙1770年与英国在福克兰群岛问题上的争议一事，也未严重影响波旁王朝各强国之间的密切合作。它们在大西洋角逐的关键地区击败英国的前景，无论如何得靠它们恢复海上力量均势的能力和促成英国政府与美洲殖民者之间关系的早日恶化。英、法和英、西在殖民地和海上优势的角逐，在1763年以后又继续起来，腓特烈大帝让普鲁士退出大西洋争斗的决心和法、英政府不卷入中欧和东欧事务的决定，几乎把这一时期欧洲大陆的东西两部分分割成各自独立的政治世界。③ 但是，英国和波旁王朝各国在大西洋世界的公开决裂自然也就推迟，直到美洲各殖民地成功地起来造反，并且由于奥古斯特三世于1763年10月去世而造成的波兰选举王位的空缺所引起的中欧和东欧的一场持久而严峻的危机，直至1772年波兰被第一次瓜分和1774年俄国与土耳其缔结凯纳甲湖条约结束敌对行动时这场危机才得以解决。④ 凯纳甲湖条约承认俄国在黑海的航行自由，并有保护在君士坦丁堡的希腊正教基督徒的含糊不清的权利，以及在布格河与第聂伯河之间的土地上，有一个尽管受到限制，但却可靠的据点。这一

---

① 见后面第7章第1部分《海军》，及A.坦普尔·帕特森《另一支无敌舰队，1779年法国和西班牙入侵英国的企图》（曼彻斯特，1960年），第2章。
② 关于在西班牙殖民帝国范围内陆续放松对商业的限制的情况，见后面第14章。
③ 见后面第9章，原文第253、266页。
④ 关于该时期波兰衰落的主要原因，见后面第12章。

条约标志着近东问题的开端。近东问题将在后来的18世纪剩余的时间和19世纪大部分时间里始终纠缠着欧洲的政治家们，因为它预示着土耳其可能很快全部落入俄国的统治，或者遭到瓜分。①

同样显而易见的是，1763年以后，主要的欧洲大陆列强的国内政策，也部分地受到七年战争造成的经济和财政后果的影响。战争期间，中欧的大片土地被荒废，农村人口背井离乡，工商业陷入混乱。在一个相互竞争、掠夺成性的各国的世界上，没有哪一个原先的交战国会感到有足够的安全，即使在媾和之后，也不能放松它们的军备。与此同时，那些抱有修改现状目的的国家则希望不仅维持，而且要增强自身的军事潜力。因此，在1763年以后，各国统治者面临的最为迫切的问题是：恢复和紧缩经济，而当务之急是需要确保增加国家的岁入。在各主要交战国中，只有普鲁士经过战争仍显露出国家财政完整无损，从而使弗里德里希二世得以从王室国库中抽出大笔资金用于资助旨在帮助财源枯竭的普鲁士地主的农村信贷机构，得以免费分发玉米种子和牲畜，并重建农场。② 在战后的第一年中，花在这类农业补贴方面的开支就达700万塔勒。③ 以英格兰银行为模式的货币改革，于1765年1月设立了国家贴现银行，并为征收间接税而采纳了一种法国式的税务管理制度，这些都表明这位普鲁士国王在这一时期全神贯注于国家财政问题的程度。④ 在哈布斯堡王朝各领地和法国采用的财政政策所产生的社会和政治后果则更耐人寻味。七年战争结束时，奥地利的公债高达3亿古尔登⑤左右。年轻的约瑟夫二世把他所继承的全部个人财产（2200万古尔登）交给财政部使用，使公债的年利率从6%降至4%。玛丽亚·特蕾西亚女皇在财政大臣哈茨费尔德的指引下，寻求更为激进的补救办法，设法从一般的贵族和教会人士的大量免税财产中索取。当匈牙利的贵族在1764年以维护其财政豁免权为由拒绝接受这些要求，并辩解说无特权等级的纳税限度早已

---

① 见后面第9章，原文第265页。
② O. 欣策：《霍亨索伦王朝及其业绩》（柏林，1915年），第380—381页。
③ 18世纪时仍在通用的德国银币。——译者注
④ 关于一些开明的专制君主在这一时期首要关注的是财政问题的观点，见C. 莫拉泽《财政与专制：论开明君主》，载《编年史，经济、社会、文明》，第3卷（1948年），第279—296页。关于1763年以后普鲁士恢复的情况，见W. O. 亨德森《腓特烈大帝经济政策的研究》（伦敦，1963年），第3章。
⑤ 1892年以前奥地利通行的银币。——译者注

超过时，便导致特蕾西亚女皇于1767年颁布皇家法令，规定匈牙利农民的劳役量以干预封建关系。因此在1771—1778年，这种保护农民、限定他们对其封建领主的义务的政策，在奥属西里西亚、下奥地利、波希米亚、摩拉维亚和施蒂里亚等地得以实施。①虽然这一措施是一种旨在暂时不触动贵族的财政豁免权的妥协，而让无特权等级有可能负担更大比例的国家税收，但是特蕾西亚女皇却因而开始了一种社会的改革政策，她的儿子后来实施这一政策，直至其必然发生的结果——农奴制的废除。具有同样重要意义的是：天主教违抗政府关于教士需向国库纳税的要求而造成的各种后果，因为自1768年起，奥地利的教士开始纳税，不再享有天主教的豁免，于是1769年开始解散修道院，修道院的基金首先转向更加一般的教会用途，而后则转向慈善事业和教育事业的用途。通过上述和其他的手段，奥地利的国家财政收入增加了，到了1773年，财政收入比10年前几乎翻了一番。走向更大程度的国家专制和社会改革政策的趋势，即后来所谓的开明专制，就是这样根植于财政需要之上的。

在1763—1769年间的法国，也曾有过增加国库岁入的类似企图，其办法是延长享有特权的各等级的某些战时税和更平均地重新估定平民税，但这些企图遭到了高等法院一致的强烈反对。正是在这个时候，从这部分反动势力中首次提出了召集三级会议的公众要求。为安抚那些不驯服的地方行政官员们，路易十五被迫减缓了财政改革的行政计划，并勉强同意驱逐耶稣会。只是在1771年莫普大法官推行激烈的司法改革粉碎了巴黎高等法院的反对之后，泰雷神父方得以采取一系列激烈的财政应急办法，在路易十五在位的最后岁月中为法国的国家财政奠定了较前牢固的基础。②

在诸多因素中，财政的考虑若不是更重要地，至少也是同等重要地影响着英国政府在1763年以后对待美洲殖民者的态度。总之，当时英国对美洲的财政政策似有三个主要目的：决心制止普遍以航海法为借口而造成的在各殖民地偷漏海关税收的现象；企图通过帝国议会法案在美洲提高税收；尽力在各殖民地改变和加强其行政权力，使财

---

① 见后面第10章，原文第282页。
② 见后面第21章，原文第597页。

政独立于殖民地的议会。显然可见，这些目标实际上是希望为英国纳税人卸下因七年战争而翻了一番的国债的沉重包袱。根据战时的经验，也需要为美洲殖民地提供一种有效的防御体系，而且急需给作为整体的帝国赋予一套更加合理和统一的行政机构。这些政策并不是由那些孤陋寡闻和无能的大臣们匆忙地临时制定的，也不是受任何企图征服或奴役殖民者或为宗主国的私利而利用他们日渐兴隆的事业的不可告人的阴谋所驱使。但是，在大西洋彼岸的商界人士和激进领导人的眼里，这些政策就完全是另一回事了。最终成为爆发一场内战的原因并以第一个大英帝国的崩溃而告终。

在美洲的殖民者看来，英国政府1763年以后在财政问题和帝国问题上所采取的这种更加明确的观点，是一种危险的"新措施"，有限制他们自己向西扩张、破坏他们商业繁荣的来源和侵犯他们殖民地立法议会的宪法权利和特权的危险。① 随着这些殖民者和帝国政府之间分歧的扩大和误解的加深，辉格党政治领袖们在美洲的宣传活动加剧了这些怨恨，使他们中的许多人所希望的妥协更难以实现。但是，就实际意义而言，美洲人认为这些年来英国政府正企图贯彻一项帝国政策，一反它过去的"明智而有益的不理睬"的做法，这并非言过其实。该项政策是惨痛的战时经历的产物，同时也是商务部一些意识到这一问题的官员和身处美洲边疆受过痛苦折磨的军人行政官员向政府所提建议的产物。

帝国政策中这一"新政策"的第一个方面，是试图尽力解决由于保护西部殖民边疆免遭印第安人的攻击而产生的种种复杂问题。② 1763年春，西北部的部落在他们的渥太华人首领庞蒂亚克的领导下举行暴动，由于殖民地政府在进行镇压中未能充分协作，以致有必要增加英国正规军在战略要地的驻军，并再次向印第安人保证，不让殖民地居民再向西扩张。乔治·格伦维尔内阁在1763年10月7日以皇家公告的形式，正式解释了这项于两年前就已勾画出的政策，即在印第安人尚未被平抚前和尚未制定出关于这些地区的土地拓殖的一致标准之前，禁止在阿巴拉契亚山脉以西的土地上殖民。由于这一决定，

---

① 见后面第18章。
② E. 赖特：《自由的结构，1763—1800年》（纽约，1961年），第40—48页。

政府不仅兑现了在战时与印第安人签订的一系列条约所产生的义务，而且还力图改变殖民扩张的方向，把它从皮毛贸易地区转向北方的新斯科舍和加拿大以及南方的佛罗里达。① 新的分界线虽然并非固定不变，但在美洲所保持的这条线却与某些殖民特许状中所包括的西部土地所有权不相一致。看来该分界线自然会招致南方土地投机者和边疆开拓者的反对，因为他们急切希望离开所居住的受潮水涨落影响的东部海岸平原地区，那里谋生的机会很有限。② 尽管1768年以后帝国政府不得不放弃这一限制性政策，但是其后批准的殖民定居计划没有一项来得及在革命爆发前奏效。革命前夕，诺思勋爵的政府在1774年的魁北克法中尽力安抚加拿大，恢复了帝国控制俄亥俄以北的西部领土的政策，结果在北部沿海殖民地中再次引起了最严重的恐惧。

1763年之后，"新"帝国政策的第二个内容是恢复并严格实施航海法，并企图通过议会法令在美洲征税，向殖民者转嫁一部分增加了的殖民地防御费。格伦维尔政府仿效皮特的战时措施，加紧了对海关部门的管理，在马萨诸塞，更多地诉诸"协助令状"和代理海事法庭的裁判权。该届政府在执政的一年内使航海法规中所"列举"的商品数目翻了一番还要多，并禁止殖民地政府发行纸币。然而最重要的是，该届政府为寻求增加财政收入，于1764年通过糖税法，引起了颇有势力的新英格兰商人的反对；1765年3月的印花税法，又在美洲最直率和有影响的人士中引起了普遍的抗议。使殖民地人民公开向新帝国政策的方法和原则提出挑战，是因为一并采取了以下的措施：在战后经济衰退的时期，企图终止新英格兰和中部殖民地与法属和西属西印度群岛之间进行的有利可图的走私贸易，以及决定放弃不得人心的以征用方式为殖民地防御提供经费的做法。③ "自由之子社"雇用暴徒以暴力反对殖民地的印花税税吏，使印花税法在美洲名存实亡；殖民地商人们对英国商品进行的经济抵制，迫使该法在1766年废止。但这两件事在随后的英美关系危机中都不如以下事件重要，即帕特里克·亨利在弗吉尼亚"残余"议会中的挑衅，和1765年10

---

① J. 史蒂文·沃森：《乔治三世的统治，1760—1815年》（牛津，1960年），第183页。
② 特许状中包括西部土地所有权的殖民地有：新罕布什尔、马萨诸塞、康涅狄格、纽约、弗吉尼亚、南北卡罗来纳和佐治亚。
③ 纽卡斯尔和皮特重新恢复了征用的做法，即政府大臣行使国王的特权，要求各殖民立法会议以定额手段规定共同防御经费。然后国会再向殖民地补偿一部分（常常是大部分）费用。

月印花税法大会通过的较为温和的决议。虽然针对英国政府的这种人身的和经济的抵制方式后来在1765年和1774年之间的数度冲突事件中再次奏效，但是印花税法危机的主要意义，在于它使宪法原则问题上的根本分歧公开化，导致了最后的分裂。在这之前，殖民者倾向于依靠他们的皇家特许状来维护自己的自由；在这以后他们强调在英国宪法范围内自身享有的种种权利：征税必须征得他们的同意；审判要由陪审团进行；他们可上诉要求申冤。这些既接受对英国国王的从属关系，也接受帝国议会以对外关税手段来管制贸易和商业的殖民地人民，现在把旨在增加财政收入而提高对内税收的企图斥为"违宪"。① 当"公告令"中重申帝国议会的最高立法地位"在一切情况下"都高于各殖民地时；当汤森企图——尽管不成功——强迫殖民地的上级法院批准扩大"协助令状"的使用范围，以及当他把从另外一系列关税收入拨作支付殖民地总督、法官和官员的薪金时，这些措施便被视为对殖民地立法会议的地位和权利的直接侵犯，并被视为"奴役"殖民地人民的根深蒂固的计划的一部分。② 为孤立和平息马萨诸塞对茶税的抵制而在1774年颁布的几项被称为"不可容忍的"法令，证实了他们的这些疑虑，并表明英国政府在面对殖民地的一再抵制下，终于诉诸高压政策。③ 在这一威胁下，第一届大陆会议实际上推翻了帝国议会对殖民地拥有的最高权力。④ 最终放弃效忠国王，并以正当理由要求享有天赋权利，只是到开战之后，认识到需要有外国盟友时，才在独立宣言中加以表明。

美国争取独立的斗争在最初时就是这样一场殖民地的造反，或者像某些历史学家描述的那样，是第二次英国内战。但是，由于美国人很快就意识到他们反叛成功的可能有赖于外国的干涉，因此随着战争的继续，不久便演变成一场国家间的冲突。⑤ 在1776年年初的几个月里，殖民地人民确信法国会参战，而且西班牙和联合省会谨慎地

---

① 见后面第16章，原文第455页。
② 关于已故刘易斯·纳米尔爵士对汤森的美洲政策的论述，见《权力的十字路口》（伦敦，1962年），第203—212页，又见 O.M. 迪克森《协助令状——革命的一个起因》，载 R.B. 莫里斯编《美国革命的年代》（纽约，1939年），第40—75页。
③ 见后面第17章，原文第484页。
④ C.H. 麦基尔韦恩：《美国革命——从宪法角度的解释》（纽约，1923年），第116页。
⑤ 见后面第17章。

给予捐助。于是他们认为这场战争不仅是为了自身的政治解放，而且也是为了瓦解和分裂大英帝国。① 就领土野心而言，"造反者"从一开始就打算征服和吞并英国在北美的所有其他领地——加拿大，新斯科舍，布雷顿角岛，纽芬兰和东、西佛罗里达。美国人几乎有同样的信心计划夺取西欧的贸易口岸和大西洋西部的海军霸权。由于在初期征服加拿大的企图受挫，同时越来越需要得到法国的经济和海军的援助以维持生存，最后迫使美国人把眼前目标限于争取与法国正式结盟作为赢得战争的必要手段。

使殖民地人民感到幸运的是，法国外交部的韦尔热讷伯爵在恢复大西洋的商业和海军力量的均势方面，其决心不亚于他的前任舒瓦瑟尔。他认为，不管美洲内战的结果如何，法、英的交战都是不可避免的。甚至在独立宣言之前，法国就已开始向殖民地运送秘密援助的军事物资了。更为重要的是，法国政府不顾杜尔哥的拼命反对，于1776年5月决定保证执行向殖民地人民提供财政援助的政策。② 但是，由于西班牙人不情愿支持一场有可能引起西班牙自己在中美洲和南美洲的属地不稳的反叛，以及法国人担心殖民地的抵抗运动可能失败，直到1777年10月美国人在萨拉托加取得胜利之后，韦尔热讷才公然提出与殖民地人民正式结盟。根据1778年2月6日签署的条约规定，法国承认美国的独立，两国互相承认对方在新大陆的领土，并约定把战争进行到美国的主权得到保证为止。英法两国到7月已处于交战状态，但是，法国海军投入关键性的大西洋战场则推迟了很久，主要是因为西班牙不愿意承认美国的独立。另外，也是由于佛罗里达·布兰卡执意要强迫英国给予波旁王朝各国以实质性的好处，以此作为联合调解殖民地冲突的代价，或者作为法、西两国入侵的结果。西班牙只是出于贯彻这一有限的战略和获得直布罗陀、梅诺卡岛，以及它在中美洲的权利，于1779年6月作为法国的盟友参战。③ 在法国的怂恿下，随着北方列强武装中立的形成和荷兰的卷入，英国于1780年完全被敌对势力所包围。尽管在同年春季罗尚博率领的一支

---

① R. W. 范·阿尔斯泰纳：《崛起的美洲帝国》（牛津，1960年），第2章。
② 韦尔热讷和杜尔哥在这一问题上的意见不一致是导致后者1776年5月12日下台的主要因素之一。H. 格拉高：《改革的尝试与法国专制制度的灭亡（1774—1778年）》（柏林，1908年），第114—132页。
③ A. 坦普尔·帕特森：《另一个无敌舰队》（曼彻斯特，1960年），第3章。

规模不大的法国远征军在罗得岛登陆，但法国海军的主要活动仍集中在西印度群岛。在这种情况下，美国人虽有华盛顿的得力而精心的领导，但仍差一点在1780年年底被打败。翌年5月，法国舰队受命配合殖民地的军队作战，结果德格拉斯终于在切萨皮克湾外击败了格雷夫斯，使康华理率领的英军在约克敦投降。正如华盛顿本人曾一直预期的那样，法国的财政援助，尤其是海军援助，被证明起了决定性的作用。不过，1783年在凡尔赛的媾和中，英国海军在战争的最后阶段，在印度洋、西地中海和加勒比海战胜了波旁列强一事，也有着同样重要的影响。谢尔本的巧妙而富有想象力的外交活动，其结果不仅防止了第一大英帝国的彻底瓦解，而且也剥夺了法国和西班牙似乎已握在掌心的在欧洲和亚洲的领土和经济利益。

这一成功的要素在于事先已与美国谈判专员富兰克林和杰伊达成了谅解，即在承认美国独立的同时，还答应美国提出的向五大湖以南的原西北地区扩张领土的要求。这一和解包含着牺牲谢尔本希望建立英美联邦和大西洋自由贸易共同体的幻想，但是它使英国保住了对加拿大、新斯科舍和纽芬兰的控制，并在实质上破坏了法、美联盟。[①]相比之下，尽管法国和西班牙得到了某些好处，尽管英国因其北美帝国部分崩溃而蒙受了屈辱，但波旁王朝各国接受了大体上并未触动英国在七年战争中的收获的和解。最为重要的是，韦尔讷讷意欲变美国为法国的经济卫星国的希望破灭了。

美国革命在大不列颠和法国的反响是深远而广泛的。美国战争的灾难在英国政治方面的反应是：约克郡的中产阶级地主们和伦敦的激进分子在1779—1780年期间精心组织了争取"经济"和议会的改革运动。虽然这种鼓动加深了对罗金厄姆辉格党人的议会改革的不满，而且只达到了极其有限的目的，然而10年之后年轻一代的辉格党政治家们再次提出议会改革时，他们并未忘记各郡的一些社团向议会施加压力而采用的种种"美国的"方式。但是，不论是1780年还是1793年出现的这些政治运动，都没有革命的意图。战时的需要，格拉顿的雄辩，以及爱尔兰志愿军的武装示威，促使罗金厄姆于1782

[①] 关于谢尔本在媾和时的帝国政策，见 V. T. 哈洛《第二大英帝国的建立，1763—1793年》（伦敦，1952年），第6章。

年勉强同意爱尔兰议会的立法独立。美国殖民地的丧失还使1783年以后英帝国面临的各种问题不是减少而是更加严重。虽然负责官员的态度仍是顽固地坚持殖民地政策的重商主义原则，但在以后的10年中，皮特则为一种更加明智和持久的帝国主义奠定了基础。由于美洲的分立结果使英国在东方的贸易利益变得越来越重要，而诺思勋爵1773年的管理法案又不够完善，使之有必要在比较令人满意的基础上建立与印度的官方关系。[①] 皮特政府1784年的印度法要求东印度公司的职员在经商行为中遵守更为严格的标准，并将该公司的董事们交由国王任命的政府管理机构管理，同时，通过该法修正案的方式，授予驻加尔各答总督以超越其参事会的必要权力。此外，由于原来的美洲殖民地不再向运往海外的英国囚犯开放，于是1788年在悉尼建起了第一块流放地，这便是新南威尔士殖民化的开端，它与澳大利亚的未来发展和太平洋的开发都有连带的关系。后来在1791年，由于被流放的美洲帝国效忠派坚持要求在上加拿大建立代表机构，导致该省从下加拿大分离出去，这两个地区都获得类似自治的权利。而皮特则坚持以为，并在实际上提出加拿大的税收应"由他们自己的立法机构决定"的主张，他显然没有忘记1776年的深刻教训，尽管当时的处境不同。最重要的是，美国独立战争在财政方面造成的后果，为1784—1789年之间皮特推行的一整套财政、商业和行政改革的成功起了推动作用。[②] 这些改革不仅确保英国战后期间的恢复，而且使英国得以从商业和工业扩张的前所未有的新机遇中受益。

在法国，1783年以后对财政改革挑战的反应做出得太晚了。正如杜尔哥所预测的那样，在那里由于参加美洲的战争而引起的财政混乱，在几年的时间内导致了全国性的破产和旧制度财政的崩溃。正如七年战争遗留的财政问题使英国政府采取了最终失去其美洲殖民地的新帝国政策一样，美国独立战争的财政烂摊子将法国置于如此的困境，除了召集三级会议之外，没有其他任何办法。第一次显贵会议和巴黎高等法院拒绝了卡洛纳和布里安倡议的财政改革方案，以及他们呼吁召开全国代表大会的要求，这实际上等于美国人的"无代表权

---

① 见后面第8章，第1部分。
② 见后面第19章。

就不纳税"要求的翻版。在特权阶层和第三等级之间随后的辩论中，法国自由派贵族起了决定性的作用，他们中最有影响的人士有几个曾作为志愿者参加了美洲的战争。这些人得到保守的巴黎高等法院中一批年轻法官的支持，这些人因赞赏美国新宪法而被称为"美国人"。法国贵族中这些持不同政见的集团，由于担负革命党的政治领导和全力支持中产阶级争取平等的要求，就使1787—1788年贵族叛乱最终必然遭到失败，为1789年决定性斗争中人民事业的胜利做出了重大贡献，尽管这一贡献时常为人们所遗忘。①

然而，英国战后的10年主要引人注目的也许是所谓经济"起步进入了自给自足增长"的状态，即上一代历史学家所称的"产业革命"。虽然关于这一现象的年代一直是经济史学家们争议最多的问题之一，目前有见地的一致看法是：那次不仅改变英国，而且改变整个现代世界的突然出现的增长，其发生的时间是在乔治三世在位的第三个10年，而不是在最初的10年。关于这一突然增长的起因，如今人们不大从英国发明家的技术革新中去寻找，因为这些技术革新，除瓦特的转缸蒸汽发动机外，其范围有限，并不具有革命性；而更多的是从整个18世纪期间英国在海外殖民贸易方面的领先地位，从它率先开发棉花贸易中去寻找，因为这为控制大规模的市场，并向这些市场供货提供了理想的条件。这些市场会保证资本主义式的生产不断扩张，同时也使英国通行比较低的利率并推广新的企业经营技能。② 此外，人们还正确地强调了这一时期促进英国商业和工业增长的种种社会的和经济的条件——水陆交通网络迅速改善；和苏格兰合并的法案签署以来，已有一个很大的国内自由贸易区域和足够的港口设施，以及除英国外在欧洲其他地方尚未出现的资本主义和科学耕作方式的农业。这种农业已可以维持增长迅速的城市人口，并有足够的钱可赚，而不需要吸取英国从世界贸易中所获的全部资金，并对农村人口为工业提供所需的劳动后备军有着足够重大的影响。③ 早在1790年，英国的社会结构就在明显地朝着城市化和工业化社会的方向转变，其最

---

① 对这一时期法国贵族社会结构的精辟分析，见 M. 莱因哈德的文章《18世纪下半叶的精英与贵族》，载《近现代历史杂志》，第3卷（1956年），第5—37页。
② 参见 E.J. 霍布斯鲍恩《革命的时代，1789—1848年的欧洲》（伦敦，1962年），第2章。
③ 关于英国地主在工业发展（特别是在矿业、运输和炼铁业）中的作用，见 G.E. 明盖伊《18世纪英国的地主阶层》（伦敦，1963年），第8章。

终形成是在后来的半个世纪中。不过，甚至到1793年时，工厂体制的发展也还处于初级阶段，即使在纺织业方面也是如此。工业革命虽已开始，但还未大踏步地进入其充分发展的势头。

在"大西洋共同体"范围以外的大部分欧洲大陆地区，1763—1789年间最显著的政治倾向是朝着建立传统上所称的"开明专制"的政府体制发展。虽然一些历史学家认为"开明专制"的说法含义模糊不清，因而对它是否有用提出疑义，但似乎还没有必要把这种说法作为过时的和毫无意义的文学术语而加以抛弃。① 18世纪末叶大陆"专制主义"的特点在于它是建立在为君主专制辩护的新理论基础之上的。它使用了新的行政手段，而且表现出某种允许用世俗的观念和欧洲启蒙运动的社会经济理论来改革其政策的倾向，即使不能改成这种样子，至少也披上了这种色彩。②

在这一时期，绝大多数欧洲君主（或他们的大臣们）关心刺激他们各国经济增长的目的是最大限度地加强本国的军事力量，其中有些人则是希望通过对中世纪残存的重叠和倒退的地方管辖权加以合理改进或干脆取消，以便使他们的各领地在行政上有更大的凝聚力。而其他一些君主则是设法通过建立一种在政府中有效的伙伴关系或者绝对的独裁政治来解决重新抬头的、有时甚至是无法无天的贵族的问题。这些目的严格说来是很实际的，而且也不是什么新鲜的东西，但"开明的专制君主"采取的方法和政策均与当代的需要有关，若不从18世纪理性主义的背景、不从当时人们普遍关注的首先是自然法理论这一情况，不从当时统治者改善其臣民的精神和物质生活不完全是出于利他主义的考虑等方面来看待，就难以理解上述的方法和政策。

当时为取代业已丧失信誉的神权学说而提出的各种专制主义新概念主要来源于两个方面：洛克的契约论和重农主义者的各种政治理论。开明专制理论的经典公式在弗里德里希的《论政府的形式和君主的职责》一文中已有陈述。在1771年私下为伏尔泰和其他朋友印

---

① 最新的一种说明见F.哈通的《开明专制》一文，载于历史学会的单行本（G.36）（伦敦，1957年）——这是他在《历史杂志》第180卷（1955年）发表的文章的英译文。

② 我在此处部分地依据了J.M.罗伯茨博士在其论文《意大利的开明专制》中提出的"实用定义"概念，他的论文载于《18世纪意大利的艺术与思想论文集》（罗马，1960年），第26—27页。

刷过的这篇短文,很清楚地包含着君主制的契约论观点,并明确地阐述了统治者对其臣民所承担的义务。① "为使君主永不背离这些义务",弗里德里希得出结论说,"他应铭记他与他的臣民是完全一样的人;如果他是某个社会的首席行政官、最高司令、首席财务官或首席大臣,这不是为了让他仅仅作为象征,而是要他切实履行那些职责。他只不过是国家的头号仆人,有义务正直、理智和私毫不利己地行事,就好像随时要向其公民们汇报执政的情况"。② 新的专制主义学说的另一个来源是重农主义的"合法专制"概念。③ 早期的重农主义者避开社会契约的充分严密性,而就其职能上的特征为绝对的,但不是专制的君主制找到新的思想支柱。把这些职能与捍卫自由和财产等同起来。为了使君主能够有效地履行这些职能,便认为君主应拥有立法和执行两方面的权力。但是,在立法权力方面,君主须接受由选举出来的土地拥有者组成的咨询会议的指导,并将任务限制在"宣布"和用成文法来体现那些永远不变的自然经济秩序的原则。这在实践中意味着重农主义者希望排除君主对各种经济势力自由活动的干预,并且意味着通过一种独立的有关职权的规定把他限制在履行其"合法"职能的范围之内。也许除了利奥波德二世皇帝之外,没有哪位君主对这种学说产生任何兴趣,这也就不足为怪了——尽管俄国的叶卡捷琳娜二世曾在向1767年的立法委员会发出的"指令"中明确表示她反对孟德斯鸠的权力分立学说。

开明专制君主们在使政府机制现代化的努力中,采取了类似技术性质的行政改良。文献和记录以前一直被视为部长和官员们的私人财产,这时被归入国家档案以作统计和计划之用。从前依靠征敛、以权谋利和出卖官职的收益的官员,这时越来越多地从中央财政中领取固定的薪水。出于经济的考虑,裁减了冗员和减少了宫廷补助;对政府账目的审计,过去只用来作为对官员们品德的司法审查,现在则进一步加以推行用来了解国家财政收支的当前状况。接着制定了财政体系和预算控制。着手进行了各种人口调查,从事地籍测量以促进财政改

---

① 《文集》,第9卷,第195—210页。
② 同上书,第208页。在此使用"公民"一词,而非"臣民",是具有重要意义的。
③ L. P. 梅:《梅西埃·德拉里维埃所阐明的合法专制和开明专制》,载《历史科学国际委员会公报》,第9卷(1937年),第56—67页。

革，国内外的报纸被利用作为情报的来源，技术、农业和科学的知识有步骤地用来为各级政府服务。[①] 进步的经济计划虽然还不成熟，而且只为了应急之用，但终于起步了。[②]

把"开明专制"当作一种有效或可信的政治概念加以接受，存在某些困难，这是由于人们对诸如弗里德里希二世（腓特烈大帝）或叶卡捷琳娜二世等专制君主公开表白的诚意存有疑虑，因为他们都曾私下把他们哲学方面的心腹朋友和顾问们的"开明"设计嘲讽为乌托邦。因此，18世纪君主们的"开明"常被人们与那些夸夸其谈的文学宣传相提并论，目的是博得其他国家受过良好教育的阶层对政府体制的赞同。实际上这种体制仍然凭借使用压制性的审查制度、秘密警察和任意监禁，这也是无法否认的。影响这些君主的改良政策的"开明"，其性质无论如何不同于其倡导者们在被不确切地称为"哲学大师"或冠以欧洲伟大思想家们的得意门生的称号时所阐明的含义。这些君主在他们的基督教会改革中采取的宗教容忍和反罗马教廷的政策，表现出中立的成分比世俗的成分要多。他们的社会改良措施在一定程度上出自人道主义以及功利主义的动机。他们的财政和商业政策往往随经济思想的最新发展而变化。[③] 至少在以上种种方面，这一时期的专制统治是审慎地前进的和"开明的"，这里说"开明"并无贬义。如果说弗里德里希和叶卡捷琳娜二人就其社会同情心方面的顽固态度而言都是保守的，甚至是中世纪的，如果说他们谁都不愿冒损害封建统治之险，那是因为他们认识到他们的专制统治仍然依赖他们的特权阶层的合作和支持。那些以激进或革命的主张进行实验的人则遭到约瑟夫二世悲剧性的命运。约瑟夫宣称要使"启蒙哲学"成为他国土上的立法者，他就背离了"开明专制君主"的真正信条，这种信条是以经验，而不是以教条为根据的。

"开明的"改革在欧洲产生的最重要的结果是政教关系日益紧张；进一步向民法和刑法的法典化和现代化发展；在德意志中部，公众对贵族在社会和政治方面的虚华和妄自尊大的批评日益增多，同时

---

① 见后面第20章，原文第566—567页。
② 这方面最令人感兴趣的例子是布里埃内向法兰西显贵会议提交的五年计划（1787—1792年），作为恢复财政平衡和推迟召开三级会议的手段。J. 埃格雷：《革命前的法兰西，1787—1788年》（巴黎，1962年），第179—185页。
③ 有关重农主义和重商主义的经济理论，见后面第2章，原文第47—54页。

还要求减轻专制主义者政府的苛政。

教会与国家关系出现危机，其本身的原因是在基督教教会改革领域中维护了世俗君权和在天主教国家内反罗马教廷的主张不断蔓延的结果。奥地利的"约瑟夫主义"从推崇神圣罗马帝国的教会政治的费布朗尼乌主义中汲取了动力，但在某种程度上，它也是来自玛丽亚·特蕾西亚的传统。① 在西班牙和意大利，18世纪"政治上"的詹森主义的传播加强了王权至上论的各种历史性权力要求。不过这两种现象都反映出天主教国家中普遍存在的君主和主教日益独立于罗马教廷的同样趋势，以及教会本身为社会和经济的发展做出贡献的同样决心。反罗马教廷的主张赢得的最显赫的胜利是在1759—1767年之间把耶稣会从葡萄牙、法国和西班牙驱逐出去，并于1773年7月在波旁王朝各君主的共同压力下，迫使教皇克雷芒十四世宣布解散该会。② 在哈布斯堡的领地上，容忍非天主教徒，由国家控制普通的神学院，制止默祷教团，并对教会管理区域进行了重新规划。在西班牙，限制宗教法庭的权限，由王室控制主教的任命，并使大学从神职人员的控制下解脱出来。在意大利本土，没收了教会土地，通过立法禁止永久管业权、对教士征税，并限制教堂的庇护权。统治者们实行的所有这些改革，都是决心维护其王权，以对抗顽强但已软弱无力的教皇统治。③ 这都是一些先例，当接着在革命的法国建立了立宪会议后，便在高卢教会中出现了宗教分裂。

编纂法典的行动与其说显示了人道主义启蒙思想的进步，不如说是表明继续强调国家权力的至上。1794年的弗里德里希法典④除包括民法、刑法和行政法的全部范畴外，还把君主作为国家唯一代表的独特地位再次加以确定。并对贵族在社会和政治方面的支配地位，进一步在法律上予以承认。⑤ 出自开明的西里西亚法理学家苏亚雷斯之手的这一将罗马法和日耳曼法融合在一起的法律，适用于情况复杂的整

---

① 关于费布朗尼乌主义，见第7卷，原文第21—22页。
② 见后面第13章，第2部分，原文第391页。
③ 有关庇护六世教皇与开明专制君主的关系，见 E. E. Y. 黑尔斯《革命与教皇统治，1769—1846年》（伦敦，1960年），第2章。
④ 弗里德里希二世（腓特烈大帝）制定的法典，即《普鲁士国家公法》，在他死后于1794年正式生效。——译者注
⑤ 托克维尔关于该法典的著名分析，见 J. P. 迈耶编《旧制度与大革命》，《全集》，第2卷（巴黎，1952年），第268—271页。

个普鲁士各领地。把它说成是在国家建设方面促使社会倒退的做法，也许不能算过分不公正。在俄国，编纂成法典的与其说是法律本身，不如说是贵族的种种特权。① 在哈布斯堡诸领地，1786年颁布的一部新民法法典的第一部分，在继承法中废除了除某些例外情况的长子继承权原则，并规定未举行宗教仪式的婚姻可以离婚，从而更进一步加剧了与罗马教廷的争执。1787年的一部反映出受贝卡里亚影响的刑法，确认了废除拷打和死刑，减轻了16世纪严酷和不人道的刑罚。这些刑罚在先前的一部1768年的法典中大部分依然存在，它十分恰当地被称作"特蕾西亚的惩罚女神"（Nemesis There-siana）。②

最近对德意志中部开明专制的影响进行的一些研究表明，强大的公众舆论越来越多地把矛头对准顽固的普鲁士社会结构，对准从约瑟夫二世改良政策的倒退，以及奥地利秘密警察的镇压行径。③ 奥地利和匈牙利开明专制所产生的未曾预料到的后果之一，便是农民、学生和城镇工人阶级组成的第四等级的政治觉醒。在此之前，他们始终由于1787年土耳其战争的财政和军事负担以及约瑟夫二世和传统宗教活动的干预而被疏远。这些没有特权的阶层从约瑟夫二世推行的改革中受到鼓舞，开始追求彻底的社会和政治解放，这却远非约瑟夫二世原先的意图，而是法国革命家们的新信条的一部分。④

约瑟夫二世不顾贵族是否能接受和是否影响其特权，试图革新其所辖版图内的行政、法律和社会制度，表明当推行自上而下的激进改革措施时，欧洲专制主义政权最危险的时刻将随之而来。这种危险在路易十六的法国更为广泛的范围内显露了出来，因为在欧洲人口最多的国家里，这场推翻波旁君主政体和彻底清除封建残余的大革命，其本身就是受那些与开明专制君主动机相同的改革措施的鼓舞而突然发生的。对这场大革命的研究，对法国和近代世界的影响是如此的复杂和深远，在最近30年的一些学者手上，这种研究已达到了新的重要领域，他们一直试图从大革命参与者中最活跃的农民和城市"无套裤汉"的角度来重新解释这场革命。关于这些学者的某些发现以及

---

① 有关叶卡捷琳娜二世1785年的贵族宪章，见后面第11章，原文第316页。
② H. 克雷奇迈尔：《玛丽亚·特蕾西亚》（哥达，1925年），第187页。
③ H. 布伦什维格：《18世纪普鲁士国家的危机》（巴黎，1947年）和 E. 旺格曼：《从约瑟夫二世到雅各宾审判》（牛津，1957年）。
④ 见后面第10章，原文第300—301页。

历史学家们对这场翻天覆地的动乱有更大重要性的种种新见解的概述，在本卷的后面几章中均有所叙述。①

长期以来，旧制度中存在的财政、宪法和经济等方面的种种问题需要果断地加以处理。当最后到了1787—1788年卡洛纳和他的继任者布里安提出解决方案时，顽固不化、彼此倾轧的特权阶层激发了一场前所未有的政府危机。倘若他们的解决方案能早一点付诸实行的话，也许会避免政府的垮台。于是改革的重任不得不委托给由普选产生的三级会议，而不是委托给由精心挑选的有利害关系的贵族组成的准代表机构。大革命在1789年春获得的第一个战果就是对这个陈腐的机构进行了决定性的改造，使其成为拥有制宪权力和最高政治统治权的国民议会。第二个战果是国民议会不顾被强行解散的威胁，通过攻打巴士底狱而维护了它的权威。1789年接踵而来的其他"战果"有：8月4日晚封建制度被部分推翻；发表了不朽的《人权和公民权宣言》；到十月事件时，改革道路上的剩余障碍最终被扫除。②

在革命的初期，正如伯克所认识到的那样，法国革命变革的模式已经形成，因为，虽然"1789年的原则"是国民议会中的资产阶级代表们精心制定的，而且新秩序的建立也是他们的功绩，但是在与反动势力斗争中起决定作用的乃是广大群众直接参与了政治。这种模式后来在直至热月政变为止一直在不断向左转的革命的各个阶段中一再出现。正是在这种意义上，对该时期农民暴动和巴黎工人阶级的活动及群众心理的研究才显得如此重要。③群众参与革命政治的主要动机是经济原因，即农民对制宪议会未能成功地"彻底"摧毁"封建主义"的经济基础感到不满，城镇居民对能否得到便宜的大众主食——面包的充足供应表示关切，巴黎工人为争取最低日工资水平所做的努力，以及1792年以后在通货膨胀的压力下，日益上涨的生活费用令人不安，因而人们希望对日用消费品实行官方价格控制。有时正是资产阶级立法的狭隘的排他性促使革命日子的突然来临，如：拒绝给"消极"公民以选举权、不准体力劳动者参加国民自卫军、对

---

① 见后面第21—24章。
② 见后面第23章。
③ 在这方面的主要先驱者是已故的G.勒费弗尔教授。他的结论性研究成果包括《法国大革命时的北方农民》（两卷本）（巴黎，1924年）和《1789年的大恐怖》（巴黎，1932年）。

集体请愿权加以限制等。有些时候，革命群众显然是受一些激进的领袖、记者和享有盛名的俱乐部的煽动而投身于当时的重大政治事件——支持第三等级在三级会议中提出的要求，为反对专制君主的否决权而大声疾呼，在国王出逃失败后全力支持科德利埃俱乐部的共和请愿，举行游行示威以支持布里索派的战争政策和雅各宾派为废黜和处死路易十六而施加的压力。[1] 群众中流传的谣言和集体的恐惧——诸如贵族策划的一次又一次的反革命阴谋，假想中的各种"匪帮"的颠覆活动，富有的投机商人大量囤积食品，以及在普鲁士入侵的紧要关头施展的"第五纵队"的诡计等所引起的恐惧，都有力地激发了群众的骚乱，其反应就是激进的动荡局面在城乡的延续，最终在1792—1793年巴黎城市实行的直接民主和带有惩罚性的九月大屠杀中达到了顶点。

这种群众性革命行动的间接政治影响是意义深远的。首先，它导致革命议会中的"爱国"领导层不断地发生分化——最早的一次是穆尼埃与温和派退出了制宪议会，以及1789年十月事件之后米拉波变成了秘密的王党分子。更加重要的向右转是1791年7月马尔斯广场"屠杀案"后"立宪"派即斐扬派，以及推翻君主制后布里索派即吉伦特派的转变。这种先倒向温和，然后又倒向反动政策的变节行为，主要是由对政治激进主义带来的社会和经济后果感到不安而决定的。国民公会中的中产阶级民主派，为了保持巴黎"无套裤汉"的支持，准备接受他们的经济要求，这就是雅各宾派。[2] 其次，对雅各宾及其他知名俱乐部在巴黎日益增长的影响所引起的恐惧，促使他们的反对派考虑通过发动军事独裁而实现反革命。纳博讷、拉法耶特和迪穆里埃三人都曾想到这样的方案，并曾跃跃欲试。[3] 这些隐秘的野心加速了法国在1792年春与奥地利开战，而且在1793年迪穆里埃叛变后，使法国险遭覆灭。最后，革命的法国，作为雅各宾极端主义和恐怖时代的发源地，不仅招致欧洲专制君主们的敌意，而且疏远了在英国的许多最初的支持者和同情者；它还到处对涉嫌的激进分子动不

---

[1] G. 吕德：《法国大革命中的群众》（牛津，1959年），书中各处。
[2] 有关19世纪革命模式中重复出现的这种政治转变，见 E. J. 霍布斯鲍姆《革命的年代：1789—1848年的欧洲》（伦敦，1962年），第62页。
[3] 见后面第24章，原文第702—703页。

动就进行政治迫害和国家审判。雅各宾主义的幽灵在欧美许多地方继续游荡,直至下一世纪许多年后依然未散。

公正地说,这种极端主义的行为,是那些甚至在三级会议召开之前就从特权阶层手中夺过政治主动权的自由派贵族们和中产阶级改革派们从未打算进行的。在 1789 年最初的群众暴动后,即使最开明的"爱国党"成员都希望保持私有财产的神圣性——不论它的"封建主义"色彩有多重,并且希望保留贵族的社会地位和尊贵的特权,以及神职人员对大多数公职的控制。但是当路易十六与移居国外的贵族同流合污并求助于外国势力后,立法议会中的布里索派领袖们便决定没收逃亡者的财产和根除教士的影响。在与奥地利开战之后,对国王叛国罪的延期诉讼使得罗伯斯庇尔得以借助巴黎各区的国民自卫军和各省的联盟派的支持而推翻了君主制。随着普选权和共和政体的出现,法国终于达到了现代民主国家的状态。

然而,最终对未来产生巨大影响的并不是随后几代政治家们从大革命的过程中汲取的经验教训,也不是其在进行政治和社会试验中出现的激进主义,而是其意识形态对全球的吸引力。人民主权论导致了关于世俗国家的各种理想,在消灭封建和贵族的特权后实行的政治和社会平等、民族自决的原则和对祖国的热爱给后来 19 世纪的民族主义和 20 世纪的反殖民主义的扩展以一种新的强大的推动。① 一些观察家甚至从雅各宾派专政和共和二年的社会民主政体中看到了现代极权主义的渊源。②

伴随美利坚合众国的崛起和欧洲旧政权的衰亡而来的是崭新的知识、文化和科学地平线的展现,它的轮廓随着"启蒙运动时代"接近尾声而显得愈加清晰。就这些以及其他方面而言,这个时代是个过渡时代,因为虽然它仍然从旧世界的共和理想和艺术光荣中获得灵感,但它已开始对早期启蒙运动的形式主义和理性主义进行了反抗,并在艺术、音乐和文学领域朝着未来的浪漫主义迈进。③ 在这方面影响较为广泛的是新古典主义和卢梭。在形而上学的探索领域内,康德

---

① G. 勒费弗尔:《世界史中的法国大革命》,载《法国大革命论文集》(巴黎,1954 年),第 315—326 页。
② J. L. 塔尔蒙:《极权主义民主的根源》(1952 年)。
③ 见后面第 3、4 章两章。

的先验哲学指出了人的理性的界限以及首次使相对立的理性主义者和经验主义者的理智原则调和一致,从而带来了又一场更为深刻的革命。① 然而至少具有同等重要意义的还有科学推进力的复活,它曾在20世纪前50年放慢了节奏,但现在又在自然科学和人类对物质世界的了解方面产生了带有根本意义的新发现。②

(张志军 译)

---

① 第3章。
② 见后面第5章。

第 二 章
人口、商业和经济思想

一 人口的增加

　　18世纪欧洲人口的估计数有很大幅度的误差；直接的人口调查做得极少而且做得不完善，大多数数字是从计算户数得出的，而户数除残缺不全外，对各户的人数也必然要做随意的假定才能得出人口的总数。这样的估计数字虽然可以提供一个国家人口近似规模的相当可靠的数量，而要据以求出一个国家中人口的增长率则是很不可靠的，因为这些估计数字是随行政效率的高低而变动的，它们给人的总印象很可能是夸大了人口增长的速度。不过可以肯定，18世纪欧洲大部分地区的人口是在增长，而且就整个欧洲而言，人口在1760年以后比以前增长得更快。① 现在回顾起来，人们自然把这次人口增长看作作为过去200年特征的人口持续不断增长的第一阶段，并以生活水准提高或医药和公共卫生改善这样一些新的影响来加以解释。但也应该看到，18世纪下半叶的人口增长只是在斯堪的纳维亚的某些地区和低地国家、俄罗斯、英格兰、威尔士和爱尔兰以及德意志的一些地方速度较快。即使在这些国家（除俄罗斯、某些普鲁士省份、芬兰和爱尔兰外），18世纪后期的增长率也许每年不超过1%。在西班牙、意大利、法兰西，也许还有瑞士，年增长率为0.5%左右或者更低，这样的增长率在较早时期是很寻常

---

① 在附录中（原文第715页）有一组可信程度各异的估计数字。有些地区的数字（特别是匈牙利）是受移民的影响，而不光是由于自然增长。

的——例如，格雷戈里·金①估计英格兰和威尔士人口在17世纪末每年增加0.4%。

此外，在18世纪后期人口增加最快的某些地区，迅速增长是长期性的；德意志的部分地区自三十年战争结束以来人口便一直迅速增长，俄罗斯从18世纪20年代后期人口开始迅速增长。在这些地区，18世纪末人口增长并不是从停滞状态突然上升的。在瑞典和芬兰，人口实际在北方战争停止后20年内增加得比18世纪后半叶更快。因此，虽然出现增长加速的现象，在英格兰、威尔士和爱尔兰尤其明显，但这种加速并不具有普遍性。需要加以阐明的问题不但有18世纪后期某些地区人口增长加速的原因，还有某些地区长期比别处增长率高的原因。

我们感谢马尔萨斯对人口的预防抑制和积极抑制加以区别——前者是推迟或避免结婚，后者是战争、饥荒和疾病。工业革命前在西欧的大部分地区是预防抑制在起作用。抚养孩子的责任落在父母的肩上，而不是由大家庭或家族集团负责，因而在决定是否或何时结婚的问题上人们为获得建立独立家庭手段的能力所左右。在容易获得支撑家庭手段的地方，人们结婚就比较早，过独身生活的比较少；在生活条件困难的地方，人们往往推迟结婚，或者根本不结婚。这样，关于婚姻的习俗最终趋向于适应可以得到的财力，从而防止过快的人口增长。倘若人口增长超过可能得到的土地和农业设备，农民们后出生的儿子就会发觉不容易获得并耕种他们自己的田地，于是当上了雇农、家仆或士兵。

这种对婚姻的控制是否由于人们婚后限制生育而更甚，我们不得而知。在所有社会里一向实行流产和原始的避孕技术，但根据当时评论的语气也许可以断定，除法国外，这时这些方法的使用尚未普及足以有效地降低人口出生率的程度；在其他地方，则主要靠诸如荒年之类的异常情况。

人口还周期性地受战争、饥荒和疾病等侵袭的抑制。在没有充分肥料供应和有效灌溉方法的情况下，当时粮食收成的丰歉波动程度比现在要大得多，虽然直接死于饥荒的人在总的死亡人数中所占比重不

---

① 格雷戈里·金（Gregory King, 1648—1712年），英国统计学家，所著《1696年的英国概况》一书对17世纪末英国人口和财富状况有翔实论述。——译者注

大，但一次歉收往往加剧疾病所造成的后果。同样，虽然战争的直接伤亡比瘟疫造成的死亡小，但军队的过境和交通的混乱使社会更容易发生流行病。在由于这些原因造成死亡率高的年份里，人口大量增长的现象可能并非在老人和婴儿中间，而是在年轻人和5岁以上的儿童中消失了，尤其在像M.古贝尔提到的博韦地区那种死亡率特别高的地方更是如此。①

根据马尔萨斯在他的《人口论》（1798年）第一版中提出的最初观点，饥荒和疾病乃是对人口增加速度快于生活资料增加速度的人类所施加的惩罚。高死亡率是过高出生率导致营养不良和过分拥挤而造成的结果。不过，经过仔细检验的瑞典和英格兰的情况表明，高死亡率与人口压力看来似乎并无密切关系。歉收年份的出现频率与严重程度取决于气候，而不取决于人口占有资源的比例；尽管粮价的起伏对城市人口死亡率的影响很大，而且在贫民区比在富人区更加敏感，但坏收成本身往往并不足以造成重大而范围广泛的死亡率上升。死亡率特别高的年份主要由于流行性疾病，这往往伴随着出现某一地区地方性疾病的异常流行。流行病的发生和居民抵抗这种疾病的能力均与粮食供应无密切关系，而且尽管某种流行性疾病比如肺结核可能是受营养水平的影响，但最致命的流行疾病其特性和致命性并不取决于粮食供应，而是取决于引起流行病的各种因素，如气候，特别是温度和降雨量，而且取决于城市化的程度。因此，至少在英格兰和瑞典，人口的预防抑制看来已使人口的增长适应于土地和设备的供应，从而稳定在一定的生活水准上，虽然这种水准用现代标准来衡量是极低的，但已高出仅能维生的最低水平，足以避免重大饥荒并避免直接由饥荒引起的疾病。高死亡率并不是由高出生率引起的；也许这样说更符合事实，即死亡率水平高有许多与粮食供应并无关系的原因，而且从长远观点看问题，可以通过改变结婚年龄和过独身生活等手段使出生率适应于这个水平。马尔萨斯本人在他后来的著作中认为，这一点对于欧洲长期有人居住的一些地区是普遍正确的。他写道："在近代欧洲几乎所有比较进步的国家里，目前使人口控制在生活资料实际水平上的主要抑制途径乃是对婚姻的审慎的约束。"

---

① P.古贝尔：《17世纪博韦地区人口问题》，刊于《经济、社会、文化年鉴》，第7卷（1952年）。

这些结论对于整个西欧并不同样适用；在欧洲大陆的各部分，人口之所以能适应资源，预防抑制和积极抑制所起作用的大小程度并不一样。习俗上更注重以生活水准为结婚条件，而不是以年龄为结婚条件的地区，预防抑制最起作用。但在某些地区，由于机会充分而形成的婚姻习惯无法适应后来由于这些机会减少而出现的情况。结果，在人口增长严重影响生活水准的地方，一旦遇到暂时的人口急增或连续几年歉收，便很少有缓冲其影响的能力。在这种情况下，死亡率对歉收更加敏感，流行性疾病的严重程度和蔓延范围也就更加受生活水准的直接影响。例如，爱尔兰居民比英格兰居民更容易受歉收之害；萨克森选侯领地 1770—1772 年歉收造成的高死亡率，使当地 1780 年的人口还低于 1744 年。

各国间死亡率的不同变化不论是什么原因，看来可能的是，人口正常迅速增加的国家和人口缓慢增加的国家之间的主要差别在于它们的出生率水平；而它们出生率的不同则可能反映了他们往往因结婚年龄和过独身生活的人的多寡的不同而出现的生理和营养状态。令人非常瞩目的增长地区——高达每年 3%——是北美，那里充裕的土地为早婚提供了机会。俄罗斯人口迅速增长也反映了边疆地区特别不重视预防抑制的情况。因为俄罗斯的一户有许多个家庭，青年人结婚后并不独立门户；此外，农民的土地是根据每个家庭的劳动力强弱或"吃饭的人"的数目来重新分配的，这种做法的形成一方面是因为人口的不断增加，但同时又促使人口增加，因为在那里大家庭受到奖励，而不像西方的情况那样往往要受到惩罚。在芬兰还有在普鲁士东部，高增长率则反映出人口稀疏地区所提供的种种机会。

芬兰的增长率比其他斯堪的纳维亚国家要快很多，表 1 可以说明这一情况。

表 1

	出生率（%）	死亡率（%）	自然增长率（%）
丹麦	31.0	28.2	2.8
挪威	32.4	25.0	7.4
瑞典	33.6	27.4	6.2
芬兰	41.3	28.1	13.2

第二章　人口、商业和经济思想

就其他人口迅速增加地区来说，证据想必也是根据环境条件而推测出来的。爱尔兰甚至在 18 世纪最后几十年人口增长加速之前相对高的增长率可能也是由于早婚和高结婚率；因为爱尔兰人素有如佩蒂所说"从最初有结婚能力起"就结婚的名声。

对比之下，人口增长最缓慢地区是那些建立新家庭的手段最受限制的地方，除农业之外没有什么谋生机会的地方，以及在农业方面谋生机会由于土地稀缺和大庄园普遍存在而受到限制的地方。西班牙的状况即如此，虽然阿斯图里亚斯、加利西亚和巴伦西亚的人口在 18 世纪中翻了一番多，但有许多大庄园和受牧主光荣会①压迫的埃什特雷马杜拉在 18 世纪末还跟该世纪初一样人口稀少；而整个西班牙的人口在一个世纪里也只增加了 50%。西班牙作家萨米恩托认为，他的国家"人口减少"的原因不仅在于教士过独身生活，还在于俗人中未婚者占很大比例，这些人由于农业资财的分配不公，没有能力维持家庭；1768 年人口调查中 16 岁到 25 岁的人口中结过婚的只占 20% 多一点，这个事实表明这种说法是正确的。②

在意大利，整个国家的人口增长率大约每年只有 4‰，而托斯卡纳和波河流域的增长速度最慢，因为两地人口业已非常稠密，精耕细作农业的潜力也已耗尽。建立独立门户的家庭的可能性受到限制，结婚时间便被推迟；在 18 世纪的威尼斯，男人第一次结婚的年龄在 29.9 岁到 31.7 岁之间，女子在 28 岁到 29.8 岁之间。奥地利的情况比较模糊，因为该国包括像上奥地利和下奥地利以及波希米亚等人口相当多的省份，也包括像施蒂里亚和卡林西亚等人口密度只有前者一半的省份。后两个省份人口稀少，不能完全以土壤贫瘠为由加以解释，有人把这种情形归因于领主土地所有制（Grundherrschaft）和地主家族（Gutsherr-schaft）加在农民身上的沉重负担和农村中无产阶级的存在，这些人结婚晚或者根本不结婚，一方面是因为他们太穷，供养不起家庭；另一方面则是因为地主不允许没有生计的人结婚。③但是在普鲁士，同样的社会制度却并未与人口的迅速增加发生矛盾，欧洲南北边疆地区人口发展状况的这种对比，其原因可能是南部地区

---

① 原文为 Mesta，系西班牙古时的牧主公会。——译者注
② 奥尔蒂斯：《18 世纪西班牙社会状况》（马德里，1955 年），第 58—61 页。
③ K. 许内曼：《玛丽亚·特蕾西亚执政时期奥地利的人口政策》（柏林，1935 年），第 42 页以下。

所处的地理位置不佳，不太可能成为大宗的粮食出口者，因而无力支持人口的迅速增长。

在法国，据勒瓦瑟的估计，1770—1789年之间人口的增长率每年不到5‰，18世纪70年代开始出现人口出生率的不断下降，这并不是由于结婚年龄的改变或结婚者比例的改变，而是由于婚后控制生育。限制生育的愿望与农民需要保护他们的财产免受因人口增多而被分割得更小的威胁有关，因为当地没有大量的保留土地，除务农外也没有迅速增加的谋生机会。18世纪后期，人口的增长业已导致将家庭财产平分的做法，这是一种只有在除家庭财产外别无适当出路的情况下才会采取的为孩子们提供生计的办法，这个办法本身已足以说明有必要建立小家庭。

由此看来，各国之间人口增长的巨大差异主要在于出生率的不同。但这并不是说18世纪下半叶在某些国家中明显的人口加速增长也是出于同一缘故。

这种加速增长并不一定是由于全新的影响在起作用。在欧洲大多数地区，除大城市外，在没有流行病和战争，收成正常的年份里出生人数也许超过了死亡人数。因之，有幸在这些方面都如人愿的任何一段时期里人口就可能会增加。18世纪下半叶看来就是这样的时期。死亡人数的波动在18世纪没有17世纪那么强烈，18世纪下半叶又比上半叶平稳。18世纪20年代和30年代是欧洲大部分地区疾病流行的20年；在20年代爆发了鼠疫；30年代一场严重的流行性感冒横扫西半球，另外还爆发了天花、斑疹伤寒、伤寒和痢疾。相反，18世纪后几十年里，在欧洲的南部和北部长时间都没有发生严重的疾病。例如在西班牙，虽然瘟疫一直是农村地区严重的地方病，1784—1787年和1790—1792年蔓延成流行性疾病，但18世纪下半叶主要的流行病只限在城市里。1709年的流行病波及全国，而1800年的流行病则局限于加的斯、塞维利亚及其附近地区。

此外，死亡率特别高的年份虽然暂时减少了人口的增长，但最终可能形成一种有利于人口突然猛增的年龄结构。流行病发生的年份不但死亡增多，而且使婚姻推迟；不但婚姻推迟因而生育也推迟，并且现有已婚夫妇的生育也减少了，部分是因为配偶死亡而致家庭破裂，部分是因为出现高死亡率的环境不利于怀孕。但是，造成高死亡率的原因一旦消失，出生的人数便大量增加；推迟的婚姻这时完婚了，许多年轻人比起以往的习惯结婚年龄提前，因为他们这时可以较早地继承家产和职业，如果不是瘟疫夺走了许多人的生命，他们是不会这么早成家立业的。由于高死亡率而锐减的配偶数这时已由具有更高生育能力的新婚配偶所补充。这种出生人数的突然增加造成十分令人瞩目的年龄结构的波动，这种人口的猛增随着时间的推移便显示出一种波浪般的效果。在这种猛增之后大约 30 年时间，人口中便会出现不正常的高比率的年轻成年人。倘若当时正好出现十分有利于结婚的条件，有利的年龄结构和早婚双管齐下，便会出现 10 年或更长时间的人口大爆炸。

英格兰人口在 18 世纪后期之所以增长得比较迅速，部分可以用这些原因来解释。1725—1729 年天花流行，接着便是 30 年代的生育高潮，大约在 25 年之后，英格兰人口中便出现了不正常的高比例的年轻成年人，其他条件也有利于结婚。因此，1760 年前后便出现了结婚高峰，这就在一定程度上造成 60 年代和 70 年代的人口增加。由于同样原因，瑞典在 1750—1765 年、1774—1780 年、1791—1798 年也出现了人口增加的高潮。

因之，人口变化的传统作用过程可用以解释 18 世纪下半叶人口比较迅速增长的大部分原因。究竟是否全部新的影响在发生作用以及这些影响的范围和性质如何，至今仍然众说纷纭。那个时期的低死亡率是表明一种永久性的改善呢，抑或它只是由于 1763 年后长时期的和平以及天气良好，再加上流行病发病率幸而有所减少等有利因素而造成的呢？淋巴腺鼠疫在欧洲的绝迹——最后一次严重爆发是 1721 年在普罗旺斯地区——固然是一件永久性的成绩，然而，尽管鼠疫无论发生在什么地方都要引起大量死亡，但这种病的爆发次数往往相对较少，并且限于一定的地区，所以它的绝迹并不是低死亡率的重大原因。有人争辩说，18 世纪末法国的婴儿死亡率在下降；而 5—14 岁和 15—24 岁年龄组的死亡率实际上固定不变，1—4 岁年龄组死亡率下降是因为天花几乎已完全绝迹，这种病在 1789 年以前是造成这个年龄组 30% 死亡的原因。[①] 在英格兰因天花而死亡的数字也有所减

---

① J. 布尔热瓦-皮夏：《18 世纪以来法国人口的一般趋势》，载《人口双月刊》，第 6 卷（1951 年）。

小，这是18世纪后期实行接种牛痘和19世纪早期实行注射疫苗的结果。但是，除了天花这一疾病外，并找不到对人的平均寿命产生重大影响的医疗方法有所改善的证据；医药设备的任何增加都局限在城市，它甚至不足以抵消城市化对死亡率带来的不利影响。

可能对人口增长有重大作用的一个新的影响乃是食物供应的改善，根据法国的证据已经得出结论：饥馑与死亡的相互关系在1770—1789年间并不像17世纪后期和18世纪早期那么明显；欧洲许多地方1770—1772年和1795年的歉收与1709—1710年的坏收成相比，对死亡率似乎也没有那么明显的影响。[1] 18世纪后期任何这种使欧洲人口遭受饥荒之灾的可能性的减小，都不能仅仅归因于食物供应的改善；由于各种互不相干的原因，一些往往是由于食物匮乏而引起的疾病不再像以前那样肆虐，这样，歉收所引起的死亡就减少了。但是，也许由于气候条件较好，作物品种大大增加，以及耕种方法的改进，某些地区歉收的情况已经减少，而且也许由于粮食贸易的组织工作有了改进，在粮食储备不足的地方，通过从储备有余的地方输入粮食，也比较容易减轻收成不足所引起的困难。除广种马铃薯的贫困地区外，并无证据表明营养与抵抗疾病的能力有什么提高；农业生产力的提高被用来养活增加了的人口，而并未增加每个人的消费量；尽管农业生产力并没有提高，但人口的增加很可能已在生活水准很低的地方引起了马尔萨斯所说的积极抑制。

总之，尽管较低的死亡率在某种程度上的确表明各种新的影响在起作用，但事实很可能是，作为近代标志的主要是一种在较早时期出现的暂时有利条件所造成的结果，而不是死亡率的开始持续下降。在19世纪初期，在那些有证据可查的地区，死亡率又再度上升了。

在某些地区，18世纪后期人口增长的加速可能是由于放松了对婚姻的审慎限制。布拉班特人口在29年内增加了40%——由于布鲁塞尔、卢万和安特卫普的人口只增加了25%，而且由于该地区已是欧洲人口最稠密的地区之一，这种增加速度就更引人注目——部分反映了对外贸易的扩大和农业的改进对结婚的机会起了促进作用。在爱尔兰，有人争辩说，由于马铃薯种植的普及以及为了满足英格兰对谷

---

[1] C.E. 拉布鲁斯：《旧制度末期的法国经济危机》（巴黎，1944年），第182页。

物的日益增加的需求而把牧场改为耕地；加速了现有土地的再分配，并开垦了新土地。结果，农家的儿辈们发现在18世纪后期获得土地和成婚比以前容易了。在英格兰，1760年以后经济增长的加速，特别是对农产品需求的增加，可能促使人们更加愿意结婚，犹如边疆地区由于土地充裕而促使人们愿意结婚一样。至少在英格兰，认为当时存在着有利于生育的影响的看法具有现实根据。马尔萨斯写道："人口迅速增长的最必要的条件是对劳动力的巨大而持续的需求。"此外，如果没有这些有利于出生率的影响，那就有可能出现这样的情况，由于低死亡率而导致的人口增长，将会产生出现在法国而不是英格兰的那种人口出生率的相应下降。然而，那种认为存在着长期保持或促进出生率的影响的看法，尚无详细的统计资料加以证实。至于18世纪后期的人口增长究竟在多大程度上反映出维持生活的经济能力的提高，并且在多大程度上是一种不受其他因素影响的发展——经济迅速发展的地方生活水准不会降低，而在经济发展停滞的地方，生活水准就会降低——仍然是一个悬而未决的问题。

二　贸易

（一）贸易的模式

在蒸汽应用于运输以前，各种类型的货运费用都非常高昂，因此，与生产总量相对而言，贸易量是很小的。此外，在修筑铁路以前，水路运输比陆路运输的费用低得多，所以，在有海洋或河流连接的地区，即使是相距甚远的地区之间进行的贸易，也远远超过只有陆路连接的地区即使是同一国家内的地区之间的贸易。欧洲本身内部有一些欧洲产品的长途贸易，例如在莱比锡进行萨克森和西里西亚的工业品和东欧的初级产品的交易，以及在德国、意大利和法国南部之间以苏黎世、巴塞尔和斯特拉斯堡为中介进行的大量贸易。但是，主要贸易地区却集中于大海——大西洋、地中海、波罗的海——周围，而主要的欧洲贸易城市乃是那些在西欧和中欧的人口较稠密地区及其周围地区之间交换货物的城市。

最重要的综合贸易是在欧洲与南、北美洲之间的贸易。西印度群岛有欧洲所需要的大量剩余产品，主要有糖、咖啡和几种数量较小的产品如棉花、靛蓝、辣椒和生姜。从马里兰到卡罗来纳这样一些种族杂居的殖民地也生产大宗农作物。北部殖民地几乎没有什么在欧洲市场上有价值的大宗产品，只有多余的粮食和木材。这种各国各有其特产的情况，使建立一个复杂的交换系统成为可能。英国向大陆南部殖民地出口的制成品大致上与从这一地区进口的初级产品平衡。英国在与西印度群岛的贸易中有相当大的贸易逆差，不过在一定程度上被无形支付所抵消，与大陆北部殖民地的贸易则有较小的顺差。北部殖民地部分依靠输往西印度群岛的粮食，部分依靠与南欧之间的贸易顺差来弥补与英国的贸易赤字；鱼、木材和小麦产品向西班牙和葡萄牙出口，换取酒、盐和水果，然后航运到英国。

西班牙和葡萄牙在南美的殖民地主要用金银锭来交换制成品。虽然法律规定这些地区的贸易由母国垄断，但事实上一大部分贸易是由英国人或法国人进行的。输入西班牙、葡萄牙及其殖民地的大部分制成品由英国和法国供应。这些制成品（如英国商品）部分是用进口羊毛、水果和酒来偿付；但法、英两国在与伊比利亚半岛贸易中都有巨额顺差，由西、葡两国用金银锭来结算。因此，部分出口到北美的英国商品最后是以金银锭输入英国的形式来偿付的。大西洋地区国际贸易的国际结算从来不是顺顺当当的，美国商人在美国革命前夕所负沉重债务也许可以说明从长远来看已存在着某些难以解决的纠葛。但与大部分其他主要贸易地区相比，这些困难并不严重。欧洲需要的初级产品，在新大陆最后是可以用商品来偿付的。

在远东，17世纪贸易的大扩张把欧洲商人带进了一个不大愿意进口欧洲商品的地区。印度，主要是孟加拉，向英国出口棉织品、丝绸、硝石、靛蓝、糖，以及在同中国进行贸易中所获得的大米、茶叶和其他产品。英国则主要以输出布匹，还有铅、铁和铜作为交换。虽然从绝对数字上讲，这些出口商品的数量并不算少，但它只约占英国从东印度进口货物官方数值的1/3。印度在英国人能提供廉价的棉布以前是个不愿意接受欧洲商品的市场，荷属东印度群岛和中国的情形也是如此。欧洲同东方的贸易差额因而是以输出金银锭，以及以政治性质的汇款来清偿的，对中国则以出售印度的鸦片来清偿。

在与中东和近东的贸易中也出现了同样的困难，不过程度上较轻。这种贸易主要是以布匹和殖民地产品交换奥斯曼帝国的天然特产如纺织品原料（主要是棉花）、谷物、皮革、油和香料；并且主要通过法国的代理商，这些天然特产通过北欧成交，不过其中也有一些直接运往萨洛尼卡、的里雅斯特、威尼斯和热那亚。在这种贸易中也有以金银锭或硬币结算的。

第四大综合贸易区域是波罗的海。波罗的海沿岸国家是西欧的传统粮仓，特别在歉收的年份西欧依靠从那里输入粮食；除小麦外，但泽业已丧失其在这项贸易中先前所处的支配地位，因为出口的主要地区已经东移。波罗的海还提供由芬兰、立窝尼亚、爱沙尼亚和瑞典出产的木材——1760年后通过松德海峡出口的木材数量激增——以及瑞典和俄国的铁，俄国输出的铁在这个时期不断增加。1784年通过松德海峡的商船，大部分（37%）是与德国港口进行贸易，其次（26%）是与俄国。大量出口货物至少在最初是运往英国和荷兰。对荷兰的出口，大部分分售到其他地区，但对英国的出口则留在当地。作为交换，英国人则提供制成品和一些殖民地商品，地中海沿岸国家提供食盐（法国、意大利和一些葡萄牙的）、酒、鲱鱼、服装、皮革、殖民地产品，尤其是在1740年之后还提供一些原棉和羊毛。18世纪40年代以后，波罗的海进口的殖民地货物增加得很快。尽管如此，仍有余额（尽管为数很少而且在不断减少）不得不用金银锭来进行结算。

远距离贸易一向包括三个部分：一是一个地区的天然特产同另一地区的天然特产交换，二是制造品同天然特产交换，三是制造品同制造品交换。这三种交易在这个时期同时并存。波罗的海与地中海之间的贸易主要是第一种，同美洲的贸易大部分属第二种。第三种贸易则很少：在较先进地区之间进行特产交易，另有一些是以西方羊毛织品同东方的亚麻织品进行交易，但可能数量不大。就数量和价值而论，天然特产的交易是最重要的，但具有最大潜力的贸易乃是少数高度专业化地区的制成品同周围地区天然特产的交易。具有重大意义的是，英国的贸易已经几乎全是以制成品交换初级产品。

大体上说，国际贸易的模式取决于相对成本。在某些部门，如在粮食贸易中，也许绝大部分如此。但是，在欧洲国家政治控制或影响所及的地区，贸易的分布和性质却由于这些国家所采取的各种措施——航海措施和垄断公司——而出现反常现象，以确保母国保持主要的贸易优势。此外还存在制成品贸易的壁垒，例如法国人和英国人彼此设置的壁垒以及禁止印度产印花平布贸易的种种措施。

殖民大国企图在它们的殖民地市场上保持垄断地位这一事实具有很重要的经济意义，因为，由一个国家以政治手段占有的市场，其性质使市场的发展发生很大的差别。至于不同殖民制度所制定的法规究竟有多大效果，以及这些法规究竟在多大程度上使贸易偏离其本来的流通渠道，那就很难说了。几乎从一开始，西班牙对殖民地贸易的垄断就受到了严重损害，由于七年战争的结果，英国扩大了其在加勒比海地区的贸易机会，实际上赶走了那个地区的竞争对手法国。从1766年起，英国人采取了一系列的努力，试图把英属西印度群岛建成同西班牙殖民帝国进行贸易的集散中心。从1766年通过第一个自由港法，经历不断修改到1787年和1805年的修正案，英国人设法促进英属西印度群岛各自由港与外国种植园之间的贸易。西班牙人则放宽西班牙人同西属美洲贸易的限制以抵制英国的压力。根据1778年的自由贸易法令，取消了加的斯和塞维利亚的贸易垄断权，允许西班牙与中、南美所有主要港口互相进行直接贸易。[①] 这项措施旨在通过允许西班牙子民在西班牙帝国范围内有很大程度上的贸易自由，以便降低价格，从而使他们能较好地对付外国闯入者的竞争。事实上，放松限制的确促使与西属美洲的贸易迅速扩大，但它未能成功地抑制在贸易中份额不断增加的英国人的侵入。到18世纪末，虽然西班牙对其殖民地贸易的垄断，除了为适应路易斯安那的特殊环境而放宽限制外，在理论上讲仍是完整的，但根据当时的估计，实际上却已有多达25%的贸易额掌握在外国人的手中。保持垄断的努力之所以失败，完全是因为西班牙的制造商和商人不能满足殖民地的需要。

如果说西班牙对殖民地贸易的垄断是在外部压力下崩溃的，那么英国人的垄断则是被内部的压力所打破。英国人保持对其西半球殖民地贸易的垄断地位的努力远不像西班牙人那样严酷。1730年后允许北美殖民地出口大米，1739年后允许把糖直接输往地中海，直到巴黎和约后试图加紧执行贸易法和航海法为止，旧殖民体系的运行具有一定的灵活性。此外，英国经济与其殖民地之间有天然的互补性。至

[①] 见后面第14章，原文第401页。

于对旧殖民体系的各种控制究竟在多大程度上造成贸易模式的反常，则是一个存在争论的问题。人们有时争辩说，这种控制并未使英国殖民地的贸易有什么不同，因为它们符合贸易的自然条件；也有人指出，美洲殖民地的叛离并未在实质上改变英美贸易的趋势。但1783年在事实上的确形成一些变化。有人估计，在独立战争之前，如果不计走私货物，美洲殖民地的贸易有2/3—3/4是在帝国范围内进行的；美国的独立使帝国在美国输出的货物中所占份额减少到1/2，不列颠诸岛所占份额则从1/2减少到1/3。[①] 此外，美国的独立确实导致伦敦作为贸易中心地位的一定程度的衰落，就烟草来说尤其如此，尽管导致这种衰落的还有别的经济力量。

根据美国的经验做出的论证实际上没有多大说服力。1783年后，就严格的经济意义而言，英国当然是大部分制成品的最大的供应源。在18世纪早期情况却不是这样。有一些证据表明，旧殖民体系在其早期，是按照若依它自己的意愿行事绝不会采取的路线指导需求的。1783年对贸易造成的变化相对说来比较小，这一事实有助于加强由旧殖民体系形成的商业纽带。我们有理由说，一百多年的控制已形成了种种商业纽带，即使在贸易控制停止执行以后，它们依然把英国与殖民地在商业上联结在一起。

我们有理由认为，这种情况是肯定无疑的，即如果不规定一定种类的殖民地产品必须首先运到英国，那么伦敦在国际商业和金融方面就不会这样快获得如此优越的地位。英国并不是最优良的天然商业中心。例如，荷兰就具有相当多的优越条件：荷兰掌握着在欧洲大陆上分销亚洲、非洲和美洲产品的控制权，甚至在它必须从英国获得这些产品的情况下仍然如此，由此可看出，它的力量是多么大。同样，德国也有很大的优越条件，例如，在对美国停止行使航海法令后，不来梅很快就成为桶装烟草的集散中心，而汉堡也很快便与美国建立起直接的商业往来。

到18世纪后期，英国为了自己的消费而比其他国家要进口更多的殖民地产品，仅仅这一事实就使它在转口贸易中占有特殊的优越地位，因为它拥有了较大的股本，发展了市场设施并积累了有关资源的

[①] H.希顿：《美国贸易》，载C.N.帕金森编《贸易风》（伦敦，1948年），第196页。

知识。然而，要是没有对旧殖民体系的种种控制，使伦敦成为巨大转口贸易中心的过程就会慢得多；而且，由于到伦敦购买殖民地货物的顾客往往还需要解决运输和商业金融问题，所以这些控制也有助于使伦敦成为国际金融中心。

这一时期荷兰作为船舶和商船供应者的地位进一步衰落。荷兰人在这两个领域都让位于英国人。例如在布匹的运输方面，英国通过松德海峡装运的份额以牺牲荷兰而得以大大增加。通过松德海峡的荷兰航运的绝对数量在60年代或70年代一直持续上升，但后来他们相对来说输给了英国和斯堪的纳维亚诸国。任何中间人的地位都是很不稳定的，因为他们所服务的双方迟早会彼此直接交易。荷兰不仅面对英国的竞争，斯堪的纳维亚诸国特别是瑞典的航运也大大发展起来。就殖民地商品来说，英国和荷兰在波罗的海贸易中的相对地位均已下降，到1771—1780年，其他国家特别是波罗的海国家本身，运输了将近2/3通过松德海峡的进口货，这10年间瑞典所占份额的百分比几乎与英国持平。在从波罗的海出口的粮食方面，18世纪初荷兰人曾完全占据支配地位，但在18世纪打入这项贸易的是斯堪的纳维亚和波罗的海诸国，而不是英国，英国船只在这项贸易中始终未占很重要的地位。1771—1780年，在通过松德海峡运输的粮食总量中，荷兰只占41%。除阿姆斯特丹和伦敦两地外，销售殖民地货物中其他主要大宗商品的贸易中心，也不可避免地应运而生——1740年后汉堡的生意日益兴隆，在这一时期成为从阿尔汉格尔和波罗的海运往英国的日益增多的粮食贸易的主要转口港；随着革命战争的爆发，汉堡接过了原先由阿姆斯特丹进行的大部分贸易。法国发展它自己的殖民地贸易转口中心。1780—1783年的英荷战争对双方的航运都产生了不良后果。18世纪荷兰的捕鲱业衰落，不仅被18世纪后半叶在该业中占据较大份额的瑞典人，而且被哥德堡兴起的捕鲱业排挤出波罗的海。

英国人给予荷兰人的打击，或斯堪的纳维亚和波罗的海国家商人采取的主动行动，都没有什么令人特别惊异的。但这个时期最令人难以理解的事件之一乃是法国人建立一支庞大的商船队的失败。1767年通过松德海峡的6495艘船舶中，有203艘开往、299艘开出法国港口，但其中属于法国人所有的只有10艘。尽管法国的贸易增加，但法国的航运却被排挤出许多航线。荷兰人和英国人，特别是在1740年以后的瑞典人，把法国人挤出了与北方国家的贸易。理由很简单：法国的运费比丹麦或荷兰高出20%—30%。法国的航运业主要是保持与法国殖民地的贸易，因为它在这些地方采取了某些保护措施，此外，它保持着对地中海东部地区和东方的贸易。

18世纪最后几十年里，对贸易的限制大大放宽。虽然这些放宽措施很少是由明确的自由贸易思想所促成的，但所有这些措施都反映出并且推动了贸易的增加。法国对其西印度殖民地贸易的垄断，遇到了英国在保持殖民地贸易垄断地位时所遇到的同样困难——西印度殖民地和北美殖民地的互补性使得用前者的食糖产品交换后者的粮食有利可图。此外，法国人没有能力充分保证其殖民地所需要的产品供应，这不仅导致大规模的非法贸易，而且导致1763年、1767年和1779年对垄断的放松，最后导致1784年8月30日法令的颁布，规定建立6个贸易中心，允许外国船只对一些指定的商品进行范围广泛的交易。1778年的法令开放西班牙与其殖民地间的自由贸易。到美洲殖民地革命时，第一个英帝国的最重要部分脱离了旧的殖民体系。对国内贸易也放松了。哈布斯堡帝国版图内的德意志各邦从1775年起组成了单一的关税区，1796年扩大，把加利西亚包括了进去。即使在俄国，由于粮食生产大户的贵族以及商人的压力，于1753年取消了国内关税，1762年又做出安排允许粮食自由贸易；不过，叶卡捷琳娜总的经济政策一般说来是限制很严的，对进出口课以高关税并加以种种限制，并在1785年颁布的手工业者管理条例中加强了行会组织。最后，根据1786年英法商业条约，法国降低了对纺织品、皮革、金属器具和瓷器的税率——有些降低了10%——英国则取消了对葡萄牙优惠而对法国葡萄酒和烈性酒实行的歧视性税收。由于英法两国之间走私活动猖獗，所以很难估计这项条约的效果如何，但法国终于在1793年宣布废除此条约。

（二）贸易的趋势

这个时期的整个国际贸易没有统计数字，但我们可从英国的数字推断出一些情况，因为英国的贸易比任何其他国家的数额大，分布也广。英国通过合法渠道进口的货物，经过1735—1747年一个相对稳定时期之后，到 1775 年有了很大增加；1775—1782 年由于对美洲殖民地战争的影响有所下降，然后又上升，直到 18 世纪末。英国产品的出口量，除那次开始较早持续较长的停顿外，可以说明总的格局；上升到 1764 年后，出口平稳下来，接着出现了 20 年的比 60 年代初期没有上升而是往往下降的局面；然后从 1786 年起又有一段时间出现令人瞩目的发展，只是在 1793 年由于战争的爆发曾暂时中断。18 世纪最后 20 年，英国进出口增长率合计每年稍低于 5%，而 18 世纪上半叶则每年不足 1%。促成这种增长的主要地区是北美以及东、西印度群岛。在为欧洲市场服务的荷兰和德国，英国未能保持它在 60 年代初出口猛增时取得的利益，以致英国对德国的出口在 80 年代后期比 60 年代后期没有什么增加，对荷兰的出口则减少了。

很难说英国贸易的这些变化在多大程度上反映了整个国际贸易的发展进程而不仅仅是英国所占部分的变化。除美国独立战争期间外，英国所占份额肯定是一直在增加的。例如，在通过松德海峡的航运中，英国的份额在 1770—1780 年 10 年中一直在上升，超过了 26%。至于为什么有这样的增长，理由很明显：英国的长期竞争力因技术改良而加强，在 90 年代对法战争中，英国削弱了欧洲大陆上的主要贸易竞争对手并限制它们接近海外初级产品的生产国，从而为它的制造业开辟了新的市场，并使它取得大部分转口贸易。90 年代英国贸易的显著增加当然主要是削弱其对手而取得的。但英国贸易在世界上大部分地区进行，因而有可能使 40 年代和 50 年代的贸易扩张和 80 年代的再次扩张成为广阔地域的贸易模式，并且，除了受像战争那样特殊动乱的干扰外，从 40 年代起基础条件对扩大世界贸易一直是有利的。

1740 年后，通过松德海峡的贸易显著增加，1771—1780 年 10 年中有 71.2 万件布匹运过，而在 18 世纪早期则每 10 年平均只有 40 万件左右。法国与地中海东部地区的贸易在 40 年代也开始上升，虽因战争曾一度中断，而后又继续增加，直至 18 世纪末。法国与西印度群岛的贸易也显示出同样的趋势。

贸易扩张还有其他一些迹象。60 年代末尼古劳斯·恩斯特·克勒曼率先沿多瑙河而下与克里米亚进行纺织品、纸张和铁器的贸易，而维勒夏芬舍公司（Willeshavensche Company，1782—1784 年）则在第聂伯河口升起了奥地利国旗,虽然该公司在商业上以失败而告终。① 1784年缔结的奥土贸易协定为德意志的纺织品进入奥斯曼帝国打开了大门,一直到1788年,奥地利与土耳其的贸易取得了长足进展。② 俄国出口的铁一直在增加,这部分是得益于瑞典人推行限制铁生产的政策。国际粮食市场日益兴旺。未受这种普遍增长影响的主要地区可能只有德意志和中欧。我们可以合理地断定,这些地方从60年代后期到80年代后期对英国货物需求的呆滞,反映了这些地方的收入未得到增加,而并不单纯是由于它们的需求转向其他国家或国内的供应来源。

贸易扩大产生了不同的影响:例如,它使欧洲更容易受商业危机的影响,而受饥荒的影响则减少了。它对工业发展的影响是双重性的。首先,它引起对欧洲工业品需求的增加,在现存生产结构中难以增加这些商品供应的地方,促进了发明和工业组织的变革。对这种意见也许可以提出反驳说,最初最重大的变革出现在为国内市场服务的行业,例如,不是出现在严重依靠出口市场的毛纺织业,而是出现在最初并不过多依靠出口市场的棉纺织业。诚然,在工业化的早期阶段,发展通常首先出现在一向靠进口来满足业已存在的国内需求的行业,因为对工业家来说,他们首先是试图扩大生产那些公认为人们已需求的商品。第一步是把外国货赶出国内市场,然后再出口并向国外扩张。在英国,也许还有欧洲大陆的一些地方,18世纪上半叶低廉的粮食价格解放了对比较简单的制成品的购买力,工业便应运而增长以满足国内需求的增加。然而,事实仍然是,固然国外需求支持了贸易的扩大,即使在那些主要是为了满足国内市场需要而发展的工业也是如此,但在那些发生最重要的技术发展的工业中,日益增加的国外需求才是至关重要的。

但其次,贸易的扩大影响到国内市场的性质。贸易不仅仅是增加了财富;它往往还会改变收入和财富极不平等的现象,这种不平等现象是西欧社会的特征。在土地贵族占支配地位的社会里,贸易对财富分配起到一种缓解作用。它增加了中等收入者的相对重要性,因为这

---
① H. 哈尔姆:《18世纪哈布斯堡的东方贸易》(慕尼黑,1954年)。
② N.G. 斯沃罗诺斯:《18世纪萨洛尼卡的贸易》(巴黎,1956年)。

些人为经久耐用的物品（相对于高质量的精品而言）提供了更好的市场，这是很穷和很富的人都办不到的。这就是说，他们正好是为一些最适用于机器生产的商品提供了市场。

就这两方面讲，贸易的扩大都有利于工业的发展。但是，欧洲有好些工业地区在18世纪中期技术状况或组织性质都没有发生很大的变化：萨克森、西里西亚、德意志的矿区、乌拉尔的金属冶炼和加工中心、里昂的丝织业、巴塞罗那的纺织品生产均如此。总之，工业革命中涌现的技术，大多数是在英国发展起来的，尽管在其他地区也有些进展，如居纽发明了蒸汽机。为什么这种突破出现在英国呢？

部分原因是英国的国内市场较为有利。货物从这个国家的一个地方运往另一个地方的自然便利程度大大优于大陆国家，而且英国是欧洲最大的自由贸易区。此外，由于它所处的地理位置，就其工业总产值而言，其国外贸易在18世纪后期出口大大增加之前很久就已占很大比重，结果使其社会结构比较具有灵活性。由于国内外贸易的重要性，中等收入阶层（拥有中等财产的人）在英国一般比在欧洲大陆举足轻重。结果是，面向英国制造业的国内市场——购买力和构成这个市场的人们的爱好——比大陆的大部分国内市场更为有利。人均收入较高；持有超过维持生计所需的相当多余的钱可以用于制成品消费的人相对较多；他们宁愿多买些商品而不愿意让钱闲着。

但是，英国市场扩大本身还不足以迅速导致18世纪最后几十年在英国明显出现的那种产量的加速增长。具有特别重要意义的是英国的出口货在北美找到了有重大价值的市场。北美地区具有使其成为经济发展强大促进因素的特殊性。它几乎没有自己的工业——它的经济对英国经济起补充作用；它是一个相对来说尚未开发的市场——也就是说补充作用还未加以充分利用；它的人均收入高于欧洲，它的总收入随着移民增多而更加迅速地增加。此外，与欧洲相比那里的收入分配要平等得多，因而需要的商品都是经久耐用的大路货，这种商品的生产最有可能进行技术改进。1788年英国商品出口到美国的净值达150万英镑，出口到英属美洲的为120万英镑；出口到主要欧洲市场的合计为370万英镑，但后者的增加要慢得多。从各方面看，新大陆的市场呈现出一种与东方和中东市场截然不同的特色，东方和中东市场的人均收入低，总收入没有增加，那里的人不大喜欢进口的制成品，因而出口多进口少，英国不得不向那里输出金银锭来加以抵偿。波罗的海地区的情况在某种程度上与之相类似。因此英国同北美的密切联系对它的发展至关重要。

法国的对外贸易也在扩大。法国和英国所处位置都适合贸易，并有某些类似之处。两国都拥有西印度群岛殖民地，使它们能以殖民地产品进行大量转口贸易。不过，法国与海外地区贸易的很大一部分是再出口，这样的出口增加了商业利润，但不能直接构成对法国货物的需求；在整个18世纪，法国的再出口量——主要是再出口到德意志和北方的糖和咖啡——比国内产品的出口量增长速度要快得多。

此外，法国出口的产品中，很大一部分是天然产品，主要是葡萄酒和烈性酒。它出口的制成品几乎全是纺织品，主要销往德意志和奥斯曼帝国以及法国殖民地。新大陆的法国各殖民地的需求，在绝对量上从来比不上英属殖民地。尽管法国商人牢牢占有地中海东部地区，但这个市场对制成品的需求却一蹶不振。60年代以后，法国从地中海东部地区进口的商品其增长速度比法国向该地区的出口要快得多。再者，在1763—1773年的扩大以后，法国出口到奥斯曼帝国的布匹数量下降，法国出口货行销的地区也由于其他外国商人的竞争而变得狭小了：在这个地区，英国竞争卷土重来；在希腊则有来自奥地利的压力；在黑海地区，法国不得不把贸易让给奥地利和俄国。18世纪最初几十年，法国的贸易在其出口货行销地区有过一次扩大后，在该世纪末的几十年里则趋向于集中在原来君士坦丁堡和士麦那出口货行销的地区。

英国在80年代出口的加速当然在某种程度上是技术改进的结果。但是，至少在棉织品方面，这些改进部分是由于英国在前几十年业已与迅速发展起来的市场发生了联系的结果，而市场的迅速发展则是由于一些毫不相关的原因促成的。欧洲大陆的纺织工业——西里西亚、萨克森和波希米亚的纺织工业——其销售市场上的需求增长得十分缓慢，因此，它们并没有面临改进技术和组织方法的同样需要。

但是，它们在获得国外市场方面虽各有其特点，但只不过是程度上的差异而已，对所有各主要工业领域的产品的需求有增无减。为满足这种增加了的需求而采取的方式也大不相同。在劳动力和天然资源供应充足的部门，主要是以增加家庭组织形式为基础的现有类型的工业来满足需要。在劳动力充足而技术简单的部门,家庭式工业具有真正的优越性:它可减少商业资本家的一般管理费用,使他容易避免由于需求的暂时减少而造成的损害。在劳动力和原料供应缺少的部门,工业不是无法扩大（或者搬迁）,就是靠发明新的技术以克服劳动力和原料的匮乏,如果工业是掌握在机敏而又有技术创造性的人手里的话,在这些新技术中就包括组织劳动力的新技术——工厂。某些英国工业是靠扩大由家庭组织的工业来满足需求的扩大,这或是因为新方法由于技术上的原因难以发明出来,如毛纺业的情况,或是因为容易得到额外的劳动力,如黑乡①的金属品制造业的情况。但是,在那些出现短缺的地方——如棉纺织品制造业缺乏劳动力,采矿业缺乏动力——事实证明需求乃是发明之母。正是在现有方法不再可能增加生产的时候,人们的注意力便集中在发明新的方法上。诚然,国内需求也在增加,铁和铜,麻布和丝绸,对国内市场的供应可能与出口量的增长并驾齐驱。但是,继续不断推行技术革新的棉纺织业,其出口量要比国内销售量增加得快得多。

与波罗的海、地中海东部地区和东印度群岛的贸易,其速度取决于欧洲对这些地方产品的需求增加的程度。这就不禁使人想到,对美国贸易的扩张情况与此截然不同,其速度取决于美国人收入的自动增长。但英国的输出在其价格低于初级产品的价格时增长得最快,这一事实表明,贸易的扩大一般发轫于欧洲需求的增加,主要是对西印度群岛产品需求的增加。即使如此,美国由此而增加的收入中的非常大的一部分被用来购买欧洲特别是英国货物,正因为如此,大西洋贸易在这一时期欧洲工业发展中起着决定性的作用。

三 经济思想

18世纪后期出现了对经济的系统分析,这种分析后来成为下一个世纪经济学的核心。这种分析主要在钻研实际问题的过程中进行,并提出政策措施。经济政策的纲领并无新颖之处,如果说有什么新的东西的话,是在于这些纲领的数目、范围及其与经济运转的一般观点

---

① 即英格兰南斯塔福德地区的工矿区,因工业污染严重而得名。——译者注

以及与有条理思想而不是与直观相联系。18世纪初虽出现过一些富有才智和洞察力的经济学著作家——如坎特龙和孟德斯鸠——但就著述的质量和涉及的领域而言，18世纪稍后几十年的著作却是前无古人的。

举一些最引人注目的例子来说：在法国有魁奈的《经济表》（1758年）和卷帙浩繁的重农主义著作，杜尔哥的《关于财富的形成和分配的考察》（1766年）；在西班牙有坎波马内斯的《论民间工业的发展》（1774年），在意大利则有杰诺韦西的《商业演说》（1765年）和奥尔特斯的《国民经济》（1774年）。

这些经济思想的发展，部分是由于国内各方面的发展，分析经济问题的能力日渐增长，部分是由于出现了一些需要用分析方法加以解决的复杂问题。这两种因素相互作用：运用理智的习惯往往使人们先从一般意义上来进行解释，而与此同时，当处理实际问题时则需要用分析的方法来加以解决。

理智分析能力发展的最有力的促进因素乃是把神学家业已应用于（或来自）整个世界和科学家业已应用于物质世界的一种思想，即自然秩序自动调节的思想运用于经济事件。根据这一思想，就其丝毫也不会改变的形式来说，认为在表面看来混乱的事物背后存在着一种秩序，保持这种秩序的不是人们经过深思熟虑的意图，也不是人类为此目的而做的努力，而是上帝赋予人类的本能所起的作用。这个上帝被认为是仁慈的，这样建立起的秩序被认为是有利于人类福祉的。

这一自然秩序的观念（它的各个部分是有联系的）对经济研究是有力的促进因素；因为只有人们相信经济行为中存在一致性，他们才会去探索这种一致性及其各种模式。在这一思想的影响下，人们才更加容易从对特定实际问题的考察中，概括出能够阐明广泛范围的经验的一般规律。

亚当·斯密的这一观念来源于他的老师弗朗西斯·哈奇森，它给了他一种改变宗教信仰的力量。但是，把在其他方面业已取得丰富成果的一些思想——这些思想基本上是从自然法则的经院式概念所产生的——转移到经济学领域，显然还是经济学思想发展的下一个步骤。同样的思想独立地出现在重农主义者的身上；他们所说的"自然的和独立存在的社会秩序"基本上就是社会的这种自然力量所趋向的长期平衡。这种见解后来在最尖锐的重农主义批评家之一的费尔迪南多·加利亚尼的著作中也可找到非常明确的表述。他写道："如不干预自然，它就会导致平衡，导致事物的自然状态和最使人愉快的状态。"

一些经济学家对这种自然平衡的思想采取了比其他经济学家更加极端的形式。魁奈认为，它包含着个人之间和阶级之间的利益的协调一致。更加重视经验的亚当·斯密，尽管多次谈到"看不见的手"，但他还是认为存在着大量的利益冲突。经济学家们对从这个观念引申出来的实际政策也作了各不相同的推论。可是，尽管有这些不同，但几乎所有这个时期的著作家都同意这一事实，即形形色色的经济现象彼此息息相关，而个人的种种自发决定往往会形成一种模式。一些最有影响的英国和法国著作家以及受他们影响的西班牙和许多意大利的著作家就是根据这些观念来考虑他们那个时代的各种实际问题的。

这种普遍设想所造成的富有成果的影响乃是这个时期人们处理经济问题的能力增强的主要原因。但是，这种能力的增强也是前几十年人们解决某些特定问题——特别是16世纪和17世纪经济和政治发展所产生的对外贸易和国家财政问题——的成功尝试积累的结果。到18世纪后期，人们已经在这方面做了充分的工作，从而保证成为那个时期特色的综合性巨著的问世。

这些巨著主要目的在于解决当时一些迫切的经济问题。这些问题本身形成对经济思想的独立影响，在某些情况下，理论上的预想支配着著作家们对某一特定问题的研究，但有时一个特殊问题的迫切需要则决定了一种理论的发展或促使某一著作家提出与他的思想的总体系不相符的建议。对政策所提的建议受实际经济情况以及著作家对这些实际情况的想法及其所继承或发展的分析这些实际情况的知识传统的影响；有时几个著作家对政策——如对国内粮食贸易——做出相同的结论，这纯粹是出于实际考虑而并非由于任何共同的思想影响所致。

最有系统也是唯一形成具有自觉意识的群体的经济学著作家乃是重农主义者。他们主要关心的两个实际问题是农业的停滞和王国政府的财政困难。这两个问题实际上是相互关联的，重农主义者手中的解决办法出自同一理论的假设。农业是产生净收入（也就是超过成本的收入）的唯一经济活动，因此，推进资本主义农业（大规模耕种）

以取代小规模的分益佃耕制乃是主要的实际目标。正因如此，重农主义者要求取消对粮食的国内运销和出口的限制，因为这造成价格的疲软。根据同一理由，他们提议改革税制——废除封建特权并对地租征收单一税；因为豁免贵族的税等于是把赋税落在耕种者身上，侵占了更换设备所必需的费用。此外，由于这种豁免，使国家收入不足，政府也就不得不给予或维持一些财政和专营方面的特权，使享有这些特权的人吸取了大部分的经济盈余（净收益）。结果便直接打击了资本家、商人和行会的特权。这样，财政和农业复兴这两个问题就密切地联系在一起，重农主义者便不仅抨击重商主义的法规，也抨击封建特权。他们的纲领的全部条款的基本目的在于保证农业分得由它单独产生的经济盈余的大部分，以便鼓励农业投资。

亚当·斯密的纲领具有一种不同的倾向，但就他的情况而言，其纲领也是出于以下信念，即不但认为现存的限制和法规造成资源的错误分配，而且特别认为这些限制和法规是牺牲农业而促进了贸易和工业（尤其是前者）。他的全部著作旨在说明在英国和在整个欧洲一样，私人往往觉得把他们的资本投入远处的贸易比用于改进国内农业更加有利。他的著作包括相当具体的改革纲领：废除对自由选择职业的限制，如有关学徒和定居的法律；废除限制自由出售和私人使用土地的法律和惯例；主张国内自由贸易；取消对进口货的税收和其他限制，以及对出口货的税收和津贴。

在 18 世纪，经济思想和其他时期一样，并不是完全相同的。在亚当·斯密和重农主义者之间，不但在着重点上，而且在他们的经济分析方面，都存在重大的区别。有一些重要的法国经济学家——例如杜尔哥——他们与重农主义者的关系密切，但严格说他们并不是该派的成员；另外一些经济学家对当时经济问题的态度不同于或相反于重农主义者的假说，例如福尔博奈，他于 1767 年出版了《经济学原理探讨》。亚当·斯密并没有完全理解他那一代人的思想，甚至没有完全理解他那一代英国人的思想。

此外，即使在那些以自由主义经济学家的预想为其一般思想前提的人们当中，他们从政策中得出的实际结论也有很大不同，他们之所以各有侧重点，部分是由于推理方法不同，部分是由于他们面对的问题性质各异。英国不存在类似豁免贵族的某种税收的情形，而这种情况乃是形成大多数欧洲大陆国家财政问题的核心。主人和公司的权力比较小。对土地买卖的限制在英格兰很不严格，尽管在苏格兰情况不同，那里的永久限定继承权实际上与大陆上的长子世袭财产和委托遗赠相类似，因而使亚当·斯密关于土地自由买卖的论述对他的法国和西班牙读者比对英格兰读者更感贴切。土地共用权对最经济地使用土地造成种种阻碍，这在英国比在法国更容易引起隐蔽的行动。国内贸易自由在英国不成为一个问题。首先，对外贸易自由在亚当·斯密的著作中比在重农主义者的著作中占有大得多的篇幅。后者鼓吹废除粮食出口贸易的限制系出于他们希望保持农产品的好价钱。作为实际问题，保护法国农业是无可非议的，而如果保护是必要的话，他们对农业繁荣的重视一定会引出不同的结论；而作为理论问题，他们却把贸易排列在各种经济活动中靠后的地位。正如里斯特所说，他们"被看作是自由贸易的奠基人，并非因为他们抱有促进贸易的任何愿望，而是因为他们对贸易持一种鄙视的自由放任态度。他们可能还没有完全摆脱这样的信念，即认为自由放任会导致商业的全部消失"。

尽管如此，在一般经济思想领域中，亚当·斯密和重农主义者还是具有最广泛影响的人物，他们的思想的整个作用（当这些思想广泛流行后）在于为由一些实际建议构成的纲领打下了牢固的基础，而这个纲领则是自由主义经济学家的共同依据。

那些西班牙著作家正是凭借这一整套思想，吸引了一些想要解释和改变他的国家经济落后面貌的人们。最重要的著作家卡普马尼、坎波马内斯、霍韦利亚诺斯虽然就他们各自的专题做出了贡献，但他们思想的总的体系是派生的。他们的基本观念是从法国人——不但是重农主义者，而且还有老米拉波①（其《人类之友》一书对他们有巨大影响）、杜尔哥——和亚当·斯密那里学习来的。在这些影响下，他们采纳了经济自由的原则。霍韦利亚诺斯写道："政治的首要原则是给予人们以尽可能大的自由，在此范围之内，商业、人口和财富均可获得增长。"他们反对重商主义者关于财富和金钱的观点，基本上采取了重农主义的态度，把农业当作财富的主要来源。这个时期最具有特色的西班牙人的著作——例如霍韦利亚诺斯的两篇报告《关于自

---

① 他是法国著名革命家米拉波伯爵的父亲。——译者注

由从艺的报告》（1785年）和《关于土地法的报告》（1794年）——就是试图间接地将自由主义的原理运用于西班牙的境况。

运用这些原则的最重要领域是农业。在西班牙著作家中也和在法国著作家中一样，很多人攻击大领地庄园以及维护这些大庄园的法律，也攻击公地和各种公民权。霍韦利亚诺斯主张采取措施限制领主的永久管业权并分配公地。对大庄园造成的问题，人们的看法有相当程度的一致。在公地问题上，则和在法国一样，存在一些矛盾心理，因为尊重个人的财产权，很可能导致赞成现存的土地共用权和赞成把公地划分成个人各自拥有的份地；即使在霍韦利亚诺斯的著作中也可以看到在主张分配公地的同时，又依据卢梭的理论而赞成保持财产公有。不过，毫无疑问，西班牙经济学著作家大多主张分配公地，而且在1760—1780年间国王和地方当局曾立法分配公地，有些法令还是由坎波马内斯起草的。在西班牙，还有人攻击社团而要求职业自由，特别是在坎波马内斯和霍韦利亚诺斯的著作中。

即使在"自由"思想颇有影响的西班牙，这些思想的影响当然也并非是完全一致或始终一贯的。因此，在社团问题上，加泰罗尼亚经济学家卡普马尼为社团的特权进行辩护，而反对坎波马内斯的攻击，卡达尔索也曾为这些特权进行辩护。虽然在重农主义的影响下，西班牙著作家们攻击美洲殖民地贸易由加的斯垄断的安排，但他们对国外贸易基本上不感兴趣，就连霍韦利亚诺斯也早就准备在对外贸易上放弃自由主义原则，提出一项法律，允许进口粮食，不过在丰收时暂停生效。至于坎波马内斯，则更加注重从实际经验出发，因为1790年撤销他曾竭力鼓吹的1765年允许粮食自由贸易的法令一事，就与他有关。

在意大利，接受自由主义思想没有那么彻底，这部分因为有些最重要的意大利思想家是官僚——几位那不勒斯的启蒙思想家是政府官员，韦里和贝卡里亚都是米兰政府的成员——因而比较容易修改思想以适应具体情况；部分是因为这个国家政治上分裂；部分则因为经济思想具有独立的生命力。西班牙著作家的理论基本上是派生的；意大利著作家们才有一定理由可以自称是在他们那个时代最有独创见解的。把重点放在农业上是普遍的现象。例如，杰诺韦西主要关心的是鼓励农业，即使这样做意味着限制工业发展；加埃塔诺·菲兰杰里承认农业的突出重要性。但以几位意大利著作家为代表的经济自由主义却是十分微弱的。例如，他们当中最伟大的贝卡里亚，起初是个温和的重商主义者，虽然他后来也受到重农主义者关于农业、取消行会以及国内自由贸易的主张的影响，但他始终反对对外贸易的完全自由。的确，在意大利著作家中，提出国内自由贸易纲领同时又提出保护性纲领，乃是很寻常的现象。例如，杰诺韦西把制成品的出口和原料的进口与制成品的进口和原料的出口加以区别，认为前者应允许自由进行，后者应严格加以控制。韦里同样提出应将国内自由贸易与限制进口和鼓励出口相结合。这些人选择了"自由主义"纲领中那些可能促进他们国家发展的内容，但他们也深知意大利的经济落后，认为完全而彻底的放任主义政策并不适合他们的目的。

尽管有上述种种差异，法国、英国、西班牙和意大利著作家的设想和实际建议还是有很多共同之处。这个纲领与德国重商主义经济学家的纲领之间存在明显的差别。17世纪德国经济学著作家，如约翰·贝歇尔和冯·霍尔尼克，在他们强调国家的积极作用方面与英国和法国的重商主义者相似，但当英国重商主义思想在18世纪尚未形成系统的时候，德国的重商主义却在大学和政府中都已经历了连续不断的思想发展。在德国，这样的传统保留了下来并有所发展，即认为国家对人民经济上和道德上的福利应负直接责任。应该采取社会和经济计划的措施以促进人口和就业的增长。因此宗南费尔斯（1738—1817年）鼓吹促进原料出口和限制原料进口，而尤斯蒂（1717—1771年）则鼓吹通过国家计划以促进工业，制订建立信贷组织的计划，发放津贴并豁免税收以鼓励外国移民。

重商主义经济学家主要关心的是良好的行政管理和君主收入的增加。重商主义经济学是行政管理人员的经济学；它系统地研究国家官僚机构面临的范围广泛的问题，尤其是缺乏促进经济进步的自发力量和行政及税收制度脆弱的落后国家。因此，其重商主义经济学的内容比法国和英国经济学的内容要广泛，探讨的主题着重点也不同：它包括行政管理，往往还有技术，并特别注意国家的财政和通货。重商主义经济学家研究问题的一般方法比较具体并且以经验为根据，这一点从他们在王室权力的争论中对财政政策的主张与只对一个阶级征收单一税的重农主义建议（这直接产生于他们对纯产品的分析）二者之间的差别就看得很清楚。

看来，在18世纪的英国，王室收入问题似乎仍像17世纪早期一样存在。英国关于经济问题的著作也是从对王室收入的一些思考而产生的，如在克兰菲尔德和培根的著作中所看到的那样。但是，英国有关王室财政的著作从来不曾显示出单独成为一个经济学分支的迹象，这也许是因为造成王室无力偿还债务的情况在宪法方面的原因（而不是行政管理或经济方面的原因）吸引了学术界的注意力，也许是因为经济学著作家们的兴趣集中于国外贸易；到18世纪后期，系统的经济学在英国兴起，国家财政已不再是紧迫问题——这个问题业已由国家税收和长期债务加以克服——国家财政虽然仍是一个重要问题，但在整个科学中已不再为人们所渲染了。

重商主义经济学家关心国家及其收入，这说明为什么他们重视人口和就业的增加；重视工业胜于商业，以及为此目的推行的具体措施；重视保护措施和自给自足以及贵重金属。

重商主义经济学家和他们的西方同代人的纲领之间存在差异，部分由于这些著作家所处的地位不同，由于他们对政策承担的责任程度不同。重商主义经济学家尽管大多数担任学术界的职务，但他们乃是君主们的顾问，而这种情况在法国著作家中很少见，在英国著作家中则根本没有。这些差别部分是因为西方较富裕国家中私人企业的实力较强，各种实际问题性质也就不同；部分则是因为他们的思想传统不同。

经济自由主义的实践纲领产生于一种对经济秩序运行方式的看法，并且是由一般原理引申而来或者说至少是以一般原理为依据的。与此相反，重商主义经济学家实践方案则并非出自一整套基本原理；它们是行政官员对实际问题的反应，因此不是很一致的，也不大有意识地以理论为依据。如果说有什么理论的话，那显然是重商主义的理论；他们想当然地认为，在许多情况下，也许在大多数情况下，个人利益与国家利益是有冲突的，因而国家干预是必要的，是一种正常状态。

不过，重商主义经济学家关于经济生活是如何按秩序进行的基本看法，与亚当·斯密和重农主义者的区别并没有像他们在言词上表现出的那么大。

首先，自由主义经济学家和他们的前辈重商主义者之间的差别比他们自己想象的要小。亚当·斯密最杰出的思想是在他公开抨击重商主义政策的过程中形成的，但其中有一些是重商主义著作家们自己所作的深入观察，所持的保留意见和提出的纠正办法的自然发展。此外，某些重商主义思想仍然保留下来，例如，人口论者的思想仍发挥着充分的力量，不但在亚当·斯密的著作中而且一直到马尔萨斯的著作中都是如此。亚当·斯密（重农主义者也一样）认为人口不断增加，乃是经济健康发展的一个标志。

其次，大部分对调控措施的攻击，事实上与其说是来自自由放任的原则，还不如说是来自对当时实行的某些具体调控措施的反对。亚当·斯密和魁奈对现存经济体制之所以持批评态度，并不一定是或并非主要是由于他们持自然秩序的主张。他们的经济哲学使他们在表达观点时带有一种教条式的尖锐性，甚至在这些观点本身并非产生于这种理论时也是如此。如果说有些著作家之所以对一些具体规章条例更加持批评态度主要是因为他们持有自由放任主义的思想的话，那么其他一些著作家之所以喜欢自由放任主义思想则主要是因为他们厌恶具体规章条例所起的作用和具有的性质。例如，在西班牙，虽然行会受到攻击部分是因为它们限制人权——"不受时效约束的自由权利就是人类为生存而劳动的最坚定、最不可侵犯和最神圣的权利"——但人们往往是仅仅根据它们对经济发展的效果来对此进行辩解。

那些根据自然秩序的思想而对现存制度进行批判的思想家们，有时却最终无须再引用这一特别依据来进行批判，亚当·斯密对重商主义的大部分抨击也是通过详细列举具体规章条例的不利之处，而不是指出干预经济法则一般说来是不可取的这一点来进行的。如果说自由主义经济学家提出的各种方案的细节有时比他们的语言的口气更讲求实效的话，那么一些最重要的德国重商主义经济学家对经济现象的一般看法比起他们的实际方案来，与自由主义经济学家有更多共同之处。尤斯蒂和宗南费尔斯跟亚当·斯密一样，他们关于经济秩序的设想深受自然法则思想的影响。如果说他们的实际方案有所不同的话，部分是因为作为落后国家的行政官员，他们更敏锐地注意到短期的困难，而对经济中独立存在的力量的作用与方向持更悲观的看法。

不可否认，他们的实际纲领存在着很大的分歧，但即使在这一点上也可能被夸大了。自由主义经济学家的近期纲领距离纯粹的自由放任主义甚远。虽然自然秩序的一般观念导致对现存规章条例持较为严厉的批判态度,但这一观念并不排斥对实际问题持各不相同的看法;问题在于这一秩序在多大程度上由现在的事态体现出来。持最彻底的自由放任主义的西方著作家们设想国家在取消由于重商主义而形成的各种限制的时期应发挥积极作用。在重农主义者的纲领中则认为应发挥主动作用:国家将承担公共工程的建设和修筑道路的任务。正如纪德所指出的,他们认为应该缴纳的税收总额约占当时法国总收入的12%。至于尤斯蒂,则主张取消政府对价格的控制,取消垄断,并废除贸易公司的特权;他提出的限制进口的税率也是比较轻的。

重商主义经济学家的实际建议与玛丽亚·特蕾西亚和约瑟夫二世以及腓特烈大帝的政策是相一致的;它们确认和发挥了国家的传统作用。反之,自由主义经济学家的建议则是对现存体制的攻击,因而,必须考虑他们对政策所起的影响的问题。

这些思想在政策的形成上起多大作用呢?政策在何种程度上只不过是实际的人们对急迫而具体的形势(在形势本身的各种事实所决定的狭小限度内)做出的特定反应呢?凯恩斯认为,实际的人们只不过是重复已故思想家们说过的话。另一方面,有一种看法认为"政策……乃是政府在各种实际问题的压力下不知不觉陷入其中的一套做法,它们逐步达到一种有意识的一致性,最后开始作为政策来为自己进行辩护"。争论再继续下去,在18世纪和在其他世纪一样难以解决。思想和政策之间的联系有时看起来很密切。德奥梅松反对"公共牧场"的措施,多少是受了重农主义的影响。杜尔哥作为财政大臣所实行的政策中的某些办法,诸如取缔手工业行会、改革财政管理和建立国内粮食自由贸易制度,也是受了重农主义的一定影响。制宪议会的许多社会、经济和体制改革也是以重农主义思想为依据的。

西班牙国王于1765年7月11日下令取消粮食税,允许国内自由贸易,甚至允许出口,但规定了最高价格,这些就是对坎波马内斯的《税务问答》做出的反应。韦里在米兰政府任职时取消了包税制(1770年),并降低和简化了关税(1786年)。对于1786年的伊登条约,人们往往认为是亚当·斯密思想对皮特产生影响的结果。

但是,即使像这样的措施也都是一种纯粹从实际出发的考虑,是一个明智的行政官员不借助理论也完全会采取的。自由主义经济肯定是占主导地位的思潮，而在西班牙和意大利则是派生的思潮。但是也奉行一些符合重农主义观念或以重农主义言论为之辩护的政策，这是由于受当地环境的支配，或根据简单的常识而独立地制定的。经济思想的影响在制定具体的政策措施方面所起的作用没有在形成关于政策的某些设想方面所起的作用大。自由主义经济思想发挥着威力，和凯恩斯思想在我们时代发挥威力的情况十分相似，只不过其目的不同而已。这些思想至少可以为不论在任何情况下都会采取的措施提供一套为之进行辩护的武器；但至多也只是造成一种倾向，即在某种形势下提供的有限的可供选择的方案中，选择出可以最大限度放松限制的那些政策。它们的主要作用在于提出了有利于经济力量自由发挥的设想，但是这种思潮变化的主要果实是要到下一个世纪才能收获到的。

（吴良健　译）

第 三 章

文学与思想：浪漫主义倾向，卢梭、康德

　　法国大革命爆发前的25年，欧洲的思想情况十分复杂。在某些比较落后的国家和某些比较落后的社会阶层，旧的正统观念仍占有统治地位，例如，相信王权神授和世事皆由天命。与之并肩存在的有一种新的激进主义，即后来通称的"启蒙运动"。它首先受到知识分子和大资产阶级的欢迎，但也日益侵入其他社会阶层的思想领域。它的口号是：要理性，不要传统；要现在的幸福，不要来世的拯救。就是这个启蒙运动，坚持要求对所有社会制度重新评估，从而为1789年的大变动做了准备。但这期间令人最感兴趣的特征是，其中还存在着第三种倾向，即革命性和反动性二者同时存在：就旧的正统观念而论，它是革命的；就启蒙运动而论，它是反动的。启蒙运动的哲学，实质上是理性主义的哲学。就是说，它首先把人看作有理性的动物，因此指望用抽象推理去解答所有人的大大小小的问题。但是人不仅仅是一架有生命的计算器。启蒙哲学家们的这种片面性迟早一定会引起强有力的反应：强调人性中的非理性因素、思想感情和喜怒哀乐的力量，想象力的灿烂光辉，以及需要面对甚至接受我们四周所有存在的奥秘。启蒙运动获得充分的发展只是在法国大革命之后，19世纪上半叶即浪漫主义时代，但它的基础是在法国大革命前奠定的，也就是我们将在这里论述的激动人心的年代。它表面上是理性主义的，骨子里却带有初期浪漫主义的潜流，也许可以说是一种知识界对革命者表示反感的最初表现。

　　想在思想上和实践中摆脱理性主义的某种愿望，在18世纪初已显露出来了。尤其在艺术领域内，精确推理的精神很容易阻碍和削弱想象力的发挥。例如，卡尔·菲利普·埃曼努埃尔·巴赫的乐曲把天

真自然、质朴无华的曲调恢复到恰当的位置，拒绝受制于旋律配合法的形式主义原则；博德默尔和布赖丁格勇敢地保卫莎士比亚"自然狂放"的诗剧，反对戈特舍德迂腐的诗论，即要求舞台剧应有合乎逻辑的结构，韵律应当过细地保持，诗体要永远纯正；在园林建筑方面一个新时代开始出现，强使花草树木严格地按几何图形栽种的勒诺特尔①的风格开始被抛弃，而按地势固有的自然潜在能力来设计的方法愈来愈被重视，正如伟大的"大地改造者"布朗所做的那样。这种早期的反对理性主义的反应在宗教界也许最为强烈。仅举一例，威廉·劳于1728年写的《严肃号召过虔诚和神圣的生活》"拒绝了理智的主张，声称神秘的上帝统治着宇宙，通过人的心灵深处的直觉……与人通话"。②虔信主义就这个词的最广泛的意义上说就像发酵剂一样在欧洲社会的深处起着作用，并往往弥漫开来使整个社会复兴起来。虔信主义在包含一切的意义上说，绝不仅仅是新教的，更不用说是宗派主义的现象。更确切地说，它是伟大的方济各派传统的一个支流，曾在16世纪重新体现在伟大的圣方济会托钵僧团体中，它的力量和影响现在达到了高峰，而且像卫理公会派一样往往唤起一种"心灵的宗教"。

　　所有这些趋向都体现在一个伟大而尊严的人物的思想之中。这就是让－雅克·卢梭。他出生于1712年，活到1778年。他虽生活在18世纪，但不仅仅属于18世纪。他暴风雨般的个性既不能容忍凡尔赛宫廷生活枯燥乏味的繁文缛节，也不能忍受巴黎沙龙愤世嫉俗的急躁言行。他是，或者更确切地说是被迫成为一个典型的放荡不羁的人。这个处境使他感到更加痛苦，因为他深深渴望着友谊和爱情的慰藉。在这方面他构成了某种意义上的典型，因为与他同一代的许多领袖们，例如在德国的伦茨和哈曼，甚至赫尔德、康德和席勒等，虽然他们在国家机关中担任要职，但都同样不能在当时的社会里取得一个立足点，也不能完全为社会所接纳。"我付出多少就要得到多少"，卢梭于1757年10月1日写信给德乌德托夫人说，"因为我没有对任何公正地回报我的人提出什么要求，我痛苦地发现没有找到一颗响应我

---

① 勒诺特尔（André Le NÔtre），19世纪法国著名园林建筑师，以设计凡尔赛宫等多处皇家园林而闻名。——译者注

② 本书第7卷，原文第109页。

心的心，而自动退隐下来了"。① 这样，让－雅克·卢梭变成了一个孤独的人，用他自己的话说，一个隐居者。但在独居中他并不是一个快乐的隐居者。他的强迫孤立可以在心理学上找到同样的特征，一种深切的向往，它不像肉体激情，也不像世俗野心，没有明确目标，所以往往变得在性格上永不知足，甚至不可思议。在这方面，卢梭也是他同一代人的典型，而不是例外。"我的幸福的全部内容"，歌德让作品中的一位主人公说，"是热烈地追求我所没有的东西和我所不知道的东西"。② 以同样的精神，伦茨感到没有人比古代英雄坦塔罗斯更能象征自己，成为永远得不到饱食的饥饿的不幸牺牲品。

歌德在他的伟大的小说《少年维特之烦恼》里，描写了一个年轻人的令人心碎的景象。他深深陷入这种精神状态的纷乱之中而不能自拔。在其主要性格里，许多人认出了他们自己的影子。就人们处理日常问题的能力而论，这种思想状态是不会取得成果的——维特的自杀只是他一生合乎逻辑的、几乎不可避免的结局——但是它创造了一种所有艺术能够自由发展的气氛。像卢梭一类人脱离了比我们今天很容易就能实现的还更为渺小、狭隘和有限的当时的现实，而在幻想联翩的美梦生活中找到了藏身之处。这样便产生了一个宏伟的，但是不切实际的新社会假象，其中仁慈统治一切，和平得到保证。这样也产生了一种新的对自然界以及对自然美的关系，与旧的理性主义观念形成鲜明的对照。在后者看来，阿尔卑斯山脉虽然宏伟壮观，但只不过是南北驿道上一个麻烦的障碍而已。"与自然亲切交谈"是当时的口头禅。而它的最受赞美的形象之一是把自然当作伟大的母亲，孩子们在深忧或者狂欢时便能投入她的怀抱。当卢梭在情绪最忧郁的时候，当他因热爱社会受挫陷入厌世和迫害狂的深渊之中的时候，他便出远门考察植物，采集森林田野里的花卉而得到慰藉。

在卢梭早期生涯里，大约到1744年或1745年为止，我们发现他仍然以旧制度的语调说话。他在1740年写的一篇有关教育的意见书中，③ 丝毫没有那种同他的名字联系在一起的，断定人类是天生善良

---

① 《书信全集》（1924年及以后几年），第3卷，第125页。
② 莫里斯：《少年歌德》（1910年及以后几年），第2卷，第54页。
③ 摘自呈递给圣马里耶先生的关于其儿子的教育问题的意见书，见《书信全集》第1卷，第367及以下各页。

的基本忏悔；而且也无任何敌视上流社会之处。正相反，卢梭辩解说，在这一时期，那个上流社会使得我们惬意地从事于消遣娱乐活动，如音乐、绘画、打油诗、美女等，以驱散蛰伏在我们当中的各种激情的危险力量，从而获得非常积极的教育效果。但是不久他的观点彻底发生了变化。原来的立场倒了过来。他从此至死，一直教导说，人从大自然的怀抱中降生下来时是好的、善良的和高尚的。人身上没有原罪的污点。人的真正堕落是随着他进入腐败、邪恶、卑鄙的社会而来的。社会是人为的，人为这个词既有人工造出来的本意，也有不真诚的意思，即社会充满了阴谋诡计，它的每根纤维渗透着传统习俗、虚伪做作和欺骗谎言。社会必须改造，以便与原始的基本人性取得一致，甚至可以说与慈爱的上帝的意志取得一致，因为上帝的仁慈意图已经被人们，正是那些自称为看不见的造物主的奴仆的人们败坏殆尽了。在某种程度上，这种反对"文明"社会的丑恶现象的激昂说教，不过是一种酸葡萄哲学。看来好像是卢梭没有做好蒙泰居伯爵的秘书工作，后因傲慢而被轻易地于1744年8月6日撤职，最终迫使他脱离了那个他反对的无容身之地的世界。那封写于1749年致马尔库西的神甫德莱唐先生的信，不仅是卢梭笔下第一次对腐败的巴黎社会的激烈攻击，而且是一种早期的迹象，表示他正转变为一个被愤懑、讥刺和怨恨所支配的人。卢梭开创的新哲学，从传记的角度说来，是一桩个人的琐事，但在历史舞台上，它的影响却注定要非常非常重大。

卢梭一生事业的最后28年专注于传播上述观点。这是他非常成功的一项事业，因为这些观点已经深入欧洲的思想意识。但在我们论述那些作为他宣传媒介的书本之前，最好还是先把卢梭社会理想的特征加以说明。这些理想同他描写的当时丰富多彩的现象是并列的。表面上看起来，似乎是——当然是假装的——在描写日内瓦社会和日内瓦政府。卢梭在他离开出生地日内瓦，并大胆地投入上流社会中去的时候，就已经抛弃了加尔文教义，信奉天主教了。在他失望沮丧之余，他作为一个忏悔者回过头来转向自己国内的诸神。他重新加入加尔文教，重新获得因一度叛教而失去的公民身份，从此以后他把自己说成是"日内瓦公民"而感到自豪。这时，在他心中，他所热爱而念念不忘的被多少有些美化了的日内瓦形象，同一种与古代社会的，尤其是帝国前的罗马和斯巴达的美好景象融为一体了。再没有什么书像普卢塔克的《希腊罗马名人比较列传》那样对卢梭的思想产生更为深刻而有决定性的影响了。很明显，他深信在加图的罗马与加尔文的日内瓦之间有某种共同的东西。在这种东西里面，他认为有集体生活成功的全部奥秘。很不容易说清楚这种至关重要的东西究竟是什么，因为卢梭是一位给人们以高度暗示而不是作简单明了论述的作家。但是，如果我们给上述这种东西定义为"共和精神"，或许可接近他的信念的核心。卢梭的理想公民是有道德的人，通过自我教育和自我约束的锻炼，有坚强和独立的个性。他认为他已看到在三个共和体制的古典中心实现了这样的典型。卢梭用它来同凡尔赛宫的寻欢作乐者和巴黎的寻欢作乐者，即旧政权宫廷社会中那些天真的骄奢淫逸者，以及比较理性地、系统地崇拜贤哲们所信奉和传播的最大幸福原则的一些忠实信徒这两种人相比。对于这两种典型，卢梭不但否认其人的价值，而且认为他们都没有适应健康而持久的社会生活的能力。

不难看出，当卢梭谈论，或者确切地说热衷于鼓吹他所谓的历史典型时，他给我们显示的不是一幅实际的而是虚构的图像。在他的《论人类不平等的起源和基础》发表后，他住在日内瓦的同胞市民迪庞于1755年6月20日写信给他说："你给我们描述的是我们应该如何如何，而不是我们现在如何如何。"① 正如许多其他社会理想曾在历史的幌子下被提出来一样，卢梭的理想也同样是由他对未来的希望，而不是由任何过去的现实所决定的。然而，不管怎么说，斯巴达的、早期罗马的以及日内瓦的某些特征乃是卢梭所设想和期望的那种社会的标志。

首先，<u>重要的事实是</u>：这三个城市相对来说是比较小的，即不但小于我们现代的特大的拥有卫星城镇的大都市，而且小于卢梭时代的巴黎。卢梭本人告诉我们，当时日内瓦约有2.4万居民。② 原来，一个2.4万人的社会乃是尚未完全脱离人类生存的自然环境的群体，其成员仍然被置于一切生命体的摇篮中，只能说达到了人的"自然"模式的程度。而且，这样大小的乡村城镇往往是紧密结合的相邻单

---

① 《书信全集》，第2卷，第193页。
② 富克斯编：《关于戏剧问题致达朗伯尔的信》（1948年），第125页。

位，其中每个人的情况都是人人皆知的，因此有大量的虽非正式，但并非没有效果的道德监督。谁愿意世界上居住的都是有道德的和爱国的人（这种道德和爱国心是以睦邻友好的特定方式表现出来的），谁必定期望这种类型的社会环境。同样的情况也将使统治者与被统治者之间建立起良好的关系。这样，一个良好的政体将会产生，以补充良好的社会体制。不但不会有当权者与被统治者之间的罅隙隔阂，而且公民作为选民会确切地知道权力将委之于谁。所有候选人对于选民就像一本打开的书，从而使权力归于理应得到并胜任行使权力的人。

所有这些都是卢梭的社会政治梦想的重要内容。但是共和罗马和当时日内瓦的另一个特征，甚至更有助于人们试图去认识其本质并了解其影响。共和罗马和当时的日内瓦，大体上都属于社会成分比较相同的群体。卢梭这样研究古代史得到的印象（一种并非毫无道理的印象）是：罗马原来聚居着一群顽强的农民，他们耕种着祖传的土地，培养各种必要的本领以维护自己的权利，对付国内的统治者和国外的潜在敌人。这种类型的农民将各自独立地而不是共同地生活在一起；他们并没有任何高度发展的分工，不依靠任何至关重要的市场。他们主要关注的是他们自己的以及家庭的福利，而公共福利对他们的劳动来说仅仅是一种意识不到的事。可以十分肯定地说，下面这一点也是卢梭社会理想的主要部分，即个人的独立对他来说是第一愿望。至于他认为的由社会契约而产生的整个社会，对他来说只是第二位的现象。因此，"自由"是卢梭政治词汇中的关键字眼之一。但"平等"也是另一关键字眼。农民群体通常是没有明显的财富差别的，尤其是当耕地周围尚有大片未占用的无主地时，如果需要增加土地，他可从中再开拓一些或另外再获取一些份地。卢梭之所以严厉谴责第一个筑起篱笆圈起一小块土地并说"这是我的"的人，从他上述的观点就可以理解了。因为正是这个人迈出了第一步，走向欧洲贵族们所享有的现代土地垄断，最终破坏了古代农民们享有的事实上的平等。

乍看起来，很难理解卢梭把像日内瓦那样一个城市的社会结构同早期罗马典型的乡村公社的结构等同起来。但是，由于这两种社会起决定作用的特征确实是一样的，也就不难理解了。日内瓦也是一个社

第三章 文学与思想：浪漫主义倾向，卢梭、康德

会群体，社会成分比较相同，比较自由和平等。日内瓦有一群以钟表匠和其他手工艺者组成的独立生产者。虽然他们毫无疑问在互相竞争，但是他们的美好生活首先依靠他们自己的行业和技能。他们拥有自己的作坊和工具，正如罗马的自耕农拥有自己的家宅和土地一样。两者的相似是明显的。卢梭的社会理想如简化成简短的公式，我们可以这样说：它是一种自由和平等的社会，或者是农民和手工艺者的社会，或者是独立生产者的社会，上无雇主，下无奴隶。他在一段最具有特色的论述中写道："法律总是对有产者有利，对无产者不利。因此可得出结论：只有在人人都占有一些，而无人占有太多的情况下，社会状况才会对人类有益。"①

显然，这种理想观念主要是系统地阐述了当时存在的第三等级的愿望，或者在今天第四等级（无产阶级）已经开始使社会结构复杂化，并使整个卢梭学说的观点已失去其过激性质的情况下，主要是系统阐述了中产阶级的抱负。卢梭对欧洲的小资产阶级具有吸引力，而旧正统派对贵族和僧侣具有吸引力；伏尔泰式的哲人则是对大资产阶级和知识分子具有吸引力。卢梭之所以超越同时代人，不仅因为他个人具有卓越的天赋，也不仅因为他体力上的无能和生活的经历使他养成了作为政论家为使其书籍和小册子具有必要的尖锐锋芒所需要的那种辛辣和尖刻，而且因为他站在一个新的高屋建瓴的地点观察社会行为和社会组织这些重大问题，而就那个时代的生活环境而言，这样看问题具有非常重要的意义。

卢梭是从《论科学和艺术》一文开始他的伟大征程的。1749年第戎科学院提出以"科学与艺术的复兴是否有助于淳化社会道德？"为第二年获奖论文的题目。当卢梭碰巧遇到这个问题时，一种强烈的感情占有了他，震撼了他的内心深处。五年多来一直在他脑海里酝酿着的所有那些不平静的思想，以闪电般的速度落到了实处。他认识到他已形成自己的一套包罗万象的哲学。他在自传《忏悔录》中告诉我们说："我一读到这些字眼，就看到一个新的世界，变成了一个新人。"② 他是这样答复该科学院的问题的：文明曾经对各种美德起着

---

① 沃恩编：《让－雅克·卢梭的政治著作》（1915年），第2卷，第39页。
② 七星诗社版（1950年），第344页。

消极的而不是积极的影响,它曾败坏而不是纯洁人的道德。它已使我们天真无知的祖先们那种朴实的蒙昧粗野状态消失,而代之以虚伪的温文尔雅,表面上也许令人愉快,但实际上掩盖了许许多多的丑恶,如伪善、背信弃义、冷酷、猜忌、恐惧、仇恨等不一而足。卢梭坚持认为历史总是重演同一模式:文明同时带来腐化堕落和道德败坏。埃及、希腊、罗马和拜占庭,好像不可避免地都走过同样的悲惨道路。他在论文的第二部分试图说明个别的科学和艺术是如何产生于人类的缺陷,并且如何适应并增强这些缺陷。例如,天文学起源于迷信,修辞学来自阿谀奉承,如此等等。当然,并不是所有的知识都受到谴责,因为本来就有几位伟大的"人类导师"值得人们感激怀念,但是他们已经过时了。而现代的文人们对社会生活是有害无益的,尽管他们显得生气勃勃,但并非出自真正的启蒙愿望,而更多的是渴望个人出名。只要他们确立某种情调,受到奖励的是聪明机灵,而不是英雄气概。

他第一次发表的这篇《论科学和艺术》语气既富挑战性,也不容忍异说。在《致博尔德先生的最后答复》中,他力图反驳一位很有才华的评论家的论点,竟然这样写道:"如果我是一个黑人国家的首脑的话,我宣布我要在边境线上竖起一个绞刑架,把第一个胆敢入境的欧洲人和第一个企图出境的本国人毫不留情地绞死。"[①] 无怪乎法国连同欧洲其余各国都大吃一惊,聆听以前从未听过的这种言词。

继第一篇得奖论文之后,卢梭于1755年发表了题为《论人类不平等的起源和基础》的第二篇论文。这次第戎科学院出的题目是:"人间不平等的起源是什么?它是否为自然法所认可?"为了就前一个问题展开争论,卢梭必须就他认为与之有关的基本问题形成某种意见:在不平等现象开始改变人和人类社会前,人是什么样的?要想找到人类的这一原始模型,好比寻找格劳科斯[②]塑像的本来面目一样,这个塑像长期沉没在大洋深处,被咸水腐蚀到已经不像一位天神,而像一只野兽了。研究所谓的"尼格里希亚"[③] 也帮不了忙,因为他们也经过了某些历史变化。卢梭得出结论,我们能够通过内省的方法,

---

[①] 新版《文集》(1819年及以后几年),第1卷,第141页以下各页。
[②] 希腊神话中的海神。——译者注
[③] 尼格里希亚(Nigritia),苏丹的古称。——译者注

最好地重现原始人的光辉形象,一如大自然所赋予他们的那样。我们大家在内心中仍然保持着原始人性,只不过文明垃圾已经日益掩盖了它,必须予以清除或者至少不去想它,以便让纯真的原始模型显出它的真实轮廓和色彩。这些就是卢梭这篇《论人类不平等的起源和基础》的新论文的基本论点。

通过这样的内省,我们能大体上描绘出人在天真无邪的孩童时期当是如何生活的图像。他的需要少而简单:他要吃饭、睡觉和寻找配偶,但满足这些基本需求的手段唾手可得。既无肉体上的也无精神上的病痛折磨他。没有肉体上的,是因为病弱者未脱婴儿期已悄然离世;没有精神上的,是因为反应还没有开始投影于人脑。对死亡也无恐惧。我们所知道的那些社会习俗给我们在生活中带来的错综复杂的麻烦也不存在,甚至也不存在家庭把人束缚住,剥夺他的独立性。男女偶然相遇又分手。孩子一断奶就必须自己喂养自己。原始人实际上就是这样互不往来的。卢梭不久在他的《爱弥儿》中写道:"人类并不是生来就聚居在人口稠密的地方,而是散居全球的……他们愈是聚集在一起,相互就腐蚀得愈厉害。"① 但是,人虽然天生互不往来,但并不反对社会,因为他对人类各种形式的苦难都怀有怜悯和同情的心情。这种天然的生来就有的品质与理智毫无关联,事实上,理智才能的过分发展将会削弱这种品质。在文明开始使人类进化,更确切地说,是败坏人类之前,也就是人类因而自相矛盾地在还没有进入社会生活并思考道德问题的时候就变得比较合群和比较讲道德之前,这种品质是非常强烈的。一句话,像动物一样,人类起先享受着一种无忧无虑的生活,固然是在有限的视野以内,但却是一种自然而单纯的幸福。

然而未来苦难的种子从一开始便埋藏在人身上。大自然给予人两种极有价值但也有潜在危险的禀赋,即自由的意志和追求知识的完善。一旦社会生活开始发展,它们就被人认识了。社会生活究竟为什么会发展,对卢梭来说,是个难解之谜,是个大难题。因为,他认为社会状态带有趋于组织化的内在倾向,不可能自然而然地对我们无忧无虑的祖先有什么吸引力。他对社会习俗是如何形成的即使有什么理

---

① 加尼耶编:《爱弥儿》(1939年),第37页。

论的话，那也是把它归因于各种不幸环境的积聚，这些不幸环境多少带有偶然性，"或许从未发生过"，① 就像气候变化和地球上人口的增多。但是，无论人类社会形成的原因多么说不清，卢梭告诉我们，其后果是非常清楚的。人们停止过游牧生活，这意味着不但不再到处漂泊，而且意味着不再随时更换配偶。但是定居下来便产生各种习惯，这些习惯可由"我的"和"你的"两个词加以概括。于是一旦这些概念产生，无数的罪恶便接踵而至：嫉妒与羡慕，虚荣与傲慢，如此等等。于是，小块土地的私人专用权确定了这些发展。在卢梭的哲学里，这些发展就像《圣经》中堕落所起的作用一样。有了财产，便产生了不平等。有了不平等，便产生不安全。人们互相猜忌，为维护他们所占有的东西而操心发愁，为自相残杀的战争的恐怖所威胁，终于在某些富人的怂恿下同意把财产提高到法定原则的水平。这便是第一个社会契约，一个虚假的社会契约。其恶果只有靠某种新的更好的社会契约来加以克服。

  这个问题把我们带到了卢梭政治理论的核心。他的著作中没有一篇比得上他的论文《社会契约论》更为感人。该书出版于1762年，书中他深思熟虑地研究了日内瓦共和国这个人口不多的典型国家的最初宪法并将之理想化。这里，如同他在《论人类不平等的起源和基础》中所论述的那样，立论的基本信念是这样的论点，即社会生活和政治生活对于人类来说并非真正自然形成的东西。因此，如果这种生活要想存在并继续下去，必须要有意识地来安排，即通过契约加以确定。其基本意见是：从前有若干人联合起来以联合的意志创造了一个新的实体，一个新的存在，即社会团体和国家。从此以后，不仅有那些已经联合起来的人们的个人意志，而且除此之外有一种凌驾于个人意志之上，在法律支配之下的公意。这种社会的公意，不同于，而且凌驾于社会内的个人意志，不过它的出现并不意味着个人自由的终结。当然，如果一个人服从另一个人，即一个人的意志从属于另一个人的意志，那么个人自由一定会消失。但这绝不是订立真正的社会契约所产生的情况，这同卢梭第二篇论文《论人类不平等的起源和基础》中讨论的立法的虚假形式恰成鲜明的对照。因为，国家和社会

---

① 沃恩编：《让-雅克·卢梭的政治著作》（1915年），第1卷，第168页。

的缔造者所服从的不是个人意志，而是一种非个人的意志，换言之，是一种对所有人有同样约束力的客观法则。这种非个人的意志，这种客观法则，简言之，这种国家和社会的法律，可与即使史前时期的"自然"人也受其约束而并不丧失其基本自由的自然法相比拟。读者可以看出，卢梭在他这篇最重要的论文中，其态度已从主要是批判性的转变为比较建设性的了。论文告诉我们，这一创造性的行动带来一种在共同法律下的共同生活，人类得到的要比损失的多。这一行为用道德的公正替代了野蛮本性；用有公民特征的理性自由替代了野蛮人享有的未开化的独立地位；从而为更开化的生存奠定了基础，使"愚昧笨拙的动物"转变为"理智的生物"，成为"人"。①

于是，社会契约所产生的状况被断定是美好的，但这并不意味着没有困难了。"人总是自发地向往善，但他们并不总会自发地认识善。"② 在没有系统表达的公意中所隐含的内容必须在系统陈述的公共法律中明确地加以规定。如何使前者在变成后者的过程中丝毫不会丧失任何东西呢？面对这个艰巨任务，卢梭转而依靠两个权宜手段：在不能取得一致意见时，采取由多数决定的办法；采取由梭伦和利库尔戈斯③式的立法者进行干预的办法。多数决定本身很可能符合真正的公共利益，只要投票者掌握准确的事实并不受愚民宣传的影响，但只有在这个条件下才会如此。卢梭显然是设想：在像他想象中的那样的小社会，而且是需求不多而简单明了的正常社会中，意见的冲突往往出现在技术性的事务和方法上，而不是在原则或实质的问题上。前者应该依靠理性的讨论及和睦友好的决策加以解决。但是不管所有这些可以多么好地导向正确的行动路线，卢梭似乎宁愿选择立法者的干预，尤其是关系到基本法时应如此，由立法者断定什么是公意并把它写成文字。立法者必须说大家要说的话，只要他们知道怎样说。所以他仅仅是他们的喉舌，不是他们的主子。由于这个原因，立法者的行为不是侵犯，而是履行订立契约的人民的主权。对于法律的施行有可能落入不爱国的人们手中的危险，卢梭看到只有一个补救办法，即广大人民对被委之以执行公意的任务的人们保持不懈的警惕。

---

① 前引沃恩书，第2卷，第36页。
② 同上书，第50页。
③ 梭伦，古雅典立法者；利库尔戈斯，传说中的古斯巴达立法者。——译者注

这一理论，总的来看，相当典型地体现了社会政治哲学的伟大传统。这种传统通常被说成是个人主义的，原子的，或机械的。它把第一位的存在归于个人，认为人就像是社会的原子，而把社会看作派生出来的东西，是第二位的，是较低一级的实体。这种观点在通篇《社会契约论》中是明确的。在卢梭为百科全书写的《论政治经济学》专条中说得更加清楚。因为，虽然他在文中把社会的农、工、商活动比作人体的消化过程，并运用更多的这类比喻，但他从相反的、固有的传统中借鉴的仅仅是它的语言和外部装饰。就他的论点的实质而言，毫无疑问，他认为社会根源和存在并不是由于大自然，而是由于习俗和惯例。社会的产生和继续活动是因为组成社会的人们要它这样。他们之所以要它这样，是因为他们发现他们的共同利益存在于公共的生活模式中。

尽管如此，卢梭仍感到社会不仅仅是，也必然不仅仅是一种公用事业。他认识到若要社会作为一个有组织的实体继续存在下去，它就必须普遍具有一种共同生活的准则，共同的设想和信念。没有这些，它的内聚力就会太弱，抵不住不可避免的历史转变和冲击。这就是卢梭以研究宗教的社会作用来结束《社会契约论》的缘故。为了巩固国家的结构，需要有一种公民的信念。基督教起不到这一作用，因为基督教——至少是真正的基督教，即圣经的福音所体现的基督教——太注重修来世了。逆来顺受的士兵永远不会起到这一作用，面对暴政或暴政威胁同样本能地忍气吞声的公民也是如此。然而基督教也绝不应被另一套教条来替代。人们的信仰应该是他们自己的。面对终极的奥秘，出现不同意见是可能的，而且应当得到尊重。公民的信念应该只关系到公民的事务。所以卢梭简洁地陈述其信条的主要内容如下：有一个全能而至善的神；有一个死后因正义受到奖赏，邪恶受到惩罚的生命；法律是神圣不可侵犯的。任何不接受这些主张的人就是反社会的，应被放逐国外。实际上，卢梭甚至写道："如果有人已经公开承认了这些教条，而他的行为却和他不信仰这些教条是一样的，那么就应该处以死刑；因为他犯了最大的罪行。……"[①] 在这里人们几乎可以亲眼看见罗伯斯庇尔的严厉形象，隐隐出现在他老师的后面，其

---

① 前引沃恩书，第2卷，第132页。

影子投向他的前面，在罗伯斯庇尔的后面则是断头台。

上面引述的词句把多少有点冷酷而不协调的说法写入书中，使许多人感到痛苦。例如格林写道："一部像《社会契约论》这样崇高的创作，竟然加进去如此可怕的词句而损坏了它的形象，乃是文学记载上最令人不解的谜。"① 诚然，这段话所表达的态度是不能宽恕的。但是尽管它是不能宽恕的，却不是不能理解的。我们必须想到，卢梭的理想既不是无政府的状态，也不是自由主义国家，更不是类似这样的公民国家，由于缺乏更合适的词语，我们也许可以说成是一种睦邻社会。在一个小村庄，或在一个封闭式的部落或市镇，社会压力总是强有力的，并且必然如此，尤其是要实现高度的道德风尚的话。这种或那种形式的放逐曾经是他们的法律的最新规定。

简略地看一下卢梭两篇次要的并非纯理论性的论文，将会使我们对他的社会政治哲学的论述告一段落。一篇是他的《关于波兰政府机构的几点设想》，写于1771年前后。他在此文中主要建议：因幅员比较辽阔，波兰应当划分成小的自治州。他写道："几乎所有的小国，无论是共和国还是君主国，其繁荣昌盛就因为它们不大；因为所有的公民都互相认识，互相监督；因为公民的首领能亲自发觉哪些错了，哪些必须纠正；因为他们的命令就在他们的眼皮底下贯彻执行。……只有上帝才能统治〔全〕世界。治理大国是需要超人的才干的。"② 1765年的《科西嘉宪法草案》涉及一个大自然将其疆域绘制得很狭小的国家，引发了卢梭的另一个主要关注的问题：有关公民道德完善的问题。他劝导科西嘉人应当坚持过他们祖先过的那种艰苦而质朴的生活；他们应当回避对外贸易，因为它带来腐化；他们甚至应当在用钱上吝啬。道路不多更好，因为这样居民们将会过与世隔绝的生活，从而保持他们坚强的独立性。至于财产，理想的是每个科西嘉人应当只占有其劳力所及的土地。在实践中，既得权利必须受到尊重，不过必须避免采取任何进一步的步骤朝大块地产发展。在所有这些论点中，不难听到日内瓦人——加尔文派教徒——和小资产阶级的声音。

---

① 《让－雅克·卢梭》（1955年），第304页。
② 前引沃恩书，第2卷，第442页。

除了恰当地说应称为政治著作的作品之外，卢梭主要在两部小说中表达了他的想象力，这两部作品都是在《社会契约论》发表之后几个月内出版的：《新爱洛伊丝》（1761年）和《爱弥儿；或论教育》（1762年）。两部书中把对待自我、上帝和大自然的一种新态度，介绍到欧洲的思想中。正如弗洛伊德一样，卢梭坚持认为我们必须区别我们本身具有人的自我（这是固有的和基本的）和社会的自我（这只是次要的和外来的）。要了解我们自己并实现自我，我们必须找到人的自我，而这只有在我们独处时才会显示出来，而绝不会在社会中显示出来。但我们应该追求的那种自我显示的独处状态，不应是在房间和斗室中的独处，因为在这些地方四周墙壁围着我们，好像在逼迫我们，仍然会对我们谈论社会、义务、纪律和所有其他文明的和人为的因素——它应当是自然的独处状态。只有在自然的独处中我们才能处于，也只有在这时我们才能认识到，我们的真实状态。也只有在这时我们才能接受到我们知识范围所能达到的对造物主的认识。正如《新爱洛伊丝》里临死的女主人公的话所表明的，在卢梭的宗教思考中，既没有圣经，也没有耶稣基督的立足之地——既没有神的启示，也没有道的化身的立足之地。卢梭对神的概念，像在《爱弥儿》中题名为《萨瓦牧师的自白》的那部分中所典型地阐明的那样，是纯自然神论，即没有任何教条、具有某种泛神论倾向的宗教。像在他之前的斯宾诺莎一样，卢梭发现要区别自然与自然的创造者是很难的。对任何强调认为这是一种智力上不充分的状况，实际上是思想糊涂的证明的人，他一定会回答说，鉴于我们四周都是奥秘，不可能知道得更多了。

一点也不奇怪，《爱弥儿》一书的"不敬神"学说受到加尔文派教徒和天主教徒的同样谴责。在1763年5月12日卢梭又一次切断了同他心爱的故乡日内瓦的一切联系。他宣布放弃日内瓦市民身份，以回答上议院对他这本书的公开谴责。但比来自正统观念的敌视更具重要意义的是聚集在《百科全书》周围的所谓"贤哲们"，即伏尔泰式的知识分子中间激起的同等的，如果不是更猛烈的敌视。一条很宽阔的鸿沟现在把卢梭同霍尔巴赫和达朗伯尔等人隔开了。而公众曾一度把这些人同卢梭的名字联系在一起。卢梭颂扬感情，而这些人主张理智；卢梭反对创新，他们为革新而自豪；卢梭相信人类的历史变异和可变性，他们则以人性永远不变的概念指导活动；卢梭认为自然和独居是高尚生活的真实背景，他们则认为城市及其沙龙才是高尚生活的背景；卢梭接受神的存在，他们则是彻头彻尾的无神论者。这些分歧首次尖锐地表现出来是在1757年年底至1758年年初的那个冬天，当时卢梭编辑了他的《论道德的书信》。在这些书信中，整个矛盾集中到一点：他解释说，启蒙运动哲学家们认为，人的伟大在于他的理智。而他接着说，但在我看来在于他天生的善良。聪明的增长既没有使我们更明智，也没有使我们更善良、更快乐。作为一个民族，"就我们的智能来讲，我们是渺小的"，但是，"由于我们的感情，我们是伟大的"。① 《爱弥儿》的出版可以说使上文中所预示的卢梭同霍尔巴赫一伙人之间在理智、道德和个人等方面的疏远成为确定无疑的事实。表面上两个阵营之间愈益敌对的论战看起来像一场纯文学上的争吵，但实际上是整个两派哲学，且不说是两个阶级的对抗。我们的全部研究已经证实我们开头所下的断言，即如果说伏尔泰是大资产阶级的代言人，虽仍在高喊改革，但已多半满足于当时的状况，那么卢梭便是小资产阶级的首领人物，热衷于彻底革命，甚至在某种程度上宣扬无产阶级和未来的无产阶级运动。对那些哲学家们，最使卢梭感到恼怒的最具代表性的东西是他们的教条，即他们认为就幸福来讲，在不同的社会阶层之间没有多少可供选择的余地，因为所有的人通过习惯已经适应于他们的命运了。卢梭写到《爱弥儿》中的那个可怜男人时说，"没有什么习惯能把他从厌倦、疲惫和饥饿的肉体感觉中解脱出来"。② 这句似乎平常的话比乍看起来的含义要多得多。这句话与其说是在18世纪后期说的，倒不如说是在即将跨入一个新时代，即19世纪说的。诚然，在1761年旧制度仍在进行着统治，特权阶层与第三等级之间的决战还未到来，但是《爱弥儿》的作者与他的《百科全书》派的老朋友们之间的冲突已预示着巨大的社会动乱即将来临。

卢梭学说作为一个整体，其真正的社会历史意义正在于此，只要我们看一下不禁使人联想到卢梭学说，并可与卢梭学说相提并论的英

---

① 《书信全集》（1924年及以后几年），第3卷，第361页。
② 加尼耶编：《爱弥儿》（1939年），第266页。

国和德国的发展情况,就可以明白这一点了。经济上英国远比法国发达。因此在英国反理性主义思潮的主要传递者是一种典型的工人阶级运动,即卫斯理教派。卫斯理教派一直用创建者最喜欢的字眼,被说成是一种"心灵宗教"。这个说法不禁使人回想起《爱弥儿》中的一句简短而富有表达力的话:"真正的崇拜是心灵的崇拜。"① 约翰·卫斯理与英国国教教士之间的关系,同卢梭与启蒙运动者之间的关系并无二致(爱德华·扬在他的《夜间思考》一书中称上述教士们是"冷心肠的、冰冻了的形式主义者"②)。卫斯理和卢梭都激烈反对极端的理性主义、外表的社会一致和对宗教的冷漠。为了对自己被指斥为狂热者进行辩护,卫斯理于1771年8月12日在他的《日记》中写道:"欣斯特拉先生称作狂热的东西本身,只不过是心灵宗教而已;换言之,即是圣灵中的正义、和平和欢乐。这些东西必须是感觉到的,否则它们便不存在。因此,所有笼统谴责内在感情的人,不在宗教中给欢乐、和平和爱情以存在的余地,结果把宗教化成一具干枯的死尸。"

这些就是卢梭学说的真正特点所在。人们甚至可以从约翰·卫斯理的追随者们的陈述中比从卢梭本人那里更清楚地听到这些特点,因为卢梭本人仍然有许多东西来自旧的精神。③ 但是他已感觉到潮流,并且被潮流所席卷,以致在《对称之为卫斯理派的忠告》一文中,他称他们是"宣称追求心灵神圣和生命神圣的人",心灵在这一定义中是关键词。没有比该运动产生的赞美诗文学更能显示出它所充满的那种高度炽烈的感情了。把那些往往过分通俗,但总是暖人胸怀的查尔斯·卫斯理的诗歌,与形式上虽更完美,然而十分冷漠无情的赞美诗(譬如艾迪生的)相比较,是最能说明问题的。英国的卫斯理派教义与法国的卢梭学说共同具备的另一个显著特征是它使人与自然之间产生了一种新的关系。卫斯理在他的许多次旅行中总是随时留心观察乡村的美景。足以代表他的特性的是他对都柏林周围没有飞鸟和对马恩岛鸟类繁多有着同样的感受,而这些事情,理性主义者是永远不会注意到的,更不用说去写它们了。在他关于《家庭宗教》的布道中,他劝告父母引导孩子们通过对自然仔细思考来认识创造自然的上

---

① 加尼耶编:《爱弥儿》(1939年),第381页。
② 爱德华·扬:《夜间思考》,第8页。
③ 参见 R.诺克斯《宗教狂》(1950年),特别是第515页及以下各页。

第三章 文学与思想:浪漫主义倾向,卢梭、康德

帝:"虽然你看不见上帝,但上帝在天上,比太阳还亮得多!是他,是上帝,创造了太阳,创造了你、我和万物。是上帝使得花草生长,使得树木葱茏,并在上面结果。"很明显,这是具有卢梭风格的主题。虽然卫斯理总是小心谨慎地不越过一神论雷池一步,从未偏离到泛神论,但他和那种认为造物的奥秘首先是自然的奥秘的人同属一个门第,则是不会有误的。二者出于同一渊源,即上帝的游咏诗人圣方济各的渊源,他把爱慷慨地给予太阳兄弟和月亮姐妹,给予鸣禽和游鱼。

大约在这个时期,处在一个理智更高深和社会水平更提高的英国社会,表现出对原始事物和自然状态重新产生兴趣,反对讲究文雅和人为的做作。这是一种对卢梭呼吁回归大自然的肯定答复,虽然比较起来热情或许还有点不够。像罗伯特·洛思的《希伯来人的敬神诗》(1753年)一样,罗伯特·伍德的《荷马的创作天才与作品》(1769—1771年),以及理查德·赫德的《关于骑士文学与传奇文学的通信》(1762年发表时未署名)等为消除当时存在于知识界的反对原始民族"野蛮"和"粗暴"的文艺的偏见起了很大作用,并为莪相诗歌铺平了道路。莪相诗歌在整个西方世界的极大成功证明在二三十年内公众已经脱离理智主义者所藐视的一切非抽象的、准数理的和新的东西多么远了。莪相诗歌本身出现在1760年与1763年之间,并不像它们自称的那样是远古年代的吟游诗歌,而是出于苏格兰一位名叫詹姆士·麦克弗森的教师之手。这些诗歌被人们广泛地认为是真的吟游诗歌这一事实,证明公众对原始文学的态度当时还是热情有余而缺少辨别能力。但是不要忘记,一个像麦克弗森这样的苏格兰高地人,他的根子仍然可以回溯到史前时期的生活传统。他出生于1736年①,在氏族社会里度过他的童年,这个社会当时还没有开始最后崩溃。

洛思、伍德等人通常被说成是"前浪漫主义"作家。欧洲大陆各国也出现了一些人物,理应获此称号。其中最伟大的大概要数德国的尤斯图斯·默泽尔,他的《奥斯纳布吕克史》开始写于1762年,发表于1768年及以后几年。这里出现在我们面前的又是一位让-雅

---

① 原文为1763年,按系1736年之误。——译者注

克·卢梭在德国知识界的同道，两人的共同信念主要是他们偏爱非官僚政治的小城邦和传统的乡村式生活。然而默泽尔之超越理性主义者的立场仍然很有限而且是不完全的。我们可以把他同洛思和伍德相比，但是不能把他同卫斯理会教徒相比。他容许欧洲上空吹来的清新空气触动和改变他的作品，但不容许它彻底改变他的生活。然而还有一批德国人，他们把心完全自由地向清新空气敞开，因此他们的整个人被改变了。这些人就是所谓的狂飙突进派。意为"有紧迫感和强烈追求的人"。[①] 他们几乎无一例外都是年轻人，出生于18世纪40年代，现正逐渐趋向成熟。为了突出表现他们对传统和习俗的背叛，他们之中许多人扔掉"上流社会"仍在坚持戴的撒了粉的假发，披着他们的天然头发四处走动——这一举动象征着他们决心要"回到自然中去"。于是卢梭主义作为一次运动，在莱茵河以东明显地表现为青年运动的形式，其原因就不难理解了。如果说英国在经济和社会方面比法国更先进些，那么德国就更为落后了，那里简直没有工人阶级能够吸收和传布的新道理。市民作为一个阶级实在太胆怯，太容易屈从于政治当局，太受现存的半封建社会的牢固控制，以致不敢在任何重大程度上鼓起勇气朝着新的激进的革命哲学前进。只有年轻人，尤其是大学生们，听从号召，加以响应。实际上我们会发现其中有许多人使我们想起卫斯理派，纵然他们的背叛并不总是以特定的宗教形式出现的。

事实上，它往往以宗教形式出现。约翰·戈特弗里德·赫尔德是这批人物之一。他接受路德教的牧师职位，正如约翰·卫斯理接受英国圣公会的一样。但是不久，他对旧教派牧师同伙们的态度变得互相疏远了。他在1772年3月21日致未婚妻的信中写道："我的布道就像我的人一样，没有多少是牧师式的：它们是全部心灵中流露出来的人的感情。"[②] 赖因霍尔德·伦茨在他的诗《爱德华·阿尔威尔斯的无与伦比的宗教赞美诗》中表达的甚至更加鲜明，其中一节直译如下：

不，我呼喊——救世主！上帝！

[①] 源于 F. M. 克林格所著剧作名。
[②] 绍尔编：《与卡罗琳·弗拉赫斯兰的通信集》（1926年及以后几年），第2卷，第68页。

这颗心已干渴，渴望得到满足！
假如做不到，那么宁可
打碎您创造的形象！

正如这些诗句所表示的，有些年轻德国人被卷入狂飙运动中，过着狂热的生活。激情驱使他们达到了如果他们没有丧失自制能力的话本可避免达到的地步。其中相当多的人无异于歌德小说中不幸的维特，结果都精神崩溃，不管他们是否真的自杀身亡。不管对传统的基督教教义如何从感情出发加以重新解释，他们的叛逆行为的动力一般促使他们越过基督教教义的范畴而陷入泛神论。歌德的两篇早期作品：《……牧师们致……新牧师的信》和《两个重要而迄今未讨论过的圣经问题》（二者都写于1773年），明显地受到了卢梭的《萨瓦牧师的自白》的信念的启发。这些文章的某些段落读起来表面上像是约翰·卫斯理写的，但其精神毋宁说是卢梭的。经过了几年的探索，赫尔德、歌德和他们的许多友人在新柏拉图哲学里找到了新的思想掩蔽所（外表上表现为他们加入了共济会）。根据新柏拉图哲学的说法，现实世界的一切弥漫着一种神圣精神——虽然是神秘主义的一种形式，但已不再是一神论的，因为造物主——上帝已不再被想象为一个确定的人。这就是同一思潮在英国使宗教复苏而在德国却使宗教削弱的原因——实际上，在德国为偏激的无神论和像费尔巴哈或马克思等人的唯物论敞开了大门。就在这个时期，上帝＝自然的公式被确立在许多德国人的头脑里，这一公式使上帝一词很易于被人们丢掉和丧失。

新精神在文学方面的表现实在太多了，不能在这里一一加以详细考察。其表现得最典型的例子是年轻的弗里德里希·席勒的剧本《强盗》，首次发表于1781年，再次发表于1782年，在书的扉页上印着一头跃立的猛狮和题词："在蒂拉诺斯。"该剧写的是卡尔和弗朗茨兄弟俩的故事。弗朗茨是旧社会的典型产物：自私、虚荣、懦弱，但首先会为自己打算，并善使心计。另一方面，卡尔则是一个大自然造就的人——有点像青年人那样的粗野，但正直、坦率、坚强和心胸开阔。由于这些品质，他终于被逐出庄重而高尚的社会，被迫加入一个由其他桀骜不驯的年轻人组成的帮伙，成为活跃在波希米亚森林里的造反者——庄重而高尚的社会里没有像他这类人的安身之处。即使这样简单扼要地描绘其主要角色，也可显示出该剧是把卢梭关于人的"自然"与"非自然"，正确与错误的学说搬上了舞台。主题和倾向与此相类似的作品还有如默尔克的《奥海姆先生传》，克林格的《西姆松·格里萨尔多》，席勒的《阴谋与爱情》，歌德的《铁手骑士葛兹·封·贝利欣根》，等等。它们都以这种或那种形式讨论了以下矛盾冲突：一方面是基本的、自然的和纯正的内在需要，另一方面是它们的主人公同社会上冷酷、没有生气、矫揉造作的外表礼节和习俗进行的斗争。这些人物生活中的戏剧，通常总是悲剧，就发生在这样的社会背景下。

　　以上论述足以说明卢梭所阐明的主题已为西方主要国家所接受，并加以转换而吸收进自己的基调中。这样便产生了许多变异，同时反映并表现出欧洲的一致和民族的差异。在研究其主要表现时，曾经一再使我们把它说成是造反，是革命，在某种程度上预示着1789年的政治大危机。但是造反和革命似乎注定难逃火的规律：它们倾向于走极端，好像要冲向无政府状态。当这种现象出现时，反作用的力量必然产生；法律与秩序必须重新加以维护。拿破仑就是这样。在他身上我们必须看到他既是18世纪最后10年大动乱的产物，也是它的逆流。现在，思想意识的历史同政治事件的历史呈现出一模一样的模式。在18世纪60年代，欧洲思想界从一个世纪以来强加于他们的理性主义枷锁下解放了出来。在70年代和80年代，他们享受到新发现的自由并对其进行实验。到90年代，回到更有纪律的思想方式和生活方式的时候来到了——实际上是回归理性（而且是不止一种意义上的理性）。在上一代风暴之后，首先倡导并实现这种精神上的平静的伟大哲学家是伊曼努尔·康德（1724—1804年）。赫尔德和歌德分别出生于1744年和1749年，前面已经谈到他们最后以泛神论者而告终。他们是满怀着那种永远无法下定义的，也没有理性可约束的"海洋一样情感"的人。另一方面席勒生于1759年，是他们较年轻的同代人，则发现屈从于康德思想的严肃的准则并不是不可能的。

　　在18世纪中叶各种力量发挥作用的现实生活的因素中，无不最后导致荒谬的结局。那些新人反对死板的形式主义，比如戈特舍德的

诗学，他们通过柯珀的诗句嘲笑地说：①

> 诗人不是用矩尺和卷尺工作，
> 像铁匠和木匠那样完成图样。

但不久他们便发现，没有格律的诗往往流于结结巴巴。他们反对庸俗道德的繁文缛节，但他们立刻发现一个社会没有某种道德，即某种纪律，是不能生存下去的。他们主张所有个人的权利"都是他们自己的"，但他们马上发现如果这条原则彻底实行起来，共同的生活将分裂成为不相关联的私人世界，其中每一个人不是自由人而是囚犯。从J.G.哈曼的事例我们可以看到这种危险多么容易变成现实。哈曼是康德的柯尼斯堡同乡，被称为"北方魔法师"②，这里"魔法师"意味着"深奥莫测的人"。如果没有意识到我们遇到的是一位非常伟大的思想家的话，哈曼的作品确实无法读懂。但是他的语言——一种像天书似的神秘语言——极为晦涩暧昧，以致很难窥测其中心思想。他认为，有关"自然和历史的书籍"，除了"密码和暗号"外，什么也没有，因此要求天才应当摆脱一切规则，好比"无花果树抖落它的果实"一样。③ 所以他说自己越来越深地陷入预言、玄想和世界末日学说的深渊，直到再没有什么人能留下来追随他。可是康德多么不同啊！他努力寻找真知的条件，和约束所有人的正确行为的准则。

通过对狂飙突进运动的感情激励进行检验和提炼，康德做出了对他的时代最大可能的贡献。他使一些概念成为永恒，否则它们也许很可能是短命的。但是作为一个思想家，他的重要性绝不限于他生活的年代。更确切地说，我们必须把他与诸如柏拉图或阿奎那等系统阐述了恒久不灭的哲学的伟大人物等量齐观。在我们说他是18世纪的伟人之前，至少必须指明他的永恒意义存在于什么地方。

直到康德的时代，欧洲哲学已经分为两个敌对的阵营：理性主义和经验主义。这两个传统的差异是多么深，从以下事实即可看出：甚至在中世纪矛盾就已经出现，而且纵使有人尽一切诚挚的努力想打破

---

① 参见柯珀的诗《对话》（1782年）。
② 这一绰号，首次被C.F.冯·莫泽尔用来称呼他。哈曼与布莱克的心理类型有显著相似之处。
③ 罗特和维纳编：《论文集》（1821年及以后几年），第1卷，第148页；第2卷，第430页。

僵局，但二者总是势不两立，难以和解。在1781年，当康德的《纯粹理性批判》首次问世时，要把如此完全不同的原理合在一起，也许仍然认为是不可能的。然而这恰恰就是康德所完成的功绩。

或许举一例最能说明涉及的是什么问题。人们经常谈论原因和结果。哲学家们经常试图确定这两个字究竟应作何解释。理性主义者感到困难不大，他们断言：我们的理性就提供了全部答案。康德因而把他们的哲学说成是"教条主义的"。当我们依照逻辑规则思考问题时，我们从前提得出结论，其过程一点也不神秘。所以，得出的论点是，我们思想上前提与结论的关系向我们揭示出在我们思想之外的物质世界里因果关系的本质。相反，经验主义者则坚持认为有关这种联系的任何知识如果要站得住，必须来自对外部世界的直接观察。但是外部世界并没有给我们表明因果律的内在作用过程。我们所能说的仅仅是：某些事实"X"接着发生了后来的事实"Y"。当我们看到这些现象反复出现，便逐渐习惯于把"X"同"Y"互相联系起来，并没有真正认识到这种联系的令人信服的解释。我们充其量可以断言：事物的发展似乎有一条因果律。这种态度说明了为什么经验主义者的立场往往也被说成是"不可知论的"。康德既不接受理性主义—教条主义的肯定论点，也不接受经验主义—怀疑论的否定推断，但他自己的答案却仍然明显地与二者相似。他教导说，因果关系本质上可能是什么，我们不知道，也不可能知道，因为它超出了我们的知识范围。我们永远不会了解现实，因为它存在于我们本身之外。但是我们的头脑是这样构造的，它会通过因果的模式把适当的连续现象联系起来。这种因果模式是先验的（存在于任何具体经验之前），是我们头脑里固有的（可与理性主义立场相参照）。另一方面，这种模式——一种思想形式——在同具体经验接触之前仅仅是空洞的可能性；它还不是现实，甚至连精神上的现实也不是；它只能通过在外部世界观察那些提供和归入这种模式或形式的事例来加以认识——我们也仅仅能认识它——（就是说，在经历之后或通过经验而凭经验来认识它——即经验的推断）。康德用这种观点把许多世纪以来相匹敌，毫无结合倾向的两种思想路线结合在一起了。

康德把这一调和原则应用于哲学上所有的基本争端。比如，时间和空间，对理性主义者来说，曾是先天的概念。而经验主义者则认为它们是外部世界的特征,我们认识它们同我们认识空间里的东西和时间上的事件一样,并无二致。在康德看来,它们都是认识的形式,属于人类认识的范畴,在人类具有认识本身之时即已具有,因为它们都是认识的基本要素。这样,康德就随着理性主义走得很远。但是形式没有内容等于零。对于形式当然可以这样说:只有当某种物质来形成它们时,它们才会成为现实;而这种(认识的)物质,只有当我们通过眼、耳、鼻、味觉和触觉认识到外部世界时,才会被我们所认知。因此,不但理性主义的基本主张,而且经验主义观点最突出的要点也同时被接受下来:"没有内容的思想是空洞的思想,没有概念的直觉是盲目的直觉。"[1]

从总的历史观点来看这一专门性的哲学,其超越一切之上的重要性何在是显而易见的。大致加以阐述,我们可以说:古代和中世纪的大哲学家如柏拉图和圣·托马斯,直接把他们自己与现实联系在一起,而康德则开始证明:哲学的有决定意义的和唯一会产生成果的任务乃是研究人类的思想与现实的关系——以确定真正的认识是怎样才完全有可能,以及可能达到什么程度。换言之,康德之前的哲学家们总是设法去识破存在的奥秘;而康德则提出这样的问题:对人类周围的奥秘而言,什么是人类认识的必然界限?这就是康德所声称的他引起的哲学上著名的"哥白尼式的革命"。[2] 他的哲学与超验(transcedent),即超越人类知识及其各种可能的事物没有关联,但却是一种超验(transcedental)哲学,研究一切知识的极点,即人类理性的灯光所能照亮的区域和必须永远留在黑暗之中的另一区域之间的分界线的哲学。当我们向外推进,达到我们的认识的限度所强加于我们的极限时,我们终于碰上了三大"观念",即上帝、自由和永生。它们的真实性我们确实能够设想,因为各种事实都表明它们;但与此同时,它们的真实性我们却永远也无法充分地得到掌握并证实,因为它们处在我们所知的事实之外。这三个"观念"使我们得以成为有活力的人,有"实践理性"的人,能够在我们现在所处的不确定当中绘制出一条航线。但是从"纯粹"理性的观点看,这些观念不是、也不

---

[1] N. 肯普·史密斯译:《纯粹理性批判》(B75),缩写版(1934年),第61页。
[2] 前引书,第22页(B XVII)。

可能是确定的东西，因为它们超越了理性的范畴。

这使我们必须探讨一下作为道德哲学家的康德。在这里我们看到他是一个受到他所处时代的局限的人，而不是超越时代局限的人。根据一个老的传说，康德的书斋里只有一件装饰品，即一幅卢梭肖像。毫无疑问，至少在他的实践哲学里，这位柯尼斯堡的哲人是深深地受益于那位日内瓦先知的，正如他本人深深地倾慕后者一样。卢梭在他给德乌德托夫人的第五封论道德的书信中①宣称，"人类生活里所有合乎道德的东西，存在于人的意图中"。这几乎可以说是概括地预言了康德的伦理学教导。诚然，康德并没有同卢梭一样认为人天生是善良的。这一点是重要的，它表明康德学说作为一种伦理体系，既是卢梭学说的继续，也是它的对立面。但是，就积极的行动准则而言，却令人吃惊地没有区别。康德学说，如同卢梭学说一样，均可纳入一对孪生的概念：自由和平等。

康德解释说，人可以从双重观点来考虑。我们可以把人看作是一种现象，如同其他现象一样。这样人看起来如同所有其他现象，如动物和无生命物体一样，受同样的法则和规律支配。这种探讨方法对于科学家，比如生理学家来说是自然的和合适的。但是对于伦理学来说，这种方法就没有意义了。当我们开始考虑伦理行为的时候，我们立即面临这样的问题，即人是直觉地、坚定不移地知道他是自己行为的主人，他是自由的。当我考虑我应当这样做还是那样做的时候，比如我应不应当宁肯邻居比自己更幸福，或者相反，这时我并不涉及各种各样的现象及其因果律和偶然性，我必须完全独立、负责地来做出自己的决定。于是我能够听从责任的召唤，而且必须要求自己这样去做。在康德看来，这就是人的真正伟大之所在。康德写《实践理性批判》（1788年）比写《纯粹理性批判》时更感到自豪。按照康德全部著作中这部最主要的著作的论点，"善"与"恶"不属于外部世界，也不在外部世界中表现出来。因为在那里每一件事物看起来都是必然发生的，而"善"与"恶"是存在、对立和作用于人们的意识——照卢梭所阐述的即人们的意图——中的概念。对康德来说，符合义务的实践，意味着有规则地按这样的方法行事，即抵制我们天生

---

① 《书信全集》，第3卷，第364页。

的邪恶倾向，超脱其影响。如前面我们着重指出的，这是康德不同意卢梭的地方。但是显然这两位思想家之间的相同点远比分歧点更为重要。因为康德的实践理性哲学——赫尔曼·科恩称它为他的"纯粹意志的伦理学"——除了把义务奉为神圣外，还会是其他什么呢？而把义务奉为神圣，我们在卢梭的著作中同样也可以找到。卢梭谈到罗马和斯巴达的伟人英雄，如库尔提乌斯和加图时说，他们总是把公共福利置于私人利益之上。康德和卢梭都是跟着斯多葛派[①]和传统的新教徒的足迹走的。

像这样把注意力全部集中在意志行为上的道德体系，必然会对人的行为的后果不感兴趣。康德学说事实上承认古老的格言：即使天塌下来，也要伸张正义。它提倡的伦理是无条件的、绝对的、严格的，而不是有条件的、可调整的和功利主义的。照康德自己对它的表达，它的命令是"绝对的"，而不是"有前提的"。但是这意味着：它确定的行为规则必须是严格地抽象的或正式的；如果不是这样，如果它允许存在这种或那种具体的行为模式，它就不可避免地会去考虑权宜之计，因而失去自己的特性，最终导致屈从于丧失道德的享乐主义。绝对命令必须像是这样的："要做得对，不管什么后果。"但这一公式太含糊。怎样才能使它更明确些呢？怎样才能把它加以详尽说明以便指导像人类那样必须在同伙圈子里生活和行动的生灵呢？康德总是待在形式主义的框子里，为了提出他的论点，他问道：如果我们抽象地来考虑，社会是什么呢？他的回答是：它是一个像我自己一样的自我所组成的集合体，每个自我都有天赋的自由做出决定的能力，这种能力是人作为有道德的动物的特征。社会哲学家和道德哲学家一定会问：在什么条件下所有联合起来的人们能够平等地坚持他们固有的自由而生活下去呢？对康德来说，社会生活的全部问题都包含在这个问题之内。很明显，对它的回答必须是：假如他们这样去做，他们就必须允许同伙们有同等的机会，像他们为自己要求的一样自由地、理智地做出决定和付诸行动。因此，康德的著名公式"绝对命令"就是："只按照这样的准则去做，即依靠它你才能同时使之成为普遍法

[①] 此处原文为 Stoa。斯多葛派将履行义务视为神圣职责。——译者注

律",① 即每个人的法律。它是一个产生于深奥的平等主义的公式。

这是卢梭的理论又一次被以更理性和更哲学的外观提了出来。这本《实践理性批判》应当大大地归功于26年前发表的《社会契约论》。因为二者要人服从的制约因素都是法律,"公意"只要仍然不是某一特定人的意志,只要它同样适用于所有的人,而不必区分个人,那么如果说它限制了我们的自由的话,那只是为了我们应该有更多的自由。

这样,康德吸取了卢梭的政治和社会学说的非常宝贵的核心,把它从原来提出这一学说时所带的短暂存在的外壳中解脱出来,使之具有一种得以持续到遥远未来的形式。康德为卢梭所做的一切,没有什么比他对卢梭的社会契约的基本概念进行重新解释更足以说明问题的了。卢梭的著作不管对或不对,给人的印象是他认为社会契约是一个历史事实。但是,即使在18世纪也都知道这是无稽之谈,充其量不过是推测出来的历史。毫无疑问,康德认为社会契约是一种历史的虚构,是从来没有发生、也不可能发生的"事情"。但是他指明了这种虚构能够具有多么巨大的实际用处。它提供了一个十分可贵的试金石,可用来在精神上和道德上测试一般的政治安排,特别是法律的制定。假如我们设想,所有公民经过理智的考虑之后,愿意赞同这些安排和立法,假如这些安排和立法能够成为一个自愿加入和普遍承认的社会契约的组成部分,那么按照绝对命令的要求,很明显它们就是好的。否则就会是坏的。这样一来,社会契约的概念就不再是一种历史的幻想,而变成一条具有最重要意义的政治——"管理"——原则,体现了社会生活的永恒理想。

所有这些都说明康德把我们所论述的这一时期的最优秀的思想加以综合,提高到更加完善的地步。如同法国大革命一样,它的"德国哲学家"——康德常被这样称呼——标志着一个时代的结束和另一个时代的开始。说他标志着一个时代的结束,是因为他的著作使数百年来欧洲主要思想家所从事的哲学探索上的一些主要思潮趋于一致并臻于完善。说他标志着另一个时代的开始,是因为他的哲学的最终

---

① 《道德的形而上学基础》(1785年),第47页。参见T. K. 阿博特《康德的实践理性批判和其他论伦理学原理的著作》(1923年版),第38页。

结果引导人们把精力从理论回到实践、从思想回到行动。《纯粹理性批判》好像在说：你在探索奥秘、追求真理方面能走多么远就是多么远，不可能再远了，否则就割断了一切形而上学推理的源泉，即相信可能有一天会知道显然不可知的事物。另一方面，《实践理性批判》则表明人在恪尽义务和追求理想时是最伟大的，这一教训已深深地渗透进欧洲的共同潜意识之中。19世纪是一个实践者的世纪，不是梦想家的世纪，而在促成这一事态中，伊曼努尔·康德的作用是不小的。

当法国大革命于1789年爆发时，欧洲历史的指针已牢固地定在了这个方向上。诚然，对此最早最卓越的文学反应之一——埃德蒙·伯克的《法国革命感想录》（1790年）——是为保存或恢复旧秩序而进行的激烈的辩护。伯克坚持认为，一个如卢梭和康德所想象的意志自由和平等的社会，将缺乏必要的社会凝聚力。只有有组织的地方才会有秩序；只有存在着像我们在健康的有机体中发现的那种以牢固建立和得到保卫的整体为基础的职责分工的地方，才会有组织。如果没有使统一中又有差异的等级，没有使差异中又有统一的权威，一个社会是不能生存下去的。伯克嘲笑那些认为社会只不过是一种像在"胡椒和咖啡、白布或烟草、或某些其他无关紧要的买卖"中签订的"合伙协议"一样的人。他把社会定义为一个传统的群体，是"我们出生于其中的古老秩序"。①

然而，尽管伯克能够给新世纪的第一个——反动的——25年以深刻的印象，但未来却不属于他和同他一样想法的人。接着出现的是另一位先知，即功利主义者杰里米·边沁。他的口号"最大多数人的最大幸福"很适合成为唯物主义时代的口头禅。边沁的第一部伟大著作《道德及立法原理概述》于1789年问世，藐视所有形而上学是一种愚蠢的、无益的消遣。他给他的朋友乔治·威尔逊写信说："我才不关心自由和必须这两种毫不值钱的东西。要是我看到我脚跟前躺着……有关该课题的任何……新真理，我几乎不认为值得去弯腰把它们拾起来。"② 那种事情现在无关紧要了，重要的是把全体社会

---

① 里文顿编：《文集》（1826年及以后几年），第5卷，第184页，以及第6卷，第207页。
② 鲍林编：《文集》，第10卷，第216页。

成员的欢乐增加到最大限度,把痛苦减少到最低限度。不用说,这种赤裸裸的、彻头彻尾的享乐主义,同任何其他根本主张,例如康德的严格的理想主义一样,会引起同样多的哲学上的和其他方面的问题。但是这类理性方面的先入之见已经过时了。18世纪最后30年内取得的巨大科技进步,在人们眼前变幻出一幅富裕世界的白日梦。虽然在从那时以来步步实现的只不过是一些引起新的失望和向往的东西,但它却支配历史和社会达百年之久,这一点大概是可以理解的。

(程子明 译)

第 四 章
音乐、美术和建筑

一 音乐

我们对于启蒙时代最后几十年内音乐的进展只是逐渐有所认识，而且仍然很不全面。海顿和莫扎特是我们最为熟悉的作曲家，而海顿在他自己的年代已在国际上有名了。这一伟大时期的音乐历史，虽然同样吸引着专家学者和凡夫俗子，但至今还没有取得明确的评价。德国文学界的情况则不同，它已出现了一些评论18世纪同期几十年的卓越专著。其中H. A. 科尔夫的《歌德时代的精神》强调卢梭、康德对赫尔德和歌德的作品的重要影响，从而做出了显著贡献。鉴于音乐是一门极为独特的与本身的技巧联系在一起的艺术，谁认为歌德的诗学和美学与音乐无关，谁就是一位浅薄的音乐家。

因此，科尔夫设法探索"古典主义"的标准，以及他试图将"古典主义"定义为18世纪"启蒙运动"与19世纪"浪漫主义"二者独特的均衡融合体的做法，是值得全部应用于音乐的。

第一次世界大战以来所写的各种音乐通史，有两部是论述启蒙运动时期的。[①] 恩斯特·比肯的《洛可可风格与古典风格的音乐》（波茨坦，1931年）是该作者编著的《音乐手册》丛书中的有关卷帙。吉多·阿德勒主编的《音乐史手册》（第2版，2卷本，1930年）包括有关18世纪的几章，特别是阿德勒的《维也纳古典学派》、罗伯

[①] 见第6卷第3章第2部分。英、美一系列音乐史还没有涉及18世纪后期。P. H. 兰的《音乐在西方文明中的地位》（1941年）及O. 斯特伦克的《音乐史料读物》（1950年）或者有帮助。

特·哈斯的《18世纪的歌剧》和威廉·菲舍尔的《1750—1828年的器乐》。

不出人们所料,德国编者比肯一定会强调曼海姆和柏林的重要性,而奥地利编者阿德勒则自然要颂扬维也纳的音乐荣誉。① 然而,断言这一时代唯一最伟大的音乐成就现代奏鸣曲是创立于某一时期某一特定地点——维也纳、曼海姆、柏林或者米兰——除了抱有偏见者外,是得不到任何人支持的。考察一下原始资料,出现于眼前的是作曲家和公众都对巴罗克时代的音乐表示普遍不满的情景,以及在各个不同地点同时探索适合18世纪后期格调的音乐结构的词汇和种类。在这种情况下究竟谁占优先地位是无关紧要的。但是,追溯到支配海顿中期和后期交响曲的四乐章格式的起源仍然是至关重要的。这一格式由贝多芬而臻于完善,并在以后各个时期保持领先地位直到沃恩·威廉斯时期。阿德勒发现的格奥尔格·马蒂亚斯·莫恩1740年于维也纳创作的四乐章交响曲,曾是一个议论很多的主题。其重要意义在于它在开头与结尾的快板之间,除了通常的徐缓调之外,还包含一小步舞曲。于是人们可以设想,这种意大利式的三乐章交响曲的延伸,流传并发生在维也纳(莫恩在那里任卡尔斯教堂的风琴手)的时间是约翰·斯塔米茨于1741年定居曼海姆之前。另一方面,正当斯塔米茨和曼海姆人开始支持把小步舞曲作为交响乐章的时候(巴黎也和曼海姆一样),维也纳的作曲家们瓦根赛尔与年轻的海顿和莫恩自己在继续写作三乐章的交响曲。加之,海顿在他无数次的结构实验过程中,发现把小步舞曲包含在交响曲中是悦耳动听的,并非受斯塔米茨的影响所致。海顿是在他的中期这样做的。在这里我们得到了事情的症结。因为,现代交响曲是通过海顿18世纪80年代在巴黎和伦敦的作品的成功而确立的。海顿的小步舞曲导致贝多芬的谐谑曲,就这样改变了器乐的未来进程。但是仅仅将萨马蒂尼、斯塔米茨或者C.P.埃马努埃尔·巴赫看成是海顿的先驱,对这些大师们是有失公允的。他们的某些作品,例如埃马努埃尔·巴赫的钢琴奏鸣曲和斯塔米茨的交响曲,除了它们的重要历史意义外,今天是作为艺术作品来

---

① 意大利学者们,其中有福斯托·托雷弗兰卡曾恰当地提醒我们注意乔瓦尼·巴蒂斯塔·萨马蒂尼和他的同胞们的影响。

欣赏的。与此同时，否认这些作曲家的形象比海顿和他的年轻同代人莫扎特稍逊一筹，则未免强词夺理了。一个叫海顿的人的高超技艺和他一生的经验当然也是形成和建立一种持续达一个多世纪之久的格调所必需的。所以，说到音乐上的维也纳时期和维也纳古典风格，并不意味着谁占优先地位，也不意味着在产生某种艺术方面有独占的权利；它只是说在18世纪和19世纪之交，欧洲的著名作曲家，不论生活得好坏都住在奥地利的首都，他们不一定出生在维也纳，但都定居在那里，并死在那里，例如格鲁克（1787年）、莫扎特（1791年）、海顿（1809年）、贝多芬（1827年）和舒伯特（1828年）。当拿破仑派了岗哨守护在海顿的家门口，以示对这位垂死大师的尊敬时，他承认维也纳是欧洲的音乐首都。这一名称实际上一直保留到1897年勃拉姆斯逝世时为止。

　　以上这些都可以从仔细阅读最近的音乐史中找到。另有两类出版物：词典和专著会大大增长我们的知识。

　　格罗夫的《音乐词典》，从问世起（第1版，4卷本，1879—1889年；第5版，9卷本，1954年）就为研究海顿、莫扎特、贝多芬和舒伯特等提供了非常可贵的帮助。它的编纂发起人，也是第一任主编，是一位著名的维也纳乐派权威。在它最近的一版中，内容广泛的海顿条目包含着别处所没有的新颖的研究成果。一本叫做《音乐的过去和现在》的德语百科全书提供了更为广泛的资料。到1960年为止，它已经出版了8卷，其中"古典"和"巴罗克"等词条表现出对文化和音乐两者历史的掌握令人钦佩。海顿和贝多芬的传记的词条旁征博引地从各个方面补充了格罗夫词典里的资料。

　　现代的学术性专著详尽讨论一个作曲家的生平及其作品，乃是19世纪中期的产物。1856年，奥托·雅恩这位权威学者发表了他的4卷本《莫扎特》的第1卷。这部杰出的作品曾被译成许多文本；[①]在一个世纪内，它经过几次不同的修订，共出了七版德文本。雅恩严谨的典型很快被克里赞德尔的《韩德尔》、斯皮塔的《巴赫》和C.F.波尔的《海顿》（共2卷，1875—1882年）所仿效。虽然我们对19世纪的这些作品，因它们难免有遗漏而可以多加指责，但是这

---

① 英译本是P. D. 汤森翻译的，共3卷（伦敦，1891年）。

些作家们的耐心工作至今还没有完全被取代。雅恩的《莫扎特》有所欠缺，主要是由于在写作时他对其他稍为逊色的大师们的作品几乎都不知道。既然莫恩和斯塔米茨的交响曲直到雅恩逝世之后才被发现，雅恩没有讨论他们是不能指责的。同样，任何生活在瓦格纳的"未来的音乐"同汉斯立克的"美的观念"发生矛盾时候的人，都不应当因为过分强调莫扎特的阿波罗式的和永久的美而受到指责。在我们今天，莫扎特艺术的超凡的和悲剧性的诸方面，也同样被某些雅恩的评论家所夸大了。雅恩对音乐学术的不朽贡献体现在一种新的理论之中（尽管应用得有缺点），即一部艺术作品应当在考虑到早期的和相关的作品的情况下来加以剖析。这种历史的和比较的方法在20世纪的专著中产生了结果，其中我们可以选出三种。

在1912年，G. 德·圣富瓦和T. 德·韦策瓦合写的《莫扎特的音乐生涯……》的头两卷出版了。① 作者鄙弃了传记的琐事，从结构上研究了莫扎特的全部作品，并把这个方法推广到他的许多同代人的作品。他们修改了莫扎特成长过程的年表，并讨论了他在萨尔茨堡、维也纳、米兰、曼海姆、巴黎和伦敦等地所吸收的各种模式。这样，这部法国专著对学术做出了新的贡献——风格的评论。赫尔曼·阿贝特全面修订的雅恩的《莫扎特》（第5版，2卷本，1919—1921年），使我们对18世纪的知识打下了不浅的基础。也许阿贝特有时太尊重雅恩的方法了，但是他对雅恩在论述历史时的一些"离题的话"作了十分重要的修改并增加说明，则是非常高明的。阿贝特关于各种不同流派的音乐直到莫扎特时期为止的论述，不论是歌剧、交响曲，还是弦乐四重奏，仍属于所谓古典音乐时期的最优秀的历史作品，虽然他不赞成雅恩关于莫扎特音乐中美的成分的观念，他对它的不协和与悲剧性的方面的论述是公允而适度的。

海顿的遭遇就不大好。当雅恩于1869年去世时，他把已积累的关于海顿的资料转给了达姆施塔特的C. F. 波尔，把他关于贝多芬的研究转给了马萨诸塞州波士顿的A. W. 泰尔。这两位学者都已移居奥地利以研究和发表关于维也纳时期音乐的论著。两人都没有在有生之年完成任务。1927年雨果·博茨泰比尔为波尔未完成的研究增写了

---

① 最后第5卷出版于1946年。

有用的第 3 卷。① 1955 年 H. C. 罗宾斯·兰登所著《约瑟夫·海顿的交响曲》出版，其中包含了海顿 104 支交响曲的修订年表和对其作曲风格演变的评价。兰登是根据散见于奥地利各处的海顿原稿加以仔细考察，并且研究了地方图书馆里的材料，包括手稿、抄件和水印本等而取得的成果。

当我们考虑前几代人成就的记录时，海顿在音乐主流中的地位便显示出来了。17 世纪 80 年代出生的作曲家有拉莫、巴赫、韩德尔和 D. 斯卡拉蒂，他们创作的音乐风格大部分表现为庄重而守旧的，一直到 18 世纪后期为止。诚然，维也纳大师们的正规的格调有时是意大利人促成的。弗朗切斯科·孔蒂（1681—1732 年）1713 年在维也纳任宫廷作曲家。他为他的歌剧《胜利的帕拉德》（1722 年）作了一支序曲，至今被恰当地誉为交响曲的先驱：② 它分三个乐章，合起来组成快—慢—快的模式，其第一乐章和第三乐章实际上是奏鸣曲的格式。然而，这种模式属于例外而不是常规。虽然 D. 斯卡拉蒂（1685—1757 年）的奏鸣曲在风格和模式方面令人吃惊地超越了它们的时代，但斯卡拉蒂仍然写了许多大键琴的练习曲，表现出对 1750 年以后在奏鸣曲形式中变得如此高度标准化的主音调关系并不关心。③ 孔蒂和其他作曲家创作的许多歌剧序曲也可说是同样如此。

到下一代，乔瓦尼·巴蒂斯塔·萨马蒂尼（1701—1775 年）有在米兰工作的有利条件。米兰是格鲁克和莫扎特受教育的重要城市。大概由于这个原因，他的作品更直接地影响着维也纳大师们。不仅是他的歌剧前奏曲、交响曲、协奏曲，而且他的四重奏和三重奏都显示出现代协奏曲所熟悉的那种有一定结构的模式。但是在模式结构的内部有一种新的精神出现了：形成鲜明对照的章节显现了真正的两重性，并且就在那里开始了海顿的有名的主旋律展开部。④

然而，在 18 世纪的第二个 10 年内，海顿的主要前辈们出世了：

---

① 泰尔逝世时，他的贝多芬研究（1866—1879 年）只出版了 3 卷，第 4、5 卷是 H. 戴特斯和 H. 里曼修订和完成的（1907—1908 年）。
② G. 阿德勒：《音乐史手册》第 2 卷，第 797 页及以下各页；雨果·博茨泰比尔：《前奏曲……的历史》（莱比锡，1913 年），第 82、258 页及以下各页。
③ "奏鸣曲形式"这一名称，表示一种结构模式，适用于钢琴键盘（或其他乐器）的奏鸣曲，也适用于四重奏和交响曲。
④ 参见 E. 比肯《洛可可风格与古典风格的音乐》，第 28、175、210 页。

维也纳作曲家格鲁克（1714—1787年）、瓦根赛尔（1715—1777年）和莫恩（1717—1750年）；曼海姆作曲家里希特（1709—1789年）和斯塔米茨（1717—1757年）；佩戈莱西（1710—1736年）和卢梭（1712—1778年）；最后还有约翰·塞巴斯蒂安·巴赫的儿子卡尔·菲利普·埃马努埃尔·巴赫（1714—1788年），他一生的事业分为柏林和汉堡两个阶段。

佩戈莱西和卢梭的共同成功，敲响了拉莫和韩德尔作曲的那类庄严歌剧的丧钟。《女佣作主妇》和《乡村占卜师》（1752年在巴黎共同上演）的成功清楚地表示一般听众并不需要高贵堂皇，也不需要庄严和丰富多彩的和声，所需要的是旋律，只需要旋律，而且是一种特殊类型的旋律。佩戈莱西的喜剧杰作1733年在那不勒斯上演时，原来只打算作为幕间插曲为查理六世皇帝的妻子演的。当晚的主要节目是大歌剧《傲慢的囚犯》。[1] 但是，被卢梭和歌德称赞过的《女佣作主妇》甚至今天还是人所共知而被演唱着，而佩戈莱西的庄严肃穆的歌剧却静悄悄地躺在图书馆里被束之高阁。滑稽女歌手的调子简单新颖，直接呼应了该世纪的斗争口号——"回归自然！"巴黎的各艺术派系很快组成了两个阵营："王后派"支持意大利人，坚决反对"国王派"偏袒法国本国的作曲家。佩戈莱西的各种旋律后面紧跟着变音，比大歌剧的华彩经过句较少掩盖用言语表达的歌词。虽然在吕利和拉莫的庄严的悲歌剧[2]与佩戈莱西及那不勒斯同行们的滑稽喜歌剧之间作比较有失公允，却没有人真正介意流派风格之间是否有可比性。如果说让-雅克·卢梭的《乡村占卜师》不大可能被称作意大利式的，那么它的俭朴而有感染力的曲调则保证它成为巴黎保留节目存在达60年之久。拥护理性时代和启蒙运动的人们期望旋律不受对位法或和声法的妨碍，而是一种直接的、像民歌一样有感染力的旋律，它说的是一种人类全体的语言。在前几个世纪里，作曲家们以能用调子美妙的原始材料完成作品而自豪，现在他们的目标一开始就是选择和创造恰当的旋律。曲调的独创性和适当是首先要考虑的。时代的调式从珀西的《英诗辑古》在欧洲大陆的疯狂流行得到了反映，

---

[1] 这是佩戈莱西写的第三部庄严歌剧。
[2] 参见第6卷第3章第2部分。

伴随而来的是热衷于赫尔德和歌德、沃尔特·司各特、阿尔尼姆和布伦坦诺的民歌。当赫尔德赞美格鲁克的大歌剧《奥菲欧》（1762年）时，他赞扬其唱段简单朴素，一如英国的叙事曲。只要作必要的修正，赫尔德的话是对的，因为喜歌剧风格的朴素对格鲁克有重大影响，韩德尔曾批评格鲁克一点也不懂得对位法，就像他（韩德尔）的厨师一样。这个批评是够精明的，但是这位伟大的韩德尔一点也不明白音乐的多声特征是属于旧制度的，而格鲁克表面上看起来是缺点的东西在一个渴望清楚易懂的音乐语言的时代正好帮了他的忙。海顿曾劝告过："当你想要知道一曲音调是否真美，你演唱时就不要伴奏。"

格鲁克的《奥菲欧》在历史上的重要意义远远超过了它在音乐上的卓越之处。在许多方面，《阿尔西斯特》（1767年）、《帕里德和埃莱娜》（1770年）、《伊菲姬尼在奥利德》（1774年），特别是《伊菲姬尼在陶利德》（1779年），都是更成功的艺术作品。但是格鲁克及其脚本作者卡尔扎比吉轰动一时地向梅塔斯塔齐奥式的歌剧霸权进行的挑战却抓住了欧洲人的想象力。为了意大利歌剧的缺点去责备梅塔斯塔齐奥是不公正的。那时的听众，一如现在的听众，渴望的是唱段歌剧和分段歌剧，就是说，歌剧的大部分含有为歌星演唱的段落或单元的唱段。格鲁克在维也纳，哈塞在德累斯顿和约梅里在斯图加特满足了这种要求，而梅塔斯塔齐奥从1730年到1782年一直是维也纳的宫廷诗人，他为各个宫廷提供了一种风雅诗和戏剧结构，理想地适应了这种意大利风格。就是在这样的背景下，因格鲁克宣布他将为戏剧真理奋斗而震惊了音乐界；他的歌剧从此以后除了常规唱段以外，包含了大量的合唱与纯器乐音乐（芭蕾舞音乐）相混合的内容。这个做法比系列歌剧更有点传统的悲剧性伴奏诗歌的味道：实际上，它是在意大利形式中注入了法兰西的成分。

格鲁克着手进行了一件同样重要的改革（虽然不那么容易被公认），他把歌剧一场的时间作了重要的延长。按照梅塔斯塔齐奥的风格，剧中的英雄（或反面人物）唱完他的歌词立即下台，表示其戏剧和音乐的基本单元已经结束，这种变动频繁和短促的结构一去不复返了。维也纳版本的《奥菲欧》（1762年），在俄耳甫斯恳求复仇女神的部分，包括一个合成唱段，十个单独的段落融合成整个一大唱段。这种编排方法是注定会影响莫扎特、贝多芬和瓦格纳的。

当时仍在世的海顿的主要前辈，斯塔米茨和 C. P. E. 巴赫，在音乐作曲的新风格上做出了重要贡献。斯塔米茨 1741 年在曼海姆加入巴拉丁选帝侯的宫廷管弦乐队时是 24 岁。他出生于哈布斯堡领地波希米亚的布罗德镇。① 就欧洲其他地区而言，斯塔米茨是德国作曲家。像他的同胞里希特和瓦根赛尔一样，他们分别在曼海姆和维也纳活动。这些德国作曲家的作品，以意大利语书名《德国作曲家创作歌曲集》② 于 18 世纪 50 年代在巴黎出版。意大利语当时是（一如现在仍然在某种程度上是）国际通用的音乐语言，但是说德语的国家逐渐取代了意大利，成为欧洲产生音乐家的主要地方。③ 同样，莱比锡后来取代了巴黎成为音乐作品的主要出版中心，虽然伦敦和阿姆斯特丹继续保持它们的有利地位。

斯塔米茨的力度强弱法和正规的结构在从不足 100 小节的早期意大利序曲发展到宏大的贝多芬《英雄》第一乐章的道路上标志着一个重要的阶段。他是一位非凡而胜任的管弦乐队教练；某些所谓曼海姆乐派的效果，例如著名的渐强音音节已经在 18 世纪受到勃尔尼的注意和钦佩。这种逐渐加强的方法不应仅仅看作斯卡拉蒂和韩德尔的回声强弱法的鲜明对照。它是一种新的交响乐思想和模式的标志：其主旋律（或主旋律组合）被写得更加仔细、更富戏剧性，因而必然要被安排在更为宽广的结构中。

C. P. 埃马努埃尔·巴赫 1740 年成为腓特烈大帝的古钢琴乐手。1767 年著名的泰勒曼逝世后，埃马努埃尔·巴赫被任命为他的继任者，担任汉堡五所主要教堂的市音乐指挥，直到 1788 年逝世为止。巴赫所产生的影响主要是通过出版他的作品。在海顿以前这些作品被列为音乐印刷业最重要的出品。声乐（主要是歌剧）超越于器乐之上的情况在埃马努埃尔·巴赫时期仍然占着上风。这两种音乐在海顿和莫扎特的作品中势均力敌，不分高低。直到 19 世纪早期贝多芬对舞台的冲击，天平才倾斜过来。埃马努埃尔·巴赫主要是通过键盘教

---

① F. W. 格林的小册子《波希米亚—布罗德的小先知》（巴黎，1753 年）的书名曾以讽刺的口吻提到此地。该书拥护佩戈莱西和卢梭的现代音乐。格林曾与卢梭和狄德罗一起参与编纂《大百科全书》。

② 参见《德国音乐的纪念碑》；第 2 组：《拜恩》；第 3 年度，第 1 卷，第 34 页；第 7 年度，第 2 卷，第 26 页。

③ 参见第 6 卷，第 3 章，第 2 部分。

给年轻的作曲家们如何达到以下两个目标的结合：即写出真正符合表现方法的器乐风格，同时用像歌唱一样的曲调来感人心腑。不断创作的系列奏鸣曲从作品 1 号六首"普鲁士"奏鸣曲（纽伦堡，1742年）到"为行家和业余爱好者"所谱写的奏鸣曲、回旋曲和幻想曲（莱比锡，1787年），说明了他的这种教导。此外他写出了 18 世纪最出名的钢琴指南《论键盘乐器演奏艺术的真谛》。① 他写的乐曲和理论著作都透露出一种新的"严肃性"，一种比起海顿和莫扎特来更接近于贝多芬的艺术权威观点。埃马努埃尔·巴赫主张旋律用歌曲来表达并且要能够唤起诗的乐句。这些概念明显地模仿了卢梭，巴赫把它们传授给他的弟弟克里斯蒂安和 J. A. P. 舒尔茨。

当奥地利驻柏林大使戈特弗里德·范·斯威滕男爵委托巴赫谱写六首交响曲，并且作曲家可以自由发挥创作思想，不必因考虑技术困难而受束缚的时候，由巴赫权威的影响而引起的波澜大大地扩展。这些写于 1773 年的不同凡响的作品，以它们严肃认真的精神，预示着海顿和贝多芬的最深奥的乐曲的到来。无须强调范·斯威滕在 18 世纪后半期对音乐事业著名的慈善行为。在他的维也纳住宅里曾数十次演奏过巴赫的六首交响曲。他的住宅简直成了音乐活动的真正场所，星期天有音乐会，其主人不断地鼓励年轻的音乐家。在那里莫扎特安排了韩德尔的《弥赛亚》在某一次音乐会上演奏。男爵亲自安排了海顿的歌剧脚本《创世记》和《四季》的演奏，并对有关这些清唱剧的音乐谱曲提出了建议。贝多芬的第一部交响曲就是奉献给这位奥地利的艺术赞助人的。而且就是在这样的环境里，海顿和莫扎特找到了罕见的机会去研究埃马努埃尔·巴赫的作品，并从中发现新的旋律和新的精神。②

1732 年海顿出生于下奥地利，8 岁时被带到维也纳，充当圣斯蒂芬大教堂的唱诗童，以后 20 年，他一直留在维也纳，几乎没有中断过。从 1761 年到 1790 年他为埃斯泰尔哈吉亲王们服务，需要住在维

---

① 第 1、2 版，柏林，1753 年和 1759 年；第 3、4 版，莱比锡，1780 年和 1787 年；W. 尼曼编辑（莱比锡，1906 年）；W. J. 米切尔译本（纽约，1948 年）。

② 另参见 C. P. E. 巴赫的《圣母颂》，C. 戴斯编（纽约，1950 年）；《第三交响曲》，E. F. 施密德编（汉诺威，1932 年）；《第二交响曲》，E. F. 施密德编（汉诺威，1933 年）；《莫扎特年鉴，1953年》（萨尔茨堡，1954 年），第 15—31 页。

也纳东南方从 25 英里到 50 英里的各领地的行宫或者就住在维也纳本地。除了 1790—1795 年间几次去英国旅行外，他大部分时间住在这个首都，直到 1809 年逝世为止。与不停地旅行的韩德尔、格鲁克和莫扎特等人相比，海顿的音乐生涯是平静的，不是非常世界性的。因为他漫长的一生很少在国外度过，他所听到的音乐大都是奥地利人或者是住在奥地利的意大利人谱写的乐曲。这些作品可以说是他的模范乐曲。他研究了埃马努埃尔·巴赫的数十首乐曲，后来又研究了韩德尔和塞巴斯蒂安·巴赫的作品，于是他对模范乐曲进行增音。但是，基本上，海顿是自学成才，独立发展的。他的尝试发自他的想象力丰富、有条理、有锻炼的头脑，最终产生了我们今天熟知的弦乐四重奏和交响曲。不同于他的年轻同代人中某些人——如歌德、莫扎特、海顿的天才似乎不需要别人伟大作品的鞭策和激励。这并不是因为他对他所处的环境不敏感；他对莫扎特的音乐有反应，他研究韩德尔的清唱剧的体验明显地影响了他的《创世记》（1799 年）和《四季》（1801 年）。然而，尽管圣－富瓦和阿贝特把这种影响用过多的篇幅归于莫扎特，海顿的伟大的模范乐曲仍然是屈指可数的。在曼海姆乐派已经把四乐章格式包含进小步舞曲而臻于完善之后，海顿似乎是独自重新创造出这种程式的。海顿独立发展的道路还有其另一面，即在他的 104 首交响曲中很少应用著名的曼海姆渐强音。

　　海顿集中精力于器乐，直到他 40 岁（1772 年）为止。最早的交响曲是简短的，3 个乐章加在一起只相当于 18 世纪 90 年代庄严的伦敦交响曲中某一部的第一乐章或最后乐章稍微多一点。海顿 1761 年加入为埃斯泰尔哈吉公爵服务的乐队。在这新的岗位上，他继承了一支比他曾指挥过的任何乐队都更为优秀的管弦乐队。由于这个原因，他得以扩大他的思想境界。住下来的第一年，他写出了第 6、7、8 交响曲。海顿似乎也不太肯定他是否愿意谱写 1740—1770 年在欧洲盛行的豪华风格的娱乐乐曲，或者他的交响曲是否将成为一种表达持久而深刻的构思的媒介。比较严肃的态度时时占据上风。在第 22 交响曲（《哲学家》，1764 年作曲）第一乐章的降 E 大调主音调中，一种缓慢而庄严的柔板，有着赞美诗般的主旋律，用号和英国短号演奏，并由调低了的弦乐器伴奏。

　　很可能出现忧郁音调的短音阶，在海顿早期交响曲中是完全找不到的。然而在 1765 年和 1772 年之间，海顿创作了 D 小调《哀悼交响曲》、F 小调《受难交响曲》和主音调微弱的升 F 小调的所谓《告别交响曲》。

在 18 世纪后期，交响曲是为业余爱好者谱写的，海顿只是难得破了例。他最严肃认真的构思是保留给为音乐鉴赏家和知识界献演的弦乐四重奏的。如果说 J.S. 巴赫的《48 首赋格曲》被看成是赋格曲创作的准则的话，那么海顿的《83 首四重奏》可以称为四重奏的权威典范。其中前 12 首显示出它们的继承性——维也纳人喜爱的嬉游曲和小夜曲形式的户外娱乐节目。这些轻快的作品充满了主旋律，因为它们不能在露天用古钢琴演奏，所以不受较早时期的和声法的影响。总的来说，器乐是为舞蹈配乐的，海顿的早期四重奏通常在五乐章中包含二节小步舞曲。但是海顿在埃斯泰尔哈吉以新的交响乐精神——一种与舞蹈精神根本相反的精神——创作了大量作曲之后，他在四重奏的创作中注入了新的风格因素。在组成作品第 3 号（四重奏第 13 号至第 18 号）的六部作品中，有四部用的是四乐章形式，而各个乐章的艺术境界和乐曲长度都相应地增加了。人们怀疑：是否由于这种冲破陈套的过程和小提琴部分增加了光彩和难度使得作品非同凡响，导致出版的延误。因为，第一组，即第 1 首至第 6 首于 1764 年已在巴黎出版，第二年又在阿姆斯特丹出版；而第 7 首至第 12 首于 1766 年在巴黎出版后，第二年也在阿姆斯特丹出版。但是作品第 3 号，虽然是在 60 年代中期写的，但直到 1777 年才付印（巴黎，巴约）。①

在后续的三组乐曲：第 19 首至第 24 首（1769 年），第 25 首至第 30 首（1771 年）和第 31 首至第 36 首（1772 年）中，海顿完善了他的四重奏写作。最后一组写成后，取得了决定性的进展，于是海顿、歌德和莫扎特时代的室内乐的古典阶段就此完成了。早期的雄壮风格，其旋律在最高音部，下面仅仅是伴奏，在这里被第一小提琴担任首席地位的四部结构所取代了。随着这一发展，作曲的整个结构增添了一种新的严格性。魏玛的贤哲说过："对于我本人，这（四重奏

---

① 大部分海顿的早期作品并非由他授权出版这一事实，证明欧洲人需要他的作品。有时候四重奏是作为嬉游曲加上号的部分出版的。参见 M.M. 斯科特《海顿作品第 2 号……和第 3 号》，《皇家音乐协会会刊》第 61 卷（1934—1935 年），第 1—19 页。

的演奏）永远是最明白易懂的器乐音乐：人们听见四个聪明人在谈话，并且期望从他们的对话中学到些什么，从而开始知道每种乐器的特殊性能。"① 实际上，海顿的创作方法常常证明它在艺术史上的价值：海顿通过复归一种已经过时的风格，完善了他写作四重奏的模式。因为，在这里隐约出现的赋格曲是非常明显地属于韩德尔、拉莫和塞巴斯蒂安·巴赫的时代的。到18世纪70年代，有些作曲家准备调整卢梭和佩戈莱西的新风格，虽然并不抛弃它。有一种要求严格、严肃、紧凑的愿望，海顿的弦乐四重奏赋格曲只是其中一例，其结果是给维也纳、曼海姆和其他音乐中心的革新增加了深度和技巧。

海顿好像意识到了自己的功绩，躺在他的桂冠上而停止写四重奏乐曲。在九年之间，他把主要精力专注于声乐、歌剧、清唱剧和弥撒曲。这有许多原因：其一，埃斯泰尔哈吉亲王发现海顿的新风格太冗长沉闷；其二，他的赞助人修建了一座"新凡尔赛宫"，其中豪华的舞台是准备在国家庆典时上演歌剧的。为对玛丽亚·特蕾西亚1773年访问埃斯泰尔哈吉城堡表示敬意，海顿创作了《不可靠的妄想》。四年后写了《月中世界》。1779年又写了《荒岛》，后者很明显受格鲁克的《奥菲欧》的影响。

海顿的声望继续上升。这位作曲家终于成为中产阶级群众所特别喜爱的人物。1780年维也纳出版商阿尔塔里亚出了一套海顿的钢琴奏鸣曲，接着在1781年又出了他的六首新创作的四重奏乐曲（第37—42首）。海顿称这六首作品是用完全新的和特殊的手法谱写的。实际上它们并不很新。海顿巩固和扩展了1772年的进展，但是，是在公众所能接受的方式下进行的：虽然没有一个乐章标明是"赋格"，但是有赋格曲的弹奏法。这批得到公认的出版物所取得的成就大大地提高了海顿的声望，并增加了他的收入。他去维也纳的次数更多了，在那里与年轻的莫扎特交往和切磋，成为他的乐事。1784年他完成了他的声乐创作活动之后——至少暂时是这样——放弃了歌剧和礼拜仪式音乐，再次专心致力于器乐创作。他的目光现在注视着遥远的天边，越过维也纳，朝向巴黎和伦敦。1785—1788年海顿写了11部交响曲，成为巴黎的时尚；1787—1790年他写了四重奏第44—

---

① H. 阿贝特：《歌德与音乐》（1922年），第54页。

68首。当埃斯泰尔哈吉的管弦乐队在米克洛什亲王于1790年逝世后被解散时,海顿有几个选择去向的机会,包括到那不勒斯宫廷任职。但是现在他宁可脱离宫廷的生活而接受J. P. 扎洛蒙的建议前往伦敦。他将会得到的报酬是:写一部歌剧300镑,写六部新交响曲300镑,上述二者的版权200镑,写各种不同的新作品20首200镑,义演音乐会200镑。鉴于海顿对外部世界知道得很少,莫扎特试图忠告他这位较年长的朋友和导师有关旅行的不便和语言的障碍。海顿以他的艺术应对全世界具有吸引力这一经典说法回答说:"我的语言全世界都听得懂。"因此他照顾大众的需要,提供巴黎和欧洲都准备接受的音乐。这种音乐不属于意大利的"王后派",也不属于法国的"国王派",甚至也不具有维也纳的特征。总之,他已把这些不同的风格锻炼成一种歌德笔下的"聪明"人所喜爱的综合物,不受国界的限制。从1791—1792年在伦敦创作的协奏曲起,海顿的后期作品包含有莫扎特的成就,并与贝多芬对维也纳的初期影响出现在同一时代。①

莫扎特在欧洲文化生活中的地位是异乎寻常的。他与海顿不同。海顿是车轮工人的儿子,而莫扎特有幸(于1756年在萨尔茨堡)出身于有文化教养的家庭。他父亲利奥波德·莫扎特,不但是一位优秀的音乐家和一位能干的教师,而且在他儿子不平静的大部分生涯中扮演着向导和良师。从六岁起,这位年轻的天才屡次出现在皇亲贵族面前,这是尽人皆知的。他在慕尼黑选帝侯和维也纳的玛丽亚·特蕾西亚面前演奏之后,接着在比利时、法国和德国(在那里歌德听了他的演奏)参加了音乐会的巡回演出。1763年圣诞节,他在凡尔赛宫给蓬巴杜夫人演奏,1764年4月在英国圣詹姆斯宫给乔治三世演奏。莫扎特的小提琴奏鸣曲在巴黎印行时,他年仅八岁;在伦敦印行时他是九岁;一年后又在阿姆斯特丹印行。他的歌剧《米特里代特》《阿斯卡尼奥》和《卢乔·西拉》成功地在米兰上演了接连三个冬季(1770—1772年)。然而莫扎特却在1791年被埋葬于贫民的墓地。

莫扎特如果有意去迎合他所在年代的社会势力,他的物质前途当不会给他造成忧虑。但是海顿是慢慢地摆脱本地赞助者的影响,而莫扎特却是与他们斗争。尽人皆知的1781年他与萨尔茨堡大主教的决

---

① 贝多芬首次访问维也纳是在1787年,当时他想跟莫扎特学习,因母病而很快作罢。

裂以及他以后在维也纳以卖艺为生的自由作家生涯，都是准备不够和理由不充足的行动。莫扎特在同出版商打交道时也同样笨拙。当霍夫迈斯特在1785—1786年间委托他创作三部钢琴四重奏乐曲时，这位当时已30岁的成熟的作曲家却交给霍夫迈斯特一首深奥晦涩的G小调。在被告知公众觉得那首作品太难之后，莫扎特转向同意出版他的降E大调四重奏的阿尔塔里亚。这件作品虽然技巧上比较容易，但是正如当时报刊评论家所很快指出的，对日常演奏来说仍然要求太严。① 除这种缺乏处世艺术和策略以应付资助者、出版商和一般群众之外，莫扎特还有一个更根深蒂固的不大尽责的毛病。他的音乐不再占他全部的时间。海顿的艺术是启蒙运动后期的完美体现。莫扎特的乐曲明显地反映出一个新时代的黎明。他像一个两面神，在启蒙运动衰落中发射出又一分光辉，同时又预示即将来临的浪漫主义。莫扎特在音乐风格演变上所处的地位集中体现在下述事实中：在19世纪第一个10年内，当海顿的最后作品出版时，贝多芬已经创作了他的最初五部交响曲了。莫扎特走在他的时代之前10年或20年，并不可避免地走在普通听众之前，这是他个人的不幸。因为他既不是像贝多芬那样的革命家，也不是像塞巴斯蒂安·巴赫那样的不再时髦的人。而当他于1781年移居维也纳时，他的事业依靠的却是普通听众的钱包。

那一年莫扎特创作了《伊多梅尼奥》。这部歌剧几度耽搁后于1782年1月29日在慕尼黑上演。就是这部歌剧成为成熟的艺术家与年轻的作曲家的分界线，而且除1791年急忙写成的《蒂托的仁慈》外，它是莫扎特对旧式风格的庄严歌剧唯一的杰出贡献。18世纪后期，人们并不掩饰认为大歌剧的风格太庄严，品位太高。卢梭的精神再次风靡国外并通过歌德的话说，"来自富丽庄严的东西并不能回归于艺术"。② 莫扎特表现出对戏剧的真实性的关心。他写信给他父亲说，《伊多梅尼奥》中的神谕是以格鲁克的《阿尔西斯特》为蓝本的，必须简短。他指出"假如《哈姆雷特》中鬼魂的谈话没有那么长，它的效果会更好"。另一方面，管弦乐的宣叙部则不妨延长些，

---

① 参见阿贝特《莫扎特》，第5版，第2卷，第193页；A. 爱因斯坦《莫扎特》（1946年），第263页及以后各页。
② H. 阿贝特：《歌德与音乐》（1922年），第79页。

因为在希望与恐惧之间的彷徨，会"由于明暗对比法而收到极好的效果"。这样，莫扎特追随格鲁克的榜样，试图给梅塔斯塔齐奥的歌剧赋予更多的戏剧逼真性和多样性，使独奏唱段减少不间断的连续性。结果使《伊多梅尼奥》包括一些动人的管弦乐和合唱乐的片段。莫扎特为了达到他的目的采取了必要的权宜手段，把法国因素融入基本上是意大利的结构中去了。

在管弦乐的宣叙部，说话声与管弦乐的富于表达力的短句交替进行，这是莫扎特的杰出手法之一。这个方法是卢梭想出来的，他辩解说，法兰西语言不适于歌唱。他在这种思路下谱写了《皮格马利翁》，它是一出新体裁的音乐戏剧，剧中说话声与管弦乐并列。1770年在里昂首次演出；在法兰西喜剧院上演则是在1775年（剧本全文为卢梭所撰写，某些乐曲也是卢梭谱写的，虽然大部分乐曲出自库瓦涅之手）。卢梭运用说话声音的自然主义手法，引起了广泛的赞扬，特别是在德国诗人和音乐家中，当这种"情节剧"在魏玛和维也纳上演时，歌德和莫扎特两个人都欢迎这种新的安排。莫扎特仿效卢梭锤炼作品，这些作品转而影响了贝多芬的《菲岱里奥》和《埃格蒙特》，韦伯的《自由射手》，并间接地影响了舍恩贝格的"吟唱"（半像唱歌半像说话的唱法）。

莫扎特反应之快只不过是他才思敏捷而多产的前奏曲而已。他一研究巴黎的肖贝尔或伦敦的克里斯蒂安·巴赫的作品，就模仿，然后完善他们的风格。他在1788年夏季以两个月的时间谱写了三部他的最后的也是最伟大的交响曲，这是一件了不起的业绩，值得后世赞羡；然而那仅是他通常习惯的一个突出的例子而已。研究一下他极少的短曲和许多手稿不得不使人认识到他的听觉想象和记忆力是绝无仅有的。[①] 模仿常常是莫扎特的出发点：他的第一部弦乐四重奏（1770年）很像萨马蒂尼的风格；1773年夏季在维也纳写的六部四重奏有着海顿影响的痕迹。1772年海顿创作的四重奏把雄伟的风格同严肃的风格结合在一起引起人们的兴趣。海顿40岁时在一种基本上是单旋律的结构中引入了对位法的因素，他的这种技巧莫扎特和贝多芬两

[①] 《音乐季刊》第43卷（1957年），第187—200页。

人后来均曾赖以进行创作。莫扎特在16岁时"对于此道还不是对手"。① 海顿的F小调四重奏（第35首）是以赋格曲性质的奏鸣曲形式为终曲的，在终曲中他用的主旋律，或"结束语"，是帕黑尔贝尔（1674年在维也纳圣斯蒂芬教堂任助理风琴手）、库瑙（1684年在莱比锡圣托马斯教堂任风琴手）、韩德尔和塞巴斯蒂安·巴赫等老一辈大师们所经常运用的。对位法用于这类素材是有效的，这一点谁也无法抗拒。莫扎特首次运用它是在他1773年的F小调四重奏的小行板里，随后在1791年的《安魂曲》中得到绝妙的运用。四重奏乐章的创作艰难而费力。莫扎特的乐曲虽然一直到1781年才达到艺术成熟的程度，然而他的作品在18世纪70年代已经是大众所需求的了。

著作权的概念，实际上即独创性的概念，太新鲜了，以致没有引起作家和音乐家们的关注。莫扎特模拟前辈的技巧是任何其他作曲家都比不上的。因为他自始至终都胜过所模仿的榜样，所以他的方法是正当的。在《伊多梅尼奥》的船只失事场面中，后台管乐伴奏的合唱同前台弦乐伴奏的合唱遥相呼应，其优美的协奏曲效果可作为一个典型的例子，说明他的才华超越了格鲁克运用类似的方法。

莫扎特在维也纳一定居下来，就证明协奏曲本身，而不是协奏曲效果的简单应用，乃是莫扎特发挥他才能的主要途径。在1782—1786年之间，他只谱写了两部歌剧——《后宫诱逃》和《费加罗的婚礼》。在同一时期他写出了15首钢琴协奏曲，他希望用它们来漂亮地征服"键盘乐器之国"的维也纳。半个世纪以前，韩德尔在伦敦已经发觉在大斋期演奏音乐会的好处，因为在此期间剧院关门，歌剧禁止上演。现在同样的机会摆在了莫扎特的面前。一部歌剧的标准收费，不论是意大利的还是德国的，都是450古尔登，② 大约等于莫扎特18世纪80年代一年的房租。对比起来，他从1784—1786年演出的一连串三次大斋期音乐会上每年能赚到大约1500古尔登，还不算在其他大斋期音乐会上的特邀演出。尽管他能赚许多钱，但他大部分时间停止了谱写社会上盼望他写的那种乐曲。1787年看来是关键的一年：《费加罗的婚礼》和C大调钢琴协奏曲在1786年出台之后，

---

① 爱因斯坦：《莫扎特》（1946年），第176页。
② gulden，德奥旧金银币名。——译者注

第四章 音乐、美术和建筑

莫扎特专心致志于作曲以表达他的成熟的信念，而不考虑公众的爱好。他没有用拜伦的悲观情绪，而是用阿波罗神的宁静态度，坚持提醒他的听众注意包含在卢梭的简单小调和塞巴斯蒂安·巴赫的庄严合唱曲之中的艺术领域的最终伦理价值，伴随着美国革命和法国革命的救世主式的希望而发出的阿莱基诺式①的笑声。他本人的信仰在于人与人之间的兄弟友爱。他和海顿都属于共济会教团，因而他的信仰受到共济会的纲领的影响而得到加强。

人们曾以大量篇幅证明《唐·乔万尼》②（1787年）不但是一部完美的歌剧，而且本身就是一件完美的艺术品。《魔笛》（1791年）意义深刻，同时像现代小歌剧一样引人入胜，它以帕帕盖诺的轻佻衬托萨拉斯特罗的威严腔调。只要举出《魔笛》的合唱段作为莫扎特对时代精神的反映，以及《唐·乔万尼》的音乐结构作为莫扎特永恒伟大的例子，就足够了。18世纪最后的数十年内，塞巴斯蒂安·巴赫的作品和精神在柏林和维也纳的复兴预示着浪漫主义的来临。③如果说莫扎特和舒伯特（生于1797年）是被误解了的天才（的确，在整个19世纪他们是这种人中人们最喜欢引证的例子），那么巴赫则是被遗忘的天才。他在维也纳范·斯威滕的家里获得新生是通过历史性际遇而受到重视的个人偶然事件之一。因为正是在那里，两位伟大的作曲家学习并汲取了已不合时尚的塞巴斯蒂安的风格。如前面所述，海顿一旦在他1772年的四重奏中探索到新的风格后，其发展过程是徐缓渐进的。莫扎特从1782年起直到1791年逝世为止则没有那么稳健，曾由于过分注重严肃的风格而招致失败。从奉献给海顿的D小调弦乐四重奏（1783年）中的小步舞曲，C小调弥撒曲（1783年）中的"谁是托利斯"（Qui Tollis），以及D小调钢琴协奏曲（1785年）这三部作品，可以看出有一条向在《唐·乔万尼》的前奏曲和《魔笛》中经受磨难的场面中所采用的缓慢而庄严的风格发展的线索。男女主人公赴汤蹈火，飞越天空的情节，作为罗马天主教徒的莫扎特选用塞巴斯蒂安·巴赫的路德派新教的赞美歌来伴奏，大概并不那么奇怪，奇怪

---

① Arlecchino，意大利即兴喜剧中聪明机智的滑稽男仆。——译者注
② 亦译《唐璜》。——译者注
③ 关于浪漫主义的发展在音乐方面的表现，见第9卷，第8章（二）。

的倒是那乐曲的总调子对于维也纳式的神魔歌剧来说是十分陌生的，而且完全出乎听众的意料。贝多芬的第九交响曲以及勃拉姆斯和布鲁克纳的交响曲都受益于莫扎特之热衷于巴赫。

然而这种热情不是永远无限的。强烈的同情或怜悯是绝不允许在以后浪漫主义全盛时期的作品的风格中成为占支配地位的（或甚至最后的）表达形式的。《唐·乔万尼》的终曲是说明莫扎特驾驭能力的恰当例证。莫扎特把他的歌剧称为欢笑的戏剧，即是喜歌剧而不是悲歌剧。是的，死亡的场面扭曲滑稽歌剧的结构达到极点，因为它选用了D小调的阴沉基调，它的长号使人联想到《伊多梅尼奥》和《阿尔西斯特》那样的悲歌剧，它的半音阶特征使人联想到塞巴斯蒂安·巴赫。但是莫扎特在收到上述效果之后又转而采用大调调式和快速节奏，就像是仍然活着的角色表达出生的信念。从在布拉格（1787年10月29日）第一次上演起，曾做出种种努力试着在唐·乔万尼死的时候用落幕的办法来"改进"这部歌剧。[①] 但是，这种省略的办法与莫扎特终曲的结构是背道而驰的：从音乐上讲，终曲需要重新回到D大调，从剧情上讲，则需要充分表现出存活者的信念。事实上，莫扎特的艺术勇气，以笑声而不以眼泪作结尾，对20世纪歌剧有着深远的影响。从施特劳斯的《蔷薇骑士》和斯特拉文斯基的《浪子的历程》便可看出这一点。悲剧和喜剧的融合是经常被讨论的话题，最引人注目的莫过于柏拉图的《宴话篇》。但是，除莎士比亚和莫扎特外，几乎没有创作家能够成功地从表面上看起来互相矛盾的形式中塑造出风格的统一。贝多芬是比莫扎特更严格的清教徒，他认为《唐·乔万尼》的题材是轻薄无聊的，但是他还是仿效莫扎特的艺术手法——第九交响曲结尾时用的不是庄严的行板，而是有力的快板（甚至最快速度），不是小调而是大调调式。尽管如此，贝多芬的最后一句歌词表明的是一种献身的决心，而莫扎特则像普罗斯佩罗（Prospero）一样，用微笑来打发我们散场。

---

① D. J. 格劳特：《歌剧简史》（1947年），第288页及以下各页；《泰晤士报文艺增刊》，第61期（1962年8月10日），第592页。

二 美术和建筑

在18世纪下半叶，对一切艺术领域都产生主要影响的是叫作新古典主义的理想主义形式。在法国和德国，到18世纪中期，洛可可风格的"泛滥"产生一种普遍的反作用，反对华丽与轻浮。倾向于古典主义的严谨与和谐是高乃依和拉辛、普桑和芒萨尔等人的法国传统的基本部分，这种倾向在新的理想——百科全书派的启蒙思想——和新的美学理论（以罗马为中心，并由移居罗马的法国人约翰·约阿希姆·温克尔曼最详尽地加以阐明）的影响下，重新决定性地确立起来了。然而新古典主义不仅仅是欧洲艺术中不朽的古典主义倾向的复兴。关键在于：新古典主义理论鼓吹通过严格的仿古途径回归古典主义的原则，现在由于考古知识的增加，尤其是对赫库兰尼姆和庞贝的发现和发掘，变得更加容易了。希腊艺术，虽然对原作仍然几乎一无所知，在理论上却居于首要地位。19世纪人们主张把公元前5世纪作为所有艺术是否优秀的检验标准，这种倾向是在18世纪50年代开始形成的。① 很明显，把这么多的热情耗费在那么少的现有的希腊艺术品上导致了一种过分崇拜的现象——这一热情本身其浪漫主义色彩远远超过古典主义；的确，新古典主义的显著特点之一恰恰是这种对古物尤其是遗迹的浪漫主义探讨方法。皮拉内西关于古罗马的铜版画就是把精确的考古同狂热的、富有诗意的想象结合在一起的最好例子。② 哥特复兴式在英国的出现在某种程度上就是由于这种研究古物的热情与浪漫主义的想象的结合，并且不难看出卢梭、狄德罗和共和主义者的爱好是如何变得等同于革命艺术的，尽管大多数革命艺术家——勒杜、韦斯特——在政治上是保守的。③

罗马是这一国际运动的中心，④ 部分原因是当时所有赞助人和艺

---

① 特别见J.J.温克尔曼《希腊绘画雕塑沉思录》（1755年），和J.D.勒鲁瓦《希腊最优秀的文物遗迹》（巴黎，1758年）及其英译本（伦敦，1759年）。参见后面第98—99页。
② 近年来法国关于这点用了一个有用的名称"浪漫主义前期"。"浪漫的古典主义"的说法是S.吉迪昂于1922年创造的（《巴罗克后期风格与浪漫的古典主义》），菲斯克·金博尔1944年在《美术杂志》上的一篇文章中将之译成英文，但现在看来被用得太随便了。
③ 巴里、班克斯和布莱克是明显的例外。布莱克属于后一代人（1757—1827年），他的作品大部分不属于本章范畴；其余两位大概是与当时的社会不相适应的人，而不是自觉的政治革命者。
④ 大量古物的收藏，特别是梵蒂冈的各公共博物馆在这时期具有新的重要意义。

术鉴定家都把以罗马为中心的"大旅游"看作理所当然的事。到后半世纪,它也变成艺术家们视为理所当然的事情,其中许多人在意大利花费多年时间,边学边教。通过充当代理人和向导,许多年轻艺术家结识了贵族,后者就成了他们以后的赞助人:雷诺兹、威尔逊和诺勒肯斯都是在不同情况下这一类的例子,并逐渐取得了给予北方艺术家的新的专业身份。这种自从米开朗琪罗以来在意大利传统的受人尊敬的待遇,以前他们从未享受过。"大旅游"效果最为显著的例子可在法国找到。1750年,德·蓬巴杜夫人的弟弟,后来成为侯爵的德·马里尼,与雕刻家C.-N.科尚和建筑师苏夫洛一同作了一次旅行,这两人的观点都是强烈反对洛可可风格的。马里尼1751年被任命为皇家建筑总监(实际上是艺术部长),他使法国艺术倾向新古典主义的官方影响是巨大的。

尤其重要的是皮拉内西和温克尔曼。他俩的大半生都是在罗马度过的。詹巴蒂斯塔·皮拉内西(1720—1778年)是一位威尼斯建筑师,1740年定居罗马。他献身于大型的铜版画作品,其作品分布于全欧洲,是形成欧洲人意识到古罗马的雄伟及其没落的光辉的最为重要的直观因素。一点也不夸张地说,《古罗马人》和《罗马景色》[①]的影响可与《罗马帝国衰亡史》相提并论——实际上前者可能曾对后者的诞生做出过贡献。皮拉内西把建筑学和考古学上的精确性同登峰造极的想象力独特地结合在一起,他的微妙的比例变化使他的铜版画具有直观性并容易为人们所理解,而遗址本身在当时或许是起不到这种作用的,现在则由于它们已经失去一切浪漫主义的联想,就肯定起不到这种作用了。[②] 他的最有独创性的铜版画是根据想象中的监狱而创作的《监狱》(开始大约作于1745年,重作于1761年)。对于追随弗洛伊德学说的一代人来说,这幅作品可以说明他的浪漫主义表现的某些源泉,也可说明许多建筑师从他那里学到的某些轻微的自大狂。[③] 皮拉内西对于所有视觉艺术的影响极大,部分原因是他是浪漫

[①] 《古罗马人》……1748年及以后几年;《罗马景色》,1745年起,总共包括137幅古代与现代罗马的铜版画。皮拉内西发表了许多其他出于对文物和地志的兴趣的版画集,使作品总数增至1000幅以上。1757年他被选为伦敦文物协会名誉会员,同时也是罗伯特·亚当的私人朋友。

[②] 例如,请将那些以君士坦丁大教堂的巨大拱门为背景的姿态各异的小人物(景观画,H.114号)与该遗址的现代照片相比较。

[③] 典型例子如乔治·丹斯(第二)设计的纽盖特监狱,建于1770—1778年,毁于1902年。

主义的先驱；他也力图形成一套美学的原理，但成就不大。他的反希腊倾向把他引入站不住脚的地步，但对于激起这种反希腊倾向的对古希腊文化的崇拜必须首先做某些详细的论述。

约翰·约阿希姆·温克尔曼（1717—1768年）是一位贫穷的德国补鞋匠的儿子。古希腊对他有着不可抗拒的魅力，虽然他声称到希腊去是他唯一的志向，却又极力拒绝前往那里，所以他对希腊艺术的原作几乎一无所知。他设法透过希腊雕塑像的罗马复制品看到它们所蕴含的原理，他把这些原理首次在1755年出版的小册子《论希腊绘画雕塑品的仿制》①中用清晰的德语散文加以阐明。这位怪人是非常典型的。这本小册子在德累斯顿出版之后，他才前往罗马，在那里度过他一生中所余下的几乎全部时间。几年后，经过深入研究保存在罗马和意大利其他地方的文物，他写出了一部篇幅更大的《古代艺术史》②，这大概是现代第一部艺术史，把古代艺术看作希腊、罗马的社会和宗教生活的一个主要部分。他也写了许多考古文章，但是在他第一部著作中，已经可以找到关于纯粹新古典主义理论的简单扼要的说明："我们要达到伟大，甚至可能的话，举世无双，其唯一的途径就是师法古人。……希腊的艺术家开始更进一步［超越对自然界的观察］，而形成美的总概念，不论是关于人体的各个部分，还是整个人体的比例关系，都高于自然本身。"

其中最著名的一段文章包含着对整个新古典主义运动的基本阐述：

> 所以，希腊艺术杰作的突出的、普遍的特点在于，不但在它们的表情方面，而且在动作方面，都有一种崇高的朴素和宁静的宏伟。正如海洋的深处一样，不管水面上风浪多么险恶，它永远是平静的，所以希腊的雕塑像，即使在受苦受难中，也表现出崇高和克制。尽管拉奥孔是在受难之中，但这样的精神仍被刻画在

---

① 德文原书名为《希腊绘画雕塑沉思录》（见前引书）。有两种英译本早在1765年和1766年即已出版（前者系菲斯利所译，在伦敦出版，后者在格拉斯哥出版）。大量节录可以很方便地查阅E. G. 霍尔特的《艺术史资料》，第2卷（1958年），第335—351页。

② 德语本《古代艺术史》，共2卷（1764年）。早在1766年它即被译成法语，后又被译成意大利语（1779年和1783年）和英语（1850年）。

他的雕像的脸上——而且不仅仅是在脸上……他并不像维吉尔所描绘的拉奥孔那样发出惊人的尖叫。他的嘴张得不够大，不像是在叫喊——它只不过是表现出一种极度痛苦的悲叹。肉体的痛苦和灵魂的伟大通过全身而表现出来，达到同等程度，彼此互相平衡。拉奥孔在受难，但他是像索福克勒斯的菲罗克忒忒斯一样受难：他的不幸直刺我们的心，但我们仍愿意以这位伟大人物的坚强意志去忍受不幸……那位艺术家自己也一定感受到这种精神的力量。

这最后一句话对温克尔曼来说同样真实，因为正如一位现代评论家所指出："当他看着这个被认为是真物的艺术品时，他被一种伟大启示的光辉照耀得眼花缭乱，他看到希腊艺术与众不同的特性。他实际上是出神了。像许多其他有洞察力的人一样，他是在说出真理，这种真理并不是应用于他眼前的目标，而是与他脑子里的目标联系在了一起。"①

毫无疑问，在赫库兰尼姆和庞贝的考古发现是对古典文物的热情再次兴起的直接原因。的确，温克尔曼本人特别提到的某些最早的赫库兰尼姆的发现，在他来到罗马之前"在德国土地上"已经为人们所知道，"并受到赞赏"。这些雕像早在1706年已经被发现，但赫库兰尼姆的发掘直到1738年才进行，就是在那时进展也很慢。庞贝在1748年被发现，直到1763年才系统地开始挖掘。两处都遵守了最严格的保密。由于当局所持的态度，外界无人知道上述发现，直到1755年才公开发行了在赫库兰尼姆发现的古物中的雕版画的第一本巨型画册。② 虽然温克尔曼本人要想得到准确的资料很是困难，但是他的影响却在于，他能确定某些事实，并在他的1762年公开信中公布于众。③ 更为重要的是他在1767年出版的最后著作《未经发表过

---

① E. M. 巴特勒：《希腊对德意志的暴政》（1958年），第47页。温克尔曼的主要论点早在1766年就受到莱辛在其《拉奥孔》一书中的挑战。

② 《埃尔科拉诺古文物……》共9卷（1755—1792年）。在此之前出版方面的尝试有：《最初发现的情况说明》（伦敦，1750年）；《关于赫库兰尼姆的论文集》，W. 福代斯译自意大利文本并加注释（伦敦，1750年）；《收藏数量与出版状况……》（罗马，1751年）；《关于赫库兰尼姆绘画的通信》（布鲁塞尔，1751年）。

③ 《关于赫库兰尼姆遗址发掘的公开信》（德累斯顿，1762年）。法语译本题为《关于……出土文物致布吕尔伯爵的信》（德累斯顿，1764年）。

的古代文物》，但是尽管如此卖力，古典艺术的真实情况，因为难以取得可比材料，所以仍然有待于确定其性质。例如，大量的希腊花瓶在那不勒斯及其附近被发现。有两组极精美的收藏品是威廉·汉密尔顿爵士的。他是英国驻那不勒斯的大使（以被称作埃玛的丈夫而更知名，埃玛是他的夫人）。他的收藏品被精心地用雕版印刷出来，编成目录，使众多的人得以看到——事实上他的第一批收藏品于1772年售予大英博物馆——但是很长时期谁也不了解这是希腊花瓶。它们被认为是埃特鲁里亚的，尽管它们的铭文是希腊语。结果是18世纪70年代兴起一股风靡一时的狂热，被怀亚特和韦奇伍德·亚当兄弟二人巧妙地加以利用来赚了大钱。韦奇伍德仿制花瓶取得极大成功，连他的工厂也命名为埃特鲁里亚，直到今天，它成了我们祖先在考古学上失误的证据。

早期阶段的新古典主义在安东·拉法埃尔·孟斯（1728—1779年）的作品中看得最为明显，温克尔曼称他是两个世纪以来最优秀的画家。他的《帕那萨斯》（1761年，于罗马阿尔班尼别墅）表现了温克尔曼和孟斯本人所详尽阐述的理论的主要特征。孟斯也是好几篇论文的作者，风格上与温克尔曼相同。像温克尔曼一样，孟斯早年生活艰苦，改信天主教，受到同样环境的影响——德累斯顿（他父亲是德累斯顿的宫廷画师）和罗马。他首次去罗马是在1741年，比温克尔曼早14年。他两次去西班牙，任卡洛斯三世的宫廷画师，他的最佳作品大部分是在这里画的。在他一生中，他被认为是世界上最伟大的画家，他的声望远远超过提埃坡罗。提埃坡罗在西班牙的最后几年被孟斯的党徒们施展阴谋，搞得痛苦不堪。[①] 不过孟斯对西班牙干宫藻井画的处理上明显比《帕那萨斯》少些新古典主义，后者是在温克尔曼的直接影响下创作的。总的来看，孟斯大概是现在人们认为最著名的肖像画家。在他的时代，学术界认为他是把绘画从洛可可风格的衰败中拯救出来的救星，虽然雷诺兹（他对孟斯的许多理论有同样的见解）认为他作为画家是有弱点的，在他的《演讲录》中只提到他两次，而且相当轻视他。

[①] 戈雅的早期作品受这两位画家的影响很深——提埃坡罗在装饰画和壁画方面，孟斯在他的早期肖像画方面。

《帕那萨斯》是为温克尔曼的雇主与赞助人阿尔巴尼红衣主教的新别墅里所绘制的藻井画。这幅画可能打算用来作为宣言书；的确，它标志着与传统形式的巴罗克藻井画的彻底决裂。而孟斯本人仅三年前在罗马的圣·欧塞比沃教堂作画时仍然采用上述传统风格。这个传统的基础是采用引起人们错觉的仰角透视法——目的在于设法让观赏者向上看，以为自己可以看穿天花板仰视人物飘浮在他头上。《帕那萨斯》抛弃了这种引人产生错觉的概念，以便回复到直角交构图法；就是说，画面与观赏者的视线想象成直角，而不管观赏者的实际位置或者图画放置在什么背景。构图的处理恰似浮雕艺术，阿波罗站在中央，九位缪斯围绕着他。画面几乎没有深度，只有一般的风景作背景。主要人物几乎是《贝弗德勒的阿波罗》的逐笔描摹；缪斯们则或多或少直接脱胎于梵蒂冈宫里拉斐尔的《帕那萨斯》，或者脱胎于《缪斯石棺》一类的古代浮雕或《埃尔科拉诺古文物》中的雕版画。他试图与拉斐尔和古人们比高低，这是他经过艰苦努力而到达的顶点。但是他的构图太注重意识，生硬而无生气，人物造型完全没有创作新意，只是机械地照搬现成的姿势。就这一点来说他只不过是拟古典主义者的典型。但是在一位更伟大的艺术家手中，这种模仿古代原型的方法可能成为传达真实感情的一种媒介。

所以，早期新古典主义风格绝不是全部模仿希腊艺术作品。许多绘画，不论是孟斯的还是韦斯特的，都略具普桑的风格。这个事实为探讨风格问题提供了线索，因为这一阶段的主要因素是贝洛里于17世纪后期所阐明的理想美的理论。① 这个理论，就绘画而论，主张以拉斐尔，而不是希腊无名画家的作品为临摹的范本。贝洛里是普桑的朋友和赞赏者，一般认为普桑在把拉斐尔同古代风格结合起来方面是成功的。

在雕塑和建筑方面，起作用的则是一些很不同的因素。雕塑家们有多得多的作品可以模仿，虽然大多数的模特儿——如《贝弗德勒的阿波罗》《贝弗德勒躯干雕像》《拉奥孔》——久已闻名，并且就

---

① 尤其是在他的《思想》一文中所阐述。该文成为他最出名的著作《现代画家、雕塑家和建筑师的生平》一书的导言（罗马，1672年）。

新的考古学的意义上讲不是希腊的。在18世纪后期是否有许多人在区别哪些作品是希腊的，哪些是希腊—罗马的方面能够跟得上温克尔曼是值得怀疑的；至于雕塑家是否关心这种区别则更值得怀疑了。18世纪末最伟大的雕塑家如乌东和卡诺瓦，针对贝尔尼尼学派的著作更加关心的是追求俭朴的风格，而不是严格的尚古主义。乌东的《圣布鲁诺》（1764年，于罗马，圣马利亚德格利安吉利广场）以其令人心驰神往的俭朴而闻名，但是他最优秀的作品乃是他的肖像雕刻，特别是他的许多《伏尔泰》雕像表现出他追求的是富于表情的现实主义，而不是理想主义的形式。卡诺瓦的作品受希腊观念的影响更深些，但是他的白色大理石的"拿破仑"裸体巨型雕像（藏伦敦惠灵顿博物馆，在米兰有一座铜像）晚至大约1806—1808年间问世，而他的教皇陵墓（圣彼得教堂，1784—1787年和1787—1792年）看来不过是表面上的新古典主义。然而古罗马雕刻，或许最主要的是在英国，仍然是不断给人以灵感的源泉。在英国，J. M. 赖斯布雷克（1694—1770年）的半身雕像和浮雕，在18世纪早期已经显示出直接模仿除罗马之外的古代作品。不过，他的浮雕概念根本不同于纯粹新古典主义者，例如班克斯，因为他们专注于具有表现力的轮廓线。

在建筑学方面，理性时代的标志是严格的功能主义在理论上的首次表现。建筑学从定义上说就是一种实用的、功能性的艺术。然而18世纪的理论家一味探求理性和功能的概念（还有对"自然"的含义不明的定义），超越了前人所持的任何见解。这种学说是由三个人提出来的，他们都是教士，没有一人是开业的建筑师。早在1706年，它就在卡农·德科德穆瓦（1651—1722年）的《建筑学新论》里首次出现。但其中所坚持的建筑学方面的真理、自然性和理性，不过是新的外衣下的旧的正派理论而已，然而它却被洛多利和洛吉埃所接受，并大大地加以发展。

帕德·卡洛·洛多利（1690—1761年）没有任何著作，但是他的教导影响广泛。他的出名主要是由于他的学生、威尼斯贵族安德烈亚·梅莫。梅莫在1786年出版了一本《洛多利建筑学基础》；同时也由于一些作家如阿尔加罗蒂等在此之前曾对洛多利的主张展开了讨论。他的理论无疑在他生前已为人所共知。他的两项主要主张似乎惊人的新颖。第一，他主张不应当有什么装饰，尤其在建筑物的正面，除非它真正能体现内部的、结构上的特色,因此他不赞成维特鲁威为希腊神庙所作的辩护,在这些神庙中原本是木材的栋梁上隆起了石饰(排档间饰和三陇板),这些石饰不再具有"真正的"功能。第二,所有建筑物都应当适合材料的性质。第一个信条,即外表应"表现"内部,已经成为现代建筑学的战斗口号。第二个信条现在很流行于雕塑家中间,但对于20世纪最先进的建筑家来说,钢筋混凝土框架的可塑性造成了严重的困难。在洛多利时代,上述两种理论都被认为是反维特鲁威的,更确切地说是反巴罗克风格的。大多数巴罗克风格的杰作有着过多的装饰,正面常常与后面建筑物的"实际"毫不相称。此外,像普罗密尼这样的人们所主张的建筑的可塑性被认为是滥用了石头的不朽基本性质。洛多利的功能主义竟然达到这等地步,他要求用新方法设计家具,使之适于人体的形态,而不是相反。他以威尼斯的小划船为例,说明物体的美是由于它完全适应它的功能。洛多利的学说大概被法国耶稣会会士马克—安托万·洛吉埃(1713—1770年)所吸收。他写了一部威尼斯历史(可能因此认识了洛多利),并在1753年发表《建筑论》和1765年发表《建筑评论集》对功能主义理论加以推广。① 他的书读者很多——例如索恩似曾送给学生们多本,在索恩博物馆至今仍收藏着此书各种版本11册。洛吉埃的新贡献在于反对视觉美而主张特点和表现力——富有表现力的建筑——而实际上美可以利用基本的几何形式来加以保持。这种纯形式理论在法国非常流行,特别是在法国大革命的前几年。但是它没有引起英国建筑家们的多大兴趣,因为在英国兴起的"风景如画运动"允许"富有表现力的建筑"的魅力从原有的风景画和园艺的理论中发展起来。②

这两个因素——坚持17世纪贝洛里意义上的古典主义和新的理性主义建筑理论——是对"我们要达到伟大……其唯一的途径就是师法古人"的理论进行修正的主要原因。抵制希腊影响的另外两个方面可以简短地提一下。一是认为伟大的罗马传统本身不过是更早更纯的希腊风格的派生物,从而很自然地产生了观念的改变;二是哥特

---

① 《建筑论》(巴黎,1753年和1755年)。英译本,1755年和1786年。德译本,莱比锡,1768年。《建筑评论集》(海牙和巴黎,1765年)。另参阅 W. 赫尔曼《洛吉埃与18世纪法国建筑理论》(伦敦,1962年)。

② 即使索恩这位当时最伟大的建筑师,也是"建筑的诗意"的一位热情的信仰者,而正如约翰·萨默森爵士所指出的,这"正好同当时最崇尚的某些风景效果相类似"。见下面原文第106—107页。

式风格的复兴。对许多更保守的 18 世纪艺术家来说，希腊风格（假如那些幸存的实物真是更早的作品的话）当然看起来比罗马风格在艺术上要差些；他们不说希腊风格纯正，而是说它还不成熟。当然这种思想感情在罗马最为强烈，但许多非意大利人也同样热情地赞同。皮拉内西和钱伯斯可以说是这两种人的典型例子。皮拉内西的建筑理论相当混乱，① 犯了在他私生活里非常突出的那种急躁病。1761 年他出版了《罗马的宏伟和建筑》一书，以回答一位匿名的"调查者"（实际上是苏格兰画家阿伦·拉姆齐），更是为了回答勒鲁瓦的《希腊最优秀的文物遗迹》② 一书。皮拉内西断言埃特鲁里亚人实际上是所有建筑物的创造者，他们的雄伟风格有些像埃及的。凯吕斯在他的《埃及、埃特鲁里亚、希腊和罗马古文物汇编》（1752—1767 年）中认为埃特鲁里亚人是希腊人的祖先，但事实上没有人真正知道多少关于他们的情况，因此意大利人很方便地为一切希腊文明虚构出一个神话般的埃特鲁里亚先驱。P. J. 马里埃特在 1764 年的《欧洲文艺报》上将这场争论继续下去。皮拉内西则于 1765 年发表《对马里埃特先生的信的意见》作为回答，其中第二部分的小标题是《关于建筑的意见》。有两点值得注意：第一，他重申他的主要论点，提出托斯卡纳柱式与陶立克柱式无关；第二，也是更重要的，他在《关于建筑的意见》中抛弃了他的维特鲁威的和考古学的立场，辩称真正有独创性的艺术家可以按照他所喜爱的去创作，去信仰——在这些方面天才证明一切是有道理的。这个立场恰恰就是几年以前皮拉内西的朋友罗伯特·亚当所采取的。③ 这就是把他们二人看作革命艺术家、浪漫主义先驱的理由。

皮拉内西在他生命的最后几年访问了帕埃斯图姆的希腊神庙。④

---

① 参见 R. 威特科尔的文章，载《瓦尔堡研究所学报》，第 2 卷（1938—1939 年），第 147—158 页。
② J. D. 勒鲁瓦：《希腊最优秀的文物遗迹……》（1758 年）。第一次真正试图出版有关希腊古迹的书是在 1751—1752 年间由理查德·多尔顿进行的，他后来担任乔治三世的图书馆管理员。这次影响不大，并被勒鲁瓦的书所取代，接着又被斯图尔特和莱维特的《雅典古物》（1762 年）第 1 卷所取代，后者是他们在 1751—1753 年间大肆宣扬的希腊之行的成果。重要的建筑物收入第 2 卷。此卷迟至 1789 年才出版，是由于斯图尔特的拖拉而延误，以致他死后才出书。建筑方面的希腊风格的全面复兴是 19 世纪，而不是 18 世纪的现象，在很大程度上是这些延误所造成的。
③ 见 1763 年致《批评的原理》一书作者卡姆斯勋爵的一封信。亚当理论的主要论述见《……作品集》第 1 卷（1773 年）的序言。
④ 他所作的 15 幅画收藏在索恩博物馆，据认为是在 1819 年以前为索恩所得；在亲王大街的英格兰银行的门廊（1804 年）有无底座的希腊陶立克式粗柱。

到那时候，他已改变观点，认为它们既是优秀的，也是希腊的（虽然这一点尚有一定限度）。这种陶立克粗柱，主要的特征是没有底座，给他的印象很深。但它们又是那么陌生，因此很久才得到普遍承认。相反，它在这个世纪的晚年却变成最先进的建筑风格的标志；尤其是在法国革命年代，它成为抵制学院式传统的象征。

皇家艺术院院士威廉·钱伯斯爵士（1723—1796年）在创建皇家艺术院中起了重要作用，成为该院第一任司库，而且是他的杰作萨默塞特住宅的官方建筑师。他代表帕拉迪奥和罗马的传统，通过不断参照直到他那个时期的法国和意大利各个时期的作品，使之成为现代的东西。他不赞成这样的意见，即认为希腊风格比罗马风格更简洁纯朴，因而更优美。根据维特鲁威的权威论点，他不得不承认罗马风格要比希腊晚一些，而且至少部分地是从希腊派生出来的。关键的问题是希腊陶立克粗柱有凹槽而无底座，大约从4.5个直径高（帕埃斯图姆）到5.5个直径高（帕台农神庙为5.48），而罗马陶立克或托斯卡纳式柱则通常没有凹槽而有底座，常常有8个直径高。这就给他提供了机会抨击希腊作品似乎不够优美匀称的根据。在他的《民用建筑概述》（1759年），尤其是1791年增订第三版中，正当希腊概念更加流行时，他反对希腊优越的观点。在一篇讲稿里，他比较无顾忌地评论支持希腊风格的人说："他们也许可以同样成功地用霍屯督人和狒狒来对付阿波罗和角斗士，就像以希腊式建筑反对罗马式建筑一样……看到……把许多赞美的话滥用于实际上很少值得或根本不值得一顾的东西，它给每一位聪明的建筑师提供了嗤笑的机会。"[①]

钱伯斯去世时，有关希腊的论战已接近尾声，但是仍有不少人批评索恩设计的英格兰银行（1788年以后）所表现的新古典主义倾向。其中有两位这样的人：一位匿名写了《威廉·钱伯斯爵士纪念碑铭文》，另一位则写了一首枯燥乏味的题为《现代哥特人》的歪诗（二者都刊印于1796年）。[②]

抵制希腊理想概念的第二方面是哥特式的复兴和与它有关联的风

[①] 转引自N. 佩夫斯纳和S. 兰《阿波罗或狒狒》，载《建筑评论》，第104卷（1948年），第271—279页。

[②] 《现代哥特人》和《铭文》全文都刊载于A.T. 博尔顿《约翰·索恩爵士的肖像》（1927年），第62—65页。

景如画运动。在18世纪中叶流行着好几种内部装饰风格——中国式的、希腊式的、哥特式的、埃特鲁里亚式的和后来的印度式的。只要它们被认为只不过是流行一时的东西,它们就是没有害处的小事。钱伯斯之所以激动得使用了过分的言辞,是因为他认识到斯图尔特之推崇希腊,亚当之推崇埃特鲁里亚,是在树立潜在的对手来反对古典的罗马风格。起初,哥特式似乎只不过是霍勒斯·沃波尔手中像玩具一样的新东西,但是到该世纪末,在怀亚特手中以及作为古文物研究的成果,它本身也足以构成一种有竞争力的风格。诗人格雷是首批严肃对待哥特式建筑的人之一。当时普遍公认的说法是各大教堂是在丹麦人入侵之前建造的。这是一个显著的例子足以说明当时的知识水平。①

迎合民族主义的需要便容易为人们所赞赏,因此哥特式风格很快就变成了英国历史的一个方面。这一理论的充分发展是在19世纪初期。当时新的议会大厦原打算设计成都铎式的,因为伊丽莎白朝代标志着英国全盛时期的顶峰。希腊式与哥特式的正面碰撞,以及许多精神上的困惑,虽发生在19世纪,但是在法国大革命之前这场斗争就已在酝酿,法国大革命本身又大大地推动了把哥特式看成是英国的民族荣誉的论点。哥特复兴式与风景如画运动相互之间的确切关系是很难说清楚的。二者都是浪漫主义的,二者又都产生于特定的英国环境,不过风景如画运动对世界其他各地的影响远远胜过哥特式的复兴。风景如画运动是英国对视觉艺术所有贡献中最重要的贡献之一,但是由于它在风景园艺方面比在其他任何媒介方面表现得更为充分,所以它的重要意义常常得不到人们的赏识。就其原来的形式而言,只不过意味着把一片风景看成好像是一幅体现立体感的由克洛德、萨尔瓦多·罗萨或加斯帕·普桑所作的画。即是说,它的原意与现在流行的意义正好相反:现在流行的看法认为风景如画的景物是适合于作成画的景物。当伯克的《关于崇高美和秀丽美概念起源的哲学探讨》一书(1757年;到1792年出了11版)把视觉享受分成崇高和秀丽时,情况开始错综复杂起来:崇高暗含有畏惧甚至恐怖——急流和悬崖——的意思;而秀丽则是我们现在往往称之为整洁或漂亮——合乎

---

① K. 克拉克爵士:《哥特复兴式》(第2版,1950年),第46页及以下各页和第4章。

规范的布置整齐的花园小径。这些范畴排除了那些可欣赏的东西如克洛德或加斯帕的风景画（但是"野蛮人萨尔瓦多"无可争辩地属于崇高）。因此，风景如画成为一个适合的中性名称，在"匀称中有某种奇异"，具有未雕琢的或残缺的浪漫乐趣。于是风景园艺家们能够"改进"自然本身的面貌，兰斯洛特·布朗（1716—1783年）也因而获得"大地改造者"的雅号，因为他总是能够看到他的顾主花园里潜在的可能性。汉弗莱·雷普顿（1752—1818年）是世纪末的伟大代表，他留存至今的《红皮书》①表明了他参照"整个地貌特征"而做的改造工作"之前"和"之后"的情况。虽然不久便出现了一些过分的言行，围绕术语问题展开的长期争论一直持续到19世纪很久，但是英国式花园是传播浪漫主义的有利因素，特别是在人们改变了作画时抄袭模仿的习气，转而欣赏园艺师巧妙创造出的现场自然美后，情况更加如此。风景如画的最确切的定义是尤韦达尔·普赖斯爵士在他的《论风景如画风格》（1794年；最后文本有3卷，1810年）一书中所提出的，这里他追求的是形式的错综复杂，以及"粗犷和突然的变化，结合成参差不规则的景物"。② 这些特点可以在托马斯·庚斯博罗的作品中看到，他无疑是那个时代英国最优秀的画家。他的风景画和想象画是风景如画风格的典范。

　　这一时期美术作品的中心主要是伦敦和巴黎。罗马主要是学习研究的重要中心。当时还在世的最伟大的画家中有三位出在威尼斯——卡纳莱托（1697—1768年）、瓜尔迪（1712—1793年）和最著名的提埃坡罗（1696—1770年）——但是三位都是洛可可风格的代表人物，而新古典主义理论家认为洛可可风格只是琐碎无聊的东西。由于这个原因，他们也许被当做是属于较早年代的。所以本章其余篇幅专门用于简要探讨在英国和法国最具重要意义的各流派。

　　本卷所涉及的时期几乎正当雷诺兹任皇家艺术院院长之时，即从乔治三世于1768年创办该院到1792年雷诺兹去世为止。第一次公开画展迟至1760年才在伦敦举行。早就可以明显地看出，艺术家与其

---

① 爱德华·马林斯所编《雷普顿设计图手稿集》（4卷本）。——译者注
② 起初普赖斯和他的朋友理查德·佩恩·奈特攻击布朗和雷普顿缺乏足够的绘画美，但是后来他们在定义问题上发生了争吵。有关整个问题的情况，见N.佩夫斯纳《理查德·佩恩·奈特》，载《艺术学报》，第31卷（1949年），第293—320页。简·奥斯汀的《诺桑觉寺》中对风景如画运动中过分言行的批评，是这类批评中的最佳之作。

赞助人之间的关系的新概念是使画家、雕塑家能够有地方展览出售他们的作品的关键，正如长期以来巴黎的情况一样。乔治三世本人对艺术的兴趣导致他为此目的而创建了一所艺术院。但是人们认为这比不上同时建立的学校更有重要意义，因为讲授艺术理论在当时看来远比实践更为重要，人们认为后者只是一种手工艺。雷诺兹是担任新创建的艺术院院长的唯一人选。因为他不但是一位成功的肖像画家，而且曾到过意大利，在文艺界活动过，而且家庭出身和所受教育都是一位绅士（他是一位曾担任巴利奥尔学院研究员的牧师的儿子）。在他担任院长期间，艺术院享有也许是最高的威信并取得最大的成效，因为几乎所有最优秀的艺术家都是它的成员。① 雷诺兹的爵士身份和在院长席位上所作的《艺术演讲录》使这个新建的机构获得的学术地位，足以与各大学相匹敌。艺术院院士具有的地位仅次于爵士的"先生"的头衔，可以穿类似学院院士的长袍。雷诺兹本人于1772年被授予牛津大学民法学博士学位。

毫无疑问，雷诺兹对英国艺术的最大贡献在于他担任院长的声望甚至超过了他作为画家的个人成就。仅就他同像约翰逊博士或埃德蒙·伯克这样的人保持友谊这一事实来说，就给予所有英国艺术家一种崭新的身份。他的《艺术演讲录》要归功于约翰逊和伯克二人。伯克1757年的《关于崇高美与秀丽美概念起源的哲学探讨》与雷诺兹的《艺术演讲录》相比，显得十分浅薄。但是同时代的人难以相信这些演讲会是出自一位画家之手。②

如同法兰西学院和所有传统的理想主义者一样，在雷诺兹看来画家的任务是用理想的形式表达道德情操，而历史画是做到这一点的最好的途径。这是雷诺兹1769—1790年之间在艺术院宣讲的15次演讲所阐述的原则。他画了很少几幅纯粹的历史画，但他颇有见识地把历史理想主义揉进他的肖像画中，从而把肖像画本身提高了。《贝蒂博士像》或称《真理的胜利》（1774年，阿伯丁大学）题材涉及被人们信以为真的贝蒂对异教徒休谟、吉本和伏尔泰的驳斥，便是一个恰

---

① 罗姆尼和罗伯特·亚当是突出的例外。几乎可以肯定亚当是受到钱伯斯的排挤；但罗姆尼则是拒绝参加展览因而落选的。
② F. W. 希尔斯：《乔舒亚·雷诺兹爵士的文艺生涯》（1936年），第134页及以下各页。希尔斯翻印了一页雷诺兹的手稿，其中有几处约翰逊亲笔的文字修改。

当的例子。虽然早在1758年苏格兰人加文·汉密尔顿（1723—1798年）就在罗马画过纯历史画。① 但是，雷诺兹对英国艺术的影响更加明显，这是由于艺术院画展的性质不同，由于他从1786年起为奥尔德曼·博伊德尔的莎士比亚画廊所作的画，还由于巴里和以后的海登以当历史画家谋生的坎坷尝试。詹姆斯·巴里（1741—1806年）是伯克的门徒，1766—1771年在意大利曾受伯克的资助。从1777年开始，巴里花了六年时间在伦敦艺术学会的大厅中作了巨幅绘画《人类文化的进展》，画面上人的肖像不协调地与神和神的化身并列在一起（库克船长与泰晤士神父）。巴里是一位历尽艰难的爱尔兰人，由于一心一意从事历史画的创作而濒于饥饿。他支持美国革命，因此非常奇怪的是，发生在18世纪70年代的历史画的真正革命却是两位美国亲英分子——本杰明·韦斯特（1738—1820年）和J.S.科普利（1738—1815年）所为。② 韦斯特是乔治三世的亲信画师，恩宠有加，继雷诺兹任皇家艺术院院长。他年轻时曾去意大利（1760—1763年），在那里深受温克尔曼—孟斯—汉密尔顿一派人的影响。回到伦敦后，他画了许多小型的、普桑风格的画，选题来自古典历史或者神话，例如《雷古卢斯从罗马出发》（1769年；皇家收藏品），在皇家艺术院首次画展时展出，韦斯特是该院创办人之一。就在下一年，他画了《沃尔夫将军之死》（1770年；渥太华：有其他版本）。这幅著名的画1771年在艺术院展出，通常被认为标志着与新古典主义原则的彻底决裂，因为事件发生在同时代（1759年），人物穿的是现代服装，甚至可以看出是军服。然而事件发生在一个陌生的地方，韦斯特为了强调这一点画进去一个切罗基印第安人，事实上当时并没有这个人在场。这样，他的画所表现的就是一件发生在"遥远的地方"的事，即使不是在"很久以前"的事。《沃尔夫将军之死》这幅画的声誉在很大程度上是由于神话化了：它肯定不是第一幅描绘现代事件，或甚至现代服装的历史画，事实上在此之前已有两幅表现沃尔夫之死的画，二者都逼真地描绘了这一事件。然而韦斯特的画之所以

---

① E.K.沃特豪斯在《英国皇家艺术院学报》第40卷（赫茨讲座，1954年）上发表的文章和他所著《1530—1790年的英国绘画》（1953年）。

② 两人都住在伦敦，韦斯特是宫廷画师，科普利则是艺术院院士。两人虽都不公开支持革命事业，但称作亲英分子也许言过其实。

第四章　音乐、美术和建筑　　　　　　　　　115

享有崇高的荣誉,很大程度上是由于他巧妙地把学院派的崇高风格同主题的爱国主义的现代意识结合起来,因而把他弘扬当代题材看成是革命之举是公正的。这幅画非常成功。甚至巴里也展出了一幅十分类似的作品(皇家艺术院,1776年;新不伦瑞克博物馆),但它是失败的——大概是因为它只不过是韦斯特原画的摹本,仅仅加上一些"古典"的姿势而已。新的浪漫主义的历史画概念,把这种画看成是记录当代人物,特别是本国的人物所做出的英雄业绩的手段,这种概念由科普利在一系列十分引人入胜的、起着现代新闻摄影作用的绘画中充分确立起来。其第一幅,也是其中最激动人心的一幅,是《布鲁克·沃森与鲨鱼》(1778年;波士顿和克赖斯特医院)。这幅画记录了一位后来成为伦敦市长的人的历险情景。他在哈瓦那港游泳时被鲨鱼咬掉一条腿,后被同舟人救起。这幅画,连同接着问世的《查塔姆之死》(1779—1780年;泰特美术馆)和《皮尔逊少校之死》(1783年;也在泰特美术馆)所具有的新闻影片的性质,在严肃的绘画中是十分新鲜的东西,与雷诺兹所倡导的强调基本特征的原则决定性地决裂了。大卫的《马拉之死》(1793年;布鲁塞尔)是一幅奉献给一位法国大革命的英雄的画,如果没有科普利这位美国人率先提倡的风格,它是无法想象的。19世纪早期许多法国绘画也受到另一种英国绘画发展趋势,即奥尔德曼·博伊德尔的莎士比亚画廊的影响。博伊德尔是一位非常成功的图片商人,他委托雷诺兹和所有主要的艺术院士为他设在蓓尔美尔街的画廊绘制了一批以莎士比亚为题材的大幅绘画。印制雕版画是他用来支付画家润笔的手段。莎士比亚的罕见的天才激励了像罗姆尼这样一些人潜在的浪漫主义,焕发了富塞利的想象力。莎士比亚题材绘画的大部分历史不在本章论述范围之内,但是罗姆尼和富塞利,连同巴里,都是给布莱克早期作品以主要影响的人。班克斯和弗拉克斯曼的雕塑必须提到,虽然弗拉克斯曼在欧洲的巨大声誉靠的是他的线条画,而不是他的雕塑,而且不管怎样他的艺术生涯实际上只是他从罗马回来之后在1794年才开始的。

在建筑学方面,这时期包括:威廉·钱伯斯爵士的官方风格,它应同"亚当革命"相提并论,后者在18世纪70年代以其富有庞贝式灵感的内部结构而达到了顶点;亨利·霍兰(1745—1806年)的法兰西风格,反映着福克斯圈子里的人的情趣;以及希腊复兴式风格的开始,其关键日期是在 1758 年,当时斯图尔特在哈格利的场院内建造了一座庙宇,它是雅典提修斯神庙缩小了的翻版。30 年之后,约翰·索恩(1753—1837 年)被任命为英格兰银行的建筑师,开始改建工作,最后包括改建所有的旧建筑,并大面积地加以扩建。他所设计的大厅和办公室具有自己的高度新古典主义的特色,这在很大程度上要归功于亚当和斯图尔特,也要归功于洛吉埃和洛多利的理论,并与同时代的法兰西作品有着令人感兴趣的相似之处。

法国新古典主义的发轫以追溯到从马里尼、科尚和苏夫洛 1751 年意大利旅行归来算起为宜。① 第二年凯吕斯伯爵(1692—1765 年)出版了他的第一卷《古文物汇编》,收入数百幅埃及、埃特鲁里亚、希腊和罗马的古文物的雕版画(按此顺序排列),并有一篇序言说明他愿意将尽可能多的样板公之于世,既为了历史学家,也为了艺术家,以帮助他们"更紧密地接触到崇高而俭朴的古代风格"。② 1754 年科尚在《法兰西信使报》上发表了《向金银匠发出的请求》,这是一篇呼吁书,呼吁回到俭朴的形式和直线条,以取代洛可可式金银匠们的作品所采用的花体装饰。然而更重要的是苏夫洛(1713—1780 年)通过马里尼接到建筑巴黎圣热纳维埃夫教堂的委托,即我们更为熟知的先贤祠。委托是在 1755 年,到苏夫洛死后于 1790—1791 年才完成,当时它被改名为先贤祠,并且作了几处修改,以增加其严肃古朴的风格。事实上,该教堂是安东尼奥·达桑迦洛和米开朗琪罗所建筑,更确切地说他设计的是罗马圣彼得教堂同伦敦的圣保罗教堂的结合体。它的门廊直接脱胎于罗马的万神殿。有一个时期,它的圆顶也是如此,但后来被修改成十分近似于圣保罗教堂的圆顶(苏夫洛曾于 1766 年特为此作了画)。那种希腊十字形的平面图可能也是来源于圣保罗教堂的伟大模范设计,这在雕版画上是众所周知的。先贤祠,尤其同圣彼得或圣保罗二座教堂比较起来,常常被批评为太轻巧和浮夸,在某种程度上确实如此。批评来自建筑的全过程,因为很快就出现了裂缝,在 1778 年就对其坚固性进行过一次全面调查。这又

---

① 在此以前的一个起因可能是拉丰特·德·圣耶内的《对于法国绘画现状若干起因的看法》(巴黎,1746 年)。
② 凯吕斯很接近于温克尔曼的概念,认为艺术史是文明史的组成部分。《汇编》七卷本出版于 1752—1767 年。

是因为苏夫洛把圆屋顶和拱顶放在有直柱顶盘的圆柱上，而不是架在角柱或者扶壁上，因而破例把哥特式的结构原理同他设想的希腊的雄伟壮丽结合在一起的缘故。苏夫洛的学生布雷拜昂在1780年写道：其主要目的是要把哥特式结构的轻巧同希腊建筑的纯洁和雄壮结合起来。① 为此目的，苏夫洛采取了许多独创性的技术上的权宜手段，主要是在砖石结构中使用了精心制作的铁带。② 这种结构上的杂乱，加上明显地缺乏希腊建筑细部的知识，使先贤祠无法跻身于十足的新古典主义建筑之列，即使如此，洛吉埃本人曾称赞早期的设计是"完美建筑的第一位的样板"。③ 像同时代的亚当兄弟的作品一样，苏夫洛的先贤祠是向大革命即将爆发前几年的建筑风格发展的过渡阶段。

在这一时期，有许多值得钦佩的法国建筑师，他们的大多数现在都因一座建筑物而知名。比较纯正的新古典主义风格发展的几个最重要阶段可以在让－弗朗索瓦·查尔格林（1739—1811年）设计的圣菲利普－迪－鲁莱教堂（1765年前—1784年）和雅克·贡杜万（1737—1818年）设计的医学院（1769年—大约1780年）中看得出来，二者都在巴黎。圣菲利普教堂的设计者意回到早期基督教长方形大教堂的原始俭朴风格——这种类型的建筑也适合于被认为来源于典型的古代建筑。医学院则除了十分精巧的平面布局外，正面也吸引同时代人的注意，其中心和两端完全是一个整体，一条直线柱顶盘也连成一体毫无间隔，上方也没有任何三角楣饰。剧院建筑也很重要，其中维克托·路易（1731—1800年）设计的两座，一座在波尔多（1772—1780年），一座是法兰西剧院（1787—1790年，现为法兰西喜剧院），与克洛德－尼古拉斯·勒杜在贝桑松建造的剧院（1778—1784年，1958年毁于火灾）是同时代的作品。勒杜（1736—1806年）和部雷是两位主要的新古典主义建筑师，虽然勒杜的作品很少幸存到现在，而部雷几乎完全是一位行政官员和理论家。勒杜1771年被任命为皇家盐矿监督官，任期达23年。这就使他有机会于1775—1779年在阿尔克－塞南（贝桑松附近）建造了一些建筑物，

---

① 转引自 E. 考夫曼《理性时代的建筑》（哈佛大学出版社1955年版）。
② 有人甚至曾说：他发明钢筋混凝土结构。参见 L. 奥特科尔《法国古典建筑历史》，第4卷（1952年），第196页。
③ 转引自奥特科尔前引书，第190页。

具有庄重而俭朴的外形,奇形怪状的粗琢石和"具有特色的"装饰——石缸加上垂吊着的钟乳石状的盐,以"表示"建筑物的功能。他在该地的大部分作品在1926年被毁,但是勒杜也利用机会为肖城精心设计他的理想城市规划图。它是严格对称的——为了几何图形的美——它的建筑物也以外形的质朴美,如圆柱形、金字塔形和球形(这势将使人难以居住),以及表现其功能为前提。其极端的例子便是河流监督站。这所房子将建成一个横卧的圆筒形,河水穿流其中,像一部水轮机。可怜的监督员将住在筒壁周围的房子里,可想而知,一定被水声聒耳欲聋,墙壁也一定潮湿得水淋淋的。另一个带有卢梭思想特色的建筑是"奥伊克玛"(oikema),打算用作一种高尚的妓院,实际上是一座很漂亮的希腊神殿,坐落在美丽的风景之中。[1] 尽管勒杜具有革命的建筑思想,但他于1793年被捕入狱,并几乎被当做保皇党送上断头台。他最出名的作品(其中四处至今尚存)是巴黎的收税关卡或叫征税所,建于1784—1789年之间,革命爆发后停建。其中有些是希腊风格的庙宇,有些是立体几何图形式建筑的尝试;但是数量惊人的是意大利文艺复兴时期各种建筑物的变形。[2]

1804年他出版了一部篇幅很大、体例杂乱的著作,书名为《从艺术、风俗和法规来考虑建筑》,书中有他自己作品的多幅版画和一句颇带卢梭思想色彩的晦涩的话——"建筑师在这本伟大的'感情之书'(Book of the Passions)中可找到他的各种各样的主题"。

一种以最夸张的方式表达出的类似自大狂的风格可以从艾蒂安-路易·部雷(1728—1799年)的作品和理论中看到。他的《关于艺术的论文》直到最近才出版。[3] 他的作品中最令人感兴趣的也许是一座牛顿纪念碑的设计(1784年),它由一个巨大的球体构成,通过许多小孔将内部照亮,收到天穹的效果。球内底部是一座衣冠冢。[4]

不管是"富有表现力的建筑"和勒杜在"感情之书"中的说法如何,大多数人还是倾向于更重视绘画的题材而非建筑的题材。对这个问题的重要性,狄德罗主要在评论沙龙艺术展览会上曾强调过。18

---

[1] 据认为这一罪恶的景观可使"贞洁的婚姻之神引导人们结婚"。这句引文和大部分关于勒杜和部雷的事迹,可以在 E. 考夫曼著《三位革命的建筑师》(费城,1952年)一书中找到。
[2] 其图片见 M. 拉瓦尔和 J.-C. 莫勒合著《克洛德-尼古拉斯·勒杜》(巴黎,1945年)。
[3] 由 H. 罗泽瑙出版(伦敦,1953年)。
[4] 在这一时期,法国建筑师们曾为牛顿设计过好几座纪念碑,大概是作为启蒙运动的象征。

世纪 70 年代格勒兹一举成名,他表现家庭生活中平凡的伦理关系的绘画题材和他的伤感剧风格与狄德罗本人的风格十分相似。格勒兹(1725—1806 年)在 1755 年的沙龙艺术展览会上闻名画坛,其作品深受大众欢迎,直到 70 年代后期和 80 年代新古典主义的更严格的主题影响了他的名声为止,这引起他以掺杂着色情成分的伤感情调的风格来进行反击。纯粹新古典主义的严谨风格可在雅克 – 路易·大卫(1748—1825 年)的一幅题材十分重要的画《贺拉斯兄弟之誓》(罗浮宫)中看出。如果说孟斯的《帕那萨斯》是典型的早期新古典主义绘画,那么大卫的杰作从任何意义上讲同样可称作革命的新古典主义的典型。这幅画的历史是众所周知的。它是 1783 年专为路易十六所作,但题材是大卫自己所选择。1782 年大卫曾看到高乃依的戏剧《贺拉斯》的演出,深受感动。所以他建议用高乃依编剧所依据的李维著作中所叙述的故事作为这幅杰出的历史画的题材。他的建议被接受了。他花了 1784 年整整一年的时间在罗马作画,1785 年在沙龙艺术展览会上展出,受到国王的赞扬,并及时地收归王宫所有。这幅画之所以重要有三个方面——它标志着大卫自己风格发展的一个阶段,它是一篇政治宣言,它是一篇新古典主义的宣言,可与部雷的牛顿纪念碑(1784 年)或勒杜的勒伊收税关卡(1785—1789 年)相提并论,因为二者与《贺拉斯兄弟之誓》都绘有庄重的(地道罗马式的)上面带连拱廊的陶立克柱式。

《贺拉斯兄弟之誓》的主题最能显示其革命性的一面。贺拉斯三兄弟誓以与库里阿斯三兄弟单独决斗来保卫罗马的故事,这是一部朴素的以尽职献身为主题的罗马道德故事。故事接下去是贺拉斯兄弟中唯一的幸存者无情地把他的姐姐杀死,因为她为她的未婚夫库里阿斯兄弟之一而哀悼,而没有为罗马得救而欢庆。当他以杀人罪受审时,他的父亲出庭为英雄的儿子辩护,理由是尽忠报国应胜过私人情爱。大卫最初选用了这个令人不愉快的主题,并且曾有一幅画画的是心情激动的父亲为他的面带凶相的儿子辩护的情景。[①]

十分聪明的大卫放弃了这个场面,采用了更为大家所能接受的主

[①] 在 F. H. 黑兹尔赫斯特的《大卫的〈贺拉斯兄弟之誓〉的艺术发展》一文中有这幅画的复制品,见《艺术学报》,第 42 卷(1960 年),第 59—63 页。

题，即三个儿子对他们的父亲宣誓：不战胜，毋宁死。那些掩面而泣的妇女足够提示故事将会有什么样的结局。为国家效力这个一般的道德可以拿来用于路易十六的法国，同样可以适用于革命的乌托邦。但《贺拉斯兄弟之誓》之所以成为政治宣言，部分在于题材的内在含义，部分则在于实际处理这一主题的方法所包含的意义。天生的感情是不允许干扰国家的需要的——奇怪的是，这件事却发生在帝王时代的罗马——这种思想大概在18世纪80年代比现在更为流行。这些斯多葛学派的美德是与共和制罗马联系在一起的，所以很容易——虽然不合逻辑——转变为与共和主义联系在一起了。在背景上，罗马陶立克式圆柱上朴素的砖拱，除形成舞台后部的垂直面并相应地将人物分成三组外，直接与罗马的那种庄严气氛有关（大卫本人在1785年的一封信中说，在圆柱上加拱顶是表示这是埃特鲁里亚式的；他的意思当然是指纯洁、原始和朴素）。从思想上以这种柱形取代爱奥尼亚式或科林斯式的柱形，一眼就可以看出这一点，并且很明显，这样一种道德上的联想即使在温克尔曼生活的年代也是不可能想到或理解的。然而据可靠传闻，大卫本人曾说过，尽管他的题材来自高乃依，但他的画要归功于普桑。①

这样，新古典主义从拉斐尔和普桑的古典风格的和谐开始，发展成一种公认的风格，在于它与考古学的严谨性有关，受到赫库兰尼姆和庞贝发掘工作的促进，并且由于一些鼓吹美国和法国革命理想的著作家们在自然、感情和古朴的风尚之间树立起具有同等价值的关系，从而使它获得一种新的道德力量。由此可以恰当地看出，为什么托马斯·杰斐逊经过慎重考虑选择法国尼姆的方形大厅作为样板来建造新的美利坚合众国的第一座公共建筑物，即1785—1796年他在弗吉尼亚州里士满的州议会大厦。

（程子明　译）

---

① 转引自黑兹尔赫斯特前引书，该书又引自A.佩隆《贺拉斯画的研究》（巴黎，1839年）。

第 五 章
科学和技术

　　1763—1793年的短短30年期间，在科学和技术历史上，尤其在现代化学的创立和蒸汽机的改进上标志着一个重要的阶段。蒸汽机的改进有赖于单独的凝汽器的发明，这一改进直接导致蒸汽动力的发展。物理学的三大部门即热、电和磁的定量研究的基础在这些年份中已经牢固地建立起来，在地质学和生物学方面也有很大进展。在这一时期之初，牛顿理论不但渗透到科学思想领域中，而且还通过英国的亨利·彭伯顿和法国的伏尔泰及夏特莱夫人的著作，超越了科学领域的界限进入一般的思想和文学中。但是除了天文学和力学，其他学科没有这样充分的进展，化学还是用少数最基本的成分来解释世界上物质的复杂性。

　　在数学和力学方面，这个时期的研究以概括和演绎为特征。约瑟夫-路易·拉格朗日（1736—1813年）继续18世纪上半叶对微积分的研究工作；他扩展数学分析和方程理论，并在1788年出版了他的著作《分析力学》一书。这一著作在力学史上仅次于牛顿的《自然科学的数学原理》。阿德里安-玛丽·勒让德（1752—1833年）进一步研究变分法和数学的其他分支，同时对力学研究做出贡献。加斯帕尔·蒙日（1746—1818年）奠定了画法几何学的基础。用它可以把三维物体以二维来表示，他的著作于1795年出版。在这些数学研究中，拉格朗日走得最远，他对数学与力学进行综合研究。不久，这种研究就由皮埃尔-西蒙·拉普拉斯（1749—1827年）在他的著作《天体力学》一书中作了详细的阐述，从而形成了杰出的动力学体系。在实验方面，对固体物质在流体中运动时流动阻力的研究中，先前研究者未能按照实验数据得出系统的理论。这一失败，大部分已被阿贝·夏尔·博叙（1730—1841年）纠正了，他和达朗伯尔及孔多塞共同进行实验中取得的成果发表在《流体阻力新实验》（1777年）一书中。数百次实验表明，阻力随着运动物体速度的平方而变化。其他这类的详细实验是由比亚伯爵皮埃尔－路易－乔治（1734—1809年）在18世纪80年代进行的。在力学方面，继承的实验传统也可以从在夏尔－奥古斯坦·库仑（1736—1806年）对弹性的研究工作中见到，在实验中，他研究毛发纤维、蚕丝以及金属线的扭转。1792年在巴黎天文台，让－夏尔·德·玻尔达（1733—1799年）和让－多米尼克·卡西尼（1748—1845年）在测量一个重要的引力常数，即单摆秒摆动时间的长度方面进行了有价值的研究。

欧洲大陆的天文学主要是在数学方面的研究，就在这段时期内，拉普拉斯提出他的星云假设，并着手写《天体力学》。在英国，大多数天文研究工作都是观测天象；在第一流的天文学家内维尔·马斯基林（1732—1811年）的领导下，1766年创刊了《航海年鉴》，在很长的历史时期中成为航海者的指导。1781年，威廉·赫歇尔（爵士）发现新的行星——天王星，这是有史以来被发现的第一颗行星；使用架在斯劳的一架巨大的望远镜，他得以把许多迄今未观察到的恒星进行编目。在1783年他开始测量恒星分布的相对密度，次年他观测到银河出现在天穹上像一个一端开口的硕大圆环，太阳不在它的正中心；因此银河系看来像是一面凸透镜。他还观察和研究了各种各样的星云，并且得出结论，认为太阳不是停止不动的，而是向着太空中遥远的一个点在移动。

已经知道，所有行星都以相同方向，几乎在同一平面上围绕太阳旋转，大多数卫星都围绕着它们的主星以同一方向和几乎同一平面旋转，而太阳的轴向旋转和行星及卫星的轴向旋转同样是同一方向。在拉普拉斯看来，各种不同旋转在方向上的一致表明太阳系的所有组成部分有一个共同的来源，并在1796年提出了一个假设，认为太阳系的形成是由于原来炽热旋转着的气态星云凝聚并随后分裂成许多部分，最后冷却收缩而成的。然而，在这之前，乔治－路易·勒克莱尔·布丰伯爵（1708—1788年）曾提出另外一种理论来解释这种旋转方向的一致；他假设有一颗彗星与太阳相撞，撕裂出太阳炽热物质的一条喷流，这种物质冷却以后并凝结成行星和它们的卫星，这些星体自然地保持着成为它们起源的太阳物质的旋转方向。虽然布丰的理论比拉普拉斯的理论更符合现代观点，它在历史上的重要性在于，布丰在他的《自然史》（1778年）里，从这个理论引申出一些关于地球历史的一般概念；他设想从太阳分裂出来的物质慢慢地变冷，太阳仍旧保持炽热，而作为太阳物质分离出来的一部分的地球，它的形成经过了七个阶段，或者说七个时期，七个时期的长短，根据他所能得到的数据估计出大约数字。在第一个时期，地球从炽热状态变冷，成为熔融状态并变为球形，时间大约3000年。第二个时期估计约为3.5万年，由于继续变冷，产生进一步凝固，形成地球收缩表面原始的深谷和山脉，周围被大气环绕，气体仍然太热以致不能凝结为水。第三个时期约2500年左右，地球及周围大气冷却到足以使水分凝结在地面，形成覆盖一切的包围整个行星的海洋，这种情况，据布丰观察，可以解释高山上出现海生动植物化石的原因。第四个时期估计为1万年，此时陆地开始出现在水面上，这是由于海水通过冷却和收缩的地壳裂隙往下流，流入地壳内层。这时出现了植物，但是许多植物被水冲到地壳裂缝中去，这样导致在那里产生火山。这种现象布丰假设是水火之间猛烈作用的结果。第五个时期约为5000年，这与前一个时期的火山猛烈爆发比较，是一个平静的时期。出现了巨大的动物——柱牙象、大象、犀牛、河马——但是仅生存在两极地带，地球的赤道部分仍旧太热，不适合动物生存。第六个时期大约也是5000年，陆地分隔成巨块或几个大陆，形成了旧世界和新世界，人类出现了。在第七个时期，地球成为现在的样子，人类开始控制他的周围环境和使用他的力量去帮助自然的力量，但是最终的前景是令人沮丧的，因为地球变冷将是缓慢的，但是不可避免地要继续下去，直到它最后变得过分寒冷，使生命无法继续生存；在这第七时期的早期阶段，或者说目前时期已持续了大约5000年；估计未来的时限是9.3万年，此后，地球上的生命将灭绝。这些观点具有历史意义，它清楚地不同于普遍公认的上帝创造世界以来地球过去只有数千年历史的概念。此外，布丰曾试图把他的理论与地质学的数据与热物质冷却试验的结果以及与观察溶液沉积层沉淀速度相联系。在以他那极为明晰而动人的独特文学风格和以他那至今仍然吸引着现代读者的优雅语言对此作了详细阐述后，他觉得在这个时候最好离开巴黎，到巴黎大学的神学家们所达不到的地方。几乎不需要指出，现代地质学和史前史学主要是从他的理论发展起来的。

在这个时期里以很大的准确性确定了地球的平均密度。在1774年，内维尔·马斯基林再次试图进行早在18世纪早期做过的试验，他用一条铅垂线悬挂在大山附近，通过巨大山体对铅垂线的引力作用测量垂直的偏斜度；在珀斯郡的希哈利恩山所做的观察表明，地球的平均密度约为水的密度的4.5倍。随后，在1797—1798年，稍后于我们论述的时期，亨利·卡文迪什阁下（1731—1810年）对于这项观测方法做了重大的改进，得出的值为5.488，这个数字和最近测定的5.5270极为相近。另一个重大测量的尝试就是太阳和地球的距离，天文学家用这一距离作为测量宇宙时使用的"尺度"，但没有取得多大成功；在1761年和1769年他们依靠观察金星的运行，但是其结果是令人失望的，因为准确地确定金星和太阳"接触"的时间有困难；但从另一个意义上看，无论如何，这项工作非常有意义，因为英国的、法国的以及其他国家的天文学家们在这次测量中进行很大规模协作。

在这个时期内，科学仪器有很大改进，改进范围这么大，技术上又这么复杂，很难在有限篇幅里加以讨论和描述。其中一项十分重要的改进就是皮埃尔·勒鲁瓦（1717—1785年）在1766年制造，1770年加以说明的航海时计，它使航海人员在海上测定标准时间，从而能够确定他们所处的经度，他们需要的纬度信息可以从天文观察取得，由此弄清他们所在的位置。它取代了比它稍早一点，几乎和它同样出名的，由约翰·哈里森（1693—1776年）设计的仪器。这个时期科学仪器的设计和制造及其改进吸引了许多卓越的工匠，但是他们人数太多，他们的贡献范围太广，而且有时技术性太强，也就无法在这里列举，虽然有必要提一下他们工作的高质量和独创性，以及在某些情况下采取的制造规模。在英国，较杰出的人物被选为皇家学会会员；在法国，则被皇家授予爵位证书，得到这种荣誉要由皇家科学院提名；他们在科学发展和组织中起了非常必要的作用。

这个时期物理学中最早的进步发生在热学领域，它第一次在定量基础上迅速建立起来，这主要是由于约瑟夫·布莱克（1728—1799年）在18世纪60年代初期所做的工作。布莱克第一次对热的重要观测是用温度表测量热的强度不是热的量；他然后设计一种测量热量的仪器。在他那个时候之前，人们早已熟悉使用温度计，导致人们观测不同"热"的许多邻近物体（我们今天说不同温度，当时说不同的热），如果不去动它们，过一段时期，用测温计一个一个测试它们，在表上都显示出同一读数；较热的物体冷了下来，较冷的物体暖热起来，当时科学思想说是它们已经获得了所谓"一种热平衡"。但是大家都知道，它们的密度不同，有的较重，有的较轻。通过所谓"热平衡"的观测，得出的结论是：热在它们中间分布不是均衡的，而是根据它们不同的密度，重的物体得热较多，轻的物体得热较少。这个结论在当时很有道理，认为它符合于某些实验，而在实际上都是一种误解。但是，圣安德鲁斯大学的一位物理学家乔治·马丁（1702—1741年）于1739年观测到，用同一容量和同一形状的玻璃器皿，分别盛以同等温度和相等容量的水银和水，放在大火上，水银受热比水快得多；同时在相反的实验中，水银的冷却也快得多；但是根据当时的理论，因为水银比水重13—14倍，它变热或变冷的时间应该比水长13—14倍，而实验结果所表明的却完全相反。从这些观测中，布莱克得出的结论是，水银与水相比，变热和变冷都比水快得多，用他的话来说，是因为它的"热容量"比水的热容量小得多；他指出不同的物质的"热容量"彼此大不相同，这与它们的不同密度无关，或者像他后来所说"热容量"是"特定的"。约在1780年，"比热"这一术语取代了老术语"热容量"；而且，在此期间，布莱克指出如何测量一种物质的"热容量"与水的"热容量"之比，方法是把已知量的一定温度的物质与已知量的另一温度的水相混合，观察这样合成的混合物的温度，然后从一种物质的温度下降和另一种物质的温度上升，计算出这两种同等量的物质中产生同一温度变化的相对热量。因为水经常被当作两种物质中的一种，它成为测量所有"比热"的标准。

布莱克继这个领域之后的研究，导致发现了"潜热"。这一发现对于引导詹姆斯·瓦特发明单独的凝汽器以改进蒸汽机有重要影响，是向蒸汽动力时代迈进的有力的一步。布莱克从简单地观察雪和冰的融化开始。在布莱克重新考虑这些事实之前已有人假设，一大块的冰是在热的作用下融化的，其温度逐步上升至熔点，这时只需要温度稍稍上升一点，整个冰块就会很快融化成水。但是，布莱克对这种普遍持有的看法的正确性产生怀疑，因为，如果这种看法是正确的，那么所有冬季积贮的雪和冰将在春季几乎是一起融化的，形成洪水和急流从山上倾注下来，对挡在它面前的一切造成灾难性的毁灭。可是发生的情况正相反，融化过程要几个月，有时山顶积雪经过夏季仍不融化。再则，他发现，把温度计放到水与雪或冰的混合体中，只要还有冰在水中未化，它继续保持冰的熔点的温度。只有当全部的冰都融化时，温度才开始升高。他认为，在长时间的融化中，热是逐渐地不断进入冰和水的混合体中，对温度计没有影响。因此，正如他所说的，这样的热可称为"潜在的"。根据他对这种变化的分析和理解，他得以用一种简单的方法测量这种热量。他拿两个小玻璃瓶，每个瓶装上水，其中一瓶水加冷直到瓶内的水结成冰，另一瓶加冷刚刚达到冰点；然后把两个瓶子放到比冰熔点高出 7 华氏度的屋子里。盛冷水的瓶子在半小时后达到室温；另一装冰的瓶子，经过 10 小时半后[①]才使瓶内的冰融化并达到室温。因此，布莱克说，因为冰经过 20 小时半才融化并达到室温，而同量的水只需半小时即达到室温，可见原来装着冰的小瓶需要吸收比水多 21 倍的热量。所以，半小时内进入一个小瓶内的热量是 7 华氏度，进入另一个小瓶内的热必定是 7 华氏度的 21 倍；但是必须从这 147 华氏度中减去只用于全部冰融化后提高水的温度达到与周围空气同温的 7 华氏度。因而，140 华氏度的热在温度计上没有记录，但是被认为是"潜在的"。

关于冰的融化过程以及在这一过程中吸收大量热这一现象的发现，使布莱克的好奇心转向沸腾或蒸发的类似过程。在这方面人们也普遍相信，当水达到它的沸点时，只需要再稍稍加热就可以把它全部变为蒸汽，但是布莱克指出，水从达到其沸点到变成蒸汽的过渡是缓慢的，而且要求更多热的供应。在和他曾经做过的冰融化的实验相似的实验中，他表明，一定数量的 50 华氏度的水加热 4 分钟达到沸点 212 华氏度，然后再有 20 分钟全部可变为蒸汽。因此，很清楚，试验的第一部分的 4 分钟内，有 212 华氏度减去 50 华氏度，即 162 华氏度的热进入水中；在试验的第二部分，20 分钟内必然有 5 倍的热

---

① 原文如此。似与下文"20 小时半"和"21 倍"不符。——译者注

量进入水中，就是说这个测量体系要 810 华氏度的温度。因此看来，融化和沸腾两者都吸收大量的热，这些热没有作为增加的温度记录在温度表上，所以这些被吸收的热叫作"潜在的"。对于热现象的量的研究此时广泛开展；对固体和液体的以及甚至气体的许多"比热"被确定下来，为测量热膨胀特别是为测量固体热膨胀设计了一些精确的方法和适用的仪器，并由此获得了工程学方面极为需要的关于热量守恒的确切知识。

看来热本身的性质是物质性的。自从 17 世纪以来，热被一些人看作内部的运动形式，而另一些人把它看作一种物质实体。而如果说热是运动，那么要把物体提高到同样温度，在体积相等的情况下重物体要比轻物体需要更多的热，因为激动重物体的分子需要更多的运动。前面已经提到的马丁的实验就决定性地表明情况不是这样：把同等体积的水银和水提高到同等温度，水银需要的热量比水少。因此，热似乎是物质的。于是，有人曾多次试图（常常是用巧妙的方法）找出它的重量，但是他们所有的尝试都失败了，或者得出相矛盾的结果。1787 年拉姆福德伯爵本杰明·汤普森（1753—1814 年）进行的研究（到 1799 年才发表）是最精确和最有决定意义的。他在小心控制和精心计划的实验中，以十分灵敏的，能察觉百万分之一重量变化的天平，称装在密封玻璃烧瓶内的大量的水。他第一次称水的重量是在它处于液体状态时，第二次称重量是在水已经结成冰时。多次试验表明重量没有改变，不过已知融化那么多冰，并使融化的水达到装置试验设备屋子的室温所需要的热量，足以使同样大的一块黄金的温度提高到白热的程度。拉姆福德的结论说，如果热是物质，那么它必定是"无限稀薄的，即使在它最浓缩的状态下，也会使我们要想发现它的重量的一切尝试都成徒劳的东西"。他认为热更有可能是一种运动的形式。

在 18 世纪中叶，化学领域很少或没有迹象表明将立即出现任何深刻的和根本的变化。化学家的世界仍旧是由土、气、火和水四大要素构成和由盐、硫黄和水银三种基本物质产生的世界。气和水的元素性质是无可怀疑的；土也是如此，虽然存在着很多类型，看来也是元素，它的不同形式仅仅是不同的表现；然而火，虽然在一个世纪前就被胡克认为是运动而不是物质，但按照燃素理论经过实验比较坚定地承认它是一种元素,这种理论在18世纪大部分时间支配着化学思想。从观察燃烧和点火,这个理论设想所有可燃物普遍含有易燃的"燃素",当物体燃烧时,它以火的形式,有时作为伴随产生的火焰的形式释放出来。

因而从化学家的观点看,自然仍然被认为是非常简单的。但是在1754—1755年,约瑟夫·布莱克在研究新近发现用作药品的一种名叫碳酸镁(magnesia alba)的新物质的化学特性时,发现弱性碱和苛性碱所含的成分不同,前者含有空气,而后者没有。他在后续的实验中发现这种空气和大气中普通空气的化学成分不同。这是第一次注意到这种差别,布莱克把这种新发现的空气命名为"固定空气"(就是现在人所共知的"碳酸气")。他没有分离或收集它,但是他在正确的定量实验中,确定了弱性碱所含有这种空气的量,他还注意到它的特性类似酸。1766年,亨利·卡文迪什阁下(1731—1810年)研究了得自某种稀释酸作用于各种金属所产生的"气体";它能点燃,所以把它叫作"可燃空气"(它就是现在所共知的"氧")。因此,卡文迪什承认有三种"空气"——大气中的普通空气、约瑟夫·布莱克发现的"固定空气"和自己发现的"可燃空气"。在这一领域内,继承卡文迪什的是约瑟夫·普里斯特利(1733—1804年),他在1772—1777年分离并识别出七种新的"空气"或气体,大家更熟悉它们新近的名称:氧、氨、氯化氢、氧化氮、氧化二氮、过氧化氮和二氧化硫。大约与此同时,在1772年,丹尼尔·拉瑟福德(1749—1819年)分离出另外一种他叫作"有毒空气"的气体(现在名叫氮)。这种"气体化学"(如人们所称呼的)的迅速发展,为化学研究开辟了广阔的新天地。

在这方面普里斯特利分离出来的后来叫作氧的气体最为重要。他在1774年8月将某种金属灰加热而取得它。(金属在长时间加热过程中变为粉末状物质,这种物质叫作"金属灰";人们认为焙烧和燃烧一样,金属在焙烧过程中释放出燃素,那是金属的共同组成部分。)普里斯特利发现这种新的"空气"能大大增强蜡烛火焰的燃烧。1775年3月,他发现它比一般空气更适宜于呼吸并能帮助呼吸持续更长时间。所以它是一种胜过一般大气中空气的支持燃烧和呼吸的空气。按照当时燃素化学理论,大气中的普通空气一直受到家用火炉、工业锅炉、呼吸、腐烂作用和发酵中释放出的"燃素"的污染。这种新发现的"空气"由于它较高程度适应燃烧和呼吸，在普里斯特利看来，它是不带燃素的空气。因此，他称它为"脱燃素空气"，这是化学家所知"氧气"的第一个名称。由于已经叫作燃素的作用，不断地污染普通空气，最终将会使我们的大气不适于燃烧和呼吸。普里斯特利寻找到某种大自然恢复日益不适合使用的空气的方法；他在1771年从绿色植物的作用中发现这种方法，但是他没有注意到这种恢复空气的方法只有在日光影响下才能起作用。这一点是后来在1779年由约翰·因根－豪茨（1730—1799年）观察到的。

与此同时，安托万－洛朗·拉瓦锡（1743—1794年）从物理研究转向某些吸引他注意的化学问题。他对确定供巴黎市民公用饮水的纯洁度的试验很感兴趣，他发现，为了达到这个目的，在当时所有的科学知识和缺乏任何令人满意的化学试验的条件下，他只得依靠液体比重计用物理方法测量水的密度。但是用蒸馏法净化饮水和随后用液体比重测定法测量它的密度的方法似乎同样不能令人满意，如果像化学家们仍然相信的那样，水是可变化至少部分会变化为土的话。拉瓦锡从有关这个主题的大量文献中收集的证据，未能使他确定这种信仰的正确性如何。因此，在1768年秋天至当年年底到1769年年初的冬天，他把已知重量的水装入一个称过重量、密封的玻璃器皿内加热三个多月；他观察到水中逐渐出现土状微小薄片物质。在实验完成时，把水和土状物质取出，称生长出来的土和玻璃器皿的重量，他发现（在他的实验精确性限度内）器皿减轻的重量和形成的土状物质的重量几乎相等。所以玻璃器皿内土状物的产生是由于水对它的溶解和腐蚀作用，因此，水并没有，甚至连部分也没有变为土。自从亚里士多德时代起就有的一个古代化学信念，就这样最后被否定了。

以同样的方法拉瓦锡使用密封的玻璃容器进行焙烧研究，他把称过重量的金属在这种容器内焙烧，结果发现容器和它所装金属的总重量没有改变。然而，当容器的密封两端启开时，能听到空气急冲进去的嘘嘘声，好像是有些空气在焙烧过程中被消耗了，而容器和它里面的金属增加了重量；而且，进一步将焙烧过的金属从容器内移出再次称重量时，增加的重量等于先前观察到的空气冲入封口后容器连同所装金属所增加的重量。或者也可以说，等于冲入打开的封口，以代替焙烧中所消耗的空气的重量。这样,金属在焙烧过程中重量的增加(化学中早已看到的事实),看来是由于与空气化合的缘故。大约在同一时候,拉瓦锡从另外的实验中做出类似结论,当硫和磷燃烧时,分别产生出硫酸和磷酸,硫和磷与空气化合产生这两种酸,同时,它们增加的重量等于与它们所化合的空气的重量。这些结论与燃素理论的解释,实际上与它的原理相矛盾。这一原理把所有燃烧不是看作化合过程,而是随同燃素释放的分解过程。当1774年秋天普里斯特利来访巴黎,拉瓦锡和他会晤后,拉瓦锡以他对于焙烧和燃烧过程性质的新认识,重复并扩展普里斯特利的工作。在1777年他得出结论说,只有一部分,大约是1/6的空气(据更精确的实验指出是1/5)在焙烧过程中与金属化合,在燃烧过程中与硫及磷化合,而其余的空气在这些过程中没有起化学作用。在一次典型的加热和焙烧水银实验中,用一个恰当的安排的装置,使水银与一定限量的空气接触,他成功地使空气中产生化学变化的成分与水银化合,由此把它从4/5的未发生化学变化的,亦即他称作碳酸气的气体中分离出来,他发现这种气体能够将生命致死和将火熄灭。将焙烧过的水银从容器内取出加热并收集和它化合的那一部分空气,拉瓦锡发现这一部分空气有助于燃烧和呼吸。因此,他把空气分析为两个成分:如他所说,一种是非常适合呼吸的,而另一部分是"窒息的"。空气不可能再被认为是一种元素,它是两种迥然不同气体的混合物。

  但是放弃燃素理论仍然是许多年之后的事情,它曾被证明是多么有用的受普遍同意的理论,很难让位给使用范围有限的拉瓦锡关于燃烧和类似的化学过程的发现;多年来相信拉瓦锡理论的人只有这一理论的这位杰出创立人。他满足于不做进一步争论,而只是提出他的意见作为更符合实验证据的供选择的解释。无论如何,他继续研究这些问题,写成一系列的研究报告,呈送巴黎科学院,并逐渐地积累对他理论的有利证据。可是他的理论处于一种明显的难以解决的困境。因为在他看来任何燃烧过程都是与大气中的活跃成分的一次化合,这种成分他此时称为"氧","易燃气体"的燃烧应该产生一种和氧化合而形成的产物,所有企图探测出这种化合物的努力都告失败。当炭燃烧时,他已经指出,它和氧化合,产生布莱克所说的"固定空气",这种气体现在看来就是"碳酸气"。

1783年6月拉瓦锡在巴黎的夏尔·布莱格登那里听说,卡文迪什发现,当"易燃气体"燃烧时,产生水。他立即意识到这一新的观察发现的重大意义,并在匆忙设计的实验中证实了这点。从这次实验和后来所做更精心设计的实验中,他得出结论说,水是一种"易燃气体"和氧的化合物,并把水分解为这两种成分,以证实这个结论,方法是使水和铁发生化学反应,铁与水中的氧相化合,除去了水中的氧的同时,释放出"易燃气体"。作为这个重要发现的结果,这种气体很快被重新命名为"氢"或"水的构成成分"。卡文迪什不同意这样的结论,相反,他设想实验中所取得的水(他是观察和研究这种产物的第一个人),原来就是作为这两种"气体"的组成部分存在于它们之中,它是燃烧过程中从这两种气体沉淀产生,而不是由这两种气体化合形成的。但是化学家们现在承认,水已被证实为一种化合物。由此古代"元素"中的两个已经分解为它们的组成成分了:空气是氧和氮的混合物,而水是氢和氧的化合物。火成为普遍公认的"热物质",是一种没有重量的元素;至于多种形式的"土",主要由于有了这些发现,对物质的化学成分有了新的理解,把它当作一种元素的看法很快也不存在了。

在这个时期以前,对于自然界存在的或化学家实验室配制的各种不同千变万化物质的化学组成没有足够的认识。由于不了解它们的组成成分,不可能制订恰当的化学名称系统。很多以发现者的名字来命名,例如帕尔马伯爵的火药;有些是以它的配制方法命名,如"钟制硫黄油";其他则保持七种古代已知金属与七种天体的旧有联系,例如,"金星的矾",这种名称仍盛行于这门已经知道空气和水的化学成分的科学中。如果能够把它叫做系统的话,它是经过很多世纪逐渐形成的杂乱无章的系统。在那些世纪里,根本还不知道怎样命名物质的化学成分。早在1782年,路易-贝尔纳·吉东·德莫尔沃(1737—1816年)曾着手研究这个问题,不久拉瓦锡以及克洛德-路易·贝托莱(1748—1822年)和安托万-弗朗索瓦·德福尔克拉(1755—1809年)三位法国化学家加入他所从事的研究,他们和拉普拉斯都是首先接受拉瓦锡以氧取代燃素的新化学思想的。他们在1787年提出题为"化学命名法"的建议,主张根据物质的化学成分命名各种物质。他们决定把不能分解的物质列为单一成分物质,虽然这些物质后来可能证明是化合物。这些是第一批被列在新名称系统中的物质，其中大多数保持着它们的旧有名称。它们被分为五类：第一类包括热和光，氧和氢；第二类包括与氧结合而形成的各种酸，包括硫、磷、碳和氮以及不知名的许多酸根化合物；第三类是金属，现在第一次把它们看作单一物质，按燃素理论曾把它们当作化合物；第四类包括土壤、硅、氧化铝、氧化钡、石灰和氧化镁；第五类包括碱、氢氧化钾、碳酸钠和氨。这些建议是暂定的，提出时信心不足，并毫不犹豫地指出，有些被定为单一物质，将来有可能证明是化合物。

在着手研究由两种单一物质组成的物体时，改革者们现在必须应付大量各种各样的物体，他们依赖于分类法。有一种类别是酸类，凡认为属于这类的全部物体都含有酸化要素或元素——氧，由于全部物体都包含这种物质，就决定以它的另一个成分为名，所以制定出"硫酸""磷酸"等名称。在一种同样单一物质与较多或较少的氧结合而产生两种酸时，例如与硫化合时的情况，于是把"硫酸"的名称仍旧给予与较高比例的氧化合的酸，而把与较小比例的氧化合的酸叫做"亚硫酸"。迄今仍称为金属灰的物质组成了另一种类，这一类都是由两种单一物质组成的，其中一个成分氧是它们都含有的，所以给予它们一个共有的"氧化物"名字，为使彼此有区别，名字的另外一半使用组成它们的另一个单一物质的名称，例如氧化锌、氧化铜等。同样的，有很大一批物质（包括盐）由三种单一物质组成，给予它们的名称来自组成它们的酸和它们所含的金属或其他物质。照此方法，许多从硫酸取得的大量盐类给予分类名称"硫酸化合物"，分别称为"硫酸铜""硫酸锌"等以便相互区别。对于其他酸类的各种盐给予类似的名称，如"碳酸铅""硝酸银"等；对于碳、氮和其他酸类的盐也同样命名。这个新的命名方法，得到化学家们的普遍承认，这个命名原则的正确性相当明显，它证明适合于未来的发现，直到今天它基本上仍然在使用。

两年之后，在1789年，拉瓦锡发表他的经典著作《初等化学概论》，为那些开始研究化学的人们提出新命名系统的完整和详细的解释。《初等化学概论》为现代化学奠定了基础。就像几乎刚刚一个世纪前，牛顿的《自然哲学的数学原理》奠定现代物理学的基础一般。虽然它是为学生们写的，但它包括许多带有插图的新的内容。这里还第一次阐述了被称为物质不灭定律的理论。在18世纪的化学中和在更早时期化学的许多方面表现得很清楚的这个重要原理是拉瓦锡从酒的发酵过程中以重量研究的结果来说明的,在这一过程中他对每一项反应物和每一项反应产物都仔细称量,结果表明,在研究的化学变化结束时产生物质的总重量和原来使用的物质的总重量完全相等。他在《初等化学概论》中正式发表的物质不灭定律第一次就是在这些情况下做出的,原文摘引如下:"无论在人工还是在自然作用中都不会创造什么,在任何作用中,等量物质存在于作用之前和作用之后,这可以视作一个定律。"在这同时,他介绍了现在广泛地为后代所熟悉的"化学反应式",指出"做化学实验的全部本领"是以他刚刚宣布的原理为基础,并且"因为葡萄汁产生碳酸气和乙醇,我可以说,葡萄汁 = 碳酸气 + 乙醇"。但是,《概论》最有革命性的特色是它的元素表,这是第一份这种表。在两年前与他的同事一起改革化学名字命名法时,他们共同建议把某些物质定为"不能分解的物质"并把这类物质列出55种,现在他径直称这样的物质为"元素",或者,引用他的原话来说,"属于自然界所有王国中的单一物质,也可以认为是物体的元素"。在这个较短的表中,他把55种物质减少为33种,因为他正确地删去了假定为元素基的有机酸;该表以光、卡(热物质)、氧、氮和氢开始,接着包括硫、磷和碳,还有氯化酸、氟化酸和硼酸的未知根,接着是金属(共有17种),末尾是土(石灰、氧化镁、重晶石、陶土和燧石)。固碱、钾碱和碳酸钠,虽然它们从未被分解过,但还是被删掉,因为拉瓦锡从它们的性质来看怀疑它们是化合物而不是元素。这份表是保守的,然而是精确的;19世纪初,汉弗莱·戴维分解了钾碱和碳酸钠,肯定了拉瓦锡认为它们是化合物的意见。在《概论》中新化学得到它最后和正式的解释。两年后,在1791年,拉瓦锡有理由写道:"所有年轻科学家都采纳这个理论,在这种情况下我可以做这样的结论,化学革命实现了。"

但是在新化学完成前,随着他对氧及其在呼吸中的作用的认识,拉瓦锡和拉普拉斯已经闯入生理学领域,研究呼吸的量。他们一起在巴黎军械局拉瓦锡的实验室内工作。他们设计出一种热量计,它利用冰的融化量来测量热、冰的溶解潜热(见本书原文第119页)已从原来由布莱克进行的另一个实验中得出。用他们设计的冰热量计,他们向人们显示，呼吸是一种燃烧，但是其过程复杂，不过，在这里将试图做一简单概述。在他对呼吸的早期研究中，拉瓦锡曾表示，通过呼吸，进入肺部的氧转化为"固定气体"或碳酸气，他用一般方式做出结论，动物体内的温度，如大家都知道的，在健康时保持在高于周围环境的不变水平，这个温度在氧转化为"固定空气"时，用氧释放出肺内的"热物质"（如他所称呼的）来保持，正如炭在火中燃烧，当氧转化为"固定空气"时释放出热一样。

拉瓦锡和拉普拉斯于1782—1784年进行的一系列新实验中，开始了：（1）测量放在热量计中一只豚鼠所释放的热在10小时内所融化的冰的量。释放出来的热量融化了13盎司的冰；（2）在另一个分开的装置中，他们燃烧称过数量的炭，在热量计中测定产生的"固定空气"的量；（3）他们燃烧另一些称过重量的炭，测量所产生的热量（按照融化冰的量计算）；这后两个测量使他们能够测量出形成任何量的"固定空气"所产生的热回到他们的第一个测量，他们在另一个实验中测定出（4）豚鼠在10小时呼吸中所产生"固定空气"的量［在这个时间内豚鼠所释放的热已在第（1）个实验中测定］；从他们的第二和第三个实验中，他们现在能够计算出形成这个"固定空气"量所产生的热。他们根据融化冰的量得出的值为10.5盎司。他们承认在如此困难的实验中，必定有许多不可避免的误差，而且13盎司和10.5盎司的值表明的是这种情况下可能期望的最满意的数值。他们考虑到豚鼠在第一个实验中释放出来的热和它在10小时内呼吸产生的热相当，因为在那段时间内它的体温没有下降，而是始终很接近它在开始时的温度。这个动物的生命过程在那段时间内补充它不断消失在它四周的热。在那段时间内（10小时）13盎司的冰块被融化，而豚鼠用它的呼吸恢复相应量的热；炭与氧化合产生的"固定空气"相等于豚鼠在那段时间呼出的气体，而这些"固定空气"融化了几乎一般多的冰（10.5盎司）。因而拉瓦锡和拉普拉斯认为在呼吸过程中氧转化为"固定空气"产生热，是保持动物体温的主要因素，就是说，它使动物的体温保持在恒定的高于它周围环境的温度，他们假设，变化是在肺内发生的，虽然现在我们了解到变化发生在肌肉里。但在这些研究中表明了氧在呼吸中的作用，而所进行的量的研究表明呼吸是一个化学过程，而不是像长久以来设想的仅仅是机械式的换气过程或以新鲜空气来冷却肺部。以后在革命前夕进行的实验中,拉瓦锡发现水也是在呼吸过程中形成的,这点可能是在融化的冰的数量方面它们的值有差异的部分原因。在后来进行的这些实验中,拉瓦锡指出,一个空腹的人在休息时,他的耗气量冷天比热天多。在进食后消化过程中耗氧率大约增加一半,而在操练、活动或工作中,其耗氧量增加到接近一个休息中空腹人的3倍,人在消化过程中进行工作耗氧量增加到将近4倍;当耗氧率以这种方式增加时,他的脉搏跳动率也加速。但是此人的温度实际上保持不变。由于拉瓦锡在法国大革命时期被处决而中断的这些实验标志朝向现代生理学的巨大进步,虽然我们现在知道呼吸这一化学过程远远比这些研究先驱们想象的更为复杂。

与拉瓦锡没有任何联系的卡尔·威廉·舍勒(1742—1786年)也研究空气的组成,并作出结论说,空气由两种"气体"组成即"火空气"和"臭空气",前者相当于拉瓦锡发现的氧,后者相当于氮。舍勒是一位很有才能的实验家,有很多发现,包括氯和丙三醇以及多种酸类(无机酸和有机酸)。他对燃烧的研究是在他家乡瑞典进行的,但是直到后来其他人进行进一步研究并发表他们的成果后,才为人所知。

为解决不同反应物质之间的化学亲和力即化学吸引力问题,人们做了许多尝试。这些工作开始时希望找出某种类似牛顿万有引力法则的化学力的定量规律,但是结果只得到精心制作的纯质量性的亲和力表,主要是由托尔贝恩·贝格曼(1735—1784年)精心绘制的。他所做的数千次实验没有考虑到减轻化学吸引力作用的所有物理条件;当然,他是在那些基本的化学顺序号(原子量)发现之前进行这项工作的。可是他的表收录了一大批非常有用的质量方面的化学知识。18世纪90年代,由耶雷米亚斯·本亚明·里希特(1762—1807年)做出了更令人满意的工作,虽然他的文字风格有些晦涩,虽然他往往无中生有地假设一种独特的数学关系,然而他根据他发现的两种中性盐在溶液中起反应而产生的化合物依然是中性,因而得出结论说,在这些反应物质的成分之间必然存在某种固定的量的关系。为了用较通用的词语来表示这个道理,他断言在它们的化合物的化学元素之间有某种固定的质量比例。他测量若干种酸先和一种碱再和另一种碱的反应量，然后再测量若干种碱先和一种酸再和另一种酸的反应量。把每种酸和每种碱反应的结果列在分开的表格上。虽然他知道能够中和固定重量任何一种酸的不同重量的各种碱，也能够中和固定重量的第二种酸以及固定重量的第三种酸等，但是在这项研究中还有待于他的继承者恩斯特·戈特弗里德·菲舍尔（1754—1831年）来将里希特的工作成果归纳成一份表，于1802年发表。此表展示化学的这种基本规律，后来被不很恰当地叫作反比定律，虽然它实际上确立的是不同物质的重量在化学上是彼此等价的道理。

普里斯特利在他写的《电的历史和现状》（1767年）一书中概括地叙述了这个正在发展的科学的一些事实和理论。他首先记录和研究"侧面闪光"和电的振荡释放，书中他还提出电吸引力规律和万有引力规律一样，是一种平方反比律，事实上和后来库仑指出的一样。在这个时期所做的未发表的实验中，亨利·卡文迪什研究了现在称做电的"电势"和"电容"，在这同时他指明在导体中电荷全部存在于它的表面，而相似电荷间的排斥力大小依照平方反比律进行。卡文迪什做的这项工作直到他的未发表论文于1879年由克拉克·麦克斯韦编纂出版后才为人所知，但是库仑使用扭力天平进行仔细的测量，于1784年及随后几年发表的测量结果表明电的吸力和电的斥力都遵循平方反比律。正像他在一次测量事例中做出结论说，"在两个相似的充电的圆形小球体之间的排斥力的大小与它们中心距离的平方成反比例"。大约在这同时，他用同样的方法表明平方反比律也适用于磁的吸力。测量电流量的简单仪器设计出来了。这种仪器叫静电计，它们靠带电荷的软木塞或木髓球的排斥力工作，或者像亚伯拉罕·贝内特（1750—1799年）有名的仪器那样，是靠在密封圆柱形玻璃瓶内装置一对金叶间的距离来测定的。在这个时期内在电方面所进行的最重要工作可能是由波洛尼亚大学解剖学教授路易吉·伽伐尼（1737—1798年）进行的。在他的题为《论电对肌肉运动的影响》（1791年）的研究论文中，伽伐尼着重指出为他解剖准备的活青蛙腿如果与一个与地面接触的导电体相接时附近出现电荷，它就显示出震颤。与许多重大发现的情况一样，这个发现也仅仅是偶然观察到的。经过多次各种各样的实验，使伽伐尼对于这种奇怪的效应做出两种可能的解释：第一，它可能由于他称为"动物电"的那种东西的作用；

第二，因为两个不同的金属的接触能够产生振动，可能是由于从那个接触中引起某种电作用。他宁愿选择前一个解释。他的工作吸引了一大群从事研究工作的人，在他们中间有科莫大学的物理学教授亚历山德罗·伏打（1745—1827年）。他已经是起电盘和电容器的著名发明家，还发明了麦秆静电计，他用这种仪器连同他发明的电容器可以检测微小的电荷。伏打否定动物电理论，认为震动是由于两种不同的金属接触时产生的金属电。在我们论述的这个时期结束后不久，伏打运用他的发明制成现在人所尽知的电池，从而发现了电流（1800年）。虽然在地磁理论中没有什么可记载的重大进展，但对磁偏角和它的变化进行了许多新的系统观察，而且在1768年，维尔克发表了一份"磁倾角"的等倾图，这是第一张包括了地球表面广大部分，即欧洲、非洲和南美洲连同大西洋和印度洋以及部分太平洋的地图。

在以自然科学领域日益发展的定量研究为特色的时期里，气象学得到更关键性的研究和更系统的组织，最后断绝了它和占星学长时期的联系，摆脱了古代亚里士多德"气象学"的影响，在这个时期里它成为应用物理学首批范例之一。拉瓦锡在他早期科学研究的日子里，就能够合理地提出，如果有较好的通信条件，应当有可能做每日天气预报。实现这个变化的最有贡献的两个人是晚年定居在伦敦的日内瓦人让-安德烈·德吕克（1727—1817年）和巴黎附近蒙莫朗西的教区神父佩尔·路易·科特（1740—1815年）。德吕克在他的著作《大气变化的研究》（1772年）一书中报道他对于气压计和温度表这两种极为需要的气象仪器的结构、制造、各种类型、标准化和用途的彻底和关键性的实验，这两种仪器在他手里得到完善的情况难以详述。他还对气压计测定高度方面做了很大改进，并把研究工作扩展到更深的境地，写成了《气象学新观念》（1786—1787年）。科特的《气象学专论》（1774年）一书论述他对大气现象所进行的大规模的实际观察，包括风和雨、雾和露、雷和闪电、彩虹和朝霞等，以及幻日和海龙卷。该书还描述和讨论种种理论和仪器，并提出列成表格的长时期资料。从这些观察得出一般性论断是困难的，这项工作的价值在于经验方面而不是在科学方面。但是它把重点放在精确的测量上，这在探讨这些复杂问题的新方法中是有代表性的。在他写的《气象学论文集》（1788年）一书中，科特扩展他的研究范围，包括在许多国家气象站所做的大量观测结果。18世纪结束前,巴黎的皇家医学会,尤其是巴伐利亚选帝侯卡尔·特奥多尔在1780年建立的效率很高的皇家气象学会,利用与世界许多地方观察者们通信,收集协调一致取得的气象资料。后一个学会的主任是一位有名的气象学家约翰·雅各布·黑默尔(1733—1790年),他的总部设在选帝侯于曼海姆的城堡里。从西伯利亚延伸到北美设有57个观察站,备有标准仪器和规定观察范围的观察员们,按特定的表格记录他们仔细的观察报告,一日三次在规定的间隔时间向曼海姆报告。以后他们的报告经过整理摘要刊登在该学会的星历表上,直到18世纪90年代法国大革命以后,由于政治组织瓦解,这些很有用的活动遂告停止。1788—1792年在肯德尔和凯西克两地进行的一些有趣的观察报告由约翰·道耳顿(1766—1844年)刊登在他的《气象观察和论文集》(1793年)上,那时他尚未提出他的原子学说。

地质学方面以岩石水成论者和火成论者之间无益的长期争论为特色。水成论者把所有岩石都看作水溶液的层层沉积。火成论者则认为地球内部热能起着重要作用,特别是对沉积岩的凝固作用;他们认为凝固是地球的地质史上的一个重要阶段;他们认为熔融物质从地球内部向外突出到地壳,例如这可以通过花岗岩识别出来。尽管让-艾蒂安·盖塔(1715—1786年)曾在这一世纪的前半叶辨认出一大批位于法国中部奥弗涅地区的死火山,但他同时清楚地认识到水在改变地球面貌中的作用,但是他断言玄武岩是水成的。因此他就以这种奇妙的方式既成为火成论之父,同时又是水成论之父。尼古拉斯·德马雷(1725—1815年)在中欧进一步发现更大地区的死火山。他在反对盖塔中得到满足,认为玄武岩是火山形成的。他记下最古老的熔岩上出现几百英尺厚的成水平的沉积层。他没有参加争论,但是劝告争论者亲自去往现场看一看证据。在18世纪初叶已经做了各种尝试去测定地壳中主要地层类型的时间顺序,而在下半世纪约翰·戈特洛布·勒曼(卒于1767年)和格奥尔格·克里斯蒂安·菲克塞尔(1722—1773年)成功地建立起岩石的地质年代的先后次序(前者测定哈茨山和厄尔士山脉的地层,后者测定图林根的地层),从而奠定了科学地层学的基础。菲克塞尔还记录了不同地层中各种不同的化石,这些化石有些全是陆地动物的,另一些则全是海洋动物的,这表明有些地层从前曾在海洋的下面。

水成论的创始人亚伯拉罕·戈特洛布·维尔纳（1749—1817年）一生中的大部分时间都在担任弗赖贝格矿业学校的教师，没有什么著作出版，但通过他的教学和他学生的著作，使他的观点引起同时代人的广泛注意。他是一个善于讲演的人；他很单纯、固执和自信。他认为，或者更确切地说他假设，他在家乡萨克森观察到的地质岩层顺序是普遍性的；谈到那些花费时间建立地球起源理论的地质学家时，他抱轻视的态度；他关心的是事实而不是理论；然而他的理论体系充满了假设，除了他自己对它们的信念外，它们没有可靠的基础。可是他能够提出萨克森地区各种地质形成的时间顺序，并把它们排列为五组：原始的、过渡的、沉积的、衍生的以及最后也是最近的一种是火成的。据维尔纳的看法，地球最初是一个被海洋包围的固体的核；原始的岩石是从这些巨大水中的溶液结晶而成的；过渡型的岩石有的由导致它们沉淀的溶液，经过化学反应而产生，有的由于单纯的机械性的沉积作用；第三组和第四组是当大水退去时或当陆地再次被淹没时形成的；第五组火成岩石的形成期最近而且纯属偶然，是由于积聚在地壳中的煤燃烧的结果。海洋是地质变化的一大动因。火成论者的领袖詹姆斯·赫顿（1726—1797年）不否认水对于这些物质的作用。他的《地球的理论》于1785年在爱丁堡皇家学会首次宣读，随后于1795年扩大篇幅出版。他认为地球的过去历史必须根据这种仍然看得到在起作用或公认最近还有活动力的自然过程来解释。他写道："对地球来说，任何非自然的力量都不能援用，除了那些我们知道其原理的作用外，任何作用都不能承认。"

尽管大多数岩石看来是在海底沉积而成，赫顿还是认为后来它们受地下热的作用而凝固，而来自下面的熔化物质侵入它们之中。在这种变化中，原来呈水平状的岩层上升、倾斜、断裂、褶皱甚至扭曲成垂直状态。变化在不停地进行；风和气候慢慢地使这样形成的岩石裂解；雨水和河流将岩石屑粒带入大海；新的沉积地层在海底形成，它们又复升高，再次受风和气候的腐蚀；在这个不停地沉积和侵蚀的消长过程中，"没有开始的痕迹，也没有终止的前景"。赫顿恢复了健全的科学地质学观点。虽然他的文字风格晦涩难懂，但是他对他所设想的地球表面的变化的描述不乏壮观之处。他在进一步发展地质科学方面的影响意义深远。

制图学的理论研究受到许多几何学家的注意。约翰·海因里希·朗伯（1728—1777年）在1772年，莱昂哈尔德·欧拉（1707—1783年）从1777年起，和拉格朗日在1779年都对各种新旧投影法进行了关键性的研究。发现新大陆的科学航海，如由伦敦皇家学会组织的詹姆斯·库克船长（1728—1779年）的那些航行需要更多更好的海图和地图，但是在我们论述的这一时期，制图学的最大进步出现在法国，两张有名的地图是在那里制作的。第一张是非常著名的《卡西尼地图》或称《科学院地图》，它是在1750年开始认真绘制的，但是计划却是差不多在一个世纪以前由柯尔培尔制订的。此图在1789年完成。让·皮卡尔（1620—1682年）被列为在这方面最早做出贡献的人中的一个。塞萨尔-弗朗索瓦·卡西尼·德蒂里（1714—1784年）完成这项工作，但在该图出版的五年前死于天花。它印成183张，是第一份根据三角测量和地形勘察而绘制的全国地图，可说是18世纪法国制图学家们的科学能力和工艺技巧的一座不朽的丰碑。最后几张实际上是由卡西尼的儿子雅克-多米尼克（1747—1845年）完成的，1793年有时被作为这份伟大的地图最后完成的日期，比例是1:86400，183张纸拼起来的这一份地图大约是高11米，宽$11\frac{1}{3}$米，就是大约高33英尺宽34英尺。在这个时期另一份著名的法国地图仅仅完成了一部分，它是《法国矿物分布图》（1780年），由盖塔和安托万-格里莫阿尔德·莫内（1734—1817年）编制。原来打算绘制230幅，实际只完成32幅，但它是收录地质或如当时所说收录矿物学资料的第一份地图。

继卡西尼的地图出版之后，对法国西北部和英国东南部这两个毗邻地区进行了法英联合三角测量，这个计划的目的之一是准确地测量巴黎天文台和伦敦天文台之间的经纬度之差；卡西尼在1783年将他在这个问题上的建议提交伦敦皇家学会是很自然的。在英国这项工作由威廉·罗伊少将（1726—1790年）领导，第一个步骤是1784年在豪恩斯洛希思的平地上，准确地测量出一条基线，这条线稍微超过5英里。由于某些材料和某些仪器不实用，使工程推迟很久，直到1787年才完成观测资料。罗伊的最终目标是普遍调查不列颠诸岛，而在1791年，即罗伊去世后一年，军械署署长里士满公爵得到国王乔治三世的支持，继续罗伊开始的勘察工作，并作为一项军事任务把这项工作扩展到全国。这一发展影响了其他各国政府去勘察它们的领土，但是由此而产生的勘测制图工作已是19世纪的事情了。

从1763年到1793年科学学会在数目上有所增加，而且出现某些专家团体。在爱丁堡有一个哲学学会建立于1739年；它于1783年获特许状，改名为爱丁堡皇家学会，它的《学报》亦于1788年出版。1780年在波士顿成立美国艺术与科学学会，1785年开始出版它的《学报》；它是美国建立的第二个科学团体，在它之前的是1743年通过本杰明·富兰克林的努力而在费城建立的美国哲学学会。皇家爱尔兰学会是18世纪后期建立的，由大约于1782年在都柏林组成的一个学会改组成立，它的《学报》于1788年首次出版。都灵皇家科学院在1783年成立，里斯本的皇家科学院则成立于1779年。在这个时期，格拉斯哥和爱丁堡两地还有一些由教授和学者组织的哲学或科学学会。18世纪60年代在伦敦有一个研究昆虫的昆虫学会（这种组织中的第二个），1762—1766年一直举行集会；一个昆虫家学会1780—1782年经常召集会议；另外一个"促进博物学发展"的学会于1782年开始集会。最后这个学会更令人感兴趣，因为有才干的会员对它的方法和工作不满，而导致詹姆斯·爱德华·史密斯（1759—1828年）、塞缪尔·古迪纳夫（1743—1827年）和托马斯·马香（约1747—1819年）于1788年建立林奈学会。史密斯在1784年得到了林奈的植物标本集、藏书和手稿，现在这些都归他协助建立的学会所有。在欧洲大陆建立了许多地方上的科学学会。在英格兰这个时期建立的最重要地方科学团体是曼彻斯特的文学和哲学学会，它建立于1785年。它的前身是一个科学俱乐部，每星期开一次会。它的第一卷《学会纪要》于1785年出版。这个学会的建立是模仿法国建立省级科学学会的做法，也可能部分地由于对此类学会的建立仅限于大都市的做法的一种反应。新建的学会反对带有大都市地方观念的任何做法，它认为促进科学和艺术的发展必须更广泛地在王国的主要城市组成这类学会。在伯明翰有一个组织很松散的但是很有名气的学会——明月社，它的会员资格没有任何明显的规定或任何拘泥形式。它在激发科学探索方面的影响很大。在以下事实中也可看出，参加它的集会的人员中有伊拉斯谟·达尔文、马休·博尔顿、塞缪尔·高尔顿、詹姆斯·基尔、威廉·威瑟灵、詹姆斯·瓦特、约瑟夫·普里斯特利等。

虽然这些新的科学学会大多数都用成卷的学会纪要或学报发布它们的工作成果，但这些外加的出版物只占18世纪下半叶出版的新科学期刊的很少一部分。在18世纪开始时这类文献仅有伦敦皇家学会和巴黎皇家科学院的出版物、贝勒主编的《共和国文学新闻》和莱比锡出版的《博物杂志》。到1800年新出版的科学杂志约有75种左右，这个数字还不包括医学期刊在内。这些刊物大多数在1750年以后创办；其中只有5种刊物在18世纪的上半叶出版，这个情况清楚地表明18世纪的下半叶大大增加了科学活动。创刊于18世纪下半叶的69种新科学期刊中，有9种出版于1750—1759年间，6种出版于1760—1769年间，9种出版于1770—1779年间，20种出版于1780—1789年间，25种则出版于最后的10年中。这样看来18世纪出版的69种科学刊物中，创刊于18世纪最后20年的刊物就有45种。专门刊登物理和化学文章的科学杂志出现于18世纪70年代。《物理观察》于1771年在巴黎出版，由弗朗索瓦·罗齐埃神父（1734—1793年）主编；《化学杂志》于1778年在莱姆戈出版，由洛伦茨·冯·克雷尔（1744—1816年）主编。它们的出现只能部分地以从事研究工作的人员增加，促使物理和化学有创见作品的增加来加以解释；在某种程度上它是由于学术出版工作拖延情况严重而造成，尤其在法国，学术作品中有时大量积压不能发表。同时在18世纪临近结束时，科学研究工作加速，更加需要及时发表，至少在很多人的心目中是如此，因为他们非常关心出版，唯恐他们的研究成果被别人抢先发表。有一份很有趣味和很有名望的英国科学期刊在18世纪80年代出版，就是威廉·柯蒂斯主编的《植物杂志》，第一期于1787年出版。在18世纪80年代还有1789年在巴黎出版的《化学年鉴》，那是正当大革命开始之年，当过去追求不到的特权已不再需要的时候。它的编辑人员中有拉瓦锡、贝托莱、居东和福尔克拉。1789年在伦敦出版了《哲学杂志》第一期，它很快成为重要性仅次于伦敦皇家学会出版的《哲学学报》的一份杂志，《植物杂志》《化学年鉴》和《哲学杂志》全部继续出版到现在。

18世纪下半叶对实用技艺有着浓厚的兴趣，但是在科学和工艺之间很少联系。在少数事例中科学进步带动了技术的改进。但是这种改进一般说来远非科学发明的结果，也不是对自然作用有更好的科学了解的结果。例如在化学工业方面，实践不是走在化学理论的前面就是和它完全没有联系。甚至时至今日，工艺学也不仅仅是应用科学的另一个名称。18世纪有素养的人们内心对实用技艺的态度是来自17世纪种下的根源。伦敦皇家学会和巴黎皇家科学院在17世纪60年代建立时，二者的目的虽非全部但却明白地是功利主义的。皇家学会是集合一群业余爱好者的组织，它似乎觉得编辑一部《工艺行业史》的工作过于繁重，而在几年后便放弃了，不过兴趣仍然存在，这点从学会的工作和通信中表现得很明显。另一方面皇家科学院则是一个小小的机构，从某种意义上说，业余爱好者少而专业者多，成员是拿薪金的政府公务员，有责任研究部长交下来的技术问题，并要对部长负责。1754年（皇家）艺术学会也曾担负起促进英国实用工艺的责任。它的第一期《学报》于1783年出版，对组织工艺研究和鼓励创造发明实施了十分必要的改进，与此同时，皇家学会秘书长约翰·哈里斯（约1667—1719年）完成了他的两卷本《技术词典》（1704年、1710年），伊弗雷姆·钱伯斯（卒于1740年）在1728年出版了他的两卷《百科全书》，这是一部"艺术和科学的万有词典"。巴黎科学院则长期铭记柯尔培尔在1675年的建议，应当由它的会员编一套叙述实用技艺的丛书，这部带有雕版插图的丛书，在多次延迟之后，终于以《皇家科学院的先生们批准的工艺美术汇编》为书名，以83卷对开本在1761—1788年间出版。在此书长时间拖延期间，狄德罗和达朗伯尔的《百科全书》第一卷于1751年出版，紧接其后各卷很快问世，到1780年，全书35卷全部出齐，并附有大量精美的插图，该书的全名是《百科全书或科学、艺术和手工艺分类字典》，狄德罗解释说，这项工作的意图之一是赞扬和鼓励实用工艺和从事这项工作的人们，并引导科学家到工匠的工场中去。狄德罗这个最后目的是否成功值得怀疑，但是他在该书中给予工艺学的巨大篇幅把科学和工业结合在一起，从暂时看来也许科学从这种结合中给予对方的少，而从对方得到较多的好处。

詹姆斯·瓦特（1736—1819年）发明单独的凝汽器从而改进纽科

门的蒸汽机,这是这个时期科学发明直接用于技术进步的少数事例之一。1763年当瓦特在格拉斯哥大学作为器械制造者履行职责过程中,修理纽科门蒸汽机的模型时,他看到用向汽缸内喷射冷水的方法来冷却发热汽缸的做法所造成的大量浪费热量的现象使他感到吃惊。冷水凝结蒸汽产生一种部分真空,由此来完成活塞向下的冲程;在下一步活塞向上冲时又要一股新的蒸汽去重新加热冷却了的汽缸,这股蒸汽中有许多就这样冷凝,浪费了它的热量。在讨论他观察的结果时,瓦特从约瑟夫·布莱克那里懂得后者发明的潜热理论,因而更清楚地意识到在纽科门蒸汽机工作过程中热的大量浪费。在1767年他突然想到蒸汽在汽缸外而不是在内部冷凝的念头;办法是将一个单独的凝汽器通过一个龙头和汽缸连接起来,以便经常保持冷却状态。后来,他进一步改进这项工作,在汽缸四周加一个蒸汽套以保持它的热量,同时使用蒸汽而不是用大气中的冷空气,推动活塞下冲。1769年瓦特获得了专利权,并在1775年与伯明翰索霍工厂的马修·博尔顿(1728—1809年)合伙,开始制造蒸汽机。第一批型号是单向作用的,但双向作用的蒸汽机(用同样大小的汽缸能产生双倍的动力)在1782年获得了专利权。一种叫作行星式齿轮的装置能使过去的往返运动变作旋转运动,这个装置是他和威廉·默多克(1754—1839年)共同设计的,并于1781年获得专利权,而离心式调速器是1787年开始使用的。到1788年可以说旋转式蒸汽机已经标准化,并被世界各地广泛使用。博尔顿-瓦特的合伙关系于1800年中止,所制造的机器约500台。在这个时期还制造出其他机器,但是在这里不能细述。

舍勒在1774年发现氯的漂白作用,1785年贝托莱把它应用在工业上,这是另一个直接运用科学发现的例子。先前把纤维织品用碱处理后曝晒在"露天漂白场",然后用酸分几个阶段加工。作为贝托莱新方法的结果,"漂白场"不再需要,因此而占用的大片地面可以用在农业上。贝托莱试图根据氧的作用来解释染色过程的化学原理是有独创性的,但是与其说他是坚定地依据化学上的证据,不如说他是受当时缺乏机械理论的启发。

这是一个机械发明的伟大时代。詹姆斯·哈格里夫斯(卒于1778年)在1765年发明了"詹尼纺纱机",一个操作者能管8个纱锭,而后来改进的型号一个人能操纵80个纱锭,结果是哈格里夫斯的房子和机器全遭一群暴民捣毁，这批人由于害怕机器代替人力，将使他们挨饿。1769年理查德·阿克赖特（爵士）（1732—1792年）发明一种新的纺纱机叫做"水力架"，之所以这样叫是因为它用水力驱动。这种机器纺出牢固而细的纱线，用它织布不需要亚麻经线。塞缪尔·克朗普顿（1753—1827年）在1774年发明了另一种纺纱机，即克朗普顿"走锭精纺机"，把哈格里夫斯机器的原理和阿克赖特机器的原理结合起来，这种机器生产的棉纱和印度的棉纱一样细。1763年法国工程师尼古拉-约瑟夫·居纽（1725—1804年）设计了一种蒸汽车，但是它看起来不大稳固；1784年默多克在雷德鲁斯制造了一台蒸汽机车的模型。邓巴的安德鲁·米克尔（1719—1811年）在1786年第一次成功地发明了谷物脱粒机；这种机器的后来的一个型号可把谷壳吹掉，谷粒从碎谷和草粒中筛出来。约翰·菲奇（1743—1798年）从1785年起在美国成功地制造了几艘汽船。在1787年威廉·赛明顿（1764—1831年）设计出一种发动机供这种汽船使用。但是这些蒸汽动力的原始尝试，试验性多于实际性。蒙戈尔费埃兄弟于1783年6月5日在里昂附近的阿诺奈，成功地使纸做的充满热空气的大气球升上高达6000英尺的高空。继这项试验之后，在气球方面取得非常惊人的成功。两个月后，在8月27日一位法国物理学家J. A. C. 夏尔（1746—1823年）从巴黎的马尔斯广场把一个叫"夏尔利埃"充满氢气的气球放上天空。它在15英里外降落下来。皮拉特尔·德罗齐埃（1757—1785年）在1783年10月15日乘上一个被拴住的蒙戈尔费埃热气球升到80英尺的高空，又在11月21日偕同步兵少校达尔朗德侯爵，乘另一个蒙戈尔费埃热气球从巴黎作第一次空游，25分钟后在离出发点约6英里外的地方着陆。人类乘氢气球首次升入高空是在同年12月1日由它的发明者夏尔实现的。其后在其他国家和法国又有多次飞行。1785年1月7日美国内科医生约翰·杰弗里斯和一位有经验的气球驾驶者J. P. 布兰查德成功地横渡海峡从英国飞到法国。在大约18个月中发展是迅速的。后来法国的革命军队中成立了气球连，由吉东·德莫尔沃领导，有一个气球成功地在1794年的弗勒吕斯战役中进行了侦察。

　　工程师们的工作更多的是以经验和经历为基础，而不是根据科学原理，对于力、功和能之间的关系并不了解。威廉·斯米顿

(1724—1792年）集工匠、工程师、科学家于一身，用实验来研究这些关系问题，并把他的研究结果在1759年和1776年提交伦敦皇家学会，但是在他的结论中仍然没有清楚了解一个施加的力引起的运动量是可以根据动量或运动力来考虑的。一个前所未有的以发展机械动力和制造重型和大功率机械为特征的时代在研究相关的科学原理方面受到了阻碍，因为它缺乏适合的计量单位体系和令人满意的命名法。与此同时，生铁的产量，在1788—1796年间增加了1倍，在下一个10年内又翻一番，这主要由于亨利·科特（1740—1800年）在1784年设计的"搅炼"法的成功，把生铁改变为有韧性的可锻铁。铁轨代替了木轨，第一座铸铁桥于1779年竖立在艾恩布里奇，第一艘铁制船建造于1787年。

很多其他有独创性的设计在这个时期创造出来，我们只谈其中三件。詹姆斯·瓦特在1779年制造了一种简单的复印机在他通信时使用。瑞士人艾梅·阿尔甘（卒于1803年）在1784年制成一种改进的油灯；它有一条管形的灯芯和一个玻璃筒状的灯罩，增加空气供给，它冒的烟少而亮度大。在1792年默多克设计了一种装置，用一个曲颈瓶和几根管子燃烧煤气作为他在雷德鲁斯的住宅照明之用。

这是一个自然科学的发明时代和一个机械发明的时代，这也是拉瓦锡和拉普拉斯的时代。尽管英国科学依然是富有的业余爱好者的天地，尽管科学教学工作（除数学外）大部分仍掌握在医学教授或不信国教的科学院的导师或博物学的巡回讲师手中。但在巴黎的王家公园中在布丰的指导下，这些年向公众讲授知识的教授包括鲁埃勒、贝尔纳和安托万－洛朗·德朱西厄、德方丹、马凯、福尔克拉、拉马克和法国科学界其他领导人。巴黎出版界大量印行布丰的《自然史》和多卷的《百科全书》以及《工艺美术汇编》和科学院每年出版的《历史和学术论文集》及许多卷补充出版物，还有物理学和化学方面新创刊的专门科学期刊如《物理观察》和《化学年鉴》。除18世纪法国这些经典著作外还有许多物理特别是化学方面的教科书。其他国家在这个时期是通过法国的著作家来学习化学的。还是在巴黎，1766年皮埃尔－约瑟夫·马凯（1718—1784年）的第一部化学词典，1781年马蒂兰－雅克·布里松（1723—1806年）的第一部物理学词典先后问世。在法国有许多科学方面的职位，特别是在化学和化学工业方面,例如在塞夫尔的瓷器工厂和染色工业中。杜尔哥在任路易十六的财政大臣的短暂时期内,于1775年取消了火药工场,代之以建立新的火药专卖局来制造供应全国的火药,拉瓦锡因为他的化学方面的知识被任命为四个总监之一。科学院也宣布对有关火药制造的最优秀论文进行竞赛评奖,参加了此项改革。拉瓦锡在这个负责岗位上改组硝酸钾和火药的供应,并通过化学试验和弹道发射试验大大地提高了火药的射程和质量,同时也增加了它的产量,射程大约增加了2/3;几年内改变了从前的不足,弹药库内装满了优质火药,因此在美国独立战争时期,法国有能力向美洲殖民地输出火药。因而也使得在拿破仑战争中优质火药能得到充足的供应。拿破仑理应把他胜利的一部分归功于这种条件。在另一情况下,由于供应不足导致科学院宣布对制造碳酸钠的最优秀论文授奖。这个奖在1790年被尼古拉·勒布朗(1742—1806年)赢得,并于1791年开始制造。勒布朗采用的原料就是普通食盐、硫酸、石灰石和煤。把食盐和酸一同加热,得到硫酸钠,把它与石灰石和煤的混合物一起加热,得到叫做"黑灰"的一种碳酸钠和硫化钙的混合物。用水提取这种混合物并使通过这种方法得到的溶液结晶产生碳酸钠。勒布朗的"黑灰"或"苏打灰"的制作方法成为并长期保留为化学工业的基本方法之一。与此同时,在整个时期里,科学院对很多发明、制造和对公众有重要性的问题做出了报道:这里只提几件就够了,例如巴黎的供水、气球、街道照明、医院和监狱等问题。在所有这些方面都采用了最新的科学知识。此外,法国科学家还发现了空气和水的组成成分,阐明了氧气在燃烧和呼吸过程中的作用,设计了一种新的和符合要求的化学名称系统并制订了第一部现代化学元素表。除了确立化学变化中物质不灭的原理并随着建立化学反应式外他们还用实验方式证明平方反比律是带电和带磁物质中间产生的引力和斥力的定量规律;他们把新的化学知识应用于黑色火药和碳酸钠的制造以及用在漂白过程中;他们还让其他民族知道如何绘制全国地图,并绘制成第一张地质图。它不仅是自然科学领域的发现时代和机械的发明时代,革命前的30年还是法国科学处于学术顶峰的时代。

(李秀芬 译)

第 六 章
教育的思想、实践和机构

　　革命时期教育思想和实践的所有变革和调整，实质上都是来源于行将结束的理性时代的思想基础。教学实践和内容二者的概念是高度结合的，即使其沙龙气氛有时较课堂气氛更浓。就是在这些年里，在全面考虑达朗伯尔所指的"我们的思想、我们的习俗和我们的成就"的含义时，有关教育问题的讨论意识到其所处的中心位置。但是，如认为教育思想的发展仅与启蒙运动的一两个主题有联系，则未免把问题过于简单化。在评价这种思想推动力量所涉及的范围方面，大概谁也不会比维克托·库辛的条件更为有利了。他在法国帝制时期在巴黎新开办的师范学校里接触到观念学派的思想，后又在德国大学里接触到先验论，继续从事在完全不同的哲学气氛中促进法国初等教育的重建，在这种气氛中，教育的规划是在奥尔良君主政权统治下完成的。他说，18世纪使"一切"都受到严格的检验。这是"使教育首先成为一个问题，然后成为一门科学，最后成为一门艺术因而形成教育学"的时期。他虽然也承认教育学是一个荒谬可笑的词，但这项事业本身是神圣的，它作为一个与科学有关的主题是在革命时期充分发展成熟起来的。

　　启蒙运动的主流思想家们首先致力于提出一种对现实的设想，认为现实是由一套明白易懂的规则来保持其秩序的。所有参加这一思想运动的人都相信"人的理解力能够依靠自己的力量而无须求助于超自然力量的帮助去认识世界体系"。恩斯特·卡西雷尔就曾这样概括这个时代的精神。这种理解世界的新方法——也许并不如某些思想那么新——势必会导致支配这个世界的各种新方法产生。18世纪是一个对人类理解和主宰自然进程的能力抱乐观态度的世纪。通过正确理解人类活动的源泉,人们便有希望发现改善经济生活,并使社会秩序更如人意的奥秘。世界的未来要靠对事实调查的结果进行大量的仔细观察和比较,而不论这种调查结果是通过内心的反省还是通过对感官察觉到的事物进行科学衡量而取得的。因此,对于教育思想家来说,当时流行思潮的意义几乎完全是积极的。

144

这样一位思想家对于怀疑天启宗教的那些辩论,或对于传统做法的不良景况,并不十分担忧,而是由于对理性的效用抱有信心而受到鼓舞。因为,在使用理性这个词时所表达的意义中,他看到好像有一种新鲜而鼓舞人心的方法,可以运用人们的智力资源去不偏不倚地分析各种事物的迹象,从中概括出新的真理。这是按上述顺序就可实现的思维过程。诚然,事实证明60年代以前从大师们的著作中摘选出来的公认的教育理论,其积极成果微乎其微,令人失望。洛克对这个时期的讨论所给予的影响是怎么估计都不会过高的。而他的关于只有感性知觉才是支配儿童思想成长的唯一因素的概括性论点,远比他的论教育的两篇论文要成功得多。他对教师的作用和对改进课程的要求所做的判断是明智可行的,同时却又不够系统,并显得不十分有把握。他相信通过智力训练来约束思想有好处,这似乎与他主张个人思想自由的惊人观点很奇怪地自相矛盾。与此同时,伏尔泰这位进步观点的杰出阐明者,对自由思想界所做的贡献是任何主张通过普遍建立学校来传播新文化的建议所不能比拟的;霍尔巴赫,这位在一代真正的启蒙哲学家舞台上的最后一人,并往往被认为是对旧的社会秩序批评得最激烈的人物,也不能举出任何实例证明可以用教育来拯救人民大众。

到18世纪后期,新学说的教育含义越来越清楚,也使人对一度难以理解的寓意有了印象。当哲学上的启蒙运动在莱茵河以东各国达到高潮时,新旧思想方法之间的差别一下子就使新的观念和实践十分鲜明地显示出来。关注教育的大科学家普遍敌视传统的教学方式,特别是敌视从以神为中心的文化所承袭下来的宗教问答式的教学方法,这当然就影响到对教育的态度。他们对一些学术垄断中心的怀疑,由于他们厌恶这些中心的宗教正统观念而更加深了。有关"常识"的学说(洛克对这一学说的形成贡献很大,他本人在很长时期曾是基督教会学院的住院学生)对专家学者迟迟没有吸引力。比较老的学术机构，其活动几乎到处都处于衰落状态，这已是明显的事实。当时的风尚是轻蔑地把他们看作是已不合时代要求的东西，应随时让位给组织和传播知识的新方法。关于大学教育的主张其本身正在经受着考验。

在这个主张的发展过程中，1765年法国的《百科全书》第17卷（也是正文最后一卷）① 的问世是一个引人注目而有象征意义的事件。这部伟大作品用新的手法提供知识。我们看到作者们本身是一个没有隶属关系的松散的专家组织，其中有些人被大家认为只是正在成长中的专家——正如书名页上宣称的是"一群文人"。他们在一个题材的框架或结构的范围内工作，不但突破了与常规学术表达方式相联系的一切规则，而且把条目的重点放在通过实际经验进行的探索和对制造及实验工艺的研究的基础上，看来把一种新理性（logos）的精神灌注到对学问的追求中去了。尽管其中许多作品由于一位顾虑重重的出版商的压力被删改过，但这部百科全书明显地表现出信奉一个观点，而不是"集众书于一"的外国模式和仿制品。这类外国模式之一是《不列颠百科全书》，1768—1771年在爱丁堡出版，共三卷。法国的《百科全书》不可否认是有远见的知识分子的宣言书，他们献身于促成一次思想方法和教育方法的变革；同时它真诚地打算对当代知识进行全面的考察（这是过去从来没有设想过的），以指导那些老练成熟的有闲阶级分子。百科全书派反对经院式学风不只是就这个词的简单含义而言。他们打开知识之图，让公众去审阅，而不需要牧师或教师做媒介。因此这里体现着一种成人教育的观念，即通过印刷文字传播信息给任何可阅读法语的地方的所有老练成熟的读者。诚然，还没有人仔细考虑过对较贫困的公民也应当通过这种媒介扼要地提供知识。

以这些形式和其他形式而投射出来的启蒙运动的理性思想，以及它的各种各样的说法所产生的影响，对关心教育的人来说不能不带有令人感到困惑的特点。他们每一个人都可能发现自己受到挑战，要去执行许多任务。围绕着以人类本性为中心这个唯一的原则的独立性，似乎需要有一个准则作为重新确定自己的课程内容的依据。作为他们的教育方法出发点的基本原理，必须承认支配人类行动方向和支配无

---

① 原文如此。按《百科全书》共出版28卷。1765年系狄德罗完成文稿审阅的年份。——译者注

生命粒子运动的规律都是一个系统的一部分,在这个系统中各部分之间是互相联结并可以验证的。它们提供一个机会,向这些人展示出知识的连续不断的广阔范畴,并反复灌输乐观主义。最后,理论必须适应一种求知的方法,这种方法所依赖的是观察力和有分析的调查研究,而或许要不顾权威的主张。如果说读了霍尔巴赫和狄德罗的著作能够使教育工作者相信,宗教教育通过训练使年轻人敬畏无形的暴君,从而逐渐削弱了他们面对人生问题的主动性和勇气,那么就需要考虑提出另一种替代办法来培养他们的个性了。当时的整个思潮一定使他们意识到出现了一个空白。要填补这个空白必须有一个令人满意的培养道德精神的计划以摆脱那些超自然的束缚。卢梭的成功大概就在于他的大部分教育理论所依据的是他对这个空白的性质的认识。探求新理论的实际体现,不言而喻就是向一个教育机构被旧传统以压倒优势统治着的世界挑战——这种探索,正好说明为什么在全欧洲有能力聘请私人教师的士绅家庭中,以私人教师取代学校的情况日益普遍。在教育机构中如何进行教育,如何检验人们的信念的完整性,这些问题终于向理性是完美无缺的和不可战胜的理论提出了无情的挑战。这是理性时代晚期自相矛盾的方面之一。

于是,有关知识的学说产生了出乎人们意料的各种倾向,往往受到当时流行的洛克学派心理学的激励。知识局限于五官所能够将外部的刺激传达给自己的主体的范围内。从经验主义者的主张似乎可以得出结论,所有的儿童都有同样的感觉和同样的需求。所以,人开始有生命,平等就必然是他们共同具有的条件。而且,正如拉夏洛泰所极力主张的,除非证明女子有一套不同的感觉,否则上述论点似乎会把男性学生才能优越的说法推翻。

休谟曾经指出,要是没有他那个时代的思想家们所坚信不疑的感性体验和思维联想的原理,再没有什么可用以说明小学生个性发展的连续性的最微小的迹象了。所以,对新一代的理论家来说,把智力和感情生活二者的教育同更好地理解思想成长的实际机制联系起来,是至关重要的。因此,很明显,不管怎样空谈经验主义的调查研究如何有价值,但整个感觉论哲学所依靠的有用的东西只不过是一点内省的想象而已。切切实实的工作还有待完成:第一要找出什么是行为的原动力,它给予不论老年人或青年人的生活以激励和指导;第二要表明课堂教导的方法究竟能够提供何种更贴近生活的，或许更复杂的智力和感情的模式。到 18 世纪中叶，理论心理学——如果当时的哲学讨论可以这样称呼的话——由于在使用概念实体方面顾虑太多，唯恐超越那些已经在使用的概念，因而不知不觉地陷入了抽象领域。正是在这一点上，孔狄亚克神父出来用他的《感觉论》和《动物论》挽回了面子，并允诺在教育理论上做进一步的发展。

知识的传播是不受国境限制的。在宣扬进步学说方面，带头的几乎都是有某种国际联系的人。这样，在有组织的慈善事业中，或更多的是在教育改革中，提高人类素质的思想也就跨越了国界。一个完整的理解网络通过通信而保持着，并通过个人间的相互介绍而得到加强。这一网络从萨斯奎汉纳河彼岸的荒原延伸到圣彼得堡的新海滨区。这些接触因对实际可行的计划感兴趣得以加强。有二十多个人，本杰明·富兰克林是其中最著名的一个，赞同并推行这些计划。1761 年，丹麦一所慈善性学院的教授约翰·巴泽多移居阿尔托纳，开始发表他的最早的一个方案。这个方案属于 18 世纪思想界所钟爱的类型，是为政府领导的教育系统制定的，适用于任何一个大的德意志邦，具有完整的教育层次和可调整的宗教课程。当时他得到全欧洲知识界的支持和经济上的帮助。这些人几乎无一例外地都相信扩展新知识的国家间兄弟般的关系，并且相信作为这种知识的成果会促进更慷慨的人类美德的发展。在众多改革家都对之有好感的共济会成员中，教育几乎成为一种传教事业。科学概念的传播和关于"实用"教育的思想——教授实用学科——在很大程度上应归功于共济会分会成员之间的互访。共济会运动是从英国传开的，在一定时期出现的某些表现形式令人吃惊，以致激起严厉的批评；但是，事情的较为阴暗和奇怪的方面并不在于教育的改革。共济会成员反对官方的教权体制（至少在拉丁美洲是这样，在那里他们的这种敌对态度得到热烈的响应），大力推行世俗教育，以致被认为是传统教育整个教义的死敌。

没有什么地方比在帝俄那里更有力地显示出他们的影响了。在那里著名的教育家和社会改革家 N.I. 诺维科夫尽管强调共济会思想中比较严肃的和有宗教色彩的一面，而反对莫斯科的伏尔泰派的怀疑论，但他仍是改革的急先锋，特别是在莫斯科刚觉醒的学术生活方面。诺维科夫是俄国最强有力的教育革新家，直到他遭到叶卡捷琳娜大帝随后实行的反动政策的禁止为止。

共济会成员特别关心教育改革的真正呼声可在巴黎听到。在那里，爱尔维修、拉夏洛泰、富兰克林、拉瓦锡、福尔克拉、布丰和杜邦·德内穆尔都是这个庞大又很有影响的世界主义团体的成员。该团体于1776年在拉朗德的领导下最后组成"文艺九女神"支部。这个杰出知识分子团体的改革精神是极其有力的，论述法国教育建设的每一篇重要的公开备忘录都及时地出自他们支部的某个人之手。这种类似传教的宣传工作以1795年构想并创建一批中心学校（écoles centrales）而达到顶点。

如上所述，教育实验的部分背景是科学思想得到更广泛的传播和科学方法日益得到人们的尊重。我们也注意到有实验头脑的人们的兴趣转向应用科学的具体运用上，特别是转向生物学的研究。这种侧重点的转移对化学来说有深远的含义；我们看到对如何认识人类知识的生理基础，出现了一种新的思想态度。关于人的神经系统与动物界的这种现象，这二者的发展完善过程和二者之间的相似性问题上形成了新的思想。于是出现了从更侧重抽象的数学创造力向仔细观察周围的自然现象的明显转变。儿童成为令人感兴趣的自然现象，受到密切注意，进行比较，被当作实验的对象。林奈既在动植物的分类学方面，也在对医生使用的药物的系统检查方面奠定了现代科学分类方法的基础。由于他的工作，我们转向对生物的功能产生了更大的兴趣。这一点可以在例如列奥米尔对人体活动和动物行为的化学作用进行的研究中看到。伟大的博物学家布丰，在他的不朽著作中表现出的对人类学的兴趣，给我们留下了深刻的印象。他在形态学方面的主张，他对感官的功能和对动物生殖的近似进化论的描述，都是从根本上反对林奈的早期方法论的。布丰提示，每一个人可以说都有自己的一部自然史，由此而产生了卢梭关于教育要按照自然阶段来进行的概念。C. F. 沃尔弗对哺乳动物组织的代谢作用的研究和伽伐尼将肌肉—神经的动力与物理学理论联系在一起的关键性发现，同样都与人体功能的原理有关。所有这些开拓性的研究，都更加令人信服地说明生理行为现象与思维现象有关。在教育思想范围内，兴趣的转变反映在从课程改革方面比较狭窄、比较注重学校教育的概念（曾两度任巴黎大学校长的夏尔·罗兰所著《论学习》充分论述了这些概念）转移到以更加广阔、更加全面的思想去关心（当然在学术上是见识浅陋的）校内外影响人们生活的各种物质的和社会的力量。

在这种情况下，在英国产业革命这个史诗般的时代，除了少数几位之外，所有对自然科学和人文科学的新知识做出贡献的人，他们的活动都远离古老的学术中心。这是一种自学成才的倾向，因此，早熟就成为更突出的特点。科学发明出自受教育较少的人之手，他们受到工业要求改进的召唤，或者完全出于好奇。可以这样说，苏格兰的各大学给有天赋的人才提供了更多的鼓励。诚然，他们授予的学位虽在别处遭到蔑视，但是在医学和自然哲学方面的新学科吸引了许多思想活跃而有才能的人跨越国境而来，而且为北美洲新发展起来的学术中心提供了人员。到 18 世纪末，爱丁堡医学院已誉满全球。在格拉斯哥和爱丁堡令人鼓舞的气氛中，当年化学界最伟大的人物之一约瑟夫·布莱克，能够一边在学院任职，一边从事他的调查研究工作。但是这个时期更加典型的是约翰·道耳顿，他作为光学的先驱和现代原子学说之父，是注定要成为伟人的。他出身于坎伯兰的织布工人家庭，是一位自学成才的学校教师。后来当了一名自谋生路的教授科学的家庭教师，他所处的环境使他得以结交他所需要的一些有影响的人。他的实验条件是当地的哲学协会，最后是由伦敦的英国科学知识普及会（建于 1799 年）提供的。

在新大陆，不论是在西班牙文化的天主教世界，还是在英国殖民地独立后的多种宗教并存的环境里，大学机构在一定程度上比在欧洲受欢迎。虽然招收的学生不多，但他们在各行业吸收新人员方面所提供的服务是不可或缺的；因此扩大职业教育的压力很大。13 个殖民地在革命时期的人口为 250 万，有 7 所已被社会承认的大学一级的学院。如果把新罕布什尔的一个教会基金会建立的达特茅斯学院和后来成为费城大学的富兰克林费城学院也计算在内，则共有 9 所。必须认识到这所费城学院的重要意义，它夸耀地藐视古典传统，并以其科学课程成为以古典课程为基础的旧式职业训练方式与新式的实用学院之间的连接环节。这些小规模的学院后来都升格为大学，它们是重要而有影响的。新建立的各州要求监督它们自己的高等教育，而旧的宗教控制则主张观点独立和不受世俗影响。在这种情况下，这些学院的重要性和影响的确足以引起政治上的分歧。

第六章 教育的思想、实践和机构

大学应在知识界居领导地位，这一原则在西班牙和意大利受到严重挫折；而在拥有18所具备四个系全额编制的大学的法国，大学的威信本已几乎完全蒙上阴影，而由于巴黎大学校方的荒唐行为，更使它们威信扫地。该大学当局屈从于政府的政策，谴责爱尔维修的《论精神》之类的自由意志论者的著作，使他们的知识成为笑柄。在中欧，许许多多大学一直在丧失它们的社会影响和尊严。它们被当作地方学校来对待，被认为是只关心自己，搞宗派和缺乏文明。专制诸侯们毫不尊重它们；而启蒙运动的伟大潮流似乎并未引起它们的重视。尽管如此，它们在培训新官僚政治的人才方面对政府的贡献是不能轻易抹杀的。

然而反常的是，恰恰是在中欧这个古老习俗最顽固不化的地方，事态的发展却给已确立的学术界带来了新生和活力，而且可能拯救了大学教育的主张，使之免于消亡。不论是在汉诺威的，还是在勃兰登堡—普鲁士的政治体制下都有新创办的大学。世俗当局不但宽容它们，而且还鼓励它们发展繁荣。格丁根和哈雷的大学开始实行新的路线：它们想方设法跟着时代前进。前者仍属上流社会所欢迎的王公贵族们上学的地方，并吸引着四面八方的学者来当教授，他们受到款待，薪俸也不低。新兴科学在这里得到机会传播和宣扬自己的主张；已被承认的各学科也出现了新的发展。政治学、法学以及新兴的历史学和社会科学招引来了新的学生。虽然也有挫折，但课堂上的学术自由在格丁根一般说来已成为现实。学者的哲学自由（libertas philosophandi）这时已为德意志其他地方树立了榜样。哈雷作为先行者曾给格丁根以所需要的激励，则显然表现出一种有利于神学研究的截然不同的倾向。普鲁士的哈雷大学表现出类似的宽容精神。对思想进行研究的一些主要学科得到了自己应有的位置；哲学系（即文科）在克里斯蒂安·沃尔弗长期统治时期被准许占据首要地位。哈雷的学术研究既有尊严又富有冒险精神，使这所大学闻名于整个德意志，并且在有影响的文明之邦的招牌下给普鲁士的领导地位赋予新的重要意义。哈雷把理性的哲学探讨同清教徒的虔信主义卓越地结合在一起，成为德意志学术复兴的重要特征，并给条顿民族的启蒙运动增添了明显的理智色彩。格丁根在经典学术研究上的实力，更重要地或许表现在人文主义的复兴方面，它使德意志的学术研究赢得了全世界的称赞。把书籍当作求知手段去阅读，并作为受过良好教育的学生的训练课目的一部分，已成为近代人们的时尚。这在很大程度上要归功于格丁根的榜样，它设置了一所宏大的大学图书馆。随着莱比锡和埃朗根以及德意志其他大学的学生们开始仿效这种新的榜样，独立阅读的风气和对更高深的研究的成熟态度，成了这些大学生生活的普遍特点。在莱茵河以西的学术界，类似的对学问的尊重只有在莱顿和乌得勒支才能找到。

文化和教育领域的一切极端事物都在德意志相融合，并通过某种辩证的过程对新形式的产生做出了贡献。在这里，至少如保尔森所指出的，那些属于上流社会的研究机构，即经特许成立的由著名学者参加的各学会（以柏林皇家科学和文学院为典型，该学院由于弗里德里希大帝的努力而获得国际地位），成功地同各大学和睦相处和互相了解。各种思想得以在一种或许是独特的气氛中取长补短，相互受益。在欧洲其他地方，一些享有特权的学术社团忽视大学。他们知道科学革命是他们的事业，并且觉得只属于他们自己。各研究院被有意识地加以保持，作为那些从事开拓性工作的人的集中地和得到鼓舞的源泉。除了英国以外，如果把这些学术社团看作不受政府控制，或甚至不受宫廷的奇思异想的摆布，那也是不正确的。但是相当多的这种机构有充分的理由能够声称它们在执行学术领导任务，给有前途的学者授奖，组织演讲、示范和实验，报道正在进行的工作，促进新的调查研究和通过印刷品传播信息。它们保持科学作品的出版经常运转而不停顿；它们推动旧的学术领域中和新的文科领域如考古、历史和比较语言学等学科中的新的研究工作。

这些专家学者们的团体或协会是将伦敦的皇家学会、巴黎的法兰西学院及其姊妹机构法兰西科学院作为成功的样板而建立的。莱布尼兹奖学金的慈善精神成为衡量他们发挥作用是否完善的尺度。在革命前夕，这些有势力的团体对欧洲文化的影响达到了顶点。的确，巴黎科学院在拉瓦锡——他先后曾任院长、秘书和司库——的影响下成为一所称得上有势力的全国性机构，可与现代的国内研究机构相比。它实际上是长期性研究工作的积极组织者和推动者。当革命危机冲击它时，当局仍在要求提出更多的报告，包括关于制定新的十进位度量衡制的工作报告，但是官方的经费那时被扣发了。拉瓦锡是一位最胜任的组织者和一位科技教育的权威，同时也是他那个时代最卓越的科学奇才。他用自己的大量私产维持科学院开支，直到几个月后他被送上断头台为止。

有些研究机构，如以费城为据点的美国哲学会（1760年成立）和以波士顿为据点的科学与艺术学会（1780年成立），都是私人企业自发努力的结果。但是公认的较大的机构模式则是国家特许建立的团体，这样就可以享有得到王公贵族们赞助的威望。于是，瑞典和丹麦这两个君主国，也像较小的公国一样仿效它们的大邻邦。这里也像其他地方一样指望获得实际的回报。弗里德里希在柏林重建他的科学院时在全欧搜罗学者，指望他们就国王提出的任何课题提供线索和研究情报。对那些譬如受骗上当的人来说，究竟有没有好处呢？

像普鲁士的科学院一样，圣彼得堡的帝国科学院也是作为莱布尼兹丰富的思想的产物而于1724年成立。它作为一个由外国人和波罗的海国家的日耳曼人管理的机构，在18世纪后半叶几乎不受俄国人欢迎；但它是这个国家在学术、科学进步和教育原理等方面最重要的工具。它的创建者沙皇彼得打算把它作为一所宏伟大学的前驱；实际上它一直起着大学的作用，直到亚历山大的教育改革采用德意志学术研究机构的模式为止。

这些由国家建立的文化组织被认为特别适合中央集权专制统治的需要。这便是在法国学者们自己组织的团体在1793年被国民公会全部清除的原因之一。但是，如不对那些名声不大但专业性较强的团体的工作做出正确的评价，学术研究机构的重要性是几乎不可能评定的。这些团体往往是从大的团体中分离出来的，或者是在慈善事业的支持下成长的。在伦敦，皇家学会仍保持着自己的古老尊严，林奈学会和英国科学知识普及会则以这种方式创立起来。在地方上的中心城市则有一些较小的组织。事实上在18世纪的下半叶，数以百计的科学和哲学研究机构以及由一些致力于文化的普遍提高和传播的学者组成的小团体遍布全欧洲。它们形成了乐观时代文化机器的积极组成部分，虽然它们的地位尚未得到承认。最突出的是在法国它们培育了人们的信念。大约有500所地方上的学术团体，其中许多拥有皇家特许证书赋予的特权；它们积极地组织讲课、作报告和从事科学问题的研究。有关它们活动的许多资料有幸保存了下来。资料表明，大约

[153] 1760年之后,这些小士绅、喜欢发表见解的牧师和工商人士的兴趣发生了明显的转变,从探讨一些文字上的问题转而更关心实际问题,如农业生产经济、科学和工业发展的趋势,以及让-雅克·卢梭的政治观点等。在这些争辩中,人们培养起产生1789年"陈情书"的那种舆论气氛。他们在当地的学术团体后来成了地方上那些支持革命洪流的政治俱乐部,虽然并非是直接延续下来的。

在18世纪,对于儿童自然发展应占的地位未有充分的思考,这种情况在英国和法国文献中是相当明显的,而欧洲思想界是从英法文献中汲取营养的。脑力的联想一经紧密配合,就能够通过感官的窗口对投射到脑海中的材料加以利用,进而扩大联想的范围,使之飞跃到最高境界。尽管这种脑力联想能力的表现是明显的,而且给人的印象是深刻的,但这种心理学对它所处的时代的吸引力与其说是由于它的建设性启示,不如说是由于它是一种能够很好地自我完善的学说。它认为婴儿从一无所知而产生一种"知性",这种"知性"从婴儿诞生起开始产生、发挥作用并扩大自己的资源,而不存在任何天赋观念的原有才能,也不存在令人厌倦的关于灵魂的各种推论。人的感官被认为不必借助外力就能够刺激有知觉生命的所有器官进入动态;但它们同其他物质活动一样,必须遵从同样的自然规律。所有这些说法都支持经验论的主张,反对笛卡儿关于精神能够独立存在的假说。人们只是观察到自己的思想在活动。人们试图回忆自己儿童时最早的内省,这或许会有微不足道的成功。但是,规律则要求内省的材料永远来自外部的刺激。

教育工作者由于被赋予无限权力而被誉为调节儿童环境的人。他们只能对学生暗示,让学生把自己经过理性思考要采取的行动与另外一些途径相比究竟孰优,或者按洛克的说法,孰劣。除此之外再也没有什么可以帮助学生走向积极的起点。这对学生进步的内心活动是不是一种有用的引导呢?是什么能激励人的学习愿望?在哲学家看来成功地论证分析的方法是正确的,而在学校教师看来这只是空洞无益的表述而已。

在德意志,对用"感觉论"来进行解释表示出彻底的怀疑,这一点已变得很明显。牛顿和洛克的影响在这里没有多大力量。在康德最终试图把理性论和经验论融合在一起之前,对思想倾向起主导作用的是莱布尼兹和对他的学说进行系统阐释的克里斯蒂安·沃尔弗。莱布尼兹推翻了笛卡儿的由几何学而产生的学术体系,但在很大程度上采取了这位法国人关于思想的力量的看法。在采纳了他对整个自然界的机械论态度的同时,莱布尼兹也坚信思想的自主性和演绎逻辑的功效。事实证明,正是这种心理的或主观的对成长问题的研究方法,在德意志有关教学法的讨论中具有重要意义。莱布尼兹坚持认为知识的基础是不变的,人的思想的想象力对它是能够掌握的。这个论断就把他同启蒙运动哲学家们联系在一起了。尽管如此,他仍要在"事物具有完全不同的顺序"(关于自行发展的单子的学说有此含义)的范围内激发一种对教育的想象力。一切有意识的生物的生命应当都是在其内部萌发的。德意志思想界就这样继承了莱布尼兹的意愿,认为能推理的头脑具有一种直觉领悟真理的本领,并不需要以经验为基础的检验来给予支持和鼓励;它毫不怀疑人的思想有能力在力所能及的范围内发掘出各种能动的可能性;它很容易地承认,随着世界的持久和谐的显现,人的理智有力量慢慢地增进对公正和正确行动的理解。

于是,我们发现在欧洲中部许多地区有一种认识上的偏向,即完全把教育看成是人在追求明确的判断力过程中发生的某种事物,而所依靠的始终是天赋的力量。从某种意义上说,求学者有能力从自己的意识中编织出知识。没有什么比这更与洛克关于理解发展的学说相对立的了。谢林之所以能够在耶拿大学鼓吹永不知满足的德意志思想是由个人的理性和自己的冥思苦想产生的,正是由于他意识到可以得到强有力的支持。费希特对学生如何去用他们的头脑比对他们要学习什么更感兴趣,这并非只有他一人如此。他断言知识精英最适合在哲学课堂里培养出来,这也是在替许多大学同事们说话。在试图表明天赋悟性的力量在思想形成的连续过程中都在起作用方面,莱辛做出了明确的阐述并提供了大量的信息。"决定一个人价值的不是他占有的或表面上看起来占有的真理,而是在追求真理时所付出的诚实的劳动。"莱辛完成了一项宏伟的任务,即说明全人类的教育(其中个人教育只是一个微观缩影)是随着一个接一个的宗教经验和道德修养的阶段而完成的。赫尔德将这一经验推而广之,开始研究存在于部落或民族群体中的道德。客观理性的立论在莱辛的学说中已站不住脚,至此即告结束。当18世纪将近结束时,德意志的问题不是国家愿不愿意教育公民，而是如何防止公民被像费希特那样的浸透着极端信念的教育者的思想所感染。

由于洛克学派心理学以及它所强调的被动接受状态在法国已根深蒂固，所以在18世纪下半叶试图摆脱该学派枯燥的局限而恢复某种自由的努力就成为那里最引人注目的事情。主动意志于是开始恢复其原有的地位。从逻辑上讲就似乎是意志先于观念而存在。长期以来由于一种荒谬的禁欲主义，作为"感情"领域而被忽视了的人性中说不清楚的一大要素开始具有重要的意义。在休谟对归纳逻辑的基础进行了毁灭性的攻击后，无论是在牛顿的崇拜者中间，还是在仍然强有力的笛卡儿学说潮流中，纯理性作为思想的活动原则而得到的推崇明显地在减弱。

正是在这个时候，我们曾提到过的德·孔狄亚克神父的心理学论文开始产生巨大的影响，甚至影响了像卢梭那样一些对此抱反感的人们的思想。首先孔狄亚克是一位公认的教育学专家。他发表了一套为帕尔马法国宫廷年轻的斐迪南公爵设计的学习大纲。这件事有其历史意义，因为它是早期的一个课程范例。如他所说，它旨在鼓励学生对知识进行思考，而不是去积累。而更重要的特征是它尽力为儿童把人类历史发展的各个阶段按自然顺序排列，从人类最早期的神话开始直到现代的科学。这里，孔狄亚克不仅在近代有关综合课程的概念方面，而且在随后形成的有关儿童应依照自己的发展阶段再体验人类的历史方面，都是一位先行者。

孔狄亚克在力图更加实际地论述通过感觉而成长的理论时，他抱着尊重的态度赋予洛克的理论以现代的内容。他把分析的方法用于内省的结果，成功地表明：在头脑中对感觉到的资料进行比较，就可能产生意识的一切积极的作用或功能——如注意、判断、记忆等行为。在孔狄亚克看来，感觉到这些资料就构成一次心灵的活动；重要的是，"心灵的自然史"（这是他用的名称）也只有从才能的角度来加以证实，而才能只不过是经过转化的感觉而已。尽管人们很难解释基本的感觉是如何由自然赋予的能力而产生注意力的，但似乎在人的头脑中还是被赋予某种充满活力的东西，即某种潜在的力量，能够区别观察到的结果，渴望从经验中学习和获益，并且能以某种方式表达愿望和冲动。尽管在某些地方有点像在变戏法，但我们却正在进入现代心理学的时代。

　　这些研究结果的许多推断对那些信奉孔狄亚克学说的人们起了作用。这些研究结果的独立性和研究手段的经济简便使他们高兴。经过婴儿时期最初的模糊探索之后，精神生活可以正确地说成是一连串不间断的、持续的、没有等级之分的由儿童的感觉本身支配的行动，一个在目的和手段之间做出判断的无止境的过程，所以谁也不能再主张去区别哪些情感和机能是高级的，哪些是低级的，或评价思想活动哪些是好的，哪些是坏的，难道这些不是很明显的吗？于是精神上的判断只不过是在一些需要中间加以辨别所产生的结果而已。后来的一些评论家（特别是曼恩·德·比朗）表明，孔狄亚克的分析尽管十分细微，但事实上他并没有告诉我们到哪儿去寻找能够用来解释什么是自我的内心经验或意志是怎样产生的有关资料，他不得不无视对性格的教育。尽管如此，他仍然提出了在法国大革命期间最有影响的改革群体所信赖的教育哲学。

　　孔狄亚克对生理学上的验证不感兴趣。用一套能够接受并处理使这种模型运动起来的刺激的肉体器官来说明他所说的感觉的，是别人而不是他自己。在孔狄亚克发表论文前的一段时期，戴维·哈特莱已经在研究人体神经兴奋对心理的知觉伴随着在肉体上产生什么影响。但是直到1781年他的振动理论的译文在德意志发表后哈特莱才在欧洲出了名。在他的理论中隐藏着一些甚至他自己也清楚的自相矛盾的地方，因为他是一位深信宗教的思想家，极不愿意让他对自觉行为的心理学解释危害心灵不受神经振动影响这一现实。此外，他虽然为功利主义学派的道德行为论奠定了基础，但同时又最有创见地详尽阐述了联想主义理论。为了对自私、野心、逃避痛苦和人类的许多不光彩的个人打算做出解释和剖白，他莫名其妙地试图使这一切屈从于基督至善的仁慈要求，这很难说是正确的。在这方面的努力中，哈特莱是一位真正的启蒙运动的人物。他在心理学上的探索研究，由于得到一位为改进教育和改善人性而不懈努力的传教士约瑟夫·普里斯特利的大力支持，将会对18世纪末英国的教育思想产生影响。这项探索研究中与最大幸福原则有关的全部含义由年高德昭的穆勒及时地予以阐明。他不再考虑当时已经过时的旧式生理学，而在撰写《不列颠百科全书》篇幅很长而带有论战性的教育条目时采取的写法是提出一些步骤，以此在年轻人中间细致周到地进行明智的个人利益的教诲，使之能够极大地造福于民主社会的福利。穆勒把18世纪心理学的各种概念加以综合，其部分重要意义在于他把这些概念运用于各阶层的儿童，就像法国的观念学派出于类似的理由所做的一样。

向以生物学为基础的教育理论发展的主流是法国的路线。它是由那些乐于自称为孔狄亚克的学生的人们所倡导的。德斯蒂·德·特拉西伯爵和皮埃尔·卡巴尼斯都是科学家，二人都急于埋葬没有肉体的灵魂学说的最后痕迹。他们把孔狄亚克神父的感觉转化论解释为神经信息转化论，他们用脑组织和神经节的活动来说明问题。思索就是运用人的神经系统。

德·特拉西发现人体里有一种管"行动"的内部感官，它使意图的形成和执行具有更多的意义。医生兼解剖学家卡巴尼斯说过，脑子的功能是把本能（他把本能说成是有机性质的）转化成行动并分泌出思想，好像肝脏分泌出胆汁一样。他对教育的贡献给后继者没有带来多少影响，因为他们对他的直率的唯物论感到十分震惊。他的贡献首先在于他把思想成长和人性成长的各个阶段同人体的发展阶段（如青春期之类）联系在一起；其次他把对思想行为的含义的研究推向新的领域。在这个领域中这些含义涉及病态心理学和社会心理学。卡巴尼斯认为，儿童智力的出现受早期感情生活中人际关系和群体压力的影响，或许最后为这些因素所决定。

德·特拉西比他的朋友孔多塞幸运得多。在被判死刑的情况下，他在监牢里写下了他的教育理论，并九死一生地逃过了恐怖统治的报复。当时碰巧卡巴尼斯正在冷静地研究断头台上的牺牲者在其生命宣告终止时肉体上出现的各种状态。后来由于政府部门中的朋友们帮助，这二人得以将当时称作"观念学派"的他们的知识分子团体的教育理论付诸实施。以后，拿破仑·波拿巴便决定禁止他们的整个教育哲学，并从教学中清除这些异端观念。他建立公立中学（lycées）以取代中心学校（écoles centrales），按照传统的经典原则进行教学。

中心学校的伟大设计在它们短促存在的时期里没有在其中任何一所学校实现。该设计是按照一个具有连贯性的教育思想模式拟定的固定课程的少数典范之一。博物学、数学、应用科学、文明史等每一门课都被有意识地、合理地、前后一贯地安排在为男孩们精心制定的选修课程的框架里，他们将从13岁到19岁度过六年的学习生活。科学学科将得到一种新的"基本原理课"的补充和加强，这种基本原理课将教给学生孔狄亚克会赞成的那种感觉和精神概念之间的联系。观念学派的理论认为，如果言词能以一种基本法语记录下这些概念的话，错误是可以避免的。在这个基础上，一种清除掉虚伪和误解的具有理性的完整的道德，将使新一代人能够创立一个乌托邦社会。这些基本概念的心理学基础绝不仅仅是暗示20世纪的行为主义，而且也使人们感到了逻辑实证论的迹象。

教育作为一种社会重建的手段所起的作用在法国已经讨论了40年。直接受孔狄亚克的影响而写成的著作中，影响最大的是他的同代人爱尔维修所著，书名是难以翻译的《精神论》（*De L'Esprit*，1758年）。其中发表了关于人性的范围和局限的惊人评论。这一著作可能是推动启蒙运动的出版物中最著名的，并没有什么根本性的创见。尽管如此，我们满可以有理由说，一个作家表现出这样的能力来揭示出各种隐藏的内在关系，实在是有权声称他具有思想上的独创性。《精神论》之所以成功是由于以下三个原因：第一，它把孔狄亚克的思想方法大众化了；第二，它把卑鄙的动机的重要性提高到如此的程度，致使一切高尚的意愿似乎成了感情要求的扭曲表现；第三，它把成人和儿童都看成是社会力量的产物，其明显而不可避免的结果是把一切都看成不存在差别了。宗教和宗教学说所受到的粗暴对待几乎是分析的其他部分所造成的震动的附带产物。国家的福利完全依赖于其全体公民所受的是何种教育——就是说，依赖于他们所受的教育在多大程度上使他们容易受错误的影响，或使他们能设法保护自己免受错误的影响。这个论点是确实无误的。

如果说爱尔维修似乎是贬低伦理训练，把它看成只不过是公共福利为一时方便而利用的东西；但他同时把教育抬高到比通常所给予它的突出得多的地位。实际上他是在宣称，社会和公共道德就其效能来说完全依靠教师所做的工作，尤其是靠那些负责形成初期习惯的早期训练的教师的工作，爱尔维修一直认真地指出，一个教师应当受到本职工作的训练。年轻人之间在智力和公益心方面的明显差别是过去所受不同教育的结果。在本质上，所有健康儿童的天资是极相似的，天才与其说是与生俱来的，不如说是教师的本领所取得的胜利成果。实际上，立法者和教师们共同担负着国家的幸福和安全的责任。

爱尔维修断言，人的动机只不过是促进自私，他并不想缩小这个断言的影响。所谓的卑鄙的情欲或隐蔽或明显地存在于每个人身上，似乎可能要威胁社会。但是为这些冲动而悲叹或试图消除它们是无济于事的。对社会来说，应当去促进并利用它们使之发挥最大的好处。这似乎指的是在一个改革了的社会中教育工作者的作用之一。顺便说一下，爱尔维修的思想中固有的严重自相矛盾之处在这里几乎暴露出来了，因为，如果说社会生活中改革了的秩序能够通过教育政策来建立的话，那么首先要求这种改革了的秩序能保证教育承担这项任务。几十年之后，法国大革命中的山岳派敏锐地意识到这一问题。

尽管这些学说似乎对于教会、大学和政府机关中所有谴责它们的当权者来说是无法容忍的——而且即使是詹森主义者和耶稣会士也一致认为爱尔维修的言论是对宗教的不敬——但其作者肯定不是有意侮辱公益精神。对许多人来说，爱尔维修在作品中极其坦率地讨论动机与道德问题，给人以某种宽慰的感觉。所有这些怪异的言论都带有一种慈善的色彩，并乐观地相信人性会改善。广泛地讨论教育问题是一个涉及对整个社会环境产生影响的过程，这显示了新的思想方法。此外，辩论方向的转变使教育工作者深切感到自己是出色的社会价值的创造者。为了强调这一点，爱尔维修主张专门进行公民学和社会科学的教育以及实用知识的训练，因为这将会使年轻人像公民一样成为生产者。

虽然他著述的论文在当时似乎很可能开辟激动人心的前景，的确也引起了许多争论，但这些论文对教育机构以至教育实践的直接影响却比我们预料的要小，这种情况一直延续到他1771年去世以后若干年。就在他死的那年罗伯特·欧文诞生了。

虽然欧文这位靠个人奋斗而成功的实业家不像巴黎沙龙的知识分子那样有强烈的吸引力，也不像威廉·戈德温那样有道德上的说服力（通过后者欧文间接地学到了爱尔维修的环境论），但是他能够并决心把全面教育（l'éducation peut tout）的学说在新拉纳克的工厂里通过引人注目的实验进行检验，并因此而赢得了英国幼儿学校运动创始人的美名。对于欧文以及他用以改善社会的有力的并经过严密论证的方法来说，品德是外部力量的产物乃是不辩自明的真理，"用理性培养任何人群，他们都会成为有理性的人"。

实际上，爱尔维修和他的同道们的学说是强调社会接触的影响，并把注意力放在主要是实际行动而并非出于想象的方法上，这种方法能将儿童的天性转变为实现有益生活的目的。不可否认，爱尔维修有助于促使功利主义思想在西欧的发展。这种思想接触到教育，就像它在许多方面所起的作用一样，意味着要修改几乎完全以语文教学为基础和尊重公认的权威而制定的传统课程。即使在初等教学一级，功利主义者主要关心的也是阅读和计算的实际本领，而牺牲宗教教义问答的学习。只是在可以泛称为中等教育的领域，学校的组织和教学方法才有显著的区别。

一种被称为"感觉心理学"的理论肯定将会在课堂上付诸实践。可以列入这类模式的学校是一些建立在往往被称为"感觉现实主义"基础之上的学校，它们所赖以建立的是这样一些性质的教育：依靠讲求实际的方法，依靠学生自己掌握资料，依靠行动的方法和依靠把"生活环境"的发展作为教学进程的一个组成部分。这些并非都是新鲜事物，而是属于培根哲学的旧传统。早在一个世纪以前，夸美纽斯就已经在理论上对这类性质的教育给予了一定程度的推崇。到18世纪六七十年代，这种趋势显然已经以各种方式适应社会的需要。人们可以看到一些偶然的试验扩大为一时的风尚，一些新的教学设施开始符合一定的要求。正在崛起的中产阶级所具有的特质（这在新教国家里最为明显），要求航海、测量、商业会计方面的教育，以及与这些科目相适应的数学技能。那些把孩子们的前程寄托于贸易和实业的父母们也要求讲授现代语言。

贵族们的骑士学校和马术学校已使几代德意志人熟知根据职业上的需要而替代古典文科学校的主张。然而上述新运动几乎还没有触及特权阶级的常规教育，似乎也没有改变古典教育已确立的种种做法，这些大都仍然掌握在教会团体和教区僧侣的手中。于是我们在18世纪男生学校和慈善学校的章程中看到的确实是另外一种教育形式的成长，而不是发展主流中起调节作用的因素。改革主张被纳入轨道，其影响也仅限于这个范围。

这种明显不能同传统调和的情况，其原因可以从英国的发展中得到最好的说明。英国的模式在一定程度上为其他地方所仿效。这些模式到18世纪60—80年代中期已牢固地确立起来。这类学校常被称为"不信奉国教的学校"。虽然这个名称并不适用于所有这些学校,但它表明这类学校本来的功能是为居民中那些根据法律不得进入与政府机构有关的职业的不信奉国教者而设立的学校。希望以牧师为职业的人得到相适应的训练,而支持这些学校的家族中一些不算贫穷者则追求商业利益,二者都不足以充分说明教学质量的普遍提高或教师们对科学、历史、政治和哲学等课程的兴趣不断提高的原因。在最著名的不信奉国教的学院中,例如在达文特里(1752—1789年)和在有"北方雅典"之称的沃灵顿(1757—1786年)的学院中,占主导地位的是直接向大学水准挑战的高等学术研究,而在带有较多的世俗倾向的私立学院里,课程中实用的和职业性的部分则不断提供实验的机会。那些不太出名的私立学校的校董们,虽然对课程的革新十分感兴趣,但几乎不关心教学的原理。法国大革命爆发时,英国的独立学院(或许有200所左右)最受欢迎的顶峰时期大概已经过去。由于失去了某些原有的宗教奉献精神,它们受到的欢迎是有限的和不稳定的。卫斯利教派运动的福音传道未能触及不信奉国教者的学术观点的根源,这时却似乎由于受自然神学要求的鼓舞而更活跃了。这类学校中规模较小的私立学校的兴衰也不能泛泛而论。由理事会管理的较大的学术机构最引人注目,也最易受到舆论的攻击。当哈克尼学院(1786—1796年)这样一个规模比较宏大的新事业以明显的大学形式建立起来的时候,由于其教职员和学生都同情雅各宾派,立即变得臭名昭著。这便更加强了人们的印象,认为不信奉国教者都具有叛逆和革命的色彩,从此这些学院逐渐走向衰败。

但是,在这以前很久,英国的学院已经跨越大西洋而建立起一个协会网络。不停活动的讲师们远涉重洋去寻找新的经验。在13个殖民地的新兴城市里,到那时几乎到处都在仿效古典语法学校的模式。富兰克林的文章《建立一所英国式学校的计划》(1751年)体现了他为费城建一所学院的早期计划,这引起了人们的某些兴趣。然而,正是在美国革命时期,一种新型的现代学科的教学开始出现在一些比起英国模式来或许学术气氛较少的学校里,但更密切地与赞助这些学校的商人家庭在职业上的需要联系在一起,在观念上也更世俗化一些。1778年在马萨诸塞的安多弗创办的菲利普斯学院是一个大家公认的样板，但也已经有其他的类型。从此以后，美国的院校以其广泛和实验性的"实用"课程背离了欧洲的传统，为以后的州立中学开辟了道路。

在德意志，它的现代学校实科中学按照以儿童为中心的理论建立，成为最早趋于成熟的学校。尽管如此，其实用主义的课程也曾招来新人道主义学术领袖们的猛烈批评。具有发展前景的现代型学院在柏林（1747年）和汉堡（1763年）出现了。但约翰内斯·巴泽多1774年在德绍创办的博爱学馆（Philanthropinum）堪称一个伟大的典型。学馆的校长吸引了一大群有才华的人作为教师。该学馆实行寄宿制，男女同校。长的假发和时髦服装被简单合体的便服所取代。领潮流之先的现代课程和生动而富于想象的教学方法，包括语言的直接教授法，在广大学术界引起了极大的轰动。学校的创办者在学术界也已很出名。在巴泽多开创的新事业中，他那个时代教育方面的一切进步影响，包括卢梭的影响，似乎都能得到体现，而人们有时把促进这一试验归功于卢梭的影响。巴泽多的天才在于他能够把有益的主张运用于课堂技术，并且有示范能力和宣传能力。但是他的才能仅限于此，因为他缺乏坚毅精神，动辄与人争吵，没有组织能力。他在德绍所做的工作的真正重要性在于，离开他的教师们以自己的示范作用感染别人。他的著作在德意志知识界普遍流传。德意志的实科中学在他的榜样的鼓舞下在广大地区发展起来，有些是由才能杰出的人管理的，如卡姆佩和扎尔茨曼，以及像沃尔克这样的传教士。沃尔克在叶卡捷琳娜的庇护下在圣彼得堡开办了一所博爱学馆。

卡姆佩引起我们注意的部分原因是他促使《鲁滨逊飘流记》以及这本小说的一切主张在教育界大为流行。笛福的这本书以及仿效它的类似作品越来越受欢迎，这表明进步人士对于把实践的方法、适应环境以及自力更生奉为目标非常感兴趣。卢梭笔下的爱弥儿在15岁以前除了这本书外不许有别的书。这里我们可以看出，大概在爱弥儿的创造者心中有一种意识不到的想法，认为这个孩子是在独特的孤立情况中培养的。作为笛福这本书的翻译者和改编者，卡姆佩本人的贡献在于他作为一位优秀的进步教师感到原著的故事里从破船打捞起来的东西太多了些。他自己的"鲁滨逊"登上孤岛时，除了随身衣服外一无所有，但丝毫不妨碍他的适应能力。

从做中学习，从设法解决生活问题中学习，这些实际上是作为新的思想流派的部分教诲而加以鼓吹的。这个流派是在卢梭的激发下兴起的，它摆脱了儿童应受理性指导的旧模式，树立了对想象力的崇拜。卢梭并非是在实际教育儿童方面唯一具有创见的人。关心讲求实际的教育方法曾经是启蒙运动信奉的在共同理性基础上求进步的一个方面。但是卢梭关于儿童天性的新观点体现了一种反唯理智论的主张。它完全改变了在教育事业中对教师的作用所采取的态度。爱尔维修认为只有环境才能起左右习惯和品德的作用，这个流行于当时的主张受到严厉的挑战，正如他把教师描绘成是儿童性格的启蒙性高明塑造者的说法所受到的挑战一样。卢梭提出成长是内在力量作用的理论。他对当时流行的哲学的形而上学的缺点感到愤慨，转而探索形成品德的新的源泉。"我已放弃了理性"，他于1758年写道，"我求诸天性，即内在的感情，它引导我的信念，而不受我的理性的影响"。他重新探索感情和意志；他的社会哲学和他的教育理论都承认意志是第一位的，是建立在认为没有任何高明的办法能使人们个别地或集体地接受他们还不准备接受的东西这样的信念基础上的。卢梭提出以内省为基础而形成人们的品德这一新的理论，有助于说服浪漫主义运动接受这样的思想，即观点的完善比智力的敏捷更适合于作为目标。

卢梭这位18世纪想象力最丰富的教育哲学家究竟在多大程度上影响了他那个时代的教师们的思想，仍然众说纷纭。确实，经过一代人的时间之后，在康德和裴斯泰洛齐的思想中开始明显看出对他的著作中潜在的一些可能性作出了比较成熟的思考。这时人们开始充分地意识到强制不是促进学习能力的办法这一教训，在课堂上贯彻兴趣原则的内容也设计了出来。与此同时，卢梭的一些激励人心的似非而是的论述则是直接针对普通读者而发的，他向这些读者阐述了消极的教育和以慢求快的观念，对此他提出无论什么时候都绝对不要将儿童发展能力的下个阶段提早。法国、英国和其他地方的赞赏者在他们的上层阶级家庭里进行了许多尝试，依照在《爱弥儿》（1762年）里所树立的典型，在没有传统的束缚并完全在自然影响的条件下，培养年轻人的生活能力。在这本出色的著作里，卢梭设法把大量有关生活、道德和培养孩子方面的想法集中在一起，把他的洞察力和想象力以一个结构松散的故事为外衣而表现出来。这里虽然表现方式有所不同，他仍然沿用了已在他的小说《新爱洛绮丝》（1760年）中成功地加以利用的方法。在该书几处热情乐观的段落中，他关于性格发展的许多哲理已经予以阐明。该书中朱丽的冒险历程，连同卢梭的《论人类不平等的起源和基础》和政论文章都必须加以研究，以便领悟他的教诲的全部意义。

卢梭经常声称：在人类一切事情中，需要根本考虑的是道德问题。这一点无论就个人的成长和衰老的角度，还是就左右人们社会行为的各种力量而言，同样都是正确的。因此，对年轻人的教育，若实际上抛开社会基础而孤立地加以研究——在《爱弥儿》一书中这是作为惊人的成就完成的功绩——乃是一种培养气质的工作；就像在不同背景下培养卢梭的政治著作中所经常描述或提示的那种积极献身的公民一样。再没有比爱弥儿由一个私人导师引入生活的情况更加与世隔绝的了。当然，富家子弟聘请导师在18世纪的社会里是平常的事。就对爱弥儿的教育而言，导师承担着绝对的责任。我们看到他从刚刚脱离自然所赋予的天真状态开始接受导师给予的教诲，培养他真诚并具有正确的观点，几乎直到他成年，而没有被日常生活中的道德败坏和腐化堕落所玷污。虽然批评卢梭的人们无疑过分强调了卢梭强烈拒绝承认人类受原罪玷污的态度，因为他似乎实际上已经认识到，新出世的人的生命与其说是性本善，不如说无善恶之别。的确，他从来没有令人信服地解释过为什么并非生来就恶的人，会在文明生活的历险过程中由于罪恶的交往而使自己彻底地受到腐蚀。

卢梭这样坚持认为现实的社会制度产生道德堕落，这是与启蒙运动相背离的。然而我们必须记住：卢梭在其他文章里常说，需要对青年进行完备的社会训练以适应一个尚未完善的社会的各种条件。这种训练借助一种培养高尚德行的方法可以避免腐败。这样，全体公民具有正确的教育所培养起来的集体目标，去实现他们的共同意志，就一定会引导城邦（polis）的公民达到社会至善的境界。这种解释帮助我们消除以下矛盾，即《爱弥儿》显示出明显的个人主义，而且完全忽视普通儿童谁也无法逃避的人类环境，而卢梭在另外地方却坚持青年人应受到社会所组织的训练。当他为《百科全书》第五卷（1755年）撰写《政治经济学》条目时，已经在雄辩地主张公民的义务是从一出生就开始的。国家作为青年的监护者要胜过亲生父母。

斯巴达式的严格的学校制度常出现在这位热衷于古代历史的学者头脑里。如果儿童在实现了民主的制度中统统都是在平等的条件下培养成长起来，如果他们完全接受公众意志必然要加给每个人身上的各种要求，如果他们生活在不断地对他们讲他们的国家，即他们慈爱的母亲的直观教学的氛围中，那么，卢梭断言，毫无疑问他们自然就会保护她。当卢梭在《社会契约论》（1762年）中详尽阐明表达共同目标的工具（他特地称之为"共同意志"[volonté générale]）的重要性时，对经过训练的公民应具有的勇气和优良的特殊品德曾给予更严密的考虑。现在，由于他赋予这种共同意志以唤起人们共同的公民信仰的启示力量，从而使它的重要性大大加强了。教育的突出任务是培养为社会服务的观念和义务。凡参加与这种共同意志相关的事，不论男女，甚至其大部分思想的趋向均将受到控制。为了造就具有这样品质的公民，就需要有一套公众的教育法规，并辅之以各种社会常规和见解，此外还要有一种吸引人的共同目标使之得以巩固。这种共同目标就其性质不亚于是极权目标，因为责任感是每个人都必须自愿承担的。

在《社会契约论》一书中，教育机构的性质仅仅隐约地提到而没有加以阐明。三年以后，在卢梭所草拟的科西嘉宪法的手稿中，也写得并不更清楚。卢梭把自己想象成这个岛上拥有权力的立法者，着手进行一项雄心勃勃的社会规划。该规划明确要求每个人在20岁时应在一次庄严而无条件的献身行动中，把个人的精神生活和物质生活明白地奉献出来。最后，在1772年所写的《关于波兰政府机构的几点设想》中，卢梭毫无保留地建议采用一种国家教育的形式，专门对年轻的公民灌输为公的精神——这是在大敌当前的情况下使波兰走向复兴之路的主要而最有效的方法。这些建议是实际的机智与远非实际的理想主义的混合物。但是有一件事是毫无疑问的，即天主教波兰在她的新生活中必须有完全非宗教的学校，由上层政治家组成的强有力的领导集团进行管理，他们必须设法保证人民"在爱好上、感情上、需要上"都是爱国者。

一方面，国家机构所从事的只不过是对年轻人毫无例外地进行教育，这个观点在卢梭把他的聪明智慧专注于宪法的制定时已更清楚地显示出来。另一方面，他在《爱弥儿》一书中又非常令人信服地表明，就个人来讲应鼓励感情和独立思考的内在力量。这二者显而易见是矛盾的，我们必须在它们之间寻找某种调和。人们相信卢梭本人在准备该书再版时，曾经试图使之取得某种调和，如果对同科兰塞（Corancez）谈话的报道被正确地加以解释的话。但是更仔细地考察爱弥儿的培育过程，其本身即表明它毕竟算不上是一种允许儿童依照自己的情况、出于自己的意愿而自由地取得经验的教育制度。孩子无时无刻不受到监视和保护。他的导师经常提出某些意想不到的小事和新的情况，遵循着一套事先规定好的培养计划。孩子的教育进程远非顺乎自然，而似乎像是一连串精心安排好的陷阱一样。在这种对他"自然"迈向成人时代的进程进行上帝般的监护下，几乎没有他选择机会的余地。康德本人是仰慕卢梭的，但他曾批评导师制是付出很高代价设计出来的机制。而且，虽然与为科西嘉和波兰的青年爱国者所设计的经历比较起来，爱弥儿的培养计划似乎的确还是自由和宽松的，但他的导师在某些地方确实很像是理想国中的立法者。对于其他一些自相矛盾的论点，我们可以从卢梭承认他生活于其中的现实世界存在许多不和谐因素这一点找到正确的辩解。当时的法国几乎不可能提供合适的社会环境，让像爱弥儿这样的儿童受到德育训练。对爱弥儿受教育过程的叙述不得不当作一个典型故事或一篇寓言来阅读，以启发和激励法国上层社会成员们的想象力，敦促他们实际上去彻底改变流行于1762年的几乎一切有关贵族子弟教育的观念。社会教育手段的改革只能是卢梭为一个尚不存在的法国而设计的。

然而在卢梭晚年的现实法国里，传统的教育机构确实在发生着一些变化，如同在其他几个国家里一样——这些变化预示着中央集权制度的出现，在这种制度下，《社会契约论》的作者所要求的那种公民学校终于变成了普通的教育机构。

在天主教世界里，从立陶宛到巴拉圭，其整个教育结构由于耶稣会的解体而受到极大震动时，事态几乎是偶然性地开始发展的。这个过程用了14年才完成。有些密切涉及最有势力的阶级的学校教育和政治权力的分配的问题，直到克雷芒十四世1773年颁布《我们的上帝与救世主》敕书才有了明显的结局。① 由数千名基督教世界最优秀的教师指导的教育制度的崩溃固然不会不对文化的源泉产生影响，但

---

① 该敕书下令解散耶稣会。——译者注

是它在包括更广泛的战线的斗争中，只是一个偶发事件。人们曾指责耶稣会的学校课程刻板僵硬，守旧过时，过分狭隘地局限于旧的"理性学习"（Ratio Studiorum）的教育哲学。虽然如此，这类院校仍不乏学术成就或有力的智力培训手段。它们合在一起构成欧洲文化地图的主要特征。耶稣会机构的最后一次统计资料是在1749年汇编的。不包括神学院，世俗院校的总数：法国有89所，意大利有133所，西班牙有105所，而在德意志各地（包括荷兰）和东欧有200—300所。有人曾经稍微夸张地说过：耶稣会在允许他们办学的国家里长期以来担负着培训知识精英的责任，实际上耶稣会士遭到反对的要害正是他们对于教育在塑造人的品格方面所起的作用知道得不是甚少而是太多了。耶稣会神父们的被驱逐，对其他从事教育的宗教团体，如皮阿里会、巴纳拜会和奥拉托利会①来说，是让他们进入这一领域，增强他们自己的影响的信号。在许多情况下，他们受到鼓励接收整个学校机构。至少在法国，奥拉托利会成为拓宽教学课程范围的重要革新者。后来在革命的黑暗年代里，唯独他们受到优惠的待遇，主要是由于这个原因。当然，耶稣会退出的学校，到处都被置于更加严密的国家纪律的控制之下。事实上，既有大量被没收的捐款可供使用，又有现在突然腾出来的空旷场所可供改革，这就给仁慈的君主们提供了机会，使他们得以将高等教育办得更接近于符合当时风行的中央集中管理的模式。

　　在法国，这只不过是把一些耶稣会的教育机构，包括笛卡儿曾经学过的古老的拉弗莱什公学，转变成军事训练中心。更为重要的是出现了许多有关改组的计划和请愿书。像拉夏洛泰这位主张宗教与教育分离的律师和反耶稣会的急先锋，就要求政府进行控制和课程的现代化。但是，他却从要求政府当局扩大学校社会基础的态度上退缩回去，实际上谴责公教学校弟兄会②让轮船服务员接受高于他们身份的教育。杜尔哥在给国王的一向是清楚而有力的条陈中，追求实行一种类似普及教育的计划，主张人人接受公民义务的训练。"十年之后，陛下，您的国家的面貌将完全改观。"狄德罗（如果阿姆斯特丹一本

---

① 皮阿里会（Piarists）、巴纳拜会（Barnabites）、奥拉托利会（Oratorians），前二者为创建于意大利，后者为创建于意大利和法国的天主教派。——译者注
② 天主教从事青少年教育的在俗人员组织，1684年成立于法国。——译者注

论公共教育的小册子没有把人弄错的话）对于工人的文化被忽视表示痛惜，希望建立国立学校加以补救。在他的闻名于世的论大学的科学和现代文学研究的备忘录中，他劝告叶卡捷琳娜女皇说，在没有提供普通教育之前就建立科学院，无异于从屋顶开始建筑大楼。

在哈布斯堡王朝统治的各领地，玛丽亚·特蕾西亚1760年以来一直在考虑进行改革，当耶稣会的问题爆发时，考尼茨聪明地避免了出现暴力行动的局面。他在涉及各级学校的全面改组中继续争取到这些领地的合作。人们发现，这一点可能是通过把耶稣会的某些旧人员调去从事低级教学而做到的。这样，就可以使初等和中等学校同教会的拉丁语学院建立某种联系：它们就能够与高等学术领域相衔接。至少在书面上看起来，哈布斯堡各领地似乎有一套人类已知的最有条理的国家管理学校的制度。

保尔森曾说过，启蒙运动对中欧天主教国家的影响，显著特点是其突然性。约瑟夫二世一旦将哈布斯堡的继承权掌握在他一人支配之下，便立即设法推行义务教育制，统一课程和语言文字，并且出其不意地对他的福利国家的行政机构进行彻底整顿，只是暂时地使反对势力陷于瘫痪。在欧洲历史上教育改革第一次成为统一政策体系中有真正明确内容的一个部分。从宗教基金的世俗化和教育人才的转移可以取得所需的人力物力。由于一个未来新型的多瑙河帝国无疑需要有成千上万训练有素的政府官员，这样做的目的也就很明显了。因此，约瑟夫的公共教育政策是非宗教的和重实效的。它恪守道德规范，反对自由教育的过高要求；它也是功利主义的，因为看来它并不愿为培养多余的学者而安排经费。当到处因变化的迅速而感到不安的时候，在遥远的奥属尼德兰，迎接改革的却是一种明白无误的敌视态度。在那里甚至还不理解约瑟夫所引进的对基督教所有派别的宽容，及其对学校教育的影响。把神学院置于政府管辖之下的做法，确实对煽动布拉班特人民发动1789年起义起了作用。

在德意志地区，约瑟夫计划的某些精神在利奥波德二世的反动统治下继续存在，但是在广阔而民族杂居的地区，那里显然缺少一个有力的中产阶级，这一影响深远的普及教育的尝试，在很大程度上由于计划不周而归于失败。

下面是一个例子，它既表明荷兰人的宽容是有限度的，也表明莱顿大学（它长期以来在科学方法上居于欧洲的导师地位）的学术影响范围之广：著名的生理学家格哈德·范·斯威滕，由于是天主教徒，竟无法在自己的医学院当一名教授，但却在东欧成为第一流的医生，而且是维也纳医学界伟大的临床学派的奠基人。而几乎随之而来的是他成为一名受尊重的专家，他的意见决定了哈布斯堡王朝教育改革的性质，并在学校里实行以本国语言进行教学。

在普鲁士和萨克森，实际上在所有信奉新教的德意志地区，国家管理普通学校的情况，由于打破原先由教派管理的一统天下而开始得到了维护。弗里德里希1763年的乡村学校管理条例（Landschulreglement）究竟在多大程度上确实保证强迫学生去教区学校上学——只要那里有一个合格的教师任教——或者说，它究竟在多大程度上确实影响了他那分散的领土上的人民的文化程度，几乎是无法肯定的。但是毫无疑问，策德利茨作为弗里德里希的公共教育大臣而实行的管理制度结果形成了一项政策，将初等和高等教育组织，连同初露端倪的有组织的师资培训，看成是治理国家的明智措施。不论是1788年实行的古典式高级文科中学毕业生的考试制度，还是在同年颁布的限制教学和出版自由的法令，在某种意义上同样反映了警察国家的精神。具有重要意义的是，曾赢得康德、威廉·冯·洪堡和歌德的支持，并在裴斯泰洛齐的教导中终于体现为一种可行的教育原理的那种进步运动中的个人主义因素，是完全不赞成约瑟夫二世式的"依靠法令的启蒙"的。它是以与此完全不同的精神而运作的，这种精神在普鲁士几乎找不到适当的表现形式，即使在耶拿战役之后的振兴时期①也是如此。

当我们探寻1789年后法国政治大论战所产生的新事物和奇异现象时，所有以上这些思潮以及在荷属尼德兰和瑞士各州开始产生效果的许多更开明的教育思想的发展，都必须加以考虑。大革命的发动者们是在哪个阶段开始意识到他们的工作在这方面所具有的重要意义的呢？他们是在什么时候意识到推翻旧政权和教会财产特权把他们卷入繁重的重建工作呢？

1791年的宪法关于学校的前途没有定论。尽管如此，它还是给

---

① 指1806年耶拿战役普鲁士失败后，在施泰因和哈登贝格领导下实行的改革。——译者注

第六章 教育的思想、实践和机构 175

人们以希望,即建立一套全体公民共同享受的公共教育制度,至少初等教育是免费的。这时地方政府的体制已完全经过整顿,被置于省和市镇的框架之内,而且很明显意在利用这种结构使之将各级教育组织也纳入其中。当塔列朗在新宪法颁布后几天实施一项教育措施时,他曾提醒人们注意这个设想。他讲到法国教育十分贫乏的严峻事实,要求议会在把权力移交给继承其权力的机构之前即作出决定。制宪议会除设立了一个公共教育委员会外,在完成这项任务方面畏缩不前。到了立法议会时期,认为这是一项重要事业,有必要委任一个公共教育委员会。这样就使从立法议会一直到国民公会有记录在案的活动中的一个程序上的问题延续了下来,标志着教育史上一个重要的新发展。教育确实是这两个机构深切关心的问题之一,这些专门委员会是努力工作的,随着思想潮流从布里索派发挥分散的主动精神的主张转向由国家统一管理的观点,争论的语调虽然发生了变化,但是人们的感觉却一直是只要革命的各种紧急需要一旦得到缓解,需要建立国家管理的教育体制的问题,就会自然而然地列入议会议事日程的首位。

于是出台了许多方案。有些是两个议会本身提出来的。然而,除了一个之外,所有这些计划都难逃失败的命运。虽然国民公会1793年实际采取的措施看来是可行的,但它仅仅涉及关于合格教师地位的共和制原则,而完全没有能够激励地方行政区所十分缺乏的行动积极性。这样,革命性的论战是在整个国家处于漠不关心和无人管理的背景下进行的。教育机构先是由于1789年的世俗化和没收政策而失去基金,然后又流失了它们的大部分教师,幸存下来的也是在得不到当局保护的情况下苟且生存。就这样,在巴黎唯一幸存下来的老的著名教会学校就只有德穆兰和罗伯斯庇尔曾一度就学的古老的耶稣会的路易学院。在革命时期它一直没有关闭。

与此同时对已作出许诺的重建原则正在进行审查,向立法议会提出报告的任务落到了哲学家和数学家孔多塞的肩上。这位思想高尚的人类进步的倡导者对教育思想的影响之大远非对他一生业绩的单调的叙述所能完全显示的。在最后阶段,我们看到他作为一个政治理论家,在革命时期的立法草案中提出他的主张,使其接受检验。当时他所有的计划一个接着一个地遭受悲惨的命运,毫无结果,他本人也成为国民公会中互相敌对的受害者。最后,如果可以把《人类精神进步史梗概》一书看作孔多塞的政治声明的话，他对教育的各个方面——或许除有关课堂技术方面的论述之外——都阐述了他的思想。从提倡自由的生活和实现普遍理智，到他在当公立教育委员会主席时草拟的报告中对全国性的公共教育体系的各个方面，都面面俱到地加以阐述。

孔多塞的全国统一模式的教育计划是代表公共教育委员会于1793年4月正式提出来的。它无疑是在两个革命议会中提出的各种重建计划中表达得最有说服力的一个。除去它那些理想主义的辩护辞藻，人们可以看出它既是对一个意识到自己在世界上的思想领导地位的爱国社会群体在教育方面的需要所作的实际调查，又集中了许多具有令人难忘的敏锐含义的箴言。它将一套教育原理与一套教学规划的设想融为一体，有权被奉为法国启蒙运动实际思想的顶峰。它在对待政治基本原则方面所表现出的自由主义使山岳派十分不满，也使孔多塞的思想被罗伯斯庇尔斥责为卑鄙的知识分子的思想。

布里索派的影响表现在所提方案的每一点中。它们表现为要求政府官员不得参与他们所就学的学校的事务，创建一个自治机构全国协会（Société Notionale）——一个地位高于所有学院的学术团体——负责监督国民教育系统和聘任教师，要求其某些成员必须是常驻该机构的地方人士，以及所有成员均不受政治干预。这样，如果报告被通过的话，公共教育的未来本会掌握在一个由学者和教授按等级组成的专门委员会手中，他们的重要任务包括建立两种初等学校——第一种在性质上是严格意义上的小学，第二种则是一种中学。在这里，孔多塞事先就已提出后来在欧洲实行的许多办法。在再高一级的教育方面，他计划设置110所教授高中课程的学校，而在金字塔的顶端设置9所学园（lyceum）承担大学的任务。这个系统的所有部门都密切联系在一起，各级教师除了正常教学外还负责担任某些成人教育工作。甚至连武装部队的需要也没有被忘记。作为一项组织工作，计划似乎打算建立一个管理一切的法国教育总署（Université de France），这个机构后来相应地根据1806年和1808年的拿破仑的教育法而建立起来。然而孔多塞对课程要求所作的仔细分析却提供了一幅与上述事态发展完全不同的图景。他的报告之所以在文化史上具有永恒的重要意义，在于他提出的教学精神和教学内容。这里我们看到第一次展示在我们面前的革命的教育哲学的全部含义。我们看到他把实际的和科学的研究，换言之即把"人类一切知识的各种因素"和为促进社会逐步改进而进行训练的方法，在统一的制度下结合起来了。这无疑是以公民为中心的课程内容。拉丁文和古代文学被挤掉了，部分是由于必须增加自然科学和数学、农学和机械工艺课程（而由于还要增加伦理学和政治学，就更加需要压缩上述课程）；部分则是由于需要以当时流行的社会理想取代各种传统错误思想的腐朽影响。在所有各级的教学上，孔多塞试图说服他的读者：新的教育学要求学校教育的制度来一次彻底的改变。虽然他也同意一个学龄儿童肯定没有能力吸收所有各门基础知识，然而聪明的学生可以同时修数门课程。智力稍差的学生则以较慢的速度学习一门课程。报告为改革者提出了综合课程的课题。

国民公会继承了书面的孔多塞方案。它对之进行了审议，但开始趋向于采取一种更加平等主义的立场，而不考虑阶梯式教育的主张。最后，山岳派的热情分子独树一帜，提出了一个以勒佩尔蒂埃·德·圣法尔若的小学计划形式出现的很有创见的措施。这是得到苛刻的罗伯斯庇尔某种形式认可的第一个为未来设计的模式。它在革命文献中的重要地位，既不是由于它对教育学的认识，也不是由于它实际可行。然而我们必须注意到它，是因为它显示的魄力，以这种魄力计划利用教育的手段，造就具有正确的精神和气质的年轻公民。要说有什么目的的话，就是要让永远的公正和德行支配一切。这在罗伯斯庇尔的演讲和圣茹斯特的新共和政体大纲中是必然会博得人心的国家目标。

现在，人们声称，遍布整个风景如画的共和国的新的寄宿学校网将促进全体公民所共同追求和九松为之奋斗的美好生活的实现。这些学校，其实整个教育计划，将是完全崭新的事物。儿童们都有义务住进这些"平等校园"中的一所，无一能豁免，因为这必将是未来国家的一种"全民征召"。法国全体男女儿童将过简单朴素的生活，从事大量艰苦的体力劳动，以及阅读、书写、工艺学习、军事训练（限于男孩）、纺织洗涤（限于女孩）并学唱爱国歌曲和自由民族的英雄事迹，等等。通过这种有益健康的斯巴达式的教育而焕发天生虔诚的献身精神，自由公民组成的民族将会把革命推向前进。

勒佩尔蒂埃的这个国民小学计划始终未颁布施行，其中许多内容似乎借鉴了卢梭的主张。它被认为是一种政治信仰宣言，它实际上闪耀着满足社会愿望的炽烈光辉，这种愿望属于在热月政变中宣告垮台的那些人。他们要求平等的情绪和要求实现无套裤汉民主的愿望，使他们藐视人为的专业训练和高等文化，而实际上藐视社会变动的必要。虽然某些发生偏差的专业培训不容否认是存在的，例如炮兵军官和工程师的培训。背景是针对军事的和社会的工程训练方面的问题，实际上涉及法国需要国家高等学术研究机构的辩论已经在开始进行。

恐怖时期在教育领域里的成就只不过是少数几项目光短浅的立法。这些立法把初等教育的责任委诸各个市镇，任何私人教师只要能取得一张公民证，都可管理学校。所有各行政区，不管本地方言是什么，在学校里都必须用法语。有事例可以证明当地的雅各宾俱乐部曾审查过申请当教师的人的品德和政治观点，但没有迹象表明他们关心如何改进学校工作。的确，当时对罗伯斯庇尔和思想相同的雅各宾派的控诉有一部分是说他们阴谋使下一代人愚昧无知。这一事实表明了一种自相矛盾的现象。即使那些在反对恐怖统治的热月反动中接管了政府的人，也并不急于修复对群众教育水平造成的破坏。诚然，这时立法曾明确规定市政当局对失职行为应负的责任，但是即使如此，地方官员也得不到从中央来的帮助或指导。在督政府执政期间也许曾接着出现一些细微的改进，但这完全是由于私人的和教会团体的教导使对教育的尊重得到恢复。尽管由于反宗教的法律和共和社会一些令人难堪的方面，如十日礼拜制，曾造成许多困难。官方的供给变得微乎其微。在这一领域，革命缺乏一批有献身精神的教师以推进其政策。

就这样，在法国的英雄时代，尽管争论激烈，但没有做出任何事来填补由于旧制度下的学校垮台而造成的空白。的确，在督政府执政初期最令人感兴趣的成就是根据1795年2月的拉卡纳尔法在每个省建立"中心学校"作为高等职业预备学习的重要据点。这种学习或许真正能为全体法国公民提供"因才就业"的机会。前面已经谈到，拿破仑对中等教育的改革优柔寡断地从这个实验退却了。尽管如此，即使那些赞扬18世纪综合工科学校的人，也不得不承认它们的组织和人员配备都是效率不高的，这些学校也从未达到创建者期望达到的雄心勃勃的目标。

革命时期所做的积极工作仅仅限于创建了很少几所高等专业学习中心,如高等师范学校和综合工科学校,此外恢复了少数暂时被查封的科学研究机构。热月政变者设法建立了一所国立研究院(后来称为法兰西研究院)作为所有学者们研究各门知识的中心。这所研究院又试图把孔多塞和观念学派,以及那些希望恢复重新活动的皇家学术机构的原有威望的人的某些主张付诸实施。

资产阶级继续得以使其子女在数目有限的私立学校里受到很不错的教育。这些学校多数由教会团体控制。但所有这一切仍处于遭到镇压的阴影之下。因为督政府仍与教会为敌,禁止招募受过教会教育的人任公职,至少在名义上是如此。这样,由于战争、通货膨胀,以及没收的财产不够提供福利服务以取代过去教民的捐献,所以法国革命在各个阶段都资源短缺,未能开设学校或培训教师。它的思想在战胜旧制度下的教育传统方面取得的胜利只停留在纸面上。而对人民大众来说,革命则是开始了一个"教育贫乏"的时代。这是英国人自己在大众教育方面乏善可陈,在制定公共政策的动力方面情况更糟的状况下对时代的简单称呼。

(程子明 译)

第 七 章
武装力量和战争艺术

一 海军

七年战争和美国独立战争都主要是海上战争，但英国人在七年战争中运用得极其成功的战略原则，在美国独立战争中却几乎毫无踪迹了。18世纪英国海军战略的关键在于，在布雷斯特和土伦海面部署力量，以封锁法国的主要舰队。这项战略由弗农和安森初步提出，霍克和博斯科恩大力推行，最后由文森特爵士和康华里总其成，使之臻于完善。这项战略使法国舰队无法向其海外殖民地进行有效的支援，而英国则得以从事他们所谓的联合作战以征服这些外围地区。由于凯佩尔于1778年7月27日未能在乌尚海面迫敌决战，派遣拜伦去拦截来自土伦的德斯坦舰队又为时过晚，法国海军不但得以同美洲殖民者协同作战，而且没有遭到任何拦截就出现在英吉利海峡。在当时所有的领袖当中，乔治·华盛顿似乎是最能理解海上力量的含义的。在与德格拉塞的通信中，他经常强调：单凭法国的财政和海上援助便可以使他在这场战争中获胜。在法国舰队和美国陆上部队出色的配合迫使约克顿投降后，他写道："你会看得出，在目前的斗争中，无论陆军发挥多大的作用，海军仍然要起决定性的作用。"[1]

英国在美国独立战争期间之所以失去海上霸权，不仅因为英国在从印度到加拿大相隔万里的海面上是在没有盟国单独作战的条件下保卫自己的殖民地的，而且因为没有把握住战略原则。不然，仅此一点

---

[1] 《华盛顿—德格拉塞通信集》（1931年），第150页。

便可以弥补由于英军在两次战争期间普遍存在的虚假安全感所造成的装备劣势。有限的船只并没有在紧要关头集中使用；反之，在关键时刻却分散力量而无力遏制敌人。美洲的木材和人力供应断绝则是另一个新的困难，因为它占了殖民地航运业的 1/3 以及约 2000 名海员的来源。甚至在美洲叛乱开始被桑威奇（1771—1782 年间任英国海军大臣）严肃地对待后，皇家海军仍处于相当不利的地位。当时它面对的是法国和西班牙的联合舰队，后来又得到荷兰以及波罗的海国家武装中立同盟的支援。

当时流行于整个欧洲海军的战术理论缺乏独创性，这就加剧了英国在政策和战略上的失败。这一时期的战术理论同陆军战术一样，都带有极端形式主义的烙印。保持密集战斗队形几乎被认为其本身就是目的。权威理论家比戈·德·莫罗克 1763 年的著作《海军战术》已被译成英文，他写道，"海上不再有决战，这指的是赖以完全结束战争的战斗"。因为在巴夫勒尔海战（1692 年）和桑特群岛海战（1782 年）之间进行的 15 次战斗仅有 6 次可以称为决战，而且即使这些战斗与其说是整列战舰的战斗，还不如说是追击战，所以显然就出现了战术上的僵持局面。两位决心一战的指挥官例如叙弗朗和休斯，率领势均力敌的舰队，在印度洋海面可以进行一系列的战斗，而不会使对方丧失一艘军舰。

法国 1765 年的《条令》（ordonnance）总结了莫罗克的学说，认为如果两支舰队以相反的航向列队前进，在队列靠近以前都避免发生战斗，那么双方都不会遭到挫败。英国海军的《作战指令》也规定了同样的防御方法，这些方法开始不过是海军将领们为他们自己使用而设计的一些具体的队形变换，但现已编纂成为《常备战斗指令》了。如果一个海军将领未能排列或保持舰队的队列，他就会像马修斯在 1744 年那样被撤职，或者像宾在 1757 年那样被枪决，或者像凯佩尔在 1778 年那样以同样的罪名遭到审讯。德斯坦声称，根据已积累的经验，每一艘舰只的路线都是先规定好的，如同芭蕾舞的每一个舞步都是设计好的一样，而且如果不发生风向的突然改变或其他意外事故，战斗便会进行得很顺利。[①] 这种看法根深蒂固，以致罗德尼在马提尼克岛试图集中优势力量向敌舰队列的一部分发起攻击时，他的前

---

① 转引自卡斯泰《海军的军事思想》（1911 年），第 63 页。参看 J. 科比特爵士《〈作战指令〉与信号和操作规程》（海军档案学会）。

卫舰队的舰长竟然不能（或者像他所设想的那样，竟然不顾）理解意图何在。同样，1781年9月5日，格雷夫斯和胡德获得一次绝好的机会，可以消灭切萨皮克湾的德格拉塞舰队，而他们两人却宁愿保持战舰队形，而不愿以一种非正统的方式去进攻敌人，从而导致10月约克敦的陷落。

英国的多次失败都是由于信号系统的缺陷使最高指挥官所采取的行动陷入自相矛盾之中而造成的。根据信号中所采取的"位置"法，旗子在某一位置挥舞，表示《作战指令》中的某项有关条目。拉布尔多奈设计了一套比较灵活的信号系统，这个系统采用表示数字的三角旗来表示旗语通信手册中的大量条目。这种信号系统经豪和肯彭费尔特改进，于1782年在英国采用。但是一直到1800年霍姆·波帕姆爵士的《航海词汇》出版，在业已采用的数字旗语中增添了字母旗语以后，才有可能使海军将领采取正确无误的信号，以满足无法预见的意外事件的需要。

1782年的事态发展终于使正统战术丧失信誉。4月12日的桑特群岛战役中，风向突然改变，在法国的战舰队列中形成了两个缺口，从而使罗德尼得以在两处突破法舰的队列。[①] 与此同时，叙弗朗在他与爱德华·休斯爵士的战斗中采取了一种比法国人通常采用的更具进攻性的攻击方式。就在那一年，英国的战术理论也得到进一步发展，这无疑也影响了年轻一代的思想，可是，这还不能说（如其作者所说的那样）已经发明了一种打破战舰队列的程式。有人问道："为什么我们的舰队总是毫无例外地受挫，甚至被打败，而又从未丧失一艘舰船或几乎未牺牲一个人呢？"埃尔丁的詹姆斯·克拉克在他的《论海军战术》一书中回答了这个问题。他认为，只有采用非正统的机动方法才能击败法国战术训练的优势。他在1804年的增订版里引用了罗德尼和叙弗朗的战例来证明他的论点。到1790年《作战指令》失效时，实战战例和理论论证业已打破了古老原则的禁锢，于是，像纳尔逊后来所表明的那样，海上决战才有可能得以再次实现。

[①] 这次部署的功绩，曾有多人声称归于自己。其中有克拉克（见《航海镜报》，第20卷，重刊了他1806年的小册子），罗德尼的旗舰舰长道格拉斯［见H.道格拉斯爵士《海军的演变》（1832年）和《巴勒姆文件集》（海军档案学会），第1卷，第279页］以及罗德尼本人（见芒迪《罗德尼生平》，第2卷，第229页）。

英国海军和平时期人员的建制在 1.4 万—2 万人之间。此外，还应加上皇家造船厂雇佣的 3000 名造船工人，造船厂当时已快要成为英国大规模生产的工业部门。舰队在战时迅速得到扩充，"留作后备"的旧船编入现役并建造新船以应战争日益扩大之需。因此，1763 年海上各类船只有 270 艘，船员 7.6 万名，而在 1783 年则拥有船只 430 艘，船员 10.7 万人。[1]

船员中近半数是受战时入伍津贴的吸引而自愿入伍的。曾于 1786 年建造第一艘教练船的乔纳斯·汉韦领导的航海学会把来自贫寒阶层的男子和男性青年派往海上。其余的人则从商船征募而被迫服役，这种做法受到航海条例的鼓励，以便国家得以在紧急时刻集中使用海员。战争爆发后，这些条例得到修改，以便可以雇用更多的外国人。在 18 世纪末实行这种有组织的强迫服役以前，征募工作一直是由地方长官授权的抓兵机构进行的。各港口的抓兵队都有固定的"集合点"或征募中心，把抓来的兵员从这里转移到新兵船只或值勤船，以便分配到有关船只服役。这些船只的船长还授权从回国途中的商船上强征船员，在外国船只上搜寻逃兵，甚至可以雇佣外国海员。随着服役需求量的不断增加，便有越来越多的平民阶层获得"保护"，豁免服役。这包括船夫、渔民、商船上的学徒和高级船员、不足 18 岁或超过 50 岁的男子甚至还有不以海上工作为职业的居民，因为只能征用从事航海职业的人。像斯摩莱特那样的小说家和罗兰森那样的漫画家都可能抨击过抓兵队的野蛮行径，可是曼斯菲尔德伯爵也谈过其合法性的一面；他说强征入伍"是一种源远流长的古老做法。国家的安危是使这一做法得以存在的唯一根据，和可以为之辩护并证明其正确的唯一理由"。布莱克斯通和瑟洛也表达过同样的看法。瑟洛任检察总长时，海军部曾就少数几个反对强征入伍的上诉案例之一征求他的意见，对此他表达了这样的观点。[2] 这种征兵形式当然是不人道的，效能也低，受到军官和士兵同样的反感，但是却别无选择。1777 年通过法案，采取法国海员注册的做法，从某些阶层征召海员

---

[1] 海军部档案局（P.R.O.），7/567。
[2] 雷克斯对塔布斯案，1776 年。见海军部档案局 7/299 卷宗中的法律意见。又见 J.R. 哈钦森《抓兵队》（1913 年）和贾斯蒂斯·希尔德斯利《抓兵队》（1925 年）。参见乔治三世时期的征兵法，19。

在海上服役。事实上，没有什么可以证实这种做法起了什么好的作用。① 只要船上的海员一旦结算了工资，海军部便无法控制这批人；只要船上的工资和条件使人们对服役望而却步，那么在船上配置船员的问题便无法得到解决。实际上是国家不愿保持一支常备海军，尽管由于国家拥有一支舰队而不得不保留一支军官队伍。正是这种情况使陆军中买卖军职的做法无法在海军加以实行。

海军上将弗农写道："我们的舰队受到不公正的待遇，首先是靠暴力配置人员，其次是靠残酷虐待来维持。"② 开小差的比例很高使这一问题更趋严重，这与其说是由于船上纪律严厉，还不如说是由于食物低劣，工资微薄和没有岸上假期。1749年海军军纪法中所明确记载的战争条款以及《海军条例》所规定的不经军事法庭的处分以12鞭笞刑为限等法规，同陆军的刑事条款不相上下。真正的残酷虐待在于那些令人发指的刑罚，如军事法庭可以在整个舰队强制执行鞭刑，以及由残暴的水手长挥动绳索的一端进行抽打等非正式的惩处。于是就形成一种恶性循环：鉴于众多的士兵是被强征入伍的，必须采取严格的纪律，恶劣的条件又给服役带来不好的名声，因而使征兵工作变得更加困难。

从共和政体至1797年兵变，军饷和食物水平始终未变。当时军舰上的饷金（普通海员一个月19先令，干练的海员一个月22先令6便士）普遍低于商船，而且经常拖欠不发。发放的饷金票据还必须拿到非官方经纪人那里以引人反感的低于票面的价值去兑现。食品供应的数量表面上看来丰盛，但由于承包人的欺诈，储存食品不当以及除咸肉和饼干以外的其他食品难以保存，由供给部门（通常被称为"老象鼻虫"）分发的食品质量非常恶劣，臭名远扬。配给的食品中最受欢迎的是一种以弗农的绰号"老格罗格拉姆"命名的"格罗格"掺水烈酒，因为他是把水掺入酒中以防酒醉的创始人。

强征入伍的另一个恶果是供应船上污秽条件所带来的发病率。如果采用肯彭费尔特和其他人的建议，发给统一制服以代替发给事务长

---

① 《议会史》，第19卷，第81页。法案系根据海军上尉汤姆林森的计划提出，计划见《汤姆林森文件集》（海军档案学会）。参见伍德的方案，载《桑威奇文件集》，第4卷，第389页（海军档案学会）。

② 《一名英国海员目睹之真相》，参见《弗农文件集》（海军档案学会），第547页。

第七章　武装力量和战争艺术

以廉价购来的"罩衣"的话，那么，像斑疹伤寒这一类的病就不会这样流行了。① 疾病造成的人力损耗在海军各个舰队都极为常见。疾病的发生足以使整个舰队陷入瘫痪，1779年德奥维利埃号在英吉利海峡巡航时就曾遇到过这种情况。大型舰队经常停泊在西印度群岛，那里黄热病极为流行，除金鸡纳树皮外苦无良方可治。医治好坏血病固然无疑是18世纪医学的辉煌胜利之一，但直到40年以后才正式采用这种防治方法。安森在环球航行中丧失了3/4的船员以后，哈斯勒海军医院的詹姆斯·林德大夫于1753年发现橘子和柠檬汁具有预防此病的作用。在库克的第二次航行中，无一人因患此病而减员，虽然他本人只食用云杉酒和腌卷心菜，并且以价格昂贵为由反对分发果汁。一直到1795年，林德的学生特罗特和布兰才得以正式使用这种防治方法。1779年，送进医院的海员为4万人，而1804年在海军规模大得多的情况下，住院海员仅为1.2万人。②

另一方面，18世纪的海军为军官提供了诱人的职业。1748年采用蓝白色统一军服之后，海军取得了与陆军同样显赫的声誉。军官除工资外，还可以从变卖战利品中增加收入，所以只要有技术和机会就有可能获得巨大的财富。③ 但是由于没有退休制度，在和平时期对舰长职位的竞争便很激烈，而长时间靠"半薪"又使军官们在经济上陷入困境，因此在外国海军和东印度公司船队服役盛极一时。

一个打算成为海军军官的男孩要么必须以根据命令成为志愿军人的身份（即姓名与国王姓名首字母相同的男孩［King's Letter Boy］，罗德尼就是其中的最后一例）参加海军，由海军部推荐在朴茨茅斯的海军学院获得一席之地；要么按更普通的方式，根据军官们在船上可以带一批随从的古老做法夫当舰长的侍从。官方规定的最低年龄是12岁，但为了获得资历，军舰的名册上往往出现小于12岁的男孩姓名。在海上服役四年之后，这些男孩将被列为军官候补生。这类军官

---

① 《巴勒姆文件集》，第1卷，第307页。参看J. 林德《坏血病论文集》，斯图尔特和格思里编（1953年），第386页和C. 劳埃德和J. L. S. 库尔特《医学与海军》，第3卷（1961年）。
② 巴罗：《安森生平》（1839年），第480页。见库克致普林格尔的信件，载林德前引书，第407页。一份官方报告记载了1776—1780年发病率和开小差的情况：总人数增加到175900人，阵亡1243人，病死18541人，逃走42069人。
③ 例如，芬奇舰长在1778年变卖战利品所得份额为62000英镑。在前三个月另一次变卖中所得份额为15000英镑。历史手稿委员会（Hist. Mss. Comm.）：《拉特兰手稿》，第14页。

分为两类，一类称为"年轻人"，即等待着在21岁时参加海军上尉考试的军官，一类称为"老人"，即没有通过考试的军官。此后提升则取决于势力和资历。从舰上低级军官提升的机会逐渐减少，可是也有被强征入伍的船员成为将领的例子。也有许多人从准尉擢升为上尉。詹姆斯·库克在七年战争爆发时自愿加入海军后，正是经由这一途径获得高级军官职位的。

势力取决于家庭和政治关系，通过这种方式可以明目张胆地亵渎官方规章。罗德尼的儿子16岁便当上了舰长。更有甚者，教区牧师的儿子纳尔逊从12岁起在他叔父的船上服役，18岁便当了上尉（他叔父是海军的审计官），21岁时便任一舰之长。此后政治影响和良好的服役记录都更为重要。海军部不仅控制了10个议员选区，可以作为赏赐给予其高级的军官和官员。而且已选入议会的许多高级军官也会为其他海军军官谋取利益。桑威奇伯爵任海军大臣后肆无忌惮地利用职权结党营私，搞私人关系，证明政治和海军的结合已产生灾难性的后果，[①] 尽管对他腐化堕落的名声未免言过其实。

1778年凯佩尔受到军事法庭审判，事情便发展到了顶点。在副司令官休·帕利泽爵士的挑拨下，凯佩尔竟然受到审判，帕利泽不仅是凯佩尔的政治对手，而且不久前被委任为海军陆战队中将，这乃是凯佩尔垂涎的一个挂名职位。凯佩尔无罪释放后，个人宿怨便具有政治意义。他拒绝再在桑威奇麾下任职，豪和巴林顿也效法他的榜样。其后果是，在法国和西班牙的联合侵略迫在眉睫之际竟然找不到合适的指挥官来指挥海峡舰队。这时罗德尼接管了西印度群岛舰队，他发现这种状况"几乎毁了海军"。凯佩尔继桑威奇之后任海军大臣，罗德尼本人则在桑特群岛大捷之后其职位为一个无名之辈所取代，这都是典型的事例。[②]

桑威奇曾抱怨海军军官往往视舞会重于公务，他的海军将领们也不把他放在眼里。1778—1790年间任海军审计官的查尔斯·米德尔顿爵士曾私下警告过他，这种事态应归咎于他的"政治管理体制"，

[①] 参见纳米尔《政治结构》（1957年编），第29、36、141页。
[②] 《桑威奇文件集》，第2卷，第190页及以下各页；第3卷，第275页；第4卷，第298页。《巴林顿文件集》，第2卷，第315页；《巴勒姆文件集》，第1卷，第366页；第2卷，第201页。《拜厄姆·马丁信件集》，第3卷，第291页（以上各书均由海军档案学会出版）。

"海军部的整个系统已腐朽不堪，倘若不尽快改弦更张，必然会在阁下面前崩溃"。① 正是这种情况使人们相信1779年福克斯、凯佩尔和豪在议会中的攻击乃是事实，因此，桑威奇在一片人声鼎沸的气氛中被迫辞职。为了维护自己的声誉，桑威奇指责他的前任在他1771年继任时便已造成海军的这种"可悲局面"。毫无疑问，他在战争年代取得了重大的实际进展，诸如用铜皮包盖整个舰队的船身，采用短程臼炮，把舰队由原来的66艘战列舰扩大为92艘，并补充了木材的库存。所有这些都是在1782年诺思（用谢里登的话来说，"诺思生来是个要毁灭英国海军的人"）内阁倒台，他被卷进一场更大的风暴中时提出来为自己所作的辩护。无论是不赞成他私人生活的米德尔顿，还是对他的政策不满的霍勒斯·沃波尔，都在证词中指出，作为一名行政首长，他都胜过他的前任和后任。但他所激起的个人恩怨加上他所指挥的战争的不幸后果，却败坏了他的声誉。②

对整个海军管理的情况进行调查是必须做而在战时不能做的。在战时，海军的行政职能由海军部、"各位海务大臣们"，或掌管海军大臣办公室的七位委员领导。与供应有关的事务则由下属各委员会分管，其中主要是海军委员会，其主要官员是审计官、财务主管、检查官和条例管理官。另外还有军粮委员会，伤病人员管理委员会，后者除管理医疗部门外还负责战俘事务。1785年，米德尔顿当审计官时，策划建立了一个调查费用支出和滥用职权的委员会。委员会的建议相对说来比较温和，如建议增加工资以取消临时津贴，管理军需官和办事员的活动，并且更加认真地审查账目以检查由不可靠的承包人"在这个军粮供应部门中所犯下的大量错误"。但无论是皮特首相还是豪海军大臣都显然不会按这些建议采取行动。米德尔顿遂于1790年辞职。至于公布报告的动议则在1797年遭到否决，以致报告一直到1806年才得以公布于世。③

由于海上运输业的发展和大型船只的建造，木材和海军木材的储

---

① 《桑威奇文件集》，第2卷，第259页及以下各页；第3卷，第275页。《巴勒姆文件集》，第2卷，第18页。《议会史》，第20卷，第174页。
② 《桑威奇文件集》，第4卷，第282页及以下各页。《巴勒姆文件集》，第2卷，第10、30页。《沃波尔回忆录》，第4卷，第170页。《议会史》，第22卷，第878—931页。
③ 议会下院：《会议文件集》，1806年，第7卷，第309页。《巴勒姆文件集》，第2卷，第337、347页。

备一直是影响所有欧洲国家海军的一个问题。柯尔培尔曾警告过他的同胞,法国可能因缺乏木材而灭亡。他制定的森林法使国王有权以木材优先供应海军,但这项权利并未一贯得以行使。此外,由于替换材料缺乏,尤其是桅杆木的不足,严重地削弱了法国海军的力量。在英国,尽管由于伊夫林进行了重新造林的宣传,使其早在100年前就实施了植树计划,但造船材料同样还是供不应求。缺乏栎木的原因有二:一是商船数量增加,二是由于炼铁业对木炭的需要。在18世纪初叶曾采取措施,限制船上的雕刻物的数量以节省木材。因此,同以前具有巴罗克风格的船只相比,18世纪的船只上"华而不实的装饰"不见了。建造一艘三级战舰(这种装有74门大炮的船是舰队的主力)需要3200车栎木和400车榆木。军用造船厂每年要消费22000车木材,为了对木材进行干燥处理,规定要有三年的木材储备。①

桑威奇于1771年任海军大臣时便成立了一个调查委员会,因为"军用造船厂的木材已所剩无几,而且海军部对于获得木材已无计可施,普遍认为英国的木材业已消耗殆尽"。剩下的木材储备仅有13000车,因为在过去五年中每年要耗费31000车,而且还因为当时东印度公司舰队的扩充。于是采取的措施包括限制东印度公司舰队的造船计划和为了打破木材商的联合行动而进口更多的外国木材。10年之后桑威奇声称,库存的和已签合同的木材已达80000车。但由于缺乏经过干燥处理的栎木以及良好的船桅和桅桁,国家已经遭受许多严重的损失。海军委员会的保守政策固然应为这种局面承担部分责任,但是要说委员会完全忽视了国外和殖民地的木材来源也不尽然:过去多年来一直从波罗的海地区大量进口,而且在委员会的信件中可以发现许多证据,证明对北美的森林进行过勘测,当地大量木材上有归国王所有的宽矢形标记。在美洲战争爆发伊始,木材普遍短缺也不能归罪于桑威奇,而是因为在上次战争处于高潮之际采用了未经干燥处理的木材建造船只。例如,当时建成的"皇家乔治号"于1782年使之侧倾以进行检修时,船底竟由于腐朽而脱落;而1765年下水的"胜利号"却一直保存完好,安然无恙。然而殖民地的造船厂并未获

---

① 《桑威奇文件集》,第4卷,第310、354页。见 R.G. 阿尔比恩《森林与海军强国》(哈佛,1926年)和 P.W. 班福德《森林与法国海上力量》(多伦多,1956年),不过前者对桑威奇时代的论述应加以修改。

得应有的发展,在美洲只建造了几艘小型战舰,第一艘是1748年建造的"波士顿号"护卫舰。米德尔顿替代萨克林任审计官后,情况有所好转,主要是因为米德尔顿更多地利用私营造船厂而使皇家造船厂储备更多的木材。根据他提供的材料,维修好的舰只1766年为56艘,1783年为68艘,1789年为101艘。①

大多数欧洲的桅杆、桅桁、船壳板、绳索和树脂都来自波罗的海地区。因此,保证这一地区的供应并严禁敌人染指,便成为英国的首要政策。据此,英国海军在战争年代坚持其作为交战国而拥有的搜查禁运品的权利,因而往往同"航行自由,货运自由"的中立主义原则发生冲突。当波罗的海国家在1780年,后来又在1801年建立武装中立同盟以维护自己的主张时,英国海军的反应即是进行武装干涉以保持松德海峡的畅通无阻。在从这一地区进口木材方面,法国的大西洋港口要比英国的港口更加容易受到攻击,但土伦可依赖意大利进口的栎木。法国尤其欠缺优质桅杆木,必须依靠由较短的木材制成的桅杆,而这种桅杆被证明是不顶用的。可是法国对手的情况也好不了多少,从美洲战争即可见一斑。1778年拜伦没能赶上德斯坦,部分原因就是他的舰队在暴风中被吹断了桅杆,而美洲的造船厂又没有足够的备用品。1781年格雷夫斯行动迟缓,未能阻止德格拉塞进入切萨皮克湾,也是由于备用品的短缺。次年舰队在纽芬兰海域一场暴风中遭受的损失表明,暴风雨造成的损失往往比敌人的行动所带来的损失要严重得多;由于天气恶劣而沉没的船只要超过在那次战争所有作战行动中沉没的船只。

舒瓦瑟尔-斯坦维尔公爵于1761年任海军大臣。此后10年中,法国海军和海运事业获得引人注目的复兴。他的侄儿舒瓦瑟尔-普拉兰于1766—1770年任海军大臣,由于受巴里夫人的影响,他们双双失势。但在1786年卡斯特里确定改革以前,他们的继任者一直在法国社会尖锐矛盾的限度内继续他们的工作。因此,如果说柯尔培尔可以称为法国海军的奠基人的话,那么舒瓦瑟尔公爵便是法国海军的重建者。

---

① 《巴勒姆文件集》,第3卷,第18页。

他的政策的主要目标就是报复英国,因为英国在七年战争期间使法国屡受损失。在法国、西班牙和英国之间展开角逐的第一个战场乃是在南太平洋寻找传说中的澳大利亚未知土地。为了寻找这块土地,第一次海军科学探险是在布干维尔、拜伦、沃利斯和库克这样的环球航海家领导下装备起来的。库克从1768年到1779年在夏威夷去世这段期间的三次航行中,在航海学方面的发现和成就使他的前辈黯然失色。他留下的遗产不仅有现代太平洋地图,而且有在海上保持健康和精确制图等方面他所确立的新型标准。① 他制图之精确主要是由于他运用了由约翰·哈里森发明的第一个实用航海天文钟,他在1772—1775年第二次航海中使用了哈里森的第四型号航海天文钟。这是18世纪发明的最重要的航海工具,因为它解决了如何确定经度的问题,这个问题长期以来一直困扰着法国科学院和英国经度委员会。

在法国能够在一场欧洲战争中采取报复政策之前,对法国海军进行改革势在必行。在舒瓦瑟尔对法国海军所处困境的描述并呼吁皇家资助失败以后,他便转向公众,尤其是南部和西部的商人阶层。结果是利用捐款竟制造了15艘备有75门炮以上的战列舰。到他离职时,法国海军的这类战列舰已由原来的40艘增加到64艘。在革命爆发前不久,曾设想过拥有81艘战列舰的平时编制,但这个数字实际上从未实现。除了这一重建运动之外,舒瓦瑟尔和他的继任者还开发了法国和西印度群岛的主要港口,以及在洛里昂、罗亚尔堡(马提尼克岛)、瑟堡、敦刻尔克等地建造新的基地。②

几任海军大臣在力求改革海军军官结构方面都收效甚微。存在于英国海军委员会的行政官员和海军部的作战军官之间的差别,在法国则由于严重的社会分裂而更形加剧。柯尔培尔所规定的财务监督(intendants)的权力以及被称为"文人派"(la plume)的军内各级行政官员的权力超过了称为"军人派"(l'épée)的作战军官的权力。舒瓦瑟尔1765年颁布法令,纠正了这种差别以提高作战军官的地位,但他的继任者德布瓦讷(1771—1774年在任)则企图反其道而行之,把海军军官地位同陆军拉平,甚至剥夺了他们独具特色的军

---

① 见 J. C. 比格尔霍尔编《詹姆斯·库克航海日记》(哈克卢特学会,1955、1961年)。
② G. 拉库尔-加耶:《路易十五时代的海军》(1910年),第420页;《路易十六时代的海军》(1905年),第56页。参见 M. 卢瓦尔《1789年的皇家海军》(1892年),第57页。

服。这种意图非常不得人心，致使德萨尔蒂内（1774—1780年在任）在任期间解散了近半数下属行政机构，以便在和平时期为作战军官建立海防哨所。这样，在法国参与美洲战争时，海军在行政上处于一片混乱状态。因此，卡斯特里1780—1787年在任时恢复了后勤军需机构较为广泛的权力，并于1786年颁布法令，以法律形式确定了这些改革。

比"文人派"和"军人派"之间权力对立更为严重的是各级作战军官内部的相互妒忌。构成"大军官团"（Grand Corps）的正规军官（也叫做"红制服"[rouges]，以他们的红色马裤而得名），是从军校学员中原被称为护旗军（gardes-de-pavillon）的一批人中间提拔出来的，都是布列塔尼和普罗旺斯的贵族子弟。为了扩大这批人的人数，舒瓦瑟尔允许出身低微的海军人员（通常被称为"蓝制服"[bleus]）在商船上或皇家海军服役，但他们永远不会被提升为高于中尉的军阶。卡斯特里进一步从更广泛的社会阶层的学员中选拔称为"有教养者"（élèves），以取代只有证明是贵族出身的人才能受到提拔的旧体制。这样的改革不合贵族阶层的口味，因为他们继续把在海军服役看作低于在陆军服役。但是，一旦"红制服"被大革命所淘汰，政府便得以从这支后备力量中选拔军官。一批同样受到蔑视的是所谓的"闯入者"。他们是从前曾在陆军服役或从事某种别的职业的军官。可是，正是像德斯坦（曾经是一名士兵）和布干维尔（曾经是一名律师）这样的"闯入者"给当时的海军历史增添了光彩。甚至伟大的叙弗朗也遭到过他同事们的蔑视，因为他的家族尽管也是正式的"红制服"，但却属于地位低微的贵族，没有在海上服役的历史。

在美国独立战争期间，法国海军中由于这种妒忌带来的困难要比英国海军中由于政治分歧带来的麻烦严重得多。如果说罗德尼可以抱怨他的舰长没有完全支持他的话，那么叙弗朗在印度洋上遇到的麻烦何止这些。据1782年一份报告的记述，"在海军里，无论是在高级还是在低级军官中间已毫无军纪可言。一些舰长不服从舰队司令发出的信号。另一些在军舰上无所事事，结果引起了极大的混乱。当时要消除军官队伍中种种令人憎恶的偏见是不可能的。但一旦和平来临，便有必要改革这种恶劣的军官体制以矫正这些弊端了"。① 连续几任的海军大臣对此作出的努力皆付诸东流，而正规军官的过分傲慢态度也招致革命者的攻击。到1792年军官队伍中的半数移居国外，剩下的许多人则遭到杀害或贬黜。② 由于海军军官对国王抱有特殊的忠诚，这种职业便与保皇党人一视同仁。因此就有必要建立起一支代表国家武装力量的新海军，以取代一向不把自己看作社会一部分的职业海军。从1789年到战争爆发，平均主义的狂热业已将旧式海军摧毁，但又尚未建立起一支符合时代精神的新式海军。

尽管柯尔培尔采取了海军军籍登记制度，但舰队的海员问题仍同英国一样难以解决。在沿海各省的居民中征召各级航海人员的体制被证明同当时抓兵队的情形同样困难重重；在海上服役也并不受人欢迎。虽然为了把大约9万人有义务服役的体制变得更具有人情味而采取了一些措施，但人员仍然奇缺，以致需要建立一支特殊的"海军陆战队"。这就是舒瓦瑟尔的"皇家步兵和炮兵部队"，卡斯特里于1786年将其改编为一支拥有6000名海军炮兵的部队。由于这些海员只在战时才在舰上服役，这支部队从来不受海军指挥官的欢迎。舒瓦瑟尔还设立了海军军医学校和海军造船技师部队（被称为海军工程部队），这些成就较为传之久远；设在巴黎的上述学校和部队总部一直存在到现在。

法国海军尽管人员不足，可是在战争艺术训练和造船水平两个方面却领先于英国。如前所述，莫罗格献给舒瓦瑟尔的专著乃是战术论著的典范。舒瓦瑟尔改组皇家海军学院以示表扬，因为这所学术机构是莫罗格于1752年创办的。肯彭费尔特并不是对法国战术训练表示赞赏的唯一英国军官，但在实战中他们的防御措施往往使他们的努力付诸东流。

法国路易十六登基大大增强了法国海军的声誉，因为他是唯一对海上事业感兴趣的法国君主。激发他有这种兴趣的是他的家庭教师、造船工程师和艺术家奥扎纳。在国王亲临造船厂访问的激励下，国家不惜重金大力实施造船计划。法国船只被捕获后有时立刻被改装成英

---

① 引文见拉库尔－加耶《路易十五时代的海军》，第598页。
② 参见 N. 汉普森《共和二年的海军》，第43、44页。

第七章 武装力量和战争艺术

国旗舰的事实,和英国船只在吃水深度处往往有标记注明是由哪一艘法国船只提供的型号,这些都最有力地证明法国在这方面占有优势。但是英国人对甲板上的脏乱现象却评价甚低,到18世纪末,法国在造船技术方面是否仍占有优势已令人怀疑。① 他们的船只的船体较大,可以发射大量排炮,但由于他们习惯于在侧翼开火以打断敌舰的桅杆,所以在近距离交战中从未发挥过威力。当然这种作战方式得以保存自己以便再战,但叙弗朗抱怨说,英国军舰的铜皮包底技术(法国直到1785年才采取这种技术)改进了英国船只的航海质量,使法国这种战术减小了威力。1786年以后,两国的战列舰都限制在100门炮以上、80门炮和74门炮三个等级,不过仍在使用的还有少数老式的第四级战列舰。至少还有两艘法国三层战列舰配备了多至118门炮。

在美国独立战争期间,法国海军每年耗资约1.6亿里弗尔。战后的五年中每年的费用仍为4500万里弗尔,可以说海军经费是使国家破产的主要原因之一。② 大革命前的最后一位海军大臣拉吕泽纳曾试图削减经费,但随着他的辞职和1788年叙弗朗的去世,旧制度下的海军可以说已走到尽头了。尽管已经下水的船只仍然可以使用,当时最优秀的造船工程师桑纳也还继续在为共和国主人服务,但由于大革命初期的过火行为,海军军官队伍实际上已不复存在。为了弥补军官队伍的枯竭,1791年4月公布的法律取消了商船服役和军舰服役的差别。海军军官学校二年级学生(称为aspirants)作为新军官在海上服役四年之后便可授予军官军衔。但是,由于雅各宾派的持续整肃运动,不久便不得不从几乎任何一级的军阶中提升军官。旧海军中得以保留下来的少数几名著名军官之一的布干维尔抱怨"海军赖以生存的军队纪律已荡然无存",③ 然后带着厌恶的情绪提出辞职。由于对"大军官团"不信任而且对他们是否忠于中央政府心存怀疑,行政管理军官乃得以取得完全胜利。布雷斯特和土伦暴动和兵变之后,海军

---

① 参见 H. 沙佩勒《美国大型帆船史》(1935年),第78页;J. 查诺克《造船史》(1802年),第3卷,第222页。
② 马卢埃的数字,转引自 M. 卢瓦尔《1789年的皇家海军》(1892年),第277页。
③ 转引自 E. 舍瓦利耶《共和国早期法国海军史》(1886年),第32页。

院校被关闭,作战军官由他们的船员选举并在军事法庭上设陪审团。① 具有讽刺意味的是,对旧海军进行最激烈批评的雅各宾派让邦·圣安德烈竟成为1793年战争爆发后国民公会被迫建立的新革命海军的主要负责人。

1775年10月,大陆会议的海军委员会下令用武器装备四艘军舰,组成美洲"大陆"海军。可以说美国海军从此便诞生了。由每个殖民地派出一名成员新组成的海事委员会宣布建立海军陆战队两个营之后,军舰总数增加到13艘快速帆船。《独立宣言》发表时,舰队增加到27艘各种类型的舰只,不过其中只有6艘正式建成的军舰,而且没有一艘是装有75门炮的战列舰。而当时英国单是在美国海域就有71艘战舰。伊塞克·霍普金斯是美国第一任海军舰队司令,在他麾下有5名海军上校和5名海军上尉,其中保罗·琼斯是装有24门炮的旗舰"阿尔弗雷德号"的第一位海军上尉。除了这支大陆海军(某些人士对建立这支海军投以不信任的目光)以外,许多州还拥有自己的海军,特别是弗吉尼亚州的海军拥有50艘小型舰艇用于海岸防御。

至于军服、海军惯例和有关处理战利品的法律等事项,委员会遵循的是英国海军部制定的规章。在各主要港口建立的海军管理处的供应职能与委员会执掌的行政权力之间形成的一种明显的差别,与在英国普遍存在的差别相似。一直到1779年,海事委员会才被一个较小的海军委员会所取代,这可以说是现代海军部的真正前身。战争结束后,所有的军舰均被出售,只有一艘装有75门炮的战列舰"美利坚号"赠送给法国国王,以报答"他对美国的慷慨支援"。1784年,罗伯特·莫里斯由海事代理处(在海军委员会撤销后接替其位置)退休,在此后几年中美国海军事实上已不复存在。

"大陆"海军的任务主要局限于同陆军的合作,不过在海上也有过10次俘获,其中最著名的一次是保罗·琼斯于1779年在弗兰伯勒角海域指挥"博诺姆·理查德号"(一艘前法国东印度公司的船)俘

---

① L.莱维-施奈德:《国民公会议员让邦·圣安德烈》(1901年),第1卷,第299—312页。参见 N.汉普森前引书。

第七章 武装力量和战争艺术

获了英国护航舰"塞拉皮斯号"。琼斯曾是一名远航欧洲的军官,但当富兰克林以美国驻巴黎公使的身份了解到琼斯可以向他提供船只时,琼斯的重要性主要是进行商业性袭击,他的船员则是些成分复杂、在私掠船上常见的一伙人。新英格兰的居民传统上盛行私掠巡航,因此海军人员从未超过3000名海员和170名军官,他们当中的大多数人都是私掠船的船长或船员出身。这样,在1776—1782年间,一方面私掠船的数量由186艘增至327艘,另一方面海军船只的数量却由25艘减少至7艘。在战争期间,编入现役的美国私掠船①总数为1151艘,而英国商船一共损失了3386艘。②

在当时,私掠巡航是海战的一个基本组成部分,因为这是摧毁贸易的主要途径。在欧洲海域,其重要性虽已每况愈下,但对之仍不可忽视。这是因为护航的需要日益增加,而且由于私掠巡航使海军失去成千上万的一流海员而遭到官方的反对。但是,在走私猖獗的年代,这样的优秀海员很容易转而去充当私掠船的船长或船员。圣马洛和敦刻尔克继续在这方面进行它们具有历史意义的活动,仅在一年之内就有120艘利物浦私掠船雇用了8754名船员。在战争期间,英国一共签发了大约2150张海上捕拿敌方商船的特许证。在美国海岸,私掠巡航空前盛行,而新英格兰各殖民地又处于特别有利的位置,可以拦截顺墨西哥湾流回到西风带纬度地区从事西印度群岛贸易的船只。然而,新斯科舍的位置也同样有利于捕获美国沿海的商船,结果有319艘被捕获的船只在哈利法克斯的殖民地海事法庭上被宣布没收。许多船只是被军舰捕获的,但是新斯科舍殖民地当时没有加入美国起义的原因之一很可能是由于他们有机会通过私掠巡航而获得财富。③

除海军巡洋舰外,另有两种极易混淆的船只承担摧毁贸易的任务。私掠船本来是私人战舰,不携带货物,但凭海上捕拿敌方商船的许可证装备其武器并编入现役。然而,"海上捕拿许可证"一词是用

---

① 在战时被征用的私掠船亦称武装民船。在此统一译为私掠船。——译者注
② C.O. 波林:《美国革命时期的海军》(纽约,1906年),第157页;E.S. 麦克莱:《美国私掠船史》(纽约,1899年),第113页。
③ 塞勒姆的埃塞克斯学会1911年出版的哈利法克斯法庭记录,以及新斯科舍历史学会学报,第12卷。参见G. 威廉斯《利物浦私掠船史》(1897年);《海上法律和惯例》(海军档案学会,1916年);海上捕拿敌方商船特许证登记簿,1778—1783年,海军部档案局,7/325。R. 戴维斯:《英国航运业的兴起》(1962年)。

来表示某一在进行贸易的商船及其所携带的有关文件（文件附有官方有关捕获船货的规定：禁止私自赎取和买卖，并指示将捕获的船货带到最近的一处殖民地海事法庭宣告没收）。如果想避免受到海盗行为的指控，如果船主的船员想受到保护而免于强征入伍，那么购买一张这种许可证就确实是至关重要的事。如果私掠船只所得的财富不如从前那么多了，那么美国和法国巡洋舰给英国商人带来的损失无疑会使这场战争在英国不得人心。

俄国是当时出现的另一个海军强国。彼得大帝使俄国成为波罗的海强国；这时，他大体上已在英国和荷兰的帮助下建立起第一支俄国海军，在他去世之后，这支海军便遭忽视，直到叶卡捷琳娜二世发动俄土和俄瑞（典）战争中才得以重新恢复。海军的大部分军官仍然带有外国血统，但这时俄国人往往是在外国技师的监督下为他们自己建造了更多的舰只。在派遣来的英国军官中，查尔斯·诺尔斯爵士、约翰·埃尔芬斯通和塞缪尔·格雷格最负盛名。美洲战争结束时，许多领半薪的英国军官进入俄国海军服役。可是，当有人建议聘用保罗·琼斯为波罗的海海军司令时，他们便以辞职相威胁，表示不愿在一个被他们视为叛徒的人手下服役。因此，琼斯只在黑海受聘很短的一段时间。塞缪尔·本瑟姆最初在俄国陆军任上校，后来又担任皇家海军总监，在装备一支舰队与克里米亚的土耳其人作战的过程中发挥了重要作用。1787年又在拉多加湖附近建立了一座制炮厂，英国工程师在该厂引进了大口径短炮和其他新式大炮。[1]

1769年，俄国舰队在海军上将奥尔洛夫统率下首次在地中海露面，但是在切斯玛打败土耳其人的却是由格雷格指挥的火攻船。到1787年第二次土耳其战争爆发时，俄国人业已在克里米亚拥有基地，于是有可能建立起先由沃伊诺维奇后由乌沙科夫指挥的黑海舰队。在四年之内，这支舰队的船只由7艘战列舰增加到21艘。更具规模并拥有54艘战列舰的波罗的海舰队（虽然仅有1/4的战舰编入现役）当时正用以与瑞典作战。这支舰队的司令格雷格在唯一一次获得出色胜利的霍格兰海战中阵亡，1790年维堡之战的胜利与其说是由于其新舰队司令奇恰戈夫的能力，不如说是由于敌军的无能。迄至战争结

---

[1] M.S.安德森：《大不列颠与俄国海军的成长》，载《海军镜报》1956年5月号。

第七章 武装力量和战争艺术　　　　　　　　　　197

束时，俄国已成为称霸波罗的海的强国，因此一旦建立武装中立同盟就成为为西方提供紧要海军补给品的主要威胁。①

在革命战争前夕，精确地对比欧洲各主要国家的海军实力是不可能的，因为登记在册的舰只的数量往往同其在海上的战斗能力没有什么关联。较弱的海军强国很少能同时投入所有的舰艇，其军官也没有足够的海上经验以达到一个合理的水平。因此，西班牙海军舰艇虽多（其中包括装有114门炮的四层甲板的"桑蒂西马·特立尼达号"，这是法国装有118门炮的"马赛贸易号"被毁之后最大的军舰），但由于人员配置不足和供应恶劣，便毫无实际价值可言。当雅各宾派声称法国拥有欧洲最强大的海军时，他们没有指出法国海军大部分有经验的军官已不在职。然而，除护卫舰和小型舰艇之外，以主力舰的数字相对比仍然是合理的。1792年英国拥有115艘战列舰，法国76艘，西班牙76艘。荷兰登记在册的有49艘，但由于其海岸水域较浅，其船只具有独特的构造。庞大的东印度舰队在荷兰的海上活动中占主要地位。1781年多格滩之战时，荷兰军舰作战英勇，1797年在坎珀当之战中再显神威。但在这两次海战之间的时期，荷兰舰队算不上是一支劲旅；当法国入侵荷兰时，荷兰舰队便轻易地在冰上为法国的一支骑兵部队所俘获。在1780—1790年之间，由于武装中立以及西班牙（或努特卡湾争端）和俄国的危机所引起的恐慌，波罗的海海军的规模迅速扩大——丹麦舰队由14艘增加到40艘，瑞典舰队由15艘增加到27艘，俄国舰队由22艘增加到50多艘。② 尽管如此，皮特出于对当时局势之考虑，于1792年2月17日建议削减海军预算，理由是"就欧洲形势而论，毫无疑问，在我国历史上从未有过比现在更有理由期待15年和平岁月的到来"。③

二　陆军

随着法国旧王朝末日的到来，其军事力量同其他方面一样，也走

---

① 参见R.C.安德森《波罗的海海战》(1910年) 和《利凡得历次海战》(1952年)。参见《詹姆斯·特里维南回忆录》(1959年，海军档案学会)。
② 关于数字比较，见查诺克《造船史》和W.詹姆斯《英国海军史》(1837年编)，第1卷。法国和西班牙舰艇的估计数字可能太高：1793年法国服现役的舰艇仅为67艘。
③ R.库普兰选编：《小威廉·皮特战争言论集》(第3版，1940年)，第16页。

到了山穷水尽的地步。陆军及战争的规模虽已大幅度扩大,[1] 但为此目的所采取的手段和对投入的增加了的资源的利用情况却极其糟糕。以死板的横列队形来发挥低劣武器和部队的最大效益的做法,结果反而更难以在前线的要害部位集中兵力给敌人以有效的打击。带有笨重供应的后勤部队的大兵团陆军只能缓慢行进,不能随时向处于劣势的敌人投入战斗。结果不是弱方得以逃避战斗就是失去决战机会。战斗于是就在毫无结果的情况下拖延下去,直到战斗双方都由于不断扩大战争规模带来的巨额军费而不得不休战为止。只有天赐良机偶然一击或军事天才才会摆脱这种困境。

从1763年到1792年,在欧洲主要强国之间几乎不存在陆上战争。这个喘息的机会被用来谋划在一次大规模战争中如何使取得决定性胜利成为正常的而不是偶然的结果。新兴的军事思想是对已形成的体制普遍进行批判的一个组成部分。在同一思潮的激发下,新兴的军事思想只有在整个改革事业取得成功的情况下才能取得胜利。在提高部队及其指挥官的素质这一重大问题上也不可避免地是这种情况。要做到这一点,只有改变陆军的组织成分,而这除非在政治上发生剧变,否则是办不到的。甚至在战术、战略和改进武器等问题上,这个规律也仍然适用。既得利益集团会从中作梗,各专业部门的本位主义也起着相当重要的阻挠作用。不同兵种的专家在他们所喜爱的行业中往往是些真正杰出的人物,但他们却不能以整体的观念来看待战争,也不能使自己的专业活动贡献于一个总的计划,而是以专业本身为目的。这种专业局限性乃是旧制度积重难返的弊端的一部分。只有那些习惯以新的思维方式进行思考,根据某些普遍原则检验一切体制是否还适用的人们才能超越这一局限。只有与既得利益集团势不两立的一个致力于改革的强有力的政府才能战胜这种局限。

军事改革家有他们的特殊困难,他们在文职部门工作的同事虽然对他们一般表示同情,但仍以怀疑的眼光看待他们的部分计划。最初,军人同文职人员一样,希望进行自上而下的改革;但是,他们普遍认为,只有本人是个有经验的军人并亲自统率过部队的统治者才有可能获得成功。他们不得不越来越寄希望于革命者和国会议员;但

---

[1] M. 罗伯茨:《1560—1660年的军事革命》(1956年),第14—15页。

是，只有在必要的压力下，这些人才能满足军人们的需要。因此，只有在法国大革命时期才开始认真采纳新的方法。在这之前，军队系统在相当大的程度上依然如同本书上一卷所描述的一样。但是，由于所做的预备工作如此广泛，使得变革一旦来临就会表现得猛烈而迅速。这便是在本章进行论述之前应作的必要说明。①

首要问题是找到一种使胜利者彻底击溃而不仅仅是击败其对手的作战方法。战术的革命通常需要新武器的发明。18世纪在这方面有很大进展，但缺乏完全彻底的创新。结果是新的战术仅仅是对旧战术的改进，而不是全盘否定。工业革命来得太晚，甚至对拿破仑的几次战争都没有真正充分地发挥作用。② 零星的新发明虽名扬四方，但还需要许多互为补充的发明，这些发明才能发挥其充分的作用。小型武器的变化甚微，虽然由于一些次要的发明，以及有一种趋势（尤其在法国）允许个人在自己认为适当的时候瞄准并开火而不必遵从指挥官的指令，使这些小型武器得以发挥更有效的作用。一支仅有两横列纵深的战斗部队这时已拥有足够完成战斗任务的火力，但是任何国家的指挥当局都不敢背离三横列的传统模式。人们已承认有来复线的武器具有高度准确性并采取措施予以推广使用。欧洲步枪既笨重又不准确，但是到了1750年，英国在美洲的殖民者研制出一种轻便的长杆步枪。优秀射手用这种武器可以击中距离300码的人（用旧式步枪即滑膛枪他只有40%的机会击中距离100码的人）。1775年许多美洲人希望靠这一技术成就取得独立战争的胜利。他们预先受到不要信赖技术的警告。这种步枪系前装枪，其命中率的提高是由于采用紧压的子弹和有槽纹的枪筒，但这也使装弹很难：滑膛枪射击三次，它们只能射击一次。这种步枪不够坚固，无法佩带刺刀，而且在战斗中当第一轮破坏性齐射之后，在重新装弹之前有可能受到白刃战的袭击。英国军官弗格森发明了一种适合上刺刀的步枪，并且通过转动手柄便可以开关的装弹口从后膛装弹。这种步枪射击得至少跟滑膛枪一样快，也许其主要的优势在于一个人可以在隐蔽处侧卧装弹。但是，还存在新的困难。当时战场上常见的浓烟往往使得在任何情况下都不可

---

① 一般参考S. 威尔金森《拿破仑之前的法国陆军》（1915年）；C. 戈尔茨《从罗斯巴赫战役到耶拿战役》（法译本，1896年）；L. C. 哈奇《美国革命军的管理工作》（1904年）。

② J. V. 内夫：《战争与人类进步》（1950年），第330—331页。

能进行准确的射击，而且在最初进行远距离射击会造成弹药短缺。要使步枪确立其在战争中的地位，就必须无烟并有便于携带的弹药。在地面起伏不平的国家中用其狙击是理想的，但在其他情况下则用处不大，即使美国人不久也大规模限制其使用。一位美国权威人士于1811年写道："在滑膛枪停止使用的地方，步枪才得以兴起。"①

对比之下，在炮兵领域里几乎发生了一场革命。在此以前，炮兵在战斗中的活动深受其重量和动作迟缓的限制。如今，在几项重要发明的帮助下，经过大量的努力，使炮兵获得了机动性。在斯特拉斯堡一家法国兵工厂工作的瑞士人让·德·马里茨（1680—1743年）研制出一种制造加农炮的方法，首先铸造一个所需形状和大小的坚固金属圆柱，然后用钢钻把它钻空。在过去，加农炮的炮孔一直是用中间带有心型的铸模制造而成。通过钻孔制造出来的武器更加坚固而又准确，这样便使游隙，即炮弹和炮筒内径之间的空隙减少了。这就意味着可以更加充分有效地利用炸药的爆炸力。马里茨的儿子把他的发明带到荷兰，然后从荷兰传入英国。在英国，本杰明·罗宾斯（1707—1751年）已发现测量抛射体速度的方法，这就为某些特殊武器的威力进行科学研究提供了可能性。据发现，炮弹的速度同装药的多少并不一定成正比，而当时每次发射所用的火药都过多。结果证实，同一炮弹，可以用装药较少，也就是重量较轻的火炮推动其达到同样的射程。

所有这一切都是由文职人员从事的工作。在德国，首先对较轻的火炮真正感兴趣的是军人。1744年，列支敦士登亲王受命领导奥地利炮兵部队，当时奥地利炮兵要比普鲁士的差得多。他从整个欧洲罗致专家，这些人的工作使奥地利的火炮有了重大改进，尤其是1753年以后。他的手下有一位格里博弗尔，此人在奥地利部队做出卓越贡献之后，被舒瓦瑟尔任命为他祖国法国的炮兵总监。从1765年起，法国采用了新的理论。制造出来的火炮通过缩短炮筒大大减轻了重量，但并未降低其威力。这种火炮更容易而又准确地进行瞄准。那时制造出来的四轮马车可以更平稳地行驶，而不再是仿制笨拙的农用马

---

① J. W. 赖特：《美国革命中的步枪》，载《美国历史评论》，第29卷（1923—1924年），第293—299页。

车，也不再用小公牛牵引。轻盈的炮身可以用人力在战场上搬动。如今，炮兵可以同步兵并驾齐驱了。一部分炮兵骑上马，甚至可以跟随骑兵和散兵一起行动了。马拉炮兵似乎是弗里德里希大帝于1762年首先使用的。法国于1791年开始采用，这特别适合革命部队的那种热情。

由于火炮此时的用途更加广泛，其数量自18世纪中叶以来一直在大幅度地增加。当时冶金业在英国初步兴起，也促进了火炮制造的发展。过去陆用火炮用青铜制造，这是一种相当稀少昂贵的金属。铁则不够坚固，由铁制造的火炮又厚又重，只能在海上使用。焦炭炼铁不仅可以增加铁的产量，而且可以使铁更加坚固。这样就可用来生产陆用火炮，从而为陆用火炮的发展排除了障碍。

这样，尽管步兵的火力增强得很有限，但这时却拥有比过去火力更强的重武器，可以使步兵在突击前向敌方阵地发动炮击。迪泰尔在他的小册子《新式炮的用途》（1778年）中设想部队和火炮协同作战，相互保护。在进攻中，火炮靠其机动性带来的安全保障，可以在开火之前杀伤1000码以内的敌军。火炮还设法配置在敌军战线的延长线上以轰击其侧翼。这样做总是收到理想的效果，因为炮弹沿着敌人横队扫过要比穿过横队更能给敌军造成大的伤亡。但旧式炮兵到达战线延长线的位置要费很长时间，致使失去耐心的指挥官大声疾呼："总是拖延时间。"新式火炮密集而致命的火力使敌人难以抵抗。把迪泰尔的哥哥说成是当代最伟大的炮兵拿破仑的首席军事教官是很恰当的。

可是，炮兵的力量仍然受到严重的限制。尽管结构得到了改进（而且路面更加平坦），但火炮仍然是运输的沉重负担。必须权衡火力和机动性两者之间的得失以作出结论。倘若不能正确权衡二者的得失，优异的技术成就也会成为军事上的弱点。格里博弗尔的工作几乎前功尽弃，因为他那些比较保守的同事们认识不到这一点，这些人一度败坏了他的名誉。例如，他们极力强调旧式长炮比新式短炮的射程长而且射线直。这种观点大部分不正确，但也并不是始终不正确。在某些情况下，牺牲远距离炮击以减轻一些重量，因为实践证明这在战场上毫无用处。格里博弗尔采取的是广义的军事观点，而反对他的人则是抱着狭隘的技术观点。就是那些创新的人也不能摆脱专业的局限性。他们为自己的工作提高了炮兵的机动性而感到自豪,并且过于洋洋自得而允许增加火炮和随行弹药车的数量。尤其是许多小型炮在运输中可能引出不值当的麻烦。所有这一切有再一次降低军队调动速度的危险。也许因为格里博弗尔的体系最接近于完美的平衡,因此法国在1825年以前一直采用这个体系。只是在建成铁路之后,当时炮兵最初显露出来的全部潜力才得以充分发挥。①

改进武器的尝试,其后果如何,人们半信半疑,这就使人们难以决定如何去改进战术。火力不断增加说明应以非正规的编队取代完全排列整齐的队列。这样,既可以得到更大的机动性,又可以更有效地利用地形。18世纪80年代各国都有以这种方式作战的"轻步兵"。英国在美洲认识到这种部队的重要性,而美国独立战争使这一点成为大多数有才智的军官所首先关注的问题。地势荒芜使俄国人也成为非正规战争的先驱。彼得大帝的非正规作战方式令萨克森伯爵很感兴趣,他在丰特努瓦战役中的军事部署就是受曾在波尔塔瓦击溃瑞典防线的建立一连串筑垒据点的作战方法的启发。然而,首次在西欧大规模使用轻步兵的乃是奥地利人,他们把在匈牙利和克罗地亚招募的用来对付土耳其人的当地非正规部队引进德意志。法国由于采用下面叙述的纵队阵形,自然就需要轻步兵,于是大力发展轻步兵的训练和战术,因此他们或许无须从参加美国独立战争中再学习什么。② 不过,对普鲁士人来说,那场战争的经验却极为重要。在18世纪中叶,他们在每场战争爆发时都采用快速征兵的方式对抗奥地利的轻步兵,应征者大多是外国人。18世纪80年代,他们建立了常备轻步兵部队,并吸收了许多从美国服役回来的德国军官,包括年轻的格奈泽瑙和像奥克斯和埃瓦尔德这样的专家。普鲁士轻步兵在瓦尔米战役中表现的才能不亚于在1813—1815年历次战役中的表现。③

但是,虽然非正规队形从此在战斗中显示出其巨大的作用,不过在武器进一步改进之前,基本上仍是次要的事。在战场上打破僵持局面最需要的是一种简而易行地集中优势兵力打击敌人薄弱环节的方

---

① G. 福克斯:《英国的火炮制造者》(1937年);法国狄德罗主编的《百科全书》中"野战炮"词条;A. 多勒切克:《奥地利炮兵史》(1887年)。
② J. 科兰:《18世纪的步兵战术》(1907年),第275页。
③ C. 雅尼:《普鲁士王朝军队史》(1929—1933年),第3卷,第130—131、165—168页。

法。为此，仍然需要老一派人所主张的密集队形。美国革命军的好枪法，起初由于操练不足，队列松散，以致几乎发挥不了什么作用。他们在布兰迪万河和日耳曼敦两次战役的失败，部分是由于他们成一列纵队前进，因此没有像英国陆军那样能在阵地上发挥其全部力量。此后，他们欣然向施托伊本男爵学习旧世界的阅兵场队形。[①] 完全依赖轻步兵的陆军是会遭到失败的，因此英国的戴维·邓达斯和法国的吉贝尔两人都反对这种把军事见解引向这条道路的时尚。前者认为，正是由于缺少优秀的骑兵，才使得轻步兵在美国变得如此重要。后者则以为，整个这场狂热只不过是为了回避一个根本性的问题，即如何在战斗的中心部位使主力部队具有更大的灵活性。

这里，起决定作用的启示来自那些设法按完全相反的方向谋求改进的人们，他们不是把重点放在火力武器的潜能上，而是放在其局限性上。在福拉尔（1669—1752年）看来，决定战争胜负的因素，与其说是"火力"，还不如说是"冲击"。他对引进火力兵器几乎感到遗憾，而迷恋于冷兵器。他建议陆军的大部队沿着前线间隔一定距离呈纵队排列，这样就能以他们的密集队形突破并从侧面攻击排成横列和依靠火力的敌人。他认为，横队排枪射击若命中率不高，则其效果只不过同少数士兵准确射击一样；这样，各纵队之间留下的空间事实上便可以由轻步兵的独立小分队来据守。这些观点在法国陆军中有大批的支持者，因为法国陆军经常使用纵列进攻并认为这特别适合法国的民族气质。法国士兵总是没经过很好的训练，而且不擅长在炮火下沉着地呈横队站立，但在密集冲锋的激情刺激下却能发挥他们的非凡才能。在18世纪50年代，纵队进攻被列入法国的正式训练教程。

这些早期纵队阵列很糟糕。其创造者极其蔑视火力武器，他们的"冲击"概念也毫不成熟。他们设想，一大群人就会具有一个坚固物体的特性，有如一只大槌。实际上，他们所说的密集队形往往造成混乱或行动迟缓。无论出现哪种情况，"冲击"的效果都会化为乌有。纵列战斗妨碍大部分战士使用自己的枪支，并不能带来某种优势。随着火力的增强，无人再相信这种观点。大部分法国人在七年战争中与普鲁士人对阵之后，对纵队作战失去信心。

---

① J. M. 帕尔默：《施托伊本将军》（1937年），第144—166页。

然而，纵队阵形是当时情况下的权宜之计。这是机动性同密集队形相结合的唯一方式。横队阵形只会行动缓慢，事实上也无法改变方向。一列纵队如不过于密集，便可向任何方向迅速前进，而且不受天然障碍物的阻挠。这乃是对前线的既定目标集中兵力给敌人以有效打击的显而易见的方法。法国人和普鲁士人同样对纵队在战场上的运动能力而不是其战斗能力进行了可行性调查。1763 年以后，法国人采用了一种新式纵队，其规模较小，不太密集，更适于快速运动。当时最重要的难题是如何找到一种纵队和横队之间真正迅速转换的办法，可以把最大限度的机动性同最大的火力结合起来。吉贝尔父子采用一种由普鲁士人发明却很少使用的机动方法，解决了这个问题。[①] 小吉贝尔的《战术总论》（1772 年）试图综合不同流派的新颖军事思想，并设法提出某一种赢得决战胜利的公式。

吉贝尔的作战方法，其目的在于使部队能在敌人面前自由调动，而不是固定在预设的阵地上。他的办法是，首先使一切队形变换应用自如，简便易学——在这方面他是他那个时代的一个真正产儿。必须练习四种基本运动方式。其他任何运动方法都是较简单运动方式的组合，大部队的队形变换实际上是小分队队形变换的大规模再现。其次，他尽量大胆采用一种不规则队形。横队不再是笔直的。其中的小分队在急速行进时也可以颠倒正常的次序而加以部署。结果，一支以并行纵队前进的部队在跑步前进时可以变换成同前进的横队相平行或呈任何角度（在两侧或在一侧）的横队。此外，部署在横队阵形某一部分或正向这一部分行进的部队也可以同样迅速地移动到另一部分。将领可充分利用地形来部署他的部队，而且不必一成不变地直到部队实际上已在敌人火力之下时才进行部署。通过在最后一刻增援横队阵形的某些部分，和改变不同纵队阵形的队形，以使部队显得比实际情况更强或更弱，他便可以加强突然袭击的效果。一支在战斗开始前才不得不开始布横队阵形而且只能缓慢地变更其位置的旧式军队，一定会被打垮。如果交战双方都采用这种新方法，那么两位将领中比较老练的一方便仍有希望取得决定性胜利。

吉贝尔认为，决定胜负的进攻乃是集中压倒优势的火力打击敌人

[①] 科兰，同前引书，第 135—150 页。

横队阵形的一部分，继之以发起冲锋而一举消灭之。他主张由仍然呈横队阵形的步兵发起冲锋，但将领可自由地采取另外两种方式。弗里德里希大帝主要依赖骑兵冲锋，以之作为驱散已被他的火力击溃的敌军之方式。他训练他的马匹高速冲锋，因此普鲁士骑兵也许比步兵更优于其他国家。吉贝尔要求的就是这种模式的骑兵，并认为骑兵冲锋乃是打击一支业已彻底瓦解的敌军的有效武器。

吉贝尔建议在下述情况下采用纵队阵形的步兵冲锋：在阵地狭窄的战线上发起进攻；进攻部队可以在隐蔽的情况下接近敌人；以及向敌方的突出部发起进攻。在最后一种情况下，由狙击手袭击突出部的正前方，纵队则向火力稍弱的侧翼进攻。由于两点原因，纵队进击在新的作战方法中发挥的作用比吉贝尔所预见的要大。首先，在大革命期间，法国陆军扩编招收大量毫无经验的平民士兵，纵队进击可鼓舞士气的特点这时便使之特别有用。其次，当时的趋势是以更加不规则的队列进行战斗，随着轻步兵的增加这种趋势更加明显，而吉贝尔的作战方法本身就具有这一趋势。这就是说，防御工事可以充分利用自然障碍物而形成曲线状，即形成一系列的突出部分；这样，进攻者便须以隐蔽的方式接近敌人。根据吉贝尔本人的原则得出的结论就是，进攻必须采取纵队阵式。就此而言，福拉尔及其学派的中心思想获得了胜利，即提供"火力"的轻步兵和进行"冲击"的纵队各有各的特殊作用，以取代想使两种作用兼而有之的归于徒劳的横队阵形。另一方面，正是吉贝尔及其同一代人提供了运用这一原则的实际可行的方法。他们的功劳还在于摆脱了偏执狂而坚持自由选择为不同环境设计的若干不同编队形式。

即使在法国，由于旧学派犹作最后挣扎，新的作战方法的胜利依然是姗姗来迟。普鲁士人早已制定了新的方法，可使横队阵形较迅速地推进。一位名为比尔赫的幸运士兵把这些新方法带到法国，使人们对纵队阵形失去了一定的兴趣，在1776年"普鲁士化的"操典中就很少提到纵队了。一位纵队阵形的老坚决支持者迪梅斯尼尔·迪朗为其观点提出一种新的内容，包括当需要火力时如何把纵队变成横队的方法。1778年在诺曼底的沃瑟进行了检验两种作战方法的对抗演习。迪梅斯尼尔的纵队变横队的方法被证明毫不灵活，而这样的纵队由于具有优越的机动性，似乎使纵队阵形重新确立了信誉。结果人们要求兼容并纳，普遍支持吉贝尔的折中办法。1791年操典主要就是根据这个原则草拟的，不过作为其理论基础的研究工作则是由一些完全支持纵队阵形的人所完成的（主要在1788年）。这部操典乃是法国在几次重大战争中所采用的战术及训练方法的基础，一直到1830年才被废除。①

促使进行决战的方法就是这样被探索出来的。倘若没有能使陆军采取攻势以迫使敌人进行战斗的新战略的发展，这一切也是无用的。令人感到奇怪的是，解决这个问题的答案却是在加强防御中找到的，而防御原本被认为是造成对峙局面的因素之一。这时，步兵和炮兵的火力已足以使任何部队的小分遣队在面对数目占优势的敌人时抵御一段时间。因此就有可能把一支军队分成若干部分，若其中的一部分受到敌方攻击，也可以与之作战，直至其余部分赶到交战地点与之会合以战胜敌人。前进中的分遣队形成一个网，可以展开来包围较弱的对手，使之无法不战而逃。可是，除非发起进攻的部队能够快速移动，否则这个方法便难以奏效。在这方面，西欧的经济发展做出了至关重要的贡献。道路和内陆航道的极大改善，不仅使人员和装备物资得以顺利转移，而且使命令和情报可以加快传递。甚至在1700年以后作战部队也往往根本不用道路，这部分是由于这些道路质量太低劣，部分是由于旧操练体制要求士兵保持过宽的距离，致使道路容不下行进中的纵队。此外，部队还由于供应的困难而降低行进的速度。然而，财富的增加和生产力的提高意味着在每一个地区都储有更多的食物和粮秣，还有更多的马车运送粮草。因此，一支部队更有可能依靠农村征用粮草而不必自带一切物资。在1778—1779年奥地利和普鲁士之间发生的那场短暂战争中，敌对双方都是广泛依靠战区农民种的土豆供给部队。此后这次冲突就以"土豆战争"著称。② 把一支部队分成若干支队也可以比全队挤在一条道路上更易于转移，供应也方便。

但是，改革者并不认为这种把部队分成若干支队的做法是解决战略问题的办法。在吉贝尔看来，这似乎首先带有旧学派特征的缺点。

---

① 科兰，前引书；J. F. C. 富勒：《英国18世纪的轻步兵》（1925年）；E. M. 劳埃德的《步兵史》（1908年）则可靠性较差。

② H. 德尔布吕克：《兵法史》，第4卷（1920年），第479页。转引自内夫《战争与人类进步》，第323页。

集中兵力是取得成功的关键，因此他主张较少地而不是较多地将部队分开。只是到后来，他才得出结论说，可以用一个支队与敌人的主力交战，而依靠巧妙地部署其他支队和指挥官的机敏，使其他支队朝枪炮声的方向前进。但有这么一种情况，即地形迫使战略家不得不考虑使用支队作战。这就是山地战。在这种战争中，战斗局限于在若干分隔开来的关隘进行。1764年布尔塞出任格勒诺布尔参谋学院院长。此人像吉贝尔的父亲一样，七年战争期间曾在布罗伊麾下任职。他的注意力自然被阿尔卑斯山战争中的各种问题所吸引。为了教学需要，他编写了《山地战原理》一书。他理所当然地主张把一支部队分成三个纵队，从中路到两翼的距离不超过一天的行军路程，以便于迅速集中兵力。在山地作战中，他不得不让部队分成更多的分遣队，以便在穿越山脉的所有道路上同时作战，出奇制胜。一支行进中的部队的各支队应尽可能充分利用同其行军道路相连接的侧翼山路。进军的每一段行程的开始和结束要尽可能近；这样，倘若有一个支队遭到攻击，别的支队可以通过战线前往营救。一支纵队如一时无法避免处于孤立状态，那就必须极端谨慎地移动。各纵队应尽可能通过信号和信使保持联系，主要目标在于可以集中一起进攻敌军并同时进入开阔地出现在战场上。

　　一支以这种方式前进的部队可以同在战场上采取新队形得到同样的好处——即可以迫使敌人守卫整个战线，而进攻者仍可以集中兵力攻击战线上的任何一点。布尔塞建议采取一个"多分支"的作战计划，即以一个"分支"作为主攻，而在其他地方发动一系列辅攻。如果主攻失利，则辅攻可以扩大进攻。他认为，在守方毫不知情的情况下能够发起第一次进攻的进攻者，占有与在内线作战的部队同样的优势：正如他所指出的，守方必须防守一个圆弧，而攻方则只需守卫一条弦线。守方最好不要试图防守一条防线，而应撤退到一个可以控制所有山隘的地点。进攻部队在前进途中，由于需要保护交通线并包围各堡垒，其兵力必然越来越分散。防御部队如果保持兵力集中，则有希望将进攻部队各个击破。如果进攻者竟然胆敢放弃保护其交通线，那就有可能在其自己控制区内遭到反击。布尔塞认为，胜利属于表现得最机动灵活的军队一方。在他的理论体系中，防御阵地的明智选择虽占有很大篇幅，但已不是主要问题。吉贝尔则走得更远。他说，不是到处都有坚不可摧的阵地。如果进攻部队发现防守部队占据一个坚固的阵地，那么，无论行动多么艰巨，他们就应绕过这个阵地。防守部队最终必然会被迫发动战斗；对力量较强的一方来说，即使条件不利，战斗总比没有战斗好。

刚刚开始形成的新战略，对认识防御力量的特性和组织具有重要的意义。当战争处于相对静止的时期，欧洲各国都力争通过设置堡垒防线以保护各自的边界。当时有许多人对其效用提出疑问。布尔塞认为堡垒防线很有价值，但他考虑的是山地这一特殊情况。吉贝尔则认为堡垒防线毫无用处，理由是富有冒险精神的部队会毫不犹豫地穿过堡垒防线而直捣中心城市；只是在保护兵工厂时才需要防御工事，他批评工程师们没有有效地把他们的专业知识用于军事方面。因为他们所建造的防御工事规模巨大，根本没有足够的兵力去守卫。对此，蒙塔朗贝尔的防御工事提供了某种答案。他的"垂直"防御工事体系是提高炮兵质量和数量的一种副产物。堡垒不再是由土木工事而是由火力，即由大量安装在"暗炮台"中的火炮来保护的。这种炮台是由非常厚实的顶部和墙壁筑成的拱形建筑，火炮通过四面的射击孔向外发射。这样，堡垒就变得更像现代坚固的碉堡，而不像城堡了。到这时为止，这些见解还令人半信半疑，主要是因为火药的烟雾和火焰往往使人无法在暗炮台中藏身。[1] 但有趣的是，与现代防守理论隐约出现的同时，现代的进攻学说也展现在人们的眼前。

前面已经指出，供应部队需要采取新的方法。布尔塞感到急需解决的，不仅是运送供应物资的车辆不应妨碍部队行动，而且在部队到达之前的弹药准备工作不致暴露部队的前进方向。他的补救办法是沿部队所有可能行进的路线建立弹药库。1760年他就已经建议在德国战区周围的一些地点建立供应站，以便布罗伊的部队可以从一条补给线转移到另一条补给线而采取迂回行动。但是大量增设兵站牵涉大量的财力和人力。吉贝尔承认布尔塞所提出的在前进线路上设置弹药库的做法是有价值的，但他更关注的是部队在超越这些兵站供应范围之外进行强行军时应能在相当长的一段时间里依靠农村提供补给。他尤

---

[1] M. 赖因哈德：《伟大的卡诺》（1950年），第1卷，第8章；M. R. 蒙塔朗贝尔：《优于进攻的防守艺术……即垂直防御工事》（1793年）。

第七章 武装力量和战争艺术

其不满承包商对战略的影响。承包商的兴趣仅在于最大限度地增加自己的利润,因而他们迫切希望部队前进的时间和路线能符合他们的最佳条件来采购和发放供应品。倘若一次作战计划与他们的利益相冲突,他们便会宣称供给的困难难以克服,这时对供给问题一无所知的将军们只得勉强同意。吉贝尔希望把必需品的供应交由国家来管理。

如果一支部队主要以分散的支队采取军事行动,那就要在不同的军兵种之间有更紧密的配合。许多下属指挥官而不是一两个最高指挥官会发现,他们指挥的部队包含所有的兵种,因而需要懂得如何正确使用每个兵种及其存在的问题。因此,吉贝尔提出骑兵的训练应尽可能与步兵训练相一致,这样无论哪一个兵种的军官就都可以比较容易地指挥另一兵种。格里博弗尔规定,步兵战术研究是炮兵军官训练不可缺少的部分。参谋工作的规模和复杂性会大大增加。指挥其支队分散在各处的部队要有大量的书面命令和报告。支队的行动必须有周密的计划,以保证他们能够朝正确的方向迅速行动,并且必须处于能够迅速集中的位置。这就需要对地形进行广泛的侦察。所有这一切的基础在于,在和平时期就应准备好精确的地图并前往可能交战的地区进行实地考察。自18世纪初以来,制图已经引起重视,但直到这时,精确而周密的测量才真正开始。

在这些需要的刺激下,欧洲各国陆军开始采取措施建立现代总参谋部。最初采取的行动通常是,在军需司令部下设立制图处。军需司令部从事部队的供应工作,因而也需关注部队的行动。这就要求制图人员对此以及对阵地的选择提出建议。因此,他们发展成为军事行动方案的制定者。奥地利陆军在制图方面居于领先地位。约瑟夫二世在位时,他们测量了整个哈布斯堡帝国,绘图5400张。在英国,国家测量任务委任给了唯一拥有必要技术资源的军械署(1784年)。这是英国日后若干年间在参谋工作组织方面落后的一个原因。法国第一次大规模的测量工作(于1744年开始)是由文职人员完成的,但在参谋工作计划方面走在最前面的却是法国人。1763年后,他们最大的愿望乃是制定一项侵略英国的可行方案。在布尔塞的指导下,这项工作的结果就是18世纪唯一一份军事计划。它非常类似于一种只有在铁路发明以后才是必要和才可能制订的时间表的安排。1766年布尔塞建立的机构在1771—1783年间正式中止活动并于1790年被撤销;

但其作用似乎事实上一直延续下来未曾中断。普鲁士的参谋机构在弗里德里希大帝当政期间几乎并不存在。只是在他的继任者在位后,才在军需司令部下增设了一个正式机构。1796年这个机构受命从事测量工作。只是到了1800年以后,普鲁士的参谋机构才领先于法国。这在很大程度上似乎是由于拿破仑的非凡才能完成了他的参谋人员的大量工作所致。

各国的参谋工作在1793年以前都未取得重大进展。参谋军官的人数很少,他们的专业知识也总是不能得到很好的运用。他们主要从事制图工作,这就使他们认为阵地比兵力的配合更为重要,并且往往使他们反对新战略,而这种新战略是非常需要他们的。在战略上同在其他方面一样,专业的局限性与单纯的保守思想一样起着同样大的阻碍作用。在参谋机构方面,两位重要的杰出先驱者——奥地利的马克和普鲁士的马森巴赫——在以后的重大战争中成为结局最为悲惨的败将绝非偶然。①

尽管技术方面的障碍使改革难以进行,可是同整个政治方面的障碍相比,还是微不足道的。旧式战争的真正基础及其存在的理由在于认为军官和士兵都是懒惰和愚蠢的,而且低级人员只要有胆量就会开小差。而新的方式则是要求各级军官和士兵都具有聪明才智和发挥主动精神,甚至训练的简化似乎也是由于深信士兵通晓事理,无须死记硬背地学习行动的每个步骤。另外还要求具有强烈的忠于职责的献身精神:一支部队,以支队形式分散各地,当地生产什么就靠什么生活,俭朴而不舒适,除非具有这种精神,否则不可能使他们凝聚在一起。

明智的军人都会认识到,军队的振兴有赖于国家的振兴。吉贝尔把欧洲各国政府在军事上的软弱归因于政府的暴虐。这使它们无法激励军人的忠诚,也不愿意激励军人的热情,因为它们担心具有尚武精神的军人也具有造反精神。他首先要求政府为人民谋福利,甚至要求国会机构亦复如此。这样,爱国主义才会重新焕发出来,人民才会心

---

① J. 科兰:《拿破仑的军事教育》(1901年);D. D. 欧文:《总参谋机构的来源》,载《近代史杂志》,第10卷(1938年),第161—179页;J. 帕尔杜斯:《皇帝约瑟夫二世时期哈布斯堡王朝的军事记录》,载《维也纳科学院哲学史部研究报告》,第63册,第Ⅱ部(1919年)。

甘情愿地拿起武器来保卫自己的国家，军队也才会从此拥有大量有能力和正派的公民。

有若干因素促使军事思想家以一种令人吃惊的方式同情改革家，甚至同情在公众中广为传播的反独裁主义的思想。这些军事思想家有许多人属于哲学界。吉贝尔是莱斯皮纳斯小姐①的朋友，他的《论文集》的发表使他成为沙龙中的重要人物。在德国，有才智的军人为文学杂志撰稿，甚至在大学执教。战争和进步思想在一些技术兵种军官身上紧密地结合在一起，比如工程师卡诺，他是阿拉斯学会成员并赢得第戎学会奖。他们当然对那个时代的科学研究感兴趣，而当时科学家也都关心社会问题。而且由于他们手下没有几个士兵或者根本不带士兵，所以在专业问题上很容易陷入乌托邦的思想。② 由于赞美古希腊和罗马的时代特征，人们普遍相信依靠武装公民来保护共和国乃是军事上的理想，只要环境许可，就能做到这一点。美国独立战争似乎证实了这一观点。拉法耶特声称："它使公民能承受饥肠辘辘，衣不蔽体，辛苦劳作而又毫无报酬，这就是我们士兵的生活状况，他们是这个世界上最艰苦、最能忍耐的人。"③ 士兵们认为，在政治和社会的进步中也充满着军事上无与伦比的希望，这种看法是完全正确的。可惜这些希望往往并非以与军人们的计划相一致的形式出现，并且由于军事上的种种错误而使之破灭。特别是在实行议会制的国家里，不无道理地永远担心军队觊觎政治权力，从而败坏了军事思想的声誉。除非找到可以利用这些军事思想的方法，否则一个国家的发展是不可能振兴其军队的。

为了提高军官的素质，大陆各国军方主张长期以来赞同采用主要由狭隘阶级利益所产生的各种方法。中小贵族越来越感到难以靠自己的庄园为生，于是越来越转向陆军以作为维持生计的替代方式。他们在大多数陆军部队中构成现役军官的主体，其中不乏才能出众的人。可是他们的职位并不如意。在一般情况下，地位较高和报酬较丰的职位全为富有的宫廷贵族所垄断。有时富有的资产阶级也竭力设法跻身

---

① 莱斯皮纳斯（Mlle de Lespinasse，1732—1776年），18世纪巴黎最杰出、最具解放精神的文学沙龙之一的女主人。著有《书信集》（1809年）。——译者注
② 赖因哈德：《伟大的卡诺》，第205—206页。
③ 转引自E. 罗布森《美国革命》（1955年），第166页。

于这个诱人的圈子。在法国，甚至出现债台高筑的上校把贫穷的贵族从自己的团队赶走，而把官职卖给有钱的平民的情况。大陆国家通常规定把大部分军事职务留给贵族成员。但这项法规普遍未予执行。

中小贵族千方百计维护自己在陆军中日益下降的地位。他们以日益尖锐的语调断言，军队的美德是他们本阶级的特点，而资产阶级是绝不可能产生优秀军官的，因为他们毫无荣誉感。克雷诺尔侯爵1764年写到，军官应来自"民族中最纯正的部分"，他解释说他们应该是这样的人，即"倘若他们当中有一个人不是出身于高贵的血统，那么由于他害怕失去社会地位，即由家庭出身给他带来的耻辱，就会对这个人起约束作用，并在某种程度上使他恢复他所缺乏的勇气。可以肯定，只有贵族才是这样"。① 他们同时认为，一名优秀的军官需要具备勤奋和俭朴的品质，基于此，他们反对把最好的职位分派给无所事事的廷臣。正是在这点上他们把自己的主张同军事改革联系在一起。在此以前，陆军军官一向认为自己并不是在从事一种职业，而只是被赋予特定职责的政府官员，这些职责是其他各种人都可以担负的。而如今，军事改革家们实际上是要求军官必须具有较高的职业素质，这也是出身贫贱的贵族军官力图保持他们的利益和社会阶级地位而发出的战斗口号。

首先表明军事改革对中小贵族会产生什么影响的是普鲁士陆军。普鲁士各邦诸侯密切关注发展自己的势力，他们特意规定军官应该被视为邦内的一等阶级，位于文职官员之上。中小贵族在军官中占主导地位。七年战争之后，在战争期间由于扩充而被接纳入陆军的资产阶级军官大部分又被赶出军队；更为重要和不同寻常的是，提升并不限于廷臣和王公贵族。在贵族内部机会均等，家贫如洗的贵族也可以跃居高位。陆军为贵族提供的生活资料非常充足，军官与士兵之比大大超过了奥地利陆军，这也是普鲁士陆军成功的一个原因。军官也竭尽全力来报效军队。军纪对他们如同对士兵一样严格，这是另一个独特之处，说明为什么普鲁士陆军的军纪非同一般的严厉。②

普鲁士的现实在其他地方成为一套普遍应用的原则。路易十四的

---

① E. G. 莱奥纳尔：《18世纪陆军及其问题》（1958年），第175页。
② 雅尼，前引书，第35—38页。米拉波：《论普鲁士王朝》（1788年），第7卷。

私生孙阿尔克骑士（chevalier d'Arc）写了《军事贵族》（1756年）一书，驳斥那种认为贵族应放弃对以职业谋生所抱的偏见的看法。他认为贫穷的贵族能够成为最优秀的军官，因此他事实上是反对他们不再过贫穷的生活。奢侈对他们会起腐蚀作用，使他们不宜服役。因此对国家来说，商业扩张是件坏事。如果商业扩张使生活必需品的价格提得过高，那么每个人都会被迫从商以发财致富；如果奢侈成风，不是富人就要遭到鄙视，同样的情况也就会发生。

阿尔克要求发动一场由国王本人领导的反奢侈运动，教育人民鄙视奢侈；教育贵族放弃奢侈生活，为公共事业献身而过俭朴的生活，这样才会保持贵族在国家中的至高无上的地位，否则这种优越地位就必然会归于豪门巨富。然而，"对一个国家来说重要的是，一个贵族家庭"应拥有"有保证的收入，这样国家的保卫者就会自行增加"。[①] 因此，陆军应为整个贵族阶层提供生计。不担任军官的贵族应编入特别的军官候补生连队做一般战士。军队将成为贵族作为一个优越阶层的明显体现。值得注意的是，阿尔克希望军官永远身着军装出现于宫廷，这同法国的传统做法是背道而驰的。他认为，立了军功应奖以贵族称号，士兵中有功劳的应授予军衔。这虽然很有道理，但这种做法只不过缩小了军官及其下属之间的隔阂，并将军队与其指挥官的特权联系在一起了。卡诺于1792年谈到"被称为前沿部队的是最低的和可怕的行业"[②]是完全有理由的。

从军事角度来看，这些观点显然容易受到强烈的反对，军官应该是"高贵的人"的看法当时是无懈可击的。据1775年的报道，由于军官和士兵的社会地位相等而使新的美国陆军的军纪遭到破坏，"因为士兵不能忍受由那些除了靠好运气获得高官外别无其他优势的人来指挥，何况他们自己同样也有获得官位的希望"。[③] 此外，军官必须是受过教育的人。但是，除东欧之外，这些要求并不表明具有贵族血统的人可以垄断军官的职位。事实上，非贵族出身的人通常并没有被排除在炮兵、工程师和轻步兵之外，这种要求也就被放弃了。当需要具有特殊才能或受过高等教育的军官时，贵族便依靠不上了。他们确

[①] 莱奥纳尔，前引书，第184页。
[②] 赖因哈德，前引书，第230页。
[③] 《历史手稿委员会：斯托普福德-萨克维尔夫人手稿》，第2卷，第17页。

实没有受到过什么良好的教育，尤其是那些较贫穷的贵族。于是，建立主要为贵族服务的士官学校的尝试便应运而生。这些学校办得都不太成功。在法国，由圣日耳曼创办的军事学校之所以失败是因为他无法实现要通过考试才可以授予军衔的条件。普鲁士贵族军事学校的课程设置期望太高，更适于培养外交官而不适于培养军人。格里博弗尔的炮兵学校办得很好，但要把法国贵族训练成为工程师的种种设想看来终成泡影。[①] 另一值得怀疑的问题是，军事改革家要求按资历提升——可以肯定，这就无法保证胜任工作的军官得到提升。然而，必须指出，美国新建的陆军军官同欧洲的贵族一样都坚持要按资历提升，因而大陆会议曾为争取保留提升他们所垂青的人的权利进行过艰苦的斗争。甚至在法国革命时期，制宪议会也接受了团以下军官按资历提升的原则，但团以上军官则按资历和是否为王室所宠信二者综合考虑。

据此应得出的结论是，能从大量受过教育的资产阶级成员中选拔军官的国家会在军事上占优势。但是，资产阶级日益增强在政治上产生的影响，造成了完全不同的结果。各国议会由于担心军人篡权，主要关心的是确保军官始终要从掌握政权的公民群体及其同情者当中选拔。这样形成的政策便无法改进把军衔保留给贵族的体制，并难以奖励有功人员和吸引贵族入伍。在英国，买卖军衔的情况仍然存在，而不利于有能力却没有钱的人，理由是据说这样可以保证陆军掌握在有产阶级的手里。美国当局倾向于采取更严厉的做法，大陆军军官退休后，一半的工资也不愿发给。军队的压力最后迫使当局同意照发，但是很少有军官得到任何退休金。美国人对当官的人依靠政府的开支为生深恶痛绝，即使他们是致残的退役军人。他们把军官当作一般公民，战争结束后应重操旧业或解甲归田。这里不鼓励职业军人。

这些原则在辅助部队中执行得更加明确。从1757年起，对英国民兵的军官实行具有财产资格的制度，而且在服役五年后，如有适当资格的人来替代，就必须退役（而这种情况是不大可能发生的）。美国民兵的军官由兵士选举，兵士都是武装的普通公民，军官自然也是

---

① 赖因哈德，前引书，第149页。

一样。法国在建立立宪政体后，也采取了同样的原则。在陆军中，新任命的军官如果不是从行伍中提升的，就必须是有选举权的公民或他们的子弟——这就是说，他们必须具有财产的资格。国民自卫军的军官以及从前线服役的志愿人员中提升的志愿军军官都是由士兵选举的。无论是财富还是声望都不是选择军官的重要条件，部队因而也就遭受损失。

法国最后终于采取了相当明智的政策，但这是在经历了特权阶级的垂死挣扎，对陆军造成了极其恶劣的影响之后才采取的。1775—1777年任陆军大臣的圣日耳曼支持中小贵族。他反对陆军中富人的势力，并实施了一项逐步消除买卖军衔现象的计划。每次买卖军衔的价格比原价减少1/4，一直到无利可图为止。同时实行根据同事的推荐从军士中提升军官的政策。这些原则都为制宪议会接受并得到比较彻底的贯彻。1791年实行买卖军衔需付补偿金，这种做法方才全部废止，1790年有1/4下级军官的空缺由从下层士兵中提拔的人来替补。他们有一半人是依靠资历，一半人是由全体军官投票选出的。经过长时间的酝酿，终于开始推行通过考试的办法以取代不授予士兵以军衔的制度。

圣日耳曼的计划还有一些是在他退休以后由他的友人努力完成的。1781年颁布的皇家法令要求新任命的大多数军官提出父系四代都是贵族的证明。这项法令遭到很大的误解。法令并无新颖之处，只不过是重申早先的同类法令而已；它本身为后来颁布的比较严格的法令所修订。它并未使平民不可能成为军官；仍然允许士兵晋升为军官，但一般认为这更不容易做到了。给贵族保留的权利是，无须先经过当兵就可以当上军官，但也不是在任何情况下都保留这种权利。这再次打击了富人的势力。穷人并不在乎服役时间的长短；中产阶级出身的士兵却在乎这一点。①

如果说1781年以后陆军军官的处境很快变得无法忍受的话，这倒不是由于服役的限制而是由于晋升的限制。改革者为了争取他们的方案得到支持，必须与宫廷贵族达成妥协。高级军官不再是朝臣的独

---

① G. 西克斯：《旧王朝末期还需要全由贵族来担任军官吗?》，载《近代史评论》，第4卷（1929年），第47—56页。

占领地；作为补偿，有必要规定平民和半贵族只能担任最下级军官。① 此外，贵族现在设法染指技术兵种，如前所述，这在过去并不是他们的领地。陆军中不满情绪于是沸腾起来。中小贵族强烈要求在他们的等级范围之内得到平等待遇。资产阶级出身的军官则带着忧郁的目光注视着自己的处境日益恶化。在革命前夕，大部分军官都不愿保卫旧政权，这也是旧政权倾覆的重要原因之一。

1789年后，惩罚降临到贵族出身的军官，不论贫富都一样，其实主要系富有贵族的罪过所致。制宪议会废除了陆军军官的全部特权，并要求他们宣誓效忠，直至最后干脆把他们撤职。起初，大部分军官还留在陆军，后来投奔瓦伦，② 不久又大批出走。1789年在役的6633名贵族军官（占军官总数的2/3），到1794年年底已有5500名移居国外。③ 但是，当时在孔代的领导下，他们中间也有一小部分人组成了一支阿尔克所设想的那样的小部队，④ 这支部队生活艰苦而忠于自己的事业。贵族阶级并不甘心自己的失败。

就补充陆军士兵这个问题而言，有头脑的军人越来越注意实行普遍军事训练。这就会为陆军提供更优秀的新兵：体格健壮、忠诚老实而又充满爱国热情的农民。这还会减轻陆军的财政负担，由于陆军费用猛增，致使欧洲国家普遍面临经济破产和政府倒台的威胁。每人在陆军培训一段时间即可以建立一大批经过训练的后备人力，一旦紧急需要便可应召入伍，但平时国家却几乎不用花一文钱。

大多数国家存在的"只限于在罪犯和贫民中征兵"⑤ 的制度，不能提供符合质量的士兵，而且这样提供的士兵数量有减少的趋势。这种制度非常不得人心。其管理工作往往是专横而不公正的。像卢梭等具有民主同情心的人士谴责这种制度对穷人是个不可忍受的负担。经济学家和他们在政界的追随者则反对它使生产工人的数量下降了。令人遗憾的是，要实行普遍征兵就会更加不得人心。征兵扩大到中产阶级和技术工匠使经济界的反对更为剧烈。有人还认为，普遍服兵役会使某些地区受到不公正的待遇。有些地区人力短缺而有些地区则长期

---

① 参见前第7卷，第181—182页。
② 法国大革命爆发后，国王路易十六逃亡和被捕获的地方。——译者注
③ L. 哈特曼：《革命时期王室军队的贵族军官》（1910年）。
④ 孔代，法国大革命期间流亡国外的亲王，曾招募流亡贵族组成所谓"孔代军"。——译者注
⑤ C.M. 克洛德：《国王的军队》（1869年），第2卷，第10页。

存在未充分就业的现象；后者当然是征集兵源的地区。① 在英国和法国，广大人民对强迫征兵深恶痛绝，频频发生暴乱，对当时毫无知识又安土重迁的农民来说，要他们离开祖祖辈辈居住的地方真是一件可怕的事，因为那里乃是他们安身立命的整个世界。对军医来说，思乡病是一种公认的疾病，当兵士实际上看来由于思乡病而死亡，或至少是由于思乡导致其他疾病而死亡的时候，根本算不上是思乡病流行了。因此有正当理由认为，兵士应该从流浪汉中征募。②

因此，1763年以后的趋势是停止而不是加强普遍征兵。法国民兵不再被用来作为迫使人们参加陆军的工具，勉强维持了多年后，终于在1790年解散。英国在美国独立战争之后停止强制征募士兵。普鲁士在七年战争期间各团队领导征募士兵时条件自然极其苛刻。于是，建立了一套比较有效的监督体制以防止滥用职权和征召的士兵人数日见减少。1792年的法律（到1813年依然有效）重申普遍服役的原则，但保留大量免征的安排。③

大多数政府不但根本无意建立"公民军"，甚至不愿从自己的部队中清除外国雇佣兵。像瑞士和黑森这样土地贫瘠而人力过剩的国家向经济繁荣而人力短缺的国家提供防卫者似乎是合情合理的事。圣日耳曼在法国担任陆军大臣前曾任丹麦陆军大臣，在该国着手推行过"本国化"的政策。他设法用从本国征募来的士兵以替代许多由德国人组成的部队。1773年，规定丹麦语替代德语为陆军指挥语言。但排除外籍士兵的工作一直到1804年才告完成。法国制宪议会批准建立一支2.6万人的外籍部队。到瓦伦事件④以后，除了瑞士籍军人以外，所有外国人均不准再有他们的准自治组织。瑞士卫队在1792年为保卫路易十六反对其臣民而战斗，后来不得不把剩下来的瑞士士兵都遣送回国。普鲁士的目标仍然是在陆军中保留1/3的外籍军人，一直到1801年吕内维尔条约签订才不得不停止征募。不过，无论在法

---

① C. 普瓦松：《1789至1792年间的陆军和国民自卫军》（1858年），第186—193页；A. 德普雷：《外省军团和1773年10月19日的法令》，载《近代史评论》，第13卷（1938年），第267—286页。

② M. 莱因哈德：《革命时期的思乡病与兵役》，载《法国革命史年刊》，第30卷（1958年），第1—15页。

③ J. 热伯兰：《外省民兵史》（1882年）；W. O. 沙纳汉：《普鲁士军事改革，1786—1813年》（1945年）。

④ 法国大革命爆发后，法王路易十六逃亡和被捕获的事件。——译者注

国还是在普鲁士,外籍团队好像都欺骗性地征募过大批本国人,以避免支付把真正的外籍军人从遥远的原籍运回国内的巨额花费。

征兵花费不多,而且征召的军队——"武装的人民"——有望比职业军人更忠于宪法,如果宪政国家的政治家们不是受到这些因素吸引,征兵制很可能没有什么前途可言。他们力图通过推行义务制以建立一支比正规陆军更合平民心意的部队。这些部队也逐渐满足了军事上的需要。美国每一个州都有保卫当地的民兵。对所有男性公民来说,在民兵中服役是强迫性的,但每年仅训练几天,而且他们也很少或不愿远离家乡去服役。但如果他们与正规部队协同作战,阻止攻击者集中其主力进攻正规部队,他们肯定是能在反击入侵部队方面发挥重要作用的。他们可以使入侵之敌无法有效地控制其通过的农村地区,无法从当地得到任何供应,并可不断骚扰敌人的交通运输线。他们就是通过这种方式,对例如伯戈因在萨拉托加的投降作出了众所周知的贡献。但他们不能取代正规军。

在这方面更能起作用的是1757年改革后的英国民兵。其目的主要是在战时接管保卫英国的任务,使在国外作战的英军无后顾之忧。民兵在每次战争期间组成,必须在英国各地服役。在平时,民兵只是偶尔集合在一起训练:1786年起,2/3的人每年集训一个月。从理论上讲,所有合格人员必须服役:经抽签选定的人组成分队服役一定年限,然后相继由其他分队替代,直到所有人都轮训完毕。实际上,几乎每个人都由别人代替服役。总有许多没有志愿加入陆军的农村居民愿意参加民兵,因为这样他们就不会被派往国外而可以在当地士绅的保护下同邻人们一起服役。民兵颇使在政治上支持它的人感到失望,因为后者希望把民兵服役时间缩短,更像美国民兵一样。但尽管民兵在他们看来像正规部队,其气质却大不相同,不过它确实可以为国家的兵员增添一分力量。

在法国,制宪议会用预备役部队来替代民兵,后备军通过志愿应征入伍,意在保持一批与正式加入军队的人一样的兵员。并不是每个地区都按人口比例征集,而是要求拥有过剩人力的贫穷地区作出超过其份额的贡献。[①] 预备役士兵在平时稍许接受训练,在战时即并入陆

---

① C.L. 沙桑和 L. 埃内:《革命期间(1899—1906年)的国民志愿军》,第 1 卷,第 4—8 页。

军服役。与此同时还成立了国民自卫军,主要用于维持治安,人员是全国革命者当中的志愿入伍者。制宪议会规定所有有选举权的公民均有义务参加国民自卫军,所以它同美国的民兵非常类似。当国王逃奔瓦伦事件使议会担心来自国外的敌人和本国正规陆军进攻的时候,议会自然就转而依靠国民自卫军,整个自卫军在短期内曾警戒待命,并按各单位规定的志愿人员指标,组建起一支拥有9.7万人的常规部队。不久又作出一项对其战斗力具有破坏性的决定,即让这支部队的战士每年12月有机会暂停服役。1792年春战争爆发后,又组建了另一支拥有7.4万人的志愿军。志愿军实际上大多不是(中产阶级)国民自卫军的成员而是由他们雇来的替身;不过他们中间的确也有许多令人可敬的资产阶级成员,他们出于爱国动机参军并且注定要涌现出许多杰出的军官。这种制度同英国的民兵一样,是一种间接的征兵方法,它召集了一批永远也不会参加正规部队的人。1792年7月,立法议会冒险采取了一项差不多是强制性的步骤,命令每个驻地的国民自卫军选拔若干人员以完成先前所要求实现的指标。

于是这种半征召服役的预备役部队在英国和法国出现,但这时的人数不多,所受的训练也不严格。这种缺乏效率的现象并不是不可避免的。当时的战争仍然比较简单,其起码的知识士兵很快就能学会。拿破仑征召入伍的士兵就像以前的志愿军一样,是在向国境进军途中进行训练。[①] 英国民兵平时每年只受一个月的训练,普鲁士的士兵则不过受两个月训练。但是,训练结果的优劣完全取决于更紧密地学习正规军,而不是去考虑平民是否能够接受。关键在于要有一批有经验的骨干军官和军士。他们能够在很短时间内训练没有经验的士兵而产生惊人的效果,[②] 这是业余军官无法做到的。英国的民兵经过很好的训练,因为教官和某些军士均系正规军人,但对民兵的领导却无方。法国的志愿军虽然素质优秀,但开始时却处于一片混乱之中。情况的改善是缓慢的,直到悲惨的军事危险处境迫使政治家们于1793年批准其同正规陆军合并。在英国,这个过程是逐步进行而且是不完善的,1799年开始有较多的正规军官在民兵中服役,并在自愿的基础

---

① G. 勒费弗尔:《拿破仑传》(1935年),第191页。
② 见沙纳汉,前引书。

上将受过训练的民兵调入正规军团队。①

当然，如果正规军的素质能够改变的话，那么，把征召入伍的兵士编入正规军就会较少遭到反对。此外，还可以吸收较优秀的士兵自愿加入陆军。为了达到后面这一目的并希望不经过征兵而建立一支强大的后备军，有人提出缩短服役期限。当1792年战争爆发时，法国动员士兵在战时入伍服役，期限为二或四年。美国大陆军最初的服役期也只有一年。后来，美国和英国都规定服役期为三年或整个战争时期。在两种情况下，都引起带来麻烦的误解，即士兵是否有权在哪一个期限较短就在哪一个期限届满时退役。这在美国引起1781年的一次兵变，在英国于1783年也发生类似的事件。这种实验并不成功。

关于军纪，所有的军事新理论都指出，对士兵不应再是强迫命令，而要明智地加以领导。吉贝尔认为，"我们同士兵讲的道理不够"。甚至连普鲁士正统派理论的伟大倡导者扎尔德恩也认为："苛刻对待新兵是不适合的也是不人道的。……任何人都不应忘记士兵也是人；大多数士兵在受到良好待遇的情况下可以干任何事情。一个士兵为一个善待他和受到他信任的军官所做的事要远远超过为一个虐待他的军官所做的事"。② 他和其他人都强调指出，军官对自己属下士兵的个人情况都要有详细的了解。训练要很好地安排，要教导新兵懂得所从事事业的意义。在弗里德里希大帝时代的普鲁士操典是一些各式各样规则的杂乱堆集。1791年的法国操典则是一部经过很好规划、分成若干课程的教材。

野蛮惩罚逐渐匿迹。盎格鲁—撒克逊人的确还坚持使用鞭笞。曾经高呼"血背"以奚落英国军队的美国人不久也看到了鞭笞被引进自己的部队：国会限制受鞭笞的数目，但想方设法使这有限的鞭笞令人更加痛苦。③ 另一方面，在普鲁士，1787年以后鞭笞的刑罚日益减少。在法国，圣日耳曼用剑的扁平面殴打以替代鞭笞，但这项改革被认为不当，因为人们认为这比鞭笞更恶劣。制宪议会废除了笞刑并大大放宽了整个军事审判体制。军事法庭从此设立了由各级军人代表组

---

① 法国的情况参见 C. 鲁塞《1791—1794年期间的志愿军》(第2版，1870年)。
② 他编写的《步兵战术基础》手册(1783年)，法译本第3—4页。
③ B. 诺伦伯格：《重新评价华盛顿和革命》(1941年)，第216—219页，转引自罗布森《美国革命》(1955年)，第158页。

成的陪审团。

各国政府作出各种努力来改善士兵的生活条件,以免使士气低落。人们认为,应当允许士兵结婚:家庭生活可激励负责的行为。普鲁士鼓励外籍士兵娶本地人为妻,认为这样做可以防止开小差。对军装朴素、衣着暖和、改善伙食以及驻地卫生条件提出许多要求。在法国提出要努力完成两项目标:一是面包洁净,二是营房内一张床铺最多睡两个人。甚至不顾在公认财政困难的情况下增加军饷,1790年法国士兵的军饷实际上增加了1倍。在英国,军饷实际上全部用于伙食和衣着而且实际上无法满足这两项的需要。1792年军饷有些微增加,使士兵在扣除上述费用后一年能剩余现金18先令10个半便士。① 美国大陆军的军饷,根据其国会雇主的材料,是比较优厚的,每人每月为 6⅔ 美元。但士兵们认为军饷仍不够花,而且其实际价值随着货币的迅速贬值而迅速下降。

法国和英国长期以来就有给年老军人发放年金的储备。但在普鲁士,无论给军官还是给士兵发放年金却是一种恩赐,而且极为罕见。财政拮据妨碍了改善,其悲惨后果是不适于服役的士兵退役后无法生活。扣除士兵的各项必需费用的军饷制度到处引起舞弊行为。在英国,1780年以后会计制度有所改进。在法国,在舒瓦瑟尔已经采取若干措施之后,制宪议会授权一个由每个团队的各级军人代表组成的委员会清查前六年的账目。这样,士兵便有更多的机会获得他们应得的财政收益,而且意味着会更加忠诚和有更好的军纪。②

这些改革使陆军初步成为适合正派的公民参加的职业。这些改革并没有在政治上减轻对陆军的敌意。议会里的政客们往往对仁慈的措施表示同情:他们有时认为,如果对军队少采取一些粗暴的行动,军队也就会少一些奴性,更会拒绝成为暴政的工具。但危险在于,官兵的关系会变得太好,反而不利于国家的健康发展。一支爱国部队,经受过种种新的而又比较严酷的战争考验——像在福吉谷经受过严冬考验的美国军队一样③——就很可能产生一种强烈的休戚与共的感情,

---

① J. 福蒂斯丘:《英国陆军史》,第3卷(1902年),第522页。
② 见沙纳汉《普鲁士的军事改革》;L. 芒蒂翁《法国旧王朝的陆军》(1900年)。
③ 福吉谷(Valley Forge),美国独立战争时期战略要冲。1777年冬,华盛顿率败军在此经历了严寒、饥饿的考验,重振了大陆军的士气。——译者注

并树立起一种信念，认为他们有权对政治施加影响。革命的政治家们担心打了胜仗的将军可能会自然而然地掌握更多的权力，这种担心是有道理的。于是制定了把这种危险降到最低程度的种种权宜措施。美国宪法规定，总统为武装部队总司令。法国制宪议会则赋予立法机关以否决宣战的权力并以国家的名义永远放弃征服别国的战争。这并不像一般人认为的那样是理想主义的流露，而是提供法律基础，以反对军事集团为了实现其政治野心而发动战争。在以后的立法议会里，左派曾设法制定一些措施，以区分"合理"服从和"被动"服从，使军人只服从合法的命令，但未能成功，不幸的是，所有这一切都诱发了军官和士兵之间的长期不和。法国制宪议会和立法议会在处理哗变部队反对上级的事件中，使自己对军队所做的有益工作大都化为乌有，严重损害了良好的秩序。

到1793年，各大国在军事改革方面究竟走了多远？人们当会看出，法国取得的进展最大。有一段时间，法国落在德意志各邦的后面。现在则赶上并超过了它们。社会因素对此起了很大作用。普鲁士的技术兵种较弱，而当时技术兵种不仅取得了重要进展，而且对整个军队所起的作用超出了思想家和领导者的作用。其原因在于产生技术人员的中产阶级在德国不如在法国受到尊重。技术人员在普鲁士陆军中被轻视，结果就不能吸引有才能的人。① 公民军之类的理想在法国比在德意志更容易付诸实现。但是，对这一点也不应过分强调，因为法国的相当于普鲁士容克贵族的人们曾大力推动改革，而后来的事实证明普鲁士容克阶级本身是能够吸收新思想的。奥地利在若干领域的进展一向引人注目。奥地利没有法国社会的优越条件，但它的陆军却受到一位能干的君主约瑟夫二世的培育。在查理大公爵的关怀下，奥地利陆军一度曾领先于普鲁士并英勇地抵抗了改革后的法国。

正是因为法国早先遭受了失败，所以才激励它作出努力，使它这时居于领先的地位。德意志并不缺乏改革的活动。在德意志各城市发行的研究军事问题的期刊数目惊人。在普鲁士，胜利并未引起骄傲自满，对当时的体制完全可以自由地提出批评。问题在于所有这些活动仅热衷于完善现存的思想或阐述一些过分新奇的事物。法国的失败对

---

① 米拉波：《论普鲁士王朝》(1788年)，第7卷。

法国改革来说是有一定益处的，因为他们引以为得意的理论受到了与之相竞争并取得胜利的普鲁士制度的挑战。他们必须抛弃偏见，向敌人学习。正是对法国和普鲁士思想进行了卓有成效的综合，奠定了法国未来胜利的基础。普鲁士的胜利使德意志人热衷于任意追求抽象概念，其学术专家们则陷于夸夸其谈，重复老调。毫无军事思想的高明专家比比皆是。迈纳特教授于1788年发表了一本《大学军事数学研究》的书，林德瑙则于1790年抱怨什么弗里德里希大帝的战术不是"以精确的几何学定律"为基础的。①

但是，法国的技术优势由于当时政治上所处的困境而无法得到发挥。舒瓦瑟尔于1770年下台后，他的重要改革受到危害；与杜尔哥同时任大臣的圣日耳曼，则由于两人被解职，他的伟大工作也半途而废。在1778—1789年期间，由吉贝尔和其他改革家控制的一个军事委员会着手实施一些重要的变革，改革工作才得以继续进行。但由于革命时期对军官的清洗和军纪的松弛，似乎一度使整个事业毫无意义。由于在政治上无法采取措施扩充兵员，法国军队的规模相对来说长期以来处于落后的地位。1791年，制宪议会批准建立一支总数约达25万人的陆军和后备军。而普鲁士的人口要少得多，当时却可以征召25万人入伍。奥地利差不多是此数的2倍，而俄罗斯则超过2倍。法国在路易十六时代几乎可以同整个欧洲较量，现在却有好几个国家可与法国并驾齐驱。

在英国和俄国，"本国"非正规战的传统与由崇拜普鲁士的人所输入的思想二者之间的斗争；减缓了两国在战术上的进展。英国的力量由于受到同法国一样的政治因素和由于需要海军这两方面的影响而缩小了。陆军和民兵的平时编制不到10万人，战时最多也只能增加1倍。陆军十分缺乏职业精神，要保持其效率水平都很困难，更不用说提高了。对比之下，俄国在宗教和习俗上与其邻国有很大的不同，所以它是在拥有这些有利条件下开始起步的。这就是说，他们从事的战争一般都具有"民族"性质，可以在部队中激发起一定程度的热情。这有助于形成一种灵活的战术体系，与法国出现的极为类似。苏联历史学家曾声称，在纵队阵形的发展这类问题上，俄国人是真正的

---

① 沙纳汉，前引书，第3章；戈尔茨：《从罗斯巴赫到耶拿》，第253—255、286—290页。

先驱者。情况虽似乎并非如此；但俄国看来很好地跟上了西方的步伐。

真正拖俄国——英国也一样——后腿的是运输问题。英国和它作战的各战场之间横隔着汪洋大海。俄国同样为大片广阔无垠的领土所隔绝，道路缺少，地方供应不足。就这两国而言，整个高度机动的陆军的新体制要依靠征用地方供应来施展其威力是困难的，除非是在小规模的基础上进行。英国海上的实力在这方面可以弥补不足。但陆军对海运的需要却不断增多：美国独立战争开始时的需要同七年战争高峰时的需要不相上下。不仅如此，行政机构也无法满足迅速集结船只、护航、运兵和供应的需要——这主要是因为这项任务要由一些各司其职的大臣和高级官员共同来完成，而他们却往往彼此不和，又没有一位上级来领导他们。1775年10月已安排好并计划于圣诞节前起航的一支远征部队一直到1776年2月初才离港，中途遇到逆风，耽误了行期，5月才抵达新大陆。由于英国掌握了制海权，这本应使英国人得以在美国发挥内线作战的优势，但他们始终未能迅速行动以使之成为现实。查尔斯·米德尔顿爵士曾（继老皮特之后）极力主张建立一支永久性运输预备船队，用铜皮包装船底，使之便于迅速航行。① 他的建议未被采纳，因而英军依然是无风就无法航行。

这样，欧洲便大体形成了一种军事上的均势。但法国革命的发展扫除了法国军事进步的障碍，从而打破了这种均势。法国长期以来曾经是一个越来越爱好和平的国家。伦理学家长期以来谴责大多数战争乃是王室利己主义的表现，他们这种观点得到自由贸易派经济学家的有力支持。他们认为，侵略战争同关税一样，是牺牲邻国利益以增加本国财富的愚蠢行动，到头来只会使大家都陷于贫困。战争不仅是错误的，而且是不明智的。不仅制宪议会，就是路易十六的主要大臣如杜尔哥、内克尔、韦尔热讷等人都深受这种观点的影响。像吉贝尔这样的军事改革家的思想也并无不同。他的理想之邦应是和平地对待邻国。"它不嫉妒邻国的富有，也不嫉妒邻国征服别人，也不干扰邻国占有远方领土。它懂得过多的领土意味着衰弱；提供奢侈贸易的远方

---

① E. 罗布森：《1775—1776年向南方殖民地的远征》，载《英国历史评论》，第66卷（1951年），第535—560页；海军档案学会：《桑威奇文件集》，第1卷，第97页和《巴勒姆文件集》，第2卷，第45页。

殖民地会助长本国的罪恶……它不侵犯邻国的商业……理解有商品就要交换；只要销路畅通，商品不用人为鼓励就会自行流通。"① 他认为，只有卫国战争才能在军人当中激发迫切需要的爱国热情。

从 1792 年起法国所从事的正是这种战争——保卫革命。要不丧失革命的果实，就必须给陆军以长期以来所需求的一切道义上和物质上的支持。革命者不得不一反以往爱好和平而变得好战——的确，他们过去越爱好和平，现在就变得越好战。军事历史学家有时贬低大革命的军事重要性，指出在革命后发生的战争中所使用的方法，都是在旧政权下演变而成的，甚至指挥官也是由旧政权培养出来的。但是知识的发展既产生了军事科学的进步，也产生了它的反面，即对战争和军队的厌恶。只有革命才能解决这个难题，同样只有革命激发出来的意识形态热情才能赋予战争的新体制以必要的推动力量。没有这场革命，战争的新体制只不过是纸上谈兵；两者一结合不仅改变了欧洲社会，而且令其他欧洲国家震惊，促使它们以同样的热情从事军事改革。

吉贝尔早就对眼前事态的进程作过设想："假定欧洲出现一个生气勃勃的民族，他们富于才干，足智多谋又有组织性；他们把严格质朴的美德和全国性的民兵组织与已经确定的念念不忘的扩张计划结合在一起；他们懂得如何少花钱来进行作战并依靠战利品来养活自己，不会因财政缘故而不得不放下武器。那么这个民族会征服其邻国并推翻我们脆弱的宪法，其势犹如秋风扫落叶一般。"② 但也许他关于未来总的潮流的说法仍然比较带有预言性质。他的理想之邦只有在"其臣民受辱，领土被侵或繁荣遭到破坏"时才会进行战斗。但是，

> 一旦参加了战斗，它就将以其坚决的意志全力以赴而决不会放下武器，一直到取得其应有的赔偿为止。它的作战方法将不会是目前各国采用的方法。它并不想为征服而征服。它将派出远征部队而不限于防守部队。它会满怀愤怒，把火与剑带到敌人的国土上。它将向企图扰乱其安宁的一切人报仇雪恨，毫不留情。任

---

① 《军事著作集》(1804 年)，第 1 卷，第 47—48 页。
② 同上书，第 16 页。

何人都不要把这种按照自然规律进行报复的行为称为野蛮和对虚伪的战争法规的违犯。这个原来心满意足而又爱好和平的人民遭到了侮辱。它只有奋起并离开温暖的家庭。如有必要，它将战斗到最后一个人，但这会赢得心灵上的满足，为自己的民族报仇雪耻，并通过复仇的壮举以保证该民族的未来和平与宁静。因此，积极防止犯罪的稳健的法理学者深知，在一旦罪行犯下后，如何毫不留情地追究罪犯，严厉绳之以法，杀一儆百，以防止坏人受到引诱铤而效尤。①

宗教战争以来泯灭的爱心，即对正义的热爱，重新回到了战场。这就为"进行全面战争"奠定了道义基础。

（王　青　译）

---

① 《军事著作集》，第 1 卷，第 51—52 页。

第 八 章
欧洲与亚洲和非洲的关系

一 与亚洲的关系

在本卷论述的这段时间里，可以看到欧洲和亚洲的关系在三个主要方面有所发展：英国东印度公司上升为在印度的最强有力的管理机构之一；英国的贸易在进一步向东扩展；欧洲人对亚洲的知识日益广泛和深入。在莫卧儿帝国崩溃后的权力斗争中，东印度公司变成了富庶而肥沃的孟加拉和比哈尔两者的统治者。而且，它不仅把法国从印度政治的有效参与中驱除了出去，还经受住了它的主要敌手马拉特人和迈索尔人的挑战。东印度公司此时成为一个印度的政权，代表莫卧儿皇帝统治着这些省，并着手改革那里原有的行政体制。如果说它的各种改革起了把印度人从高级职务中排除掉的作用的话，这种改革却也让拥有财产权并效忠其统治的印度土地拥有者阶级得以兴起。而购买它为进行反对迈索尔的提普苏丹的战争筹款而发行的债券的人中就有印度投资者。印度的货物不仅出口到欧洲，而且排除荷兰的反对，随着英国贸易的扩张而到达东方各海洋和到达中国，从而有助于弥补其迅速增长的向欧洲的茶叶出口。虽然它所预期的在印度帝国获得的利润令它大失所望，而且不得不寻求英国政府的帮助，并为此屈从于某种监督措施，但是它对中国贸易的利润掩盖了它所有的损失，并把它从绝境中解救出来。另一方面，荷兰的公司由于在美洲战争期间中断了它的欧洲贸易和它在亚洲遇到的日益加剧的竞争而遭到削弱，而且在本国建立起不同情它的政府后不久就不存在了。与此同时，由耶稣会传教士们培养起来的欧洲人对中国文明的兴趣，被启蒙运动哲学家们所接受,而洛可可风格对异国情调和风格奇异的喜爱,这时又增添了对富有天然情趣的中国园林建筑艺术的时尚追求。英国公司关注其行政管理问题的同时,更被印度的文明所吸引。公司的某些职员后来成了有名的东方学家。正像他们作为官员准备以印度的方法治理印度那样,作为学者他们则坚持认为印度的文学和哲学值得按照其本身的意义而无须按照欧洲的思想方法而加以研究。

1765年克莱武从沙·阿拉姆皇帝手中获得了孟加拉、比哈尔和奥里萨①三省的"迪万尼"(diwani),即民政权,以每年纳贡作为报酬。他认为公司在莫卧儿王朝的权威下进行统治将会是有利的,皇帝也许缺乏权力,但他仍能博得尊重并可使人获得社会地位。他的批准不论在印度和欧洲都是很有价值的,因为这不仅能有助于得到公司印度职员的效忠,而且也有助于防止它的欧洲敌手们的妒忌。甚至英国议会也不愿接管它使之成为即使是名义上由国王统治的直辖领地。负责征收孟加拉的各项赋税和行使审判职权的官员称迪万②,公司指派了一名印度人穆罕默德·里萨汗作为代表充当此职务,而纳瓦布③也指定他作为自己的代表管理行政部门,包括掌管刑事审判。正如公司在孟加拉的政府于1767年所满意地指出的:"我们可以把目前的情况当作我们的春天,在纳瓦布名字的掩盖下,悄悄地使这个庞大的'政府机器'进行运转。"④ 克莱武自己估计,可从这样一种经济安排中得到巨额的利润。他预言可"净得""165万英镑,将用它来支付投资的所有费用,提供中国珍宝的全部钱款,保证您们在印度的其他所有殖民地的需要,此外还可为您们的金库留下巨额的结余"。⑤ 但是管理费用之大和收益之少都超出了原来的预期,而在1767年英国主管部门决定每年强令公司上缴40万英镑。那些购买了公司的股票盼望它继续升值的投机商们,不顾1772年的财政危机,利用自己的影响继续维持股息的利率。当公司最后被迫向政府请求帮助时,毫无

---

① 奥里萨仅仅指米德纳布尔地区。
② 迪万(diwan),莫卧儿王朝时期相当于财政、司法大臣的官员。——译者注
③ 纳瓦布(nawab,亦拼为Nabob),莫卧儿王朝时期的省督。——译者注
④ 来自孟加拉的函件,1767年1月24日,第4段,N.K.辛哈(编):《威廉堡—东印度公司总部(India House)书信集》,第5卷(1949年),第277页。
⑤ 克莱武致东印度公司董事会函件,1765年9月30日,第12段,印度事务部档案,孟加拉来函,第7卷,第29页及以后各页。

疑问，随之而来的是某种方式的政治控制。①

虽然公司处境如此困难，但其职员似乎非常富足。带着从东方掠夺物归来的纳波布②们已经是令人讨厌的暴发户。他们被斥责为暴君，甚至传说他们私人的贸易活动曾助长了孟加拉饥荒的发展。政府除了借给公司140万英镑使它渡过眼前的灾难外，还试图纠正那些在政治小册子中和议会里大声疾呼要它注意的弊端。但是，这些纠正措施并未根本改变公司的行政体制，反而使产生的冲突超过了改革。在1773年管理法的名义下，任命了1名总督和4名参事，但下属的各项任命由公司决定。从英国派出的3名参事是以改革家的精神而来的，总督沃伦·黑斯廷斯作为公司的一位老职员，却没有驾驭他们的权力。他很快就卷入了与他们的冲突。为了听取对公司职员和一般英国臣民的指控，成立了一个最高法院。但并未十分清楚地规定它的司法权限，于是很快它就卷入了与公司操纵的孟加拉政府的冲突。马德拉斯和孟买的政府被禁止在未得到总督和参事会同意的情况下宣战或缔约，但在"紧急情况"下允许例外，这就给争吵留下了极大的余地。

与此同时，公司本身正在修改由克莱武建立的"双重管理制"。董事会很快就怀疑一笔数目相当可观的税收在它可能进入国库前已被"一大批无所事事的谄媚者"所截留。③ 公司中的一些欧洲官员于1769年作为监督员被派往各地区进行调查。但是尽管孟加拉在1770年发生了饥荒，被认为有1/3的居民丧生，而1771年的税收，用政府的话来说，"仍通过粗暴手段使之保持在它以前的水平"。④ 不过，董事会已决定公司必须更多地参与行政管理，并于1771年下令孟加拉政府"要起渊万的作用"。穆罕默德·里萨汗被免去了公司代表的职务，随之而来的是一个试验和争论的时期。监督员变成了税务官，不过董事会并不信任他们，他们很快就被撤了回来。地方性的税收机

---

① 政府提供的援助有一部分通过了1773年的茶叶税法，允许公司可以直接向美洲殖民地出售茶叶，而不必先打包在英国公开出售。该项措施在宪政冲突的关键时刻大大地触犯了影响很大的殖民地利益集团。见后文第16章，原文第458页。
② 纳波布（nabob），在印度发财的欧洲人。——译者注
③ 致孟加拉函件，1769年6月30日，第13段，N. K. 辛哈（编）《威廉堡—东印度公司总部书信集》，第5卷（1949年），第212页。
④ 来自孟加拉的函件，1772年11月3日，第7段，印度事务部档案局，第11卷，第84页。

构建立了起来，但是并不成功。最后税务官们重新回到了他们各自的区县。政府所面临的问题是如何确定土地的田赋额。它以五年为一期把田赋包给柴明达尔①，承包的土地还可以拿出来拍卖，以此取代逐年确定赋税额的办法，但这种做法引起了严重的社会后果。这种可以拍卖的规定鼓励了许多老的柴明达尔，他们在投机性的出价中，出于保住他们土地的迫切心情，要么出价过高，要么被迫抬高价格。新政策因此造成了经济灾难和社会混乱，柴明达尔的权利引起的争论延续了20年之久。争论的一方说他们只不过是包税人，而另一方则认为他们是世袭的地主。有关税收政策的争论实际上是由这样一种说法引起的，即公司的任务是遵循莫卧儿王朝的惯例。事实上，"柴明达尔"一词可用来指各种不同的人，从新近被指定的包税人到古老家族的王公们都在内。但是在莫卧儿王朝的权威衰落期间，职务变为世袭已成一种普遍的趋势。董事会决定在五年承包期满之后禁止继续拍卖。这样做是有一定的历史原因的，因为这样做是对世袭权利的损害。

随着公司决定起迪万的作用而带来的司法体制的变化也影响了柴明达尔们。在莫卧儿王朝的权威衰落过程中，他们中的许多人变成了本区县的实际统治者，因为纳瓦布的司法权超不出主要城市多远。现在，正规的民事与刑事法庭已成立，而且进行了许多试验和变革。最初是授权税务官管理民事法庭，后来又由各地区的税务机构负责，到1781年又任命了独立的法官。另外，正像沃伦·黑斯廷斯对曼斯菲尔德勋爵所说的，"对沿袭已久的地方法规并没有做实质性的改变，只不过是恢复其固有的各项原则而已"。② 按照只包括民事审判的"迪万尼"的理论，刑事法庭由印度法官们主管，他们向穆罕默德·里萨汗负责，后者仍然是纳瓦布的代表。刑事法庭施行的是穆斯林法律，而民事法庭则不论原告是印度教徒或穆斯林，都施行原告个人所遵循的法律。如何确定这种法律是首先遇到的问题。由威廉·琼斯爵士这样的学者来收集和翻译，并由法庭委派了一些印度教和穆斯林法

---

① 柴明达尔（zamindar）原意为"土地持有者"，在印度历史不同时期和不同地区，柴明达尔的性质有所不同，这里主要指政府的田赋征收人。——译者注

② 1774年3月21日黑斯廷斯致曼斯菲尔德信，G.R.格莱格《沃伦·黑斯廷斯》，第1卷（1841年），第401页。

律顾问。这样使得法律比较严密了，尽管法律的施行已不再那么专断。柴明达尔们本身也受到法庭的管辖，新任命的民事法官也行使地方行政长官的职权，受权监督他们的警察机关。地方的习惯法和豁免规定已经让位于司法行政的系统化和统一化。

不论公司怎样表白它的意图在于恢复莫卧儿王朝行政管理的真正原则，但它与皇帝的联系在 1771 年受到严重的干扰。马拉特人企图在 10 年前的帕尼帕特战役的惨败后英勇地恢复过来，向印度北部派了一支大军，并说服皇帝返回德里受他们的保护。黑斯廷斯停止缴纳公司的贡赋，并不屑一顾地认为：皇帝授予"迪万尼"权一事仅仅是"一纸空文"，"根本不足为凭，实际连 3 个半便士也不值"；公司是根据"最高的头衔，即权力"而拥有其领地的。① 马拉特人过高地估计了皇帝的威信，但他们的注意力不久就完全转移到 1773 年年轻的帕什瓦②纳拉扬·拉奥被谋杀之后在浦那发生的权力之争中了。

孟买政府立即被卷入。以一块领土为报酬，它贸然同意支持死去的帕什瓦的叔父拉古纳特·拉奥。拉古纳特·拉奥自称是继位者，但他被怀疑与谋杀案有牵连，而且遭到以纳纳·帕德尼斯为首的摄政会议的反对，后者以帕什瓦的遗腹子萨瓦伊·马达夫·拉奥的名义继续管理着国家。支持一个王位竞争者的要求，是获得势力的惯用手法，但孟买政府既过高估计了它自己的力量，也过高估计了拉古纳特·拉奥治理国家的本领。其结果是一连串精疲力竭和徒劳无功的战争，在此期间孟加拉政府还不得不派兵支援孟买。海达尔·阿里是一位强有力的军人，他已在迈索尔篡夺了权力。他也许是反对马拉特的一个有用的同盟者，但是马德拉斯政府引起了他的敌意，他在 1780 年横扫卡纳蒂克地区直捣马德拉斯城下。③ 此时正值英国与法、荷交战之际，法国人同时为马拉特政府和海达尔·阿里提供援助。公司的处境似乎危在旦夕。但是黑斯廷斯除了派艾尔·库特爵士支援马德拉斯外，还成功地袭击了帕什瓦属下中最强大和最有野心的马哈吉·信迪亚，从而与马拉特人缔结了和平。信迪亚在瓜廖尔的堡垒陷落和他自

---

① 1772 年 2 月 23 日，黑斯廷斯致 G. 科尔布鲁克爵士，不列颠博物馆，手稿 29127，第 15b。
② 马拉特人首相的称呼。——译者注
③ 与传说相反，他并未蹂躏整个卡纳蒂克地区，因为他自己想要占领它。见 C. C. 戴维斯（编）《马嘎尔尼勋爵私人通信集》（皇家历史学会，卡姆登文件第 3 辑，第 77 卷，1950 年），第 IX 页。

己在锡布里失败后，同意向浦那政府施加他的影响。通过萨尔拜条约（1782年），公司答应不再支持拉古纳特·拉奥，帕什瓦则答应不再与欧洲的其他国家结盟，同时信迪亚以保证人资格保证双方都严格遵守条约，此事促成了马拉特人力量的瓦解。对浦那的控制越来越不耐烦的信迪亚，现在被公司作为一个独立的王公来对待，公司并向他的宫廷派了一名驻扎官。当莫卧儿皇帝请求帮助镇压地方骚乱时，黑斯廷斯拒绝干预，而信迪亚却得以放手致力于在德里建立他的势力。与此同时，在海达尔死后，公司在相互归还掠取物的基础上与他的儿子提普媾和，并拒绝参加浦那政府反对迈索尔的一场新的战争。但信迪亚的势力在北方的增长引起了浦那的恐慌和不满，于是纳纳·帕德尼斯立即请求公司也任命一位驻在帕什瓦宫廷的驻扎官。由于公司的宿敌如此地耗费了他们的精力，而且它的驻扎官们又居于如此有战略意义的位置，公司的地位比过去任何时候都强大了。

但是在英国，沃伦·黑斯廷斯积极有力的政策受到密切的关注。他被说成是一个肆无忌惮的战争贩子。邓达斯把他比作是"一个亚历山大或一个奥朗则布"。① 管理法仅仅是牵制公司的统治，但没有提供控制它的手段。英国内阁有权审阅来自印度的函件，1781年又获得了否决董事会的批复的权力。但要贯彻它自己的政策，势必依靠非正式的手段来影响董事会，而这往往难以奏效。在内阁说服董事会召回沃伦·黑斯廷斯之后，股东会——股份持有者的总机构——曾有两次推翻了董事们的决议。因此，1784年皮特的印度法建立了一个常设的督察委员会，享有批准和修改发往印度的函件的权利。但是公司仍然保留着某些权力和大部分影响，董事会仍旧是管理机构。来自印度的函件仍然寄给董事会，对函件的批复仍然是在东印度公司总部作出，由董事们签发。不过，一旦某一函件已由督察委员会批准，股东会就不得再加以更改。董事会仍有权在公司职务中任命令人垂涎的书记人员。不过，在实际上不得不与督察委员会的主席分享这一任命权。总督和省督仍由董事会任命，但国王和宫廷都有权把他们召回。但在实际上则是由内阁遴选，经宫廷批准。

总之，这是一种约束制度，它鼓励办事宁可慢些，但要谨慎从

---

① 转引自 L. S. 萨瑟兰《18世纪政治中的东印度公司》（牛津，1952年），第384页。

事。但由于与印度的通信联系十分缓慢，已经在很大程度上给那里的由公司领导的各政府留有自行作出决定的余地，因此速度问题对英国政府来说不如对它们那样重要。沃伦·黑斯廷斯的确感到处处掣肘，因为管理法未能使他消除行使其权力的种种障碍。当时的历史学家古拉姆·侯赛因·汗曾把公司的行政管理同一位印度的统治者作了对比，他认为公司的主要缺点之一就是决策的缓慢，其原因就是政府实行的委员会制度。但是1781年的一项法令确定了最高法院裁判权与公司的行政管理之间的界限；1784年皮特的印度法加强了孟加拉政府对所属各管辖区在处理对外关系方面的权威；1784年总督的参事也从4人减至3人，而且两年之后授权他在特殊情况下可以越过他们行事。英国议会一旦得以在公司的国内管理机构中有了稳固的发言权，就非常愿意加强公司在印度的政府。对沃伦·黑斯廷斯的弹劾也许证明英国议会意欲在印度政治中运用道德规范，但当时已经时过境迁了。菲利普·弗朗西斯是根据管理法派去的参事之一，而且是弹劾的主要发起人之一，他实际上是设法使他在印度未能阻止的黑斯廷斯的行为，在英国受到惩罚。邓达斯劝皮特支持对黑斯廷斯的弹劾，他的看法似乎也没有确凿的证据，因为他是妒忌黑斯廷斯可能成为他在督察委员会中的竞争对手。另一方面，黑斯廷斯本人曾与反对内阁各项印度政策的利益集团有联系。① 但是不论那些对弹劾负有最大责任的人们的动机如何，审理过程提供了一个这些人发泄从普拉西战役以来对公司的嫉妒和怀疑的机会，同时也提供了一个发表许多大意是认为被统治者的权利值得认真加以考虑的雄辩演说的机会。与此同时，皮特的印度法为未来提供了某种安全保障。从此以后，公司将与督察委员会以一种互相牵制的关系共同治理其领地，后者可以阻止它所不能支持的任何建立帝国的轻率冲动，并阻止它所无法承受的任何导致贪污腐化的倾向。

美洲殖民地的丧失和当时威胁到印度公司的各种危险，似乎证明需要保持稳定和谨慎行事。除建立督察委员会外，还试图以某种法令

---

① S. 魏茨曼博士：《沃伦·黑斯廷斯与菲利普·弗朗西斯》（曼彻斯特，1929年），第186—187页，对皮特突然改变了主意，或他曾有意支持黑斯廷斯的说法提出了疑问。C.C. 戴维斯博士：《沃伦·黑斯廷斯与小皮特》，载《英国历史评论》，第70卷，第609页及以下各页提出皮特曾一度持有对黑斯廷斯不利的意见，也许是由于受到伯克和弗朗西斯的宣传的结果。

对公司的各项政策加以约束。公司的红利已经制定了章程加以固定。皮特的印度法警告公司，"在印度追求征服计划和扩张统治范围"是"同英国的愿望、荣誉和政策所不相容的"，因此禁止实行侵略性的政策。① 有关孟加拉当时实行的税收政策的社会后果的报告业已送达英国，根据同一法令指示公司调查柴明达尔们的不满，并制定他们缴纳租金的"永久性规章"。② 同样，董事会得出结论说柴明达尔是"不满的，他们中的许多人被剥夺了他们的土地，负债累累，或者沦为乞丐"。总之，董事会指责孟加拉政府"在没有紧迫的需要或明显的理由的情况下任意进行试验"。人们很可能认为"我们的政府缺乏稳定的政策"。③

1786年任命康华里勋爵为总督一事，表明英国当局所希望的改革将会实施，而稳定性将成为改革后的行政管理的特征。尽管在约克敦遭受了失败，但康华里素有才能出众和为人正直的名声。和他的前任们不同，他不是公司的职员出身，因此他既未沾染公司的传统做法，也未卷入公司的腐败行为。克莱武曾强迫公司的职员们签订不接受馈赠的契约，但他们仍可经营个人的商业，不过黑斯廷斯取消了对他们的货物免税的做法，这种做法曾给他们以超过其他商人的好处并激怒了担任纳瓦布的米尔·卡西姆。特别使董事们恼怒的是公司从印度出口的货物似乎质量低劣，远不如其职员们为自己谋利而卖给国内或卖给外国各公司的货物。特别使康华里烦恼的是他发现几乎所有的税务官都在从事有损于他们行政职责的私人经商活动。几乎无法阻止他们用这种方法来弥补他们微薄的工资收入，除非能增加他们的工资。康华里说服董事会批准大幅度增加工资，并严禁个人经商。从事公司商业活动的人被单独组成完全独立的分支，他们被允许个人经商，因为实际上很难阻止他们这样做。即使如此，他们今后也并不是通过以赚钱的合同向公司提供资金，而是作为代理人监督生产并向公司报账。然而，如果说康华里实现了把受契约约束的文职人员和商务活动分开的话，他也就开始使这些文职人员和印度社会脱离了。他的

---

① 24，乔治三世，C.25，XXXIV。
② 同上，XXXIX。
③ 致孟加拉的函件，1786年4月12日，第6、23段，印度事务部档案，孟加拉函件，第15卷，第330页及以下各页。

第八章 欧洲与亚洲和非洲的关系

另外一些改变的结果是只限于这些文职人员才能担任高级职务，而这些文职人员都是欧洲人。一旦印度人被排除在负责职位之外，他们便立刻被认为是不配担负重任。而那些获得高薪的文职人员，现在既失去了印度同事，很快便也就失去了印度朋友。

董事会从黑斯廷斯时期的复杂而代价昂贵的尝试中退了回来，它决定：如果把过去交由各法官分别负责的民事审判权和行政长官的职能交给收税官们去负责，将会"更加简便、有力、公正并且经济"。① 这项变更由于更加接近印度传统而受到许多公司职员的欢迎。但很快就积压了许多拖延不办的案件，使康华里得出结论：收税官们没有时间从事司法工作；他还认为，交给他们这么多的权力是危险的。只有建立一种检查制度才能保证司法机关的公正，特别在税收案件中更是如此。因此，他在由收税官所行使的行政权，与由地区法官兼地方长官所行使的司法权之间实行了完全的分权。迄至那时为止，刑事审判权一直掌握在向穆罕默德·里萨汗负责的印度法官们手中。康华里认为他们绝不会同意他提出的对穆斯林刑法所做的更动，遂用由英国法官掌管的巡回法庭来代替他们。至此，公司开始公开侵犯克莱武曾保留给纳瓦布的司法权。施行英国刑法及其有关应判处死刑的各项罪行的规定并无可怀疑之处。最高法院以伪造罪判处婆罗门南达·库马尔死刑，在印度人眼中似乎是一种野蛮的处罚。但穆斯林刑法的某些方面在英国人看来似乎同样不公正和不人道。黑斯廷斯曾试图说服穆斯林法官们在衡量一个杀人犯罪行的轻重时，应更多地考虑其动机而不是所使用的凶器的类型，但毫无结果。董事会曾谨慎地提出也许会说服法官们"避免作出残酷性的处罚"——换言之，即断肢。② 康华里也极力反对实行允许近亲赦免杀人犯的做法，理由是这会使婆罗门由于他们的种姓而逃避惩罚，因为没有一个印度教徒能参加执行一个婆罗门的死刑。在这些以及其他方面刑法按照英国的观念进行了修改。以监禁代替了断肢；杀人犯根据他们的动机而不是他们的手段而加以审判，受害者的近亲丧失了赦免权。总之，司法制度变得更加严密和

---

① 致孟加拉的函件，1786 年 4 月 12 日，第 85 段，印度事务部档案，孟加拉函件，第 15 卷，第 373 页及以下各页。

② 致孟加拉的函件，1786 年 4 月 12 日，第 88 段，印度事务部档案，孟加拉函件，第 15 卷，第 375 页。

详细，也更加系统和统一。对任何人都没有区别，不论是婆罗门和非婆罗门，穆斯林和非穆斯林，柴明达尔和农民，在法庭面前一律平等。康华里并不试图证明自己的改革恢复到莫卧儿政府的黄金时代。相反，他宣称"即使实施古代法规的时期"，也有许多滥用权力的地方。① 他也并不打算全盘引进英国的各种体制。他一旦发现改革穆斯林法律的先例，便求助于它。他的意图是纠正"穆罕默德法律中那些最明显地违反天赋公正和社会善良的部分"。② 无疑这在一定程度上是一种权宜之计，是为了照顾公众舆论。他本人很可能认为天赋公正在英国的体制中表现得比在其他国家的体制中更为明显。但是，至少他的改革的结果之一是产生了一个不像英国的或穆斯林的刑法那么残酷的惩罚制度。尽管如此，就其分权而论，就其依靠成文法而论，和就其没有歧视但烦琐的审判程序而论，康华里建立的司法制度更类似于英国的而不是印度的观念。

他还把这尊为他的税收政策的必要背景。皮特印度法要求制定管理柴明达尔缴纳的税款的"永久性规章"。康华里却发现他们"经常处于一种贫困和不景气的状态"，从而决定对制度作根本性的改变是必要的。1793年，他宣布政府的税收需要是不可更改的。他认为如果柴明达尔知道增加生产能力不会导致增加税额的话，他们将会改善他们的土地。不论柴明达尔们的状况有多么不一样，从此以后将被视为是一个性质相同的阶级，他们对土地拥有财产权，可不经政府许可而卖给任何人，而政府则可以因为他们不纳税而扣押和出卖其土地。对康华里来说，老的柴明达尔能否幸存似乎并不重要。如果他们缴不起赋税的话，他们的土地就会被卖给那些能够缴纳赋税的人。可能买土地的人，包括那些印度人在内，也许是商人。他知道这些人将会投资于公司的债券，并认为一旦清偿了公债，这些人的储蓄将不会有其他出路。乱花钱和无所作为的情况将因之而转变为节俭和讲求效率。土地的产权将由法官予以保护，以免被非法侵占，即使是被收税官所侵占。为自身利益所驱使，新生的土地贵族将会开发国家的资源，并一定会忠诚地支持政府。但是对农民的权利却很少保护。曾期望柴明

---

① 备忘录，无日期，印度事务部档案，孟加拉税收评议，1790年12月3日，第191页及以下各页。

② 同上。

达尔给农民一种为期10年的租金证明（帕塔斯，pattas）以防止不正当的摊派。但事实证明农民们并不愿意接受这种以10年为限的权利。他们认为证明应长期有效，大小和地力都符合他们的要求的土地应无限期归他们租用。柴明达尔还授权可因不付租金而扣押和出卖他们的佃户的财产。康华里设想柴明达尔们会认为拥有一种有利可图和满意的租佃关系对自己有利。但是，当时孟加拉尚未从1770年的饥荒影响下充分恢复过来，要找到佃户十分不易。由于人口的增长，柴明达尔们没有理由采取温和的态度。此外，出售土地的法律的严格实施往往会割断柴明达尔和农民之间的传统纽带，因为有些旧柴明达尔的土地被剥夺了，便迫使其余的柴明达尔以同样严厉的态度来对待他们的佃户。与此同时，柴明达尔作为一个阶级，要求他们解散他们的地方警察，并取消了他们维护法律和秩序的责任。他们在自己的地区所起的作用仅仅是一种经济性的，经济上的自身利益成为他们与他们的佃户之间的唯一联系。随着生产力的提高，柴明达尔缴纳的赋税在国家财富中所占的比例日益降低。康华里已经看到了这点，并设想政府可以从商业税增加的利益中支付它的开支，但事实证明这是一种乐观的假设。不过，柴明达尔的财富的增加鼓励了转租，各阶层的不在地主最终受到了孟加拉农民的支持。就像官员与百姓间的非个人关系促进了法治那样，柴明达尔与佃户之间的非个人关系促进了经济法规的运行。这种永久的解决办法，确实使孟加拉的乡村地区得到某种程度的稳定，这样该地区的资源能够得到开发，但其社会代价是昂贵的。直到19世纪后半叶这里才制定了有关租佃关系的法规。

　　黑斯廷斯时期公司各政府对印度其他势力所推行的冒险而反复无常的政策，带来了巨大危险却没有获得明显利益，于是英国政府要求结束此类战争和征服的计划。在信迪亚暂时处于软弱之时，沙·阿拉姆皇帝在1788年被罗希拉人首领古拉姆·卡迪尔废黜并弄瞎，这时康华里拒绝干预。另一方面，他认为和迈索尔再次开战已无法避免，遂决心不让公司在这样的情况下再陷于孤立。当尼扎姆①提出与公司订立新协议时，他解释说议会禁止他缔结新条约，但答应在必要时公司的军队可给予帮助，只要他们不被用来对付公司的任何同盟者即可。

----

① 尼扎姆（nizam），旧时印度海得拉巴土邦统治者的称号。——译者注

当指出哪些人是同盟者的时候,他直截了当地把迈索尔的提普苏丹排除在外。这一做法一直受到批评,认为它既不符合 1784 年印度法的精神,又是一种挑衅的姿态,虽然对于好战的提普来说是否还需要更多的挑衅是值得怀疑的。随后发生的战争,马拉特人和尼扎姆都参加了公司一方,结果是提普被割去了一半的领土。康华里声称:"我们有效地削弱了我们的敌人,也并未使我们的朋友过于强大。"① 的确,马拉特人的力量似乎正在内部分裂。信迪亚很快恢复了他在德里的地位,尽管沙·阿拉姆眼瞎,仍然被恢复原位,并对古拉姆·卡迪尔进行了残酷的报复。但是当他把势力扩张到印度北部时,浦那的纳纳·帕德尼斯更加怀疑他的最终目的,遂鼓励其首要敌手荷卡尔的野心,以与之相抗衡。当信迪亚于 1792 年向南推进到浦那,并将其势力凌驾于帕什瓦之上时,纳纳的这种疑心看来是有道理的。荷卡尔及时地对他在北方的势力进行了挑战,但在拉凯里遭到失败。不过马哈吉·信迪亚的胜利只是暂时的,因为他于 1794 年死去,留下了一个才能远远不如他的继承者,所有这些斗争的主要结果仅仅是削弱了马拉特联盟的势力和浦那政府的权威。与此同时,英国的公司则兴隆发达。

另一方面,法国公司在巴黎和约后不久便不复存在了。法国此时恢复了它在 1749 年所控制的印度属地。但英国此时已拥有孟加拉的控制权,钱德拉纳加已不再是设防城市。甚至连出口货物的供应,公司也要依靠英国的善意。它缺乏充足的资本,很快就不得不请求政府的帮助。它的财政状况被揭露后引起了强烈的非难,以致 1769 年中止了对它的优惠,1770 年其属地由国王接管。而政府对印度几乎没有更多的兴趣,当 1778 年对英国的战争爆发以后,英国人毫不费力地占有了在那里的法国属地。1782 年一支法国舰队到达印度水域,有 3000 名法国部队登陆支援海达尔·阿里,这在马德拉斯引起了惊惶。法国部队未能有效地配合海达尔,但是法国舰队司令叙弗朗却比英国舰队司令休斯更胜一筹,他很快夺得了英国刚从荷兰人手中得到的内加帕塔姆和亭可马里。这样一来使英国人处于劣势,因为他们在科罗曼德尔海岸没有港口,必须到孟买去整修和躲避 10 月到 1 月之

---

① 康华里致 H. 邓达斯信,1792 年 3 月 4 日,C. 罗斯(编)《第一代康华里侯爵查尔斯书信集》,第 2 卷(伦敦,1859 年),第 154 页。

间来自东北的季风。另一方面，法国人则能够从亭可马里和亚齐两地来威胁孟加拉湾。亭可马里有一个全年可使用的良港。亚齐在苏门答腊，叙弗朗决定在此过冬。但是在和平谈判中，英国人拒绝容忍任何在印度的法国政治势力重新抬头。他们同意恢复那里的法国属地，但仍不允许在钱德拉纳加尔设防。他们只允许法国自由、安全和独立地经商。但法国人如不能恢复过去的势力，他们也决心不放弃未来而让英国人控制亭可马里，因此把它归还给了荷兰。英国人只能满足于内加帕塔姆了。而如韦尔热讷所说，与亭可马里相比，让内加帕塔姆在英国人手中"有益而且无害"。① 法国人在其后来同印度各派势力的关系中继续暗示他们有朝一日将会派远征军把英国人赶出印度。但当提普的使节们在1788年到达巴黎时，法国政府仅仅向他们表示一番敬意，而他们不知道，就在他们回程的船上，正装载着要法国军队从印度撤出的命令。1791年法国国民议会决定派一部分军队增援本地治里，但实际到达的不到400人。因此在1793年战争爆发后，英国人又一次轻而易举地占领了法国在印度的各殖民地。卡洛纳在1785年建立的东印度公司在专营印度贸易方面曾有一个大有希望的开端，但在1790年它失去了垄断权，后来被国民公会解散了。只有法国的军事冒险家们留存了下来成为英国人的麻烦。在这一时期，他们中的许多人为印度各派政治势力尽心效力，以欧洲的方式招募并训练骑兵、步兵和炮兵。像为皇帝服务的马德（Madec），为奥德的纳瓦布服务的让蒂尔（Gentil），为尼扎姆服务的雷蒙（Raymond）和为信迪亚服务的布瓦涅（Boigne）只是其中最著名的几个。② 英国人对这些仍留在印度的军人心怀疑虑，既担心他们给潜在的敌人提供战斗力，又担心他们还可能保持着对法国的忠诚。

政治和行政方面的考虑就这样影响着英国势力在印度的发展进程，而它在印度以外的扩张则更多地决定于经济上的考虑。③ 正如启蒙运动哲学家们欢迎法国被驱逐出加拿大从而使国家的精力得以转向

---

① 韦尔热讷致雷内瓦尔信，1783年1月18日，转引自 V. T. 哈洛《英国第二帝国的建立》，第1卷（伦敦，1952年），第392页注。

② 德·布瓦涅实际上是萨伏依人。甚至在他离开印度之后，韦尔斯利总督还错误地担心他的影响，说他是"波拿巴的主要心腹"。见 S. P. 森《在印度的法国人，1763—1816年》（加尔各答，1958年），第542页注。

③ 这种扩张增加了在英法斗争中控制开普的重要性，参见后面第238页。

更有用的途径那样，美洲殖民地的动乱似乎向许多英国人指明了建立一个以商业为基础的帝国要比建立殖民地更为有利。英国的统治集团比法国的统治集团更容易接受这种考虑。甚至小皮特也宣称他的印度法的主要目的是促进公司商业的发展。从18世纪60年代起，亚历山大·达尔林普尔这个倔强的公司职员带头鼓吹在亚洲进行探险航行，为扩大英国贸易做准备。这种论点由于公司难以支付日益增长的从中国出口的茶叶的货款而更加理由充足了。1762年与西班牙的战争爆发后切断了西班牙白银的供应，情况更加如此。事实证明公司无力填补来自印度的亏空。

普拉西战役后，公司得以用殖民地的公私收益来支付其出口货物的钱款，就已经停止将白银输入印度，伴随政治动荡人们聚藏白银，从而加剧了白银的不足。古拉姆·侯赛因·汗和其他一些人怀疑孟加拉的财富被那些携带财产回国的英国人吸干了。也有人认为工业革命是靠"普拉西战役的掠夺品"提供财源的。这种看法后来被民族主义作家们所发展。① 事实上，那些在印度发财回国的人发现从欧洲公司购买汇票是汇回他们的财富的更简单和有利的办法。欧洲公司则用这些钱采购从印度出口的货物。这一时期对欧洲的主要出口仍然是棉布、丝绸、硝石和胡椒。但到这一时期末，欧洲市场正被英国的机纺棉布所占领，英国公司鼓励其他出口品的尝试未取得多大成功。而由私人企业成功地发展起来的靛蓝却成为有利可图的出口物。公司认识到出口货物而没有等价的进口是会引起经济问题的。1785年董事会致函孟加拉称："我们认为存在一种危险，恐怕那些把过多的岁收以商品方式输往欧洲的国家得不到回报，势必会使我们的领地财源枯竭，难以支撑。"但是他们仍决定照样增加其"投资"，即采购出口到欧洲的货物，他们用以安慰自己的想法是：如果公司的收购量少于往常的话，印度生产这些货物的手工业工人们将会受到伤害。这种思想后来也在那些维护英国统治，反驳民族主义者的批评的著作中出现过。总之，只要能从孟加拉输出白银，不是流入印度其他管辖区的政府就是流入中国。董事会仍希望能找到某种办法可以"从孟加拉提

---

① 那些同情他们的作家也发展了这种看法，如布鲁克斯·亚当斯（《文明与衰退的法则》，1895年）和威廉·迪格比（《"繁荣"的英属印度》，1901年）。布鲁克斯·亚当斯的说法毫无疑问被潘迪特·贾瓦哈拉尔·尼赫鲁所接受（《印度的发现》，1946年）。

第八章 欧洲与亚洲和非洲的关系

供购买中国货的款项,而不致榨干中国的流通硬币,因为这是无论如何都不能容许的"。① 1784年皮特的抵代税法促进了公司的茶叶贸易,使这个问题更加突出了。

欧洲虽然也有一个中国丝绸、瓷器和异国情调奢侈品的市场,但茶叶在那个时候是最重要的商品。英国是主要的消费者,虽然由于战争的耗费迫使茶叶税提高到无以复加的地步,从而使得走私非常有利可图。当抵代税法将税收从119%降低到12.5%时,英国公司对贸易的控制得到了保证。丹麦和瑞典的公司的贸易很快下降,那些名气不大的新发家的公司更加受害匪浅。不过荷兰公司已在欧洲发展了它自己的市场,从未依靠走私者来找顾主。它在亚洲各地广泛进行的贸易也使它能够从广州大量进口胡椒、檀香、香料和锡。但是英国公司感到难以为1784年以后大量增加的它从中国的出口物找到支付手段。② 它除了要运送大量白银外,还增加了英国毛织品和铅的进口,并曾试验代销英国的锡和铜。公司在印度的各政府尽了一切努力,但在填补支付平衡差额方面作出更重要贡献的则是从事"国内"或亚洲贸易的私营商人。公司鼓励他们把印度货物——特别是比哈尔的鸦片和孟买的棉花——运往广州,但他们必须把货款收入存入公司在那里的金库,兑换成它的票据。这笔钱公司用来支付其茶叶的出口。与此同时,英国对华贸易的扩张对中国当局在广州设立的"公行"的商业垄断强加了压力,而英国的制造商们则批评公司的垄断行为妨碍了他们在商业扩张中得到公平的份额。1793年马嘎尔尼使团前往北京有两个主要目的,即为英国对华贸易增加便利条件,和为英国的制造商们在亚洲其他地方另找新市场。其次的目的则是收集有关中国和远东整个地区的情报,以消除在广州的英国人的不满,并提高英国在中国的声誉。但马嘎尔尼只达到了收集情报的目的。有人说如果他遵从了中国的习惯向皇帝叩头的话,他也许会取得更大的成功。但也有人争辩说,荷兰使团在第二年虽行了叩头礼,却受到比马嘎尔尼更坏的对待。另一方面也有人指出,荷兰人在去北京的途中所受到的无礼是地

---

① 致孟加拉的函件,1785年9月15日,印度事务部档案,孟加拉函件,第14卷,第111页及以后各页。

② 公司销售额中出售茶叶的总量从1783年的5857882磅增加到1796年的20750994磅。这些和其他的数字在E. H. 普里查德的《早期英中关系的关键性年代,1750—1800年》中均有分析(华盛顿州立大学研究报告,第4卷,第3—4号,华盛顿州普尔曼,1936年),第150页。

方官员们的粗鲁所致,与帝国政策无关,在他们返回的途中便受到了特别好的待遇。但是中国政府把所有这类使团都看作是朝贡者,看不出有什么理由须改变它的贸易体制。

当1773年在婆罗洲东北岸附近巴兰邦岸岛建立起第一个英国的殖民地时,其目的在于吸引中国帆船并广泛促进英国对华以及对董事会称为"亚洲人迹罕到之地"的贸易。① 但该殖民地管理不善亦未设防,两年之后丢弃给来自苏禄的掠夺者。此后,商人兼船长弗朗西斯·莱特敦促公司在槟榔屿建立一个殖民地,他强调该处之所以有用不仅是个港口,而且可作为印度与中国之间的一个贸易站。这是一项比较成功的事业,尽管孟加拉政府决定避免在邻邦进行政治上的冒险。吉打苏丹同意了这项要求,期望得到公司的帮助来抵抗逻罗人的攻击,但是1786年在该地建立殖民地后,孟加拉政府却拒绝与他缔结任何性质的防御同盟,他继续认为他被欺骗了。槟榔屿未完全履行它原先的许诺。但是来自印度的"国内"商人在扩大对华贸易时已不顾荷兰人的反对而强行进入印度尼西亚的市场,用印度的产品交换白银和当地的商品而运往广州。在1784年的和约中荷兰最终承认了英国船只在东海的航行自由。

尽管荷兰公司在这段时期经济困难,但它仍能在亚洲抵制当地的反对而保持其政治势力。在锡兰,荷兰人向康提国王发动了进攻,因为他们认为国王一直在鼓励反对他们在科伦坡地区的权力。一支荷兰军队在1765年抢劫了康提,不过他们未能在那里长期待下去,翌年签订的条约把锡兰全部沿海地区的主权让与了荷兰人。康提王国从此与外部世界隔绝,国王作出保证不与外国缔结任何协定,荷兰人则保证保护他们不受外国的攻击。但是英国人在1782年毫不费力地占领了亭可马里,虽然他们没有留下一支足以抵御叙弗朗的驻军。这块地方只有归还荷兰人,因为不论是英国人还是法国人都不打算看到它在对方的手中。这场战争也干扰了公司与欧洲之间的贸易,致使它不得不请求本国政府给予财政帮助。政府派了一支由范布拉姆(Van Braam)率领的分舰队使公司得以击退正在兴起的布吉人的势力。布吉人此时已控制了柔佛,并正在袭击荷兰人在马六甲海峡的据点。荷

---

① 董事会致韦茅斯勋爵信,1768年10月28日,转引自V.T.哈洛,前引书,第86页。

兰人为了对付他们在婆罗洲的利益所遇到的同样威胁,通过支持该岛统治者的对手们,在该岛的西南两方都建立了他们的势力。但是他们这种努力未能持久,于 1791 年决定撤退。当荷兰落入法国的控制并建立了巴达维亚共和国后,威廉五世从他的流亡地英国命令在东方的公司官员们把荷兰的属地交给英国以免其落入法国人之手。不管这些命令是否起了作用,英国人事实上毫无困难地控制了开普、锡兰以及荷兰在印度、苏门答腊西海岸和马六甲的属地。他们暂时没有占据爪哇。在荷兰,公司管理机构于 1795 年由一个政府控制的委员会所替代,公司本身于 1799 年 12 月 31 日宣告结束。它的财政状况曾是其本国政府已往数年来关注的一件事,而它的职员们仍在牺牲公司的利益而为他们自己发财。英国的公司只是在最近才由康华里把它从自己的官员们的贪污中拯救了出来,现在它在日益增长的中国贸易中所得的利润正在掩盖它在其他地方的亏损,1793 年得以把它的特许权再延长 20 年,荷兰的公司则在它一直紧密联系在一起的政府垮台后就不像它那么幸运了。

尽管如此,不论在英国还是在荷兰人们都普遍认为在东方谋求事业乃是最快的发财之道,到那里去的人也别无他求。由于议会相继对克莱武和黑斯廷斯时期的调查所揭露的情况,以及由于一些激进的著作,特别是在欧洲广为流行的雷纳尔神父的著作的影响,上面的想法更加有说服力了。的确,仅就那些城市的外观看,像加尔各答及其古典式圆柱和门廊,或者巴达维亚及其水道和荷兰式的砖房,必然会使人想到住在那里的欧洲人并不大关心东方的审美观念。而在欧洲却似乎对此更为欣赏,人们可以在基尤皇家植物园或者慕尼黑的英国公园看到中国的塔;威廉·钱伯斯爵士采用了耶稣会士阿蒂雷(Attiret)所赞美的中国园林建筑及其模仿自然的艺术,而且这种对中国园艺的爱好从英国传播到了法国和德国。但是人们也可能会辩称,这一切并不是真正对东方思想本身的欣赏。阿蒂雷曾赞美的那种不规则的美,"无秩序的美"和"不对称"的风格正好与反古典主义的潮流是一致的。① 不论是花园或住宅,中国式和哥特式的物体和图形同样都被吸

---

① 陈寿仪(Ch'en Shou-Yi):《18 世纪英国的中国园艺》,《天下》(*T'ien Hsia*),第 2 卷,第 4 号,第 321 页及以后各页。

而且，欧洲人研究中国和印度的文明时，往往真正的兴趣并不在于研究它们与基督教欧洲的关系，而是常常把注意力特别放在寻找人类原始语言的根源，或是他们所认为的在《圣经》所记述的大洪水之前肯定已流传的那种宗教的痕迹。耶稣会士不顾被指控与异端妥协之嫌，大力赞扬中国的文明，他们中的象征论者①声称在中国的古书中发现了有关亚伯拉罕或挪亚②的材料。在印度，当弗朗西斯·威尔福德的梵学家们领悟到他所寻求的东西后，他们为他伪造了一本神圣的经文，其中包括闪、含和雅弗③的故事，不过用的名字是沙尔玛、查尔玛和雅佩蒂，甚至连大学者威廉·琼斯爵士也被欺骗了。但是这样的争论起了两方面的作用。如果可以说伯拉罕玛（Brahma）④是亚伯拉罕的讹误，那同样也可以说亚伯拉罕是伯拉罕马的讹误。⑤因此伏尔泰曾强调指出他认为的未被歪曲的印度教教义既是古老的，又具有启蒙精神。或许印度是文明的摇篮，吠陀印度教是人类的原始宗教。他所认为的古代吠陀经文，事实上好像是一个基督教传教士或皈依者的作品，它所阐述的印度教教旨似乎与基督教教义相类似。当他称赞中国文明的价值并把孔子学说描绘成一种开明的自然神论时，他在很大程度上依据的是耶稣会的资料。不过他的意思是中国和印度都曾有过比基督教欧洲的文明更古老和往往更开明的文明。弗里德里希大帝说他是追随塔西佗的榜样，因为塔西佗曾称赞日耳曼人以使罗马人也成为优秀的人。虽然通过描述一位开明的东方来访者的惊奇或愤慨来批评自己的国家是当时人们喜欢采用的写作方法，但启蒙运动哲学家们是在中国找到了他们学说的实在的基础的。这里实行的是一种真正施仁政的专制主义，竞争性的考试制度保证行政官员像贤哲一样地明智，皇帝则是按自然法来进行治理，用不着天启宗教的帮助和干

---

① 象征论者（Figurist），基督教徒中认为圣餐只是耶稣的肉体、血、灵魂和神性的象征的一派人。另一派真体论者则认为耶稣的体血真正存在于圣餐中。——译者注
② 亚伯拉罕，基督教《圣经》中犹太人的始祖。挪亚，基督教《圣经》中洪水后人类的新始祖。——译者注
③ 基督教《圣经·创世记》中挪亚的三个儿子。——译者注
④ "伯拉罕玛"即"梵天"，印度教主神之一。——译者注
⑤ 中国学者辩称基督教亦起源于中国人的信仰，关于这一类似倾向，见 C. S. 钱（Ch'ien）在《圣经研究》中的文章，第1卷，第1号，第13页及以后各页，他在文中还提出：传教士对西方知识的传播，由于与基督教教义联系在一起而受到妨碍，不过是否还有别人会传播西方知识，仍然是个问题。

预。普瓦弗尔曾劝告欧洲的统治者们仿效中国皇帝，因为他们十分了解农业的重要性，以致亲自开始春耕的第一犁——魁奈也曾发挥这一主题。不过重农主义者也不是完全不受批判的，另一些人——如安森或格林——对异口同声的称赞持强烈的异议。但总的说来中国被当作欧洲的样板。

虽然欧洲人在写有关亚洲的著作时仍然倾向于着眼于欧洲，不过这一时期人们的兴趣在扩大，伏尔泰就曾不无理由地批评波舒哀的《世界史教程》范围狭窄。印度也同样吸引了更多的注意力，在那里供职唤起了少数优秀人士对这个国家的文明，特别是它的宗教的兴趣。道和霍尔韦尔都曾在那里的英国公司任职，伏尔泰从他们两人那里得到了非常多的关于印度教的知识，他们都热衷于强调他们在印度教教旨中所找到的深奥与精微的道理。沃伦·黑斯廷斯曾亲自推荐并由政府资助出版由公司另一名职员查尔斯·威尔金斯完成的《薄伽梵歌》的英译本。当公司担负起更多的行政责任后，它起用了一些语言学家以及印度教和穆斯林律法的翻译家为其服务。以1784年孟加拉亚洲学会的建立为标志，开创了东方学研究的传统。1778年在巴达维亚也建立了艺术和科学学会，虽然最初还没有明确的东方学研究的倾向。此外也逐渐形成一种认识，即欧洲的爱好标准并不是应考虑的唯一标准。当托马斯·珀西在1761年发表他的一些中国文学译作时，他认为有必要辩解说"如果用欧洲评论的法则来检验"，它们"在许多地方会遭到反对"。① 但是威尔金斯的《薄伽梵歌》是在董事会的授权下于1785年出版的，附有沃伦·黑斯廷斯的信作为序言，大意是说不应用"从古代或现代欧洲文学中衍生出来的规则"来判断它，而应按它本身作为一本深刻的哲学和神学著作的价值来判断。② 同样，威廉·琼斯爵士出版他翻译的《沙恭达罗》时，也称赞迦梨陀娑是"印度的莎士比亚"。③ 黑斯廷斯和琼斯甚至希望鼓励在英国研究东方文学。一方面，东方文学有它自己的艺术和思想价值。另一方面，黑斯廷斯希望对《薄伽梵歌》这类著作的了解会消除他

---

① 托马斯·珀西：《好逑传》，第1卷（伦敦，1761年），第XII页。
② 黑斯廷斯致纳撒尼尔·史密斯信，1784年10月4日，载威尔金斯译《薄伽梵歌》（伦敦，1785年），第7页。
③ 琼斯（译）：《沙恭达罗》（加尔各答，1789年），第V页。

的同胞们把印度人作为未开化的人而加以藐视的倾向。其后不久,威廉·罗伯逊列举威尔金斯的《薄伽梵歌》和琼斯的《沙恭达罗》作为印度达到高度文明的例证,并从道义上告诫欧洲人应该改善他们对印度人的行为。① 此外,马斯登写他的《苏门答腊史》时,曾试图指出欧洲人的举止在这个国家是多么令人讨厌:甚至在舞蹈方面,欧洲人常常觉得东方的风格"可笑",而苏门答腊人则觉得欧洲的风格同样"滑稽"。② 然而这是激动人心的发现时代。但不久随之而来的则是一个把东方的生活方式视为无效率而加以贬斥或视为邪恶而加以鄙弃的时代。

二 与非洲的关系

到了18世纪后半叶,欧洲人抱着新的期待和希望注视着非洲。马拉奇·波斯尔思韦特引用利奥·阿弗里卡纳斯的话说,该大陆及其人民不仅能生产珍贵的金属,而且能生产"东、西印度贸易中的所有最昂贵的商品";"他们一旦转向工业和引进技术之后,欧洲的产品和制成品出口到那里的数量也许会比出口到全世界任何其他国家的数量都要大"。③ 商人们和制造商们正在寻找新的市场,政治家们由于他们的殖民体系在战争中受到了损害,也在做类似的梦;在这一阶段,人们在采取试探性的步骤去发现他们背后可能存在的实质性东西。

要使利奥·阿弗里卡纳斯的推断变成值得给予信贷的企业,第一位的需要就是准确的地理知识。扩展贸易的愿望有力地增强了研究正在发展中的自然科学的学者们在非洲所显示出来的兴趣,就像在其他未勘探地区所显示出来的一样。在林奈的鼓励下,许多瑞典植物学家在规模不大的旅行中进入陌生的国土,像斯帕尔曼在开普地区所作的那样,记录下该地可能拥有的经济潜力以及门类繁多的社会学方面的详情。英国皇家学会会长和基尤皇家植物园植物研究主持人约瑟夫·

---

① 罗伯逊:《关于古人对印度的认识的历史研究》(伦敦,1791年),第288页及以后各页。
② W. 马斯登:《苏门答腊史》(伦敦,1783年),第230页。
③ M. 波斯尔思韦特:《世界贸易和商业词典》(伦敦,第2版,1757年),"非洲"(第1卷,第24—25页),"几内亚"(第1卷,第923—928页)各条;《非洲探险的重要性之思考……》(伦敦,1758年)。

班克斯爵士也鼓励在非洲的植物采集者。与他保持通信的人中有詹姆斯·布鲁斯,1768—1773年他在阿比西尼亚旅行时所作的考察是受到对门类广泛的各种科学的好奇心的驱使。班克斯在1788年建立"非洲内陆考察协会"方面起了作用。这个由学术界和社会知名人士组成的会餐俱乐部虽然首先关心的是增进学识,但自然而然也就对商业发展的可能产生兴趣,它经过审慎考虑将其有限的财力集中用于据认为是非洲最富庶和人口最稠密的地区——苏丹西部。

西北部得到了优先的考虑,尽管在非洲建立的大量欧洲人殖民地在最南端。到18世纪末,那里的欧洲人约有2万人,而且殖民地的边境还在不断向前推进。仅开普敦本身就有大约1.5万居民,其中1/3是欧洲人。比较富裕和优雅的房屋的主人们享受着当时欧洲某些城市居民的舒适生活。18世纪没有从欧洲吸引来什么新的移民,直到1795年建立在民族出身基础上的差别日趋减少,因为南非的环境产生了一种独特的殖民地文化,统一使用南非荷兰语,统一信仰影响广泛的荷兰归正教会。

但在经济方面,殖民地的未来如何仍然无法断定。荷属东印度公司并不十分鼓励出口货物的生产,只把开普视为一个战略基地和为其商人供应谷物、肉类和酒的地方,而不当作一个殖民地。它也很难提出什么主要产品来扩展商业,这个温带地区并不特别肥沃,不能提供欧洲国家在本国无法生产的东西。大量的土地供殖民者(作为一个整体)获得舒适的生活水平,而他们在荷兰经济中所应起的作用,则由于公司在财政上和商业上的种种限制的约束,没有发展的希望。到1779年在开普地区发生了一场爱国运动,它引用洛克、格劳秀斯和亚当·斯密的话,要求改革行政管理和更加自由的贸易,扩大公民权和更广泛的代表权。

但是,大约与此同时,国际上的争夺越来越对该地区的命运起着决定性的影响。英法在印度的冲突以及随着英国势力在那里的巩固,使伦敦当局不仅急于确保他们自己去印度的"中转站",而且不能容许法国利用开普敦。荷兰对美国独立战争的干预;德·叙弗朗海军上将于1781年抢在英国远征军之前占领开普,以及后来法国人对联合省内"爱国者"反对派的资助——所有这一切都表明南部非洲成为日益严重的帝国角逐的地区。因此革命的法国对荷兰的入侵很可能威胁到英国在东方以及在大陆上的利益；从而为它提供了在1795年夺取开普的机会。①

南非社会的不安定因素是东部各地区的阿非利加人边境居民。实行族长统治的牧民和猎人，强横粗野，比在西部定居的拥有奴隶的农民更加顽强，对政府和束缚更具有反抗性。② 获得6000英亩的整块贷款农场，③ 被视为每个新一代成员出生后应享有的权利。大迁徙的布尔人为得到这样的土地，把他们的定居点的边界一直向前推进，直到与科萨人相遇为止。科萨人是逐渐向南迁移的讲班图语的民族的前锋，他们也在寻找新的牧场。公司的政府试图规定一条边界线以隔开这两部分人，但是双方都不肯自愿地限制自己的扩张。渐渐地，布尔人因为拥有火器，而且他们的加尔文派宗教信仰、贪婪、恐惧和顽固的种族傲慢交织在一起形成一种决心，使他们的力量加强了，于是向东推进其边界。1779年科萨人并非是无缘无故地抢劫了阿非利加人的牛群，于是揭开了"第一次卡菲尔战争"。1781年布尔人的突击队获胜，把边界推进到了菲什河。不过这只意味着两个民族之间关系的一种不稳定的休战状态；许多科萨人仍留在菲什河以西的地方（有些人与布尔人通商，或者受其雇佣），一些阿非利加人则渡河到达河东地区。到1793年旱灾期间重开战端，其直接责任至少应归咎于布尔农民林德克（Lindeque）；政府代表梅尼耶（Maynier）在未把科萨人赶到菲什河对岸，也未收回全部被盗牛群的情况下讲了和。但冲突在继续。1795年，边境居民被他们认为的政府的亲黑人态度所激怒，发动了叛乱，并宣告成立独立的赫拉夫·里内特边疆共和国。④ 虽然这些阿非利加人的目标是地区性的，但在他们的领土范围内他们大力追求这一目标。他们与波斯尔思韦特的发展当地非洲人经济潜力的梦想背道而驰。

在菲什河以北，最初代表欧洲人在东海岸的势力的是莫桑比克的正在衰落的葡萄牙人殖民地；在该地的绝大多数殖民者都是果阿人或黑白混血种人。有少数奴隶被船运到开普及美洲；虽然商人们偶然谈

---

① V. T. 哈洛：《英国第二帝国的建立》第1卷（伦敦，1952年），第125—135页。
② I. D. 麦克龙：《南非的种族态度》（约翰内斯堡，1937年），第6、7章。
③ 贷款农场（loan-farm），在南非，从政府获得，每年缴纳偿还租金的土地。——译者注
④ J. S. 马雷：《梅尼耶与第一个布尔共和国》（开普敦，1944年）。

到在这些水域的"经商的新途径",但是在他们去东方的旅途中却从未在那里停留。在马斯克林群岛拥有发达的种植园殖民地的法国人对从东非或马达加斯加获得奴隶和供应极感兴趣,但是他们对重建在马达加斯加岛上的政治立足点并不热心,1768 年之后,这些立足点几乎是令人感到可笑地逐渐落入匈牙利冒险家贝尼奥夫斯基(Benyowski)手中。① 1777 年一位法国商人建议政府在基卢瓦建立一个新殖民地,一个新的特许公司将在那里沿着海岸进行奴隶和象牙贸易,并出售法国枪支和白兰地酒,以及印度纺织品。该计划的主要目的是让法国商人也能在迄至当时为止一直由阿曼的阿拉伯人控制的东非与西亚之间的贸易中占一席之地。但法国当局不愿冒与马斯喀特冲突的风险,而让这种较小的贸易由阿拉伯人加以保护。② 法国更关心的是对印度的西方通道的政治影响而不是实行东非贸易的风险计划。

同样的考虑支配着列强们和埃及的关系。少数欧洲人意识到这个国家在商业方面的前景,它不仅可以作为对亚洲贸易的货物集散地,又可作为非洲商队的终点站。但实际的贸易仍然很小。部分是因为马木留克贝伊对苏丹的权威的反抗造成政治不稳和混乱,部分是因为既得利益者的反对。英国东印度公司极力保护它在海上贸易通道上的特权。土耳其人则禁止基督教徒在红海贸易,并得到英国利凡特公司的支持。因此当贝伊们在 1766—1779 年间鼓励英国船只从印度航行到苏伊士时,上述两个公司成功地怂恿政府反对这样的事态发展。法国商人却在埃及进行更多的贸易;③ 有些法国人认识到埃及的潜在重要性,可以作为向英国在亚洲的利益发动新的攻击的基地。舒瓦瑟尔－古菲埃任驻君士坦丁堡大使后,开始新的尝试以发展法国在埃及的势力,不过还没有取得成功。英国的反应却是举棋不定,虽然埃及的战略重要性在美国独立战争期间业已令人信服地显示出来,当时向印度紧急派遣部队首先要通过苏伊士。为了保证通信和对付法国的活动于 1786 年在开罗重建的领事馆,由于节省费用于 1793 年撤销——恰恰

---

① H. 德尚:《马达加斯加史》(巴黎,1961 年),第 79—91 页。
② R. 库普兰:《东非及其入侵者》(第 2 版,牛津,1956 年),第 76—83 页。
③ G. 朗贝尔编:《马赛商业史》,第 5 卷,《1660 至 1789 年的利凡特》,罗贝尔·帕里斯著(巴黎,1957 年),第 367—692 页。

是在法国恢复其领事馆的时候。①

　　欧洲与北非沿岸其他地区的关系更多的是与地中海而不是非洲的事务有关。在商业上，的黎波里、突尼斯和阿尔及尔的统治当局与利凡特地区关系最为紧密，不过它们与南部欧洲的商业关系的规模和稳固性往往被低估了。居住在那里的欧洲人进口制成品，其中一部分供应穿越撒哈拉的商队。同时出口谷物和当地的其他产品，主要是输往里窝那和马赛。在摩洛哥也一样，像穆拉伊·穆罕默德（1757—1790年）这样的强有力的统治者鼓励欧洲商人，但控制其贸易的地点和条件。有利害关系的欧洲人偶尔提议在上述北非诸国采取军事行动。西班牙在休达与奥兰之间保持着五块小小的领土作为据点。葡萄牙在1769年以前一直据有马扎甘。但总的说来，欧洲只满足于对已有的贸易提供保护，并不寻求过多改变它与马格里布的政治或经济关系。②

　　但人们逐渐认识到马格里布还有内陆地区，撒哈拉商队的商路（数千奴隶带着黄金、象牙和其他产品，每年通过这些商路抵达地中海）可能为同苏丹西部开展更广泛的贸易打开方便之门。③非洲协会最初倾向于通过这条路线进行考察工作。1788年它派出的首批使者莱迪亚德和卢卡斯分别从开罗和的黎波里出发，虽然前者死亡，后者返回，但协会通过不引人注意地询问撒哈拉商人的方法使非洲的地图大大地精确了。但是，物质上的困难，再加上那些在已有的贸易方式中获得利益的人对外来的闯入者采取抵制态度，使得撒哈拉被探险家们视为畏途，对贸易事业来说也无希望可言。1790年，协会新派的使者霍顿从冈比亚开始了他的探险，芒戈·帕克在1795年也是这样做的。欧洲的影响已经非常大的西海岸，在其未来发展方面同样是一个关键地区。

　　1763年跨越大西洋的奴隶出口，在绝大部分西部非洲的经济中占了主导地位。对种植园劳工的需求仍在扩大，只是由于美国独立战争而暂时受到妨碍。英国人是带头者，除了供应他们自己的殖民地

---

① F. 夏尔-鲁:《18世纪的英国、苏伊士地峡和埃及》（巴黎，1922年）；《埃及考察的由来》（巴黎，1910年）。H. L. 霍斯金斯:《英国通向印度的道路》（纽约和伦敦，1928年）。
② 参见 F. 夏尔-鲁《1830年以前的法国和北非》（巴黎，1932年），特别是第305—307页。
③ 例如，索尼埃:《非洲海岸纪行》（巴黎，1791年）；P. 马松:《1560—1793年法国在柏柏尔非洲殖民和通商史》（巴黎，1903年），第642—644页。

外，还供应法国和西班牙的殖民地。法国的奴隶贩子们在七年战争后不久就使这种贸易很快从完全停止的状态中得到了恢复。1784年以后，由于得到政府的津贴，他们在安哥拉很大程度上取代了英国人。葡萄牙的奴隶贩子们显然生意依旧兴旺；北美洲的贩子们甚至在独立前就在航运奴隶。西班牙在1778年宣称费尔南多波岛属于自己，目的在于加入这种贸易。似乎只有荷兰人，可能还有丹麦人退却了。还没有研究成果可以提供可靠的数字以说明奴隶贸易的规模、地区分布和起伏波动情况，但综合现代的各种估计，足以说明那个时期从西非输出的奴隶平均每年在8万人之上。这些人半数以上大约是由英国船只装运的，法国船只运载的约占1/4。①

虽然奴隶是西非最重要的出口，但并不是唯一的。机会好的话，黄金和象牙也是有利可图的，只是数量较小而已。沿海地区的大象头数在下降，人们逐渐认识到应该用谨慎的怀疑态度来对待有关非洲矿产丰富的诱人故事。在染料木的贸易方面，到1788年有12艘英国船被雇来直接将其运往欧洲。② 来自塞内加尔河附近森林的树胶是某些纺织品精加工的必需品，成为国际上争夺的一个主要目标。英法两国先后在圣路易站住脚后便设法让经营树胶贸易的卜拉克纳人和特拉尔扎人专门到波多尔和沿河港口交易；而竞争的另一方则设法在大西洋沿岸的阿尔金或波滕迪克进行贸易。但是除此之外再没有其他地方有任何非洲的产品重要到足以成为欧洲与非洲之间直接贸易的大宗商品。这30年间直接从非洲进入英国各港口的货物的价值只及英国向非洲出口的1/9。③ 为了装满货船也可能购买少量的皮革和蜡，棕榈油和靛蓝，经过美洲而运到欧洲；但是劳工仍然是大西洋经济中非洲所能大批供应的唯一最重要的商品。

欧洲人之所以把注意力集中在奴隶贸易上，并非由于人性特别残酷的扭曲所致，甚至根本也并非出于各国政府有计划地安排殖民地经济的愿望。这个时期的特征之一是反复为在西非发展新的农作物和市场制订计划。这些计划或多或少都是不明确的和基于错误的情报。

---

① 这些估计中最详细和权威的也许是罗伯特·诺里斯的《情况和文件》（Accounts and Papers），1789年（XXVI），《协商委员会……的报告》。它的数字74200人似乎太低了。
② 罗伯特·诺里斯：《情况和文件》（Accounts and Papers），第一部分，迪恩·蒂斯特的证据。
③ 根据《情况和文件》1789年（XXVI）和 D. 麦克弗森《商业年鉴》（伦敦，1805年）的计算。

1766年，英属塞内冈比亚总督奥哈拉抱着荒唐的希望在蕴藏着黄金的加拉姆地区建立欧洲人殖民地，从邻国获得棉花、大米、烟草和靛蓝，并通过在地中海沿岸的商队中的代理人在更东边的尚待考察的地区为英国制造商们开辟广阔的市场。① 与此同时，在安哥拉，蓬巴尔②派去的精力充沛的总督索萨·科蒂尼奥正在努力发展白人殖民地、商业性农业，甚至铸铁业。德马内神父（Abbé Demanet）（后来的塞内加尔公司发起人之一）则把萨卢姆河和卡萨芒斯河不仅看成是通往金矿的道路，而且是木材、靛蓝和其他野生产品的来源。德马内认为布拉马岛可以种植棉花和甘蔗，他的想法被总督所采纳，他当时任总督的随从牧师。③ 1777年轮到英国寻找替代美洲殖民地的地方了。英国议员坦普尔·勒特雷尔在攻击英国的非洲利益集团的现有组织的同时，提出了一些异想天开的前景，即通过冈比亚河到达尼罗河，从而为英国货物开辟巨大的新市场，并获得与"我们从美洲获得的一切贵重产品"同样丰富的资源。④ 1785年，英国政府认真考虑以流放罪犯向上冈比亚移民的办法。但利用旧世界来补救新世界均势改变的希望，仍然是建立在对地理和农业情况知之甚少的基础之上的。

18世纪后半叶在英法两国都出现了使非洲贸易走向"自由化"的倾向，就狭义上讲垄断局面已告结束，立法机构谋求保证国旗下活动的个体商人的经商机会。这一进程的必然结果是两国政府自身势必起更主动的作用，承担起原先由享有特权的公司以其赢利维持的行政上和军事上的责任。英国对非贸易商公司是1750年在皇家非洲公司的垄断经营的废墟上建立起来的，它不得以法人资格进行贸易。它的作用是选出一个管理委员会，由议会给予津贴，负责管理现有的贸易站，以维护所有英国对非贸易商的利益。这样一个机构也许满足了在黄金海岸业已立足的商人的需要，不过批评者指责它不起作用并牟取

---

① 国家档案馆，伦敦：殖民部，267/13，奥哈拉致康韦信，1766年5月28日、7月25日、9月7日。
② 蓬巴尔侯爵，1750—1777年葡萄牙的实际统治者。——译者注
③ J. 迪菲：《葡属非洲》（马萨诸塞州坎布里奇，1959年），第71—73、143页；德马内：《新编法属非洲史》（巴黎，1767年），第1卷，第XIV、213页及以后各页，第226页及以后各页；C. 舍费尔：Instructions Générales……（巴黎，1927年），第1卷，第20页，国王致梅纳热的备忘录，1764年12月22日。
④ 《议会史》，第19卷，第311—315页。

暴利。但它难以胜任既有内陆贸易又有更复杂的边界问题的被占领的塞内加尔的管理工作，也无力抵抗在该地区继续角逐的法国人。[①] 因此，1765 年塞内加尔各征服地和较早的冈比亚各殖民地联合在一起成为塞内冈比亚殖民地，建立了一个"在环境差异所允许的范围内的"美国模式的政体。但是英国政府没有适当的机构管理这样一个殖民地，更谈不上去实现奥哈拉的美梦了。在美国独立战争期间它轻而易举地丧失了塞内加尔，并将冈比亚贸易站交回商人控制。

1763 年法国东印度公司把它们在非洲剩下的一些机构交给了国王（仍保留在怀达的贸易站直到 1767 年）。戈雷岛归皇家总督管辖，他们尽最大努力恢复大陆上的法国财产，出租达喀尔四周的土地，重建在若阿勒、波图达尔和阿尔布雷达的贸易站，并设法把内陆贸易从冈比亚的英国人那里转移开。但是从巴黎得到的支持是软弱无力的，这块殖民地主要起着法国奴隶贩子向更远的南方航行时的停靠港口的作用。像非洲殖民地通常发生的那样，殖民者社会内部常发生冲突；商人们埋怨总督们滥用他们的地位牟取私利，而总督和私商们则联合起来告发一个新建立的公司在 70 年代和 80 年代相继以不同的称号开始利用其巴黎的影响在非洲谋取新的特权。由于在美国独立战争期间大西洋海军力量的变化，非洲政策不再具有任何优先地位，使法国于 1779 年得以重新占领圣路易。这一收获在凡尔赛和约中加以确认，英国的谈判者们集中注意于取得波滕迪克的橡胶贸易。在更南的地方，军事行动的力量对比比较势均力敌，因而该和约中没有包括直接损害英国在奴隶贸易中的领导地位的条款。

但是胜利使法国政府得以着力扩展其对非政策的范围。在塞内加尔河本身，塞内加尔公司逐渐取得了控制权。从 1786—1791 年，它垄断了从布兰科角到佛得角之间的所有贸易，并承担起制订殖民地预算的责任。不过在更南的地方则通过津贴运输奴隶的费用和一年一度的海军巡逻来鼓励私商们的活动。它与沿海的萨卢姆等王国签订条约，目的是希望转移从冈比亚进行的内陆贸易。法国人在那里曾经商多年的位于塞拉利昂河口湾的冈比亚岛于 1785 年 1 月落入法国手中。

[①] 国家档案馆：殖民部 389/31，商务部致国王信，1765 年 2 月 21 日；E.C. 马丁：《英属西非殖民地：1750—1821 年》（伦敦，1927 年），第 5、7 章。

1785年11月给总督德·布夫勒（de Boufflers）的训令中首次包括有关更加往南地区的法国商人们的一般情况。① 1786年在黄金海岸的阿莫库建立了一个法国的贸易站，由怀达的总督管辖，他也受权更积极地保护和扩展从拉霍角到阿德拉之间的法国商业。② 朗多弗船长代表圣马洛的一家商号在瓦里建立了一个工厂，但未获得独家经营法国商业的特权。③ 由于发起它的政权垮台，一个具有一定重要意义的发展步骤半途而废。

尽管那些"策划人"，甚至政府，对内陆的兴趣有增无减，欧洲贸易对西非各民族的直接影响不论就重要性和地理范围来讲仍然有限。欧洲人很少离开海岸和可航行的海湾一二英里以上。在"谷物海岸"的贸易通常实际上是在停泊于海岸外面的船上进行的。只有在贩奴地区以北的地方，才试图在河流上游的地方建立贸易站，收效也大不相同。在冈比亚，商人定期来到后来以麦卡锡命名的那个岛的上游，有几次曾航行到巴拉孔达瀑布以上的地方。溯塞内加尔河而上，波多尔是一个重要的贸易中心，英国人和法国人先后派微弱的兵力驻守该地。一年一度的贸易旅行远达与法莱梅河汇合处上游的圣约瑟夫城堡的废墟。塞内加尔公司的一个代理人从陆路于1786年来到该城堡，但在做了一年生意之后被杀害了。这种情况是非常特殊的，再无其他任何地区的水路可以这样没有严重障碍地航行，这里的经济也不完全是贩卖奴隶，那些内陆的国家愿意而且能够保护欧洲人的贸易，以换取保证给他们的利益。

在其他地方向内陆渗透所遇到的最严重障碍不是崎岖的地形所造成，甚至也非流行病所致。处于沿海有利地位的非洲统治者们，不愿意让欧洲人经过那里而进入他们邻邦的国土。唯恐因此而危及他们的商业垄断。即使在塞内加尔河上，加拉姆的护航队在中间的一段路程上也不得不穿过敌对民族的夹攻。坚定的欧洲人只要受到充分的鼓励无疑能克服这种敌对行动，但是只要奴隶构成西非贸易的大宗商品，对内地的渗透就不会有收获。如果不在非洲保持可观的武装力量——

---

① 舍费尔：前引书，第1卷，第128页及以后各页，国王备忘录，1785年11月18日。
② 同上，给古尔格的训令，1786年11月23日。
③ 《朗多弗船长回忆录》，J. S. 凯纳编（巴黎，1823年），第2卷，第44页及以后各页。第90页及以后各页。

第八章 欧洲与亚洲和非洲的关系

这是贸易所获利润难以供养的，而且也没有人作过这样的打算——欧洲人就不可能自己去捕获奴隶，更无法把奴隶安全地运送到海边，而他们更希望能运到紧靠船的地方。因此，在那些沿海人能够提供有秩序的机构并保证定期供应奴隶的地方，符合欧洲商人的利益的做法是与他们合作，依例纳税，遵守当地的经商惯例，并接受与之交易的人所规定的大部分行动限制。这种关系也许比通常所保持的那种关系牢靠得多，不仅有许多欧洲人独自在非洲生活多年，有着绝对的个人安全，而且他们一般都会发现，以贸易货物的方式，向非洲的代理人和中间商提供大量信贷，是安全而有利可图的。

然而，欧洲的文化影响仍是表面的。欧洲人对当地供应者的依赖，可能使他们对非洲的体制出于利害关系而给以某种尊重。种族傲慢并非奴隶贩子们的一成不变的特征，欧洲人无法无天或欺诈行为的最坏的事例并非正规商人们所为，因为他们要保持信誉。但是很少产生亲密的社会接触。即使在大陆上已形成永久贸易机构的地方，欧洲人为谨慎起见，也往往把他们与邻居的交往减小到最低限度，并多少依照正式的传统做法来指导自己的行动。只有在安哥拉和刚果才有算得上有规模的基督教传教团体，他们在那里的老辈人中进行了一些工作，但是他们的影响似乎很难深入。

当然，非洲社会对经济关系中的变化按照自己的方式做出了响应。对外贸易有时会使一个能随机应变的当地王朝增加经济和军事方面的资源，帮助它加强并扩展其势力，如在阿散蒂和达荷美。另一方面，在老卡拉巴尔，埃菲克人因给欧洲船只供应奴隶而繁荣起来以后，开始在传统的政治制度的框架内扩展其政治权威，特别在商业性事务中更是如此。这些商人居住在进口的两层木屋中，用英语与利物浦的商人通信，据说他们还建立了自己的英语学校。埃菲克人的社会明显地因贸易而改变了。[①] 然而他们像绝大多数非洲人一样，除了机灵的生意经和对某种类型的消费品感兴趣以外，还没有从欧洲直接移植来什么东西。

在西非，最近似于一个真正的欧洲人殖民地的是圣路易，它是法国人在塞内加尔河的一个岛上建的一座城市。在1779年归还给法国

---

① D. 福德（编）：《老卡拉巴尔的埃菲克商人》（伦敦，1957年）。

时人口有3018人，其中包括383名欧洲人和777名黑白混血人或自由黑人。在大约10年内人口总数翻了一番，大部分是自愿从内地来的移民。许多非洲人和黑白混血人是工匠或小贩，其余人则因从事到加拉姆的贸易航行而发了财，这是绝大多数欧洲人所不愿从事的。天主教徒在这里占多数，有些是穆斯林，1779年以后法国总督从他们中间任命一位市长，要他负责当地的警察事务，① 葡萄牙人在比绍、罗安达和本格拉的各殖民地，曾一度给人以深刻印象，这时已表现出衰落的迹象。在比绍仍然有许多非洲人和黑白混血人至少还是名义上的天主教徒，念珠和十字架也出现在奴隶贩子们的商品中。那些殷实的非洲商人，他们懂葡萄牙文，用他们自己的船航行远达里斯本。② 但是在黄金海岸一些殖民点（满怀希望地称为"城堡"）只有极少数在城堡里面或在所属的村庄里面的非洲商人或仆人学会了欧洲人的技术或思想。在1780年，有211名非洲人依靠法国人的怀达城堡为生，这个数目被官方认为是过大了。另有500—600名非洲人为10个英国人的城堡服务。

沿海地区的非洲人的确有某种接受欧洲教育的要求，往往出于一种理由，坦白地说就是"读书，并学会像白人一样凶狠"。③ 为达到此目的，少数人来到欧洲，瓦里的布达孔王子在巴黎学习宫廷舞，并用单簧管演奏军乐曲。仅利物浦一地，估计每年有50个黑人或黑白混血的儿童在上学。菲利普·夸克在伦敦受过教育并接受神职后，于1765年带着英国妻子回到了海岸角，开办了一所小的学校，主要是为了贸易站的孩子们。④ 但一般说来，欧洲人在西非的据点仍然是外国文化独立的飞地，而不是在整个非洲大陆传播这种文化的桥头堡。

在有些地区，也许没有严格划定的边界线。在冈比亚和开普芒特之间，葡萄牙和英国的商人们定居于相对隔绝的海岸地区，逐渐形成了一个欧非商业阶级。土著非洲人和黑白混血人作为委托人或中间人

---

① P. 拉巴尔特：《塞内加尔的旅行……》（巴黎，共和10年），第22—23页；S. M. X. 戈贝里：《非洲的旅行……》（F. 布莱格登译；伦敦，1802年），第1卷，第112页及以后各页；P. 居特吕：《塞内加尔史》（巴黎，1910年），第241、258—259、262页。
② P. 比弗：《非洲备忘录……》（伦敦，1805年），第40页及以后各页，第275页，第320页及以后各页，第405页。D. 兰哥：《18世纪的黑奴贩运业》（布鲁塞尔，1956年），第30页。
③ A. M. 福尔肯布里奇：《到塞拉利昂的两次航行》（第2版，伦敦，1802年），第37页。
④ 《情况和文件》，1789年（XXVI），第一部分，附录4、5；F. L. 巴特尔斯：《菲利普·夸克，1741—1816年》，《黄金海岸和多哥兰历史学会学报》，第1卷（1955年）。

第八章 欧洲与亚洲和非洲的关系

起着重要作用,在外国商人自己无法到达的内陆地区从事赊账贸易。工资劳动者,称为"格拉梅塔"(grumettas),有时学习欧洲的技术;有的英国工厂用当地的劳工建造大型近海船只,运奴船有时雇用非洲人做水手。在贝宁湾,除黑白混血人外,还有从巴西当奴隶回来的黑人。亚当斯船长曾提到约鲁巴纺织品出口贸易在这里发展的情况,①这些商人阶级的成员也许会说一种混杂着葡萄牙语或英语的方言,他们送孩子去欧洲受教育,甚至信奉天主教,口口声声说"我们的主"(Pater Noster),并让偶然来访的神甫为他们的孩子施洗礼。但是,整个说来,即使在最密切的商业来往中,对非洲社会的影响也少得惊人而肤浅。因此很难证实当时关于由奴隶贸易产生的接触正在逐渐使非洲"文明化"的说法。

通过进口实际货物换取奴隶也并没有间接地产生这样的结果。这些进口货中主要是纺织品(许多是印度制造的)和五金器具,起主要作用的是当地的消费者。在黄金海岸的一些地方,巴西烟草是贸易的主要项目;朗姆酒、白兰地和其他酒精饮料虽然可找到日益扩大的市场,但仍只是次要的货物。② 然而,即使说非洲进口的货物没有起败坏其人民道德的作用,但用人换来的货物也不能认为会帮助经济发展——货物中引人注目地缺少生产工具。从非洲人的角度来看,最重要的进口货是枪支、火药和子弹,到1775年时该类商品已成为贸易中主要的和占支配地位的项目。不管贸易中使用的枪支质量如何低劣,能得到它们往往给掌握它们的人以决定性的权力。达荷美的历代国王非常了解这一点,他们在18世纪曾数次进行战争以保证该地区的进口货物都集中在怀达一地,受他们的控制,并保持那里的武器交易由王室垄断。

对外的奴隶贸易究竟是怎样导致非洲社会的堕落以及究竟堕落到什么程度,至今仍是一个有争论的问题。许多次战争可能是为了获得奴隶而引起的,但是获得奴隶并不是引起非洲所有战争的唯一原因。19世纪的"合法贸易"也同样是造成许多冲突的原因。战争也不是得到奴隶的唯一来源,有少数是被绑架的,有的是为了抵债而出卖

---

① J. 亚当斯:《十次非洲航行见闻录……》[伦敦,无日期(1821年)],第25页。
② 1783—1787年英国向非洲出口的详情,见《情况和文件》,1789年(XXVI),第4部分,表A。

的，许多人是因为行巫术、凶杀和通奸而被流放的。不过，即使说怜悯有时会使反对这种贸易的人夸大其恶劣影响，但有一条基本的批评意见也许能够概括一切。沿海地区对奴隶的显然是贪得无厌的需要，使那些其经济以出口人力为基础的人民极难适应，也使他们无法用自己的劳动增加农业或林业作物的生产。就连皇家非洲公司的辩护士波斯尔思韦特也看到了奴隶贸易"将永远阻碍这些民族走向文明和贸易向非洲腹地的发展"。①

虽然在废除奴隶贸易的仁慈要求背后，显然有经济原因，但是要说废奴已成为一种经济上的必需则是另一回事。到18世纪80年代，欧洲的经济变化正在使依靠奴隶贸易赚钱的重要性相对降低。但由于非洲生产不出对新兴工业十分重要的商品，而且也无法证明有出产任何这种商品的可能性，因此没有明显的理由需要采取积极的步骤从立法上加以废除。在美洲的许多不发达地区仍然大量需要不熟练的劳工，而且英国纺纱机对棉花需求的增加实际上似乎使这种需要进一步增加。如19世纪也将表明的那样，仍然存在一个不仅使大西洋的奴隶贸易得以继续而且还可能大大扩展的充分的经济基础。

然而即使从商业的角度可以这样说，但并非对每个国家都是如此。丹麦人发现他们在西印度群岛的种植园所需的劳动力——大致每年新添奴隶1200人——为数太少，难以支撑不论是私商还是特许公司所进行的奴隶贸易，使之有利可图。在18世纪80年代，他们试图鼓励在黄金海岸东部建立咖啡和棉花种植园，但没有多少成效。②1783年，克里斯蒂安堡总督试图在沃尔特河上实行进军政策以加强丹麦的基地，结果建立了三个新的城堡。但这仅仅是增加了贸易的管理费用，并没有改变经济上的问题，于是该王国在1792年采取了一项新的政策。丹属西印度群岛将依靠自然再生产来代替从国外输入。10年间该群岛的奴隶人数以及女性所占的比例虽都将有所增长，但

---

① 《世界词典》，第1卷，第25页。
② H. 德布伦纳：《黄金海岸的著名丹麦牧师》，《黄金海岸和多哥兰历史学会学报》第2卷（1956年），第15页；C.D. 亚当斯：《丹麦植物学家在几内亚的活动，1783—1850年》，《加纳历史学会学报》，第3卷（1957年），特别是第35—38页；C.B. 瓦德斯特罗姆：《论殖民地化……》（伦敦，1794年），第175—178、316—317页。

从 1803 年起丹麦将禁止其国民从事奴隶贸易。①

其他的国家则发现要把人道主义与明智而稳妥的政策二者调和一致并不那么简单。法属西印度群岛，特别是圣多曼格岛，仍然需要大量进口劳动力，而法国反对奴隶贸易的著名人士也只是在安的列斯群岛的阶级和种族冲突迫使革命的议会注意这类问题时，才变得重要起来。1788 年建立的黑人之友社，由于其成员都是知名人士而博得了知识界的尊敬，其中有布里索、孔多塞、米拉波、拉法耶特、西哀士。但是，在法国几乎不具备使反对奴隶制的主张得以发展成一场有效运动的条件。提交三级会议的一般陈情书只有 49 份是指责奴隶制的，其中几乎全都只不过是主张最终废除奴隶贸易。②

在英国，经济的发展逐渐指出了与非洲建立一种新型关系的途径。美洲的丧失提出开辟热带产品新来源的要求的同时，日益成长的制造业利益集团要求扩大市场。西印度群岛的种植园在帝国的经济中相对地失去了重要性，它们的特权地位似乎对国家的繁荣不再是主要的了，从而变得比较容易受人攻击。后来，有远见的人士认识到，土地肥力的下降，新进口的劳动力对英国诸岛来说，不如对它们的对手更重要。废奴运动虽然并不完全是由于突然意识到民族的价值而出现的，但也不完全能够从经济的角度来加以解释。经济的变化不会在一夜之间在全世界明显出现；而许多有权势的人长期以来相信他们自己和国家的富裕有赖于继续进行奴隶贸易。一个主要代表土地所有者的议会是强烈地倾向于维护财产所有权、重商主义的经济学说和在西印度群岛的特权的。即使经济的变化使议员们能够心安理得地享受奢侈的生活，但如果没有人道的和宗教的人士有意对这些心安理得的人提出挑战的话，立法行动可能会长期拖延下去。③

由贵格会教徒四年前组成的一个委员会在 1787 年扩大以后，废奴主义运动以惊人的速度发展起来。它的首要代表人物托马斯·克拉

---

① E. 唐南：《有关对美洲的奴隶贸易的说明性文献》（华盛顿，1931 年），第 2 卷，第 616—617 页。1792 年 3 月 16 日皇家敕令。
② G. 加斯东－马丹：《法国殖民地的奴隶制历史》（巴黎，1948 年），第 169—171 页；B. F. 希斯洛普：《从三级会议的一般陈情书看 1789 年的法国民族主义》（纽约，1934 年），第 276—277 页。
③ 关于废奴运动，可将 R. 库普兰《威尔伯福斯》（1923 年），和《英国的反对奴隶制运动》（1933 年），以及 G. R. 梅勒《英帝国的托管制度，1783—1850 年》（伦敦，1951 年），第 1 章，与埃里克·威廉斯《资本主义与奴隶制》（查珀尔希尔，1944 年）相比较。又可参阅 T. 克拉克森《废除非洲奴隶贸易的历史……》（伦敦，2 卷本，1808 年）。

克森在他的实地调查中使用了有重大意义的新方法。他为了能在枢密院、历届议会委员会和善于表达自己的意见的公众面前拿出准确的材料,他走遍全国,测量船只,查阅档案,并询问了不计其数的海员。他把大部分注意力用来证明,一旦废除奴隶贸易以后,非洲可以为增长中的欧洲贸易提供何种产品。成千上万包括证据和忠告的传单和小册子到处流传。各大地方城市中虔诚的男男女女组织了反对奴隶贸易的各种请愿。1788年,首次在下院举行有关废奴问题的辩论,规定每只船可载奴隶数目的多尔宾法案在该年得到通过。1792年以前,维护奴隶贸易的人一直采取拖延战术,于是下院在原则上通过四年内加以废除。这场斗争并未取得胜利,战时的事态发展进一步延迟了最后的解决,不过进展的迅速仍是惊人的。

废奴主义者们并没有把他们的非洲政策局限于禁止输出奴隶,许多人也在寻找一种欧洲与非洲之间关系的新的经济基础。有的人支持非洲协会的考察计划,另一些人,特别在塞拉利昂则主张推动殖民化。那里的殖民地是由格兰维尔·夏普和英国其他一些关心"救济黑人贫民"的慈善家所发起创办的,它采用了生物学家亨利·斯米思曼的建立一个反对奴隶制的殖民地以开发该地区资源的计划。政府给了一些援助,于是411名移民,有黑人也有白人,在1787年4月离开了普利茅斯。尽管夏普的热心关怀十分具体,但这个殖民地的问题并未能实际地预见到,到1791年,原来的移民重新集合时只有64人了。但是与此同时,该计划通过1791年经议会批准建立的塞拉利昂公司得到了广泛的支持。下院议员、银行家和福音派牧师亨利·桑顿被任命为该公司董事长,使该计划有希望得以有条不紊地实施。这时有人提出依靠在美国独立战争期间定居在新斯科舍的黑人亲英分子为殖民者的主力,结果其中有1196人于1792年1月航行去非洲。①

新发起者们的双重目的反映在他们最初的指示中。该殖民地将建立"一种以真正的商业原则为基础的对非贸易,运出英国的制造品和其他进行交易的商品,运回交换来的非洲产品",其最后目的是"向一个长期停留在野蛮状态的广袤国家送去工业和文明的幸福"。

---

① R. R. 库钦斯基:《英国殖民帝国的人口统计调查》,第1卷(伦敦,1948年),第2、11章。

第八章 欧洲与亚洲和非洲的关系

将努力在该殖民地种植甘蔗和其他农作物，打开与遥远的内陆的贸易。① 董事们不承认在人道主义理想与商业意识之间有什么冲突可言。虽然利润不是他们的主要目标，但他们最终还是期望得到利润，即使仅仅是为了证明该计划是经过周密构想的。后来有些著作家硬说他们的动机是唯利是图。当时一位愤愤不平的人把董事们说成是："一群伪善的清教徒"，因为他们使用的方法并不完全是商业式的，他们在自己的报告中用来描写移民的进步和谴责奴隶贸易的篇幅远比为其不正当收支平衡进行辩护的篇幅大得多。②

认为塞拉利昂是一个由贪婪的银行家和狂热者结成的不稳定的联盟所从事的孤立的冒险事业是无法令人满意的。经济目的是较早期非洲发展计划的直接发展；而慈善目的当时也是其他人所共有。1779年，一群斯维登伯格③的信徒计划在西非建立一个乌托邦式殖民地，一度引起古斯塔夫三世并非没有个人打算的注意。④ 1792年，一批由275人组成的移民，其中大多数是英国人，着手进行一项计划不周和注定要失败的计划，用自由的非洲劳工在布拉马岛上发展甘蔗、棉花和靛蓝的种植园。⑤ 在新斯科舍人到达塞拉利昂后不久，附近的奴隶贩子们便重新试图在塔索岛上培育种植园作物。⑥ 如果考虑到发起这项事业的人所犯的许多错误，应当说塞拉利昂是在非洲沿海发展种植业和与非洲内陆开展贸易的许许多多尝试中资金最足、设想最大胆并且最成功的一个。

尽管如此，它的成功依然是有限的。最初几个月，在正式房屋尚未建起之前，疾病就夺去了许多移民的生命。事实证明在该半岛发展农业是令人失望的，在毗邻地区继续存在的奴隶贸易造成许多困难。如果财政支持不济的话，这个殖民地可能已经垮台了。但就是这个幸存下来的群体，却向非洲移植了诸如福音派基督教和陪审团等当时英

---

① L. E. C. 埃文斯：《早期塞拉利昂的政体》，载《塞拉利昂研究》，第 XVIII 卷。
② 福尔肯布里奇：《到塞拉利昂的两次航行》，第 186 页；《塞拉利昂公司……报告要旨》（伦敦，1794 年）。
③ 18 世纪瑞典科学家、神秘主义者、哲学家和神学家。——译者注
④ C. B. 瓦德斯特罗姆：《论殖民地化……》（伦敦，1794 年），第 2 部分，第 179—196 页；斯滕·林德罗思：《亚当·阿弗泽利乌斯》，载《塞拉利昂研究》n. s. 4（1955 年）。
⑤ P. 比弗：《非洲备忘录……》（伦敦，1805 年）；瓦德斯特罗姆，前引书，第 2 部分，第 130—174 页。
⑥ 福尔肯布里奇，前引书，第 48 页注；瓦德斯特罗姆，前引书，第 2 部分，第 116 页；《情况和文件》，1789 年（XXV），第 288 页及以后各页（安德森的证词）。

国文化的各种特征。的确，新斯科舍人从前的殖民经验使他们显得过分坚持他们的政治权利，过分热心于某些宗教仪式，甚至连那些虔诚的董事们也适应不了。周围的地区也受到了影响。邻近的种植者将食品送到弗里敦来出售；曼丁卡人商贩从苏丹带来黄金、象牙和皮革来出售；当地的一些人设法在这里上学或寻找挣工资的工作；移民们开始外出到从蓬戈河到歇尔布罗河的各条河流进行贸易。1794年，公司的两位欧洲职员到达了富塔贾隆。[①] 在受到种种限制的条件下，这块新殖民地开始改变着非洲的社会。

战争在欧洲开始后，扩大非洲产品贸易的可能性从而为更多的人所认识到，并进行了一些小规模的试验，有成功也有失败。但是，在奴隶贸易中有牢固利益的欧洲人和非洲人仍然对任何新的发展抱有偏见，革命战争也使废奴主义者的努力放慢了步伐并遭到了歪曲。

（屠尔康　潘日霞　译）

[①] C. H. 法伊夫：《塞拉利昂史》（伦敦，1962年），第11章。

第 九 章

欧洲的外交关系(1763—1790年)

  1763年的和约结束了欧洲和海外的七年战争,这从许多方面来说都是18世纪最重要的事件。巴黎和约使英国仅次于西班牙而成为世界上第一殖民大国。英国在北美已明显占据优势,并肯定有可能控制印度大部分地区。与此同时,胡柏图斯堡条约使普鲁士得以巩固自己的地位,成为欧洲的主要强国之一,尽管就强国一词最完全的意义来衡量还略逊一筹。当时许多人认为,普鲁士保住了西里西亚是那个时期最伟大的军事成就;而弗里德里希二世的领导才能似乎又充分弥补了普鲁士在物质上的许多弱点。

  但是,不可能指望保持长时期的和平。事实上,大多数观察家在1763年以后都不抱此期望。无论是英国在殖民地和海上对法国的优势,还是普鲁士不受哈布斯堡王室侵犯的安全保障,都并非没有受到挑战。战争失败使法国的自尊心遭受极大的损害。法国的海外帝国虽已瓦解,但商业上的重要地位——西印度群岛的大部分以及非洲和印度的一些贸易据点——却保留了下来,因此,其羞辱和愤恨丝毫未消,报复英国之心丝毫未减。再说,英国的胜利已引起西欧的普遍不安,唯恐英国凭借其海上力量垄断欧洲的海上贸易和独霸海外扩张的机会。弗里德里希二世也发现,他的胜利对已遭到失败的他的对手来说,除赢得了尊敬之外,也不可避免地引起进一步的怨恨。由于战争期间的经历,哈布斯堡王朝的各个领地对战争的巨额耗费仍无力承担,并且对战争虽然取得一些胜利却一无所获感到失望,玛丽亚·特蕾西亚这时已感到厌倦和幻灭。因此,她在国际事务方面采取小心谨慎和息事宁人的态度。但她个人始终十分厌恶和不信任普鲁士国王;保持哈布斯堡在德意志的领导地位的传统决心已由首相考尼茨-里特贝格亲王，特别是皇后的长子约瑟夫大公在维也纳有效地体现出来，约瑟夫的影响无疑在与日俱增。

因此，显而易见，英法的互相猜忌和奥普（更确切地说是哈布斯堡王室和霍亨索伦王室之间）的敌对将会影响今后多年的国际关系。然而，除了这两个当时已根深蒂固的对抗以外，还可以看到威胁1763年以后整整一代人欧洲和平的在某种程度上更重要的第三个因素。这就是波兰具有悲剧性和潜在危险的局势。波兰的国力衰微和政府腐败在18世纪初已引人注目，以后几十年形势更每况愈下，到七年战争时期，波兰的政治和军事力量实际上已落到十分衰败的境地。在1763年，一个多世纪以来强邻瓜分波兰的计划虽仍然仅仅停留在计划上，但最终实现的可能性越来越明显可见。奥古斯特三世已不久于世，这预示波兰王位又要进行一次选举，有可能引发国内混乱和国际纠纷。当他于10月初去世后，继承人的遴选立即成为欧洲政治中最为紧迫的问题。

不仅如此，波兰的命运很可能对另外两个一度强盛现已衰落的国家瑞典和奥斯曼帝国产生影响。瑞典由于北方大战败北，国际地位一落千丈，一直未能恢复，而瑞典贵族结党营私，出卖祖国，又几与波兰贵族如出一辙。土耳其帝国的军事和政治实力日趋衰落，无可挽回，其主要原因是宗教保守主义受到学者和教士阶层（即乌力马）①的鼓励和禁卫军的保护，其势力之强大，是欧洲其他地方的任何同类势力所无法比拟的。

因此，这一时期的欧洲外交史大体上可按照以下这三个问题来撰写：英法在海上和海外的角逐；哈布斯堡王室和霍亨索伦王室在德意志的对抗以及波兰问题。18世纪60年代末起又出现了第四个问题：俄土关系。所有这些问题，特别是第二个和第三个问题是相互关联的。但每一个问题又可在很大程度上看成是独立存在的。这四个问题中有三个出现在中欧和东欧；这意味着1763年以后欧洲政治的利益和活动中心已明显东移。在莱茵兰，在低地国家，在意大利半岛，这些多年以来国际激烈纷争的场所，这时其领土状况已相对稳定。这同波兰或巴尔干的局势形成明显的对比。任何西欧大国，法国可以部分

---

① 乌力马（ulema）主要指土耳其的穆斯林学者或宗教、法律权威。——译者注

第九章　欧洲的外交关系(1763—1790年)

除外,都无法对欧洲大陆东半部的事务施加直接的影响。而除法国以外,任何大国实际上也无意施加这类影响,即使法国也只是断断续续地这样做。英法这一时期在殖民地的角逐,无论从长远来看对世界具有什么意义,但对大多数欧洲人来说,却没有多大的直接影响。这一时期的欧洲许多重大问题均非源于西欧,一般说来西欧国家对解决这些问题也只能起次要的作用。

在西欧,18世纪60年代最重要的发展是法国显然恢复了力量和自信。这主要应归功于舒瓦瑟尔公爵艾蒂安·德·舒瓦瑟尔-斯坦维尔的领导。他是一位虽然并非才能过人,但精力充沛的大臣。到60年代末,在他领导下已使法国有希望在不久的将来重新获得在七年战争中失去的土地和声望。法国的力量和雄心的重振,可以从60年代重组陆军,尤其是努力重建海军这两件事情上看出来。更重要的是,舒瓦瑟尔设法有步骤并且成功地巩固和加强了法国和西班牙的战时联盟。这一联盟关系体现在1761年8月签订的家族盟约中。从巴黎和约到法国大革命,这期间法国外交政策的真正核心乃是它与西班牙的联盟,其重要性远远超过了1756年同奥地利结成的联盟。舒瓦瑟尔本人于1765年曾经说过,与奥地利的联盟"是不稳固的,同极其重要的法西联盟完全不同"。他对路易十五说,如果西班牙的卡洛斯三世卷入与英国的战争,一定会得到法国的支持而"不管您的王国会处于什么情况"[1]。巴黎和马德里保持友好关系,从某些方面看是出人意料地顺利。尽管法西联盟完全没有取得什么陆军或海军的胜利,但经历了七年战争的后期仍然保持不动摇;这同事实上的英普联盟形成鲜明对照,后者于1758年结盟,于1762年灾难性地和无可挽回地宣告破裂。卡洛斯三世及其大臣们和法国人一样,对英国在海上和殖民地获得的胜利既感震惊,又极愤怒;与此同时,英国占领直布罗陀和收回梅诺卡岛,使马德里愤愤不平,导致了英西两国之间一场无休止的小争端。法、西两国政府的野心并非总是一致的,但在对付共同敌人英国方面却保持了某种基本的一致。18世纪60年代两国之间的联盟有所加强,最引人注目的是1768年签订的商业条约。

舒瓦瑟尔至少早在1765年9月就已着手筹划的向英国报仇的战

---

[1] 《舒瓦瑟尔公爵回忆录》(巴黎,1904年),第389—390页。

争,主要是一场海上战争和殖民地战争。他决心不重蹈其前任在1756年的覆辙,在欧洲承担代价昂贵和分散精力的军事义务。通过威胁在佛兰德、布列塔尼和西班牙北部集结兵力,或由西班牙进攻葡萄牙,可以迫使英国分散力量和资源;但不能让战争成为一场欧洲战争。可以不去触动汉诺威,法国必须集中力量占领英国的殖民地,如英属北美殖民地人民起义反抗其母国,则应给以帮助;更重要的是向英国本土发动进攻,并取得胜利。[①]

这些主张是明智的;舒瓦瑟尔的继任者韦尔热讷伯爵后来在美国革命战争中曾予以实施,收到某些效果。但是,60年代的英国历届内阁却全然不理解当时法国战略思想的意向。它们认为,英国仍需要大陆盟国,以便尽可能将波旁王朝各国的力量牵制在欧洲的陆战中,并保卫汉诺威。由于历史和地理的原因,汉诺威一直被认为是任凭法国摆布的人质。但要找到这样的盟国非常困难。相当多的英国人,且不说乔治三世本人,仍然认为奥地利从某种意义上说是英国的天然盟国;但奥地利与法国由种种纽带联系在一起,此时它显然无意割断这些纽带。弗里德里希二世正确地认为,与英国结盟有可能卷入一场新的英法战争,这是他下决心要避免的;且不说他对英普之间1762年的互相攻讦记忆犹新。不仅如此,自1764年以来,普鲁士的国际地位由于与叶卡捷琳娜二世结盟而有了保障;[②] 因此同英国联合将不会有什么收获。这样,就只剩下俄国是英国有希望与之结盟的唯一欧洲大国。缔结英俄条约的谈判于1762年开始,断断续续进行了十多年而终成泡影。谈判失败的原因是,几届英国政府虽然毫无疑问希望与俄国结盟,但拒绝付出叶卡捷琳娜二世提出的代价。后者为了收买瑞典议会和参政院,使之置于俄国卵翼之下并免受法国的影响,需要巨额款项,而它们拒绝提供如此多的钱。英国还拒绝帮助她在奥古斯特三世去世以后将俄国支持的候选人扶上波兰王位。更主要的是,它们拒绝允诺当土耳其进攻俄国南部边境时支持俄国。为了给这些拒绝找出理由,它们辩解说,君士坦丁堡如采取表示敌意的行动,将会给英国在地中海东部沿岸各国的贸易造成损害;而更有可能是由于也许当

[①] 关于舒瓦瑟尔的战略计划及其在18世纪60年代期间的发展,J. F. 拉姆齐:《1763—1770年的英法关系》(伯克利,1939年)第3章有扼要的论述。

[②] 见后面,原文第258页。

时英国有理由相信,俄土战争不久即将爆发,而英国支持这位女皇在近东的野心将一无所获。

而使结盟谈判破裂的最主要的原因是"土耳其条款"。但是两国谈判有好几次接近成功,而且有助于促成1766年缔结的一项重要的英俄商约。如果英俄谈判获得成功,那么就会成为俄国外交大臣N. I. 帕宁伯爵于18世纪60年代后期设法建立的"北方体系"的一个重要组成部分。野心勃勃建立"北方体系"的计划由俄国驻哥本哈根公使科尔夫男爵于1764年年初提出,它将形成俄国、普鲁士、英国、瑞典、丹麦和波兰的大联合,以对抗波旁王朝各国,首先是反对法国。帕宁希望,这样一个联盟将会"使俄国摆脱长期依赖他国的局面,并使俄国……处于能在欧洲事务中发挥重要作用的地位,并且在北方保持和平与稳定"。① 他的这些计划并非毫无结果。这些计划促使他认为,一个在俄国影响下的强大而复兴的波兰,将替代奥地利而成为俄国未来的主要盟国,以对抗奥斯曼帝国。这种态度曾有许多年对俄国的波兰政策产生了某些影响。这些计划还导致1765年俄丹联盟的缔结,为两年以后最终解决两国在荷尔斯泰因问题上长期存在的争端铺平了道路。② 但是帕宁计划的北方体系同18世纪许多国家间新的广泛的合纵连横一样,都虚有其表而难以实现。如事实所表明的,英国和俄国除经济协定外未能达成政治协定。此外,弗里德里希二世对此体系毫无热情。他只希望成为叶卡捷琳娜二世的唯一盟友,因此向圣彼得堡施加影响,使之不与英国签订条约;他对扶植波兰也感到不快,因为这有碍于他向波兰扩张的野心,而且他对这样一个影响深远的政治结合的真正价值深不以为然。随着1768年9月俄国与奥斯曼帝国战争的爆发,北方体系便迅速在欧洲的政治舞台上销声匿迹了。

对英国来说,同俄国结盟,即使成功了,在一场由舒瓦瑟尔预料的主要是在海上和殖民地进行的战争中同法国较量也于事无补。不过,18世纪60年代英国在外交上的孤立,加上国内政治冲突的日益突出和美洲动乱的日益严重,都大大降低了英国在欧洲的影响和声

---

① 《俄罗斯帝国历史学会资料汇编》,第67卷(圣彼得堡,1889年),第25页。
② 见本书第7卷,原文第350页。

望。反之，法国的实力和自信却显然与日俱增。1766年，斯坦尼斯拉夫·莱什琴斯基去世，洛林公国根据1735年维也纳条约的条款终于正式成为法国的领土。而从国际关系的观点来看更为主要的是1768—1769年法国征服并吞并了科西嘉岛。热那亚共和国由于无力镇压该岛多年发展起来的反对其统治的叛乱，于1764年8月同意让法国军队驻守岛上五个城镇。1768年5月，热那亚与法国政府签署一项条约，实际上将该岛卖给法国，由法国支付200万里弗尔并保证热那亚本国领土的完整。虽然法国花了一年时间才击溃了科西嘉叛乱领袖帕斯夸莱·保利及其追随者的抵抗，但在1769年6月全部占领了该岛。英国在某种程度上担心法国占领科西嘉岛可能会加强法国在地中海的海军力量，因而提出抗议，事实证明毫无结果。英国内阁软弱无力而且陷于分裂，到1768年秋季对法国的行动便忍气吞声地加以默认。英国的软弱使英国在欧洲的声望大为下降，特别是证实了叶卡捷琳娜二世的想法，即英国不可能成为一个积极有力的盟国。

仅仅不过一年以后，科西嘉事件未曾引起的英法新的事端已一触即发。1770年6月，由布宜诺斯艾利斯的总督派遣的一支西班牙远征军，占领了英国在福克兰群岛埃格蒙特港的一小块殖民地。这在伦敦激起了极大愤慨，而在马德里却无意作出让步或听取英国的抗议，因为福克兰群岛一直被认为是西班牙的领土。双方都在积极备战，看来一场英、西战争迫在眉睫，而法国肯定会卷入这样一场战争。如果舒瓦瑟尔继续掌权的话，他已做好准备的报复英国的战争很可能就发生了，尽管他本人极力谋求和平解决争端。但是他在朝廷的地位在一段时间以来日益受到来自三方面的威胁：即与他对立的大臣、国王的情妇巴里夫人的敌视和对他的国内政策不满的极端天主教势力。结果国王于1770年12月突然将他革职。西班牙政府由于失去法国立即支援的可能而被迫屈服。1771年1月西班牙同意将埃格蒙特港交还英国，但避免明确放弃它对福克兰群岛的权利要求。于是这次危机的结果是英国取得胜利。但这只是一次不完全的胜利，一方面虽然是由于英国本身的实力，但另一方面却是由于路易十五的软弱，因而它无助于防止英国声望在欧洲的日益下降。两年以后，一位讽刺小册子的作者写道，事实上，"近几年来，英国政府采取的措施是何等高尚、何等果敢而又何等坚定不移，结果是，尽管我们因此赢得了荣誉和征服

第九章 欧洲的外交关系(1763—1790年)

地,我们却招致了欧洲每一个国家的统治者对我们的蔑视与侮辱"。①

然而,比科西嘉和福克兰群岛问题更为重要的是18世纪60年代和70年代初东欧的危机。早在1763年2月,俄国一个由政治家和军事领导人组成的委员会就决定波兰下一届国王必须是一名波兰贵族(piast)而不是一个外国人。几个月后,叶卡捷琳娜二世即在波兰边境集结重兵,并进行安排,贿赂波兰有权势的人物,加强由恰尔托雷斯基家族领导的波兰亲俄势力。在圣彼得堡,人们获悉法国在设法影响波兰下次国王选举,可能是支持萨克森统治家族的某个成员,因为波兰最后两位国王都来自这个家族,另外,还有更令人担心的事,即土耳其人可能进行干预。因此,叶卡捷琳娜二世急于尽可能获得英国、奥地利和普鲁士支持她在波兰的野心。不久就明显看出英国的支持已没有什么希望;奥地利政府虽然没有明显表示反对俄国在波兰的图谋,但由于它是法国的盟国,因此注定在某种程度上持共同的反俄态度。不仅如此,对哈布斯堡来说,未来在德意志进行战争时,萨克森将是其非常有用的盟友;这件事本身就构成充分的理由支持一位萨克森候选人登上波兰王位。剩下的就只有普鲁士了。从1763年2月起一直几乎到他去世为止,弗里德里希二世同叶卡捷琳娜进行了长时间而又虚伪的信件往来;到8月,弗里德里希二世就向她送交了一份俄普同盟条约的草案。10月(奥古斯特三世于该月5日去世),俄国女皇认为同普鲁士结盟已刻不容缓;1764年1月底,向弗里德里希二世送交一份俄国的草案,弗里德里希仅作了些小的修改后即表示接受。4月11日,同盟条约正式签字。条约有效期为八年,双方承诺在一方遭到进攻时,另一方即进行军事支援。② 双方还保证支持瑞典的1720年宪法,最重要的是双方还保证维护波兰的现有宪法(换句话说,即继续保持波兰的混乱局面)和波兰君主由选举产生的制度。另外还通过一个附加的密约,一致同意支持叶卡捷琳娜二世以前的情人斯坦尼斯拉夫·波尼亚托夫斯基为波兰国王的候选人。他于9月如期当选。

1763—1764年的事态发展清楚地表明,尽管法国自认为是波兰

---

① 《巴黎和约后欧洲秘史概略》(伦敦,1772年),第37页。
② 如土耳其进攻俄国,或普鲁士在威悉河以西的领土遭到进攻,属例外情况,此时仅要求财政援助。

的传统保护国，但已不可能再在波兰施加多大的实际影响了。这部分是由于法国在波兰的外交工作既不统一又陷于混乱。与法国的官方代表德波尔米侯爵同时工作并时常与之发生冲突的还有路易十五于40年代建立的一个名叫"秘密"（secret）的特务网，从事国王的私人秘密外交，但收效甚微。实际上，情况往往比这更为复杂，因为有时这些特务彼此互相对立或者并不知道对方的存在。最重要的是，当时法国的政界人物很少有人真正关心波兰事态的发展。他们全神贯注于殖民地和海上事务，即与英国和西班牙的关系。越是有必要坚持法国反对英国的立场，就越是要注意避免深深陷入东欧事务。1763 年 5 月，舒瓦瑟尔的一位同族兄弟，当时任法国外交大臣的舒瓦瑟尔－普拉兰公爵在一份有关法国外交政策的备忘录中极力主张：当前，在瑞典、波兰和奥斯曼帝国这些原来被保护国中，法国只有不明确的和间接的利益；即使瓜分波兰对法国来说或许也是无足轻重的。

虽然如此，法国政府目睹一个俄国傀儡登上波兰的王座也不能不怒火中烧。直至波尼亚托夫斯基当选一年以后，法国才承认他为波兰国王；而且即使在以后法国也没有向华沙派外交代表。看到法国势力和威望在东欧每况愈下就不免感到羞辱；而无论是舒瓦瑟尔还是路易十五都是强烈反俄的。路易十五于1763 年 9 月写道，"任何能使俄国陷入混乱，使之重新回到微不足道的地位的事，都是符合法国利益的"。① 法国自己是无法达到这一目的的，也不能指望从其盟国奥地利处得到什么帮助。但是许多法国政界人物似乎认为土耳其人是一种可能用以制止俄国势力的发展甚至使之逆转的有效武器。1763—1764 年，法国驻君士坦丁堡大使谢瓦利埃·德·韦尔热讷按照巴黎的指示，竭尽全力劝说土耳其政府支持波兰王位的萨克森候选人并以武力反对俄国军队进入波兰。他没有取得成功。1765 年 7 月，土耳其政府决定承认波尼亚托夫斯基。尽管如此，法国怂恿土耳其干扰俄国的活动一直没有停止，舒瓦瑟尔极不负责任和缺乏远见地一再敦促韦尔热讷设法挑起俄土之间的战争。②

俄土战争于 1768 年 9 月爆发，但不是法国在君士坦丁堡外交活

---

① P. 兰恩：《从亨利四世到韦尔热讷时期的法国外交》（巴黎，1945 年），第 265 页。
② 见 L. A. 德博纳维尔·德马尔萨尼《法国驻君士坦丁堡大使谢瓦利埃·德·韦尔热讷传》（巴黎，1894 年），第 2 卷，第 304—308、317—319 页中所引舒瓦瑟尔 1766 年 4 月 21 日和 6 月 19 日信函。

第九章　欧洲的外交关系(1763—1790年)

动的结果,而是由于波兰的事态发展。由于波兰对俄国势力的反抗日益增长,加上俄国对波兰的军事控制越来越明目张胆,土耳其政府的恐惧和不满也随之迅速加剧。1768年年初建立的巴尔同盟促使问题尖锐化。7月,乌克兰非正规部队(Haidamaki)在追击逃跑的同盟分子时,烧毁了波多利亚地区的巴尔塔小镇,明显地侵犯了土耳其的领土。罪犯并不一定是俄国士兵,俄国政府企图推卸此次事件的责任,但已无济于事。10月6日,俄国驻君士坦丁堡公使奥布列斯科夫被囚禁于七塔城堡,俄国与奥斯曼帝国的战争于是开始。

　　叶卡捷琳娜二世及其大臣们极不欢迎这场战争。这意味着要在俄国南部边境重新投入大量军队并使俄国在波兰的形势更为复杂。更重要的是,它还可能导致欧洲的某个大国,最可能是奥地利,在近东进行反俄的干预。尽管如此,他们还是立即决定要在这次与土耳其的战争中尽可能攫取一切好处。1768年11月,在圣彼得堡的一次会议上决定,一旦签订和约,俄国必须获得其船只在黑海的自由航行权(这是彼得一世在位以来俄国政策的一个目标),并在黑海取得一个港口。俄国还要牺牲波兰的利益而扩张俄国的领土。除了这两个战争目标之外,很快又增加了第三个:使克里米亚汗国(其疆域包括广袤的黑海草原)成为一个独立国家。从某种程度上说,这也是俄国政策的传统目标,俄国最终吞并克里米亚的构想已开始具体化了。[①]但克里米亚汗国将近三个世纪以来一直是土耳其的卫星国,其统治者悉由土耳其苏丹任命;土耳其政府认为该国继续由土耳其控制乃是防止俄国在黑海地区扩张其势力的一个不可缺少的屏障。因此,要求克里米亚独立肯定会遭到君士坦丁堡的强烈反对。而这个要求并不能完全满足俄国不断增加的战争目标。到1770年,圣彼得堡一致的意见是,俄国还必须吞并刻赤和耶尼卡莱的要塞,从而控制亚速海通往黑海的刻赤海峡。否则,俄国于1769年年初即已占领的亚速海便毫无价值,不仅如此,到1770年年底,俄国政府又要求将位于多瑙河流域的摩尔达维亚和瓦拉几亚两个公国置于其控制之下,为期25年,作为对俄国战争费用的补偿,并要求将亚速海以东一块广袤而界限不

[①] H. 于贝施贝格尔:《俄国两个世纪以来的东方政策》,第1卷(斯图加特,1913年),第265、269页。

清的地区卡巴尔达斯并入俄国。

由此可见，俄国的战争是野心勃勃的。1769—1771年俄国陆海军的辉煌胜利①表明，如果没有外部势力介入，确实是实现这些战争目的中的许多项的大好机会。可是，到1771年，欧洲列强显然已不愿让叶卡捷琳娜二世在近东为所欲为。战争一开始，弗里德里希二世就敦促她也许可以通过奥地利和普鲁士的调停尽快媾和。英国（这是女皇可能愿意接受的）和法国（这是女皇坚决拒绝接受的）也提出调停。重要的是，不能忽视可能出现奥地利采取某种行动以保护土耳其人并防止俄国充分利用其胜利的危险。奥地利有可能采取这类主动行动，并可能引起奥俄战争，这样战争就必然会波及普鲁士，而这是弗里德里希二世十分忧虑的。

他的担心是有道理的。因为在俄土战争的最初几个月里，考尼茨在维也纳极力强调有必要积极反对俄国涉足波兰和近东。他甚至建议奥普实行可能的和解，其基础是由奥地利收复部分西里西亚，而普鲁士则得到由俄国控制、仍然正式是波兰共和国一部分的库尔兰公国作为补偿。但他的主张没有产生任何结果。玛丽亚·特蕾西亚仍然决心保持和平。1765年继承其父任神圣罗马帝国皇帝的约瑟夫先后于1769年8月在西里西亚的尼斯和1770年9月在摩拉维亚的诺伊施塔特同弗里德里希二世举行私人会谈。这些会谈虽然引起人们很大的兴趣和猜测，但未取得重大结果。直到1771年年初，对俄国取得的辉煌胜利，奥地利一直引人注目地保持缄默。到那年2月初，玛丽亚·特蕾西亚才决定必须制止俄国进一步扩张；6月，当维也纳获知俄国对土耳其提出的全部要求时，在那里爆发了一阵惊恐和愤怒情绪。这时俄国政府已修改了它的条件，只要求多瑙河两公国独立，而暂不要求将其转由俄国控制。但是，即使如此，考尼茨和约瑟夫二世也无法忍受。理由是这样严重地割去奥斯曼帝国的领土将会破坏欧洲的势力均衡。于是，奥土两国十分秘密地于7月初在君士坦丁堡签署了一项奥土密约。根据这项从未获得批准的协定，奥地利允诺在外交上支持土耳其政府，以保持奥斯曼帝国领土的完整。作为回报，土耳其每年向奥地利提供一大笔财政资助，用于加强奥军力量，同时割让瓦拉几

---

① 见下文，第11章，原文第324页。

亚西部某些领土。1771年7—9月，奥俄关系仍然非常紧张。叶卡捷琳娜二世无意放弃对两公国的要求，奥地利政府则开始备战，并与巴黎谈判，争取在同俄国的战争中得到法国的帮助，这场战争看来肯定将于次年春季爆发。

但是维也纳并不真正想打仗，圣彼得堡也是一样。9月5日，玛丽亚·特蕾西亚向普鲁士驻维也纳代表罗德保证，她希望维护和平而且如有可能将说服土耳其人向俄国妥协。皇后的这一独自行动深深触怒了考尼茨，因为这势必会削弱奥地利在前几个月中采取的好战姿态在柏林和圣彼得堡所产生的影响。但是他和约瑟夫二世当时都明白，叶卡捷琳娜二世向土耳其人提出的许多要求都是无法加以有效抵制的，特别是在克里米亚建立一个独立国家已不可避免。到10月，达成了一种事实上的妥协。事实已很清楚，奥地利将不反对俄国建立这样一个国家，而俄国也不反对两公国仍承认土耳其为其最高君主。

然而，除此之外，在几个月以前情况似乎已表明，在近东未能充分满足的领土野心，可比较安全而方便地在孤立无援、处于无政府状态的波兰得到满足。1770年年末，弗里德里希二世的弟弟、普鲁士的亨利亲王访问了圣彼得堡。在这之前，他就比他的哥哥对在近期吞并西普鲁士的前景持更为乐观的态度；10月，他草拟了一份由奥、俄、普共同监管波兰事务的计划。他给叶卡捷琳娜二世留下很好的印象，那次访问收到意想不到和极其重要的成果。1771年1月8日，女皇以半开玩笑的方式向他建议瓜分波兰。她指出，奥国已经占领了齐普斯的两个领主采邑（starosties），①"为什么不能我们大家都拿一点呢？"俄国陆军大臣Z.G.切尔尼谢夫伯爵就此作了具体的解释，他敦促普鲁士占领伸入东普鲁士的波兰一块面积很大的领土瓦尔米亚（埃尔梅兰）主教管区。②

亨利亲王对瓜分波兰的想法极表欢迎。几周后他一回到柏林，就设法消释了他哥哥担心俄国会从中获取过多利益的想法。结果从1771年年初起，弗里德里希二世便开始敦促奥地利政府同意瓜分波兰，作为保持国际和平的最佳途径。5月，他试图通过同俄国签订瓜

---

① 见下文，第12章，原文第338页。
② 《弗里德里希大帝政治通信集》，第30卷（柏林，1905年），第406—407页。

分波兰的预备协议，而迫使考尼茨和玛丽亚·特蕾西亚采取行动。到10月底，维也纳被迫在原则上同意瓜分波兰。尽管有许多细节问题仍有待解决，而且玛丽亚·特蕾西亚经过反复考虑后，才于1772年8月接受瓜分条约，但波兰共和国的命运已经决定了。虽然俄土战争和由此产生的奥俄在巴尔干的对抗从根本意义上说并不是第一次瓜分波兰的原因，但毫无疑问它们在加速瓜分上起了重大作用，也许还决定了瓜分所采取的方式。

即使在瓜分波兰问题上达成一致和奥地利积极反对的危险消除之后，叶卡捷琳娜二世仍然面临强迫土耳其按照其条件媾和的任务。事实证明这是一个十分困难的任务。1772年8—9月，俄国和土耳其的全权代表在摩尔达维亚的小镇福克沙尼举行会谈，但谈判很快宣告破裂，原因是土耳其坚持其苏丹即使无权任命克里米亚的可汗，至少也得保留对克里米亚可汗行使其权力的批准权。当新的和会于11月末在布加勒斯特开会时，俄国人在这一点上作了让步，但又出现了新的困难：土耳其人抵制俄国兼并刻赤和耶尼卡莱，并不愿让俄国战舰在黑海自由航行。谈判一直拖延到1773年3月仍无结果。对俄国政府来说，媾和这样长期拖延下去是严重的。战争已使俄国蒙受重大牺牲，已经无法再无限期地拖延下去。从1773年9月起，普加乔夫领导的声势浩大的农民起义已经震撼了全国很多地区。① 更重要的是，瑞典几十年来由于派系倾轧和政治腐化而陷于瘫痪，而此时突然已在很大程度上恢复了团结，在波罗的海再次成为俄国的强劲对手。

多年以来，法国对斯德哥尔摩的政策一如既往，不是趁机利用瑞典的党派斗争，而是加强瑞典的君主政体。1771年2月逝世的阿道夫·弗里德里希国王并不是一个能废除瑞典宪法并在一个复兴的君主政体支持下团结全国的人物。但他的儿子和继承人古斯塔夫三世年轻有为，精力充沛而且胆识过人，这些都使人产生了国运好转的希望。他父亲逝世时他正访问巴黎，并立即得到法国提供财政援助的允诺，以恢复王室的权力。他继位的头几个月里处境非常困难，但在1772年8月得以通过几乎不流血的政变废除了1720年宪法，在很大程度上恢复了王室先前所拥有的地位。

---

① 见下文，第11章，原文第313页。

第九章　欧洲的外交关系（1763—1790年）

瑞典的革命是一件具有重大国际影响的事件。在当时的人看来，这似乎是法国引人注目的政治胜利，因为法国的影响这时可能已在斯德哥尔摩居于支配地位；而对俄国来说则是一次严重的挫折，因为不久它会发现它与取得胜利的古斯塔夫三世处于战争状态。这两种看法都不完全正确。法国建议与瑞典建立防务联盟毫无结果；这部分是由于根据新宪法古斯塔夫未得到参政院同意不能与外国签订任何协议，部分还由于路易十五也无意使法国对其他国家承担任何新的义务。人们所预料的俄瑞战争并没有爆发。尽管从1772年年底到1773年年初几个月期间战争似乎一触即发之势，叶卡捷琳娜二世对瑞典的事态深为震怒；而且她在与古斯塔夫三世的斗争中可以指望得到丹麦的积极支持，因为在丹麦施特鲁恩泽倒台后，① 亲俄势力重新掌权。然而，北方仍然保持了和平，这部分是由于英国政府拒绝在女皇进攻瑞典时支持俄国；更重要的是由于女皇当时仍在全力与土耳其政府周旋，她的大部分军事力量都陷入这场斗争之中。布加勒斯特会议的破裂以及结果有必要对土耳其人至少再进行一次战斗，使俄国为消除1772年8月政变的影响所作的一切努力均归于无效。就这样，女皇为在巴尔干和黑海地区所取得的成功而在波罗的海付出了重大的代价。

到1773年秋季，俄国统治阶层对与土耳其进行的战争的结局的悲观情绪不断增长。切尔尼谢夫伯爵在9月极力主张放弃对刻赤和耶尼卡莱的领土要求以利于实现和平；甚至还有人怀疑克里米亚是否会获得独立。这时，叶卡捷琳娜二世再次显示出她在位期间的好几次危机中表现出的那种勇气和精力。1774年4月，俄军总司令、陆军元帅P. A. 鲁勉采夫奉圣彼得堡发出的命令渡过多瑙河。到7月初，首相穆辛扎德帕夏率领的土耳其主力部队由于俄军的进攻，处于被分割和包围的严重危险之中。因此，在该月上旬，穆辛扎德向鲁勉采夫建议举行和谈。和约于21日在保加利亚的村庄凯纳甲湖签字。兴高采

---

① 德国医生约翰·弗里德里希·施特鲁恩泽1768年以来对有些精神错乱的丹麦国王克里斯蒂安七世有极大的影响。他是皇后、英王乔治三世的妹妹卡罗琳·玛蒂尔达的情人，从1770年最后几个月起一直控制着丹麦政府，直到1772年1月在一次宫廷阴谋中被推翻。他短暂统治的特征是，在丹麦生活的许多方面进行了非常迅速和广泛的改革，尽管有时考虑不周，而且俄国对丹麦外交政策的影响也短时期下降。

烈的叶卡捷琳娜告诉鲁勉采夫说："俄国从来还没有签署过这样的和约。"① 根据和约，俄国获得了卡巴尔达斯、刻赤、耶尼卡莱以及布格河和第聂伯河下游之间的一小块领土和第聂伯河的入海口，换句话说，在黑海获得了一个虽然有限但可靠的据点。它给了俄国在黑海航行的自由，俄国商人得以通过两个世纪以来一直对非土耳其船只封锁的海峡。和约还赋予俄国在君士坦丁堡建造东正教堂的权利，并以含糊不清和具有潜在危险的词句规定该教会和"为该教会服务的人"在土耳其政府中有代表权。根据一项秘密条款，土耳其政府同意支付450万卢布的战争赔款。更重要的是，克里米亚汗国将成为一个独立国家；土耳其苏丹保留授予可汗职务的权力。但这纯粹是一种宗教仪式，并无任何政治控制的含义。

就土耳其来说，这些条款，特别是克里米亚的独立，是灾难性的。一直到1775年1月，土耳其苏丹才十分勉强地批准了该条约。即使在批准以后，仍然想方设法避免履行这些条款。1775年5月，土耳其还将摩尔达维亚北部一个称作布科维纳的省让予奥地利，希望以此消除哈布斯堡可能对奥斯曼帝国所抱的敌意，以便能更有效地对抗俄国。特别是由于土耳其施展各种阴谋诡计并以采取军事行动相威胁，使克里米亚一直处于动乱之中。虽然1779年3月签订了艾纳利—卡瓦克协定，重申凯纳甲湖条约的主要条款，并再次宣布克里米亚的独立，但即使这样，问题仍然远未获得最终解决。

1774年的和约不仅使土耳其人，而且使欧洲列强警觉起来。它似乎预示俄国要在黑海建立一支强大的舰队，随后向摇摇欲坠的奥斯曼帝国发动一场新的无法抵御的进攻。奥斯曼帝国的崩溃似已指日可待，这意味着俄国势力将大大增强，从而产生一些非常难以解决的问题。对法国来说，这种前景特别难以接受，因为法国是土耳其人的传统盟国，法国同地中海东部沿岸国家和地区的贸易远远超过其他国家。但是，1768—1774年间发生的事件的主要教训之一在于，法国（及其他西欧国家）此时要保护受到俄国势力威胁的波兰和奥斯曼帝国这些受害国家已无能为力。法国在地理上远离这些国家，本身又陷入内部的严重分裂。如前所述，法国政府在1763年之后主要忙于在

---

① 《俄罗斯帝国历史学会资料汇编》，第13卷（圣彼得堡，1874年），第429页。

殖民地和海军方面同英国竞争,因此无意使国家在东欧投入堂吉诃德式的冒险事业。不仅如此,在这个时期曾就法国应如何采取行动支持波兰人或土耳其人提出过少数建议,这些行动尽管很有局限性,但都由于英国的敌意和疑虑没有起什么作用。因此,1772年3月法国外交大臣艾吉永公爵提出的英法为支持波兰人而在外交上进行合作的建议,没有得到伦敦方面的响应。第二年春季,法国建议,作为支持土耳其人的一个姿态,派遣一支法国特遣舰队前往地中海东岸地区,但在英国的反对下不得不放弃。俄土战争和第一次瓜分波兰有力地说明了一个由于1763—1764年的波兰危机而显露出来的事实,即以西欧为一方,东欧和中欧为另一方,至少在当时分别形成两个政治世界。一方的成员似乎不大可能对另外一方的事态发展产生什么影响。

美国独立战争又一次证实了这个观点。英、法、西三国进行了大规模的斗争,殖民地的力量对比发生了重大变化,而东欧和中欧国家对事态的进程没有任何重大的影响。1775年夏末和秋季,英国政府曾抱着极大希望,从俄国雇佣两万名步兵,用以对付造反的殖民地居民;但是到了10月,即可明显看出这个想法无法实现。在战争期间,曾有几次提出建议,通过约瑟夫二世和叶卡捷琳娜二世的斡旋或调解来恢复和平,也都毫无结果。1781年1月英国政府建议,由俄国按照1762年达成的条件促成和平,而以俄国获得梅诺卡岛作为回报,亦属徒劳。确实,叶卡捷琳娜二世于1780年年初着手建立的武装中立同盟严重地伤害了英国。女皇在3月10日致交战国政府的声明中,宣布了一系列令英国非常恼恨的原则,尽管声明的大部分内容并不是什么新的东西(该声明大部分是重复丹麦政治家伯恩斯托夫1778年9月的建议)。中立国船只可在交战国港口之间自由航行。不得在中立国船只上没收属于交战国公民的财产,除非这些财产是禁运品。对任何交战国港口的封锁,如属合法,必须有效实施。因此,几乎欧洲所有航海国家都已加入了武装中立,目的乃是反对英国干预中立国的航运业,并反对英国政府像其以前历届政府一样宣称在战争期间可行使"海上权利"的。武装中立严重妨碍了英国在战争最后几年充分施展其海上威力。但它对斗争的结局并未产生决定性的影响;在美洲战争结束之前,叶卡捷琳娜二世及其大臣们的主要注意力再次集中于近东地区。

于是，法国政府从1778年起可以集中全力来对付英国，而不必像1744—1748年和1756—1763年那样，在德国、意大利和荷兰部署大量部队。即使如此，1774年起直到1787年逝世为止一直担任外交大臣的韦尔热讷伯爵无论在战争期间还是在和谈期间都面临严重的困难。法国与西班牙之间的有效政治合作经常出现严重困难。这部分是因为卡洛斯三世感到他在1770年福克兰群岛危机期间被法国所抛弃，所以此时不愿跟着法国走。更主要的原因则是，这两个国家根据两种完全不同的观点来看待这场战争。法国政府在承认英属美洲殖民地独立以及接待美国的外交使团方面没有表现出任何不愿意的地方。这通过它于1778年2月承认这些殖民地独立以及随后富兰克林在巴黎深受欢迎就可以看出来。而另一方面，西班牙国王卡洛斯三世则同欧洲所有其他统治者一样，对殖民地叛乱的想法深恶痛绝，而且作为中南美殖民大帝国的统治者有充分的理由担心北美殖民地人民的胜利。这些人很可能在战胜英国之后接着进攻西属殖民地路易斯安那；或许更严重的是，他们获得独立的榜样可能在西班牙各领地内找到效仿者。马德里没有正式接待美国的使者。一直到独立战争结束，西班牙政府才承认美国的独立。此外，韦尔热讷及其同事们的目的，主要并不在于攫取领土。他们所希望的是打击英国的威信和危险的海上霸权；但是他们所设想的未来法兰西帝国主要是一个建立在从纽芬兰、西印度群岛和印度获取的相对来说较小的收益基础上的商业帝国。而对西班牙政府来说，牺牲英国的利益而获得大片领土——佛罗里达、梅诺卡，可能还有牙买加，特别是直布罗陀——才是最重要的。促使西班牙参加战争的并不是韦尔热讷的要求，而是英国拒绝割让直布罗陀以及英国于1779年3月拒绝西班牙由于希望收复这个要塞而提出的调解建议。

战争的进程也并没有使法国和西班牙更有效地联合。除没有取得成功的围攻直布罗陀之役外，两国在陆上或海上极少进行合作；西班牙甚至还从1780年夏季开始同英国进行了好几个月的和谈，尽管这些和谈并非认真进行的。法国在斗争中的另一个欧洲盟国尼德兰联合省也并不比西班牙更可靠。英国于1780年12月对荷兰宣战，原因是荷兰坚持同美洲叛乱分子进行贸易，更重要的是荷兰接受叶卡捷琳娜二世的邀请参加了武装中立。英国的行动虽给荷兰贸易造成了重大的损害，但并未破坏这个共和国内许多人，就连荷兰执政威廉五世本人也仍然抱有的亲英情绪。在1781年，巴黎曾担心尚未承认美洲殖民地独立的荷兰可能与英国单独媾和。

因此，英国虽然在战争中遭到军事上的失败，[①] 但当和谈于1782年4月在巴黎和伦敦开始时，与其欧洲的对手相比，仍然处于相当强大的地位。它面对的不是一个真正的联盟，而是四个单独的敌人——法国、西班牙、荷兰和美国，它们的利益各不相同，甚至互相冲突。英国首相谢尔本勋爵遂得以巧妙地利用这种局势，于1782年11月28日与殖民地方面单独签署条约，使韦尔热讷极为恼火。再者，法国摇摇欲坠的财政状况使这位大臣急于结束战争，而罗德尼4月在桑特群岛的胜利以及法、西联军9月间大举围攻直布罗陀的失败，使英国谈判代表手中又握有几张强有力的新牌。

因此，当凡尔赛条约终于在1783年1月达成一致时，英国输给欧洲对手的实际权益大大低于人们有时所估计的。韦尔热讷尽管作出了巨大努力，也未能为法国在印度得到他朝思暮想的利益，即大笔的领地税收。法国扩大了在纽芬兰的捕鱼权，在西印度群岛得到了圣卢西亚岛和多巴哥岛，在西非得到塞内加尔和戈雷岛，从法国贸易的观点来看收获不可谓不小，但从其他方面来看毕竟意义不大。西班牙收复了佛罗里达以及1782年2月法国远征军从英国手中夺取的梅诺卡岛。但最高奖赏直布罗陀却未能到手。西班牙政府为得到直布罗陀所做的努力几乎使谈判陷于破裂，乔治三世和谢尔本原本也有意放弃这项要求，而在其他地方换取适当补偿，例如波多黎各或法属西印度群岛一组岛屿。但英国舆论拒绝考虑割让这个要塞，因为在1779—1782年大围攻中成功地保卫了它以后，直布罗陀已如当时有人所说的成为"英国人崇拜的金偶像"，[②] 因此西班牙在极端勉强的情况下达成了和平协议，而未能收复该地。与荷兰的和约于1783年9月达成协议，最后文本则到1784年5月才签字。和约规定将锡兰的内加帕塔姆贸易站割让给英国，并赋予英国在荷属东印度群岛各领地自由航行的权利。

[①] 见本卷第17章，原文第503—505页。
[②] V. T. 哈洛：《不列颠第二帝国的建立》，第1卷（伦敦，1952年），第361页。

英国虽然被迫承认以前的各殖民地的独立,但是除了承认这项重大的失败以外,在1782—1783年的谈判中几乎没有失去什么实际有价值的东西。乔治三世于1783年1月写道:"我要感谢上帝,经历了这么多的困难,其中还应包括必须保持国内的团结和热情,而终于能够同法国和西班牙签署这样好的和约,而且我相信同荷兰的和约不久也将签署。"[①] 从英国的观点看,这恰当地概括了和约有关欧洲和亚洲方面的内容。

美洲的事态发展与德意志事态发展之间当时不仅在地理上而且在政治上都是隔绝的。18世纪70年代末期出现的最后导致战争的奥地利与普鲁士之间的严重摩擦,对美国独立战争几乎未产生任何影响,就很好地说明了这一点。

得到巴伐利亚选帝侯领地,或者至少其一部分,这种想法将近一个世纪以来一直吸引着维也纳的政治家。特别自17世纪80年代以来一直有人建议,可以拿西属或奥属尼德兰来交换该选帝侯领地。哈布斯堡王室若获得巴伐利亚,便可拥有以多瑙河流域为中心的一片比较集中的领土并提高自己在德意志的影响力;这给它带来的利益是显而易见的。但是,正是由于这个原因,哈布斯堡以这种方式加强自己实力的任何努力必定会遭到弗里德里希二世的猛烈反对,因为他十分明了,约瑟夫二世渴望获得任何可以得到的领土,并对其母后为约束这样做而施加的影响表示不满。1778年年初事态的发展似乎对奥地利有利。它可能即将通过和平手段获得巴伐利亚的大部分领土。马克西米连-约瑟夫选帝侯于1777年12月30日逝世。他的继承人是巴拉丁选帝侯苏尔茨巴赫的卡尔-特奥多尔。此人无合法子女,只有许多私生子女,他急于给予这些子女以合法地位,结果在1778年1月,他继位才几天,就同意承认哈布斯堡对巴伐利亚大约1/3领土的要求(按维也纳的说法这部分领土包括失去的奥地利、波希米亚和皇室的封地)。作为回报,卡尔-特奥多尔本人获得了金羊毛勋位,他的私生子女们也都获得法律上比较优厚的规定。

这项协议显然是无视法定权利,因为甚至连玛丽亚·特蕾西亚也

[①] J.福蒂斯丘爵士编:《乔治三世1760至1783年书信集》(伦敦,1927—1928年),第6卷,第222页。

承认哈布斯堡在巴伐利亚的领土要求是"过时的、缺少根据的"。[1]尤其是它忽视了该选侯领地的假定继承人茨韦布吕肯－比肯菲尔德公爵的权利。而且萨克森选帝侯也声称对马克西米连－约瑟夫在巴伐利亚的自主土地拥有权利。尽管如此，考尼茨和约瑟夫二世认为他们的计划不会遇到很激烈的反对。他们指望得到自1756年以来就是哈布斯堡盟友的法国在外交上，必要时在军事上的支持，而弗里德里希二世的盟友俄国此时似仍专注于近东事务而不会成为自己危险的反对者。柏林本应理所当然地提出抗议，但弗里德里希二世此时年事已高，不愿打一场新的战争。何况他还有自己的王朝野心。安斯巴赫和拜罗伊特这两个法兰克尼亚[2]公国的统治者属于霍亨索伦家族一个较远旁支。这个支系很可能要绝嗣。因此，弗里德里希二世希望列强能承认霍亨索伦家族较近的支系勃兰登堡享有该两公国的继承权。因此，承认弗里德里希二世对安斯巴赫和拜罗伊特的权利和弗里德里希承认哈布斯堡在巴伐利亚的权利二者很可能作为交换物。

事态的发展很快就表明，维也纳作出了非常错误的估计。茨威布吕肯公爵在普鲁士的压力下强烈反对牺牲自己的权利，而把他继承的一部分领地并入哈布斯堡的版图。他的态度赢得了德意志一些小诸侯的极大同情，因为对他们来说，约瑟夫的侵略和专横政策越来越显得具有威胁性。更严重的是，法俄两国的态度比原来预计的对奥地利要不利得多。叶卡捷琳娜二世（她出身于德意志一个较小的统治家族）不喜欢对德意志政治结构作重大改变的主张，不过由于当时俄土紧张局势依然同1777—1778年一样严重，她不大可能在德意志采取什么决定性的行动。更重要的是，法国政府十分不愿给奥地利以任何支持。韦尔热讷虽然希望继续与哈布斯堡保持1756年结成的联盟；但他和舒瓦瑟尔一样，并不把这个联盟视为法国外交政策的基础。他已在1777年4月的一份很长的备忘录中告诉路易十六说，奥地利从联盟得到的好处远远超过法国，维持这个联盟的唯一真正理由乃是要在大陆保持和平，以便使法国能集中力量在海上和殖民地与英国对抗。不应该考虑扩大法国在该联盟中承担的义务，保持普鲁士的势力使之

---

[1] A. 冯·阿尔内特编：《玛丽亚·特蕾西亚和约瑟夫二世书信集》（维也纳，1867—1868年），第2卷，第171—172页。

[2] 法兰克尼亚是霍亨索伦家族的一个支系，曾统治法兰克尼亚公国。——译者注

成为在中欧抗衡哈布斯堡的一支力量,特别符合法国的利益。他最后说,即使得到奥属荷兰也无法补偿奥地利势力大扩展给法国带来的损失。① 法国在次年整个危机期间一直坚持这个态度。1778 年 3 月 10 日,法国驻维也纳大使布勒特伊男爵被告知,法国政府不能承认奥普在巴伐利亚的争端属于1756年联盟范围内的事,因此,"情况不允许陛下在德意志可能发生的战争中除保持中立外发挥任何作用"。②

在起草这封信函时,奥普之间的紧张局势变得越来越尖锐。两个大国都不想打仗。5 月 20 日,普鲁士政府提出一个复杂的妥协解决方案。方案建议哈布斯堡只保留巴伐利亚的两个地区。作为交换条件,哈布斯堡应将荷兰的林堡和海尔德两个公爵领地以及仍然散布在巴伐利亚各地的一些皇室封地割让给巴拉丁选侯。作为对萨克森选侯在巴伐利亚的封建地产的补偿,他可以获得上巴拉丁领地的一部分和苏比亚(Suabia)的一些皇室封地。奥地利将不反对安斯巴赫和拜罗伊特最后与勃兰登堡选侯领地合并,或者(从弗里德里希的观点来看,这是一个重要条款)如果普鲁士和萨克森的统治者同意的话以这些领土与卢萨蒂亚交换。约瑟夫二世和考尼茨拒绝接受这些条件,于是战争已不可避免。7月初,普鲁士军队越过了波希米亚边界。

随后发生的战争(萨克森参加了普鲁士一方)在军事上没有什么意义。没有发生任何重大的战斗,双方由于开小差和疾病损失的人比战斗中伤亡的人要多得多。而且这场半心半意的战争并不意味着柏林和维也纳之间谈判的结束。战争爆发才几天,玛丽亚·特蕾西亚就在约瑟夫不知情的情况下派遣奥地利一位主要的外交家图古特男爵与普鲁士政府谈判一项妥协解决方案。8月,她提出如果弗里德里希二世放弃将安斯巴赫和拜罗伊特与勃兰登堡合并的主张,奥地利可以放弃1月与巴拉丁选帝侯达成的协议,但未成功。到8月中谈判破裂。到9月中,叶卡捷琳娜二世鉴于俄土紧张局势趋于缓和,便越来越强调她决心捍卫德意志各邦的权利。这越来越引起维也纳的关注。11月初,法国政府尽管全神贯注于对英国的战争,但同意与俄国一起共同充当调停人。到年末,谈判进入缔结一项俄普军事协定,规定俄国

---

① G. de R. 德弗拉桑:《法国外交史》(巴黎,1811 年),第 7 卷,第 132—140 页。
② 同上书,第 195—197 页。

派一支援军帮助对奥地利作战。虽然弗里德里希认为叶卡捷琳娜对他援助不力而表示不满；但此时事情已很清楚，奥地利在军事上没有取得胜利，又无法从其他国家得到有效的支持，除了让步已别无出路。1779年2月16日，维也纳政府接受了预备和约，仅仅给予它巴伐利亚的一小部分。3月13日和会在奥属西里西亚的特申开幕。N. I. 列普宁亲王代表俄国，布勒特伊代表法国充当调停人。会议于5月13日结束时产生的解决方案体现在奥地利、普鲁士、巴拉丁选帝侯和萨克森选帝侯之间的一系列协议中。奥地利接受了以莱茵河、多瑙河和萨尔察河为界的巴伐利亚的一部分领土，而放弃了在该选侯领地上的其他权利要求。它还同意不反对安斯巴赫和拜罗伊特最终与勃兰登堡合并。萨克森选帝侯得到一笔钱，作为其在巴伐利亚的封建地产权的补偿。

弗里德里希二世因此有理由宣称战争以胜利而告终，虽然对普鲁士来说并非压倒一切的胜利，而且"在神圣罗马帝国中，我们将被认为是未来制衡奥地利专制主义的一支有用的力量"。① 更重要的是，围绕着巴伐利亚继承权而进行的斗争，使俄国比过去任何时候都更明确也更公开地介入了德意志的事务。同法国一起作为1779年各项协议的保证国，俄罗斯在德意志政治中所取得的地位堪同法国过去130多年以来作为威斯特伐利亚和约保证国而享有的地位相提并论。

然而，1778—1779年的挫折丝毫也没有减弱约瑟夫扩充领土的野心。1780年年底他的母后去世，使他不再受其温和路线的影响，因此人们普遍担心他也许会从事一系列侵略性冒险行动。甚至在玛丽亚·特蕾西亚去世之前，他就在设想与俄国结盟，以孤立普鲁士，并把奥地利与欧洲最强大的军事力量联系在一起。就在他独自治理哈布斯堡各领地不出六个月时，这一联盟虽然还未在形式上，但实际上已经形成。这体现在他于1781年5月与叶卡捷琳娜二世交换的信件中，在这些信件中，双方相互保证对方的领土和在波兰的现有地位。很快又加上共同采取行动反对奥斯曼帝国并可能瓜分其欧洲领地的措辞含糊但富于诱惑力的计划。对叶卡捷琳娜来说，有可能得到奥地利的帮助来反对土耳其人，是结盟的主要原因；而当1783年4月她把克里

---

① 《政治书信集》，第42卷（莱比锡，1931年），第420页。

米亚汗国并入俄国,从而结束了克里米亚连绵不断的动乱局面后,这个联盟对她的价值就得到了证明。法国政府通过外交手段阻挠这次兼并所做的努力,由于约瑟夫和考尼茨拒绝给予支持而归于失败。1784年1月,土耳其政府在法国的劝告下,正式承认克里米亚和库班为俄罗斯帝国的一部分。叶卡捷琳娜多少有些夸张地告诉约瑟夫,她的成功"完全是由于皇帝陛下所进行的有利于其盟国的斡旋"。[1]

令某些观察家感到意外的是,约瑟夫竟没有利用克里米亚危机为自己夺取土耳其的领土;但是,甚至在这场危机结束以前,他永无止境的野心就已在尼德兰显露端倪。他过去一贯反对1648年蒙斯特条约关于斯凯尔特河向非荷兰船只关闭的规定。对他来说,这项规定不仅羞辱地阻挠了他在尼德兰的领地的贸易,而且明显地侵犯了他的臣民利用这条河流的天赋权利——而这种天赋权利的思想早已开始对有关国际事务的思想产生了重大影响。到1781年,他决心开放斯凯尔特河的航运。他于1781年年底和1782年最初几个月开始迫使荷兰人从当时已毫无用处的要塞撤出其驻防部队。接着于1783年10—11月有意制造了几起边境事件,并占领了荷兰的三个小要塞;与此同时,奥地利政府首次向斯凯尔特河现行的管理体制提出公开抗议。1784年4月初,又试图派一艘商船从安特卫普沿河而下通过荷兰要塞利洛,要塞向船只开炮。8月23日,奥属尼德兰总督贝尔吉奥约索伯爵发出开放斯凯尔特河的最后要求;作为交换条件,奥地利政府可放弃对荷兰的领土要求,其中最重要的是对马斯特里赫特领土的要求。这个建议看来将会严重威胁尼德兰联合省的商业生活,因而激起了强烈的敌对反应。10月8日,一艘从安特卫普起航前往奥斯坦德的奥地利船只在桑弗廷根附近被荷兰人俘获。奥地利立即召回驻海牙公使,战争似有一触即发之势。

危机得以和平地而且再次以令约瑟夫感到不满足的方式解决,部分是由于法国的态度。韦尔热讷对奥地利在俄国兼并克里米亚问题上的态度深感失望,而且极力避免采取任何将荷兰推入英国怀抱的行动。早在1784年5月21日他就曾向荷兰许诺,法国将在荷兰与约瑟

---

[1] A. 冯·阿尔内特编:《约瑟夫二世与俄罗斯叶卡捷琳娜二世通信集》(维也纳,1869年),第218、223页。

夫的争端中斡旋。尽管玛丽-安托瓦内特和奥地利驻巴黎大使默尔西·阿根托伊尽了一切努力，法奥关系在1784年年末还是日趋恶化。于是法国在11月17日致维也纳的照会中明确表示，法国将支持荷兰联省议会，必要时不惜动用武力，约瑟夫二世皇帝的新盟友叶卡捷琳娜二世虽然不反对他的野心；但是她除了向联省议会发出一份照会外别无其他援助，她在照会中说，她认为皇帝的要求是正当的，希望能找到一个双方都满意的解决方案。然而，1784年最后几个月出现的另一个完全不同性质的因素，促使约瑟夫越来越愿意同荷兰达成协议。这时他希望以整个奥属尼德兰交换巴伐利亚，因为他在慕尼黑的代表勒尔巴赫已在8月与选帝侯卡尔-特奥多尔开始谈判，目的在于实现哈布斯堡王朝的多年梦想。这位皇帝希望通过在相对来说比较次要的斯凯尔特河问题上作出让步，而取得法国对上述交换的同意。法国在这个问题上给予的支持对他来说是特别有价值的，因为虽然卡尔-特奥多尔十分愿意以巴伐利亚交换更有价值的尼德兰，但仍然是该选侯领地的假定继承人茨韦布吕肯却不愿意，据认为，法国政府对他有很大的影响力。

结果，约瑟夫无论是在开放斯凯尔特河上，还是在巴伐利亚—尼德兰交换问题上，都一无所获。1785年1月2日在凡尔赛宫召开的一次御前会议上决定，奥地利获得巴伐利亚除了会危险地增强奥地利在意大利的影响和破坏在德意志的力量均势外，还可能对法国的阿尔萨斯领地构成威胁。因此，法国对此是否表示同意必须取决于弗里德里希二世是否同意。这一决定便破坏了正在进行中的交换的任何可能性；2月13日，卡尔-特奥多尔正式否认曾经考虑过交换。7月，弗里德里希二世得以在柏林结成普鲁士、萨克森和汉诺威的联盟，以后德意志许多较小的邦，不论信仰天主教的还是信仰基督教的，都陆续加入。这个"诸侯联盟"目的在于在神圣罗马帝国中保持现状。联盟条约中有一个秘密条款，各成员保证在抵抗任何入侵或夺取巴伐利亚的行动中相互支持。这对约瑟夫的声望是个重大的打击，遏制他的德意志野心的行动也宣告完成。

约瑟夫皇帝和荷兰人为达成一项解决方案的谈判，在法国的支持下于巴黎举行。但同与联省议会有关的所有谈判一样，拖延了好几个月。一直到1785年11月8日，枫丹白露条约才得以签订。条约使约瑟夫得到布拉班特和林堡的一小块领土，完全拥有斯凯尔特河桑弗廷根上游的地区以及作为对他放弃对马斯特里赫特的领土要求的回报而给他1000万弗罗林。但斯凯尔特河迄未开放；这个条约实质上是这位皇帝的一次失败。

1762—1763年以后明显可见的东欧和西欧政治实际上的隔离80年代后期已开始消失。1787年8月在俄国和奥斯曼帝国之间爆发的一场新战争开始引起一系列事件，到1789—1790年导致了一场与过去仅仅是地区性冲突不同的欧洲危机；这在25年来还是第一次。吞并克里米亚远远不能满足俄国在近东的扩张野心。80年代初，叶卡捷琳娜二世及其顾问们便策划进一步扩张的宏大计划。将会建立一个"希腊帝国"，不仅包括君士坦丁堡和希腊本土，而且包括保加利亚、色雷斯和马其顿，可能由她的孙子康士坦丁大公爵来统治。摩尔达维亚和瓦拉几亚则可能合并成为一个在俄国势力范围内的自治国家"达契亚王国"，由女皇宠信的G. A. 波将金公爵统治。然而，这些方案始终只不过是梦想或愿望，而谈不上是计划。1787年战争是由一些比较有限而具体的原因引起的。它主要是由于土耳其对俄国在高加索扩张势力不满（1783年夏，格鲁吉亚大部分成为俄国的保护国）；土耳其政府设法限制俄国领事在奥斯曼帝国境内的活动；以及土耳其政府废黜亲俄的瓦拉几亚大公而引起的。

同1768年的情形一样，战争的爆发使俄国政府措手不及，因此在冲突的早期阶段，俄国部队未能取得任何重大的胜利。它所处的国际地位也不很妙。约瑟夫二世也无法否认，1781年与叶卡捷琳娜缔结的联盟所规定的情况业已出现。但他是极其勉强地于1788年2月参战的，而且很快发现，战争的需要使他在匈牙利本已不得人心的统治更加声名狼藉。更重要的是，瑞典国王古斯塔夫三世希望收复1743年在奥布条约中失去的荷兰领土和1721年在尼斯塔德条约中放弃的波罗的海各省，于1788年7月对俄国突然发动进攻。一时间他似乎已威胁到圣彼得堡，因为当时该城的守军只有几千人。而最主要的是弗里德里希二世于1786年8月去世和由此而引起的普鲁士政策的新方针，意味着一个强大的英普联盟出现，在欧洲事务中自1761年以来第一次出现了一个新因素，并且似乎将会介入近东事务。

第九章　欧洲的外交关系(1763—1790年)　　　287

　　1787年9月,一支普鲁士军队在英国的支持下,摧毁了尼德兰联合省亲法的"爱国"势力,恢复了执政以前所拥有的权力。执政的妻子就是弗里德里希·威廉二世的妹妹。随后,于10月初签署了英普条约,1788年4月15日签署了英荷及普荷同盟条约,并于1788年8月13日签署了更为重要的英普防卫同盟条约。条约规定,一旦遭到外部进攻,要相互给予援助,缔约国双方保证联合省的领土完整和宪法。到了1788年夏末,约瑟夫二世陷入重重困难,特别担心不得不面对普鲁士进攻波希米亚和摩拉维亚以及在波斯尼亚和塞尔维亚同土耳其进行艰苦战斗的前景。到12月,叶卡捷琳娜已决定放弃建立达契亚王国的愿望。再者,法国由于从1787年以后国内局势动荡不安,作为国际关系一个因素实际上已处于瘫痪状态,这就在很大程度上使英国和普鲁士得以放开手脚对俄国和奥地利采取可能的行动。俄、奥、法、西四国结盟的谈判在整个1788—1790年期间拖延不决,最后归于失败,这多半是由于法国作为盟国显然已毫无价值,而在正常情况下这个同盟本来是可以大大加强约瑟夫和叶卡捷琳娜的地位的。

　　事实上,叶卡捷琳娜的困难并不如表面上看来那样严重。古斯塔夫三世在瑞典国内正面对严重的不满(他希望通过战争胜利来加强自己在国内的地位乃是他突然进攻俄国的一个原因),在他宣战后不到几周,他的军事行动由于瑞典军队的一次严重兵变而一时陷于瘫痪。无论英国还是普鲁士都不赞成他对叶卡捷琳娜二世发动进攻,丹麦为了履行其对俄国的同盟义务在9月加入了反对古斯塔夫的战争。几天之内,丹麦部队似即将占领哥德堡。只是由于英国驻哥本哈根公使休·埃利奥特(在未得到伦敦训令的情况下)进行干预,才迫使丹麦人同意于10月9日实行暂时停火。普鲁士以倘若丹麦继续与瑞典作战,即将进攻日德兰半岛相威胁,这才迫使丹麦先是延长停火,后来又与古斯塔夫三世媾和。但是,瑞典由于其国王的轻率行动,而处于比北方大战以来任何时候都要严重的危机之中。

　　古斯塔夫遭受这些挫折后除了于1789年7月同土耳其政府签订于事无补的同盟和财政补助条约,并从英国和普鲁士得到一些财政援助外,一筹莫展。他的军队除1790年7月在斯文克松德获得一次重要海军胜利外,在对俄战争中别无所获。因此他于同年8月14日在芬兰韦雷拉与叶卡捷琳娜二世媾和。他对俄国的进攻无疑对土耳其具有重大的价值，使它一时在欧洲政治中位居关键地位；而瑞典却从中一无所得。他同意缔结韦雷拉条约破坏了自己对土耳其政府所作的不单独媾和的诺言；而且在条约文本中根本没有考虑到土耳其和土耳其的利益。条约刚一签字，古斯塔夫马上就开始谈判建立俄瑞丹联盟，充分表现了他反复无常的典型性格。

从俄国的观点来看，英国与普鲁士的根本决裂甚至要比瑞典的削弱更为有利。皮特是经过长期的犹豫不决之后才于1788年同普鲁士结盟的，他把这个联盟看作是维持欧洲和平与稳定的手段，而奥斯曼帝国的命运在大多数英国政治家看来仍是一个次要的问题。与此相反，柏林把这个联盟看作是在领土方面取得重要收获的踏脚石，而当时支配着政治领域的是近东的事态发展，而且一直到1791年都是如此。柏林希望，约瑟夫二世在巴尔干取得大量权益之后，作为回报，在普鲁士的武装调停下他可能被迫将加利西亚割让给波兰。作为交换，波兰会将但泽和托伦交给普鲁士，这样，普鲁士君主国的东部边疆就完整并大大加强了。这个计划从许多方面看乃是当时国际关系中的典型做法，它是由普鲁士外交大臣赫茨贝格于1787年11月拟订的。这项计划在伦敦遭到冷遇，并且从一开始英普联盟双方的目的就是完全相反的。此外，尼德兰南部反奥革命的进展是在1789年引起了英普不和的另一个因素，因为普鲁士建议承认联省的独立，而这是英国政府完全不能接受的，因为英国此时仍渴望与奥地利建立某种联盟。

然而，到1790年最初几个月，叶卡捷琳娜二世的处境日益困难。1月31日，普鲁士驻君士坦丁堡公使迪茨与土耳其政府签订了一项条约，规定普鲁士于次年春季参战，并规定把克里米亚和1787年以来失去的所有领土归还给土耳其。两个月以后，普鲁士政府又与当时反俄势力日益强大的波兰签订一项条约，两国相互保证领土完整并承诺在遭到第三国进攻时彼此援助。在柏林，军方极力主张不应理睬英国的警告和犹豫而向波希米亚发动进攻；并认为进攻后不久奥地利即会溃败，那时就可把种种条件强加给俄国。英国政府也正在缓慢而勉强地转向反对叶卡捷琳娜二世。伦敦的大臣们当时正在越来越多地考虑把波兰开发成为向英国海军提供主要补给品的来源，而过去都是由俄国提供的;① 到1790年春,同波兰签订通商条约并保证波兰在黑海和波罗的海的自由贸易越来越成为英国政策的中心思想。

约瑟夫二世于1790年2月20日逝世,首先使叶卡捷琳娜失去了其奥地利盟国的帮助。约瑟夫的弟弟和继承人利奥波德二世也许是当时最明智的领导人,他充分认识到哈布斯堡各领地所处的危险国际地位,必须清除当时面临的普鲁士的威胁。于是利奥波德立即向弗里德里希·威廉二世发出私人信件,表达他想改善两国关系的愿望。尽管考尼茨强烈反对看上去像是向普鲁士投降的任何表示,但解决奥普分歧的谈判到4月已在进行。赫茨贝格继续坚持至少将部分加利西亚割让给波兰(因而也希望将但泽和托伦割让给普鲁士),这使得达成协议的可能性似乎不大;但是两国代表仍于6月26日在西里西亚的赖兴巴赫举行了会议。7月11日,体力衰弱和反复无常的弗里德里希·威廉二世认识到,这个交换计划遭到土耳其、波兰和英国的强烈反对,突然决定在维持现状的基础上与奥地利达成协议。赫茨贝格的计划被放弃了,利奥波德二世通过7月27日的赖兴巴赫协定,保留了加利西亚,并在英国、普鲁士和荷兰的斡旋下,同意与土耳其政府媾和。普鲁士以暂时放弃扩张主义野心为代价,取得了表面上的外交胜利;但利奥波德却达到了他的主要目标:在合理和体面的条件下的和平。

赖兴巴赫协定当然并没有结束俄土战争。一直到1792年1月,叶卡捷琳娜二世才在让她的西南边界推进到德涅斯特河的条件下与土耳其政府媾和。不过,1790年7月奥普和约以后的局势发展已不属本章的范围。到赖兴巴赫协定签署时,1763年的国际关系结构至少已发生了两个根本的变化。1763年时虽已强大但仍地处远方,并被西方的政治家和外交家多少有些看不起的俄国,已在领土扩张方面比欧洲其他国家表现出更大的能量,这时已成为欧洲最大的强国。1763年时从许多方面说还是欧洲最强国家的法国,这时则注定今后许多年要在国际事务中处于相对软弱无能的地位。几乎所有的观察家对它正在经历的这种变化的真正性质仍然不能正确理解。哈布斯堡各领地的削弱在查理六世和玛丽亚·特蕾西亚时代已显露出来,而在约瑟夫二

---

① D. 格哈德:《英国和日益发展的俄国》(慕尼黑—柏林,1933年),第292页及以下各页。

世时代则已成为明显的事实，而且在许多方面加剧了；普鲁士的削弱也在迅速变得清晰可见，德意志显然跟过去一样，仍是欧洲政治中一个软弱而不稳定的地区。英国的声望和财力虽已从美国独立战争的失败中恢复过来；但是尽管皮特开始关注在近东的利益，英国基本仍是孤立主义的——从许多方面看，在1790年较之60年代有过之而无不及。

　　重要的是，围绕着欧洲外交活动的一些问题产生重大变化的基础业已奠定。近东问题，甚至某种程度上英法在殖民地的角逐，以及哈布斯堡和霍亨索伦王室在德意志的宿仇，不久即将退居幕后。取而代之的将是由于法国新政权的存在以及波兰的消灭而提出的种种问题。

（王绍仁　译）

第 十 章
哈布斯堡各领地和德意志

一

七年战争的结束使德意志的许多邦进入了恢复和改革的时期。中欧广大地区——普鲁士、萨克森、波希米亚和莱茵兰——一片荒芜，饱受抢劫掳掠和横征暴敛之苦，民不聊生。沉重的战争税收使经济陷入枯竭的境地。许多邦为了生存不得不进行重建和改革。

在维也纳，战时的迫切需要清楚地显示出豪格维茨改革工作的不足。[①] 丧失西里西亚造成的影响固然已克服，岁入也有了很大增加，可是，在经历了4年战争之后，哈布斯堡帝国的财政已完全耗尽，行政管理陷入混乱。1756年所呈现的那种外交上的光辉前景已经消失，现在担心的是奥地利会沦为二等国家。

教训是显而易见的：豪格维茨的改革工作本应加以扩大进行的。进一步变革的倡议来自首相考尼茨，他认为他的外交政策没有取得应有的成就是由于国内行政管理的混乱。在这个阶段，考尼茨仅限于提出单纯的行政管理方面的方案。为了促进哈布斯堡情况千差万别的各省之间更大程度的团结，并使政策在行政方面更加具有一致性和连贯性，他建议成立一个咨询性的国务委员会（Staatsrat），具有"从中央"考虑国内各项事务的职能。国务委员会于1761年开始工作。考尼茨本人是其中最有影响的成员之一，他抓住这个机会加强了财政管理机构，使之具有一定的自主权，并于1765年置于哈茨费尔德的最

[①] 参见本书第7卷，第412—414页。

高领导之下。

哈茨费尔德的财政机构在其对手宫廷审计处（Hofrechen-kammer）的路德维希·青岑多夫的工作的配合下，取得了显著的成功。自玛丽亚·特蕾西亚继位以来，这还是第一次政府对其资金和支出有了比较精确的概念，草拟下一年度的预算并核查上一年度的账目。七年战争期间承受的沉重的国债负担在1766年有所缓和，新皇约瑟夫二世于该年利用其父遗留下来的一大笔财富，将平均利率从6%减至4%。预算平衡指日可待。

但是，哈布斯堡帝国的根本问题并未因此得到解决。除非采取特殊措施以避免危机，否则战争可能会再次带来与七年战争爆发后引起的同样的财政困难和行政混乱。所以政府的计划不仅是加强帝国的防务，而且要避免下次战争中的财政破产。这个目标单纯依靠行政改革是无法达到的。必须使国家的岁入有大幅度的增加。

七年战争的经验已经表明，承担直接和非直接税主要部分的非特权阶级在目前情况下已无力交付更多的税款了。确实，他们显然需要休养生息。因此，玛丽亚·特蕾西亚的意图是要动一动交税少的特权阶层的财富。为此目的，她于1764年夏季召集了匈牙利议会。

匈牙利"国家"——实际上是权贵、缙绅和教士，因为只有他们在议会中有代表——凭借他们的宪法和在哈布斯堡帝国内的特殊地位，得以使匈牙利的财政负担与其他各省相比保持在很低的水平。玛丽亚·特蕾西亚及其顾问们明白要想让议会作出任何让步是何等的困难。他们用以应付这场即将来临的斗争的方式，不仅具有哈布斯堡政策的特点，而且具有开明专制主义的一般特点。他们鼓励一位匈牙利学者亚当·科拉尔研究匈牙利的法律和历史，以便为这位匈牙利女王①向议会提出的要求提供法律和历史的依据。就在议会开会前夕，科拉尔显然是主动地发表了其研究成果。②

女王提交议会的咨文包含两项要求：增加匈牙利的税收；把贵族

---

① 玛丽亚·特蕾西亚1740年起成为奥地利女大公；1741年和1743年加冕为匈牙利和波希米亚女王；1745年其夫当选为神圣罗马帝国皇帝（弗兰茨一世）后，她成为皇后，1765年其子约瑟夫二世继位后，她作为皇太后掌握实权。——译者注

② F. 马斯：《约瑟夫主义——1760—1790年奥地利历史的根源》（Der Josephinismus-Quellen zu seiner Geschichte in Österreich 1760—1790），I，《奥地利资料》（Fontes Rerum Austriacarum），第2部，第71卷，第206—208页。

在战时出人员服封建兵役的义务——改变为向国家交付现金,俗人和教士完全一样。科拉尔著作的发表激怒了议会,拒绝考虑上述要求,直到该书被查禁,作者受到惩罚。玛丽亚·特蕾西亚的声望虽然由于议会的态度而遭到重大的损害,但她还是在劝说下正式查禁该书,为讨论她的要求扫清了道路。即使如此,议会仍然顽固坚持反对态度,有关替代服封建兵役的要求遭到断然拒绝。在提高匈牙利税收问题上也遭到议会的反对,其理由是匈牙利农民早已一贫如洗,无力再多缴税款。政府在回答这种论点时预示下一步将采取改革计划中的重大步骤:"如果议会采取适当措施(从而按女王的答复行事)以促进纳税居民的福利,女王陛下一刻也不会怀疑,后者……不久即可免于所要求的增税义务。"①

议会没有接受这一暗示。它在一些比较顺从的贵族的推动下通过了少量增加税款的议案,但宣布解散,而未讨论政府有关减轻农民封建负担的建议。

即使如此,玛丽亚·特蕾西亚不管等级会议的反对,决心减少农民的封建负担。有关农民处境的一些报道使她大为震惊,并深深触动她人道主义的感情,从而加强了她的决心。从1766年起,派出了皇家特派员前往匈牙利各县,坚决地确定和调整农民的义务。1767年颁布了关于整个匈牙利的调整法令(Urbarium)。这项法令使匈牙利农民成为世袭的租借人,有离开自己租借地的自由。凡拥有法定大小租借地的农民,有义务一周内从事一天带有役畜或两天不带役畜的劳役(如领主的田地有急需则劳役天数加倍),并且一年内有三天伴随领主狩猎。法令总的倾向可以恰当地概括为把"现有的最低限额改变成为最高限额。"② 执行法令的任务掌握在皇家官员而不是地方当局的手中。这样,玛丽亚·特蕾西亚政府便与领主的子民第一次建立起直接的联系。其结果是皇家的权力以牺牲宪法作为代价而增大,从而使贵族们对未来充满了忧虑。

在匈牙利推行的原则同样在哈布斯堡的其他领地加以实施。就在

---

① F. 克罗内斯:《玛丽亚·特蕾西亚和约瑟夫二世统治下的匈牙利》(格拉茨,1871年),第17—18页。

② H. 马扎利:《18世纪的匈牙利》(剑桥,1910年),第193页。

匈牙利调整法令实施的当年，政府也要求施蒂里亚的等级会议①就减轻农民封建负担的方式方法提出方案。这项法令毫无疑问反映了女王减轻农民负担的决心。施蒂里亚传统的农民负担也许是最沉重的，至少在1772年加利西亚创帝国封建压迫新纪录之前是如此。施蒂里亚等级会议进行了一系列阻挠活动，使此项调整法令拖延实施达十多年之久。

与此同时，奥属西里西亚和波希米亚的农民叛乱和饥馑，使政府的关注集中在波希米亚领地的土地上。在与特别召集的等级会议进行初步谈判期间，明确阐明了政府坚持的原则。规定"农民作为构成国家权力基础的人数最多的阶级，必须能维持一种令人满意的生活条件，农民必须能养活自己的家庭，并能缴纳平时和战时所需的政府费用"。在未来任何确定的惯例均不得违背这项原则。

在匈牙利以外的第一个调整法令于1771年在奥属西里西亚颁布，确定了一周三天劳役的最高限额。由中央控制，不受等级会议支配的新的地方政府提供必要的实施手段。②尽管饥荒已引起广泛的灾难，共同摄政的约瑟夫也失去了耐心，波希米亚等级会议仍然采取拖延策略。因此，继而于1772年在比较顺从的下奥地利颁布了下一个法令。在这个省，传统的负担相对较轻，法令规定以两天带役畜的劳役为最高限额。在国务委员会委员克雷塞尔报告说再次延误将会引起严重骚乱以后，为波希米亚和摩拉维亚制定的期待已久的法令终于在1775年颁布了。最高限额劳役规定为每周三天。施蒂里亚等级会议于1778年也获得这一比较宽大的让步。

国家对封建负担的调整在得到实施的地方使农民深受其益。所有的调整法令都规定，凡传统负担低于新的法定最高限额者均不得予以增加。不仅如此，农民使用土地权的安全保证也增加了，因为政府利用其在各省新成立的行政机构实施禁止驱逐佃户的旧法令，从而防止了纳税人数目的减少。

玛丽亚·特蕾西亚在了解到农民的详细情况之后良心深感不安，

---

① 在大部分世袭统治的行省内，等级会议由教士、领主和骑士三部分"席位"组成。皇家自治市镇是官方的"第四等级"；他们的代表权在大多数情况下减少到徒有其名的地步。只有蒂罗尔省的等级会议中有农民的代表。

② 第7卷，原文第156—157页。

特别是自从 1775 年后波希米亚不断发生农民骚乱以来更加如此。她深知她的立法未能终止封建主的所有不法行为，并用明确的言辞谴责领主们继续剥削他们的农奴。她于 1777 年 1 月写信给她的儿子斐迪南说："这些封建主在可怕地剥削农民。"两周以后，她又写道："我们知道，而且有证据证明，这些可怜的人在遭受残暴的压迫。"① 在这种心情下，她准备接受像拉布和布兰克等激进而开明的顾问的建议，这些人曾建议在波希米亚从事进一步的改革，在草拟调整法令中起了主导作用。从共同摄政的约瑟夫的笔下，我们看到有关她的意图的描述："……她要废除农奴制，要专断地确定几百年来农民为租种土地而与他们的领主所订立的一切契约的内容和缴纳的一切钱款的数目，要改变整个农村经济体制，以最终减轻她全体子民的负担和义务，而丝毫不考虑到封建主……"②

约瑟夫显然认为，对一个封建国家的统治者来说，他母亲听凭良心和忧虑的驱使走得太远了。他估计，倘若新方案付诸实施，大部分封建主将会失去一半收入而濒于破产。因此他同一致反对玛丽亚·特蕾西亚的贵族大臣们一起采取联合行动，这项宏伟的计划遂告失败。③ 布兰克被流放到士瓦本，拉布则只有在皇家土地和已被解散的耶稣会庄园上实行他的原则而聊以自慰。

就这样，从贵族手中取得更多财富的坚持不变的决心，使玛丽亚·特蕾西亚及其政府沿着社会改革的道路走了很长一段路，成为重要的社会变革的起点。当政府的注意力转向教会的巨大财富时，其后果也同样具有重大意义。

政府向教士提出的要求同向贵族提出的要求完全一样——为国库收入提供更多的钱，并得到保证，不会有更多的财产通过转为教会所有而逃避严格的征税措施。在这个问题上政府必须与之谈判的对手不是一个省议会而是罗马教廷。问题在于，教廷是否会比匈牙利议会顺从一些，玛丽亚·特蕾西亚这次是否也必须采取坚决的态度来执行。

种种迹象表明，不会遇到严重的反对。考尼茨一再强调，皇后在

---

① 转引自 F. 费日多《哈布斯堡王朝的革命者——约瑟夫二世》（巴黎，1953 年），第 140 页。
② 约瑟夫二世致托斯卡纳的利奥波德的信件，转引自前引费日多所著书，第 139—140 页。
③ E. 古格利亚：《玛丽亚·特蕾西亚的生平和政绩》（慕尼黑，1917 年），第 2 卷，第 355—356 页；前引费日多所著书，第 141—145 页。

这类事务上一向不会未得到罗马教廷的同意而采取任何行动。而且也没有证据表明,在1762年谈判之初曾通过探求历史上关于世俗和教会权力的"有约束力的"事例来加强政府的立场。

但不久就非常明显地表明,新教皇克雷芒十三世及其国务卿托里贾尼极不愿意对世俗权力作出任何进一步的让步。相反,他们坚持教皇在米兰公国的圣职委任权一事似乎说明,罗马教廷已转而采取攻势了。1762年10月教皇的一道谕令拒绝同意对米兰的教士增加税收。托里贾尼提出,达成协议必须以扩大教皇对奥地利教士的影响为条件,从而巧妙地为修订教士纳税的现行规定而举行的谈判设置了障碍,因为这个条件是考尼茨所不能接受的。

玛丽亚·特蕾西亚对教皇的反对所作出的反应同对匈牙利议会的反对所作出的反应如出一辙。当考尼茨于1768年年初就同教廷举行的旷日持久的谈判提出报告时,她加了如下批示:"如罗马教廷拒绝同意修订教士纳税的规定,那就不用进一步谈判了;因为我已决定使用我的合法权利,在这个问题上自行行使管辖权。"①

在防止更多的财富落入教会手中方面,玛丽亚·特蕾西亚的政府可以提出她的前任所颁布但一直被忽视的许多法令。她本人1753年颁布的法令也同样未能收效。罗马教廷明确表示其敌视的态度。因此,1760年以后进行的重大行政改组包括实施国家有关教会事务的条例。1765年在米兰公国设立了经济委员会(Giunta Economale),接着在1769年为奥地利和波希米亚两个领地颁布了政教关系特许令(Concessus in Publico-Ecclesiasticis)。1768年6月2日就上述经济委员会发出的秘密指示确立了一切不是由耶稣基督具体委托使徒管理的教会事业均属世俗当局管辖范围的原则;指示中有一个很短的目录,列出了委托使徒完成的教会使命;并宣称,君主自由地赋予教士的各种权利和特权与任何其他法令一样,可予以修改或废除。② 秘密指示中确定的这些原则于1769年予以普遍执行。③ 这样,就奠定了"约瑟夫主义"的基础。

为这项必然要遭到教会激烈反对的政策提供理论和历史根据的任

---

① 前引马斯所著书,第266页。
② 前引马斯所著书,第289—290页。
③ 同上书,第105、386页。

务落在国务委员会委员海因克的肩上。考尼茨也就这个题目写了大量文章，但我们现在尚无证据表明他这些文稿曾经起过什么作用。①

就这样，玛丽亚·特蕾西亚和政府为自己制成了实用而有理论根据的武器，用这些武器，政府不仅可以实现其与其说是有限的不如说是独创性的目标，而且把教会的全部财富和组织置于国家控制之下。约瑟夫二世后来充分运用了这些武器。与此同时，玛丽亚·特蕾西亚虽然是一名虔诚的天主教徒，但也决心亲自广泛使用这些武器。1767年制止教会获得财产的第一个有效的法令在米兰公国实施。1768年以后，向教士征税而不再享受教皇的豁免。1769年，解散了第一批修道院，其捐赠基金全部转交给贫穷的教区。1771年公布的法令确定24岁为立誓当修士的最低年龄，入修道院时携带的财产最高限额为1500弗罗林。

解散耶稣会自然也就合乎逻辑地符合这种模式。政府不愿而且也无力支付新教育制度的经费，而如果要使改革工作贯彻始终，这项教育制度是迫切需要的。没收耶稣会的财产而充作一项教育基金（Studienfond）并依靠这笔基金在哈布斯堡帝国每个省建立了国立小学。由西里亚西的费尔比格尔神父于1774年草拟的教学大纲旨在培养"有用的、忠顺的基督教公民"。新的基金还使中等学校的改革得以实现，其目的在于提高中学的质量，使之成为大学的预备学校。最后但并非最不重要的一点是，这笔基金为一些大学提供了新的教授席位，这些教授按照科拉尔和海因克为捍卫政府而提出的各项原则来教育未来的文官。

在变革和改革的所有这些年代里，约瑟夫负责军队事务。他主要关注的问题是，帝国在财政和行政管理方面日益增长的实力应充分反映在它的军队和国防上。为此目的，他与他的恩师、第一流的组织家拉西陆军元帅进行合作，以饱满的精力进行工作。他实行部分征兵制以替代强征入伍的办法来提高兵员的数量和质量。部队经常进行队列训练和演习。由于改善了部队家属和伤病员的供应，部队的士气有所提高。部队装备现代化，沿波希米亚和匈牙利边界的防御工事也得到了加强。新型大炮之多连当时的一些观察家也为之感到吃惊。

---

① 前引马斯所著书，第335—384页。

毫无疑问，玛丽亚·特蕾西亚在七年战争后从事改革"并无近期发动战争的意图"。① 战争的经历使她真正渴望和平。但考尼茨或约瑟夫并非如此。考尼茨仍热衷于扩张计划，以恢复失去的对普鲁士的优势。约瑟夫则急切希望一试他的新型部队，以证明他是一位伟大的将军。他们两个人都认为在18世纪弱肉强食的国际法则下，一个国家如果要生存下去就必须进行扩张。

因此，根本不存在奥地利拒绝参加第一次瓜分波兰的可能性。皇后为之悲伤，而考尼茨和约瑟夫则表示欢迎。普鲁士也非常高兴，两国的力量对比仍旧保持不变。

决定性地打破这种力量对比是奥地利1778年进行侵略的主要目的。巴伐利亚的新统治者查理·特奥多尔愿意将国土出卖给约瑟夫，以换取一笔年金和徒有虚名的荣誉。奥地利与法国结成牢固的联盟。普鲁士同俄国的联盟则正在削弱。考尼茨不愿坐失良机。奥地利军队于是越过边界，占领了下巴伐利亚，使考尼茨得以从实力地位出发进行谈判。他确实没有料到弗里德里希会冒战争的风险。但是这样一来弗里德里希从瓜分中几乎一无所获。因此他决心要奥地利降低其要求，即使这意味着战争也在所不惜。由于约瑟夫态度坚决，普鲁士军队于1778年7月越过边界进入波希米亚。虽然没有打几枪，但约瑟夫在接着进行的战役中失去了信心。他身为三军统帅却缺乏当机立断的能力。他垂涎已久的军事荣誉从身边溜走了。

约瑟夫的徒劳无功，他母后的反对战争，加之弗里德里希施展才能，虚构出俄国扬言要站在他一边进行干预的幻景，使奥地利无计可施，只得放弃其要求。根据1779年的特申条约，将萨尔茨堡北部一个小区因菲特尔（Innviertel）割让给奥地利"以满足其自尊心"。考虑到战争的巨额费用，这个结局是太不值了。

二

玛丽亚·特蕾西亚于1780年11月逝世，约瑟夫成为哈布斯堡领地的唯一统治者。新政权执行的政策并无根本变化。1780—1790年

---

① 参见本书第7卷，第415页。

期间政府活动的基本指导原则早已确定,只是新政权缺少旧政权那种政治老练和处事谨慎的明显特点。约瑟夫没有完全继承母后的坚强性格,而是以外表上的严厉、尖刻和不能容纳反对意见来弥补自己的缺陷。

这位新统治者认为改革工作并未结束。他对军事力量已达到的水平深感不满。巴伐利亚继承权战争暴露了毋庸置疑的奥地利军事力量的弱点。只有通过进一步改革才能改变这种状况:"我首先承认上次战后我国局势由于沉重的债务负担已大大恶化,我国的各个省已陷入贫困,无力维持目前的军事编制。只有改善我国的农业、工业、贸易和财政,才可能保持并扩大我国的军事力量,以应付未来的种种意外事件。"①

如约瑟夫所看到的,在他执政之初所面临的局势下,即使执行一项旨在保卫帝国免遭邻国进攻的纯粹的防御计划,也需要国家的财政状况有重大的改进。但不久他就使自己和他的文官们追求一项更加雄心勃勃的目标:他必须拥有足够的财力和物力来推行进攻性军事行动,以便在未来确实能扩张领土。为了给这种军事机器创造财政基础,必须在政府开支上厉行节约,使富有阶级作出更大的贡献,并最大限度地发展国家经济的每个部门。这就是约瑟夫二世的政治纲领。鉴于前朝的经验,这位新统治者不举行加冕典礼,以免受到他拟议中的改革影响的富有阶级利用传统的套话和诺言作为阻碍他改革的武器。

他即位后不久就开始厉行节约。整个宫廷都必须奉行皇帝自己身体力行的俭朴的生活方式。他通常身着一套普通军服,他的宫殿在同代人看来就像一个军事司令部而不是欧洲卓越君主的寓所。约瑟夫改组行政机构的目的和结果至少是既加强节约又加强集权。财政部(Hofkammer)与波希米亚—奥地利总理公署合并,特兰西瓦尼亚总理公署与匈牙利总理公署合并;奥属西里西亚、戈尔兹和卡林西亚各省的政府分别与摩拉维亚、的里雅斯特和施蒂里亚各省的政府合并。这样,便可大量减少领取国家薪金的官员的数目。

---

① 《关于考尼茨回忆录的评论,1779 年》,见 E. 本尼迪克特《约瑟夫二世皇帝,1741—1790 年》(维也纳,1936 年),第 263—264 页。

典型的"约瑟夫主义式"的节约措施也在高等教育领域内推行。通过适当控制学费和奖学金,每年入学的学生人数严格限于预计空缺的文官人数。允许以这种方式继续办学的只有维也纳、佩斯、卢万和帕维亚的大学,其他大学均降格为中等学校(Lyzeen)。显然,约瑟夫二世不想赞助专攻"纯粹"科学和艺术的学者和作家。他没有邀请其他国家的学者和作家来维也纳,他尽可能明确表示也不鼓励本国人朝这方面发展。甚至连莫扎特,尽管皇帝本人演奏并欣赏他的音乐,也在这场雷厉风行的节约运动中受到损害。

在税收方面,约瑟夫在与母后共同摄政期间就曾明确表示:"财政机构的任务是尽可能少地、恰当而正确地征税,对低层阶级不应强加过重的负担。税收应平均分配,贵族、农民和市民都应按其收入纳税。即使有些人享有某种特权,也仍应像其他人一样对待;对负担过重的人也应公正地对待。"①

约瑟夫二世在1780年所沿用的赋税制度根本不符合这些要求。不论是在各省之间还是在各阶级之间负担都是不公平的。大量的贵族土地并未列入现有的土地登记册内,而且登记入册的贵族土地的税额也远远低于农民土地的税额。匈牙利的贵族认为自己应全部豁免纳税。托斯卡纳的利奥波德查看1782年的账目时,曾评论说,竟有为数达2100万弗罗林的"巨额"款项被列入征税工作的花销。②

皇帝弥补所有这些缺点的简单方法是实行一项完全根据土地登记册而征收统一土地税的计划。预期国家财政可从几个途径获得好处:增加土地税的收益使得废除一些不经济的税种成为可能;按收入征税将会清除发展工业的一个重要障碍;按照当时流行的重农主义理论,增加土地的税收将有助于对土地的更加集约化的利用。

约瑟夫积极进行落实此项计划所必需的准备工作。他需要的是18世纪哈布斯堡帝国的"末日审判书"。③ 在奥地利和波希米亚各省

---

① 转引自 P. 冯·米特罗法诺夫《约瑟夫二世的政治和文化活动》(维也纳,1910年),第411页。
② A. 冯·阿尔内特:《约瑟夫二世和托斯卡纳的利奥波德通信集,1781—1790年》(维也纳,1872年),第1卷,第159页。
③ "末日审判书"(Domesday Book)即土地登记清册,为国家对土地情况进行调查后汇编的资料。始于中世纪的英格兰,为当时最卓越的政治成就。以人们在这种调查记录面前无可求告,故俗称"末日审判书"。——译者注

已进行过人口普查,作为1771年实行征兵制的基础。1784年,约瑟夫下令在匈牙利进行人口普查。自尊而富有独立精神的马扎尔人的反应同盎格鲁—撒克逊编年史家们对"末日审判"调查的反应毫无二致,这无疑部分是由于他们怀疑普查的背后另有目的。据记载,各县议会提出了郑重的抗议,官吏遇到了许多积极的反抗,王国的自治行政当局拒绝执行这项命令,从而明确表示出它同情的是哪一方。

约瑟夫在1783年访问匈牙利期间,发现他母亲的法令在许多地区不过是一纸空文,那里的县政当局根本不敢想干预权贵们肆无忌惮的封建暴政。因此,他把进行人口普查看成是一次严峻的考验。如果他作出让步,"那么在未来的一切事情上皇家将再无权威可言"。① 为了让人们依从,他派遣了一营步兵进入匈牙利,下令逮捕任何反抗者,一律押送维也纳而不论其职位高低。人口普查才得以进行。

编制奥地利和波希米亚各省完整的土地登记清册的工作于1785年开始。在匈牙利,约瑟夫解散了无限期阻挠这项工作的宪法机构,而代之以特蕾西亚的行政体系。约瑟夫向他的弟弟简要地讲述他的改革时说:"我用8个保证执行我的命令的人替换了54个无所事事的人。"② 1786年土地测量员在匈牙利开始工作。

正是土地税这项工作才使得约瑟夫重新考虑他母亲关于进一步制定有关农民的立法的建议。在提出这些建议的当时及以后,约瑟夫所关注的是越来越多的证据说明农民,特别是波希米亚的农民正在采用政治鼓动的办法以求进一步减少他们的封建负担。1781年有关农民的立法目的主要在于政府对农民改善自己的境况的努力进行控制。然而,1785年以后,约瑟夫主要关心的则是找到一种简便而满意的方法来计算农民的财力物力,以便评估土地税的数额。他决定农民以现款向领主缴纳其每年总收入的固定百分比(约占17.67%)以替代其以前所有的封建负担。据此,每个人,不论是领主和农民,均按其估计的土地总收入来确定其应缴纳的土地税。③

人口普查和土地登记于1789年完成。该年2月颁布法令规定,

---

① A. 冯·阿尔内特:前引书,第240页。
② A. 冯·阿尔内特:《约瑟夫二世和托斯卡纳的利奥波德通信集,1781—1790年》(维也纳,1872年),第1卷,第269页。
③ 这项立法不包括小农和无地的劳动者。

无论是贵族还是农民，统一的土地税为其总收入的12.22%。加上应缴纳的抵代封建性负担的17.67%，农民还剩下总收入的70%用于维持自己及其家庭的生活，购买所需种子，以及向教区、神父和乡村学校校长缴纳的款项。由于省等级会议的行政机构此时已与省政府合并，征税工作便完全成为政府的责任。为了对付许多农民认为他们将会，或者应该完全免除封建负担的想法，法令加入了一条对拒绝向领主缴纳租金的人处以重罚的威胁性条款。为了反驳贵族提出的法律和历史上的论据，文件还包括欧洲启蒙运动的历史理论中的一些论点。我们在文件中可以读到："说贵族在有农民之前就拥有土地，并且他们是根据某些条件把自己的土地交给农民，岂不是胡说八道？如果没有人耕种土地，他们肯定马上就会饿死。"①

尽管有这些预防措施，法令还是引起了各省等级会议的一致反对和农民的广泛骚动。即使约瑟夫二世的寿命再长一些，他是否能实施这项法令，肯定是值得怀疑的。

考虑到哈布斯堡各领地的经济相对落后，除非同时实行发展经济的政策，否则仅仅靠改组税制是不大可能使国库收入有显著增长的。前面已经指出，②约瑟夫之所以推行新的土地税，部分原因是他认为这是进一步发展经济的手段。玛丽亚·特蕾西亚及其大臣们虽然也认识到发展经济对于增加国库收入和国家实力具有重要作用，但她执政期间在这方面没有取得真正的进展。约瑟夫二世真心实意地追求这个目标，他既不允许既得利益集团，也不允许自己的倾向性妨碍这一目标的实现。他判断一切现行的传统做法和机构的唯一标准，乃是看其是阻挠还是促进他领地内的工农业发展。

我们可以看到，约瑟夫的宗教宽容政策最清楚不过地说明了这一点。在他共同摄政期间，他经常一有机会就阐明他的态度。这同他母后形成尖锐的对照，后者在干预其领地内的天主教会的最高权力方面一向犹豫不决。他写道："我在世俗事务中，准备接受任何人的服务，而不管其属于哪个教派，就这一点而论，我是主张信仰自由的。让每一位有能力的人从事工农业生产；对每一个有能力的人，对我们

---

① R. 赖特尔：《未着紫袍的玛丽亚·特蕾西亚和约瑟夫二世》（*Maria Theresia und Joserh Ⅱ, ohne Purpur*）（维也纳，1954年），第105页。
② 见前面原文第288页。

有用的人，能进一步推动我国工业活动的人，我都准备授予公民权。"①

约瑟夫即位后立即将这些原则付诸实施，并下令撤销前朝规定的种种惯例。他原想把事情只限于纯实际方面：事实上取消现存的各种歧视，但不事宣扬，不发布可能损害天主教会声望和权威的公告。②然而，在一个公众舆论迅速觉醒的时代，这并不是一个实际可行的步骤。有关事实上的宗教宽容的消息很快便泄露出来，引起对新政策的实质的纷纷猜测。这就迫使约瑟夫着手公布宗教宽容法令（1781年10月），以便对他的宽容政策的限度不致产生误解。③ 大批子民登记信仰某些受到宽容的新教教义一事引起他高度的关注，不久，他便发布指示，使上述登记更加难以进行。

如果说宗教信仰不应妨碍"合格的"人根据自己的意愿选择职业，以自己的技术为国家服务的话，那么，在哈布斯堡领地的许多省内仍然把人束缚在领主庄园的农奴制也不应该妨碍人们这样做。1781年11月至1782年7月间公布的废除农奴制的一些法令声称新的自由将会造福于农业和工业，但警告农民，他们仍要服从各自的领主。认识到提高农民的地位即意味着提高农业的水平，这可能产生意义深远的后果。约瑟夫遵循像约瑟夫·冯·宗南弗尔斯等自60年代以来支持农民事业的开明的重商主义经济学家的建议，终于将他的农民立法扩大到全部世袭土地的使用权。

对经济发展具有重大意义的是约瑟夫二世有关行会的立法。这些基本上是限制性的组织虽然没有遭到公开压制，但已完全丧失了阻挠生产或商业活动的一切权力。这只不过是让每个有能力的人在没有任何阻力的条件下从事自己选择的职业的政策的另外一个方面。

约瑟夫二世的最后一项经济立法乃是1784年建立的保护主义体制。这一体制严格禁止进口可在哈布斯堡领地生产的所有产品、物资和食品，或可以用国内产品替代的物品。这一体制自然对依赖现在不

---

① 米特罗法诺夫：《约瑟夫二世》，第712页。
② C. 霍克和H. I. 比德尔曼：《奥地利国务委员会》（维也纳，1879年），第335—339页。考尼茨也曾一度反对颁布宗教宽容法令（同上，第338页）这一事实似乎可以说明F. 马斯最近提出的关于考尼茨的宗教政策的动机在于敌视天主教会的论点是站不住脚的；另参见米特罗法诺夫所著书，第713页。
③ 前引霍克和比德尔曼所著书，第340页；米特罗法诺夫所著书，第713—714页。

准进口的外国商品的贸易为生的人造成不利的影响。但这给受到很好保护的国内市场以有力的刺激。不仅如此,约瑟夫还得以同摩洛哥、土耳其、俄国和新建立的美国签订了一批与他的进口限制不矛盾的有利的贸易协定。

如果约瑟夫自己提出的证据可信的话,他的政策不久就取得预期的结果。他在给他弟弟利奥波德的一封充满信心和洋溢着乐观主义情绪的信中说:"沿着多瑙河通往利凡特和克里米亚的航运在与日俱增。……在不存在违禁商品的情况下,工业和制造业在蓬勃发展。许多过去依靠在自己的国家生产商品为生的纽伦堡、士瓦本,甚至英国人现在都在这里定居从事制造业。"①

约瑟夫的教会政策必须联系上面概述的总政策加以研究。与约瑟夫政府的所有其他部门一样,在这方面具有根本的重要意义的也是要求提高工农业生产并推动一切可以利用的机构为国家服务。

玛丽亚·特蕾西亚和考尼茨于1768年向经济委员会发出的一些指示为由国家发起的教会改革奠定了基础。② 约瑟夫想做的大部分工作都可以从体现在这些指示中的原则中找到依据。

由于约瑟夫眼前所关心的是其领地的经济发展,必然就把修道院制度看成是最不可取的现象。这种制度夺去了经济迫切需要的资金,妨碍许多可能有用的公民为国家服务。这种状况是这位皇帝所无法容忍的。他在位头几个月发布的一系列法令,使他自己成为修道院人才和经济资源的唯一主宰。1781年11月政府对茅尔巴哈(下奥地利)的加尔都西会修道院的不法行为进行调查,给他一个极好机会颁布法令,解散属于这些默祷教派的所有修道院。政府为其行动进行辩护时称"长期以来有证据表明,这些对它们的信徒毫无用处的教派已不会使上帝感到愉快"。③

许多修道院的建筑这时被改作工厂、货栈、粮仓和住所。大量的土地在市场出售。同时还决定,根据约瑟夫主义神学家劳滕施特劳赫提出的一份报告,僧侣可以向他们的主管教区的主教申请取消他们的

---

① 阿尔内特:《约瑟夫二世与托斯卡纳的利奥波德》,第2卷,第17页。信的日期是1786年5月14日。
② 见前面原文第284页。
③ 转引自前引霍克和比德尔曼所著书,第395页。

誓约。① 然后，他们可以进入院外教士的行列，担任皇帝希望他们从事的许多"有用的"职务。

被解散的修道院的被世俗化的财产构成"宗教基金"（Religionsfond）的基础，政府用这笔基金资助整个主教管区和教区的改组工作。居住在哈布斯堡领地以外的主教失去他们自古以来享有的管辖权。精力充沛的"约瑟夫主义者"被提升担任新设立的主教职位。根据教区的范围不得超过离教堂一小时步行距离的原则，改组了旧教区并设立了许多新教区。约瑟夫显然认为，教士在人民中间起着最重要的作用。实际上，他让他们扮演一种受过高度训练和具有专门知识的文官角色。他们要教导人民摆脱既浪费时间又浪费金钱的古老的迷信；教育人民理解实用基督教的价值；使人民铭记遵纪守法的极端重要性；当人民陷入逆境时给予鼓励；如果有可能还给予各种实际的帮助。

约瑟夫在教士中遇到强有力的抗拒，这使他深信国家有必要控制教士的教育和训练。为此他下令在每省的首府建立一所"总神学院"（1783年）。由劳滕施特劳赫制定所有神学院都必须遵守的课程内容。到1786年，新设立的神学院已经垄断了对还俗教士和修道士的教育。

同他的母后一样，约瑟夫也关注他推行的教会改革措施能得到教皇的批准，但是他有充分的准备，一旦遭到拒绝，他就自行其是。1782年，罗马教皇庇护六世对维也纳进行了一次史无前例的访问，旨在使皇帝的教会立法作某种修改。谈判的过程使他深信，他必须或者接受既成事实，或者眼看他的拒绝被认为毫无意义而遭到蔑视。他选择了前者，从而保全了面子，可是却为以后皇帝进一步提出要求打开了大门。1783年，约瑟夫重申久已失效的任命米兰公国主教的权力。教皇所能做的只是再一次保全面子，在1784年1月签订"友好协议"，"授予"皇帝早已夺取到手的权力。② 教皇和皇帝之间的公开破裂在1787年似乎迫在眉睫：庇护六世拒绝为一名根据主教管区改组而新任命的大主教举行正规的授职仪式。约瑟夫在考尼茨的鼓动下

---

① 前引马斯所著书，Ⅲ，《奥地利资料》，第2部，第73卷，第74页。
② L. 帕斯特：《罗马教皇史》，第39卷（伦敦，1952年），第473页。作者称这一协议是"皇帝的一次胜利"，而马斯的新解释则说这一协议是"考尼茨……的一次严重的挫折"，这似乎没有根据。（前引马斯所著书，Ⅱ，《奥地利资料》，第2部，第72卷，第108页。）

扬言"要恢复整个天主教会曾实行了13个世纪之久的确认主教任命的惯例"。① 但由于这位有争议的大主教候选人的去世，皇帝才没有将这一威胁付诸实施。

据我们所知，事实和数字都说明，改革的伟大计划实现了计划制定者预期的目的。波希米亚、下奥地利、施蒂里亚、蒂罗尔和福拉尔贝格的纺织和冶金工业都有了发展。波希米亚的工厂数目增加了150%。维也纳近郊的工业区迅速扩大，全市人口超过20万。奥地利在巴尔干地区的贸易中居支配地位。经济发展的成功反映在国库收入的增加上，从1781年的65777780弗罗林增至1788年的87403740弗罗林。军队正常编制在豪格维茨改革后确定为10.8万人，现在则达到30万人。士兵的条件、地位和装备都有很大的改善。约瑟夫在非常短的时间内确实获得了显著的成就。

约瑟夫在位时期的悲剧在于皇帝本人未能将其成就如他所希望的那样转化为有效的外交政策。确实可以这样说，他的外交政策的失败损害了他已取得的成就。

约瑟夫外交政策的柱石是1781年与俄国叶卡捷琳娜二世结成的联盟。约瑟夫和考尼茨都庆幸自己拆散了俄国同普鲁士的联盟。如果法国保持善意的中立，奥地利和俄国都指望在领土上取得一些好处。土耳其的领土是叶卡捷琳娜垂涎的目标。她觊觎克里米亚半岛，并梦想希腊王国成为她的卫星国。约瑟夫则仍期望获得德意志的领土，以便恢复过去对普鲁士的支配地位。

叶卡捷琳娜于1783年向土耳其提出领土要求，开始采取行动。约瑟夫全力支持他的盟友，向土耳其施加明显的压力以使其就范。最后他获得了成功，可是却没有为自己提出任何要求，使各国外交界深感惊讶。理由是很明显的。他帮助叶卡捷琳娜一弹未发就得到了克里米亚，他认定这就会使她负有不可推卸的责任，在德意志问题上给他以有效的支持。他在德意志索取领土的计划已接近成熟了。

巴伐利亚再次成为约瑟夫实现其野心的目标。像在1777年设想的那样进行明目张胆的兼并已不可能，但约瑟夫已作好充分准备，以奥属尼德兰换取巴伐利亚，尽管他得出结论，这样做会在税收上有所

---

① 前引马斯所著书，Ⅱ，第516—517页。

损失。占领巴伐利亚给他带来的在军事上和政治上对付普鲁士的好处，远远超过财政上的微小损失。

约瑟夫和考尼茨对俄国将会给予有力支持深信不疑。当年俄国势力投向普鲁士一方曾是奥地利1779年的野心归于破灭的决定性因素。这一次对实现这些野心岂不也会起同样的决定性作用吗？1779年持敌对态度的韦尔热讷，将会通过以在斯凯尔特河争端问题上对尼德兰联合省进行战争相威胁而迫使其保持缄默，并以出让卢森堡而诱取其采取支持的态度。普鲁士则可通过给予在维斯杜拉河上通商的特权而得到安抚。

后来这个计划失败的主要原因在于，曾得盟国奥地利之助而毫不费力得到克里米亚的叶卡捷琳娜竟对这个盟友采取了荒唐可笑的形式上支持的态度。这位精明的德意志公主丝毫不想满足其盟友对德意志的野心。尽管这个盟友对帮助她实现在巴尔干的野心仍然是极其重要的。一个忙于消化巴伐利亚的皇帝暂时不可能去积极关心在巴尔干的冒险计划的。

叶卡捷琳娜对领土交换计划采取明显冷漠态度，使韦尔热讷更加坚决执行反对的政策，并为弗里德里希二世提供了机会组成"诸侯联盟"（Fürstenbund），使约瑟夫二世在政治上遭到极不体面的失败。约瑟夫原本试图在德意志恢复哈布斯堡的支配地位，面对的却是一个由天主教和基督教的诸侯都参加的、承认普鲁士领导地位的组织。

经历此事之后，约瑟夫开始怀疑同俄国结盟的用处。然而，同普鲁士和解的替代方案立即遭到考尼茨的拒绝。叶卡捷琳娜因而得以继续推行其在巴尔干进一步扩张的计划。为了确保奥地利的合作，有必要让约瑟夫感觉到她已经足够强大，即使没有奥地利的合作，她也下定决心单独发动对土耳其的战争。于是她向约瑟夫发出访问克里米亚的邀请。邀请的口气很明显是向一位地位较低的伙伴发出的，骄傲的约瑟夫必然会予以拒绝。这一次又是考尼茨说服他暂时忍辱负重，继续坚持奥俄联盟。

尽管叶卡捷琳娜和波将金特意安排了壮观的场面，约瑟夫对俄国的攻击力量仍然持怀疑态度。同时他肯定知道自己的力量也不足以向土耳其发动全面的进攻，因此极力主张推迟进攻。事态的发展是由叶卡捷琳娜和土耳其政府决定的。叶卡捷琳娜只关心得到奥地利的合作，根本不担心在奥俄联盟内力量对比会向有利于奥地利的方向转化。土耳其政府则知道进攻即将来临，不准备坐待侵略者作好充分准备。因此，当叶卡捷琳娜向君士坦丁堡提出新的要求，而土耳其作出强烈反应时，犹豫不决的约瑟夫在1787年年底前处于不得不按联盟的条款行事的境地。如果说约瑟夫还有机会拒绝叶卡捷琳娜巧妙地给他安排的充当俄国的助手的角色的话，奥地利驻圣彼得堡大使路德维希·科本策尔很快就破坏了这个机会。这位平庸的外交官对俄国大臣们告诉他的有关俄国军事力量的情况和叶卡捷琳娜本人必要时将单独行事的坚定决心都一概深信不疑。① 约瑟夫相信了他的大使提供的情报，并在两次都未能占有贝尔格莱德之后于1788年2月向土耳其政府宣战。

按照欣喜若狂的女沙皇的说法，约瑟夫的决定"表明他是一位伟大的王侯、杰出的天才"。② 实际上，这是一次严重的错误，也是他失败的重要原因。皇帝专心致志于东方事务，给比利时人以可乘之机，发动叛乱以反对他的行政和教会改革。军队需要大量的供应则给了桀骜不驯的匈牙利贵族以公开反对的机会，并在农民当中给他们提供了一大批追随者。贸易混乱，物价飞涨，征收新的战争税在所有各省的所有各阶级中引起激烈反对，从而有助于使贵族的反对势不可当。

与这些损失相比，实无收获可言。战争的巨额花费很快就把宫廷审计处处长查理·青岑多夫伯爵精心治理好的财政推向了崩溃。1788年的战争是一场代价高昂的全面失败。同1778年一样，约瑟夫这次仍是一个不称职的将军。他不得不目睹某些蒙受耻辱的挫折。事实证明，俄国的军事实力远远低于轻信受骗的路德维希·科本策尔所作的估计。健康情况不佳迫使约瑟夫无法在1789年的战斗中亲自统率军队。这一年战斗的高潮是在富有作战经验的陆军元帅劳登指挥下占领贝尔格莱德，从而在某种程度上挽回了奥地利军队的声誉。即便如此，战争仍无胜利结束的前景。普鲁士、波兰和萨克森沿奥地利边界集结军队，并鼓励了比利时和匈牙利的叛乱分子。约瑟夫不得不准备

---

① A.贝尔：《奥地利1774年以来的东方政策》（布拉格，1883年），第86—87页。
② 同上书，第89页。

在两条战线上作战。他焦急不安地探询叶卡捷琳娜是否能给他足够的支持以对付普鲁士进攻的威胁。否则他将不得不考虑单独同土耳其媾和。

事实上，约瑟夫二世从1740年以来就将帝国领入最严重的危机。他在充分认识到这个事实和备受失败的折磨之后，于1790年2月20日去世，让他的弟弟托斯卡纳的利奥波德去面对种种后果。

三

作为所谓"开明专制主义"的典型改革纲领，玛丽亚·特蕾西亚和约瑟夫二世的工作是独一无二的。在神圣罗马帝国范围内还没有别的统治者曾尝试哪怕是部分地这样做过。当然，他们之中的许多人不过只是几平方英里版图的统治者，即使有此愿望，也根本不具备成为有效的改革者的用武之地。就中等规模的邦的统治者而言，在这方面值得一提的也只有三个。一个是截至1774年的美因茨选帝侯埃梅里希。他曾把他领地内的教会组织完全置于其绝对控制之下，以致考尼茨也利用其法令作为他在哈布斯堡各领地进行教会改革的先例和典范。[①] 一个是从1768年起任萨克森选帝侯的弗里德里希·奥古斯特四世。他曾实施行政和经济改革，把他的国家从七年战争的浩劫和耗损中恢复过来，使之在经济上成为德意志最先进的地区之一。另一个是巴登总督查理·弗里德里希，他曾征收土地税，废除农奴制，减轻农民的封建负担，并实行宗教宽容政策。人们绝不可由此得出结论，认为其他统治者都放弃了增加收入的愿望。但情况似乎是，只要有可能，他们宁可不采用开明专制主义的办法。有些统治者采取让自己的子民去为英国和尼德兰联合省充当雇佣军的办法获取大量财富。布伦瑞克—沃尔芬比特尔的查理在美国独立战争期间采用这个办法获得的纯利润达500万泰勒。[②]

过去的流行看法将普鲁士的弗里德里希二世看成是开明专制主义的主要代表。现在看来不得不赞同这样的结论，即这种观点是俾斯麦

[①] 马斯：前引所著书，Ⅲ，《奥地利资料》，第2部，第73卷，第33页。
[②] 泰勒（taler），德意志旧时银币。——译者注

时代的遗风,当时德国的历史学家如想晋升或得到允许利用档案,就必须效忠于普鲁士。这位普鲁士国王的政治著述中也许包括无人能与之比拟的关于开明专制主义的理论阐述。可是他的实践远远背离了他的理论,往往更像一个不开明的小暴君而不是开明的专制君主。弗里德里希同约瑟夫二世一样是个贸易保护主义者,他欢迎外国人前来定居开垦荒地,以促进工农业的发展。但他严格禁止侵犯普鲁士贵族的即使是微小的财富和特权,在他整个在位期间,直接的土地税一直维持在原来的低水平,而间接税则不断提高。所以,弗里德里希绝不是在从事税收改革,而是引进了法国包税制的最落后的方面。商业和财政利益方面的考虑丝毫也没有促使他给予农民以迁徙自由或坚持减轻农民过重的封建负担。他坚决反对做任何事情以损害社会的封建成分,这也许是人们在18世纪德意志所能看到的最彻底的中世纪特征。

普鲁士的司法改革是唯一可与奥地利真正相比拟的领域。按理说,改革的详细计划应由法律专家来制订;普鲁士的法律专家同奥地利的同行一样,都受到启蒙运动司法理想的启迪。普鲁士的科策伊(Cocceji)、卡默和苏亚雷斯同奥地利的马蒂尼和基斯具有同样的观点。而另一方面,弗里德里希和约瑟夫一样,经常无视法律原则,任意干预法律程序。

弗里德里希二世对宗教不持固执的态度是他的同代人称颂他为开明专制君主的主要原因。结果是,当时自由讨论宗教问题在柏林盛极一时,深受形成舆论的知识分子和作家的赞赏。然而,目光比较锐利的人了解这种"柏林式自由"的限度。莱辛在柏林遭到压制。1769年当他决定离开柏林时,写信给显然对普鲁士首都的状况感到满意的尼古拉解释他作出决定的原因时说:

> 不要对我谈论你的柏林式的思想自由和写作自由。它只不过是随意取笑宗教的自由。……让某些人试一试在柏林自由地写些别的东西,就像宗南费尔斯在维也纳所写的那样;让这些人试一试按照宗南费尔斯的方式把真理告诉宫廷里的那帮暴徒;让某些人在柏林支持农民的权利或抗议专制和剥削,就像在法国和丹麦所做的那样,那么,不要多久你就会从亲身体验中了解到,目前

在欧洲究竟哪一个国家是最具有奴役性的。①

四

与开明专制主义改革伴随而出现的是非特权阶层的政治大觉醒。最初的动力来自上面，特别是在哈布斯堡领地内，玛丽亚·特蕾西亚和约瑟夫二世都经常努力动员社会舆论的支持以反对贵族和教会的反对势力。在本章前面已提到的科拉尔关于匈牙利法律的著作，宗南费尔斯发表在《没有偏见的人》中的描写农民处境的文章，② 在教皇访问维也纳期间纷纷出版的反教皇和反教会的小册子——这些和许多类似的冒险活动都暗中得到政府的鼓励，以便使有争议的立法得以实施。

这种诉诸公众舆论的做法造成的后果超出了政府的预料。为政府的政策提供根据的各种政治思想和原则由政论家们加以详尽阐述，并最后被用来对贵族特权、基督教义，以及专制主义本身的基本论据提出质疑。

在这个现在被称作"民主革命的时代"，激进的政治著作对舆论的总的气氛的影响非常之大；而且其影响也不限于政治领域。在整个德意志和哈布斯堡领地，中产阶级知识分子和文职官员经常出入于新建立的半公开阅览室（Lesekabinette），农民则聚集在能给他们念报纸的人周围，他们所发表的意见和流露出的愿望，不仅使不开明的而且使开明的统治阶级都深为惊恐。

开明专制主义限制妨碍国家充分行使权力的贵族特权。公众舆论开始对贵族特权本身的合法性加以否定。为了了解农村中这种新态度的典型表现，无须探讨开明专制主义进行的封建改革前发生的农民暴乱和农民起义，③ 而应探讨这些暴乱和起义之后出现的激动不安的局势。农民正获得足够的兴旺并想进一步致富。君主与封建领主之间的明显冲突预示着封建制度的加速灭亡。关于要对领主继

---

① 转引自 F. 梅林《莱辛逸闻集》（新版，柏林，1953 年），第 379 页。
② 参阅 E. 默尔·林克《奥地利农民的解放，1740—1798 年》（纽约，1949 年），第 98—102 页。
③ 这包括 1784 年特兰西瓦尼亚的霍里亚起义，起因是前几年的改革未能在该省正确实行。

续履行种种义务的一些庄严的声明都被农民看成是领主们玩弄的骗局而被置之不理。农民通过他们的报纸随时得到1789年7月法国事态发展的消息，这只会使农民坚定自己的态度。因此，在1789—1791年期间，在哈布斯堡诸省、萨克森、西里西亚以及德意志其他许多地区，农民作出强大而广泛的努力来摆脱一切残余的封建义务。

如果我们可以根据这个时期的文献来判断的话，就可以知道，在农民反对封建特权的斗争中，中产阶级跟他们站在一起，并提出他们自己的经济和社会平等的要求。从事理论研究、文学创作和新闻工作的作家们尽管他们所处的政治环境相对落后，但都积极参与了知识界有助于为法国革命铺平道路的骚动。富有创造才能的艺术家们不能再忍受依附于门第高贵的上流阶层。他们有许多人认为依附于贵族是不堪容忍的耻辱，而宁愿过贫困的生活，这在当时德意志和哈布斯堡领地的条件下乃是不可避免的后果。从他们的独立地位出发；他们可以提出完全平等的要求，表现真正的心灵高尚，嘲笑那些追求或接受空头称号的人。① 凡是可用来谴责封建特权的话，在当时德意志能够最好地表达作家们在这方面的愤怒激昂情绪的各种形式的文学中都得到了反映，比格尔在他言辞犀利的短诗《农民致最尊贵的暴君书》② 中明确无误地号召进行最后的清算，而莱辛的悲剧《爱米丽雅·伽洛蒂》和席勒的《阴谋与爱情》同博马舍的喜剧《费加罗的婚姻》一样明确地宣告了特权制度末日的来临。③

在开明专制主义的宗教和教会政策方面，我们同样可以看到制定这些政策的动机和这些政策对公众舆论产生的影响二者相背离的情况，弗里德里希二世和约瑟夫二世实行的宗教宽容只限于为他们所设想的国家利益服务的范围之内。他们需要移民的技术和干劲，所以让移民举行自己的宗教仪式。但对于那些宣传从他的军队开小差不算是不可饶恕的大罪的耶稣会士，弗里德里希则立即将他们处死。约瑟夫

---

① 参见莫扎特的名言"心灵使人高尚"（《莫扎特和他家人的通信集》，席德迈尔编，慕尼黑，1914年，第2卷，第91页）以及戈特弗里德·奥古斯特·比格尔的诗《知识高于贵族称号》（1789年）。
② Der Bauer – an seinen durchlauchtigen Tyrannen（1773年）。
③ G.卢卡奇：《德国近代文学史纲要》（柏林，1955年），第24—25页，提出了这种比较。

也竭力残酷无情地扑灭波希米亚农民中的异端邪说。然而，即使官方实行宗教宽容的程度有限，但对公众舆论仍有很大促动，有助于宗教信仰自由的原则扎根成长。这一发展在当时的文学中也有所反映。奥地利诗人阿尔克辛格尔在其诗作中对宗教宽容所下的定义遭到约瑟夫二世检察官的禁止；莱辛的《智者纳旦》是我们所看到的写这个问题的最伟大的剧作。

对宗教宽容所采取的新态度为广泛地进行宗教探索铺平了道路。莱辛本人是德意志圣经评注的先驱，他的思想接近于把基督教看作"博爱教育"的讲坛。各地的教育界都在展开有关宗教的"大辩论"，怀疑主义在不同程度上成为当时的风尚。约瑟夫二世的宗教革新引起了全民论战。到法国大革命时期，连维也纳郊区的皮匠和裁缝都在讨论莱辛的神学著作，探讨《创世记》和《新约全书》，并得出结论说在自然界之外不存在什么上帝。①

当人们考虑这种对传统信仰和权威发动的进攻时，只能认为对专制主义本身的合法性产生怀疑是不可避免的事。开明的专制君主们在理论上承认他们是"国家的仆人"，其职责在于增进他们的子民的福利。可是他们的子民们却不曾得到一贯实施增进这种福利的政策的任何保证。

德意志这一期间最引人注目的新闻界的大胆行动乃是发表了施勒策的文章《国家的公开告发制度》（Staatsanzeigen），在一定程度上是试图为这种保证提供一种替代办法。只要他的君主乔治三世②赋予他所需要的新闻自由，施勒策就威胁要进行对其君主不利的宣传来阻止暴政行为。

与此同时，我们在奥地利还可以看到要求建立近代式宪政和代议制政府的最初迹象。所宣扬的主张是，政府的宗旨，即开明专制君主口口声声所说的模糊不清的"普遍福利"，应该以约束君主及其继承者的基本法的形式加以具体确定。同时担任政治学教授和高级文官的宗南费尔斯的确曾向玛丽亚·特蕾西亚及其继承人提交过一项这样内容的计划。君主专制制度应通过颁布若干原则作为基本法以约束自

---

① E. 万格曼：《从约瑟夫二世到对雅各宾派的审判》（伦敦，1959 年），第 16—19 页。
② 乔治三世为英国国王（1760—1820 年在位）和汉诺威国王（1814—1820 年在位）。——译者注

己,这些原则将保证公民权利和符合发展资本主义经济的需要。① 在法国革命的影响下,宗南费尔斯朝着代议制政府的方向发展了他的计划。凡有关重要立法和在各省实施的政府原则,皇帝都应真诚地与代议制议会协商。

在哈布斯堡领地,由于约瑟夫二世推行的许多政策引起了不满,使新的政治觉悟又有进一步的提高。农民抵制对他们的宗教仪式进行的干预,担心新的土地税,并且对继续承担封建义务感到不满。城市居民对禁止进口他们喜爱的商品和取消价格控制表示反对。皇帝任意加重法庭的判决,在各个阶级中引起愤慨。对土耳其人的战争非常不得人心,因为对这个东方邻国的积怨大部分业已消失,而且军队的巨额需要引起物价空前飞涨。在一个到处可以阅读报纸的时代里,各种新的政治抱负、政治思考和议论,公众的强烈不满都以直言不讳的批评的形式表达出来,这是政治舞台上出现的新现象。在整个帝国,公众舆论已成为政府必须加以考虑的因素。在比利时和匈牙利这两个民族主义已形成团结一致的强大力量的地方,人民实际上都聚集在特权阶级举起的反叛旗帜之下。

五

开明专制主义并非出于本意而激起的社会和政治骚动,不久就在哈布斯堡各领地和整个德意志招致一股压制性立法的浪潮,使得开明的和非开明的专制君主之间的区别模糊起来。这种强调镇压的新现象是普遍的,而且绝不只限于在此时期由新统治者继位的国家。不仅如此,这种现象在法国大革命爆发前好几年就已明显可见,而一般往往认为法国大革命是这种现象的根源。

在哈布斯堡领地,早在1785年12月就出现了新政策的最初迹象,当时颁布的有关石工工会会员的法令,派给警察一项新的任务,即密切注意公众舆论的动向。次年,警察在以佩尔根为首的一个有自主权的部的领导下进行了改组。警察得到秘密指令,规定监

---

① S. 阿德勒:《政治立法与普通民法法典的历史联系》,载《普通民法法典颁布百年纪念论文集》(维也纳,1911年),第94—104页。

第十章 哈布斯堡各领地和德意志

督公众舆论是其主要任务。明确规定可使用雇佣密探，有时还派遣这些人打入内部充当坐探。约瑟夫二世利用警察进行预防性逮捕，处以各种违反法律的刑罚，并把"不受欢迎的"外国侨民驱逐出境。①

新政策最初的矛头指向所有声称采取开明政策的统治者所允许的有限的言论自由和出版自由。在这方面，巴伐利亚率先于1785年镇压"先觉社"，②并由查理·特奥多尔以前的耶稣会忏悔神父弗兰克实行教权恐怖统治。信奉新教的普鲁士在弗里德里希·威廉二世继位后也起而仿效。重要的教会事务部落入蒙昧主义者沃尔纳手中。他是1788年颁布的《宗教诏书》（Religionsedikt）的起草者，诏书规定所有讲授路德派教义的人必须遵循最严格的正统观点。到处都对诏书提出激烈的批评，但并未能使诏书作任何修改，实际上反而促成更严厉的审查条例的出炉（1788年12月）。由沃尔纳的忠实门徒希尔默尔为首的新的审查委员会于1791年5月建立。紧接着便查禁了柏林最著名的文学杂志——尼古拉主编的《德意志万有文库》和格迪克主编的《柏林月刊》。在普鲁士的镇压机构完善以后，沃尔纳又向毗邻的德意志各邦的统治者施加压力，迫使他们采取同样的行动。③

哈布斯堡王朝的宗教政策和审查政策也仿效这些先例。约瑟夫二世不再忽视奥地利大主教、枢机主教米加齐提出的抗议，于1788年采取步骤强制大学教授必须遵守严格的天主教正统教义。就在他去世的前几天还颁布法令，表明在中学推行正统教义的意图。1790年1月关于审查制度的法令取消了1782年法令中一些开明的条款，而代之以沃尔纳1788年12月诏书的某些内容。利奥波德二世继续执行这项政策，进一步采取措施恢复大学中对天主教信仰已被削弱的权威，并禁止可能损害教会和宗教声望的出版物。

普鲁士的问题相对而言比较简单。弗里德里希·威廉和他的大臣们由于没有其他活跃的反对派要对付，所以能够集中他们的火力对付

---

① 汪格曼，前引书，第37—44页。
② 先觉社（Illuminati）为18世纪主张自然神论和共和主义的秘密社团。——译者注
③ J. 德罗兹：《德意志与法国革命》（巴黎，1949年），第29—30页；H. 布伦施维örl：《18世纪末普鲁士国家的危机》（巴黎，1947年），第201—202页；此书中将审查条例的日期说成是1789年，有误。

那些"创立新教义的人和自封的开明人士"。而约瑟夫二世却不得不在两条战线上作战。因为特权阶层不跟他合作以反对来自下层的新威胁。相反，他们毫不犹豫地利用皇帝的种种困难和普遍的不得人心，组织群众来支持他们的反叛。匈牙利的贵族抗拒新土地税，比利时的教士反对国家控制的总神学院，提出"自由"的口号，站在包括所有阶级在内的群众运动的前列。他们各有自己的不满和愿望，也都习惯于采取独立的政治行动。如果其他省的等级会议也采取同样的行动，也一定会获得同样的响应。

这种局势恰好与约瑟夫二世外交政策的灾难性失败同时出现，迫使约瑟夫二世不得不向特权阶层作出影响深远的让步，这就标志着他的统治的寿终正寝。1790年年初比利时的完全丧失表明这样的让步所不可避免地引发的后果。为了避免这类灾难的再次发生，约瑟夫废除了有关匈牙利的所有法令，只有关于农民解放、宗教宽容和教区改组的三项法令除外。1790年2月约瑟夫二世去世后，利奥波德二世不得不暂时沿着这条道路继续走下去。他废除了关于征收土地税和抵代劳役的二月法令并且关闭了总神学院。各省的等级会议也召集会议，考虑进一步提出的不满陈述。

如果利奥波德听任帝国继续处于他的前任带来的危险的外交和内政的孤立处境，那么等级会议（几乎是清一色的特权阶层的代表）就有可能逼迫他作出他们所希望得到的更多的让步。毫无疑问，这样的行动自由意味着哈布斯堡领地内开明专制主义事业的毁灭。但利奥波德二世成功地把国家从孤立状态中拯救出来，从而恢复了他自己的行动自由，以挽救并发展他的前任们的事业。

利奥波德通过他老练的外交和情愿放弃最近占领的贝尔格莱德要塞，把他的国家从灾难性的对土战争中挽救出来，并排除了来自波希米亚和加利西亚边境的战争威胁。同普鲁士的谈判于1790年6月以签订赖兴巴赫协定而告结束，这就使得匈牙利和比利时的叛乱分子失去了他们一直依靠的外国支持。此后，利奥波德坚持拒绝因一时冲动或受到引诱而参与任何国外冒险行动，不论在法国或在波兰均如此。由于没有值得信赖的盟国，又缺乏财政资源，他明智地让自己只限于执行一种"被动的"外交政策。在这方面他得到年事已高的考尼茨的全力支持，考尼茨这时已放弃了他早年的侵略政策。① 在他短暂的统治时期，同普鲁士、英国和波兰恢复了良好的关系，而且避免了同俄国或法国发生裂隙。

为了结束国内的孤立状态，利奥波德二世决定利用使反对派陷入分裂的纷争。他注意到非特权阶层对议会中听到的完全是封建野心的声音感到失望。他同样注意到贵族对中产阶级和农民迅速高涨的社会和政治抱负深怀忧虑。他从这两方面都得到了好处。

当农民采取步骤反对重新服劳役时，利奥波德对此表示欢迎并加以鼓励，并利用其缓和领主的要求。在匈牙利，他鼓励其利益和意愿与占统治地位的马扎尔贵族发生矛盾的各个民族和阶级。为此，他委托并资助他人撰写小册子，目的在于恐吓议会放弃其极端的要求；把注意力放在一般市民和农民日益高涨的政治和社会平等的愿望上。他接受各市镇代表参加陈情委员会，并支持他们和农民争取在议会中拥有真正代表权的斗争。利奥波德以这种方式成功地从议会手中夺取了主动权，并促使议会在自己通过的立法中体现出前几代君主在位时期的某些重要的改革。到他在位末期，匈牙利议会已通过了特蕾西亚式的限制劳役的法令，废除了农奴制并采取了新教徒信仰自由的原则。波希米亚等级会议已愿意接受约瑟夫实行过的以土地登记作为税收基础的办法，以及农民和领主的土地税额平等的原则。在施蒂里亚、波希米亚和下奥地利已制订好强制推行抵代劳役的计划。

利奥波德由此而给予非特权阶层的鼓励，自然助长了他们的抱负并提高了他们的期望。如果他要想赢得并保持他们对帝国的信任，使他们永远脱离反对派，他就必须至少满足他们的某些愿望。

利奥波德二世在法国大革命的时代满足非特权阶层的政治愿望的努力，是他出乎意料的短促的统治时期最令人感兴趣的一个方面。这在欧洲几乎是唯一一次以不采取单纯的镇压措施来应付法国大革命挑战的尝试。

恢复并维持和平使土耳其战争造成的某些困难得以缓解。利奥波德废除了约瑟夫制定的刑法典中触怒当时开明舆论的某些最野蛮的条

---

① 参见《王室、宫廷和国家的档案（维也纳），国家部分，有关波兰的指示》，1791年，第82卷，第14—15页："由于我们的处境并不处于强有力的地位，所以在任何波兰事务方面今后都必须小心谨慎，不要干预……"

款。他允许最高法院调查佩尔根领导的不得人心的警察部的违法行为。其结果不仅使受害者获得了释放并恢复了名誉,而且还颁布了一项人身保护法令,禁止预防性逮捕并采取措施对警察进行司法控制(1791年2月)。佩尔根拒绝接受对他在前朝期间的行为所作的含蓄批评并于1791年3月辞职。利奥波德没有任命佩尔根的继任人;相反他根据公开宣称反对专横统治的宗南费尔斯提出的一项计划对警察进行改革。在享有自主权的警察部被撤销后,"秘密"警察也难以存在下去;警察的社会职能增加了,引人注目的是,根据1791年11月的法令,建立了免费的社会医疗机构,隶属于维也纳的警察机关。

由于鼓励非特权阶层在议会中得到更多的代表权的努力,利奥波德便不得不面对宪法改革的问题。关于皇帝正在考虑采取的方针的谣言传到了英国大使的耳朵里,他报告说:"皇帝陛下据说已采取了由于法国改革的危险蔓延而无法避免地形成的思想,或者至少认为那种平等精神的致命进展已无法通过由君主自愿作出让步而在属于他版图内的某些国家制定新型宪法的办法来加以有效的约束了。"①

1791年5月,施蒂里亚获得向议会派遣十名代表、向等级会议常设委员会派遣一名代表的权利。同年秋,利奥波德在布拉格举行加冕典礼并提出在波希米亚进行宪法改革的问题。根据英国大使的报告,批准"市民和农民定期举行会议"乃是皇帝的意图。12月,宫廷办公厅的大多数顾问建议就斯蒂里亚农民请求在议会享有代表权的请愿书作出肯定的裁决。1792年2月,波希米亚等级会议的代表前往维也纳亲聆利奥波德关于非特权阶层在议会享有代表权以及其他一些建议。与此同时,正在匈牙利为进行同样的改革奠定基础。可是出人意料的是,3月1日利奥波德在一次腹绞痛之后去世。②

他的各项政策在他死后很少继续执行,有些政策被他的继承人彻底改变了。尽管如此,他在短暂的在位期间,做了大量的工作,以保证某些至少是启蒙运动的成就得以在随后出现的反动时代延续下来。

(王绍仁 译)

---

① 国家档案局,外交部档案7/28,第109号,报告日期为1791年10月15日。
② 关于利奥波德的改革和可能的意图的充分论述,可参阅汪格曼《从约瑟夫二世到对雅各宾派的审判》,第82—105页;A. 万德鲁斯卡《利奥波德二世》,两卷本(维也纳,1963—1964年)。

第 十 一 章
俄　　国

从创建圣彼得堡到七年战争结束的 50 年期间，这座由彼得大帝擘画的河边要塞和商业首府已变为一个展示奢华和消闲生活的杂乱无章的场所。由彼得征集终生服兵役或从事行政工作的俄国贵族，从 1735 年以来日益逃避他们的责任。1762 年 2 月，他们被免除了为国家尽的一切义务；他们中间有许多人满足于重新回到外省难以想象的无所事事的生活，而仍然在朝廷任职和留在京城的贵族家庭则似乎决心以销声匿迹的生活方式消磨时日。彼得时代建筑师兴建的质朴无华的建筑已被更多地为君主和朝廷显贵们兴建，由威尼斯的拉斯特雷利和他的同胞设计的外形豪华的新的宫殿和府邸所包围。在一个一次宫廷政变就可以在一夜之间将积蓄的财富充公的时代，节俭并不普遍被认为是一种美德。

但是，圣彼得堡仅是这个新帝国的橱窗。对散居在北方几条河流沿岸村落的捕兽者，对挣扎在俄罗斯中部依靠贫瘠土地为生的农民来说，同莫斯科公国时代比较起来，生活并没有多少改变，所不同的是税收提高了，每一个村庄还必须送更多的男子去军队服役。彼得关于建立地方政府的体制、新法院和全国小学教育网的计划由于不受重视和经费不足已全部被束之高阁。即使在 1755 年建立起一所新大学的莫斯科，"满街仍充斥愚昧无知之人"。地主新获得的自由与对农奴所作出的相应让步是不相称的，尽管地主对沙皇的义务长期以来被认为是农奴制度在道义上的根据。相反，大多数地主要求他们的农奴缴纳更高的地租和服更多的劳役。矿业院[①]已无法从乌拉尔的国营铸铁

[①] 帝俄时代政府部门称院（college），到 1802 年 9 月始改称部。——译者注

厂获利，到1740年已几乎全部将其租给私人经营。在18世纪50年代一个短时期里，俄国生产和出口的铁比欧洲任何其他国家都多，但到1763年，产量已经在下降。探矿者已无法就近在俄国的适当地区找到煤矿和铁矿。由于俄国厂主未能从木炭炼铁改用焦炭炼铁，不久他们就把优势地位拱手让给了英国。① 当年彼得大帝对在整个北方大战期间保持预算平衡而引以为自豪，但他的继承人却甚至谁都没有想过要仿效他的榜样。尽管通过各种别出心裁的新方式征收间接税，并且自1757年以来国家岁入由于占用教会的土地收入而有所增加，但当俄国退出七年战争时，其国库已空空如也。1762年，俄国在波美拉尼亚的士兵有八个月没有领到分文薪饷。

因此，对俄国人民来说，没有什么比有四五十年的和平更好的了，因为在这期间可以恢复并巩固彼得大帝建设现代国家基础的努力；但是在以后一段时期里和平并未降临。相反，1762年上苍却赐给俄罗斯一位它从未有过的最富有教养而同时又最野心勃勃、最挥霍浪费的统治者。当叶卡捷琳娜即位时，无论在国内还是国外都没有人预见到她统治的时间会比彼得大帝以来所有前任都长。在伦敦和巴黎，人们认为彼得三世退位不过是新的一系列宫廷政变的开始，就像1740—1741年间所发生的那样。这位新女皇在她保住王位的问题上简直可以说是极尽凶狠残暴之能事。没有一丝一毫的理由能够使她自称她的继位是合法的。他丈夫退位后即遭到监禁，但只要他仍然活着，他继承王位的权利就是无可争议的。伊凡·安东诺维奇的情况也可以说是一样，他在婴儿时期于1740年继位，但次年即被叶利扎维塔废黜，从此便在修道院度过余生。除了她已经清除的几位可能与她争夺王位的人之外，叶卡捷琳娜还必须决定如何对付以尼基塔·帕宁为首的野心勃勃的一帮贵族，他们准备接受她为女皇，条件是她要结束俄罗斯的君主专制制度，将其最主要的王权转交给享有特权的寡头政治集团。为了对付这些来自多方面的威胁，叶卡捷琳娜无法从她学过的关于君主制的书本中得到任何忠告。孟德斯鸠和伏尔泰也许对一个地位稳固的君主应如何行事提出了他们的看法，但对一个仍然为巩

---

① 亚历山大·贝科夫从地理和技术方面，而不是从组织管理方面论述了俄国铁矿厂主面对西欧对手的挑战而失败的原因。见所著《俄国经济的发展》，载《经济史评论》第2辑，第7卷（1954年），第2期，第137—149页。

固自己的权力而斗争的女皇却没有提出什么忠告。因此，她除了仿效她的几位前任的做法之外别无选择，这就是无情地消灭对手和慷慨地对贵族赐予特权。在她即位后一周，她的丈夫就在罗普沙要塞被勒死。凶手大概是阿列克谢·奥尔洛夫。叶卡捷琳娜是否下令处死彼得不得而知，但她至少默许了这件事。六个月以后，伊斯梅洛夫斯基军团的一批军官曾释放被监禁的伊凡·安东诺维奇并将其扶上皇位，想以此超越奥尔洛夫兄弟获得的好运。他们未能得逞；但当1764年第二次企图这样做时，女皇急令处死伊凡·安东诺维奇。于是有若干年时间，除了她的儿子保罗外，她已经没有必须认真对待的觊觎王位的对手了；而保罗虽声称生来就有权继承他父亲的皇位，但根据彼得大帝的继承法，这一要求是无效的。

那些曾经希望叶卡捷琳娜将自己权力委托给一个贵族会议的人同样感到失望。1762年，帕宁提出一项命令草案请女皇考虑，规定"把合理行使立法的权力交给为此目的而挑选出的少数人"。叶卡捷琳娜签署了此项命令，甚至还任命了贵族会议的六名成员；但当她日益明显地看出帕宁的意图后，便将此项计划束之高阁而不作任何解释。从此，她甚至拒绝考虑将她的权力授予他人的可能性，但是为了使贵族保持友好态度，她几乎满足了贵族提出的在法律和地方政府方面增加特权的每一项要求。

她在特权问题上依从贵族的第一个迹象乃是她就最后处理以前属于整个教会和各个修道院的房地产所作出的决定。这些房地产的收入在1757年作为战时的临时措施曾转交给国库，但在1762年4月，即俄国退出七年战争后三个多月，叶卡捷琳娜的丈夫裁定国库永远保留对教会土地的控制权。每年有一笔固定的款项交付给东正教主教公会和各修道院，剩余部分则由国家留用。在彼得逊位后不久，教会领袖吁请叶卡捷琳娜改变彼得的决定。这位女皇对她所入籍的国家的宗教的态度至少可以说是不真诚的。她出生在一个新教徒家庭，接受自由思想的教育，是不会去仿效她的前任叶利扎维塔那种单纯的虔诚信仰的，而且众所周知，她曾在私下用一些不堪入耳的话嘲笑俄国教会的礼拜仪式。但是，在公开场合，她深知作为女皇她应如何行事，在必要的场合还同大家一起吟诵祷文。在即位之初，她欢迎来自各方面的支持；为了得到教会对她的王位的认可，她同意废除彼得的命令，将教会土地交回主教公会管理。但是，当富有的贵族抗议教会拥有土地是侵犯他们的独占权之后，她又将这项决定撤销了。1762年年末，这个问题再次出现并提交一个非教会人士显然占多数的委员会审议；叶卡捷琳娜遂于1764年3月批准委员会的建议，将所有教会产业（以及教会的农奴）交还国库。这一次没有表明这项变动是临时性的。结果是900多所修道院中有将近500所被关闭。18世纪20年代以来构成教育系统支柱的主教管区神学院也不可能全部保留。与彼得大帝宣布的意图相反，教士的教育水平大大下降。教会人士中唯一表示抗议的是罗斯托夫主教阿尔谢尼·马茨耶维奇。他遭到主教公会的谴责并被遣送到北方一个边远的修道院，后来又单独监禁在雷瓦尔要塞，在该处饥寒交迫而死。

1764年以后，俄罗斯全部土地的所有权，除王室和国有土地外，都归属于贵族，尽管贵族对土地所有权的垄断有20年之久并未得到法律的承认，但是，他们却立即获得了一些其他的特权。1765年，允许贵族无须提交国家法庭而判处他们的农奴从事强迫劳役。此外，为了帮助贵族处理剩余粮食，赋予他们酿造和销售伏特加酒的垄断权。叶卡捷琳娜虽一再被迫进一步扩大这个阶级的特权，但在这样做之前，她都进行比较广泛的调查研究，以了解全国各社会集团的愿望和要求。

叶卡捷琳娜作为伏尔泰开明君主理想的生动体现而赢得名声，主要是由于她决定于1767年召集一个委员会从事编纂法典的工作。她本来并无意使委员会成为一个永久性的立法议会，但狄德罗访问圣彼得堡时极力敦促叶卡捷琳娜将其改成永久性机构。委员会的唯一任务是制定新的法典，以取代阿列克谢·米哈伊洛维奇于1649年制定的法典和从那以后颁布的一大堆混乱而又往往相互矛盾的立法。为此目的建立一个委员会的设想是由彼得大帝首次提出的。在彼得大帝本人、叶卡捷琳娜一世、彼得二世、安娜·伊凡诺芙娜和叶利扎维塔在位期间也确曾分别建立过处理这一任务的委员会，但均未取得显著的成功，不仅如此，彼得二世和安娜·伊凡诺芙娜还曾邀请各省的贵族选举"优秀而博学之士"参加这项工作。因此，叶卡捷琳娜无论在建立委员会方面，还是在安排委员会接纳选出的成员方面都不是创新者。但1767年委员会的独特之处在于叶卡捷琳娜为了指导委员会的工作而发布的敕令，除农奴外每一个社会集团都在委员会有代表权，并要求每一个集团就自己的需要和愿望提出声明。

　　委员会于1767年8月首次开会时成员超过了560名，政府代表仅占28名（包括唯一一名教士的代表），其他536名代表均来自一般居民。这个比例同以往历次委员会大不相同：过去官方代表占据多数，现在新委员会的绝大多数成员对立法全都没有经验，这就使得重新制定法典的工作更加困难重重。在他们中间，由536名选出的代表提交了1441份请愿书，其中1000多份是由自由农民提交的。在某些问题上，所有请愿书的意见是一致的。没有一份包含抗议君主专制制度的内容。另一方面，每个阶级都要求某种程度的分权，不仅是行政权，而且还有教育、司法程序以及其他只有圣彼得堡和莫斯科才享有的利益。与这项要求同时提出的还有对税收负担的抱怨，因为代表们合理地断言，在农村征收的赋税全都用于为圣彼得堡谋福利了。每个阶级还要求严格确定自己的地位并扩大自己的特权。土地所有者所提出的请愿书几乎都坚决要求给予他们拥有土地和农奴的绝对权利并对他们的农奴享有更大的权力。他们要求免受酷刑和肉刑（烙印和裂鼻孔是这方面最常见的刑罚）；有的甚至要求免除监禁。他们坚持要求，只要他们愿意，便应有从事商业和工业的权利。后面这项要求遭到商人阶级的强烈反对，不过商人自己也希望与贵族同样有权拥有农奴。自由农民的请愿书同商人和贵族的针锋相对，因为他们要求既从事商业又拥有农奴的权利。

　　农奴虽然占总人口的一半以上，却未被邀请派任何代表出席委员会，也没有一个人被指定担任他们的正式发言人。但是，即使在委员会召开之前，女皇已明确表示了对农奴制的态度。她要求由她赞助于1765年成立的皇家自由经济学会组织一次讨论农奴制的论文竞赛。竞赛是国际性的，获奖者是亚琛大学的一名法律博士。他参赛的文章从人道主义和经济角度猛烈抨击农奴制。叶卡捷琳娜并未准备考虑解放农奴，因为这会一下子就失去贵族的友好态度，但她认为应通过立法或某种其他控制方式来缓和目前地主与农奴关系的专横性质，以保证分配给农奴耕种的土地有足够的面积，并保证以货币或劳役形式从农奴索取的租税不至于太不合理。委员会中的某些开明地主如彼得·帕宁和共济会成员叶拉金要求遵循这样的方针立法，作为防止社会动乱和加速经济发展的最佳手段。

在委员会的开幕式上，叶卡捷琳娜发布的圣谕给俄国各个社会阶层提出的一些基本上实际可行的要求投下了阴影。她早在1764年即已开始这项工作；1765年7月，她曾告诉伏尔泰有关赋予她的国家以一系列新法律的计划，而且直到颁布圣谕之前都得到伏尔泰的忠告和鼓励。然而，这个文件本身并没有以伏尔泰的任何著作为基础，而几乎完全是根据孟德斯鸠的《论法的精神》和贝卡利亚的《论犯罪与刑罚》，而这两本书是1766年才到她手中的。叶卡捷琳娜毫不掩饰她得益于这两位作者。事实上，她往往强调她自己的著作与他们的著作之间的相同之处；而在对于修改孟德斯鸠以适应自己意图的章节，她则缄口不提。她写道，俄国版图之广袤要求赋予其统治者以绝对的权力。君主制度的真正目的在于匡正人民的行为，以便达到至善之境界。公民的平等包含于这样的事实之中，即他们全都应遵守同样的法律。使用酷刑是与一切自然和理性的要求背道而驰的。自然法则要求统治者必须防止一切使人民沦为奴隶状态的情况发生，但是"有许多奴隶不应立即或根据一项通用的法律赋予公民权利"。[①] 尼基塔·帕宁在阅读圣谕初稿后评论道，"这些原则的力量足以摧毁任何壁垒"；但他是无须关心这一点的。圣谕通篇使用的语言对作为代表的俄国听众来说极其陌生，与其说会引起打破传统信仰的热情，倒不如说使人们因好奇而感到吃惊。

委员会的会议进程并无多大意义可言。在总共77次的大部分会议中，每个阶级的代表所作的一套一套的发言都是重申他们在请愿书中早已阐明的观点。会议没有激烈的争论，也没有通过调和不同阶级的不同观点来致力于起草任何新法律的文本。无论是在全体会议上，还是在分别召开的19个工作委员会上，议题一个接一个，但毫无结论。因此，到1768年12月叶卡捷琳娜宣布委员会全体会议休会，一些工作委员会继续工作时，会议仍未取得什么积极的进展。叶卡捷琳娜声称休会的理由是让代表们返回自己的团队去同土耳其作战，但没有什么人相信这是她这样做的唯一动机。批评女皇的人认为，她的

---

① 圣谕的1768年英译本全文见 W. F. 雷德韦《叶卡捷琳娜大帝文件集》（剑桥，1931年），第215—309页。

"开明态度"从来就不是基于真诚的信念，召开这样的委员会只不过是为了使西方世界获得良好的印象而已。另一些批评者在提到叶卡捷琳娜自称是"职业新手"（commenÇeuse de profession）时认为，由于一部新法典不可能在几个月之内草拟完成，她便对这项计划失去兴趣。从叶卡捷琳娜的通信中可以看出，事实似乎同上述两种看法不同。在1767年以前，她一直对她的人民抱有一种难以理解但在上流社会中流行的误解。她以前深信（莱布尼兹曾经向彼得大帝表达过同样的看法），俄国作为一个落后的国家，犹如一块璞玉，可以听凭具有独创性的人任意加以雕琢。而这个委员会却使她大开眼界，使她了解到俄国具有不容忽视的传统；贵族、商人和农民都抱有他们不会轻易舍弃的、彼此冲突的愿望；俄国人并不比法国人和奥地利人顺从。不管怎么说，委员会的工作虽突然结束，但并不意味着它毫无作用。圣谕、请愿书和会议的辩论合起来代表了民族自我反省的一个合乎法律程序的开端，而1767年首次提出的一些问题在获得使人民满意的解决之前始终在困惑着民族的良心。圣谕第十章所反映的贝卡利亚关于刑事法庭形式的意见成为1864年法庭改革法的基础。地主和农奴关系的调整问题在19世纪初叶一再提出讨论，直到在40年代正式提交地主考虑，终于在1861年通过农奴解放法，以两年为过渡期依法对地主强制施行。

在18世纪60年代末之前，叶卡捷琳娜试行、后来又放弃了另外两项措施以彻底改变俄罗斯人民的性格。在她作为一个年轻女子研究俄罗斯的时候，她曾经对彼得大帝建立全国范围的非宗教教育网的创议被他的后任束之高阁这件事具有特别深刻的印象。在她继位以后，她的目标不仅是要把彼得的计划付诸实施，而且还要重新改组教育制度以造就"新型的人民"。她的这项计划得到艺术院院长兼公共建筑和园林总监伊万·别茨基的支持，此人还同时负责圣彼得堡的美化工作。别茨基深信，道德败坏仅仅是家庭教育和学校教育造成的不良后果；培养"高尚的公民"并不难，只要使儿童完全摆脱父母的影响，并在排除与外部世界的任何接触的条件下采取特殊的方法即可。经过莫斯科一所弃儿学校的实验，附设于圣彼得堡科学院的大学预科和军校的贵族学员队均接收4—5岁的儿童入学，按照别茨基设计的特别课程，对这些儿童更多地灌输道德操行而不是学习知识。与此同时，叶卡捷琳娜创办了一个教育青年贵族妇女的团体，后来称为斯莫尔尼女子学院，也是根据同样的方针办学。

313 　　叶卡捷琳娜本人在一个短时期内还在一家讽刺性期刊上写文章为圣彼得堡受过教育的社会人士充当道德导师的角色。当时，社会讽刺文学是俄罗斯新闻界比较新的特点。这份杂志的第一位倡导人是剧作家苏马罗柯夫，他的《勤劳的蜜蜂》（1759 年）抨击了乡村贵族的傲慢和无知。叶卡捷琳娜的《杂谈》（Omnium Gatherum）最初于 1769 年出现在该刊，想以此提高她的读者的礼貌水平。例如，她抱怨说，妇女在社交中说话的嗓门太高，她们在自己子女面前谈些不恰当的话题，等等。有一期刊登了一位假想的记者（也许就是叶卡捷琳娜本人）的文章，请编辑先生谈谈"天赋的和俄罗斯人"的习惯与"邪恶的和鞑靼人"的习惯之间的区别。编辑回答说，不信守诺言是鞑靼人的习惯，而信守诺言乃是俄罗斯人古老的传统。失礼、贪婪和妒忌全都是鞑靼人的习惯。另外，还有五六种这类刊物在 1769 年问世。其中有些刊物充当称赞叶卡捷琳娜的《杂谈》的角色，极力宣扬她的训诫是多么充分地被人们所领会。但有一家刊物《雄蜂》（The Drone）发出的却是不顺耳的声音。该刊物的编辑尼古拉·诺维科夫曾担任 1767 年委员会一个工作委员会的秘书。他在刊物中批评贵族对商人的态度和对农奴的待遇。叶卡捷琳娜的刊物谴责他把事情说得过于严重了。他们之间第一次发生笔仗仅仅持续了一年，但在她的统治结束之前又郑重其事地再次爆发了。

　　女皇放弃她介入新闻事业的轻率行为标志着她认为完美的道德原则乃是建立完美生活和完美政府之最好处方的结束。在 1770 年，她的精力仍不减当年，还决心在行政体制方面留下自己特殊的印记；但从此以后，她就倾向于采取比较实用主义和功利主义的措施。于是她听任俄国的事态发展而不是再按她自己的主动精神来决定变革的步子了。在以后的 15 年里，她制定的三项重大的法规全是为了满足向 1767 年委员会提交的请愿书中所提的种种具体要求。其中有一项几乎是在叛乱席卷俄国欧洲部分东部各省时于惊慌失措中起草的。

　　1773 年的叛乱不限于某一个对政府不满的集团。叛乱领袖叶梅利扬·普加乔夫在他的旗帜下广泛团结了自彼得大帝时代以来所有对圣彼得堡漠视俄国老百姓愿望而心怀不满的各个社会团体和宗教组织。起义发端于（乌拉尔）雅克河流域的哥萨克人，当地的普通哥萨克人对他们的"长老"（大部分由圣彼得堡任命）的仇恨由于叶卡捷琳娜于1772年决定结束哥萨克人的自治地位而加深了。叛乱分子在与政府军首次交锋失利后由普加乔夫予以整编，他本人是一名从俄国军队开小差回来的顿河哥萨克人。1773年秋，普加乔夫宣布关于彼得三世的死讯是官方捏造的。他本人就是前沙皇。由于这种策略，他获得了数以千计的对他的事业的支持者。这时加入哥萨克人起义队伍的人有：在乌拉尔南部工厂做工的农民，当地居民中的非俄罗斯人，例如吉尔吉斯人和巴什基尔人，此外还有一些旧礼仪派的群体。从18世纪初以来，旧礼仪派的命运发生了很大变化。彼得大帝有条件的宽容政策被他的后继者所放弃。叶利扎维塔在位期间，当局竟然组织军事讨伐来强迫这些不信奉正教者皈依官方的信仰。另一方面，彼得三世谴责以宗教为理由进行迫害，从而使主教公会大为震惊。这样，尽管叶卡捷琳娜没有对旧礼仪派进行过惩罚，但这些人仍然把她丈夫的名字同宗教自由联系在一起。

到1773年10月底，由普加乔夫拼凑起来的杂牌军已兵临奥伦堡城下，周围农村全部落入其手中。莫斯科派出的一支1500名的军队也无法赶走普加乔夫，竟不得不由比比科夫公爵率领大军前来解围。普加乔夫在此遭到失败后，移师北上到达巴什基尔地区，向当地居民许愿，说他将会把所有圣彼得堡人永远撵走。他再次遭到失败后，迂回到政府军侧翼，向西挺进直指伏尔加河，占领了喀山要塞，从而将他的哥萨克叛乱变成农民战争。在喀山四周农村，农奴纷纷起来反抗他们的主人，掠夺他们的庄园，预期叛军不久可逼近莫斯科。这些古都周围都修筑起防御工事，刚从波兰和土耳其凯旋的亚历山大·苏沃洛夫被派去与叛军作战。但普加乔夫的战线拉得太长，他不去进攻莫斯科，而是挥师南下到自己的家乡顿河流域。在长途行军中，他的部队由于开小差而大量减员；顿河哥萨克拒绝再给他以支持；到1775年1月他被出卖，落入苏沃洛夫的军队之手，审讯后被处以绞刑。

在战役的最后阶段，叶卡捷琳娜亲往莫斯科了解军事形势，研究叛乱发展得如此广泛和迅速的原因并决定采取对策，以免再次爆发。首先，她感到有必要阐明在农奴和地主的冲突中她本人同情哪一方，并且公开发表声明说，贵族的兴隆和安全是与整个帝国的繁荣和安定不可分的。其次，这次叛乱反映了当前地方政府体制的缺陷。从彼得二世在位时起即普遍存在的任意行事的做法，以及每个省督均可依此随心所欲治理本省的情况，导致工作无人负责，难以获得真实情况以及组织对策时拖延时日等弊端；于是叶卡捷琳娜下决心尽快为一个比较稳定而可靠的体制奠定基础。1767年委员会的一个尚未解散的工作委员会已经为起草一部新的地方政府新管理体制进行了一些工作。女皇接过该委员会未完成的草案，在诺夫哥罗德总督雅各布·西弗斯的帮助下，亲自撰写了最后文本的大部分。她说，新体制的灵感来自布莱克斯通的《英国法释义》，因为她曾于1774年年初阅读了这部著作的法文译本。她宣称，她的目的在于让俄国贵族在地方政府中发挥像英国绅士所起的那种作用。但就条例的大部分而言，可以看出其真正来源近在国内。贵族在1767年的请愿书中曾要求在省一级建立行政委员会和地方法院，并建议在地方政府新体系内的某些职位由贵族自己选出的代表担任。叶卡捷琳娜决定同意这项要求，把波罗的海各省于1721年从瑞典学来的行政体制推广到整个俄国欧洲部分。

  根据1775年的地方政府管理体制，全国分为50个省（gu-bernii），各拥有30万—40万人口。省再分为县（uyezdy），各拥有2万—3万人口。每个县的行政长官（kapitan-ispravnik）由该县贵族选举。每个省和县的首府，分别为贵族、商人和自由农民设立法院，法院成员由本阶级选举产生。在每个省的首府，这三个由选举产生的法院共同组成一个社会救济厅（prikaz obshestvennogo prizreniya），处理有关公共卫生、教育和慈善基金的分配等事务。每个省和县的贵族还选出自己的省和县的首席贵族（predvoditel）。这个职位虽只限于负责照顾贵族出身的寡妇和孤儿，但由于其享有威望而成为人们追逐的目标。然而，虽然许多职务当时都由选举产生，但圣彼得堡的长臂仍可通过其行政机构的渠道一直伸到县的首邑。每个城市的警察监督权仍掌握在由中央政府任命的市长（gorodnichy）手中。选举产生的法官所作出的判决还需经省首府的民事和刑事法庭审查，而这些法庭的成员都是由圣彼得堡任命的。征税和分配修建道路以及其他公用事业的款项等事务悉由省税务局（kazennaya palata）掌管，其工作人员同样系政府官员；所有省的事务最后均由省长及其参事会（pravlenie）成员负责，这些人都是由参政院提名然后由女皇任命的。

第十一章 俄国

1785年实施的向贵族颁赐特权证书的办法和城市权利和利益诏书，在某种程度上补充了新体制。特权证书赋予贵族以在省级和县级的议会中的永久和正式的地位，而按照地方政府管理体制的规定，贵族的县议会仅仅每三年召开一次，以补充政府中选举产生的职位。允许议会向省长在某些情况下还可以向女皇本人提出建议。在其他方面，特权证书毫无例外地满足了贵族在1767年请愿书中提出的所有要求。从此，只有贵族才有权拥有或得到"有居民的土地"（即有农奴的土地）。允许贵族建立工厂，并出售他们的土地的产品。贵族可以不纳税，免受肉刑。而且只有经贵族法庭审判后才能剥夺其爵位、财产或生命。俄国贵族的特权在过去从来没有如此广泛，在沙皇制度的最后100年中也再没有增加。

由于1775年的地方政府体制大部分是根据波罗的海诸省现行的体制，所以在全俄国施行的城市权利和利益诏书是以里加的特许状为模式的。1767年，商人阶级要求对城市居民的社会等级作出较严格的界定；于是将城市居民分为六类，包括从彼得大帝建立的三个行会的商人到永久居住在城区内"靠体力劳动为生"的城市居民（posadskie）。所有城市居民都毫无例外地有权参加全市杜马（obshchaya gorodskaya duma）以及地方城市体制中规定的市议员的选举。全市杜马从每一类城市居民中推选一人组成六人杜马，任期三年。这是一个行政机构，每周开一次会，由市长担任主席。

叶卡捷琳娜设计的地方政府体制一直推行到1864年而没有什么重大变动。她的城市权利和利益诏书一直实施到1875年。这些行政体制改变的长期影响当她在世时是无法加以评价的，因为要俄国欧洲部分改行新体制就得花三四十年的时间。当时可以看到的唯一后果是由于任用数以百计的省级政府的新官员并支付他们的薪金而大量消耗国家的财源。叶卡捷琳娜认为这笔费用的支出是正当的。因为它将会在全国建立起更有效率和更负责的行政机构。她没有预见到各省的小官吏的浮夸和拖拉作风将成为果戈理和其他19世纪中叶作家喜爱嘲笑的对象。选出的行政人员并不比政府官吏更热心办事。尽管贵族作为一个阶级叫嚷要拥有选举行政官员的权利，可是当选的人却对工作不感兴趣。对他们之中的许多人来说，这有点像恢复了1762年已废除的义务服役制度。更糟糕的是，在地方政府任职并不具有按彼得大帝的官秩表自动晋升的权利,像在军队和中央政府任职的人那样。贵族的省议会多半对本省的事业漠不关心;一直到1857年贵族的经济安全受到严重威胁时,他们才真正关心国家大事。

在1785年之前和以后,叶卡捷琳娜都谈到她想改组中央政府,以使地方政府的改革工作获得"圆满"的结果。但是,除了在1768年对土战争开始时建立了一个顾问性的国务委员会之外,这个愿望一直未能实现。到1785年,女皇已接近60岁。如果说,在70年代初她已不再相信好的原则的作用,而相信好的体制的价值的话,那么,到1785年,她又认为好政府的主要条件是要有好的人民。毫无疑问,她是一个有能力的人,可是多年的阿谀奉承所造成的恶果使她过高估计了自己的能力。至少在国内事务上,她逐渐认为,拥有好人民一切优秀品质的就是她自己。她在位后期的私人秘书赫拉波维茨基曾描写过她是怎样管理她的"小庄园"的。每天上午要聆听她训示的人都齐集在她的前厅等候。10点以后,他们被召唤进入她的卧室,一次一人。卧室内有两张桌子,供女皇本人和觐见者分别使用。在正常情况下,只需几分钟的商讨就可以对小到处分宫廷仆人、大到瓜分波兰等事务作出决断。每天上午的接见从不超过三小时,一天的其余时间均用于个人消遣。她对迅速作出决定的事往往并不了解情况,但是她依赖觐见者的机智圆滑来掩盖这种对实情的无知,并满足于主要凭本能作出自己的决断,而她这样做得非常高明。

然而,在18世纪80年代末之前,她再度将注意力转向教育制度。别茨基不是从士官生中培养有训练的军官而着重培养"高贵公民"的努力没有取得令人瞩目的成果,促使叶卡捷琳娜重视较传统的教育方法。她曾一度考虑在南方建立一所新大学,但被劝止了,理由是当时的莫斯科大学一直未能吸引很多的学生入学。她要莫斯科的教授们解释大学发展缓慢的原因。他们回答说,这是由于经费短缺,以致无法任命学生感兴趣的所有学科的教师。他们还要求通过大学的最后考试,应成为进入政府工作的必要资格。但女皇并未为这些理由所说服。她认为除非在低层次具备受教育的适当机会,否则根本不可能有大量的人要求受高等教育。于是,她在1786年宣布在每一个省和县的首府为各阶级的子女开办国民学校的构想。负责这项新计划的是一个名叫扬科维茨的塞尔维亚人。他曾在匈牙利监督建立学校网,由神圣罗马帝国皇帝约瑟夫二世推荐给叶卡捷琳娜。新学校除阅读和写作课程外,将开设数学、历史和地理等课程;在高年级还开设自然史、物理和机械学。扬科维茨为此选译出一些奥地利教材,并根据奥地利的《教学法》编写了一本教学法指南。但是,尽管进行了所有这些周密的准备,但在实施新方案时仍遇到一些严重的困难。首先,新学校的经费必须由省的社会救济厅提供,而该厅从事各项事业的经费有限;因此,学校的预算一般都保持在最低限度。其次,幼童入新学校学习的热情不高。在某些省是由警察勒令儿童入学的。另一些省当局则全部关闭了以前存在的膳宿学校,劝导学生转学到新学校,最不愿意入学的是贵族家庭的儿童,因为新学校接纳商人子弟入学,与首都的士官生学员队或请私人教席授课相比,吸引力差多了。即使在有儿童愿意入学的地方,也可能存在师资短缺的现象。第一批教师是从主教管区的神学院征集来的,这方面的来源告竭以后,在圣彼得堡才迟迟开办了师资训练学校,这些困难在叶卡捷琳娜在位最后10年的教育统计数字中都有反映。1786—1791年间,俄罗斯各类学校入学儿童人数从刚过4000人增至近18000人,而1791—1796年间,数目却毫无增长。①

  叶卡捷琳娜特别关心她的新教育计划是否能取得成功,因为这与她的个人威信息息相关。她在晚年不能容忍在她本人关心的种种活动中有其他私人发挥主动精神。到1786年,教育成为叶卡捷琳娜同几位俄国共济会积极分子意见分歧的中心问题。18世纪30年代,俄国共济会第一批会员主要是被共济会的礼拜仪式所吸引。60年代,路德派信徒在圣彼得堡和莫斯科的共济会支部中占统治地位(其中大部分成员是士官学校和莫斯科大学的学生)。但在70年代末期,尼古拉·诺维科夫开始致力于促进俄国普通人民的福利和教育,以此来实现共济会关于人类兄弟友爱和道德复兴的理想。诺维科夫开始对共济会感兴趣,是因为他认为共济会可以替代70年代在圣彼得堡流行的伏尔泰主义。叶卡捷琳娜自称伏尔泰主义者,她至少力图理解伏尔泰的教导的真谛,而圣彼得堡上流社会成员中少数人自称是"伏尔

---

① P. N. 米留科夫:《俄罗斯文化史论文集》(巴黎,周年纪念版,1931年),第2卷,第2册,第763页。材料来源为圣彼得堡教育部档案。

泰主义者"则没有充分的根据。在他们看来,伏尔泰主义只不过意味着放弃宗教信仰、社会义务和一切公认的美德。这是一种极端玩世不恭的态度,他们采取这种姿态是为了表示他们受过代价昂贵的外国教育,与粗俗和出身贫贱的人不同。诺维科夫虽然也准备放弃对教会的依恋,但同时代人中流行的那种玩世不恭的态度与他格格不入,他在共济会的理想中找到了更可以接受的信仰和行动的基础。

他于1775年同他两年前加入的共济会同支部的一些成员一起在圣彼得堡为城市贫民开办了两所学校。维持学校的经费来源于销售一份新杂志《晨光》的收入。该杂志的一些谈论道德问题的无害的文章深受群众欢迎,但并没有引起当局的怀疑。叶卡捷琳娜不愿给这两所学校以官方的支持,并拒绝了这份杂志的征订请求。1779年诺维科夫迁往莫斯科,建立了共济会新支部,租用了莫斯科大学的印刷所,并扩大了他的出版物的范围。他在莫斯科还与一位刚被任命为莫斯科大学哲学教授的名叫约翰·施瓦茨的德国人进行合作。施瓦茨本人是一名神秘主义者和路德派信徒。起初,他认为诺维科夫在把共济会的真正宗旨引上了歧途,但到1782年他接受劝告,放弃了他的全部财产来资助莫斯科的一所师范学校。1783年首次允许私人拥有并经营印刷所后,诺维科夫和施瓦茨共同创办了一家印刷公司,在以后八年内出版了400多种书籍。

这些书有的是教育书籍,有些则是供一般读者阅读的书籍,如《城乡文库》,其中没有一本是讨论严肃的政治和社会问题的。但是,诺维科夫的事业越发展,女皇就越不满。首先,她希望使社会舆论转而反对共济会,于是写了一些嘲笑共济会理想的小册子,并广为散发。诺维科夫出版了一本俄国不信奉国教者的历史书,女皇试图以信仰异教的罪名对他提出控告;但受命审查诺维科夫出版公司的出版物的莫斯科大主教却找不出起诉的根据。1787年,俄国的中部各省遭受饥馑,诺维科夫开展集资活动,从莫斯科的富商募集了数以千计的卢布,购买粮食散发给受灾者。叶卡捷琳娜谴责他"企图赢得下层阶级的同情"(对1891年组织救济饥荒的地方自治会的自由主义者也提出了同样的指控),但诺维科夫无视这次攻击所包含的阴谋。他继续在莫斯科进行出版活动。直至1791年女皇把他的案件交给她的秘密警察头子斯捷潘·舍什科夫斯基亲自处理为止。

对诺维科夫来说不幸的是，法国革命的爆发正逢圣彼得堡一位新宠的出现。60岁的女皇在1789年爱上了皇室卫队的一位比她小30多岁的军官普拉东·祖博夫。祖博夫心胸狭窄，性情暴躁，生来最恨和解与容忍。他喜欢作出迅速而干脆的决定。他对于有可能危害女皇安全的任何活动非常多疑。随着他对女皇的控制的增长，女皇的见解也带有他的色彩。叶卡捷琳娜本人以极度关切的心情注视着法国王朝的崩溃。她对冲击巴士底狱"极为震惊"，对废除贵族称号"表示愤怒"，对国民议会中"拙劣的匠人和鞋匠"手中的权力之大"感到惊愕"，因此，她对她的驻法大使帮助法国王室逃离巴黎予以热情的赞扬。但她同时认为，法国局势的发生完全是由路易十六及其顾问们的软弱无能造成的。她相信，一位有才能和强有力的统治者是不怕革命的。另一方面，祖博夫不断警告叶卡捷琳娜国内危机四伏。他提醒说，在西欧先觉社已暴露出其政治组织的真面目，并声称俄国的共济会一定也有政治抱负。事实上，诺维科夫就是根据一项政治罪名于1791年被捕入狱的。舍什科夫斯基指称他曾试图劝诱保罗大公爵参加共济会运动，并计划扶植保罗登上王位以替代其母后。第一条指控虽有某种根据可言，但诺维科夫坚决反驳第二项指控。但叶卡捷琳娜还是怀疑他参加了反对她的阴谋，于是他被判处在施吕瑟尔堡要塞监禁15年，"对他说来也许会有时间反省自己的错误行为"。

诺维科夫受到严重惩罚的理由是：他是一个拥有相当数目追随者的运动的领导人；而且从叶卡捷琳娜登上王位之初起，他就是她的肉中刺。但与此同时，一位独居的人物由于出版了一本书而触犯了女皇，结果也遭到同样的命运。这本名叫《从圣彼得堡到莫斯科旅行记》的书于1790年年初问世，同年6月，叶卡捷琳娜阅读了该书。此书在形式上好像在模仿斯特恩的《在法兰西和意大利的感伤旅行》，但作者亚历山大·拉季舍夫是卢梭和雷纳尔的狂热信徒，在这本长达25章的作品里，充满了对俄国生活中不公正行为、农奴的悲惨处境和地方官吏的残忍无情的感想。他最后建议解放农奴。叶卡捷琳娜说他"感染了法国人的疯狂"，是"比普加乔夫还要坏的叛乱分子"，并下令舍什科夫斯基调查他的活动。他被判处终生流放西伯利亚。祖博夫敦促叶卡捷琳娜防止法国人的疯狂在俄国青年中进一步蔓延，因而勒令在西欧大学就读的俄国学生全部回国。法国的书籍和杂志完全被禁止出售。路易十六死后，要求所有在俄国的法国公民宣誓效忠新国王，否则就离开俄国。叶卡捷琳娜称之为检疫的这一措施一直坚持执行，她的儿子更是变本加厉，一直到1801年他去世之后才有所放松。

如果说叶卡捷琳娜在行政事务方面随着年龄的增长不再雄心勃勃，而比较注重实际的话，在外交事务方面却完全相反，从谨慎小心的经验主义反而走向极端的冒险行事。她即皇位时并没有明确的政策可以遵循。俄国参加七年战争，虽耗资巨大，伤亡惨重，却并没有得到什么实际的利益。它最大的收获是博得了它的军队能征善战的名声，但即使就这一点而言，由于彼得三世于1762年1月突然决定与普鲁士媾和而受到损害。与普鲁士结成新的联盟在国内不受欢迎，并且遭到外交院多数成员的反对，他们都希望回到彼得大帝确定的与奥地利永久结盟的体制上来。但外交院自从1757年别斯图热夫－留明被免职后就一直没有正式院长。由于没有一位负责的大臣的指引，叶卡捷琳娜只得亲自制定政策。她在即位宣言中批评她丈夫把国家的命运拱手交给了以前的敌人，以此表示她满足于圣彼得堡的民族主义情绪。但她并未谋求与奥地利恢复老关系。她认为，同这两个主要国家集团都保持距离，可以最大限度地促进俄国的利益。她希望对其他大国都不承担义务而保持自己的行动自由；希望利用俄国的欧洲邻国无暇他顾的情况和它们的弱点而得到好处，以便在没有外国的援助和干预下实现她自己在波兰和黑海的目标；希望一旦出现机会，俄国便以和平缔造者和国际争端仲裁者的身份出现，从而提高自己的个人声望和俄国在欧洲政治上的影响与分量。以上就是她在位整个时期外交政策的基本原则。她曾经有三次在一时的压力下或追求短暂的利益而决定放弃这些原则，但每一次她事后都为自己的决策感到后悔。

孤立政策实验的头两年给叶卡捷琳娜带来的是一次重大的失望，和一次初步的成功。她曾经希望，作为一个中立者，她会被邀请主持1763年胡贝图斯堡和平会议，但她甚至未被邀请参加结束七年战争的初步会谈。同年，她把萨克森的查理公爵逐出库尔兰公国，恢复了比伦在该公国的地位；在奥古斯特三世去世之后，使她以前的情人斯坦尼斯拉夫·波尼亚托夫斯基当选为波兰国王。但是到1764年，来自国内的忠告和国外的压力，迫使叶卡捷琳娜放弃了行动的独立性。

就在奥古斯特三世去世的前几天，叶卡捷琳娜任命尼基塔·帕宁为外交院院长。此人受过良好教育，但比较懒散而好幻想，他制定的外交方针同俄国的传统愿望和当时的可能条件均毫无联系；他敦促叶卡捷琳娜放弃中立地位，并设法同北欧各国结成以俄国为首的联盟以反对法国和奥地利。除俄国本身和波兰外，涉及的国家都信奉新教。帕宁认为这些国家会愿意站在一起来反对两个天主教大国。除俄国外所有这些国家就领土而言都是小国，帕宁设计的这个联盟体系乃是一个弱者反对强者的联盟。但实际上，这个"北方协议"成功的前景极为黯淡。只要叶卡捷琳娜本人希望按她自己的条件来解决"西部领土"问题，俄国和波兰之间就不可能有真正的合作。帕宁曾希望英国会被吸引加入这个联盟，并起到以前法国在瑞典和丹麦国内政治中所起的那种作用；但与英国旷日持久的谈判未能就全面联盟的条件达成协议，尽管英国大使于1766年同俄国签订了一项商业条约。60年代俄国在斯德哥尔摩花了大量的钱并未能制止瑞典专制政体于1772年在法国的鼓励下复辟；而且尽管帕宁劝说叶卡捷琳娜放弃她儿子对荷尔斯泰因公国的要求，以期取得丹麦对他的计划的支持，但他却未能从这一慷慨的姿态中得到什么回报。至于普鲁士，弗里德里希并不喜欢一个由俄国、英国、丹麦和萨克森结成的军事联盟，也不愿参加任何由俄国势力占主导地位的国家集团。但他相信，单独同俄国结盟，他便有可能遏制叶卡捷琳娜在波兰的野心而进一步实现他自己的野心。帕宁欢迎俄普联盟的方案，想以之作为北方协议体系的基础。根据1764年4月11日缔结的条约，两国相互保证在遭到第三国进攻时给予支持；两国还承诺在瑞典和波兰采取共同政策，防止对波兰宪法作任何修正，并采取联合行动为波兰不信奉天主教者（不论是东正教徒还是新教徒）取得充分的公民权利和政治权利。

  上述条约曾两度展期，一直到1781年仍然有效。叶卡捷琳娜在以后几年中曾经把这项条约的后果说成是："世界上最可耻和最无法忍受的事物。"自条约签字之日起，她在波兰或黑海所采取的任何行动都遭到来自柏林的不满和告诫、威胁和警告。1764年年底，当俄国驻华沙的代表强迫波兰议会扩大波兰东正教徒和新教徒的政治权利时，弗里德里希认为，这个问题与在议会中保持自由否决权（liberum veto）相比是次要的。1768年，当列普宁亲王迫使波兰议会批准一项尊叶卡捷琳娜为波兰宪法保护人的俄波协定时，弗里德里希抱怨说，她未免太专横了。当土耳其苏丹于同年向俄国宣战时，弗里德里希立即争取并获得了他与俄国的条约的延长。当鲁勉采夫占领布加勒斯特并等待援军以便渡过多瑙河时，弗里德里希警告女皇说，奥地利是不会容忍俄军永远占领摩尔达维亚和瓦拉几亚的。他说，在中欧避免一场新冲突的唯一方法乃是牺牲波兰以满足俄国和奥地利两国的要求。

然而，尽管叶卡捷琳娜抱怨弗里德里希的干预，但是她的行动自由只限于与她可动员的兵力相当的规模。她曾经预料在波兰发生战争，所以自七年战争结束以来，有一支3万多人的俄国军队几乎一直部署在波兰。她最希望避免的是俄国同时与土耳其作战；但在1768年10月，一支亲俄的乌克兰团队越过土耳其在巴尔塔地区的边界，追击一支波兰民族主义者的军队。土耳其苏丹在奥地利和法国答应给予支持的鼓励下，决定把这次边境事件作为战争的借口。战争爆发后，叶卡捷琳娜专门召集了一次御前会议，咨询意见，如同叶利扎维塔在七年战争前夕所做的一样。会议决定，第一，在攻取波兰民族主义分子最后一个据点之前，不对土耳其采取大规模的行动。一俟波兰战役结束，一个俄军兵团将据守南部边境防线，以对付克里米亚的鞑靼人，与此同时，主力部队则向多瑙河挺进，以防止土耳其军队向北移向波兰领土。不仅如此，为了以俄国的海军力量震慑西欧，并促使巴尔干信奉基督教的各国人民反叛土耳其苏丹，女皇宠臣格里戈里·奥尔洛夫建议派遣波罗的海舰队经法国和西班牙沿海岸进入地中海东部。陆军和海军行动开始进行得还顺利，但不久就由于没有增援部队和资金不足而停止进军。到1770年，鲁勉采夫占领、失去又再度占领布加勒斯特。但他抱怨他没有足够的军队继续前进（与御前会议的预料相反，战斗仍在波兰进行）。到1770年2月，波罗的海舰队的三支特遣舰队，由奥尔洛夫的兄弟指挥，英国出资装备，英国海军军官协助，在希腊西海岸登陆。好几个月以前，希腊人就勇敢地声称他们已准备好起义，但现在时机已到，他们却又丧失了勇气并抱怨说还没有作好准备。奥尔洛夫对此极为反感，登陆后10天，又召回他的军队上船，改变了他的计划。第四支特遣舰队由舰队司令埃尔芬斯通率领，正在驶往希腊。当这支舰队到达后，奥尔洛夫决定俄国舰队与土耳其舰队进行战斗。在切斯马湾的四小时的战斗中，俄国将土耳其所能集结的全部作战舰艇击沉或使之失去作战能力，但这只不过是获取军事上威望的一次胜利。在地中海摧毁土耳其舰队对整个战局影响不大。奥尔洛夫的力量还不足以考虑强行通过海峡。

就在这个时候，弗里德里希提出他瓜分波兰的建议。起初，叶卡捷琳娜并不想接受。早在1763年，她就批准过一个计划，将俄国的西部边界扩展到德维纳河和第聂伯河，[①] 但这个计划并不包括中欧强国应获得波兰领地作为补偿的内容，她想要这些强国为此付出高昂的代价。帕宁宣称，女皇不会同意奥地利和普鲁士吞并波兰任何领土，除非奥普同意俄国获得亚速和塔甘罗格，建立一个独立的克里米亚和俄军长期占领摩尔达维亚和瓦拉几亚。但按这些条件行事是不可能达成协议的。当奥地利首相明确表示奥地利是不会容忍俄军在多瑙河的存在时，帕宁改变了调门。在他面前有两条道路可供选择，一条是同奥地利作战，另一条是吞并波属立陶宛"以实现我们大家的愿望"。其中哪一条更吸引人是不言而喻的。他放弃了俄国对摩尔达维亚和瓦拉几亚的要求，并同意与奥普协商它们将获得波兰领土的大部分。

帕宁的决定在国内遭到猛烈的抨击，特别是格里戈里·奥尔洛夫的抨击。奥尔洛夫指责说，帕宁竟允许弗里德里希和奥地利皇后从俄军在波兰的胜利中获得好处；但帕宁争辩说，根据任何其他条件要推进到德维纳河是不可能的，何况在瓜分波兰问题上达不成协议，对土战争不可能取得圆满的结束。和谈在土耳其的请求下于1772年6月开始，但几个月后因土耳其苏丹拒绝让克里米亚独立而破裂。但到1774年春季，叶卡捷琳娜最杰出的青年将领亚历山大·苏沃洛夫从波兰调到多瑙河前线；他和他的司令官鲁勉采夫分别在对土作战中都取得了令人信服的胜利；女皇也急于将鲁勉采夫的部分军队调回俄国对付普加乔夫的叛乱；于是，来自君士坦丁堡的新的和平建议便立即被接受了。1774年6月21日在凯纳甲湖达成的条款一定会使彼得大帝心满意足。克里米亚宣布了独立，俄国获得了亚速海北部海岸线，包括亚速和塔甘罗格两个港口，以及第聂伯河和布格河之间的一个黑海据点。俄国商船可以在黑海自由航行并自由出入海峡；在叶卡捷琳

[①] 《俄罗斯帝国历史学会论文集》第51卷，第9—11页。

娜的坚持下，土耳其苏丹同意承认她和她的继承人为土耳其治下的基督教臣民宗教自由的保护人。有了新的边界，从俄国南部最富饶的地区便很容易出入海上了。如今，至少在和平时期，可以有一条通过地中海不冻的海域把俄国和欧洲其他各国连接起来的海路了。而且，由于苏丹承认俄国同他治下的基督教臣民之间具有种族和宗教的联系，这便为圣彼得堡干预奥斯曼帝国北部的内部事务提供了根据。

和平恢复后，帕宁仍忠于同普鲁士的联盟，但是女皇却另有打算。对她来说，凯纳甲湖条约并非事情的终结，而仅仅是开始。1772年她在紧急情况下被迫付出代价才获得奥、普同意她强加给土耳其苏丹的条件。这种在压力下讨价还价的经历是不合她的心意的；为了避免再次出现这种情况，她计划通过建立一个三国同盟，以便在南方再次进行扩张之前就获得这两个中欧大国的同意。她从第一次对土战争中吸取的另一条教训是必须保存实力和集中使用力量。1768—1774年，她可使用的兵力不足以同时在波兰和土耳其作战。如果她不能保持一支足以满足自己需要的部队，俄国军队要想承担义务为别的大国的利益服务是不可想象的。在凯纳甲湖条约签订后的五年内，有两次她被请求在俄国没有直接利益的争端中给予军事援助，两次她都拒绝了。其中一次，她利用她的中立地位在双方之间进行了调解；另一次她以中立国权利捍卫者的身份出现。在奥地利和普鲁士因巴伐利亚继承权问题而发生的冲突，弗里德里希满以为根据1764年条约的条款可以指望得到叶卡捷琳娜的军事支持。女皇经过考虑，断定弗里德里希在争端中理由充分，但她并不准备通过参加战争给予帮助，而是设法说服双方达成协议。1779年双方在她的指引下于特申达成解决方案，这就增强了她的信心，认为她已被选定为欧洲的仲裁人。帕宁的继承人曾夸耀说，特申条约以后，没有俄国的同意欧洲是不会放一枪一炮的。

在美国独立战争期间，她在政治上也是真心实意同情英国的，可是她认为并没有充分理由要派遣俄国军队去同北美殖民者作战，并对英国由于她拒绝帮助而感到受了轻视表示惊讶。由于她拒绝承担义务，使她的名字再次增加了光辉。于是便仓促发表了武装中立宣言，并仓促作出组成中立国联盟的决定，向交战国表示俄国的实力和地位丝毫不比他们逊色。在战争行将结束之前，诺思勋爵曾应允若叶卡捷

第十一章 俄国

琳娜能促使法国和西班牙按照他的条件媾和的话,将把梅诺卡岛割让给俄国。她几乎同意接受这个请求。但她认为,这一允诺附带有某些条件;于是她终于认定,保持自己的行动自由甚至比在地中海西部取得一个据点更为稳妥。

随着中立国联盟的建立,帕宁在外交院的事业宣告终结。他本人从未像叶卡捷琳娜那样具有坚定的信心。她已决心割断与普鲁士的联系。到1781年年底,她同约瑟夫二世签订了新的联盟条约。此时圣彼得堡的外交决策已转入在第一次土耳其战争期间崭露头角的两个人的手中。格里戈里·波将金开始在政府工作,1768年他自愿入伍在南方战线鲁勉采夫麾下服役,不久就迅速提升为将军,由鲁勉采夫举荐给女皇,在战争结束后被召到圣彼得堡。在1774年后的两年里,这位喜怒无常、狂妄自大的人成为叶卡捷琳娜的情人;从1776年直至1789年普拉东·祖博夫出现以前,他始终是她的顾问和引路者。他同她一样喜欢虚荣和投合时好。在智力和教育方面两人不相上下,但他缺乏她那种严肃彻底和专心致志的作风,而在这方面继帕宁正式担任外交院院长的亚历山大·别兹博罗德科正好补足了他的缺陷。别兹博罗德科出生于乌克兰,曾在基辅学院学习,能操几国语言,是一位历史学家。他天生具有非凡的记忆力和从事艰苦工作的巨大能力。在波将金的影响下,叶卡捷琳娜放弃了三国联盟的计划,理由是:向南方扩张的时机一旦成熟,单有奥地利一国的同意也就足够了。在特申协议达成之前,叶卡捷琳娜通过与玛丽亚·特蕾西亚通信已经恢复了同维也纳的接触。奥地利首相预见到将会同普鲁士再次发生冲突,正在寻求某种增加安全的保障。1780年,约瑟夫二世访问俄国采取了第一步,1781年5月正式结成同盟。尽管考尼茨认为这主要是针对普鲁士的措施,但对叶卡捷琳娜来说,这不过是向土耳其发动新攻势的第一步。

到1781年,别兹博罗德科制订了一个改组整个巴尔干半岛的计划,也称"希腊计划"。根据这项计划,俄国第一步先获得布格河和德聂伯河之间的黑海海岸地区,包括可以控制两河入海口的奥恰科夫要塞,然后放弃在这一地区得到更多领土的一切要求。第二步将是从土耳其人手中解放比萨拉比亚、摩尔达维亚和瓦拉几亚,把这些地区合并成一个独立于俄国的达契亚公国,由一个信奉东正教的公爵统治

（在俄国之外，人们认为波将金为自己保留着这个称号）。最后，在土耳其人被彻底逐出欧洲之后，计划恢复拜占庭帝国，立1779年出生的俄国大公康斯坦丁为皇帝。同时，别兹博罗德科建议，奥地利应获得塞尔维亚的一部分，包括贝尔格莱德在内，而埃及或奥斯曼帝国在非洲的其他某些领地可给予法国。计划也提到要给英国和西班牙以某些补偿。

叶卡捷琳娜花了两年时间同约瑟夫皇帝讨论这项"计划"，但是就连她这位新盟友对这项计划的含义也深感惊异。他抱怨说，奥地利所获的战利品太少了，并且同样要求占有摩尔达维亚和瓦拉几亚。但叶卡捷琳娜是不容易劝阻和说服的。1787年春，在奥地利皇帝的陪同下，她作了一次显示实力的克里米亚之行，克里米亚早在四年前已宣布效忠俄国。土耳其苏丹的反应是要求恢复克里米亚的独立。9月1日土耳其人向奥恰科夫附近海上的两艘俄轮开火，于是叶卡捷琳娜向土宣战。1788年，制订新的计划派遣波罗的海舰队前往地中海，但英国海军部拒绝提供像1770年那样的帮助。而且就在舰队从圣彼得堡起航之前，瑞典国王在英国首相皮特的怂恿下，根据一项同土耳其缔结的老的盟约，向俄国宣战，并在离俄国首都仅几十英里的地区发动地面进攻。奥地利晚些时候也参加了战争，一面作战，一面注视西欧的事态发展。在革命波及比利时后，便匆忙与土耳其媾和。普鲁士国王公开站在土耳其人一边，承诺给瑞典以军事援助，并沿库尔兰边境显示武力。1791年3月皮特准备了一份最后通牒，要求叶卡捷琳娜放弃她解决奥恰科夫事件的计划，按照合理的条件媾和。最糟糕的是，同年5月，波兰利用俄国身陷南方而无暇他顾之机，公布了一部新宪法。

当波将金负责指挥黑海战斗时，别兹博罗德科面对几乎一致的反对声决定作出让步。1790年夏天，瑞典国王急于准备同法国作战，别兹博罗德科热切地接受了他的请求，在维持战前现状的条件下媾和。他甚至同意放弃俄国对芬兰的要求和叶卡捷琳娜作为瑞典宪法保护人的权利。他无视皮特对俄军占领奥恰科夫提出的抗议（最后通牒始终没有发出），但决定停止进一步实施占领巴尔干的计划而将波将金的部分军队调往波兰。波将金于1791年10月去世。虽然苏沃洛夫已攻占了伊兹梅尔要塞，列普宁公爵也在多瑙河以南的激战中击败土耳其人，但1792年1月在雅西由别兹博罗德科本人参加的和平谈判所提出的条款相对而言是比较温和的。土耳其苏丹最后被迫同意割让克里米亚给俄国。他还同意割让布格河和第聂伯河之间的海岸线（敖德萨就是在土耳其要塞的废墟上于1793年建立的）。在其他方面，雅西条约只不过是重申18年前凯纳甲湖条约已达成协议的条款而已。

对土战争结束后六周，叶卡捷琳娜通知奥地利和普鲁士大使，她建议废除1791年5月的波兰宪法，并迫使波兰人信守以前波兰对她的保证；一支6.5万人的俄国军队进入波兰"以恢复其自由"。这项声明虽并非有意向两年前同波兰签订了防御同盟条约的弗里德里希·威廉提出挑战，但叶卡捷琳娜却万万没有想到普奥会让她按自己的意愿决定波兰的命运。长期以来，波将金坚持俄国应设法通过瓜分或其他任何形式取得波兰的乌克兰的富饶省份，女皇也在1791年给他的备忘录中明确表示，她不反对再进行一次瓜分。[①] 事实上，俄国通过第二次瓜分波兰不仅得到了波兰的乌克兰全部，而且得到了明斯克和维尔纳地区。由于波兰的疆域缩减到以前的一半，别兹博罗德科抱怨说，波兰太小而无法成为俄国和欧洲中部大国之间的缓冲国，因此需要整个一军的部队来维持秩序。根据这些理由，在1794年柯斯丘什科起义之后他为俄国参加最后的瓜分进行了辩解。通过三次瓜分，叶卡捷琳娜解放了所有"与我们具有同一信仰和血统的人"。她收复了所有"西部领土"，并且外加即使依据最过分的历史论据也无法认为应属于俄国的大片波兰领土。但是对她来说，未来比过去更为重要。她更感兴趣的是她在波兰南部攫取到的领土的潜在财富，并更加满足于看到，由于新的边界延伸到涅曼河和西布格河，她的帝国的界限向中欧推进了400英里之遥。

俄国在第二次和第三次瓜分中所取得的领土如此之大，主要原因是俄国军队在波兰作战中一马当先。当时奥地利和普鲁士正同时与法国作战。由于估计到这一点，叶卡捷琳娜曾一再敦促两国加紧努力对付法国，而让她去对付波兰的"雅各宾分子"。她还同样强调说，一

[①] 备忘录全文的重印件见 X. 利斯克《叶卡捷琳娜二世1791年的波兰政策》，载《历史杂志》，第30卷，第295—301页。

旦波兰战斗结束,她就会给两国以军事支援。可是在华沙陷落后,她却迟迟不愿履行诺言。她埋怨说,普法缔和使她从波兰撤军变得不安全,但还有其他拖延的原因。她最新的宠臣祖博夫制订了一项攻占君士坦丁堡的计划,想以此打击别兹博罗德科。一支俄国军队将采取传统方式通过巴尔干发动进攻,而让第二支军队通过高加索和波斯进入小亚细亚。在两支部队会师后,黑海舰队在叶卡捷琳娜亲自指挥下进入博斯普鲁斯海峡,从海上包围土耳其首都。1796年2月,一支远征军离开圣彼得堡进军波斯。一直到11月,叶卡捷琳娜才终于同意派遣她的一部分精锐部队,由苏沃洛夫指挥去援救奥地利。但在苏沃洛夫离开波兰之前她去世了,她的继承人撤销了她的命令。

波兰和土耳其战役的代价是高昂的,加上女皇一向忽视预算问题,所以这对国民经济的影响就更加严重了。60年代初,她曾向阿姆斯特丹各银行借款,[1] 但从第一次土耳其战争开始,她靠发行纸币以弥补支出。1769年首次发行的纸币总共不过250万卢布,有好几年时间纸卢布在国内外均与银币同值。但到1787年,流通的纸币将近1亿卢布,叶卡捷琳娜才正式声明不再增发纸币。这一诺言并没有兑现,90年代初又印制了5000万纸卢布。到1796年,一卢布纸币在国内只值70戈比银币,在伦敦外汇市场上只值2先令6便士,而10年前则值3先令5便士。俄国对外贸易差额在叶卡捷琳娜时期没有显著变化,进口商品值为出口商品值的2/3—3/4不等,但出口贸易的性质却发生了很大的变化。1796年,铁仅占出口总值的5%,而在50年代则占25%—30%。海军用品这时成为主要出口品,占出口总值的40%以上。从亚速海各港口出口粮食业已开始,但当时在贸易总额中还是微不足道的项目。据估计,在18世纪末,俄国生产的全部粮食只有20%由粮农在市场上出售,出口粮食则只占1%左右。[2] 在国内,工厂数目急剧增加,大部分新开业的是棉纺厂。随着棉纺业的兴起,开始了工业组织发展的新阶段,因为棉纺厂的主人不是国家、富商或贵族,而是新兴的企业家阶级,其中包括富裕起来的

---

[1] J. 冯·布洛克:《19世纪的俄国财政》第1卷,第73页。
[2] D. 普罗托波波夫:《论俄罗斯粮食贸易》,载《国有财产部公报》第5卷,第3期(1842年),转引自 P. A. 赫罗莫夫《19世纪至20世纪俄罗斯的经济发展》,第95页。我一直未能找到普罗托波波夫的原作。

农奴。其结果是，一方面炼铁业和亚麻制造业的劳动力主要是农奴、归属农民或罪犯，而棉纺厂从一开始就雇用相当比例的雇佣劳工，而且不久就全部成为自由雇佣的劳工。有些棉纺厂雇用的工人多达1000人。虽然圣彼得堡最早有关机械织布机的报道出现于1793年，但生产却几乎全部是依靠手工进行的。但是，工业的增长仍然太小，不足以影响人口的分布。叶卡捷琳娜继位以来，俄国人口从1900万人增加到2900万人（如把新兼并领土的人口计算在内，可达3600万人）。到18世纪末，总人口的不到1/25住在城市。莫斯科和圣彼得堡的人口各接近25万人。除这两大城市外，只有里加、阿斯特拉罕和喀山这三个城市的人口达3万人。

  叶卡捷琳娜在模仿墓志铭方式所写的自述中说，"她继承俄国皇位后，即欲行善事，力图为其臣民带来幸福、自由和福利"，这一表白不应轻率地加以否定。对她统治初期动机之真挚不可根据她晚年圣彼得堡的政治气氛而加以非难。1767年以前，她热诚地希望把启蒙运动的原则通过鼓励立法的方式在俄国变成现实，这一点是没有理由加以怀疑的。即使在70年代她已变得目光短浅后，也仍在作出不断的努力以期结束彼得大帝继承人所采用的杂乱无章的统治方法。即使在90年代，由于对她的阿谀奉承而使她失去自我批评的能力时，一些未解决的问题和未完成的工作仍使她不时感到内疚。事实上，她通过建立体制使俄国走上朝现代化国家进一步迈进的阶段。她建立的体制尽管有许多缺点，但持续存在近90年之久。不仅如此，除了她在世时的实际成就之外，她从18世纪60年代起公开宣传的思想在很大程度上在19世纪的社会立法中得以实现。在外交政策方面，由于她的雄才大略和法国国内的虚弱，她的成就远远超过彼得大帝，把俄国直接带入欧洲的心脏地带。除1809年获得芬兰、1812年获得比萨拉比亚，以及1815年获得"议会波兰"外，俄国在欧洲的边界自1796年一直到君主政体倒台始终没有变动。而在她去世后的60年里，国家活动的几乎所有方面的变革步伐都缓慢得微不足道，与她在位的34年相比形成鲜明的对照。

  在可以对她提出的所有责难中，最严重的倒不是她有时把她个人的声誉看得比公共福利还重要；也不是她在贵族的压力下对农奴每况愈下的处境视而不见；同样也不是她在普拉东·祖博夫的影响下制定了反革命的政策，并由她儿子保罗使之更加完备达到荒谬的程度，以及由她孙子亚历山大一世发展成为一种国际行为的理论。最严重的应当是，她没有能像彼得大帝那样努力开发国家的物质资源，而舍此俄国是绝不可能信心十足地发挥大国的作用的；还有，她在波兰和土耳其进行的战争，导致债台高筑，严重通货膨胀，国家衰弱到无以复加的地步。但是，如果说叶卡捷琳娜对她外交政策在财政上引起的后果无动于衷的话，那么，她的国人在很大程度上更是如此。在他们的心目中，叶卡捷琳娜是能在欧洲强国之间进行仲裁并把她的意志强加于它们的第一位俄国君主；而且，鲁勉采夫和苏沃洛夫战败俄国宿敌所取得的一系列振奋人心的胜利，至少部分应归功于她。俄罗斯民族对自己与世界上其他国家相比所处的地位已经十分敏感，而且在传统上对公私花费都毫不吝惜。对这样一个民族来说，三四十年时间的国家财力破产与如此振奋人心的事态发展相比不过是很小的代价而已。

（王绍仁　译）

第 十 二 章
瓜 分 波 兰

请看百科全书派笔下愚昧无知的国王们，他们变成了道貌岸然的骗子。他们巧妙地将王国瓜分，如同人们过去讲道时对教义进行分段一样。而他们屠杀百姓却是不眨一眼的。这就是那个启蒙世纪！

霍勒斯·沃波尔致迪·德芳夫人的信
1773 年 4 月 13 日

三次瓜分波兰一完成，政治思想家和历史学家就着手研究造成这几次瓜分的原因。先是有一些目击者和同时代人的叙述和诽谤，继而在下一代人是关于国家治理不当的种种令人沮丧的传说。而在 1830—1831 年起义失败后，人们便把整个国家存亡的问题升华为高尚而诗歌化的题材了。从 1846 年加利西亚大屠杀开始到 1863 年惨遭失败的起义为止，一系列的挫折使浪漫诗人的救世主式的愿望化为泡影。从此，随着浪漫主义在诗歌中的最终消失，历史才成为严肃学术研究的对象。1862 年，华沙大学已设立波兰史讲座，克拉科夫大学和利沃夫大学也于 1869 年和 1882 年相继仿效。担任克拉科夫大学历史教授的舒伊斯基于 1880 年指出，一个国家如果无法维持国内的法律和秩序并抵御外来的侵略，那么，这个国家就注定不能取得进一步的发展，而且肯定会丧失自己的独立。波兰的衰亡是由波兰人自己几百年的罪过所造成的。舒伊斯基显然是受了达尔文的影响，不过并非完全如此。因为这一论点与其说是一个动物学的概念，不如说是一个神学的概念，它最早是由"克拉科夫学派"一位老前辈卡林卡提出来的。卡林卡在对波兰最后一位国王统治期间波兰的道德状况进行评价后，于1868年得出结论说，是波兰人自己造成他们国家的衰亡，由此而降临到他们头上的灾难乃是咎由自取。像舒伊斯基一样，博布任斯基在1879年发表的文章中对波兰向东扩张表示哀叹，认为波兰的衰亡是由于未能把自己建设成一个近代国家。波兰之所以灭亡是因为它不肯为建立一个强有力的政府而牺牲政治自由。19世纪80年代出现了对克拉科夫学派的反驳。斯摩棱斯基于1886年指出悲观论者的许多结论是错误的。科尔宗在其对瓜分时期的研究（1881—1886年）中指出，尽管波兰遭受严重的外部伤害，但这个国家仍显示出许多迹象，表明它的机体是强健的。一直从事在欧洲外交背景下波兰的国家地位研究的阿斯凯纳齐说，瓜分的原因不在于共和国本身而在于当时欧洲的局势。O. 巴尔泽尔于1915年认为，波兰体制的缺点与中欧大多数国家具有共同性，因此，瓜分的真正原因不是政府治理无方，而是波兰邻国的贪得无厌。T. 布热斯基在1918年[①]提出了一些就方法论来说有些混乱的说法，似乎没有追随者。1927年，经济史学家鲁特科夫斯基[②]认为瓜分是由许多因素造成的，包括经济、政治和道德等方面。1935年，O. 戈尔卡指出，对波兰的过去和未来所持的"乐观的"和"悲观的"传统观点，其逻辑是颠倒的。客观地看问题，"悲观论者"其实是乐观论者，因为由本国所犯错误而导致的损害，是可以通过自己的努力来纠正的；而"乐观论者"实际上乃是悲观论者，因为波兰无论发展到何种程度，其邻国之间的阴谋总能使波兰失去独立。戈尔卡的其余论点今天读来固然令人伤感，但对其重新估价的正确性还是必须予以承认的。

瓜分是18世纪流行的主要政治手段，是君主们以势力均衡之名解决争端和调整彼此潜在力量的合理方式。专制君主被认为是他所统治的领土的所有者；各民族没有公认的权利；因此获得不论是由哪个民族居住的领土，都被认为是纯粹的好事。任何国家，特别是复合国家的领土，往往成为其邻国进行海盗式掠夺阴谋的目标，因为这些邻国发现他们的共谋并不会受到惩罚。因此，北方大战发端于分享瑞典在波罗的海南岸领土的计划，西班牙的继承权于1713—1714年被分

[①] 《历史季刊》（1918年），第173—240页。
[②] 《旧波兰被瓜分的经济基础》，载《近代史评论》第7卷（1932年），第363—389页。

第十二章 瓜分波兰

割，奥地利的继承权在1741年也险遭同样的命运。在西欧，普鲁士、奥地利、法国和英国，在不同时期以不同形式两个结成一伙，在不是被迫把充当狼的角色改成充当羊的角色的时候，便对诸如巴伐利亚、莱茵兰的一部分、荷兰、奥属意大利、汉诺威以及英属、法属和荷属殖民地这一些肥肉垂涎三尺。在东欧，俄国和奥地利在英国和法国可能给予的帮助下，正在准备蚕食土耳其的版图。特别是在东欧和中欧，面临的选择似乎越来越是瓜分别国或遭别国瓜分。俄国就是为了削弱普鲁士才参加七年战争的。根据别斯图热夫制订的计划，在战争胜利后，奥地利可获得西里西亚，波兰获得东普鲁士；作为回报，波兰将库尔兰的宗主权让与俄国，并接受在白俄罗斯修改俄波两国边界。波兰竟然与这样狡猾的伙伴为伍，原因并不在于波兰的外交官是否机敏（因为波兰没有发言权），而是由于奥古斯特三世不仅是波兰的当选国王，而且还是萨克森的选帝侯，因而制止普鲁士的扩张对他有直接的利益。最后，就波兰而言，面临的是肢解——把领土的四肢从躯干上割去——让位于干脆彻底的瓜分。到1769年8月，即不到12个月的时间内，俄国和奥地利都已准备将波兰的领土交付普鲁士，作为与普鲁士结盟的报偿。与此同时，法国则建议将波兰先瓜分给奥地利，然后瓜分给普鲁士，以阻挠德意志诸邦结成伙伴。

第一次瓜分波兰后不久，韦尔热讷就注意到这是违反势力均衡原则的，并说：“两个世纪以来，各大国一直集中其全部注意力于防止其中任何一国占据优势，往往因此而达到不惜耗尽其全部资源的程度。现在，一种新的组合替代了普遍均势体系；三个大国建立了自己的组合。它依据的是均分赃物的原则，因此势力均衡大大倾斜于对它们有利的一边。”[①] 这其实就是索雷尔所说的"共同分享的制度"以及随之而出现的诡辩，把行为的公正与平均分享混为一谈。参加瓜分波兰的每一位君王都乞灵于势力均衡的原则，这是那个时代诡诈的思想风气的特征。弗里德里希二世告诉后人说，瓜分的主要原因是想避免一场一触即发的全面战争。他接着说"不仅如此，还必须保持像普鲁士和俄国这样紧邻之间的势力均衡"；[②] 叶卡捷琳娜二世把参加

---

① F. 皮戈特和 G. W. T. 奥蒙德：《武装中立的历史资料》（伦敦，1919年），第45页。
② 《回忆录，1763—1775年》，《全集》第6卷（柏林，1847年），第35、37页。

瓜分的大国通过平均获得土地来保持彼此之间势力均衡的决心——这是玛丽亚·特蕾西亚曾经坚持的正式安排——称为"向欧洲提出的一种真正崇高而给人以深刻印象的（imposante）主张"。①

波兰遭到瓜分，许多块领土被投入势力均衡的天平，其原因在于波兰弱小，是一个以缺乏专制主义和资本主义而著称的落后地区，唯一闪亮的只是新学术的一缕微光。波兰军队的官兵有18500人，无法与俄国的35万、普鲁士的20万和奥地利的25万人相抗衡来保卫国家。这种令人遗憾的事态，当时的人多半归罪于1717年在财政和行政方面进行改革以来没有触动政治制度。用博布任斯基的话说，它仍然是一个"无政府主义寡头政治的国家"，由一个只醉心于统治的当选国王进行治理。王位是一个并不值钱的位置。获得王位的人只会通过分配官位和有俸禄的闲职来争取参议院中寡头政客的合作及其在议会中的仆从的支持。这些得到恩宠的权贵能更好地给予各种名称的贵族（szlachta）武装保护、就业和租用权。这些贵族便选举他们的恩人指定的人进入议会以表达他们的谢意。在议会中，两百多名代表中的每一个人都可以行使自由否决权，使整个议会的工作无效。选民若对行政当局不满，在宪法上体现为可结成同盟，同盟更经常地是反对国王而不是联合在他的周围。只有同盟议会不实行一致同意的制度，而是以多数票通过的原则自由立法。封地，或称"领地"的位置越靠东方，当地寡头政治集团的势力就越大，他们的侍从、官员和佃农便越加顺从并且人数也越多，居于中间地位的贵族在经济和政治上依附他们的程度也越大。就整体来讲，贵族虽然常常是贫穷和没有文化的，但对自己的出身始终引以为自豪，唯恐失去自己的特权。他们很注意体面，爱斗成性，不守规矩，虔诚地信奉天主教，思想落后，看不起外国人、异教徒和商人。他们构成社会金字塔的顶层，而构成金字塔至少3/4的是被迫束缚在土地上从事耕种的农民（villani, subditi）。免除劳役和兵役而代之以货币地租的情况只在零零落落的一些地方才有，这只是一种在地主圈地和要求农民增加劳动时间的期间作出的一种例外安排。这种倒退到新封建社会的措施只会产生自由精神

---

① A. 冯·阿尔内特编：《约瑟夫二世和俄国女皇叶卡捷琳娜通信集》（维也纳，1869年），第3、4页。G. 策勒在《1789年前国际政治中的均势原则》一文（《历史评论》1956年，第36页）中错误地认为瓜分者在1772年并未提出势力均衡。

（aurea libertas）而不会产生生物质财富。农业生产水平很低，据截至1787年的统计，在更靠西部的地区，每粒谷种的收获量在15—18粒之间，而在波兰，最高不过15粒；制造业微不足道，交通运输缓慢；税收主要由商人承担，从而使商业停滞不前；但贵族进口供其享用的商品享受免税待遇，从而得到好处，结果导致国库拮据。货币的供应量很小，农民手中很少有钱。此外，主要由于在七年战争期间，继而又在1770年，为弗里德里希二世进行的欺诈性军事行动，连铸币的成色也降低了。

在17世纪，波兰日益虚弱最引人注目的早期征兆也许是东部边境的退缩，这与普鲁士和俄国疆域日益扩大、人口不断增加形成鲜明的对比。到1667年，由于波兰共和国和莫斯科公国在安德鲁索沃签订的和约，致使波兰原位于主要河流彼岸因而在战略上处于优势的边界的长度从70%减少到37%，原位于主要河流内侧因而在战略上处于劣势的边界长度从30%增加到63%，只有实际上沿主要河流的边界长度仍保持不变。在奥古斯特三世在位期间（1733—1763年）或者甚至更早，波兰已经不再是欧洲的一个积极的力量。仅仅是由于波兰国土的面积，才使波兰不致成为无足轻重的因素，而是大国制定政策的对象。

18世纪选出的国王都是某个强国安插的人物——斯坦尼斯拉夫·莱什琴斯基的后台是瑞典和法国，奥古斯特三世的后台是俄国，而1764年上台的斯坦尼斯拉夫·波尼亚托夫斯基则是仰仗他以前的情妇、俄国的叶卡捷琳娜二世的恩典才得以占据王位的。① 他是俄国和普鲁士可以接受的"适当人选"（sujet conve-nable），偶然也是波兰选民所能接受的。他与他的前任不同之处在于他知道他不可能对未实行改革的萨尔马提亚②进行有效的统治。改革派的其他领导人以及他母亲的恰尔托雷斯基家族的成员也都深信这一点。波尼亚托夫斯基（加冕后称斯坦尼斯拉夫·奥古斯特）胸怀壮志，天赋聪慧，又受过良好教育，曾游历德意志、法国、英国和俄国。他具有迷人的魅力，风度翩翩，工作能力很强，但同时极端虚荣自负，奢侈无度而追求享

---

① 参见S. 阿斯凯纳齐《波兰最后的选帝侯》（格丁根，1894年）。
② 维斯杜拉河和伏尔加河之间的地区。——译者注

受。他奉"勇敢加耐心"为座右铭,而且从未表现出缺乏这二者。但是,他统治国家的观念与民族的理想却大相径庭,在1792年为了挽救尚可挽救的事业,他竟然与卖国分子为伍,而未能像英雄那样为国捐躯,因而永远也得不到后人的宽恕。人们认为,他理解波兰的局限性是他的弱点,他性情柔顺是由于胆小怕事。他是一个十足的知识分子,沉浸于18世纪世界主义的文化之中,他追求的不是战场上而是在逐步改革和文化艺术上的荣耀,他找到了荣誉没有呢?他参与起草1791年的宪法以及大胆振兴工业的努力往往被人忽略,而由于他签署了两个肢解波兰的可耻条约使他的道德形象大为减色。但是,尽管他在位时期的政治事件都发生在令人沮丧的被称为"瓜分的时代",但在这位国王亲自鼓励和关注下出现的引人注目的艺术和学术复兴也以他的名字命名为"斯坦尼斯拉夫时代"。这虽然多少有些偏颇,但不失为对他所作出的努力的恰如其分的赞扬。

斯坦尼斯拉夫和叶卡捷琳娜不久就发现他们是在分道扬镳。女皇所希望的是俯首听命和维持原状,而国王却希望至少不要干预他的改革计划——一个受多数人意志约束的常设议会。他不怀疑叶卡捷琳娜要不遗余力地保持她常说的波兰的"适度的无政府主义状态",即同普鲁士一致行动进行武装干涉并履行于1764年缔结并于1769年延长至1780年的俄普同盟条约的秘密条款。这样的行动方针势必要导致瓜分。但圣彼得堡尚讳言瓜分一词。切尔尼舍夫兄弟鼓吹"修改"俄国西部边界,而帕宁则反对瓜分。因为这不仅违反了帕宁的北方体系的原则,[①] 而且违背了彼得大帝以来俄国对波政策的整个传统:专注于施加影响而不分割其领土。但是,即使帕宁也不止一次地在普鲁士的诱惑面前动心。

叶卡捷琳娜本人由于不喜欢现成的体系,准备根据"环境、局势和推断"来改变俄国外交政策的目标。而弗里德里希二世则从来没有忘记自己的目标,即通过取得波属普鲁士把不连在一起的波美拉尼亚和东普鲁士连为一体,并且不是用武力,而是按照他1752年所作的政治遗嘱所说的,"像洋蓟一样,一片叶子一片叶子平静地枯萎"。

---

① 见前面第11章,原文第322页。

第十二章 瓜分波兰

至于玛丽亚·特蕾西亚，弗里德里希有句讽刺的话"悲伤归悲伤，攫取归攫取"，可以概括她作为统治者和基督徒的双重使命而左右为难，成为一个勉强参与瓜分的人的行为特征。然而在1769年，甚至在这位女王的忏悔神父①解决这个良心问题之前，宫廷军事委员会就下令占领了匈牙利只能提出欺骗性合法要求的波兰飞地齐普斯；在1770年又占领了三个地区。正是这后一行动表明了奥地利愿意参与瓜分，并促使叶卡捷琳娜二世对普鲁士亨利亲王讲了具有历史意义的话："我们为什么不都来自己动手呢？"从而宣告这位亲王胜利完成了他自愿承担的出访圣彼得堡的使命。就在此前不久，弗里德里希二世曾在致其兄弟的信中承认，瓜分的想法对他仍有吸引力，但他感到他难以胜任。但是，到1771年1月又发生了许多重大事件，增强了普鲁士的实力。叶卡捷琳娜已经造成了一个她无法再独自控制的局势：在不信奉国教者的权利问题上发生的冲突已导致内战和外国干涉。

波兰有两种不信奉国教者：新教徒有20万多一点，大部分住在该国西北部，另有大约60万东正教徒，住在今白俄罗斯和乌克兰。波兰虽在16世纪被称为异教徒的避难所，但长期以来已放弃了宗教宽容的传统。新教徒贵族大部分属加尔文教派，被排除在议会之外，也不能担任法官和文官，这一群体一般不准修建新的教会集会场所，也不许进入旧式的学校和礼拜场所。东正教曾有400多万信徒，但大部分成员，实际上其整个特权阶级，包括其主教在内，由于改奉东仪天主教的礼仪而成为罗马天主教徒。起初多少还是出于自愿，到后来则由修道院、整群的教徒和教堂采用系统的高压手段所造成。对弗里德里希来说，如同他的前任一样，宗教少数派不过是破坏波兰共和国还残存的法律和秩序的另一个工具而已。他的目的不是纠正异教徒遭受的不公正待遇以"消除坏名声"，而是与叶卡捷琳娜一起根据1720年以来俄普两国签订的所有条约中都列入的秘密条款采取共同行动，继续保护他们的权益和加强俄普同盟。叶卡捷琳娜女皇不是这样：她把自己的名声押在了胁迫波兰人给予不信奉国教者以宗教自由上，其

---

① 见 O. 福斯特·巴塔利亚《玛丽亚·特蕾西亚与第一次瓜分波兰》，载《历史季刊》（1926年），第411—416页。并附有德文附录。

程度连当时英国北方事务国务大臣康韦也认为是"不合理的",很可能会引起"危险"和"忌恨"。① 不信奉国教者从国外获得指导,1767年年初组织了两个同盟,东正教徒在斯乌赫,新教徒在托伦。心怀不满的罗马天主教徒受俄国人的蒙蔽,也同样在拉多姆组织了一个同盟,只是在俄国大使的庇护下才被迫谈判一项政治和宗教的解决办法。这项解决办法是通过1767—1768年的同盟议会完成的。其"代表团"(一个代表委员会)赋予东正教徒、路德派教徒和加尔文派教徒以完全的信仰自由、修建和改建教堂和学校的权利并准予担任公职。此外,还将共和国的法律分为三类:第一类是基本法,包括自由选王制、自由否决权和贵族的特权。第二类是实际法规(materiae status),包括税收、铸币、军队规模、外交事务,等等。第三类是有关当前经济事务的法律,这类法规今后经简单多数同意即可批准。这样,宗教自由就和政治上的特许权联系了起来。

以发源地命名的巴尔同盟(位于波多利亚),其宗旨是捍卫信仰和自由。这是一个游击性的组织,由一些既能战斗又从事掠夺的独立的抢劫集团组成。其政治领导人一贯相互倾轧。有些人致力于恢复萨克森王朝,另一些人则主要是反对恰尔托雷斯基王室;两者都是反俄的。因此,它没有统一的政治纲领,但似乎都要求缩小王室任意恩赐官职的权力,以废除自由否决权作为交换条件。同盟的成员并不都是顽固的萨尔马提亚人。他们当中有新教徒、共济会员和希望求教于卢梭、马布里和梅西耶·德拉·里维埃等人的西方崇拜者。这个同盟的一些领导人在旅行和谈判中学会了运用政治头脑;他们于1773年发表的最后宣言不再是仅仅进行指责而是提出了民族独立的新口号——"独立"(niopod-ległosê)。

乌克兰人民因反对波兰地主及其犹太代理人以及东仪天主教士诱劝人们皈依的方式而发动叛乱,致使巴尔同盟在波兰东南部的发展受阻。这些"骚动的、不满的人"(haydamaki)认为自己在社会和经济方面遭受的苦情会得到俄国的支持,就像他们的宗教热情曾经得到

---

① 国家档案局,S. P. 波兰,94,康韦1767年12月8日致拉夫顿函。关于英波关系可参阅 W. 科诺普琴斯基《英国与第一次瓜分波兰》,载《中欧事务学报》(1948年),W. F. 雷德韦《大不列颠与波兰,1762—1772年》,载《剑桥历史学报》(1934年)和 D. B. 霍恩《英国舆论与第一次瓜分波兰》(爱丁堡,1945年)。

俄国的鼓励一样。他们于是就用"神圣的刀"袭击地主的住宅、牧师住所和城镇。俄国人很快就感到必须镇压这支可能的第五纵队，特别是由于叛乱分子纵火焚烧了土耳其的巴尔塔镇。然而，土耳其人在法国的唆使下拒不和解，于1768年10月向俄国宣战。

在此期间，在波兰建立的其他一些同情巴尔同盟的地方同盟，最后于1769年年底联合组成总同盟。总同盟的总部设在匈牙利，舒瓦瑟尔向那里派遣了一个以迪穆里埃上校为首的军事使团。在这位上校的煽动下，同盟的一些领导人宣布波兰处于王位空缺状态，称波尼亚托夫斯基为暴君和篡位者。但是，同盟在这年秋季企图绑架国王，从而使自己在国内外名誉扫地。这年夏季以来，在法国的斡旋和奥地利反对俄国的行动的帮助下，总同盟和恰尔托雷斯基王室之间仍存在和解的可能，这样一来和解的机会就丧失了。第二年春季，总同盟的各派便开始逐个向俄国和普鲁士的军队投降。这时俄普两国已经签订了瓜分的条约，因为它们获知奥地利将不会向俄国开火以履行其于7月间对土耳其所作的关于保卫土耳其的领土完整与波兰独立的秘密承诺，并且愿意参与瓜分。瓜分是根据1772年8月签署的有关条约实现的。

波兰割让给普鲁士的是：西面位于波美拉尼亚和东普鲁士之间的地区，以及再往东面的埃尔梅兰。割让给奥地利的是喀尔巴阡山脉的一大块三角地带，其北边正好在克拉科夫以南，东边至利沃夫东北方。割让给俄国的是德维纳河、德鲁奇河和第聂伯河以东的领土。总计约5万平方英里，占其全部领土的1/4，人口400万，而其总人口约为1150万人。

尽管这次肢解使国家元气大伤，但在以后的一段时期，仍实行了一项政治改革计划，出现了学术活动大发展的局面，为16世纪以来所仅见。在18世纪80年代初期以前，社会最上层接受了启蒙运动思想，从那时起这种思潮已波及无力去国外旅行或为子女聘请外国教师的人们中间。此后，在教育改革、政治事态发展和社会变革的影响下，"启蒙运动的思想"在各地兴起。①

全国再次出现出国旅行的狂热。根据当时的一位诗人的描写，一

---

① 见 J. 法布尔《斯坦尼斯拉夫－奥古斯特·波尼亚托夫斯基与启蒙时代的欧洲》（巴黎，1952年）；B. 莱希诺多尔斯基《波兰的启蒙时代·政治史、体制和思想方面的研究情况》，载《波兰历史学报》第4卷（1961年），第147—174页。

位到欧洲各大城市旅游归来的青年绅士看到的现象之一是对宗教的冷漠态度：

> 伏尔泰没有说"礼拜天去做弥撒",
> 爱尔维修说,离婚不是罪恶,
> 卢梭仇视圣水,
> 洛克说什一税纯粹是欺骗,
> 牛顿痛恨大斋期的40天,
> 狄德罗认为听牧师布道真是可怜,
> 达朗贝尔著文反对按手礼。……

这些和其他一些西方作者的思想通过报刊得以广泛传播,其中最主要的是《箴言报》,这是《旁观者》在波兰的翻版。遵守宗教仪式的人数下降。对许多人来说,1784年在波兰和立陶宛这个"大东方"联合在一起的共济会员们的人道主义格言比教义问答集更能引人入胜。但是,在信仰和理智之间并没有出现矛盾。的确,在神父或有学问的耶稣会士身上,宗教与政治、文学或科学往往是结合在一起的。耶稣会士事实上乃是波兰天文学和实验物理学的先驱,尽管他们感觉到不容易把他们的观察所得与教会的理论统一起来。

为了接管新解散的耶稣会的基金和教育职责,国民教育委员会[①]于1773年建立。这个机构在促使生活和思想脱离教会控制方面起了很大的作用。委员会于1783年改组,领导一个自治机构,负责波兰和立陶宛的整个高等和中等教育,包括师资培训工作。新近改革的克拉科夫和维尔诺两所大学构成这两个省的总校,下面设分校及其下属支校。在第二次瓜分时,由委员会监督的约70所学校拥有1.4万—1.5万名学生。分校学制为7年,课程设置各校相同,其中有拉丁语、波兰语、伦理学、法律、古代史和地理、波兰史、数学、几何、逻辑学、博物学（植物学、矿物学和卫生学）、物理学、农艺学、园艺学和书法。虽然许多课程,不论是文科还是理科,都采用拉丁文或拉丁作者编写的教材,但同过去耶稣会士教的那种半属中世纪、半属

[①] 见 J. 若贝尔《波兰国民教育委员会》（第戎,1941年）。

人文主义的全部拉丁课程相比，已经是很大的进步了。如果说委员会的工作只取得了部分成绩，那是由于委员会缺乏必要的世俗教师骨干、教科书和教学辅助设施，还由于委员会很少得到公众舆论的支持。

尽管如此，委员会教科书所用的文字成为波兰科学术语的基础，其拉丁语和波兰语的语法不仅使文字拼写规范化，而且成为后来许多作家所使用的语言。波兰语经过现代化和删除了过多的拉丁成分，再次成为适应性强的文学媒体。这个时期的文学虽未产生伟大的作品，但满足并激发了社会的需求。诗歌，特别是讽刺诗和感伤性的抒情诗，不乏上乘之作。模仿和改编外国的剧作也取得一定成功。印刷品经常引起和推动大议会①的辩论。

文学艺术界、教育界和学术界大多数出类拔萃的人物构成一个围绕着国王旋转的小太阳系，国王本人是这个太阳系的建造者和推动者。吸引他多才多艺的头脑的学科之一是历史研究。为了满足他个人的爱好，同时也为了向其国人证明一个强有力的君主政体的优越性，他任命前耶稣会士纳鲁谢维奇重新撰写波兰历史。他可以利用档案材料并配备有抄写人员，但对这位并非出于本意的编史家来说，这项任务是过于沉重了，在1775—1779年写成的六卷②包括到1385年为止这一时期的历史。按照那个时代的做法，纳鲁谢维奇采用了旨在进行批判的方法，"因为批判的方法教导人们如何区别善与恶，现象与真实，如何用理智的天平来权衡人类事务，追溯其根源，研究其方法并评判其结果"。

面对虎视眈眈的俄国并在开明的少数派的影响下，1764—1768年以及1775年的历次议会通过的立法，微妙地为1788—1792年的大议会的工作准备了条件。可以看到，一个像中央集权政府的体制正在缓慢地替代以前在个人、各省以及国家之间的利害冲突形成的僵局或公开斗争的局面。虽然由于基本法不容违反而且实际事务性法规又受全体一致通过原则的约束，以致拖延了改革，并妨碍行政工作，但是"经济事务"可以不受否决权的影响，再加上同盟所采取的策略以及

---

① 大议会（Great Seym），即1788—1792年的议会，亦称"四年议会"。——译者注
② 见 M. 内奥米夏·鲁特科夫斯卡《A. 纳鲁谢维奇主教和他的〈波兰民族史〉》（华盛顿，1941年）。俄国使节曾禁止该书第一卷的出版。

有关议会议事程序的新规定,才有可能取得某种进展。作为第一个步骤,各省议会对自己的财政权力作出了限制,并在选举出席议会的代表时必须按多数人的意愿行事。根据当时开始形成的观念,绅士虽然由出身来决定,但只有拥有一定财产才能成为公民,这样由于一部分无地的贵族被排斥在外,从而减少了贵族的代表人数,就使得权贵连同他们的仆从的影响削弱了。行政系统更加专业化,体制也更加统一;波兰王国和立陶宛大公国新成立的军事委员会和财政委员会限制了财政大臣和部队指挥官(hetmans)迄今为止所掌握的过于广泛的权力;王国和公国于1773年都成立了教育委员会。把许多王室特权转移到一个由参议员和众议员组成的常务院手中,从行政管理上说并非毫无好处,即使这个不受人欢迎的机构是根据基本法的一项附加规定而设立的,而这项规定是由俄国大使强行提出,经议会的一个"代表团"于1775年通过并由俄国提供保证的。

必须有可靠而增长的收入来支付从事这些改革的费用。类似于预算的费用在1768年并再次在1775年和1776年获得了批准;国王恢复了铸币权,1766年发行了新货币,并在税收制度上进行了重大改革。例如,1764年,犹太人缴纳的税额改为按人口计算;酒类消费税改成消费品零售税;1775年又进行了一些意义更加深远和持久的改革。曾在1764年连同人头税一齐被废除的烟囱税这时重新恢复。以新形式出现的烟囱税成为国家收入的主要来源,并以50%的附加税替代了过去从王室庄园的佃农征收的用于军队的税(hiberna)。永久性地恢复征收进出口货物税;由教士捐献的慈善补助费(subsidium charitativum)每年增加到70万兹罗提[1];从王室领地的地产和房产收入中提取的25%的税(kwarta)几乎增加了1倍;开始征收一些新的进口税,如食盐税、烟草税和印花税。结果是收入稳步增长,从1776—1777年的1200万上升到1789年的1540万。

大议会(1788—1792年)[2]以更加紧张的工作继续深化前20年完成的任务。虽然没有投票通过任何预算,但大议会始终控制着政府的支出。大议会最紧迫的任务之一是重整军备。为此目的,它于

---

[1] 当时40兹罗提等于1英镑。
[2] W. 卡林卡:《波兰的四年议会》(柏林,1896—1898年)虽已过时,但仍不失为一本有用的书籍。我未看到 J. 克罗兹《波兰四年议会的立法工作》(巴黎,1913年)。

1789年批准一项从土地收入中征收"永久性捐款"的办法，贵族按10%，教士按22%征收。犹太人的人头税、城镇中的烟囱税和从王室领地的房地产征收的税等全都提高，并对兽皮和屠宰也进行征税。波兰国家收入就这样又增加了1倍多；从1788—1789年的1550万增加到1789—1790年的4350万，到1790—1791年又下降到3000万左右。立陶宛的增长率大致相同。1789年由贵族选举产生的维持良好秩序的委员会使政府的行政工作得到了进一步的改善。

在缓和中世纪社会所特有的种种限制和减少不平等现象方面作出努力的同时，也没有忽视非特权个人的权益。1768年，地主丧失了对自己的庄园的农民的生杀权，但无须为杀害农奴而偿命。1776年废除对行妖术者的死刑，也废除了司法中的酷刑。1775年起，从事贸易的贵族也不再会因这样做而有丧失地位之虞了。城市居民仍然"不是享有充分权利的人。其地位在贵族和农民之间"，但城市贵族和教士的"特许权"或者可以说是治外法权（jurydyki, serwitoriaty）在1764年和1768年被削弱了。

人们普遍认为，1791年5月3日的宪法不仅是大议会而且也是斯坦尼斯拉夫·奥古斯特在位期间取得的最大成就，因为这部宪法证明波兰是可以作为一个独立国家而存在的。宪法起草者的目的实际上就是维护国家的主权和领土完整，他们在序言部分宣称，他们珍视国家的政治生存超过个人的生命和幸福。这部法的十一条可概述如下：

第一条：神圣的罗马天主教仍是国家居统治地位的宗教，但保证其他宗教教徒的信仰自由。

第二条：确认贵族的权利和特权，并宣布其不得变更。

第三条：确认同年早些时候颁布的关于调整城市地位的文件，并将其列入先法。结果由国王建立的所有自治城市均享有自治权。为城镇和全体城镇居民制定新的司法制度，无论是贵族还是城镇居民一律根据城市法进行审判。过去属于贵族的特权的基本法，现在适用于所有城镇居民。凡新设城市上诉法院的市镇都有权在警察委员会和财政委员会以及城市高级法院派出它们的全权代表。城市同样有权向地区的维持良好秩序委员会和议会派出代表。城镇居民通过担任全权代表，或晋升上尉官衔，或在法律、行政机关担任相应职务，或通过购买土地，或根据定额分配制制定的议会特别法，都可以成为贵族。城市贵族和教士的特许权现已最终加以废除。

第四条：农民受法律保护，地主与其土地上的农民签订的任何协议对双方都具有约束力，并处于政府的监督之下。所有新移民和归国移民都享有完全的自由。

第五条：政府由三种权力构成，即立法权、行政权和司法权。

第六条：议会由众议院和参议院组成。参议院议长由国王担任。国王有投决定性一票的权利。众议院可讨论有关一般性法律和政策性决议案，首先是讨论国王提出的法律和议案。参议院只有在制定法律时才能行使暂停性否决权；涉及政策的决议案必须由议会全体会议表决。参议院由主教、封建领主、城堡主和若干大臣组成。议会在短期内一经通知即可召开会议，每两年更新一次。"任何问题、任何地方"都根据多数票作出决定；废除自由否决权、解散同盟和同盟议会。宪法每25年修订一次。确认以前调整地方议会职能的法律；其成员进一步限于地主和某几类终身承租人以及受押人。一项单独的有关议会的法律也于1791年通过。204名代表不再受地方议会指示的束缚。城镇的24名代表无投票权，几乎也无发言权，因为他们只能就城市的问题发言；议事规则也进行了修订。

第七条：最高行政权力属于国王及其议事机构。行政的职责是维护法律及保证其执行。王位由萨克森选帝侯家族世袭。宣布国王本人神圣不可侵犯。由于他不可能事事均按自己的意愿行事，因此无须为他的任何行为承担责任。国王议事机构的成员有：大主教、由国王本人任命但可由议会撤换的5名大臣以及2名无投票权的秘书。议事机构的每项决议必须经国王签署并经一名大臣副署。为正确履行行政职能，成立四个委员会，分别掌管教育、警察、军队和财政等事务。委员会成员由议会选举；地区委员会依法根据上述委员会的指示行事。

第八条：司法权力只能由法院行使。地主、城市居民和农民分别接受其司法机构的管辖。

第九条规定设立摄政委员会。第十条是关于王室儿童的教育事宜。第十一条是关于国家军队问题。波兰与立陶宛之间的关系于1791年晚些时候加以重新确定；王国和公国只设一个财务署、一支军队和一个共同的政府，但除国王议事机构外，各部均有两套。

这部宪法的起草者（其中包括国王本人）究竟主要是仿效什么

模式，还得靠比较宪法学者自己确定。① 不过，他们最好不要全信斯坦尼斯拉夫·奥古斯特致法国国民议会公开信中所说的波兰人是仿效了法国树立的伟大榜样。他在致一位外交代表的信中吐露心声说，波兰宪法与法国宪法"恰恰相反"，并有充分理由说：它是一次彻底的政治改革，而现存社会秩序则原封不动，从而赢得柏克的赞许。一个君主立宪制度替代了一个自封的共和制度，但是保留并确认了等级的划分。只是稍稍修改了一下社会金字塔最上层的设计而已。第一，对贵族内部已明显可见的重新划分层次的过程加以合法化并促使其加速进行。估计在总数为72.5万的贵族中的约40.7万没有土地者，失去了他们的政治权利。过去的政治寡头在参议院获得席位而得到了满足，而中层贵族则跃居顶端。第二，在城镇居民和贵族分离的过程中，开辟了一条道路，按照宪法的说法，就是通过把资产阶级中最成功的成员（仅约40余万人）晋升为贵族，从而为贵族"注入新的和有效的力量"，然而，无论这部宪法的某些起草者的计划如何深远，② 它也谈不上是为未来设计的蓝图，而只不过是当时社会变化的总结和从1764年开始的政治变革达到了最高点而已。

就立法而言，所取得的成绩是值得高度赞扬的，但还必须从实际效果来判断，因此，就某些方面而言可能起了负面作用。过去制作低劣的银币现在又过于精致；低于同黄金的比价，反而被低劣的外国银币赶出了流通领域。全国没有军火工业来装备10万军队，议会为支付新军军费而批准征收的税额低于倡议人的预计。含糊不清的征税条文，导致税款数额过低，加上缺乏有经验的征税人员，致使1789年征收到的税额为900万兹罗提而不是预计的1600万兹罗提。

但是，波兰人未能在经济上取得较快的发展不能只责怪他们自己；因为他们是在第一次瓜分带来的不利条件下艰苦工作的。除1772年遭受无可弥补的领土损失之外，还应加上巴尔同盟时期的军事劫掠，以及1775年在胁迫下同普鲁士签订的灾难性商约③所带来的贫穷。

---

① 参见 C. E. L. 科尼克《1791年波兰宪法与法国宪法之比较》（洛桑，1918年）。W. 库拉《18世纪波兰经济史》，载《波兰历史学报》第4卷（1961年），第133—146页。
② 见 J. 迪姆《1791年波兰宪法中的经济问题》（弗罗茨瓦夫，1959年；英文摘要）。
③ J. A. 怀尔德：《1775年波普商约》（华沙，1937年；有法文附录和英文摘要）。

商约所订的条款无疑是由普鲁士来建立起一套关税制度，旨在以最低价格从波兰获得初级商品，而为普鲁士的制成品在波兰占领市场。这不仅阻碍了波兰工业的发展，而且普鲁士通过这条收税途径每年获取近1900万兹罗提的可观利润。通过双向边境的货物，双方各征收2%的常规关税。通过普鲁士领土的货物过境税为12%，但是如果被认为是普鲁士工业的必需商品，则过境税为30%。不仅如此，从当时仍在波兰手中的但泽经过原波属普鲁士王室领地到达波兰这一交通要道，也视为过境贸易。实际上，12%的关税经普鲁士海关官员计算竟达30%—50%；而30%的关税，在某些情况下例如染料，竟达300%以上。

这种经济封锁显然产生了立竿见影的效果。1776年波兰通过维斯杜拉到但泽的运输量下降到2/3，在但泽港停泊的船只数减少到将近1770年的一半，通过但泽出口的农产品下降到1769年的37%。波兰的贸易总额为7000万兹罗提，而贸易逆差这时上升到2600万兹罗提；波兰同普鲁士和通过普鲁士的贸易总额降幅之大，甚至使弗里德里希也深感忧虑。他于1781年下令其海关官员征税额不得高于法定的12%，并下令调查普波贸易关税的实施情况。普鲁士的束缚虽然放松了，但随后的进展还是归功于谷物价格的上涨和开辟了通往黑海的新的出口通道。波兰出口增加了，到1784年与进口达到了平衡。据估计，在1781年，除匈牙利酒类以外，波兰进口了900万兹罗提的奢侈品。这大部分来自普鲁士。根据1775年商约的规定，波兰人在某些指定的普鲁士城市购买丝织品和高级布料，只缴纳4%的过境税，而沿波兰边境居住并得到普鲁士政府资助的工匠还向波兰西部提供其他的制成品。普鲁士对波兰的封锁加上普鲁士对波兰的贸易攻势，对新兴的波兰工业产生了窒息性影响。对染料课以过高的关税，导致大波兰地区①的纺织业的崩溃。到1785年，在不到10年的时间内，从事这项家庭手工业的工人便陷入极端贫困的境地，人数下降15%，因为中间商们发现，把为此而生产的布匹和亚麻布送到边境的另一侧去完成最后工序反而便宜得多。

---

① 波兰历史上称波兹南、克鲁什维卡、格涅兹诺、卡利什地区为"大波兰"（Wielkopolska〔Poloia Major〕）。——译者注

第十二章 瓜分波兰

斯坦尼斯拉夫·奥古斯特在自己私人庄园和王室领地上开设的各种工业企业以及其他企业遭到的命运，可以说明他在位期间制造业的处境。① 国王建立了两座炼铁高炉，一座于1768年在布列斯特附近建成，还未获利就不得不租给他人；另一座在桑博尔附近，1766—1775年进行生产。这两座高炉生产的铁质量低劣，在任何情况下都无人问津。1765年波兰东南部建成的一家织布厂在第一次瓜分中丧失。1768年在华沙开设的贝尔韦戴尔陶瓷厂于1780年倒闭，十之八九是由于生产成本过高，而这又是因为劳动分工不合理和产品规格不合要求所致。立陶宛财政大臣蒂岑豪斯代表国王于1765—1780年在格罗德诺附近国王领地开设并经营的制造奢侈品的综合工厂，也未获利，只有织布厂是个例外。当时的一位观察家分析说，以强迫劳役为基础的蒂岑豪斯的管理制度之所以失败，乃是由于内部组织混乱，技术工人和进口材料成本相对过高，结果是价格没有竞争力，同时也缺乏资本和信贷。同其他有权势的人一样，国王虽开得起工厂，但由于缺乏足够的周转资金而无法维持其经营。早日收回投资的希望往往落空，当时通行的12%的利率过于高昂，并且也无法找到现成的推销行业的服务。国王其他几家工业企业的收益也同样令人失望。1782—1795年开设的一家铜矿证明是不经济的，不得不租给他人；一家大理石采石场于1782—1794年向宫廷提供产品，但原拟开设的一座露天煤矿因运输费用过高而被迫放弃。

这个时期最大最成功的制造业是在华沙以西的沃维奇，属于大主教迈克尔·波尼亚托夫斯基的封地上开设的一家亚麻厂。工厂为一家公司所有，其董事会中贵族和市民人数相等。6名权贵承担管理职务，以鼓励家庭加工业的发展，6名市民则负责出售公司的产品并为公司服务。生产则交给本地村妇以及监狱女犯和教养院收容的妇女去做（当时这种做法并不罕见，特别是在华沙）；她们纺成的纱线由中心厂织造并加工成最后成品。有时也从外面购进未加工的亚麻，为其他生产厂家进行加工。

在这些和其他工厂中，有些（虽然并不是全部）只是昙花一现，有些则没有什么良好的组织，与作坊一样。这些工厂对全国的产量增

---

① 见 W. 库拉《18世纪波兰制造业概况》（华沙，1956年）。英文摘要不完全可靠。

加作用无几。由于实际上缺乏自由劳动力市场、全国规模的需求和可观的资本积累，实现资本主义尚属遥远的将来。全国的生产方式同社会结构一样变化不大，而波兰在这些方面的落后与知识界的革命相比形成了鲜明的对照。

但泽被隔断了，在南方和北方都失去大片土地和很大一部分说波兰语的人口。使波兰不得不开始在政治上倾向东方，在经济上则倾向南方。计划连接波罗的海和黑海的两条运河，皇家运河和奥金斯基运河于1784年完成，把维斯杜拉河和涅曼河同第聂伯河连接在一起。但土耳其人仍不允许使用德涅斯特河运输波兰谷物，俄国人则禁止重新使用位于萨莫吉蒂亚已废弃的波拉加（波兰根）港。叶卡捷琳娜对波兰走上经济自主道路的前景表示不满，仅仅于1782年对波兰通过陆路出口到赫尔松的货物的关税稍作降低。在这里，有一位由权贵变成商人的普罗特·波托茨基创办了一家黑海贸易公司。但斯坦尼斯拉夫·奥古斯特所迫切希望的却远远超过这些，他希望俄国允许波兰进行政治改革，以之作为波兰帮助俄国占领克里米亚的回报。他的有关请求于1783年遭到拒绝，在1787年又再次以稍加修改的形式重新提出。只要有机会，国王就会毫不犹豫地加入俄国和奥地利计划中的对奥斯曼帝国的瓜分。执行这种政策在道德上是卑鄙的，但在经济上则是合理的；单是比萨拉比亚就可以给波兰提供良好的海岸，而德涅斯特河又可以弥补维斯杜拉河的不足。斯坦尼斯拉夫和叶卡捷琳娜于1787年春在第聂伯河畔的卡纽夫讨论了联合采取行动的可能性。在俄土战争爆发后，国王于9月提出一项结盟的详尽建议。叶卡捷琳娜经过九个月的沉默之后，接受了波兰提出的军事援助并准备为它提供补助，但不允许进行政治改革和获得领土。

俄国的拒绝使新议会的方案变得毫无意义。议会的成员业已组成一个旨在增加国家收入和扩大军队的保王同盟。由于俄国和奥地利私下决定如未经改革的波兰一旦受到普鲁士进攻时即予以保卫，于是普鲁士的使节提出了他的反建议。他以主子的名义放弃干预波兰内部事务的任何权利并提出两国结盟而不附带任何条件，迫使国王撤回同俄国结盟的建议。议会于10月20日作出决议招募10万军队（后减至6.5万人）；11月，常务院的军事部门被撤销，而代之以一个议会委员会。正如俄国大使及时指出的，这项决定违背了基本法和1775年的保证条约。但是，由于叶卡捷琳娜正同瑞典和土耳其作战，波兰才得以无视俄国的报复威胁，而推行一项改革纲领。1789年2月，撤销常务院，由一些议会委员会接管其职能。同年春季，俄国和奥地利同意波兰所提出的从波多利亚撤出两国军队的要求，这是从1719年以来尚无前例的事件。5月，波兰向伦敦派出特使，以探讨发展英波贸易而绕过普鲁士关税壁垒的可能性。皮特虽对一旦同俄国发生战争将获得海军补给品感兴趣，但认为普鲁士友好地参加一项贸易协定才是至关重要的。

与此同时，与普鲁士的结盟迟迟未能实现。普鲁士本来的意图不过是以抗俄为名在干预波兰事务的过程中夺取但泽和托伦。因此，虽然在表面上作出与其意图相反的声明并提出结盟，但普鲁士对波兰重整军备和政治改革是不赞成的。然而，当普鲁士在1789年晚些时候决定于来年春天向奥地利发动进攻时，同波兰结盟就成为必要的，于是为此目的开始了谈判，但是波兰同但泽的贸易这个令人困扰的问题成了达成协议的障碍。普鲁士设想以割让但泽和托伦来换取降低关税，而这是波兰舆论完全不能接受的；甚至连亲普鲁士的爱国人士也认为，只有允诺以加利西亚作为交换才说得过去。最后，为了达成妥协，便将贸易问题推迟到以后去讨论。根据1790年3月29日签订的普波条约的条款，两国保证彼此领土的完整。在一方遭到进攻时，另一方有义务进行调解，必要时将采取军事行动。这些条件同样适用于任何外国借口任何以前的协定对波兰内政进行的干涉。若敌对行动不可避免，普鲁士国王将投入3万兵力进行干预。波兰人不明白，这后一条款从一开始就被柏林视为极端麻烦的义务，而且整个条约也只有在同奥地利开战时才有用处。由于波兰军队处于毫无准备的状态等原因，双方于6月达成协议：尽管条约存在有关条款，但双方所热切希望的是，在同奥地利的战争中波兰应采取友好的中立态度。到仲夏时节，奥普军队已摆好架势，准备在西里西亚采取行动，但普鲁士为挑起战争而进行的谈判，竟出人意料地导致问题的解决。根据赖兴巴赫条约，奥地利接受了普鲁士提出的苛刻条件：在保持现状的基础上，媾和以前先同土耳其政府停战。就这样，奥地利赶快脱手避免了更多的损失，甚至排除通过谈判给予普鲁士任何好处，而赫茨贝格从1778年起就希望实现的土地交换计划，即奥地利放弃加利西亚给波兰，以换取在土耳其得到领土，而波兰则将但泽和托伦回报给普鲁士，也就永远不可能实现了。

在此期间，波兰在改革的道路上取得了长足进展。1789年9月，议会成立了一个改进政府工作的委员会；11月，来自国王特许自治城市的269名代表抵达华沙，请求国王恢复并扩大他们过去的特权；这项要求在次年4月通过的城市法中得到满足，后来被载入宪法。议会在1790年就波普联盟进行辩论后，在其法定任期即将结束之时，决定通过选出一批新议员而将目前众议院议员人数增加1倍。选民除了获得一次机会就改革的原则进行表态外，还要求他们就议会和国王提出的关于赋予萨克森选帝侯以继承权的问题发表意见。在11月举行的选举中，改革事业取得了胜利；在180名新议员中有120名是"爱国人士"。当扩大的议会于12月开会时，宪法改革委员会提出了若干建议，其中有些建议，如由国王及其议事机构进行治理等，不久即体现在5月3日的政府法案之中。

议会在闭会之前，于9月已通过了由同一委员会起草的一套新的基本法律和两项重要修正案：宣布共和国领土不可分割并放弃1775年俄国作出的保证。在普鲁士对奥开战计划彻底失败以及俄国和瑞典新近签订和约的情况下，波兰的这种姿态只会激怒俄国并触犯普鲁士。这也无从鼓励普鲁士国王同这位波兰国王共同工作；也与当时正在讨论的将波兰王位继承权赋予某一普鲁士诸侯的计划不相符合。不过，这两项修正案，还没有立即带来灾难性的后果。对于第一项修正案，赫茨贝格称为"背信弃义"，预示着将有不祥后果，但毕竟没有立即发生。为准备进攻奥地利而集结的军队还可以用来对付俄国。1791年1月，英国和普鲁士要求俄国恢复土耳其的现状；同月，英国表示愿意与波兰签订贸易和政治协定，但以普鲁士也参加为条件。这就意味着要割让但泽和托伦，因为这是普鲁士政策的一个主要目标，而且不管波兰是否同意都要不惜一切代价予以实现。如果波兰同意，普鲁士将会认为有义务保卫波兰而反对俄国；否则，普鲁士就可能同俄国联合起来对付波兰。摆在波兰领导人面前的这个进退两难的局面如此之严酷，他们只有采取闭眼假装看不见的态度。议会沉浸在爱国激情之中，要它改变政策也同样没有希望。对这样的政策，英国特使黑尔斯和他的波兰朋友们所能得到的最多也不过是授权外交委员会继续进行谈判的一纸指令。而黑尔斯感到当时已毫无进一步谈判的基础。

在波兰,由于没有一个正当的政府,公众和议会的意见至高无上;在英国,尽管就宪法上来讲存在根本差异,但情况也没有两样。3月28日,乔治三世向议会宣布,他认为有必要扩充海军,以便为普英要求在严格的意义上恢复黑海的现状增添力量。英王的讲话是在皮特授意下发表的,皮特认为一定不应让俄国占据奥恰科夫以及布格河和德涅斯特河之间的沿海地区,以防止俄国成为南方海军大国。但是,无论是议会还是公众,都不太清楚奥恰科夫在什么地方,以及为什么要让英国的老朋友和好主顾把这块地方交还给基督教的传统敌人。北方出口贸易处于危机之中;伦敦、诺里奇、威克菲尔德、利兹和曼彻斯特都异口同声地发出"不要同俄国打仗!"的呼声。这种情绪在下院和政府内部都引起了共鸣;托利党的多数在下降,内阁意见分歧。皮特的力量遭到削弱并作出了让步;这是"他从未遭到过的最大屈辱"。①

俄国振兴军备的失败②也招致拟议中反俄联盟的瓦解。在波兰,国王和爱国分子在国家应有一个有效而稳定的政府的共同愿望下,在几个月以前联合在一起;现在,他们都感到一旦有可能,他们就必须有所行动。5月3日,一部在极为秘密的讨论下炮制的新宪法在众议院半数以上议员缺席的情况下,由出席议员多数通过。王位改为世袭,不再是国际政治的筹码;并希望以国王为首的政府能够执行一项长期的外交政策。但是,这时开展外交活动已为时过晚。

普鲁士对这部宪法的态度③是模棱两可的。一方面普鲁士的外交代表警告"爱国分子"说,如果波兰政府体制未得到普鲁士同意就进行重大改变,他的政府便不会履行联盟条约;而另一方面,弗里德里希·威廉却正式表示他同意"这一决定性的步骤"。实际情况是,普鲁士政府确实认为自己已解除承担的义务,但又让波兰人

---

① J. H. 罗斯:《威廉·皮特与民族复兴》(伦敦,1911年),第617页。
② 见 M.S. 安德森《英国对俄国的发现,1553—1815年》(伦敦,1958年),第6章和 D. 格哈德《英国与日益上升的俄国》(慕尼黑,1933年),第6章。
③ 1788—1792年间的普波关系是一个复杂而有争议的问题,对这个问题最近的研究见 J. 达特凯维奇《四年议会时期的普鲁士与波兰》,载《历史观察》(1935年)和《格但斯克问题……》,载《托伦科学协会论丛》(1954年)。

从非正式的暗示中去揣测其中意思。不过，普鲁士和奥地利于1791年7月（在奥地利和土耳其媾和后）签订的条约中，根据利奥波德二世的建议，列入了一项条款，保证波兰领土的不受侵犯和完整，以及波兰的宪法。然而，在1792年年初，当奥普两国在俄国和土耳其媾和后恢复其联盟时，普鲁士利用法国当时的局势对有关波兰的条款进行了修改：两国只承诺尊重一部自由的宪法。普鲁士政府这时认为，俄国在波兰重新发挥影响已无害处，到2月中旬已在考虑另一次瓜分。1792年3月1日利奥波德去世后，这种前景更加接近。4月，普鲁士使节在一项口头声明中宣称，他的政府认为自己并没有义务捍卫这部新宪法。这时，波兰不得不单独去应付叶卡捷琳娜的报复。她决心要打击并粉碎波兰的雅各宾主义分子，教训波兰人不要小看俄国，并惩罚他们忘恩负义的国王。1792年5月14日，波兰的保守分子在她的保护下组成一个同盟（表面设在塔尔哥维查，实际上是在圣彼得堡）以反对他们声称的1791年5月3日的革命阴谋；四天之后，俄国军队入侵波兰。当波兰人天真地援引联盟条约请普鲁士给予援助时，普鲁士建议波兰人击败俄国。波兰军队仅仅能对入侵者稍作抵抗，国王只有进行谈判。7月，国王屈从于叶卡捷琳娜的要求，而且他生性倾向于妥协，于是承认了塔尔哥维查同盟。叶卡捷琳娜在延长了与奥地利和普鲁士的联盟条约后，她的地位已强大到足以单独对付波兰，不过她还是选择了一条稳健的方针，同普鲁士分享战利品，而奥地利则放弃了它的那一份而换取了它取得巴伐利亚。1793年1月23日签署的俄普条约表明这次瓜分是针对革命的一次行动。这真是一箭双雕：一方面摧毁了波兰的叛乱，另一方面又获得了在法国采取同样行动的实力。普鲁士攫取了但泽以及从琴斯托霍瓦经索哈切夫到贾乌多沃一线以西的地区，人口约110万。俄国则获得了从德鲁雅到平斯克，从而到兹布卢奇河以东的地区，居民300万人。

议会于6月在格罗德诺开会，批准瓜分的行动。出人意料的是，它遭到了顽抗，只是在蛮横的压力——军队封锁、监禁、没收财产——和进一步报复的威胁下才屈服的。于是，属于波兰的仅仅剩下一个小小的俄国保护国，面积约8万平方英里，人口约400万以及一部倒退的宪法。①

波兰军队虽然在1792年战败，但并未被击溃。许多将领都在等待时机以便及早重新投入战斗。在华沙和其他地方，许多知名的民间人士在法国革命成功的激励下也在考虑举行大规模起义。共济会的支部网为这两部分人的领袖们提供了开会的场所，不久彼此就联合在一起策划起义，并且同在德累斯顿避难的五月宪法的倡导者保持密切联系。在这些人当中有柯斯丘什科将军，② 他在最近的战争中表现出色，被认为是未来起义的领袖。由于面临军队人数即将从3.7万人减到1.5万人和华沙的共谋者遭到逮捕，起义遂被迫提前举行。柯斯丘什科于3月底抵达华沙，负责领导起义。运动的纲领概括为下列口号："自由、（领土）完整、独立"，柯斯丘什科得到一个独裁者所拥有的权力，但这种权力后来随着紧急状态的出现而告终。

他的军队从一开始就以2∶1处于劣势。尽管地方民兵也立了功绩，但加在一起仍无法弥补缺乏训练有素的军队，特别是缺乏装备的弱点。农民援军手中所持的、可以置敌人于死命的直立大镰刀毕竟不能取代枪炮和弹药。撇开战略上的考虑不谈，起义者终于在战斗了8个月之后不得不放下他们手中已空无子弹、损坏无法使用而又得不到替换的火器。

这些手执大镰刀的人首先在4月4日克拉科夫附近的拉茨瓦维采战役中战绩辉煌，这也是柯斯丘什科取得的第一次胜利。于是起义声威大震，扩大到东南远及沃伦地区，往北则达到立陶宛。4月中旬，华沙居民向俄国驻军发动进攻，为波兰人取得战争中，也是整个世纪中最大的胜利。到4月底，起义军几乎控制了第二次瓜分后留下的由波兰占有的全部领土。普鲁士于5月的入侵及其6月与俄军会师使形势对柯斯丘什科更加不利。在6月初两次失利和克拉科夫失陷后，约2.8万名波兰军队退守华沙，同9000多名城市民兵会师。2.5万名普鲁士军队到8月底才向首都发动进攻，但被击退，不久又向西撤退以便镇压波兰西部的地方起义；1.4万名俄军则在固守的阵地前滞留，后向南撤退。然而，维尔诺不幸于8月初落入俄军之手。随着令人生

---

① 见B.德姆宾斯基编《波兰第二次和第三次瓜分的历史文件》第1卷（利奥波尔，1902年；未再版）和R.H.洛德《波兰第二次瓜分》（坎布里奇［哈佛］，1915年）。
② 见M.海曼《柯斯丘什科将军的领袖和流放生活》（纽约，1946年）。

畏的苏沃洛夫从乌克兰南部抵达波兰，俄军在数量上的优势更加居于压倒地位。10月10日，A. 波宁斯基率领的一支小部队由于未能在马切约维采与柯斯丘什科会师而被歼，本人也受伤被俘。不到一个月后，普拉加郊区遭到苏沃洛夫军队的猛烈袭击，并且在违反苏沃洛夫的指示的情况下，手无寸铁的居民遭到屠杀。华沙投降了。托马斯·坎贝尔[1]悲叹起义者的失败：

> 啊，时间长河中血流成河的图画，
> 萨尔马提亚倒下了，没有眼泪，没有罪过；
> 找不到一个慷慨的朋友，也没有同情她的敌人，
> 她双臂仍然坚强有力，在灾难中也无人怜悯！

华沙爆发起义后，圣彼得堡的叶卡捷琳娜和她驻波兰首都的全权大使伊格尔施特勒姆的反应不谋而合：向普鲁士求援。看来俄国已缺乏单独采取行动的财力和人力。普鲁士迫切希望得到报偿，预期俄国会提出要求，由拿骚公爵把自愿帮助的信息带到圣彼得堡。俄国政治家们在波兰问题的看法上意见分歧，但别兹博罗德科、奥斯特曼，也许还有叶卡捷琳娜本人都主张瓜分。至少到6月底，叶卡捷琳娜已拿定主意，并已就原则问题同奥地利进行了磋商。图古特表示同意。叶卡捷琳娜得到这个暗示后便发表声明，称三国王室采取措施的时机业已成熟，这不仅是为了扑灭在波兰燃起的火焰的最后火星，而且是为了防止它死灰复燃。

如果说从此以后工作进行得不太顺利的话，其原因是火星已酿成熊熊烈火，而消防队员却彼此争吵不休。奥地利和普鲁士都对克拉科夫及其他领土提出要求，互相冲突，而叶卡捷琳娜对弗里德里希·威廉从华沙后撤一事表现出无尽的愤恨。苏沃洛夫的胜利使叶卡捷琳娜在镇压起义之后出现的更加激烈的争论中得以进行仲裁。11月，奥地利接受了女皇提出的条件，但普鲁士却坚持把其边界线推进到温达瓦河、涅曼河、维斯杜拉河和纳雷夫河一线。由于同普鲁士的谈判处于僵局，俄、奥两国为了调整并力图说明新的肢解方案是合理的，交

---

[1] 英国诗人（1774—1844年）。——译者注

换过三次内阁声明。第一次说，鉴于共和国已完全无力在法律下和平生活，也无法产生坚定有力的政府以防止像这次叛乱这样的麻烦重新发生，三国认为有必要由其邻邦对波兰实行最后的瓜分。第二次为奥地利参加1793年的瓜分做了准备。第三次则再次提出瓜分土耳其的秘密计划。与所有人的预料相反，而且确实与一批有影响的政治家和将军们的意图相反，普鲁士于1795年4月5日在巴塞尔同法国单独签订和约之后，为了实现自己在波兰的领土要求，并没有反对其被遗弃的伙伴奥地利和其盟友俄国。普鲁士已无力再单独发动这样的战争，而且也找不到合适的盟友，因此和平才得以保持。1795年8月，普鲁士终于接受了俄国的领土要求，但保留同奥地利进一步谈判的权利。普鲁士与俄、奥两国之间的有关条约于1795年10月签订。俄奥边界现在已扩展至布列斯特以西的布格河沿岸，而俄普边界则从该处延伸到格罗德诺和涅曼河沿岸。普奥边界大致沿皮利察河、切尔斯克和华沙之间的一段维斯杜拉河以及布格河下游的大部分划分。普鲁士兼并了约90万波兰人口和华沙，奥地利获得了约100万人口和克拉科夫，俄国则增加了200万人口。1797年1月在圣彼得堡签订的条约使共和国的事务宣告结束，并写明斯坦尼斯拉夫·奥古斯特于近期退位。缔约国在一项单独的秘密条款中同意在称谓中永不再使用"波兰王国"一词，它今后将永远被取缔。①

柯斯丘什科（1764—1817年）作为领导他受人控制的国家的第一位平民，标志着一个新时代的开始。有关他的一切几乎都带有新时代的特点并宣告19世纪的来临——他出身中产阶级，在波兰和巴黎求学期间是恰尔托雷斯基家族的追随者，参加过美国独立战争，是一个信任普通老百姓的卢梭主义者，并往往富于浪漫色彩地按自己的愿望来估量自己的力量。他是参加过两次战争的老兵，因而认为担任武装起义的领袖是自己的天职。他把士气看得比人数重要，因此既相信常规武器的威力，同样相信佩剑等随身武器的作用。照柯斯丘什科看来，波兰的大镰刀跟法国的长矛和刺刀是一样好的武器，特别当采用福拉尔骑士和H. 劳埃德将军的著作中所主张的步兵纵深阵形时，使用这种武器更加有效。柯斯丘什科认为，只要团结一致，波兰是能保

---

① 参见 R. H. 洛德《第三次瓜分波兰》，载《斯拉夫评论》(1925年)。

卫自己对抗俄国和普鲁士的，而达到团结一致的最好办法是赋予农民在5月3日没有得到的东西。1794年5月7日他在波瓦涅茨发表的声明正说明了这一点。农民摆脱了桎梏，得到了同地主进行合法斗争的权利，因为已禁止地主任意侵占农民的土地。徭役以过去每周劳动的天数按反比例减少，即按土地的大小和劳动能力来确定：从5天或6天减少到3天或4天，从2—4天减少到1—3天，从1天减少到半天。作为减轻劳动的报偿，农民有义务按合理的工资以雇工身份劳动，还要帮助那些服兵役的人种地。但是，地主出于自私的目的，阻挠实施波瓦涅茨的规定。如果这些规定得到贯彻，就会在波兰为农民创造更为有利的社会和经济状况，而且会比当时奥地利和普鲁士的状况更先进。而结果是，贵族与起义疏远了，而身受俄军苛捐杂税和百般虐待的农民也没有被争取过来。

　　柯斯丘什科虽然对农民的处境深表同情，但并不想让波兰走法国革命的道路。在华沙十多万居民当中虽然可以找到最大多数的法国革命的信徒；但是，无论是心怀不满的下层民众，还是以前撰写政治小册子而从1792年以来已不再活跃的那些先锋人物，以及倾向于把自己的行会转变为政治俱乐部的手工业者，就其人数和力量来说，都不足以把波兰首都变成另一个巴黎。暴动和游行示威由于5月9日逮捕并于6月28日未经审讯而公开将一些主要的卖国贼绞死，从而达到高潮，但当局终于控制了局势。近1000名"雅各宾分子"遭到逮捕；1794年6月华沙民兵使用的誓词和口令说明了他们的政治纲领："农奴制——可耻；出身——是偶然的，自由——幸福；人民——权力。"一般老百姓对法国革命的反应与其说是盼着推翻国内的敌人，不如说是打倒外部敌人以求得解放。这也正是柯斯丘什科所希望的，并构成他在两条战线上进行武装起义的战略计划的基础。

　　自1792年以来，法国革命之得以保全，与其说是依靠自身的力量，倒不如说是法国的敌人因波兰的事态发展而分裂，以致削弱了彼此的力量。就这点来说，法国革命实已受惠于波兰。普鲁士更热衷于获得但泽、托伦和最大份额的波兰领土而不是摧毁法国革命，因此乐于让奥地利承受在法国作战的主要压力，而法国也利用这种愿望，让自己的军队撤回，丝毫没受损失。1793年秋，格罗德诺的议会在俄奥使节的秘密怂恿下,拒绝割让任何领土给普鲁士。对此,弗里德里希·威廉认为不能因"次要任务"而牺牲"首要任务",遂匆忙将军队从洛林和阿尔萨斯地区调往波兰,从而使法国军队免遭某种惨败。法国国民公会曾于1792年11月19日宣布,准备给予所有要求恢复自由的民族以无偿援助。但事实与此相反,这一诺言从来没有兑现。德累斯顿的爱国者在国民公会外交政策的鼓励下,把不久前当选为共和国名誉公民的柯斯丘什科派往巴黎作为他们的代表。[1] 他提交给吉伦特派领导人的备忘录表明,他希望波兰树立的榜样为奥地利(在匈牙利、波希米亚和加利西亚)、普鲁士(在西里西亚)以及甚至俄国的被压迫民族所效仿,使这三个瓜分波兰的国家不得不退出波兰。接受备忘录的人由于早已决定默许进一步瓜分波兰以换取同普鲁士媾和,却提出一旦时机成熟,将执行一项向波罗的海及其岛屿派遣一支海军远征队的令人难以相信的计划,来欺骗柯斯丘什科。总之,即使他们愿意恪守国民公会的诺言,他们也无法这样做,因为法国于1793年春正忙于保卫自己的领土而自顾不暇。柯斯丘什科只得两手空空返回德累斯顿。第二位使者于同年年末抵达巴黎,也一无所获。武装起义的爆发也未能动摇山岳派政府捍卫法国革命而不顾其他一切的决心。只是在罗伯斯庇尔倒台之后才允许波兰使者出席国民公会,其主席科洛·德布瓦向他说教:在一次大革命中,采取的措施不够坚强有力会产生种种不良后果。在晚秋时,法国救国委员会为了发动一次由波兰、瑞典和土耳其人协同进行的牵制战役,决定派遣一名使者携带一笔款项前往波兰,不过此时俄国人早已开进华沙了。法国这种小心谨慎而且为时已晚的姿态所付出的代价,同它从波兰抵抗的崩溃中所得到的好处简直是无法相比的。通过巴塞尔和约,波兰起义成了法国革命的牺牲品。

在1830年革命时期,波兰扮演了诱饵的角色而再次为法国提供了同样关键的帮助。在这两次重大时刻,波兰都没有任何盟友。在1794年,波兰周围的邻邦都在欧洲这块大陆上寻找殖民扩张的出路。撇开这些恶劣的处境不谈,应该把柯斯丘什科的起义看作是一次计划

---

[1] 见 J. 格罗斯巴尔《法国大革命时期巴塞尔条约以前的波兰政策》,载《法国大革命史年鉴》(1929年,1930年)。

不周的冒险，而并不是不计后果的赌博。所得远远超过所失。继武装起义之后的瓜分在任何情况下迟早都会发生的。在被瓜分之前，波兰人至少表现出他们不仅知道如何管理好自己的国家，而且知道如何保卫国家。武装起义是五月宪法合乎逻辑的结果。

认为波兰肯定会有一个盟友的错误看法，对第二次瓜分波兰起了重要作用。在导致瓜分的事态发展中，波兰人表现得轻率和轻信；普鲁士人口是心非，英国人表现出岛国民族的狭隘特性，而叶卡捷琳娜则怀有俄国式的报复心理。波兰这次遭到瓜分是由于它想要好好地治理自己而受到惩罚，而1772年那次瓜分则是由于自己治理不善而受到惩罚。第一次瓜分是由于波兰的无政府状态而招致俄国和普鲁士出于私利而进行的干涉。1772年进行的交易的基础则是补偿：对俄国是补偿其对土战争的胜利有限，对奥地利是因为它未能取得土耳其任何领土，而对普鲁士则是因为它充当了中间人，而且采取了有效措施免得它失去别人已得到的利益。虽然这一次像在1793年，在很大程度上像在1795年一样，推动力都来自普鲁士。但是，普鲁士受到社会舆论和后世的谴责却比应有的少得多。

至于瓜分的"原因"虽然可以从波兰内部和外部存在的环境中寻找，但事实仍然是，倘若波兰的体制稳定，经济又发展得较好，就不会使自己处于被肢解的境地。因此，瓜分并不是一出三幕悲剧，而是一出戏的最后一幕，其序幕可追溯到16世纪。

波兰从欧洲地图上消失给瓜分者带来一些相对的和绝对的好处，但没有一个能保持长久。普鲁士使领土连成了一片；奥地利在良心上并不平静，而且还有另外一个民族处于被统治的地位；俄国在中欧领土上打入了一个楔子，与普鲁士形成面对面的局面。两国之间的地理壁垒拆除了，这推迟了两国的冲突，但最终并未能避免。总之，瓜分给19世纪带来了波兰问题，它造成的问题比解决的问题要多。

1772—1794年这段时间，波兰社会生活也出现了新的现象。华沙承担了一个近代首都和任何地方所具有的政治重要地位，超出了它的承受能力，好像是为了抵消塔尔哥维查的保守分子和卖国分子及其追随者的观点，经过改革的学校培养出波兰人的一个新的阶层。这些人思想激进，倾向民主，出身于城市或地主家庭，但通常并不拥有私人财产,后来被称为"知识分子"。但是,波兰国家遭到镇压使进步的时钟倒转,并迫使这些各方面的精英把他们的精力由从事政治、社会和经济的改革转向恢复民族独立这一崇高而范围有限的事业。

(王绍仁 译)

第 十 三 章

伊比利亚各国和意大利各国
（1763—1793 年）

一　伊比利亚各国

在 1763 年，经历了七年战争的西班牙已国力变弱，较前明智，卡洛斯三世和他的大臣已明白，要获得实力和安全没有什么捷径，西班牙只有依靠自身的政治和经济力量，才能作为一个殖民国家存在下去并恢复它在欧洲的地位。过去波旁王室曾作过努力来阻止这种衰微趋势，但无力扭转。在卡洛斯三世于 1759 年继任西班牙王位以前任帕尔马公爵和那不勒斯国王时，就表现出了他的改革思想，并宣称他的抱负是恢复西班牙的伟业。他具备承担这一任务的许多品质。尽管他的智力有限——从他对打猎有近乎幼稚的入迷或许可见一斑——但他严肃认真，处事勤勉，给外国观察家和他的臣民留有深刻印象。他信教虔诚，生活有节，并忠贞不渝地缅怀前妻——萨克森的玛丽亚·阿马利娅，她在他登上西班牙王位不久后即去世。他的君权意识强烈。从对他儿子的告诫中即可看出他的专制主义观点："任何批评政府行为的人，即使政府行为不好，也都构成犯罪。"① 不过，重要的是他在任用大臣方面显示出治国才能。他不从政治无能的贵族中挑选顾问，有时也传闻不从中产阶级中挑选，因为它尚未被承认是西班牙的一支力量，而是从下层贵族中受过大学教育的律师中挑选，他们既忠于专制王室，又心向启蒙运动思想的贯彻实施。不过，他早期的任

---

① 转引自 A. 多明格斯·奥尔蒂斯《18 世纪的西班牙社会》（马德里，1955 年），第 27 页。

命显示出他对外国人,尤其是意大利人的宠爱——如他任命斯奎拉切侯爵为财政大臣,格里马尔迪侯爵为外交国务大臣——这使他在新臣民中失去了一些人心。但他吸取了教训,用西班牙人取代他们,并起用素质较高的人,如任命能干的律师曼努埃尔·德·罗达为司法大臣;主张改革的经济学家佩德罗·罗德里格斯·德·坎波马内斯从1762年起任卡斯蒂利亚政务会议的检察长;军人出身的行政官员阿兰达伯爵1766—1773年任卡斯蒂利亚政务会议主席;特别是任命开明专制主义的理想臣仆、佛罗里达布兰卡伯爵何塞·莫尼诺于1766年起为卡斯蒂利亚政务会议检察长,并于1776年接替格里马尔迪任首席国务大臣。

虽然这些人中有的受了法国百科全书派的影响,但他们的政策谈不上具有什么意识形态倾向,也没有对宗教进行公开抨击。启蒙运动哲学在卡洛斯三世的思想中没有位置,对他的臣民的影响也很小。只有少数受过教育的西班牙人阅读过法国启蒙哲学家的著作,而且他们并不一概接受其观点。法国人对当时社会、政治和宗教机构的批评,西班牙人没有作出什么反应;这并非由于宗教法庭(这是人们可以逃避的),而是由于政府当局和西班牙人民信奉天主教和忠于专制王室。事实上他们谋求的不是新的哲学,而是对行政、经济和教育问题的实际解决办法。卡洛斯三世政府革新精神的动力只是为了增加国家的实力和繁荣。科学发现并不是由于其本身目的,而是由于它可以成为促进生产和农业的手段才受到重视。这从半官方的经济社团组织的工作中可见一斑,他们随着君权从巴斯克地区扩展到西班牙其他地区的大城镇,目的只是通过研究和试验来促进农业、商业和工业。这些组织虽然遇到了保守势力的某种敌意,可是在观念上绝不是反教会的,而且成员中有不少教士。改革探索的整个运动被恰当地称为"实用文化和管理文化",① 其目标是提高专业技能和实践知识。

改革的推动力来自上面,西班牙社会中的保守分子最初感到突然,难以接受,政府中出现了外国人,并且存在着真正的不满,使得早期的抗议活动具有爱国和赢得人心的感染力。西班牙在七年战争中遭到失败,通货膨胀和接二连三的歉收带来了食品价格上涨,加上斯

---

① J.萨拉伊:《18世纪后半叶西班牙的光辉》(巴黎,1954年),第165页。

奎拉切为改革而增税，所有这些，引起了广泛的怨恨，并可能被那些对政府执行新路线感到惊慌失措的人所利用。最后，斯奎拉切又想实施一条旧法，禁止人们在马德里穿戴阔边呢帽和长斗篷，理由是这种穿戴可能为刑事犯提供伪装。他这一企图终于触发了马德里1766年3月的暴乱，随之扩散到西班牙中部的其他许多城镇。在首都，一批暴徒攻击了意大利人大臣们的住宅，国王本人逃到阿兰胡埃斯，屈辱地接受了起义者的条件：放逐斯奎拉切，取消关于着装的法令，降低食品价格。在官方看来，1766年的暴乱不只是反对试图改变民族服装的外国大臣，甚至也不是出于百姓的不满，而是由于有人当自己的利益受到威胁时企图用武力来更换政府成员和政策，这意味着他们抵制改革或改革计划，特别是抵制改革经济和教会事务。据报道，暴乱是一些贵族和教士策划的，他们想把斯奎拉切赶走，阻拦卡洛斯进一步改革。这些报道的真实性还有待证实。[①] 尚无证据表明，耶稣会士作为一个教派参与了暴乱，但无疑有些耶稣会士个人与暴乱确有牵连，并企图说明暴乱是正当的。这给政府提供了可归罪于整个教派的材料和消灭这一教派的机会，它过去的活动被认为是对专制王室的威胁。

在对付西班牙教会方面，卡洛斯三世处于有利地位，1753年罗马教皇曾与西班牙国王缔结政教协定，认可西班牙国王有广泛的任命权、司法权和征税权，他想进一步巩固和扩大这些权力。教会本身几乎无力抵抗这种专制。在1000万人口中有20万神职人员和约3000座教堂，教士的数量可能已超出了国家的支持能力。经济上教会力量强大，占有大量土地和岁入，其收益多半用于慈善事业、教育和向国家捐助，但改革派还抨击教会不从事生产，尽管教会物力雄厚，却无法形成统一战线来对付国家的侵犯。主教由国王任命，而通常能胜任该职的绝大多数是坚定的王权至上主义者。在拥有财产和所受教育方面，高层和下层教士大不相同，神职人员的分布也不合理，托莱多这些地方人员众多，而农村教区却连神父都没有。修道院内的修士同他

[①] 见V. 罗德里格斯·卡萨多《卡洛斯三世的对内政策》（巴亚多利德，1950年），和《卡洛斯三世时期的教会与政府》，载《美洲研究》第1卷（1948年），第5—57页，他认为暴乱是在耶稣会的纵容下策划的，而耶稣会士C. 埃吉亚·鲁伊斯所著《耶稣会会士与斯奎拉切暴乱》（马德里，1947年），则称暴乱是自发的。

们的对手在俗教士之间也存在分歧,这些都削弱了西班牙教会,使它受到攻击。另外,国王处理教会事务的权力在西班牙的支持者大有人在,甚至在教会内部也有。这些王权至上的拥护者被他们的敌手称为詹森派,可是他们的詹森派教义同法国早期詹森派提出的感恩祈祷问题丝毫没有什么关系,仅在批评罗马教皇的司法权、宗教派别以及把各种流行的虔诚行为看作迷信等方面有相同之处,那些希望西班牙的教会能体现更多民族特性的人,还得到了高卢主义①和费布朗尼乌主义②等其他外来的反教廷倾向的影响的支持和鼓励。

同信奉王权至上的西班牙教会的其他派别相比较,18 世纪的西班牙耶稣会并不特别信奉教皇至上论,许多耶稣会教士,特别是王家忏悔神父,和其他教派的信徒一样坚决维护王权。尽管如此,耶稣会士仍保持了他们的誓言:服从教皇和维护他们作为教廷代表的声誉。他们对国王的忠诚在美洲殖民地也受到怀疑。一个有着总部设在西班牙之外的国际性组织的教派,被看作是对王权的妨碍。为贯彻 1753 年的政教协定,卡洛斯三世认为必须认真对付国内和罗马的反抗。他即位几年后便开始摊牌,禁止出版谴责法国教义问答手册的教皇敕书,该手册否认教皇无谬说并包含敌视耶稣会的观点。当西班牙宗教法庭庭长出版了该教皇禁令后,就被逐出马德里,囚禁在一修道院,直到他乞求王室宽恕方罢。另外,卡洛斯三世于 1762 年 1 月 18 日颁布法令,规定从今以后,教廷的一切文件,都必须得到王室的准许,才能在西班牙出版。该法令虽在 1763 年 7 月暂停实施,但在 1768 年又告恢复。

耶稣会在这件事以及其他事件上的反对行为,使卡洛斯三世更坚定了要除掉该教派的决心,他认为该会是对他专制权力的挑战。这项决定得到了他的大臣们的坚决拥护,他们中有些人如坎波马内斯和莫尼诺,都来自对耶稣会在教育中的影响以及它依附于高层贵族而感到愤慨的阶级。结果终于爆发了 1766 年的暴乱,虽然暴乱的起因显然是由社会和经济原因导致的不满,可是政府宁愿相信暴乱是耶稣会及其盟友煽动起来的,他们企图改组政府,阻止进一步改革。教廷提

---

① 在法国出现的主张限制教皇权力、要求各国天主教自主的运动。——译者注
② 关于费布朗尼乌主义,参见第 7 卷,第 121—122 页。

出抗议，认为耶稣会个别教士的行为不应使整个教派遭到损害，但为时不久，整个教派显然已处在危险之中。官方对此事的调查掌握在阿兰达之手，斯奎拉切下台后，他于1766年被任命为卡斯蒂利亚政务会议主席，由坎波马内斯和莫尼诺协助其负责恢复秩序的任务。对耶稣会的指责十分激烈，并掀起宣传的狂热，表明对它的谴责不仅硬说它卷入了马德里暴乱，而且它在政府中的敌人称他们"鼓吹狂热，煽动叛乱，教义虚伪，极端骄傲，令人无法容忍"，并构成"扰乱国家，直接反对大众福利的公开帮派"。① 一个包括僧侣统治集团成员在内的王室委员会，判定耶稣会犯有煽动暴乱罪。接着，1767年2月27日颁布王室敕令，将耶稣会逐出西班牙及其领地，就像它早在1759年被逐出葡萄牙、1762年被逐出法国一样。该法令还禁止公众议论该事。在执行中，虽然被牵连的8000名耶稣会士和来自西班牙其他教会的人士实际上都未反抗，阿兰达仍采用了无情的军事手段。这一措施不仅获得了奥古斯丁会等对立教派的拥护，并且得到了有王权至上思想的主教团中大多数人的拥护。当罗马教皇于1769年询问西班牙僧侣统治集团对上述措施的意见时，42位主教赞成，6位反对，8位拒绝回答。

西班牙政府并不满足于驱逐耶稣会，它还决心镇压所有地方的耶稣会，为此需要罗马教廷的合作。那些离开了西班牙的耶稣会士，定居在教皇国和欧洲其他地方。出于政治和财政原因，教皇克雷芒十三世虽然也不愿他们待在他的国家，但他抵制了波旁王室国家要求镇压他们的压力。所以卡洛斯三世及其盟友只好谋求物色一位较听话的教皇继承人。选举红衣主教甘加内利为克雷芒十四世教皇，是反耶稣会国家的一次胜利。克雷芒十四世终于在1773年7月21日颁布了镇压耶稣会的敕令。西班牙政府在罗马的主要代理人是何塞·莫尼诺，其助手是巴斯克斯神父和博伊克萨多斯神父，他们分别是奥古斯丁会和多明我会的会长。莫尼诺甚至对教皇敕令的起草都能施加影响。为酬谢他的效劳，卡洛斯三世授给他佛罗里达布兰卡伯爵的称号。

剩下的还有耶稣会教义及其财产的问题。教义遭到禁止，财产被

---

① 1767年4月30日特别委员会咨文，见M. 丹比拉和科利亚多《卡洛斯三世在位时期》（六卷本，马德里，1890—1896年）第3卷，第628—633页。

第十三章　伊比利亚各国和意大利各国（1763—1793年）

充公，并首次用于公共教育。政府保证耶稣会的财产用来兴建新的教育中心、医学院，为贫困学生兴建大学宿舍，耶稣会的岁入则用于医院和其他社会服务事业。王室法令规定，小学教育全由世俗教师任教，上学是义务，并对大学教授职位进行管理。这些规定并未全部执行，解散耶稣会的受益者是国家而非社会。

西班牙的教会从属于国家一事，由于宗教法庭的司法权的被剥夺而宣告完成。宗教法庭本来已经是王室的工具，但在政府看来，由于它以前同耶稣会沆瀣一气而失去价值，卡洛斯三世政府中的改革派认为它是教皇权力至上的维护者。卡斯蒂利亚政务会议重申君权高于宗教法庭，卡洛斯三世比他的前任开始更有效地行使君权。1768年和1770年的法令规定了书刊审查的程序，宗教法庭的审判官限于审问异端邪说和背教行为，并且只在罪名成立后才能监禁当事人。王室的这种限制宗教法庭司法权的行动的意义不应予以夸大，因为宗教法庭在宗教事务方面的传统权力并未触动。然而宗教法庭已不能无视政府的态度，审判官的任命也挑选比较温和的人，加上它本身失去了生气，从而缓和了它的行动。

镇压1766年暴乱、驱逐耶稣会士，都是卡洛斯三世的改革派大臣们的胜利，此后，他们又得到了卡斯蒂利亚政务会议新主席阿兰达伯爵的名望和权威的支持。阿兰达是一位贵族、军人和温和的改革派，对卡洛斯三世在恢复秩序和信心方面是有用的，但他未制定过任何政策。这一任务是由政府主要经济顾问坎波马内斯和在1776年接替格里马尔迪任国务大臣的佛罗里达布兰卡完成的。经这个集团之手，王室的政策目标并没改变，只是做法改变，执行得较过去更谨慎些。

改革不仅要依靠立法，而且要依靠政府机构去执行。阿拉贡、加泰罗尼亚和巴伦西亚的地方豁免权在18世纪早期已被废除，使所有西班牙人臣服于一个共同政权的中央集权官僚体制逐步得到执行。卡洛斯三世继续贯彻中央集权和君主专制的方针，在他的统治下，议会——全王国唯一的议会——像以前波旁王朝一样在国家生活中发挥不了什么作用。但是国王仍谋求通过更有效的统治加强其专制统治。政府的政务会议制度——哈布斯堡统治的典型做法，即把分管政治、行政、司法等职能的各委员会联合在一起的体制——已被早期波旁王朝的体制所修改，它吸取了法国君主政体的经验，开始试行个人负责的大臣制。后者热衷于由自己决定政策，便削弱政务会议的权力，使它逐渐只限于处理日常行政事务。到卡洛斯三世统治时，政务会议体制的衰落已趋于停止，在他任命坎波马内斯和佛罗里达布兰卡为检察长、阿兰达为主席后，卡斯蒂利亚政务会议乃重现生机。但其办事的缓慢成为进行有效治理的障碍，政务会议本身也热切希望只管司法工作。实际上，现在被称为大臣的王室秘书们，成了在卡洛斯三世领导下治理国家的主要动力。卡洛斯三世承袭的有五个部门——国务、陆军、财政、司法以及海军和西印度事务部。权力集中在一小批人手中，他们与国王不断保持联系，对政策给予过去所缺少的有力指导，这些大臣让政务会议去处理行政和司法方面的具体事务，他们则致力于筹划和推行政策，把中央的权力扩展到全西班牙，并在税收、国防、地方政府和其他领域进行改革。此外，还经常而系统地利用委员会（Junta）① 以协调各部门的工作。大臣们可在会上一起讨论政策。最初，这种做法只任命一些专门委员会以处理特定的事务，后来开始不定期地召开国务委员会（Junta de Estado），发现这是解决部门间的分歧，制定协调一致的政策的办法，佛罗里达布兰卡鼓励他的大臣同事们经常开会，1787 年 7 月 8 日终于颁布法令，使内阁成为常设机构，这是西班牙政府长期以来所需要的一个集体负责和持续存在的机构。

大臣们又有自己的代理人，其中最重要的是地方行政长官（intendants），1718 年，西班牙开始设这个职位，但到 1749 年才显出成效，这可说是波旁王朝最具特色的行政改革。地方行政长官负责本省整个行政和经济发展，并负责征兵和军需供给。卡洛斯三世统治时，他们呈报的本地情况的报告是政府制定政策的依据。他们承担的这一任务也许是难以完成的，因为他们经常遇到同更熟悉本地情况、因循守旧的地方长官（corregidores）发生职权冲突的危险，这些地方长官在各省所属的小辖区内反映地方行政长官的活动。地方长官的专横残暴在 18 世纪虽比 17 世纪有所收敛，但人选的素质仍然较差，1783 年起开始了决定性改革，过去这些职务凭借恩宠授予，并可随意撤

---

① 亦译"洪达"。——译者注

换,现在则进行改组,按重要性和收入分成三等,只要有才能即可担任,并制定了升迁制度。

在这种体制下,城市没有独立行动的余地,此外,由于城市的岁入很多,中央政府不能忽视,因此从1760年起,它通过卡斯蒂利亚政务会议的一个委员会和它的代理人地方行政长官对城市的岁入密切加以监督。然而,卡洛斯三世在加强其官吏的权力的同时,还试图扩大地方政府的职权,并使之更具有代表性。大概是由于卡斯蒂利亚城镇曾发生动乱的缘故,1766年实行了坎波马内斯的一项改革,每年选出普通市民的代表参加市政会议,较大的城镇有四名代表,居民少于2000的市镇选两名代表。从理论上讲,这是那个时期最引人注目的改革之一,因为这项改革给人民在城市政府中有一席之地,并许诺取消市政会议完全由世袭和终身委员垄断的制度。然而其实际结果大不一样。由于世袭委员们的敌视和人民的冷漠,新代表的力量太微弱,无法发挥影响,只能使他们希望自己也成为终身制,从而跻身于本地的寡头统治集团。尽管如此,这项改革还是表明政府希望在重振其权威中赢得西班牙社会的合作。

政府面临的最紧迫问题是国家的经济状况。农业因过去被忽视而受害,现在又处于危机之中。危机的直接原因是通货膨胀,从1750年到1790年,物价上涨了35%。由于西班牙中、南部地区耕地不足,地租上涨甚至高于物价的上涨。对土地的需求增大的根源在于人口明显增加——在18世纪内人口从约600万增加到1000万以上,而由于有势力的牧羊主组织"牧主光荣会"享有传统的牧场特权,把大片可耕地改作草场,并由于西班牙的土地分配不公,贵族和教会占有永远属于他们或有永久管业权的大量广阔未开发的庄园,情况就更加恶化。在西班牙中部,实行的是短期租佃制,佃户有被收回耕地的危险,使农民处于十分不利的境地。在南部,特别是在安达卢西亚,大部分是贵族大庄园,由做零工的劳工耕种,形成了农业无产者,他们的生活朝不保夕。所以对农民来说,公地对维持他们的生活是必不可少的。但是牧主光荣会、大地主以及市镇本身占据着大量土地,要获得土地谈何容易。市镇由当地寡头统治集团和贵族联合在一起进行管理,他们宁愿让私人占有大部分市镇土地,只留很小一部分作为公用。最后更糟糕的是,贵族还掌握着广泛的封建领主管辖权,他们可以提名法官和地方官吏,向成千上万的市镇和乡村征税。① 所以很清楚,需要采取一些根本性纠正措施来清除妨碍发展农业和促进农民大众福利的许多障碍。

卡洛斯三世政府曾设想制定一个较合理的政策作为其土地纲领的起步。1762年,坎波马内斯被任命为卡斯蒂利亚政务会议的检察官,负起经济事务方面的广泛使命。三年后,他出版了他的著作《论永久管业权》,书中认为只有使农民对所耕作的土地产生吸引力,才能国富民强,并鼓吹国家干预,为了社会的利益而改善土地分配状况。他还通过地方行政长官和地方当局对土地状况作了广泛的调查,这些报告于1771年和1784年编辑出版。与此同时,开始了小规模的改革。1763年,政府下令暂停收回短期租佃土地的做法。1766年4月,在巴达霍斯地方行政长官倡议下,将土地以固定的低租金分配给本地公民;卡斯蒂利亚政务会议批准了这一做法,并下令在埃斯特雷马杜拉地区的其他城镇实行,1767—1768年又推广到安达卢西亚和拉曼查地区,无地劳工和农民有优先分配权。1770年,西班牙各地都奉命将尚未耕种的市镇所有的土地加以圈定并进行分配。不过除了加泰罗尼亚和阿斯图里亚斯地区外,该措施收效甚微,因为劳工没有资金,难以指望不毛之地会有收成,加之市镇当局不是无视该法令,便是把利益给予了当地的寡头政治集团。分配私有荒地的尝试也未获得成功。至于封建领主的管辖权,虽然坎波马内斯似乎有意将其废除,但国王对触动他们的权益和财产权犹疑不决,只满足于在任命官吏时扩大了政府的干预权。向莫雷纳山区荒芜地区移民似乎为此提供了较好的前景。1767年,坎波马内斯制定了一个在莫雷纳山区和安达卢西亚地区王室领地的荒芜地区建立移民区的计划。由巴勃罗·德·奥拉维德监督该计划的实施,经过最初一段的踌躇后,德国和法国的天主教移民,接着是西班牙人都来此定居,促进了过去不毛之地的农业和工业发展。不过这类地区仅占西班牙的一小部分。

政府没有取消牧主光荣会,不过采取了某些措施削弱了它的权势。1786年取消了它可用固定租金永久使用过去一度用作牧场的任

---

① 数字见G. 德斯德维斯·迪·德泽《西班牙古代政治制度》(三卷本,巴黎,1897—1904年)第3卷,第130—131页。

何土地的权利。1788年，允许土地所有者有权围圈其土地，种植他们所需要的任何作物。但是实施这些措施时已是国王统治的末期，只不过是对已存在情况的认可而已。国际市场上羊毛价格比粮价要低；要养活日益增长的人口，迫切需要耕种更多的土地；大地主们也急于提高农产品的价格而从中获利，这些因素都有利于农业经营者，而不利于牧羊主。因为"这一次国王的目的和地主想支配更多农田的愿望正好一致了"。① 在1765年的谷物法中，同样可以看到双方利益的一致。该法令取消了粮食的最高限价，允许在西班牙境内自由贸易，除荒年外可以出口；这些法律再次给农业提供了刺激，一直到1790年被废除为止。但是，即使在这些农业兴旺、务农收益增加的年份里，实惠也并未落入农民手中。结果，尽管起步时很有希望，最后却表明，卡洛斯三世政府从来就无意进行根本的土地改革，政府的政策是以不危及保守势力的利益为限的。

在商业政策中，也可看到政府顺应占优势的经济力量的倾向，不过它获得了较好的效果。实际上，卡洛斯三世政府主要关心的不是农业，而是殖民地商业和国内的制造业。它的政策是，向殖民地贸易开放所有的重要港口，并保护西班牙制造业不受竞争的影响。1765年和1778年颁布的法令规定殖民地贸易向西班牙和美洲的大部分港口以及所有西班牙国民开放，② 从而使已经开始发展的工业和商业在国家的帮助下放手发展。或是经过加的斯，或是直接走私，塞维利亚和加的斯港以外的西班牙港口都在从事与美洲的贸易。特别是巴塞罗那，在获得合法特许权之前就深深地参与了殖民地贸易，它的出口基础是从1730年前后开始的工业复兴。

卡洛斯三世的政府和以往的波旁王室政府不同，它不是把国有制造业——尽管生产奢侈品的王家工厂得到了发展和改造——而是把改善私营企业经营的条件作为其工业政策的基础。令人鼓舞的是，王室敕令试图使体力劳动成为西班牙贵族所尊重的工作。此外还取消了行会对企业雇佣人员进行种种限制的习俗和做法。在西班牙制造业主的压力下，实施了一种旨在保护国内生产的关税政策，或对外国货物征

---

① R. 赫尔：《18世纪西班牙的革命》（新泽西州，普林斯顿，1958年），第117页。
② 见下面第14章，原文第401页。

税或禁止其进口，禁止棉花进口以保护加泰罗尼亚地区的棉花生产，禁止五金进口以保护巴斯克地区的冶铁业。1778年，很多小的布料不准进口，1788年，所有的布料以及亚麻、羊毛和棉花产品都不准进口。尽管海关的效率低下，无力防止走私，但政策还是起到一定作用。试图改善工业经营条件的类似办法还可以在王室的国内财政政策中看到。卡斯蒂利亚的税比阿拉贡、加泰罗尼亚、纳瓦拉和巴斯克诸省都多且重，这是卡斯蒂利亚要比半岛其他地区的工业落后的部分原因，因为税收影响了制造业主不愿创办工业。为了促进卡斯蒂利亚制造业的发展。国王似乎准备削减税收。1779年，取消了经营国内和销往美洲的羊毛产品批发交易的营业税，零售交易的税率也从14%降为2%。1785年，降低了所有物品的营业税。1786年，在西班牙国内销售国产麻布和亚麻布全部免税。与此同时，为缩短西班牙中部和周围地区的运输时间和减少运输费用，开始修建新的公路和运河，使卡斯蒂利亚能同西班牙其他地区的外国进口货进行竞争。尽管这些措施并未使卡斯蒂利亚恢复贸易平衡，但还是改善了其处境。

然而，西班牙的其他地区发展更快。巴伦西亚早已在出口优质生丝，现在开始生产丝绸，虽然在国外仍难以与法国产品竞争，至少在国内市场上可以与法国丝绸较量。巴斯克地区各省的铁匠铺和铁工厂生产的铁器，进一步受到1775年实施的禁止外国五金产品进口法令的激励。加泰罗尼亚开始更快地工业化。其中以新兴的棉织业的发展尤为引人注目，它从其他商业企业吸收资本，成长时期又得到早期波旁王室的税收政策的帮助。卡洛斯三世最初曾中止实施该政策。1760年实行了对外国棉布课以重税的政策来代替禁止进口的法令，但由于引起巴塞罗那棉布制造商的不满，1768年重新实行了不准外国印花布进口的禁令，1771年又禁止一切棉布进口。随之而来的是棉织业的迅速发展，出现了更多的工厂，并模仿外国的纺织方法和仿制外国纺织机。到西班牙参加美国独立战争，与海外市场的交通被切断，这一发展才告中断。但在实现和平的1783年之后的10年中，棉织业的发展达到顶峰。加泰罗尼亚至少有80家工厂，2500架织机和8万名工人，在棉布生产方面仅次于英国，位居第二。

出口贸易自由在工业产量提高的支持下，使西班牙在其市场供应方面能与外国对手一争高下。这还称不上是一场工业革命，在世界市场上，西班牙仍难以同法国和英国竞争，但在国内和其殖民地市场上，则能够向后者进行挑战，在整个18世纪80年代，它在这些市场上的占有额有了显著增加。像农业兴旺的情况一样，西班牙工人阶级也没有在新的繁荣中分享到好处。工资赶不上物价上涨，尽管它为制造商创造了大量利润并为工业投资创造了大量资本，但国家并未制定任何有关社会福利的立法，人民大众处于贫困愚昧的状态，仅能企求教会的善举。卡洛斯三世政权的目标是谋求国家实力而并非人民福利。问题仍然是：西班牙有足够的实力来改善它在海外的处境吗？

商业目标与帝国的国防力量密切相关。西班牙极力希望保卫它的殖民地免遭敌手攻击，同样希望保护其贸易不受外国的侵犯。① 它最强的竞争对手是英国，卡洛斯三世的对外政策的主要特征之一是极力保持殖民地的势力均衡。这就是他于1761年8月同法国缔结"家族盟约"，使两个波旁王朝国家结成攻守同盟的原因。该盟约使西班牙卷入了法国同英国之间争夺殖民地的战争，1762年1月，英国也向西班牙宣战，卡洛斯三世错误地低估了英国的战争潜力，在自己的海军力量不足的情况下投入了一场殖民冲突。英国的海军力量相当于法国和西班牙的联合力量，七年战争对西班牙及其盟友而言都是一场灾难。根据巴黎和约（1763年2月），西班牙不但同意英国在洪都拉斯有伐木权，并放弃了纽芬兰渔业的一切权利，而且必须把它在战争中夺取的唯一土地萨克拉门托归还给葡萄牙，并把佛罗里达和西班牙在北美洲密西西比河以东的所有土地割让给英国。英国则把征服的哈瓦那和马尼拉归还给西班牙，西班牙还从法国获得路易斯安那——以及一条需防范其敌手的新边界。然而，如果说西班牙被打败了，但并未被彻底摧毁，结盟的波旁王朝国家仍在加强他们的联盟及其财力物力。对西班牙来说，这是唯一可得到的联盟，虽然在把英国赶出福克兰群岛问题上法国于1771年拒绝与西班牙合作，使"家族盟约"又一次发生动摇，可是，向英国算账的时机并未耽搁很久。

英国北美殖民地的反叛，解除了英国向南扩张伤害西班牙殖民帝国的危险，并给西班牙一个收复失地的机会。趁敌手无暇他顾之时，西班牙从加的斯派出远征军，于1777年占领了巴西沿海的圣卡塔利

---

① 参阅后面第14章，第398页和400页。

娜岛,夺取了位于拉普拉塔河河口的葡萄牙前哨基地萨克拉门托。然而,干预美国独立战争并不是一件容易的事。卡洛斯三世感到进退两难,一方面,他很想使他的殖民竞争对手难堪,他从1776年起就私下帮助反叛者;另一方面,他又怕危及自己的美洲殖民地,这使他于1779年6月出面进行调解。反叛者的胜利,很可能给他的殖民地树立一个将使他后悔莫及的榜样。然而,想损害英国的诱惑实在难以抗拒,卡洛斯三世乃效法法国,于1779年参加战争,试图以既不给英国殖民地提供很多直接援助,又不承认美国独立的做法来谋求西班牙的利益。在投入冲突之前,西班牙政府同法国签订了一个秘密条约(1779年4月),确定了目标,并规定在和约中将把直布罗陀归还给西班牙。① 美国独立仅仅一笔带过,而且只是作为争取西班牙国家利益的一个机会。它重新征服了佛罗里达,占领了巴哈马群岛上的英国据点,并且把敌人从伯利兹的补给基地上赶走。在欧洲,在法国—西班牙联合舰队入侵英国的尝试遭到失败后,西班牙就将注意力转向直布罗陀,用一支8000人的军队将其包围。围攻旷日持久,最后归于失败,因为西班牙未能实施海上封锁,没有力量防止向驻军提供的救援。另一方面,西班牙的一支远征军于1782年2月收复了梅诺卡岛。根据凡尔赛和约(1783年9月3日),西班牙重新获得了佛罗里达和梅诺卡岛,但将巴哈马群岛归还给英国,并在伯利兹给予英国人一定权利。

考虑到西班牙遭到的失败,它在战争中还是取得了一些成功。然而,战争却给其经济造成损害。它远未能给殖民和商业方面的主要敌手以沉重打击,而且也没有能维护它同殖民地的交通往来的海军力量。1778年的自由贸易条例迟迟未能实施,西班牙的出口贸易受到了打击。政府还失去了来自美洲的收益。美洲的财富依然是政府收入中的一项,但能否收到则取决于西班牙同主要的海上强国英国是处于和平还是处于战争状态。战争意味着封锁,收不到美洲的进益,迫使西班牙政府采取别的财政应急办法,或征收新税,或发行纸币,从而引起通货膨胀。卡洛斯三世的其他部门表现不错,却没有好的财政机构,预算从未平衡过;他只好求助于外国贷款,往往条件很苛刻,举

---

① 参阅后面第17章,第501页。

债越来越多。最后政府只得以发行纸币来应急。从1779年开始的同英国的战争，意味着美洲财富的中断。当增税仍不足以筹集到足够的战争经费时，便发行有利息的王室债券，也作为合法货币流通。为恢复王室信誉，出生于法国的财政家弗朗西斯科·卡瓦鲁斯奉命于1782年6月创办了第一家西班牙国家银行——圣卡洛斯银行，其目的是收兑债券。随着同英国媾和而来的是收到在美洲积累的财富，银行开始回收债券，其价值始告恢复并持续了10年。

和平也使西班牙的对外贸易再次获得发展，工业也对战后国内和殖民地的消费需求作出了响应。比较自由的贸易以及工业的兴旺开始产生效益，西班牙享受到其殖民帝国的某些果实，这在过去长期是被其北欧的商业竞争对手所独享的。卡洛斯三世的政府创造了促进地主、商人和工厂主的利益的条件，他们的利益也被看作是国家的利益。当卡洛斯三世于1788年去世时，可以盖棺定论，他已使他的国家走上了政治、经济和文化的复兴之路，生活在西班牙境内的一些阶级的处境比30年以前要好。

所以，给卡洛斯四世留下的政治遗产并非没有希望，如果他能继续他父亲的政策和政府的话。但有两件事使这成为不可能，这就是新国王的为人和法国事态发展的影响。君主专制政体的成败除其他因素外决定于君主的品质。卡洛斯四世未受过良好教育，智力低下，又缺少他父亲的那种意志力，显出他处理国事的无能，实际上他也不花什么时间去过问国事。戈雅曾经描写过他的那种软弱和愚蠢的慈善，这也是他的政治态度的一个特点。戈多伊回忆国王每晚都要问他，"今天我的臣民们在做什么？"① 他并不是没有能力作出政治决断，有人认为他的妻子应对他的所有作为负责的看法是不对的。不过，卡洛斯四世之所以失去人民的尊敬和信任，那位刚愎自用、寡廉鲜耻的帕尔马的玛丽亚·路易莎的政治影响起了不小的作用。她生性淫荡，甚至在她于1786年前后发现那年轻的卫士曼努埃尔·戈多伊并令人吃惊地擢升他之前就已经出了名。

事实上，卡洛斯四世即位之初，还是继承了过去的政策并任用原

---

① 普林西佩·德·拉·帕斯：《回忆录》（西班牙作家文库，二卷本，马德里，1956年），第1卷，第409页。

来的大臣。他让佛罗里达布兰卡继续当首席国务大臣,政府仍具有自由倾向,如曾试图防止继承财产的过度集中,并采取了促进商业和海运等措施。但是这些计划未见成效,而且不管怎样,政府的沾沾自喜很快就由于西班牙境外发生的事件一扫而光。

法国大革命的爆发,吓坏了佛罗里达布兰卡,并从此左右了他的全部政策。不过如果认为他后来的所作所为都是他过去的主张的倒退,那也是不对的。作为西班牙王家大臣,他对法国大革命的反应是合乎常理的。不管佛罗里达布兰卡曾经多么相信进步和启蒙思想,他仍然效忠于他的专制君主。他的政治观点中是不容许不服从合法权威的。在他给西班牙驻巴黎大使费尔南·努涅斯的一封信中,他表明了对法国所发生事件的忧虑:"据说本世纪的启蒙运动教育人们懂得了他们的权利,但它也使人们失去了真正的幸福并不知道满足,而且失去了他们个人和家庭的安全。我们西班牙不需要这么多的启蒙思想,也不要它带来的后果——在行动、语言和著作中都目无合法权力。"[①]他认为西班牙必须不惜一切代价防止被传染。他迅速采取措施,不让西班牙人知道法国的事态发展。他试图通过严格的新闻检查封锁来自法国的消息。1789年9月,他下令所有港口和边境加强戒备,阻止法国报刊入境。12月,他授权邮局检查并没收可疑的包裹。1790年1月1日,颁布了禁止涉及法国大革命的一切材料入境的法令。当革命文献在1791年继续流入西班牙时,他动员了宗教法庭为其效力,甚至沿法国边境驻扎了隔离部队。1791年2月24日,又颁布王室敕令,西班牙的一切私人期刊均停止出版,只允许经过重重新闻检查的官方报刊继续发行。出于这种对宣传的害怕,政府对西班牙境内的政治议论也进行压制,鼓励宗教法庭更严厉地去对付启蒙运动的鼓吹者。从政府人员的变动也可看到这种反应。1790年,卡瓦鲁斯被宗教法庭告发并囚禁,霍韦利亚诺斯被放逐到阿斯图里亚斯。1791年,坎波马内斯本人也被解除了其卡斯蒂利亚政务会议主席之职。

这场斗争的目的是使西班牙政权免于被颠覆。然而这种恐怖只是人们的设想。在西班牙固然存在着许多不满,但这种不满是经济性质

---

① 转引自C.阿尔卡萨·莫利纳《佛罗里达布兰卡的政治思想》,载《政治学评论》第53卷(1955年),第53页。

第十三章 伊比利亚各国和意大利各国（1763—1793年）

的而不是意识形态性质的——如1789年2月巴塞罗那的面包骚动，1790年年末至1791年年初那个冬季加利西亚的纳税骚动。虽然在政府和知识界中存在少数百科全书派，有人甚至对法国1791年的宪法倍加赞扬，但这些并不代表西班牙人民大众的意见，他们对法国发生的事情知之甚少，关心就更谈不上了。1792年2月28日，佛罗里达布兰卡本人也被解除职务。他下台的原因至今仍不清楚。是因为贵族们对他的权力和低微出身的不满，还是因为他曾敦促卡洛斯四世放逐被人怀疑是王后情夫的戈多伊而引起王后的不满所致？更可能的是由于这位大臣对法国实行毫不妥协的政策，特别是西班牙拒绝承认路易十六向法国宪法宣誓的有效性，认为这会危及法国王室，卡洛斯四世只好牺牲他的大臣来维持他同法国王室的关系。阿兰达接替佛罗里达布兰卡任首席大臣，他着手改变前任的政策。国务委员会被解散，代之以纯属咨询性质的国务会议，那是一个早就奄奄一息，现在又毫不中用的机构。阿兰达还缓和了西班牙官方对法国大革命的态度，放宽了政府曾试图用来保护自己的严厉的新闻出版法律。

然而，时隔不久就断定实行温和政策为时过早。1792年8月，路易十六被废黜，法国国王一家人被囚禁，加上新共和国在军事上的胜利及其革命的扩张政策，使得西班牙再次举国紧密团结在一起。1792年11月15日，阿兰达被解除职务，由曼努埃尔·戈多伊接替，一般认为，他是因得到王后的宠幸才飞黄腾达的，并从王室卫士一跃而为最高贵族，25岁便当上了首席大臣。随着戈多伊的上任，西班牙政府又恢复了哈布斯堡王朝后期那种典型的遇事临时应付的作风。戈多伊是个典型的宠臣，他之所以能身居高位并不是由于他的条件，他既无经验又无才能，而是由于他个人同王室的关系。人们预料他会对法国采取坚定的政策，但是他企图既挽救路易十六的性命，又不使西班牙卷入对法战争的尝试失败了。法国国民公会对西班牙的干预表示愤慨并轻蔑地加以拒绝。而戈多伊也拒绝了法国的要求——除法国保留在巴约讷附近的驻军外，双方共同裁军——于是，1793年3月7日法国向西班牙宣战。面对战争已无法避免的事实，戈多伊得到了西班牙人民的支持。但是重要的因素不在于西班牙需要什么，而在于法国需要什么，而法国要的是战争，是把另一个波旁家族从王位上赶走并把革命带给西班牙人民的战争。

然而西班牙人民并不需要革命，1793—1795年的战争出现了西班牙历史上最自发的人民参与。牧师在布道时为它祈祷。捐赠的金钱源源不断地流向政府。志愿参军的人非常踊跃，以致无须征兵。西班牙人民再次表现出他们对宗教和君主的传统热情，他们以战斗的激情拒绝了革命及其一切影响，以致一位革命代理人于1793年年初写道："西班牙人的宗教狂热比以往任何时候都更为强烈……人民认为这场战争是宗教战争。"① 使革命派惊骇的是，4月一支西班牙军队入侵鲁西永，这固然只是一次时机并未成熟的胜利，但在1793年余下的时间里，法国东比利牛斯省的军队不得不忙于击退西班牙的入侵。

这一时期的西班牙政权虽然可以恰当地称为一种开明专制主义，但这个词用于葡萄牙的政权就不合适了。诚然，葡萄牙和西班牙一样，试图通过国家的行动来改造社会。但在葡萄牙，这种尝试并非源于启蒙运动思潮，且国家力量更弱，社会也比西班牙更难变革。葡萄牙的君主们——若泽一世（1750—1777年）和玛丽亚一世（1777—1816年）——很少过问国事。没有行政管理的传统，没有能够把改革坚持下去的任何机构，也没有任何能够纠正这些弊病的办法。立法虽然不少，但绝大多数是在王室大臣庞巴尔侯爵的授意下制定的，可是大多数不起作用。庞巴尔本人不是启蒙运动的人物。他的政策和治国方法逐渐堕落成为恐怖主义和残酷无情，是对当时的改革思潮的一种荒唐的曲解，受到法国百科全书派的蔑视。庞巴尔的杰出特点是能够有效地应付紧急情况，例如他对1755年地震和随后对里斯本重建的处置就是这样。这使他的统治成为城市规划的一个成功的例子而名垂后世。②

葡萄牙的专制政权基本上以来自巴西的黄金为基础，它使政府有独自的货币供应，但这个政权并非没有政治和教会方面的反对者，庞巴尔最初的任务之一就是除掉一切可能的反对中心。庞巴尔出身于下层贵族，他虽原则上不反对贵族，但他所关心的是把上层贵族排除在权力之外。1758年，若泽一世遇刺，庞巴尔暗示这是豪族阿韦罗和他的其他敌人塔沃拉家族所为，并以企图弑君的罪名把他们打倒。

---

① 见P. 比达尔《东比利牛斯山省法国大革命史》（二卷本，佩皮尼昂，1885年），第2卷，第100—101页。

② 对庞巴尔及其政策的不同解释，见第7卷，第12章，原文第290—291页。

像西班牙那样，在18世纪下半叶，国家加强了对教会的控制，对耶稣会也进行了类似的攻击。他把耶稣会士逐出宫廷，禁止他们经营商业后，又暗示他们参与了1758年的弑君阴谋，没收了他们的财产，并于1759年把他们逐出葡萄牙。在他们被驱逐出法国和西班牙后，庞巴尔还支持波旁王朝各宫廷要求教皇解散该组织。庞巴尔对耶稣会的攻击仅是他为了国家的利益而执行的宗教政策的一部分。他限制给宗教的遗赠，试图将教育非宗教化，并把除了关于宗教事务以外的主教裁决权均置于国王管辖之下。他的宗教改革无自由主义可言。他关注的不是废除宗教法庭，而是使它更可靠地为国家效力，这一点从他要求宗教法庭的所有判决都需取得王室的同意后才能执行可以看出。另一方面，庞巴尔还于1769年取消了新旧基督教的区别，试图以此来限制宗教法庭活动中的反犹太主义偏见。

虽然有些历史学家试图把庞巴尔的经济立法说成是经过认真思考而产生的，但显然他自己没有一贯的计划，只是应付日常事务。他认为由于英国在葡萄牙的国内和殖民地贸易中占据优势，使葡萄牙受到损害，所以他试图保护葡萄牙不受英国商业特权之害来复兴葡萄牙的经济。他的错误在于把英国的优越地位归因于条约规定的特权而不是由于其雄厚的资本和货物的质量。他认为，通过立法手段和设立商业机构就能改变这种局面。同西班牙一样，葡萄牙也存在贸易支付逆差的问题。它的进口——特别是从英国进口的工业品——超过出口——大部分是葡萄酒——因此逆差需要用从巴西弄来的黄金支付。庞巴尔禁止出口黄金，并对贸易加以限制，只有在某些地区建立垄断性大公司，如1756年建立的上杜罗葡萄酒总公司的特权集团才能从中获利。同年，他还设立了商务委员会（Junta do Comercio），控制一切有关商业的事务，这个新机构开始限制英国货物的进口。然而，由于缺乏资本和强大的中产阶级，立法收效甚微。他的工业政策试图在毛纺、麻织、玻璃制造、造纸等工业中把由国家直接经营的王家工厂与私营工厂的力量联合在一起，但这并非什么根本性措施，而是纸上谈兵，因此一事无成。庞巴尔并非在发动一场工业革命。①

在教育方面也有许多停留在纸上的计划，如1759年设立公立学

---

① 见 J. 德·马塞多《庞巴尔时期的经济状况》（波尔图，1951年），第263页。

校，可是学校却没有教员。1761年，庞巴尔建立了一所贵族学院，为100名贵族出身的子弟安排了详尽的课程，但课程太多而无法实行。1768年建立了王室新闻检查局，负责审核批准在葡萄牙出版的一切书刊报纸；1771年，又授以指导小学教育的职责。1772年，庞巴尔亲自全面修订了科英布拉大学的课程，使之现代化。但是他并不是百科全书派，霍布斯、洛克、伏尔泰、卢梭等人的著作依然被禁止。另一方面，他则在1773年废除了葡萄牙境内的奴隶父母所生的孩子仍是奴隶的制度。

1777年2月，若泽一世去世，其长女玛丽亚一世继位，像她父亲那样，她对政务既无兴趣，也无能力。庞巴尔曾试图不让玛丽亚继承王位，因而失去了新君的信任，便于1777年3月提出辞职。辞呈被接受，78岁时他退隐到他封爵的小城。后来他被加上了侵吞公款、专制独裁等种种罪名，被判有罪但获赦免。他死于1782年。新君即位伊始，就耸人听闻地把庞巴尔恐怖统治下数百名受害者从监狱和女修道院中释放出来。女王还改变了庞巴尔对待塔沃拉家族和其他对上届王朝不满的贵族的政策；1777—1780年陆续宣告他们并未犯弑君之罪，予以释放，并恢复名誉。在女王的丈夫同时也是她的叔父佩德罗三世的影响下，她为被驱逐出境的耶稣会士发放了养老金，允许他们个人回国。然而，由于玛丽亚一世精神失常，1792年终止执政，由她的儿子巴西亲王以她的名义进行统治，1799年，他被授予摄政王称号。

两位著名的贵族——安热雅和塞维拉，被任命为政府官员也说明了贵族的复出。政府面临的最迫切的问题是财政赤字和贸易逆差。但没等到这些问题解决，国外的事态发展就使他们黯然失色了。法国大革命使葡萄牙政府产生了和欧洲其他专制政权相类似的恐怖心理。在法国试图要葡萄牙保持中立未能得逞后，葡萄牙于1793年7月与西班牙签订了反对法国的临时互助条约，9月它又与英国缔结了互助和保护商业的条约。有了这些保证，葡萄牙便派出一支部队在加泰罗尼亚战线支援西班牙。

二 意大利各国

从表面上看，意大利半岛是一个被海洋和山脉所围绕的统一体。

细看地图才知道，它是由许多地区组成的，而不是一个地理上的整体；其构造受亚平宁山脉左右，南方同北方差别很大。18世纪时，各地情况也多种多样。意大利各地区的社会彼此几乎互相隔绝，并因气候和地形的差异而迥然不同。富饶的波河流域同半沙漠的阿普利亚地区的卡皮坦纳塔几乎毫无共同之处；教皇管区①富裕，而亚平宁山脉以西的教皇领地却甚为贫困。波坦察距萨莱诺60英里，却是意大利最寒冷的地方之一。意大利人的生活，同他们的地方景色和气候一样，也是千差万别；当阿瑟·扬②发现洛迪周围的农庄富得流油的同时，生活在奥特朗托附近的人们仍穴居洞处。连语言也助长着半岛的分裂状态，有二十余种方言，一个人即使说的是意大利语——托斯卡纳地区的语言——也不一定能保证农村中的居民都听得懂。18世纪的交通情况也不可能缩小这些差异。只有那不勒斯王国有一条从该国通往罗马的良好道路。而在一些地区，各市镇之间很少有联系，它们往往代表了另外的，即历史和政治上的隔离，使半岛更加支离破碎。这里的大城市虽比其他国家要多，但是没有一个都市能成为全意大利文化生活的中心。大城市顶多是一些省会，至于意大利的大多数小市镇，则仍然处于停滞状态。

在这种环境中，有些人可能认为他们在文化上是意大利人，但是绝大部分人只知道他们是波洛尼亚人、威尼斯人，或者，如果他们的群体意识超越了他们的城墙的话，也只称自己是皮埃蒙特人或卡拉布里亚人。他们知道（就许多不同的意义而言）他们是某些统治者的臣民；形成意大利地方主义的政治框架从1748年即已确立。境内有两个王国（撒丁王国和两西西里王国），托斯卡纳大公国，帕尔马和摩德纳两个比较小的公国，以及皮翁比诺小公国。有三个已停滞不前的共和国，即威尼斯、热那亚和卢卡（圣马里诺太小，其规模称不上是一个共和国，不过它比其姐妹共和国的寿命都长）。奥地利统治着伦巴第平原上以前的米兰公国和曼图亚公国。最后还有教皇国。

这样罗列看不出结构上的重要差别，诚然，在这些国家中，有大多数其统治原则日益明确，大多数都受到"开明专制主义"统治方

---

① 教皇管区（Legations），为教皇国的主要行政区，由枢机主教治理。——译者注
② 阿瑟·扬（Athur Young，1741—1820年），英国农业、政治、经济等方面的著述家。曾经营农庄并游历英国全境以及法国等地。——译者注

法的影响。但它们的相似之处也仅此而已。首先，尽管政府和法制均趋于合理，但大多数国家并不是帝国的统一体。教皇管区这个地名本身就突出说明它与圣彼得教堂的财产是有区别的，而托斯卡纳的各个组成部分之间的官方联系只不过是它们共同效忠于大公本人而已。威尼斯各省的行政体制虽然具有相当的一贯性，但以忠于共和国著称的特雷维索政府和强烈要求独立的弗留利贵族政府两者之间也有很大不同。封建豁免权、特权、法律的多样化以及事实上的孤立状态，使那些试图在这些国家探求奥斯丁的主权学说①的史学家们感到困惑。上述这些情况也不断使意大利人在政治生活中表现出明显的地方主义色彩。它们也表明了各国在权力和生存力方面的变化。举例来说，虽然三个共和国都牢牢地由寡头政治集团所统治，但它们面临的却是不同的问题。威尼斯无法使它的政治结构适应其商业的没落；政治家们几乎都认为它无法长期维持下去。热那亚人虽然仍掌握着作为大的货物集散地的一些资源，但是在科西嘉却遇到了严重的政治问题；此外，由于共和国在1746年曾投降过奥地利，独裁寡头们受到人们的怀疑。只有在卢卡看来是稳定的。大的君主政权比共和国更有力量，能参与欧洲的争夺。但撒丁王国形式上虽是封建的，却有高度的中央集权政府，比两西西里王国的力量要强得多。后者的资源配置受到各种特权和岛国的独特地位的妨碍。托斯卡纳是一个特殊的例子；彼得罗·莱奥波尔多提供了一个"开明"政府的模式，只有奥地利统治的伦巴第地区可与之相比。另一方面，教皇国实在是行政管理混乱的别称，在启蒙运动时期还由一名牧师来统治，其害处实难以估计。荣誉称号可以成倍地授予，但这样做毫无意义。只要重复下面这点就够了，即决定18世纪意大利人生活的首要因素同以往一样，仍是政治、社会和地形上的差异。所以，要看出总的历史趋势并非易事。在大多数情况下，1763年，意大利人生活在狭小的社会中，他们的思想观念受到地方意识的强烈影响。在这种差异中去寻找意大利民族主义的萌芽是毫无意义的。

　　寻找自由的萌芽也同样毫无意义。意大利人的公民或政治自由没有什么保障。在存在等级会议或议会的地区——例如在西西里或撒

---

① 奥斯丁（John Anstin，1790—1859年），英国著名法理学家。——译者注

丁——它们的作用不是受到严格的限制，就是只为了保护小集团的特权。无论是共和政体还是君主政体，立法的控制权集中在少数人手中。现行的体制和阶级结构都不可能使真正的代议机构得到发展。意大利人享有的不是政治自由，而是由于国家体制缺乏凝聚力而造成的与中央集权的无缘。社团的和地方的特权发育不健全以及城市的和社团的寡头们的权力缺乏凝聚力有效地限制了政府的作为。除此之外，意大利人的自由毫无保障，虽然有时相当广泛，但取决于他们的统治者是怀有善意还是表示冷漠。在1763年时，意大利就政治而讲还是一个旧式"自由"的群体，现代国家尚有待形成。

约近半个世纪的和平（1748—1796年），使各国有可能在国内进行各种经济和行政改革的试验，也使意大利四分五裂的政治制度得以存在下去。和平基本上是由于哈布斯堡王朝和波旁王朝在"外交革命"① 上的相互对抗告终才得以保持的。当在意大利制造麻烦的两大保护国——法国和奥地利——停止了争夺意大利卫星国的斗争后，向外扩张的撒丁王国失去了充当盟友待价而沽的机会。意大利没有一个统治者强大到足以动摇1748年意大利获得的和平局面，在1796年以前，除了热那亚于1768年把科西嘉转让给法国外，意大利也未发生过重大的领土变更。这种稳定局面没有因统治王朝的更迭而受到干扰。尽管在不久前波旁王朝才扩展到那不勒斯和帕尔马，哈布斯堡王朝扩展到托斯卡纳和伦巴第，但他们很快都适应了新的环境并牢牢地定居下来。虽然由于玛丽亚·卡罗莱娜（玛丽亚·特蕾西亚的女儿）在1768年嫁给了那不勒斯的斐迪南，和由于埃斯特家族绝嗣而把摩德纳遗赠给哈布斯堡王室，使势力范围发生了轻微的变化，但这些变化都无足轻重。法国在帕尔马的文化影响以及英国在西西里和那不勒斯的商业和外交影响都未能打乱半岛的稳定。因此，它的一成未变的政治结构不成其为历史，这一时期的重要性需从别的方面来加以探讨。

意大利与欧洲其他部分都发生了一项重大变化，这就是人口在18世纪增长很快。准确数字虽难以确定，不过意大利的人口似乎由18世纪初的1100万又增加了700万左右。由于意大利的经济落后，

---

① 指奥地利与英国及法国与普鲁士的联盟破裂后重新结成的同盟。——译者注

人口增加对资源需求的压力一定很大。尽管农业是其无法估量的最重要的组成部分，意大利的经济依然受原有体制的支配，城市是经济结构的基本单位。在意大利工业趋于衰落、世界贸易从意大利港口转向他处之后的长时期内，城邦国家的"城邦经济"继续左右着其经济思想和立法。意大利在国际贸易中所占的份额从来还没有像18世纪时那么低过，因此在这段历史时期，它的工业也无足轻重。工业主要分布在波河以北，几乎不可能为不断增加的人口提供生计，布雷西亚仍然生产武器，皮埃蒙特出产的丝绸，伦巴第和威尼托地区出产的羊毛制品对它们各自的地区仍有重要意义。在一些纺织企业中，可以看到现代工厂组织的萌芽，这些企业雇佣了成百的工人，其中有一两个企业甚至雇佣了上千的工人。不过与以前几个世纪兴旺发达的出口业相比，这些核心似乎并不重要。对雇佣劳工的业主来说，港口当然是重要的（其中热那亚、巴勒莫、那不勒斯和威尼斯四个港口，到1800年均已有10万以上的居民，在意大利其他城市中，只有罗马和米兰两地有这么多的居民）。然而，只有里窝那似乎还保持着昔日的繁荣。意大利以出口农产品闻名，表明了农业在整个经济中举足轻重的地位。

农业也因地区不同而各异，主要的农产品有粮食、食油、大米、酒、丝、大麻和亚麻，它们的重要性也因地而异，北部的农民主要把养蚕作为副业，对他们颇为重要，在18世纪，向法国出口的生丝显著增加。外国人总把意大利看作是得天独厚的产粮国家，就整个半岛而言，粮食可以或接近自给自足。可是人口在增长，饥荒频仍，主要的产粮区还有伦巴第、卢卡、威尼斯、那不勒斯和西西里，这些地方希望出口剩余粮食，而热那亚、巴勒莫、摩德纳则总要进口粮食，教皇国只有在其全部领地同年均获丰收时才不需输入粮食，而这种情况是很少遇到的。意大利北方需从中欧进口牲畜；在半岛其他地区，除南方的牧羊业外，畜牧业更为少见。地区情况的多样化也有好处；据说在那不勒斯，山脉两侧的庄稼从未在同一年份歉收过。总之，看来意大利农业的成功之处似乎在于它能养活不断增加的人口。

尽管如此，这幅总体情况的图景是虚假的。该时期的大量有关农业的著作都注意到农业的落后状态。生产虽未停顿，但在一个被外国人羡慕的国家中，产量之低令人沮丧。有时可以归咎于自然的原因。

例如，1763年，西西里的庄稼遭到病害，日子难过，在随之而来的饥荒中死了许多人；1764年，那不勒斯也发生了同样的情景。这使整个意大利的粮食供应都陷于混乱，但这次造成的灾难还不及1766年那次严重。当时几乎意大利的所有地区都遭了灾，约2/3的庄稼被毁。尽管由于农民本来吃得就差，缺粮并未使他们惊慌失措，但这却意味着数千人的死亡。坏年成虽然也许是特殊情况，但缺粮则频频发生。一位杰出的托斯卡纳农学家曾经讲过，他估计托斯卡纳大公国每三年就有一年缺粮。除了病虫害外，霜冻、水旱灾害和地震也造成了损失。即便是繁荣的伦巴第农业地区，皇家税收官也只好减免土地税来弥补自然灾害的损失。不同的土地和气候环境，意味着自然灾害的打击也轻重不同。收获季节漫长——从5月起直到7月中旬——表明意大利农业的多样性，在米兰的一些地区，一年可以收割五次牧草，而在其他地区，需用树叶来弥补牧畜饲料的不足，有时甚至全用树叶当饲料。西西里的农业耕作技术虽然更为落后，但因土质较好，生产的玉米比大陆上那不勒斯的要好。有些地区受沼泽之害；庞坦等地的沼泽有4万英亩，几乎与波河下游、雷诺河下游和科马基奥湖周围的沼泽一样糟糕。不仅土地荒芜，这些地方还是疟疾的渊薮。有些地区常遭水灾，不但意味着一年收成无望，而且使土地长期遭到破坏。令人无可奈何的是，在费拉拉附近地区，水旱灾害有时接踵而来，要水的时候不下雨，在短暂的雨季中又大雨倾盆。这些问题每年无法解决，后果之一便是山坡的植被都被冲光，森林被毁，成为被冲蚀的不毛之地。

这些天灾降临不均，又无法预测，技术的进步并不总能抵消其害。那时已经懂得了这方面的知识和技术；① 托斯卡纳有些地主，早在政府着手以前，就试验用排涝和轮作等耕种技术。在有些地方，精耕细作已形成制度。皮埃蒙特因精耕细作，在贫瘠的土地上获得了好收成，波河流域相当有组织的水利设施是其农业丰收的基本原因。然而总的情景仍是，这片蕴藏着潜在财富的土地的开发技术落后。伦巴第的水利灌溉系统算得上是好的，但古罗马的灌溉系统几乎都已坍毁。轮作技术普遍不佳。好的牲畜很少。甚至对明显的资源的简单利

---

① 地理科学院是意大利最著名的学术团体之一，1753年成立于佛罗伦萨，致力于农业的改进。

用往往也被忽视。只是在这些年才开始利用泥炭作燃料。造成这一落后的原因必然是复杂的，尚需进行详细的探讨，除了单纯的守旧和迷信之外，还应当考虑改进计划对资本有无吸引力的问题。但是还必须估计到意大利经济的基本缺陷，由城邦统治所造成的后遗症，即四分五裂的局面。事实上，不能把意大利农业看作是单纯生产粮食的产业。

四分五裂的后果是市场狭小，价格人为确定，这些使得生产很少超过自给的水平。另一后果是交通条件差；引人注目的是，有一个地区，即伦巴第平原水运便利，最为繁荣，各地区划界而治，以致无法采取区域性的行动来解决区域性的问题。雷诺河对费拉拉和波洛尼亚两个地区都具有重要意义，但彼此却为它而激烈争吵不已。币制混乱，各有各的度量衡制度，把想跨越政治疆界做生意的商人弄得精疲力竭。公民特权和自私自利也妨碍了贸易的自由往来；热那亚不准将玉米在斯佩齐亚运上岸，维罗纳禁止从维琴蒂诺河进口葡萄酒，伊斯特里亚必须经过威尼斯港进口所有的外国货。在所有地方，农业经济的自然利益为中世纪遗留下来的僵化的以城市为中心的经济作出了牺牲。对贸易最严重的障碍是通行税和关税壁垒，在这个时期，它们只是逐步地被部分取消。其影响程度各异，皮埃蒙特较轻，热那亚则较重。在那不勒斯有数百种税，税率变化无常。威尼斯的伦巴第各省的衰落看来至少部分是由于其税收政策造成的。对粮食作了专门的限制。很多政府仅仅从社会秩序和财政收入的角度而不是从繁荣商业的角度来考虑粮食贸易。普遍规定限制出口，大多数国家都设官吏从事采购足够的粮食。然而，尽管生产粮食的农民被迫向国家粮库缴纳粮食，对磨面粉和烘烤面包也有详细规定，但政府仍难确保粮食供应。1764年那不勒斯粮荒时，实行了强制收购的做法，反而使得本来可以得到的少许粮食也被掩藏起来。罗马还出售粮食出口许可证和面包烤制权利，导致了政府的腐败和面包价格昂贵，人们只得通过各种躲避或违规的做法来减轻这些条例的管制。例如，关税壁垒促使走私成为一种几乎独立的行业。尽管行政管理的漏洞很多，但对一个差不多是毫无生机的经济来说，这些过于苛刻的条例仍然是沉重的负担。

尽管各地区存在差异，这种经济仍然支撑着整个意大利差不多相似的人口结构。其顶部是少数统治集团的骨干。对这部分人的情况还

第十三章 伊比利亚各国和意大利各国（1763—1793 年）

没有足够的描述，不过其总的特点通常是这些人出身贵族，其权力主要基于土地财产，再加上他们都在教会或国家中担任要职。贵族门第的差别很大：他们可能是占有土地的封建地主、城市的贵族，或是刚刚封爵的新贵。1763 年时，他们有时还掌握着一些社团组织以维护他们的地位和特权。某些贵族和传统精英集团成员并不行使政治权力，有些则是真正的统治阶级；他们的地位和表现因地而异，在那不勒斯的某些地区和弗留利，贵族差不多享有中世纪的独立地位，据说那不勒斯每五个人中，有四个人生活在封建管辖权之下，很多人需服劳役，而在伦巴第，封建主义实际上已经消亡。在威尼斯，许多贵族已将他们在意大利境内的庄园出租给他人，享受着不在地主们通常享有的特权。而在伦巴第，贵族则生活在他们的佃户和雇工之中。彼此关系往往还算密切。在皮埃蒙特，大庄园只是个别存在；而在那不勒斯内地，则到处都是。

应当注意的是，这个精英集团有一个总的特点。他们不愿别人分享其权力。实际上也无人能与他们角逐，不存在一个渴望分享权力的中产阶级。经济活动的低水平，妨碍着商业和工业资产阶级的成长；已出现的一些富有的资产阶级都成了土地占有者。尽管在那不勒斯律师的职位相当重要，但是专业人员和行政官员作为一个阶级，他们的危险性通常是很小的（他们作为君主的臣仆所具有的危险性是另一个问题）。其结果是，只要存在着政治生活，它就是统治阶级内部的派系斗争和角逐，或者是贵族对不符合其阶级利益的政府行为的反对。教会是觊觎其权力的唯一可能的势力，然而贵族已在教会的高级神职人员中牢牢地扎下了根。

在这个阶级之外是人数相对较少的城市居民和大量的农民，在城镇中生活着成千上万的从事各种职业的半无产者。比较多的人在大工厂中做工，那些具有专门工业技能的人大多当了师傅或工匠，他们或是为自己或是为给他们供应原料的大企业主工作。很大一部分城市居民，或当贵族的奴仆，或做依附于他们的平民。此外还有乞丐，因为行会的种种限制，使就业的机会大为减少。不过意大利人口的基础是农民。不同的租佃制度如司法制度，意味着各地农民的差别也很大。庞坦沼泽地区的居民生活悲惨，而阿尔卑斯山麓的农民则比较富裕。西西里的农民大多数住在城镇，伦巴第的农民则住在乡村。有些人出于实际的目的完全依附于他们的封建主，另一些则成为流动的劳工。在伦巴第和托斯卡纳，普遍实行分成租佃制（mezzadria）；这一制度促使地主经常密切关注并鼓励其佃户的耕作。有些农民仍是正式的农奴，这些人大多数都一贫如洗，而且似乎越来越穷。18世纪，没有土地的劳工（braccianti）的数目在增加。在农村，暴力行为、农民骚动和匪徒抢劫的现象比比皆是，不过轻重程度各地区不同而已。农民的生活水平很低；日常食物只是玉米或小米，加上一点食油、豆类和盐（意大利种植土豆进展缓慢）。除了少数运气好的地区外，农村普遍贫困，即使偶尔有普通农民发迹成为农村资产阶级，仍无法否认这一事实。农民也无别的地方可去，城镇也只可能提供他们行乞的机会而已。

所以在这个时期，决定意大利社会的第二个重大事实是渗透于四分五裂的政治结构之中的经济和社会的停滞状态。这种停滞状态当然要引起人们的探究，经济学界人士要求改变这种状态，这构成意大利启蒙运动史的组成部分。他们对这个思想运动所作的贡献，是意大利这一时期的历史上最为生气勃勃的力量，当然经济学并不是意大利思想家们唯一感兴趣的方面。

在意大利学术史上，18世纪是最具创造性的时期之一；而其最令人感兴趣的自然是这一时期的各种思想。本章仅限于论述这些思想在改变意大利社会中所起的重大作用，而这又必须从历史的角度来加以考察。首先，意大利的环境特别有利，长时期的和平使意大利容易接触外国的书籍和外国的旅游者；意大利人自己也去国外旅行。外国王室来访时还带来大批人员，特别是帕尔马宫廷中聚集了许多法国艺术家和学者。此外，广泛的宽容态度也有利于先进思想的传播。在某些国家，新闻还受检查，宗教法庭仍在行使其处于没落中的权力，但思想迫害的情况已不多见。具有社会权威的拘泥于形式的天主教教义已因受到怀疑而削弱。半岛各地的割据状态造成的有利结果，是各地政府很少进行合作来限制各种思想的传播。文化界的精英或许是除教会外唯一具有超越地方主义的社会意识的集团。虽然法国的来访者可能会感到意大利的沙龙还带有某些地方色彩，但重要的是确实存在着真正的文化界的精英。它的弱点是爱赶时髦（而且可能会轻信卡廖

第十三章　伊比利亚各国和意大利各国（1763—1793 年）　　401

斯特罗①之类人物的骗术）；另外，虽然意大利启蒙运动中最重要的杂志《咖啡馆》（Il Caffè）只存在了两年，然而，不管它多么不成熟，却拥有一批读者，就这些人所思考的问题来讲，他们相当于意大利的启蒙哲学家。对启蒙运动的事业来讲，有着重要的社会基础。就整体而言，意大利的教育有充足的基金资助，很多最著名的意大利思想家在大学任教，而且这个时期的意大利大学充满活力。除大学外，各种图书馆和研究院也有助于思想的传播。然而，对启蒙运动思想最重要的支持还是由于政府愿意任用有思想的人士。政府行政部门有很多职位可供选择。有些人为某位统治者服务后，又为另一位统治者效力；蓬佩奥·内里②在托斯卡纳开始其行政官员的生涯，后协助玛丽亚·特蕾西亚改革伦巴第地方政府，最后又回到托斯卡纳为玛丽亚的儿子效力。

所以具有启蒙运动思想的人是在有利的气氛下工作的。他们人数众多，难以把他们归入一个集团。他们得益于他们的前辈，特别是穆拉托里③的文学和历史著作，但是他们自身的成就则通常是在自然科学或行政学和法理学等方面。在科学方面，伽伐尼④、伏打⑤和斯帕兰扎尼⑥的成就在整个欧洲都是杰出的，这里无须赘言；尽管他们的成就具有伟大的科学意义，但对当时意大利人生活的直接影响却很小。但是在法理学、罪犯教育学、经济学和史学方面，帕尔米耶里⑦、菲兰杰

---

① 卡廖斯特罗（Cagliostro，1743—1795 年），意大利江湖骗子、魔术师和冒险家。法国大革命前在巴黎上流社会曾红极一时。——译者注

② 蓬佩奥·内里（Pompeo Neri），1706 年生于佛罗伦萨，曾在比萨任公法教授，1735 年起为大公服务。1748 年到米兰，1770 年任托斯卡纳政务会议主席，1776 年去世。

③ 卢多维科·安东尼奥·穆拉托里（Ludovico Antonio Muratori），1672 年生于维尼奥拉；意大利 18 世纪最伟大的学者，1695—1700 年在米兰的圣安布罗斯修会工作，后受聘于摩德纳的皇家图书馆，直到 1752 年去世。其大量著作中最著名的有《意大利史料集》（1723—1738 年），《意大利中世纪文物研究》（1738—1743 年）和《意大利编年史》（1744—1749 年）。

④ 路易吉·伽伐尼（Luigi Galvani），1737 年生于波洛尼亚，曾在大学讲授解剖学，并对电的生理作用进行了观察，曾因此与伏打发生了重要争论（参见⑤）。1798 年去世。

⑤ 亚历山德罗·伏打（Alessandro Volta），1745 年生于科莫，当时意大利最著名的物理学家，在许多领域都有重大发现。曾任教于帕维亚，在他同伽伐尼进行辩论期间，进行了一系列重要试验；他的发明有电容器和伏打电池。1827 年去世。

⑥ 拉扎罗·斯帕兰扎尼（Lazzaro Spallanzani），1729 年生于斯坎迪亚诺。生物学家，对胚胎学和对循环系统及消化系统的研究有重大贡献；曾任教于雷焦、摩德纳和帕维亚。1799 年去世。

⑦ 朱塞佩·帕尔米耶里（Giuseppe Palmieri），1721 年生于马蒂尼亚诺。职业军人出身，后任文职官员，1791 年起任那不勒斯财政委员会主任。1793 年去世。

里①、彼得罗·韦里②、贝卡里亚③等人（仅举少数人）的成就则在当时就起了作用。除了贝卡里亚的著作《犯罪与刑罚》（1764年）外，这些人主要是对意大利而非对欧洲产生了影响。有一句可以说是永垂史册的话："数目越大则幸运越多。"（maggior felicit divisa nel maggior numero）但意大利的启蒙运动首先是意大利的，它的著作家的眼光集中于意大利的各种问题。他们的工作特点是具有一种直接与当时发生的事情有关的意识。它以功利主义和相对主义为根据，目标往往是谋求"社会福利"，为达目的而不拘泥于手段。体制的好坏以效果来判断：如韦里和加利亚尼④将贝卡里亚的以结果判断是否犯罪的原则应用于别的领域。这使他们愿意通过现有的政府进行工作并在政府谋求职业。在约瑟夫二世的改革达到高潮之前，他们一直没有担心这种做法的潜在危险。与此同时，为实现他们的纲领，他们效力于王室。虽然纲领这个词容易引起人们的误解，因为改革派的确切目标在各国有所不同。不过这些目标都是以共同的设想为基础的。改革派所谋求的社会福利大部分是经济上的改善。而且他们认为通过消除对财产的自由利用和劳动的自由雇佣的各种限制，就可以实现这种改善。自由贸易受到了实用主义的影响；卡利⑤和加利亚尼都坚持认为，环境会改变实际状况。不过大多数改革派则认为自由放任的主张是可取的。这同他们同时要求加强他们的国家的权力的主张并不矛盾。他们相信他们要政府贯彻执行的政策一定会取得成功，因此他们到处设法集中国家的权力并改进国家机器。妨碍君主行使统治权的各种障碍应当予以清除。

---

① 加埃塔诺·菲兰杰里（Gaetano Filangieri），1752年生于那不勒斯。他的成名作是《法律学》（1780—1789年）。一生大部分时间都致力于研究工作，参加那不勒斯财政委员会后不久于1788年去世。

② 彼得罗·韦里（Pietro Verri），1728年生于米兰。1766—1786年为奥地利行政当局工作，他还撰写并出版了一批有关经济和财政的重要著作。他的主要政绩是废除了伦巴第的包税制（1770年），他的最著名的著作为《米兰史》。该书第2卷在他1797年去世后两年出版。

③ 切萨雷·贝卡里亚（Cesare Beccaria），1738年生于米兰。除所提到最著名的著作外，他还写过一些论述经济的著作，并在米兰的帕拉丁学院任政治经济学教授。他也曾为奥地利当局效力。1794年去世。

④ 费尔迪南多·加利亚尼（Ferdinando Galiani），1728年生于基耶蒂。曾当过神父、外交代表、文职官员，并且是一位文人。他最著名的著作是《关于小麦贸易的对话》（1770年），在他从巴黎回到那不勒斯后不久出版，他在巴黎时任那不勒斯大使馆秘书。他后来曾担任重要行政职务。1787年去世。

⑤ 吉安·里纳尔多·卡利（Gian Rinaldo Carli），1720年生于卡波迪斯特里亚，经济著作家，受雇于米兰的奥地利当局，1795年死于该地。

实际上，也许除托斯卡纳外，没有任何国家能确实符合改革派所信奉的开明专制主义模式。其他各地改革的步伐和成效差异很大。奥地利人在伦巴第实现了政府权力的集中，而塔努奇①在那不勒斯根除滥用封建特权现象的努力却遭到了失败，两者形成了对比。另外，改革并不完全都是"开明"影响的结果；差不多每个地区，改革都是由于财政收入的需要而实行的。有时，像撒丁或威尼斯等十分保守的国家也出现了改革。实际上这在1763年以前就为人们所知。统治者也并不总是同他们的主张改革的顾问们意见一致，如约瑟夫二世在伦巴第的改革所引起的反应就表明了这一点。尽管如此，这些年代中的成就，大都是由于受了启蒙运动的直接或间接的影响。启蒙运动是意大利人生活中的巨大推动力量。

在各个国家中，以伦巴第和托斯卡纳在加强中央政府方面走得最远。在这两个国家地方政府都成立了新的代议机构，但其权力受到严格限制，并且可以收回。利奥波德希望他的人民实行自治，然而他是唯一能这样做的君主；其他地方的政府都在竭力削弱地方自治权使之无法取得新的立足点。许多国家都实行了司法制度的中央集权制，那不勒斯政府撤销了许多享有特权的法庭。在伦巴第，对地方行政长官权力的打击与财政改革联系在一起；在其他地方，财政改革的障碍，与其说是贵族的特权，毋宁说是城市的特权。有的时候，经济政策同样使政府左右为难。例如，征收通行费的权利同取消对贸易的限制二者就是互不相容的。

在经济事务方面，各国政府都需要改革自己的关税制度。托斯卡纳在这方面带了头。1766年，粮食的境内限制完全取消。接着于1775年允许粮食出口，关闭了国家粮食供应局，最后在1781年撤除了境内的一切关税壁垒。其他国家也起而仿效——伦巴第在1785年，那不勒斯在1791年，甚至连教皇国也部分废除了对粮食的限制。改革的另一对象是妨碍贸易的众多的社团和行会；托斯卡纳于1770年取消了这些组织，西西里和伦巴第随之仿效，这是把经济从城市的束缚中解放出来的又一方面。对教会永久管业权、长子继承权、限嗣继

---

① 雷奥纳尔多·塔努奇（Reonar do Tanucci），1698年出生于斯蒂亚，先在比萨教授法律，后到那不勒斯，先是为查理四世效力，最后进入摄政委员会，任大臣直到1776年，他的政策是强烈反对罗马教廷。他于1783年去世。

承权等法律体制也进行了改革，不过在多数情况下，对后两者的改革有待于由革命政府去进行。各国政府通过修建排灌设施、改进耕作制度等积极措施来促进经济的改善，再加上各种改善计划的实行，尽管成效有所差别，但总的成就是显著的。它无疑加快了向区域经济的过渡。

毫不奇怪，改革派对教育也极为关注。在这些年中，出现了有能力担任政府骨干的行政官员，这件事本身就雄辩地证明了大学教育基本上是健全的。他们之中有的曾在比萨或帕多瓦任教或就学。1771—1773年，帕维亚大学进行了专门的改革，后来成为改革的理论研究中心，因此它发挥了更为重要的作用。他们的教育工作最清楚不过地反映出有些统治者对改善道德的关注。虽然其中也有很多体现出陈腐的东西——例如，利奥波德对赌博采取了死板的态度，约瑟夫则把女修道院中修女穿紧身胸衣看成是危险的事——但是，如果不把对改善道德充满关切这一点考虑进去，就难以衡量意大利启蒙运动及其各种表现所起的作用。颇为奇特的是，这也是促使改革派同传统保守势力发生冲突的最决定性的原因之一。自身的利益决定了这种抵制行动，如波洛尼亚参议院反对教廷测量地籍（catasto），[①] 或如米兰贵族抵制约瑟夫二世的改革，并导致西西里贵族们煽动百姓骚动，反对他们实行改革的地方长官等。但是，激励许多教会人士反对改革的各种思想对这些人来说具有更多的意义，而且提出了一些根本性的问题，比功利思想和自私自利引起的问题还要多。

就这一时期来说，以政教关系问题作为线索进行叙述，是最接近于传统意义上的以政治为线索的叙述方法。政教关系问题在意大利，虽然其具体表现有所不同，但有着普遍的影响，因此应该把它作为形成这一时期历史的一个因素，与经济结构和启蒙运动具有同样重要的地位。它极为复杂，不是能简单地加以说明的。原则上，教廷和主教团对改革派或支持他们君主的一切目标并不持敌视态度。单从财政原因来看，教皇国也不能这样做；它们贫穷，需要改善经济。这一时期先后有克雷芒十三世（1758—1769年）、克雷芒十四世（1769—1774年）和庇护六世（1775—1799年）三位教皇，至少最后一位热切地

---

① 为征税的目的而对地籍进行的调查。

第十三章 伊比利亚各国和意大利各国（1763—1793年）

想作为改革家和建设者名垂青史，他对经济事务和公共工程颇为关心。（本尼狄克十四世教皇在位时为他树立了好的先例）阻碍教皇国经济发展的主要因素是教士的特权——教皇对限制这种特权几乎无能为力——以及长期存在的地方割据和地方特权，在教皇管区这种情况尤为突出。这种情况加强了复杂的关税制度，往往通过特许免税而使少数个人和社团获得好处。对此，庇护六世的做法同一切世俗统治者的做法大致相同。他于1777年取消了除教皇管区以外的所有内部关税。并大量投资兴建公共工程，特别是蓬蒂内沼泽的排水工程和修建公路。他还设立了工业学校。尽管在他任期内成就并不突出。但它至少表明教廷与政府改革之间不一定是水火不相容的。

另一方面，意大利教会与国家之间存在的争吵也没有增加任何新的内容。那不勒斯长期存在的王权至上的传统，培养了一批能言善辩的人物，其中以詹诺内最为著名，早在1763年以前，他就迫使教廷作出了重要让步。在威尼斯也长期存在争吵；教皇的濯足节训谕（In coena domini）① 不准在这里发表。所以，重要的是要辨别在这个时期有什么新的情况破坏了政教对峙的局面。

有些事应归功于启蒙思想的大气候。尽管许多思想家和作家依然是虔诚的天主教徒，但他们生活的年代欧洲正处于世俗和理性主义的背景之下。教廷处境不佳，被某些批评者称为冒犯自然、违背理性和常识。正是在这种世俗精神到处弥漫的背景下，引起了各方面的具体争论。例如，经济学家不喜欢教士占有土地，认为它束缚了生产力，并认为教会的永久管业权限制了土地的自由买卖。人口理论家对禁欲表示担忧，其中有一位称其为禁欲传染病，他们几乎都希望能限制教士，特别是修道士的数目。但是最激烈的争论还是在法律问题方面。庇护权之类的制度的建立、宗教法规的存在，及其在世俗人婚姻和立遗嘱等问题上的运用、教会人员享受治外法权以及教士在教育中占支配地位，以上这些都是与君权不受约束的主张背道而驰的。

这些问题上的争论在意大利全境爆发出来。在那不勒斯，塔努奇本人总是毫不妥协，他的继任者也是这样。到18世纪末，那不勒斯

---

① 一种教皇训谕，于每年濯足节发表（因而得名），其中包括因犯某种罪过而遭开除教籍惩处的案例汇编，对这些罪行的赦免权保留在教皇手中。最后一次发表于1768年。

有很多主教职位由于没有任命人担任而空缺。约瑟夫二世迫使庇护教皇接受由他来挑选米兰大主教。在托斯卡纳，弗朗西斯为了重划教区，甚至让教区主教位置空缺。他的继任者利奥波德则对庇护权加以限制。威尼斯没收了教会的土地，限制它的永久管业权和宗教节日的数目。摩德纳通过立法反对教会的永久管业权，并向教士征税。帕尔马于1764年废止了永久管业权，以对付教士占有土地的经济危险。另外，发布教皇的信件和训谕都需先得到王室准许。正是这些引起了这个时期政教关系的第一次大危机（即在耶稣会问题上的危机）陷入了绝境。

关于解散耶稣会的经过，大部分应属于整个欧洲历史的范畴。耶稣会越来越不受欧洲统治者们的欢迎。在它于1767年受到那不勒斯和帕尔马的波旁王朝政府反对之前，就已在葡萄牙和法国遭到镇压。克雷芒十三世早就表示过他同情该组织。到了1768年，他决定开除帕尔马公爵的教籍，并颁布告诫书，禁止其信徒服从帕尔马关于废止教会永久管业权和强迫教士纳税的法律，作为对帕尔马改革性立法的回答。各波旁王朝宫廷立即团结在一起，与法国夺取阿维尼翁和弗内森地区①相抗衡，那不勒斯占领了其境内的两处教廷控地——贝内文托和蓬泰科尔沃。接着所有的波旁王朝宫廷一致要求取消耶稣会。克雷芒十三世逝世（1769年）后，选出克雷芒十四世，据说在决定人选方面波旁王室起了决定性作用。1773年，克雷芒十四世颁布了《我们的上帝与救世主》训谕，解散了耶稣会，才收回了上述两处教廷控地。

这段插曲的重要意义在于它显示了各波旁王朝君主结成统一战线所起的作用，并显示了教会与国家之间的关系达到新的激烈程度。据认为，克雷芒十四世是一位愿意向新的趋势作出让步的教皇，但是他在1774年就去世了（或许难怪人们会相信他是被耶稣会士毒死的）。其继任者庇护六世不大愿意作出让步，在他任职期间，教会与国家之间的争吵再度爆发。在托斯卡纳，利奥波德已经限制向罗马教廷付款，以加强对庇护权制度的攻击。1788年，同那不勒斯的关系恶化到将罗马教皇的使节驱逐出境的地步，在伦巴第，约瑟夫废除了庇护

---

① 弗内森地区（the Venaissin），法国旧省和教皇领地孔塔-弗内森的一部分。——译者注

权、宗教法庭、教士的司法豁免权和教会的永久管业权；所有这些在意大利其他地方也都类似，不过在奥地利统治的各省推行得更坚决彻底，并且同时取缔了女修道院和神学院，废除了教皇的濯足节训谕，并任命约瑟夫的人为米兰大主教。甚至庇护六世访问维也纳也未能动摇约瑟夫的决心。

1775年后，尽管教廷在耶稣会的问题上作出了让步，但其处境并未改善——而且它遇到的麻烦并不限于意大利。虽然如此，并未使庇护六世的立场有所软化。事态的发展可以描述为教会与国家之间的争吵趋于明朗化：双方对抗加剧，拒绝妥协。一些原先反对罗马教廷的人，由于担心天主教本身陷入危险，变成教廷的拥护者。另一方面，很多原先只是反对耶稣会的人，现在成了教皇的反对者，当人们认为庇护六世受处于幕后的前耶稣会士的影响后情况尤其如此。这里有必要谈谈意大利詹森派的情况，因为意大利历史学家在过去30年中对它十分注意并花费了大量笔墨。

"詹森主义"和"詹森主义者"这两个词，有时被当时和以后的作者们加以扩大，几乎包括了所有持进步见解的人。尽管这种看法对一般的解释来说过于热情，不过情有可原，因为意大利詹森主义的性质含糊不清，容易令人误解。詹森主义从一开始就是模棱两可的，它包括很多方面，而且并非所有詹森主义者都对所有这些方面同样关心。从一个方面来说，它是一种神学运动，关心的是坚持并纯化奥古斯丁派的教义。它也是一种道德运动，谋求改革教会的纪律和世俗的礼仪。就哀叹膜拜圣徒和维护主教的权威等方面来说，它又是一种注重礼拜仪式和主张教权主义的教派。就起初反对耶稣会，后来又反对罗马教廷这个意义上来说，它又常常是政治性的。这些方面虽有区别，然而又不能割裂。另外值得一提的是，意大利的詹森主义从未出版过一本有名的著作，或产生过一位伟大的改革家；它没有像法国伟大的领袖人物那样的英雄角色。对于它的影响未免言过其实。意大利詹森主义真正的重要性在于两个方面，一方面是对意大利教会内部的影响，另一方面是同主张改革的王朝结盟形成一支反对教廷的力量。

詹森主义对教会内部的影响在罗马本地具有重要意义。究竟哪些是詹森主义的影响是很不容易识别的。例如，红衣主教马雷福斯基是一重要集团的中心人物，然而他应否被看成是詹森主义者却难以肯定。诚然，他与罗马的反耶稣会派的领导人关系密切，他本人也组织过对耶稣会的镇压。他任命佐拉[①]和坦布里尼[②]等詹森主义神学家担任重要的教职，并曾和搞分裂的乌得勒支教会的代表一起开过会。很多詹森主义者与该教会有联系。在克雷芒十四世在位时，上述活动甚至可能被认为是得到教皇准许的；因为克雷芒十四世同情詹森主义者鼓吹的许多主张。他在1765年曾经是教廷礼拜仪式委员会的成员，该委员会反对让给圣心会一个职位。正是在他的任期内，乌得勒支教会的代表来到了罗马。他顺应了18世纪早期存在的教皇鼓励理性和探索性活动的传统，在克雷芒十三世时，无疑曾背离了这一传统。对詹森主义者来说，克雷芒十三世时代好像是在本尼狄克十四世和克雷芒十四世两块绿洲之间的一片沙漠。

令人不可思议的是，詹森主义者得到这么重要的同情，取得的成就却如此之少。不过这或许也暴露了该运动的某些重要的东西。他们的最大成就是解散了耶稣会，但这并不是由于他们的压力，而是由于波旁王朝向一位对耶稣会至少不友好的教皇施加压力的结果。意大利的詹森主义者包括形形色色的人，难以取得成效。因为他们主要是一些学者和神学研究人员，对思想问题和重大问题有兴趣，除此之外便几乎毫无兴趣，一直到庇护六世就任教皇后，他们的反教廷的观点才使他们有了某些凝聚力。

18世纪70年代后期，虽然还没有出现断然的决裂，但罗马的气氛却有变化，表明詹森主义的影响在下降。许多詹森主义者实际上离开了该城市。造成的一个后果是，他们所表现出的那种指望世俗力量同情支持他们基本上属于教会和教义的利益的趋势加强了。由于詹森主义关于上帝的思想的教义一直在削弱现实世界的教会的影响，使得争取世俗力量的支持比较容易做到。所以那些主张改革的君主们对教皇权利的攻击并未使詹森主义者感到很大的不安；他们有的甚至把这些君主们看作是上帝反对罗马的工具。他们对主教和地方教会在同罗马教廷打交道中的独立性的同情，同主张改革的各国也是一致的。他

[①] 朱塞佩·佐拉，1739年生于孔切西奥，神学家，1788—1799年任帕维亚神学院院长，1806年在帕维亚去世。

[②] 彼得罗·坦布里尼，1737年生于布雷西亚，应召到罗马爱尔兰学院任职，后在帕维亚任教（1778—1792年）。1794年出版了他的《神学—政治书信集》，后为意大利的那不勒斯王国工作。1827年于帕维亚去世。

们也并不担心国家对宗教独立的威胁；实际上，他们是埃拉斯都主义者，① 对"我的王国不属于这个世界"的训条，他们同支持罗马教廷的人有不同的见解。最后，对他们之中的一些人来说，君主的庇护本身可能是讨好君主的行为。

实际结果各不相同。并不是所有的君主都支持詹森主义者；撒丁国王就积极反对他们。尽管在威尼斯反对罗马教廷的势力很强大，但詹森主义并未在该地留下什么痕迹。詹森主义者真正的保护人有两位：托斯卡纳的利奥波德以及约瑟夫二世。在约瑟夫的庇护下，帕维亚大学成了意大利詹森主义者的主要教学中心。在托斯卡纳成果更为可观。利奥波德改革托斯卡纳教会的愿望，受到皮斯托亚主教希皮奥内·德里奇的怂恿。在几年以前，德里奇曾是罗马一个有名的詹森主义集团的成员。1786 年，德里奇在皮斯托亚召集了由他的教区神职人员参加的一次宗教会议。在 10 天会议（9 月 18—28 日）期间，提出了许多阐述奥古斯丁教义观点的主张，否认教皇在纪律处分和教会组织方面的最高权力，声称教皇只是"同辈中的为首者"（primus inter pares），并把对修道士的纪律处分权以及对他们的圣职授任和修道的监督权赋予各主教。这次会议还认可了 1682 年的《高卢主义条款》。② 利奥波德对此还不满足，不顾主教们的疑虑，敦促德里奇于第二年再召开一次托斯卡纳主教会议。会议虽召开了，但结果却不妙；主教们直率地谴责了会议及其詹森主义的各项主张。

这件事充分表明，在教会内部，詹森主义处于少数派地位。在教会外部，它也未获得普遍的支持。詹森主义者在普拉托对礼拜仪式进行改革，引起了暴力骚动。1790 年，群众骚动把德里奇从皮斯托亚赶走，1791 年，他辞去了主教职务。实际上，这次宗教会议是意大利詹森主义的顶峰。1791 年，詹森主义的刊物《基督教年鉴》（Annali ecclesiastici）从托斯卡纳迁到瑞士卢加诺出版，不过，直到 1794 年，教皇训谕《信仰的权利》才谴责了这次宗教会议及其作品。

詹森主义者命运的衰微，并没有使他们在意大利事务中的影响消失。不过，他们举足轻重的时期已经过去。詹森主义者作为少数派，

---

① 埃拉斯都主义，关于国家有权干预教会事务的一种学说。以瑞士神学家埃拉斯都而得名。——译者注

② 法兰西教会神长大会所通过的限制教皇权力的条款。——译者注

他们主要关心的是神学和教会内部的整顿。但即使如此，仍有许多詹森主义者从事在教民中的传道工作。一旦共同对耶稣会的敌对态度消失，詹森主义者与靠近詹森主义者的人彼此之间在看法上的许多细微差异就显现出来，以致他们难以成为一支有效的力量。他们的成就一直限于地方性的和思想方面的，只有在得到如克雷芒十四世或利奥波德那样有权力的庇护者的支持时，他们的成就才可能持久一些。这表明他们基本上是非政治性的，后来，他们中的一些人投身于一些革命的共和国，诚然，对其中某些人来说，同情革命并不仅仅是投机。德里奇与格雷古瓦①有通信联系，许多意大利的詹森主义者，以巨大的兴趣关注着法国由于《教士公民组织法》而引起的事态发展，在那里，高卢主义似乎终于为人们所接受。但詹森主义者的这种同情，使他们失去了意大利保护人的支持，他们不得不赶快为他们的同情民主的罪名进行申辩。1789年后，他们和许多意大利人一样改变了立场。

欧洲对意大利半岛的再次干预，终于使意大利的历史发生变化。不过，法国大革命产生的这一后果暂时还不明显。到1792年年底时，革命影响仍相当有限。对攻占巴士底狱消息的反应不一。阿尔菲耶里②作出了热情的反应，然而不久，流亡贵族开始来到，他们对所发生事件的看法散布开来。波旁家族各宫廷牢记它们的家族关系。在约瑟夫二世去世、利奥波德于1790年迁往维也纳后，意大利半岛开明改革的这两位主要倡导者一去不复返了。改革的步伐早已放慢。伦巴第的改革派对约瑟夫的激进思想和改革步伐以及随之而来的地方自治权的丧失感到惊恐，开始转而反对他。幸运的是人们为此进行了许多工作，因为大多数意大利国家这时都对改革的危险作出了强烈的反应，尽管已经存在的那些新的、经过改革的体制一般未受到触动。于是，尽管那不勒斯政府和罗马教廷之间发生了激烈的争吵，它还是焚烧了菲兰杰里的著作并查禁法国的报刊，表现出它对革命的恐惧。在威尼斯，国家的宗教裁判官开始搜查受法国思想鼓动的持不同意见的

---

① 巴蒂斯特-亨利·格雷古瓦（Baptiste-Henri Grégoire），1750年生于韦奥，曾活跃于1789年的法国国民议会，是拥护《教士公民组织法》的布卢瓦主教，1791—1807年曾任卢瓦-谢尔地区的行政官员。同情高卢主义、詹森主义和共和派的观点，他在1819年当选法国众议员一事引起公愤，宣告无效。1831年在巴黎去世。

② 维托里奥·阿尔菲耶里（Vittorio Alfieri），1749年生于阿斯蒂，诗人兼悲剧作家，1787—1792年住在巴黎，1792年赴佛罗伦萨，于1803年去世。

分子。很快,"雅各宾党人"(giacobini)这顶帽子就扣到了那些想利用法国的事态发展来谋求自身利益的伦巴第温和自由派贵族的头上,教皇国禁止出版阿尔菲耶里的悲剧作品(剧作家于1792年离开巴黎,对革命已失去幻想),并开始搜捕共济会会员。1792年,在费拉拉发现了一个"俱乐部",引起了轰动。

这些都不太重要。意大利各国在外交上的反应也不大。皮尔尼茨宣言发表后,他们只是在口头上表示同情。① 当教皇国和撒丁成为法国侵略的首批受害者时,那不勒斯的斐迪南曾经并非认真地提出意大利各国结成联盟。但是热那亚、威尼斯、摩德纳、帕尔马和托斯卡纳诸国仍固执地保持中立,教廷也依然很不信任他(巴黎深知这些情况,1792年,那不勒斯政府受法国的鼓励占领了教皇领地)。在18世纪结束时,法国的影响已深深地渗入半岛。1792年12月,那不勒斯不顾英国的压力,接受了法国派遣的大使。固然这位大使是在法国海军上将发出最后通牒后才被接受的,但这件事本身表明法国在地中海的势力之大。罗马教廷很快也变得更好说话。命令它的港口给法国船只供应食物。12月,法国代办德巴斯维尔到任。虽然他在罗马朱庇特神殿轻蔑地把红衣主教们说成是"穿紫红袍的傻瓜们",并发号施令式地要求把逃亡的法国贵族逐出意大利,说明未来的关系不会有改善的希望,但是在当时,教廷和其他的意大利国家(除撒丁外)一样,是愿意设法同法国保持关系的。

因此,意大利历史不能以1792年年底为线来分期。意大利两个历史时期的转换阶段只进行了一半。容许启蒙运动进行实验的同时,对半岛政治和经济结构起了保护作用的和平阶段正在消失。而在和平阶段消失的情况下,更会显示出"意大利"这个名词是多么容易令人误解;各个国家和地区对法国大革命的反应都不相同。在1792年之前,不存在什么"意大利"对革命的反应。正因为如此,要弄清楚意大利人在1763年到1792年间的生活有何种变化是困难的。而且,由于我们已经弄清楚的东西中仍然存在许多空白点,要做到这一

---

① 皮尔尼茨宣言,1791年8月27日神圣罗马帝国皇帝利奥波德二世和普鲁士国王威廉二世发表的共同宣言,号召欧洲各国用武力帮助法国路易十六恢复统治。——译者注

点就更困难了。对意大利报纸在启蒙运动中所起的作用,对共济会支部所充当的角色,对教士的社会构成和他们的活动,对改革派立法造成的经济后果,对意大利农业的详细结构,等等,仍需要进行仔细的研究。因此,对18世纪的意大利,实际上需要给予像过去三四十年中对革命以前的法国历史那样的关注。

(许怀民　译)

第 十 四 章
英国统治以外的美洲社会的发展

当西班牙的最后一位哈布斯堡王朝统治者于 1700 年去世时，西班牙如何塞·德加尔韦斯所说，"已差不多与其死去的主人一样成为一具僵尸了"。① 西班牙的"领地辽阔富饶，超过任何其他欧洲国家"，② 但却缺少公路、工业和商业。在此之前的 100 年间，人口减少了 150 万。农业凋敝，行政管理体系混乱不堪，货币状况一团糟，国库告罄。如果说在新大陆几乎可以说"没有哪片宁静的沙漠还未被西班牙染指"的话，那么西属美洲殖民帝国之所以能够生存下来，似乎更多的是由于各种习惯势力和惰性势力以及欧洲诸列强的相互猜忌，而不是由于西班牙本国的内在实力所致。即使像有时人们所认为的那样，它垮台的时机尚未成熟，或者尚未濒临崩溃的边缘，但也有充分的证据表明，它存在着种种政治、社会和经济方面的弊端。一个典型的例子就是 1749 年两位年轻的海军军官豪尔赫·胡安和安东尼奥·德乌略亚为国王写的一份令人沮丧的报告，尽管这份报告只描述了这个殖民地世界的一部分情况。③

然而，在西班牙王位继承战争和拿破仑入侵伊比利亚半岛之间的年代中，西班牙本国从它在 17 世纪沦入的衰落中以惊人的活力崛起。它的经济停止了衰退，然后开始回升。它的行政体制按照法国和专制主义的模式进行了改造，实行了中央集权化和现代化。它的人口再次增加，在 100 年中几乎翻了一番。王家岁收增长了，尽管其开支也增

---

① 约翰·林奇：《1782—1810 年西属殖民地的行政管理。拉普拉塔总督辖区的地方行政长官制度》（伦敦，1958 年），第 1 页。
② 威廉·罗伯逊：《美洲史》（最后审定的第 5 版，3 卷本，伦敦，1788 年），第 8 卷。
③ 《美洲状况的秘密报告》（伦敦，1826 年）。虽然这份报告被认为是两个人所写，但德乌略亚即便不是唯一的，起码也是主要的作者。

加了。即使说经济变革的进程、农业的复兴、工业的发展、商业的增长等未能满足经济学家和改革者们的期望，但现在看来，西班牙在卡洛斯三世统治期间以及在卡洛斯四世统治的早期似乎出现了晚秋小阳春似的繁荣景象。比利牛斯山脉旧景依存，但是18世纪末的西班牙不再是生活在一个纯粹的西班牙式的世界了。

西班牙在美洲的领地的发展和扩张尤其引人注目。西班牙殖民帝国在1700年就已疆土辽阔，而到了1763年，其领土面积大增，20年后又扩展得更广。尽管西班牙在七年战争结束时丧失了佛罗里达，但却获得了新奥尔良和广阔而没有明确边界的路易斯安那。1783年佛罗里达作为西班牙援助美洲大陆英国殖民地的反叛的补偿而收回后，西班牙便完全控制了墨西哥湾。诚然，路易斯安那是一件招惹是非的礼物，西班牙于1800年毫不犹豫地把它还给了法国，三年后拿破仑又把它卖给了美国。但即使没有路易斯安那，19世纪初西班牙殖民帝国的领土仍然连成一片，从加利福尼亚到合恩角，将近跨越一百个纬度。虽然在最北边，西班牙（在1790年签订努特卡湾协定时）被迫放弃了对北美西北海岸的独占权，但在最南端，它于18世纪70年代开始在巴塔哥尼亚建立殖民地。①

防御是西班牙殖民帝国扩张其疆土的动机。由于对葡萄牙感到恐惧，西班牙占领了今为乌拉圭共和国的"东岸地区"。② 西班牙对该地的占领始于1724—1726年建立蒙得维的亚，直至1777年从葡萄牙人手中夺取小海港科洛尼亚-德尔萨克拉门托移民镇方告完成。对英国的恐惧——如果英国不在1766年占领福克兰群岛（尽管它于1774年同意撤出该群岛）的话，会是这样吗？——促使西班牙向南推进到巴塔哥尼亚沿海地区。在新西班牙北部边境的扩张也是出于同样的动机。西班牙希望路易斯安那成为抵御英美向密西西比河以西渗透的屏障。1769年西班牙开始向加利福尼亚殖民也是为了阻止俄国在太平洋的推进。当1776年7月4日费城的"自由钟"敲响第一个英国殖民帝国的丧钟时，比它还要老的西班牙殖民帝国的防御性扩张仍在继续。就是在这个时候西班牙人建立了旧金山。

---

① 位于内格罗河畔的卡门-德巴塔哥内斯（Carmen de Patagones）建立于1779年。
② 东岸地区（Banda Oriental）指拉普拉塔河以北和乌拉圭河以东的领土。

当西班牙殖民帝国在18世纪末到达其领土的最大范围之时，也正是其最为繁荣之日。它的几个省区的相对重要性实际上发生了变化。在南美，西班牙财富和实力的传统基地秘鲁失去了其原先的突出重要地位。而另一方面，南方的拉普拉塔各省和北方的委内瑞拉则脱颖而出。可与这些原先处于边缘并被忽视的地区的崛起相匹敌的，在岛屿殖民地中有古巴的崛起，在巴拿马地峡以北则是新西班牙的经济复兴。新西班牙此时已从人口长年下降的状况中恢复过来，其矿藏提供着占世界产量一半的贵重金属。对新西班牙来说，18世纪是创业的时代，这并非偶然。尽管在墨西哥城——从几乎任何一方面来讲都是在西半球首屈一指的城市——乞丐满街，但政府的收入在一个世纪中增加了5倍多，其矿产品产量的增加也与此相当。

18世纪末期，新西班牙在西班牙殖民帝国的经济结构中占据首要地位虽是无可争议的，但是，哈瓦那和拉普拉塔的航运量，布宜诺斯艾利斯的海关税收，古巴食糖和委内瑞拉可可的出口，拉普拉塔各省皮革的出口，以及西班牙与西属美洲之间贸易的全面增长，都无不同样说明当时扩张的情景。当然，并非西班牙殖民帝国的所有地区或所有经济部门都同样从贸易的增长中获得了利益。局部和地区性的停滞，甚至是局部和地区性的衰落也是显而易见的。像西班牙人对西班牙国内状况提出批评一样，一些西属美洲人，以及一些西班牙人，也在为西属美洲的经济落后而悲叹。但是不论他们的抱怨多么有理由，事实仍然是：随着贸易的不断发展和人口的日益增加——1800年再次达到西班牙人口的一半，尽管仍少于第一个改革法案时英格兰、威尔士和苏格兰人口的总和——整个西班牙殖民帝国从来还没有比它垮台前夕更加繁荣。

促成这次经济，实际上是政治复兴的最明显的刺激力，来自波旁王朝的行政、商业和经济改革。引起早期波旁王朝注意的是西班牙的而不是西属美洲的各种问题，但是一次重大的行政改革则是由于西属美洲的问题所引起的。包括今哥伦比亚、厄瓜多尔和委内瑞拉诸共和国的广大地区，在此之前从属于利马，还有一部分从属于圣多明各。1717年均归入新格拉纳达总督辖区，1723—1724年间一度被废除，1739年又重新建立，不过委内瑞拉在三年后成为一个单独的将军辖区。另外，帝国商业体制的两项重大改革也是由于西属美洲的问题所引起的。由于为新西班牙和南美洲供应货物的运输船队早已衰落，腓力五世曾企图重振船队和大帆船队，但未成功，于是在1740年决定全部停航。此后只有特许的船只方准单独地驶往西印度群岛的某个港口，或绕过合恩角直驶秘鲁。1754年商船队真的恢复了，并于1757年重新驶向新西班牙，此后开开停停，直至1778年为止。不过大帆船却完全消失了，随着大帆船的消失，有名的贝洛港贸易集市，连同巴拿马王国的繁荣也随之寿终正寝了。更早些时候进行的第二项改革是建立特许贸易公司。其中至少有一家加拉加斯或称吉普斯夸公司，于1728年获得在委内瑞拉沿岸进行贸易的近乎垄断的特权。它经营了很长时间，且较成功，附带地也给委内瑞拉带来不少好处，不过当地居民对它并不完全感到满意。

在早期波旁王朝统治下，西印度的天然贸易通道就这样开始打通了。在理论上确定的西班牙对西属美洲的贸易垄断范围内，加的斯和塞尔维亚商人的实际垄断权部分地受到了侵害，虽然这仅仅是由于在其他地区建立了竞争性的垄断公司。至少在南美洲北部试行了一种比较现实的行政管理体制，而且发现这是必不可少的。另外，在西班牙本土，于1714年设立了西印度事务部，它连同国务、司法和陆军各部一起，预示着一度大权独揽的西印度院的衰落，以及政务会政府将被一个由帝国控制的更有效的新机构所取代。

然而直到七年战争结束之后，西班牙才像英国一样，着手进行殖民帝国的改组和改革工作，只不过规模要比其最大的殖民对手小得多。对波旁血统中最精明能干的君主卡洛斯三世（他于1759年继位）来说，他过晚而且轻率地参加那场欧洲的和殖民地的冲突而取得的惨痛经验——哈瓦那被占领，丧失了佛罗里达——起了决定性的作用。此时在帝国的行政和经济体制方面谨慎进行的引人注目的改革，既是由于国外法国的告诫，也是由于西班牙国内的舆论所致。但它们的目的是极其实际的。如果说国王现在试图给殖民地政府注入新的效率，如果说他试图振兴殖民地贸易，这都不是目的本身，而是达到目的的手段。其目的是帝国的防御，保护帝国不受侵略，特别是英国的侵略，消除外国的经济竞争，以及恢复西班牙在欧洲海上和陆上的军事实力。而正如1763年以后的英国殖民地政策一样，在西班牙的政策中财政问题是首要的问题。防务需要财政收入，而财政收入则意味着改革。

早在1763年年底就在马德里成立了一个部际委员会，每周四开会，"讨论与西属西印度的未来安全和增加天主教徒国王陛下在美洲的财政收入有关的事项"，也讨论重振海军的事宜。① 作为补充，于1764年又任命了一个五人组成的"专门委员会"（Junta Técnica）以审议贸易问题。与此同时，任命亚历杭德罗·奥赖利为监政官前往安的列斯群岛调查古巴和波多黎各的防务状况。1765年，任命阿塞·德加尔韦斯为墨西哥财政总视察官和新西班牙监政官，此人后来成为西印度事务大臣。

1765年2月，在任命德加尔韦斯一周前，"专门委员会"提交了一份报告。不可能指望一个皇家委员会提出彻底放弃殖民地垄断政策的建议，"专门委员会"当然也不会这样做。然而摆在它面前的令人难忘的客观教训却是旧的限制性制度造成的灾难性后果：哈瓦那通常每年有两艘船驶抵，每年的进出口关税收入为3万比索；而在英国人统治下，1762年贸易所带来的收入却是40万比索。至于西班牙的殖民对手们的非法贸易对帝国贸易的规模和价值所带来的损害，则是有目共睹的。迪奥尼西奥·德阿尔塞多在1761年的文章中估计，每年的走私额为600万比索，② 这只不过是重复了以前的作者们的估计，③ 而这种估计大概远远低于实际数字。显然应采取分步骤制定更有力的措施，以对付走私商人本身，并且这样做了。然而很明显，要抵制国外的压力，保护西班牙的垄断地位，也必须从内部改善这一垄断制度的状况。提出的改善方案是实行比较自由的，尽管还不是完全自由的贸易，即放松旧的商业体制。这一方案也得到了西班牙有见识的舆论的支持。于是出现了一种明显矛盾的现象：英国在1763年以后在某种程度上建议在其殖民帝国实行加紧控制贸易活动的措施，而西班牙却建议采取放松贸易控制的办法。

1764年采取了初步措施：开通科鲁尼亚与哈瓦那之间每月一次

---

① A.S.艾顿：《根据家族盟约进行的西属殖民地的改组》，载《西属美洲历史评论》第12卷（1932年），第274页。
② 奥克塔维奥·希尔·穆尼利亚：《国际政治中的拉普拉塔地区。总督辖区的建立》（塞维利亚，1949年），第103页。
③ 这是赫罗尼莫·德乌斯塔里斯根据1704年的一本英文小册子提出的数字。见约翰·基帕克斯译《商业和海运事务的理论与实践》（2卷本，伦敦，1751年），第1卷，第137页。

的邮递业务，与新西班牙、西印度群岛和铁拉菲尔梅相连接；后来又补充建立了通往布宜诺斯艾利斯的海上邮递业务。不过此时根据1765年10月16日的一项法令，开放了西印度群岛——古巴、圣多明各、波多黎各、特里尼达和马格丽塔——与西班牙北起桑坦德东至巴塞罗那的九大港口的通商。对横跨大西洋与塞维利亚和加的斯这两个安达卢西亚港口通商的限制便一举而结束。现在商船可以不需获得国王的特许证而航行，而且吨位税和其他税也已简化和降低。这项试验十分成功，以致实行比较自由的贸易的区域不断扩大，1768年扩大至路易斯安那，1770年扩大至坎佩切和尤卡坦，1776—1777年扩大至南美大陆的圣玛尔塔和里奥德拉阿查，1778年2月扩大至布宜诺斯艾利斯。最后，根据1778年10月12日的所谓"自由贸易法"，西班牙和南美、中美的所有比较重要的港口（由于加拉加斯公司的利益，委内瑞拉的港口除外）都被准许相互通商，尽管还不是自由地，至少是可以直接地进行。委内瑞拉的正式例外情况一直延续到1789年加拉加斯公司不复存在之时为止。同时帝国其他地区所享受的特权也赋予了新西班牙。此外，随着美洲港口和西班牙港口的逐步开放，以及妨碍贸易的关税的修改，长久以来对殖民地之间的贸易的限制亦被放松或取消。到1777年，新西班牙、危地马拉、新格拉纳达、秘鲁、智利和布宜诺斯艾利斯都享有各自的产品彼此间进行贸易的相对自由。当然，对外国人和对外贸易，则该帝国仍实行关闭政策。不过由于十分特殊的原因，1782年允许西班牙臣民和西班牙船只在路易斯安那和法国之间进行贸易；1789年，允许外国人向西印度群岛供应奴隶。在其他方面，帝国垄断的原则仍然原封未动。但是到了1790年，即卡洛斯三世去世两年之后，贸易署本身也被撤销。这一事件标志着逾两个半世纪以来支配帝国贸易活动的做法几乎全部被取消了。

放松帝国的控制与卡洛斯三世所推行的政治和行政改革无关。实际上后者的方向与前者截然相反。对领土进行了调整，某些地区的地位提高了。1777年，委内瑞拉将军辖区扩大，并于九年以后设立了自己的检审法院（audiencia），即高等法院。智利将军辖区也从秘鲁总督辖区中独立了出来。1776年，新西班牙北部边界诸省改组为内陆省（Provincias Internas），由一个基本上独立于新西班牙总督的统领（commandant-general）领导。同年，出于政治和战略原因——一方面害怕英国，另一方面担心葡萄牙人从巴西发动侵略——建立了美洲第四个，即拉普拉塔总督辖区，不仅包括原来的拉普拉塔地区各省，而且包括上秘鲁（今玻利维亚）各省。作为一个"南美洲的堡垒"①，这个总督区在1777年被确定为永久性的总督区，它的建立是这个殖民帝国后期政治史上的一块里程碑，犹如1778年自由贸易法令在帝国经济史上的地位一样。

上述这些以及其他一些改革，表明在西班牙人民日益认识到美洲的地理问题和地区状况：18世纪末存在的领土安排已经勾画出未来西属美洲各国的主要轮廓。但是这种领地的分权——如果可以用这个词的话——并未触及殖民统治的中心原则。无论在哈布斯堡还是波旁王朝的统治下，帝国实行的都是专制主义。虽是一种家长式的专制主义，但仍然是一种专制主义。它的原则是权威原则，正如波旁王朝在西班牙扩大了王权的范围一样，他们也力图加紧对美洲的控制。为了建立更好、更有效的政府以及增加王室财政收入，卡洛斯三世恢复了陈旧的视察制度，即由一个皇家专员对殖民地进行全面视察。1765—1771年何塞·德加尔韦斯对新西班牙进行的全面视察即是最著名的例子。此外，西班牙的开明专制制度也反映在美洲任用比较精干的文职官员上。新西班牙的第二代雷维亚西赫多伯爵即是一个显著的例子。但是为了像卡洛斯所希望的那样"统一上帝赋予我的伟大帝国的政府，并在我的美洲广阔领地上建立良好秩序，使之幸福并受到保护"，②就需要做更多的事。波旁王朝广泛的行政改革试图作出的回答是，通过把各殖民地划分为总督辖区，从而使殖民地政府制度化和集权化，在权威性最差、最无效的一级——地方和省政府一级恢复权威并加以控制。

源自法国、后为西班牙所采用的地方行政长官制③首先于1764年在古巴以有限的方式试行。德加尔韦斯对耳闻目睹的当地状况深感震惊，在1768年强烈主张将此制度全面推广至新西班牙。但是经过

---

① G. 塞斯佩德斯·德尔·卡斯蒂略：《利马与布宜诺斯艾利斯. 设立拉普拉塔总督辖区的经济和政治影响》，载《美洲研究年鉴》第3卷（1946年），第791页。
② L. E. 费希尔：《西属美洲的总督制》（伯克利，1929年），第97页。
③ 地方行政长官制（intendancy system），亦译监督管辖区制。——译者注

了 14 年多的试验和争论之后，这个制度才开始全面采用，先是 1782 年在新建立的拉普拉塔总督区，两年后在秘鲁，1786 年在新西班牙，到 1790 年已在帝国的大部分地区实行。在所有的，或几乎所有的地方，西班牙任命的地方行政长官（gobernadores intendentes）取代了总督和市长等原来的地方官员。这些原来的地方官员的暴政和腐败在西班牙殖民统治史上留下了令人伤感的一页。他们的渎职违法行为在 1749 年遭到胡安和德乌略亚二人严厉的谴责，[①] 直接促使 30 年后图帕克·阿马鲁印第安人大起义爆发。新任官员及其委派的代理人（subdelegados）和其他助手一起在他们的地方行政长官辖区的殖民统治集团内充当着无所不管的角色，特别是主管司法、行政、财政和作战四个部分，并与总督和将军划分了职权范围（做到这一点是很不容易的）。由于存在着发生冲突的可能，冲突也就产生了。但是没有任何改革会更加清楚地反映出开明专制主义中最开明的思想。改革是为了建立起健全而有效的政府，如果说其目的在于增进王室的福利，尤其是王室的财政福利的话，那么它也是按照西班牙的伟大传统增进其臣民的福利。

波旁王朝的政策还有三个值得注意的方面。一是通过建立和改组殖民地民兵以补充现已增加的来自西班牙的正规军，从而加强海外的军事力量，并危险地赋予它以特别的法律豁免权和特权。当然，这仅仅是导致旧殖民体系全面变革的帝国防务大计划的一个组成部分。但它为西属美洲的克里奥尔人开辟了实现其抱负的一个新的领域。二是缩小教会的特权和扩大王室的圣职授予权。这是在 18 世纪初即已开始的做法的继续，并在教会事务方面可与在世俗行政事务方面加强王室权威的做法相提并论。这种权威的性质以及波旁王朝王权至上主义发展到何种程度，从 1767 年突然而富有戏剧性地将耶稣会逐出西班牙领地这件事上可以充分地得到说明；专制主义是容不得对手的，无论是真实的还是想象的对手。第三个，在某种意义上也是最引人注目的方面，是国王鼓励在新世界开展科学调查，其目的是刺激生产，尤其是矿业生产。18 世纪 80 年代曾有一些矿业专家，如埃吕埃尔（Eluyher）兄弟和巴龙·冯·诺登夫利希特，被派往新西班牙、新格

[①] 见前面原文第 397 页，注③。

拉纳达和秘鲁等地。在墨西哥，皇家矿业学院于1792年开办。正是这一学院以及植物园和美术学院使洪堡评论道，"在新大陆上没有哪个城市——美国的城市也不例外——能像墨西哥首都那样设有如此漂亮或如此完备的科学机构"。① 由鲁伊斯、帕冯和多姆比率领的以及由马丁·塞塞率领的两支植物考察队分别于1777年和1787年前往秘鲁和新西班牙。国王支持何塞·塞莱斯蒂诺·穆蒂斯在新格拉纳达进行的植物学工作，并且在18世纪末为亚历山大·冯·洪堡及其同伴法国博物学家艾梅·邦普朗穿越南美洲北部、古巴和墨西哥的伟大探险提供了一切便利。

卡洛斯三世死于1788年，他倡导的改革事业尚未完成。但是他留给他那好心但无能的继承人的帝国与他当初继承的帝国相比，不仅更大更强，而且更富裕，治理得更好。王室的财政收入大幅度增加，不过一般来说征收的代价和殖民地当局的开支也同样增加了。不论在大陆或各岛屿，帝国的防务加强了。牙买加罗亚尔港的防御工事无法与波多黎各圣胡安的工事相比。帝国的行政体系已经改进，王家政府的人员，至少是上层文职官员已有较大的改善，中央对地方政府的控制更为有效而扩大。帝国的贸易已经复兴，仅在1778—1788年10年时间里，其价值估计增加到7倍。在贸易中，运来的西班牙商品与外国商品相比，比例也增加了，这清楚地表明在西班牙的巴斯克诸省，在加泰罗尼亚和巴伦西亚的工业正在复兴。殖民地的制造业则受到损害。基多的纺织业和拉普拉塔西部各省的制酒业因廉价进口商品的竞争而遭受沉重打击。另一方面，新西班牙的矿产量则达到了前所未有的最高水平。随着西属美洲人口的日益增长和欧洲对西属美洲提供的药材、染料木、皮革、糖、烟草以及金、银的需求不断增加，生产的增加不仅仅限于矿业，畜牧业和农业生产也在扩大。布宜诺斯艾利斯在1778年航运了15万张皮革，1783年则为150万张。洪堡在18世纪末认为，在古巴和委内瑞拉农业创造的财富远远多于秘鲁开矿所积累的财富，而在新西班牙，墨西哥矿区生产的金、银的价值比农产品

---

① 亚历山大·冯·洪堡：《关于新西班牙殖民地政治论文集》（5卷本，巴黎，1811年），第2卷，第11页。

价值却低"几乎 1/4"。①

在美洲,如同西班牙的情况一样,卡洛斯在位时期进行的大改革几乎没有激起公开的反对。甚至连驱逐耶稣会也只不过引起了一些地方性骚动,而在殖民地世界,骚动并非什么新鲜的事情。与 18 世纪 80 年代的大暴动,如 1780—1781 年秘鲁图帕克·阿马鲁领导的印第安人起义和新格拉纳达的市民起义相比,1767 年的这些动乱就显得微不足道了。不过这些运动是当地环境和特殊情况的产物。其中一次反叛的矛头是针对地方总督的压迫的,其中秘鲁总督的压迫比帝国的其他任何地方都残酷。因此这些总督后来被行政长官所取代。另一次则是抗议高税收,而高税收主要是由于西班牙卷入美国独立战争而造成的。这两次起义都被极其残酷地镇压下去。它们一下子生动地揭露了广大印第安人和梅斯蒂索人②的处境。但它们并没有表明对国王或王室普遍或者说到处存在着不满情绪。虽然北美英国殖民地的反叛确实可能对西班牙是个警告,并为西属美洲树立了榜样,但是西班牙政府害怕的并不是内部的瓦解,而是"欧洲列强们"和来自外部的破坏。

然而,尽管帝国体系中曾一度注入了新的生命力,但从总体上说,波旁王朝的改革导致了自相矛盾的结果:旨在加强帝国体系的措施最终却导致了该体系的削弱。18 世纪,随着殖民地的日渐繁荣,克里奥尔人自觉意识的倾向不断增强。克里奥尔人与"半岛人"之间,即出生在美洲的西班牙人与出生在西班牙本土的西班牙人之间的裂痕逐渐扩大和加深。洪堡曾讲过这样一句著名的话:"连未受过教育、缺乏文化修养的穷困不堪的欧洲人都认为自己比出生在新大陆的白人要高一等。"③他还指出,在 1783 年(凡尔赛和约)以后,特别是在 1789 年以后,克里奥尔人开始称自己为美洲人。④卡洛斯三世的改革一反传统习俗,对那些由于改革而失去或削弱了权力和特权的政府官僚和商业寡头集团的成员来说,是太"开明"、太"自由"了,以致无法适应。而对克里奥尔人土地贵族和正在崛起的克里奥尔

---

① 亚历山大·冯·洪堡:《关于新西班牙殖民地政治论文集》,第 2 卷,第 25 页;第 3 卷,第 286 页。
② 梅斯蒂索人即印欧混血种人。——译者注
③ 亚历山大·冯·洪堡:《关于新西班牙殖民地政治论文集》,第 2 卷,第 2 页。
④ 同上书,第 3 页。

人资产阶级来说，这些改革又不够自由，不合他们的胃口。商人和矿山主以及土地拥有者在上层形成了一个土生土长的贵族阶层，即使他们的底层也远离为他们服务的各阶级。但作为土地的主人，这些土生土长的西属美洲人力图用政治权力来加强其经济实力。然而那些曾许诺建立起更加良好和更加有效的政府的各项改革，却没有美洲人参加的份。在改组后的各省政府中，新任命的地方行政长官几乎全都是西班牙人。按照受偏见影响的原则，只准许克里奥尔人担任低级职务——波旁王朝的政策根本不考虑建立一个由克里奥尔人组成的行政管理阶级——对克里奥尔人自尊心的这种侮辱是令人无法容忍的。卡洛斯三世的改革一方面激起而同时又使之落空的，还不仅仅是克里奥尔人的政治抱负。商业体制也已放宽了限制。富有更多创业精神的新商人进入了贸易界。营业额增加了。但是"在帝国范围内通商的自由却激发了与整个世界自由通商的要求"。[1] 如果说西班牙的经济在卡洛斯在位后期"以数世纪以来前所未闻的方式"繁荣起来，[2] 但西班牙的经济复兴仍无法跟上各殖民地经济需要的步伐。随着国际贸易额的激增，用不了多久克里奥尔人就会对帝国的这种经济体系感到不满意了，因为在这种体系中西班牙扮演了一个其财政和工业实力、其手段和技巧都不足以完成其任务的角色。

18世纪的最后几十年是殖民地社会的全盛时期，它反映在城市的装饰和改善上——这本身就是物质财富增长的表现——反映在当地爱国主义的高涨、学术活动的提高、期刊出版的增加，以及种种团体和俱乐部的成立上。布宜诺斯艾利斯直到1801年才有了一份报纸，加拉加斯和智利的圣地亚哥则过了很长时间以后才看到报纸。但是在墨西哥，何塞·安东尼奥·德阿尔萨特主办的《文学报》（这不是他办的第一个文学刊物）从1788年出版到1795年，内容充满了有关自然科学和应用科学、医学、哲学、地理和历史的文章。名气更大的《秘鲁信使报》于1791年问世，每三天出一期，直至1795年。《危地马拉报》在停刊60多年之后于1794年复刊。哈瓦那的《新闻报》(Papel Periódico)于1790年创刊，圣菲-波哥大的《新闻报》创刊

---

[1] C.H.哈林：《美洲的西班牙帝国》（纽约，1947年），第345页。
[2] 理查德·赫尔：《18世纪的西班牙革命》（普林斯顿，1958年），第146—147页。

于1791年。另外还有其他许多报纸和周刊，有些是新闻，有些是评论，大多数寿命较短，但在19世纪初期如雨后春笋般地纷纷出现。在18世纪80年代和90年代，还出现了一些爱国经济学会，其中9个在1795年之前，6个在此之后成立。这些美洲人的团体是按照西班牙同类团体的模式创建的，主要关心的是改善当地经济条件和开发当地经济资源。但它们也关心传播一般的有用知识。创办于1793年的哈瓦那学会建立了一座公共图书馆，并管理着一所女校，而创办于1794年的危地马拉学会不仅开办了教授纺织、绘画、数学的学校，还设立了一项支持美洲文学的论文奖。

  这些经济学会直接反映出18世纪西班牙"启蒙思想"向西属美洲的渗透。殖民地各大学这时正努力把自己从亚里士多德和经院哲学家的权威影响下解放出来，它们的复兴进一步表明源于英国、法国和德国并在欧洲大陆盛行的一些哲学和科学思想已传播到西属美洲。尽管实行宗教法庭的审查制，但大陆并没有封锁思想。这些思想通过西班牙人的著作从西班牙传入。它们随着卡洛斯三世的"开明"行政官员之后而来到。它们被装在归来的旅游者的脑子里而带回来——越来越多的有钱的克里奥尔人去欧洲访问。它们为西班牙国王在新大陆开展的科学考察所促进。另外，它们还通过非法引进禁书的途径传入。如洪堡所指出的，自然科学的研究在墨西哥取得最大进展。但在哲学方面，也像科学一样，美欧之间的文化时间差在渐渐缩小。"启蒙思想"虽然只影响到一小部分人，但到卡洛斯三世去世时已在西属美洲有了很大进展。①

  另一方面，殖民地政府中的这种新精神，在卡洛斯四世继位后并未能持续多久。到1792年年底，卡洛斯三世在位时的那些杰出的大臣要么已去世，要么已下台，西班牙政府的日渐衰弱很快就在美洲反映了出来。旧秩序下的许多滥用职权现象又重新出现。即使在王室有能力支付其低级官员的薪金时，也从未能向他们足额地支付。在新的地方政府体制下，与旧体制下一样，低级官员只有在贪污受贿方面堪与他们的萎靡不振相提并论。至于最高层的行政长官

---

① 有关上述各段，可比较R.J.谢弗《西班牙世界的经济团体（1763—1821年）》（纽约州锡拉丘兹，1958年）；J.T.兰宁《危地马拉圣卡洛斯大学的18世纪启蒙运动》（纽约州伊萨卡，1956年），及A.P.惠特克编《拉丁美洲与启蒙运动》（纽约，1942年）。

第十四章 英国统治以外的美洲社会的发展

的实施状况,至少在拉普拉塔总督区,行政长官所表现出的魄力在激励地方市政会议采取新的行动方面发挥了有益的,即使是出乎意料的作用。但是赋予行政长官以广泛的权力则得罪了公私两方面的既得利益者。这导致了新旧官员、行政长官与总督,以及行政长官与检审法院法官之间围绕管辖权的冲突。一个极端的例子就是在上秘鲁,行政长官与加拉加斯检审法院之间一直不和,殖民地政府本身四分五裂。在那里,为加强王室控制而推行的改革,实际上却仅仅起了削弱王室控制的作用。

如果说殖民帝国在卡洛斯三世在位的末年达到其鼎盛时期的话,那么它的衰落以及西班牙的衰落在1792年以后发展得极其迅速。早在1789年法国大革命的爆发就开始导致了西班牙社会分裂和瓦解的进程,并最终对西属美洲也产生了深刻的影响。1790年,在温哥华岛西岸的努特卡湾的归属问题上与英国的一场争执——西班牙在这一争执中被迫作出了让步——标志着帝国防务性扩张的终结和领土退缩的开端。三年后与法国的战争,结局是按照1795年的巴塞尔和约,西班牙让出了伊斯帕尼奥拉岛——西属圣多明各殖民地——东部的2/3。1796年与英国的战争使西班牙在1797年失去了特里尼达。最后为了扩大帕尔马公国,作为交换,1800年将路易斯安那退还给了法国,三年后美国又将它买去。

但是,西班牙起先以敌人,尔后又以盟友的身份参加法国革命战争的行动,还带来了其他,而且是更重要的后果,其影响远远超过丧失这两块相对来说不太重要的西印度殖民地,甚至超过自愿退还路易斯安那领地。与英国的战争始于1796年10月,一直持续到1808年,中间只中断了两年半。战争的结局是致命性的。英国成为海上霸主;西班牙与其殖民地之间的联系被切断,或几乎被切断。西班牙的经济被严重打乱,西班牙海军几乎被摧毁,它的殖民地只得完全依赖本地和外国的资源,布宜诺斯艾利斯的出口额从1796年的500万美元跌至1797年的33.5万美元以下。如此严重的经济危机使得国王在1797年11月18日颁发敕令,向中立国船队开放西属美洲的港口,尽管有严格的限制。这是一项迫不得已的措施,1799年该敕令就被废除,因为如同撤销令所抱怨的那样,它"全面地造成"对国家及其臣民利益的伤害。① 但是法律所禁止的，地方法规却继续允许，而且王室本身也予以认可。虽然1802年恢复了和平，也恢复了旧日的限制性体制，但1804年再度开战后，这些港口又重新开放。

其结果，或部分的结果是美国在古巴至布宜诺斯艾利斯以及布宜诺斯艾利斯至智利之间的航运和贸易的迅速增长。然而，繁荣的不仅仅是美国的合法的和非法的贸易，英国的贸易也兴旺了起来。西班牙的海岸警卫船和卡洛斯三世的商业改革也曾为制止走私贸易的增长做出过努力，但无疑并未能予以彻底制止。为了开展墨西哥湾和西属南美洲北岸（以及法属西印度群岛）的贸易，英国于1766年在多米尼加和牙买加设立了自由港，1787年以后又将这一贸易体系扩展至西印度的其他战略要点。对这种从自由港与西班牙各殖民地进行的贸易，在和平时期受到鼓励，在战时则需得到特许。在西班牙看来这是走私贸易，而在英国看来则是合法贸易。这种贸易虽有短暂的盛衰，但总的来说，在不断上升。牙买加是这一贸易体系的中枢，而拿骚和特里尼达以及其他一些岛屿均发挥着各自的作用：根据也许有些夸大的说法，在18世纪末，仅特里尼达一地向西班牙各殖民地提供的货物每年就值100万英镑。② 然而在革命战争和拿破仑战争期间，并非只有加勒比地区的走私贸易兴旺起来。英国商人同美国商人一样，打入了拉普拉塔地区。甚至在太平洋沿岸，部分是由于南海捕鲸船的活动，走私贸易也发展并巩固了它的阵地。1796年之后的那些年，外部经济对帝国壁垒的压力日益增加。国王在1802年虽然还可以空谈重建帝国垄断的旧体系，但到1802年，这种旧体系早已几乎无法挽救地遭到破坏。特拉法尔加战役之后，这一体系便彻底崩溃了。

1789年以后欧洲发生的事件究竟在多大程度上为准备西属美洲的政治和经济解放提供了帮助呢？如果说到卡洛斯三世去世时，"启蒙思想"已在西属美洲殖民帝国广泛传播，那么在那些通常与法国大革命的政治理论联系在一起的文献中，卢梭的著作早已特别为受过教育的克里奥尔人所熟悉。所有在1764年之前发表的卢梭著作，都已自由地传入各殖民地，而且还在不断传入。南美洲北部未来的解放

---

① 《阿根廷史料》第7卷（布宜诺斯艾利斯，1916年），第157页。
② 特里尼达备忘录，国家档案馆，殖民部381/2。

者西蒙·玻利瓦尔的性格怪僻的导师西蒙·罗德里格斯就是根据《爱弥儿》的最佳原则来培养他的学生的。被指控进行颠覆活动而于1795年入狱的基多的弗朗西斯科·哈维尔·埃斯佩霍,也是受了《爱弥儿》的影响。在布宜诺斯艾利斯,马里亚诺·莫雷诺于1810年翻译出版了《社会契约论》的西班牙文版,不过删去了其中关于宗教的那一章。的确,也许没有哪位欧洲作家产生的影响能有卢梭的那样深远。① 然而不论卢梭对西属美洲产生了何种影响,震惊西属美洲人的还是法国大革命本身。从一开始,如当时在西班牙的来自布宜诺斯艾利斯的曼努埃尔·贝尔格拉诺等年轻的克里奥尔人,就像英国的华兹华斯和骚塞一样被同一种激情澎湃的浪涛所感染。在新格拉纳达,安东尼奥·纳里尼奥于1794年在他自己所办的刊物上发表了《人权宣言》的西班牙文译本,为此他受到监禁,并被流放。三年之后,在委内瑞拉的拉瓜伊拉发生的密谋,即曼努埃尔·瓜尔和何塞·玛丽亚·埃斯帕尼亚的密谋,清楚地反映出法国大革命理论的影响。然而,法国大革命的榜样并不是大多数克里奥尔人希望在西属美洲加以仿效的。颠覆性的政治观点并未广泛传播。持这些观点的只限于一小部分克里奥尔人知识分子。其中最不屈不挠地进行革命活动的是弗朗西斯科·德·米兰达。他目睹了法国大革命,在1771年离开出生地委内瑞拉后,直至1806年才返回。

但是,如果说法国革命理论的精髓在西属美洲没有广为传播的话,那么英西战争和西班牙与西属美洲联系的被切断,则使人们就近认识到美国独立战争的意义及其榜样的威力。正如一位英国观察家在1804年所说的,在近期的战争中,西属美洲人不无遗憾和愤慨地看到,他们的船只不能远离海洋,而北美人却可航行于任何海域,进出任何港口。② 美国商人中,也许不止一个人像航行至智利的来自马萨诸塞的年轻人理查德·克利夫兰一样,在其货物中夹带着一本很方便地被译成西班牙文的《联邦宪法》和《独立宣言》。洪堡同样提到,自从特立尼达岛落入英人之手后,附近的大陆地区的面貌业已改观,

---

① 但是在18世纪晚期的思想影响中,人们过多地——也许是太多地——注意16世纪西班牙天主教思想的各种理论的复活,尤其是弗朗西斯科·苏亚雷斯的理论的复活。

② W. 雅各布:《关于占领西属美洲的计划以及对其居民的特征和看法的观察》,1804年10月26日,国家档案馆,查塔姆文件,G. D. 8/345。

在卡里亚科,他"第一次在这样的气氛中"听到人们"热情洋溢地提到"富兰克林和华盛顿的名字。①

此外,西班牙殖民帝国这时有遭到直接进攻的危险。英国原先拿不定主意究竟是掠夺西属殖民地呢,还是与之通商,现在则在究竟是征服还是解放这些殖民地之间犹豫不决。1797年,特立尼达总督在该岛被占两个月之后接到指示,要他鼓励大陆上的革命,并作好了入侵拉普拉塔的准备,但同年又取消了入侵计划。不过从根本上说,英国对贸易比对领土更感兴趣。它的计划是商业和战略性质的,而不是为了征服殖民地。1806年,海军准将霍姆·波帕姆爵士和陆军准将贝雷斯福德从好望角出发远征,占领了布宜诺斯艾利斯。这次进攻行动的责任在于波帕姆,他的计划根本未经批准。如同米兰达率领的掠夺委内瑞拉的远征一样,也是在1806年,掠夺拉普拉塔的入侵同样失败了。最初虽取得胜利,随后便遭到惨败,布宜诺斯艾利斯又被夺回,企图再次征服该地的军队投降,接着便是撤出蒙得维的亚。这些事件在拉普拉塔的历史上留下了永久的痕迹。总督逃之夭夭,是克里奥尔人才击败了英国人。这些当地出生的"美洲人"尝到了权力的味道,也感受到了自己的力量。但是西班牙帝国历史上关键性的一页即将在欧洲而不是在美洲写出。拿破仑在1807年入侵伊比利亚半岛,在"带有拿破仑色彩的法国大革命"的巨大影响下,② 美洲的西班牙殖民帝国以及葡萄牙殖民帝国即将从根基上动摇。

可与18世纪美洲的西班牙殖民帝国的扩张和发展相提并论的是葡萄牙的大殖民地巴西的扩张和发展。根据1494年托德西利亚斯条约,葡西两国领地的分界线被确定为佛得角群岛以西370里格③处南北走向的一条线。这条线至少在西班牙人看来是从亚马孙河口略往东穿越南美大陆,直达现在的桑托斯镇略往西的圣保罗海岸。然而,早在17世纪,来自北方马拉尼昂州的探险家、商人和传教士,以及南

---

① 《1799—1804年间新大陆热带区域旅行记》 (海伦·玛丽亚·威廉斯译,7卷本,伦敦,1814—1829年),第3卷,第196—197页。
② 查尔斯·K.韦伯斯特爵士编:《英国与拉丁美洲的独立,1812—1830年——外交部档案馆文献选编》(2卷本,伦敦,1938年),第1卷,第8页。
③ 1里格约为3英里或3海里。——译者注

方的淘金者和捕奴者,即圣保罗著名的"奴隶猎取队员"①都已向西和向南远远地越过这条旧日假想中的条约线。由于17世纪末在后来被称为米纳斯吉拉斯②的地区发现了巨大金矿,接着在18世纪20年代又在米纳斯吉拉斯发现了钻石,在戈亚斯和马托格罗索发现了金矿,从而坚定并加剧了葡萄牙殖民者这种向西面的推进。

随后引起的来自巴伊亚、里约热内卢和圣保罗的淘金热,不仅波及巴西的所有定居点,而且波及葡萄牙。成千上万的移民——巴西人、葡萄牙人、白人、黑人、混血种人等——纷纷涌入矿区。新的城市建起了,新的将军辖区设立了。1720—1748年,米纳斯吉拉斯、戈亚斯和马托格罗索先后成为单独的将军辖区。巴西发现的新财源,使已经由于西印度群岛的竞争而日益衰落的东北部甘蔗种植园获得了支撑,这时葡萄牙的若昂五世又可以大肆挥霍,过起了想象不到的豪华生活。大量的巴西黄金也源源不断地从葡萄牙流入了英国。

但是葡萄牙的势力不仅是向西朝托德西利亚斯条约分界线推进并越过此线,而且还向南边的拉普拉塔河地区推进。1680年,国王已在该河的北岸建立了科洛尼亚-德尔萨克拉门托移民镇。这个葡萄牙基地位于布宜诺斯艾利斯的对岸,通过这一中心可将走私货运入秘鲁的腹地。这些走私货大部分是由巴西船队从里斯本运到里约热内卢的英国商品。科洛尼亚之于拉普拉塔河地区犹如牙买加之于西属南美洲北岸地区。该镇不久便被西班牙人摧毁,但接着又重建起来。四年后,又建立了拉古纳,后来成为圣卡塔琳纳将军辖区。此后,巴西的殖民活动转向南方的肥沃牧区,圣卡塔琳纳和南里奥格兰德,以及内地的米纳斯吉拉斯、戈亚斯和马托格罗索各省。科洛尼亚反复被西班牙占领又放弃,1750年根据马德里条约割让给西班牙。作为交换,葡萄牙得到了乌拉圭河以东由著名的耶稣会传道区占有的领土,同时葡萄牙对亚马孙盆地一大片土地的所有权亦得到承认。但是传教团的印第安人反对这一转让,科洛尼亚仍由葡萄牙人控制,该条约本身也于1761年被废除。实际上,拉普拉塔河以北边界地区因殖民野心而爆发的冲突,直至1777年才暂时得到解决。当时新成立的拉普拉塔

---

① "奴隶猎取队员"(bandeirantes),原意为"打旗的人"。17世纪葡萄牙殖民者在巴西内地猎取奴隶的远征队,因其通常均有一面队旗,故名。——译者注
② 意为多种矿产区(General mines)。

总督辖区新到任的总督,率领一支约万人的远征军,占领了科洛尼亚和圣卡塔琳纳岛。西班牙和葡萄牙根据圣伊尔德丰索条约再次试图划定它们美洲领地的分界线。这次,西班牙虽保留住了科洛尼亚和原耶稣会传教区的领土,但葡萄牙保持了它对亚马孙河地区广阔内地的领土所有权。葡萄牙还保住了圣卡塔琳纳和南里奥格兰德牧区,1801年它还占领了乌拉圭河以东原耶稣会传教区的领土。随后在1807年把圣佩德罗的里奥格兰德的地位提高为将军辖区。

伴随着这些领土和经济的变化而来的是行政管理的变化。在1762年之前,巴西总督(有时称副王)的驻地一直是巴伊亚。由于认识到葡萄牙在拉普拉塔河以北有争议的地区实行进取政策,以及巴西南部和中部,尤其是里约热内卢和米纳斯吉拉斯两个将军辖区不断增加的重要性,这个殖民地——此时已正式成为总督辖区——的首府于1763年从巴伊亚迁至里约热内卢。这要归功于若泽一世(1750—1777年)长期统治时期葡萄牙的实际独裁者庞巴尔侯爵塞巴斯蒂昂·若泽·德卡瓦略-梅洛。骚塞认为此人"没有良心、缺乏人道",他写道,"他的野心的值得称颂的伟大目标","乃是使他的国家受益并使葡萄牙即便不是恢复到它一度拥有的国外殖民帝国,起码也要恢复其国内原有的那种繁荣富裕的状况"①。庞巴尔是个不知疲倦进行工作的人,早在卡洛斯三世把耶稣会士逐出西班牙和西属美洲之前八年,他就已把耶稣会士逐出了葡萄牙和葡属领地。他抑制贵族的权力,整顿了国家财政,彻底革新了国家的内政。他还将注意力转向了巴西。虽然庞巴尔在葡萄牙殖民帝国推行的改革不如卡罗利内在西班牙殖民帝国的改革那样广泛,但是两者都是为了相似的目的,即加强王室的控制和增加王室的财政收入。

葡萄牙殖民帝国行政体制一直不如西班牙殖民帝国那样组织健全,而且这种状况仍然继续着。但庞巴尔为促进巴西的统一和巩固王室的权力作了很大努力。司法行政得到了改善。1751年在里约热内卢设立了一个新的高等法院,类似于巴伊亚已有的法院。1754—1757年编纂了39卷的法典。1765年在数省建立了司法委员会(Juntas de Justiça)。仍然存在的私有的将军捐赠地(capitanias-donatárias)——半封建性

---

① 罗伯特·骚塞:《巴西史》(3卷本,伦敦,1810—1819年),第3卷,第505—506页。

质的世袭将军辖区——通过购买或没收而废除了。迄今一直直属于里斯本的马拉尼昂州被解散,由此而组成的帕拉和马拉尼昂两个将军辖区最后被并入巴西。在法律上,印第安奴隶制被废除,对犹太人的迫害也结束了。推广了民兵制,招募了殖民地民团,并从葡萄牙调来更多的正规军。1765 年从里斯本起航的有护航的船队被一种巡逻制度所取代,不过后来在十分特殊的情况下,护航船队在 1797—1801 年间曾短暂恢复。部分是为了给巴西吸收新的资本,部分是为了摆脱英格兰对通过里斯本的巴西贸易的控制,1755 年和 1759 年先后建立了两个垄断性质的贸易公司,即"大帕拉和马拉尼昂总公司"和"伯南布哥和帕拉伊巴公司"。后者不如前者成功,但在 1777 年庞巴尔下台后两者均未能存在多久。

此时,巴西进一步出现了明显的变化。矿业周期①已至尽头,黄金出口量在 1760 年以后不断下降,到了 18 世纪末,米纳斯吉拉斯的各矿区,包括著名的维拉里卡(欧鲁普雷图),正在或者已经衰落。另一方面,在 18 世纪的下半叶,农业则出现明显的复兴。这部分是由于欧洲对诸如糖、棉等主要农产品日益增长的需求所致。棉花同南部各将军辖区种植的咖啡一样,是较新的出口作物。在 18 世纪 80 年代,从葡萄牙流入英国的不再是巴西的黄金,而是巴西的棉花。18 世纪中期,使里约热内卢崛起的是黄金和钻石,而在该世纪末,甘蔗和棉花则使巴伊亚和伯南布哥在一定程度上恢复了昔日的显赫地位。

尽管矿业地区在衰落,尽管母国实行限制性政策——国王曾于 1785 年竭力停止殖民地的制造业——但巴西的财富和人口仍在稳步增长。在 18 世纪,巴西的人口实际上增加至大约 10—11 倍,到了 1800 年就已与葡萄牙的人口相等,不久便超过了它。巴西的一个个孤立的居民点处于半奴役半自由的地位,在种族和肤色上不知分多少等。它们分布在沿海岸一个大的弧形地带,从帕拉的棉花和可可种植园伸向南里奥格兰德的牧区。深入内地,亚马孙河上游 1400 英里处的塔巴廷加和巴拉圭河上游的科伦巴便是帝国的前哨。各将军辖区中人口最多的是内陆省米纳斯吉拉斯。但大部分人口仍居住在大西洋沿

---

① 指葡萄牙人掠夺巴西资源过程中继"红木周期""食糖周期"之后出现的黄金、钻石开采热。——译者注

岸及附近地区。建立在单一作物和奴隶劳动基础上的种植园制度，在巴西占主导地位。在南方和北方，土地的占有开始形成本地的贵族，这些贵族已把自己看成是巴西人而不是葡萄牙人。在巴西与在西班牙殖民地一样，美洲人和欧洲人之间的互相猜忌是一个值得重视的因素，由糖坊主、棉花和粮食的大种植园主、牧场主和牛群拥有者构成的土地贵族，在自己的种植园和自己的地方上是些大人物，常常还控制着市政委员会。他们鄙视普遍控制着殖民地商业生活的葡萄牙商人和移民，因而也引起这些人的憎恶。这种情况在1807—1808年间变得更加严重，因为当时葡萄牙王室为躲避拿破仑入侵伊比利亚半岛，逃到巴西安身。仅仅在半个世纪前成为巴西首都和总督驻地的里约热内卢成为葡萄牙的首都和君主的驻地。

当时巴西仍是农业而非城市化社会，教育十分落后。该殖民地没有印刷厂，没有大学。职业阶层中的巴西富人在海外的科英布拉和蒙彼利埃受教育，殖民地的学校为数不多，教育大多掌握在耶稣会士手中，他们的被驱逐，对改进教育状况毫无好处。1772年成立了一个科学团体，称作"里约热内卢科学协会"，1779年改组为"文学社"，90年代被解散。其成员，或者说是部分成员，因被指控进行政治活动而遭逮捕。在艺术方面，最突出的是建筑。在建筑师和雕塑家中有一个名字尤为突出，这就是阿莱雅丁诺，绰号"小跛子"。他的真实姓名是安东尼奥·弗朗西斯科·利斯博亚（1730—1814年），他在米纳斯吉拉斯建造的明快的巴洛克式教堂创造了自己的风格——阿莱雅丁诺风格。

虽然与某些西属美洲殖民地相比，巴西的文化生活不那么发达，但也并不是微不足道的。它从葡萄牙和科英布拉、从蒙彼利埃和法国汲取营养。巴西人到国外旅行。年轻的若泽·博尼法西奥·德安德拉达－席尔瓦在17岁时就被派往科英布拉，1800年在那里成为教授。他后来在争取巴西独立的过程中发挥了领导作用。人们阅读欧洲的书籍，有法文的、葡萄牙文的和英文的。后来牵连进著名的"米纳斯密谋"，也是当时主要文学家之一的克劳迪奥·曼努埃尔·达科斯塔曾试图翻译《国富论》。他在维拉里卡的朋友卡农·路易斯·维埃拉·达席尔瓦的藏书中有拉丁、法、葡、英、意、西等文种的书籍，其中包括孟德斯鸠、马布利、孔狄亚克和伏尔泰的著作。

第十四章 英国统治以外的美洲社会的发展

导致克劳迪奥自杀的"米纳斯密谋"的重要性也许被夸大了。这次密谋是1788年由若阿金·若泽·达席尔瓦·沙维尔陆军少尉组织的,并得到米纳斯吉拉斯其他一些居民的支持。沙维尔当过牙医,因此被人们普遍称为"拔牙师"。这次密谋的目的是推翻葡萄牙统治,创建一个共和国,并将首都迁至圣若昂-德尔雷伊。但是密谋被人向政府告发了,"拔牙师"于1792年在里约热内卢被处决,其同谋者被流放到非洲,这场运动的主要起因也许是对米纳斯吉拉斯当地状况的不满,首先是"拔牙师"个人的不满情绪。然而在某种程度上也反映出美国革命在米纳斯吉拉斯知识分子中的影响。而更明显的是反映出法国"启蒙时代"政治思想的影响。这次事件是个孤立的现象,并未在巴西历史上留下什么永久性的痕迹。不论是在1788年,还是在20年后葡萄牙王室抵达里约热内卢时,革命的思想均未在巴西广为传播。

除了西班牙和葡萄牙之外,还有两个欧洲强国在南美大陆巴西的西北方拥有殖民地,这就是法属和荷属圭亚那。法属圭亚那(卡宴)在经历了一个半世纪的断断续续的殖民化过程后,越来越深地陷入停滞状态。在18世纪中期成为约500名欧洲人和5万名奴隶的家园。为了补偿法国丧失加拿大的损失,舒瓦瑟尔在1763年雄心勃勃地试图在库鲁河畔建立一个大的白人定居点,但除了损失1.4万条性命和3000万里弗尔外一无所获。1776年就任总督的维克托·皮埃尔·马卢埃劝导种植园主多种甘蔗,少饮甘蔗酒。他还设法在沿海低洼地排水,使这块殖民地大致能够自立。但是种植园主们强烈地反对他,最后他于1778年在一片唾弃声中引退。法国大革命引起的混乱使开始出现的这些改善完全停顿。1794年法国国民公会废除奴隶制时——1803年拿破仑又恢复了它——绝大多数奴隶离开了种植园。拿破仑战争期间维克托·于格曾极力保卫这块殖民地,但于1809年被迫向一支英葡联军投降,直至八年之后才重归法国。

与法属圭亚那的停滞状态相比,荷属苏里南殖民地却给人以富有,甚至豪华的印象。在荷兰西印度公司及其合作者(组成苏里南特许协会)的统治下,它实际上出现了一定程度的繁荣,不仅出产甘蔗和可可,而且生产咖啡和棉花。但是,它经常处于对奴隶暴动的恐惧之中,并深受反叛黑人劫掠之害。在荷兰西印度公司直接控制下的埃塞奎博和德梅拉拉，在很大程度上应归功于劳伦斯·斯托姆·范格拉弗桑德。这位最杰出的荷属圭亚那行政官员于1738年抵达埃塞奎博，1742年担任该地指挥官（commandeur），在德梅拉拉建立后，于1750—1772年任两河地区①总监。这两条河流已向各国的移民开放，并许诺10年之内免缴人头税。在斯托姆的鼓励下，来自巴巴多斯和其他西印度群岛的英国种植园主不失时机地利用这一有利条件。到18世纪末，当地白人大多数为英国人，所有的棉花种植园和大多数甘蔗和咖啡种植园均掌握在英国人手中。根据1732年授予伯比斯协会董事们的一项特许状而由该协会治理的伯比斯则不那么繁荣。它因1763年的一次奴隶暴动而遭受重大损失，直到许多年后才得以恢复。

对所有的圭亚那殖民地来说，18世纪末年是危机的年代。荷兰于1780年加入武装中立，埃塞奎博、德梅拉拉和伯比斯随即被英国的私掠船所占领，一年后被法国"解放"。荷兰恢复统治后，接着在埃塞奎博和德梅拉拉爆发了殖民者和荷兰西印度公司之间在税收问题上展开的激烈斗争，直到1791年特许状期满方告结束。两河地区（同苏里南一样）随后便被置于三级会议的直接控制之下。但是由于1795年尼德兰联合省执政的逃跑，联合省变成了巴达维亚共和国，并成为法国的紧密盟友，圭亚那殖民地再次处于随时会被占领的境地。埃塞奎博、德梅拉拉和伯比斯三地于1796年被占领，苏里南于1799年被占领。1802年它们被交还给巴达维亚共和国，但1803—1804年再度被占领。但这一次只有原为英国殖民地的苏里南归还荷兰，而埃塞奎博、伯比斯和德梅拉拉不久便成为英属圭亚那殖民地。只有一个例外，那就是位于伊斯帕尼奥拉岛西端的老牌法国殖民地圣多曼格。②

圭亚那仍然是殖民地，只是其中有些地方换了主人。尽管英属北美殖民地爆发了起义，但不仅是中美洲、南美洲而且西印度群岛等地的欧洲殖民地均未改变其地位。

圣多曼格在18世纪的崛起仅仅是昙花一现。到法国大革命前夕，

---

① 指埃塞奎博河和德梅拉拉河。——译者注
② 圣多曼格（Saint Domingue），亦译为法属圣多明各，即今海地。——译者注

该殖民地已成为世界上最富有、出产最多的地区之一,以残酷无情但却有效的方法组织生产甘蔗、咖啡和棉花,每年雇用1000多条商船与法国进行贸易。它的政府甚至比西班牙各殖民地的政府还要极权,掌握在一位军事总督和一位文职地方行政长官的手中。在当地不存在任何代议机构。其社会结构异常复杂。为数不多的白人——约35000人——分为"大白人"和"小白人"。"大白人"包括大种植园主、富商及高级文职官吏。"小白人"则指其余的白人。白人又分为克里奥尔人和欧洲人,即土生的人和国外出生的人,各个阶层的人都彼此极端憎恶。在他们之下,受到所有白人鄙视的是"有色人",而不论这些人处于何种地位。这些人又被称为"自由黑人"(affranchis),人数为28000左右。所有的自由人,只要带一点点黑人血液,就成为"有色人"。他们当中有极少数是纯粹的黑人,极少数几乎是纯白人,大多数则是混血种人。这些"有色人"的物质财富一直在不断增加。其中许多人既是奴隶主又是地主。但是他们在社会上却受到极大的羞辱,尤其是受到"小白人"的羞辱。法律把他们排除在有学问的职业之外,禁止挥霍浪费的立法还不许他们仿效欧洲人的时尚,如佩带剑或腰佩武器等。最后,在社会的最底层,实际上也在阶级结构体系之外的,是庞大的奴隶劳动力。奴隶人数近50万,其中半数以上是不久前才输入的非洲出生的人,而不是在本岛上出生的人。有很少数人,如苏里南的反叛黑奴和牙买加的"逃亡黑奴",是逃脱了奴隶制的控制而在森林和高山深处野居或靠打劫为生的人。其余的人则常常受到白人和"有色人"的残酷压迫,因恐惧而低声下气地生活着,而且在他们自己中间散布着恐惧感。

法国大革命开始后,"大白人"中少数有雄心的人不顾总督的反对,坚持向三级会议派出代表,期望为该殖民地赢得一定的自治权,并由他们自己担任总督。他们被人权宣言吓坏了,认识到把革命的注意力吸引到圣多曼格事务中来的危险,但为时已晚。于是匆匆忙忙获得了国王的授权,召开了一个只对国王负责的殖民地议会。但是,伤害业已造成。此后,该殖民地的命运便同法国的命运联系在了一起。法国的废奴主义团体"黑人之友社"大力维护"有色人"的事业。起初国民议会就自由黑人的政治权利问题颁布了一系列前后矛盾和意义含糊的法令(每项法令均在该殖民地引起剧烈的反响),最后在

1792年4月不仅通过法令批准了"有色人"的选举权,而且派遣三位雅各宾党人为特派员,率领6000人的军队前来,确保这一法令得以实施。这些人于1793年8月宣布奴隶获得解放,他们的行动在1794年2月得到法国国民公会的批准。

与此同时,圣多曼格出现了可怕的情景。"大白人"首先对当局提出挑战。但是革命的激情迅速蔓延,先是感染了"小白人",继而影响了"有色人"——混血种人的第一次起义发生在1790年春季和秋季——最后波及黑奴。该殖民地北部的黑人大起义于1791年8月开始,造成了恐怖局势,而不久爆发的种族战争,即西部和南部地区的"有色人"起义造成的恐怖,足以与之相提并论。抵达该地的雅各宾党人专员于1792年9月取代了先前的几位专员,但只起到了火上浇油的作用。这些专员行使独裁权力,先是加剧了"大白人"和"小白人"之间的分裂,接着又以"大白人"和"小白人"的利益为代价,抬高了"有色人"的地位,最后他们又因转而支持黑人并制定解放奴隶的法令而疏远了"有色人"。到了1793年年底,圣多曼格殖民地已化为废墟,其繁荣已被摧毁,社会秩序已荡然无存。在北部,数以千计的白人不是迁走就是被屠杀。在东部,则受到该岛西班牙控制部分的入侵威胁,因为法国与西班牙已于1793年3月宣战。而在南部,不久又在北部和西部,英军应绝望的种植园主和白人移民的请求登陆,开始进行干预,一直持续至1798年,付出了重大的伤亡和代价。

在以后的七年中,出现了黑人、混血种人和英国占领军之间的三角战争。领导黑人的是弗朗索瓦-多米尼克·图桑,又名卢维杜尔,原是奴隶,曾参加过1791年的黑人起义。法国和西班牙之间的战争一开战,他便在该岛东部参加了西班牙的军队。很快得到擢升。1794年,他下令屠杀西班牙士兵,率领手下的黑人士兵投奔了法军。他立下了卓越的功勋,因此在1796年被授予副总督的职位。他于1798年安排了英军的撤离,还极为巧妙地确保了最后一批法国官方代表返回法国。在他与英国人的斗争中,得到了混血种人领袖安德烈·里戈的帮助。当时图桑控制着北部,安德烈·里戈控制着南部,在那里他实际上把黑人重新置于奴隶地位。但是,两个人之间的联盟并不和谐。随着英军的撤离,图桑和黑人便毫无顾忌地向里戈和混血种人发动了一场种族战争，使南部地区备受蹂躏，荒无人烟。剩下的事就只有占领西属圣多明各了。西属圣多明各根据1795年的巴塞尔条约割让给法国，但经法国同意，仍由西班牙人占据。1801年它被占领，同年颁布了一部在全岛施行的宪法，任命图桑为终身总督，并有权指定其继承人。迁走的白人又被请了回来，黑人开始好好地工作，圣多曼格又恢复了繁荣的景象。

一年后这种局面就结束了。拿破仑由于签订了亚眠和约而暂时脱身，把注意力转向新世界，派他的妹夫勒克莱尔将军去行使法国的权力。图桑被迫退位。他被背信弃义地逮捕并解往法国，1803年4月死于法国的一所监狱中。勒克莱尔先于他死于在法国军队中肆虐的黄热病。黑人和混血种人听到混血种人的社会地位被重新剥夺和奴隶贸易恢复的消息后，绝望中被迫再次奋起反抗，而这次则是一场独立战争。战争的双方都骇人听闻地残暴。但是欧洲战火又起，敲响了法属圣多曼格的丧钟。1803年11月，法国人向附近海上的英国海军投降，1804年1月1日，黑人领袖让-雅克·德萨利讷宣布海地独立，在此后一年多一点的时间里，几乎已看不到任何活着的白人了。

（张志军　译）

第 十 五 章
革命时代的社会和心理基础

　　18世纪末叶有一个革命时代，宛如16世纪有过一个新教改革时代那样。在这两个时期并非所有国家发生的事情都一样。16世纪到处对教会的状况深为不满，不过只有某些地方以各自的方式皈依新教——路德教、英国国教或加尔文教，甚至在事件发生后的长时间里连新教这个共同的名称也不肯接受；某些信奉新教的地区反而回过头去信奉天主教，以致多数欧洲人终于仍然信奉罗马教会。同样，在据认为是革命时代的18世纪最后1/3的时间里，存在着对政府和社会状况的普遍不满。许多国家对顺乎人心的改革方向抱有相同的想法。在所有的欧洲语言中出现了相同的关键性政治词汇："贵族政治"和"封建主义"对那些赞成新秩序的人来说含有贬义，"人民主权""平等"和"天赋权利"对他们则具有褒义。还有少数词如"宪法""法律"以及"自由"等则是所有人都赞赏的，尽管有着不同的含义，不过，只有在英属美洲殖民地和法国这两个地区，革命才达到永久摧毁旧政权的地步。只有在法国，革命进行了最深刻的社会变革。只有法国人才完全是靠他们自己的力量进行了一次成功的革命，因为就连美国革命也受惠于法国的干预才获得决定性的胜利。在1789年之前和之后，其他革命运动也大量涌现，在爱尔兰、尼德兰联省共和国、奥属尼德兰、日内瓦、波兰以及意大利各国都发生过。在英格兰和匈牙利，有些人的观点如果得以实现的话，也足以称为革命。约瑟夫二世试图在哈布斯堡各国进行一场反特权阶级的君主制的革命，在瑞典，这样的革命由古斯塔夫三世以有限的方式比较成功地实现了。在德意志，类似的现象如许多德意志人在18世纪90年代所说的那样是一场"思想革命"。拉丁美洲在1810年后获得了独立。最后——

第十五章 革命时代的社会和心理基础

尽管 1815 年很难说是最后——大多数欧洲人重新生活在旧政权的统治之下。不过，全欧洲以及欧洲文明或西方文明的世界已经从根本上动摇了。

这种看法并没有什么新颖的内容。在托克维尔看来，法国大革命似乎没有领土限制。伯克则认为它是所有基督教国家的一场内战。重复希望发动一场所有国家的人民反对所有国王的战争的法国和其他革命者在 1792 年发出的那些激动人心的叫嚣，如今已不会令人信服；最好还是听一听荷兰保守的年轻贵族 G. K. 范·霍亨多普的说法。他于 1791 年在鹿特丹写道"在所有国家中"形成了两大党派。他说，一个是教会和国家的党，它相信"一个人或若干人有权治理人民大众，这种权力是神授的，并得到教会的支持"。另一个党他称为人民主权或民主党，这个党不承认任何政府，"除非它是在从属它的人民的自由赞同下产生的"，并主张"凡参加政府的人都应对他们的行为负责"。① 既然革命时代发生的种种冲突均可以归于仅仅这两方，那么对双方的分歧就再也找不到比这更好的说法了。

用霍亨多普的话说，这两大党派的力量、成分、发展、目的和命运，因国家的不同而迥异。当时也跟历史上所有的时期一样，欧洲人的世界乃是一个既协调一致又复杂多样的混合体。在 18 世纪，其最活跃的中心是一个一匹马用几天时间就可以把一个人送到伦敦或巴黎那么大的地方。这个欧洲人的世界向东延伸至俄国，向西则延伸至美洲的业已由好几代欧洲人后裔定居的那些地区。本章要探讨的问题就是在可能的范围内考察这一地区，以期说明那些社会的和思想感情的特征，通过这些特征便可以了解到为什么有些地方发生了革命，而有些地方没有发生；有些地方出现了革命的宣传鼓动，有些地方则没有；有些地方同情革命，有些地方却不同情。它勾勒的是一幅略图，从图上可以看到种种差异、相似之处以及相互间关系的概貌。在这样的地图上，有许多东西必须从略，连绵不断的山脉只是几条线，大城市只是几个小点。这样的地图显然不能替代尺幅更大和更加精确的作品；不过，它也许有它的用处。

我们已经知道，特别是从乔治·勒费弗尔教授的著作中看到，应

---

① Brieven en Gedenkschriften（海牙，1876 年），第 3 卷，第 60—61 页。

把1789年的法国大革命看成是四个不同运动的共同产物。它们是：贵族革命、资产阶级革命、农民革命和城市工人阶级革命。正是由于这四种革命同时发生才形成了这场伟大的革命，也正是由于这四种革命具有不同目的，才使这场革命十分复杂而且旷日持久。一批有造反精神的贵族在资产阶级暂时的支持下，迫使路易十六于1788年召开了三级会议；但是，正是贵族和资产阶级之间存在分歧，或路易十五和路易十六推行必要的改革遭到失败，才造成了1788年以前政府的垮台；并且，正是由于贵族和资产阶级之间的分歧，或资产阶级拒绝接受一种贵族革命的目的，才使三级会议于1789年6月变成了国民议会。正是由于农民起来反对庄园制度，以及资产阶级领导人接受了农民的要求，才使得国民议会得以继续存在下去。正是由于巴黎小市民——市场女摊主、工匠、小店主和短工——的起义，才给了国民议会中各先进的党以力量。贵族的倾向于反革命，甚至乞求外国的援助，激怒并在一定程度上巩固了各式各样的革命团体。资产阶级、农民和工人虽然在很多问题上意见并不一致，但作为一个阶级，谁也不会去赞成反革命的纲领。事实上，正是他们协同一致的力量，促使法国大革命取得的成功达到了旧政权永远无法复辟的程度。法国革命激起了所有阶级参与政治行动的热情。倘若上述四个阶级中任何一个阶级持冷漠态度，或仅仅持保守态度，那么，事态一定会朝不同的方向发展。我们可以冒着某种武断的危险说，没有贵族的反叛就不会有三级会议，没有资产阶级的反叛就没有国民议会，没有农民的反叛就不会废除"封建制"，没有城市人民大众的骚动，就不会有抵抗反动势力的坚定立场，没有农民和人民大众的动乱也就没有抵御第一次反法联盟的国民自卫军。

另一方面，我们还可以在同样的普遍意义上看到，为什么其他一些革命运动夭折了。在匈牙利，议会中的贵族于1790年公开反叛利奥波德二世；但资产阶级软弱无力，农民又持敌对的态度。农民也起来造反，与一年前法国许多地方的情形不相上下。他们的起义被称为自1514年以来最猛烈的匈牙利农民起义；但是，由于受到已故约瑟夫二世所试图进行的改革的激励，农民反而为他的弟弟利奥波德而战，反对他们自己的马扎儿领主。匈牙利农民起义被从帝国其他地区调来的军队所平息。在波兰，1788—1792年之间，国王与贵族发动

第十五章　革命时代的社会和心理基础　　　　　　　　441

了一种反对权贵和俄国势力的革命；城镇阶级的软弱和农民的消极态度使改革家们在反对反革命势力中处于孤立无援的境地。在荷兰，奥属尼德兰和爱尔兰，很明显革命运动仅局限于城镇中产阶级。荷兰的爱国者党于1784—1787年间发起一场革命，但农村人口保持沉默，而城市下层阶级却支持奥兰治亲王，1789—1790年间的比利时民主派受到议会派的镇压，并受到受宗教狂热影响的农民的恐怖对待。爱尔兰志愿军以及1798年的爱尔兰人联合会，在农村天主教群众中也没有足够的基础。同样的弱点还影响到在第一次和第二次反法联盟战争中由当地的革命者同法军合作而建立起来的各短命的共和国——巴达维亚、海尔维第、阿尔卑斯山南、利古里亚、罗马以及帕特诺珀等共和国。在这些共和国中，没有一个把农业人口争取过来，拥护新秩序的。所有这些共和国基本上是中产阶级政权，只有一小撮比较先进的激进分子在其中起一定的作用；这些地方的革命均由于本地的原因而引起，目的在于满足地方的需要，但其力量均依靠法国的军队。可以把这些中产阶级和城市革命运动的情况同美利坚合众国的建立作一对比。在美国，也是由于法国陆海军的行动，才使明确的军事和外交解决成为可能。但是，北美的反英起义在农业人口，特别是新英格兰和弗吉尼亚的农业人口中，在人数较少的城镇居民和一些在美洲被当作贵族看待的人们中间得到了强有力的支持。这是一场真正的革命，而倘若没有法国的支持，也许会成为一种无限期僵持的非正规抵抗的局面。

　　就这一点而言，上述看法意在说明：若想了解革命时代的社会与心理基础，如本章标题所提示的那样，那么就必须研究各个国家的贵族、资产阶级、农民和城镇劳动阶级，以便弄清这些阶级到底在多大程度上存在，对他们的人数和力量有个概念，注意他们彼此之间和对政府所持的态度，并研究使他们联合或分裂的各种条件。"贵族""资产阶级""农民""工人"乃是一些抽象分类的名称，其内容并不是空洞的，而是极为丰富的。法国贵族的成分十分复杂，法国农民则是由不同的阶层组成的。把同样的词语应用于十多个国家，其具体含义所包括的范围甚至更广。波希米亚的领主并不相当于英国的领主；华沙的市民（burgher）与图卢兹的资产者（bourgeois）或利物浦和费城的资产者相比，是完全不相同的人；而东欧、法国、肯特和康涅狄格等地的"农民"之间,其差别就更大了。要看到这些差别,切不可把什么人都纳入同一类或仅仅从局部出发,以便弄清楚这四种社会分类在不同的国家中究竟具体是指什么。做到这一点非常重要。

　　西欧和东欧之间在社会结构上的差别很大,其分界线大体上是沿着易北河和波希米亚西部边界一直延伸到亚得里亚海。这条线以东的城镇都很小,而且相距较远。在俄国的波罗的海各省、在波兰、在波希米亚和在匈牙利,其城镇居民是日耳曼人,有些地方是犹太人,这种情况极为普遍。而且,不论是哪一种情况,在种族上都与邻国不同。在波兰,50个最大城镇的全部居民,总数也只不过比贵族人数的一半稍多一些——这个比例可以用来跟法国相比,法国50个最大城镇的人口是贵族的5倍;在英国,单是曼彻斯特、利物浦和伯明翰等地人口1801年的合计数,就约等于帕特里克·科洪①将之列入靠非劳力收入为生的贵族,即男爵、爵士、乡绅以及女士和绅士的那些人的总和。在东欧,由于商业发展和君主政体的水平较低,使得在西欧看到的那种不论是商业型还是文官型的中产阶级的发展受到了阻碍。城镇享有的政治地位还不及中世纪。在波兰和波希米亚的议会中实际上不再有他们的代表,而在匈牙利议会的下院中,他们总共只有一个投票权,与农村也只有一个绅士作为代表一样。

　　在这个东部地区占据统治地位的是地主。普鲁士、哈布斯堡和沙皇统治的各国的基础就是迎合地主的愿望,而波兰的地主则根本阻止任何有效的国家的发展。他们的主要愿望在于就地控制他们的农业劳动力。农民毫无自由可言。历史学家称他们为农奴,当时一般称之为"子民",指的是地主的而不是国王的子民。农奴为地主从事无偿劳役。在遵守玛丽亚·特蕾西亚的法律的地方每周三天,在逃避遵守这些法律的地方达每周六天,而在像波兰和俄国这样的地方,比哈布斯堡领地更加不注意减轻农奴制的痛苦。没有地主的许可,农奴不得离开庄园,不得因婚配而离去,也不准去学一门手艺。对从事农业的大众来说,劳动力的流动率几乎等于零。更恰当地说,这完全按地主的指示行事。地主可以按通常的方式经营其庄园,或采取把农产品或林

---

① 帕特里克·科洪(Patrick Colquhoun),英国警察制度改革者,曾任英国第一个正规的警察局泰晤士河警察局局长。——译者注

产品销售到远方市场上去的资本主义方式发展它,也可以将他们的一部分劳动力转向工业或矿业活动。东欧的资本主义实际上在很大程度上是作为一种与奴隶劳动相结合的贵族企业而发展起来的。可以说,农奴是置身于经济和政治体制之外,毫无经济上和政治上的动机可言;他可能挨饿,也可能果腹,取决于收成的好坏,但工资的波动、就业机会的多少、商品买卖价格的起伏等,也许可以使一个法国农民激动,而在东欧就不会有多大影响;至于政治当局或法庭,则除地主本人外,不过是从来自另一个世界的道听途说中听到的遥远的事物。

结果是造成各阶级之间的隔阂与互相疏远。我们在20世纪听到的只是一种与种族差异联系在一起的憎恶情绪。在波兰的四年议会中,一些议员一想起市民当上了代表便火冒三丈,以致以退出议会相威胁。这个议会是与制定1791年的革命宪法联系在一起的,确实曾同意接受市民的代表,但拒绝称他们为议员,而称为全权代表,因为议员的称号是保留给由州议会派出的贵族的。就好像城镇是这个国家的外来成分。农民实际上按其生活的状况似乎成了另外的一个民族,约瑟夫二世曾试图通过改革使他的帝国的农民变成类似革命前的法国农民那样,免除强迫劳动和体罚,干活拿工资或按土地缴纳固定的赋税。但帝国所有议会中的贵族地主们异口同声地发出警告与非难。他们说,老百姓太幼稚,金钱刺激对他们不起作用;太没有责任感,一旦付给工资,就会拿钱上酒店去挥霍;太懒惰,不监督就不干活;太贫穷而无知,除非在工头监视下,"精神太粗鲁",而且缺乏荣誉感,只有以监禁相威胁才能威慑住。总之,老百姓太不开化,没有"体罚所产生的有益效果"就无法对付他们。[①] 波希米亚议会对应将捷克的农民称为"这个国家的一部分"的提决表示惊讶。在东欧,"国家"一词通常是指由贵族和乡绅组成的政治国家;市民是局外人,农民则只不过是人罢了;把国家看成是所有各阶级组成的共同体,这种思想——革命时代的基本思想——在易北河以东是难以通行的。阶级差别是比种族差别更难逾越的障碍。

这种土地乡绅和奴隶劳动力并存的严酷局面,使美洲的某些地区

---

① P. 冯·米特罗法诺夫:《约瑟夫二世:他的政治和文化活动》,译自俄文版(维也纳与莱比锡,1910年),第632页。

与东欧有相似之处,特别是在拉丁美洲的某些地区、西印度群岛以及从弗吉尼亚到南方操英语的地区。伯克曾把弗吉尼亚人同波兰人相比,其实他也可以把他们跟匈牙利人相比。他认为由于受奴隶制的四面包围,在上述两种情形下,人们具有的某种高度的自由意识就变得更加尖锐了。美洲的奴隶主和东欧的农奴主都忙于参加郡县的各种会议,他们对城市持怀疑态度,他们不喜欢中央政府而乐于加以抵制,他们具有贵族的自我意识,心安理得地认为自己的工人们天生低劣而不可救药。在这些方面,他们不自觉地如出一辙,从相反的观点来看问题,这种相似之处在波兰思想最激进的改革家胡戈·科瓦泰看来是显而易见的。他甚至主张立即废除农奴制。他于1790年指出,美洲和欧洲的黑奴和白奴都是人,平等的人,地球的公民。美洲的种植园类似东欧的大庄园,这是毫无疑问的。不过仍然有差别。即使在南卡罗来纳,有一半以上的人口是白人并且是自由人。那里不但有许多规模较小而不拥有奴隶的农场主,特别是在这些南方州的西部,有许多新近从宾夕法尼亚或爱尔兰和德意志迁来的人,似乎还没有接受没有奴隶制就无法生活的观点。在18世纪,就在棉花王国①兴起以前,许多奴隶主本人已对奴隶制的价值持怀疑态度。首先,为了眼前的利益,弗吉尼亚和南北卡罗来纳的一些土地贵族可能并且确实很容易同查尔斯顿以及北方城镇的商人结合到一起。他们还可以联络一些小农场主作为政治上的追随者。虽然可能偶尔发生阶级纠纷,但在一个新建立的国家里不存在什么自古以来就存在的阶级隔阂,而且除黑人外也没有什么不可克服的世代相传的疏远感。

可以用与东欧相对比的办法来了解西欧。在易北河以西的德意志、荷兰和法国,是德意志人称为封建领主土地所有制(Grundherrschaft)的地方,以区别于地主家族所有制(Gutsherrschaft)。领主的生活不是靠经营自己的地产,出售其产品和亲自或通过监工去指挥从属于他的劳动力,像在东欧那样;他们的收入来自领地或庄园的农民向他缴纳的赋税、免役地税、通行税、租地继承税,使用炉灶和葡萄榨汁器缴纳的费用等。这些农民,按法律规定可以自由来去、买卖、为挣取工资而受雇于人以及在乡村的权利和习俗容许的范围内耕

---

① 指美国南部产棉各州。——译者注

第十五章 革命时代的社会和心理基础

种他们自己的小块土地。领主享有残余的司法权,但受皇家或领地的其他法庭的管辖。但从根本上来说,"封建主义"已成为财产和收入的一种方式。其特征在于,获得这种收入的是贵族。但是,特别是在法国,庄园的所有权按法律规定对任何人都是开放的,因而有许多资产者、教会团体、学院、医院甚至农民也获得这种收入。然而,获得收入的这些人不再从事经营管理或其他方面对社会有益的经济贡献。因此,在革命时代的法国和邻近国家能够而且确实以有偿或无偿的方式将这种收入废除了,而且在任何情况下都没有使经济体制受到强烈的干扰。革命时代在政治和社会方面发生了很大的变化,但经济体制作为一种制度却保持了连续性。

农民按拥有的财富和收入已引起分化。一些农民是地产的所有者,他们占有的土地尽管要缴纳庄园的各种赋税,但是产权有了保证,可以继承并受到法庭的保护。其他的农民以年度为期租种若干片土地,或按分成的办法在土地上从事劳动。在多数地方有一大批农业无产者,按日计工资受雇于另一些农民、贵族、资产者或其他土地所有者。好多农民把他们自己的一些产品拿到城镇上去出售,在西欧与在东欧和美洲不同,这里很少有离开至少具有某种地区重要性的城镇超过一天路程的地方。在东欧,农民可能成为自然灾害的牺牲品;而在西欧,农民则既可能成为各种经济力量的受害者,也可能成为其受益者。价格和工资的升降都会对他产生直接的影响。18世纪中期是农业人口比较幸运的时期。农产品价格逐渐缓慢上涨,使那些占有或租种足够的土地并拿出产品出售的人受益。大约1770年以后,这种价格上涨的趋势停止了,这至少在法国(拉布鲁斯教授的著作使人们对法国当时的情况有所了解)对农民非常不利,因为随着收入的减少,领地税、地租以及种种税收即使保持固定不变,农民的负担也感到比以往重多了。事实上,负担本身越来越重,政府需要征收更多的税,上层阶级日益提高的生活水准也使得许多领地所有者更加苛刻地征收领地税,这在旧政权的末期叫作"封建的反动"。与此同时,纯粹靠工资收入的阶级,无论是农村的还是城市的,都遭受到工资增加远远少于食住价格上涨的痛苦。

易北河以西地区,包括意大利的大部分,也是资产阶级的领地。由于这一名称本身的意义就很难加以界定,也就无从对之作出数字上的估计。城市的大小无法准确表明，因为城市资产者特别是在法国，可能主要是农村土地的拥有者。就18世纪资本主义和工业技术的性质而言，城市化并不能表明工业的发展。那不勒斯从表面上看是除伦敦和巴黎之外的欧洲最大城市，但根本不是资产阶级生活的巨大中心。

形成"资产者"型社会的是制度而不是人。在这样的社会里，土地贵族本身，甚至一些农民也可能成为资产者。一个国家，如果土地所有权和对人的管辖权这两者有了区分，如果土地拥有者不是封建领主，如果土地可以向任何有钱的人开放、在市场上进行买卖，如果土地拥有者不满足于获得通常的收入而是想方设法增加产出以发展他的资产，或者像伦敦房地产主或美洲土地投机商那样持有土地是为了增加其价值，或者用作抵押物为从事商业或工业或改进农业而筹集资金，那么，如果达到这个程度，它就是"资产阶级"国家而不是"封建"国家了。这种发展形式在英国已达到最高程度，它使贵族和中产阶级的成员有了共同的观点，而且由于在法律上没有阶级之分，因此至少对团结一切有产者以反对革命的诱惑起了作用。如果说法国发生了革命，那部分是由于为数众多的贵族继续依靠封建领主式的收入为生，而又没有东欧地主那样的实权；与此同时，还由于形形色色的资产阶级、农民和富有的开明贵族有可能取得比较现代式的财产权，而摆脱了封建领地式的习俗和个人地位，并允许产权拥有者在运用其所有权方面有更多的自由。

为了进行这种比较，我们还可以看到，英属北美北部各省，从宾夕法尼亚到新英格兰，已经是"资产化"了，但在很大程度上并不存在资产阶级。美国在建国时绝大部分地区还是农村。一百个美国人当中生活在像波士顿那样大城镇的还不到3个人，而波士顿当时也只有16000人。相应的数字，在英格兰和威尔士1801年约100人当中有17人；法国1787年约为11人。英属北美殖民地至少就数量来说是农场主的世界，而且除了南部的大种植园和哈得孙河流域的庄园制外，是一个小农场主的世界。由于这些农场主是土地拥有者而不是租佃者，他们甚至不能算是英国或法国含义上的农场主。他们拥有明确而不受干扰的财产权。他们的权利并非源于某某领主的家族，而是根据近代法律在可以记起的时间里是由皇家授予的。他们既无须上仰仗于贵族，也不必下依靠一定数量的雇工。每个家庭耕种自己的土地，不像欧洲农民那样在情感上束缚于土地。农场是收入的来源；可以随时放弃，到更远的西部去寻找更好的农场和机会。全体居民受一种占有欲、事业心、流动性以及独立自主意识所感染，至少与相应的英国或欧洲下层阶级相对比是如此。

然而，在欧洲和美洲都有一些人和机构很可能被认为是资产阶级。他们是一些受过一定程度的教育、注重培养人、有固定收入和工作习惯的人。这些人感到自己高于普通群众，但还不属于社会精英之列。尽管可以有新的成员加入这一行列，但这个阶层本身却几乎像贵族和农民阶级一样是世袭的。既然我们是在做概括的论述，那么可以说资产阶级家庭是从中世纪以来的两种方式兴起的：不是与政府就是与贸易联系在一起。在中欧，官僚资产阶级比商业资产阶级的实力要强大。由于缺少出海口，小政治团体的林立、行会系统和自治城镇的强有力等因素，妨碍了商业与银行业的发展和大规模资本的形成。当地的市民不是为某一王侯效力的行政官员，就是在由国家计划并出资的制造业当雇员，在普鲁士就是如此。或者，他也许可以开办一个在投资和销售额上都不是很大的企业，例如，奥属尼德兰最富有的银行家、布鲁塞尔的爱德华·德瓦尔基尔斯每年收入6000英镑，与伦敦城之负盛名的最大富翁威廉·贝克福德年收入10万英镑形成鲜明的对比。在基本上是小共和国的一些地方，比如在德意志的自由城市和瑞士的州，某些市民家族本身就构成永久性的政府人员，并从按惯例规定的津贴获取收入。如统治纽伦堡的20个贵族家庭以及伯尔尼或米兰的相应贵族就是这样。米兰的贵族与德意志或法国的贵族一样，要是他跑去从商，就会降低威信或丧失地位。

在英国和荷兰，出身于商界的资产阶级占有最重要的地位。它由于私人拥有资本、从跨海洋的贸易中获得利润，以及由于仅仅在政府的一般监督和保护下习惯于冒风险和处理事务，因而具有强大的实力和独立地位，任何别的地方都不曾出现这么大的商业阶级。据估计，1800年左右在英国2.28亿英镑的国民总收入中，约有4000万英镑来自国内外贸易，而地租的收入仅为3500万英镑。至于荷兰，商业收入在国民总收入中所占的优势就更大了。不过，在荷兰诸省中，某些市民家族和商界出身的人已成为"摄政官"更多地忙于政务而不是经商。富有的荷兰人在很大程度上越来越靠从国外投资中赚来的钱生活。1777年，他们拥有40%的英国国债，并同法国人一道资助美国革命。

在法国，官僚和商业资产阶级的人数众多，而且居于重要地位。古老而完备的君主政体，复杂的法庭网络，18世纪陆军部、邮政系统和道路桥梁管理机构的迅速扩大，所有这一切都增加了与政府有关的律师、官吏、工程师以及各种专家的人数。在革命前夕，法国有78个各拥有10000多人口的城镇；每个城镇不仅有其商业阶级，而且有已经确立并往往享有特权的市政寡头集团。巴黎的银行家和包税人以及商人和因与西印度和亚洲通商而致富的港口船主，则代表了一个比较纯粹的出身于经济活动的资产阶级。此外，由于科学、学术团体、印制和读者群的发展和增加，在法国比在别处更加具有舆论影响力的乃是一大批作家和知识分子。这些人比德意志和英国的相应群体对现状更为不满，与政府和商界的日常联系也较少。有些人，如伏尔泰，系出身于赚了一大笔钱的真正资产阶级家庭；更多的人也许在经济上处于卢梭那样的困境；有些人，像孟德斯鸠，出身于古老的贵族世家；而大多数人，像杜邦·德·内穆尔或孔多塞侯爵，则不论其社会地位如何，都主张建立一个废除特权和贵族统治，为不是贵族的人发挥更大作用开辟道路的社会。

革命的和激进的运动主要是针对"贵族统治"的。"贵族统治"这个词有时具有相对的含义，因使用人所处社会地位之不同而各异。因此，出身名门望族的法国贵族在1788年所抱怨的也许是宫廷的贵族统治，而英国乡绅们所憎恶的则可能是大贵族老爷和太太的贵族统治。另一个极端的例子，在1795年拥有约60万人口的巴黎这个城市中，一位怒气冲冲的工人可能高声咒骂："所有的富人都是流氓恶棍，在巴黎有数以百万计的这种人应受到惩处！"① 即使如此，为了现在的目的，为这个词下某种定义仍然是可能的。

贵族统治与贵族并不是同一个概念。一方面，在某些君主制国家，有一些非常普通的人可能由于王室采取的举措而获得贵族地位，像犹太人神父宗南费尔斯由玛丽亚·特蕾西亚封为贵族地位，或者像

---

① 转引自 G.E. 鲁德《法国大革命时期巴黎群众起义的动机》，载伦敦大学《历史研究所学报》，第26卷（1953年），第71页。

第十五章　革命时代的社会和心理基础

杜邦·德·内穆尔由于他担任制造业的检查官所做的贡献而获得了贵族特许状。他们并不因此而成为贵族统治者。另一方面，没有贵族的国家无疑也实行过贵族统治。1776年以前，在英属美洲就存在贵族统治，由在总督的参事会中占有席位达三四代人之久的某些联姻的家族组成。这帮人在公共事务中一直继续在起作用，并且在获得授予的土地方面得到明显的好处。在实行共和制的日内瓦也存在过贵族统治，在1768年革命中，那里的小型委员会中地位已经确立的贵族受到市民中民主派的反对。米兰的贵族无疑是贵族统治者，就像威尼斯高度非封建的"贵族"或纽伦堡的统治家族一样，他们只许自己而不许别人佩剑和戴有羽毛装饰的礼帽。在美因河畔法兰克福这个自由城市，1731年制定了一项法律，把居民分成五个等级。最高一级是在市政委员会拥有席位达"一百年"的人，这些人还持有神圣罗马帝国颁发的世袭贵族特许状。在荷兰，贵族是无足轻重的；该省的全体贵族实际上在议会中只有一个投票权，18个城镇就只有18个投票权。荷兰的贵族统治是由一些摄政官构成的；这些人如果追溯其祖先，主要都出身于城市自由民。但是，这些人现在控制在某些世代相传的家族手中。在英国，只有200名实际的贵族，其余的贵族从法律上讲是普通人；但存在一种土地贵族，实际上通过议会统治着这个国家。根据格雷戈里·金和帕特里克·科洪的估计，这批人不到全部人口的1.5%，与对法国贵族的估计数字相当。东欧的贵族成分比较复杂，人数较多，而且不受严格的限制，估计在波兰占人口的8%，在匈牙利为6%。

按照18世纪的含义，可以将贵族视为一批享有世袭优越地位的人。他们受到别人的敬仰，彼此之间有私人来往或希望在初次引见时受到平等的对待；一般情况下相互联姻，从诸如地租、旧日的投资、在教会或国家机构领取薪俸，通常参与公共事务，在最好的情况下则认为能为他人谋福利尽一份责任。在一些即使有信仰自由的多种宗教并存的国家里，统治集团按照法律或在事实上应是信奉国教的。在英国，根据宗教考查法，只有英国国教徒才能担任重要职务；在尼德兰联省共和国则只限于荷兰归正会教徒，在法兰克福只有路德派教徒才可以在市镇会议中占有一席之地。要最大限度地参与政治活动必须具备教会成员的资格，这在各地都是如此。在宗教感情受压抑的时代里，很难说不信奉国教的人还成其为一种政治势力。而那些最热衷于宗教的人，像英国的卫理公会派和德国的虔信派教徒，实际上通常却对公共事务漠不关心。但是，对国教持不同意见，即不信奉国教的人，在某些地方乃是产生不满情绪的根源；它产生一种排除异己或歧视异教的情感。事实上，这通常也是中产阶级地位的一种标志。英国的不信奉国教者、爱尔兰的长老会教徒、尼德兰联省共和国的天主教徒和新教徒都是最倾向于改革的人。詹森主义在法国和意大利也具有同样的重要地位。在法国，新教少数派虽然跟大多数居民一样响应革命，但15名新教徒在1789年的三级会议和约30名新教徒在国民公会上的出现这件事本身对新教徒来说乃是一场革命。不过，把法国革命归因于新教徒的行动，如同归因于启蒙哲学家和光明会成员一样，实乃是后世反革命哲学的奇谈怪论。

贵族认为在自己的庄园或较公开的场合，以及在更高的层次上在教会、军队和政府向其他人发号施令是自己的领导职责。一位失去了权力的贵族比一个处于同样处境的资产阶级成员会更加感到灰心丧气。到处都有贵族用以发挥某种公共事务作用的场所：在英国和爱尔兰有议会；在英属美洲有由总督任命和由地方头面人物组成的参事会；在荷属和比属尼德兰以及德意志的一些小邦、瑞士和意大利，有市政会议和等级会议等复杂的系统；在法国有称作高等法院的若干处法庭，以及像依旧存在的各省三级会议；在普鲁士有军队和文职机构；在波兰有省议会和中央议会；在瑞典有议会，议会的四个院中有一个由贵族组成；在哈布斯堡诸国有由土地权贵和缙绅享有垄断权的议会和郡议会。甚至在俄国，根据1785年制定的贵族条例，贵族也被赋予西欧式的个人的和共同的特权。从波兰的无政府状态到英国的议会制政体，从中欧的小邦到所谓的专制君主制大国，政府都参与这种行动或至少与这一类法人团体合作。这些法人团体的一般特征是或者指定它们自己的成员，或者在一定的阶级中自行吸收成员。众所周知，下院的议员大多是由议会的政客们指定，或是由本人就是议员的内阁大臣指定的。在18世纪的世界上，无论是中世纪的还是近代意义上的，真正的选举是罕见的。倒是一些英属美洲殖民地议会的下院可能称得上是欧洲人世界中最真实的由选举产生的机构，甚至在美国革命之前就是如此，而且许多殖民地的选举是通过非常广泛的投票进行的；1757年，在马萨诸塞的沃特敦，据说有90%以上的成年男子实际上都投了票。政治团体一般都坚持其"独立性"，反对国王或团体外的群众的干预。年轻的查尔斯·詹姆斯·福克斯在1771年说，"保持议会的独立……是我们的职责，无论它受到平民还是国王的抨击都无关紧要"。巴黎最高法院、荷兰或比利时的议会以及其他各种团体的代言人也有同感。

以上所描绘的图景还只是静态的。还需进一步阐明可以作为整个欧洲特征的种种变革与趋势。这里最好再次提醒读者注意，对于任何一个特定国家的事态发展，应参阅本卷的其他章节。本章的其余部分试图概括说明不仅是在一个国家看到的发展变化。人们可以将以下各点作为1789年以前25年中独具特色的现象：比方说，社会有一种明显的倾向，即同时变得更加贵族化和更加资产阶级化，就是说贵族和资产阶级都日益要求得到承认，结果导致冲突；人口迅速增长，特别是较年轻的年龄段，这就使城乡工人阶级的生活更加困难，并且对资产阶级形成一种危机，因为年轻人找到满意的工作变得更加困难了，结果导致悲观失望；七年战争后各国政府普遍努力增加国库收入，结果引起宪法危机，因而将启蒙运动的各种思想引入实际政治舞台；作为这类宪法危机的后果之一，美国革命爆发了，这一事件又引起欧洲的骚动，从而使启蒙运动的许多思想得到更加直接而实际的应用；与此同时，出版比一般通信有了长足发展，因而舆论的影响日益增加，其特征之一就是人们期盼在不久的将来发生令人满意的变革，并且相信这样的变革在"一个像我们这样开明的时代"里是比较容易实现的。

资产阶级在迅速壮大是显而易见的，这一时期的经济史和文学史上发生的一切都证实了这一点。然而，贵族却并没有相应地衰落。事实上，正是资产阶级的壮大，正是一些除出身外跟他们一模一样的人在他们身边的出现，似乎已使得上层阶级更加自觉地贵族化了。许多迹象显示出一种日益增长的排他性。在某些小的共和国，能进入统治集团的极为罕见；在伯尔尼，有资格从政的家族数目在1651—1787年间由80个降为68个，在拥有14万人口的威尼斯，1796年只有111个这样的家族，而在1367年这个城市还比较小时却有240个家族。在普鲁士，弗里德里希二世的长期统治对容克贵族有利，他们在政府和军队中占据的地位日益加强，像俾斯麦那样的家族当时第一次成为这个新的霍亨索伦王室统治的国家的热心支持者。普鲁士政府主要文职机构中任职的城市公民对贵族的比例,在18世纪30年代比以后任何时期都要高,直至魏玛共和国成立。法国高等法院的成员变得更加自觉地贵族化了。随着每一代人的出现,他们的资产阶级出身的最早年代越来越久远,18世纪60年代各高等法院开始要求其新成员必须具有四代贵族身份。高等法院阻挠法国政府企图册封军界贵族和商界贵族,即把晋升为贵族作为对资产阶级军官和知名商人的一种鼓励。到18世纪80年代,就再也没有资产阶级出身的法国主教了,1781年的法令还要求不是通过逐级晋升而谋求军衔的青年人提出自己是四代贵族后裔的证明。

  在一个把祖先的价值看得很高的社会里,仅仅随着时光的流逝就可以使知名的祖先的人数增加,从而使活着的人的家族关系也增加了。在1775年弗吉尼亚总督的参事会里,12名成员中有10人是以前的成员的儿子或孙子,而且这12人中至少有10人彼此有关系。在1734—1832年近百年的时间里,英国下院有超过半数的议员是早先的议员的儿子、侄子或孙子。在1761年选出的第一次与美洲发生纠纷的下院里,有113人是从男爵或爱尔兰贵族,或者是希望有朝一日在上院占有一席之地的英国贵族的长子。在与革命的法国开战的1790年的下院里,有134人属于这类人。在整个这一时期,还有一批人数日益增多的议员是上过公学及牛津或剑桥大学的人,他们在那里受过统治阶级集团精神的熏陶。与此同时,从1761年的议会开始,全部或部分收入来自商业活动的议员人数显著增多。这主要是由于英国的经济机构允许地主阶级和商人阶级在同一个企业中投资,尽管下院中真正从事商业的人与贵族相比数目似乎已在缓缓上升。阶级差别依旧,许多甚至更明显了。城里人购买乡下的地并不像以前那样成为乡绅。按照乔治·克拉克爵士的说法,到1760年"阶层的划分虽不像世袭等级制度那样了,但大致可划分出社会不同集团之间功能上的差别"。霍尔兹沃思发现,在选拔治安法官方面存在着不断增强的排他性,越来越拒绝任用"任何从事贸易和制造业的人"。[1]

---

[1] G.N.克拉克:《1760年以前的英国财富》(伦敦,1946年),第160页;W.S.霍尔兹沃思:《1689—1783年的上议院》,载《法律季刊》第55卷(1929年),第438页;关于下议院的统计数字,参见G.P.贾德《1734—1832年的议员》(纽黑文,1955年)。

贵族满足于当贵族，资产阶级则有待于成为贵族。真正的绅士看来很容易获得中产阶级人士必须经过努力才能得到的东西——教育、地位、威信、合适的婚姻。事业，交谈中正当的语气，以及进入客厅时适当的举止。在资产阶级对待贵族的态度深处埋藏着一种妒忌与轻蔑相混合的东西，一种道德上的阶级意识，一种性格上的坚强品质同一个人由于社会地位优越而养成游手好闲和华而不实作风所形成的鲜明对照。这种情绪甚至渗透到社会的下层，致使"美德"成了1793年法兰西共和国的口号。但这种情绪在许多国家的资产阶级的各个层次中到处明显可见。普鲁士的城市公民以其道德上的真诚著称，康德的哲学有很大一部分是以此为基础的。一位身居约瑟夫二世顾问高位的奥地利人冯·基斯发表他对波希米亚等级会议中傲慢的青年贵族的感想时说："我希望出身显赫家庭的青年人专心致志于学习法律和科学，以他们的生活方式树立一种热诚和勤劳的榜样……那时我就会成为第一个支持他们的要求的人。但是，我从多年从政的经验中知道，这些出身于贵族门第的青年绅士是在什么地方寻欢作乐的！"①

上等和中等阶级的青年人为谋得许多同样的职位而展开竞争。随着人口的增加，贵族和资产阶级家庭都有更多的儿辈存活而长大成人；学校的增加以及在德意志大学的增加，意味着有更多不同社会背景的青年人希望谋求与他们所受的教育相当的职业。政府、军队和教会中的职位需要的人较多，因为其他职业的发展甚微，而且涉及大规模管理私人事务的有薪俸的职位又非常之少。对英国人来说，即使在失去13个殖民地以后，由于殖民帝国继续扩大和工商业的发展，使得不同阶级的青年人有可能获得合适的工作。其他地方的情况似乎是，即使商业、政府、军队和教会等组织有所扩大的话，但远远赶不上本世纪后半叶青年人人数的增加。在18世纪80年代的法国，资产阶级出身的军官还有可能成为将军；而在这一时期，资产阶级出身的青年人则在原则上是不可能被授予军衔的，除非他以前曾当过士兵。与此同时，在普鲁士，在文职政府中供职的人员中贵族出身的人与市民出身的人相比，数目在不断上升，由于可以理解的奇怪现象，在资

---

① 米特罗法诺夫：《约瑟夫二世传》，第627页。

产阶级化最明显的地方，即这个君主国的西部地区情况尤其如此，因为东部的贵族更满足于待在他们自己的庄园中。

贵族家庭出身的青年人一般说来比较容易谋得称心如意的职位。在西里西亚，在政府各部门任职的贵族平均年龄为27岁，普通家庭出身的人平均年龄为42岁，在英国的下院，第一次当选议员的乡绅平均年龄为32岁，商人则为40岁，而那些其父亲或祖父曾当过议员的人，进入下院时的平均年龄要比其他人年轻9岁。在法国的最高法院任期为终身制，平均年龄低得惊人，因为家庭的影响使得年岁很轻的人也可以进入最高法院任职。在格勒诺布尔最高法院，半数成员通过特殊的规定，在法定年龄25岁以前就进入了该法院；而在法国革命前夕，巴黎最高法院全部成员中有一半人的年龄在35岁以下。众所周知，这个时期的革命者一般都是青年人。至于他们许多对手的情况亦复如此，则往往知道的人很少。

七年战争使各国政府负债累累需钱很急。它们想尽办法增加国库的收入。它们订出许多新的税收项目。它们还通过刺激贸易和生产以期增加整个税源；这些政策引起了与行会条例和地方特权的冲突，因为日常的经济活动是通过这些条例和特权受到保护的。欧洲大陆各君主国千方百计编制新的花名册和地籍簿，以便对土地价值作出的评估与实际收入相一致。在英国，对土地的估税还固定在1692年的水平；议会中的地主势力阻止上述想法的实施，于是英国政府便越来越采用征收印花税和其他间接税的办法。在欧洲大陆各国，地主使用他们的一切手段反抗重新评估税额；正是主要在这一问题上导致了法国君主政权1763—1774年间与巴黎最高法院和其他最高法院的一场危机。一些政府还试图向迄今免于纳税的阶级和省份征税。因此，在一向比奥地利少缴税的匈牙利，玛丽亚·特蕾西亚于1764年试图增加100万弗罗林的收入，这样便增加了在此以前免于纳税的贵族和高级教士的负担。匈牙利议会坚持其宪法上规定的特权，抵制她的做法。此后，她便撇开议会行事，而议会则一直到约瑟夫二世统治的最后日子里发生准革命的情况下，才于1790年复会。哈布斯堡中央政府对行会、市政当局和财政特权的类似威胁，在比利时各省和在米兰人当中引起了根据宪法进行的反抗行动。由此而引发了1789年的比利时革命，并造成1796年米兰人竟然欢迎波拿巴的那种心态。

在法国，同样性质的争论于18世纪60年代引出了一套革命词语，如果说还未形成一种革命心理的话。大臣们力图参加税款的收入或用其他的办法显示王权。各省最高法院在巴黎最高法院的领导下联合起来加以反对，不仅维护它们为皇家立法进行验证或表示异议的一贯权利，而且要参与立法活动本身。它们宣称要为了公民而采取行动，反映"国民的呼声"，捍卫宪法、天赋权利和根本法。他们认为，作为集体，各最高法院乃是"法国全国性的、首都的、大主教教区的和君主的法庭"①。路易十五于1766年在巴黎最高法院鞭笞法庭开庭时对此作出的回答，对王室的绝对主权作了一个法国国王前所未有的最引人注目的肯定。看来，正是这些由现实政治而不是由被称为哲学家的人们的思想引起的争论，使关于主权的性质和地位，关于宪法、真正的政治代表权、法律以及公民权的性质等都成了问题。从1771年到1774年，旧的最高法院被全部撤销。一位保皇派小册子作者公开指责最高法院是"穷凶极恶的世袭贵族"。为之辩护的是一位贵族，他宣称法国必须"非波旁化"。路易十六即位后恢复了旧的最高法院，它们为不断用以维护其特权的自由得到恢复而兴高采烈。1776年这一年，不仅美国国会，而且跟欧洲任何特权机构一样拥有特权的布列塔尼三级会议，都在夸耀其"不可侵犯和不能转让的权利"。

同年，巴黎最高法院阐明了它根据宪法所具有的性质，它抗议杜尔哥提出的温和的平均主义纲领。这项纲领包括某些附带实行的税收改革，废除行会的特权以及将王室的劳役，即农民修路等劳役改为各个阶级均需缴纳的税金。该最高法院警告说，这样的"税收平等"将会"导致公民社会的解体"。这样的"人兼思想所做的努力"乃是徒劳地违抗在一切应有的地方均保持的"宇宙规律"。这样，巴黎高等法院就在埃德蒙·伯克之前提出了伯克的看法。他还宣称："根据法国的宪法，法国的君主政体由若干具有明显特点并且互相独立的等级所组成。这种地位和人员的明显区别是与民族一道形成的；它是与我们的习俗和生活方式一起诞生的。"②

---

① R. 比卡尔特：《18世纪的最高法院与国家主权概念》（巴黎，1932年），第173页。
② J. 弗拉默尔蒙：《巴黎最高法院谏书》（巴黎，1898），第3卷，第278—287页。

与此同时，英国政府曾试图提高在其北美殖民地的税收。无论从任何角度来比较，这些殖民地实际上一直是免税的。18世纪60年代英属北美殖民地平均每人纳税还不到1先令；而在英国本土则为每人26先令。美利坚人抵制印花税条例和征收有效关税。他们甚至否认英国议会有向他们征税的权利。英国议会在1766年的《公告令》中声明它拥有无所不在的主权来进行反击，不过一时并未付诸实施，并放弃了征税活动。随着事态的发展，不久便使得这一主权的整个含义大白于天下。为了解除东印度公司的负担，英国议会授予它在美洲直接销售茶叶的权力。这违背了殖民地商人和政治领导人的普遍愿望，这些人唯恐英国以隐蔽的方式征税。当东印度公司的财产在波士顿港被捣毁后，英国当局考虑到著名的茶党乃是一系列骚动事件的最近一次出现，便得出结论认为已无法再根据1691年马萨诸塞特许状进行治理。英国议会根据其拥有的主权通过了一项关于改进对马萨诸塞政府的管理的法令。这个法令在未同居民商议的情况下对马萨诸塞的宪法作了根本性修改。它削弱了经民主选举产生的议会的权力，加强了国王任命的总督的权力。各地美利坚人感到了对他们的政治权利的无法估计的威胁，纷纷派遣代表参加大陆会议以支持马萨诸塞。

因此，美国革命从表面上看来是作为保守的运动开始的，目的是在一个较大的政治体系中保持在财政上和政治上享有特权的自治。在这一点上，美国革命类似于比利时或匈牙利发生的动乱，并且，就法国大革命是以重申社团特权和免税权利而反对王室这一点而言，它甚至类似法国大革命本身。美利坚人像匈牙利人、比利时人和英国人，或者像巴黎最高法院一样，是要维护他们具有历史意义的宪法自由，他们的"不可侵犯和不能转让的权利"，他们的"习俗和生活方式"，不同之处在于实质。在美洲，历史、习俗、宪法、权利以及自由等概念都有不同的含义。在欧洲，这些词语涉及等级制的、封建的、贵族的以及教会的社会形式。在美洲则不同。马萨诸塞的议会，即立法机构的下院，实际上是选举产生的，并且是由相对平等的独立的小农场主选出的。在这方面它可能与匈牙利的议会、布拉班特或布列塔尼的三级会议、巴黎的最高法院，因而也与英国的议会有很大不同。在美洲是保守的或习惯的东西，对欧洲来说则是激进的革新。

无论如何，事态的发展不久便驱使美利坚人不愿再仅仅是保持令

第十五章 革命时代的社会和心理基础

人义愤填膺的现状。与英军的战斗遂于1775年4月开始。许多对武装起义畏缩不前的美利坚人这时仍忠于国王和议会。尽管并非所有的当地贵族,但其中许多人的情况确实如此。这些人世世代代与英国当局关系密切,因而有理由赞赏当代英国的生活方式。结果,他们在爱国者眼中名声扫地。起义的领袖们需要公众的支持,以加强自己的力量,防止英国当局卷土重来。一些有名望的,采取妥协态度的和处境危险的人,设法使自己适应中下层阶级的需要。起义者公开反抗议会,为英王所拒绝承认,被宣告不再受英国王室的保护,并面对一切合法政体和法庭纷纷解体的局面。在这种情况下,他们需要一种新的权力原则、一个使他们的行动可据以成为是合法的新的主权国。他们通过宣布实行人民主权而找到了这样的国家。为了摆脱无政府状态,为建立新的政府清理基础,使他们的航运船只能够进入欧洲各港口,并且能获得法国的援助,美洲起义者在经过一年多的战斗之后,于1776年7月宣告成立一个独立的合众国。

　　究竟这个只不过是原来的殖民地的合众国应在多大程度上从英国脱离出来;同时它们的内部究竟应在多大程度上革命化,在美国一直是有争论的问题。对那些纷纷返回英国或涌入加拿大的逃亡者来说,这的确是一场革命。他们的财产被没收并转到了大大小小的新主人手中。在一些州,选举权的范围扩大了。大多数州的州长,这时是由州议会下院选出的,在马萨诸塞州,州长是经公众投票选出的。经选举产生的上院取代了以前经指派而组成的总督参事会。英国国教的牧师是同情英国的,在大多数建立了这种教会的州教会均被解散。在新英格兰,公理会牧师是反英的,他们的教会仍保留某些特殊的权益。不过,在革命以后,无论在什么地方,没有一个群体因宗教信仰而感到政治权利受到排斥。一般说来,革命似有助于提高人民大众的道德水平,对贵族的虚荣自负更加持怀疑态度,对一切形式的个人优越感也抱一定的怀疑心理。这种优越感从美洲最早殖民时起就已出现,一直是美国人态度的特征。如果说美国是贵族遭到失败的地方,那么,在欧洲遭到失败的则是民主主义者——用路易·哈茨的话说——这种状况可以说是由于美国革命以及后来对它的赞美而造成的。

　　不管怎么说,美国革命对欧洲的影响是直接而又非常巨大的。革命战争本身就引起了广泛的反响,它使法国国库不堪重负,而且这次是致命的。它将荷兰卷入，引起了18世纪80年代夭折的爱国党人的革命。在美洲遭受的灾难使英国不得不于1782年赋予爱尔兰议会以自治权。心理上的影响更是难以估量。爱尔兰志愿军和荷兰爱国党人以美国先驱者为榜样，组织起武装连队。在英国，像威尔克斯、卡特赖特、普赖斯以及阿宾登伯爵等早就开始主张议会进行改革的一班人，甚至在殖民地人民公开造反之后，比伯克派辉格党议员更加同情美国人。英国的激进派和美国人一样，不认为议会作为一个机构拥有主权，也不相信议会应当真正代表"人民"并对"人民"负责的理论。1780年的威斯敏斯特委员会甚至比美国人走得更远，它建议实行现代民主式的代表制。既是爱尔兰议会下院又是英国下院的煽动者的亨利·弗勒德于1790年在英国下院提到美国人时说，"不充分的代表制的这一秘密已在美洲战争的雷鸣声中暴露在人民面前"。他进而评论"事实上的"代表制的各种谬误说，英国人将像美国人那样不再赞成这种代表制。英国的改革者大多是不信奉国教者，因而感到与新英格兰息息相通。为了争取废除宗教考查法和市镇机关，他们指出：在美国的州和联邦宪法中不同宗教团体的成员在政治上受到的待遇都是一样的，试图以此加强他们的论证。对此，皮特回答说，这两个国家的宪法所依据的有关教会和国家的概念是迥然不同的。[①]

塔列朗在许多年以后回忆起法国大革命以前的岁月时说，"我们不谈别的，只谈美国"。[②] 在法国引起的激情是极为巨大的，但也并不仅限于法国。在芬兰，某些阴谋反对瑞典国王的贵族谈论的也是乔治·华盛顿。在俄国，亚历山大·拉季舍夫引起叶卡捷琳娜的不快。她说，他比普加乔夫还要坏，因为他读本杰明·富兰克林的书。在波兰，推行改革的斯坦尼斯拉夫国王在他的书房里放着华盛顿的半身塑像，而在托斯卡纳，利奥波德根据弗吉尼亚宪法为他的公国拟订一部宪法。在布达佩斯，共济会会员称自己是美洲支部，而在意大利则在烧炭党出现以前就成立了一个费城人秘密团体。在德意志人们的意见存在较多分歧。在汉诺威，人们对美洲战争持英国人的看法，但大多数德意志人则以诗歌、散文、历史著作和学术性小册子抒发对美国人

[①] 《议会史》第28卷（1790年），第413、457页。
[②] 塔列朗：《回忆录》（巴黎，1953—1955年），第1卷，第83页。

的热情；黑森的伯爵领主出租军队给英国用以反对美国人。这一行动引起的愤怒据说是最早的一次公众舆论在这个小小的专制国家持批评态度。

在法国，除对据认为是美国人生活于其中的自然状况迸发出难以想象的激情外，还对美国的新政府进行了许多严肃的讨论，对此，许多著名人士，诸如杜尔哥、马布利、孔多塞、莫尔莱和米拉波等人在1789年以前就密切予以关注了。给他们印象最深的是，美国人已通过合理而详细的计划建立了新的政府。在每一个州里，代表们在议会或代表大会中行使人民的主权。议会为州拟订成文的宪法；它建立政府，宣告其诞生，并明确地授予它以权力；它建立并规定了各政府机构及其职能，并巧妙地使之彼此制衡，以防止滥用权力。总之，美国人似乎已实现，从而证实了社会契约的思想。国王与最高法院之间的争吵使得宪法在法国成为一个有争议的问题。从孟德斯鸠的时代以来，对英国宪法的赞颂也曾产生过同样的影响。自1776年开始在法国一再印行的美国宪法，与巴黎最高法院或孟德斯鸠所描述的宪法有所不同。就渊源讲，美国宪法似乎代表了一种自由而合理的自决行为。就内容讲，美国宪法根本不提继承的地位，无论是皇家的、权威当局的或贵族的；除代表权外谁也没有任何权力；没有统治阶级，没有法定的规则，没有社会等级，没有税收上的特权，也没有一个人因出身而拥有任何特殊的或个人的统治权利。所有的人都是公民，所有的人都是平等的，所有的人都是自由的。在国内感到不满的法国人把美国人理想化了。有些人认为，美国人从他们的英国的和殖民地的历史中继承了许多东西。另一些人则显示出一种日益增强的革命心理，把美国人所经历的变革的规模加以夸大并为之狂喜。他们认为美国人没有历史，没有历史包袱，不受偏见、迷信和中世纪蒙昧时代的影响，是理论上的人类的样板。J. B. 布里索于1780年向一位朋友吐露自己的内心看法时表示他赞成"激进而彻底的改革"，并接着说，"如这种改革在美国各个地区得以推行到底，则百倍的幸福将降临美国"。①

新世界的解放对意识到其哲学上的广阔视野的一代人有着特别的

---

① 布里索：《通信与论文集》（巴黎，1912年），第18页。

吸引力，而且，由这一重大事件激发出的感情同眼前的国内状况所引发的其他一些感情交织在一起了。启蒙运动的全部要旨在于传播社会进步的坚强信念。随着美国的独立，这一信念便更加明确地具有一种新时代业已初露曙光的含义。除非是那些最自满的人，美国革命看来还只不过是业已开始的一系列伟大解放变革的第一次变革。气氛变得充满了期望，存在了许多世纪的状况似乎轻而易举就改变了，仅仅是理论著作家们的人道主义思想似乎更有可能实现了，凡是美国人已经做到的别国人也一定能做到。认为必须保持现行秩序的看法已经破灭。不耐烦的情绪在增强，"顷刻之间"一位图卢兹的律师——一位在 10 年以后成为国民公会议员并投票赞成处死路易十六的人——在称赞美国时写道，"没有什么事情是人类在顷刻之间办不到的"。①

一些主要属于资产阶级的人对贵族的行为举止和种种特权日益感到厌烦。这是由欧洲的境况产生的，并因美国出现的情景而变得尖锐起来。欧洲的中产阶级满意地看到在那块土地上没有任何人会享有超越自己应有的权力；在那个国家人受到应有的尊敬，真正的功绩得到应得的报酬，没有一个阶级是无足轻重或徒有其名的，人们是按他们的能力和贡献而加以评价的。一位法国外交部的雇员向往像美国那样的国家，曾诗意盎然地写道：

在没有出身和等级区分的地方
最正直和最可敬的人
总之最有用的人，永远是最伟大的。②

在 1783 年一期《柏林月刊》上刊登的一位无名氏作者所写的一首诗中，也憧憬着这样一个国家："那里有可爱的平等，而没有卑鄙的贵族，这些人是欧洲的瘟疫，玷污着纯朴的习俗，而无视善良的人。"③ 在这样一些词句里，和其他与美国无关的作品一样，我们可以感觉到一种与这些人生活于其中的社会疏远的浓厚情绪，一种与当

---

① J. B. 马埃：《1784 年在百花诗社所作关于北美革命伟大意义及其重要性的演讲》（图卢兹，1784 年）。
② L. G. 布尔东：《美洲游记：作者与神父的对话》（巴黎，1786 年），第 23 页。
③ 转引自 H. P. 加林格《德国公众舆论对美国独立战争的态度》（莱比锡，1900 年），第 65 页。

时社会上流行的价值观格格不入的倾向，一种否定一切的态度或精神上的逃逸，罗兰夫人曾幻想跟她的丈夫幸福地生活在宾夕法尼亚州；一个德意志人会因为欧洲一半人口还没有横渡大西洋而感到吃惊；而在英国，甚至像詹姆斯·瓦特和马修·博尔顿这样有声望的人，由于他们的朋友普里斯特利于1791年在伯明翰受到教会和英王的暴民的粗暴对待而感到愤怒，因而他们总是念念不忘地想着要移居美国。

事实上，有数目惊人的心情不安的人移居美国。荷兰的阿德里安·范·德·肯普在爱国者运动失败后前往纽约；一位因煽动颠覆政府而被伯尔尼当局监禁的瑞士青年逃脱后投奔了美国；一位撰写过一本论《北美与民主》的小册子的德意志人施莫尔也逃向同一方向。波兰人涅姆采维奇在柯斯丘什科于1794年失败后便定居于新泽西，并在那里结婚，直到拿破仑的大公国时期才返回波兰。在移居美国的英国人当中，最著名是约瑟夫·普里斯特利，但还有许多其他人，如托马斯·库珀和约翰·宾斯等，都在英国改革运动遭到镇压后走上了同样的道路。在爱尔兰人当中，汉密尔顿·罗恩、沃尔夫·托恩和纳珀·坦迪都于1795年前往美国，但后面两位在法国战争给他们的事业带来新的希望时返回欧洲。18世纪90年代的美国政治年鉴上充满了从英格兰、苏格兰和爱尔兰新到美国的人的姓名，他们都是由于政治原因而离开了家园，往往成为正在崛起的杰斐逊党的重要支柱。保守的联邦党人称他们为"外来民主的卑劣工具"。① 美国于1798年颁布的客籍法和惩治叛乱法主要是针对英国和爱尔兰的激进分子的。因为，尽管其中说的都是雅各宾主义的话，但实际上移居美国的雅各宾党人或法国人寥寥无几。不过，值得一提的是，1793年作为驻费城公使而轰动了美国的激进派吉伦特党人埃德蒙·热内不仅在美国定居下来，而且通过结婚而进入纽约上层社会。几年之后，托克维尔发现了一位生活在美国西部的恐怖时期的老雅各宾党人，在这个充满宽容气氛的新国家，他已成为那里的一个坚定而又心满意足的公民。

在美国革命激发出激情的同时，出现了另一个至少具有同等重要性的发展，如果没有这一发展，革命时代的出现便是难以理解的。18世纪下半叶是交通通信获得惊人改进的时期。在道路建设、邮政服

---

① 转引自约翰·C. 米勒《自由的危机：客籍法和惩治叛乱法》（波士顿，1951年），第32页。

务、驿站马车和客栈等方面都取得很大成就，使不同地点和不同阶级的旅客得以聚会到一起。A. R. 蒂博多于 1760 年左右在普瓦捷骑马前往巴黎，花了一周时间；而当他于 1789 年作为普瓦捷的第三等级代表前往巴黎时，乘驿站马车只走了三天便抵达凡尔赛。当奥尔良公爵于 1788 年想把他的看法传达到各省时，他只需把他的宣传材料付邮即可。没有一位以前的奥尔良公爵能这么容易就挑起骚乱的。出版印刷业、书报杂志的数量、它们的普及性以及读者大众的人数都有了惊人的增长。在英国，1750 年有 90 种报纸和杂志出版，1780 年为 158 种，1800 年为 264 种。在德国，发展甚至更迅速。在美国的一个地理上并没有扩展的州，新泽西州，于 18 世纪 60 年代发行了 1 份新报纸，70 年代为 5 份，80 年代为 8 份，90 年代达到 19 份。在法国，最快的增长是随着革命一同爆发的，这就是跟其他事件一起出现的新闻出版革命。众所周知，1789—1800 年间单是在巴黎就发行了 1350 种新报纸，当然，它们当中有许多是短命的。

似乎就是在这个时候，许多欧洲的语言中开始使用"舆论"这个术语。不仅有更多的人在阅读和谈论它，而且他们更加频繁地在政治问题上阅读并谈论这个词。关心国事的意识越来越强烈；有一种期待各方面改进的心情，认为改进并不一定是政府独自的行动，也是应普遍关心的正当问题。在德意志，1790 年以前有 29 种杂志名为《爱国者》，并用了各种引人注目的形容词。人们发现，有许多人跟自己的想法相似，有许多比地方的或私人的更重要的共同问题，也是许许多多毫不相识和远在别处的人所意识到的。到处兴起了读书俱乐部和研讨会，或者说至少人们不管在什么地方都可以看到这种团体的迹象，在法国有被科尚称为"思想协会"的社团，在列日有"读书会"，在巴塞尔有彼得·奥克斯于 1787 年描述的阅览室，在曼彻斯特、美因茨、阿姆斯特丹和其他城市有文学和哲学学会。这些团体集体订阅书报杂志，通常对当时受过教育的人所注意的一切问题，即科学的、文学的以及哲学方面的问题都感兴趣，但随着时间的推移则更多地思考政治问题。这些团体也许比更著名的共济会支部更具有实际重要作用，因为后者崇尚秘密和神秘行动，使其影响受到限制。

在激励并提高公众舆论的意义方面，美国革命的新闻报道起了极其重要的作用。从七年战争中崭露头角的英国在许多欧洲人的眼里是近代的迦太基，海上的无情暴君。而一群远方的爱国者竟然敢于反抗这一庞然大物，这似乎是一件难以形容的令人激动的事。起义者发表的公开文件充满了启蒙运动所普遍传播的思想。因此漫不经心的读者也可以从新近发出的电讯、激动人心的事件以及像乔治·华盛顿那样的有趣人物中吸取普遍的原则。在实行严格新闻检查的国家（一定程度上的法国，或奥属尼德兰与德意志诸邦），人们对本国政府的体制和行为不可能进行公开辩论，因此，对美国革命以及美国新政府的成就从正反两面开展讨论，就成了鼓吹各种政治思想的替代办法。对于单纯的读者来说，很容易把争论的问题简单化。英国人代表专制、剥削和傲慢。美国人代表自由和平等，代表勇敢、机智和自我牺牲。称美国的事业为人类事业的不单是托马斯·潘恩一人。像瑞士的伊萨克·伊塞兰那样谨慎的新闻记者和哲学家也认为，压迫美国就是压迫整个人类。

对于那些没有阅读和写作习惯的下层阶级的情况，人们所知甚少，特别是1789年以前的情况。尽管如此，他们在决定革命时代的事态发展方面所起的作用是具有决定意义的。即使在法国，农业和城市的劳动阶级也是最后才在政治上觉悟起来。在其他地方，他们一般说来仍然是麻木不仁的，或者实际上很容易受到煽动而反对新的思想。荷兰的民众支持奥兰治亲王，布列塔尼的农民则支持他们的贵族。工程师詹姆斯·瓦特（他的儿子成为臭名昭著的"雅各宾党人"）对1791年伯明翰暴乱中提出的似是而非的论点表示愤慨：只有贵族能够把普通群众纠集在自己周围，至于"民主主义者"瓦特把自己也包括在内，则实际上相信法律与秩序，主张把权力交给称职的人。[①]

不过，甚至在英国也有严重不满情绪的迹象，至少一直蔓延到托马斯·哈代或年轻的弗朗西斯·普莱斯所属的那些熟练的而又有自尊心的工人队伍之中。诚然，18世纪90年代在英国可能比在法国存在较强的真正工人阶级意识。用伦敦通信协会的组织者托马斯·哈代的话说，该协会是由零售商、小店主和技工组成的。它讨论"这个国

[①] 埃里克·鲁宾逊：《一个英国的雅各宾党人：小詹姆斯·瓦特》，载《剑桥历史学报》第11卷（1955年），第351页。

家的人民的低贱而悲惨的生活状况"。但是,这一社会阶层的人们也像中层甚至上层阶级的改革者一样,认为他们的困难乃是由政府的种种弊端、统治阶级从政府中捞取的好处、代表制和宪法的各种缺陷所造成的。人们对自己被排除在社会之外的处境,怀有一种几乎非革命不可的切肤之痛。一群设菲尔德的工人于1794年问道:"要是宪法不把我们当回事,那么,宪法对我们还有啥用呢?"① 敌人被认为就是贵族。托马斯·哈代在一封以一个自学成才的人的多少有些不规范的语言写成的私人信件中,把诚实工人所受苦难归因于"那帮傲慢无礼而骄奢淫逸的人贪得无厌的敲诈勒索,这帮人除要我们相信世上创造的一切都是为了供他们这一小撮毫无价值的人享用之外,让我们再一无所知",② 这就使人想起在这同一时期法国以无套裤汉为特征的那种针对贵族强烈的道德非难。

因此,英国的劳动阶级和商业阶级都要求进行议会改革。驱使这两部分人分道扬镳的是开始于1792年的英国政府对法国大革命作出的反应。英国的商业阶级虽然可能感到不满,但又没有更多的抱怨足以使这种不满情绪长期存在下去。几年以前,在曼彻斯特为反对放宽爱尔兰贸易法的请愿书收集到的签名,比为争取议会代议权的请愿书所收集到的签名要多得多。1792年政府也就是说贵族,开始采取措施反对政治性的俱乐部和集会。像詹姆斯·瓦特或曼彻斯特的托马斯·沃克这样的人,他们如果继续坚持反对立场,肯定会失去太多东西,尤其是在战争时期。严重的工人阶级骚动虽延续了多年,但改革运动却失去了首领,偃旗息鼓达一代人之久。

就法国来讲,勒费弗尔教授关于革命群众和暴民的论述,为革命时期少数人的社会心态作出了最可贵的研究。③ 问题在于阐明那些于1789年7月14日偶然在皇宫游荡的人们,或成群的农民,或苦于面包缺乏和昂贵而怒气冲天的男男女女,怎么就会由于某些偶发事件而一下子变成了一支集体的力量,承认临时推举的领袖,对一致认定的

---

① 《告英国人民书》,载《1794年4月7日……设菲尔德一次公众集会的会议录》(设菲尔德,1794年),第41页。

② 弗朗西斯·普莱斯的手稿,大英博物馆藏,另增加的手稿27814,第178页。

③ 乔治·勒费弗尔:《革命的群众》,载《法国革命研究》(巴黎,1954年),第271—287页。关于法国下层阶级的革命心态,亦可阅前引G.E.吕德新近发表的文章以及理查德·科布《1793—1794年法国的革命心理》,载《历史杂志》,第62卷(1957年),第181—196页。

敌人同仇敌忾，为了一个可以实现的目标，甘愿冒种种危险，不加深思熟虑，不怕招惹灾祸，就投入了行动。在18世纪，在法国和其他国家出现暴徒和面包骚动已是屡见不鲜的事情。在法国大革命中又增添了一些新事物。早在1788年公认的权威当局陷入尴尬局面以至于崩溃，使局势发生了很大的变化。国王召集三级会议，随后在4万个地方议会进行选举，甚至使最贫困的人也处于迫切期待大事即将来临的状态。小事遂成为星星之火。一瞬间看到或听到的某种事物可能使深藏在心底的种种看法发挥作用而突然变为行动，勒费弗尔称之为原先已存在的集体心态，是经过多年积累而形成的。交谈、阅读或倾听一些比较有文化的朋友高声朗读报纸，在酒店、教堂、市场的生活，城镇与乡村的接近，工作的变动，旅游者的往来，有关大人物的丑闻，国王在北美进行的战争的新闻，对已经或并未看到或读过的一些大胆直言的书籍或小册子的内容的了解，人们看到，甚至连名不见经传的人也对事态现状提出批评，人们感到，当时存在的许多东西既不公正，也无必要或永久存在下去——所有这一切在1789年以前都对潜在的革命心理的形成起了作用。每个人都有自己的不满，都有自己私人的不幸；并非每个人都遭受所有的苦难，有些人受的苦并不很多。但情况是不知是什么原因使种种不满汇集成对一种制度的控诉。农民在思考自己的困境时，并不将这归咎于个人的不幸或归咎于他的主子是个坏人或不正直的人，而把它归咎于贵族之类的典型人物。这样一种典型人物，或者说共同目标的形成，就使得1789年的农民革命成为可能。在这场革命中，大批大批的农民在预先没有领导和组织的情况下，采取惊人的自发行动，在全国许多地方闯进了庄园主的住宅，撕毁了规定他们的义务和地位的法定文件。

就城镇劳动人民而言，典型的敌人是"贵族"。因此，普通老百姓可以在一个时期里同资产阶级合作，直到随着革命的发展资产阶级本身在普通人看来也成了贵族为止。如国王支持贵族，整个国家也就会转而反对他。正如托克维尔指出的，倘若破坏性群众骚动的巨大浪潮把教会也吞没了，那是因为教会没有划清它的利益与贵族的或封建的教派的利益的界线，所以，实际上不信教的人的思想观点便会受到人们的欢迎。在巴黎举行示威的少数人，虽然仅仅是为日常饮食的基本需要所迫，但他们的思想具有更大的力量。一位因在1791年的共和请愿书上签名而被捕的厨娘在法庭上作证时说，她懂得请愿书是要求建立"一种新的行政权力组织"。最重要的是，当时有一种争取普遍幸福的共同愿望，只有邪恶的人和玩弄阴谋的人才会反对这种心情。有一种已经到了赢得普遍幸福的关键时刻，如果错过它便很可能一去不复返的感觉。这就足以说明什么叫做革命狂热。如果考虑到法国大革命所产生的斗争，它引起的敌对行动，也就是战争；考虑到在国际规模上维护旧秩序的贵族势力结成阵营反对拥护新秩序的力量；估计到会遇到种种风险、争论，因而采取替代的办法，将普遍幸福降低为比较温和的英国式的普遍福利，那么就很难说由法国大革命所引起的这些情绪是主观的幻想或者是完全错误的。

（南　木　译）

第 十 六 章

美国革命(1763—1793年)：
宪法问题面面观

政治史学家把七年战争（或称法国和印第安人战争）结束到法国革命战争爆发这一阶段的北美洲历史，以成功地建立一个新国家——美利坚合众国——为分野，划分成两个部分。宪法史专家也许不大注意连续进程中的这一变化。在美国革命以前，宪法问题是如何提供一个可接受的共同体制框架，各殖民地可以在此框架内继续实行其继承下来的各具特色的内部自治。美国革命以后，宪法问题则成为由这些殖民地演变而成的几个州能否具有它们在世界上所处的新地位所需要的那种共同行动的机构。新建立的全国政府不得不为乔治三世的顾问们无法解决的问题寻找答案。从这一公认有局限性的观点来看，这段历史有其内在的连贯性。这就是本章所探讨的目标。

到18世纪中叶，那些后来形成新的合众国核心的13个英国殖民地都享有某种形式的代议体制，犹如大西洋西部及加勒比海另外8个岛屿殖民地所实行的那样。尽管这些殖民地的情况及其经济社会结构都有重大的差异，但它们的体制却有出自同源的相似之处。这种体制实际上是英国在北美的殖民活动和与其相角逐的其他欧洲强国的类似活动各自所具有的两个不同特点的产物。这种殖民活动大部分是各个企业活动的结果，这些企业有时但并非总是采取法人团体的形式；这种殖民活动部分地是由一些反对国内占主导地位的政治和宗教势力的集团所进行的。

在所有这些殖民地中，英国人在政治上占有优势。他们来自一个盛行自由结社传统的国家。由于这种传统，大部分属于公共性质的工作，一般由社会来领导，而不是职业官僚机构的事务。本国的这一特点使殖民地的地方机构也具有非常相似之处,不论是新英格兰的各种市镇,还是更往南的那些实行郡县制的殖民地都是如此。

新英格兰的绝大多数殖民地按照马萨诸塞的模式成立了为人们所熟悉的中央政府机构——一个由选举产生的议会作为立法机构,同时有总督及其助手们即参事会——这是将那些大特许公司的机构跨越大西洋移植的结果。弗吉尼亚在来自伦敦的公司统治垮台之后,建立了皇家殖民地通常所具有的正规体制:一个任命的总督及参事会和一个选举产生的议会。马里兰代表着典型的领主殖民地,这种殖民地实质上是企图把封建主义的观念移植到新世界的环境中。但是在新世界领主尽管保持了某种经济和社会的作用,在政治上则受到限制;领主们提名的总督需经国王批准,而移民们成立代议制议会的要求则不容加以反对,到18世纪,实际上人们都赞成在所有殖民地实行代议制。1774年,曼斯菲尔德勋爵规定的原则是:一旦允准成立议会,皇家的税收特权即被废止。

虽然从英帝国的观点看,每个殖民地都是一个单独的实体,但普遍倾向于把各殖民地政府纳入同一个模式。在宾夕法尼亚和特拉华,以及在马里兰,领主制尽管在17世纪末曾一度中断,但一直延续到美国革命。而纽约则是在1685年、新泽西在1702年、南北卡罗来纳在1728年成为皇家殖民地。佐治亚受托人的权力和使用权从一开始就受到限制;而且该殖民地也在1751年被直接置于国王控制之下。马萨诸塞1691年的新特许状,在很大程度上使其体制与上述皇家殖民地相类似,这意味着减少殖民地政府的自治权,不过由于把参政权扩大到特定的教会成员的圈子以外,从而结束了迄今占统治地位的寡头统治式的清教徒神权政治。尽管在马萨诸塞放宽了限制,但在九个殖民地仍保留了用税收支持教会的既定制度,直到美国革命为止。如除罗得岛外新英格兰全境是公理会的势力,其余大多数殖民地则为英国圣公会。普遍存在着以宗教皈依为根据的政治歧视,只是程度不同而已。随着人口成分的变化,特别是在英国圣公会占优势的殖民地内,宗教上的分歧也增加了它在不满因素中的比重。

各殖民地政府的行政部门以总督及其参事会为代表。总督的职责很重要,它来自君主的职责。他是军队的总司令,文职政府的首脑;他可以召集、暂停和解散议会,否决其法案,或者将其留交帝国政府

第十六章 美国革命（1763—1793 年）：宪法问题面面观 469

考虑。他和他的参事会行使殖民地上诉法院的职能。各殖民地的议会本身是由享有不同参政权的人选举产生的，总的说来人口中有钱有势的人享有更多的选举权，老殖民地区比内地移民地区也占优势。其议会的立法职能从属于帝国议会，它们最重要的作用在于它们掌握着财源。

除三个殖民地外，其他所有殖民地的总督及其参事会都是由国王任命的。在马萨诸塞，国王只任命总督，参事会不由他任命；在康涅狄格和罗得岛，则二者均由议会选举。这样，行政部门通常认为其权力来源与议会的权力来源不同，从而加强了作为整个体制特征的分权原则。法院由行政部门建立，其地位尽可能与英国的司法制度接近。

这些殖民地在同母国发生决定性冲突的前夕，其体制相当于母国体制的缩影，不过更多依照的不是当时英国的体制，而是头两代斯图亚特王朝君主时期英国的体制。政府的行政部门并不对立法机构负责，但在很大程度上依赖立法机构提供经费。当时的类似例子在爱尔兰可以找到。1719 年的爱尔兰属地法明确规定：爱尔兰议会的存在并不影响英国议会为该国制定法律的权力。没有统一的法规确定英帝国政府与美洲各殖民地之间的关系，从而对于帝国用以进行实际控制的各种体制的作用，留下了误解的充足余地。

殖民者们认为他们通过自己选举的议会来代表他们的权利。这种权利是他们作为英国人所固有的，皇家发给总督的召集议会的指令只是宣告他们的这种权利，并不是产生这种权利。尽管立法机构可以通过投票和决议行事，不受保留权的约束，但在否决权问题上也存在争议。但是最严重的还是经费问题，总督们设法得到经常性的经费，而殖民者们则认为如果这样做，他们就没有机会防范经费被侵。从皇家的观点看，实行每年拨款的办法意味着殖民者若不赞成其任命的总督、法官或其他官吏，或反对这些官吏的行为，就可以扣发他们的薪金；而且岁入不是由委派的官员，而是由议会本身选举的司库所掌握。

在对待各殖民地提交的立法方面，帝国政府主要关心四个方面的问题：防止在英国法律和殖民地法律之间出现矛盾并捍卫宪法；在母国公民与殖民者打交道中保护母国公民的利益；防止被认为是草率和考虑不周的立法，以免根据这些立法为殖民地提供更加灵活的讨价还价手段；最后一点是避免在技术上有缺陷的立法。在皇家殖民地和领主制殖民地，上述目的可以通过直接拒绝批准发生抵触的法律来达到，在这方面枢密院起着第二议院的作用。在特许殖民地和自治殖民地，不可能实行直接拒绝批准的办法；但是枢密院可受理来自殖民地法院的上诉，实际上行使着司法复审的权力；这种程序后来被推行到所有的殖民地。只有大约5%的殖民地法律被直接驳回，但对上诉进行复审则更为重要。从1695年到1783年有795起案件由殖民地法院提交枢密院，有157起得到维持，336起被撤销，147起被驳回。美国革命前10年间枢密院处理的仅仅由美洲大陆各殖民地提交的司法案件，只略少于美国最高法院建立头10年所处理的案件。虽然并没有企图把英国法律本身引入各殖民地，英国的法规也没有延伸到各殖民地，除非在这些法规中特别提到殖民地。但英国法律仍是应用的标准，首先是必须确保国王的特权及有关贸易的法律不受任何可能的侵犯。殖民者认为英国人所享有的权利，包括享受习惯法利益的权利，是他们固有的权利。习惯法的诉讼程序及习惯法可规定权利与义务的原则在18世纪不断为殖民地法院所采纳。

由帝国关税系统负责实施的贸易法通过1673年的一个法令及随后的立法推广到各殖民地。对于实施贸易法的特别关注，表现在从1697年开始在各殖民地建立了代理海事法庭。有关贸易法的案件可以由上述法庭或由案件发生所在地的有裁判权的普通法庭审理。各殖民地政府的权力是由枢密院的委员会正式授予的。在贸易事务方面商务部及其主管大臣（始建于1696年的机构和官职）要听取枢密院委员会的意见。商务部处理日常行政事务。而真正重大的决定，如任命事项、陆军和海军问题、财政及印度政策等，在18世纪上半叶则是属于南方事务部国务大臣主管的政务。

1748年哈利法克斯勋爵出任商务大臣，着手试图将商务部建成实际上是帝国政府的美洲部，以便使贸易再度活跃起来。1752年枢密院的一项命令带来了使他的这一目标得以实现的变化。但是当哈利法克斯在1761年离开商务部后，殖民地的任免权又回到了南方事务部手中，当时由皮特任该部国务大臣。1752年命令所规定的其余权利到1766年也被撤销。但是随着美洲问题的重要性日益增加，又作了进一步的试验。1768年希尔斯伯勒勋爵被任命为殖民地事务大臣，

第十六章 美国革命（1763—1793年）：宪法问题面面观

或称"美洲事务大臣"，他和他的后任达特茅斯勋爵都兼任商务大臣。

但是没有任何一个单独的部能够应付殖民地活动触及母国利益或政策的一切有关事务。财政部通过各殖民地的检察官和总审计官与关税督察官发生直接的关系。陆军部以及更为重要的海军部在每一关键时刻都关注着殖民地事务，此外还有皇家森林总勘测官等一些帝国专职官员。

一个关心枢密院审议的任何案件和关心任何行政或政治问题的殖民地，需要知道国家大多数主要部门正在干些什么，并且需要使自己处在意见能够上达的地位。到18世纪，每一个殖民地在伦敦都保持有一个代理人，在代理人的名单中有本杰明·富兰克林和埃德蒙·伯克等人的名字。但是在光荣革命之后的年代里，最重要的发展则是英国议会对殖民地事务所起的作用越来越大。不仅是有了更多的立法，而且随着内阁制的发展，一些主要负责美洲事务的官员——殖民地事务大臣、商务大臣、财政大臣——越来越紧密地卷入议会政治变化无常的讨价还价活动中。代理人不但需要与商务部那些精明强干和经验丰富的官员打交道，而且还要知道他们打通议会的路子。用后来的术语说，他们需要成为"议会的说客"。这也不单纯是一个政策问题。在今天我们不会不注意到18世纪政治中官职任命权的重要性；在美洲，需要任命的官职很多，是那些有穷亲戚和依附者的政客们角逐的目标。实际上，某些素质差的人被塞进各殖民地任文职或军职所引起的愤怒，被认为是帝国政府与美洲人之间摩擦加剧的主要原因之一。

帝国政府与美洲人之间的主要分歧在于：前者理所当然地认为这些由殖民地发展起来的巨大而繁荣的社会，能够继续接受帝国议会的统治，而这个议会并没有它们的代表参加，并且使这个议会的权力和要求大大增加的各种事件，也并没有它们参与。毫无疑问，英国人比美洲人更容易接受下述观点：凡对整个帝国有利的事，也最符合各个殖民地的利益。殖民者们不仅不愿意从一个帝国的角度来讨论他们的利益，他们多半也不愿以超出各自殖民地的较为广泛的角度来考虑问题。从1686年到1721年，在不同的时间，伦敦曾提出过一些统一殖民地的方案。唯一付诸试验的是詹姆斯二世的"新英格兰自治领"计划，但由于他的垮台而失败。18世纪中叶，来自法国的挑战再度引发统一殖民地的设想。本杰明·富兰克林向1754年召开的各殖民地奥尔巴尼会议提出的计划，建议将殖民地的某些权力授予一个联盟政府，另外一些权力则保留给帝国政府。但无论在英国还是在美洲，这一建议都未取得任何进展。

而且，美洲人在对待英国的宪法原则方面带有一种仿古的意识。英国已经接受了议会主权的观念，而美洲人依然认为议会应受习惯法和自然衡平法的限制。乔治三世即位后，殖民地政府要求法院颁发新的协助令状以便准许实施反走私斗争所需要的搜查和扣押。当时马萨诸塞的律师詹姆斯·奥蒂斯正是根据上述观点为此事进行论证的。

殖民者还坚持这样的观点：殖民地特许状是基本法的一种形式，他们的政治权利和特权直接来自国王。英国议会无权随心所欲地改变帝国的宪法结构。在殖民者看来，帝国具有准联邦的性质。各地方立法机构隶属于一个共同的国王，由英国议会代表整个帝国行使一定的权力。要充分揭示这些分歧会产生多么深远的影响需要一定的时间。不过，尽管人们可以把这场争论写成是由于英国人有权诉诸独立宣言所提出的普遍权利而引起的，但几乎所有最终导致脱离英国的因素在最早的有关争论的文件中都可以找到。而且当时如果不是采取过分谨慎态度的话，这些因素会在文件中表达得更为直截了当。奥蒂斯在1762年撰写的一本小册子中争论说，各殖民地的款项只能由它们自己的立法机构筹措，行政部门无权支付未经授权的开支，即使在紧急状况下也是如此。否则人们怎能说殖民者享有了英国臣民的全部权利呢？这些权利是"根据上帝的法律和自然法、根据习惯法以及根据议会的立法（还不算国王颁发的所有特许状）"赋予他们的。

即使不发生由于英国政府在七年战争后的财政需要，以及由于殖民者经过消除法国威胁而获得的新的行动自由所造成的危机，宪政状况看来也难以继续保持稳定。确实，殖民者对这个问题的态度也并非永远站得住脚。人们很难决定政府的帝国职能究竟应该是哪些，也很难决定一项公认的帝国职能，例如防务，是否就会成为进一步获得权力的来源。国王对整个帝国防务所承担的责任是否就会使他有权通过帝国立法而征税，或者制定一些有关土地拓殖、与印第安部落的关系以及其他方面的法规？后一个问题之所以被提出，是由于1763年的公告规定在尚未制定出帝国的北美政策之前，暂时禁止扩大土地拓殖范围。

如上所述,问题仍然在于,国王的权力事实上是由大臣们行使的,而大臣们的态度又会被议会的压力所左右。殖民者长期以来努力表明,他们实际上是与议会而非乔治三世发生争吵。这样做是毫无意义的。当帝国政府采取行动的时候,怎样才能使殖民者确信这种行动是为了帝国整体的利益,而不是仅仅为了某个强大的压力集团的利益呢?如果帝国政府宣称有权向全体征税,难道它能肯定主要负担不会落到在议会中没有代表的那部分人身上吗?那些遥远的殖民地采取了什么纠正措施来制止帝国官吏诸如在关税方面进行勒索之类的违法行为呢?这难道不是要求他们自己的法院具有最高权力吗?最后,相信帝国政府及议会可以采取行动而不会影响各殖民地的内部局势,岂不是不现实的吗?帝国的影响遏制了使殖民地议会更具代表性的企图;经济法规把生产纳入一定的渠道而排除其他渠道;它影响了借贷双方的关系,而这在新的社会群体中总是起着关键性的作用;它加强了社会的和政治的统治集团。形成这些统治集团的殖民地传统领导人渴望对帝国权力至少给予部分的支持;但他们担心自己被更激进的分子所胜过。同样,在美洲政策上的冲突,在国内同激进势力对现存政治制度的挑战联系在一起。双方的领导人都觉得越来越难以妥协了。有关宪法的争论,是在一些并不享有为妥协寻找比较长久的基础所需要的政治自由的人们中间进行的。

而且,双方对于各自对手的立场的误解也使妥协的可能性变得黯淡起来。在英国政治中,议会反对派部分是有意地,无疑部分也是不自觉地竭力歪曲反对殖民统治运动的实际要求,这并非是最后一次;他们认为这样做与他们自己的事业是一致的,并且利用它为政党的利益服务。查塔姆断断续续提出在地方自治政府基础上建立联合帝国的设想虽然是宏伟的,但它对美洲那些具有狭隘的地方思想的人缺少吸引力。他们既没有建立联合帝国那样高的要求,而对自治的要求又比这多。

英国加强帝国控制机构的努力始于18世纪50年代,但由于战争而中断。它的主要目的原在于制止普遍存在的逃避贸易法规管制的行为。为达此目的,现在又加上了建立边境防务常备力量,以及控制西部贸易和与印第安人的关系等措施。1763—1765年,乔治·格伦维尔政府的政策都抱着这样一些目的。

殖民者不能直接反对1764年的食糖条例，因为当时仍承认帝国议会管制贸易的权利；但为审判违反关税法规的人所定的新条款，特别是打算更多地使用代理海事法庭的做法，却大大遏制了偷税行为。旨在便于保持常备军力的1765年新驻营条例也遭到了殖民地的反对。但主要的不满是由1765年的印花税条例引起的。该条例以最直接的方式引起了帝国议会是否有权向殖民地征税的争论。殖民者普遍认为一个没有他们的代表参加的机构无权向他们征税，并且他们中的大多数认为就法律上讲他们参加这样的机构是不可能的；但英国人几乎毫无例外地在原则上一致反对美洲人。既然被选为代表的也只是极少一部分英国人，那么征税权就与代表本身没有任何关系，而是下院作为"国家最高权力的组成部分"所固有的。一位殖民地代理人报告说："他们说征税权是每个最高立法权力机构的必不可少的部分，如果他们对美洲没有这种权力，他们也就没有任何权威了，那么美洲也就自然而然成为一个王国了。"而且这样征税是有先例的。

殖民者们仍准备接受主要为控制贸易而不是提供税收。他们在英国议会中的一些朋友争辩说，这意味着他们把"国内税收"与"对外税收"区分开来，认为这不是一回事；但他们的一些代理人宁愿让这样的误解继续存在而不加纠正，这样才不致失去他们为废除印花税条例本身所需要的同情。在大西洋的彼岸，在一些私人团体的决议中，在报纸的措辞中，甚至在各殖民地议会的宣言，以及它们的代表1765年10月在纽约召开的反印花税条例大会的宣言中，几乎都异口同声地否认英国议会有任何征税的权力。马萨诸塞颇有见地的总督弗朗西斯·伯纳德爵士清楚地看到在这场关于谁有征税权的争吵背后，实际上有美洲人更广泛的要求：即他们的政府并不从属于大不列颠政府，而是与之同等的，因此他们与大不列颠的唯一联系是通过双方共同的国王。他建议英国议会应临时增加各殖民地的代表，然后再建立一套帝国政府的普遍的和一致的制度，该制度既确定美洲各政府的权力，又对他们实行适当的限制。但是，这样一种召开帝国制宪会议的主张，在当时未免过于大胆了。

有两个更为直接的问题需要作出回答。新征的税是否只是为了支付共同的防务费用呢，还是通过征税的办法提供经费，使他们的政府

第十六章 美国革命（1763—1793年）：宪法问题面面观

无须依靠当地的资助，从而削弱殖民地的议会？而如果说格伦维尔按照该条例的措辞坚持说它只涉及防务是对的，那么还有没有其他办法可以筹款呢？各殖民地的代理人辩称，应该允许各殖民地自行筹款；但是从他们过去的争吵和不一致的记录中，不难看出他们根本不可能就各自应承担的比例达成协议。

比反对印花税条例大会所引起的宪法争论更具说服力的是像"自由之子"那样的一些超出法律管辖范围的团体实际上拒绝执行犯众怒的印花税条例。对英国货实行广泛抵制的可能性促使英国商界请求取消该条例。继格伦维尔政府之后的罗金厄姆内阁过于软弱，无法抗拒国内的运动，转而同意废除该条例。但印花税条例在1766年的废除并不表明英国议会被说服同意美洲关于宪法性质的观点。伴随而来的公告令宣称议会有权"制定有足够约束力和确实有效的法律及法规，以约束在任何情况下都臣属于大不列颠国王的各殖民地及其人民"。可能是希望能使双方都满意，因而没有特别提及税收问题。殖民者们会注意到该公告令是仿照了对爱尔兰的法令，而爱尔兰的税收事实上并不由伦敦征收；议会中的顽固派则可心安理得地认为他们并未放弃任何重要的东西。

财政问题由于1766年的税收条例部分地得到了解决。该条例降低了对糖浆的关税，适用于从英国的以及其他国家的领地进口的糖浆；减税使走私无利可图，税收总额激增。但是美洲人坚持反对一切加强征收关税的企图，并拒绝执行驻营条例。马萨诸塞和纽约的立法机构由于拒绝为反印花税条例暴动的受害者提供赔偿而在英国引起了愤怒。皮特—格拉夫顿内阁的财政大臣查尔斯·汤森提出的计划再次引发了宪法之争。国内对土地税的削减要用对进入各殖民地口岸的某些商品征收的关税来弥补。实施这一法令的收入用于支付殖民地总督、法官及其他皇家官吏的薪金。关税部门通过在波士顿设立专门的督察局而得到进一步加强；1768年又建立了一批新的代理海事法庭。另一项法令暂时停止纽约议会的活动，因为它曾与其他地方议会一起抵制驻营条例。只有在领地问题上由于放弃了1763年宣布的政策而使帝国的控制有所放松。

1768年2月，马萨诸塞立法机构向其他殖民地的立法机构发出一份通知，号召采取联合行动反对汤森条例的政策。反对的理由是基于一个已经明确宣布的观点,即国王的美洲臣民享有"公平权利充分享受英国宪法规定的基本准则",包括非经自己选择的代表的同意不得向其征税的权利。再则,如果他们的总督、法官和其他文职官员完全依赖于国王的供养,就不能说他们已享有自由。希尔斯伯勒勋爵函告,马萨诸塞议会必须撤销其决议,否则将被解散,其他做此考虑的议会也要被解散。但是新的殖民地选举只不过增强了反对派的力量。对波士顿新的海关督察官员,采取了像反印花税条例暴动那样的暴力行为,并且还发生了谨慎地开展全面抵制英国货物的行动。

人们已经开始怀疑,像约翰·迪金森那样的美洲温和派人士仍然在鼓吹的中间立场是否行得通。说英国议会拥有某些权力——如控制贸易——这固然是很有道理的,但能把它限制在这个范围之内吗?要么是议会拥有全部立法权威,要么是它没有任何权威,情况难道不就是这样吗?美洲人如富兰克林开始认为后一种看法更有道理。就英国议会而言,它毫不犹豫地绝对赞成前一种观点。1769年2月它通过了一系列决议,谴责在马萨诸塞所表现出的观点,并宣称议会解散后在波士顿召开的州的代表会议是企图"建立一个独立于大不列颠国王的新的违宪权力机构"的证明。如果出现反叛分子,必须把他们带到英国受审。这一威胁进一步刺激了殖民地的舆论,骚动随即扩大到南方各殖民地。

新的危机也是在宪法冲突并未得到解决的情况下渡过的。汤森条例规定的税收在财政上失败,于是在1770年被取消,仅仅保留了茶税以保全原则,不过实际由于大规模的走私而被偷漏。至于美洲领导人,由于担心殖民地的舆论日益激化而准备加以默认,结果是以后的几年出现了一种不安定的休战。对这个时期,历史学家们的兴趣很自然地从与母国的争端转移到殖民者完善他们自己的组织以利各殖民地之间的合作,过去由于缺少这种合作而使反抗行动遭到挫折。但实际上仍存在一系列的争论,致使一些重要争端继续存在:在马萨诸塞由于从关税收入中支付官员薪金以及市政会议倾向于自己从地方政府机关变成政治论坛而引起的冲突;由于所谓的1770年"波士顿大屠杀"并且宣布向怀有敌意和有攻击行动的群众开枪的军队无罪而引起人们注意的英国继续驻军问题;关于任命一个特别委员会调查缉私船葛斯比号在罗得岛附近海上被焚一事而未能查获罪犯的问题。我们不难看出这样一种情况：对违法者无法确定或进行惩罚，因为他们所在的社会群体拒绝官员们所执行的宪法上和道德上的法律制裁。但直接后果是1773年3月建立弗吉尼亚通讯委员会并指示对授权一个调查法庭"把在美洲被控有罪的人移送到海外的地方接受审讯"的当局进行调查。

情况已经发展到这样的程度：美洲有了一个强大的政党，它用美洲人本身的观点和他们所声称的权利来看待事态的变化。当英国还是从一个个单独的殖民地的角度考虑问题时，这个政党已具有全国性革命运动的性质。在此关键时刻，1773年的茶叶条例为殖民地领导人提供了他们所需要的争论点从而使他们的运动转变成一个对抗的政府的雏形。茶叶条例允许东印度公司在美洲和殖民地零售茶叶是在三个方面提出的挑战：它威胁到商人的生计，这个阶层的人一直不愿意为了抽象的宪法原则而牺牲商业的兴旺；它使茶叶价格下降从而大大减少了走私的获利，而走私利益的重要，是不可能通过直接行动加以制止的；最后，它表明英国议会似乎总是把殖民地政策从属于国内有势力的公司的利益。

各殖民地立法机构再次提出了抗议，并且再次使用了武力——即"波士顿茶党案"，这种直接而公开的反抗使得英国议会中仅存的对殖民者的同情也消失了。几乎只剩下查塔姆一人仍坚持英国议会无权向美洲征税的观点，虽然还有伯克，认为这类行动尽管合乎宪法，但是不明智的。大多数官方人士都支持政府任命它在北美的英军司令为马萨诸塞总督，其明确的目的是以武力来恢复对该殖民地的权力，并支持议会通过被美洲人称为1774年的"四项不可容忍的法令"。这些法令是：波士顿海港法，规定封闭该港直至对被暴动者倾入海中的茶叶作出赔偿；马萨诸塞政府法，修改该殖民地特许状，以削弱议会的权力而增加总督的权力；新驻营条例；最后一个是司法权条例，该法令规定马萨诸塞的官员在执行公务方面被指控犯有死刑罪时，可送到其他殖民地或英国受审。同年又采取了另一措施，即颁布魁北克法，将弗吉尼亚的"老西北部"划归加拿大，并批准在加拿大永久实行法国的法律并保留罗马天主教的特权地位，该法令在两个高度敏感的问题上向殖民地舆论提出了挑战。

此时美洲的领导者们已经接受了詹姆斯·威尔逊在该年8月发表

的对《英国议会立法权力的探讨》一文的见解,认为英国议会的权力完全来自它所代表的那些人。因而,用杰斐逊的话说,"它是由那些与我们的宪法无关和不被我们的法律所承认的人们所组成的机构"。这就是第一届大陆会议的背景。这次会议于9月在费城召开,目的在于协调对英国的经济制裁以达到全面取消那些触犯美洲人的措施,并纠正会议确定的所有其他令人不满的弊端。弗吉尼亚人民代表大会批准了上述制裁并推选了参加大陆会议的代表,尽管它仍然宣称它是由"国王陛下恭顺和忠实的臣民"组成的,但他们对恭顺的看法与英国人对恭顺的看法相去甚远,已无法弥合。

第一届大陆会议的召集标志着这一时期宪政史的一个新阶段。虽然并未放弃努力去寻找可以同母国和解的办法,但由于会议承担了处理各殖民地与帝国政府的关系的责任,它就不得不起着整个殖民地初期政府结构的作用。而由于这包括准备采取对抗措施,所以会议在这方面的活动明显地阻碍了解决问题的机会。

大陆会议内部现有激进派也有保守派。民众领袖这时否认英国议会有权通过在任何问题上影响殖民地的立法。保守派仍认为帝国应有一个共同的立法机构,这只能是英国议会,但他们希望限制其权力——这项任务已经被证明是极难完成的。在讨论殖民地居民用什么方式来表达自己的不满时,分歧意见非常尖锐。有些人希望采取尽可能最广泛的基础——自然法,并且认为一切政府都是建立在民众同意的基础之上,而非其他。R. H. 李宣称"我们的祖先并未发现这里有政府"。另一些人仍希望把争论限制在英国宪法范围之内。移民们并没有放弃他们的忠诚,而如果民众同意是唯一的检验标准的话,那么他们还有什么理由抗议加拿大法呢?

结果,《怨情宣言》[①] 成了一个保守的文件,它承认国王对殖民地法案的否决权和英国议会对贸易控制的立法权。并提到以"永远不变的自然法"和"英国宪法的原则及某些特许状或契约"作为殖民地居民权利的基础。

不过上述这一切还都是纸上空谈,因为大陆会议批准了萨福克县决议案,该决议案拒绝承认英国议会最近制定的有关马萨诸塞的一些

---

① *Declaration of Grievances*,亦译《殖民地权利和怨恨陈情书》。——译者注

法令是必须服从的，并鼓吹在殖民地内建立一个保留全部税收和创建一支民兵的对抗性政府。大陆会议还制定了在对英贸易方面实行抵制与禁运的广泛措施。这些措施将实施到英国议会取消所有引起不满的法令为止。不言而喻，这对于任何一个拒绝与这一反抗计划合作的殖民地来说都是一种威胁。

当时的报纸及小册子所显示的公众舆论也比大陆会议的正式立场更激进，都在谈论对独立的向往、国王恶劣行为以及为自由美洲制定宪法应遵循的原则。

保守派现在不得不对问题寻求较具建设性的解决办法，而不单是要使情况恢复到1763年以前，殖民者将这一年界定为他们所不满的各项政策开始的年份。这表现为一个由约瑟夫·盖洛韦提出的建立帝国联邦的很完备的方案。盖洛韦准备把殖民者所要求的权利减少到只剩下一个：免受美洲移民的祖先离开英国以后英国议会所制定的所有法律的约束。另一方面，也必须建立某些共同的机构来照顾帝国的整体利益。为此目的，（除现存的英国议会之外）应在美洲建立一个联邦立法机构，它包括由国王任命的总议长和由各殖民地议会推迟的参议会。关系到各殖民地共同利益的法案需要获得这一机构和英国议会的双重同意。这样，各殖民地就会承认他们需要保护，作为回报它们继续效忠于国王。

当人民的思想越来越认定以完全独立为目标时，盖洛韦的方案几乎没有被接受的可能性。但是关于这个问题的辩论其意义在于，像弗吉尼亚的帕特里克·亨利这样一些反对者所持的论点在许多方面预示着后来在独立后，在商讨建立共同机构的问题上出现的"州权"主张。盖洛韦对他的方案的辩护也预示着后来主张建立联邦的各种论点，特别是他强调：除了帝国这一纽带外，在各个殖民地之间没有任何联系；它们虽然各自完全独立，但必须有某种贸易方面的共同规章。

英国方面，同样企图继续保持帝国的纽带。一直和富兰克林保持接触的查塔姆在1775年2月1日提出的一项法案中建议：应请求美洲大陆会议承认英国议会在立法上的最高权力，但不包括使用军队"侵犯和破坏人民的正当权利"的权力以及不通过美洲人自己的议会而向他们征税的权力。作为交换条件，美洲大陆会议应考虑在财政上分担帝国政府的负担。2月20日的诺思决议案没有走得那么远。它规定每个殖民地向帝国防务提供经费并负担其文职政府的开支（这使后者得以摆脱殖民地议会的控制），这样就可以不再向帝国纳税。但它不承认在美洲存在任何普遍权力的可能性。

但所有这一切都远远落后于事态的发展。在1774年年底至1775年年初的那个冬季，各殖民地所选举的代表大会采取了战时体制。1775年4月19日发生在莱克星敦的冲突是武装的殖民者与皇家驻军之间日趋严重的紧张状态的不可避免的结果。但在6月波士顿地区的战斗变得很激烈时，美洲人仍然没有一个明确的政治目标。英国政府方面则采取了措施，包括对付殖民者的贸易的措施。这表明英国政府意在千方百计迫使殖民者就范。

美洲人采取的立场是在5月10日召开的第二届大陆会议上才确定的。会议于7月10日通过的必须采用武力的宣言，仍然是一个保守的文件；它指责英国的政策不仅在政治上背信弃义，而且迫使他们不得不用武力来保卫自己。美洲人仍然不希望建立独立的国家，只要他们面临的危险消除，他们就会放下武器。

7月8日会议批准了一个新的向国王的请愿书，建议制定一项庄严的协定，可以说是美洲的大宪章，规定国王对美洲臣民的权力。如英国放弃对他们征税的权力，各殖民地将使其所经营的贸易服从管制；或者，如各殖民地能与世界各地自由进行贸易，它们将承担义务按帝国的要求负担它们应缴岁收份额，条件是英国在本土征税的税率不得低于向殖民地征税的税率。请愿书还提到：拒绝这一建议即表明满足美洲人要求的最后可能性宣告终结，剩下的只有他们完全独立了。无论怎样，我们没有必要认真去考虑在以后斗争的各个关键时刻所提出的某种以成立帝国联邦来解决问题的建议。1778年诺思提出的和解决议，在很大程度上是为了阻止美法联盟，它规定放弃直接征税的要求，只保留对贸易的控制。给1778年6月抵达美洲的卡莱尔和平委员会的指示是：可以给各殖民地在帝国范围内的事实上的自治，并在帝国议会中有代表席位。盖洛韦在1778年10月离美赴英，1779年提出了一项新方案，包括在英国立法机构设立一个美洲分支机构，并加上一个由贵族组成的上院。迟至1782年，富兰克林还让来自英国的非官方代表们获得一种错觉：一项令人满意的和平解决方案，结果可能是英国和它从前的殖民地建立某种形式的联邦。谢尔本勋爵似乎确曾寄希望于达成一项效忠于共同的国王但分别建立议会的协议——按照以后的说法叫作"自治领地位"。1783年企图在英国与当时已独立的合众国之间建立密切商业关系的不成功的努力——这一尝试由于在航海条例问题上受挫而失败——可以看作联邦观念的最后反映。但实际上，很早以前这种观念就已经没有什么内容了。从1775年夏天开始，那些掌握美洲政治的人们已经确定了完全独立的方针。

1778年2月诺思的建议在7月31日遭到大陆会议的拒绝，认为它是伪善的，其真实目的在于挑起各殖民地之间的不和。会议现在集中力量于军事任务，但保守分子仍有足够强大的力量阻挠那些倾向独立的决议——如废除海关，在各殖民地建立独立的政府以及向世界贸易开放美洲港口等。但是英国的态度使得它们的地位下降。约翰·亚当斯宣称，1775年12月22日的《美洲查禁法》（American Prohibitory Act）应该称为"独立法"，大陆会议接到此法令后，挫败了一项否认各殖民地确实在谋求独立的动议。1776年4月6日大陆会议向所有国家开放美洲各港口，并且在5月15日采取决定性步骤，建议各殖民地为自己制定独立的宪法。在这个问题上大陆会议中一些较激进的殖民地已占了上风，5月4日罗得岛宣布独立于英国。

就在大陆会议采取上述步骤的同一天，弗吉尼亚代表大会作出决议，建议大陆会议宣布各殖民地为自由与独立的国家，它们应组成邦联，但每一个殖民地均有权确定其政体并管理其内部事务。这一决议是重要的，因为它标志着大陆会议中激进派与保守派之间的冲突又有了新的根源。某些保守派人士已经成为，或者后来成为"保守党人"——支持采用一切必要手段保持与英国的联系。那些在原则上接受独立思想并且继续在美洲政治生活中发挥作用的人，要求首先解决中央政府问题，在保持独立地位的前提下，解决各殖民地之间所存在的纠纷。激进派则要求先分别在各殖民地一级完成独立，而把结成邦联推迟到这一任务完成之后。这些分歧可以用党派利益之不同加以解释，但这却使实现独立的步伐放慢了。

1775年年底至1776年年初的那个冬天，对不屈不挠的富兰克林提出的一个邦联计划进行了一些讨论，虽然这只不过还是一个有名无实的计划，该计划仍谋求恢复与英国的关系。但与1754年他的"奥尔巴尼计划"相比，拟议中的联盟更强有力，不过中央政权没有征税权，这无疑是依从了最近提出的反对英国议会有征税权的那些论点。但各殖民地将不按单位，而是按人口推选代表；大陆会议本来可以有全权处理对外事务和控制向西部的扩张，以及把它的立法权扩大到"普遍福利所需要"的一切事务中去。但是，当时普遍占据支配地位的激进分子不希望把一种中央权力改换为另外一种中央权力。

关于必须在就邦联的组织形式取得一致意见后才独立的论点被推翻了，因为各殖民地的处境是，如果要成功地进行战争，它们就必须取得独立。美洲人无法为外国，特别是法国的援助提供其所要求的补偿，除非作为一个独立的国家，他们才能作出这样的保证。现在已普遍承认美洲人有权把自己看作独立的国家了。汤姆·潘恩的《常识》一书获得的成功，也许正是这种新的心态的最好证明。

6月7日，R. H. 李在约翰·亚当斯附议下提出三项决议案：第一个是宣布"殖民地联邦"（United Colonies）乃是且有权成为"自由独立的国家"；第二个决议案认为，采取最有效的措施争取"与外国结盟"是适宜的；第三个则决定"制订邦联计划交给有关殖民地研究和批准"。来自中部各殖民地的保守派代表设法推迟到7月1日再作出决定；但是指定了一个委员会准备起草一个在大家一致同意后发表的独立宣言。该委员会的初稿主要是杰斐逊在亚当斯和富兰克林协助下起草的，于6月28日提交大会，其论点与杰斐逊两年前出版的小册子《英属美洲权利概述》中的论点极为相似。

7月2日独立决议案在大会上通过，宣言草稿被采纳；经过对本文的某些修改之后，于7月4日通过，可能是在当天得到签署。

独立宣言后来之所以出名，在很大程度上是由于它具有纯文学的性质。它是一个形式简单的文件：论述了政治哲学；将之运用于美洲殖民地；列举了目的在于将殖民地置于专制统治之下（该宣言是这样陈述的）而采取的种种侵犯殖民地权利的举措；结论是独立。

杰斐逊在很久以后声称，宣言并非是什么独创的东西，只不过是"表达了美国人的思想"，这无疑是正确的。甚至像"追求幸福"的权利这种引人注目的思想也能在更早的文件中找到。但重要的是这一原则的实质，即建立政府是为了保障某些权利，政府的正当权力只能

第十六章 美国革命（1763—1793年）：宪法问题面面观

来自被统治者的同意。这样就使美国人把自己独立的宪法存在建立在纯粹的契约论国家学说的基础之上，无须传统法规的支持。确实，在几个州以被统治者的同意为基础建立政府的步骤（不要忘记也曾使用武力迫使仍然强大的保皇分子支持他们）已进行了一段时间。

1775年各革命政府通过各种代表大会和委员会接管了各州的权力。这些代表大会和委员会，在初期就致力于建立更为永久性的机构。大概是由于美洲人熟悉殖民地特许状的缘故，他们起草了正式的成文宪法——这是英语世界自从克伦威尔当权时的王位空缺期以来第一次重新制定宪法。较早的一些宪法是由作为立法机构的代表大会起草的。并未经过民众批准。但是，当这种程序在马萨诸塞遭到反对后，1779—1780年专门召开了制宪代表大会，并作出一些表示，将文件提交给人民审议批准。新罕布什尔的第一次代表大会草拟的宪法真的被全体选民否决了，1783年又产生了一部新宪法，于1784年得到批准。通过这些试验性的尝试所找到的方法就成了典型的美国制宪方法，即召开专门的制宪代表大会，然后付诸公民表决。这种程序与然后交付正规的立法机构批准的程序之间的不同，后来为宪法高于法律的思想铺平了道路，从而也为美国式的司法复审制度铺平了道路。

这些新宪法在许多方面都是相似的，主要是模仿殖民地时的模式，有经选举产生的州长和上院以取代由国王或领主任命的人。这些宪法因而包括关于立法机构的条款。立法机构一般由两院组成。有由立法机构或选民直接选举的唯一的行政首脑——州长。选举权则只限于有产者或纳税人才拥有。选举权问题是保守派与激进派争论的焦点之一，而且他们在有关宗教的条款、官员的职权、立法权的分配，以及州长相对于立法机构的权力范围等问题上也都存在分歧。激进派主张立法机构的权力至高无上，保守派则赞成分权的原则。总的说来，激进派在关于扩大选举和关于内地有更多的代表方面取得了令人瞩目的成功。此外，就整体而言，权力集中在立法机构，尤其是在下院。只有马萨诸塞，州长才有否决权。而在其他各州，州长的权力往往受到很大限制。激进派也不相信关于司法独立的思想，有几个州法官由立法机构遴选，而且任期很短。而与宾夕法尼亚、弗吉尼亚和北卡罗来纳这些在宪法中有更多民主条款的州形成对比的是像马里兰那样一些仍由保守派控制的州，其宪法文件中激进派的影响表现得较少。

当然，在宪法条款上的冲突只不过是反映了在如何行使独立权问题上的冲突。在激进派控制的地方，他们采取行动反对诸如国教的特权、奴隶贸易、限定继承权和长子继承权等，并且推进法律的改革及教育的发展。正是由于各州都重视这样的历史背景，才形成近代在中央对宪政发展的各种解释的特征。这一学派最初受查尔斯·比尔德的《从经济角度解释美国宪法》一书的启发。他在该书中提出的论点是：1787年最终制定的宪法，是由一群思想保守的有产者，特别是政府债券持有者强加给这个国家的。他们害怕各州已建立的那种民主，因而希望由中央来限制他们所声称的极端行为。在他看来，依据邦联条款组成的美国政府的弱点，由于宣传的目的而被夸大了。因此，那些想加以修改的人不仅包括他们的同时代人，而且包括后来的历史学家。

比尔德的论点为梅里尔·詹森所接受并加以发展，这表现在后者有关这一时期的两本书中：《邦联条款》和《新国家》。詹森坚持认为反对英国的斗争只不过是各殖民地内部激进派与保守派斗争的一部分，而保守派之所以反对独立，是因为他们在反对激进派的要求时需要依靠英国的保护。那些没有投入亲英阵营的保守派人士现在把他们的砝码押在了主张尽可能地加强新的邦联政府或联邦政府的权力上，以使政府能起到同样的抑制作用。他们最初失败了，邦联条款只给予中央政权以所需的最低限度的权力，一点也不比大陆会议为进行战争所行使过的权力更多。

只是到了后来，由于保守派的反击成功，才使比尔德所论述的新的联邦宪法得以通过。

应该注意的是，比尔德的史学方法及其结论的确实性，受到美国史学家们的许多批评，至于哪些立论仍然成立和无懈可击应由社会政治历史学家来评说。从宪政发展的观点看，詹森所阐明的比尔德的观点看来有两个弱点。首先，他对于革命前和革命后为美洲各政治共同体建立共同体制所作的努力的连续性似乎没有论述。其次他对于这个国家的国际地位和要求对其机构的形成的影响有过分轻描淡写的倾向。防务问题、扩大殖民区域的政策问题以及贸易关系问题，在有关革命前和革命后两个阶段的文献中所占的篇幅过大，以致使人有理由感到这些文献贬低了那些制定宪法的人的重要性。

第十六章 美国革命（1763—1793年）：宪法问题面面观

人们不应忘记，大陆会议即使在邦联条款确认其地位以前，在许多重要的方面即已行使政府的职能了。如招募和统率军队、谈判条约、发行货币以及筹借款项等，这些都是不能等到缓慢的制宪过程完成后才办的事。大陆会议的代表们发现他们自己不仅是这个孕育中的国家的立法者，而且作为它的各委员会的成员，也在行使行政职能，甚至在从事某些司法活动。这种经验，以及他们关于殖民地政府的经验，再加上他们对帝国政府工作方法的知识，构成了他们创建一个更加持久的体制的基础。当然，在这个时候，他们不可能意识到后代人会注意他们每一个记载下来的词，来试图回答一个或许是玄奥的问题，即，从时间上和逻辑上讲，各州的独立和组成全国性的美国政府究竟孰者为先。

1776年6月12日大陆会议任命了一个13人委员会（每州1人）起草宪法。一个月后它提出了以约翰·迪金森的草案为基础的定稿。这一草案赋予国会以相当大的权力，使之继续成为由各州选举产生的代表所组成的一院制机构。像流产的富兰克林计划一样，征税权由各州保留，但各州应按人口负担共同的开支。国会有权处理各州边界纠纷，限定它们向西的边界，并建立新的州。虽然国会不拥有控制贸易的专门权利，但各州不得征收与国会所订条约相冲突的赋税。虽然按照拟议中的邦联制而成立的"美利坚合众国"应保证每个州管理内部事务的全部权利，但这实际上只限于那些与划归中央政府的权力不抵触的事务。

迪金森草案是大陆会议中激烈争论的主题。那些应向共同的政府提供大部分开支的大州，反对在共同政府作出决议时只有同等的发言权；在计算它们的纳税额时要计算奴隶数目一事，也成为详细讨论的问题。但是最重要的反对意见来自那些对西部未殖民领土有大量要求的州，它们反对拟议中的把这方面的权力交给国会的主张。

战争的命运打断了宪法的辩论，直到1777年9月才重新开始。到11月15日邦联条款得以完成。总的说来条款按照的是迪金森的草案，不过在保留各州的主权方面使用的语言更为明确，达到了可以看作是激进派的一次胜利的程度。对于各州间争论的主要问题，决定向中央提供的财政贡献应根据不同的州的经过改良的土地的价值来计算；放弃了为要求获得土地的各州确定西部边界的企图。这一让步后来导致了很长时间的拖延。在大陆会议否决了各种修改提议之后，有8个州在1778年7月18日同意了条款。同年冬，又增加了两个州。但是，马里兰坚决反对有关土地问题的方案，1780年9月大陆会议同意所有西部土地的所有权均归大陆会议；这些土地应"加以殖民并组成明确实行共和制的州"。这些州应"成为联邦的成员，与其他州享有同样的主权、自由和独立"。在这一障碍清除之后，大陆会议才得以在1781年3月1日宣布通过邦联条款。

尽管根据邦联条款国会①控制着对外关系的一切方面，并有权在各州间充当仲裁者，但其地位无疑是软弱的。关于这一点，有两方面的主要原因。首先它几乎没有任何控制各州的行动的权力，例如，各州就有发行纸币的充分自由。其次，有各种方法限制它的威信。每六年中任何一位议员的任期不得超过三年，国会议长在三年中任期不能超过一年。议员可以被本州的立法机构召回，从而使他们有效地从属于立法机构。因而许多领导人宁可选择州政府提供的有比较广阔的活动余地的职务，这是可以理解的。唯一的后果是各州在国会中的议员人数不足，这部分是由于它们吝惜费用。议程的处理最低限度需要七个州议员团通过，而这往往难以达到；决定重要事件则至少需要九个州投票；重大决议则需经全体一致同意。大州的议员们把这一缺点归咎于国会本身。如果各州按财富或人口比例产生议员，如果国会可以按多数票行事，那么情况就会不一样了。

当国会授权任命文职官员及管理行政事务的各委员会，从而奠定了后来的行政部门的基础时，作出了一项具有重要意义的决定：国会议员不得担任有报酬的职务——在经过了一段政府权力没有明确划分的时期之后，分权的原则再次变得突出。其直接后果就是进一步限制了国会实行领导的机会。

这一体制是重要的弱点，就像已能预见到的那样，是它的财政条款——在财政上依赖各州，而靠各州如数缴清其摊款是不可能的。以前曾提出过建议把征收进口税的权利赋予国会以纠正这一状况，但是州与州之间的竞争使这些建议无法实现。不久又暴露出另一个漏洞：

---

① 1781年3月1日邦联条款批准后，组成邦联政府。大陆会议停止行使权力，设立邦联国会。——译者注

第十六章 美国革命（1763—1793年）：宪法问题面面观

由于国会不能控制各州，从而妨碍了它履行其对外的责任，特别是缔结商业条约。1784—1785年，国会讨论了是否有可能修改邦联条款，使它有权控制贸易。虽然曾经提出建议，增加的任何岁收可直接分配给各州，但事实证明这种让步还不足以使反对者罢休。

在其他方面，各州也妨碍了国会运用签订条约的权力。1787年3月国会以两票反对作出决议：根据宪法签订条约是"这个国家法律的一部分"，要求各州取消任何违背这些条约的法令，并指示其法院按此原则行事，而不管州的法律中任何与此相矛盾的东西。

在前一年夏天，国会意识到自身的缺陷，因而建立了一个委员会来考虑整个情况，于8月7日建议另增加七个条款。国会将有权（有九个州同意）控制对外贸易和各州之间的贸易，并以惩罚的方式对欠款不缴的州征收额外的款项。作为最后一个手段，它有权自行规定并征收税款，强制州的官员代它行事。各州必须向国会选派议员；对公然反抗国会管辖权的州可以使用武力以外的所有强制手段；建立联邦司法机构；作为最后的制裁手段，可以宣布某州违反了联邦契约。

从当时的舆论情况看，这样的建议等于是承认失败；因为任何将之付诸实施的企图都会使邦联四分五裂。但是，事情很明显，就在1786年夏末马萨诸塞州的谢斯起义和罗得岛发生的支持有利于债务人的法律的成功骚动——一般认为以上两方面的形势激起了保守派的"反击"——之前，政府体制上的这些缺陷已为人们所充分认识到。另一点也是清楚的，后来加以考虑的大多数补救办法，在全面修改条款的运动开展之前也已经相当充分地讨论过了。

大陆会议在移交权力以前制定了法律以履行关于西部土地的决议和给它的责任。1784年一项以杰斐逊报告为基础的法令规定了随着人口的增加新地区应该逐渐设州的办法，但它被1787年7月13日著名的西北法令所替代。后者（在1789年重新加以颁布）成为以后管理俄亥俄河和密西西比河之间的地区的基础，也成为处理其他地区类似发展的模式。该法令制定了一种可称为典型的美国办法，为拓殖确定了一个有限自治的阶段，作为在平等基础上完全加入联邦的一种准备。法令的被通过表明，在某些方面国会认为自己拥有某些不完全属于原来各州间所约定的权力；而从规定法令涉及的地区永久废除奴隶制的条文可以看出议会要求拥有影响更深远和最后更有争议的近似最高统治的权力。

对那些关心推动修改邦联条款的人来说，机会的到来几乎带有很大的偶然性。1785年3月来自弗吉尼亚和马里兰的专门委员为解决波托马克河通航而引起的问题举行会议，会议建议要求宾夕法尼亚和特拉华也加入该协定。当这一建议提交弗吉尼亚州议会时，麦迪逊提出了一个由所有州的专门委员参加会议的计划，"目的在于接受和支持对国会在贸易方面的权力作必要的扩大"。1786年1月在这个问题上取得了一致意见，于是确定会议于9月在安纳波利斯举行。

许多关心国家前途的人相信这一宪法改革的企图是一场关系到国家存亡的危机，如果失败，联盟是否能存在就值得怀疑了。但是即使各州不得不同意派代表，代表们又能就一项计划取得一致意见，而且各州又准备批准它，它是否就能成功呢？有些人确实怀疑其目的实际上在于防止国会扩大权力，而且也不知道北部和东部各州是否会切断与南方的关系而自行结成比较稳定的邦联。

安纳波利斯会议是一次不完全的会议；只有纽约、新泽西、宾夕法尼亚、特拉华和弗吉尼亚派代表参加；新泽西代表团建议召开一次规模较广泛的会议，9月14日由汉密尔顿起草的决议获得一致同意并由主席约翰·迪金森签署。代表们建议：与会各州努力使其他州一致同意任命专门委员于1781年5月的第二个星期一在费城开会，讨论合众国的形势，制定他们认为使联邦政府的宪法能适应联邦紧急状况的其他条款；并为此目的向合众国国会提出一项法案，在他们取得一致意见并经每个州的立法机构确认之后，使之实际达到上述目的。

出于"尊重的动机"，一份决议的抄本被送到国会，并在1786年9月20日正式提出。最初的反应比较冷淡；一些人认为应由国会采取主动，另一些人则认为应分别由各州召开国民代表大会作为开始。但是谢斯起义所造成的恐慌在马萨诸塞州的影响特别巨大；在11月3日至次年1月17日一直在休会的国会中，支持召开建议中的会议的主张变得强硬起来。到1787年3月初，拖延采取行动的各种企图被克服，国会同意召开建议中的会议试试看。

即使如此，持怀疑态度的仍大有人在。但在得知（除民主思想很强烈的罗得岛外）所有州都将派代表出席，而代表们都得到了可

第十六章 美国革命（1763—1793年）：宪法问题面面观

以自由行事的指示，不限于只讨论商业问题后，怀疑态度遂有所减弱。

1787年5月28日，费城会议的第一次工作会议有代表七个州的29名代表出席。总共选出了74名代表，实际与会者55人。每次会议的参加人数平均在30人左右。代表们的身份给人留下了深刻的印象，其中大多数人担任过公职，有39人是国会议员，许多是全国的知名人士。华盛顿在5月25日当选为主席，而且并非仅仅是名义上的职位，特别是因为他在一些最重要的问题上的观点是众所周知的。富兰克林此时已81岁高龄，体力过于虚弱不能参加辩论，但是他的幕后影响却很重要。他的出席把这次大会与33年前首次试图在殖民地之间建立联盟的奥尔巴尼会议直接联系了起来。

代表们决定开秘密会议，对他们的讨论进行严格的保密；不如此恐无法达成妥协。另一方面，这使历史学家处于某种不利的地位，直到1840年麦迪逊笔记公开发表之后，才得以追踪讨论的细节。最近，有一位美国法学史专家（W. W. 克罗斯基教授）声称，麦迪逊的笔记并不可靠，认为他曾对之进行篡改，以便使他在会议上的记录更符合他后来主张州权的立场。但这一看法并未被普遍接受，看来没有充分理由改变已被普遍接受的关于会议情况的看法。其他代表们所作的部分记录，证明麦迪逊的笔记基本上是准确的。

5月28日会议正式议程开始前一定是先进行了非正式的讨论，否则很难设想能如此迅速地就一种不能再称为修改邦联条款而是按新计划起草宪法的步骤达成协议。有些代表可能曾宁愿走得更远，把州的主权完全交给一个新的统一的政府；但多数人预见到，唯一实际可行的办法是把广泛的权力赋予一个其权威直接来自人民的强有力的联邦政府，并给它以必要的控制权，以防止各州侵犯它的行动权限。这是对会议的结局发挥了最主要作用的两个人——麦迪逊和詹姆斯·威尔逊的基本立场。最突出地主张进一步实行中央集权的汉密尔顿在6月18日提出了他自己的方案，但并不期望被接受。在会议进行期间，他实际上大部分时间都是缺席的。

麦迪逊可能在很大程度上是弗吉尼亚的伦道夫5月29日向会议提出的方案的制定者。该计划代表了大州的观点。在全体委员会上一直辩论到6月14日各小州要求休会以便使他们能提出自己的观点为止。另外一个赋予中央政府较少权力的方案，由新泽西的威廉·帕特森在6月15日提出，又讨论了三天。6月19日投票表决表明，有七个州支持弗吉尼亚方案，因而他在修改后被提交会议讨论。这一方案在会议上从6月19日讨论到7月26日，这是达成重大妥协的关键性时间。讨论的结果提交给了一个细节审议委员会，该委员会在7月26日到8月6日举行了会议，就在这最后一天，全体大会复会。一个文本委员会从9月8日至12日将文件定稿并于9月13日至17日之间由会议最后完成。

伦道夫方案虽然在某些根本方面做了修改，但仍是后来的宪法结构的基础，而且其建议都是直接从根据邦联条款所建立的政府的那些最不令人满意的方面来考虑的。政府的三大部门：立法、行政、司法将分立。立法机构由两院组成，第一院直接由选举产生。第二院由第一院从各州立法机构提名的人中遴选。两院的投票权均根据各州的财富或人口按比例分配。立法机构拥有现在的国会的一切权力，再加上各个单独的州无法行使的所有权力。此外，它还对各州违反宪法的立法拥有否决权，并有权对不履行其义务的任何州用武力实行强制。行政部门由立法机构推选，可以连任两届。行政部门与"适当数目的国家审判员"一起组成一个复审委员会，拥有中止行使某项立法的否决权。在处理影响整个国家的事务中，广泛的权力授予国家司法部门。州的官员必须宣誓支持宪法。

如全体委员会6月19日所报道的，对伦道夫建议的辩论暴露出根本性的两难局面：有必要全部收回各州的主权吗？新的宪法真的是要这样做吗？威尔逊否认各州有主权，因为它们不具有主权国家对外关系方面的职能。一个各州的联盟在某些方面来说应是一种邦联，但在其他方面它又是一个统一的政府，因为在赋予它的权限范围内，联盟就是公民自身的联盟，因此它可以直接按照权限行事。整个讨论表明主权、联盟、联邦和邦联等概念是多么的模糊和缺乏明确的定义。这些定义都是在处理那些需要解决的特定问题的过程中，按照美国的目的而确定的。

帕特森方案表现出任何方案都存在的局限性，最终也不过是对邦联条款进行修改而已。它本可以给国会以更多的权力，并在中央设置一个双重行政机构，以及一个全国性的司法部门。对各州来说，邦联

第十六章　美国革命（1763—1793 年）：宪法问题面面观　　491

拥有的权力将大致和 1763 年以后英国政府所声称的对殖民地拥有的权力相同。但是它仍存在着邦联条款下政府的固有弱点；对于那些拒绝按要求行事或在行动上蔑视条约义务的州，政府除了使用强迫手段之外别无他法。正如麦迪逊在反对这一计划时所作的长篇讲话中所指出的，在该计划中没有任何东西有助于"保证在一些特定的州能够有完善的内部立法和行政管理"。如果大会采纳某种类似于汉密尔顿 6 月 18 日提出的方案的话，就可以有这样的保证了。汉密尔顿的方案从帝国时代的做法中沿用了各州州长由联邦政府任命，以及有权否决与联邦宪法或立法相违背的州的法律的思想。

但是，汉密尔顿的极端民族主义要比"小州"集团提出的有局限性的方案更没有可能被接受。麦迪逊也未能以任何直接的方式按自己的意旨行事。最后的解决办法是对行使州的主权的某些特定方面作了一系列的限制，并坚持联邦政府的合法命令，对个人而不是对各州具有约束力。因此，这些命令首先可以通过司法程序来加以施行。

宪法的实际制定过程并不是对主要的原则性问题作出一系列决定，而是就伦道夫方案所提出的问题用心良苦地作出的妥协。主要的分歧，并不是关于联邦的形式，而是大州与小州之间的分歧，在较小程度上讲是拥有奴隶的社会群体与不拥有奴隶的社会群体之间的分歧。

最严重的冲突是关于新国会的形式。大州希望设两院，每院均实行比例代表制；小州则希望继续按邦联条款，实行一院制，每州都有相等的发言权。反对它们这种在一个院内享受平等的最低要求，几乎使会议陷入分裂；不过它们在这个问题上达到了自己的目的。下院（财政法案由该院提出）将实行比例代表制。

与此相关的问题是在这种比例代表制中如何计算奴隶的问题。南方各州希望在为分配国会议席而计算人口时把奴隶包括进去，但在分担直接税时又不计奴隶。北方各州自然要求相反的做法。帕特森方案的妥协办法是，为上述两种目的计算人口时，都按 5 个奴隶相当于 3 个自由公民计算。另一个与此相关的妥协是，国会应拥有贸易控制权，但由于对此有争议，规定了下述条件：国会在 1808 年以前不得禁止对外的奴隶贸易，并不得给予一个州的港口以比任何其他州的港口更多的优惠。

关于大陆内地的前途问题,并没有由于接受了邦联条款和通过各项法令而最终得到解决。保守分子竭力限制建立新的州,或让现有的州分立。关于后一点,他们取得了成功,即在现有州的领土上,不经它们本身的同意,不得建立新的州;但是西部地区正在经过规定的领地阶段向正式的州过渡。而看来那些制定宪法的人似乎只想到了已经包括在合众国政治边界内的土地;因为宪法中没有关于如何治理新获得的领土的条文。

在新的联邦政府的组成问题上,主要的新规定,是有关行政部门的构成以及决定把它委托给一个人领导。对于这样一种安排可能"倾向于导致君主专制"的担心,通过规定总统作出重大任命或谈判条约时应有参院的参与条款而在一定程度上得以减轻。这样,参院可望起到像原来殖民地的参事会那样的作用,而不仅仅是立法机构的上院。

对赋予总统以否决权而带来的潜在权力也表示了担忧。经过长时间的辩论才达成一致意见,即在他行使该项职能时不得涉及司法部门。否决权受到这样的条款的限制,即两院可以通过2/3的多数将其推翻。这与殖民地时期的先例明显不同。

制宪辩论及其结果最令人感到奇怪之处在于没有考虑到在英国行政部门越来越受议会控制的发展形势。宪法没有规定实行政治上的责任制,而只限于规定弹劾的法律制裁效力,并把它推广到总统以外的其他联邦官员身上。尽管英国的经验早已证明弹劾是一种很笨拙的政治手段。尽管如此,无论是这一事实,还是把所有官员都排除在国会之外的做法,都不能用来证明它完全不存在某种责任内阁制的思想。

关于拟议中的国家司法机构的作用问题,也是在制宪过程的不同阶段不断考虑的一个问题。伦道夫方案涉及这一问题,并列举了国家司法机构有权受理的案件类型(海事、涉外或税收)。但是,7月18日会议决定应将其权限扩大到"涉及全国性立法机构所通过的法律的案件,以及其他涉及国家的和平与和谐的案件"。最后的文本使之兼有特定的权力和一般性权力。关于司法机构本身的组成也同样难以达成一致意见。最后,会议只限于规定最高法院的法官由总统提名并经参议院批准,而让国会去解决低级法院的组成问题。

宪法对美国司法机构未来作用的最具特色的一些方面没有作出任

何结论性的答案。关于司法复审制度没有具体指明是对州的有关立法而言,还是对国会本身的法案而言。后来的一些评论家争辩说只能是指前者。确实,绝大多数人认为至少应对州的法令进行复审,因为可以看出,关于联邦法院有权就州的法律是否符合宪法作出裁决的条款,乃是经过慎重考虑后对麦迪逊原建议的国会有权否决州的法律的方案的替代。有人断言宪法中的措辞说"本宪法,依本宪法所制定之合众国法律"以及各种条约"皆为全国的最高法律",这就是对国家立法进行司法复审的正当根据,但这有些难以支持辩论本身所提出的根据,虽然可望将其用来作为论据以反对成立一个复审委员会而把总统与司法机构联系起来的建议,但是,从宪法解决问题的办法的性质本身显然可以推论出这样做的依据,而且当时的评论家,如《联邦党人》文集的作者们,就是这样来进行论证的。

看来在宪法的这部分和其他地方人们也许是有意识地接受了一些模棱两可的词句,以便使其比较容易被批准。有几个州争取批准的斗争是十分激烈的。首先每个州都必须专门选举产生一个代表大会,而双方都希望能选举尽可能多的支持自己的人,然后又需在大会上进行辩论。各州虽然是分别通过斗争取得了结果,但是有关某一个州所发生的情况的报道,显然会对其他州产生影响。例如在纽约州,尽管汉密尔顿个人对宪法有保留,但带头给予支持,包括将他极有影响的文章编入《联邦党人》文集。宪法的支持者在选举中虽然失败,但最终得到了成功,部分是由于纽约市威胁要退出该州自行与联邦妥协。

宪法的反对者一般说来分为两种人:一种是曾参加或者赞成召开制宪会议但不喜欢现在的文件的人,另一种是一开始就反对制宪运动的人。但也可以从他们提出的论点来另行划分。一个集团是从古老的共和思想立场出发,认为没有一个共和政府能成功地管理像合众国这样辽阔的地区;地方的利益会遭到忽视,人口密集的城市地区将会比乡村地区有更大的影响;选举产生的官员们离他们的选民过远,无法对他们进行适当的控制;他们会由于自身或某种派系利益而滥用他们控制选举或订立条约的权力;最后,宪法缺少一个权利法案。总的说来,这种攻击主要来自南方。

另一方面,也有人担心由中央作出的各种安排,给个人或机构以过多的权力,他们要求更多的制约和平衡,他们要求在参院休会期间，总统应有一个正式的咨询机构，他们认为有关职务轮换制和防止总统和参院成为终身制的条款太少了。这些人的基本态度是不信任一切政府，特别是民主政府。

在批准宪法的辩论中没有人提到司法复审制，也几乎没有人注意到对各州权力的限制——这是反对比尔德认为的关键性问题是社会问题的一个有力论据。从批准的时间顺序中可以看出在小州中争论较少；看来尽管它们自己的方案被制宪会议所拒绝，但它们在参院获得平等的代表权，从而得到了安抚。特拉华在1787年12月7日以其代表大会的一致通过第一个批准了宪法；接着是宾夕法尼亚在12月12日（46票对23票）；新泽西在18日（一致通过）；佐治亚在1788年1月2日（一致通过）；康涅狄格在1月9日（128票对40票）；马萨诸塞在2月6日（187票对168票）；马里兰在4月26日（63票对11票）；南卡罗来纳在5月23日（149票对73票）；新罕布什尔在6月21日（57票对47票）；弗吉尼亚在6月25日（89票对74票）；纽约在7月26日（30票对27票）。原定最低限度须有9个州批准（仅就那些作出此项决定的各州而言）。现在宪法已生效了。北卡罗来纳在8月2日（184票对83票）拒绝在权利法案及其他修正案被采纳以前加以批准。它最后在1789年11月21日被批准（195票对77票）。罗得岛一直坚持到1790年5月29日才批准（34票对32票）。会议也期待弗蒙特加入联邦。弗蒙特自1775年以来一直把自己当作一个独立的州；不过纽约州一直在和新罕布什尔争夺对它的拥有权，因而阻止它加入联邦。弗蒙特在1791年1月10日接受了宪法，3月4日被国会接纳，成为原来的13个州之外的第一个加入者。

北卡罗来纳州并不是唯一一个坚持没有权利法案就拒绝加入联邦的州。有些州曾得到保证：一旦宪法被通过，就将进行一些修正；虽然另一方面也指出，权利法案事实上是多余的，因为新政府不像英国政府，它没有君权，不能超越所赋予它的权力行事。第一届国会上麦迪逊提出了一系列修正案，其中有10条被采纳，后来便被称为权利法案。其中前8条回顾了国王们与臣民们斗争的背景：规定了宗教自由（并禁止确定任何国教）以及言论、新闻、集会和请愿自由。美国人有携带武器的权利，并受到保护，不得无理予以拘捕和搜查，不得为同一罪行受两次危害，不得被迫自证其罪，并在其他审判程序中保证能受到法庭的公正对待。其余两条修正案涉及对宪法结构本身的解释：宪法中列举的人民的权利不得被认为已是详尽无遗的；未授予合众国或禁止各州行使的权力，被认为是"一律保留给各州或保留给人民行使"的。但是企图把联邦政府权力仅限于明确授予它的那些权力的主张，遭到麦迪逊及其他温和派，以及彻底的民族主义者的强烈反对（并且取得了成功）。多数人同意任何一个有效的政府"都必须拥有被含蓄地承认的权力"。

原邦联国会的最后一个法案使政府的新机器得以开始运转。1788年9月在11个州批准了宪法之后，它决定在未来的11月的第一个星期三推选出总统选举人，在1789年2月的第一个星期三投票，3月4日新总统就职。

各州以不同的方式，通过民众选举或通过州立法机构推选出总统选举人。华盛顿被一致选举为总统，约翰·亚当斯位列其他六名候选人之首而成为第一位副总统。各州并选举出它们的国会下院议员，并由它们的立法机构选举出首批参议员。新国会像行政部门一样，在很大程度上受汉密尔顿的影响，具有民族主义倾向，当遇到一些悬而未决的问题需要解决时，它总是抱有民族主义者的偏见来处理。它的首要任务是制定出自己的议事程序，并通过立法创建各行政部门。在完成后一任务时，它依靠了大陆会议的成果。因为在激进派最初通过国会本身各委员会在一切方面取得成功之后，保守分子获得了控制权并通过单独的行政官员掌握了处理各种事务的权力。没有一个新的官员接替相当于自第一届大陆会议以来就由查尔斯·汤姆森担任的国会秘书那样的职务。在建立内务部的建议遭否决以后，1789年设立了国务卿这一新的职务，把沟通联邦政府与各州关系的原国会秘书的职责与自1781年以来由另一个秘书负责的指导对外事务的任务集于一身，在创建陆军部时，国会只是接管了自1781年以来一直运行着的业务；邮政机构就更早了，是1775年在富兰克林主持下建立的。根据1789年的司法机构法设立了总检察长的职务。总检察长虽没有自己单独的一个部，但成为重要的行政官员和总统的顾问。

组建财政部是争论最激烈的问题，因为联邦的未来主要取决于早期采取什么样的财政政策以及这些政策对与各州的关系的影响。国会根据邦联条款曾对这方面的政府组织进行过一系列改革。1781—1784

年，罗伯特·莫里斯任财政总监时权力极大，以致在他失势后这一职务改为由一个委员会来担当。曾有人建议应再任命一个由督察官员组成的委员会，但后来决定恢复由一个部的部长来负责。另一方面，决定设立财政部部长的法案给他规定了其他同僚们所没有的向国会通报其工作并咨询国会意见的特殊责任；而如果第一个担任这一新职务的汉密尔顿能保持他的职位和突出的影响更久一点的话，他很可能会在此基础上把财政部部长的职位变成某种像英国首相那样的职位，使总统仅仅成为一种名义上的地位。

但是在实施新宪法的头几个月和头几年所作出的几项决定，有助于保证联邦政府成为所谓的"总统制"政体。虽然总统的任命需经参议院批准，但是，在就设立国务卿一职的法案进行辩论时，同时也否定了企图使总统的撤职也需经参议院批准的主张。此外还决定各部的部长不得在国会辩论时发言，因此他们与国会的接触仅限于书面通报和出席各种委员会的听证会。最后，总统内阁得到迅速发展，而这个机构在宪法中并未作任何规定。

内阁的兴起，部分是由于为了填补华盛顿企图利用参议院作为参议机构遭到失败后所出现的空白，他仅有一次出席参院会议进行协商，但并不成功。于是形成一条规律：每逢有关条约而需要"参议院的建议和同意"时，即意味着对行政部门的行动作事后的批准。总统与国会的正式联系是通过年度咨文或特别咨文。这两种方法都是华盛顿精心设计的。在这种情况下，宪法中规定授权总统以书面方式征求各部首脑意见的办法就不够了，因此，到1793年这些官员和总统定期举行会议已成规律，"内阁"一词也由此而被采用。

国会在审议其面临的事务时征求财政部建议的趋势，使该部成为早期大部分立法的有效的来源。但是进一步扩大财政部部长的权力受到了阻挠，这是由于对汉密尔顿在1790—1791年一系列报告中提出的财政计划遭到反对而形成的。汉密尔顿要求按票面价值偿还邦联债务，承担并偿还州的债务，特许成立国家银行，并建立保护性关税。这些建议可能带来的经济和社会后果是与那些支持农民观点的人格格不入的。他们的反对态度由于对宪法的怀疑而更加强烈。特别是银行法案只能依靠含蓄地享有的权力，因为并未赋予联邦政府建立这样一个银行的权利。当这一法案在1791年被通过时，华盛顿就其是否符合宪法征求汉密尔顿和杰斐逊的意见。他们两人的意见互相冲突。这就为建立新体制下的第一批政党奠定了主要的原则。

汉密尔顿在费城会议上要求赋予全国性政府以广泛的权力,但未能达到目的。现在他争辩说,每一个主权政府都应有权扩大其任何必要的权力,除非是明文禁止的权力。杰斐逊(在国会得到麦迪逊本人这样杰出权威的支持)则争辩说,这样广泛的解释将把宪法所规定的限制一扫而光,并把国会变成一个随自己的意思行使绝对权力的机构。汉密尔顿在这场论战中坚持总统内阁在政策上必须一致的观点,因此各部首长不宜抨击彼此的政策。随着杰斐逊在1793年年底,汉密尔顿在1795年年初相继退休,这一目标终于达到了。华盛顿政府仍掌握在这时被称为联邦党的手中;而随着反联邦党人(一个主张州权的政党)作为一个活跃的反对派的出现,美国宪法体系和美国政治生活的模式便具有了明确的特征。

(张志军 译)

第 十 七 章
从帝国、战略和外交诸方面看美国革命

大不列颠通过七年战争获得了大片领土，使它有必要认真从事 10 年前就已开始试探的帝国改组工作。英国得到了法属加拿大、南北佛罗里达以及实际上从阿勒格尼山脉到密西西比河之间的全部领土，这不仅使英国在北美的属地面积扩大了 1 倍，而且也产生了组织、管理及防务等方面新的复杂的问题。首先要求帝国同化 8 万名左右的法属加拿大人，他们的语言和宗教都与英国不同，而且也不熟悉英国的法律和政体。获得横贯阿勒格尼的辽阔的荒原，要求有一个前后一致的西部政策。这一政策要考虑到在土地定居、皮毛贸易，以及印第安人等方面相互冲突的需要。更为重要的是，突然之间把英国在美洲的属地从商业性改变为一个领地帝国，就必须改革内外的防务体系。

英国为解决这些问题所作的努力直接导致了帝国的瓦解。改组旧的殖民体系以及强迫殖民者们直接为维持这一扩大了的帝国作出贡献，从而迫使殖民地领袖们重新审查他们在帝国结构中的地位，而且对英国这些要求的宪法根据提出了疑义。这样的反应可能是不可避免的。由于他们远离英国，加上英国专注于其他事务而对他们的疏忽，美洲各社会群体长期以来享受着相当程度的政治上和经济上的自由。这种自由已被他们认为是不可剥夺的权利。不过美洲的反对立场发展到独立的顶点，却是由于法国被逐出北美后各殖民地地位的迅速改变所致。当 1763 年长期威胁他们安全的因素消除后，殖民者们越来越不愿接受即便是已有的对他们自由的限制，更不要说去默认那些新的限制了。

1763 年 4 月，接替比特的乔治·格伦维尔内阁，在有关西部的问题上是能够顺应潮流的。10 月 7 日颁发的禁止在阿勒格尼山脉以西定居的皇家公告，只是一项临时性措施，目的在于等待时间以便制

定一项全面的西部政策。① 但就帝国问题的军事方面而言，是经不起这样拖延的。虽然法国的威胁已消除，但看来有种种可能会卷土重来，而需要继续防备印第安人的袭击，由于1763年的庞蒂亚克起义而显得更加实际了。关于在各殖民地常驻1万军队的决定已在战争期间付诸实施。过去的经验似乎证明了除依靠英国常备军外没有任何一种殖民地防务体系是行得通的。1754年的奥尔巴尼会议未能形成自愿的联盟，在驱除法国人的斗争中殖民地迟迟不采取行动而且吝惜作出贡献，以及对阿默斯特要求帮助镇压庞蒂亚克阴谋的呼吁置若罔闻——以上种种都证明各殖民地间相互猜忌是如此根深蒂固，以致美利坚人无法联合起来保卫自己。在内阁看来，殖民者们仍旧应该承担一部分已经增加了的殖民地行政及防务开支，这是必要的，也是公正的。美洲的民政及军事机构的开支，从1748年的7万英镑增加到1763年的35万英镑。按照英国人的看法，进行七年战争在很大程度上是为了保护殖民地的利益，殖民者乃是英国胜利的最大受益者。然而，当战争使英国的国债翻了一番，并使国内的税收仍保持在战时高水平的时候，殖民者的税收负担却很轻，对帝国国库没有作出什么直接的贡献。

因此，提高殖民地税收就成为格伦维尔政策的主要目标。他的第一项措施1764年的税收条例，一般被称为食糖条例，代替了1733年的糖浆条例。糖浆条例的一项规定是对殖民地进口的外国糖浆每加仑课以6便士的关税，但这一条例在很大程度上是一纸空文。格伦维尔的新措施除对酒类、咖啡、细麻布和细棉布课以重税外，把外国糖浆的关税降为每加仑3便士，但要严格执行。为了保证其有效，对于实施贸易条例及航海条例的机构进行了认真的检查。对于许多仍滞留在英国的美洲海关官吏，命令他们或者履行职责，或者辞职。为了防止走私，船只申请办理出入港手续时需有另外的证件，并授权颁发援助

---

① C.W. 奥尔沃德在《英国政治中的密西西比河流域》（2卷本，俄亥俄州，克利夫兰，1917年）中分析了巴黎条约之后10年中英国的边疆政策。但是，奥尔沃德的说法在某些方面为T.P. 阿伯内西的《西部土地与美国革命》（纽约，1937年）以及R.A. 汉弗莱斯的《谢尔本勋爵与1763年公告》（见《英国历史评论》第49卷［1934年］，第241—264页）和《谢尔本勋爵与英国殖民地政策，1766—1768年》（见前引刊物第50卷［1935年］，第257—277页）作了重大的修改。整个问题在文森特·T. 哈洛《第二大英帝国的建立，1763—1793年》（伦敦，1952年）中重新做了研究，见第162—198页。

令状。针对尽人皆知的殖民地陪审团不愿给走私者定罪的恶劣现象,把审理税收案件的司法管辖权交给了权力已大大扩大了的代理海事法庭,并且恢复了皮特在战时实行的用海军制止非法商业的做法。希望通过这些措施来改革无效而腐败的殖民地海关,它迄今为止所上缴的税款只占其开支的1/4。

食糖条例,特别是其实施所带来的前景,在殖民地特别是在新英格兰商人中,引起了极度的恐慌。因为在那里长期以来的做法是不顾1733年的糖浆条例,而从法属西印度大量进口蒸馏酒所需要的糖浆。新英格兰人争辩说这种贸易根本无法负担食糖条例所强加的关税。他们争辩说,该项措施将使他们失去唯一可以使他们保持贸易顺差的主顾,从而将切断他们唯一的也是最大的硬币来源。但是,殖民地的抗议没有多久就不再局限于经济范围了。因为它不同于先前的一些贸易法之处在于它公然承认其目的不是管制商业而是为了征税。这样,食糖条例不久就从宪法的角度遇到了挑战。

不过,在1765年通过印花税条例之前,殖民地的反对活动还局限在局部地区。实行印花税条例是由于食糖条例只能带来要求殖民者提供的税款总数的一小部分。这一措施把英格兰自1694年以来就已实行的这项税收推广到各殖民地。该条例在议会中几乎未经反对就被通过。它要求报纸、商业票据,以及法律的和其他的文件都必须贴印花。它实际上影响到这个社会中最爱发表言论和最有势力的一些阶级,在殖民地引起了广泛而强烈的反应。[①] 这一措施被指责为不合理的新花招,并由于群众的行动而无法生效。印花发行者由于遭恐吓而辞职,凡是群众行动所到之处印花的供应均遭破坏。此外,殖民地商人们也以不进口作为向英国政府施加压力的手段。与此同时,有九个殖民地的代表于1765年10月在纽约召开反印花税条例大会,起草了一个权利与不满宣言,指责印花税条例具有"侵犯各殖民地的权利和自由的明显倾向"。但是1766年废除印花税条例并不是由于殖民地的压力,由于不进口而使对殖民地的贸易陷于瘫痪,从而引起了英国商界的抗议浪潮。罗金厄姆内阁避免使用武力迫使其就范的办法,遂

[①] E.S. 和 H.M. 摩根的《印花税条例危机:革命的序幕》(北卡罗来纳州,查珀尔希尔,1953年)一书描述了殖民地抗议的情况。

第十七章 从帝国、战略和外交诸方面看美国革命

以此为借口而放弃格伦维尔的措施。

殖民地对废除印花税条例表示的欢欣是建立在误认为伦敦改变了主意这一基础之上的。而如公告令所清楚表明的，英国议会在宪法问题上连一寸也未后退，内阁在征收殖民地税收方面决心也未有任何减弱。确实，不久从其企图继续推行1765年的惩治兵变条例中就显示出来了。这一措施目的在于改进殖民地各海港军队供应不足，实际上等于要求各殖民地议会为英国军队提供兵营、给养而征收直接税。虽然多数殖民地至少是部分地遵照执行了，但它们做得十分勉强，而且附带条件，目的是保持未来行动的自由。纽约议会最初直截了当地拒绝执行这一条例，最后只是在受到中止议会的威胁时才表示服从。

继废除印花税条例之后，罗金厄姆政府通过1766年的税收条例以谋求进一步安抚殖民者。该条例将糖浆税从每加仑3便士降低到1便士，但把征税范围扩大到英国以及其他国家生产的糖浆。这一措施虽使从殖民地关税的收益有所增加，但财政问题依然未能解决。实际上，由于议会在1767年年初为减轻国内土地拥有者的负担而减少土地税的结果，使财政问题变得更严重了。为了弥补税收方面的损失，查塔姆内阁的财政大臣查尔斯·汤森在1767年对殖民地进口的玻璃、铅、油漆、纸张和茶叶征收新的关税，其收入被用来不仅支付殖民地的防务费用，也用于殖民地的民政费用，这样就可以不再依赖于各殖民地的议会。为了进一步加紧控制实施贸易法令的机构，汤森又建立了一个美洲海关税务专员署，把它设在了波士顿。

汤森的措施再次在美洲引起了轩然大波。约翰·迪金森在《宾夕法尼亚一农民致英国殖民地人民书》（1768年）中从宪法的立场对之进行谴责，在《马萨诸塞通告》中言词更加激烈。这一新计划敦促殖民者再次采取在反对印花税条例时证明行之有效的报复措施。1768年3月波士顿实行了不进口措施，其他殖民地海港也在其后不同时间采取了同样措施。在波士顿由于新设立的海关税务专员署强制推行各项税收法和贸易条例而发生了严重的动乱。① 由于城市居民公开的敌视，税务专员们发现他们的任务日益难以完成。6月，在他们

---

① 在奥利弗·M.迪克森《航海条例与美国革命》（费城，1951年）一书中着重指出了美洲海关税务专员署在挑起殖民地的敌对行动中所起的作用。

扣押著名的激进分子约翰·汉考克的多帆单桅船"自由号"的企图失败之后，他们的权威彻底垮台，派遣军队去恢复秩序，只不过导致进一步的冲突。1770年3月冲突达到了顶点，发生了所谓的"波士顿惨案"，有5名波士顿人在与英军的冲突中被杀。

但此时殖民地的团结却开始分裂。保守的观点由于看到激进主义和暴民行动对社会秩序形成威胁而感到震惊。同样明显的是商业抵制并未被一致遵守，有些港口则利用这一形势，牺牲其竞争对手而从中牟利。① 因此有许多人准备欢迎新成立的诺思勋爵内阁所伸出来的橄榄枝。诺思得出结论，认为汤森的关税无利可图，因而在发生波士顿惨案的当天取消了除茶叶税外的所有关税。茶叶税之所以被保留，是为了"作为议会最高权力的标志，而且是其有权统治各殖民地的一种有效象征"。在这样的情况下，纽约放弃了不进口的做法，其余各港口也不顾激进派的抗议而加以仿效。

除了1772年在罗得岛外焚烧英国税收快船"葛斯比"号的事件以外，取消汤森税后的几年是一段相对平静的时期。各殖民地在经过了漫长的战后萧条之后，又恢复了繁荣。殖民者似乎已对斗争感到厌倦，激进主义也已黯然失色。走私活动虽未完全根除，但至少已经减少，议会征税也已成为正常的事实。但是这种暂时的宁静，在1773年由于通过了茶叶条例而被打破了。条例的目的是帮助东印度公司摆脱财政困难，而允许它向各殖民地直接出口茶叶，并在那里以零售方式销售。该条例虽然会使消费者购到价格较低廉的茶叶，但却会使殖民地商人受到垄断的威胁，而走私集团则有毁灭的危险。这就使得后两种有势力的利益集团与站在宪法立场上进行反对的激进派联合在一起了。运到查尔斯顿的茶叶虽然上了岸，但不允许出售。运到纽约和费城的货则遭拒绝而退回英格兰。在波士顿，一群伪装成印第安人的人在1773年12月16日登上了茶叶船，把货物扔进了港湾。

波士顿茶党案使1763年以来时断时续的争论再次陷入危机。面对殖民地第三次反抗，英国政府放弃了安抚政策转而采取高压手段。1774年通过了一系列被称为强制性的或不可容忍的法令，关闭了波士顿港直至被毁的茶叶得到赔偿；修改马萨诸塞特许状以牺牲该殖民

---

① A. M. 施莱辛格：《殖民地商人与美国革命，1763—1776年》（纽约，1918年），第4、5章。

地议会的权力来增加行政当局的权力；规定把某些罪犯引渡到英格兰受审，并企图制止逃避为军队提供合适军营的行为。

这些措施远远未能像设想的那样孤立马萨诸塞，反而使其他殖民地联合起来保卫它。由于激进派的巧妙宣传以及各通讯委员会的工作，殖民者充分注意到共同行动的必要性。1774年5月，弗吉尼亚议会发出了召开各殖民地会议的倡议，9月5日12个殖民地派代表参加了在费城召开的第一届大陆会议。此时殖民地的舆论又由于魁北克法案的通过而火上浇油。该措施在今天被看成是试图以一种政治手段解决如何治理加拿大的问题，① 但在当时，一些老殖民地的居民却认为是对他们的自由的新威胁。承认罗马天主教会在加拿大的特权地位以及在那里继续施行法国的法律制度，对美洲殖民者的舆论来说，似乎是"闻到了罗马天主教教皇制度的强烈味道"，并且预感到一种专制制度的建立。而把加拿大的边界延伸到俄亥俄河，看来是企图阻止向西部扩张。大陆会议深信采取一致反抗行动是必要的，不过起初对应采取什么方式有分歧意见。会议起草了一份宣言，阐述了根据宪法而提出的论据，请求国王采取纠正措施；并且同意成立一个包括不进口、不出口，以及不消费英货的各种协议的联盟，于1774年11月1日正式生效。

为保证严格遵守联盟的协议而成立了各种检查委员会，这就使殖民地的抗议行动明确无误地具有非法性质，并在1774年年底至1775年年初的那个冬季发展成为一场公开的、尽管并未正式宣布的反叛。为推选参加费城会议的代表而召开的各地方的代表会议，在无视皇家总督的情况下继续开会，在有的地方，它们承担起政府的职能，并在各殖民地到处推行战时体制，监督民兵的组织与训练，征集军需用品。这些防御准备对内阁来说本应是个警告：只有作出实质性的让步才能使这场争论和平结束。但是，诺思勋爵在1775年2月20日的和解决议并未作出任何实质性的让步。与其说是为了和解，不如说是在挑起冲突。诺思的建议是对能支付自己民政管理费用并对帝国防务作出令人满意的贡献的任何殖民地，暂停征收议会所制定的税款，这无论怎么说都已经为时太晚了。等它传到美洲时，敌对行动早已开始。

---

① 见R. M. 库普兰《魁北克法：对于政治手段的研究》（牛津，1925年）。

敌对行动是在英国企图阻止美洲殖民者的军事准备时突然爆发的。1774年秋季，驻北美军队总司令托马斯·盖奇将军被任命为马萨诸塞总督，并命令他强制推行强制性法令。六个月后，伦敦批评他行动不力并命令他逮捕殖民地领导人，盖奇接到指示后从波士顿派了700名士兵去16英里以外的康科德去收缴殖民者聚积在那里的枪支弹药。但是此时农村已被动员起来，4月19日英军在莱克星敦被一队马萨诸塞民兵挡住了去路。双方开了火并进行了一场小规模的战斗。与此同时，在康科德集合了大队民兵，双方展开激烈交火。英军在摧毁了剩余的军事储备后返回波士顿途中，不断遭到袭击。在他们很艰难地收复了该城市后，他们发现已被一支虽然组织得很差，但却很强大的新英格兰军紧紧地包围了。①

莱克星敦和康科德战役的消息被激进的宣传分子们巧妙地加以渲染，甚至起到了弥合各殖民地分歧和加强它们保护殖民地权利决心的作用。参加1775年5月10日在费城召开的第二届大陆会议的代表们多数仍希望在帝国的框架内保持这些权利，但是毫不犹豫地作出了各殖民地应"立即处于防御状态"的决定。响应马萨诸塞的请求，大会同意担负起包围波士顿军队的责任，批准成立一支两万人的大陆军，并号召各殖民地完成规定的名额。6月15日乔治·华盛顿被任命为"将军和殖民地联军总司令"。华盛顿被任命为总司令与其说是考虑到他的军事经验（这是微不足道的），不如说是出于权宜之计。人们感到由一个弗吉尼亚人来指挥一支主要来自新英格兰的军队，有助于促进殖民地的团结。选择一位富有的、保守的种植园主，会满足那些担心激进主义蔓延的人。而且华盛顿曾是大陆会议的成员，似乎可以保证不致出现军事统治。在挑选华盛顿的直接下属时，政治上和派别上的考虑也起了作用。陆军少将的军阶授予指挥包围波士顿军队的阿蒂马斯·沃德、另一位新英格兰人伊斯雷尔·帕特南、来自哈得孙流域的土地拥有者菲利普·斯凯勒和一位定居在弗吉尼亚的前英国正规军军官查尔斯·李，还有一位是出身于英国军队的霍雷肖·盖茨，他被任命为副官长。

---

① 艾伦·M. 弗仑奇在《美国革命的第一年》（波士顿，1934年）一书中对莱克星敦和康科德战役有争议的一些方面作了适当的论述。

第十七章 从帝国、战略和外交诸方面看美国革命

华盛顿7月初在剑桥①就职，他看到大陆军正在从并不精确地被称作邦克山战役②的血腥战斗的影响中恢复士气。5月末，豪、克林顿和伯戈因三位将军抵达波士顿援助盖奇，使他振作起来，主动进攻。虽然由于增援部队的到来使盖奇的兵力增加到6000人，但他只同意为防止进攻而夺取邦克山，因为该高地可以从查尔斯顿半岛俯视波士顿。但是在他尚未采取实际行动之前，一支美军已捷足先登。这支部队虽是派来占领邦克山的，但它占领了地势更高的布里德山。豪曾于6月17日指挥军队进行了击退美军的尝试，深信殖民地的民兵不是英国正规军的对手。但他行动迟缓，给了美军以时间来改善他们本已坚固的阵地，而且豪还错误地忽视了利用海军切断美军通向大陆的退路。因此，经过三次正面进攻英军才占领了布里德山，把美军逐出半岛。豪的2500名进攻部队伤亡人数达1000以上，而防守一方的损失不到这个数目的一半。

盖奇经过他的军队的这次重大伤亡，布里德山战斗之后再未发动进攻。豪于10月接替了盖奇，同他的前任一样谨慎，更迫切希望从波士顿撤退到一个更有利的作战基地。美军也没有任何进攻的条件。确实，华盛顿不得不在以后的几个月内集中精力来克服大陆军在布里德山战役中所暴露出来的突出弱点。殖民地联军毫无组织纪律可言，并缺乏合格的军官，其武器和弹药也少得可怜。更为糟糕的是兵力的持续下降，因为士兵们不愿超期服役。其"公益精神之缺乏和品德之低下"是华盛顿始料未及的。

到1776年初春，这些困难已部分克服；再次招募充实了大陆军的队伍，并且获得了新的军火供应。此外，由于在提康德罗加缴获大量大炮并在冬天把它们奇迹般地运到了波士顿，华盛顿最终具备了发动进攻的条件。3月初他的军队占领了多切斯特高地，该地可俯视波士顿城，而英军由于力量太弱一直未能将其占领。豪认识到波士顿将很快就要守不住，曾一度企图赶走敌人。但一场大风暴打乱了他发动进攻的准备工作，他决定撤出。华盛顿渴望保全该城市，对英军的撤退未加阻挠。1776年3月17日豪的军队和1000余名亲英分子一同乘

---

① 马萨诸塞州波士顿附近城镇，亦译坎布里奇。——译者注
② 这次战役主要是在邦克山附近的制高点布里德山进行的。——译者注

船逃往哈利法克斯，从而放弃了一度是13个反叛的殖民地中最后一个英国据点。

与此同时，美军对加拿大发动的一场入侵被击退了。这次入侵的目的是想促使加拿大成为新生的殖民地联邦的第14个成员，并防止英国把该省作为惩罚性军事行动的跳板。当大陆会议在1775年6月批准在加拿大的行动计划时，似乎大有成功的希望。只有几百名英国正规军可以用来防守加拿大，而新英格兰军在伊桑·艾伦和本尼迪克特·阿诺德的联合指挥下于5月间占领提康德罗加和克朗波因特后，从尚普兰湖攻入该省已毫无阻拦。美洲殖民者也相信会得到法裔加拿大人的援助。

事实证明这种希望是没有根据的。魁北克法在很大程度上平息了加拿大人的不满，而在新英格兰爆发的反天主教活动对加拿大的舆论起了反作用，尤其在贵族和天主教统治集团中更是如此。因此，入侵者们发现法裔农民并不帮助他们，如果不是公开表示敌意的话。[1] 更何况由于准备工作的拖拉，加拿大远征军到9月才得以成行。当本尼迪克特·阿诺德指挥军队通过缅因荒原袭击魁北克时，理查德·蒙哥马利指挥的入侵大军溯尚普兰水道而上。蒙哥马利在黎塞留河畔的圣约翰堡遇到英军的顽强防守而被阻达两个月之久，直到11月13日才攻陷蒙特利尔。这样，在他的由于开小差和疾病而已削弱的军队与阿诺德的军队在魁北克城下会师之前，寒冬已经降临。加拿大总督盖伊·卡尔顿爵士利用了这一延迟的机会加强了要塞的防御，而攻城的士兵则缺乏所需的重炮来摧毁结实的城墙。然而，由于蒙哥马利的大部分军队预定在该年年底遣散，因此他不得不试图以强攻夺取魁北克。这一攻势是在12月30日一个暴风雪之夜进行的，美军惨败：蒙哥马利阵亡，阿诺德受伤，损失惨重。虽然阿诺德继续包围该要塞达数月之久，但要取得胜利已不可能。天花使他的士兵大量死亡，等到一支强大的英国增援部队在1776年春到达时，他不得不撤围。到6月底，美军也不得不放弃蒙特利尔并在混乱中从加拿大撤退。

从莱克星敦第一次战斗到发表独立宣言，其间经过了一年多的时间。大陆会议有好几个月都在继续宣称它对国王的忠诚。多数代表，

---

[1] G.M.朗在《加拿大与美国革命》（纽约，1935年）一书中对加拿大人的态度进行了分析。

第十七章 从帝国、战略和外交诸方面看美国革命

像大多数的殖民者一样,仍抱着并不一定非脱离英国不可的希望。他们倾向于相信,高压并不是国王的政策,而是出于"一个腐败的内阁"。一直期望他们要求纠正错误的请求会得到一个和解性的答复。但是到了1775年与1776年之交的冬季,情况变得越来越清楚,乔治三世镇压的决心并不亚于他的大臣们。对于7月送出的橄榄枝请愿书没有得到任何答复,而国王在10月间议会开幕式演说中嘲笑殖民地表示的忠诚,并重申以前发表过的发动战争的意图。12月22日的美洲查禁法宣称反叛的各殖民地不再受国王的保护,并对殖民地贸易实行禁运,这就使各殖民地的许多动摇者相信必须脱离英国。另外,准备雇用德国雇佣军来镇压的消息也起了同样的作用。托马斯·潘恩在1776年1月发表的小册子《常识》中反映了正在发展中的情绪。通过对君主制的直接而激烈的攻击,潘恩破除了美洲殖民者可以依赖国王保护的错误观点,而指出只能在投降与独立之间作出选择。事态发展的本身也正在得出同样的结论。殖民者们开始认识到,如果他们要想不被制服,外援是关键;但是只要他们仍留在帝国内,他们就不可能得到外援。而且一年来的战斗已造成严重的苦难,并大大削弱了对母国的依附。因此在1776年春季各殖民地一个接一个地指示其代表在大陆会议上投票赞成脱离。4月6日大陆会议向除英国以外的所有国家的船只开放美洲港口;5月10日提出了建立独立的州政府的建议;7月2日理查德·亨利·李主张美洲独立的决议案被通过;两天后大会表决批准了伟大的独立宣言。

尽管独立宣言在当时以及后来都给爱国事业以极大的鼓励,但它对美洲的舆论所起的作用与其说是促进了团结,不如说是造成了分裂。它受到那些认为脱离的时机已成熟的人们的热烈欢迎,却疏远了那些无法使自己放弃传统的亲英思想的人。亲英分子在殖民地人口中究竟占多大比例不得而知,但最通行的估计是1/3的人支持革命,1/3的人反对,而1/3的人漠不关心。但是这种分类尽管简单明了,却不正确。① 更可能的是,到1776年夏,至少有半数美洲居民赞成独立,而在其余的人中,中立分子在人数上可能超过了亲英分子。但是积极的亲英分子人数并不是微不足道的,在每个殖民地和社会各个

---

① J. R. 奥尔登:《美国革命,1775—1783年》(伦敦,1954年),第87页注。

阶级中都有这样的人。在纽约和新泽西他们可能占多数；在宾夕法尼亚和佐治亚他们的人数也少不了太多；在南北卡罗来纳人数也相当多。只有在新英格兰、弗吉尼亚和马里兰这几个最老的殖民地，亲英分子的人数才微不足道。按比例而言，亲英思想在富人中最为强烈，在很大程度上是由于他们固有的保守主义，加上害怕出现无政府状态。皇家官吏和英国国教牧师特别倾向于继续效忠国王，此外，除了在弗吉尼亚和新英格兰外，律师、商人和大种植园主也是如此。但是这种试图根据阶级或职业来分析亲英思想的做法，在革命实际上是一场内战这一事实面前就站不住脚了。因为在这场战争中各社会集团，甚至家庭都发生分裂，自己人反对自己人了。可能有3万美洲殖民者冲突期间在国王的军队中服役，而到冲突结束时，有多达8万人加入了亲英分子的行列，迁徙到加拿大、新斯科舍和英帝国的其他地方。

　　在英国，对于美国独立战争的意见也出现了分歧，虽然其程度并不像人们一度想象的那样严重。武力政策在议会受到激烈的批评。伯克坚持鼓吹和解；福克斯为了表示对美洲的同情，穿着大陆军的浅黄与蓝色的衣服；戴维·哈特利和约翰·威尔克斯争辩说军事再征服是不可能的。但是这种批评大多出自单纯的派性，[1] 就连查塔姆也难免是利用美洲问题为政党利益服务。尽管他与其他反对派领导人是真心渴望和解的，但他们和政府一样不愿放弃英国议会为各殖民地立法的权力。一旦问题已经清楚地表明必须在屈服或高压之间作出决定时，就只有少数人仍继续把反叛者的事业当作共同的事业了。平等精神在国内的复兴，进一步助长了教会人士及乡绅们对反叛者的敌视，从而保证了内阁的战争措施得到稳定多数的支持。确实有一些陆军和海军军官宁愿辞职也不愿与美洲殖民者作战。但这类在以前的记载中被着重强调的事例，加起来总数并不多。武装部队整个来说其忠诚从来不成问题。诚然，对于一场很可能会打乱贸易和妨碍讨还美洲债务的战争，商界是有人反对的，但这种反对既不是全心全意的，也不是持久的。[2] 确实，英国舆论大都坚决支持乔治三世和诺思勋爵，并且继续

---

[1] 哈洛：《第二大英帝国的建立，1763—1793年》，第150页及以后各页。
[2] L. B. 纳米尔：《美国革命时期的英国》（伦敦，1930年）表明（第296页）至少某些商人对高压政策的抗议并不是真心实意的。例如，格拉斯哥的商人们一方面在1775年年初发出支持殖民者的措辞强烈的请愿书，一方面通过他们在议会的议员们向诺思保证他们的意思不是要反对，而只不过想在美洲赢得信誉，以便易于讨还他们的债务。

这样做，尽管热情有所下降，直到最后在约克敦遭惨败为止。

乍看起来，重新征服北美是英国完全能够胜任的任务。英国的人口与北美相比是 3∶1，它具有无限多的作战资源和陆海军方面的压倒优势。但是，有利条件并不像看起来的那么多。向反叛者作战所涉及的后勤问题是难以应付的。越过 3000 英里的海洋，运送并维持一支部队，是极为繁重的工作。与美洲的通信既慢又不可靠；过去在美洲的战役中可从本地得到供应，现在都要大量地从英国运送。美洲的森林、高山和沼泽以及它的恶劣气候和漫长的距离都不适合于采用欧洲的作战方式。由于交通不便，任何行动都是困难的；用重武器装备的部队根本不可能迅速前进。更何况战争爆发时发现英国像往常一样并无准备。自 1763 年以来，英国的海军力量已惊人地削弱，主要原因是议会强烈要求节约，但在某种程度上也由于在桑威奇管理下皇家海军船坞贪污腐败所致。陆军的力量也下降了，为了在美洲作战需要迅速增兵时，只能从德意志的一些小邦的统治者那里获得。战争期间像这样获得的雇佣军大约有 3 万人，其中约有半数来自黑森－卡塞尔伯爵领主。

1775 年 11 月参加诺思内阁任殖民地大臣的乔治·杰曼承担了指导战争的责任。作为一个战时的大臣，杰曼远非像人们所说的那样无能。[①] 他精力充沛地克服了最初围绕着英国作战努力出现的混乱：及时向加拿大增援，在哈利法克斯组建起由豪指挥的强有力的远征部队，都是他的功劳。杰曼也并没有像经常被指责的那样犯了从伦敦指挥战争的荒唐错误。例如他对 1776 年战役的指示：占领纽约，向新英格兰进军，既非是独断，也并没有束缚了豪的手脚。豪被授予自由采取行动镇压叛乱的充分权力。但是豪同时被任命为总司令以及和谈特派专员的双重职务，暴露出一定程度的目标上的混乱，反映了内阁未能决定究竟是和解还是镇压。这种犹豫不决，加上杰曼过分依赖亲英分子的支持，从而造成英国在美洲的军事行动过于分散的特征。

杰曼对亲英主义的信赖使他过早地向南方各殖民地派出了远征军。他相信南方的亲英分子只需要英国正规军的帮助就能够推翻反叛

[①] 奥尔登：前引书，第 68 页。关于更加近期的为杰曼辩护的意见，参阅 P. 麦克西《争取美洲的战争，1775—1783 年》（伦敦，1964 年），该书出版时本章已出校样。

政府，因此在1776年年初命令克林顿在彼得·帕克爵士的舰队的支援下率领军队向南北卡罗来纳发动猛攻。但是当克林顿的远征军5月集结在开普菲尔河附近的海上时，南方的亲英分子已遭到两次重大的失败，使他们已无意于进一步冒险。在弗吉尼亚，叛军的民兵于1776年1月1日占领诺福克，使亲英分子失去了该殖民地的最后立足点。在北卡罗来纳，一支由穷乡僻壤来勤王的苏格兰高地人组成的1600人的队伍，在前往威尔明顿的途中遭到截击，并在1776年2月28日的穆尔河桥战役中被击溃。这一挫折打乱了克林顿的计划，他决心进攻南方最大的城市和港口查尔斯顿。但是这次行动失败了。大陆会议向查尔斯顿派去援军，在那里建立了强大的防御工事。克林顿和帕克在6月28日用海军炮轰击以攻占该港城堡失败后，认识到他们的努力已无济于事，遂驶离该港前往纽约与豪会师，从而使南方各殖民地有两年的时间未受攻击。

豪从波士顿撤到哈利法克斯后第一个目标是夺取纽约。纽约控制着通向加拿大的哈得孙—尚普兰路线，拥有大西洋沿岸最优良的港口，而且也是亲英主义的主要中心。对这一城市的攻击开始于1776年7月2日在斯塔滕岛登陆，这一天也正是大陆会议投票赞成独立的日子。3.4万名英国远征军得到了豪将军之兄海军上将豪勋爵所率领的舰队的强有力的支持。华盛顿认识到纽约的战略重要性，已于4月把他的大部分军队调到这里，并在布鲁克林高地建立了防线。但是他的军队部署不当，在1776年8月27日长岛战役中被包抄，遭到惨重失败。只是由于豪在获胜后未能及时乘胜追击，才使华盛顿得以渡过伊斯特河，撤退到曼哈顿。

经过一个短暂的间歇（其间豪氏兄弟曾企图通过协商结束敌对行动而未奏效），英军在9月中旬再次发动进攻，并轻取纽约。华盛顿由于其军队大大处于劣势，不惜一切代价避免全面作战。在英军的推进面前向北先撤至哈勒姆高地，再撤至怀特普莱恩斯和北堡。豪在追赶中行动迟缓，丧失了在哈得孙河对面诱歼敌军的机会。但他突然改变战线，占领了曼哈顿北端的华盛顿堡，俘获3000人和大量装备（11月16日）。这为入侵新泽西打开了道路。到12月初，康华里推进到特拉华河，追击华盛顿的士气涣散的军队。当时如果迅速推进，几乎可以肯定费城将落入英军之手。这个城市实际上没有设防，它的

第十七章 从帝国、战略和外交诸方面看美国革命

陷落看来已迫在眉睫,以致大陆会议逃到了巴尔的摩。但是天性谨慎而又拘泥于欧洲战争观念的豪,已无意在作战季节将近过去的时候采取新的行动。轻而易举地占领新泽西,使他相信美利坚人的抵抗正在瓦解,因而满可以把最后一击推迟到来年的春天。于是他命令康华里进入冬季营地,从而耽误了提供给英国将军的一举粉碎美军抵抗的最后的也是最好的机会。

这一出乎意料的休战给华盛顿以机会,他迅速抓住时机向英国人拉得过长的战线进行了反击。1776年圣诞之夜他再次渡过特拉华河,袭击守卫特伦顿的德国雇佣军,俘虏千人。几天后他突然包围了康华里的增援部队,并在普林斯顿击溃另一支英军。华盛顿退到莫里斯敦后,让他的部队在那里停留了六个月,这时他可以满意地回顾一下他在短短的冬季战役中获得的战果了。他以一支人数只有豪的1/6的军队,居然迫使英国人放弃了他们在1776年战役中所获得的大部分地方。这样一来,华盛顿既恢复了他自己正在下降的声誉,也为美国的事业注入了新的生命。

直到近年来,历史研究才推翻了围绕着英军在1777年作战中所采取的战略的各种荒谬说法。① 过去一直认为,在考虑不周的情况下,杰曼企图从伦敦协调两支相隔很远的军队的行动:他计划把军队集中在哈得孙河流域;根据该计划,要求豪以大量兵力北上与伯戈因从加拿大南下的部队会合;遭到惨败是由于杰曼未告知豪他应如何行动。但事实上并不存在这一从伦敦指导整个战略的企图。在伦敦制订的唯一计划是从加拿大发动突然袭击。这是伯戈因在1776年与1777年之交的冬季回国时与杰曼商定的。伯戈因的远征按计划是一个独立的行动,并未设想其胜败有赖于豪的密切配合。豪仍有权制订自己的计划,并经杰曼批准,决定他在1777年的主要任务是入侵宾夕法尼亚。但他也决定留3000人在哈得孙河下游,"以便在一定程度上为从加拿大进军提供协助"。

豪以其典型的行动迟缓,一直等到1777年仲夏才重新采取行动。直到7月23日他才以260艘船只和1.5万人从纽约驶向特拉华河,以费城为其目标。当发现特拉华河防守严密时,远征队转向切萨皮克

---

① 权威著作为特罗耶·A.安德森《美国革命期间豪氏兄弟的军事指挥》(纽约,1936年)。

湾,并于8月25日在叛军首都以南50英里处登岸。华盛顿试图在布兰迪万河阻止英军前进(9月11日),但像在长岛那样遇到包抄而被迫撤退。他对阻止英方攻克费城(9月25日)无能为力,但是在10月4日对豪在日耳曼敦毫无准备的军队进行突袭取得了初步胜利。后来只是由于大雾使战场陷于混乱,以及康华里率援军赶到才遭到失败。一个月后,豪攻陷了特拉华河下游的防御工事,遂向英国船只开放了这条河流。当他准备舒舒服服地在费城过冬的时候,华盛顿把他的军队撤至西北20英里处福吉谷的荒无人烟的高地。但占领费城并非像表面看起来的那样是一次了不起的胜利。摧毁华盛顿的军队本应是豪的主要目的,而它却依然存在。当豪徒劳无益地在宾夕法尼亚与他的对手周旋的时候,在遥远北方的森林里,英军遭到了惨败。

伯戈因后来虽然竭力否认,但他从加拿大开始南下时,明知道不能指望从豪那里得到什么主要的援助。但当他在1777年6月中旬率9500名以英、德人为主,以加拿大人、亲英分子和印第安人为辅助部队的大军出发时,他对胜利是满怀信心的。但他低估了在荒野行军的困难,虽然7月6日他攻克了离奥尔巴尼只有70英里远的提康德罗加,但他后来却进展缓慢。被庞大的辎重车队所拖累,他的军队发现由于桥梁的破坏和路障的设置而行动越来越困难了。8月15日伯戈因的一部分军队在新罕布什尔民兵手中的本宁顿遭到了严重阻击,到初秋时由于缺乏给养以及美军不断增加的抵抗而不得不停止前进。与此同时,陆军中校圣莱杰率领的由英国人和印第安人组成的军队,企图从安大略湖到达奥尔巴尼,也以失败告终。圣莱杰遭到斯坦尼克斯堡美军守卫部队的顽强抵抗,费了很大力量才在奥里斯卡尼打退了一次民兵的袭击(8月6日)。当阿诺德率领下的第二支美军逼近时,他的印第安盟友抛弃了他,他不得不撤至奥斯威戈和蒙特利尔。从此以后伯戈因的形势迅速恶化。他的军队由于加拿大人和印第安人的开小差而削弱,到现在只剩5000人。他的漫长的供应线一直回伸到加拿大,在新英格兰民兵集结东进后,这条供给线一天比一天容易受到攻击。他的前方是盖茨的军队,人数最后达到1.2万民兵和5000大陆军。只有迅速撤退,才能挽救入侵者。但伯戈因孤注一掷地向这时只有20英里远的奥尔巴尼突破,他两次试图从弗里曼农场(9月18日)和比米斯高地(10月7日)突破美军防线杀出一条去路,均以

第十七章　从帝国、战略和外交诸方面看美国革命

伤亡惨重而被击退，这时伯戈因发现自己被包围。10月17日他的精疲力尽的士兵在萨拉托加放下了武器，但是并没有投降。由于盖茨担心克林顿的救援部队会从南方开来，遂同意伯戈因提出的建议，达成协议：允许败军返回英国，条件是其成员在战争期间不再到美洲服役。但双方都没有遵守这一协议，"协议军"最终成为战俘。

萨拉托加战役是这场战争的转折点。它把法国也拖入了战斗，从而使一场地方性的叛乱变成了一场世界战争，力量的对比日益对英国不利。但法美联盟的成熟尚需时间，1777年与1778年之交的冬天，当外交家们还在巴黎进行活动时，美国的革命事业经历了一段苦难和分歧的阶段。盖茨得胜的军队在其民兵回家之后解体了。与此同时，华盛顿的大陆军则在他们条件恶劣的福吉谷营地备受艰辛之苦。周围的农村历经战乱，粮食已颗粒无存，再加上投机和牟取暴利使得从其他地方得到供应也很困难。此外，由于运输的中断，福吉谷只能断断续续地得到数量很少的食品和服装。确实，要不是这年冬天气候比较温和，也未发生流行病，否则全面的灾难很可能会降临到服装破烂和处于半饥饿状态的大陆军身上。

像他的军队一样，在福吉谷这严酷的几个月中，华盛顿本人的地位也岌岌可危。现在看来，有一个有组织的反对他的阴谋的说法是不可靠的；没有发现任何证据证明存在着一个像华盛顿以及他的军事同僚们所认为的"康韦阴谋集团"。[①] 但是在大陆会议内外，无疑存在着一股不满意这位总司令的暗流。在有些军营中，人们担心会像以前约翰·亚当斯所说的那样，他周围的人"有时对华盛顿将军迷信般地尊敬"将会导致军事独裁。也有人对华盛顿的防御战略提出批评，把他一再未能挫败豪的原因归咎于这一战略。更有甚者，一些人对费城的陷落感到懊恼，因而开始对华盛顿的军事才能表示怀疑，并把他的战绩与萨拉托加战役的胜利者盖茨的战绩相比。1777年11月事情发展到顶点，在大陆军中服役的一个出生于爱尔兰的法国军官托马斯·康韦将军写给盖茨的一封私信的内容被披露出来。康韦在信中表示希望由盖茨来替代"这个软弱的将军"。但是批评刚一公开化就结

[①] 这是伯恩哈德·克诺伦贝格的《华盛顿与革命……》（纽约，1940年）第65—67页，及L. H. 巴特菲尔德在其主编的《本杰明·拉什的书信集》（2卷本，普林斯顿，1951年），第2卷，附录1，第1197—1208页中共同得出的结论。

束了。军队的大部分都已表示忠诚于华盛顿,大陆会议也不得不支持他,急忙表示对他的信任。结果康韦辞职而去,盖茨虽然不是没有野心,但并不知道有什么阴谋,他也同时隐退。除曾在1780年的南方战役中短暂而并不顺利地出现过之外,便默默无闻了。从此以后,尽管很长时间胜利仍与他无缘,但华盛顿的权威已是无可争辩的了。

大陆会议的领导人从战争的初期阶段已认识到他们认为必不可少的外援只能来自法国和西班牙这样的海上强国。美国人对这两个大国,尤其是法国怀有传统的反感。只因这是他们必须采取的一种手段,他们才决定向波旁王室求援。甚至在宣布独立之前,他们就在这样做了。1775年11月大陆会议建立了一个秘密通讯委员会与"我们在大不列颠、爱尔兰和世界其他地方的朋友们"取得联系。委员会立即授权一个住在伦敦的弗吉尼亚人阿瑟·李试探外国列强的意见。1776年3月又授权一名康涅狄格商人赛拉斯·迪恩去法国寻求军事和财政援助。但是在迪恩尚未到达巴黎之前,路易十六的政府出于自身的利益,已决定给反叛的殖民者们提供秘密的援助。在法国外交大臣韦尔热讷看来,美洲的反叛是"法国的一次独一无二的和出乎意料的好运",给了它一个长期以来寻求的洗雪七年战争的屈辱的机会。但是在设法使英国和它的殖民地脱离关系时,韦尔热讷的目的并不在于收复法国在北美失去的领地。他的野心在商业上,而不在于领土。他相信美国独立将会削弱英国的商业而使法国的商业得益。但路易十六在开始时不愿冒秘密援助可能带来的战争风险。法国财政总监杜尔哥也是这样,因为他看到韦尔热讷的政策是对他自己扭转国家破产的努力的威胁。但是韦尔热讷的论点占了上风,1776年5月2日路易十六授权拨款100万里弗尔作为向美国人秘密船运武器和给养的费用。不久西班牙为同样的目的也提供了同样数目的款项。为了保密,用这些钱所购得的战争物资是通过以剧作家博马舍为首的一个空头商行罗德里格·奥塔莱斯公司运送的。博马舍与韦尔热讷密切合作,有时他受权执行秘密援助计划。波旁王室对美国革命事业援助的价值,无论怎么评价也不为过。美国人在战争最初几年所用的火药有90%来自欧洲,其中大部分是通过博马舍的空头商行运送的。特别是导致伯戈因在萨拉托加失败所用的枪支弹药主要来自法国的兵工厂。此外,允许美国人使用法国及法属西印度各港口的设施,也是美国人的武装民船能成功地阻止英国航运的原因。

但是，在豪于1776年秋季接连获胜后美国所面临的危险，迫使大陆会议进一步与法国进行接触。会议的代表们不知道法国已决定给予帮助。他们在9月26日任命赛拉斯·迪恩、本杰明·富兰克林和托马斯·杰斐逊（后来由阿瑟·李所替代）作为谈判代表前往凡尔赛宫廷，带着要求获得军需物资和要求立即公开承认美国独立的指示。一项与法国结盟的建议，在大陆会议上经过长时间辩论后被否决了，理由是担心承担任何会使美国卷入欧洲事务的义务。这样，美国的外交政策从最初就受到孤立主义的影响，在后来的一个半世纪中孤立主义遂成为其指导原则。

1776年12月，富兰克林一登上法国国土就担当起美国代表团的领导职务。确实，他的超人的能力以及长期的政治经验，使他有资格担此重任。在巴黎他享有不同寻常的盛名。他作为哲学家和科学家的名气，早在他到来之前已众所周知；他的魅力和朴实风度征服了知识界。但是，尽管富兰克林为美国的事业争取到普遍同情，而他争取法国成为交战一方的努力，却长期未能奏效。他最后达到目的的原因，与其说是由于他的机敏的外交手段，不如说是由于萨拉托加战役使情况发生了变化。伯戈因的失败终于使韦尔热讷相信法国可以放心地进行干涉，不用担心美国的垮台，而鉴于英国致力于和解已迫在眉睫，使韦尔热讷同样看到，法国的干涉再也不能拖延了。但是，按照1761年的"家族盟约"，法国在采取敌对行动之前必须与西班牙磋商。韦尔热讷先试图争取法国与西班牙联合干涉，但他的努力却遇到了西班牙的拖延，他然后说服路易十六单独行动。韦尔热讷不仅向美国谈判代表们提出缔结他们受权缔结的商业条约，而且提出缔结正式的联盟。他的建议立即被接受，1778年2月6日在巴黎签订了两个法美条约。一个友好与通商条约规定美国和法国在商业上实行互惠，第二个条约则规定一旦英法开战，联盟立即生效。根据联盟条约的规定：法美双方保证尊重各自在新世界的领地，同意进行战争直至美国的独立被"正式承认或默认"；双方并保证不单独媾和。

正如韦尔热讷所预见的，诺思勋爵对萨拉托加战役消息的反应是作出让步，希望能把美国人重新拉回到帝国之中。诺思1778年2月的和解建议，同意了美国人在三年前所提出的所有要求，特别是明确放弃了英国议会有权向殖民者征税的主张。议会勉强同意了这个计划，并被说服废除了茶叶条例和1774年的强制法令，授权派遣一个谈判委员会前往美国。尽管和解建议比与法国结盟的消息先到达美国，但大陆会议以建议不充分和不真诚为理由，一致加以拒绝。诺思不知道建议已遭拒绝，派遣了一个以卡莱尔伯爵为首的皇家委员会，向大陆会议提出除独立以外的任何和解条件。但是当卡莱尔委员会在6月到达费城时，其使命之无望便立即一目了然了。不仅大陆会议已批准与法国的条约，而且军事形势也突然起了变化。委员们原来信心十足地指望军队会支持他们的和平建议，但他们发现克林顿根据一项皇家指令正在准备撤出费城，而该项指令诺思却故意不让他们知道。他们与大陆会议的接触，得到的回应是除承认美国独立或撤出英国军队外拒绝任何谈判。这使他们别无选择，只好随军队一起撤至纽约。

从费城撤退是由于得到法美联盟的消息而必须修改英国战略的第一个后果。1778年3月从伦敦发给接替豪任总司令的克林顿的指示，要求他在北方采取守势，准备对佐治亚的远征，并为在西印度群岛的军事行动提供部队。在放弃了美国首都之后，英国的舰队和陆军都要集中在纽约，如果可能的话，尽量守住克林顿在1776年12月攻克的海军基地罗得岛的纽波特。

克林顿把他的一部分军队由费城从海上派往纽约。他本人则率主力在1778年6月中旬从陆路出发。他一路上被华盛顿紧追不放。华盛顿的军队经历了福吉谷的艰苦考验，不仅保存下来，而且充满着新的活力。由于新任命的军需总监纳撒内尔·格林精力充沛地工作，大陆军大部分得到了重新装备。而部分地由于副官长冯·施托伊本"男爵"的工作，这支军队的组织、纪律和训练都大为改观。6月28日华盛顿在蒙茅斯郡府命令由查尔斯·李指挥的军队向英军后卫发动进攻。由于李的无能，攻击失败了，如果不是华盛顿率主力及时赶到，美军也许会遭到失败的结果。蒙茅斯战役暴露了李的徒有虚名，使他离开指挥职务。他在战场上与华盛顿发生口角，后被送交军事法庭。他被判犯有不服从命令、不必要的可耻退却以及不尊重总司令等罪。这场战斗本身未分胜负，克林顿再未遇到阻击而到达纽约。

蒙茅斯战役是在北方打的最后一场大仗。此后英国在北方的军事

第十七章 从帝国、战略和外交诸方面看美国革命

活动仅限于在边境上和海上进行的一些袭击了。边境战争进行得空前激烈。特别是陆军上校沃尔特·巴特勒的保王派别动队和印第安辅助部队；1778年分别发生在宾夕法尼亚和纽约边境上的怀俄明和切里瓦利两次大屠杀就是他们所为。巴特勒的军事行动虽然不必要如此野蛮，但至少有着明确的军事目的，即转移华盛顿对英军主力移动的注意力。这也是1779—1781年在沿海一带进行的劫掠性袭击的目的。在这一过程中，纽黑文和新伦敦等新英格兰城市被付之一炬。弗吉尼亚也遭到同样的对待，但是1778年英国在南方的主要目标是佐治亚。这是一个最孤立，人口最稀少，因而也是联盟中最弱的州。住在它边境上的克里克人和切罗基人以靠近英国人而闻名。尽管迄今为止对英国武器的出现的反应令人失望，但对佐治亚的亲英主义力量仍寄予希望。这种希望并非全是幻想，因为1778年12月29日普雷沃斯特将军率领的英国军队攻陷萨凡纳后，聚集在皇家旗帜下的人数之众多足以证明这一点。一个月后，攻占了奥古斯塔，并于1779年3月3日在萨凡纳以北50英里的布里亚尔克里克击退了本杰明·林肯的救援部队。这样就完全收复了佐治亚，并部分地恢复了文职政府。

  法国在1778年6月的参战，对英国的制海权构成了主要威胁。到那时为止，英国一直得以封锁美国的各港口，任意攻击海岸线的任何部分，而且可以不受什么干扰地越过大西洋运送给养。美国人没有足以作为一支舰队作战的海军，更不要说向豪的分舰队挑战了。大陆会议在1775年秋建立了海军委员会，为大陆海军总共提供了50多艘船只，各州的海军船只几乎也有这么多。但这些船只不是战列舰，只不过是改装的商船，最多只能算是快速帆船。虽然偶尔有单船作战的情况，但其任务主要是破坏通商。美国海军中的杰出人物是出生于苏格兰、过去贩卖过奴隶的约翰·保罗·琼斯。他从设在布雷斯特的基地袭击英吉利海峡的英国航船，破坏了安装在怀特黑文的大炮，并在1779年9月在弗兰伯勒岬附近海上经过一场艰苦的战斗，俘获了英国装有50门大炮的快速帆船"塞拉皮斯"号。但是琼斯的功勋无论多么惊人，在军事上的意义却不大。事实上，美国人在海上最成功的活动是掠捕敌方的商船，从事这项活动的人有时超过大陆军的人数。战争期间美国征用了2000艘以上的武装民船，其中大部分在新英格兰。掠捕敌方商船不仅是一种爱国行动，而且也是一种虽带有风险但

有利可图的事业。例如，像贝弗利的卡伯特和塞勒姆的德比这样的新英格兰家族，就是靠这种利润发家的。对于这种掠捕活动给英国商船所造成的损失估计不一，但无疑是巨大的。尽管如此，掠捕活动对美国的事业却没有多少直接的好处，对维持华盛顿的军队也没有起多大作用；而它对英国跨越大西洋的供应线的威胁，到1778年由于实行了有效的护航制度而受到还击。

无论如何，英国的海上力量还不足以对付强大的法国海军。法国海军主要是靠舒瓦瑟尔的努力从1763年兴起的。在1778年7月，凯佩尔在韦桑岛附近海面与占优势的法国海军作战也只能是不分胜负，这次海战被某些历史学家认为意味着最终失去美国。1779年西班牙加入战争后，英国海军力量进一步穷于应付需要。1778年以来不断存在着的入侵威胁，只是在第二年英吉利海峡一场暴风吹散了法国—西班牙舰队后，才得以避免。直布罗陀陷入包围，一支法国舰队活跃在印度洋上，西印度产糖的岛屿多米尼加、圣文森特和格林纳达落入了法国人手中，甚至牙买加也面临严重的危险。

尽管如上所述，由于失去了制海权，英国被迫处于守势，但是法国舰队在美国水域的出现，并未立即产生预期的结果。早在1778年3月，即正式宣战之前三个月，德斯坦伯爵就率领12艘战列舰和5艘快速帆船离开土伦前往美国。但德斯坦的行动丧失了一系列的时机。由于他的行动特别缓慢，这位海军上将在7月8日才到达特拉华角，截击从费城撤出的英国舰队为时太晚。即使如此，在纽约进行一次成功的打击还是可以的，因为法国无论在人数上还是大炮数量上都超过了豪勋爵在桑迪胡克的舰队。但是德斯坦拒绝这样做，担心他的船只吃水太深不易安全地驶过沙洲。一个法美舰队联合袭击罗得岛纽波特的计划，运气也不佳。德斯坦的舰队在一场风暴中受损，只得驶回波士顿进行整修。这使美国人产生了被抛弃的感觉，当德斯坦在11月离美前往西印度群岛时，他们对法国结盟后果的失望进一步加深了。除了1779年秋德斯坦参加另一次也遭失败的围攻萨凡纳的军事行动时，曾短暂地重新露面外，法国海军的主要力量几乎有三年时间没有返回美洲大陆。这也并不奇怪，因为法国参战的目的更多的是削弱英国，而不是使美国获得独立。因此，它集中其海军力量于加勒比海，目的在于得到英国的产糖岛屿。

第十七章 从帝国、战略和外交诸方面看美国革命

如果说法国是对美国的利益漠不关心的话,西班牙则是公开地敌视了。虽然西班牙在1779年6月参加了反英战争,但它这样做并不是与美国而是与法国结盟。美利坚共和国的诞生从一开始就被马德里看成是对西班牙帝国利益的威胁。西班牙担心美国的共和主义及其扩张会鼓励它的殖民帝国起来造反,并削弱它在密西西比河流域的地位,这种担心被证明是有道理的。由于这种担心,也由于被法国决定单方面宣战所惹怒,西班牙朝廷有一年多之久不理睬韦尔热讷不断要求它参加干涉的压力。在整个美国独立战争中,西班牙的政策是指望把英国不仅从地中海,而且从加勒比海赶走。因为后者已成为英国向西属美洲属地进行商业渗透的基地。但西班牙最念念不忘的是收复直布罗陀,如有可能通过外交途径,必要时则通过战争。[①] 它起初想以继续保持中立为代价从英国得到这个要塞。这是它1778年试探性地向英国提出调停建议的动机。这一行动失败后,卡洛斯三世和佛罗里达布兰卡便准备与法国达成协议。通过1779年4月12日法西阿兰胡埃斯条约,西班牙保证参战,但作为交换条件得到了实质性的让步。法国同意帮助它收复梅诺卡、莫比尔、彭萨科拉、洪都拉斯湾以及坎佩切海岸,并答应不把直布罗陀归还西班牙,决不讲和。

荷兰最终也加入了与英国为敌的行列,虽然在冲突中并未采取积极行动。从战争一开始,英国就与荷兰在中立国海上权利问题上和荷属西印度的圣尤斯塔修斯岛成为巨大的美国武器运输中心问题上存在着摩擦。对英国来说,荷兰商人向法国和西班牙提供海军必需品是不能忍受的最后因素,于是1780年11月向荷兰发出最后通牒,之后不久就宣战了。

武装中立同盟的成立标志着英国在外交上进入更加孤立的阶段。在韦尔热讷的鼓励下,俄国的叶卡捷琳娜二世在1780年2月把对英国搜查中立国船只检查禁运品的做法感到不满的波罗的海国家联合在一起。作为对中立国商业的一种保护手段,同盟并不起什么作用。如叶卡捷琳娜本人所说的,这是一个"武装的废物"[②],但到1783年,几乎欧洲所有的国家都参加了该同盟。

[①] 塞缪尔·F. 比米斯:《美国革命时期的外交》(纽约,1935年),第6章。
[②] 武装中立同盟英文为"League of Armed Neutrality","武装的废物"英文为"Armed nullity",二者的字母和读音均相近。——译者注

英国在欧洲所遇到的日益增加的困难,有时并不一定就能使美国得益。由于还不能向克林顿发起进攻,华盛顿在1779年至1780年间继续经历了难以把军队维系在一起的困难。法国的参战使许多大陆军士兵相信,一定可以把战斗交给他们的盟友了。而且随着战争的继续,军队生活的艰苦日益增加,而如果与文职人员获得的利益相比,这种艰苦就更加倍地令人难以忍受。部队中许多人不是开小差就是拒绝再次应征。甚至像斯凯勒和沙利文这样的高级军官以及汉密尔顿和门罗这样的杰出人物,也觉得他们可以光荣地辞去他们的职务了。但是比这种自满和自私更严重的对美国事业的威胁,则是先后出现的叛变和兵变。本尼迪克特·阿诺德向克林顿提出以2万英镑的代价交出西点要塞,固然一方面可能是由于他负债累累和他对美国的胜利失去了信心,但使阿诺德变节的更直接的原因是他认为大陆会议没有对他的军功给予他认为应有的承认,以及由于他因侵吞公共财产而受到军事的惩处,因而心怀不满。华盛顿认为西点若丧失,"对美国事业的打击即使不是最后一刀,也会是致命的伤害"。这或许有些夸大,但这件事肯定会使克林顿得以控制哈得孙河并孤立新英格兰。不过阴谋未能实现。因为克林顿的密使约翰·安德烈少校在1780年9月最后一次与阿诺德约会后的归途中被俘,向美国人泄露了进行中的阴谋。因为安德烈是在美国防线内穿着便服被抓获的,遂被作为间谍处决了。而阿诺德却逃走了,后成为一名英国的将军,领导了一场对自己故乡新伦敦的袭击,并参加了最后几次南方战役。①

1781年年初宾夕法尼亚及新泽西前线的兵变属另一类型,与阿诺德的叛变不同。这些兵变不是不忠的表现,而是对大陆军中服役条件长期积压在心中的不满情绪的爆发。尽管格林对后勤部门作了改革,但食品和服装的供应仍然不足,部分是由于各州当局的忽视;部分则由于作为交换手段的大陆和州的纸币暴跌引起的财政混乱。货币的贬值对士兵们的打击更为直接,他们军饷的价值不断降低,军饷一开始就少得可怜,而且还往往拖欠好几个月。不过,尽管这种艰苦在整个军队中普遍存在,但在宾夕法尼亚前线由于在应征条件上与民政当局发生争吵而引起了特殊的不满。虽然兵变者拒绝了克林顿要他们

---

① 卡尔·范多伦:《美国革命秘史》(纽约,1941年)主要叙述了阿诺德的阴谋。

第十七章 从帝国、战略和外交诸方面看美国革命

叛变的诱惑，但他们在1781年1月拒绝服从他们的军官，直到答应纠正错误为止。宾夕法尼亚人所取得的按照自己的条件重新服役的胜利，鼓励新泽西前线也跟着学习他们的榜样。但是华盛顿感到与兵变者的谈判拖得太久了，他坚持用武力镇压这第二次兵变。

1779年秋，联军围攻萨凡纳的失败以及德斯坦舰队的返回法国，为英国向南方各州发动大规模进攻铺平了道路，于是开始了战争的最后一个阶段。诱使华盛顿在北方与其决战的企图一再失败之后，英国决定把它的主要力量转移到大陆军难以获得供应、运输和增援的地区。这个地区的大量黑人居民、毗邻的印第安人和出名的亲英主义，都吸引英国人发起攻击。1779年12月，在已收复佐治亚和交通已不再受法国人威胁的情况下，克林顿从纽约率一支庞大的舰队和陆军航海南下，经过四个月的围攻占领了查尔斯顿并俘虏了5000驻军（1780年5月12日）。在康华里的指挥下，南方远征军迅速平定了南卡罗来纳，卡姆登一役（8月16日）重创盖茨指挥的一支匆忙集结的美军。盖茨仓猝向北卡罗来纳撤退，导致他被撤去指挥职务，这也许是不公正的。但是，虽然入侵者在三个月内消灭了两支美国军队，而且每支军队的规模都相当于萨拉托加战役中被打败的军队，但是形势开始变得对他们不利了。康华里的南方战役，显示出英国企图收复美洲，即保持和巩固它征服的地方所面临的基本困难。由于没有足够的兵力来驻守如此辽阔的地区，因此，一旦主力军开往别处，英国的警戒部队往往很容易受到攻击。

尽管有许多相反的迹象，但距离完全征服南卡罗来纳还很远。抵抗不过是转入了地下，而马里恩、萨姆特和皮肯斯所领导的游击队仍在沼泽地带活动。而且许多原来在查尔斯顿陷落时准备投降英国统治的南卡罗来纳人，后来由于亲英分子对他们的过去压迫者实行野蛮报复而改变了态度。因此，当康华里从卡姆登向北挺进进入北卡罗来纳，去扫除他所认为的南方抵抗力量的最后残余时，农村马上就在他背后奋起抵抗，威胁他的交通并袭击他的边境哨所。就在这个时候，英国对北卡罗来纳的入侵也遭到了意外的挫折。虽然康华里的主力军未遇任何抵抗就到达了夏洛特，但是一支亲英分子组成的辅助部队，却在金斯芒廷陷入包围，并被歼灭（1780年10月7日）。当接替盖茨担任南方战场指挥官的纳撒内尔·格林将军组织起一支新的美军

后，英国人的处境就变得更加困难了。格林获得的首批战果是丹尼尔·摩根将军在考彭斯击溃了巴纳斯特·塔尔顿指挥的一支英国分遣队（1781年1月16日）。不久以后，康华里在吉尔福德县府所在地使格林遭受了他一系列失败中的第一次（3月15日），但他自己在战斗中也遭受十分严重的损失，以致不得不从北卡罗来纳内地撤至沿海的威尔明顿。4月，当康华里向北进军与在弗吉尼亚作战的英军会合时，格林抓住时机，在南、北卡罗来纳发动了攻势。虽然先后在霍布柯克山（4月25日）和尤托斯普林斯（9月8日）受挫，但格林在南卡罗来纳游击队的帮助下，把英国分散在边远地区的哨所一个接一个地消灭掉。到了夏末，康华里征服的地方已全部丢失，在弗吉尼亚以南英国占领的地方只剩下了查尔斯顿和萨凡纳。

康华里未经批准进军弗吉尼亚，使他的军队陷于有被在切萨皮克湾的法国舰队切断的危险之中，这是他后来在约克敦遭到惨败的最初的原因。但是，在一定程度上也应归咎于克林顿，因为在他意识到他的部下的危险处境时，既没有在时间还来得及的时候坚持撤退，也没有做任何事情来加以拯救，直到为时已晚。① 尽管克林顿对康华里企图任意确定战略感到恼怒，但他在准备救援活动时行动迟缓，则是由于他认为法—美联合进攻纽约城已迫在眉睫。华盛顿在1781年年初得知德格拉斯海军上将率领的一支法国舰队正在前来与他以及在纽波特由罗尚博指挥的法军联合作战时，纽约确是他要进攻的最初目标。华盛顿只是在后来才被罗尚博说服，把他们的联合行动转向弗吉尼亚，遂使康华里的军队成为他们复仇的对象。法国舰队之所以能未受任何挑战而离开西印度群岛，是由于罗德尼海军上将没有服从他的命令，尾追德格拉斯，必要时一直追到美洲大陆。但他虽然知道德格拉斯离开西印度群岛，并正确地猜测到其意图，但罗德尼只是命令胡德前去追击，并向在纽约的格雷夫斯发出警报后，以健康不佳为由返回英国格兰了。罗德尼的预防措施失败了，德格拉斯在没有受到阻击的情况下于8月底到达切萨皮克，有4000人的军队一同到达，以支援拉法耶特防止康华里逃跑。不久以后，华盛顿和罗尚博的军队也到

---

① 关于为克林顿的辩护以及对约克敦惨败的责任的重新评价，见威廉·B. 威尔科克斯《英国通向约克敦的道路：对不统一的指挥的研究》，载《美国历史评论》第52卷（1946年），第1—35页。

第十七章　从帝国、战略和外交诸方面看美国革命

达弗吉尼亚，从而使康华里面对一支两倍于自己的军队，有效地把他围困在约克敦半岛。从海上逃跑的机会由于罗德尼的失误本来已经很小，而由于德格拉斯在9月5日切萨皮克湾口的一次作战行动中击退了格雷夫斯的舰队，使这种机会进一步渺茫了。但是最终决定康华里的厄运的是纽约迟迟未派出救援部队。直到10月17日克林顿和格雷夫斯才开始他们的救援尝试，而到他们抵达切萨皮克时，康华里早已投降了。被彻底包围并被赶进他们在约克敦的防御工事内的康华里和他的7000人的军队，在10月19日放下了武器。

约克敦的投降实际结束了在美国的战争。华盛顿希望进一步与法国合作，但由于德格拉斯返回西印度群岛而落空，遂使大陆军过于软弱而无力单独发起进攻。英国虽然还有3万军队在纽约，但也只能在美国继续处于守势。不过海上战争仍在继续进行，战争的最后几个月英国的运气有了明显的好转。虽然梅诺卡丢给了西班牙，但是直布罗陀最后由于豪率领的一个救援分舰队在1782年9月的到来而解了围。英国的制海权在这之前由于罗德尼在多米尼加附近的桑特群岛海上摧毁德格拉斯的舰队（1782年4月12日）而得以恢复。

但是美国战争的巨额开支以及再无取胜的希望，现在已使英国舆论相信进一步努力是无益的。约克敦战役导致和平的要求突然高涨，反映在内阁在议会中的多数日益减少上。1782年3月下院通过动议，放弃一切采取高压手段的企图，随后诺思辞职。先由罗金厄姆，后由谢尔本接替了他。乔治三世对事态的变化感到懊恼，曾一度提到逊位，但在4月勉强同意派一个已退休的苏格兰商人理查德·奥斯瓦尔德前往巴黎与富兰克林谈判。

和谈暴露了法美联盟的裂隙之深。尽管法国努力使美国获得独立，但它竭力阻止美国有加强其实力的任何机会，这个目的日益明显地为富兰克林、亚当斯和杰伊等美国和谈代表所看出。代表们有充分理由怀疑韦尔热讷想把美国排除在纽芬兰渔场之外，并支持西班牙对阿勒格尼山脉与密西西比河之间领土的要求。事实上法国自己垂涎于纽芬兰渔场，而韦尔热讷则由于未能把直布罗陀归还西班牙，觉得有义务在美洲为西班牙得到补偿。尽管美国谈判代表们得到大陆会议的指示，要他们与法国密切协商达成和议，但他们决定，自己国家的利益要求他们与英国开始单独谈判。然而尽管谢尔本急于利用这两个盟

友之间的不和,并通过一个慷慨的和平使美国与法国疏远,但他也发现富兰克林对加拿大的要求是无法接受的。尽管如此,谈判时间虽拖得很长,但是在1782年11月30日草签的预备和约以及在翌年9月的最后文本中所确认的条件,都对美国极其有利。① 大不列颠正式承认美国的独立,美国的疆界确定如下:北界为沿圣克罗伊河和圣劳伦斯河与缅因州之间的高地直至北纬45度线,再从那里到圣劳伦斯河,并沿该河和大湖区直到伍兹湖及密西西比河源头处;密西西比河本身成为西部边界;南部边界为阿巴拉契科拉河和圣玛丽河。主要由于约翰·亚当斯勇敢捍卫新英格兰的利益,美国人得到了在纽芬兰附近海上捕鱼,以及在新斯科舍和拉布拉多尚无人定居的地区晾晒并加工鱼类的"自由",但并不是权利。条约也涉及两个在谈判中争执很大的问题,尽管后来证明这样处理并不能令人满意。双方同意:英国商人在寻求收回他们真实的战前美国债务时,应"不会遇到法律上的障碍",大陆会议应"真诚建议"各州发还被没收的亲英分子的财产。

英国在成功地与美国单独媾和并在重新恢复了的海军力量的支撑下,得以比原来估计的更少的代价与它的其他对手们媾和。1783年1月20日与法国和西班牙签订的和约只是在细节上对1763年的解决方案作了修改。法国得到了塞内加尔和多巴哥,收回了1763年在印度拥有的要塞和工厂,并且略为扩大了在纽芬兰的捕鱼权。西班牙收复了梅诺卡;它对整个佛罗里达的权利得到了承认。这些条款加上英国与美国之间单独达成的那些条款,以及英荷条约所达成的条款,都由1783年9月3日的凡尔赛正式和约予以确认,从而正式结束了战争。

谢尔本与美国达成和平解决的目的在于恢复英美友谊,奠定"更能适应目前双方的情绪和利益的一种新关系的基础"。给予美国以慷慨的和平条件是旨在达到这种和解的第一步。按照谢尔本的希望,紧接着而来的将是一个商业联盟,而最终是某种形式的政治上的重新联合。但是在他同时代的人中仅极少数人持有与谢尔本相同的看法,因此他的希望很快破灭了。议会对草签的美国条约的不满,特别是由于未能给亲英分子以赔偿,从而导致谢尔本政府在1783年2月被推翻。议会对皮特的把美国的船只和产品与英国拥有和来自英国的

---

① 关于谈判的详细情况,见比米斯,前引书,第14—17章。

船只和产品几乎置于同等地位的法案同样不满。英国的商业利益集团赞成这种让步，但舆论却普遍受到谢菲尔德勋爵的小册子《论美国的商业》的深刻影响。这本小册子是在议会就这一法案进行辩论时出现的。谢菲尔德辩称：这一措施将削弱英国的商业航运，从而使海军失去海员的后备力量。他断言：要赢得美国贸易，在任何情况下都没有必要作让步，因为那个国家太弱，无力对英国的歧视进行报复。这些论点占了上风，皮特法案遭否决。根据一系列枢密院令，1783年美国船只除进行美国产品的直接贸易外，被排除在英属西印度群岛和其他一切地区之外。由于谢菲尔德小册子中所表示的担心，加上美国也担心陷入纠缠不清的联盟，致使谢尔本所倡议并由福克斯所继续的试图与美国签订商业条约的努力遭到失败。①

　　谢菲尔德的政策被采纳后，给英国航运业带来立竿见影，但昙花一现的利益。由于英美贸易绝大部分是三角贸易，把美国船只排除出西印度群岛，使大量的运输转归英国的船只。正如谢菲尔德所预料的，美国由于受到邦联条款的约束，无法对英国采取有效的反措施。中央政府无权管辖商业，而各州进行报复的努力由于不能制定一项共同的政策而宣告失败。但是，1789年联邦宪法生效后，情况就不一样了。利用联邦政府所拥有的比较广泛的权力，国会加紧通过了一些有利于美国航运业的区别对待的法律。特别成功的是1789年7月20日调节吨位税的法律，规定美国沿海贸易仅限于美国航运，有效地把英国船只排除在日益增长的棉花三角贸易之外。

　　英国在商业上的排他性，特别是与其他欧洲国家给予美国船只和产品的各种特权加以对比，不能不在美国引起愤慨。1783年的和约也对英美之间的谅解同样构成了严重的障碍。条约的每一条款几乎都有含混不清之处，引起了后来的很多争论。有关疆界的争吵和捕鱼权的摩擦，都一直搁置到19世纪，但关于违约的争吵却立即发生了。关于不得妨碍英国债权人讨还战前债务的要求，遭到许多州的公开蔑视，特别是在南方，那里的种植园主欠了苏格兰商人大笔债务。更加明目张胆地遭到蔑视的是关于亲英分子的条款，几乎每个州都不理会大陆会议关于发还被没收的亲英分子财产的劝告。这些违约行为，给

---

① 哈洛：《第二大英帝国的建立》，第6—9章。

了英国以借口，拒绝执行"以最方便的速度"从美国土地上撤出的条约义务。英国守备部队继续占领着美国—加拿大新边界线美国一侧的七个军事据点，虽然英国把美国先前的违约行为作为借口，但它保留西北地区这些据点的真正动机，是要给该地区的加拿大皮毛商以时间，来改组他们的商业并撤出他们的财产。直到1796年这些据点才最后移交。

和约的含混不清也导致美国与西班牙之间的摩擦。虽然1783年英美条约的最后文本承认北纬31°线为美国的西南边界线，而西班牙则要求以其北100英里处的亚祖河为界，并继续占领着密西西比河左岸的纳奇兹。此外，在密西西比河通航问题上也出现了争论，直到1784年西班牙一直不准美国人航行。直到1793年在这个问题上以及边界争端上均未能达成协议。

到这时为止，美国的独立仍然是不完整的。英国和西班牙的驻军还留在它的土地上，仍未能毫无争议地控制10年前条约所给予它的领土。它被两个欧洲大国的殖民地所包围，双方都威胁着它的安全，并且看来排除了它进一步扩展的可能性。大陆腹地没有出海口，从而使西部的不满发展到威胁联盟永久存在下去的地步。曾经大大推动了独立运动的孤立主义愿望仍然未能实现，因为与法国结盟所承担的义务继续有效。只要美国承担着在一旦发生战争时保卫法属西印度群岛的义务，美国人就不可能摆脱欧洲事务。欧洲正在开始一个几乎是战争连绵不断的时代，美国的安全、繁荣和属地问题也将因而大大增加。在这样的时候，美国的前途，甚至它的继续存在似乎仍是未定之数。

（陈　沫　译）

第 十 八 章

从美洲的情况看美国独立：社会和政治面面观；向西部的扩张

根据1763年巴黎和约的条款，北美大陆为英国和西班牙所分占。法国只留下两个小岛：圣皮埃尔岛和密克隆岛。这两个岛离纽芬兰海岸不远，法国渔民可在此晾晒他们捕获的鱼。到1793年，英国业已丧失其加拿大以南的殖民地：原先的13个殖民地已于1783年独立，并在一度踌躇之后于1787年联合起来，还增加了两个新的州（佛蒙特于1791年以及肯塔基于1792年）；至于东西佛罗里达则已于1783年归还西班牙。

1763年，英国所属北美大陆的殖民地从风暴频仍的布雷顿角岛到潮湿的奥克弗诺基沼泽沿海岸绵延达1600英里。在两端均设有军事前哨基地。新斯科舍于1710年为英国所占领。50年来它是抵御布雷顿角岛上的法国人的一个脆弱的皇家基地。哈利法克斯是作为抗衡路易斯堡的基地于1749年建立的，并派去了3000殖民者。1755年把法国人从芬迪湾和安纳波利斯河畔的阿卡迪亚殖民点赶走。在新英格兰移民的帮助下，英国人的人数由1766年的1.1万人增加到1775年的2万人。1758年新斯科舍被允许成立代议制的议会。1769年爱德华王子岛（原名圣让岛）成立单独的政府，其议会于1773年首次召开。1784年在圣约翰（原名帕尔敦）只有少数定居者，这年有3000名美国亲英分子大批迁来，使新不伦瑞克建成为一个单独的殖民地。在这些边界尚未划定的沿海殖民地背后是魁北克省。这个具有法国特色的省还不够成熟到可以建立代议制政府的程度。据詹姆斯·默里总督于1766年计算，只有19户信奉新教的人家居住在魁北克和蒙特利尔境外——作为一个群体，是"一群我从未见过的最不道德的人"。而在远方的伊利诺伊乡村的万森、卡斯卡斯基亚和圣路易则有1500名左右的法国人居住——在1763年是一群无国籍的人。

1763年之后的几年里，在最后一个针对西班牙的缓冲殖民地佛罗里达建立了若干军事据点，特别是在原西属佛罗里达位于查特胡奇河及阿巴拉契科拉河以西的部分，即西佛罗里达地区。这个地区包括路易斯安那地区的大部分，直至北纬31°以南和密西西比河以东以及彭萨科拉、比洛克西和莫比尔等城镇。它不包括由法国割让给西班牙的新奥尔良在内。1764年的佛罗里达的北部边界从北纬31°移到从亚祖河与密西西比河汇合处以东的一条线，把纳奇兹周围的肥沃地带也包括进来。在莫比尔和伊贝维尔河畔的曼查克，英国建有要塞，不过后者历时不长；彭萨科拉成了南部印第安人监管区总部和政府的所在地，西佛罗里达于1766年也成立了经选举产生的议会。东佛罗里达进步较慢并且远离密西西比河，乃是一个要审慎加以处理的问题。允许在该地成立一个正规的议会，以鼓励开发"丝绸、葡萄和其他有益于生产的产品"。殖民化试验开始了——1767年由安德鲁·特恩布尔医生带领1500名希腊人、意大利人和梅诺卡人在离圣奥古斯丁以南60英里的新士麦拿定居下来，组成了一个奇特而注定要失败的殖民地，在当地种植靛青和甘蔗。在1781年，即在不再是英属殖民地的前两年，东佛罗里达有了议会，仿效的是南北卡罗来纳和佐治亚的模式。

位于佛罗里达大沼泽地和芬迪湾高潮区之间的诸殖民地，在政府、经济和人口等方面的差异极大。尽管它们的起源迥异，英王还是逐步对之一一实行了直接统治。到1763年只有宾夕法尼亚、特拉华和马里兰三个领主殖民地以及康涅狄格和罗得岛这两个自治省，即具有法人资格的省仍不受皇家的控制。甚至连佩恩[①]的自由主义对他也不起作用：1765年本杰明·富兰克林被派遣到英国要求废除领主所有权并要求乔治三世对宾夕法尼亚实行直接控制，但毫无结果。

除了罗得岛和康涅狄格的总督和立法机构全系选举产生以及马萨诸塞的参事会系选举产生之外，所有其他殖民地几乎都采取同一形式的政府。总督由国王或领主任命，而后由总督任命参事会——其成员差不多总是出身于最富有的公民；总督通常将他们的利益与自己的利

[①] 威廉·佩恩（William Penn，1644—1718年），英国教友会教徒，宾夕法尼亚殖民地的开拓者。——译者注

第十八章　从美洲的情况看美国独立：社会和政治面面观；向西部的扩张　529

益结合在一起。总督通常但并非总是英国人，并且往往身在他乡，其职责由一位副总督代理——这位副总督有时被误认为是"总督"——他本人往往是苏格兰人。只要不违反殖民地特许状和英国的法律，所有的殖民地都设有经选举产生的议会；这些议会到1763年业已确立了它们提出法案、征收赋税以及筹措经费等权利。

在美国，政治争论的长期传统采取了多种形式：大小地主之间或东部与西部各县之间控制议会的斗争，在免役地税问题上的斗争，为少数民族争取宗教信仰自由的斗争以及——在1763年以前的10年间到处可见的——议会与总督之间控制财政收入的斗争。在大多数殖民地，总督的薪金已靠年度拨款；他难以长期抵制立法机构的压力。至于对他的控制，尽管很少有人认为是对"王室"权威的一种抑制，但至少也被看作是对他往往要倚靠的那些权力过大的臣民的抑制。无论1763年英国的局势如何，1688年时的许多问题在各殖民地却依然存在；许多地方上的局势，不论是在法国和印第安人战争以前还是以后都还是按光荣革命的固定不变的老眼光来看待的。国王也就是总督，英国议会也就是殖民地议会；要保证殖民地的各项权利，不仅要诉诸权利法案，而且要诉诸成文的特许状。由此人们可以看出，1776年的情况和1688年的情况是多么相似。固然，选举权如在英国一样受财产条件的限制，而且官僚阶级垄断了最理想的职位；但选举是公开竞争的，而且往往十分激烈，投票也采取口头方式。对投票权与财产联系在一起的问题发生了争议。新近的看法是强调扩大投票的范围，财产的限制也会随之而容易加以克服。此外，通过教区委员会、县法院、城镇会议和议会，参与公共事务的机会是很多的。政府的模式看起来很可能是皇家的模式；在某些地区，如纽约，实行的是寡头政治，而在其他地方，如罗得岛，则具有排他性；许多法令，尽管执行得十分松弛，但目的在于维护帝国利益。然而尽管如此，在公众的争论中和在各殖民地选举议员和市政委员的活动中存在着一种与白厅的权威相违背，因而最终向其提出挑战的生气勃勃的力量。①

---

① 参见 C. S. 西德诺《持有不动产的绅士们：华盛顿在弗吉尼亚的政治实践》（1952年）；罗伯特·E. 布朗《1691—1780年中产阶级民主与马萨诸塞的革命》（1955年）；菲利普·S. 克莱因《1817—1832年宾夕法尼亚的政治》（费城，1940年）；J. R. 波尔《马萨诸塞州的选举权和代表制：统计资料》，载《威廉和玛丽学院季刊》第14卷，第4期（1957年10月）。参见伦纳德·W. 拉巴里《美洲的皇家政府》（1930年）。

对殖民地形形色色的经济和社会情况加以概括是比较困难的，尽管北美殖民地的社会含义像政治含义一样可以说是民主的，但民主制却姗姗来迟。大批殖民者远非贵族式的人物，社会的变动很大，拥有财产的现象很广泛，从而削弱了阶级划分的意识。然而它反映出的社会结构同当时的英国一样具有贵族社会的性质。到1763年，已有了明显的上层阶级，包括大地主、富商和律师、总督与副总督、税务官员以及一些"政府的朋友"。在某些殖民地，这些人谋求成为排他性的集团，不过它们始终未能完全做到这一点。他们之中可能包括像费城的约翰·麦克弗森那样的富有冒险精神的私掠船船长，或者像J. S. 科普利那样的富于进取心的画家。比他们较低的是一个庞大而不断变化的中等阶级，有教士、教师、小商人和律师、拥有土地的农民、城镇的手艺人和店主、政府的小官吏、种植园的监工、船长等，总之是"中等人"。再往下主要是无财产因而也无投票权的工人、工匠、自耕农或贫穷的边疆拓荒者组成的劳动大军，其中有许多是德国人或苏格兰－爱尔兰人。原先，这些人中的许多人曾经是订立了服务年限的契约奴仆，或者是一些罪犯。单是马里兰在1748—1775年就收容了9000名以上的罪犯奴仆。① 18世纪出现了一种新型的契约奴仆：赎身奴仆。② 在南方，手艺人和工匠较难找到。到1763年，黑奴几乎完全替代了契约奴仆成为南方的劳动力，不过，在别处仍继续有白人契约劳工到来。乔治·华盛顿的第一位教师就是在这种制度下来到美洲的，而革命时期最有趣的日记之一系出自一位名叫约翰·哈罗尔的契约奴仆之手。③ 根据传说，至少有一位独立宣言的签署人，即新罕布什尔的马修·桑顿是契约奴仆；建造冈斯顿大厅的威廉·巴克兰以及大陆会议秘书查尔斯·汤姆森也是契约奴仆。威廉·艾伦曾说："你完全可以相信，这是世界上最好的穷人国之一。"④

到18世纪中叶，又有一种没有什么专长的劳动力出现在阿勒格尼高原的山谷和从莫霍克河流域到佐治亚只长松树的沙原的有人群居

---

① 参见A. E. 史密斯《受奴役的殖民者》（1947年）。
② 殖民地时期以出卖劳动力来偿还赴美船费的人。——译者注
③ 发表于《美国历史评论》第6卷（1900—1901年），第65—107页。
④ 布里登博：《反叛的城市》，第148页；参见T. J. 沃滕贝克《殖民时期的弗吉尼亚初期移民》（1922年），R. B. 莫里斯《殖民时期美洲的政府和劳工》（1941年）；布里登博《殖民时期的手艺人》（1950年），第1章。

地区的西部边缘。这种劳动力大都是从德国、苏格兰和北爱尔兰招募来的。但也有从弗吉尼亚东部地区招募来到西部的人。当地人和移民一样,都想拥有土地,其次就是到远离人烟的地方,以求得他们在原来的社会即在欧洲和弗吉尼亚东部地区所不曾享有的安全和自由。就美洲本身而论,这种向西迁移不仅开拓了边疆,而且普遍解放了生产力,并保持了高的工资。莫霍克、哈得孙、萨斯奎哈纳以及谢南多厄各河的河谷、印第安人的小路和荒原大道都变成了交通和贸易的通道以及经济上有发展前景的途径。① 发展途径也各不相同,因为拓荒者有许多不同的类型:在南北卡罗来纳西部的茂密藤丛中,他们一般放牧牛群;在坎伯兰山口,他们捕兽和经商,他们从肯纳贝克和佩诺布斯科特等河流域前往大岸滩捕捞鳕鱼和鲭鱼,或者砍伐栎树和白松。

正是这支边疆上的力量很快就与法军前哨站和印第安人发生了冲突。他们的西部敌人一旦被赶走,事实证明他们就比以往任何时候更不受英国人——或弗吉尼亚东部地区的人——的控制了。他们对所有为维持别人享受而他们不能分享的舒适生活而征收的任何赋税,或对他们不同情的种种规章制度,都采取敌对态度。尽管对这些人的"民主"特征也许未免有些夸大,但他们对权力机构,无论是贵族制、君主制还是教会,也无论是法国的、英国的还是美国的,都提出了挑战。到了1776年,每100万人当中已有25万以上的人生活在边远地区——而在南卡罗来纳,每5个白人当中就有4个生活在边疆或山麓地带。尽管来自弗吉尼亚东部地区的殖民者、教友会的商人和哈得孙河流域的大庄园主力图保持欧洲的文化和跟欧洲的联系,但他们的影响随着西进的每一步而减少:因为穿鹿皮衣的丹尼尔·摩根的士兵们和穿浣熊皮衣的丹尼尔·布恩的士兵们身上看到的是,而且象征的是经济实惠。② 在殖民地民族主义向英国提出的政治挑战背后,是边民们为抗议东部商人和殖民者而提出的更加深刻和更加不易对付的挑战。不断变动着的边疆的文化,如路易斯·B.赖特近来所说,也

---

① 参见梅里尔·詹森《新国家》(1950年),第424页。
② 丹尼尔·摩根(1736—1802年),美国革命时期将领;丹尼尔·布恩(约1734—1820年),美国从事游猎的边民领袖,二人均是当时传奇式人物。——译者注

许基本上还是英国式的，① 但它却是一种单纯而质朴、与费城和查尔斯顿相距甚远的文化。这是一片由小木屋和为维持生活而小规模经营农畜业、靠玉米粥糊口和以亚麻羊毛交织的土布为衣的乡土；一片机会、贫穷和复兴精神并存的土地。

这个殖民地社会的成员靠自身的繁衍和外来的移民而不断增多：高生育率和大家庭比比皆是——每一个家庭的儿童平均达 7.5 人，而妻子们则因经常生孩子而耗尽体力。人口事实上每 30 年增加一倍，尽管新英格兰的人口增长速度比别的地方要慢一些。1763 年殖民地的人口近 200 万，其中约 1/4 为德国人和苏格兰—爱尔兰人，约 1/6 为黑人。到 1775 年人口达到 250 万。据最初的统计，1790 年为 3929214 人，其中 757208 人是黑人。②

这个殖民地社会的最显著特征是其多样性及其地域主义。在 1763 年以前的 10 年以及以后的 30 年里，康涅狄格的东部跟西部争吵不休，北卡罗来纳西部和东部之间还发生了一场丑恶的内战。新英格兰瞧不起面积小而又无法无天的罗得岛；纽波特和普罗维登斯彼此相互鄙视；早在 1765 年盖奇就认为罗得岛不过是个"动乱不安的小小殖民地"。③ 当时，跟以后的情况一样，人们对纽约怀有很多疑虑。几乎所有的殖民地彼此之间都发生边界纠纷；所有的殖民地在反对印第安人时跟它们反对法国人时一样，彼此都迟迟不相互帮助——这也同纽约和费城迟迟不帮助其余的殖民地反对英国一样。詹姆斯·奥蒂斯于 1765 年曾怀着忧郁的心情预言："要是听任这些殖民地一直胡作非为下去，明天美洲将会成为血肉横飞的屠宰场。"

地域主义甚至更加根深蒂固，这乃是岩石与土壤、种族与宗教的产物。很久以来，新英格兰犬牙交错的海岸线和无数的港湾促进了海运业的发展，短小湍急的河流是水力的资源，造船用的木材也极其丰富。这里的农业尽管跟别处一样是很原始的，但多样化、规模小，因而不受困扰着南方的物价波动和生产过剩的影响。在西印度群岛和南

---

① 路易斯·B. 赖特：《大西洋边疆：殖民地美洲的文化》（1947 年），《不断变动的边疆的文化》（1955 年）。在迈克尔·克劳斯的《美国革命前夕殖民地之间美洲文化面面观》（1928 年）中，他说明所有殖民地的文化模式是多么的一致。

② 埃瓦茨·B. 格林和弗吉尼亚·D. 哈林顿：《1790 年联邦人口普查前的美国人口》（纽约，1932 年），以及斯特拉·H. 萨瑟兰：《殖民地美洲的人口分布》（纽约，1936 年）。

③ 盖奇 1765 年 9 月 23 日致康韦的信。英国殖民部，5/83。

欧有现成的推销过剩渔产品的市场；在西印度群岛、新英格兰和非洲之间又进行着兴旺的三角贸易。这种蓬勃发展但不光彩的甜酒、糖蜜和奴隶的交易，有着罕见的种族和宗教的相同背景，而且受英国人和清教徒在政教方面的各种倾向的支配。在这里跟在别处一样，正受到基督教原教旨主义和自然神论的影响，但程度还不太深。在像爱德华·拉特利奇那样的南卡罗来纳人看来，新英格兰居住的都是些"下流奸诈并按平均主义原则行事"的人。它受到宗教集会和城镇集会上一种强大的民主潮流的影响。随着新英格兰人定居于俄亥俄河和密西西比河上游河谷，北方佬的那种勤俭、审慎和尊重知识的美德便传到了西部。在那里就像在纽黑文和波士顿一样，到处兴建起小红校舍和高大的白尖塔。

中部殖民地——纽约、宾夕法尼亚、新泽西和特拉华——的情景则迥然不同。在哈得孙、萨斯奎哈纳和特拉华三大河流域有大量富饶的土地，因而中部殖民地成为其余各地的粮仓。内陆航运比北部和南部要顺当得多，因此人们是最早沿着莫霍克河和萨斯奎哈纳河到达西部的。人口的状况极其复杂：继在特拉华河畔定居的第一批瑞典人和在纽约定居的荷兰人之后，又来了一批又一批的莱茵兰德意志人（到1776年，至少1/3的宾夕法尼亚人口是德意志人）、好斗的苏格兰—爱尔兰人、温和的教友会信徒以及其他的虔信宗教的人群。如果说教友会信徒和德意志人都是好庄稼人的话，德意志人还擅长于制玻璃、制砖和炼铁，而苏格兰—爱尔兰人则是富于冒险精神的边疆开拓者。荷兰人的势力在哈得孙流域以姓名上带有"范"和"韦尔特"的著名上层阶级而留下了它的痕迹：这里的政府比别的殖民地显然缺乏民主；范·伦塞勒的庄园占了罗得岛面积的2/3。费城、纽约和巴尔的摩是殖民地最活跃的港口；1763年费城有2.3万人，事实上是北美的最大城市。它有这个国家第一个流动图书馆、第一所医科学校、第一支消防队和第一份法律杂志，77家书店和117家客栈。

南方更加具有明显特色，英国商人和地主早就在此定居，并沿着缓缓流淌、河口宽阔的潮汐河流按照新的方向在不断发展。[①] 不管詹

[①] 然而，至少有三个"南方"。卡尔·布里登博将之分为切萨皮克社会、卡罗来纳社会和边远地区移民。参见《神话与现实》（1952年）。

姆斯六世和一世如何严加谴责,约翰·罗尔夫"发现了"烟草,使之成为切萨皮克湾地区的主要作物;在南卡罗来纳,主要是种植稻谷和靛蓝;在这两个地区,种植园很早就发展起来。种植园经济需要大量的劳动力——4/5 的黑人生活在梅森—狄克森线以南;这种经济提高了其主人的自给自足和管理能力,华盛顿在维农山庄就拥有比他 1789 年就任总统时多得多的一批手下;它保留着阶级区分、圣公会教会、教区政府以及古老的英格兰习俗。它主要从英国招募新的成员。它给英国运去谷物并买进英国的货物;也把儿辈送往英国接受教育——不过往往是送到爱丁堡和律师学院,有时也送到老牌大学中去学习。南方富于农村风味;种植园的宽大的房屋既是工厂和旅舍,又是住宅,有时可能还是个文化娱乐中心,像詹姆斯河畔的"韦斯托弗"(Westover)、罗伯特·卡特的"诺米尼霍尔"(Nomini Hall)或杰斐逊的"蒙蒂塞洛"。南方海岸平原地区也跟新英格兰和费城一样有牢固确立的传统,不过很不相同。这是一个热情欢乐、爱发脾气、对受伤害非常敏感、开放、不很精明和无忧无虑的社会。北方佬感到这样的社会不合他们的口味。乔赛亚·昆西认为,南卡罗来纳是一片"富有而气派十足的种植园主、贫困而无精打采的农民以及卑贱的奴隶"的土地。[①] 与这片土地联系在一起的是一支缺乏效率、几乎完全没有主动性的黑人劳动力,以及一种使土壤日益遭到破坏的烟草经济。南方不仅在社会而且在经济方面受惠于英国。杰斐逊直率地把与他同时代的种植园主们描述成为"依附于某些伦敦商行的一种财产"。[②] 1775 年弗吉尼亚人欠英国债权人的钱约达 200 万英镑。

因此,如果说 1763 年在 13 个殖民地彼此之间还有某种政治和社会方面的一致性的话,它们之间的一致性是微乎其微的,即使在那些具有共同地方特征的殖民地之间亦复如此。殖民地人的傲慢和妒忌是众所周知的。这既是地理上的也是心理上的因素造成的。当时的交通通信仍很困难:迟至 1801 年杰斐逊任总统时,他还为蒙蒂塞洛与华盛顿之间的 8 条河中有 5 条既无桥梁又无船只而悲叹。富兰克林于 1754 年在奥尔巴尼议会上提出的一项联合计划,比起

[①] 《小乔赛亚·昆西日记》,载《马萨诸塞历史学会学报》,第 69 卷(1916 年),第 454 页。
[②] 保罗·莱斯特·福特编:《托马斯·杰斐逊文集》(纽约,1894 年)第 4 卷,第 155 页。参见大英博物馆,手稿补充部分,33030,第 160—162 页。

第十八章　从美洲的情况看美国独立:社会和政治面面观;向西部的扩张　535

他当邮政局局长和建设邮路所起的作用来,既没有取得很大成功,又显得无足轻重。

地域主义使关于殖民地对1763年以后英国所采取的措施作出的反应作任何简单的描述都变得很困难,尽管有许多带普遍性的原因在起作用,迫使双方的关系走向分裂。原因之一是在北美(而不是在英国)人们日益认识到殖民地与母国之间的各种差异。这个事实往往由以下一些人以爱国的言辞陈述于世:像汤姆·潘恩等当时为革命进行辩护的小册子的撰写者、像班克罗夫特等19世纪民族主义历史学家以及许多编写美国教科书的人。那些第一批前往美洲的人是前去寻找宗教或政治宽容的英国清教徒;那些逃避查理一世暴政的人是走在他们时代之前的平均主义者和民主主义者;那些逃避克伦威尔暴政的人是保王党党员和贵族;弗吉尼亚1676年的培根起义和新英格兰的反对总督安德罗斯的斗争,以及洛克和英国革命的传统激励了1776年的人们。这种过于简单化的看法有许多夸大其词的地方:"移居美洲的清教徒"有一半是罪犯;很少清教徒追求或实行宗教宽容;沃顿贝克教授曾揭穿弗吉尼亚保王党论点的这些夸大之处。① 然而,新近的研究工作又引人注目地重新肯定了认为美国革命是一项原则的胜利的论点。这主要是由克林顿·罗西特、马克斯·萨维尔、埃德蒙·S.摩根以及欧文·布兰特在他的麦迪逊传第一卷中提出的。② 一种不同的、几乎是民族主义的态度在各殖民地日益形成,这在相当程度上存在于德意志人、苏格兰—爱尔兰人、荷兰人和法国人定居的地区,他们没有天生的理由尊重同英国的联系。在独立宣言上签字的56个人中有18个人不是英国人的后裔;哈得孙河畔庞大而富足的荷兰庄园里产生了像斯凯勒将军那样的革命领袖。各殖民地由各移民人群定居已达一个半世纪之久,即使他们中间出身高贵人家的子孙并不像"美国革命女儿"组织所说的那么多,但富于勇敢和冒险精神和信奉异端原则的人起码超过他们所占人口的比例。美洲提供了新的环

---

① 《弗吉尼亚的贵族与平民》(1910年)。路易·B.赖特反过来又证明沃顿贝克的说法有过分的地方:《弗吉尼亚的第一批绅士》(1940年)。
② 克林顿·罗西特:《共和国的播种时代》(1953年);马克斯·萨维尔:《自由的种子》(1948年);埃德蒙·S.摩根:《共和国的诞生,1763—1789年》(1956年);欧文·布兰特:《詹姆斯·麦迪逊:弗吉尼亚的革命家》(1941年)。参见30年前提出同样论点的C.H.范廷《独立战争的起因》(1922年)和查尔斯·沃伦《宪法的诞生》(1929年)。

境，强调接近自然、生活质朴、进取心和适应能力。支持埃克托尔·圣约翰·德克雷夫科尔在《一个美国农民的信》（1782年）中所主张的观点的，有以杰斐逊为首的一大批思想家组成的整个学派，他们感兴趣的是美国的植物和动物以及新旧世界之间在地理、科学和政治等方面的差异。① 因此，无论边疆地区产生的是民主主义者还是天生的贵族，但人们当会一致认为：美洲的多种语言的居民，以及他们远离欧洲的地理位置，正将一种新的观点注入了政治领域。正如下一代的边疆社会成员自己也会在更加新颖而令人难以理解的条件下看待这些老问题一样。

此外，如前所述，1688年的一些问题在各殖民地仍然存在。尽管杰斐逊把他起草的宣言说成是"表达了美国精神"并说"撰写时并未求助于任何书本或小册子"，但其措辞却是洛克用过的。而且，也正如杰斐逊所说，宣言的思想是美国人所熟悉的。人们不愿再忍受英帝国的高度控制为时已久。迄至1765年，英国唯一能干预的领域仅是商业——航海条例已属一纸空文，殖民地总督经常受到殖民地立法机构的威胁，帝国立法大都被束之高阁。这种政策，或者叫作无政策，被人们赞扬为有益的置之不理或"具有政治家风度的暧昧态度"（波拉德教授语）。它事实上显示出行政手段通常很容易胜过政治家风度；它积累起一大堆宪法问题，结果导致乔治·格伦维尔这位第一个设法通过立法手段明确解决这些问题的热切、轻率而迂腐的大臣的垮台。如曼斯菲尔德勋爵所说，英国当局把殖民地议会看成只不过是市自治机构或郡议会，它们是根据恩赐的特许状——它们的法律地位——而存在的。面对殖民者来说，殖民地议会相当于英国议会。伯纳德总督说，它们是"完全的国家，除了有同一个国王之外，再没有其他依靠于英国的地方"。② 当他们为提出的抗议寻找合法的依据时，他们在17世纪，在关于法律至上和没有代表权就不应纳税的理论中找到了依据。他们看到，这曾经也是在英国进行的斗争的动机。美国革命的兴起是出于一种在宪法上忠于17世纪思想的意识。在

---

① 参见托马斯·杰斐逊《弗吉尼亚纪事》（1784年）；D. J. 布尔斯廷《托马斯·杰斐逊的失去的世界》（1948年）。

② 1765年11月23日伯纳德致巴林顿的信，见钱宁和库利奇合编《巴林顿—伯纳德通信集》（1912年），第98页。

1774年以前并不存在什么"共和"思想。

因此,倘若近年的研究工作在某种程度上支持了这种看法,即最早的美国革命神话的话,那么,它就完全破坏了美国神话的连贯性,美国人似乎一直在为英国人的自由与权利而战,而不是为反对暴政而战了。班克罗夫特认为乔治三世行为邪恶的看法已为刘易斯·纳米尔爵士和已故的理查德·帕雷斯的研究成果所否定。英国政策的主要问题是优柔寡断及软弱无力,而不在于它坚持其统治权。撇开宪法上的含糊不清之处不说,殖民地的行政管理工作也是任意行事的。对担任南方事务部国务大臣的纽卡斯尔来说,殖民地提供的不是制定政策的机会,而是任用亲信的机会。1768年以前,一直没有设立殖民地事务部来制定协调一致的,哪怕是根据对情况的了解而制定的政策。没有一个管理整个殖民地的政治机构,各殖民地本身也没有行政管理中心。它们无法联合起来,于是英国不得不替它们采取行动,并且承担引起它们不满的风险;起码格伦维尔在他1764年建议中提出告诫时,还没有任何的黑色的风暴信号从科德角或旧康福特角①升起。像许多美洲风暴一样,狂风暴雨是骤然降临的,事先并无任何警报。

过去10年学术界着重研究殖民地究竟在多大程度上关心自由的问题,这就使人们倾向于对1913年查尔斯·比尔德的《从经济角度解释美国宪法》一书问世以来已流行40年的论点表示怀疑。在该书中他认为,开国元勋们都是他们那个时代最富有的美国人,他们设法保全既得的财产免受民主制度的危害;1787年参加费城制宪会议的55名代表中有40人持有政府债券,拥有奴隶和土地;他们起草的文件旨在阻止而不是促进社会改革。借用伯克评论英国革命的话说,美国革命"不是一场要进行而是一场要防止的革命"。比尔德并不是第一个强调阶级冲突和社会对立的重要意义的人,②但他比起大多数其他人来对这个问题的研究更深入,并且在他的激励下出现了一系列最

---

① 科德角在美国马萨诸塞州;旧康福特角在美国弗吉尼亚州,均为著名海岬。——译者注
② J. A. 史密斯:《美国政府的精神》(1907年),以及卡尔·贝克尔:《纽约地区政党史》(1909年),他在该书中用了一句现在著名的话,即他是在研究一场不仅是关于地方自治,而且是关于应由谁来治理地方的争论。

有价值的专著来研究这场革命背后的社会和经济紧张局面,① 不仅是正在上升的殖民地资本主义与采取限制政策的白厅之间,而且还有殖民者与殖民者之间的紧张关系。这个论点虽然进一步拓宽并加深了对革命问题的研究,但始终未得到普遍的赞同。C. M. 安德鲁斯在他的《殖民地时期美国史》第4卷("聪明机智而且似乎很有道理,但实际上是为了一种先入为主的理论而对事实逻辑作肤浅的处理")和一批研究革命时期马萨诸塞历史的学者,② 以及1956年罗伯特·E. 布朗在对比尔德进行全面批判的《查尔斯·比尔德与美国宪法》一书中都对之提出了质疑。到这个时期,每个州都已经有了一批胜任的研究人员能够对这种令人不满的论点作出任何单独的解释,自然也就足以用来论证比尔德的中心论点是否正确了。

而且这一论点也不容易根据1763—1776年的情况证明其正确。各殖民地的阵营划分各不相同,错综复杂,几乎毫无模式可言。新英格兰的激进主义植根于自豪而虔诚的波士顿,而不是植根于平均主义的边疆地区;弗吉尼亚的种植园像荷兰的庄园一样产生了一批革命领袖人物,尽管一旦与英国关系破裂,他们的思想无疑属于保守的一派;一些苏格兰—爱尔兰人边疆开拓者,特别是北卡罗来纳的高地人,曾于1746年卡洛登战役中与坎伯兰公爵作战,30年后却不合常理地在穆尔河桥战役中为他的侄子乔治三世而战。③ 如果说南卡罗来纳边疆地区属于保王派,那么弗吉尼亚和马里兰的边疆地区就整体而言却属于爱国者。马里兰和弗吉尼亚的商人倾向于保王派,查尔斯顿的商人亦如此,但查尔斯顿的两个最富有的商人——亨利·劳伦斯和加布里埃尔·马尼戈——却是爱国者。在宾夕法尼亚和纽约,商人集团随着财富的转变而改变他们的效忠对象;在马萨诸塞至少有200人于1776年3月跟随英国人离开波士顿。经济和社会的力量是在地方

---

① 大阿瑟·M. 施莱辛格:《殖民地商人与美国革命》(1918年);J. 富兰克林·詹姆森:《美国革命是一场社会运动》(1926年);卡尔·布里登博:《荒原上的城市》(1938年)、《反叛的城市》(1955年);梅里尔·詹森:《邦联条款》(1940年)、《新国家》(1950年);L. M. 哈克:《美国资本主义的胜利》(1940年);伊来沙·P. 道格拉斯:《反叛分子与民主派》(1955年)。支持比尔德论点的资料现在可以在有关各州的大批研究资料中找到。

② 罗伯特·E. 布朗:《中产阶级民主与马萨诸塞的革命,1691—1780年》(1955年);奥斯卡和玛丽·汉德林:《独立后马萨诸塞州的激进派与保守派》,载《新英格兰季刊》第17卷,第343页;罗伯特·泰勒:《革命中的马萨诸塞西部》(1954年)。

③ 卡洛登战役是1746年4月在苏格兰进行的苏格兰军与坎伯兰公爵率领的英格兰军的战斗。穆尔河桥战役是美国独立战争中1776年2月革命军击败效忠派军队的一次战斗。——译者注

上而不是在全国范围起作用。尽管这两种力量可以把一些集团推向革命，但却不像宪法或政治的原则问题那样激起同样的热情。认为华盛顿的那支小部队能够同心协力一起度过八个严冬靠的仅仅是对经济问题的关心，那是不可能的。①

近来一些学者着重研究两方面的新问题。菲利普·戴维森和阿瑟·M.施莱辛格认为革命并不是自然而然爆发的，而是进行精心宣传而取得的胜利。当时不仅有塞缪尔·亚当斯，而且还有一大批爱国者——鼓动者。乔赛亚·沃伦可以提醒那些在波士顿"大屠杀"之后去凭吊他们父辈们"殉难"场所的儿童要小心谨慎，以免"你们滑倒在溅过你们父辈们的脑浆的石头上"；但他却没有强调约翰·亚当斯曾为军队辩护，而且波士顿的一个陪审团在审判军队的法庭上宣判他们无罪，而且也不曾强调殉难者的数目只有五人。奥蒂斯、乔赛亚·昆西、约瑟夫·霍利、弗朗西斯·霍普金森、伊萨克·西尔斯、亚历山大·麦克杜格尔和汤姆·潘恩这些人也都劝告人们不要采取温和态度。这些人背后是一些劝导人们的机构——各地的通讯委员会、一些俱乐部和劳工协会以及每个殖民地的商人团体、自由之子社、莫霍克河流域的印第安人、水手协会、费城爱国会以及其他团体。约翰·亚当斯曾说，它们的各种集会感染了人们的思想并"给他们灌输了自由思想"。② 而在这些机构的后面又有1775年在美洲出版的42种报纸——几乎都是自由党人办的——以及无数的小册子和传单。新闻出版界先是受印花税法，后又受汤森条例纸张税的打击，于是把自己看作是暴政的第一个受害者。公理会和长老会的教士从他们的讲道坛上一再重复宣讲这些主题。盖奇将军和哈钦森总督自然就认为，这场争取独立的运动乃是一班居心叵测的人巧妙安排的阴谋。他们的看法在英国为人们迫不及待地接受了。③

在新近的研究工作中，另一项主要的贡献是L.H.吉普森作出的，他认为这场革命基本上是"帝国大战"的具有讽刺意味的余波。

---

① 可是，在一代人的时间里，波士顿受尽战争、税收和通货膨胀之苦。参见布里登博《反叛的城市》（1955年），第48页以及其他各处。

② J.亚当斯1769年8月14日的日记。《亚当斯文集，约翰·亚当斯的日记和自传》（L.H.巴特菲尔德编，1961年），第1卷，第341页。

③ P.戴维森：《宣传鼓动与美国革命》（1941年）；A.M.大施莱辛格：《独立的前奏，对英国的新闻战，1764—1776年》（1958年）。

在历时九年的战斗中，殖民地人民并未担负像英国承受的那种重负，这就使他们在1763年处于非常有利的地位，因此他们憎恨格伦维尔所推行的政策，尽管这项政策的用意是慎重而明智的。正如约翰·亚当斯所说，无论殖民地人民是否想要进行革命，只要法国的威胁一旦被消除，这场革命在某种程度上就是不可避免的。用伯克的话说，新的帝国主义使英国似乎"像一只用议会法令全部武装起来的豪猪，压制着贸易和美洲"，这就引起摆脱了法国人束缚的人民的憎恨，即使这个帝国主义本身还是摇摆不定和犹豫不决的。殖民者不愿受任何控制或最终由外界强加给他们的任何税收。1780年约翰·亚当斯说的话在1770年是同样符合实际情况的——"美洲不习惯于负担沉重的赋税，那里的人民还不像在英国那样经历过承受苛捐杂税的锻炼"。瑞典的一位旅游者彼得·卡尔姆在18世纪50年代也看到了同样的力量——"极度的自由和繁荣养成一种不可驯服的精神"。另外一些历史学家也证实，在美洲激起愤怒的倒不是伦敦采用新的有力措施的意图，而是一些具体事情，英国海关督察员、税务官以及1764年后设立的代理海事法庭的管理方法以及巧取豪夺的行为引起了强烈的不满。对和平时期驻扎常备军的主张也同样引起愤恨，因为"英国大兵"的存在甚至比他们的花费还要令人惶惶不安。[①]

因此，近年的研究工作认为，在殖民地与母国之间存在多种多样潜在的利害冲突。它并未证实对贸易体制存在任何普遍的不满。[②] 正如哈珀教授和迪克森教授所表明的，航海条例本身对殖民地贸易并无很大障碍，实际上比法国和西班牙的类似措施的限制还要少些。殖民地的烟草、食糖和咖啡垄断了英国的市场；对海军军需品的生产发给奖金；由于有了航海条例，才有繁荣的殖民地商业海运；尽管不受重视，对各殖民地的海上和西部边疆均加以保护。许多不受欢迎的商业规章制度并不曾付诸实施。惹起争端的是1763年后的整顿和改革，而未必全是殖民制度。

[①] L. H. 吉普森：《美国革命前的英帝国》（尚未出版）；L. A. 哈珀：《英国的航海法》（1939年）；O. M. 迪克森：《航海条例与美国革命》（1951年），特别参看第208—265页；C. E. 卡特：《总司令部》，载 R. B. 莫里斯编《美国革命的时代》（1939年），以及《驻美陆军司令部的作用，1763—1775年》，载《美国历史评论》第28卷（1923年），第475—488页。

[②] 但可参见 L. M. 哈克的书《美国传统的形成》（1947年），第17章。他争辩说美国革命既是一场争取政治独立的斗争，也是一场反对限制自由经商的斗争。

第十八章　从美洲的情况看美国独立：社会和政治面面观；向西部的扩张　541

尽管如此，由于自然环境而不是由于任何政策上的错误，英属北美的一部分感到自己难以适应英帝国的体系。新英格兰不生产英国取之于殖民地的大宗谷物、烟草、棉花、羊毛以及稻米，尽管那里的造船业很发达。它很少为英国资本提供投资机会。它像在它之前的老英格兰一样，只能靠贸易和海洋。按过去的说法，它的商业带有浓烈的鱼味，就像它的神学带有浓烈的硫黄味一样。① 由于没有商品换取它所需要的制成品，它便竭力鼓励地方工业并发展其与西班牙、葡萄牙和马德拉以及同法属和英属西印度群岛的贸易，以其木材、鞋子、面粉和大量的劣质鱼去换取硬币，但更多的是换取糖和糖浆用以酿酒。1750年马萨诸塞大约有63家酒厂，在罗得岛的酒厂也许有这个数的一半。② 尽管1733年颁布了糖浆条例（并未有效地实施），但与法属各岛屿的违法贸易还是发展得很快，甚至在七年战争期间亦复如此。在1763年和以后的10年一样，新英格兰的商人从非法贸易或走私活动中获得了他们利润的大部分；当要求他们服从法律时，他们就拒绝承认法律的有效性以示愤怒。正如约翰·亚当斯所说，酒乃是美国革命的一个基本因素。正是根据诺思勋爵1773年的条例制止约翰·汉考克走私茶叶，才使他这个暴发户成了爱国者。新英格兰的商人乃是比尔德论点的最好的——尽管并非全体都如此——见证人。③

到了1763年，南方也有它自己的不满，因为商业体制似乎在很大程度上是针对南方而实行的，尽管这些不满也还不是主要对政策制定者而是对自然环境本身的不满。集中种植烟草逐渐破坏了土壤的肥力并减低了这一作物的价值；生产过剩使价格下跌，而运费和保险费仍然很高；切萨皮克湾港口的苏格兰代理商以及格拉斯哥和伦敦的商行似乎在欺诈种植园主。1763年，"苏格兰人"这个称呼在美洲像在伦敦一样不受欢迎。革命战争期间，被弗吉尼亚人没收的保王派财产中，有1/3是属于诺福克的苏格兰商人的。种植园主手头终年缺少现金并受到1764年货币法的打击。除非是像华盛顿那样的人，拥有大庄园（通过自己的本领、通过继承财产或通过跟寡妇结婚而得来

---

① 基督教《圣经》中把硫黄喻为地狱之火的燃料。——译者注
② L.M.哈克：《第一次美国革命》，载《哥伦比亚大学季刊》，第27卷，第3期（1935年），第一部分。单是纽波特就有16家酒厂；纽约和费城为数也相去不远（C.布里登博：《反叛的城市》，第74页）。
③ A.M.施莱辛格：《殖民地商人与美国革命，1763—1776年》（纽约，1918年）。

的），然后使种植的作物多样化或从事土地投机买卖，才有可能过舒适的生活。但即使是华盛顿也对他不得不依靠在 3000 英里以外或在港口的代理商，感到成了不公正的牺牲品而愤愤不平。

南方的另一问题——在较小程度上也是中部殖民地的问题——乃是西部土地问题。这个问题的确与南部经济密切相关，因为它不断需要获得新的土地。根据 1763 年 10 月的一项英王诏谕，大湖区以东法属加拿大组成魁北克省，西属佛罗里达成为东佛罗里达省，阿巴拉契科拉河和新奥尔良之间的地区则成为西佛罗里达省。[①] 但越过阿巴拉契亚山的领土则宣布为印第安人保留地，非经英王特别允许白人不得迁入。限定印第安人在一些特定的商站进行贸易。这常常被认为既是在心理方面的一种失策，又是对殖民地现有的权利，即殖民地特许状中规定的从海到海的条款[②]的侵犯。事实上这乃是试图忠实地履行在战争期间对印第安人作出的承诺（例如 1758 年的伊斯顿条约，1760 年的兰开斯特条约和 1762 年与俄亥俄河流域印第安人订立的底特律条约，以及 1761 年与切罗基人达成的协议），也是为了安抚——为时已太晚——庞蒂亚克所领导的反叛的塞内卡人。其用意是开明的，在一定程度上如埃格雷蒙和谢尔本所认为的那样。伊利诺伊的乡村居留地需要防卫，最终还需要建立文职政府。[③] 这关系到公正的问题，也关系到皮毛交易。诚然，这跟某些边疆开拓者（这些人无视这一点），以及像弗吉尼亚的俄亥俄公司和北卡罗来纳的理查德·亨德森公司等投机公司的利益背道而驰。但是，其目的并不是想建立永久性的障碍，而且其影响也很小。英国商务部于 1767—1768 年间曾考虑在西部实行一些新的计划，不过并不很热心——这主要是因为这些计划会影响毛皮贸易。这些计划中最重要的是万达利亚计划即印第安纳公司，这家公司是由于宾夕法尼亚的一些"受害的商人"感到不平而筹建的。在它的支持者当中有富兰克林和威廉·约翰逊爵士。经过相当长时间的意见冲突之后——在一定程度上是同它们的竞争者弗吉

---

① 七年战争法国战败后，根据巴黎条约魁北克于 1763 年割让给英国。1763 年西班牙将佛罗里达让给英国，以交换哈瓦那。——译者注
② 即从大西洋岸到太平洋岸。——译者注
③ 参见布凯的手稿。大英博物馆手稿补充部分 21638 号以及以下部分；伊利诺伊历史资料汇编，第 10 卷：《1763—1765 年的关键时期》（奥尔沃德和卡特合编，1915 年）；吉普森：《美国革命前的英帝国》第 9 卷，第 226 页。

尼亚的俄亥俄公司——于1773年为万达利亚拟定了专利权证书，它将获得今西弗吉尼亚和肯塔基东部大部分土地。但是，诺思政府于1774年2月禁止一切土地转让。随着革命的到来，这些计划——就像亨德森法官在肯塔基的计划一样——均化为泡影了。

禁止土地转让对个人投机商，即美国革命时期的企业家并没有产生很大的影响。实际上，所有的殖民地总督都是投机者，比如纽约历届总督穆尔、邓莫尔和特赖恩，新泽西的威廉·富兰克林，北卡罗来纳的多布斯全都是投机商，1767年，华盛顿曾敦促他住在约克加尼河畔的朋友威廉·克劳福德为他大量收购土地，说他一直认为英王的诏谕只不过是"暂时安抚印第安人人心的权宜之计而已"。到1768年，英国政府只得默认英王诏谕线已不再起作用。同易洛魁人签订的斯坦尼克斯堡条约以及同切罗基人签订的哈德莱博条约（1768年）和洛哈伯条约（1770年）将该线进一步向西推进了。1763—1765年的庞蒂亚克起义失败之后，印第安人与一批又一批接踵而至的殖民者保持着不稳定的和平。保持这样的和平并不是根据英国议会制定的法规，而首先是靠1763—1768年的防御措施和格伦维尔认为应由殖民地帮助支付费用的英国驻军，其次是靠两位印第安人督察专员的手腕，即南方的约翰·斯图尔特（1762—1779年任督察专员）和在莫霍克人地区他的府邸中以印第安人的方式进行统治的半传奇式人物威廉·约翰逊爵士（1755—1774年任督察专员）。英国得到边疆地区行政官员很好的服务，比它应得的还要好。这些官员深知他们无法阻止外来人的流入，而这些外来人憎恨魁北克法以及1774年2月诺思禁止土地买卖的决定。到1775年，匹兹堡和惠灵乃是重要的贸易中心。北美人并没有由于那些与他们注定要向西扩张的命运背道而驰的法律而停止不前。①

于是，在经过反复受到伤害和掠夺的一段历史的影响下，到1775年一个新的国家宣告诞生了。反英的抗议声业已引起民族主义激情的迸发。克里斯托弗·加兹登在1765年召开的反印花税条例大

---

① 这种命运除指向西部扩张外，同样也指向南方扩张。可对照伊斯雷尔·普特南1773年在西佛罗里达建立军事冒险公司的事实，并参阅A. 庞德《莫霍克的约翰逊》（1930年），特别是该书的附录；J. R. 奥尔登：《约翰·斯图尔特与南方殖民地边疆》（1944年）；A. F. C. 华莱士：《特拉华之王蒂德厄斯坎》（1949年）；J. W. 莱德克：《忠诚的莫霍克人》（1938年）。

会上宣称:"在这个大陆上,不应当分什么新英格兰人、纽约人,我们大家都是美利坚人。"九年以后,帕特里克·亨利演说道:"不再有什么弗吉尼亚人、宾夕法尼亚人、纽约人和新英格兰人之分。我不是弗吉尼亚人,而是美利坚人……一切差异都已摒弃无遗。整个美洲已结成一体。"尽管有这些爱国主义的赞美词,但地域主义和排他主义在1861年仍然像在1776年那样明显存在。13个殖民地是在非常不稳定的情况下联合抗英的。用范·泰纳教授的话说,它们是13个独立的州"暂时在获得它们各自的独立的事业中一致行动"。① 在大陆军反英斗争的同时,也存在每个州和每个地区之间以及每个州和地区内部的社会集团之间争夺权力、影响以至土地的斗争——就是说,一场究竟应由谁来统治这个国家的斗争。

在州与州之间存在着会引起冲突的边界纠纷。在宾夕法尼亚和弗吉尼亚之间有长达20年之久的皮特堡归属之争。康涅狄格曾对沿萨斯奎汉纳的怀俄明河谷提出领土要求,并企图以武装人员进驻该地区。纽约和新罕布什尔为占有格林山而争吵不休。人们对弗吉尼亚的从海到海的领土要求持怀疑态度——这种情况在马里兰直到1781年仍然存在。除奥蒂斯、盖洛韦和布拉克斯顿外,许多人都认为只是靠了英国的力量才防止了殖民地之间多次内战的爆发。

更加令人惊慌不安的是社会的紧张局势,这在1763—1776年之间表现得十分明显,特别是在宾夕法尼亚、纽约和南北卡罗来纳;在弗吉尼亚和马里兰情况较好一些。1763年宾夕法尼亚边境的苏格兰—爱尔兰人因庞蒂亚克起义而恐慌,在兰开斯特附近杀害了20名友好的科内斯托加印第安人。边疆地区的法官和陪审团对佩恩总督命令审判罪犯的公开指示置之不理。由此便引发了边疆地区麻烦的挑战以及1764年600名"帕克斯顿青年"(以他们的一个城镇为名)向费城进军,他们对东部教友会教徒不关心他们的疾苦和他们在议会中无足够的代表权表示愤慨。三个东部县的1.6万名选举人在议会中的议员人数是五个西部县的1.5万名选举人在议会中的议员人数的两倍。帕克斯顿青年受到富兰克林的安抚;他们的领袖拉扎勒斯·斯图尔特迁居更远的怀俄明河谷,于1778年被杀害。他们在革命中与技

---

① C.H.范·泰纳:《美国革命》(1905年),第182页。

工及其在费城的公众领袖结成共同的阵线,他们的大部分要求在1776年的宾夕法尼亚宪法中得到了表达。①

1766年,纽约议会在对驻营条例采取了比前一年较为同情的看法。当它面对由韦斯特切斯特和达奇斯两个县的土地租佃和高地租而引起的一系列暴力行动时,便求助于皇家驻军。自称"自由之子"的农民在受到被赶出所租土地的威胁时,便真的实行起自由来了。他们砸开了波基普西监狱并组织了一次向纽约的进军,焚烧了皮埃尔·范·科特兰特和兰伯特·穆尔的住所。对伦敦的权威采取十分开明态度的自由党人,当造反直接指向他们时就不那么高兴了;约翰·莫林·斯科特和罗伯特·利文斯顿无理判处"平均主义者"以重刑。正如一个人挖苦地说:"只有他们自己才称得上是暴乱。"②

从1764年到1771年,北卡罗来纳的骚乱层出不穷。在西部边疆的定居者(有许多是从北部经弗吉尼亚大谷地新近到达的移民),于1765年为梅克伦堡县的土地所有权而发生战斗。到1767年,他们又展开斗争,反对财务官和县司法官的贪污腐败以及律师收费过高。1768年他们组织了"制约者会",这一旨在进行自卫的团体,由特赖恩总督动员了民兵并允诺进行改革才被压制下去。他们于1769年控制了议会,但特赖恩以议会对英国所持的态度为由将其解散;而且后来也没有进行什么改革。1770年他们在希尔斯伯勒要求建立公正的陪审团和公共财务制度。像在纽约和宾夕法尼亚一样,当局害怕他们向首府进军。特赖恩率领一支殖民地民兵进攻群龙无首的"制约者",于1771年在阿拉曼斯战役中击败了他们,并处决了他们当中的一些人。于是,出现了再一次向边疆的撤退,这次是撤入田纳西,从而又留下痛苦的后果。因为这场斗争决定了这个州对革命的态度。当他们1771年的敌人于1776年成为革命者并且马丁总督对他们表示了特赖恩不曾表示过的同情时,"制约者"仍然站在保王派一边,他们在穆尔河桥战役中为英国而战,并继续为英国和他们自己而进行了一场丑恶而令人厌倦的内战逾五

---

① J. P. 塞尔萨姆:《1776年的宾夕法尼亚宪法》(1936年);A. 内文斯:《革命期间和革命以后的美国各州》(1924年);伊莱沙·P. 道格拉斯:《反叛者与民主派》(1955年),第214—286页;R. L. 布伦豪斯:《1776—1790年宾夕法尼亚的反革命》(1942年)。

② 欧文·马克:《1711—1775年纽约殖民地的土地冲突》(1940年),第134—145页。

年之久。那些在东部地区叫嚷要求英国给予自治的人们却不愿将自治给予在西部山区的自己的同胞。①

南卡罗来纳的西部边疆也同样不安宁,同样是由于没有法庭、没有行政长官,而且——令人难堪地——在内地没有牧师。此外还由于人们感到他们成为东部人和圣公会教徒统治的受害者。查尔斯顿道貌岸然的种植园主—商人贵族原来是一些口是心非的两面派:当他们越过大西洋时是自由主义者和辉格党人,而当他们穿过长着松林的荒原到西部后却成为冷颜厉色的人和托利党人了。②

在这些事例的背后存在着一些西部势力,它们在整个革命时期继续存在,并在1786年马萨诸塞的谢斯起义和1794年的威士忌酒叛乱中再次浮现出来。③ 法庭为数极少,法官又远在天边,不知何时能盼到,而且费用高昂。在宾夕法尼亚,人们害怕印第安人;而在南北卡罗来纳人们更怕其他的白人。"我们不像是生活在英国政府的治下……而好像是生活在匈牙利或德意志,生活在战争状态中,不断受到轻骑兵和残暴士兵的袭击……"④ 人们提出了一些期盼能实现的要求:发行纸币;修筑更多的道路;用一种按支付能力或用实物缴纳的税以替代人头税;投票选举;制止投机倒把者,这帮人通过他们"东部后台"的势力攫取了大片无人居住的地产;以及西部在东部议会中获得较公正的代表权,这是从莫霍克人到斯莫基人的共同呼声。如果说伍德梅森痛斥那些"专门给对方制造麻烦的讼棍和爱打官司的歹徒""流氓和娼妓"的这些话被后世的历史学家认为是过分激动的话,那么,对1769年10月北卡罗来纳安森县260名居民提出的虽不十分雄辩但比较感人的请愿书应当不会有什么怀疑了。这份请愿书最后要求"任命本杰明·富兰克林博士或其他知名的爱国人士为代表,代表这个不幸的省份去觐见英王陛下并向英国的一些部委提出请求"。⑤

---

① 《北卡罗来纳殖民时期档案》(桑德斯编)第9卷(1890年),第329—333页。
② 《革命前夕的卡罗来纳边疆。圣公会巡回传教士查尔斯·伍德梅森的日记和其他著作》(R.J. 胡克编,1953年)。
③ "制约者"的领袖赫尔曼·赫斯本德于1771年在阿拉曼斯战役中逃脱,奇怪的是后来又卷入威士忌酒叛乱中。道格拉斯:《反叛者与民主派》,第99页。
④ 伍德梅森,前引书,第213页。
⑤ 《北卡罗来纳殖民时期档案》第8卷,第78页,但也应参阅卡尔·布里登博在《神话与现实》第160页中对"制约者"所作的审慎的评价。

第十八章　从美洲的情况看美国独立:社会和政治面面观;向西部的扩张

他们一次也没有提到国王诏谕线或英国的恶劣行径;他们要求公正、良好的秩序、宗教信仰自由和民主;他们的敌人是弗吉尼亚东部地区唯利是图的律师和小官僚,这些人像英国的代理人在港口一样,在当地干尽坏事。这就是帕特里克·亨利为之说话的那个地区;安德鲁·杰克逊也正是在瓦克斯霍度过他的成长时期的。弗吉尼亚以南的边境居民在整个革命期间倾向于保王主义。在宾夕法尼亚、纽约以及一定程度上在佛蒙特,边境居民则是热诚的爱国者。

随着第二届大陆会议慢慢地走向独立,这些社会力量也涌现出来。弗吉尼亚的种植园主早就意识到这些力量的存在,并因为这一点和其他原因对独立采取犹豫不决的态度——查尔斯·李把他们称为优柔寡断的人,他们的"一点点血已经让蚊子吸光了"。由于他们的总督没收了武器并宣布解放那些要起来造反的黑人,这些种植园主才部分地克服了犹豫不决的态度。不论他们对山里人的看法如何,一旦英国召唤奴隶和印第安人发动战争,他们是有用的同盟者;但他们依然不过是同床异梦的伙伴。

革命领袖们在为他们的事业争取边境居民支持方面显示了相当高明的本领。但是,手段高明并不意味着政治上的同情,也不会产生明确的社会或政治改革计划。萨姆·亚当斯不信任马萨诸塞西部的农场主;约翰·莫林·斯科特在纽约也批评他们;在新伯尔尼或查尔斯顿与"制约者"的领袖们之间毫无感情可言。只有在宾夕法尼亚边远地区和城镇在从事共同的事业;这主要是由于辉格党人放弃了在宾夕法尼亚的领导权。

美国革命在反对英国和反对这种社会动乱方面都始终采取了适中的方法。正如约翰·亚当斯所说,各殖民地是沿着中间道路摸索前进。动乱把一些温和派赶到了保王派一方,特别是在纽约以及费城的贵族中间。但是,害怕这种情况的出现,从一开始在革命领袖们当中就很明显。南部的种植园主,如弗吉尼亚的卡特·布拉克斯顿或南卡罗来纳的罗林斯·朗兹,嘲笑新英格兰的"亲爱的民主",不过最终并不怀疑独立的价值。古韦纳尔·莫里斯之所以反对独立,乃是因为他认为独立以后纽约就会被"暴民"所统治——"阁下,请相信我",他在给约翰·佩恩的信中写道:"自由和宗教信仰只不过是口号而已。"在他整个一生中,值得一提的是在16年后他玩弄营救玛丽·安托瓦内特的把戏时,他谴责"当代的杰克·凯德之辈……是这帮群众的带头人"。但他最终还是成了一名爱国者。① 马萨诸塞的约翰·亚当斯和费城的托马斯·沃顿也对这类畏惧心理产生了共鸣。1775年10月富有的詹姆斯·艾伦参加为保卫费城而组成的一支队伍,当时他提出的理由是,"一个人不这样做是要受到怀疑的,因此我选择肩上扛枪,与他们一样;因为我相信,小心谨慎的人跟他们融合在一起可以使他们遵守秩序"。在3月间,他认为,"群众的疯狂举动仅仅比屈服于茶叶条例好一点"。英国在对待殖民地方面,没有比把抱这种怀疑态度的人们不但逼上了独立的道路,而且逼上革命的领导地位更应当受到谴责的了。

中间道路和约翰·亚当斯所说的"熟练的领导艺术"在战争年代的政治和社会改革中是显而易见的。尽管担心出现贵族,但并没有出现无政府状态——也许北卡罗来纳除外,因为在那里无政府状态并不是什么新鲜事。也没有英国任命的总督丧生。大陆会议于1776年5月宣告,所有皇家政府都将予以取缔,新的州政府应当建立起来。这件事完成得很顺利。每个州都制定了宪法——有时,像康涅狄格和罗得岛,则是更改了现行的特许状。除马萨诸塞外,其余所有的州都在几个月内草拟了各自的宪法。所有宪法均系书面文件,并出自法学家之手;所有宪法都包括权利宣言;都强调分权和选举产生的立法机构的首要地位——选民都是在社会上有一定利害关系的人,虽然这时这种利害关系的风险小了些。在佐治亚和南北卡罗来纳、在马萨诸塞和新泽西,只有新教徒才可以任公职。通常立法机构的成员或州政府官员都要受财产的限制。立法机构通常选出州长,任期只有一年,而且所有州的州长实际上都丧失了否决权。宾夕法尼亚的选举权范围非常之大,所有的纳税人都有投票权,而佐治亚的第一部宪法则规定只设一个议院;其他的州都设两个议院,第二院有时由一个选举团选出,旨在用以制约詹姆斯·艾伦和约翰·亚当斯以及其他许多革命者所害怕的"群众"。波托马克河以南各州的西部地区获得了一些席

---

① 古韦纳尔·莫里斯1778—1779年曾为大陆会议代表。1792—1794年任美国驻法大使。玛丽·安托瓦内特为法国国王路易十六的王后。杰克·凯德是1450年反对英王亨利六世政府的大叛乱的首领。——译者注

第十八章　从美洲的情况看美国独立：社会和政治面面观；向西部的扩张　549

位，但低于它们应得的份额，尤以南卡罗来纳为甚。只有马萨诸塞、宾夕法尼亚、北卡罗来纳和佐治亚等州的新宪法称得上是民主的文献。

　　社会革命也远不如政治革命那么引人注目。保王党人已消失得无影无踪，王家和领主的土地也被没收了。新罕布什尔的约翰·温特沃思爵士、缅因的威廉·佩珀雷尔爵士、莫霍克河谷的约翰·约翰逊爵士、纽约的菲利普斯家族、弗吉尼亚的费尔法克斯勋爵、佐治亚的詹姆斯·赖特爵士等人的庄园均遭破坏。但是，当保王派的土地被出售时，其动机在于惩罚或财政上的需要，而非出于平均主义。除纽约州非同寻常地解散59处被没收的庄园之外，在通常情况下土地作为一个单位出售给富有者或投机商；几乎所有的州长都对不动产感兴趣。事实上，出售的价格和条件对"小人物"来说比英国人以往的做法更为不利。然而，由于价格飞涨，土地最终落入了小土地所有者手中，连带投票权也一起由这些人所拥有。不受限制地获得和占有财产实际上是像言论自由一样重要的公民权利——而且对18世纪的大多数人来说还有更多的意义。财产当时主要是不动产并且已广为分散，被人们看作是奋斗与成功的报偿而不是继承物。财产的封建性质的消失并不是软弱的表示而是力量的表现。1775—1789年间每一个州都废除了免役地租。限定继承权和长子继承权在纽约和南方亦不复存在：但限定继承权并非是普遍的习俗，即使在东部地区剥夺这种权利已是寻常的做法，至于长子继承权只是在无遗嘱的情况下才采用。这些权利的废除看起来是一种平均主义的做法，但并没有削弱种植园经济或长期实行限定继承权的家族；相反，它标志着在一个空前扩展的社会里人们可以按自己意愿行事的一种权利，因为在这个社会中所有的人都有太多的机会。宗教信仰自由也加强了，这部分是由于脱离了原来的教会，部分是由于取消了国教（但不是公理会），部分是由于理性主义和自然神论的传播。

　　有些趋势可以毫无保留地称之开明的。殖民地的刑法始终不像英国的刑法那么严厉，至少在北部各州这时甚至变得更为开明。1776年宾夕法尼亚的宪法规定死刑只限于四种罪行。杰斐逊为弗吉尼亚制定的法典则将死刑限于谋杀罪和叛国罪。该法典因一票之差而未获通过，一直到18世纪90年代才颁布实施。国会于1788年在西北地区①对死刑作了同样的限制。反奴隶制运动有了进展：到18世纪末，大多数的州业已禁止输入奴隶，整个新英格兰、纽约和宾夕法尼亚则已规定废除奴隶制或逐步解放奴隶，多数南方人认为蓄奴是一种罪恶行径并通过订契约或立遗嘱解放奴隶，像罗伯特·卡特和乔治·华盛顿所做的那样。乐观的看法是期待奴隶制自然消失。自由对人来说是实实在在的东西；但它严格地限于一种性别，而且也没有带来当地在艺术上的繁荣。

政治紧张局势之后，是一个少见的稳定时期。唯一的也是一个少见的原因是缺少外来的移民：1776—1825年，进入美国的移民只有25万人。这就使这个国家的模式得以固定下来；西部的土地在大量的人涌入以前就已属于美国。共和国处于令人欣慰的平衡状态。开明的力量在起作用，但它们属于传统的和主要是继承下来的一些势力。在几乎所有新建立的州里，无论是边境地区还是东部地区，有财产的人都处于统治地位；而理想主义者却往往证明自己是不称职的行政官员。在1776—1787年的建设时期十分引人注目的特点是10年骚动期间的那些煽动家和小册子作者仅仅充当着次要的角色。②

尽管如此，独立战争在三个方面导致了重要的社会和政治变革：农场主在某种程度上，金融家则在很大程度上从中得到了好处；保王派在战争中丧失了一切；在中央一级则自由与秩序终于在1777年和1787年两部联邦宪法中得到了调和。

如果说商人阶级在战争中受到损害，如果说东部地区的某些种植园主由于无法输出他们的产品而再也不能恢复以往的兴旺，那么，许多小农场主却富裕起来了。参军的人数目始终很少。除战争末期的南方外，农业受到战争的影响也很小。1776年以后，新英格兰的军事行动几乎已经停止。农场主得以高价出售其产品而获益——双方的军队均购买他们的产品，再加上通货膨胀——这就使他们有可能还清他们的债务。在罗得岛，债务人极力求债权人收下已贬值的通货。只要

---

① 1787年美国划定的行政区域，包括后来的俄亥俄、印第安纳、伊利诺伊、密歇根和威斯康星各州。——译者注

② 参见丹尼尔·布尔斯廷《美国政界天才人物》（1953年）；伊莱沙·P.道格拉斯《反叛者与民主派》（1955年），特别见第16章；A.内文斯《革命期间和以后美国各州的情况》（1924年）；以及《托马斯·杰斐逊文集》（尚未出完，1950— ）（博伊德编）。

第十八章　从美洲的情况看美国独立：社会和政治面面观；向西部的扩张　551

战争一直打下去，农场主就富裕起来了。

此外，1783年同英国关系的破裂既是政治方面的，也是社会和心理方面的。尽管新制定的各州宪法可能反映出英国的谨慎态度，但是英国七年来一直是敌人，而对英国的仇视这时便降临到保王派的头上。保王派的规模和命运一向为美国历史学家所轻描淡写——正如他们在军事上的种种潜力为当时英国领导人所忽视一样。保王派的消失至关重要，这不仅因为他们身后留下了许多不动产。它标志着大多数殖民地贵族的消失。这时在上层为一代人提供了机会，尽管这对穷人来说是沾不上边的。当今波士顿的一些古老家族绝大部分起源于革命时期的暴发户：汉考克与罗得岛的布朗家族一样，是靠做走私生意起家的。当杰斐逊说"具有天赋的才德兼备的贵族"这话时，大概不完全是他的由衷之言。但他也许并没有想到任何波士顿人。美洲殖民地靠自己努力而成功的人自然是不可胜数，但到1783年出现了在这种意义上的真正的权力转移。

过渡到独立在地方上比在"国家"一级要容易得多。许多激进的领导人在反对英国的同时，实际上也反对在他们自己地区以外的任何一级政府。杰斐逊说过，不论是地方上还是在中央，管事最少的政府是最好的政府。正是根据这种精神，并且由于他们把考虑这些社会问题放在首位，大陆会议于1777年接受了邦联条款并将其提交各州审议。这些条款直到1781年尚未获得批准，因为有几个州，特别是马里兰和新泽西认为，那些持有从海到海特许状的州（弗吉尼亚、马萨诸塞、佐治亚、康涅狄格以及南北卡罗来纳）将可以获得阿勒格尼山脉与密西西比河甚至太平洋之间的所有土地，这是不公平的。马里兰州本身也并不是完全讲道德的：它的一些公民与伊利诺伊—沃巴什公司和印第安纳公司有着利害关系，因此希望从大陆会议得到比别的州有利的条件。下述这些土地要求没有一项是没有问题的：纽约州根据易洛魁人放弃了他们的财产权利为理由提出的土地要求也许是最没有道理的；弗吉尼亚的土地要求是最大而理由也是最充分的，而由于乔治·罗杰斯·克拉克在1778—1779年对伊利诺伊一些城镇进行的战争中获胜，理由就更加充分了。但是如果坚持这样做，那么这项要求将会使由共同努力而赢得的大片土地给予某几个州，并将会使它们得以支付战争复员军人的遣散费和偿还它们的债务，从而使它们的税收保持在低水平。在这些州同意放弃它们的土地要求后（虽然是在它们全都这样做之前），马里兰州才同意了邦联条款；弗吉尼亚放弃土地要求的行为特别高尚，杰斐逊和理查德·亨利·李的主张真正是为共和国着想的。然而，直到1802年，佐治亚州才作为最后一个州同意放弃了土地要求。合众国在1783年赢得独立时，才得以继承了数亿英亩的大片西部公有领地作为共同财产。

对新兴的联邦主义作出的这一让步，对迄至那时为止并没有表现出明显的大公无私精神的各州来说，实属值得注意的一个步骤。历史学家们对此都完全没有意识到。实际上，直至最近，谴责作为治理这个国家的依据达10年之久（1777—1787年）的邦联条款成为一种风气，并附和约翰·菲斯克而把这10年称为"危急时期"。[①] 近年来梅里尔·詹森对此作了有益的纠正。[②] 他强调说，首先，邦联条款乃是殖民地经验的表述，比起各个州来，对民主的理论作了远为明确的阐明：权力不属于行政部门，征税权掌握在地方手中，立法机构居于重要地位。如果说这些年来政府有什么失败的地方的话，那主要应归咎于各州不尊重国会提出的要求，而不应归咎于该文件在宪政方面的局限性。当国会要求授权通过征收进口税来筹款时——1768年的阴暗时期[③]——遭到罗得岛的拒绝。国会既不能征税，又不能劝告各州征税。于是不得不发行纸币，纸币很快就贬值了，不久"连一块大陆流通券[④]都不值"便成了口头禅。各州也发行了自己的纸币，而当债权人拒绝接受这种纸币并开始取消农民的赎取权时，谢斯上尉和马萨诸塞州约两千农民便起来造反。这些骚乱几乎不能归咎于国会。

其次，詹森教授已经证明，把1783—1787年间出现的一些尖锐问题归因于邦联条款本身也是不确切的。因为，当时经济严重不景气，通货也更加紧缩。战争对国内工业和农业的刺激已不复存在。英国军队已离去，各地农民失去了销售产品的市场。脱离英帝国使新英格兰失去了它的西印度群岛贸易，南方则失去它在英国享受的津贴，虽然它并不是经常在英国出售产品。当马萨诸塞试图阻止英货倾销

[①] J. 菲斯克：《危急时期》（1888年）。
[②] 《邦联条款》（1940年）；《新国家》（1950年）。
[③] 此处原文为 shades of 1768，疑有误。1768似应为1786，指谢斯起义发生时邦联的困难处境。——译者注
[④] 即美国独立战争时发行的纸币。——译者注

时，新罕布什尔却迫不及待地吸收了这些货。州与州之间的边境冲突和关税争端不断发生。纽约与新罕布什尔所争夺的格林山，当时由富于传奇色彩而不可靠的艾伦兄弟们所控制。由于该地区还不是一个州，企图并入加拿大。① 罗得岛这个原 13 州中于 1790 年才最后加入联邦的州，它这样做只因它受到了其余各州的关税歧视。华盛顿在 1785 年维农山庄会议上实际上企图解决波托马克河沿岸的这类纠纷，由此而开始的商谈导致了 1787 年的制宪会议。英国保留在西北地区的皮毛收购站，以及西班牙与印第安人和白人在密西西比地区的相互勾结都不是由于邦联条款造成的。新国家确实困难重重，这些困难不仅是宪法方面的，也涉及经济和外交各方面。但是，到 1787 年，繁荣在逐渐恢复，特别是在南方。

邦联有一项成就是毋庸置疑的：在 1781 年各州移交给国会的领土上殖民。由肯塔基地区北部边界一直延伸到加拿大的这个西北地区，以前鲜为人知，因此对既具有政治家性格又具有博物学家和科学家性格的杰斐逊有着极大的吸引力。国会曾为西北地区制定过三项法令（分别于 1784 年、1785 年和 1787 年颁布），虽然第一项法令后来被撤销了。这些法令规定在殖民前先对领土进行一次勘测，并在新英格兰边界线上建立一些城镇，以尽量减少与其他定居者以及与印第安人的摩擦。某些地段留作建造学校用和作为退役军人的赏赐地（弗吉尼亚的军人区和康涅狄格的西部保留地即由此而来）；其余的土地则以每英亩 1 美元出售，但出售的最低限额为 640 英亩。这就不是给老百姓，而是再一次给土地投机商提供了机会。1787 年的法律以杰斐逊于 1784 年制订的计划为基础，规定治理一个地区的三个阶段：第一阶段，由国会任命的总督和法官进行治理；第二阶段，当该地区拥有 5000 成年男性自由民时，即可选举自己的立法机构；第三阶段，当人口达到 6 万时，即可承认其为州，与现有各州居于完全平等的地位。从整个这一地区将产生至少 3 个，至多 5 个州：它们是俄亥俄（1802 年建）、印第安纳、伊利诺伊、密歇根和威斯康星。要是按照

---

① 格林山地区后划入新成立的佛蒙特州。艾伦（Ethan Allen）及其兄弟均为当时土地投机商，领导着一个名为"格林山兄弟会"的武装组织。——译者注

1784年杰斐逊的草案——他建议成立14个新州——那就会有更富于浪漫色彩的州名出现。因为他不仅对新世界的文化,同样对旧世界的文化也表现出兴趣。除上述这些熟悉的名称之外,他还建议采用梅特罗波塔米亚(北俄亥俄)、萨拉托加(俄亥俄南部)、阿塞尼西匹亚(芝加哥)、西尔瓦尼亚(明尼苏达)、佩利西匹亚(肯塔基东部)和切尔松尼萨斯(密歇根)等名称。①

西北法令完全同宪法一样重要。它们在这些地区以及后来的新地区保证了宗教信仰自由、由陪审团审判以及实施教育;它们在整个这一地区,即俄亥俄河以北和以西——美国的第一条国界内永远废除了奴隶制,并通过鼓励自由白人殖民者迁入,从而使这个地区具有其自由的特征。然而,过了至少一代多人的时间,土地价格才有所下跌,信贷法才有所宽松,小土地所有者才有了发展的机会。在此期间,土地投机商,特别像马纳塞·卡特勒牧师、鲁弗斯·普特南将军以及俄亥俄公司,②在腐败的国会议员唆使下大发横财。不过,比1770年以后任何其他特征更加明显的特征是,这些法令将独立宣言的原则成功地推广运用于一片广袤的处女地。它们为日后相继成立的36个州确立了它们可以遵循的先例。它们具有非殖民化的精神:原先的十三州虽然享有由于早期殖民而带来的优越地位,但并不享有控制其他州的帝国特权。结果,新的地区自然就指望新的全国性政府能发挥其权威。这些地区当时和后来始终是关注全国性利益而不是关注州权的地区,求助于州权在这些地区也从来不像在某些原先13个殖民地那样具有同样的魔力。这些法令还加快了在玛丽埃塔和辛辛那提的移民——虽然一直到1795年签订了《格林维尔条约》才赢得了与俄亥俄印第安人的和平。无论这些法令的条款有多么不尽如人意,1785年和1787年的这些规定仍不失为富于远见而又明智。

老西南部存在的问题则迥然不同。到该地区移民有三大障碍,但在1785年以前均在逐步加以克服。这些障碍是:1763年的英王诏谕线,这条线在1776年以前并未生效并已由于革命而自动取消;印第安

---

① 《托马斯·杰斐逊文件汇编》第6卷,第581页,以及第591页上的地图。参见杜马·马隆《弗吉尼亚人杰斐逊》(1948年),第413页。
② 卡特勒(1742—1823年),原为独立战争中随军牧师;普特南(1738—1824年),独立战争中的将军,二人均为俄亥俄公司的合伙人,利用退伍军人的身份,以贬值的大陆流通券的票面价值购买了大片公地。——译者注

第十八章　从美洲的情况看美国独立：社会和政治面面观；向西部的扩张　555

人问题；以及阿勒格尼山脉这个天然屏障，这是三者之中最大的障碍。有四条路线可以穿越该山脉：通向五大湖和俄亥俄河上游的哈得孙—莫霍克路线；1758年华盛顿和福布斯曾经走过的通往匹兹堡的那条艰难的路线；经由兰开斯特、约克、弗吉尼亚河谷以及坎伯兰山口的费拉德尔菲亚马车大道，在山口处与荒原大道连接并横穿肖尼人的"勇士小道"（the Warrior Path）；以及通往该山脉东部和南部的路线，即福尔莱恩大道（Fall Line Road）。莫霍克是易洛魁人的地盘，他们在约翰逊的影响下仍然忠于英国，他们的首领约瑟夫·布兰特（塞耶丹尼吉）曾于1777年同他的印第安战士们与圣莱杰①并肩战斗。在哈尔迪曼德将军的支持下，1783年以后把安大略的土地"赏赐"给易洛魁人。克里克人占据着南部，在1783年以后的若干年里企图在颇有才干但欺诈成性的混血首领亚历山大·麦吉利夫雷带领下在西南地区与英国人、西班牙人和美国人周旋。麦吉利夫雷是个商人也是个勇士——是在东西佛罗里达印第安人贸易中拥有垄断权的潘顿和莱斯利公司的成员。克里克人、西班牙人、前保王党人以及像威廉·奥古斯塔斯·鲍尔斯那样的冒险家们使得亚拉巴马地区难以治理。总之，这是个硬木林密布的地区，很难开垦——但它的黑土壤看上去却很有诱惑力。

　　穿越该山脉的中心通道是位于今弗吉尼亚—肯塔基—田纳西三州分界处的坎伯兰山口。一位南方的历史学家说，它因在美国边疆史中有着传奇色彩而引人注意，"就像温泉关在古希腊历史上的传奇色彩一样"。② F. J. 特纳在他著名的论文中，就是想象在坎伯兰山口看到了1793年的情景，"在一种不可抗拒的吸引力的驱使下"，"一支代表着文明的队伍排成单列"通过该山口，其中有"沿着通向咸水泉的小路缓慢前行的牛群、印第安人、皮毛商和猎人、牧民、拓荒的农民……"③从这个山口容易前往肯塔基盛产蓝绿茎牧草的草原、纳什

---

① 圣莱杰（Barry St. Leger），英军上校，美国独立战争时期指挥保王军在莫霍克地区作战。——译者注
② 克莱门特·伊顿：《老南方的历史》（1949年），第115页。
③ F. J. 特纳：《美国历史中的边疆》（纽约，1920年），第12页。特纳在他列举的人中主要遗漏了土地投机者，这种人尽管不在这一支"队伍"中，也是其在东部的首要组织者。对特纳的遗漏的改正，参阅乔治·W. 皮尔逊《特纳论文中的边疆与边疆开拓者》，载《宾夕法尼亚历史和传记杂志》第64卷（1940年10月），第449—478页。以及《边疆与美国的体制》，载《新英格兰季刊》第15卷（1942年6月），第224—255页，另可参阅 M. 凯恩的《对弗雷德里克·杰克逊·特纳的边疆观念的一些看法》，载《密西西比河流域历史评论》第27卷（1940年12月），第379—400页。

维尔盆地,或前往坎伯兰大卡诺瓦河及田纳西河的肥沃低地。弗吉尼亚的托马斯·沃克医生于1750年发现或者是重新发现了该山口,并且在它的附近或以西的地方开始出现了一些移民点。1769年一个弗吉尼亚的移民点开始在沃托加建立,1771年詹姆斯·罗伯逊和约翰·塞维尔所领导的一批"制约者"来到这里,增加了移民人数。同年,在勘测弗吉尼亚—北卡罗来纳边界时发现,沃托加位于北卡罗来纳境内——虽然最近一处北卡罗来纳移民点远在100英里之外。沃托加人已懂得独立并珍视独立:他们在男性公民选举权和代议制政府的基础上成立了沃托加联盟,一直存在到1776年成为北卡罗来纳州的华盛顿县为止。美国独立后,北卡罗来纳将其西部土地让与合众国,这时塞维尔领导该地区建立了一个"早已被人们忘却的"富兰克林州,虽成立了一个政府,但从未获得国会的承认。

在沃托加以西,丹尼尔·布恩和长期从事狩猎的人们在1769—1775年间积极从事活动,沿荒原大道通过山口到达肯塔基河畔的布恩斯伯勒。肖尼人对这些活动进行了抵抗,但他们在1774年邓莫尔之战①中被安德鲁·刘易斯将军在波因特普莱森特的卡诺瓦河口附近击败。肖尼人的首领康斯托克签署了一项条约,放弃了俄亥俄河以南和以东的全部土地所有权。北卡罗来纳的理查德·亨德森法官打算在这个地区组织一个像俄亥俄公司和万达利亚公司那样的公司;通过进一步收买切罗基人的土地所有权(1775年的锡卡莫尔沙洲条约),他声称控制了从坎伯兰山口向西一直伸延到田纳西河和俄亥俄河汇合处的地区。他把他的领地叫作特兰西瓦尼亚。他希望得到英王的支持,但这项计划随着美国革命的爆发而夭折。大陆会议驳回了他要求承认他的殖民地的申请,因为弗吉尼亚提出了从海到海的土地要求。弗吉尼亚于1777年根据哈罗兹堡居民的要求,在乔治·罗杰斯·克拉克的带领下采取行动,把这一地区作为肯塔基县而置于其保护之下;这是极不恰当而又完全出于自私目的的行径。到1783年,肯塔基大约有两万定居者,在田纳西的纳什维尔地区也达到了同样的人数,在那里另一个与世隔绝的人群签订

---

① 亦称邓莫尔伯爵之战。英王任命的弗吉尼亚总督邓莫尔伯爵对肖尼人发动的战争。——译者注

了另一个富于传奇色彩的条约,即坎伯兰条约。在条约上签字的284人中只有10人继续活了10年,而在274名死者中有273人死于非命。可是,尽管克里克人和切罗基人残暴无比,西南地区的人口还是增长得很快;他们受到像威廉·布朗特等土地投机商的鼓励,后者劝说北卡罗来纳将其田纳西的土地于1783年公开出售。1785年俄亥俄河上的船只达1000多条,每条船上有好几家人。据1790年首次人口调查,估计肯塔基有7.4万人,田纳西各殖民点约有4万人,到1793年整个西南部可能已达到25万人。

对新建立的联邦来说,当时的问题不在于鼓励移民,而是要限制建立不成熟的政府,并在许多对土地和对政治权力提出要求的人之间进行调解。无论在南方或北方都不存在一个保守的联邦政府限制民主的边疆发展的情况。阿勒格尼山脉以西的边疆几乎全是由土地投机商开发的——就像最早期的殖民地那样——而除非它们达到可观的数目,否则就会产生机会主义和独占土地的领主而不是民主。人们根本不讲究行为是否合乎规范。在1763—1796年之间民主就像交通一样是很缓慢地穿越这条山脉的。①

西部的未来以及西班牙同一些西部人的勾结,给第一任总统提出了一些难题。华盛顿就是在一个印第安人条约问题上同参议院发生第一次摩擦的。1790年他邀请麦吉利夫雷到费城言和——尽管除了加强克里克人讨价还价的力量外并未收到多大的效果。但是,西南部依靠其大量的狩猎资源、肥沃的土壤及其长时间的生长季节,正在迅速发展中。肯塔基由于与俄亥俄的贸易而繁荣起来,于1792年被接纳为正式的州。它的宪法是南方第一个规定不受财产限制的男性公民选举权和担任公职的宪法;但仍保留了奴隶制,并且迄至1799年为止州长和参议员仍是通过选举团选出。田纳西是由沃托加和坎伯兰的各居民点合并而成,于1790年成为"俄亥俄河以南的地区",1796年建州,不过仍然不如肯塔基那样民主。然而,第一个新建州的荣誉于1791年归于佛蒙特。如果说战争使这个国家统一了起来,新宪法又赋予它一个联邦政府的话,那么,北

---

① 参见 T. P. 阿伯内西《从边疆到田纳西的种植园》(1932年);《西部地区与美国革命》(1937年)。

部和南部的边疆却是使这个国家成为一个独立国家的最大因素。如果按摩根教授的话说，美国乃是革命之子而不是革命之父,[1] 那么，可以说它也是西部边疆的后代。

(南　木　译)

---

[1] 埃德蒙·S. 摩根：《共和国的诞生，1763—1789年》(1956年)，第101页。参见汉斯·科恩《美国的民族主义》(纽约，1957年)。

第 十 九 章

英国改革的开始：帝国的问题；政治和行政；经济增长

1763 年的巴黎和约把英帝国推上了权力和荣誉的顶峰，从而使外交与帝国的组织在以后约 30 年内成为英国政治的主要问题。法国在美洲的势力已被粉碎，但帝国的防御问题依然存在，因为正如庞蒂亚克叛乱所显示的，印第安人的势力仍是个威胁，并可能成为法国恢复野心的借口。英国政府通过 1763 年的英王诏谕，要求白人殖民者不要进入印第安人的狩猎区，因为他们在那里已引起很大的敌意，并试图使扩张仅限于与美洲生活中某些最有势力的力量相对抗。一支常备军也应予以保持，从英国本土加以控制但由殖民者支付经费。在大西洋两岸的权势人物看来，改组殖民地组织机构的时机也已成熟，因为这些机构常常妨碍上次战争的有效进行。迄至这时为止，英国政府集中注意力于控制帝国的海上和商业联系，在帝国的自给自足体制下，北美殖民地已兴旺发达起来，人口、地域和财富迅速增加。直到很晚的时候，北美人极少有公开反对帝国的这种管理方式者，但他们在立法上立场迥异，有人主张立法应主要是管理贸易，有人则主张立法应主要是提高税收。下院对税收进行着广泛的控制，在它看来，征税显然是地方议员的职能，而没有他们参加的帝国议会，不应侵犯这种职能。这种看法似乎可以由虽然处于高度依附的地位但财政上却有自主权的爱尔兰议会加以证实，而且爱尔兰这个殖民地的历史又是与北美的历史始终紧密联系在一起的。将进行体制改组的传闻使反抗帝国征税变得更加迫切。1764 年格伦维尔的食糖条例遭到了抵制，而他为避免北美人抵制 1765 年的印花税条例而采取的拙劣办法又使他被指责为进行欺骗。在这次危机中，北美人和英帝国议会所引用的宪法原则终于导致战争的爆发。北美人承认帝国的立法权力，但不承认它的征税权力；罗金厄姆的辉格党人虽然撤销了印花税条例，但在公告令中却比格伦维尔关于北美人"实际上"在英国议会中已有代表的说法更加过分，提出了国王和一些政治家越来越坚持的议会享有充分主权的主张。一方严重怀疑英国阴谋破坏他们的自由，另一方则怀疑北美人完全是坚持要求独立，并推翻英国议会的权力。

在印度举行的和谈在比北美距离英国较近的地方引起了直接的麻烦，因为克莱武与劳伦斯·沙利文①之间谈判的最终破裂是由于东印度公司与政府之间对和约条款的协商产生误会而引起的。克莱武寻求当时处于反对党地位的佩勒姆派的支持；沙利文则得到内阁的支持，从而形成自上个世纪末以来政治派系斗争第一次进入东印度公司总部的局面，很快就对东印度公司造成灾难性的后果。在印度，法国和土著势力的垮台也在很大程度上使得该公司的行政管理陷于分裂。

1763年和约的仓促签订，像1783年一样，导致了国际范围的严重金融紧张局面。英格兰银行主要关心的是对处于更加糟糕的困境中的大陆各商号给以支持，但它的硬币库存量已下降到了危险的程度，因而造成银行债券和统一公债价格的急剧下跌。然而，人们也有一定的理由认为七年战争增加而不是减少了这个国家的实际财富。在危机初期阶段以后，便进入了一个从1764年到1769年的低息贷款时期，而公债的稳步上涨则鼓励资本投入更加有利可图的私人渠道，这在18世纪是常见的。修建运河和道路以及圈地的计划一下子增多了起来。铜和铁的出口量增加了。尽管繁荣的景象还不普遍，但这些年却标志着在经济发展广阔浪潮中掀起的一个令人高兴的漩涡，英国和法国都从中获得了好处。

和谈也给乔治三世提供了起用他的宠信比特的机会。在他即位时由于战争的原因他没有这样的机会，老皮特因未能实现他立即发动对西班牙战争的要求于1761年10月辞职；随后，纽卡斯尔和哈德威克转而支持对西班牙的战争，但当他们发现比特坚定地支持国王坚持媾和并逐步在内阁中发挥影响时，便于次年5月辞职。乔治·格伦维尔

---

① 沙利文出身于爱尔兰不著名的家族，在印度待了多年，于1740年进入东印度公司服务；1748年后不断提升；1752年12月返回英国；1755年任该公司董事；1757年任副董事长；1758—1764年任董事长。

（当时在政治上已与其兄坦普尔勋爵分道扬镳）和贝德福德公爵填补了这两个空缺，并使福克斯于1762年10月进入内阁，以便通过下院实现媾和条款。纽卡斯尔曾鼓励他的许多朋友和追随者继续留职，希望他会像在1756年那样尽快返回内阁，但在圣诞节议会休会期间，福克斯全部解除了纽卡斯尔公爵在议会中的同党的职务，从而决定性地表明了国王所支持的是哪一方。这次清洗在强烈的抗议声中甚至扩大到行政机构中他提拔的一些人。虽然对其中的许多人的职务另行作了安排，但已有约30年的时间还没有看到过如此剧烈的变动，以致许多文官已经认为，他们在皇家高兴的时候所担任的技术性职务本来会保持终生的。留下的空缺都由国王、贝德福德和福克斯的朋友们所填补。

于是，国王不但在职务上而且在权力上安插了他的亲信，但已经产生了与他的期望迥然不同的后果。乔治三世是按他父亲和反对派领袖们制订的那套爱国的计划培养大的，因而对所有他视为"背弃"老皮特和其他朋友的人都采取一种病态的厌恶态度。比特和他都不够成熟，他们显然夸大了上一朝代的一些主要政治家们现在的凝聚力，而抱着迂腐的意图实行一种德政，与此同时有意地鼓励人们同莱斯特府①和托利党人断绝关系，因为它们令人回想起前两个朝代统治开始时的情况。比特在英国政界缺乏自己的根底，他发现既然老皮特不愿效力，他就必须与两党中的一个进行合作，结果他的德政便只好由亨利·福克斯来实行了，而福克斯是当时所有政治家中把政治与任用亲信等同起来的最突出的一个。

比特不像他的主人，他从未学会如何与政治风暴斗争。他使和平条件以绝大多数票通过，但受到威尔克斯在报刊上的恶毒抨击，而且在出现商业衰退时曾亲身经历了受伦敦城激进分子操纵的暴徒的袭击；他寻求托利党人和独立人士的支持的努力也宣告失败，而老皮特则由于财政大臣达什伍德提出的苹果酒税法案而暂时与佩勒姆派重新联合起来。比特于1763年4月8日辞职。福克斯也辞去了下院领袖的职务，但保留着他收入丰厚的财政部主计长的职位，在获得霍兰勋

---

① 莱斯特府（Leicester House）是英王乔治一世之子、威尔士亲王（后即位为乔治二世）在伦敦的宅邸。乔治一世在位之初，该府邸成为持不同政见者聚会的场所。乔治二世在位之初，托利党人中的一些有影响的人物则是支持废王詹姆斯二世的詹姆斯党人。——译者注

爵的称号后结束了他积极的政治生涯。福克斯虽然不喜欢格伦维尔，但他认为没有人能替代由格伦维尔领导的政府。新政府仅仅以格伦维尔的少数追随者和贝德福德派为基础，似乎过分软弱而难以持久，但事实上它维持了两年之久，并且联合了两个政治集团，这两个集团后来终于成为在70年代出现的强有力的宫廷党的组成部分。

格伦维尔在政治上是同老皮特、坦普尔及其家族①一起成长起来的，只是不久前才表现出明显的顽固倾向。在他放弃早期立场而支持和平后，于1761年任下院领袖时被坦普尔所背弃。他也不愿在对待当时的两大问题即威尔克斯和北美问题上让步；反对他的佩勒姆派也被迫采取同样坚定的立场，从而促使党派活动复活。起初，顽固的立场使国王与格伦维尔之间形成一种联盟，因此当载有对国王进行恶毒攻击文章的威尔克斯所办的报纸《北不列颠人》的第45号于1763年4月23日出版时，内阁大臣们发出通用逮捕状将威尔克斯逮捕。这种仅仅同国王的法律官员商议后就发出逮捕令的做法，迄至那时为止只限于在国家处于危急状态时才采用。威尔克斯由法庭宣布无罪后，开始提出反诉，尽管毫无困难地把他逐出了下院，但给反对派提供了一个大有文章可作的争端。1764年年初梅雷迪思和萨维尔在一批佩勒姆派的鲁莽青年人的支持下，开始就由于威尔克斯案件而引起的法律问题提出一系列动议，从而于2月14日使支持内阁的多数减少为10票。这时国王和格伦维尔下决心进行反抗。一年以后，反对派就通用逮捕状问题再次对政府施加强大压力，但又一次未能将他们的力量联合在一起。

当政界在威尔克斯问题上掀起一阵狂潮之际，格伦维尔在北美征税的各项措施被人们所忽略，并未预料会在大西洋对岸迅速引起强烈反对。格伦维尔的被解职也与这些根本性问题无关。乔治三世厌恶格伦维尔的作风，以及他反对比特在幕后所起的影响。毫无疑问，对比特的怀疑导致了内阁企图将王太妃②（比特与之关系密切）排除在可能的摄政者的名单之外。这一插曲后来被国王认为是一种欺骗行为，使他比以往更加下决心更换他的政府。在当时反对派处于软弱无力的

---

① 坦普尔（名理查德·格伦维尔，坦普尔是其爵位）之妹是老威廉·皮特之妻。——译者注
② 此处王太妃原文为（Princess Mother），系指乔治三世之母。乔治三世之父威尔士亲王弗雷德里克·路易斯早故，未及登上王位，故其母称王太妃。——译者注

第十九章　英国改革的开始:帝国的问题;政治和行政;经济增长

情况下,这种变动不会被认为是国王的软弱。纽卡斯尔和他的朋友们组成的反对派由于这位公爵起初厌恶反对派,由于他组织工作上的无能,以及由于他违背自己的判断而屈从于年轻人的煽动而尝到了苦果;哈德威克的儿子们助长的野心对它造成了妨碍,而老皮特的离开更使它遭到极大的削弱,因为老皮特永远不会宽恕他们在1761年采取反对西班牙战争的立场。然而,尽管国王瞧不起纽卡斯尔和他的朋友们,但这时已别无选择,只得转向他们。于是内阁团结一致,而且在要求排除比特的势力方面格伦维尔集团捐弃前嫌,与贝德福德派结成工作联盟;老皮特虽然对比特丝毫没有畏惧,但也决心不就职。由于格伦维尔、贝德福德和老皮特站在了一起,国王便不得不接受纽卡斯尔的所有朋友。

　　72岁的纽卡斯尔决心实施他在1762年打算推行的计划,在不担负职务的情况下对内阁施加影响;因此,使公众普遍感到意外,一向只以热衷于赛马而著称的罗金厄姆竟当上了财政委员会主席。①几乎没有哪届内阁在开始时这样不顺利。国王对旨在补偿1763年屠杀辉格党无辜者事件而大规模进行撤职表示恼怒,而纽卡斯尔则对撤职的人太少而感到不快。在密室中拥护这届内阁的主要人物坎伯兰公爵在议会召开之前去世。更重要的是,内阁是假定老皮特不久以后将会参加进来,从而在下院中担任非常重要的领导而组成的,但老皮特心里明白,他必须等待方能按自己的条件掌握权力。内阁在开始时从事他们处于反对派时所选定的事业;它撤销了苹果酒税,通过保护斯皮特尔菲尔兹的丝织业以迁就伦敦城激进分子,并宣布签发通用逮捕状为非法。抱着推行老皮特的政策可能使其入阁的希望,他们废除了印花税条例,但通过了另一项"通告令"申明议会拥有充分的主权。然而,老皮特却不为所动;而且,不仅格伦维尔和贝德福德两派人仍在支持他们的印花税条例,而且许多托利党人和"国王之友"都强调指出对北美的抵制作出让步是愚蠢的。内阁对自己完全失去了信心,在1766年1月以后似乎随时都会瓦解。最后一击是由心怀敌意的老皮特打出的,他得意扬扬地宣布自己已与党派活动无关,并向国王提

---

① 原文为First Lord of the Treasury。一般由首相兼任的内阁主管财政事务的最高职务。——译者注

出希望组织一个不受格伦维尔派支配的内阁。

罗金厄姆派把他们的垮台归咎于比特一派人受国王的指使针对他们而进行的颠覆活动。的确，罗金厄姆派十分缺乏驾驭议会的能力，因而不得不雇用比特手下的一些干实际工作的人，国王则不仅希望更多地吸引这样的人以加强他们的政府，而且在最终相信内阁正在解体时，实际上还同比特商量过对策。但其他许多情况却鲜为人知。更准确地说，比特派就是"国王之友"，是在格伦维尔内阁的末期方才形成的，当时一批干实际工作的人、苏格兰人成员以及其他一些在1763年以前就同比特建立了联系的人发觉自己受到首相粗暴地反对"宠臣"以及他决心垄断苏格兰的官职任命权这些做法的威胁。他们对罗金厄姆更不抱多大的希望。在他受命组阁时，有些人如詹金森挂冠而去，其他一些人则作为对1763年殉难者的补偿而被赶出了政府。在罗金厄姆的坚持下，国王警告这些人支持新任命的大臣，但在废除印花税条例等有争议的措施方面无法取得一致意见，而且对一个其生存前景未卜的政府也看法不一。有关这些年来比特同国王以及同"国王之友"的关系尚缺乏证据，即使有也是相互矛盾的；其他各派也许抱有过多的疑虑，因为1766年1月"国王之友"曾表示，只有找到了某一位新的领袖他们才会成为内阁的基础，而当国王次年夏季与比特疏远后，他们便以其他方式开始各谋安全之策了。

1766年7月乔治三世授予老皮特以全权组织政府，看来终于有了组织一个可以令国王和议会都满意的稳定内阁的希望了。自从老皮特辞职以来，他本人便成为一股具有巨大破坏性的势力。无论政府还是反对派都无法忽视他也不能依靠他，但现在他享有了他曾经拒绝分享的最高权力，并在一定程度上享有格伦维尔和罗金厄姆所不曾享有过的国王的信任。但是，老皮特打破党派活动的努力却很快迫使三派人成为反对派，并且一直到老皮特辞去职务为止，结成它们在美国革命时期所具有的那种形式。老皮特本人担任了掌玺大臣并晋升为贵族，他带着他的私人随从，并打算由他本人行使监督权；诺辛顿是国王在内阁中的唯一亲信；康韦和格拉夫顿来自罗金厄姆集团。不过，罗金厄姆极力要康韦离开政府，他的其他朋友则由于王室遣散人员而辞去职务。在经过长时间的犹豫之后，贝德福德派也坚定了立场，于

第十九章　英国改革的开始：帝国的问题；政治和行政；经济增长

是查塔姆[①]不得不支持比特派中那些干实际工作的人，因为这些人自己也不能确定该走哪条路。查塔姆大胆的帝国政策和拟议中的英俄联盟均遭失败，而祸不单行，1767年年初他又得了很厉害的精神病，从此便闭门谢客了。

查塔姆一定无时无刻都会感到，要把这个由与他意见不合的朋友格拉夫顿和谢尔本为一方和不听他支配的康韦和查尔斯·汤森为另一方组成的内阁团结在一起是很困难的；但这时在印度和北美发生的引起争论的问题已超越了政府和反对派的分歧。由于股票价格上涨，使得东印度公司不顾董事们的忠告而提高了股息，查塔姆受此鼓励，扬言议会将对该公司进行干预，目的在于敛取现金以缓解预算困难。汤森和康韦反对这一计划，主张同董事们举行谈判。这样，公司内部的派别便立即与议会中的派别联系在一起了；要不是查塔姆收回了有关政策，使谢尔本得以达成妥协，英国政府很可能发生分裂。妥协方案是东印度公司每年向国家上缴40万英镑而不减轻其所负的领土责任，但它的股息应受到限制。这项解决办法未顾及业已引起的一些帝国的根本问题，并预示着由于暂时性的以及随之而实行的控制股息和分享投票权等规定而带来的进一步的政治干预。与此同时，在几乎不受人注意的情况下，性情乖僻的汤森未经授权就在下院允诺将从北美征税以支持在该地的驻军，从而增添了新的麻烦。

政府虽然软弱，而意见分歧的反对派似乎更加软弱。但是，到了 1767年夏季，情况已很清楚，要保持稳定非成立一个联合政府不可，无论是反对派中那些干实际工作的人所希望的由各反对派组成的联合政府，还是由政府与反对派中的某一派组成的联合政府均可。1767年7月国王授权格拉夫顿收买反对派中的一部分人，属意于贝德福德派。而另一方面康韦则支持罗金厄姆派，因为这一派人敌视格伦维尔，因而可能受到国王的喜爱。然而，罗金厄姆只考虑在十分广泛以致使国王不可能再有任何其他选择的基础上重建整个政府，而建立这样的联合政府是他的力量所达不到的。尽管这些谈判看来是毫无结果的，但它们却标志着宪政发展的一个重要时刻。罗金厄姆承认国王有挑选他的大臣的权利，但拒绝在格拉夫顿的领导下工作，而设法使国

543

[①] 查塔姆即老皮特。他于1766年被封为查塔姆伯爵。——译者注

王的选择仅限于他本人。就连格伦维尔派和贝德福德派的支持，他也只是在自己拥有最高权力的条件下才会接受。此外，在罗金厄姆拒绝入阁而国王仍然敌视格伦维尔的情况下，就不可避免地应由贝德福德派来组阁了，而几乎可以肯定，贝德福德派在这位年迈的公爵和贪婪的里格比领导下宁愿在政府中听命于格拉夫顿也不愿在反对派中听命于罗金厄姆。1767年12月讨价还价结束，结果在不知不觉中内阁的天平向反对在北美采取妥协政策的方面倾斜。

在1768年的大选中，反对派多少增强了它的力量，但宫廷的地位在这届议会结束时比在其开始时大大加强了。在新的情况下，第一个受害者是谢尔本。他忠于查塔姆的殖民地政策，只有他一人仍然反对在北美采取强硬措施并反对把威尔克斯赶出议会；格拉夫顿为了忠实地实现查塔姆的同贝德福德派妥协的愿望，于1768年10月将谢尔本免职，结果查塔姆却跟他一道辞去了职务。

由于约翰·威尔克斯而引起的这场争执不仅将查塔姆派赶出了政府，而且终于把格拉夫顿本人也拉下了马。威尔克斯于1768年返回英格兰，并当选为米德尔塞克斯郡的下院议员。在激怒了国王和大臣们之后，他因发表一篇诽谤性文章而再次被逐出议会，并且在三次重新当选之后被下院宣布为没有资格再当选议员的人，而把他的席位赏给了被他击败的对手。两年的监禁使威尔克斯成为一名都市民主的无人能与之相匹敌的英雄和当之无愧的重要政治人物。尽管对历届内阁来说，18世纪通常的做法是建立多数派，但对反对派来说，更常见的做法是诉诸下院以外的舆论而不是在宫廷中进行密谋，特别是求助于独立的上层社会人士以及两个除喜欢持反对立场之外毫无共同之处的社团：牛津大学和伦敦城。"伦敦城激进主义"是英国政治中的独特现象；它是在伦敦商人的资产阶级自豪感以及他们感到自己被排除在一种主要为地主阶级和大富豪利益服务的政治体制之外的意识的基础上滋长起来的。威尔克斯当时之所以能特别成功地把伦敦的力量动员起来，归功于两个主要因素。过去，他的主张被查塔姆和罗金厄姆这两个反对派用来达到他们自己的目的。现在，他们急需某种新的推动力，便开始对伦敦城发生兴趣，于是威尔克斯利用这两派之间的竞争来挑起伦敦城对无论是不得不听命于反对派或政府，还是不得不听命于贵族或国王而产生的不满。其次，威尔克斯不像最初鼓吹伦敦城激进主义的贝德福德和巴纳德那样，他利用对他的迫害，利用那些把他看作受害者的人在金钱上的支持以及利用威斯敏斯特和首都其他地区地方政治中骇人听闻的状况，使自己成为群众政治的首领；的确，在米德尔塞克斯的历次选举中很难找到反对他的人。利用这些手段，威尔克斯只用了很少几年时间便把与官方有联系的反对者赶出了伦敦城，并迫使他们也主张采用他们所不喜欢并损害他们在议会中的利益的激进措施。

威尔克斯问题为1769年的反对派提供了共同的立场，而随着动乱的加剧，内阁的前景变得越来越岌岌可危。查塔姆抓住这个机会于1770年1月重返上院与罗金厄姆携手合作，并利用其全部影响把卡姆登和格兰比挤出了内阁。查尔斯·约克在国王的敦促下出任大法官，但很快便去世，也许是自杀身亡。在被这些同事和下院中许多独立人士所背弃、被恶毒的小册子作者朱尼厄斯所羞辱的情况下，格拉夫顿本人也像胆小怕事的康韦一样，辞去了职务。

国王不得不再次敦促他可能物色到的人组阁，于是挑选了诺思勋爵；诺思是一个出身于托利党人世家而生性保守的无党派政治家。作为大臣，诺思勋爵的能力很快就在下院受到考验，因为一个摇摇欲坠的政府给了反对派以极大的鼓励，他们消除了分歧，向内阁发动了猛攻。在一个重大问题上——格伦维尔提出的选举法，这项法令把有关选举的申诉状的审判权从整个议会转交给一个特别委员会——诺思遭到失败，但在由威尔克斯和伦敦城激进分子所提出并受到反对派支持的一些问题上，他却以差距不大但具有决定性的多数赢得了胜利。威尔克斯的主张已开始过时；这就使独立的舆论倾向于内阁，结果在各反对派中出现了无法掩饰的分歧。罗金厄姆派也就不再把查塔姆所热烈支持的"权利法案派"看在眼里了。

1770年11月13日议会再次开会时，反对派由于格伦维尔去世而进一步削弱。格伦维尔的支持者追随他们的老盟友贝德福德派加入了新的宫廷集团。反对派企图利用由占领福克兰群岛而引起国际危机作文章，暴露出了他们实际上的软弱，并且随着内阁由于韦德伯恩于1771年年初的加入而得以加强，反对党派便走向了衰落。在一些主要问题上，查塔姆和罗金厄姆几乎不可能取得一致意见；就连保持日常的联系在一方看来是可耻的，在另一方看来也是令人厌烦的。北美爆发战争后，查塔姆已不再有什么势力，罗金厄姆集团也正在慢慢地趋于灭亡。这时也像1765年的情况一样，除非殖民地的许多问题重新爆发而且政府方面不幸遭受失败，否则他们要想东山再起已不可能。

于是，由于反对派幻想的破灭，诺思的体制方才得以稳固地存在了10年之久。在行将就木的国王的热诚支持下，内阁靠"国王之友"中的一些专业行政官员——约翰·鲁宾逊、杰里迈亚·戴森、查尔斯·詹金森——的勤奋工作而得以维持下来。这些人都是干练之才，尽管罗金厄姆派指责他们犯了各式各样的卑劣行为。诺思与议会周旋虽无惊人之举，但稳健慎重，尽量利用有利形势。威尔克斯案、北美的动乱以及自由派为了撤销教士必须签名承认三十九条信纲的规定而进行的富有战斗性的宣传鼓动，所有这一切都驱使倾向于保守的独立人士倒向宫廷一边，于是八面玲珑的诺思抓住这个机会，在议会内外进行活动。尽管由于对议会的意见过于敏感因而不愿充当国教的坚决捍卫者，诺思还是于1772年当选为牛津大学名誉校长，实际上使这个神圣学府作为反对派喉舌的历史宣告结束。但殖民地问题却预示着新的灾难即将到来。

1767年以后，由于需要安排一项永久性解决办法，内阁对东印度公司事务的干预延长了时间。到1769年年中达成了一项协议；据此，英国对印度领地的治理不承担任何责任，但把该公司的股息限制在12.5%，一旦股息超过6%，便将强加给它严厉的财政负担。该公司内部各派为了继续进行斗争而不惜借用荷兰股票以投票赞成冒很大风险进行的投机，这时，该公司的弱点便暴露出来，并且由于发生了两大危机而使1769年的解决方案失效。1769年5月从印度传来的坏消息一下子打破了东印度公司股票的兴旺景象；而且，由于该公司面临破产，内阁和反对派都不遗余力地设法结束在东印度公司总部的争论。沃伦·黑斯廷斯被任命为孟加拉总督，并赋以更大的权力，但英国国内改革的希望则因1772年6月伦敦遭受的前所未有的严重信用危机而受到挫折。随着十数家商行的倒闭，东印度公司处于危急的境地，因为它每年两次从英格兰银行借进巨款而同时在等待收回其每年两次的售货款。现在该公司被催还通常可以拖欠的债款，而自己收到的货款却异常缓慢。更加雪上加霜的是，该公司的股息和上缴国家的款项是根据对其从孟加拉取得的收入作了过于乐观的估计而确定的，而其在孟加拉采购物品的开支却大量地用伦敦开出的支票来支付，这就无论如何也没有满足过要求。如今，由于急需挽救东印度公司并使之得到较好的管理，一切治标的办法就只好弃之不用。拟定了各种立法，其中最重要的是诺思提出的管理法案。这项法案要求通过最低限度的改革和政府的监督以制止该公司在国内外活动中种种最恶劣的弊端，并计划在1780年延长其特许状时对该公司进行更加大刀阔斧的改组。罗金厄姆派竭力利用这次危机，在该公司业主当中大力进行煽动，但几乎没有什么效果，因为当时东印度公司业已信誉扫地。

在接着出现的在殖民地问题上的争论中，首先是在1774年的魁北克法案的争论中，反对派表现了较大的一致，并且发现在1772—1773年的危机中业已显露出来的诺思内阁的软弱无能为对之进行抨击提供了重要的根据。18世纪的政府机构根本不能适应有力地执行政策，而诺思勋爵的政府又格外缺乏活力，而且组织松散。诺思本人肥胖而嗜睡，又缺少自己在政治上的追随者，因此格外避免得罪人，1772—1773年折中的东印度公司法案是由他手下的一些善于处理实际事务的能手在没有真正的政治领导下能够通过谈判取得的最佳解决方案。但对这样一种体制来说，在北美殖民地酝酿中的动乱将证明完全是一场难以经受的严峻考验。

不仅国王而且内阁的多数这时都支持在北美采取坚定的措施，但诺思对北美殖民地的反对派领袖的要求和国内正在联合在一起的保守势力的要求都作出了让步。这种表现了他的性格特点的让步，似乎可以证明人们对丝毫得不到英国的好处的北美人抱有极为恐惧的心理是有道理的。而在战争爆发后，在指挥战斗方面同样缺乏决心和协调一致的行动。诺思的犹豫不决使一些大臣泄了气，达特茅斯和萨福克是两个无能的大臣，而实干家桑威奇和杰曼两人又都不孚众望。不久，诺思本人便极想退休，但他这时已是国王心爱的恩宠人物，有些像以前的比特那样。国王慷慨地为诺思还清了欠债，并得到了只要工作需要他就不会离职的诺言。随着北美的局势日益恶化，诺思变得像个长期受痛苦折磨的人而不是战争的领导人，悲伤地抱怨说他被"拴在这场赌博中了"。诺思变得如此无能，以致在萨福克去世后长达一年的时间里一个大臣职位一直在空着。而接替这一职位的韦茅斯则据说正在和反对派调情。

因此，许多事情要靠国王和政府下层干实际工作的人来处理。从许多方面来说，这是国王的最得意的一段时间；当他周围的一切似乎都将失败时，他仍然坚定不移，但由于缺乏想象力，他给国家造成的损失是很大的；而他的刚愎自用逐渐破坏了他本来就不稳定的心理平衡，一旦政治局势缓和下来便产生令人震惊的后果。在那些实干家中，主要的有查尔斯·詹金森，此人于1778年接替巴林顿担任陆军驻议会代表。巴林顿曾为军队的采购工作和升迁制度制定了完备的通行规则，但缺乏行政魄力和当时所需要的与议会打交道的才能；此外，他不赞成打仗，因而在一段时间里工作缺乏热情。詹金森在他所负责的那个小范围军事工作领域里令人钦佩地严厉推行增加效率和节约的措施；尽管他不是内阁成员，但由于职务关系，他可以经常接近作为武装力量统帅的国王，并受到信任。这曾引起一种传说，据说他是乔治在一场粉碎内阁专制主义的斗争中的工具之一。财政部大臣约翰·罗宾逊是一个典型的政府官吏，他是诺思的终身幕僚，曾促使诺思更坚决地抵制伊登和韦德伯恩为了晋升而进行的盛气凌人的阴谋活动，促使詹金森推动国王去督促首相；尽管到1780年鲁宾逊被诺思的冷漠态度所激怒，但国王的一句话就足以保住他的乌纱帽。

美国独立战争不仅使内阁的分工出现了临时性变化，而且大大改变了英国的政治和行政管理的局面。这场冲突本身引起了种种紧迫问题，不可避免地造成更加尖锐的政治分裂。近些年来渐渐影响政府的保守情绪这时更加强烈了。教会、大学和许多乡绅像一个世纪以前那样，起而维护议会至高无上的权力，许多独立人士也永远围绕在宫廷的周围；然而反党派也和内阁一样获得了新的生命。自从威尔克斯案和他在米德尔塞克斯当选议员的事发生以来，罗金厄姆派第一次感到大有可为了；他们反对宫廷，也反对战争，从而成为从接连不断的灾难中最有希望的受益者。

确实，在1779年和1780年，沃波尔垮台的局面似乎又将更加富于悲剧性地再次出现。陆军的战败和海军的危险处境以当时人们意想不到的程度发生了，而且比人们意想不到的情形还要严重。诺思与瑟洛相互敌视是众所周知的，内阁像沃波尔时期一样陷入分裂，鼓励了反对派。法国又一次介入了这场斗争，从而使殖民地问题空前尖锐起来。诺思勋爵的管理法案在印度甚至连所希望的暂时喘息时间也未出现；到了国内局势对诺思内阁变得日益严重时，马拉塔战争和海德尔·阿里发动的进攻使在孟加拉和马德拉斯的麻烦更加复杂，而且1781年年初据报一支法国舰队出现在科罗曼德尔海岸附近海上。1773年建立的体制的运行责任主要落在了工作过劳的詹金斯和鲁宾逊身上，但不可能指望他们提出一项可在1779年和1780年解决印度问题的新方案。面对恢复了活力并且掌握了菲利普·弗朗西斯提供的材料的反对派的攻击，常常"痛苦地昏过去"的诺思已无法治理国家，这样的局面一直拖延到1781年提出进一步临时应急的立法为止。

帝国的困难甚至还更加紧迫地发生在离英国本土更近的爱尔兰。1768年，作为增加军队和经费以保卫北美边境安全的回报，爱尔兰议会的任期被限制为八年，而且一个不习惯于处理选举事宜的内阁不得不举行一次普选。这时，爱尔兰总督辞职，由白金汉希尔勋爵接替他的职位，他希望通过实行改良政策使爱尔兰在反美斗争中起到作用。可是，严重的社会问题依然存在，爱尔兰政府的财政状况也不佳。北美独立战争使每一个问题都恶化了。爱尔兰起而响应反叛的属地的榜样；在爱尔兰和在北美一样受到法国干预的威胁。而且，战争破坏了一项在暗中进行的重要贸易以及与法国的通商，于是政府对爱尔兰粮食的出口实行禁运。当人们得知诺思对爱尔兰的要求并非无动于衷，并以他那种圆通的作风在宗教和商业问题上都作出了让步，便更加倾向于把这个国家的苦难归咎于英国政府。1778年4月8日，在诺思的支持下，下院通过了五项决议，取消了航海制度强加给爱尔兰的大部分负担。英格兰和苏格兰的工业城市立即作出了剧烈的反应；对此，政府再一次作出了让步，从而将上述商业方面所作出的让步几乎全部取消了。

这种为了英国既得利益集团的利益而公然牺牲爱尔兰繁荣的做法，由于正好发生在爱尔兰志愿者运动兴起的时候而更加具有危险性；志愿者运动开始时是为了防备法国的，但不久就威胁到同整个英国的关系。就在由爱尔兰贸易法案引起的风暴发生以前，诺思就已准备勉强接受北美人除独立以外的一切要求。对爱尔兰来说，教训是显而易见的；禁止进口商品的协定开始执行。控制权落到了同时得到不信奉国教者和罗马天主教徒支持的志愿者手中。1779年和1780年，在英国反对派煽动性言论声中，终于作出了甚至比爱尔兰领导人所希望的还要大的经济上的让步。这时爱尔兰人要求实现立法独立，从而使诺思的不幸处境更是雪上加霜了。

随着帝国在东方和西方都呈现出摇摇欲坠之势，七年战争结束时看上去十分荣耀的政教体制这时已是另一番景象，于是众多的评论家纷纷起来指出这种体制的弱点。在北美战争爆发以前若干年，一些不信奉国教的自由派已在论战中重新起着带头作用，他们或者抨击布莱克斯通的观点，即认为根据英国的法律，不信奉国教是一种犯罪行为，只是由于宗教宽容法才取消了对这种犯罪的惩罚。他们或者极力支持英国国教中自由派关于放宽签名承认三十九条信纲的规定的要求。如今，他们不但希望他们的北美兄弟繁荣兴旺，而且可能从他们认为教会是各教区的联合体这一观点出发，类推出一种用于在北美实行自治的宪政体制。战争带来的种种政治问题重新点燃了不信奉国教的下层社会的希望，他们从未停止出版关于内战的小册子；不信奉国教的领袖人物如普赖斯公开出面支持北美并主张改革；为了鼓励战争时期招募新兵而对罗马天主教徒作出的种种让步，要是不给予不信奉国教的新教徒也是不公平的；而当被人们推选出来捍卫政教的壁垒的牛津大学名誉校长诺思勋爵逐步拆除了这一壁垒时，一个要求进行议会改革和撤销宗教考查法和市镇机关法的重要运动已在不信奉国教者当中酝酿成熟了。

在战争时期航海制度虽有一部分暂时停止实行，但仍然有证据说明英国的航运业一直可以获得在通常情况下得到的收益；进入英国港口的外国船只总吨数所占的比例从1775年的13%上升到1782年的36%，即使这样也有人对正统的经济观点提出了批评。起义所造成的震动扩大了像乔赛亚·塔克和亚当·斯密这些人的影响，他们对为保证殖民地的"从属地位"而实行的经济管理制度早已提出了批评。爱尔兰的关税纠纷表明英国的工业尚未达到不需要保护其产品市场的程度，然而作为英国第二帝国基础的各种思想却已在到处传播了。

但是，战争引起的最迫切问题是预算问题而不是商业问题。英国的税务结构相对而言缺乏伸缩性，因此占极高比例的七年战争的费用

第十九章　英国改革的开始:帝国的问题;政治和行政;经济增长

只得靠借债来支付。① 和平恢复后,国债负担的增加使减轻税收的余地缩小了;1767年反对派提出把土地税从每镑缴4先令的全额税率减为3先令,便曾使人们大吃一惊。财政大臣们考虑从北美或印度征税,而一部分支持罗金厄姆派的乡绅在美国独立战争期间则悲观地得出结论认为,税收制度如此缺乏伸缩性,若再引起另一场战争势必导致灾难,因此无论如何必须保持和平。

尼德兰联省共和国于1780年与英国的敌人结盟,切断了信贷的一个重要来源,从而造成新的财政困难。对政府来说,幸好英国国债中荷兰所占的份额一般被估计过高,而且为支付美国独立战争中所需费用而借的钱几乎与七年战争中所借的钱相等。诺思不得已只好在大众消费方面增加税额,用以支付这笔债款;并且鉴于由行政部门征收所得税是行不通的,于是便通过对消费——房租、雇用仆人、马匹、四轮马车、养狗之类——抽税,来从不断增加的个人收入总额上打主意。这项新工作主要由征收窗户税的部门负责,特别是由评定税额的检查官负责。在他手下的文职官员敦促下,诺思在这个部门实行了改革,任命了一批督察官,监督这些检查官员。

然而,直至战争末期,税收的收入仍增加甚微;而随着1780年大选的临近,赋税负担却加深了政治危机。约克郡人对纳税甚为反感,而且唯恐对土地税进行重估,米德尔塞克斯的改革运动者尤其如此。怀维尔认为,随着大选的临近,他的协会②有可能促使政府人事费用的缩减。他希望联合各郡的改革者以达到加强宪法的独立作用的目的,必要时通过拒绝纳税或只支持赞成他们目标的议会候选人来进行制裁。他并对在爱尔兰和北美发展形成的抗税手段投以友善的目光。罗金厄姆派企图使改革运动转而为他们自己的目的服务,但他们的计谋败在了怀维尔手下;怀维尔把"代表大会",即各郡的协会派有代表参加的伦敦委员会变成了他树立个人权威的工具。但罗金厄姆反唇相讥,他对约克郡人说,他们的郡在议会拥有相对说来较多的议员,这有助于在税收问题上保护他们;而这一令他们难堪的事并没有

---

① 从1756—1763年政府全部收入的43.4%是完全靠借款来筹集的;特别是战争费用究竟在多大程度上是靠借款来支付的,可以将战争第一年和最后一年的开支加以比较来说明:1762年的战争总开支比1756年多9.79百万英镑;1762年的净借贷比1756年多7.34百万英镑。
② 克里斯托弗·怀维尔(1740—1822年),英国鼓吹议会改革和宗教自由的激进教士,他领导的组织称"全国协会"(National Association)。——译者注

使赋税负担很重的米德尔塞克斯郡城市地区的改革者感到为难。于是改革运动终于分裂。这时怀维尔得出结论：如果他们想干成任何事，他们就必须与罗金厄姆派妥协，要求议会每三年一届而不是每年一届。

与此同时，罗金厄姆派想通过要求实行经济改革而从这次危机中得到好处。据称，精简政府机构既可缓和预算问题，又可调整宪法与国王之间的力量平衡。从1777年起巴雷就一直提出议案要求调查土地税管理情况，1780年伯克又提出他的经济改革法案，旨在减少王室的开支。诺思采取的办法不是完全反对该法案的原则，而是在细节上击败了该法案。而且，对这一法案的辩论耗费了对讨论从全国各地送来的大量改革请愿书所需要的时间。这些请愿书终于在1780年4月6日一并加以讨论，那天也正是威斯敏斯特联盟（Westminster Association）举行第二次大会的日子，会场上旗帜飘扬，查尔斯·詹姆斯·福克斯发表了富于煽动性的演说。出乎内阁的意料，邓宁在下院提出两项决议案，集中体现了请愿者的请求；其中第一个宣称"国王的势力一直在扩大，现在还在不断扩大中，到了应予缩小的时候了"。

这个要求无疑是受到当时疯狂进行的隐蔽活动的激励，它自始至终含蓄地出现在伯克的宣传运动中，并且是克鲁提出的剥夺税务官员选举权的法案的依据。然而，在某些重要方面它是不正确的。在这一时期辩论中充满了毫无根据的断言。这表明议会各派当时普遍缺乏行政管理的专门知识。税务官员中有资格在选举中投票的人数，和下院中政府退休官员的人数都被邓宁和他的朋友们大大地夸大了，而且到1780年，由财政部支配的下院官员人数和议会席位从乔治三世即位以来已大大减少。但是，邓宁弹的虽是老调，但声音过于洪亮，以致议会中的独立议员不能听而不闻；他的著名动议以233票对215票通过，他的第二项动议则无人反对而通过。但他未能利用他的成功。克鲁的法案在下院遭到否决，关于承包人的法案则在上院遭到否决；纽马基特赛马周期间议会休会才使战斗的气氛有时间平息下来；邓宁力图将本届议会开成一个长期会议，直至皇家的势力削弱为止，这使他失去了独立议员的支持；在举行大选以前，戈登骚动再一次使保守的舆论联合起来支持政府。

第十九章 英国改革的开始：帝国的问题；政治和行政；经济增长

因此，尽管在内阁、全国以及爱尔兰、北美和东印度公司事务各方面同时爆发了危机，但并未使政府在根本上动摇。不过大臣们从1780年时机并未成熟的解决中一无所得，政治局势也没有任何根本性的改善。一项解决东印度公司问题的方案只不过是推迟实行而已。在1780年，虽然给了爱尔兰以范围十分广泛的商业上的让步，允许它从事殖民地贸易，并免除对不信奉国教者的圣礼考察，但动乱局面仍在继续。1781年颁布实施爱尔兰人身保护法，次年格拉顿赢得了立法独立权。在英国，请愿运动发生了分裂，各郡委员会的力量转移到一些不大引人注意的渠道。反对进行节省开支的改革的多数派人数增加了，但议会仍要求提出报告，于是诺思于1780年被迫任命了一批清查政府账目的督察官，这成为后来建立的更加独立的调查委员会的先驱。他们在以后六年中散发的各种报告大大消除了政客们在行政事务方面的无知；他们提出了一项可以评价大臣们政绩的改进计划；于是这些委员会的成员通过他们的报告和他们各自的辛勤工作为政府机构的改革建立了一种模式。

诺思也一直想辞职和摆脱军事上惨败的趋势。在北美、西印度群岛以及梅诺卡岛连遭失败，法国舰队又威胁着本土和印度洋海域。1782年2、3月间支持内阁的独立人士开始减少，从而壮大了要求和平的少数派力量。3月19日一批乡绅通知诺思，他们不再支持他，内阁于次日提出辞职。由于国王极力排除福克斯入阁，一切支持内阁的尝试均告失败。最后，罗金厄姆获得组阁的机会。

1767年罗金厄姆所采取的策略，意味着大大削弱被大多数政界人士认为是国王的合法权力的东西；国王在宪政方面的影响以及他那顽固的性格受到了充分的考验。国王把自己同美国独立战争联系在一起，而议会中的多数不可能再支持战争；罗金厄姆进一步坚持要国王同意永远削弱王室官职任命权的立法。第二届罗金厄姆内阁是由首相的追随者与谢尔本和查塔姆派组成的联合政府，事实证明它甚至比第一届内阁更短暂和更不光彩。罗金厄姆派既要求给予北美以立法独立权，就无法拒绝给予爱尔兰这种权力。伯克的王室年俸管理法案虽获通过，但第三大臣的职位并未永久取消，过于奢侈的王室费也未停发。克鲁法案虽终于被编入法令全书，但并未产生什么直接效果；克拉克的禁止政府承包人进入议会下院的法案，也未起到改革政府承包制度的作用。国王对罗金厄姆比对他以前的任何一位首相更加冷淡。罗金厄姆派对查塔姆派的宿怨也使他们与查塔姆派同事们的关系趋于恶化。由于罗金厄姆的去世，这届内阁开始后仅三个月便告终。为了排除谢尔本组阁，福克斯竟然提出内阁有权遴选自己的首脑，并建议由波特兰公爵出任。这个要求甚至没有得到自己追随者的赞成，在遭到拒绝后，他也因而辞职。

谢尔本的新内阁包括查塔姆派的两代人，老一代中有首相本人、格拉夫顿和卡姆登；年轻一代中有小威廉·皮特（谢尔本曾把他引荐给罗金厄姆，但没有成功）任财政大臣，跟随他而来的还有他日后的亲信邓达斯（在下院和苏格兰政界已负有盛名）和他的亲戚坦普尔勋爵和威廉·格伦维尔。[①] 新内阁在下院的力量总计有130—140席，诺思集团有120席，福克斯集团近90席，其余的人不属于任何派别。要通过与北美的和平条件必须尽一切可能阻止其他两派结成联盟。然而谢尔本并没有下大力气掌管他的内阁，更没有设法驾驭下院；罗金厄姆在政治上的继承者仍在千方百计施展一切手段以压倒查塔姆在政治上的继承者，甚至不惜与诺思结成联盟。在诺思这一方，则必须为卷土重来创造较好的前景（如果他的追随者能够团结在一起的话），并且设法破坏谢尔本在结束这场他毫无成效地进行的战争方面的信誉。谢尔本采取行动太晚，未能阻止福克斯和诺思之间的联合，而于1783年2月底以前被迫下台。

福克斯的朋友们这时拒绝担任职务，除非是在波特兰的领导下。因为波特兰在福克斯的鼓励下要求赋予行动自由，特别在任命次要的大臣方面的行动自由，以削弱国王的个人权力。国王一直拒绝作出让步，希望小皮特救助他，但小皮特比他的父亲更加蔑视贵族，一直按兵不动，甚至在1783年11月福克斯仍希望把他争取过来。国王从年轻时起便喜怒无常，此时更是怒气不消，便以拒绝晋封他的大臣们为贵族的办法来表示他的不满。但是，大臣们仍以压倒性多数开始举行内阁会议，国王的对策使他们感到意外。

12月的第二周，约翰·鲁宾逊从对议会所作的一项仔细调查得

[①] 坦普尔勋爵是本章前面（原文第539页）提到的坦普尔伯爵理查德·格伦维尔之侄，继承了其叔父的爵位。是小皮特的表弟。威廉·格伦维尔是乔治·格伦维尔之子。——译者注

第十九章 英国改革的开始:帝国的问题;政治和行政;经济增长

出结论,认为在这届议会中不可能有支持另一个内阁的多数,但经过大选将会获得相当大的多数。在此之前,福克斯又以他的东印度公司法案的方式向国王提出了一个有争议的问题。约翰·鲁宾逊早在1778年就草拟了一项解决东印度公司问题的计划,以后10年的立法都是以此计划为基础,但由于诺思内阁日趋解体、该公司管理系统的崩溃以及公司的混乱局面所引起的激烈政治争斗而终于一事无成。罗金厄姆和谢尔本两届内阁对这种局面也都束手无策。公司的财政濒临随时崩溃的境地,对它的批评甚嚣尘上,不可能再拖延不决了。福克斯的法案建议大大缩小公司的权力并将之交给一个委员会,委员按议案规定的任期任命。福克斯希望通过这个办法坚持实现他的党过去发表的各次宣言所提出的主张,并在既不加强总督也不加强国王的权力的前提下在印度实行改革。对此,该公司中福克斯的政敌极力加以抵制;他们大事宣扬尊重特许状;他们坚持认为福克斯是在抢夺在一个大陆上的官职任命权而不管他自己是否在位或不在位。而且热烈的争论吸引了国王和许多有事业心和有能力的人,如邓达斯、小皮特、詹金森、瑟洛和诺思的一些朋友,包括约翰·鲁宾逊。鲁宾逊非常熟悉下院和东印度公司总部的运行机制,这一点至关重要;而对小皮特更具有根本性意义,因为在上院否决了东印度公司法案后,国王于12月18日授权小皮特组阁。

小皮特在他政治生涯的这一阶段的动机一直是一个有争议的问题。福克斯认为,倘若小皮特主要是为野心所驱使,他就不可能把事情处理得么好。但小皮特具有他父亲那种自觉的纯洁品格,对他治理国家的使命具有同样的自信心。此外,战后英国政局已稳定下来,他也许得出结论认为:现在是同国王携起手来专心致志地去完成他从格伦维尔等先辈手中接过来的行政与财政改革的时候了。总之,在国王的支持下,他在下院人数占优势的反对派猛烈攻击面前寸步不让。

直到3月,当福克斯的多数派势力已呈崩溃之势时,小皮特才解散了下院。这一推迟使鲁宾逊根据对12月举行的选举的预测转而同自治城市的支持者达成牢固的协议,加之由于圣诞节议会休会之后持独立立场的议员大批进入议会,以及福克斯犯了种种错误等原因,反对派便日益变得智穷力竭了。当选举终于举行时,结果证明议会成为小皮特整个体制的基础,因为大约有70个反对派议员包括一些领袖人物均丧失了他们的席位。不过这次选举与早些年的那些选举性质上并无不同。鲁宾逊虽然不遗余力地进行了组织，但他的预测在总体上比在细节上要准确，而且尽管东印度公司极力在竞选运动中支持内阁，但它几乎无法比过去做得更多。也有一些地区真实的公众反应是支持内阁的。

新内阁包括：两位背弃诺思的老贝德福德派辉格党人瑟洛和高尔；两位皮特的朋友利兹和拉特兰；一位谢尔本派辉格党人西德尼，海军部的豪，以及激进分子里奇蒙。这个内阁以及选举的获胜并不足以保证小皮特的安全。首相都不可避免地要成为一派人的领袖，因为他必须罗致一批追随者，这样才有利于保证他留任的机会；但谁也不像小皮特那样对充当党的领袖缺乏热情，以致1788年他的追随者据估计只有52人，而倘若他一旦失去职务，其中只有20人会坚持原来的立场不变；相比之下，福克斯—诺思集团却超过了150人。由于谢尔本的政治声望使他不可能成为一个盟友，小皮特就只好依靠"王党"，并且像他父亲那样依靠他在持独立立场的议员中能够赢得的支持。议会的状况同时影响着内阁的组成和政策。紧缩开支和实行改革这两项政策不仅与小皮特的气质和短暂的政治经历相符合，也与持独立立场的议员们的主张相符合，于是这个"国家"的历史传统经小皮特之手转变成政府机构的全面改造。实行这样的政策需要有能力的实干家。约翰·鲁宾逊这时已几乎隐退，但1786年查尔斯·詹金森以贵族身份重新担任了新近恢复的商务部的首脑；雄心勃勃的威廉·伊登也获得了一个职位并赴法国完成一项商务使命。

政府中占支配地位的势力掌握在同一类型人的手中。亨利·邓达斯虽醉心于当官、女人和钱财，但具有很强的工作能力，也不乏理想，这表现在他的解决东印度公司问题的计划上。在1784年以及以后的修正法案中小皮特使这项计划得以通过成为法律。小皮特的表弟威廉·温德姆·格伦维尔也同样具有才干，任财政部主计长、商务副大臣，1789年成为下院议长，与小皮特一起形成内阁中的三人集团。随着时间的流逝，这种像是处理个人或近乎家务事的内阁狭隘基础变得越来越明显。大臣们要是得罪了持独立立场的议员或某些支持自己的议员，政府的真正缺陷便不止一次地明显暴露出来。1785年小皮特设法实行与爱尔兰互惠的低关税的努力受到了挫败，而他关于议会

第十九章　英国改革的开始：帝国的问题；政治和行政；经济增长　　579

改革的方案则进一步暴露出弱点。小皮特原本是为了救助国王而出任首相的，而乔治三世却将改革问题束之高阁，并声称他的责任是让有关措施提出而不对任何反对它的人施加影响。然而，内阁已处于分裂状态，国王对之持敌对态度已是尽人皆知的事实。这也影响了宫廷派，甚至一些会从这项法案中得到很大好处的乡绅也唯恐继议会改革之后将实行土地税改革而裹足不前；所有这些因素促使这项法案遭到否决，小皮特也从此再没有重提这件事了。

1788年国王患精神病，这就再一次尖锐地引起王室支持的问题。由于国王不再行使他的权力，小皮特的议会多数开始逐渐消失，于是内阁中有一派人建议同反对派组成联合政府。但小皮特成功地赢得了时间。在危机中，他受益于中产阶级出于感情因素而掀起的一阵保王浪潮，并且由于国王逐渐退出政治舞台而不断地获得了权力。而国王的精神失常只不过是他隐退的许多原因之一。

在以后的几年里，这位首相与国王一样小心谨慎地行事。1788年，已下令商务部对奴隶贸易进行调查的小皮特宣布他将下次议会开会时采取措施反对奴隶贸易。他之所以反对奴隶贸易的种种弊端，一方面是由于他个人的信念，同时也是由于他同威尔伯福斯的友谊。① 但内阁在这一问题上意见分歧。原先经常支持小皮特的各大海港的既得利益集团这时转而反对他；有的托利党人认为煽动反奴隶制是不信奉国教者耍的花招（尽管牛津大学对之表示支持）；小皮特终于拒绝采取主动行动，而只是采取了由多尔宾促成的一项小措施以改善奴隶在海上运输期间的待遇。小皮特在撤销宗教考查法和市镇机关法以及议会改革等问题上同样也放弃了主动行动。毫无疑问，他的从政经验和他意识到在这种时候力图使国王同意实行他不喜欢的政策是危险的，更不用说是白费气力了，从而挫伤了他朝气蓬勃的改革锐气。同样毫无疑问，他不愿在有争议的问题上冒失去他不可靠的多数的危险。但是，政府最严重的问题还不在立法方面，而是在处理外交事务和实行开明的行政管理方面。

诚然，小皮特和平时期政府的长远成就在于它的财政和行政管理

---

① 威尔伯福斯（William Wilberforce，1759—1833年），英国政治家和慈善家，皮特的密友。以主张废除奴隶贸易和奴隶制而著称。——译者注

政策。在这一领域里，小皮特在处理预算问题上表现出最大的弱点。诺思曾试图通过对奢侈品征税和通过主要用对公众消费品所征收的税来偿还的公债来支付北美殖民地战争的费用；由于在战争时期偿还国债的费用已增加了约60%，因此在和平时期减轻土地税已毫无希望。迫切需要的是通过按收入征税的办法以增加税收制度的灵活性，而最受人们普遍赞成的方式乃是重新评估土地税。但是，小皮特却有许多像诺思所开的那样的妙方，于是对所有各种马匹、男女仆人也大征其税，并加强了窗户税的征收；甚至在1793年战争①爆发后他还坚持对发粉、狗、钟表等征税；对此，谢菲尔德勋爵讥之为"有意取悦于年老的贵妇人或有资格受这类待遇的男人"。直到1797—1798年，税收只够支付战争费用的1/3，而统一公债已跌到50，这时小皮特才被迫征收早就有必要征收的那项税收。

小皮特对此事之所以处理不力，原因无疑是他当时处于公众的强大压力之下，避免另一种形式灾难的发生。在他的政府组成前夕，政府账目督察官们曾设法向全国提出警报，必须通过志愿捐献的办法清偿国债。到了1785年，小皮特希望沃波尔旧有的偿债基金每年能有100万英镑的剩余金额，并征求各个方面人士的意见，以纠正国债这一显然是压倒一切的弊端。1786年建立的新的偿债基金可以看出采纳了政府账目督察官们所提出的报告中的建议，因为它采取了极严格的预防措施，不仅保证每年有100万英镑的剩余金额，而且规定这笔款项必须不折不扣地用于偿还国债。1792年，即和平时期的最后一年，通过新的立法使这项剩余金额有所增加。于是，这笔本可以使小皮特用来炫耀经过整顿的税收体制的成就的税收余额，被转而用来解决一些有影响的人强烈要求加以解决的最紧迫问题，即减少国债了。革命战争的爆发证明这种想法造成了双重的不幸结果：一方面小皮特无法再从现行税收制度中榨取到可观的额外收入；另一方面他又不得不遵守偿债基金首要的法律性质——其不可侵犯性——把税收的收入花费在无利可图的债务偿还上。

不过，尽管当战争爆发时还有一些主要的任务尚待完成，但在财政管理的许多部门已取得了很大进步。政府账目督察官们极力坚持的

---

① 指1793年2月1日法国向英国和荷兰宣战。参见后面原文第559页。——译者注

第十九章　英国改革的开始：帝国的问题；政治和行政；经济增长

一件事就是必须改进审计工作。财政部的体制，目的在于制止侵吞公款，但它却既不向政府通报它在财政问题上总的立场，也不要求公共会计师及时清理账目。舆论早已反对这样的体制，因为亨利·福克斯正是利用这一体制，在当了八年财政部主计长（1757—1765 年）之后，一直到他死平均每年落入他手中的非法定的收益有 23657 英镑之多；他的收益之巨大，一般从他用于购置土地的大量开支和他为儿辈们还债的数额就可以推测出来。人们还怀疑他利用官方情报和公款从事股票市场的投机活动。尽人皆知，福克斯的继任者里格比在北美殖民地战争期间也发了大财。对于海军财务官员和财政部主计长这两个职位，督察官们提出由私人掌握公共基金的做法应予制止，现金则应以财务官的官方名义而不是以个人名义存入英格兰银行。这一原则由邓达斯在 1785 年提出的一项法令中采用，随后便推广到所有的收入和支出部门。关于收支差额应自动由一个财务官转给他的继任者的规定并不仅仅是为了管理上的方便，它实际上是建立一种财务管理并非是由个人而是由一个接一个的人来执行的任务的观念，从而成为担任公职的人的地位方面的一场革命。尽管这一法令并未能防止邓达斯本人的丑恶行径，但它从立法上确立了要达到的目标。再者，在银行开设官方账户促进了小皮特于 1787 年提出的一项重要改革，即建立统一基金。一切公共收入均需归入该基金，一切开支均由该基金支付。

在税务部门，无论在方法上和人事上都进行了重大的改革。在小皮特领导下，不再像从前那样常常是把高级文官的职位任命那些在城市选举中有影响的家族成员担任，更多的是委派给那些有才干的专业管理人员，这些人也对改革事业作出了贡献。旨在通过征收额外的窗户税来替代大部分茶叶税以打击走私活动而实行的抵代税制，是在海关总署经数年讨论而制订的一项计划的基础上实行的；政府账目督察官们主张实行的另一项计划，即统一关税的计划，也是由海关总署策划，由两位著名的海关官员威廉·斯泰尔斯和理查德·弗雷温详细加以制订的。在征收直接税方面，皮特在负责评估应缴税额的地方官员，即税务检查员中也实行了重大改革。这些人的工作将成为专职的任务，他们必须经过考试和受过一个时期的培训之后才能获得任命，并受到鼓励，将来有可能提升为监察官。监察官最初是由诺思勋爵任命来监督税务检查员的；这时在级别上已进行了改革、人数已增加并被很有效地用于对付拖欠税款的纳税人。近代的国内税收监察官就是由当时的监察官直接沿袭而来的。这时，整个地方上的税额评估机构已经为征收所得税作好了准备。不仅如此，尽管已估定的税额的总数已大大增加，但小皮特却使收税人手中掌握的公款现金的余额明显减少。

根据政府账目督察官们提出的其他一些原则也取得了某些进展。督察官们谴责发给文职官员报酬加奖金的做法，建议一切职务均实行薪金制。紧缩经费的意图使大臣们支持这项政策的热情大为减退，而关键在于解决"预付款检查官"（Auditors of Imprests）的问题。这些人随着预算的增加他们所得到的报酬也在成倍地增加。在受到进一步的压力之后，小皮特于1785年任命了五名实行薪金制的督察官替代了他们，其他"预付款检查官"的工作也逐步地集中在这五位督察官的手中。关于军械署的报告中，督察官们提出政府应对军用物资和劳务支付现金而不再采用赊购的办法，并应鼓励通过竞争订立合同。小皮特这时设法通过竞争为军需品和贷款寻找投标者。某些官员拥有向大臣们和其他官员供应文具的专门权利，但皮特于1787年在新宫院（New Palace Yard）设立了政府的文书局，这个局迅速得到了扩大。

最后，政府账目督察官们极其强烈地谴责由通过设立副职而造成存在许多闲职和毫无用处的职位的情况。这在海关和财政部特别多，由于推行紧缩经费的改革运动，这些部门受害也尤其严重。伯克的政府编制法取消了王室和政府部门的134个职位，谢尔本根据财政部管理条例和议会的法令甚至更加雷厉风行，据估计，小皮特仅在1789年一年里就取消了税收部门765个无用的职位。在这一点上像在其他许多方面一样，由于实行了近代的行政管理原则，通过削弱国王的"势力"，从而产生了直接的政治后果。1780年以前业已开始的国王势力的衰落，此后其进程便不断加速，推动了国王不再由个人行使其权力，内阁增加了凝聚力和政党组织在下院占据了优势这一缓慢的变化过程。

政党的分野明显了，整个政治气氛受法国大革命的影响终于激化了。法国大革命的早期阶段在英国受到了广泛的称赞，不仅那些在1788年恢复庆祝英国革命光荣传统的革命团体感到欢欣鼓舞，而且

第十九章 英国改革的开始:帝国的问题;政治和行政;经济增长 583

那些乐于看到法国外交势力一落千丈的人们也额手称庆。然而,一些新兴的改革团体从英伦海峡对岸发生的事件中得到了启迪,特别是受到许多自由派不信奉国教者的支持,后者所信奉的上帝一位论的神学观点甚至比他们的政治抱负更加受到严厉的法律上的歧视。他们之中的一员普赖斯博士布道时要求废除宗教考查法和市镇机关法。伯克的名著《关于法国革命的感想》曾引用了普赖斯的这段布道词。普赖斯进行布道的伦敦革命协会还发起了与法国的革命团体进行友好通信的活动,一直延续到1792年2月,促使惶惶不安的保守分子把这个协会跟法国发生的过激行为等同起来。然而,这时伦敦通讯协会和其他团体中社会地位每况愈下的人们已成为改革运动的先锋,而法国的流亡贵族和教士则已使上层阶级感到法国革命给教会和贵族带来的威胁。在英格兰,尤其在苏格兰,狂热的改革派已经同法国建立了暧昧的关系;潘恩和上帝一位论者普里斯特利被选为法国国民公会的代表;保皇派和反平均主义者的各种团体相继出现,伦敦和各郡的改革者与上帝一位论者受到了暴力威胁。到1792年11月,与法国的战争已迫在眉睫。1793年1月路易十六被处决,2月法国向英国和荷兰宣战。

到这时,改革派和保守派各自在潘恩和伯克的著作中找到了福音。随着1792年4月人民之友会的成立,议会议员中直接出现了政治上的分裂。人民之友会的成员中有菲利普·弗朗西斯和福克斯的一批年轻而狂热的追随者,虽然不包括福克斯本人在内。议员们受到激烈的报纸宣传的影响,1793年格雷提出的改革动议以281票对41票的压倒多数通过。小皮特说这项动议是革命的。政局在两个重要的方面发生了变化:小皮特推行的大多数压制措施都是以最大限度的压倒多数通过的,他那个叫靠的多数地位的日子已经过去;同样,唯一的一个有争论的问题,即造成小皮特与国王隔阂的议会改革问题也不复存在了。自摄政危机以来的历次内阁更替中,小皮特显然愈来愈受到国王的支持。1792年他终于促使国王将瑟洛解职。由于格雷公开表示要提出一项改革动议而使辉格党人公开分裂,于是小皮特便决定向辉格党的保守派提出条件,并从1792年5月起与他们举行谈判,一直谈到1794年6月。

小皮特后来承认,他把由于人民之友会的组成而导致的辉格党人的分歧估计得太严重了。在要求将议会改革作为使人民获得种种自由的一种手段，以及认为法国革命与这个问题毫不相干这些方面，小皮特和福克斯并没有多大分歧；确实，福克斯看不出除了国王外还有什么会对自由构成威胁，但两种人使他陷入左右为难的处境：一方面是波特兰、菲茨威廉以及原先诺思的追随者所组成的集团。这批人害怕革命，公开或秘密地希望参加政府；另一方面是那些自命为"人民之友"的、事事崇拜法国的叫嚣者。尽管如此，福克斯通过极力宣扬他们掌握着完全取代当前政府的大好时机而把他这派人团结在一起，因为这个政府由于瑟洛的去职而大大削弱。而小皮特却通过支持波特兰公爵当选为牛津大学名誉校长，并授予他嘉德勋章的办法，始终把政府的大门敞开。然而到了1793年年初，福克斯对付皮特的策略没有一个再能掩盖辉格党的分裂了。人们开始脱离该派。仅仅由于福克斯继续保持了与波特兰的感情，才使这位公爵直到1794年才加入了政府。然而小皮特像福克斯一样，比起波特兰派辉格党人来受法国政治极端做法的影响更小，这大大改变了皮特内阁的激进性质，从而形成了一个新保守主义的核心。法国革命实际上完成了威尔克斯、宗教自由主义以及美国独立战争仅仅部分完成的事业；它第一次在英国政坛上建立了一个按规则行事的政党。

与此同时，在教会的掌权者中间，观点上也有了重大的改变。启蒙运动的理性主义已深深地侵蚀了尊重极端的古老教会传统和把三十九条信纲作为阐释圣经启示的做法；1773年，甚至连牛津大学也只是由于未能就采用一项经兄弟大学证明可行的替代方法达成一致意见，才继续坚持把签名承认三十九条信纲作为大学考查的内容。"羽毛客店协会"① 和自由派不信奉国教者在70年代从理性主义的立场出发要求取消教士必须签名承认三十九条信纲的规定所做的种种努力，表明要想以同样的立场来维护现有的秩序是多么困难；与此同时，福音派教徒的影响和人数也正在英国国教内外稳步地扩大，并强烈地反对自由派的上帝一位论倾向，斥责教会的掌权者不热心宣传三十九条信纲的全部教义，特别是有关得救预定论的教义。在教会中占

---

① 1772年一批不信奉国教者在斯特兰德的"羽毛客店"草拟致下院的请愿书，要求废除签名承认英国国教的三十九条信纲的规定。——译者注

第十九章　英国改革的开始：帝国的问题；政治和行政；经济增长

统治地位的阿明尼乌派的不安情绪增加了。这是因为沃伯顿为英国国教所作的辩护是以功利主义为依据的，即认为英国国教得到这个国家绝大多数人的信奉。而这时不信奉国教者（包括卫理公会教徒）的力量却以惊人的速度在成倍增加，特别是在威尔士以及中部和北部的某些地区。在爱尔兰公民中实行充分的宗教宽容并没有给王朝和政府造成明显损害，这大大地鼓舞了英国的不信奉国教者，他们要求废除宗教考查法和市镇机关法，以及宗教宽容法所规定的签名承认三十九条信纲的做法。鉴于本世纪最后25年间不信奉国教者势力的复活，一旦作出这些让步，只能是加强不信奉国教者的势力而削弱国教。

因此，主教们几乎一致反对对不信奉国教者作进一步的让步，在他们的训谕和布道中告诫教士们重视信仰和德行的统一，坚持获得圣职的教士的权威，并提高自己的专业水平，以此来对付福音派教徒的热情。主教们说服小皮特与他们一道反对不信奉国教者提出的要求，小皮特只是勉强地同意，而在路易十六垮台后便发生了激烈的争吵。在法国发生的对教会的攻击在主教们看来已使战争变成了一场圣战。主教们以当时几乎已被人们遗忘的方式坚持认为国家的权威和基督教徒的行为准则都来自神的启示。在这场对理性主义势力的猛烈攻击中，对卫斯理派的攻击渐渐平息了，直至世纪之交拿破仑同法国教会讲和后，教阶制度才重新完全处于守势。与它相对抗的不信奉国教的理性派和福音派，继续占据了优势；结果，在接踵而来的改革年代里当对教会的威胁再度出现时，便激发了一场更加激烈的重申教会权威的运动。与此同时，福音派和主教们也以各自的方式促进了浪漫主义思想感情的发展，对启蒙运动势力提出了挑战。

福音奋兴运动始于30年代和40年代。它引用了许多互不相关的悔罪实例，并保证以某种方式可以得救，这种方式终于为世人所周知；这一运动的发展往往比卫斯理、惠特菲尔德或其他任何伟大的领袖的权威的发展还要快。因此，这个起源于安立甘宗的运动在教会之外取得了它轰动一时的成就，而且在神学上的严重分歧使福音派不论在信仰和宗教仪式问题上都分道扬镳了。最初，这个运动赢得了各阶层人士的支持。在世纪末，虽然威尔伯福斯已远非英国福音派教义在议会中的唯一代表，但亨廷登伯爵夫人的同道们，和卫斯理的追随者们发现，他们只有按照宗教宽容法登记为不信奉国教者才能保住他们的财产，只有放弃圣公会授予的圣职才能继续担任牧师的职务，于是不由自主地逐渐成为不信奉国教者。卫斯理派教徒参加安立甘宗的礼拜仪式虽然在很久以后终于成为安立甘公教派教义的牺牲品，但在18世纪末以前卫斯理派中有许多人已经脱离了国教，而且有更多的人从来就与国教没有任何积极的联系。自17世纪末以来，不信奉国教者正在上层社会中失去影响，而在中层和下层社会中有强大影响的福音派不信奉国教者也几乎没有作出什么努力来恢复这种影响。尽管如此，在不信奉国教者当中，福音派教义发挥着强大的影响，甚至比在国教中的影响还要大；无数次的教民集会反对当时流行的上帝一位论以及与之俱来的自由政治主张。关于礼拜仪式的文章和赞美诗大量增加，对感恩祈祷也重新恢复了热情。卫斯理派的保守主义也许并没有对工人阶级的激进主义加以约束，但是不信奉国教的托利党人的存在在少数自治城市中形成了一种崭新的局面。

具有根本重要意义的经济发展乃是教会和国家发生变化的基础。1783年战争结束时出现了通常会遇到的那种经济困难，但随后便出现了甚至比七年战争后更引人注目的繁荣景象。这一繁荣的浪潮乃是1792年各种各样的政界人物都持乐观态度的基础。在小皮特和那些带有保守倾向的人看来，经济发展似乎是由于健全的财政和事业精神，并且在很大程度上是由于"一个自由而管理完善的政府自然而然产生的效果"。另一方面，在反对派和不信奉国教的自由派看来，使收益能够充分不断上升的最好办法似乎是扩大自由体制的范围，而政府并没有做到这一点。到1792年年末英国的信贷机构已处于紧张状态，利率的上升和破产数字的增加似乎预示着1772—1773年那样的危机的来临，当时战争的爆发突然引起了一场大恐慌和使资产保持流动的普遍努力。虽然利用信贷和恢复出口来支付战争费用很快便减轻了这一打击所造成的影响，但伴随着1793年危机出现了激进政治的广泛传播。

1784年开始的经济恢复似乎首先是由于对外贸易扩大的激励。1784—1792年间出口额几乎增加了70%，并且证明美国是个在不断扩大的极好市场。1788—1792年英国对美国的出口额增加了两倍半，其中约87%是美国进口的制成品；在西印度群岛、亚洲和德国也找到了日益扩大的市场。随着出口的增加，投资也呈现一片兴旺景象。

第十九章　英国改革的开始：帝国的问题；政治和行政；经济增长　　587

圈地证券、公路证券以及修建运河的经费成倍地增加，而砖的产量也几乎成倍增加，航运量也在不断上升，以满足海外贸易新规模的需要。麦克弗森于1793年写道："在九年和平时期中由成功的商业积累起来的财富有很大一部分投入了机械制造和内河航运业。"的确，这些年不仅大力兴修运河，而且炼铁、纺织和动力方面都有了新的发展，这些构成了很大一部分工业革命的传统故事。虽然机器纺纱当时在整个纺织业中还未得到普遍的推广，但工厂制在英格兰北部和苏格兰都取得了长足的发展，并致力于将其不仅推广到威尔士而且推广到了英格兰南部和西部从事纺织业的各郡。原棉的进口和棉织品的出口在不断增加，尽管棉织品出口的重要性还不能与毛织品的出口相提并论。毛织业在技术上比棉织业保守，但其产量却迅速增加；1783—1792年在西区几乎增加了一倍。即使迄至1786年为止一直处于不景气状态的炼铁工业这时也开始兴旺起来了。

1784—1792年，英格兰银行的股票从111上升到200，统一公债从54上升到90。公债券价格的上涨鼓励了在私有企业的投资；由于英国银行业的迅速发展，可以获得的信贷也增加了。但是，在繁荣达到巅峰时，尽管这些财源充分地发挥了作用，但英格兰银行的黄金储备已开始感到紧张。1793年战争一爆发，肥皂泡便破裂了，并引发出一场危机，使英国的许多银行遭到致命的打击。特别是那些发行了可兑现纸币的银行。一时间整个金融机构受到了震撼；在伦敦城的压力下，政府准备发行财政部证券，以缓解有信誉的商行所处的暂时困境。

劳工的实际工资问题一直在争论不休。虽然农产品的价格多变，但其他产品的价格却相对稳定。直到1793年战争爆发才开始采用以信贷支付战争费用，并引发了整个世纪以来幅度最大的物价上涨。有些工资，特别是建筑行业的工资，同样是稳定的，但这种情况并不普遍。从美国独立战争到法国革命战争这10年期间，农业和工业熟练工人的工资看起来有所增加，但这种情况本身并不能说明他们的生活水平也提高了，这是根据下述情况得出的结论：茶叶、食糖、啤酒和廉价纺织品的消费量增加了，受手工业工人支持的一些机构如各种小型团体、互助会和工会等也到处出现了。至于那些缺少熟练技术以及从事正在衰落的行业的劳工，他们的前景并不美妙，特别是在那些因爱尔兰移民的到来而使就业竞争更加激烈的地区。

因此，从1763年到1793年这30年间诞生了许多机构，这些机构不仅在反对法国的伟大斗争中支持了这个国家，而且成为19世纪英国的特征。一个旨在保证原材料供应的殖民帝国已经丧失了，但它仍在吸收着大量的英国制成品，从而为建立一种旨在保证市场的殖民帝国提供了模式。印度则是一个特殊的例子。在那里建立了一种国王与公司之间长期分享权力的制度。爱尔兰也可以勉强地归于这一类情况。在美国的独立终于得到承认之后，谢尔本和福克斯不得不谋求缔结一项通商和防务条约，以便把他们的损失减少到最低限度；他们失败了，但在赋予爱尔兰以自治权时试图获得同样的保证，也遭到了失败。小皮特也希望通过缔结一项慷慨的通商条约以换取爱尔兰提供帝国防务经费，以便把爱尔兰束缚得更紧一些，并希望通过议会改革使新教势力占据上风。所有这些希望都破灭了。福克斯在那些还没有自信心能够在失去原有的保护的情况下生存的制造商中制造骚动，以破坏小皮特的方案。由于英国的改革宣告失败，在爱尔兰推行议会改革的希望也随之破灭了，尽管小皮特不愿承认这一事实，但一个接一个的危机表明，英国的安全不可能再靠都柏林城堡①在爱尔兰议会的影响而顺利地获得了。1785年的通商决议案以极微弱的多数在下院勉强获得通过，以致使之付诸实施是办不到的。1789年年初，当威尔士亲王似乎很可能成为摄政时，一些主要自治城市的议会席位掮客和格拉顿都设法与福克斯和解，一度压倒了宫廷派的残余势力。要恢复英国驻爱尔兰总督的权力就得付出比以往高得多的贿赂，而倘若由于法国大革命对爱尔兰的影响而发生新的危机的话，仍然无法保证政府能够得救。到了1793年，实现合并而使爱尔兰问题变成一个国内问题，已经是可以预见到的事了。

在国内政治方面，到了1793年，政党正在获得新生，国王的个人权力业已走向下坡路，现代的政府机构正在建立之中。小皮特已经为不久即将被迫推行的新财政体系建立起机构。英国未来赖以生存的煤、铁、棉花和蒸汽等方面的最新发展的规模之大，足以证明"工业革命"这一称号是当之无愧的。自由理性主义业已在英国教会的

---

① 都柏林城堡为爱尔兰独立前英国统治当局驻在地。——译者注

神学和政治两方面打下了它的烙印。与此同时，福音奋兴运动则正在形成将在下一世纪产生影响的各种主张，并为英国第一次在海外履行其伟大使命提供了推动力。要不是发生了革命战争和拿破仑战争的话，旧秩序的终结肯定会比实际上要快得多。

（南　木　译）

第 二 十 章

欧洲背景下的法国行政管理和国家财政

18世纪后期,在许多欧洲国家出现了建立强大而有效的中央政府的共同趋势。这一趋势是更加引人注目的增进个人自由的努力的对应产物。因此,这个美国独立宣言、人权宣言和作为经济自由主义宪章的亚当·斯密的《国富论》问世的时代,也正是近代国家开始巩固其力量的时代。正如启蒙运动思想家们[①]试图界定国家的性质以及人的性质那样,在尔后的年代中,他们的思想表现为国家和人二者的特点都更加明确地得到了体现。中央权力与个人自由的同步增强可以从以下这样的事件中看到:在西班牙、葡萄牙、奥地利和法国,耶稣会的势力遭到破坏;在法国大革命中则教会和贵族的势力遭到破坏;在法国和英国,使中产阶级最终得以控制中央政府的社会、政治和宪政大变革,往往掩盖了官僚势力的加强;而自由的传统则有时使人们以为,在伟大的革命时代,国家的力量只有在那些盛行"开明专制君主"统治的国家里才会得到加强:如弗里德里希二世的普鲁士,约瑟夫二世的奥地利,卡洛斯三世的西班牙等。但由于亨利·皮雷纳给开明专制主义所下的定义是"国家的合理化"[②]从而使人们的注意力从开明专制君主本身转移到他们对国家所作的改革的性质上去了,这些改革工作就其意图和效果而言,与当时在英国和法国实行的改革计划非常相似。在这两个国家,政权的建设虽不十分引人注意,但它是通过议会及其各委员会授权而不是由专制君主所强加的,其质量和持久性丝毫不逊色,在国家财政和行政管理方面开始发生深刻的变

---

① 参阅本书第7卷,第5章"启蒙运动"(A. B. C. 科班著)。
② 转引自《开明专制主义史》,载《历史科学国际委员会学报》第9卷(1937年),第193页。

化。在英国，一些机构，其中首要的是政府账目审计委员会（Commission for Examining the Public Accounts，1780—1787 年），向议会提出各种报告，从而为改革性立法提供了基础。这种立法与以前的立法性质完全不同，以致有人说从 1780 年开始的 10 年"似乎代表了古代与近代的分界线"。[①] 在法国，从旧制度的最后几年中也开始了类似的改革，并由历届革命政府进一步加以推行。在 19 世纪上半叶，这两个国家所完成的真正的行政管理革命，都源于 18 世纪后期的这些改革计划。

讨论一下这些变革的一般性质，作为更加详尽地论述法国改革运动的背景，将是有益的。这些变革的总的后果是通过类似技术性的改进，使国家机器更加有效而强大。的确，这种改革的基础似乎是一种新的看法，即把行政机构当作一部由各种零件复杂地组装而成的机器，各个零件各有其特殊功能但又都从属于整体。很清楚，当人们为实际目标而工作时，组成班组比各自单干要有效得多。君主的臣仆们获得了很高的个人地位，他们彼此之间以及他们与公众的关系完全是私人关系。有许多人是由他们所服务的公众付给酬劳，有许多人是被授予权力，从他们所掌握的公款中提取一部分；而有些人则甚至可以将公款用于私人投资来获得收入。那些用金钱买得公职的人则从他们的这种投资中获得利润。从 18 世纪后期开始，上述各种付酬办法越来越多地由中央金库支付的固定薪金所替代，中央金库从而得以控制并协调公务员们的活动。过去这些公务员往往把他们自己的履历档案和其他文件视为私人财产，除他们自己外与他人无关。因此很难汇集准确的统计数字和其他正式资料。此外，大多数官吏过去像私人雇主一样雇用自己的职员和勤杂人员，而现在国家开始在各级雇用负一定职责的公务员。像薪金一样，职责也开始有了明确规定，并有条理地分配给每个雇员。这样，领干薪的人减少了，政府可以知道每个官员应如何支配他的时间。从会计制度的演变就可以清楚地看出这种从以个人为重的独立官员向非个人的群体转变的情况。过去对官员的账目的审计仅仅是一种司法性的审查，考查会计个人是否诚实；现在，它同时成为行政性考查，以深入了解国家事务的真实情况。最后，官员

---

① J. E. D. 宾尼：《英国的国家财政和行政管理，1774—1792 年》（牛津，1958 年），第 282 页。

们过去可能是由于亲身对国王有所了解才建立起个人对国王的忠诚，现在则变成一种对王室或国家的非个人的忠诚关系。

随着公务员个人越来越成为群体的一部分，群体的性质也发生了变化。行政管理不仅变得更加非个人化，而且变得更加职能化。事实上，正是这种职能的概念，才使法国的文官获得了"公务员"（fonctionnaire public）的称号。行政机构开始按现今熟悉的金字塔式结构系统地组织起来。从低级雇员组成的宽广底层一直到由副部长或副大臣组成的顶端，层层各司其职。这种金字塔式结构是一种人员按级从属和委任职责的制度，一个人可以按照节约开支和增加效率的方式领导并监督数以百计的人员的工作。在这种制度下，雇员们与他们的职责是明确分开的，组织的基础是因事设人而不是因人设事。按照丹麦和法国改革运动的知名人物圣日耳曼伯爵的话说："事非因人而设，人则为事而用"，正是由于运用了这一功利主义原则，才使得类似性质的工作开始集中在同一个部或同一个机构中，并得到加强。每个行政机构开始具有一种基本目的，如征税或管理国内行政事务，等等。有关财政和司法的事务，过去由许多不同的机构处理，以致管理混乱，如今则由财政部和司法部分别管理。这种将职责系统地加以集中的结果，便需要有专门知识和经专门训练的人员，这种专门知识和训练可以在任职之前获得，也可以在任职期间获得。这样，非专业公务员便逐渐让位于专业公务员，因为如果国家行政机构要变得更像一部机器，它的零件就必须加以精心配置。与此同时，文职人员和军职人员也就具有了某种凝聚力和集体精神。尽管人不可能像机器零件那样精确地发挥作用，但对人员和工作有系统地加以组织大大地增强了政府的力量。

关于国家的组织或"管理"（Wirtschaft）[①]的社会学理论，在德、奥两国是由重商主义经济学家们提出的，其中或许以 J. H. G. 冯·尤斯蒂（1720—1771 年）和 J. 冯·宗南费尔斯（1733—1817 年）最具影响；在法国则是由以弗朗索瓦·魁奈（1694—1774 年）和米拉波侯爵（1715—1789 年）为首的重农主义者提出的。这两派对国家与自然的关系持迥然不同的观点。重农主义者认为国家的存在

[①] 此处原文"housekeeping"和德文 Wirtschaft 原意为"家庭管理"。——译者注

是为了恢复和保持"自然秩序",而不是去干预其运行;重商主义经济学家则倾向于认为国家是自然秩序的组成部分,对国家如何进行组织是一门自然科学。但两派人都鼓吹一个信条,即由强有力的专制君主实行系统的功利主义改革。虽然这些知识分子对公众舆论具有影响,因而在政治上也具有重要作用,特别是法国的那一派,但也许与其说他们是那个时代行政革命的起因,不如说仅仅是一种征兆,因为改革的推动力似乎在很大程度上来自政府内部各派势力。

　　欧洲行政体制发展的一般特点的最清楚的说明莫过于法国的历史了。在最高层倾向于将国王的各个政务委员会加以统一,将其注意力限于国家最重大的问题上,而将有关的行政事务留给官员们去做。实际上,这些委员会很难懂得如何最有效地利用它们的时间,往往过分具体地讨论某些问题,而把其他问题全都留给手下的一些常务官员去办。这在一定程度上是由于它们苦于缺乏领导,因为路易十五在位后期很少过问政府工作;从1757年起出席这些委员会的王太子又于1765年去世。他的儿子于1774年即位成为路易十六后没有主持这些委员会的经验。在宫廷各派的斗争中没有出现强有力的人物能担当起重任。因此,这种委员会制度竟能演变到那样的程度实属出人意料。据《王室年鉴》记载,路易十五主持过四个主要的委员会:处理对外关系的最高国务委员会(Conseil d'État d'En-haut)、处理某些内政问题的诏书委员会(Conseil des Dé'pêches)、王国商务委员会(Conseil royal de Commerce)和王国财政委员会(Conseil royal des Finances)。此外,国王原则上领导着财政及指导国务委员会(Conseil d'Etat privé Finances et Direction),但实际上由大法官或掌玺大臣来主持。这是一个较大的委员会,其成员包括30名国务委员、6名财政监督和80名国土司法助理(Maîtres des Requêtes)中的许多人。其职责是处理当前司法和财政管理方面的问题。这种委员会体制在1763年时虽然与路易十四在位时期几乎毫无二致,但在官方的外表下面已发生了巨大的变化。王国商务委员会已有20多年没有开会。而且除了在1787年6月试图加以恢复后曾短暂地开过会之外就再也没有召集过。一些重大的商务问题由商务署(Bureau du Commerce)加以处理,而它是一个行政机构,其成员大都是一些官员。在四个仍在工作的委员会中,高级行政官员——大法官或其副手掌玺大臣、财政总监,以及陆军、海军、外交和王室事务四位国务大臣——是最有影响的。例如,财政总监控制着王国财政委员会,因为他和他管辖的部负责为委员会的会议准备议题。而且,尽管该委员会把次要的工作交给下属的两个委员会,即"大指导委员会"(Grande Direction)和"小指导委员会"(Petite Direction)去处理,本身只管那些需要确定原则和解释法律的问题,但仍然感到承担了过重的责任,不得不把越来越多的这类问题交由财政总监与国王一起作出决定,甚或由财政总监自己与他手下的高级官员即财政监督们作出决定。结果,许多以委员会法令名义颁布的法律,实际上并非由国王主持的会议所制定,而是由行政官员们制定的。1777年6月的一项敕令批准了这种做法,成立了一个行政性的财政诉讼委员会(Comité contentieux des Finances)以处理除有关政策问题以外的一切事务。这个委员会的建立是迈向适当分担职责的一个重要步骤。诉讼委员会主要由一些财务监督组成,这就使王国财政委员会和财务总监从日常事务中解脱出来,让他们能更多地注意政策问题。这样,王国财政委员会似乎可以着手果断而有力地解决国家的财政问题了,然而情况却相反,不久,它就开始每年只不过召开七八次会议,实际上把领导的责任都推给了财政总监和诉讼委员会。因而掌玺大臣于1788年将后者称之为"实际上的财政委员会"。① 与此同时,其他委员会也有类似趋势,即只管政策性的问题,而将行政性问题交由官员们处理。1789年8月9日终于形成一项法律,把诏书委员会的日常工作交由一个各部联席诉讼委员会(Comité contentieux des Départements)负责处理。这项法律还规定将最高国务委员会、诏书委员会和王国财政委员会合并成一个国务委员会(Conseil d'État),从而完成了委员会的合并工作。这个合并后的委员会没有机会证明它是否比以前的各委员会更有效率,因为不出几个星期国民议会便承担起领导国家的任务。

  各委员会中负责执行政策的成员——各国务大臣和财政总监——到18世纪中叶已是规模庞大的各部的首脑。但由于各种政府职能分工不明确,使这些部的工作效率受到了削弱。把政府工作合乎逻辑地

---

① 米歇尔·安托万:《路易十五统治时期的财政委员会》,载《近代和现代史杂志》第5卷(1958年),第183页。

划分为司法、公共工程和内政等部门的思想始终未能在行政工作中认真地付诸实行。这是仅凭经验办事造成的混乱。就连陆军部、海军部这样职能显然很单纯的部也夹杂了许多属于内政方面以及与它们本来的职能无关的财政和司法任务。结果是造成许多工作浪费重复，高级官员极端依赖其下属，因为不可能指望他们懂得下属五花八门而且互不相关的任务。大多数高级官员在买到官职后就可以置他们的同事和上级于不顾，这样的各行其是更增加了不团结。由于这些组织上的缺陷，在大多数部担任行政职务实非易事，然而令人惊讶的是有许多雇员显示了热情和才能。除非当时的人们开始懂得行政组织的重要性，否则这种批判性的分析是不会起什么作用的。在这个问题上，如同在其他许多问题上一样，王国的官员们曾著书立说和制订各种计划，似乎是适应日益强烈的对秩序、简政和效率的要求而涌现出来的。最有影响的官员之一是财政总监雅克·内克尔。他在工作和著作中都显示出他已认识到，如果一个人在时间、精力和理解力受到种种限制的情况下要想管好一个部的话，那么这个部能够以合理而统一的方式行使职能是多么重要。

外交大臣德·托尔西（1699—1716年任职）曾让外交部授权其秘书处、档案室和政治学院训练年轻的外交官。财政工作于1775年统一于基金署（Bureau des Fonds）。从1767年起，账册和档案都系统地加以保管起来。下令进行这项改革的舒瓦瑟尔发现，一个依靠仔细研究剪报资料和各种报告的情报部门要比间谍机构更有用。根据1767年的一项规定，舒瓦瑟尔规定了工作时间，并统一了过去由外交部各部门任意管理的电报密码工作。在19世纪以前，人们对密码工作并没有认真而有效地加以对待，但在这时，它成为单独的部门，有其自己的领导，以便加强效率和保密性。1775年成立了测绘局，关注国界和地理上的问题，并于1780年成立了地图保管局。美国独立战争后，韦尔热讷把上述这些工作纳入两个政府所属的局，各由一名仅次于国务大臣的高级官员来领导。1792年迪穆里埃最后又将这两个局合并，而把与之无关的外省行政事务交由新建立的内政部负责掌管。

陆军部和海军部的改革虽开始较晚，但进行得同样彻底，也许更加具有重要意义，因为花在战争上的钱比花在外交上的钱要多得多。

七年战争之后，舒瓦瑟尔试图改进征兵、军需和军事演习等工作的方法，但收效甚微。这一工作继而由圣日耳曼伯爵（1775—1780年的陆军大臣）进一步加以推行，收到了永久性的效果。他为法国陆军奠定了基础。事实证明，这支军队在革命战争和拿破仑战争中非常有战斗力。他通过打击买卖军阶的做法，减少军官的军阶和各级军官的数目，以及实行军官晋升制度，逐渐形成了一种灵活的等级结构。他把招募工作从用钱招募的连队（100里弗尔招一名步兵，120里弗尔招一名骑兵）改为交由军队自己办理，不准军官像以往那样强迫人们入伍，而是建立起受管理委员会监督的招兵站。团队的管理委员会由不同军阶的五名军官组成，定期开会决定团队的经费开支，保管档案和账册，并向陆军委员会委员提出报告。陆军委员会委员以往由文职官员担任，权势很大而且职位可以用钱买得，与一同共事的军官不断发生摩擦。圣日耳曼将他们改成军队的组成部分，废除了委员职位的买卖制度，使之作为职业岗位纳入军阶制度，圣日耳曼的工作由塞居尔伯爵继续进行，后者作出了诸如建立永久性的总参谋部等极为有用的贡献。两位有才干的国务大臣萨尔蒂纳（1774—1780年在任）和卡斯特里（1780—1787年在任）在海军部相继作出了同样重要的改革。1784年10月31日和11月1日，以及1786年1月1日的法令，被奉为法国皇家海军的圭臬。由于预计将与英国作战，18世纪70年代的海军和陆军组织获得大的改善，1788—1789年海军又得到进一步的改进。这是因为主张进行改革的大臣们被允许花费大量的钱。

陆军部和外交部的发展先于其他部，因为它们的职能具有紧急性，使它们很早便集中掌握在王国政府手中。主要为了国家的生存，对它们进行统一管理，其结果是到16世纪末陆军、海军、外交和王室事务各部的大臣都由专职人员担任，而当时在内政方面管理权仍然分散在由地方、私人、司法和王室掌管的各式各样的部门手中。直到1791年5月25日，中央政府才成立了司法、税收（Contributions Publiques）和内政等部，使其权力得以凌驾于法院、贵族和各省之上。但是，这种中央集权的过程是从17世纪就已开始的。当时国务委员会（Conseil d'État）开始向各省派出常驻代表（Commissaires départis），通常被称为司法、治安和财政督察官。在18世纪后期，共有32—34名这样的督察官，即省督，其中有一些是由陆军大臣派到边境各省的，其余的则是由财政总监派往内地各省的。这些省督并不像普鲁士各州的行政管理部门那样受到严密的控制，以免使他们丧失主动性。由于这些人是被任命而不是靠花钱买的官职，而且通常是靠能力而不是靠他们在宫廷的关系而获得任命的，所以正如内克尔所说，这些人成为从旧制度造就出来的最优秀的行政官员。可是，他们的效率却受到三个不大遵纪守法的权力集团的限制：省三级会议、高等法院和巴黎行政当局。

在总面积占整个王国约一半的13个拥有省三级会议的行省中，省三级会议由于坚决捍卫古老的权利和特权，对抗王国政府的侵犯而得以幸存下来。它们在司法、治安和财政方面拥有广泛的权力，定期召开会议对之进行检查，因而它们由于效忠本省而获得了既得利益，并使它们得以保持下来，直到1789年人们热衷于召开全国三级会议而把这种对地方的忠诚一扫而光。此外，省长们尽管已经丧失了许多权力，但仍然可以给省督制造很多麻烦，但省督与1787—1788年间建立的省议会之间比较令人满意的关系，却预示着中央与地方权力之间冲突的停止，而且在经历了大革命时期的种种斗争之后，仍然在整个19世纪艰难地维持了下来。尽管难以对付，但各省的三级会议和省长并不像宫廷那样对成长中的国家行政机构形成强大到难以逾越的障碍。具有行政和司法职能的13个高等法院（parlements）乃是国王权力机构的强有力的敌人。此外，诸多的财政法庭亦复如此：如财政局（Bureaux des Finances）、间接税法庭（Cours des Aides）、审计法庭（Chambres des Comptes）以及金融法庭（Cours des Monnaies）。

如果说王国行政部门由于这些法院和省三级会议的对抗而受到牵制的话，那么，它还因巴黎的各部和其他机构的混乱局面而遭到削弱。省督还需与一大批互不协调的机构相配合。他们也许与财政总监署（ContrØle général）关系最为密切，而在该机构中，也和大部分部一样，组织涣散，而且职责五花八门，不可能进行真正的管理。许多事情都由各个局自行其是，往往按局长或某些派别的意志而不是按政府的政策办事。这些局有许多是非常有用的，后来合并到1791年成立的税务部和内政部。但旧政权总是为如何把这些局组成一个有效率的政府部门这一问题而苦恼。在1763年，这些局已有很长时间被随意地划归六个财政督察官（Intendant of Finances）管辖。像丹尼尔·特吕代纳那样杰出的财政督察官一个人就可以管好他所领导的好几个部门的复杂多样的工作，而且可以改进其中许多部门的工作质量。特吕代纳实际上是矿务局的创建者。这个局鼓励并领导了煤、铁及其他矿藏的开发。他也是桥梁公路工程局（Ponts et Chaussées）的创建者，该局所修筑的壮观的法国公路受到阿瑟·扬等旅行家的称赞。[1]
然而那些碌碌无为的财政督察官就不得不依靠他们的下级，而这些人则往往利用这一点谋取私利。总之，这些靠花钱买来官职的财政督察官实际上脱离财政总监而各行其是。因此，希望建立一个统一行事的财政部的内克尔于1777年6月撤销了这些财政督察官的职务。内克尔下台后，虽然又恢复了财政督察官的职位，但是成为矿业、税收承包或桥梁和公路等专业方面的督察官。与此同时，负责领导商业和工业的商务督察官（Intendants of Commerce）也顺利地并入了这个部。从1764年开始，这些职位一旦出现空缺，其买卖制度便被废除，而由国王司法助理作为商务督察官直接来填补。1787年6月这些商务督察官所管辖的局合并，由他们之中的一员德托洛藏统一领导。1764年设立了第五个国务部，终于将财务总监署所管辖的这些纯属行政事务的职能转由该部负责。前财政总监亨利·贝尔坦被任命来接管后来属于内政部的这些工作任务：农业、矿业、运河、档案，等等。但这个部于1781年又撤销了，此前也始终没有解除财政总监的最重要的非财政职能，即对商业和工业的管理。

商业和工业之所以长期以来与财政一起加以管理，主要是因为当时流行的观点认为国家的收入只能随着国民总财富的增长而增加，而国民总财富的增长又依赖于对外贸易的繁荣。一个多世纪以来，特别是自柯尔培尔的时代以来，政府一直在推动出口贸易，深信这是增加其黄金和白银储备的最直接的方法。为了鼓励将纺织品、五金器具、皮革和金属产品以及奢侈品销往国外，由40—50名产品检验员和差不多同等数目的商标检验员（Commis de la marque）组成一个能干的班子，来维护质量和规格的官方标准。凡农产品以及可用作工业原料的任何产品都不得出口，因为据认为销售产品所获得的利润要靠制造

---

[1] 让·佩托：《桥梁公路工程局史，1599—1815年》（巴黎，1958年），第138、157页。

产品所消耗的劳动力和技能。然而，产品的出口受到津贴和低关税的优惠。为了衡量这些措施的效果，贸易平衡局（Bureau de la Balance du Commerce）利用海关记录汇集进出口货物的统计数字。另一方面，对国内贸易的管理则被看作是一个在互相冲突的各利益集团之间保持公正的"平衡"的问题。国王认为有责任协调各省、各城市、各行会以及各个人的要求，因为他们总是要求取得专营权、免税权或其他特权。这些需要由巴黎作出决定的请求和其他官方事务，通常由某一位商务督察官的办公室接受，它可能将之提交财政总监定夺或提交贸易平衡局的会议讨论处理。这样的会议由国务委员、国务大臣、财政总监、警察总监、巴黎财政区督察官（Intendant of Generality of Paris）、一部分国王司法助理和商务督察官组成。不过在大多数情况下，商务督察官先将有争议的问题提交税收总承包人的代表以及主要贸易城市派出的商务代表（Deputies of Commerce）审议。这两部分人之间的观点经常发生冲突。这种独特的办事程序表明财政总监的基本职能乃是协调国家的财政需求与全国的工商业利益。财政总监的任务似乎是既要收集鹅下的金蛋，又要照顾好下蛋的鹅。不幸的是，由于政府财政极端困难，越来越依靠税收总承包人，因此，作出的决定往往不利于商人和制造商而有利于金融家。而由于人们厌恶商人、制造商，以及城市和各省当局动辄利用政府的援助作为相互倾轧的武器，并且认为任何对上述这些人有利的决定都是对私人利益的让步而违背国家税收的需求，从而使上述倾向更加严重。而最糟糕的是，直到大革命爆发，政府都是在甚至牺牲全面的行政改革以满足它对现金的渴求。

但在18世纪中叶，由于对国家普遍的经济发展的兴趣出现了新的高潮，于是许多负责商业管理的官员开始从事贸易、工业和农业。如樊尚·德古尔内、伊萨克·德巴卡朗和克利科—布莱瓦谢等商务督察官，特吕代纳和蒙塔朗等财政督察官、工业产品总监察官（Inspector General of Manufactures）弗朗索瓦·布里松以及其他许多人员都被越来越多的问世的经济方面的书籍所吸引。法国在七年战争中的失败，以及由此而造成的国家贫困，导致人们要求变革，从而使这种研究政治经济学的新潮流应运而生。虽然经济理论各异其趣，但毫无疑问，重农学派轰动一时的学说处于领先地位。这派人主张废除各种规章、关税、垄断和其他一切对工商业的约束，使法国可以享受"自然秩序"的益处。但大多数官员的行动和著作只表现一种日益抬头的信念，即认为促进国家富裕和繁荣的最好办法并不是对工商业进行管理，而是为工商业的发展创造各种有利的条件。除重农学派外，争论的问题不在于政府该不该干预经济事务，而在于应如何进行干预和政府应将其努力集中在什么地方来增进普遍的繁荣。怎样才能最有效地保证粮食的稳定供应？是否应该鼓励"自由集市"？是否应允许国内消费奢侈品？政府应在什么条件下允许制造并销售印花布（toiles peintes）？政府的财政需求怎样才能与国民经济的繁荣协调一致？这就是商业行政管理部门的官员们专心关注的一些问题。实际后果是出现了一种倾向：少依靠规章，给经济企业以更多的鼓励，更多地收集有关工商业和农业的资料——特别是统计资料。早先的财政总监，如奥里，已经利用过统计资料，在整个18世纪下半叶，各商会、省督、商务代表（他们已成为王国的官员）、工业产品监察官以及其他官员均曾承担准备越来越多的经济档案和报告的责任。C.E.拉布罗斯写道："18世纪的财政总监解决问题越来越少，而披阅材料却越来越多了。"① 至于财政援助的问题，必要时一直从包税款和商业基金（Caisse du Commerce）中发放贷款或补助金，特别是给纺织业。商业基金是从对殖民地的货物抽税而提取的。1776年建立了一家贴现银行（Caisse d'escompte），以4%的低息发行短期贴现商业证券，企图以低息短期信贷随时提供财源，并以此降低当时流行的利率。这种鼓励信贷的愿望，还导致于次年创立了典当业。但总的说来，商业和工业从政府方面得到的技术援助可能更多些。发明者、技术人员、设计人员以及技术书籍的著作者可获得定期津贴、补助金和奖金。科学院的成员都委以某项研究工作：贝托莱负责染色技术，旺德蒙德负责研究机械，多邦通负责研究羊的饲养。曼彻斯特的制造商、逃亡到法国的詹姆斯党人约翰·霍尔克以外国工业品总监察官（Inspector General of Foreign Manufactures，1755—1786年任职）的身份成功地将英国的机器引进了法国，并吸引了一批英国的发明家和熟练工人。另外有四个工业品和商业总督察官的职位往往只是挂名差事。如试验

---

① C.E.拉布罗斯：《旧制度末期和革命初期法国的经济危机》（巴黎，1944年），第7页。

新机器的沃康松和从事各项经济项目的杜邦·德·内穆尔。杜邦于1785—1786年曾汇集外国关税和贸易的情报资料，向与英国谈判商约的法国代表提供咨询。1791年国民议会撤销了这些官职，但增加了某些形式的对企业的直接鼓励。例如，根据1791年9月27日颁布的法律成立了一个专家委员会，负责对当年另行拨出的用以鼓励机器和新工艺的发明者的200万里弗尔如何使用提供建议。

比财政和技术援助更加有效而起关键作用的是通过建立一套统一的计量制度，特别是通过在国境上建立统一的海关税卡，使国民经济得以实现一体化。中世纪以来，君主们就试图采用标准的度量衡，但均属徒劳。即使是成功地统一了货币制度的柯尔培尔面对这一艰难的任务也一筹莫展。1791年颁布的一系列法令使米制得以采用，从而为经济生活提供了可贵的方便条件，同时也证明了国民政府新建立的权威胜过了王国。而通过1790年11月30日起颁布的一系列法律将海关体系加以统一则具有大得多的意义，因为它使政府得以掌握一种具有前所未有的力量的行政手段来控制整个国民经济。一直阻碍省际贸易的关税壁垒被拆除了，国境线上的海关加强了，以便使之能真正有效地对付走私者。仅仅在边境上集中建立了750个海关检查站，替代了过去分散在全国的由于进行检查和实行官僚式的管理而阻碍交通的一千多个检查机构。通过对外国制成品的进口和有价值的原料的出口征收15%或20%的关税，使政府得以对本国的工业提供虽然不大却很实际的保护，以对付英国的竞争，同时也鼓励了法国的出口。

此项改革使柯尔培尔于1664年开始进行的工作得以完成。那年他把法国北半部各省组成一个关税联盟。由于管理它的是由包税人合伙组成的公司，因此称为"五大包税区"（Cinq Grosses Fermes）。因其他各省拒绝放弃地方关税和加入这一联盟，柯尔培尔乃于1667年试图在王国周围设卡对一系列进口的制成品和出口的原料征收高额关税，以保护法国经济。这一制度直到大革命时仍基本保持不变。它对抵制不适合需要的外国制成品并非十分有效，部分是因为在缴纳了1667年规定的关税以后，这些制成品可以豁免所有的国内税，因而往往以可能比法国产品还低的价格出售。因法国产品需缴纳各种国内税，往往使它们的价格上升15%或者更多。此外，为了抵消国内税所造成的法国商品的额外成本，不得不对售往法国的制成品在边境上征收约30%或更高的关税，或者干脆不准进口。然而，禁止进口和高额征税却助长了大规模的走私活动；事实上，边境上的海关税卡十分软弱，在大部分港口，特别是巴约讷、马赛、敦刻尔克和洛里昂，都有一批承包人（assureurs）。这帮人以12%或15%的低价将货物偷运进法国，大发横财。这些海关税卡之所以如此软弱，主要是由于管理税卡的总包税人不是把它们看作一种经济控制，而只是看作一种税收，必须使其提供尽可能多的税款收入。他们和他们的雇员们并不关心什么在国内实行自由贸易和消灭外部的走私活动，而且实际上他们甚至还可以通过对商人和走私者进行罚款以及拍卖没收的货物而从中谋利。

柯尔培尔在留给18世纪这项半改革性的制度的同时，还留下了他的改革政策的启示。正是这种启示而不是经济理论家们的著作引导了近四代改革者们去努力实现他们称之为"单一税计划"（le prvjet du droit unique）的设想。大多数的改革者跟柯尔培尔本人一样，都是政府官员，对所涉及的实际问题都很了解，从1700—1710年以里昂人让·阿尼松为首的商务代表们鼓吹进行改革；1720年，他们的计划重新恢复了活力，几乎由商务委员会（Council of Commerce）事实上的领导人米歇尔·阿梅洛付诸实施。从1726年直到1745年前后，这一改革运动由一个总包税人拉勒芒·德·贝茨领导。但一直到七年战争之后，财政总监贝尔坦有了一个由财政督察官、商务督察官、商务代表和总包税人组成的小组制订的新计划，政府才开始认真作出努力。最后的计划于1787年在显贵会议上提出并于1790年由国民议会仅仅稍作修改后通过。该计划是由一位领薪金的官员马依·德·科尔梅雷领导的一个政府特设的关税改革局（Customs Reform Bureau）用了10年的时间制订并主持执行的。

改革计划之所以直到大革命时期才付诸实施，足以说明旧制度下财政和行政管理的性质。在布列塔尼、阿尔萨斯、洛林、三主教区、① 佛兰德、吉耶纳和其他边境省引起了强烈的反对，因为那里的人们认为，同王国的其他地区结成关税联盟将会损害这些省的贸易。另外，反对还来自贸易界、制造业和城市的一些利益集团，因为它们

---

① 指具有重要战略意义的洛林公爵领地上的梅斯、土尔和凡尔登三个主教区。——译者注

获得了豁免国内税收的特权,不愿失去它们在国内贸易中的特殊"自由地位"。更糟糕的是,由于一个强有力的中央政府就有可能克服来自这些方面的反对,就像1790年终于做到的那样,因此在七年战争后总包税人也开始反对改革了。而在此之前,这些总包税人一直是愿意支持关税体系的统一的,因为他们希望接着会实现更加有利可图的食盐和烟草的专卖,即盐税(gabelle)和烟草税(tabac)的类似统一。按照古老的协议,各省的食盐和烟草销售价各不相同,有些省如布列塔尼,完全豁免盐税,其他省如阿尔萨斯则豁免烟草税。为了将价格不同的地区分割开来而设立的关卡,大致同内地的海关税卡相一致。倘若所有这些关卡同时都予以废除,全国不仅实行统一的关税,而且实行统一的盐税和烟草税,那么货物税就可能会大大增加。许多政府官员和包税人,如拉瓦锡①都曾指出过这一点。然而,那些享有特权的省份反对征收盐税和烟草税的态度一直很强烈,以致在1763年后成为全国性的要求全部取消这些专营权的运动的组成部分。由于越来越惧怕这一运动,总包税人也开始反对关税改革,特别是在1783年以后,因为当时食盐和烟草的专卖实际上是他们仅存的特权,其他税收都已经置于政府各委员会的管辖之下,他们已不再有多大力量去染指。鉴于在财政上必须依赖这些总包税人,王国政府除非把盐税和烟草税也加以统一,否则统一关税是不可能的;但是在绝大多数民众的反对下,政府不可能把这两种专营权同样扩展到整个国家。1790年,制宪议会不顾总包税人的反对废除了盐税和烟草税,并将改革后的海关体系置于政府的税务局(régie)控制之下,从而打破了上述困难局面。这样做的结果是牺牲了上述前两项税的全部收入和海关税收入的大部分。关税不再称得上是一种税收,而仅仅成为一种经济控制手段。显然,这些只不过是在整个财政制度的改革中作出的一些变革而已。

  税收改革的趋势表明中央政府权力的增加。按照公认的主要缺陷来衡量,税收的不公平依然存在,这是因为面对享有特权的城市、省份和社会阶层的抵制,国王是很软弱的。不公平的税收意味着对公民不公正,而对中央政府来说则意味着控制的无力、管理的混乱和岁入

---

① 拉瓦锡曾于1768—1775年任征税官。——译者注

的减少。在大革命期间，公民以服从于一个更强大的国民政府为代价而赢得了纳税的平等。一位研究税收制度的学者写道："旧制度下财政管理的突出特点是甚至不惜损害国王高高在上的利益而大力关心私人的利益。"① 在大革命的年代里，在税收方面的私人利益尽管受到保护，但对之作出了规定和限制，国家则宣称有为了国家的利益而征收所需要的任何税收的最高权力。因为，当国民议会确定了公民应将其收入的1/5贡献给国家的原则时，不仅意味着国家不会再多要，同时还意味着它千方百计地多要。

表面看来，税制改革的特点是从"间接"税转变为"直接"税。在18世纪很快流行起来的这两个词是由重农主义者采用的，② 旨在区别从他们认为是财富唯一来源的土地或土地的收入中直接征收的各种税赋与仅仅是间接地从土地征收的各种税赋，例如对商品的制造、运输或销售所课的税。重农主义者根据他们的学说，赞成"直接"税而谴责"间接"税。这一理论上的特征同时表现在征税方法上的实际差别。而由于征收"间接"税引起了公众的十分强烈的愤怒，以致制宪议会于1790—1791年废除了大部分间接税，认为这样做在政治上是适当的。其中主要的几项是盐税、烟草税、关税、销售葡萄酒及其他含酒精饮料的间接税、在不同时期对皮革、铁、纸张和布匹等产品征收的检验合格费、中央政府征收的某些进入城市的商品的入市税以及领地税（domaine）。领地税一方面包括王室领地的封建税，另一方面包括印花税以及财产转让登记应缴纳的税。这些税的税率按照国王与地方当局订立的古老契约全国各地各不相同。为了防止酒类、食盐、烟草等商品从低征税省或免税省走私到毗邻的高税省，警卫队不停地巡逻。国内的这种税区边境十分漫长而难以防卫，因此成千上万的男女和儿童认为走私有利可图，不惜冒罚款、坐牢或黥面以及苦役的风险，而且受到人们的普遍支持，于是与税务官们进行了如同打内战般的斗争。几乎所有的间接税都是由总包税人来征收，正如内克尔所说，国王应当感谢这些总包税人，因为是他们把群众愤怒的火焰引到自己身上。然而，真正反对税制改革的是那些享有特权的省

---

① 让·维兰：《旧制度下直接税的恢复》（巴黎，1952年），第8页。
② 费迪南·布鲁诺：《法国语言史》（巴黎，1930年）第6卷，第484页。

份，如布列塔尼和阿尔萨斯；因为，要是总包税人、内克尔、卡洛纳和其他主张改革的行政官员能够克服地方特权的抗拒的话，所有这些各式各样的税可能早已在整个王国统一起来，也就无须设立国内的关卡和采取控制措施了。然而，这一制度的种种不平等和不合理之处，虽为特权阶层所维护，但使之更加严重的是总包税制在税收方面有效地进行的盘剥。群众的愤怒达到了顶点，以致在大革命的年代里，各种税收和所有的税站均被一扫而光。只有关税、印花税和注册税继续存在。但人们对这种牺牲国家收入的做法颇为怀疑。例如，制宪议会只是以372票对360票通过废除烟草税的。在督政府和此后的政权统治下，"间接"税大部分被恢复，但以统一的形式并在国民政府直接监督下征收。

  主要的"直接"税是人头税（taille）、人口税（capitation）和廿一税（vingtiéme）。人头税是向非贵族和非特权的地主征收的税种，在三级会议不复存在而由财政区负责管理财政的地区，人头税由国王征收，在仍有三级会议的地区则由三级会议征收。三级会议因享有此特权而向国王定期缴纳补偿（don gratuit）。人口税原本也是一种人头税，但1763年后被视为人头税的附加税。廿一税则是对土地和其他财产的所得，以及公职和工业的收入所征收的5%的税。虽然这些税和"间接"税一样不正规，但人们对之并非十分痛恨。这部分是由于这些税多少还有章可循，部分是由于在征收时较少使用暴力，部分则是由于重农主义者认为这种5%的土地廿一税乃是他们所鼓吹的单一税的样板，而且他们认为如果人头税也同样根据土地的价值按比例征收的话，也一定会令人满意的。而要对人头税进行这样的改革，首先就必须编制土地登记册，但这受到特权阶层的阻挠。因此，人头税的不平等及其收入之低是与中央政府的软弱分不开的。其他国家的政府此时也面临同样的问题，在西班牙，卡洛斯三世曾试图实行按比例征收土地税，但未获成功。约瑟夫二世虽然确实在其奥地利帝国完成了土地登记，但据此而进行的革命性税制改革于1789年11月实行后三个月便与约瑟夫二世一起寿终正寝了。只有在法国，中央政府作为一场社会革命的受益者有足够的权力实现这项改革。例如，18世纪70年代，地方的土地登记办法曾由杜尔哥在利穆赞拟定，中央政府也曾考虑，甚至曾计划进行全国性的土地登记。因此，对被制宪议会任命来完成土地登记工作的桥梁和道路工程局工程师德·普罗尼所领导的一组官员来说,这项工作并非什么新鲜事。但在动乱的年代里却遇到了重重困难,以致在第一帝国时期以前一直没有取得土地登记的满意结果。新规定的四种直接税中最重要的财产税,最初不得不以旧制度下不精确的评估为基础来征收。尽管如此,税收的趋势显然是朝着按照对个人财产的精确评估征税而发展的。因此,对个人来说,除非是经过调查,否则平等是谈不到的。

税收的多少主要取决于征税机构的效率,在旧制度下总包税局（General Farm）是最有效率的机构。作为半私人性质的追求利润的收税人企业,它几乎受到整个国家的谴责。但把它单纯视为一种行政管理制度而论,到1763年它已经变得十分有效。弗里德里希二世很称赞这种制度。他邀请了许多包税官员协助他进行自己的财政制度的改革,并聘用了曾任包税局长的德拉·埃耶·德·洛内担任他的首席财政顾问。总包税局由40名（1756—1780年增至60名）总包税人领导,其中几位最富有和最有经验者作为资金管理会议（Assemblée des Caisses）的成员,为公司作出一切带根本性的决定。资金管理会议也是与政府的唯一合法联系。其他总包税人则在公司的董事会或负责监督各省局局长工作的相应的局工作。每个省局的局长（在1763年总共有123名）负责某一地理区域的下列五种主要税收的一种:财产税、间接税、盐税、烟草税和关税。每个局下设许多业务单位,如烟草仓库、盐仓、警卫队队部等,每个单位由人数不多的收税员、主计员、办事员和警卫官进行管理。常驻的或流动的检查官经常对管理情况以及档案和账目进行检查。自局长以下,所有人员都是挣工资的雇员,像近代企业或政府部门一样,都按照严格的从属等级制度组成。经常不断有通知和命令下达,档案由各级保管,局长和总包税人都可从定期报告中了解到各方面的工作情况。为了使所有这些书面报告更加方便,还印制了各式各样的表格。人事档案表明,就总体来讲,要求雇员具有高标准的行为和效率,尽管在档案中经常也注意到雇员的后台和保护人。为了防止雇员们与走私者勾结一起,人员经常从一个处和局调到另一个处和局。调动有时是提升,因为达到一定级别后,总包税局的工作便成为终身职业。待遇条件是很吸引人的,因此一般都愿长期从事此项工作。早在1739年,警卫官每年均可有两周的带薪假期。根据1768年2月21日的一项决议,在总包税局的某些分支机构由雇员和公司双方出资建立了养老基金。在每个地区根据对生活费用的估计,按级别规定了薪金。1781年巴黎总局的雇员们要求增加薪金,他们写信给雇主说:"房租、食品以及所有主要商品的价格不断上涨,早已打破了20年前所规定的关于[我们的]劳动工资与生活必需品价格之间的比例。"[1] 作为对这些要求的回应,薪金常常增加,特别是在18世纪80年代。但跟大多数王室官员不同,他们的薪金依然很低,因此,当1790—1791年制宪议会各委员会建立文官制度时,他们的薪金几乎一点也没有减少。总包税人出于自己的利益,一直保持着这一组织的效率。他们投入大量资金,也由之获取大量收入。根据每六年签订一次的协议,他们上缴给国王的钱从1763年的每年1.24亿里弗尔增加到1788年的每年1.5亿里弗尔,尽管到1788年他们负责征收的税仅仅剩下了盐税和烟草税;然而,总包税人及其他投资该公司的人所得的利润仍高达数百万之多。要是总包税人也像他们的局长们那样成为为王室服务的挣薪金的官员的话,王室收入的增加一定会是可观的。在大革命期间,总包税局保存下来的各部分被收归国有,并并入了文官队伍。

三级会议不复存在的各省征收直接税的王国财政官员是靠用钱买来的官职,因而不依附于什么人,与国王的关系是一种大致类似总包税人的契约的关系。但他们既没有以任何实际可行的方式联合在一起,也没有一个行政机构为其服务。48名或更多的总收税官(Receivers General),每人都签订一份契约,规定他需向国王上缴一部分人头税。他们则按照类似的契约,可从众多的收税员处收取由他们负责的那部分税款。收税员在通常情况下有408人。最后,每一个收税员义必须按照同各教区的税务官签订的契约行事。廿一税由类似的机构负责征收,人口税则是作为人头税的附加税来征收。以上人员均不拿薪水,而是从他们经手的税款中提取一定比例的佣金,并提取他们为买他们的官职所花钱数的5%作为利息。他们与上级的唯一联系就是上缴固定数额的钱这一法定义务。对不诚实或无效率的收税员采取法律行动十分缓慢,完全代替不了经常不断的行政监督措施。他们只

---

[1] 国家档案馆,巴黎,卷号:G'63,手稿。

向审计法庭提交唯一的一份账目，而且交得太晚，对行政管理毫无用处。由于对收税员和总收税官的要求并不单纯是向王国财政部（Royal Treasury）上缴他们的收入，而且往往还要求他们替王室付款，因此实际上对他们的活动没有任何检查。1792年最后对总收税官进行清查时，总共56人中有36人拖欠的款额竟达约2000万里弗尔之多。如果说许多收入是在收税过程中流失了的话，有许多也是基于同样的原因被这个花钱无度的机构浪费掉了。拨给民政和军事部门的经费，也是由一批独立的、用钱买得官职的财务人员和主计人员负责管理。1787年审计法庭曾报告称，在不到20年的时间里，这些人员中有50人宣告破产，致使国王损失了4000万里弗尔。造币厂的官员、年金发放人（payeurs des rentes）以及其他许多人员也都同样地掌管着经费，其结果也如出一辙。

国家除了要为这些人的不诚实和无效率付出代价外，在支付经费时还需为所有这些官员以及总包税局支付公务费用。像其他国家一样，法国政府需要全国各地经常不断提供钱款以偿付它所耗费的物品和公务的费用。部分是由于硬币运输起来费时耗资，且担风险，部分是由于完整的国家财政制度的建立需要经过持久的计划和改革，而这种努力直到18世纪末才出现，因此国家用钱不得不尽量用手头可以取得的任何款项来支付。这样，政府的雇员或供应商便从就近的收税员或其他财政官员处领取薪金或结算账目。如就近的官员没有足够的现金满足需要——而且政府又越来越多地透支——他们就会用自己的钱来支付，并要政府为使用这笔钱而付利息。政府总是需款孔急，即便是付6%—10%的利息也接受这样的借贷。财务官员、总收税官和总包税人成了国家的财东，他们经常从私人手中以5%的利息借来钱，而以6%或更高的利息贷给王室，把差额装进自己的腰包。而当各部门的财务官员开始把拨到他手上的供部门一年开支用的专款又返回来借给王室时，这一制度就为害无穷了。据估计，通过这种手段，仅一个财务官一年就可使国家损失达115万里弗尔，他本人从中获取40万里弗尔。① 这些官员由于他们的贷款而取得各种期票——付款通知、指券等——大部分先扣取了将来的利息。当王室越来越穷，无法

---

① 《当前国库组织的说明》（1790年），藏大英博物馆，法国小册子档，F. R. 502。

承兑这些期票时,在某些情况下导致了其手下官员的破产。在大革命前夕,王室欠总包税局的钱已几乎达到7000万里弗尔,大部分是以这种方式欠下的。

使用这种高息短期贷款,可以看出政府已穷困到何种程度。由于难以得到足够的税收来弥补4/5以上的经常开支,财政总监不得不借钱来弥补年度赤字。到1788年赤字已高达1.25亿里弗尔。借钱已很困难,因为政府在过去已背上了不守信用的坏名声。路易十五本人也和公众一样不信任政府,宁愿把自己的钱财投资给朗格多克省三级会议①和总包税局。政府的信誉如此之差,以致各省的三级会议、教士和声誉良好的金融家能够以4%的利率借到钱,英国政府借钱的利率可能更低,而法国政府却不但被迫为短期贷款,而且为它的永久公债（rentes perpétuelles）、终身年金（rentes viagéres）、养老基金以及其他贷款付出高达10%的利息。只要有可能,王室就通过省的三级会议举债,以便利用它们较好的信誉。但是到了1763年,债务已积累到政府无力偿还的地步。历届财政总监通过将本利合计,并尽可能拖欠、赖债等办法,才使国家这条船得以稳住,并促使其他投资者把钱投给国家。到1788年为止,国王的信誉尚未完全丧失,这年国家总支出的半数,即近3.2亿里弗尔需用于为估计约达50亿里弗尔的债务支付利息。② 该年8月,王国财政及商务委员会（Conseil royal des Finances et de Commerce）主席洛梅尼·德·布里安宣布暂停支付一切债务的利息。很快就接替他任财政大臣的内克尔则主要用从尚未形成国家银行的贴现银行（Caisse d'escompte）借来的纸币来支付这些利息。内克尔原打算在1789年6月召开全国三级会议之前用这个办法作为渡过困难的权宜之计,但这却成为给国家提供资金的一种新途径。

在尼德兰联省共和国（1609年）、瑞典（1656年）、英国（1694年）、丹麦（1736年）、普鲁士（1765年）、俄国（1770年）以及其他国家早已将中央银行作为财政部的不可缺少的助手。它可以起两种主要作用：一是处理国家债务,从而节省利息和手续费,否则的话这

---

① 朗格多克省三级会议直到大革命前一直享有征税权,因而处于优势地位。——译者注
② 弗雷德里克·布莱施:《财政与货币革命》第2卷,第3部分（1934年）。

些利息和手续费将会流失给官员们和金融家们。二是可以用银行的纸币以低利率为政府的证券贴现，纸币可作为一种打折扣的信贷方式为政府服务。中央银行似乎是以商业手段处理政府财政的最佳机构。在法国，一直到1800年2月13日才成立了中央银行。这也许是由于约翰·劳的银行惨遭失败（1720年）[1]引起人们对这种机构严重的不信任，也许是由于反高利贷的法律（直到1789年10月12日才废除），获得既得利益的金融家的影响以及王国政府的惰性等因素结合在一起，因而妨碍了中央银行的成立。但是在此以前很久，劳、佩蒂、柴尔德、科尔佩珀，特别是理查德·坎特龙等人的著作，[2]加之英国在银行业方面的实践，已使许多人相信成立中央银行的必要性。最初，这些人的主要兴趣在于建立一种能够通过提供低息信贷以降低一般利率并刺激经济发展的机构。[3] 经过几次开始又受挫之后，以庞肖为首的一批金融家于1776年说服了杜尔哥为实现他的目的而开办了贴现银行。但该银行从一开始就与政府的财政纠缠在一起，因为杜尔哥为其所颁发的特许证规定，在注册的1500万里弗尔资本中，2/3必须存入国库。在1783年、1787年和1789—1790年，政府促使其董事们通过发行证券来贷款。这些证券作为法定货币从1788年8月18日起在巴黎，从1790年4月17日起在全国强制流通。1789年该行发行的这种证券价值达1亿里弗尔，1790年达2亿里弗尔。仅仅由于制宪议会开始用另一个来源，即特别金库（Caisse de l'Extraordinaire）发行的纸币来偿还该行的债务，才使它免于破产。

新证券，即注定要失败的指券（assignats）是作为两项重要决定的结果而发行的。这两项重要决定是：对旧制度下的所有债务，以及在改革过程中新欠的债均承担责任。以出售教会财产所得的收入偿还上述债务。没收教会土地——这是中央政府行使其权力的典型应急手段——后，随之又以革命的方式对这笔潜在的财富加以利用。政府将

---

[1] 约翰·劳（1671—1729年），苏格兰货币改革家。1716年获准在法国建立一家有权发行纸币的银行，试行其改革计划。初期颇见成效，后因与投机倒把和政治阴谋纠缠一起而失败。1720年他被迫逃离法国。——译者注

[2] 佩蒂（1623—1687年），英国经济学家，著有《论赋税》；柴尔德（1630—1699年），英国经济学家，曾任东印度公司总督，著有《关于贸易和货币利息的简要考察》等；坎特龙（1734年卒），英国经济学家、金融家、货币理论家，著有《一般商业之性质》等。——译者注

[3] 罗贝尔·比戈：《贴现银行与法兰西银行的起源》（巴黎，1927年），第25页。

第二十章 欧洲背景下的法国行政管理和国家财政　　611

不委托任何私人的金融企业清算这笔财产，而是由它自己来进行处理。土地不能一下子都予以出售，否则价格会下降。而对现金的需要总是比谈判出售土地要急得多，为此建立了特别金库发行以没收的土地的价值为转让基金的债券即指券。指券由清算管理局（Administration de la Liquidation）兑付，在土地所有权得到解决，以及教会土地售出后，便将等值的指券停止流通并予以销毁。这种将政府的债务转变成不动产的做法，这种将历史埋葬到教会土地中的做法，唯一蒙受损失的是教会，因为教士将被列入国家的工资名单。正如结果所显示的，指券作为现金证明是十分有效的，以致政府终于把它作为法定货币强制流通，而且大大地超额发行。它十分有效地弥补了每年的赤字，甚至比在旧制度下起的作用还大；在 1790—1791 年两年间，政府的正常收入仅能勉强支付其 2/5 的开支。在 1790 年发行了将近 1.25 亿里弗尔的指券纸币，1791 年的发行额超过了 6 亿里弗尔。然而在 1791 年，出售教会财产仅仅回收了 3750 万里弗尔。到该年年底，指券贬值几近 1/4。这样，不管新政权的意图如何，国债也像用以计算其价值的通货价值一样，贬值了近 25%。显然，税收的收入也丧失了近 1/4 的购买力，因此必须发行更多的指券以弥补赤字。但更糟糕的局面接踵而来。1792 年法国开始进行战争，要求特别金库提供资金支持战争。通货膨胀以空前速度继续增加，尽管救国委员会在 1793—1794 年通过冻结物价来控制通货膨胀取得某些成效，但在 1796 年以前一直未认真设法建立一种稳定或正常的货币制度。

　　与 18 世纪在法国普遍流行的特别（l'extraordinaire）财政概念相对立的正常（l'ordinaire）财政概念，意味着收支经常保持平衡，而这是旧制度和革命的政府从未能做到的。它们经常处于紧急状态，使用任何可以到手的资金来应付任何最紧迫的需要。尽管如此，在 18 世纪最后 25 年，近代国家预算及其所包含的一切控制，已经按照英国自光荣革命以来发展起来的预算方针开始在法国形成。预算乃是一个完整的财政计划，于年初制订，目的在于掌握该年的全部收入和支出。当然，任何突然出现的紧急状况要求采取非常的措施。为使预算有效，政府必须能够预见并控制国家的开支，并找出适当的途径和方法应付这些开支。大多数财政总监都做不到这两点，似乎仅仅对财政制度做一些探索，草拟出他们在任期间每年的粗略收支平衡表而已。

内克尔在他的《财政报告书》中发表了他对1781年正常收支进行探讨而得出的结果，也就是说，不包括用于美国独立战争的特别开支。由此而引起的对内克尔的数字的争论，证明了他的论点，即仅仅为了了解国家财政的准确情况，也必须进行根本的改革。旧制度在最后的年代中越来越了解自己的问题所在，这在一定程度上是由于卡洛纳认真仔细地为显贵会议准备了一些改革计划，1788年洛梅尼·德·布里安得以公布了革命前第一个（也是最后一个）认真编制的预算。他没有机会把预算付诸实施，在以后年代中的事态发展使一切实现有预算控制的正常财政的尝试均化为泡影。尽管如此，在种种政治事件的外表下面，通过王国财政部加强中央对财政的控制，编制国家预算已迅速地成为可能。到1791年年底，如果不是更早的话，除非得到立法机构法令的批准，几乎支付不了任何款项。财政部编制的用来控制其几个月的工作的各种简要报表，越来越像是国家的预算。

在旧制度下，王国财政部只是许多金库（收取并分配金钱的独立的财务或基金管理单位）中的一个，负责王室收支的管理。另外还有各式各样的财务官（trésoriers）、总收税官、总包税人、年金发放员以及其他许多官员或官员群体。他们在行使财政职权时完全不受王国财政部的控制而处理自己所掌管的资金。收税的部门常常拨款给支出的部门，并支付政府债券和年金的利息。这些钱根本不经过财政部之手。在所有这些支出完成后，剩余的钱理应解交财政部，但政府往往透支，没有余款可以上缴。在大多数情况下，大量款项冻结在各式各样的金库中，财政部甚至毫不知情。1788年财政部收支的款项几乎不超过国家总预算的一半。① 但在此以前很久，为了加强控制和节约开支，已开始压缩财政方面的职位来进行整顿。1772年，泰雷裁减了大部分高等法院的年金发放员和财务监督员的职位，这些法院的薪金以后由总收税官来发给。为推行这一政策，杜尔哥计划裁减并合并机构，直到组成单一的金库，即王国财政部。虽然杜尔哥称这个计划为"我的计划"，② 但实际上这是几位财政总监的共同计划。他饶有兴趣地注视着他的继任者内克尔把这项计划推行得比他本人更加

---

① 布莱施：前引书，第2卷，第3部分，第205页。
② 杜尔哥：《文集》（舍勒编），第5卷，第573、593、312页。

第二十章　欧洲背景下的法国行政管理和国家财政　　　　　　　　613

深远得多。

在大革命前，有两位财政大臣，即雅克·内克尔（1777—1781年在职）和洛梅尼·德·布里安（1787—1788年在职）对加强财政部的控制作出了很大的贡献。内克尔于1778年10月18日作出决定，宣告所有的金库都是王国财政部的分支机构，因此不仅应对审计法庭负责，而且应对王国财政部负责。然后，他颁布了一系列法令，撤销了政府各部门的一大批财务官的职位，每一个有国务大臣的部只设一名财务官，一些独立的机构，如桥梁和公路工程局也各设一名，其余各机构则共设一名负责各项开支的出纳员（Trésorier payeur des dépenses direrses）。最后，他命令以一个12人组成的委员会替代48个总收税官。这些改革也需花费很多钱，因为每撤销一个职位，必须退还在职者买官时所出的钱，并在付清这笔钱之前承担5%的利息。此外，留任的财务官还要求配备下属雇员。因此，尽管这样做最终会节约一些钱，但正如内克尔所阐明的，这些措施的主要目的在于组织起能够加强财政大臣和王国财政部的控制权的财政制度。他还运用其他办法来达到这一目的，例如颁布一项法律，命令凡实际上不在可以支付款项的部门工作的人员的养老金和奖金，均应由王国财政部发放。内克尔下台后，他的大部分工作陷于停顿；但洛梅尼·德·布里安于1787年任财政委员会主席后又恢复进行。1787年11月和1788年1月颁布的法令撤销了将近300个财政方面的职位。最具重要意义的是1788年3月的一项法令，由一个五人委员会负责财政部全部收支的管理，取代了各部的财务官和两个王国财务保管（Gardes du Trésor royal）的职位。1788年3月15日成立了一个顾问委员会改组财政部，以便更严格地控制各部的支出。这样，各部的经费就不再由各部的大臣或财务官来掌握了。但仍有许多金库独立存在。

大革命时期，在统一的国库的管理下，国家的财政得以巩固。这主要应归功于以下几个人的工作：制宪议会财政委员会成员孟德斯鸠侯爵、制宪议会和国民公会成员泰奥多尔·韦尼埃、1792—1793年任税务部长（Minister of Public Contributions）的艾蒂安·克拉维埃、国民公会和救国委员会成员皮埃尔·康邦。1790年12月保留三级会议的各地区的财务官和总收税官以及1781年内克尔下台后恢复职务的总收税官均被裁减，令其将账目及已收款项移交给王国财政部长

(Director of the Royal Treasury)。从此，财政部便直接与新任的地方收税员（District Receivers）打交道。这些地方收税员是在前一个月替代了旧的收税员的。1790年12月下令总包税局的收税员将款项直接上交国库，从此总包税局在财政上的独立地位也宣告结束。分散的金库也逐一被撤销，它们所掌握的资金上交财政部。最后连特别金库也被撤销，因为1793年1月4日指券的发行被取消了。1793年8月15日建立公债持有人总名册（Grand Livre de la Dette publique），凡50里弗尔以上的政府债务均登记入册，由此开始通过一系列法令将分散全国的国债加以统一，从而完成了上述巩固财政的工作。与此同时，制宪议会的各委员会感到在财政改革问题上直接与财政部长贝特朗·迪弗雷纳打交道更加方便。财政部在运营过程中日益强有力，在1791年各部的改组中它成为以往的财政总监署的主要继承者。1791年3月10日和18日颁布的法令规定将财政部改组成一个由6名委员管理的独立机构。这两项法令潜藏着议会中的中左派斗争的胜利，他们争取由立法机构控制财政部而反对中右派的支持者们由行政部门控制财政部的主张。当财政部在大革命后终于被移交给行政部门时，它已经从先前的委员们的工作中取得某些效益。委员们的第一项任务就是对庞大的财政部组织进行彻底的调查研究。在他们提出的对洛梅尼·德·布里安遗留下来的这个机构进行改革的几项措施中，最重要的也许是普遍采用了复式簿记，以便利为立法机构准备账目。立法机构很可能要检查财政部的账目，因为这些账目开始很完整地反映出政府收支情况的全貌。

人们往往认为18世纪之所以出现独立存在的银行，原因之一是它们可以使清理账目变得容易。主管每一个银行的财政官员负责该行的账目，对13个审计法庭中的一个负责。他每年提交的账目报告，是他如何处理个人所负责经手的王国资金的记录。在审计法庭审查完他的账目，改正了错误并最后表示他已履行了自己的任务后，他才算完成了自己的责任。他买官所付的钱被视为一笔存款或保证金，如果他未能履行职责，这笔钱就充公了。审计法庭虽然检查他的账目是否准确，但并不过问他花了多少钱。简而言之，它像是一种进行司法性审计的财政法庭，只要账目是属于这种个人的、司法性质的，那么，由于允许每个官员和机构独立管理资金，清理账目的工作肯定就会是

第二十章　欧洲背景下的法国行政管理和国家财政

很容易的。

　　但在1763—1793年期间，官方的会计工作的效用和性质发生了根本性的变化。这一变化源于财政总监及其他人员要求了解全国财政的全貌。他们需要确定每一个银行的财务状况，倒不是为了检查官员们是否诚实，而是为了汇集收入、支出和现存金额的统计资料。他们发现要做到这一点是不可能的，原因有二：账目报告总是拖延很久才上报，对当前实际工作毫无用处；而且官员们总是对这种干预他们个人事务的做法感到不满，他们认为他们只对审计法庭负责。账目清算的拖延并不妨碍司法审计。总包税局及其他效率较高的部门拖延达2—4年，只有拖延达10年或15年时才会成为严重关注的问题。这种拖延部分是因为总是规定在某一年度内应收应支的经费是多少，而在该年的钱以某种适当的方式全部收取、开支或报销以前是无法结账的。资金的流动异常缓慢，以致官员们不得不同时记好几年的账目。好几位财政总监曾试图要求尽快提交账目报告，以便他们能通过审计法庭了解到王国的财政状况。但第一位认真设法了解真实财政状况，而不仅仅是王国财政部状况的是内克尔。内克尔认识到控制财政像控制其他许多方面一样重要，下令所有的财政官员每月向财政部提交他们的会计账目简报。洛梅尼·德·布里安则更进一步消除了某些最严重的拖延和混乱情况。最重要的是在布里安任内开始改变造成拖延的主要原因的簿记方法。法国政府与当时大多数其他国家的政府一样（英国的财政部和税收部门除外）采用的是一套烦琐的簿记制度，除非等到财政年度终了，否则平衡收支账目极端困难。平衡和结算一年的账目十分费时费力，这正是高级财政职位需由两名官员隔年轮流担任的原因之一。每一位官员负责清结他不在职的那一年的账目。复式簿记方法使人们可以随时平衡账目，并能经常核对手头实际掌握的钱数。因此，这种方法既可在事后，也可在当时检查收支情况。这种方法从16世纪以来即已在许多私营商号采用，18世纪初也曾试图在总包税局和总收税官的金库中加以采用。在革命前夕王国财政部的海军会计部门亦已加以采用，因为当时花在海军上的钱越来越多。1791年制宪议会的财政委员会坚持在整个改组后的国家财政部全部采用这种簿记方法，但很难找到受过训练的能够运用这种方法的人员。尽管如此，它仍然逐步替代了其他方法，因为在此以后为了行政管理和统计上的目的,需要经常性的会计账目。

王国财政部的账目只限于国家税收的一部分,其余部分的收入则由于账目的拖延再加上财政官员的抵制而无法得到精确的情况。对自己的财政状况一无所知是王国政府面临的主要问题之一。内克尔曾宣布 1781 年的财政剩余有 1000 万里弗尔,而卡洛纳却辩称赤字达 4600 余万里弗尔。尽管这不同的说法部分是由于误解,但也说明向财政总监递交的账目是多么不清。国民议会以及以后的历届政权都决心要了解真实财政状况,并发现和清理所有未清的账款。1790 年 12 月 6 日撤销审计法庭后,它们建立了一套制度,即所有会计账目须依次送交以下部门:为了行政管理的目的送交财政部;为了最后的审计送交审计署(Bureau of Accounting);为了批准审计结果送交立法机构;最后送交地区法庭(District Tribunals),以便就账目而引起的问题进行必要的诉讼。财政部的工作尚差强人意,而审计署则多年来人员不足,积压了数以千计的全国性账册,一直可追溯到 1759 年,还有 2000 多份城市的账册,可追溯到 1781 年。到 1795 年,该署的 15 名委员只完成了其中 400 份的审计工作,因为他们唯恐出错,被立法机构发现。然而国民公会却连其中的一份都没有时间批准。1795 年 2 月 16 日和 12 月 9 日颁布的法令纠正了这种局面,主要是恢复了会计部门以前享有的在司法上的独立性质。重新建立了一个审计法院(Cour des comptes)。到 1800 年该法院清理了旧政权积压下来的账目的将近一半,而它在 1810 年的报告仍然声称正在审查七年战争时的账目。[1] 使会计制度适应行政管理的目固然十分重要,但人们发现把最终的审计权交给以前的审计法庭之类的机构手中同样是必要的。最重要的改革是以一个全国性的审计法院替代 13 个独立的审计法庭。

王国政府对它有多少钱或多少雇员从来就心中无数。实际上,王国的钱和个人的钱很难分清,以致官员们和金融家们能够以半私有财产作为掩护。用半公有的财产进行投机。但到了 1793 年救国委员会和公安委员会开始迫害金融家、供应商和战时的奸商。[2] 这项维护秩序和加强控制的措施比较明确地界定了什么是公共资金。虽然由改革

---

[1] 维克托·马塞:《大革命期间的国家审计制度》(巴黎,1893 年),第 48 页。
[2] 让·布夏里:《18 世纪末叶的巴黎金融家》(3 卷本,巴黎,1939—1940 年),第 1 卷,序言。

第二十章　欧洲背景下的法国行政管理和国家财政

家和革命家构成的这伟大的一代所追求的有效地组织国家的目标直到王政复辟之后才真正实现，但到了1793年人们已有可能谈论国家财政了。此外，到了这时公务员也有了新的凝聚力和地位。其人数的增加反映在18世纪后期出现了"官僚机构"（bureaucratie）这个词。政府总是对自己的行政管理进展情况缺乏了解。例如内克尔对政府各部门究竟有多少雇员仅仅能大致猜测出一个数目来。不过他这种要求了解情况的愿望是符合他那个时代行政改革的潮流的。1790年7月5日制宪议会颁布法令，要求财政委员会详细编印各部和其他机构当时的、1788年的以及至少前10年中两个时期的人员组成情况。尽管事实证明这是一项无法完成的任务，但它象征着一种了解和控制政府职务的强烈要求。这时，官僚已可以称之为公务员了，因为他们已不是王室的而是国家的官员，他们的生命和财产也已不同于私人的生命和财产了。于是，法国人称之为"政府"（la chose publique）的东西便诞生了。

（沈胜白　陈简青　译）

第二十一章

法国旧制度的崩溃

　　法国的旧制度——一种在中世纪社会残余中运行的君主官僚制度和一个享有传统权利的庞然大物——往往显露出虚弱和不稳定的迹象。但是对于同时代人来说，这些缺点并不意味着这种旧制度已经濒于瓦解。保守的和革命的思想家们都把君主制度视为理所当然，都以不同的方式称赞它有着田园诗般的历史。保守派反对改革日益发展的官僚制度，宣称他们已经发现了证据，证明在旧体制下君主政体与王国中的其他势力和谐共事。而革命的思想家，即那些希望对行政体制进行彻底改革的人们，则是从绝对君主制度的角度来思考问题的。他们主张由一种开明的官僚制度为王权服务，这样就会为共同的利益进行统治，而不受中世纪的机构和既得利益集团的妨碍。专制的国家机构只管征收适当的赋税，维持一支陆军和海军，管理警察和司法。它在有限的职能范围内是真正专制的，但它将保持一种局面，即普遍实行自然法而不受中世纪的偏见和不必要的清规戒律的干扰。要有一个其管理任务减少并简化的强有力的政府，这种主张贯穿在18世纪所有法国自由派思想中；正是在这一点上，甚至卢梭也同百科全书派和重农学派找到了某些共同之处。

　　在路易十五统治期间，为法国君主制度效劳的开明官吏们曾进行过多次尝试以改善国家的财政和清除妨碍商业、工业和农业发展的种种限制性做法。官僚机器在整个这一时期大大得到改进。它不仅录用了一些开明而有才能的人士为其效劳，并使辛勤工作的官员（区别于大量无能的官员）大大增加，而且没有使政府机器到了耗费巨大和不堪重负的程度。在财政总监和省督中出现了一批能干的部门负责人和称职的下属。① 正如阿尔达谢夫②在他的综合研究和其他人对个别省督的研究中所表明的，在各省，财政区（Généralités）的督察官们都是开明而能干的行政人才，并得到副手们的协助。的确，路易十五遗留给他的继位人一个远比他从太阳王③手里继承的要有效得多的官僚机构。

然而，这个官僚机构的成就是非常有限的。需要解决的问题又多又困难，就像被周围的社会包围着的囚徒一样的国王很少给予他的大臣们所需要的不断支持。一切改革的尝试——哪怕是那些温和的以及为增进效率和普遍认为需要的改革——也遇到来自既得利益集团的反对。固然，有时既得利益集团控制了政府，也曾给它以活力并产生了效果；但是在法国旧制度下，绝大部分既得利益集团是站在王国官僚机构行政管理工作的对立面。这些集团以宫廷中的重要人物为代表，并得到道德上和哲学上各种观念的支持，常常凌驾于国王的意志之上。一次又一次试图进行的改革都被迫放弃；大臣们频频被革职，谁也不敢肯定第二天还会留在官位上。

在法国，改革的尝试从柯尔培尔当政以来就断断续续地在进行，而 18 世纪许多拟议中的改革（例如试图废除国内的关税壁垒④），大都是重复或继续柯尔培尔的努力。由于在政治经济方面利益的增加和维持法国在欧洲的影响的需要，实行改革的紧迫性和必要性已变得越来越大，预计进行的改革的范围也越来越广。但是直到七年战争结束或甚至以后，改革才变得十分紧迫；但即使在此时，改革对旧制度来说也还不是生死攸关的问题。在大多数情况下，旧法国的社会满足于它的传统秩序；即使那些鼓吹改革的人，尽管具有革命思想，也只是要求进行普遍意义上的温和改革。王国官僚机构中的开明分子则更加温和而近乎缩手缩脚，他们仅仅试图增加国家收入，实行少数节约措施，对工业和农业给予某些鼓励，也许还设法清除财政体系中少数突出的弊端。这样的改革热情也并非国王的大臣们普遍都具有。大多数为路易十五和路易十六效劳的人，如果说他们有什么积极性的话，也

---

① 见前第二十章，原文第 572—573 页。
② P. 阿尔达谢夫：《路易十六朝的省督们》，茹斯兰多译（3 卷本，1909 年）。
③ 太阳王（le roi soleil），指路易十四。——译者注
④ 见前面第 20 章，原文第 576 及以下各页。

只不过是设法通过权宜的财政措施来筹措足够的经费以改善陆军和海军而已。许多法国人都痛苦地认识到有必要使军队保持良好的状态。虽然他们像路易十五（或者路易十六）本人一样，意识到法国受到俄国和普鲁士的威胁，并在亚洲和美洲不断被英国所挫败。他们也认识到必须有严格训练的军队来对付国内的骚乱；但是他们始终未能意识到他们正处在革命剧变的危险之中——没有理由说明为什么会出现这样的情况。

旧政权的大臣中的典型人物是舒瓦瑟尔公爵（尽管在许多方面他是杰出的），他在1758年12月继贝尔尼枢机主教之后担任外交大臣。他出身于一个古老的贵族家庭，与金融家克罗扎的女儿结婚，在军队服役之后，先在罗马后在维也纳出任大使。他进入外交部应当归功于蓬巴杜夫人和他与宫廷的某种关系。当时，法国的对内和对外政策都很混乱。战争进行得很糟，财政状况岌岌可危，君主政体受到高等法院的指责。① 舒瓦瑟尔坚定不移，在1763年2月签订了巴黎和约，这个条约使法国几乎丧失了它的整个殖民帝国。但是在旧制度下的法国，一个丧失了殖民帝国的政府并不比一个试图要特权阶级多缴一点税的政府更危险。舒瓦瑟尔仍旧留在职位上，和他的同僚一道面临着支付战争赔偿和重建消耗殆尽的军队的任务。② 他善于权变又有胆略，实行了一个驱逐与高等法院法官们为敌的耶稣会士的计划，以安抚这些法官；并成功地说服路易十五改变他早期的宗教政策。1764年11月，路易十五解散了耶稣会组织。随后几年里，舒瓦瑟尔又说服了波旁王室其他统治者效法路易十五的榜样。迫使教廷接受波旁家族盟约于1773年7月解散耶稣会也主要是他所为。他还利用这一家族盟约，通过至少6桩波旁—哈布斯堡联姻而与奥地利结合在一起，然后计划向英国进行报复。

舒瓦瑟尔在很多方面都为王朝服务得很好，路易十五也很赏识他的效劳——实际上，舒瓦瑟尔是国王臣仆中能够以辞职相威胁来粉碎罢黜他的阴谋活动的少数几个人中的一个。但总的看来，舒瓦瑟尔给王朝造成了许多损失。他的外交政策尽管有魄力但缺乏远见。他忽视

---

① 关于国王与高等法院的早期冲突，见本书第七卷，原文第220—221、230—236页。
② 见前面第7章，原文第183页。

第二十一章 法国旧制度的崩溃

了俄国在欧洲不断增长的影响及其同普鲁士的结盟,这一联合对法国的保护国波兰造成了危险。在这一点上,路易十五或许比他的这位大臣更聪明一些;他独立地执行了自己的外交政策,即所谓的"国王的秘密"(le secret du roi),① 即保持与波兰、土耳其、瑞典和普鲁士的联盟。然而这项政策始终不过是一系列纸上交易。国王缺乏足够的经费去影响波兰本身的事态发展,而且执行他的政策的代理人都是些庸才。波兰最终被三个北方的宫廷所瓜分;奥地利抛弃了法国而与普鲁士拼凑成一个协约。到这时,舒瓦瑟尔已下了台。要是他继续掌权的话,即使他不重视波兰,也能够阻止对波兰的瓜分;但更有可能的是他一定会发现外交形势对法国不利。18世纪法国在欧洲的地位在许多方面和它在19世纪的地位相似,它的地理位置鼓励它在新大陆、远东和地中海东部从事海上事业,但这也使它卷入了大陆的斗争,因而甚至它的防卫性措施也往往看起来具有侵略的意图。它的这种双重地位不仅对它的财政构成很大的负担,而且使它得到了欧洲公敌的名声,甚至在追求合理的民族利益或欧洲势力平衡时,法国也备受怀疑和由于不利的联合而不断遭受挫折。固然也有过外交局势使被紧紧束缚的欧洲出现缓和松弛的时刻,但舒瓦瑟尔的时代不在此列。因此,我们可以这样来评论舒瓦瑟尔:作为一个外交家,他精明强干而且不屈不挠;如果处在有利的时机,无疑他会有更多的成就。

比他在外交方面的失败更重要的是他忽视了在法国维护王室的权威。尽管他改善了陆军和海军,但他的耗费却损害了国家的财政。他安抚高等法院的政策并没有为他自己和为国王获得他们绝对的支持。实际上,它们的要求这时更大了,而把全部赌注都押在与高等法院法官们结盟的舒瓦瑟尔,又无法筹措经费支持他所坚持的大胆的外交政策。1770年12月,他失去了权力,他报复英国的梦想也化为泡影。就在他被罢黜前,他安排了国王的孙子(后来的路易十六)与玛丽－安托瓦内特的婚姻。他曾天真地希望这样一来不仅会加强与奥地利的联盟,而且一旦路易十五死去,也可以保证自己的地位。

舒瓦瑟尔的下台——如法国18世纪许多大臣们下台一样——是

---

① 指路易十五于1748年左右建立的秘密外交网,向欧洲各主要首都派去谍报员,越过大臣们直接利用秘密手段处理外交事务。——译者注

国王与高等法院之间冲突的结果。这一特殊的斗争起源于雷恩高等法院检察长拉夏洛泰鼓动他的同僚法官们抨击布列塔尼军事指挥官艾吉永公爵的有作为的行政管理工作。舒瓦瑟尔本人并未与法官们公开冲突。当时他仍然设法安抚各高等法院并且正在鼓励它们把他的同僚大法官莫普和财政总监泰雷神父赶下台。1770年4月,莫普建议路易十五取消巴黎高等法院对艾吉永的起诉。舒瓦瑟尔反对这一行动。但引起他下台的直接原因是他在福克兰群岛的争端中采取鼓励西班牙对抗英国的政策,而这一政策很可能导致一场战争。在这件事上,路易十五站在了泰雷一边。泰雷使国王和其他大臣们相信国库无力为这场战争提供经费。舒瓦瑟尔被流放到他在安布瓦兹附近尚特卢的庄园。他之所以引人注意倒不是他的下台,而是他任职时间之久。

在一连串的宫廷阴谋之后,艾吉永终于被任命为外交大臣,从而开始了"三人集团"的执政,他们一直执政到路易十五长期统治的结束为止。在18世纪,法国君主政体从来还没有像这时那样在表面上如此强大而又那样不得人心。在进一步冲突中,法官们蔑视一次由国王主持的高等法院会议而举行罢审。1771年1月19日夜,火枪手们向每位法官送去一封密札,① 命令他们表明是否准备恢复其司法责任。几乎所有的法官都拒绝作出保证。第二天夜里,他们中的130人就被流放到边远的地方,并且没有任何补偿地被剥夺了他们用钱买来的职位。次日,莫普根据一项其序言指责司法制度弊端的法令,建立了六个最高审判法院(superior councils)分别在各区行使以前由巴黎高等法院行使的司法权。但高等法院的一部分,即大法庭(Grand Conseil)被保留下来作为审理王室案件的特别法庭和贵族法庭(这个法庭后来被人们称为"莫普最高法庭")。它也起着国家法令登记机构的作用,并被赋予对法令的合法性提出抗辩的权力,即可以对王国立法的方式而不是其实质提出抗辩。不久以后,莫普撤销了审理财政案件的间接税法庭和中央刑事法庭(Châtelet)。他还希望取缔各省的高等法院而在全国建立最高审判区法院,但此项计划未能赢得国王的同意。然而他已经打破了高等法院法官们的权力;而且有不少人认为,他的及时行动挫败了共和派的一次阴谋。这些人打算废除君主制

---

① 由君主签发并由一名国务大臣副署的发给个人的密封的命令。

第二十一章 法国旧制度的崩溃

度而把统治权交给一批贵族——一批新兴的贵族，他们拥有财富和官职（官职本身就是一种财产）并在不同程度上吸纳、取代或废弃了旧的佩剑贵族。然而也有另外一些人认为体制的平衡已经被严重地打破而有利于专制统治，他们害怕过分专制的君主政体会招致反对。的确，法国的大部分地区对高等法院法官们势力的衰落表示惋惜。詹森派和高卢派都看出耶稣会士插手了莫普的政变；各省的贵族害怕失去特权和地方的自治权；就连启蒙运动哲学家们（伏尔泰除外）也对莫普持高度怀疑态度，尽管他们同样不喜欢高等法院。在启蒙运动哲学家们看来，莫普的专制主义不是开明专制主义；因此他们害怕群众将被政府抛弃而落入被流放的司法官员们的领导之下。因为，尽管群众表现出某种热情来接受莫普新任命的司法官员，但莫普本人，尤其是他的同僚泰雷却非常不得人心。然而莫普并不像他的坏名声和对他的许多诽谤（the Maupeouana）所说的那样恶劣；他随时准备起用答应改过自新的那些被流放的司法官员；毫无疑问，他新建立的、很快就开始顺利进行工作的司法机构比起旧机构来要受欢迎。此外，除推广最高审判法院制度外，莫普的意图在于彻底改革整个司法程序并使之富于人性。许多准备工作已开始进行。但是，在莫普尚未将他的计划付诸实施之前，他就下台了。不过他的秘书勒布朗在波拿巴执政时期编纂法典和改革司法程序时，广泛地吸取了莫普的工作成就。

即使仅仅就避免破产而言，财政改革要比司法改革紧迫得多。整个路易十五在位期间，先后担任过财政总监的奥里、马肖·德·阿诺维尔、贝尔坦和德·安沃都曾试图改进财政制度和向特权阶级征收少量赋税，但只落得不是被司法官员们就是被在宫廷中有影响的人士所挫败。[1] 而泰雷神父尽管比他的前任们的地位更巩固一些，也没有对特权发起正面进攻。但他作了艰苦努力来使入能敷出。他实施了马肖的改进了的评估廿一税的方法；他在巴黎改革了人头税，使其收入几乎增加了1倍；他额外增加了各种通行税和其他税种的数额；并在同总包税人[2]订立的新包税契约中获得2000万里弗尔的额外收入。不仅如此，他还暂停兑付国库债券；把养老储金会的养老金连同利息转

---

[1] 见本书第7卷，原文第225、231、234页。
[2] 关于对总包税人的管理，见前面第20章，原文第580—581页。

为单个人的养老金；减少了应付给各种公债持有者的欠款；推迟偿还到期贷款的本金并暂停偿还债务。他还为创立更多的终身和永久性养老金而随意举债。但是他却没有实行他在就职时向路易十五所作的承诺，即许诺节省王室、陆军和海军的开支。相反，他在巴里夫人的朋友们中间任意挥霍钱财以保住自己的官位。他之所以能够这样干，是因为他善于并敢于巧取豪夺，既避免了财政崩溃，又能敛取到足够的现金。他是一个阴险的人，高个子、驼背，且冷漠无情，给人的印象是一位善于理财的行政官员。而实际上泰雷对财政一窍不通；他为国王起草的各项声明都没有说出真实情况。泰雷采用一系列应急办法来克服眼前的困难，而它们大部分是以重金作抵押，最终将毁坏政府的信誉。当杜尔哥在1774年出任财政总监时，他估计年赤字是3700万里弗尔，而总债务达2.35亿里弗尔之巨。

如果说这些数字多少接近真实的话（由于会计制度十分混乱，使得财政总监根本无法说出准确数字[①]），那么政府还不至于到了山穷水尽的地步。而令人担心的倒不是债务和年度赤字的数额，而是在问题还没有达到无法收拾的地步以前，处理起来却有明显的困难。路易十六在位期间，债务总额和年度赤字均在剧增。法国参加美国独立战争耗费了大约20亿里弗尔，这个数目相当于法国在波兰王位继承战争、奥地利王位继承战争和七年战争的总花费（而且还不是实际价值，因为物价已普遍上涨）。在美国独立战争结束时，年度赤字为8000万里弗尔，而在1787年已增加到1.12亿里弗尔。公债的准确数额不得而知，但每年花费在应付债务上的钱远远超过3亿里弗尔，即大约占国家年支出的一半。在这6亿多里弗尔的国家年支出中，就有1/4多用于陆军、海军和外交方面的开支。用于民政开支的仅仅不到1/4。宫廷的开支（即若干王室机构的开支和发给朝臣们的年金和馈赠品的耗费）完全没有减少，最高时达到约3500万里弗尔。

法国旧制度历史上一个简单而引人注目的事实是：王朝无法提供足够的战争费用。它固然在一百年期间设法避免了财政崩溃，但在此期间（大约从柯尔培尔下台到大革命前夕）国债增加，国家的开支导致年度赤字的加大。不管是经济上的临时措施，还是消费增加和价

[①] 见前第20章，原文第589页。

格上涨带来的间接税收入的增加,都不足以支付公债的支出和行政开支的增加。王朝越来越多地依靠各种形式的贷款。这样一来,便出现了一个金融家和食利者的强大阶级,它与其他利益集团有着密切的联系。

然而战争和军队的花费虽大,但从根本上说,它们并没有超过国家的承受力。法国毕竟拥有肥沃的土地,大约 2600 万人口和颇为发达的工商业。国家的税收,不论是直接税和间接税,平均到每个家庭只有 50 里弗尔或者 60 里弗尔。如果间接税仅仅是对奢侈品征收,而且如果直接税完全按收入的比例核定,那么税收的负担就会落在那些能够负担得起,实际上还能够承担更重的负担的阶级的肩上。而事实却是直接税主要落在了农民和城镇中贫苦阶级身上。贵族、教士、众多有官位的人和许多城镇都免缴人头税(产品的一定份额)。人口税(它不是严格地按人头,而是按收入征收;收入的计算不是按纯收益而是按产量)的情况也是如此。在某种程度上,廿一税也是如此,这种税是以极低的税率向贵族征收的。

间接税由于是根据消费纳税,因而稍微平均一些;尽管如此,它对贫穷阶级构成的负担也比对富有阶级更沉重,因为这种税多数是向普遍需要的消费品征收的。对农村经济中的主要商品食盐所课的盐税,在某些县份特别重,其总额在旧制度结束时大约为 5000 万里弗尔。另外一项沉重的负担是对制鞋皮革征收的皮革税(marque de cuir)。它是一种间接税,即消费税。这类税是对酒、烟、铁、贵金属和其他许多商品征收的。对商品征收的还有关税(traites)。这类税是在边界、港口和国内的许多海关税卡(这是某些省份还处在法兰西王国境外的时代的遗物)征收的。在国内对法国工业和商业征收关税有非常大的副作用。比如来自英国的货物可以比法国同类商品卖得更便宜,因为法国商品可能必须通过若干个海关税卡从而要缴纳各种通行税(péages)。从柯尔培尔时代起就曾制订过许多计划取消国内海关税卡,但尽管这些计划留有余地而且作了仔细的准备工作,政府却始终不愿冒暂时失去收入或者由于执行这样的改革而可能耽误实现收入计划的危险。①

----

① 见前第 20 章,原文第 577 页。

虽然国家的收入在整个18世纪都有所增加（部分是由于消费的增长，部分是由于对间接税和直接税厘定的税额较重），但现行的财政制度难以使国家收入的增加适应国家日益增加的需要。贫穷阶级纳税的数额毕竟有限度；而向纳税人敛取钱财的又绝不仅仅只有国家。法国农民承受着三重负担，除向政府纳税外，他们必须向教会缴纳什一税，并向他们的地主尽多如牛毛的封建义务。什一税（尽管很少按1/10征税，通常是按1/12或1/15征税）像人头税一样是一种最严酷的负担，因为它是按产品而不是按纯收益来课税的。封建义务虽已不像早年那样繁重，因为它们通常已被货币地租所替代，但由于价格的上涨，货币的实际价值下降了。但是，在大革命前的30余年时间里，地主们往往缺钱花或需要投资用的资本，于是雇用一些研究封建法律的专家（feudistes）查索土地契证（terriers）以便恢复已经废除的权利要求。由此而增加的农民金钱负担也许比实际的贫困更为农民带来痛苦。到处发生农民骚动，这已是无人不知的事。虽然在正常时期它们会很快遭到失败，但在1789年革命形势发展起来的时候，农民们便聚众而起反对地主们，焚烧封建契证并且开始屠杀一直受到狩猎法保护的猎物。

关于农民承受的三重负担——王国税收、什一税和封建义务——人们不可能作出一般性的估计。像法国所有的阶级一样，农民也并非完全一样：从雇用劳力的富裕农民到有时但不总是拥有小块土地的分成制佃农（métayers）和短工，不一而足。农民越贫穷，纳税的负担也相对地越重，这是一般的规律。在土地收益分成制和很小的农庄占主导地位的地区，产品缴纳的第一次税，即什一税，往往要占去40%或更多的收益。封建义务和地租往往又可能拿走剩余部分的1/12。剩余部分的一半又可能要缴国家的税。根据杜尔哥在1766年所作的计算，①像利穆赞这样的贫困地区（杜尔哥一度曾任该地区的省督），一个家庭所剩余的常常只有125—150里弗尔（约合6英镑）。而这还不是灾祸的全部。农民都得服劳役（corvées），其中最繁重的是强迫修路。尽管大部分农民都未能充分就业，通常有的是时

---

① 《关于负担过重情况的陈述》，见G.舍勒编5卷本《杜尔哥文集》，1913—1923年出版，第2卷，第445—477页。

间，但他们对必须无偿地劳动极为愤慨。

在一个国家中，450万贫苦家庭缴纳税收的大部分，而大约50万个家庭却在不同程度上免交国税，这个国家是注定无法平衡发展的。这种税收制度固然在特权阶级中造成了财富的积累，王朝可以从他们那里借到钱；然而与此同时，它又限制了资金流入生产企业，导致商业、工业和农业的发展大大低于它们可能达到的程度。如果农民少受一些蹂躏，他们当中会有许多人成为富裕农民。固然这样的农民在一些由城镇提供的市场足以抵消苛捐重税所起的妨碍作用的地方是可以找到的。然而在其他地方，光是沉重的税收就足以使农业停留在小耕作的规模上，即一种小农庄的土地制度，一些人对土地拥有所有权，另一些人则是分成的佃农。在保存这种某种程度的原始土地制度方面，贵族的习俗也起着重要的作用。贵族们享受免税待遇和来自封建地租的收入，很少为耕种自己的土地操心；他们谈论起土地来，通常也只是意味着雇一个管家，由他把土地租出去，有时租给自耕农，更经常的是租给分成制佃农。

农民的贫困反过来又制约着法国工业的发展，因为农民为工业产品提供了非常有限的市场。另一方面，农民就业不足有可能为正在城镇以外发展的乡村工业提供劳动力。而在这些地方，行会的限制性体制阻碍了工业的发展。确实，资金在不断地流向比较新兴的和自由的工业以及商业企业中。这些资本大部分是由那些逃避了重税的人提供的。在旧制度临近结束时，甚至一些贵族的成员也向工业和商业企业投资。然而，尽管资本的增长足以为法国的工业和商业带来发展，但资本增长的总的环境却阻碍着充分开发法国的人力、技术和天然产品的丰富资源。在法国虽然也可以看到大致像英国的某些发展状况，但在这个国家的大部分仍然主要是经济停滞地区。

同样，18世纪法国的经济发展大大改变了旧制度下的阶级结构。这一阶级结构既可以从法律角度，也可以从经济角度来看。从后一个角度可以观察到这些变化。尽管像旧时一样法国从法律上划分成三个阶级——教士、贵族和第三等级，但三个阶级的组成人员都经历了变化。几乎全部由宫廷贵族充当的高级教士，由于拥有土地（占王国土地的1/6）、收取什一税并免于纳税，已相对地富裕起来。下级教士（教区神父和没有教区的神父）由于物价上涨已经变得相对地贫穷。在贵族的等级里也可以看到类似的财富情况的变化（他们在有些地区占有50%的土地，在另一些地区则仅占10%）。由于增加了新受封为贵族的财界人士，以及常常与商人和金融家联姻，高级贵族财富情况的变化比以往要大；有些贵族非常富有。而在这个等级的另一端，许多乡绅（hobereaux）在外表上与农民的区别仅仅在于他们的傲慢和他们生锈的佩剑。他们往往很贫穷，却自认为高人一等。贵族的这种孤傲在旧制度接近告终的几十年间变得越来越明显，在新贵族，即那些担任司法或市政职务，或者通过花钱买官而成为多如牛毛的国王秘书的那些贵族当中尤为如此。

第三等级，即所有那些在教士和贵族等级之外的人，则从富商和工业家，到工业和农业无产者两个极端的人不一而足。杜尔哥对它的构成进行了恰当的分析。[①] 他清楚地看到资本的发展对他那个时代的法国产生的影响。他特别注意到工业中没有资本的临时工和无地少地的挣工资农业短工之间的相似之处。他也看到分成佃农与农业短工有某些相似之处，并且认为随着时间的转移，大多数分成佃农（除少数可能成为自耕农外）将加入到挣日工资的短工的行列，实际上小的土地所有者最终也会是这样。因为，由于资本的增长，大耕作将逐渐地在各地取代小耕作，迫使那些非常小的农民出售他们的土地，而由富裕农民或那些从工业和贸易中获得资本的人购买。在旧制度结束时，农民还拥有法国近一半的耕地。虽然我们可以说他们是所有者（因为他们可以根据自己的意愿自由出售或耕种他们的土地），然而他们的土地仍需承受各种封建负担。只有极少数农民的土地享有自主所有权。甚至连资产阶级所拥有的、从农民或贫穷贵族手中买来的土地，情况也是这样的。资产阶级拥有的土地很可能要占法国已耕土地的大约1/6。虽然耕作这些土地的通常是自耕农，但资产阶级所有者耕种自己土地的也不乏其人，他们或雇用管理人和短工，或者把土地出租给分成佃农。

正如杜尔哥所了解到的那样，无地人的数目正在增加。这部分是由于人口从1726年的1800万增加到1780年的2600万。在这期间法

[①] 见《关于财富的形成和分配的考察》（前引 G. 舍勒所编书，第2卷，第533—601页）和他的官方信函（散见于各处）。

国的已耕地面积虽也增加了，但是从荒原、沼泽地和林地上开垦的土地无法满足所有的需要。而且无论如何这些新开垦的土地通常是被那些拥有资本开垦它的人所获得。再者，尽管在法国没有发生过可与英国相比拟的圈地运动，但各处的公地的减少已使得靠自己的份地难以维生的农民人数增加了。但更重要的是在继承法方面的问题。由于人口的增加，意味着一定数量的土地将由越来越多的继承人分割，因此，除无土地的人数增加之外，拥有的土地不足以养活一家人的农民的数目也在不断增加。他们当中一些人虽然在乡村工业中找到了工作或者当日工；但农业和乡村工业的整个发展始终不足以实现充分的就业。结果在旧制度临近结束的几十年期间，流浪汉和乞丐（有些人做季节性或临时工作）的数目大大增加。由于庄稼经常歉收，导致面包价格的上涨，和由于消费品价格在本世纪大部分时间里普遍上涨使物价上涨远远快于工资的增加，① 因此使这些不幸的人以及实际上各种靠工资生活的人的处境更加恶劣。据一项对物价的详细调查表明，消费劣质谷物的穷苦阶级受害最严重，日工资的购买力下降了大约1/4。但是，尽管消费品价格上涨了，而农场主却并没有像人们所指望的那样从涨价的收益中得到好处：实际上，农产品的价格（至少从1776年以来）在不断下降。不用说，大多数贵族也感到生活拮据，他们唯一的安慰就是他们还可以利用他们的封建权力而把他们的某些损失转嫁给不幸的农民。

不可避免的结论是，在旧制度即将告终的数十年间，财富虽正集中到少数人手里，但却处在无法应付生活水平普遍提高的状况下。难怪贵族比以往更牢牢地抱住他们的特权不放。难怪在乡村和城镇中不时出现骚乱。同样，难怪穿袍贵族在他们公然反抗国王时总会在群众中找到相当大的支持。在大革命的过程中，群众虽然将会另外找到领导人；但是在旧制度下面已经存在各种心怀不满的人，统治权威一旦崩溃，就可能导致一场社会起义。正如在出现革命党人以前就存在着革命思想一样，也存在着不满分子和潜在颠覆分子，一旦有领导人出现，他们就会轻而易举地接受这些人的领导。所有这些在当时还不明显。例如，在表面上农民是温驯的；直到1789年起草了教区陈情书

---

① 见 C. E. 拉布鲁斯《旧制度告终和大革命开始时法国的经济危机》（巴黎，1944年）。

之前，我们还看不出任何明确的证据，说明他们的不满情绪有多么强烈，直到这年8月，当农民起来破坏封建制度时，我们才看到了他们激烈对待他们的地主的证明。没有理由认为他们在1789年的行为是他们的思想突然转变的结果。新的情况只不过是政治形势加剧了他们的感情并使他们把思想转化为行动而已。他们的领导人是他们当中比较有胆识的人。国民议会里的人往往倾向于不把他们放在眼里。因此他们的革命是自发的，起义的蔓延是由于互相仿效而不是通过组织。

在巴黎，政治革命的领导人并非出自旧制度下遭受蹂躏的群众，而是出自第三等级的上层——那些未能进入贵族行列的人。他们在低级教士中找到了意气相投的人，他们十分痛恨高级教士的无所事事、虚饰浮华和唯我独尊。甚至某些贵族（当然只是很少数）也和他们联合在一起，这些人接受启蒙运动的人文主义和平等主义理想。所有这些领导人都是富裕的人，拥有财产并认为每一个人都享有保持自己的财产的权利。他们并不很关心贫穷阶级，他们关于平等的概念局限于他们要求废除等级。首先，他们憎恨贵族的特权和盛气凌人，因为这些人的目空一切不仅限于凡尔赛，也表现在巴黎的和各省城市的沙龙中。他们阅读过并赞赏卢梭对贵族的攻击、老米拉波的著作和邦塞尔夫对封建制度的谴责。杜尔哥虽身为贵族，但敌视特权，曾促成了邦塞尔夫的著作的出版。

在这些和其他许多著作中，旧制度的整个基础受到质疑；而它们所运用的则是与旧制度本身一样古老的思想体系，因为这种思想体系的先河源于17世纪的科学革命和更早的文艺复兴时代。[①] 思想方面的这种新时尚甚至在高级教士当中和宫廷本身也可以找到。在18世纪的整个下半叶，怀疑、批判和亵渎之风日益蔓延，当局强加检查制度的一切努力收效甚微，因为旧制度下的警察制度已不足以镇压各种地下著作和集会，或防止从国外进口颠覆性出版物。在这一时期中一些重要的学校开始教授牛顿的物理学，几乎完全背离了旧的教育制度；随着耶稣会的被取缔，旧秩序最强大的堡垒之一已不复存在。同样，正统思想也有着坚定的捍卫者，他们通过自己的著作竭力阻止改宗新思想的浪潮。因此，理性时代仍是对以前被认为是理所当然的旧

---

① 见 A. 科班《追求人性。启蒙运动在近代史中的作用》（伦敦，1960年），第29、40页。

理论强有力的和雄辩的加以重新肯定的时代。它也是宗教在虽日益衰落但数量众多的信仰团体中（有时是采取少见的富有感情的崇拜方式）复活的时代，以及作为19世纪天主教伟大复兴运动先河的对启蒙运动的唯物主义在思想上进行反抗的时代。在宫廷中，尽管某些派别思想多变而自由，但也存在着强大的宗教派别（虔信者），他们得到路易十五和路易十六最大的同情。但是那些捍卫宗教生活方式的人是四分五裂的。詹森派行政官员（已不再是17世纪教义上的詹森主义者）和国王争夺对教会的控制，要求拥有对异端分子进行迫害的权力，并要求国家具有比国王本人能够接受的更加极端的高卢派教会的权威。不用说，这些争端只会使旧式组织的宗教更加信誉扫地，而捍卫正统信仰的企图只能是导致宣扬反教权思想和唯物主义的声势更加高涨。

　　人们曾试图对在旧制度下新思想的流行情况（从量的方面）作过估价。这些尝试在很大程度上是由于历史学家们对大革命究竟是反抗经济压迫的起义还是新思想传播的结果这个问题激烈争论而促成的。泰纳①争辩说，旧制度下的法国是一个服用了唯物主义和无神论哲学毒药的完全健康的政治机体；鲁斯唐②也把革命的起源说成是由于受少数哲学著作的影响；为他的巨著倾注了毕生精力的莫尔内③则提出了这样的问题：哲学家们的著作是否曾被广泛阅读；如果是这样，那么究竟是哪些人阅读它们。他还致力于研究新思想究竟在哪个层次的人们中更加普遍流行。为此，他研究了一些不大为人们熟悉的文献、地方上的报刊、较小的沙龙和文艺集会的记录、图书馆的书目和私人的信件。他得出结论认为：新思想受到广泛的支持，而且伟大的作家们（甚至早期的伏尔泰）在他们发表著作以前就已拥有大批追随者；但是他也发现那些受到广泛支持的新思想并非充满革命狂热。他断定，如果说旧法国仅仅是害怕什么思想的话，那么它是没有理由害怕的。他唯恐被人认为是他因此主张以经济的原因来解释旧制度的崩溃，于是他表白说他没有能力讨论这个问题，以此来消除一切对他的怀疑。

---

① H. A. 泰纳：《旧制度》（J. 迪朗译，1876年）。
② M. 鲁斯唐：《启蒙哲学家与18世纪的法国社会》（1906年）。
③ D. 莫尔内：《法国大革命的思想根源》（1933年）。

莫尔内发现在法国各地、在知识界——在巴黎、在各省的大小城镇，甚至在乡村——大多数人都非常注意实际问题——税收、工业限制、耕种、封建义务、谷物贸易，等等。至于农民群众，除1789年一些教区的陈情书外，并没有发生什么事情。陈情书也不像是根据百姓普遍的意见共同写成的，而有迹象表明是出自教区会议之手。它们（像陈情书普遍表达的那样）表现出非常克制和仅仅限于实际的目的。的确，18世纪法国自由主义思想的主要特征是功利主义；尽管它的基础是形而上学的自然秩序概念，就大部分而言，它所表达的内容是朴素、直接而实际的。但是说法国自由主义思想是实用的和功利主义的并不是否认它是革命的。说它是革命的是因为它的基本态度，因为它确立了新的准则，而且因为它在要求变革和改进时谴责了旧制度的大部分秩序。这种思想所赖以存在的实用形式本身就意味着它在大部分居民的不同层次的人们中间得到了广泛的传播。但由于它是实用的（尽管是革命的）它就不是存在于那些狂热的和有政治意识的人们的心中，甚至连新宗教的高级神父们也并没有任何真正的颠覆性阴谋——进行任何政治起义和有组织的反叛的思想。卢梭曾说过，导致暴力行动的革命必须避免；他十分害怕顷刻之间推翻法国君主制度的庞大结构的想法。封建特权最尖锐的抨击者之一的马布利以及其他一些更加极端的思想家，如梅利叶神父、兰盖和布里索、莫雷利神父和雷蒂夫·德·拉·布列塔尼都完全没有任何推翻特权阶级享有的财富和权力的垄断权的政治计划。最极端的革命思想家们仅仅满足于谴责现存的机构和确定目标，并没有提出任何称得上是革命的方法。他们能够做的仅仅是希望自上而下的革命。在一个相信理性必然胜利和群众对加速开明统治无能为力的时代，这种自上而下的革命的信念是人们唯一能够期望的。许多大臣和官员已经表现出开明的态度，因此设想君主政体能够迅速地开明起来并着手追求开明的目标就不会被认为是荒谬绝伦的想法。然而令人奇怪的是，尽管人民想通过一条快速和容易的道路达到完善，他们却没有紧迫感——至少在路易十五统治的最后年代是如此。

在路易十五的统治临近结束的年代，就像在路易十四统治结束时那样，每一个人都在等待年老的国王驾崩并从旧制度下的政治的角度出发迎接前途未卜的未来。宫廷各派别已经准备好重启党争，而启蒙哲学家们却天真地希望新王登基能给国王的周围带来开明思想。终于，以前深受人们爱戴的路易十五于1774年5月10日比预料的要早地离开人间，他的子民们并不感到惋惜。他的孙子贝里公爵路易继承他的王位。然而新的国王似乎未能给人以什么指望。尽管他的宗教信仰倾向于使他为人民谋福利，但他缺乏智慧和意志力；他更喜欢一时兴起干些体力劳动和打猎，而不喜欢单调乏味的行政工作。他的王后玛丽·安托瓦内特也同样不称职。她没有统治的理想，确实也没有权力欲望，因而没有责任感；她感情易于冲动，往往显示慷慨大方，从而容易上阴谋者的圈套。她总是为她的朋友博取恩宠而使路易十六遭受人们对宫廷的非议。同样，（正如奥地利人所了解的那样）她不可能对法国的政策施加任何可以预见到的影响。就连舒瓦瑟尔（他的心腹韦尔蒙神父与这位皇后关系密切）也很快就认识到他不可能把莫普、艾吉永和泰雷神父赶下台。理由很简单，他的政敌虔信派受到国王的宠信。就是这派人说服了路易召回老资格的政治家莫尔帕，希望他能帮助这位新王应付复杂的宫廷阴谋。然而国王的这位导师并未得到首席大臣的头衔，而且他懒于政事，未能成为弗勒里那样的角色；但他却占有非常重要的地位并且从一开始就认真设法鼓励国王自己作决定。没有多久，政府就实行了改组。群众非常高兴的是"三人集团"被罢黜。韦尔热讷出任外交大臣，米罗梅斯尼尔任掌玺大臣；杜尔哥在海军部短时任职后成为财政总监。说来也奇怪，他被提拔到这个高位上主要得归功于韦尔蒙神父的影响，而虔信派对此十分不满，因为他们知道杜尔哥从不去作弥撒。

杜尔哥曾任里摩日省督13年，在那里他进行了一些改革。因此他进入政府受到启蒙哲学家们（包括伏尔泰）的欢呼，认为是一个新时代的黎明；而重农学派则希望他能够把他们的经济理论付诸实施。杜尔哥本人不是重农学派（他不接受土地是财富的唯一来源的理论），但是他的确接受了他们关于税收的许多观点。像重农学派那样，他认为一切税收最终都落在了土地上，对工业和商业征税是无视一项自然法则。他还认为赋税只能对纯利润并且以适度的税率来征收，从而能为农业积累资金，而没有资金农业就不能发展。最后，他主张完全的贸易自由并认为必须取消对工业的一切限制。简而言之，这些就是杜尔哥的理论。但是作为一个国务大臣，他采取了相当低的姿态，只进行了小规模的，如果得到国王的支持肯定能行得通的改革。他显然希望不要因为马上进行广泛的变革而引起政治风暴，而只是应付国家眼前的财政困难和零零星星地清除一些压迫贫穷阶级的弊端，但从一开始，反动舆论就害怕他将正面打击特权；而且使他陷入十分为难境地的是许多他的支持者过早地宣称将进行范围广泛的改革。杜尔哥虽然称不上是舒瓦瑟尔和莫尔帕那样意义上的政治家（他们对人民和政治派别有深入的了解），但也并不缺乏政治智慧。他认识到他必须与莫尔帕保持友好关系，因为莫尔帕和韦尔蒙神父会在国王和王后那里为他说好话。他也认识到改革必须是逐步的。他深知温和的改革能够经受住个别既得利益集团的攻击，而任何真正激进的纲领将会引起共同一致的反对。他还进一步认识到，每一项财政改革都必须安排得不致引起收入的任何损失，而正是由于这个缘故，他决定反对试图立即取消国内税卡的任何做法——这项改革虽然已经由财政总监署计划实行，但很可能会导致暂时的财政损失。

杜尔哥绝不是一个坚定的理论家。尽管根据传统和信念他是反对高等法院的，然而他认为恢复高等法院法官的职务是适当的，不过应削弱它的权力。他或许希望如果让旧法官恢复职务，政府会得到更广泛的支持；他知道无论如何莫尔帕和米罗梅斯尼尔最终将会恢复旧法院，或许还是无条件地恢复。一个四人委员会——杜尔哥、莫尔帕、米罗梅斯尼尔和萨蒂纳——与国王一起秘密开会彻底讨论了整个这一问题。由于莫尔帕拒绝带头，只好由杜尔哥提出一项折中方案。他主张保留一个主要由莫普派法官组成的大法院（Grand Conseil）。如果法官们被停职或拒绝工作的话，就由它来接管政府工作。杜尔哥的决定可能是明智的，而且他本人也无法对它的后果——重申法官们的权力——承担责任，因为不管是国王、米罗梅斯尼尔，还是莫普都没有给他以必要的支持。其结果是他的改革从一开始就受到了损害。尤为甚者，杜尔哥还招致了虔信派的怨恨，他们本已害怕他的哲学，现在更谴责他恢复了高卢教会派的高等法院。

杜尔哥已经承担了进行某些改革措施的任务，如果他不设法对财政进行某些整顿，他实际上就没有理由留在职位上。在接受财政总监的任命时，杜尔哥曾上书（1774年8月24日）国王提出了他的计划的纲要，并将理性的语言化为富有感情的语言，以便更加能打动路易十六。① 简言之，他的计划是："不破产；不增税；不借款；……把支出减少到低于收入……以便偿还长期未清偿的贷款。"据此，他在这一年的剩余时间里推行了一些小的节约措施和对间接税的小改革，包括对盐税的微小改革。他还废除了连带义务（contrainte solidaire）这一蛮横的做法。根据这一做法，人头税的收税人可以强迫教区内缴税多的人偿付拖欠税款的人应缴纳的税款。随后又采取了另外一些小的改革和节约措施。到1775年年底，杜尔哥把支出减少了6620万里弗尔。他也把贷款利息从870万里弗尔减少到300万里弗尔出头（正是这给了财政恢复以最大希望）。他在国外的信誉也良好，现在有可能以低息向荷兰借款从而把贷款利息从7%改为4%。新贷款600万不能在巴黎借到，因为据闻对杜尔哥的意图抱彻底怀疑态度的金融家们准备制造一次银根的紧张。然而，杜尔哥希望通过建立贴现银行直接向投资者举债1000万里弗尔，但此项计划引起教士们的强烈抗议；他们谴责这是高利贷，在杜尔哥执政期间阻止它的实施。②

由于杜尔哥在1774年9月颁布法令重申贝尔坦1763年5月关于谷物自由贸易的措施继续有效，已经树立了另外的敌人。这一措施使巴黎以外的国内谷物贸易得以自由进行。为首都提供粮食始终是一个特殊问题，而杜尔哥认为在大规模和自由的商业在各省繁荣以前，在巴黎实行谷物自由贸易是不明智的。而且，他还知道，尽管高等法院的法官们主张在各省实行谷物自由贸易（这些法官在被流放时得知各省有很大一部分人支持谷物自由贸易），但他们不大会同意废除巴黎的谷物法。因此，杜尔哥满足于实行不大会引起严重困难的有节制的改革措施，但不久在重商学派和自由贸易派之间就展开了一场宣传小册子战。支持杜尔哥的重农学派新闻工作者加剧了这场论战，制造了一种假象，似乎杜尔哥将根据他的学术理论很快实行一整套的改革。比小册子大战更重要的是1775年3月开始的谷物骚乱到5月初已蔓延到巴黎近郊和巴黎本身。在巴黎，大约有500人的一群暴徒抢劫了一些粮库，包围了财政总监署。警察局长勒努瓦缺乏经验，杜尔哥只好亲自采取军事措施以保护巴黎和周围农村的财产，很快就控制

---

① 见G.舍勒编《杜尔哥文集》第4卷，第109—113页。
② 见前面第20章，原文第584页。

住了局势。但这次事件已引起了与高等法院的又一次冲突。然而，杜尔哥度过了这次骚乱；国王仍然坚定不移；杜尔哥进一步发布了23条新规定，增加了谷物贸易的自由。但是他的胜利再次引起破坏他的地位的企图。已经有人在谈论瑞士财政家内克尔将取代他。内克尔在他的能干的妻子帮助下得到宫廷中许多人的宠信，他并且已经享有能够整顿财政而又不用掏特权阶级的钱包的名声；内克尔本人也收买了蹩脚诗人佩泽侯爵。此人与国王保持秘密通信，批评杜尔哥而为给钱的主子说好话。在整个这一时期，在皇后经常光临的盖梅内沙龙活动的舒瓦瑟尔分子，重新作出努力让他们的领袖东山再起，以替代莫尔帕；而且另一次攻击又来自高级教士和虔信派，他们知道杜尔哥曾企图改变加冕誓言并希望解除对新教徒的种种歧视和限制。

杜尔哥的政策招来的所有这些对政府的攻击使莫尔帕既气愤又担心；而在杜尔哥这方面则对莫尔帕造成的延误，对他玩弄的小阴谋，对他在他的地位并未受到严重威胁时就急于保护自己越来越不耐烦。杜尔哥希望路易十六相信他的价值，因此决定推行他的改革，于1776年1月开始向路易十六亲自主持讨论的国务委员会提出了一系列改革措施，通常被称为六项法令。这些改革相对说来还是温和的，因为杜尔哥仍然相信他必须推迟主要的改革，直到国王年龄更大一些之后再实行。六项法令之一是取消对巴黎谷物贸易的大部分赋税；第二项是撤销巴黎的一些毫不起作用的码头、菜市场和市场的办公机构；第三项是撤销不起作用而铺张浪费的征收巴黎肉类交易税的机构普瓦西税务所（Caisse de Poissy）；第四项是改组征收牛羊等板油税的行政管理。其余两项法令要重要得多。其中之一是取缔巴黎的大部分行会（这条是由前商业督察官阿尔贝仔细拟定的）。另一项是废止王室劳役——这一措施是与各省省督磋商后仔细准备的。设立一种向所有地主征收的税——税率非常轻——来替代农民在道路上所服的劳役。用这项税收来支付在道路上劳动的人的工钱。法令的序言，像杜尔哥提出的其他法令一样，在各教堂加以宣读，其中有对特权的一般性谴责。正是由于这一原因，得到教士保证给予支持的高等法院法官们把他们的攻击集中在这项措施上而不是攻击取缔行会的措施。取缔行会的改革措施在教士中间受到了一定程度的拥护，因为它把行会的慈善事业转而由他们来控制。甚至在法令提交登记备案之前，法官们

第二十一章 法国旧制度的崩溃

就对之加以谴责。米罗梅斯尼尔已经告诉法官们，这一措施和另外的措施正在拟订中，而在国务委员会中对这些措施有不同意见。为了挽救他的法令，杜尔哥不得已作出让步，允许教士们免缴替代劳役的税。

这些法令最后于2月7日提交给高等法院。法官们提出抗议并同时谴责邦塞尔夫的《封建权利的弊端》，那时尚不为人们所知的这部著作企图说明封建义务应当废除，而且是符合贵族们的利益的。在谴责邦塞尔夫和抗议六条法令时，法官们都把它描绘成是一种正在被一步一步地揭穿的新的理论体系。然而，尽管莫尔帕反对，但路易十六在1776年3月12日举行了一次亲自主持的高等法院会议。那天晚上，巴黎灯火通明，劳动人民兴高采烈。当消息传到各省时，农民庆贺废除劳役。然而这一情景只不过加强了要把杜尔哥赶下台的决心。在这种压力下，莫尔帕这时转而坚决反对他的这位同事。一封伪造的杜尔哥与他的朋友之间的信件——这封信意在加罪于杜尔哥——递交给了路易十六；这件事加上其他阴谋和玛丽·安托瓦内特（她现在敌视这位大臣）的影响，导致了杜尔哥的被罢黜。就在几天前，杜尔哥曾警告国王，正是由于英格兰查理一世的软弱导致了他的悲剧性结局。

就这样一个大臣下了台——后来卡洛纳也这样下了台——如果给他以适当的支持，他或许能够克服王朝的财政困难，而假如给他以时间，他本来会建立起一种有利于王国经济更迅速发展的体制。但是，正如杜尔哥自己也认识到的，任何广泛的改革计划得到持续的政治支持的机会确是微乎其微的。他有一次曾这样告诉国王："陛下，弊病的根源在于您的国家没有宪法。"他继续系统地阐述了他的政治思想。但他设想的宪法仅仅包括一套分级的行政会议制度。他几乎没有想到特权阶级将拒绝在一个消除社会差别的计划中进行合作。他号召群众力量起来战胜贵族统治的一切观念，像卢梭的一样，都是模糊不清和不切实际的——一切生活在大革命以前的人实际上都难免会是这样的。他天真地希望改革的深入人心将会阻止特权阶级坚持他们的反对立场，并将导致一切阶级都会在执行由上面决定的行政政策中进行合作。

杜尔哥的政绩在1776年夏天迅速地遭到破坏。他的继任者克吕尼恢复了劳役；谷物的自由贸易停止实行；行会再次得到合法的存在。1778年年初，国王决定要在美国独立战争中支持北美人——对这一行动杜尔哥早先曾加以反对，因为它花费太大并存在英国牺牲法国以补偿它在美洲的损失的危险。为这场战争筹措经费的任务落在了内克尔头上。1776年10月克吕尼逝世后，内克尔被任命为名义上的财政总监塔布罗·德·雷奥的顾问。1777年6月他成为财政大臣。他认为信贷具有神奇的力量，于是依靠各种形式的借贷（贷款、彩票和终身年金），从而债台高筑，增加了年度赤字。但他的确也曾试图采取一些节约措施并加强了在财政上对王国财政部的控制。他继续推行杜尔哥的改组政策，从而节省了用于管理总包税人的某些税种的费用；他设法改进政府的会计制度；他裁撤了许多办事机构；他在王室事务方面实行了一些小的节约措施，但节省的钱被增加的年金所抵消。在商业政策上，他是温和的柯尔培尔派：尽量保持了大部分限制性体制，但有时也允许某些商品和某些贸易的自由，甚至准许谷物贸易的某些自由。1779年8月，他废除了王室领地的永久管业权，但不准备冒险对贵族的土地实行此项改革。此外，他还有意在战争之后在税收方面进行广泛的行政性改革。为实行这些计划，他在1778年2月提出杜尔哥关于建立地方行政会议的主张，不过作了重大的修改。作为试验，这年夏天他在贝里省的布尔日建立了省行政会议，这个机构包括12名教士、12名贵族和24名平民，他们按人头而不是按等级投票。这个机构的任务是分配税收，管理劳役和安排雇用穷人做工。它的决定要提交给省督和省议会。从一开始，这个机构就遭到贵族和法官们，甚至经济学家们（他们更喜欢杜尔哥的计划）的谴责。而当这个省行政会议自己建议应当转变为一个经选举产生的机构并应受权改革人头税和劳役时，后一种人就立刻改变了腔调。然而，政府拒绝采纳这些建议。同样，它还决定在穆兰、格勒诺布尔和蒙托邦三个财政区再建立三个行政会议，不过由于当地的反对，头两个始终未能行使其职能。

尽管内克尔建立行政会议的计划遭到攻击，但他受到广泛的欢迎，因为除了因他能够为战争筹措费用而又不增税从而获得好名声外，他还小心谨慎，避免攻击贵族或教士，也避免采取行动恢复他的新教徒伙伴们被剥夺的政治资格。① 然而,有不少人仇视他,而且随着时间的推移,一些高级教士和高等法院法官开始策划反对他的阴谋。他像杜尔哥一样从来没有得到莫尔帕和其他大臣们的充分支持,尽管 1780 年 10 月他得以让他的亲密朋友卡斯特里替代了萨蒂纳,尽管亲内克尔的舒瓦瑟尔分子塞居尔在 12 月进入政府,但生病一段时间后重新掌权的莫尔帕比以往更急于赶走内克尔。为了保护自己,内克尔得到国王的允许在 1781 年 2 月发表了他著名的《财政报告书》。他宣称有 1000 万里弗尔盈余,而没有公开承认有 4600 万里弗尔赤字,希望以此来恢复他正在下降的声望。他的说法被广泛接受,他的著作也销量甚大,其结果是新的贷款轻而易举地就筹措到了。但与此同时,《财政报告书》中的错误信息和它含糊不清地宣布要进行的改革,却引起了对他的政府的许多攻击。他的敌人甚至非法翻印和出版了他就建立省议会问题提交国王的备忘录,这个备忘录直到那时为止一直是秘密的。高等法院很快就加入这场争论并提出了反对关于建立波旁内省议会的法令的抗议书;而批评内克尔最力的人们之一的卡洛纳写了一本小册子嘲笑内克尔和他的计划。这时,内克尔向路易提出要求给他国务大臣的头衔,掌管陆军部和海军部的财政,并在整个法国建立省议会。但是莫尔帕取得了胜利;内克尔知道一切都完了,于是在 1781 年 5 月 19 日提出辞职。六个月后,年迈的莫尔帕逝世。决心不再要导师的路易十六拒绝要他任命德·贝尔尼红衣主教,或舒瓦瑟尔,或布里安大主教接替莫尔帕的职务的要求。但是他任命外交大臣韦尔热讷担任财政委员会主席。这样,韦尔热讷就成为首席大臣那样的人物,但是他并没有这个头衔,的确也没有胜任这样角色的才能。

新的财政总监是若利·德·弗勒里,他与高等法院的法官们关系密切。他出掌财政只是根据这一谅解,即他不久将接替米罗梅斯尼尔担任掌玺大臣。他征收第三种廿一税并增加间接税来代替完全依靠贷款的做法,但很快就引起普遍反对,于 1783 年 3 月被免职。他的继任者德奥梅松因试图从总包税人那里榨取财源而受到同样惩罚。里尔

---

① 1781 年 11 月的一项法令取消了对新教徒的大部分歧视和限制,但直到 1791 年 9 月才实现了完全的平等。

省督卡洛纳接替德奥梅松。卡洛纳同他在部里的同僚布勒特伊一样担任这个职务主要靠的是波利尼亚克公爵夫人和王后的影响。在宣誓就职时,这位新财政总监含糊其辞地表示他将减少公债和重新分配税收负担。最初,他似乎没有认识到令人震惊的财政状况并在两年间随心所欲地酬谢那些为他任职出过力的人。为王后买下了圣克卢城堡;还清了国王的兄弟们的债务;把巨额款项用来帮助破产的盖梅内(Guéménée)家族。但是卡洛纳也知道,由于他的前任们没有偿还贷款的利息,政府已信誉扫地。为了恢复信任,他大手大脚地在公共设施上花钱。随着时间的过去,他开始看到财政已从根基上腐朽。1786年在杜尔哥的旧同伙杜邦·德·内穆尔、特吕代纳、勒努瓦和富尔凯的帮助下,他开始制定了一个彻底的改革方案。他也认识到要使财政改革成功必须同时进行政治的和行政的改革。因此,当他计划以一种用实物缴纳的新土地税来取代廿一税时——此项税按统一税率征收并不得豁免——他计划通过各级地方议会来管理。各级地方议会的成员包括所有等级的人。同时,他计划实行劳役抵代税并废除盐税和国内海关税卡。他还希望扩大印花税,从而像新的土地税一样,将其主要落在特权阶级和富有阶级身上。最后,为了减轻底层阶级的负担,他建议把人头税限制在收入的 1/20 之内。

为了消除 1.12 亿里弗尔的年度赤字,他计划增加 7000 万里弗尔的收入和减少开支 4500 万里弗尔;为了减轻国债负担,他计划把短期贷款的偿还时间从仅仅 10 年延长到 20 年。为了应付还债的需要,他打算筹借新的贷款。一旦税收增加,他希望能减少国债。按照他的打算,这种税收的增加将来自于由于废除内地海关税卡、取消对谷物贸易的主要限制以及把王室产业按照租赁使用权的方式出租所带来的繁荣。

卡洛纳拟议中的改革是革命性的,因为它意味着除了取消特权外,还将摧毁大部分旧制度的结构。为了便于进行这些广泛的改革,他建议国王召开一次显贵会议,其成员由国王指定。他希望这样做将会使政府避免与高等法院的法官们发生冲突,并平息已经提出的召开旧的三级会议的要求。他设想显贵会议将会成为一种扩大的由国王主持的政务委员会,这些人将会对赋予他们此项殊荣感到满意,从而变得容易加以驾驭。最主要的是他必须使整个改革事业得以迅速实行,以便避免发生过多的争论。但路易十六照样是那样拖延不决；因为他很少关心对特权的攻击，而且不愿损害教士的合法存在。根据米罗梅斯尼尔和韦尔热讷的建议，他倾向于实行一种分阶段改革的政策。但是卡洛纳拒绝零敲碎打的改革和折中的办法；他希望调动舆论反对特权阶级；需要利用国王的权威来作出最大的努力挣脱国债和年度赤字的桎梏。国王终于作出了让步，于1786年11月底同意在来年1月29日召开显贵会议。但是，卡洛纳取得这次胜利，却使韦尔热讷和米罗梅斯尼尔成了他不共戴天的敌人，他们知道卡洛纳似乎已发现显贵们并不像他想象的那样顺从，于是开始策划推翻他的阴谋。卡洛纳并没有企图在这次会议中安插自己的人。会议成员共144人，其中高等法院法官37人，大贵族和血统王公43人，王室顾问和省督12人，各省三级会议的代表12人，市政官员26人，教士成员仅14人。

对吁请这样的会议（上一次是在1626年召开的）给予帮助，卡洛纳确实抱乐观态度。尽管会议成员是按人头而不是按等级投票，但他们都是拥有特权的人。而当时卡洛纳所处的地位还不能无视特权阶级，就他的政治见解而言也不会去那样做，即使做也不会超过杜尔哥和内克尔。像为开明专制主义服务的所有改革家那样，卡洛纳、杜尔哥和内克尔之所以是革命者，仅仅是就他们反对旧制度的许多观念而言，清楚地看到那个时代的财政和经济问题只有通过废除特权和种种限制性做法才能得到解决。虽然一般说来他们看到必须引导广泛的群众舆论来战胜既得利益集团和由来已久的偏见；但他们总是从完善行政管理的角度来看政府问题，只会考虑自上而下的革命而不会想到号召第三等级的上层行动起来。实际上，即便是他们的思想能够跳出他们传统的思想王国，他们能不能这样去做也是值得怀疑的。因为上层资产阶级并没有形成一个具有共性的整体，更说不上是一个有组织的利益集团了，或许在那些建立了省三级会议的省份是例外；但即使在那里，第三等级的代表们往往也不过是追随另外两个等级的领导。

卡洛纳召开显贵会议的权宜之计在我们看来也许是毫无用处的；但对于他，这也许是他可能采取的唯一政治手段，因为他已经排除了任何召开全国三级会议的想法（以前它最后一次召开是在1614年）。那些属于旧制度下传统官僚阶层的人把全国三级会议看成是使君主官僚制度感到难堪的中世纪的古老机构；他们容忍省的三级会议只是因为废除它们绝无好处。卡洛纳赞成召开显贵会议，至少是希望爱国情绪会超越阶级的和法国不同地区的局部利益。但在这一点上他很快就失望了。14名教士，在纳博讷大主教德·狄龙和与卡洛纳争夺权利的图卢兹大主教洛梅尼·德·布里安的巧妙领导下，控制了这次会议，而且在会上有许多敌视卡洛纳的人。会议的第一次会议推迟到2月22日才召开。在推迟期间，卡洛纳的敌人们已经聚集在一起并准备好了他们的论证。当会议终于召开后，他们都无意接受卡洛纳的革命性计划。他在介绍他的计划时使用了在他们看来似乎是非常革命的语言。他们向他提出挑战，要他提出详尽的财务报告，而这正是卡洛纳希望避免的。他们总的策略是不公开捍卫特权，而是对卡洛纳的计划逐点进行攻击并预计到种种困难。但是他们捍卫的正是特权，而且很快就可以看出他们不会接受新的土地税。卡洛纳企图利用一份题为《告公众书》的备忘录而诉诸公众舆论以挫败对手，但未能奏效。这个备忘录由一个名叫热尔比耶的律师起草，主要通过低级教士的代理机构免费散发。但是这个小册子在第三等级中几乎得不到同情。至于说到公众舆论，卡洛纳的遭遇比在显贵会议上还糟，因为舆论已经对他无用，而且人们普遍认为卡洛纳犯了挪用公款罪。毫无疑问，他遭受这种指控是咎由自取。他终于在4月8日被罢黜，他失宠的方式和10年前杜尔哥下台的方式十分相似。如果卡洛纳劝说路易削弱高等法院法官的权力而不是召开显贵会议的话，他的结局很可能会好一些。在他的继任者布里安任内，实际上尝试这样做了。因为在1788年5月8日国王召开了高等法院会议，实施由掌玺大臣拉穆瓦尼翁制订的取消高等法院政治权力的法令。根据这批法令成立一个全权法院（大致与莫普提议建立的高等法院相似）负责登记王国的立法，由47位执行法官接管高等法院的大部分的司法工作。但是这次未遂政变发动得太晚了。王朝很快就不得不召开全国三级会议，这一行动曾经由显贵会议提出过，现在则由高等法院法官们、教士会议和公众舆论提出了要求。不仅如此，拉穆瓦尼翁拟议中的改革促使法官们在某些省份煽起了暴乱。布里安作出了让步，拉穆瓦尼翁的改革也停止实行了。

这些事件再一次表明由上面发动的革命性改革的失败。它们还表明了君主政体自身内部的冲突——君主政体作为一种官僚体制与君主

第二十一章　法国旧制度的崩溃

政体作为一种贵族体制之间的冲突。这种冲突从来没有以这种或那种方式解决过。要是全国三级会议得以继续召开的话，很可能演变成英国式的君主政体。但事实是，作为官僚体制的君主政体以向传统的权力作出让步为代价取得了胜利，得以避免受代议制机构的控制。只有在那些保留了省三级会议的地区在某种程度上属于例外。在没有全国三级会议的情况下，高等法院自称有权代表国家，并且在它们与国王斗争的最后阶段，尽管它们本质上是保守的，却使用了革命的语言并坚持赞扬美国革命的思想。到了1788年中期事情已经很清楚，君主政体已无法从旧制度的范围内找到自己的权威的新基础。法兰西国家得以在没有骚乱——不经历社会的司法和社会结构的激烈变革——的情况下渡过动乱时期的日子已经一去不复返了。尽管君主政体的原则没有立即受到攻击，但实际上意味着君主政体必须彻底改造自己。虽然这种改造并不是不可能的，但是正如事态发展所表明的，不管是路易十六还是那些企图挽救王朝的人，都没有能力或足够的力量来领导这场大革命。大革命只能是以翻天覆地的方式发展了。

（张　瑶　译）

第二十二章

法国大革命的史学研究

"保持冷静，像英国人一样。"白哲特这句避免在巴黎起义中为不良影响所左右的格言，很可以作为他的同胞编纂法国大革命史的指针。由于党派倾轧和年深日久的偏见给几乎所有法国人撰写的法国大革命史的著述打上了自己的烙印，所以盎格鲁—撒克逊学者自然就具有相对而言不偏不倚的优点。然而，过分相信这种超脱不良影响的能力和过分强调法国历史学家之间的分歧同他们特定的政治偏见之间的关系则是危险的。有很多问题取决于我们对"历史著述"所下的定义包括哪些内容。如果一方面我们对一切阐明大革命意义的报刊文章进行考虑，或者另一方面仅限于对各种通史[1]的一般结论进行比较，那就必然会出现与当时的政治密切相联系的情况，这是毋庸置疑的。不论采用这两种方法中的任何一种，实际上就是仅仅专注于作出阐释（这在任何史学研究中都是必要的课题），那么大量的研究成果，对细节的看法，以及对事件的叙述，都会从我们的网中滑走。[2] 真正的历史著作的宝库对任何人都是有用的。"进步"的历史学家也从莫蒂默－泰尔诺、瓦隆和勒诺特尔等"反动分子"所搜集的大量资料中受益，而加克索特对大革命的攻击也在很大程度上依赖于马蒂埃对腐败堕落的社会底层的错综复杂的调查研究。

---

[1] 或许可以举出两部特别令研究大革命史的学者感兴趣的著作。作为前一种方法的例子，如 S. 梅隆《对历史的政治利用：对法国王朝复辟时期历史学者的研究》（1958年）。作为后一种方法的例子，如 P. 法默《法国回顾自己的革命渊源》（1944年）。

[2] 例如，本文仅举了几部首先想到的比较老的著作而没有提到一些不可或缺的学术著作，如德罗兹：《路易十六朝历史》（1839—1842年）；西乌：《教士公民组织法的历史》（1872—1881年）；许凯：《大革命时期的战争》（1886—1896年）；布雷特：《全国三级会议文献汇编》（1894—1904年）；梅利埃：《巴黎各区》（1898年）。

第二十二章 法国大革命的史学研究

然而，即使承认"史实"中存在着广泛的无人问津的领域，问题也仍然没有解决。一个历史学家强烈的个人看法并不应认为仅仅是他的"偏见"而不予重视。这些看法往往构成他独到的见解和洞察力的基本成分。随着世界的变化，大革命的一些新的方面必将继续不断显露出来。在第三共和国时期教会与国家关系破裂的背景下，教士和反对教会的人都写出了一些有关宗教史的严肃著作。社会主义的兴起将历史学家的注意力引向他们在研究中忽视了的一些方面，就像1914—1918年间的配给制和通货膨胀激励人们对恐怖统治时期的经济背景作出新的评价一样。当然，一般地说，我们能够判断出什么是对大革命的"右派的"解释，什么是"共和派的"和"社会主义者"的解释。但是，在"右派的"解释中，为什么有人赞扬路易十六，而有人则赞扬流亡贵族或拿破仑，甚至赞扬救国委员会？为什么有的"共和派"历史学家认为恐怖统治是对他们的理想的侮辱，而有的却认为这是必要的？为什么"社会主义者"有人选择罗伯斯比尔，而有人则选择埃贝尔？对资产阶级的作用有人表示同情，而有人则加以仇视？政治并不能说明所有这些选择。即使能够说明，政治倾向的感情方面也并不总是符合逻辑的。在法国历史学家中间，在暴力问题及其合法性问题上的心理倾向，一直是同党派立场一样重要的造成分歧的界线，而爱国主义作为一种团结的"倾向"其作用往往大于政治所造成的分裂作用。影响是多种多样的：看来似乎是直接来自卡尔·马克思的影响，很可能会追溯到巴尔扎克那样顽固的正统王朝主义者。人类的活动和动机中有一种使历史学家困惑的复杂性，而历史学家的著作和动机中也有一种使史学研究者困惑的类似复杂性。史学研究的历史，和史学本身一样，必然是"一场永无止境的辩论"。

尽管现代历史学家所说的"法国大革命"在一定意义上确实具有马克斯·韦伯认为的理想典型（Idealtypus）——为了便于讨论而提出的一个名称上的概念——的性质，但重要的是不应忘记，1789年的事件从一开始就被当时的人看成是一场"革命"。他们相信自己已处在某种有其自身的连贯性的局势之中。因此自然就试图撰写它的历史。他们的著作在观点和方法上反映出在旧制度末期用以教育读者的历史著作和历史研究的典型方式所具有的影响。博杜安和隆东诺的7卷本革命立法词典（共和八年至九年）堪与居约和迪朗·德·马亚安纳篇幅浩大的僧俗法律汇编相提并论；隆东诺的《法国大革命日期考证》（共和七年）也令人想到圣·莫尔的本尼迪克教派编年史。通史的编纂者从伏尔泰、孟德斯鸠和古代经典作家，以及在较低层次上从丹尼埃尔、梅扎雷和韦托神父那里承袭了强调风格和文学形式以及"哲理性"表达的倾向。而对于能力平庸的著作者来说，这是一种危险的理想。到1792年年底，已有两部称得上是大革命"历史"的著作问世，一部的著作者是"两个自由之友"，另一部的著作者是拉博·圣-艾蒂安。这两部著作采用的阐述方式为后来的历史学家所沿用。"两个自由之友"属于资产阶级，既惧怕大众又惧怕王室，反对教士但并非反宗教，其记述仅限于巴黎的政治事件和公众舆论的演变，开梯也尔之先河。拉博将大革命视为法国历史和人类理性发展的顶峰，将之界定为特权与全民族的冲突，强调人民所起的作用，"其热情是崇高的，其设想是深入人心的，其行动是粗暴的，其复仇心理是突然爆发，有时是残暴的"，其热情创米什莱之先例，其方法则开斯塔尔夫人和基内等"哲理派"历史学家之滥觞。在1796—1797年和1800—1801年间，出现了一种撰写内容连贯的大革命史的尝试。因为在这些年对新闻的限制放松了，事态的发展比较缓慢，大量的回忆录使政治评论家们可以得到更多的资料。除了一部以外，这些历史著作都没有多少价值，尽管它们偶尔也告诉人们其作者个人所经历的一些事件的难得的零星材料。拉克雷泰尔在为他遭责大革命的著作进行辩护时，为消除人们的敌意曾说："我自认为具有权威性，并非是一个不偏不倚的观察家所具有的那种权威性（天哪，哪有这样的人呢？）而是一个亲眼目睹者所具有的权威性。"他的这部书是将《箴言报》和几部回忆录融会在一起，而以塔西佗的风格写成的一部著作。在这些热月政变后写成的历史著作中，只有一部资料丰富而且政治观点属于自由派，那就是图隆热翁子爵的著作。图隆热翁是一个支持第三等级和共和国的贵族。他从一些私人档案中搜集史料，明确地将他搜集的资料与他的回忆区别开来，而且作为一个职业军人，对革命战争作了精辟的研究，为约米尼和梯也尔的研究创造了条件。尽管他不是任何一派的辩护士，但他承认他支持任何一个能够掌握他的国家的命运的政府——他"多少有点像是一个统治主义者"。后来研究大革命史的许多法国历史学家也很可能适合于作出这样的表白。

托克维尔曾经说过，当代人应对自己所处时代写出概括的解释性历史，而让后人去作出详细的叙述。如果考虑一下法国流亡贵族所写的带有历史著作性质的作品，或许可以找到对这一理论的一定程度的支持。正是在流亡者的这种紧张心理状态下，并为了适应宣传的需要，才炮制出在许多小册子中已经暗示的革命起源的"阴谋论"。巴吕埃尔的大部头著作《雅各宾主义史论文集》（*Mémoires pour servir à l'histoire du Jacobinisme*，1798—1799 年）提供了打开迷宫的钥匙：在内部和外部都曾策划过阴谋。哲学家们和工匠工会会员们与雅各宾俱乐部的冒险家们结成联盟，而在所有这一切的背后则是一个笼罩在人们心中的上帝，他用人类的邪恶作为对亵渎神灵的惩罚。对于右派来说，这样的解释是一种部分免除责任的说法。不管他们做了些什么，罪恶的发生是无法避免的。用普罗亚尔神父在其著作的扉页（1800年）上的话说，路易十六"在没有登基前就已被赶下了王座"。

然而阴谋论起着一个很大的作用，因为它把人们的注意力引向大革命研究中的根本性的和最吸引人的问题，即各种思想与事态发展之间的关系。在巴吕埃尔看来，两者之间的联系是通过精心的组织而产生的。拒绝放弃启蒙运动信仰的夏多布里昂和塞纳克·德·梅朗，以及普罗旺斯伯爵（即后来的路易十八）则比较实际和比较敏锐地看待这种联系：各种思想或者是通过野心勃勃的利益，或者由于"潮流"的强制影响，已经出现了一个选择的过程，或者说由于那个世纪人们刻板的思想，出现了一种畸变。少数人仍对思想的作用持怀疑态度，和马莱·迪庞一样认为统治世界的是感情，即把哲学视为一种普遍存在的疾病的症状而不是其起因。确实，右派的论点表明他们对一些细微的差别是有所了解的。他们施展各种手法，不愿将 18 世纪学术著作的主要荣誉拱手让给一批阴谋家。根据流亡贵族们提供的线索，后来的许多作者，特别是保守主义者，在各种思想和传播思想的机器中寻找大革命的根源。后来泰纳采用这一研究方法摆脱了阴谋论这一虚假外衣；科尚则放弃了泰纳认为革命的根源在于过分制度化的说法。对于这种观点，实际上和对于其他许多普遍接受的观点一样，人们可能会说：没有什么逻辑上的必然性将这种观点说成是右翼史学学派，除非是武断地认为一切激进主义在人道主义的外表下面都隐藏着断头台，或者找到了证据明显地证明革命是由少数人发动的说法。

人们对史学研究中特殊见解的作用过分地予以重视，而对各种传统的阐释方法的持久作用过分地轻视。在某些学术中心将前者像对待神圣的白象一样虔诚地加以维护。典型的对大革命的右翼解释，产生于流亡贵族中间，而它之所以绵延不绝，不仅是出于论战中逻辑上的需要，同样出于感情上遗留下来的东西。

流亡贵族们所创立的颇有见解的带有愤懑情绪的理论，以另外的方式给关于大革命的各种见解增加了内容，为未来的历史学家提供了一些初步的假说。曾经担任过地方行政长官的塞纳克·德·梅朗很快就去探讨旧的中央集权制日益衰落的权力。博纳尔颇具想象力地注意研究旧制度的组成特点，其中特权和出卖官职等于是形成了一种不受约束的体制。夏多布里昂、梅斯特尔和塞纳克·德·梅朗用各自不同的方式将大革命的爆发归因于一场由贵族发起的"投石党运动"。蒙洛西埃尖锐地将大革命说成是由于为有才能的人开辟了前程和将大批地产置于拍卖师的锤下，从而形成了一个既得利益集团。而且说来奇怪，对于恐怖统治的最有说服力的解释竟出自右派，出自流亡贵族。在梅斯特尔和夏多布里昂看来，这是大革命的核心所在。尽管他们个人受到了损失，但前者能够冷静地想这乃是上帝在修剪树木的枝权，后者则承认对于世风颓败的时代来说专制统治是必要的。夏多布里昂说道，雅各宾党人虽来自地狱，但他们却带来了全部才智。他们战胜了外国军队、内战、通货膨胀、饥荒、腐败。他们当中最伟大的人物罗伯斯比尔非常清楚地认识到什么是他的原则的合乎逻辑的结果，设法以暴力实现作为民主前提的道德革命。在思想上对祖国的热爱使梅斯特尔这个萨伏依人走得更远。他谴责贵族流亡国外是犯罪，而赞扬沾满血迹的雅各宾党人和篡国者拿破仑，因为他们打退了外国人，挽救了民族统一。这样，我们在流亡贵族身上看到了法国右派在史学研究中一直无法摆脱的两难处境的最早和最尖锐的表现形式，而这构成了右派历史著作与左派历史著作之间的一座桥梁。人们可以谴责1793年的原则，但不能谴责它的成就。在三色旗下走向胜利的是法国。祖国、土地以及你出生的地方树下的坟墓，实际上是无法搬上开往奥地利和普鲁士的行李车上运走的。

正如爱国主义为流亡贵族和他们的剥夺者提供了共同点一样，历史决定论也是如此。萦绕在流亡贵族心中的思想是，大革命乃天意或命运所决定——总之，估计错误和为之进行辩解乃是一种永恒的存在。只要情况是这样，不管把它称作什么都可以。然而估计错误的不仅仅是他们，神秘的保守主义的宿命论也并非唯一的一种历史决定论。随着大革命的继续发展，它采取了预想不到的和恐怖的形式。尽管如此，它始终与进步的信念交织在一起；它换了一批又一批的支持者，同时越来越使自己的事业同整个民族的利益密不可分。这样，它就鼓励人们承认那些他们不理解的或者他们不知道如何抗拒的事件的实际存在，直到人们迷惑不解的事物也似乎成为一种有机的整体，一种不可避免的发展过程。图隆热翁根据某些统计资料说，革命就像宇宙中物质的物理变化一样是不可避免的。拿破仑凭着他用以衡量一切事物——除了他个人的野心——的百试不爽的现实主义，将这一趋势看成所有法国人都必须顺从的历史公式。他在发给阿尔马神父的、目前已臭名昭著的有关历史编纂的指示中，提出以一种避免从感情出发的方针对待近年的恐怖统治——"既不要责备那些已经死去的人，也不要责备那些活下来的人。任何个人的力量都无法改变由形势和事物的本质产生的各种因素，或预见这样的事态发展。"如果这位皇帝要写大革命的历史而不是将革命视为他的传奇故事的序幕的话，他一定会用梯也尔和米涅的腔调讲话。这两位历史学家后来都被指责为"宿命论"。而这并不是他们的发明创造。胜利者乐于用"事物的本质"来证明其统治的合法性，正如以此来证明恐怖统治的必要性一样。而失败者则乐于说他们与其说是屈服于敌人，不如说是屈服于命运。

　　在1789年达到成人年龄的那一代人中，一些才智出众的代表人物一直活到王朝复辟时期才来解释大革命。他们当中最伟大的一位被放逐，在圣赫勒拿岛发出自己的声音。拿破仑本人就构成一次新的贵族流亡。他舒适地待在鲁里塔尼亚①式的囚禁地厄尔巴岛上时，可能已还原为同他自身一样大小的人物，在大西洋中的一块礁石上，新的神秘光环又笼罩着他。从那时起又出现了一部关于大革命的福音：这场大革命在这位皇帝身上找到了自己的儿子和继承人。这位英雄继续

---

　　① 英国剑侠小说作家霍普的著作《曾达的囚徒》及其续篇《鲁珀特》中空想王国的名称。——译者注

推进其事业,并将其民族自卫的旗帜插到荣耀的顶峰。波拿巴的神话和现实把19世纪的史学研究与1789年隔离开来。他的一生经历要么是历史决定论的极端例证,要么是其反证。在他身上,大革命达到了它合乎逻辑的结局——对它的背叛。然而,不管对历史学家来说波拿巴主义如何富于挑战意味和引起分裂,它仍然是一个一致的爱国主义主题。法国人对他们最终遭到失败感到愤愤不平,不愿抛弃他们的英雄。对帝国的憎恶没有妨碍基内的母亲在匈牙利骑兵的铁蹄踏过时落泪,也没有使斯塔尔夫人在看到来自亚洲边疆的军队在巴黎歌剧院的台阶上站岗时不感到伤心。在斯汤达尔、巴尔扎克和雨果的文学作品中明显表达的爱国忠诚,同样在19世纪上半叶的史学著作中反映了出来。有人说,有"一种光荣的阴谋"将国民公会的胜利同帝国的胜利和早先封建时期和君主时期的胜利联系在一起。18世纪在拿破仑超人般的冒险事业达到顶峰时,更加使人们感到大革命史的编纂工作陷入更尖锐的自相矛盾的境地——并出现了其主要的偏见,比右派或左派的偏见更加微妙和更加具有高尚性质的偏见,即爱国主义的偏见。

同波拿巴一样,夏多布里昂、斯塔尔夫人和圣西门在全国三级会议的年代都是二十几岁年纪;梅斯特尔、博纳尔、蒙洛西埃和罗德雷的年龄则较长。现在,在25年之后,该他们评论他们那一代人亲手做的事情了。他们所做的虽然有着极强的共同点,但也各有某些不同,因为他们或是"外国人",或是流亡贵族。只有圣西门和罗德雷属于例外,前者过分倾向于空想,后者过于深思远虑,都不接受派别的偏见。他们都是为思想而生的作者。由于他们,关于各种思想在导致大革命方面所起的作用的辩论才继续进行下来。梅斯特尔和博纳尔仍坚持认为,宗教改革运动所倡导的思想自由乃是灾难的根源,因此在18世纪文学的熠熠光辉之下潜伏着革命,就好像从利凡特地区驶来的船只上装载的珍贵货物中混杂着瘟疫一样。博纳尔说:"从福音书到《社会契约论》,造成革命的是书籍。"另一方面,念念不忘内克尔、英国宪政主义和进步思想的斯塔尔夫人,通过将1789年的自由思想的永恒原则与那些运用这些原则的人所表现的激情加以区别来捍卫自由思想。自负使法国人攻击特权而不攻击专制统治;骄傲则妨碍他们效仿英国,他们追求抽象而逃避现实。自尊心尚不足以说明问题，而强调对特权的猛烈抨击——"大革命的主要动力是争取平等"——才是找到了足以说明问题的主要途径。从斯塔尔夫人和博纳尔开始，夏多布里昂和鲁瓦耶·科拉尔继而努力探讨自由与平等之间的辩证关系，即革命的平等主义这一主题，认为革命的平等主义使社会沦为"仅仅由孤立的个人构成的一片尘埃"，缺乏抵御无政府状态或专制统治的凝聚力。这种对自由和平等的反论后来经历了光辉的发展过程，最终出现了托克维尔。

如果说平等是推动力的话，那么似乎可能意味着在导致大革命的因素中社会紧张关系比思想运动更为重要。圣西门和罗德雷之所以这样认为，前者是因为他相信科学的建设性原则只是现在才开始从历史废墟上出现，后者则是因为他是以一个由知识分子转变成行政官员而形成的那种愤世嫉俗的态度来评价思想的作用的。在这两位思想家看来，一种至少积蓄了六个世纪的能量的特殊社会力量乃是革命性变革的因素。在圣西门看来，创建君主政体是一批王室法律顾问（légistes），然后他们又像奥斯曼帝国的禁卫军那样摧毁了这个君主政体。而在罗德雷看来，创建和摧毁君主政体的则是要求法律面前人人平等和向有才能者开放仕途的资产阶级，以及作为附带现象而产生的自由。这个关于新兴中产阶级的主题，后来成为1789年那一代人创建最深刻的理论的活动与1820年年轻的一代的史学研究相互融合的基础。奥古斯坦·蒂埃里，特别是基佐，以此作为他们阐释整个法国历史发展的线索。说来也怪，他们走到这一步并非是由于受罗德雷的分析的影响——因为罗德雷迟迟未发表其作品——而是由于另一位老一代的代表人物蒙洛西埃的一本判断欠妥的著作而重新引起的一场毫无价值的争论。蒙洛西埃争辩说，法兰克人对高卢的征服使贵族权利的所有权状具有重要的地位。1820年，蒂埃里和基佐作出了讥讽的回答。他们像西哀士在1789年所做的一样，接受了这一具有种族性质的假说，但推演出的结论却正好相反。按蒂埃里著名的比喻，雅克·博诺姆获得了进行报复的权利，而他在获胜后表现出来的蛮横是他的悲惨经历和他不熟悉自由的纪律的结果。基佐写道："13个多世纪以来，战败的种族为摆脱征服者的桎梏而战。我们的历史就是这种斗争的历史。在我们的时代，进行了一场决定性的战斗，它就叫作大革命。"这里有一个悲剧性的谬误，因为第三等级并不等于是资产阶级，中产阶级也并不就是人民。

曾经品尝过旧制度下美好生活（douceur de vivre）的滋味和感受到革命混乱的影响的那一代人，总无法摆脱追究其原因的念头，并为命运的神秘作用所困扰。那些晚十几年出生的人，即1789年的中、小学生，则往往把大革命看成基本上是实际的东西——为终生从事某项工作的人提供了进阶的机会，造成了财产的大转移。斯汤达尔和P.-L.库里埃的现实主义为巴尔扎克开辟了道路。他们以在被剥夺公权和赢得胜利的外表下一步步建立起来的物质利益的苦涩味道感染了他。最早的名副其实的大革命史，即梯也尔和米涅的著作是进步的，自鸣得意的，而且由于对历次战役、各种演说和日常事件的叙述，又基本上是政治性的。但与此同时，在史学研究的边缘，还写出了另一类历史，即一种由于通货膨胀和出售国家财产（biens nationaux）而形成的新社会的编年史。最后，《人间喜剧》这部具有洞察力和充满悲观情调的曲折迷离的巨著将要成为比最早研究大革命的历史学家的叙述更加重要的阐释大革命的文献。

1823年开始发表著作的梯也尔和次年出版著作的米涅，也都属于巴尔扎克那一代人。他们是在执政府时期和帝国时期受的教育。当时法国正忙于创造历史而无暇讲授历史，教科书不过是罗列一些史实的梗概，教育界把历史仅仅当作文学课的附属物。与他们的德国同时代人、在专业学术领域里遨游的兰克形成鲜明对照。梯也尔和米涅都是靠自学成才、具有雄心壮志的年轻人。他们是通过政治性报刊来开始研究大革命的。然而他们的著作却构成历史研究在法国真正复兴的组成部分。虽然司各特的小说和夏多布里昂对中世纪的研究也在这方面发挥了作用，但基本上可以说法国人这时正面对着历史，因为历史正以大革命的形式面对着他们。蒂埃里说过，对于帝国的衰亡，我们中间没有一个人甚至不比伏尔泰知道得更多。梯也尔和米涅公开声明他们写作的政治目的；他们提出要为革命时代辩护，并证明革命时代的续篇，即波旁王朝的覆灭迟早要到来，正如英国1640年随之而来的将是1688年一样。但是米涅后来的经历表明他希望成为一名历史学家而不是政治家；而梯也尔的经历表明他与此相反。如果他的目标仅仅是一个小册子撰写者的目标的话，那么他连十卷书也写不出来。在1823年，几乎不可避免的是，渴求通过文学写作成名的年轻人将转向历史，而且作为具有开明政治观点的新闻工作者，他们很可能选择大革命的历史。

将"不可避免"一词用于这些年轻人，有些劝善惩恶的意思，因为他们毫不吝惜地将各种宿命论的力量运用在他们的历史著作中的人物身上。他们为路易十六悲叹，赞扬米拉波的思想，将拉法耶特奉为偶像，崇拜吉伦特派的英勇、智慧和高尚——但排除了他们当中的任何一个人成功的可能性。在梯也尔的著作中，这种宿命论还不成系统；而在米涅的著作中，宿命论则是他阐释历史的不可改变的架构。他除了故弄玄虚地提到一个奉行卢梭的原则的"庞大而狂热的派别"外，对思想运动几乎置之不理——思想运动只不过是更加起持久作用的各种推动力量的一种反映而已。大革命乃是一个发展进程的必然结果，通过这一进程，第三等级的财富和知识都增加了。这就是为什么说"全国三级会议只不过是将一场已经形成的革命变成法令"的缘故，也正是为什么专制统治必然灭亡，平等必然要取代特权的缘故。然而，虽然有些事件是由于这一基本的必然性而发生的，但另外一些事件则是由一种直接的决定因素而产生的，如特权阶级的反抗。如果没有贵族流亡和教会分裂，就不会有共和主义；没有外来战争也不会有恐怖统治。在米涅的著作中明显可见的这种论证方法，在梯也尔的著作中则是含蓄的。这两位历史学家都把8月10日作为大革命的分水岭，即"群众反对中产阶级和立宪君主的起义"，"绝对平等体制的开始"。在这天之前，指导革命的是长远的必然性，胜利必将属于中产阶级；而在这天以后，进行统治的一定会是米涅所说的"群众"或梯也尔所说的"群氓"——"自从塔西佗看到他们为皇帝的罪恶喝彩以来他们并没有发生变化"——因为必须赢得战争。于是便出现了"令人沮丧和穷相毕露的人民政权"，而没有教养的群众是残酷的。在1789年，人民是安分守己的——他们是在受过教育的资产阶级的领导之下；而在1792—1793年，他们被召来作为挽救法兰西的最后的残忍手段，因为反动倒退已使自由资产阶级无法解决问题了。

中产阶级注定要兴起，这是米涅和梯也尔同基佐和蒂埃里、罗德雷和圣西门共同持有的一个基本概念，而使恐怖统治和民众统治成为反动和战争的结果这一直接的必然性，则是资产阶级为适应爱国主义的需要而形成的。这种爱国主义是大革命迫使梅斯特尔和夏多布里昂等贵族表现出来的。正是这两个宿命论因素中的第二个因素才能够解释1789年（米涅承认，当时路易十六本可以通过作出牺牲来避免灾难）和1799年（当时波拿巴可以在维护自由或摧毁自由之间作出选择）之间的悲剧何以会发生。实际上，关键的错误是专制君主犯下的，而其间的恐怖行动则是民众所为。这样就为开明的中产阶级开脱了罪责。当革命的下一个阶段——即摆脱了使用暴力的歧途之后——终于到来时，他们仍然有希望取得控制权。因此，尽管同时代的人将梯也尔和米涅视为"宿命论"的历史学家，而我们则认为他们是"资产阶级"历史学家，他们的宿命论只不过是后来的共和派史学家的"环境论"。说到底，命运和环境只不过是同一个东西的不同名称而已。

梯也尔和米涅是同时代人，又是朋友和政治上的盟友，自然应放在一起考虑。他们是革命史研究中情投意合的孪生兄弟。然而，把他们的著作放到一起分析可能会产生误导。圣伯夫凭着他一贯的敏锐眼光，看出了在明显一致的对历史的阐释背后，两个人的气质却十分不同。米涅从他早期关于中世纪制度的文章一直到他事业的结束，都在潜心研究"使人类成为工具"的那些必然性，即历史的内在架构，它的"骨骼"，而梯也尔的宿命论则是同他的善于清晰地说明问题的天才，同他能把事件描述得比实际情况更透彻的叙事风格联系在一起的。人们还可以补充说，米涅作为历史学家和宣传家，是严肃而毫不妥协的；而梯也尔天生爱出风头，他热情奔放，无所不知，喜欢搜集奇闻逸事。作为知识界一个有进取精神的人，热衷于投人之所好。米涅无动于衷地论及大革命中的屠杀和残酷行为，并用他的中心论点加以解释；梯也尔则力求详尽，甚至包括一些不足凭信的细节，并进一步作出具体的和心理方面的补充解释——必须承认，过于生动了——"Mensimmota manet, lacrymae volvuntur inanes"。这两位历史学家都是反教权的，都对贵族没有好感，但前者干脆把旺代说成是不开化的地方，而后者却把它描绘成一个原始的乐园，由虔诚的教士和家长式的地主统治，既是对法国的威胁，又是一个奇妙的世界，而却被大革命强求一致的做法可悲地摧毁了。两位历史学家都是爱国者，但前者只看到生存的残酷必然性，以致最终拥戴一名除了物质方面对大革命一无所知的军人；后者则沉迷于历次战役的细节，团结在旗帜下而不管擎旗者是什么人，最后以膜拜拿破仑而告终。米涅的分析是诚心诚意的，而梯也尔尽管对悲惨的事件并不敏感，却有着更广泛的同情心和更大的宽容。虽然他已经是一个政治家，有他信奉的纲领，但到了危急的地步，他也愿意恭维他人和作出妥协。如同他在半个世纪后主张建立共和国一样，他的历史著作属于那种"使我们分裂最小"的历史著作。

梯也尔和米涅所希望的和平革命于1830年7月发生。随之而来的是失望。大革命已经成为历史上占支配地位的主题，就像希腊与野蛮人的战争成为希罗多德的历史著作的主题那样。七月王朝的失败迫使一代人（他们的历史哲学是一心追求进步）认为革命尚未完成，仍然为争取实现其合乎逻辑的目标而奋斗。但是它为什么没有完成，在1789年以后的10年以及在1830年究竟失去了什么？就社会的角度而言，答案可能是不妙的——维克多·孔西德朗说，"大革命"不过是"上层阶级之间的一场争吵"。自由派历史学家赞扬1789年和资产阶级。要是有人称赞1793年和无产阶级，把罗伯斯庇尔奉为革命理想的化身，为恐怖统治进行辩护，认为它是获得新生的手段，并且为热月政变过早地断送了社会进步而感到遗憾，那会怎么样呢？实际上，人们对这些恐怖事件的记忆是抹不掉的。1796年，巴贝夫以罗伯斯庇尔的理想的名义起而反对督政府，比奥纳罗蒂则对他的领袖忠诚不渝，于1828年出版了有关他们为争取平等而策划密谋行动的记述。这一传统通过洛朗、拉波内拉耶和卡贝继续传下去，而关于这一主题的真正的史学研究则见于路易·勃朗的历史著作中。在其著作中对罗伯斯庇尔的残酷表示的遗憾与对他的尊敬交织在一起，视他为未来反对资产阶级立宪派和吉伦特派的原则的化身。于是，对大革命的分析由巴贝夫传给了饶勒斯（他将巴贝夫称为"伟大而优秀的"，"我们的大师"），传给了马蒂埃，以及普遍传给了社会主义历史学家。从巴贝夫那里还产生了一种革命专政的理论，通过比奥纳罗蒂传给了布朗基和马克思，最后传给了列宁，由列宁将之付诸实践。社会主义者对1789年的重要意义所做的解释是矛盾的，因为他们是按照一种理论模式来评价大革命的，而这种模式追本溯源在一定程度上是大革命本身的产物。

左派从巴贝夫那里继承的是独裁的、感情用事的和平均主义的遗产，从圣西门和孔德那里又继承了一种不同的思想模式，即有组织的、科学的和等级制的思想模式。前者宣称卢梭和罗伯斯庇尔是它的先知，它认为大革命唤起了真正的革命意志，但中途被野蛮地扼杀了。后者则宣称狄德罗是它的理论家，丹东则是其第一个实践者，并且认为大革命实现了必要的破坏，但没有找到自己真正的目标。孔德出生于拿破仑雾月政变前一年，对那个时代没有亲身经历，也没有读过多少使他熟知历史知识的书籍。尽管如此，他以其聪明才智致力于从理论上对大革命进行探讨。他认为，虽然18世纪的哲学基本上是起消极作用的，然而有一位18世纪的思想家预见到破坏之后随之而来的必然是重新组合。他就是狄德罗。狄德罗的《百科全书》集中体现了科学、综合性和条理性。在大革命中有一位英雄运用了这些原则，他就是丹东。孔德赞赏开明的专制。由于他，国民公会第一次受到非罗伯斯庇尔派的赞扬，认为它是一次构想绝妙和具有自觉意识的短暂的专政尝试。孔德认为丹东确立了理性的宗教，并从1792年8月10日起到他被处死一直统治着法国。在这样的错觉下，他赋予丹东以黎世留或克伦威尔应享有的地位。这一为丹东恢复名誉的举动，正好也是（相差几年）米什莱直觉地赞扬丹东和维尧姆驳斥关于丹东贪污受贿的指责的时候。这一指责即使是在热月政变之后也仍未受到驳斥。这样，到了19世纪中叶，有两个思想学派将国民公会时期视为大革命中的伟大时代。罗伯斯庇尔派的传统一直延续下来，丹东派则是一个新出现的学派。

极左的解释是对民族团结的威胁。这或许就是为什么埃斯基罗斯、卡贝和拉波内拉耶试图证明大革命源于上帝的意旨和基督教的教义的原因之一，也是为什么比歌——他既是一个狂热的天主教徒，又是一个狂热的社会主义者，因而同上述几个人有所不同——宣称大革命"本质上是天主教的"并令人难堪地将恐怖统治与圣巴托罗缪惨案相提并论来为之辩护的原因之一。① 的确，法国人的一个最为根深蒂固的天性就是希望爱国主义的团结和国内的和平。路易·勃朗对罗

---

① 这里没有篇幅讨论基内在关于大革命的"宗教"解释的辩论中的独特立场。这个"梅斯特尔的新教徒"的论点在思想史上是很吸引人的，但在一篇简短的论文中或许可以略而不提。

伯斯庇尔的赞美和对资产阶级个人主义的厌恶并没有减少他对公开的阶级斗争思想的反感。关于恐怖主义者他写道:"他们的暴力行动遗留给我们一个和平的命运……恐怖统治由于它极端的过火行为已变得永远不可能再发生了。"正是为了强调这一教训,拉马丁写出了他那生动但并不准确的《吉伦特派史》。他写信给一个朋友说:"不要去读它。这是为人民写的。人民将要发挥主要作用。他们必须做好准备。必须使他们对处决人感到厌恶,以便即将到来的革命可以避免第一次革命时的过火行为。"他对事实真相漠不关心,致使一些史学研究者总是将这部书置之不理,让它由于本身的错误而自生自灭。不过,这部书"将历史著作提高到小说的水平",而作为一部小说,这部书却才华出众,内容丰富。拉马丁所描绘的大革命的图景是一幅和谐的大神话,其中对立各方最终都实现了和解。所有死去的人都是为子孙后代而死的——"让我们在他们的坟墓前重归于好"。《吉伦特派史》是一部以不幸与必然之间难以调和的传奇般的阴暗关系为基础而写成的史诗。拉马丁并不是在"为断头台镀金",而是否定一切残酷行为,即使事实证明这些行为是不可避免的。社会的民主必然到来,但是让它在没有进一步暴力行为的情况下到来,就像一场将征服世界的和平革命一样。

1847年拉马丁的《吉伦特派史》以及路易·勃朗和米什莱的历史著作的头几卷问世。这三个作者属于同一代人,就像梯也尔和米涅一样。只不过他们是在出版关于一场已经过去的革命的著述,并且期待着一个共和国,期待着"人民"登上政治舞台,而不是一个资产阶级立宪君主王朝。到1847年,"人民"已经成了一个难以捉摸的概念,没有明确的含义,却具有无限的感情色彩。从1830年起,与王朝复辟时期的右翼政治观点联系在一起的文学中的浪漫主义转向左翼,并表现出对社会的关注。"以前诗人说:公众;今天诗人说:人民。"文学从政治罗盘上的不同部位反映出转向群众的趋势。这在巴尔扎克直接涉及大革命的最重要著作《最后一个朱安党人》(1829年)的序言和雨果的《昂杰罗》(1835年)的序言中、在奥扎纳姆的《走向野蛮》、在拉梅内的普遍选举将会是保守的稳定因素的直觉中,以及在来自极左翼的更加直接的和卢梭分子的挑战中都可以找到。米什莱1846年发表的《论人民》呼吁资产阶级忘记它的恐惧——对共产主义的恐惧（这在由小财产所有者构成的国家是不可能出现的），对恐怖统治的恐惧（这是由中产阶级中一些个人所实行的血腥制度）——并与人民共命运，在人民中恢复自己的力量。这是他关于大革命的历史巨著的中心思想。自发的和丰富的激情，而不是理智，乃是革命时代最值得夸耀的感情。所谓的"领袖"不过是"一些野心勃勃的傀儡"。关于他自己的这本书，米什莱写道："从第一页到最后一页，主人公只有一个——人民。"

米什莱关于人民的概念与19世纪中叶占主导地位的政治潮流和文学潮流，与1848年革命和浪漫主义运动十分一致，以致人们容易过低估计他的见解的独到之处。他的思想如同他的写作风格一样，有着强烈的个人特征，是他个人孤独世界的内在产物。"我们生为人民，也将回归人民。"他的历史著作中的巴黎民众，是以他尊敬的父亲的形象而出现的。他的父亲是一位大革命期间在一个荒废的教堂的听众席上印刷东西的印刷工人。革命的群众是被从小就折磨他的那种贫穷所激怒的。这种感情上遗留下来的伤痕，由于一位有志成为哲学家的青年此前所进行的历史哲学研究而更加强烈起来。基内将德意志的思想，特别是赫尔德的思想介绍给他。从基内和在许多知识界人士的传记中时而出现时而消失的古怪的霍夫曼派哲学家和行政官员库辛那里，特别是从他自己对维科的研究以及对诗歌和英雄传奇的研究中，米什莱形成了他关于历史哲学的基本思想——自由与必然永远是矛盾冲突的，人类具有神奇的力量，许多伟大的思想在人民身上体现出来。除此之外，还有他在卢梭和大革命本身启示下产生的信念：相信人生来是善良的。他的历史哲学中的人民这一概念基本上是从感情出发和就集体而言的，并非建立在对经济结构进行分析的基础上。它不存在内在的矛盾斗争或等级差别。人民的特点由地理、神话和语言形成，具有正义的思想，是促进历史发展的自发力量，本能地争取卢梭所主张的集体自由而非个人自由。米什莱最初研究的是中世纪历史，承认君主政体和教会是自由反对必然的斗争中的工具。但是从1843年起他开始反对教权，这在一定程度上是由于他惊人的想象力本能地染上了他所研究的那个时代占支配地位的色彩。于是，他以自己的写作风格的非凡力量和发挥得淋漓尽致的历史感召力站在了大革命一边。然而他的思想狭窄而缺乏宽容精神。用他的口头禅来说，他之所以使大革命"复活",是因为他重新体验到大革命的狂热并为之所感染。由于他谴责基督教,使他的论证失去了普遍意义。在他的思想中,"人民"这一庞大的集合体成了一种民族主义的现象,一种法国历史学家想象中的最爱国的东西。

在《全球史引论》(1831年)中,米什莱将他的国家描述成文明的辉煌顶峰,因此当他转而支持大革命并在其中发现了法国的精髓时,他感到自己处于整个世界进步的关键时刻。法兰西对各国说:"这是我的血,喝下去吧。"① 他故意用圣餐礼来与之相提并论,因为在他看来大革命无异是一种新的宗教,正义的宗教。被梯也尔贬低为只不过是哲学上的陈词滥调,米涅也只用寥寥数语表示称赞的《人权宣言》,现在成了热情歌颂的对象,"新时代的宗教信条"。这来源于两位伟大先知的著作:一位是教导人民他们的神圣使命是创造一个新世界的卢梭;一位是拉伯雷、莫里哀以及法国人道和讽刺精神的继承者伏尔泰(他被路易·勃朗和比歇不公正地说成是"资产阶级")。在他们的启示下,大革命"本身就是一个教会",根本不需要采取《教士公民组织法》这一与腐朽的基督教妥协的手段。

一个1789年在精神上团结一致的民族,一个甚至连马尔斯广场枪杀事件②这样的社会仇恨都没有能够分裂的第三等级,一个永远憎恶残酷行为而且宽宏大量的"人民";另一方面则是从根本上说罪恶累累的宫廷、贵族和教会,以伪善的英格兰为首的外国势力的罪恶阴谋,为了反对这一阴谋,法国拔剑进行一场"崇高的战争"——以上这些就是米什莱对法国大革命的基本解释。在他浓烈的感情背后隐藏着一个革命的帝国主义者的狂热,以诗歌、同情和学识各方面的巨大力量来为两个美好的神话即"法国"和"人民"服务。没有这些,我们对革命动力的理解将会贫乏得多。而有了这些,关于大革命的史学研究又会长久地陷入危险之中。研究大革命的最伟大的历史学家,同时也是最伟大的幻想家。尽管如此,米什莱的著作在法国的史学研究中仍保持着类似圣经的地位。因为不论严厉的批评会给这些著作的

---

① 这里引用基督教圣经中耶稣在最后的晚餐上的话。在圣餐中饮葡萄酒以象征耶稣的血,后来成为基督教圣餐礼的一项习俗。——译者注

② 指1791年7月17日由拉法耶特指挥的国民自卫军开枪射击在巴黎马尔斯广场集会要求国王退位的群众,造成50多人死伤的事件。——译者注

文字上的解释带来多么大的打击，它们仍然是鼓舞人心和焕发精神的力量源泉。在拿破仑三世统治时期，它们给共和派带来了希望，而当共和国胜利后，它们又成为反对徒具虚名的官僚政治的那种死气沉沉的局面的一种手段。第二次世界大战期间在德国占领下，吕西安·费弗尔求助于这些著作，就像莫诺在第二帝国统治时期所做过的那样。米什莱是共和主义者，但反对社会主义；反对教权，但笃信一种人道的宗教；爱国家，但不受拿破仑的魔力的诱惑；按照大革命的理想而不是按照大革命的事件，按照它在人类未来进步中的地位而不是按照其历史根源来阐释这次革命。他写的书成为人们的信条，在第三共和国时期被奉为正统经典。如同宗教的信条一样，这种经典比起产生它的神话来要温和、合乎逻辑并富于智慧；但另一方，任何由这种神话而产生的系统阐述从来都无法再现原有的热情的那种神奇力量。读者们要想在这种神奇力量面前保持清醒的头脑，最好的办法莫过于去读卡莱尔的著作，用魔法驱赶魔法。在米什莱将他的"复活"方法运用于大革命之前10年，卡莱尔用一系列无与伦比的生动画面使人们回忆起革命的巴黎，鲜明处犹如熠熠闪电，黑暗处犹如遭受雷击。这两位作家都具有生动地再现往事的惊人本领，一个是以奔放的热情，另一个则是以梦魇般的幻觉。对两个人来说，戏剧中的主人公都是人民；他们都赞扬丹东而贬低罗伯斯庇尔，都把革命暴力归咎于欧洲的包围、"施展阴谋的贵族"和"被革出教门的异端教士"。然而，尽管有这些相似之处，但也几乎很难再找到在对法国大革命的阐释方面比他们两人更加不同的了。对卡莱尔来说，爱国主义和进步是毫无意义的。他用以界定法国大革命的是它摧毁了什么，是过去而不是未来。它是一场"公开的暴力反叛，是摆脱了禁锢的无政府状态反对腐败透顶的权威所取得的胜利"。我们从路易十五临终时说起，以便我们有时间重新审视一下那些必须清除的"谎言"和"欺诈"。这些是任何东西都替代不了的。麇集的人们群情鼎沸，士兵在边境上死去，事实证明各种制度只不过形同虚设，人民被背叛了，直到一个年轻的炮兵军官开启青铜色的双唇下令发射出一阵葡萄弹，"把我们特别称之为'法国大革命'的东西炸得飞上云霄，成为过去的事"。卡莱尔以波拿巴出现为结束。他还没有进入崇拜英雄的阶段，他的《法国大革命》一书仍然是他关于历史乃是无数传记的精华这一理论的伟大而唯一的胜利。就像是一个对人类的理想漠不关心的上帝把这种理想看成是无关紧要的"永恒的从属现象"（sub specie aeternitatis）一样，他所忧虑的是世上的混乱，关注着那些身陷自己无力控制的事件中的可怜的人们。他敦促我们宽恕那些最卑鄙的人物，如罗伯斯庇尔，因为至少他的房东喜欢他，他的兄弟为他而死——"愿上帝对他和我们仁慈"，而且甚至连小人物的命运也常萦绕在他的心头——如在扮演理性女神后同她作书商的丈夫共进晚餐的"莫莫罗夫人"，那些信守自己的誓约，为了每天6便士的报酬而为抛弃了他们的国王效劳的瑞士人，一个名叫"佩蒂翁-纳蒂纳尔-皮克"（Pétion-National-Pique）的小姑娘——"全人类的历史并不是冷漠的"。在米什莱看来，真正的现实是集体，是人民；而在卡莱尔看来，只有个人才是实在的，革命的集体是暴民，将他们联合在一起的不是爱国的社会凝聚力，而是狂热。对卡莱尔来说，充满米什莱的画面上的光明与黑暗之间的可怕的决斗，并不是为了公共的目的，而是在每个人的灵魂深处秘密进行的斗争。"人之堕落可达地狱最底层，犹如人之高尚可及天堂最高巅。"其他人对大革命的界定及对其实质的论述，对他来说就像是硫黄一样，一点即会燃烧起他对历史的解释。大革命是一个为无数个人进行道义斗争而设置的舞台。这样，卡莱尔既未能理解大革命，同时又给大革命的研究增加了其他许多历史学家所缺少的一个领域，即悲剧的方面。7月的夕阳照耀着远在宁静的大海上的航船和在土伊勒里宫的奥兰治厅里欢舞的人们，而在市政厅却高悬着人头；收割人在田野中劳作，而9月的大屠杀却在进行；当夏多布里昂漫游在新大陆的原始森林中时，他的家人则走上了断头台。这些事情在发生，然而人若失去了灵魂，它们也就毫无意义了。大革命前后矛盾并具有破坏性，它的太平盛世的美景只不过是一种幻想。

同卡莱尔相比即可看出，米什莱在对法国大革命的阐释方面产生了强有力的但歪曲事实的影响。在研究方法上，他的著作也标志着决定性的变化。因为尽管他看不起学究式的引经据典，然而他的历史著作却第一次表明他对档案文献有着系统的了解。在法国，1830年是政治革命和文学革命的一年，同时也是史学研究新时代的开始。这一年，基佐推动了本国历史文献资料的搜集、编目和出版的大规模工作。米什莱本人则成为国家档案馆历史档案部的领导人。这种旁征博引的新治学精神的影响，1833年第一次在革命史的研究中显示出来。这一年，比歇为了宣扬他独具特色的基督教社会主义，开始出版他在各俱乐部和各种会议上的演说、辩论词、预算方案和会议记录。这个多卷本的资料汇集，至今对学者仍有难以估量的价值。王朝复辟时期的历史学家们曾大大获益于各种回忆录（并不都是确凿可靠的）、口头回忆和种类有限的报刊。依靠这些方便的资料，各种颇具才华、明白易懂，然而有失偏颇的阐释远远超过了研究，而有关大革命历史的主要资料却几乎无人去触动了。旧王朝毫无效率的中央集权统治迷恋于官僚主义的文牍工作；大革命中的陈情书、立法文件、各种表报、各种请求或通知，以及没收来的教会和私人档案更使其分量大大增加。结果各城市图书馆以及各省和中央机关的档案馆堆积的文献资料如汗牛充栋，成为退潮后留下来的无人整理的财富。历史学家可能再也不会在研究一场革命时接触像这样的原始资料了，因为这是在人们建立起供后人利用档案文献的制度之前官僚统治时代的最后一场大革命。然而，米什莱是第一个潜心研究这堆烂泥般的、没有分类索引的档案的人。从他起才开始了对大革命文献认真整理的工作。人们有理由期望档案研究的第一批成果应该是一系列有明确内容的专论——或许可以为我们保留下来后来被销毁的巴黎各区和科尔德利埃俱乐部的档案。然而实际情况却是人们引证资料只是为了直接服务于一般的综合论述。米什莱是从哲学和全人类历史的角度来研究大革命的，而托克维尔则是从对民主进行综合社会学分析的角度来研究大革命的。总之，这是一个《人间喜剧》和《历代传说》[1]的时代。

1850年，博德里拉尔似乎认为1848年所发生的事很可能会对法国大革命的史学研究产生灾难性的后果，引起煽动性小册子撰写者与拥护专制主义的编年史学家们之间的争论，并妨碍"自由派和议会派"对大革命所作的解释的出现。然而不出一年，他的判断被证明是错误的，因为国民公会史的第一卷问世，其作者是一位代表奥尔良派观点的学者普罗斯佩·德·巴朗特。该书除了起到像在荒野中呼喊阿历克西·德·托克维尔的到来外，别无什么重要意义。巴朗特赞扬

---

[1] 雨果所写的长篇史诗。——译者注

1789年的人们，并认为国民公会除了在国防方面外，没有任何值得称道的成就。这是不同派别的自由主义者中一批卓越人物的典型理论。这些人当群众浪潮席卷帝国时，在他们的沙龙和法兰西学院中陷入了困境。布罗伊公爵（他娶了斯塔尔夫人的一个女儿）、他的儿子阿尔贝和女婿奥森维尔伯爵，以及巴朗特和托克维尔，发现他们实现议会制政府和行政分权的希望被专制主义所摧毁，于是逃避在历史中寻求慰藉。巴朗特以国民公会作为他研究的主题，奥森维尔加入了第二帝国煽起的对拿破仑神话的攻击，托克维尔则在对大革命前夜的法国的研究方面产生了成果，既论述了自由派反对拿破仑第三的立场，又成为分析史学的杰作。

《旧制度与大革命》一书论点清晰透彻，像伟大艺术作品那样会让人误以为简单易懂。从一个角度看，该书是一本政治性小册子：在18世纪的法国，有一种在拿破仑第三统治时期所没有的自豪的独立精神——目空一切的贵族，因占有土地和有权投票决定税收而得意扬扬的教士，保有地方行政权的三级会议继续存在的地区（pays d'état），滥用权力的地方长官和花钱买得官职的人，一大堆各式各样的阶级和集团，各自都决心捍卫自己的特权。当时服从国王是出于尽忠；资产阶级追求享受的热情，为行使权力提供方便的那种表面的社会平等，由各自独立的个人构成的整个民族屈从于一个独裁者的情况还没有出现。从另一个观点来看，该书是一篇关于社会学和政治理论的论文。在这以前20年，托克维尔曾在《美国的民主》一书中以美国作为实行以现代文明为基础的法律的范例——民主不可避免地在发展，自由与平等永远是辩证地存在，为在急剧滑向绝对平等的趋势中保持某种自由而必须采取某些宪法手段、社会措施和宗教信仰。现在，他从自己的国家的角度说明了这一过程的一种病态的变种。对自由的要求是如何晚于对平等的要求出现的，而对自由的要求又是如何首先消失的。从而使要求获得自由的法国人最终加强了中央集权的行政机器并甘愿在一个主子统治下平等地生活。作为一部历史著作——该书基本上以此而出名——旧制度在它完美无瑕的外表下面存在着重重矛盾。在某些方面，该书的思想综合了王朝复辟时期逃亡贵族和自由学派史学研究所能达到的一些最卓越的概括论述——夏多布里昂关于大革命由一场贵族的投石党运动开始的看法，博纳尔所特别坚持的关于旧制度下的各种弊端等于是一种自由体制的主张，鲁瓦耶·科拉尔关于自由与平等的辩证关系的思想，斯塔尔夫人对革命精神的平均主义实质的深刻见解。在另外一些方面，托克维尔的解释产生于他本人对他那个时代的社会的直接观察，以及他为解释他所看到的这些现象而提出各种历史假说的才能。他在这本书问世以前20年发表的一篇文章中就已经清晰地论述了他的一些主要结论。圣-伯夫曾批评说"思考在先，了解在后"，意思是说他是抱着先入为主的想法前去美国的。但这正表明一种特点。对于那些重视初步假说的历史学家，以及对于认为任何东西都不能代替聪明才智这一无可辩驳的真理来说，托克维尔永远是一个范例。然而，尽管有上面的种种说法，他的研究方法的最重要的特点在于他直接求助于档案资料——国家档案馆、安德尔-卢瓦尔省档案馆、各市镇的登记簿、土地赋税册、请愿书——利用这些档案资料并不是在已有的叙述框架中加进一些生动的细节描述，而是服务于在新的史学领域中有计划地建立一种构想，即研究产生大革命的法国行政体制和阶级结构。

　　罗伯特·格雷夫斯通过克劳狄乌斯之口说，"历史是老人的游戏"。① 托克维尔出生于1805年，在此以前的10年中，米涅、梯也尔和米什莱先后诞生。托克维尔直到1856年才发表他的伟大著作，而上述与他差不多同时代的人早已作为研究大革命的历史学家而成名。作为一个爱国者，他经历了幻想破灭的岁月；作为一个贵族，他看到自己阶级的时代已一去不复返。他的宗教信仰趋于老成，转变成一个讲求社会功利的自然神论者；虽然在1848年出现了对财产的威胁，但他却获得思考问题的时间，使他能忘却自己的恐慌而仔细审视这场阶级战争的伟大场面。他对实际事务有了独到的深刻了解，只有一个终生从政者——特别是一个不成功的从政者——才有可能给一个聪明的观察家提供这样的深刻了解。所有这一切因素都使他具有他的前辈历史学家所缺乏的公允态度。他同孟德斯鸠一样，认为自己所属的阶级是反对专制主义的理想壁垒，因此他将法国的贵族看成是现成的英雄。然而，贵族由于他们享有的特权而与整个民族脱离，从而形

---

① 这是英国作家格雷夫斯在其以第一人称写的历史小说《克劳狄乌斯一世》中的话。——译者注

成了一个等级。与英国的贵族不同，他们不再能左右或形成舆论。由于托克维尔对法国贵族的衰落作出了这一眼光敏锐的评价，他的感情也就失去了寄托。托克维尔虽然对资产阶级有点蔑视，对高卢教会也有些偏激（他忽视了该教会内部分裂成各种派别），对农民的不满有着深刻的理解并能公正地对待；但他像是一个乐善好施的大贵族一样，对农民太疏远，不能区分法国农村地区底层各个不同的阶层。尽管如此，他仍不失为研究大革命的历史学家中最冷静和最公允的一个。

以前的历史著作（基内的除外）都是叙述性的。《旧制度与大革命》则是分析性的。其他人认为大革命是1789年在资产阶级即"人民"的推动下开始的，而在托克维尔看来1787年才是开始的时间，而且如果他能活着发表其著作的第二卷的话，他也会专门用一部分来写贵族的反叛。在他之前的大多数历史学家是抱着希望写作的，他们面向正在破晓的一个新时代。而对前途持悲观看法的托克维尔则用过去来解释大革命："应该到大革命之前那段时间里，去寻找唯一能把它照亮的明灯。"其他人使用的是概括而不确切的宿命论式的词句。而托克维尔投身于争取平等的大规模历史运动，并承认旧的社会大厦迟早将崩塌，因而能比较恰当地估计在上帝安排的范围内人类能做到些什么。然而在他的阐释中，个人不起决定性的作用。他也不去研究政治、宫廷生活和战争，而这些是那些善于作激动人心的叙述和心理描写的人喜欢追求的方面。他撰写的是行政制度、社会和经济的历史。君主政体中央集权政策的影响，购买土地的农民，巴黎工业无产阶级的成长，1788年的歉收——这些都是他分析的基本材料。革命的紧张局势是在阶级结构的框架中加以描述的。的确，托克维尔和他的同时代人马克思一样错误地把他所描述的历史群体看成完全是铁板一块——未能强调主教与神父、文官与武官、富裕农民与贫穷农民之间的对立——就像他所崇拜的启蒙哲学家们表现出的任何时代的思想家都不可能有的一种理论上的一致一样。尽管如此，他在方法论方面还是迈出了决定性的一步。他说："我谈论各个阶级，唯有他们应该占据历史。"

托克维尔在《旧制度与大革命》中对各社会单元的论述虽过分简单化，但他善于发现各阶级内部的细微差别的能力弥补了上述缺陷。他一方面蔑视那些大量乞灵于"种族"和"气候"之类可以作多种解释的字眼的人，另一方面也蔑视那些一味堆砌事实"粪堆"的人，决心揭示那些明确的和合乎逻辑的联系。如有可能，他就设法进行比较——如在纳税和实行统治的英国贵族与逃避纳税和不进行统治的法国贵族之间，在没有受到怀疑论攻击的英国教会与易受攻击的法国教会之间，在欢迎革命的莱茵兰和巴黎周围进步的有地农民与反对革命的旺代省的落后农民之间，在法国和欧洲其他地区存在的开明专制统治或封建统治之间进行比较。明确的答案并没有能够得到，对于证据还要用怀疑的态度进一步加以检验。在米什莱看来饥荒是一场危机，而托克维尔则认为日趋兴旺的繁荣才是更强有力的革命力量；封建赋税之所以遭人痛恨并非因为它们是压迫性的，而是因为它们失去了存在的理由；农民之所以忧心忡忡并不仅仅是因为他们处于苦难之中，而是因为他们孤立于所有其他阶级之外；人民起来造反不是在他们的处境日益恶化之时，而是在他们看到有机会改善自己的处境之时；对于一个坏的政府来说，最危险的时刻是当它试图进行改革的时候。这类固定的说法今天已在史学研究中普遍使用，而它们最初是在阿历克西·德·托克维尔的头脑中形成的。

《旧制度与法国大革命》对革命史的研究产生了巨大而持久的影响。它既鼓励了综合性论述，也鼓励了探索性研究。左派采用了它的方法，即研究阶级间的紧张关系，右派则按照它提供的线索为革命前的法国恢复名誉。然而说来也怪，该书直接带来的唯一重大的成就是在外交史方面，而外交史是托克维尔所回避的。索列尔在概括说明他的《欧洲与法国大革命》（1885—1904年）时说，"法国大革命在许多人看来似乎是颠覆欧洲的旧世界，在另一些人看来则似乎是欧洲旧世界的新生，是欧洲历史自然和必然的结果"。托克维尔在行政体制和农村中发现了法国历史的连续性，而索列尔则是在大使馆里和战场上发现这种连续性的。专制统治、民族统一和天然国界是理解旧王朝——以及革命政府——时期外交政策的钥匙。索列尔这个诺曼底实业家的儿子与托克维尔这个诺曼底贵族的儿子有许多共同之处。他们都富有，有文化，具有世界眼光（两个人都打破习俗娶了外国妻子），对国家事务和写作活动都已有经验。他们着手研究大革命时都已成熟，很有自信并能够兼容并包。他们都厌恶恐怖统治，为战争感到遗憾,但他们都坚持认为:大革命由于其深刻的根源和持久的成就,乃是法国历史不可分割的一个组成部分。这样一来,他们就都将自己关于连续性的论点推向极致。《欧洲与法国大革命》以对拿破仑作出宿命论的辩解而结束,而在《旧制度与大革命》中则作出了一个未经证实的推论:旧制度、大革命和19世纪的行政制度同是一个连续不断的现象。如果托克维尔能够完成该书的第二卷的话,他肯定会把恐怖统治和革命专政与消除差别的平均主义,而不是与战争联系在一起的。关于大革命的恐怖统治乃是其总的根源而不是偶然条件的产物的推论,曾是极端反动的流亡贵族所欢迎的推论之一,不久又被泰纳的系统而又轻率的妙论所采用。

托克维尔具有悲观主义的洞察力,泰纳则具有悲观主义的狂热。按照保罗·布尔热的说法,泰纳认为历史乃是"机遇为心理学家们进行的一场大规模的实验",如果是这样,那他在任何情况下都会去研究大革命这个暴露出民族心理的历史阶段的。① 然而,事实上1870年的战败和巴黎公社驱使他担负起对他的民族进行病理诊断的责任,去追溯就像是导致两个手指坏死一样导致丧失阿尔萨斯—洛林的恶疾的根源。关于泰纳1871年是由于恐慌而变成反动分子的说法是不可信的。他以前的通信可作为反证。色当战役的失败和内战的爆发产生的基本影响是使他的达尔文式的悲观主义变得激进和彻底起来。另外一些学者,如勒南、埃米尔·蒙泰居和库塞尔-瑟内伊,将大革命视为脆弱的爱国主义以及中央集权统治和官僚制度陷于瘫痪的开端,而法国正是被这些东西毁掉的。但泰纳在撰写他的《当代法国的由来》(1876—1893年)时,其痛苦心情远远超过同时代的人。他剩下的唯一信仰——对科学的信仰——正在崩溃,千方百计地想把这种信仰与18世纪启蒙哲学家的具有腐蚀作用的"理性"加以区别。作为一个宿命论者,他无法愉快地接受必然性这个概念,因为他的宿命论具有强烈的道德含义,就像他喜欢与之相对比的詹森主义者和加尔文主义者的宿命论一样。"善与恶就像是糖和矾两种产品一样",人类和民族是由种族和周围环境形成的——但它们仍然要受到严厉的道德裁

---

① 或许以他1860年(指责卡莱尔把大革命描绘得过于阴暗时)说过的话——"这里不缺乏慷慨和热情"的精神。

判。法兰西也要受到这样的裁判。希望事情出现另外的情况而逃避裁判是不可能的。泰纳的通信表明，这种不可避免论总是萦绕在他的脑际——"我们在1789年背离了我们的自然演变进程"，"当时有两条路可走"，"只需再多一点共同意识……"这种内心的紧张状态使批评的锋芒更加尖锐，随着《当代法国的由来》一卷接一卷地问世，人们逐渐清楚地看到，它包含着一种对所有各方——君主政体、大革命和帝国——历史上的各种理想的全面谴责。该书不是一部进行宣传的著作，至少它不支持任何事业，也不鼓吹任何救治办法。历史给人们一种苦涩的知识方面的满足。正如施本格勒后来所说，最好是"走到底层去观察"。

评论泰纳的人一致认为，在他身上两种不同的灵感奇特地融合在一起，一种是诗的灵感，另一种是逻辑的灵感。他的自我表白说明，在1862年时他意识到某种变化，第二种倾向占了上风，修辞的才能和思想上合乎逻辑的归属，越来越受到闪电的火花和激烈的感情的支配。在泰纳自己看来，他的"方法"是"科学的"，建立在仔细研究的基础上，就像他极端崇拜的德意志的史学研究一样。这种方法从孔德的实证主义社会学的角度寻求各种规律，像动物学家和地质学家那样将事物分门别类，按照居维叶的方法，通过详细研究特定的器官来推断有生命的整体的秘密。然而，泰纳以一种超出动物学家和地质学家的爱好，实际上是以他所崇拜的主要大师斯汤达尔和巴尔扎克的爱好来钟情于他那些"小事实"的无穷无尽的含义，并以一种接近于卡莱尔和米什莱的"复活"的强烈感情把这些含义加以具体阐明。他的科学现实主义更像是一种艺术现象。史学之于泰纳，犹如文学之于福楼拜、左拉和莫泊桑。每一个敏锐观察到并认真记录下来的细节，都是以绝望的磷光为背景来显示出其轮廓的。

"所有经过精心选择的小事实……就是今天整个科学所具有的材料"——它们也构成那个时代自然主义文学，和以"密集冲锋"的军事战术为基础的散文风格的基本内容。泰纳在他的这些事实中间寻找线索，以便能使他得出概括性解释的公式：构成一个人性格的秘密的是"主要的才干"（faculté maîtresse），左右一个历史时期特点的是"环境"（milieu）。一旦找到了这种公式，就能够开始作出体现所有事实的解释。这一著名的"方法"毫不留情地将解释上的各种细微差别置之不顾。正如圣-伯夫所说，在大的历史因素与各个人之间，各种各样的原因都有存在的余地，"不把握这些原因，就不可能作出任何解释"。各种事件是在单一的国家环境中，而不是在千差万别的社会环境中在不同层次上向前发展的。历史解释变成了铁板一块：摄政时期、① 路易十五和路易十六统治时期的宫廷变成了一幅静止不变的画面；斑斑点点的亮光和阴影构成的叛乱四起的土地变成了一片模糊；由"18个"样板构成的"无政府状态"；救国委员会或革命法庭这样的机构和拿破仑之类的人物都被描绘得绝妙地凝固成一个姿势。

在泰纳之前，还没有任何人如此生动复杂地说明过革命形势；在此以前和以后也几乎没有人敢于把整个复杂形势纳入单一的公式。革命精神被描述成由"科学精神（l'esprit scientifique，完美无缺的）和"传统精神"（l'esprit classique，一种由纯粹理性的抽象论证而产生的破坏性精神——"推理的理性"［la raison raisonnante］）所构成的爆炸性混合物。由此而产生了集中体现于卢梭的《社会契约论》中的人民主权的教义。这一教义从文学中传下来，通过咖啡馆里的政治家传给了街头暴民。这是一种"致病的细菌"，进入一个患了病的社会的血液，导致精神狂乱和惊厥。这里的假设，即认为17世纪和18世纪的著作包含一种统一的意识形态，而且认为思想乃是原动力（而不是结果或其他因素的外在形式），并未得到证实。仅仅一张从笛卡儿到卢梭的曾服务于"推理的理性"的思想家的名单，其本身就是一个反证。泰纳提出了"传统精神"这一公式，而他却不仅成为他的研究方法的受害者，也成为他的气质的受害者。就研究方法而言，他对18世纪的描述没有把发展变化的情况包括进去（他忽略了宫廷与高等法院之间的斗争），并使自己受到心理学概念的广泛影响。由于气质的缘故，他不愿意论证出现骚乱是有其原因的，因此尽管他把旧制度下的苦难状况描绘得十分阴暗，但他在解释大革命时仅仅把这摆在次要的地位。他是从研究文学史（他曾说他愿意用一百卷外交文献换取切利尼的自传②）转而研究一般历史的，因此往往在

---

① 指路易十五未成年时由奥尔良公爵摄政的时期。——译者注
② 切利尼（Benvenuto Cellini，1500—1571年），意大利金饰工艺家、雕刻家、作家。其自传曾流传全欧。——译者注

他最熟悉的这一领域中寻找中心论题。知识分子很容易相信他们宿营的思想营地驻扎着将出发去征服世界的军队。

革命精神有自己的工具——雅各宾派。他们在整个民族中是少数，来自资产阶级下层和人民的上层，受到那些革命的抽象概念的煽动。这些概念也许会暂时影响青年人，但只有在一个处于解体过程的社会中才会形成持久的狂热。雅各宾派是在《社会契约论》的旗帜下集合起来的。他们没收财产，摧毁家庭生活和宗教，并利用丧失了一切传统约束的社会所泛起的渣滓——"患癫痫病和道德败坏的乌合之众"——来达到自己的目的。泰纳用"传统精神"，信奉这一精神的雅各宾派，以及泛起的沉渣，完成了他对革命恐怖的解释。在谈到巴士底狱的陷落时没有提及王家部队的集结，流亡贵族被赶走犹如路易十四驱逐新教徒一样；在论述6月20日和8月10日的起义以及9月的大屠杀时只是偶然提到战争和国防。欧拉尔说，这就好像描述1870年12月巴黎居民蜷缩在地下室中，靠任何能入口的东西充饥，而却掩盖了德国军队正在包围着这座城市一样。泰纳笔下的革命者还不仅仅是一些狂热分子，由于泰纳不写他们为生存而进行的斗争，他就把他们的行动贬低为毫无意义的歇斯底里了。

《当代法国的由来》一书的论点带有偏执狂的色彩，就像其作者笔下的雅各宾党人一样。在怀有敌意的严厉的批评下，它搜集的丰富资料也显得软弱无力了。然而，泰纳的偏见和"科学"对史学研究产生了巨大的影响。尽管他偏爱回忆录，而对目击者的证据抱有偏见，但由于他搜罗的范围远远超出报刊和官方报告，并注意对他的原始资料进行交叉研究，从而显示出大量收集新的文献资料的各种途径。对他来说，法国既包括巴黎，也包括外省，他的历史著作既涉及政治，也涉及经济和社会，如果说他没有完全实现他在其英国文学史中提出的理想——了解在工场、办公室和田野中的卑微公民——的话，他至少在努力从暴民和造反的农民身上十分贴近地去了解他们。别的历史学家把注意力集中在首都发生的官方"不可避免"的暴力行动，而泰纳却以他喜爱的一些小说家所特有的那种能够洞察卑鄙的动机和可怕的事件的眼光，将外省发生的无法无天的暴行也写进了编年史。"人民"这个米什莱笔下的光荣神话，在他以悲观主义的态度认真审视后，将之分解成各个组成部分，而大革命如果说是一场贯彻始终的革命的话，那也似乎只是少数人所为。泰纳认识到英国在政体方面，德国在哲学方面，北欧国家在文学方面更胜一筹，这一点或许具有重要意义。他在求学方面曾经历过一段学徒生活，这使他摆脱了爱国主义的偏见。他对大革命的谴责，既不是为了维护波拿巴主义，也不是为了维护正统。君主政体是自掘坟墓，理论家们摧毁了文明的最后屏障，贫民窟的人们任意发泄自己的欲望，而一位暴君则抓住了自己的机会。这就是法国大革命。

《当代法国的由来》的第一卷于1875年问世，当时法国的历史研究正在经历转变。多方面的影响促成了这一变化：德意志的学术成就，巴黎文献学院的建立，勒南和菲斯泰·德库朗热的影响，迪律伊在帝国晚期实行的教育政策。1876年，曾根据泰纳的建议前往德国学习的莫诺，仿照德国的《历史杂志》创办了《历史评论》。在以后的30年中，出现了十几种重要的史学期刊，包括《法国革命》杂志，到1894年史学研究专业训练在高等教育中赢得了自己的地位。[642] 革命史研究的关键变化在此以前八年即已发生，这年巴黎市政当局出资在巴黎文学院设立了革命史课程，欧拉尔任第一位教授。在以后的36年当中，他除发表了大量有创见的著作外，还出版了30卷的文献资料——这是一个惊人的成就，正如科尚和马蒂埃意味深长地指出的，除非是祭起某种决定性的方法和雇用了"魔鬼"，否则这是不可能做到的。欧拉尔还激励他人在他的领域从事广泛的研究，勒努万、卡昂、布拉厄施、索德里姆小姐、帕里塞和马蒂埃（这位弟子后来与老师分道扬镳，并胜过了老师）都是他的学生。法国的史学研究发生了某种"工业革命"，其特征是详尽细致地研究，有分工，有专业，从而大大增加了研究成果。

进行学术调查的社会环境也发生了相应的变化。给予巴朗特、基佐、布罗伊、托克维尔、奥松维尔和（经过不光彩的拖延之后）泰纳以最高地位的法兰西学院虽仍然给予其历史学家——索列尔、拉戈尔斯①和马德兰——以荣誉，但学术重心已经转移到了教育界。教育界在学术上注重内省功夫，搜集资料严格而精确，政治气氛倾向于共和派和德雷福斯派。历史家学如塞、奥塞尔、塞诺博斯、欧拉尔和马

---

① P. 德·拉戈尔斯尔：《大革命宗教史》，5卷本（1909—1923年）。该书在感情上倾向于天主教。

蒂埃等都是人权同盟的成员,该组织争取释放德雷福斯所遵循的理想使人们永远不会忘记,并且聚集了那些愿意"在大革命这一共同基础上"联合在一起的不同派别的共和主义者。欧拉尔对他的信念直言不讳:"我是大革命恭顺而怀着感激之情的儿子,因为它解放了人性和科学。"① 在德雷福斯案件和废除政教协议上发生斗争但取得胜利的第三共和国,在1789—1794年间的事态发展中找到了自己的先驱并受到鼓舞,对过去的崇拜不仅影响了政治,也影响了学术研究。皮埃尔·拉塞尔讥讽地说,这就是"教育界的官方理论"。这样的嘲笑虽有一定的道理,但不公正。尽管欧拉尔本人为激进社会主义者的报刊写过许多文章,并认为非教会学校使梯也尔的保守的共和国转变成民主的和非宗教的共和国,又为各学校编写了反教权的和共和主义的教科书,但他仍认为他的专业研究是严格的不偏不倚的。他曾说过,"你越是决心要将政治排除在你的科学研究工作之外,你就越有责任在其他方面专心致志于政治"。欧拉尔傲慢的自信和马蒂埃好斗的武断态度在今天早已是不合时宜了,但重要的是人们不应忘记这些著作家驾驭资料的杰出能力看来其前人是不可能达到的,而在他们之后也很少有人能够企及。他们不够谦虚,但并非不真诚。他们的不足之处,像泰纳一样,尽管表现不同,但都是由于过分依赖"科学的"方法而造成的。这种方法就像朗格卢瓦和塞诺博斯在一部著名的手册中所概述的,是以"历史只不过是利用文献"这个前提出发的。历史被认为并不是对我们提出的有关过去的问题的回答,而是一些由证据确定的孤立的"事实",并按它们原来的样子重新拼到一起,就像一幅被地震破坏了的镶嵌画一样。19世纪末在法国发展起来的"科学的"历史,在批判性的学术水平方面是杰出的,然而由于存在一种错觉,认为要做到不偏不倚只需克服个人因素,即观察者的散光症就可以了。几乎没有人看到在对待宗教或各种理想的冲突时需要同情心。历史被等同于一种方法,很少考虑到也许可以称之为历史的"认识论",即历史知识的性质以及必然性的问题。

欧拉尔在谈及大革命时说,"为要理解,就需要热爱",而这是

---

① 欧拉尔在他的刊物《法国革命》上发表了一系列文章评述研究大革命的历史学家,这些文章对本文主题具有难以估量的价值。

一种他在研究与之相当的其他主题时不愿采取的方法。他拒绝将自己的研究课题看成是法国历史上一个平常的时期,或者将当时的每一个严酷的事件都从其本质上加以论述。相反,大革命就是"1789年的人权宣言以及实现这一宣言的尝试",是法国历史上一个独特的鲜花盛开的持续过程。假如欧拉尔听到有人谈到两千年前历史上另一个独特的阶段时将基督教定义为"福音书以及实现它们所宣讲的教义的尝试",那么他一定会头一个站出来断言这是对特殊性的诽谤,并揭穿这种轻易否认存在各种迷信的和不容忍异端的事件的做法。这种宗教性质的对比具有一定启示作用,因为欧拉尔同米什莱一样,认为1789年创立了一种世俗的和人道的宗教,这正是现代进步的起源。他在1906年宣称,在当今世俗共和国战胜"神权原则"之前,在法国撰写科学的历史著作的尝试的条件肯定是不成熟的。这是一种需要孔布和克列孟梭这样的人鼓吹的奇特的公正态度。广泛传播这位历史学家所作出的结论的声音,常常带有世俗宣讲团(Mission laïque)宣传委员会主席的口气。

　　米什莱用诗的语言所表达的东西,欧拉尔用带有学术气息的散文来加以表达。各联盟①的精神,共和二年②军队的精神,就是大革命的精神。而既讲求实际又梦想通过教育实现进步;既热爱和平又如烈火般号召爱国抵抗运动的丹东则是大革命的英雄。孔德和米什莱(还有伏尔泰)对欧拉尔的思想形成起了主要的影响。欧拉尔将他们那种崇尚积极进取和抒发感情的精神,与近期对丹东的"腐化堕落"或他对九月大屠杀③应负的责任这类问题的研究所得出的结论结合起来。米什莱关于"人民"的概念再次流行起来,不过加上了实际的限定——"条件是把法国人民看成是有组织的群体,而不是乌合之众"。自发地聚集在爱国的市政当局周围的人民、国民自卫军和军队乃是大革命的动力。欧拉尔曾指责泰纳从17个例证便得出"普遍的无政府状态"的结论,而他也在更大的范围上犯了类似的错误。他没有充分排除报纸或担负使命的代表们之间的通信这类史料中的宣传成分。他在撰写政治史时忽视了其阴暗面和动机中的个人气质。他把

---

① Fédérations,指1789年革命时由各个城市的国民自卫军自动组织的联盟。——译者注
② 即1793年。——译者注
③ 指1792年9月巴黎大批屠杀被监禁的囚犯的事件。——译者注

注意力集中在一些"官方集团"如立法议会、俱乐部、市政当局、庞大的革命官僚机构、持反对态度的部队等，而对社会集团以及造成它们分化的经济问题却很少谈及。他自以为正确地设想数百万不知其姓名的人思想上是一致的，对大革命忠心耿耿，而实际上这些人的看法并没有记录可查，经常只能是靠推测。他宣称（从最严格的意义上讲）大革命以拿破仑的加冕而宣告结束，其理由是具有启发意义的。政教协定和巴黎圣母院的仪式基本上是"反革命"行动，背叛了人道这一新的信念。而当渴望得到面包和荣誉的巴黎工人欢迎他们的主人并使共和派资产阶级陷于无能为力的状况时，行动的主要动机就被违背了。"自由派与人民之间的分裂正是从这一时刻开始的。在很长一段时间，民主与普选权似乎成了与自由互不相容的东西。"当世俗原则被抛弃，"人民"的团结一致遭到决定性的破坏后，大革命就结束了。

从梯也尔和米涅起，某种类似"环境论"的看法成了为大革命进行辩护的人们所接受的理论。甘必大的报纸《法兰西共和报》刊登的阿弗内尔的文章《革命的星期一》为这种理论提供了具有代表性的说法：1789年并没有共和运动，当时或此后也都没有"共产主义"理论——极端行为仅仅是对特权阶层的反抗所做出的反应。欧拉尔接受了这一环境论，并提供了大量文献资料加以支持。直到瓦伦事件之前，共和主义并不是一支举足轻重的力量，导致君主政体垮台的乃是普鲁士的入侵。那时的革命政党与19世纪的不同，没有纲领，革命宪法也并非以系统的理论为基础。《人权宣言》的某些思想是从美国某些州借鉴而来的。1791年的宪法是妥协的产物，1793年的宪法是权宜之计，而共和三年的宪法则是积累起来的恐惧的反映。恐怖统治是对国内战争和对外战争的回答以及对特权的反抗，是"在特殊环境驱使下具有自由与和平意图的一代普通人"所采取的最后手段。尽管这些结论并不新鲜，而且其中有些过于简单化，因而不能公平评断历史的复杂性，但欧拉尔的解释还是很高明的。从此以后，类似泰纳那样的指责大革命的思想奇特的文章便没有了立足之地。后来研究大革命的著作都不得不尊重根据所处的环境和出现的危机而撰写的编年史。

欧拉尔作为一个温和的共和派，是反对社会主义的。他承认

1789年的原则为极左派提供了某些支持，但坚持认为变革应该是逐渐进行的。大革命中社会主义者所赞赏的东西，他都认为不过是应急的权宜之计而不值得重视。这样的冷漠传统不大可能使巴贝夫的门徒们满意。然而，暴力行动具有一个特点：能够把自己造成的分裂局面让人们误以为是由理论造成的分裂局面。于是，人们对恐怖时期的记忆，以及后来对公社的记忆，促使法国社会主义者分裂成主张改良的可能派和拒不妥协的盖德派。因此，左派对大革命的阐释没有继承下来一个现成的公式。他们不得不确定经济决定论在多大程度上适合于他们的论点；他们不得不在罗伯斯庇尔与埃贝尔之间、在起进步作用的资产阶级与反对无产阶级的资产阶级之间作出选择。最后，他们不得不在暴力改革与非暴力改革两种理论之间作出选择。饶勒斯的《社会主义史》（1901—1905年）很大的优点在于，在以上的所有抉择中，作者都作出了最文明的选择。他开宗明义地表示，"我们计划从社会主义的观点出发，向人民，即工人和农民，详细论述1789年至19世纪末发生的事件"。很少有历史学家如此直率地公开声明自己的倾向，而又能如此恰当地避免受偏见的影响。饶勒斯是一位政治家，同时也是一个知识分子。他以仅次于柏格森的名次毕业于巴黎高等师范学校。他是一个热情的社会主义者，但仍然是一个主张和平的人，急切希望"将无产阶级革命从一直与资产阶级革命相联系的流血和仇恨的坏名声中挽救出来"。思想并不受经济决定论的支配；他明确坚持认为思想有赖于一个由资本主义创造的新的社会阶级的出现，以实现决定性的变革。法国大革命，就其实质而言，是资产阶级取得政权，但是资产阶级与无产阶级之间的阶级战争的思想当时还没有充分形成——例如，勒沙普利埃法[①]的通过并未引起人们的注意——中产阶级将财产视为自由的基础，作为真诚悔罪的结果，并且"在当时环境条件下，他们是代表所有的人讲话的"。饶勒斯在对内、对外政策方面都是和平主义者。他没有被爱国主义的幻想冲昏头脑，认识到欧洲的"专制君主"更愿意避免同革命的法国作战，因而惋惜失去了通过和平改革转变世界的机会。《社会主义史》尽管充满激

[①] 1791年6月14日，担任法国国民议会议长的勒沙普利埃提出并通过的法律，宣布一切工人或雇员的结社均为非法。——译者注

情和冷嘲热讽,但在某种程度上与《旧制度与大革命》一样平心静气。托克维尔和饶勒斯都是从社会集团的角度来解释历史的;他们将有文化修养的人的敏感性和那些了解在人类事务中活动的局限性的政治家的现实态度带入了这一研究领域。他们还带来一种相对而言置身事外的人所具有的那种不偏不倚的态度。他们本人所效忠的阶级在他们看来其利益处在大革命的边缘——一个是已成明日黄花的贵族,一个是时日尚未到来的无产阶级。

饶勒斯的研究范围虽广,但只是一段插曲,而且是非专业性的。而他弟子马蒂埃却将教育界新科学知识的全部影响带给了大革命研究的社会主义学派。他的大量著作中对大革命的阐释和饶勒斯的一样都不是"马克思主义的"。马蒂埃强调思想和个人在历史中的作用。事实上就我们所了解的真实情况来看,他与欧拉尔的分歧始于对思想运动的不同看法,而在有关人的个性的争论上达到了顶点。他的博士论文认为,大革命中的宗教实验与思想运动有着深刻的联系,而不是像欧拉尔所认为的那样是国防方面的权宜之计。[①] 在出现这最初的观点分歧之后,这两位历史学家在对丹东和罗伯斯庇尔的性格的解释上产生了决定性的分歧。罗伯斯庇尔是马蒂埃的偶像——"我们为他一生的教诲和他死的象征意义而热爱他"。丹东沉溺于腐化堕落,而罗伯斯庇尔旨在重新分配财产使之有利于穷人的风月法令则是革命理想主义的顶峰。马蒂埃从阶级和经济力量的角度来解释大革命(有时考虑得太不成熟——如在一个简单的对比中他将吉伦特派等同于财产和商业,将山岳派等同于工匠和消费者),但是在他看来,真正的大革命说到底是由少数理想主义者构成的,他们陷于孤立,甚至被他们为之服务的那些被剥夺了继承权的群众所误解,为试图强行实现社会正义而与腐败的人们进行毫无希望的搏斗。

在马蒂埃颇有影响和学术价值的历史著作中,饶勒斯的理想再度获得生命,不过没有他那种平和的态度。资产阶级"愚弄"了人民。他们的所谓国民自卫军主要是防止抢劫活动的组织。对罗伯斯庇尔所反对的宣战提出了指责,而对恐怖统治却进行了辩护——那并不比在

[①] 不过马蒂埃后来在一篇研究教士公民组织法的文章(1911年)中十分强调制宪议会与教会之间破裂的经济原因。

世界大战中枪毙逃兵更坏,而且最后在罗伯斯庇尔、库东和圣茹斯特手中成为"锻炼未来民主的红色熔炉"。马蒂埃对每个人物的评判是严厉的,运用心理学的基本原理,以是否忠于大革命这一主观原则为基础,根据其名声如何用锋利的刀刃任意砍杀。吕西安·费弗尔说他是坐在审判者的位置上,"外表上道貌岸然……好像是法律影片中的检察官,或者情节剧中的一个富基埃-坦维尔式的人物"。① 尽管如此,人们很难对马蒂埃的无情感到遗憾,因为正是由于这样才使他在解释大革命方面所作的贡献更具有决定性的意义。虽然他曾在一本著作(该书出版于 1916 年,这也足以说明问题)中,以一种富于情感的词句谈论爱国者和享有权利的人民,但该书的整个倾向,是要打破由米什莱广为传播和由欧拉尔偷偷带进学术领域的关于"人民"的神话。在另一方面,马蒂埃似乎像是左派的泰纳,因为正如泰纳重新挖掘农民起义这一研究领域一样,马蒂埃埋头研究巴黎的下层社会——密探、团伙头目、贪财的记者、军队的承包商、警察的密谋。从右派方面,观察者们长期以来一直密切注视混乱的局势,希望从中寻找出蓄意策划的正式阴谋,现在暴露出从左派的高层中有可能看到实际的和形形色色的自私阴谋,像霉菌一样在混乱时期的黑影中繁衍滋生。

这种失之偏颇和过分渲染的看法,加上社会主义原则的影响,以及正经历着适应全面战争而运转的经济,就把马蒂埃的才华引向经济史的研究。在很长时间里,普鲁东对历史学家的嘲笑——"他们编写的是法国大革命的剧本"——一直保持着影响。当然,在这之前曾有过托克维尔,还有勒瓦瑟埃关于工人阶级历史的开拓性著作(1859—1867 年),以及巴尔扎克的小说的潜意识的持久影响,但是决定性的变化只是到了 19 世纪将结束时才出现。当时,由于有在俄国的经历而倾心研究农民经济的卢奇茨基②发表了研究农村小地产和出售国家地产的学术著作(1897 年),六年之后,饶勒斯又说服政府设立了一个委员会,出版有关大革命经济史的文献。马蒂埃一直没有

---

① 法国大革命时期革命法庭检察官,在恐怖统治时期颇有权势,以铁面无私著称。自称审判过包括路易十六的王后玛丽·安托瓦内特在内的二千余名反革命分子。——译者注
② 卢奇茨基(1845—1918 年),俄国历史学家,有 16 世纪法国宗教战争、大革命前夕法国农民史方面的著作问世。——译者注

机会仔细研究法国农民、封建赋税和土地占有体制。在他的综合史（1922—1927年）中，这些题目只是轻描淡写地加以论述，但是在他的晚年，他集中精力研究战争和恐怖统治的经济背景。《昂贵的生活费用与恐怖统治时期的社会运动》研究的是通货膨胀和一系列食品供应危机以及伴随而出现的思想运动——旧制度下调节经济的各种理论在下层阶级中依然存在，而资产阶级则要求实行自由贸易。第一个最高限价法令被看成是山岳派为争取忿激派的支持反对吉伦特派而付出的代价；恐怖统治是普遍实行最高限价法令的手段，而热月政变则确定了资产阶级通过经营廉价地产和由于通货膨胀而取得的胜利。《昂贵的生活费用与恐怖统治时期的社会运动》发表于1927年。在此之前三年，M. 勒费弗尔的杰作《法国大革命期间的北方农民》问世。大革命的研究进入其最重要的阶段——详细研究社会变革背后的经济结构与各种力量。①

欧拉尔将大革命视为自己的采邑，由他征收贡赋的私人领地。马蒂埃曾这样说过，而他自己也非常无礼地对待侵入这一领地的人。那些欲染指这一领域但无力与教育界的专家们竞争的保守派，由于受到法兰西学院的赏识而得到慰藉。该学院曾将戈贝尔大奖（Grand Prix Gobert）授予马德兰②的法国大革命史（1911年），并接纳加克索特和班维尔为院士。第一次世界大战后，对"通俗化"的史学著作有了极大的需求。单调乏味的环境中的大众教育以及陷入悲剧性变革过程中的不安感觉，造成了一种留恋如画往日的怀旧感和渴望得到轻松愉快的解释的心情。为迎合这种情绪，右派历史学家撰写了一些很有文采的教本——如芬克-布伦塔诺关于旧制度的（1926年），加克索特关于大革命的（1928年），以及班维尔关于拿破仑的（1931年）。所有这些著作尽管风格不同，但都是爱国的。加克索特并没有被军事上的胜利所迷惑，但他尽可能将社会的瓦解归咎于德意志文学的影响和格林、卢梭、本杰明·富兰克林和内克尔等"外国人"身上。另一方面，马德兰则对民族主义战争的英雄们顶礼膜拜——丹东是"一个彻头彻尾的法国人"；卡诺运筹帷幄；波拿巴和他的元帅们则

---

① 1933—1934年，施内尔布、布雷施和哈里斯开始发表研究税收、金融和指券的论文——马里翁的著作（1919—1921年）为之奠定了基础。

② 1900年，马德兰发表了一部富歇的学术性传记。

在两翼等待再创下一幕的辉煌史剧。相比之下,路易十六则受到冷眼看待。他是一个血管中毫无亨利四世血液的可怜的国王,真不愧是在被废黜中度过一生的斯坦尼斯拉夫的外孙。① 尽管右派的爱国主义性质各异,但他们描述的旧制度下的法国的面貌则是一样的。托克维尔为恢复旧社会的名誉提供了线索,从此就有人鼓吹建立一个由职能集团和有机组成的各地区构成的国家的理想。如拉图尔·迪潘的社会天主教理论,勒普莱对大革命期间有关遗嘱的立法造成的"不稳定家庭"的研究,迪尔凯姆的社会连带主义和迪吉的多元论,以及米斯特拉尔的传统地方主义。地方上的文物工作者公开了大批吸引人的古物,使巴博得以写出描绘乡间生活的随笔,西卡尔神父得以唤起人们对高卢教会独立时期丰富多彩的往日的回忆。旧制度的丰富多彩是很引人入胜的。饶勒斯和马蒂埃由于强调由新兴的资产阶级创造的巨大繁荣变化,也起了促进作用。右派乐于利用这一证据,将之也用于农村生活(根据是农民向收税人隐瞒了他们的实际财富),再加上一些关于巴士底狱如何舒适、密札具有宗法性质的奇闻逸事,并通过与20世纪过度中央集权的不光彩的法国相比较来增强其说服力。

那么流血的革命是如何从旧王朝风平浪静的日子里发生的呢?或许可以从不安分的少数人中间往往邪恶思想容易发酵滋长这一传统中找到答案。不过自从社会主义兴起后,左派也对这样的解释表现出令自己尴尬的兴趣——只是把贬义的形容词去掉了。② 1904年,保守派分子法盖宣称,各种陈情书证明"1789年的原则根本就不存在",而驳斥他的则是马蒂埃。团结一致而自发行动的"人民"的神话一旦被打破,而且一旦人们普遍接受革命活动只是由少数人进行的这一观点,那么,革命乃是知识分子策划的阴谋的论点就开始失去其作为右派论据的战略价值。既然连奥尔良分子的和外国的阴谋都可以利用,而且大批野心家在一切合理的改革都实现以后很久仍然为了个人利益而继续保持着激昂的情绪,那为什么还要责怪那些虽反复无常却能蛊惑人心的情报呢?这至少是马德兰的解释,而且在1911年,右翼史

---

① 亨利四世系法国波旁王朝的第一代国王。路易十六的祖母系波兰逊王斯坦尼斯拉夫一世之女。——译者注

② 布尔什维克革命表明,革命者是如何为少数人所起的教育作用而自豪,托洛茨基就是如此。而克伦斯基则辩称革命是"在沙皇制度崩溃的混乱中诞生的",持环境论的观点。

学研究似乎正逐渐采取一种玩世不恭的波拿巴主义的观点，认为这场革命包括各种根本不相同的利益，并且是玩弄计谋，各种思想只不过是一种掩饰而已。有人认为并没有出现这种情况，并认为右翼又重新回到流亡贵族和泰纳的传统，这是科尚的思想倾向造成的结果。科尚是巴黎文献学院的高才生。他精通档案，这使他堪与教育界那些大史学家相匹敌。欧拉尔为了探索泰纳的真面目，花费了他生命的两年时间；而科尚一个独到的回答（1909年）就使情况完全改变，并新创了从此以后用来概括关于革命起源的两派观点的著名词语——"环境论"和"阴谋论"。"阴谋论"虽然听起来颇富戏剧性，而且科尚为证明和界定这一论点而作的研究始终没有完成，但是他的两部主要著作，关于勃艮第地区全国三级会议代表选举的研究（1904年）和他去世后发表的《思想团体与布列塔尼的革命》（1925年）表明，他进行的调查研究要比人们设想的更细致而较少戏剧色彩。他蔑视共济会"斗篷短剑"式的或奥尔良分子的各种阴谋理论。他曾告诉莫拉斯，他正在探索的"独创的体系和神秘的和谐关系"是社会学分析的一个网络，而不是一只毒蜘蛛居于中心的蛛网。为了替泰纳辩护，他抛弃了泰纳对暴民的那种固有的恐惧，而回到托克维尔关于民主运动存在着实行暴政的固有危险的论点，并用奥斯特罗果尔斯基揭露出来的在选举的虚伪外表下面政治"机器"运作的情况来加以论证。他在共济会支部、文学社团以及成千上万地方团体和协会中发现了宣传革命理论的活动，以及这些组织在选举全国三级会议代表的选举中操纵选民的初步迹象。关于18世纪的革命理论有大量著作问世，而在其他著作中，在专门研究历史的那部分著作中，对贵族的反叛和新兴的资产阶级进行了研究——科尚的著作则涉及这两者之间的关键问题：思想是驱动各社会阶级和事态发展的力量。当对旧制度末期的阶级结构的研究正在把"资产阶级""贵族"和"农民"这样一些简单划分的类别分成相互冲突的利益集团时，就更有必要对1789年它们之间的明显团结一致加以说明了。科尚的《思想团体与布列塔尼的革命》对如何理解各种抱负和理想结成这一奇异的联盟提供了一个公式。

科尚在第一次世界大战中阵亡，欧拉尔死于1928年，四年以后马蒂埃也离开人世。于是M.勒费弗尔成为大革命研究的首要学者。他是经济史研究方面的大师，并且将彬彬有礼的态度带到争论之中，将论点中的细微差别纳入综合分析之中。这时，对大革命的研究已成为颇具规模的学术领域，有专门的刊物、机构和专家。外国学者也加入了大规模调查研究的队伍。法国人对美国独立战争的干预，在史学研究中得到了回报。批判的方法正在结出丰硕的果实，人们只需将勒费弗尔和泰鲁万小姐编辑的全国三级会议文献与欧拉尔的汇编相比较，或者将卡隆精选的有关九月大屠杀的史料与以前对这一问题的研究相比较，或者将卡米耶·布洛赫、塞和勒佐尔把相互关联的陈情书加以编辑发表的方法与以前的编辑者所采用的方法相比较，就可以看出已取得的巨大进步。以统计资料为基础的研究取代了从零星史料概括出一般性结论的研究方法。克拉纳·布兰东对雅各宾俱乐部成员所属的社会阶层进行了分析（1930年），格雷尔对恐怖统治和流亡贵族的社会影响和年代范围进行了论述（1935年，1951年），对巴黎起义的社会构成的研究也取得了进展。对大革命的思想渊源的研究现在也能够求助于莫尔内所提供的有关文学印刷品流传情况的精确材料（1933年）。此外还有关于秘密手稿传播情况的资料。尽管莫尔内提供的资料止于1789年，但其他人正将他这一主题的研究延伸到大革命的年代。M.拉布鲁斯（1933，1944年）将精确的统计引入经济史，因此我们现在已可以将米什莱的"饥饿革命"同托克维尔的"繁荣革命"融入一个以18世纪的物价曲线为基础的单一模式之中了。

历史学家的观点仍然针锋相对。显然，M.勒夫隆持天主教的观点，而M.索布尔是马克思主义者，然而前者并非教会的坚决支持者，后者也并非无产阶级的坚决支持者。像盖兰那样连饶勒斯和马蒂埃都被他指责为缝进了"资产阶级民主口袋中"的专爱进行论战的人已经很少见了。左派承认农民和工人都没有纲领或阶级意识，而两次全面战争使所有各派都认识到危机会带来野蛮行为的必然性。以勒费弗尔的著作为典范确立了其地位的综合方法虽然在很大程度上受益于欧拉尔和马蒂埃，但要更复杂、更广博。在阶级冲突的框架内，强调社会集团行动的相互依存关系和集团内部的分化。例如，资产阶级进行了大革命，但他们是尾随贵族反叛之后进行的，而且在不同程度上同无套裤汉结成联盟。他们胜利地兴起，但是他们无论作为集体还是个人，都并非与开始斗争时的那个阶级完全一样。在一篇短文中，勒费弗尔消除了丹东的信徒与罗伯斯庇尔的信徒之间的斗争。他并没提出新的证据，而只是研究了两个学派所设定的先决条件。尽管环境论仍占据中心地位，但已借助许多细微的差别而加以修正。恐怖统治是一场阶级战争，一场个人仇恨的冲突，一种代替无组织的暴力活动的办法，非基督教化所产生的一种附带现象，对战时经济的承认和保卫国家的权宜之计。并且与从大革命第一天起就存在的对"贵族的阴谋"的恐惧有密切关系。

在对大革命的阐释方面这种一步一步提高的细微变化虽然不能完全解释为由于循着新的方向进行研究所取得的进展，但在一定程度上是由于对历史知识的性质所持的态度发生了变化。这种变化在法国第一次出现是 M. 阿隆从哲学方面向历史学家提出挑战，要他们摒弃实证主义中暗含的"宿命论成分"，而去研究"可以追溯既往的概率"。这种方法意味着必须排除曾迷惑了同时代人的那种认为革命是单一的、不存在性质差别的看法，排除他们出于党派利益，根据支持或反对大的整体而决定其观点的传统做法。这也意味着必须放弃这样的看法，即认为事态发展的主要模式本来是良好的，但"环境"像恶魔一样对它起了破坏作用。在一场大革命中包括许多革命，各有自己的"原因"，另外还有一些"原因"说明为什么所有这些革命又相互交织在一起。如果有人要就这些变化过程进行辩论，每一个都会有其"赞成者"和"反对者"，而且每一个都是与其他变化过程相反的一个因果关系的链条。这些冲突既合乎逻辑又无法预料，正是悲剧的素材，而每一次冲突都会抵消一系列可能性，即可能出现的悲剧。但是，说明如何从现在可资利用的大量新资料和研究方法中产生新的综合法，不是本章的任务——那是真正的历史学家，即那些他们所研究的课题的"君主和立法者"的任务，而不是一个仅仅研究史学著作的历史学家的事。卢梭在他的《社会契约论》的开头说道："假如我是个君主或者立法者，我就不会浪费自己的时间来空谈应该做什么事了；我会去做那些事情的，否则我就会保持沉默。"①

（葛　佶　陈　沫　译）

---

① 中译文引自《卢梭文集·社会契约论》，红旗出版社 1997 年版，第 9 页。——译者注

第二十三章
法国大革命的爆发

在19世纪的历史学家看来,法国大革命在很大程度上是一场各种思想之间的战争,而这场革命的爆发则是一系列政治危机——1787年显贵会议拒绝卡洛纳的税制改革方案,全国三级会议的召开,国王1789年7月11日罢黜内克尔——的多少有些出人意料的高潮,而造成这些事件的背景,则是农民和骚动的城市居民一致聚众而起,在世代积郁的不满和希图轻而易举掠得好处的愿望激励下,等待着同贵族、收税官和城市当局来一次清算。然而在近半个世纪中,这一普遍看法已在很大程度上被饶勒斯、马蒂埃、勒费弗尔和拉布鲁斯等作家的著作所修改,而所有这些作家都或多或少受到马克思的历史方法的影响。随着有关大革命起源的研究领域逐渐拓宽,人们发现有必要更多地注意总的社会和经济因素,尤其是成分极其复杂的农民和小市民特有的不满情绪和社会要求,因此,这些人的介入不再仅仅被看成是对凡尔赛和巴黎的贵族、律师和新闻工作者的言行所作出的回响和反应。人们也更多地注意旧制度下的法国最后25年当中的"封建反动"以及高等法院和外省贵族的目标,正是他们进行了1787—1788年间著名的贵族反叛;实际上有人甚至宣称,这一插曲不仅仅是揭开了1789年种种事件的序幕,而且标志着大革命本身的开场。① 当然这并不是一种新观点:罗伯斯庇尔就这样看,而夏多布里昂则写道:"贵族开始了革命,而平民赢得了革命。"然而就比较普遍的情况而言,近年来研究的结果已将强调的重点在一定程度上从凡尔赛和巴黎转向外省,并将大革命的爆发说成是各种各样的社会力量在1789年

---

① A. 马蒂埃:《法国大革命》(3卷本,1922—1927年)。

夏天发生激烈冲突的那一时刻。

当然，说这些不同的冲突可以追溯到路易十五统治时期——如果不是追溯到"大帝"① 本人统治时期的话——只不过是老生常谈。然而，从路易十四去世到 1789 年的财政大危机这一阶段中，对现存制度提出挑战的既不是殷实的农村地主，也不是持不同政见的资产阶级，甚至也不是投石党贵族——事实最终证明，他们都有各自特定的账要同旧制度算。挑战一方面来自难以驾驭的巴黎和各省的高等法院法官，另一方面来自城乡的小消费者——首先是购买小麦和面包的人——在整个 18 世纪，他们经常同当局发生冲突，往往是暴力冲突。确实，城市中的雇佣劳动者经常由于工资和工时举行罢工；工资往往赶不上食品价格的上涨，特别是在旧制度后期；巴黎的织袜工、书籍装订工、建筑工人和搬运工在 1724 年、1737 年、1776 年、1785 年和 1786 年，里昂的丝织工人在 1744 年、1774 年和 1788 年都举行过罢工（后面几次几乎达到起义的程度）。但是，当时还没有工厂制度和全国性的工会组织，雇佣劳动者同其他小消费者一样，更关心能否提供便宜和充足的面包，而不是自己能挣到多少钱；他们更易于以哄抢食品而不是以罢工来作为社会抗议的形式。然而，城市雇佣劳动者尽管在巴黎和纺织工业中心（里尔、里昂、特鲁瓦、色当、鲁昂和兰斯）人数众多，但在外省的小城镇和传统工艺的故乡则是少数。无论如何，农业短工的人数要比他们多得多，大量的农村小地产所有者、小条植农、分成佃农和葡萄种植者——这些人构成农村人口的大部分，在很大程度上仍靠购买面包和粮食来糊口，在周期性萧条时期尤其如此——的人数就更比他们多得多。② 对这几百万人来说，面包是主要食品，即使在正常年景也要占到他们的开支的 50% 左右。在物价飞涨时——例如 1709—1710 年的饥荒时期以及像 1725 年、1740 年、1752 年、1766—1768 年、1770 年和 1775 年物价上涨不那么触目惊心的时期，他们要把收入的 60%、70% 甚至 80% 用在面包上，更可能的情况则是他们不得不忍饥挨饿。因此，在这些年份出现暴乱，往往伴随着由城市工人、小店主和手工匠人以及小农在国内不同

---

① 指路易十四，史称"路易大帝"。——译者注
② C. -E. 拉布鲁斯：《18 世纪法国物价及收入变迁概况》（2 卷本，1933 年），第 2 卷，第 637 页；《旧制度末期和大革命初期法国的经济危机》（1944 年），第 XIII—XIV 页，第 625 页。

第二十三章　法国大革命的爆发

地区实行的民众物价控制（即由民众规定价格）也就不足为奇了。尽管这些事件本身并未构成对现存秩序的严重威胁，然而，它们仍具有重要意义。因为它们一方面是这一时期最普遍的一种经济骚乱形式，同时又是大革命从旧制度中连同其他许多东西一道继承下来的一种动乱形式。

这些骚乱中范围较广、最接近于导致革命爆发并与大革命本身过程中许多群众运动最为相似的，是1775年4—5月间席卷巴黎、法兰西岛地区及毗邻各省的"面粉战",① 然而，这些骚乱尽管规模很大，并在当局和有产阶级中间引起关切，但却没有造成直接后果。部分原因是粮食危机尽管严重而广泛，但相对而言延续的时间短，到10月份价格就开始下降了。其次，杜尔哥在当时仍完全忠于政府的教士和军队的支持之下设法粉碎了这一运动。更为重要的是，只有一小部分农民卷入这一运动，什一税、封建义务和狩猎法令等问题还没有发生。最后也可能最重要的是资产阶级还没有开始向现存秩序提出挑战，而且不管怎么说他们肯定要反对一场其矛头指向他们本阶级成员和一位大臣的运动；当初这位大臣上台时曾受到他们的欢迎，他所实行的改革——包括粮食自由贸易——曾得到他们的积极支持。实际上，在某些城镇还集结了资产阶级的民兵来粉碎骚乱。总之，"面粉战"的主要教训是，在18世纪法国的条件下，任何雇佣劳动者、工匠和农村贫民的孤立运动都没有希望产生革命性的后果。当然，如果这类事件得到其他社会阶级在行动和思想上的支持和加强，情况就会大不相同。

此后12年，尽管是利润下降和生意萧条的时期，② 但粮食价格较低或稳定。整个法国每一塞蒂埃③谷物的平均价格在20—24里弗尔之间。在巴黎，面包的价格一直相当稳定：我们从巴黎书商哈迪的日记手稿中得知，在1767—1775年间，一个四磅重的面包的价格很少低于11个苏，而1776—1789年间正常价格是8个苏或9个苏，只有在1784年很短一段时间里上涨到10.5个苏或11个苏。因此，尽管一场相当规模的危机已在成熟，但当时的人们却看不到。这是一个

---

① 见第21章，原文第609页。
② 见原文第659页。
③ 塞蒂埃（setier），法国旧时谷物容量单位，约合150—200升。——译者注

社会相对平静的时期。发生的一些群众运动也是分散的和零星的,原因各不相同:1778年在图卢兹和格勒诺布尔、1784年在贝耶、1785年在雷恩发生了面包骚乱。1784年和1786年,在巴黎发生了反对总包税人新近对进入首都的家畜、肉类、葡萄酒、木柴和其他消费品设卡征税而举行的一系列抗议中的第一次。也是在巴黎,人民中间反教权的情绪似乎又有所抬头:哈迪记录下来1783—1789年间的一些事件,使人回想起18世纪20年代对耶稣会和1752—1753年间在告解证(billets de confession)问题上对巴黎大主教的敌视。

1787年是贵族反叛开始的年头,这一事件拉开了1788—1789年间革命危机的帷幕。它是由法国加入美国独立战争引起的财政危机而产生的。为了弥补越来越大的赤字,担任财政总监的卡洛纳建议采取一系列新的、严厉的补救办法(其中扩大印花税和按土地年生产普遍征收土地税两项后来引起最深刻的争论),这些措施如果付诸实施就会使整个财政制度发生革命性变化,并保证王室从直接税中获得持久和不断增加的收入。① 这类计划通常应提交巴黎高等法院,而为了避开它的反对和阻挠,决定专门召开一次显贵会议,其成员由国王挑选。会议于1787年2月22日召开。

但是由于利益的冲突和这位大臣普遍不受欢迎,计划宣告失败。顽固的少数派自然对给他们所珍视的免税权造成威胁感到不满,城市的代言人则反对印花税,因为这一税种的负担将主要落在商界身上。开明贵族虽然原则上不反对这些措施,但觉得这些措施既不完备,又可能因为没有有效的保证而被一位胡作非为的大臣所滥用。为了打破僵局,国王于4月8日将卡洛纳解职,在王后的要求下,由图卢兹大主教洛梅尼·德·布里安取代。然而,尽管布里安获得显贵会议的信任,并且是卡洛纳最严厉的批评者之一,但他的成就也并不大。在细节上作了某些让步后,他不得不在实质上退回到他的前任的计划上去。一度显贵们是合作的:他们同意了所有建议,但由于突然意识到自己无能为力(可能是由于他们的会议招来潮水般的小册子文章的缘故),他们坚持这些建议在实施前应提交巴黎高等法院,或者最好是(这是拉法耶特的建议)提交自1614年以来一直没有召开过的全

---

① 见前面第21章,原文第613—614页。

国三级会议。显贵会议在勉强作出这一决定后，于5月25日解散。

又一次，正是司法界的寡头集团而不是高级教士、外省贵族或血族王公们最坚决地向国王和他的大臣们提出了挑战，并打响了"贵族反叛"的第一枪。然而，高等法院在这个时候并不是一个铁板一块的反动机构。除少数亲王、公爵和主教外，它的主要审议机构——贵族法庭（the cour des pairs）——大部分由年轻法官组成（在知道年龄的72人中，有59人在35岁以下[①]），他们分成两个主要政治集团，一部分人希望利用一切机会维护自己的特权——包括古已有之的和篡夺来的——而反对政府的权力，另一部分是以后来成为制宪议会成员的阿德里安·迪波尔为首的少数派。他们在启蒙思想家和美国革命的激励下，迫切希望实行意义深远的宪政改革。当时的形势形成了这两个集团，它们的最终目标虽不一致，但都对政府的"专制统治"抱有戒心，并且出于不同的原因都希望通过全国三级会议解决他们的问题。因此，面对布里安的建议，他们自然都同意放松对粮食销售和出口的限制并欢迎建立省议会，但对印花税表示抗议，断然拒绝土地税，并要求召开全国三级会议处理财政危机。然而，尽管在8月召集的国王参加的一次高等法院会议上颁布了一些法令，几天后巴黎高等法院法官被放逐到特鲁瓦，但在对抗中取得第一回合胜利的是高等法院而不是这位大臣。各省的高等法院按照近时的做法，联合一致支持巴黎高等法院，而政府则由于对荷兰危机处理不当而进一步陷入困难境地，于是匆忙收回关于土地税和印花税的法令，并在9月底恢复了巴黎高等法院，以换取其同意将廿一税延长到1792年。

高等法院重返巴黎时，多菲内广场、阿尔莱大街和其他通往法院的地方一片欢腾。法官们是经验丰富的煽动家，在以往争论的过程中，他们已开始传播"民族"和"公民"一类字眼，并由于宣称自己是传统自由的捍卫者而在资产阶级和平民中间享有相当广泛的支持。这次庆祝活动还是比较克制的，但这些活动标志着从1775年粮食骚乱以来首次在首都出现大规模的群众骚动。人们焚烧了卡洛纳和王室儿童家庭女教师波利尼亚克伯爵夫人的模拟像，新桥（Pont Neuf）上燃起了篝火，王室卫队施放了焰火。从哈迪的描述和9月

[①] J. 埃格雷：《革命前的法国》（巴黎，1962年），第154页。

28日（那是一周庆祝活动的高潮）逮捕人的情况来看，骚乱似乎首先由法院的职员引发，并得到旧城区奢侈品行业的学徒和工匠的支持。后来的示威游行的主要支持者市郊和市场区的群众几乎没有参加。在资产阶级中除律师外当时还没有人卷入。

然而危机加深了。最初，巴黎高等法院同意为继续借款进行登记，以换取在1792年召开全国三级会议的明确承诺。但是谈判在11月再度破裂，在辩论中特别直言不讳的奥尔良公爵和两名为首的法官被流放。1788年5月，高等法院发表声明，谴责由政府独断专行的整个制度，包括人们极为反感的密札，因此在民众中的声望进一步提高。政府的回答是派军队包围法院，迫使高等法院的人将他们的领导人交给王室法庭，并颁布由掌玺大臣拉穆瓦尼翁起草的六项法令。这些法令中止了各高等法院的活动，将其受理上诉的权限大部分交给47个新建立的审判庭，并将它们登记王室法令的权力移交给所谓的"全权法院"。

政府希图通过这些措施离间难以驾驭的高等法院与整个民族——特别是大批中产阶级检查官和律师之间的关系，因为这些享有特权的"最高权力法院"的垄断行为断绝了这些人晋升的道路。这是一次严重的失算，政府的这次政变不仅没有争取到同盟者，反而引起全国范围对其策划者的造反。首先，原本被请来投票表示感谢的僧侣会议，却对中止高等法院活动表示抗议，并重申僧侣享有免税权。公爵和贵族们也同各高等法院一起表示抗议。最后，贵族们尽管长期以来一直与司法界的寡头集团作对，这次却找到了表示支持的好时机：他们希望借此保护自己在财政方面的特权不受进一步攻击，并通过新建立的省议会扩展自己的政治权力。而最为重要的是，像米拉波和拉法耶特那样（而不是像迪波尔和巴纳夫那样）的"爱国者"——反对特权和"专制"的"民族"斗士——一直倾向于寄希望于政府的改革，而现在却反而倾向于站在高等法院一边。他们认为只有这样才可能保证全国三级会议的召开。夏季，在波尔多、第戎、格勒诺布尔、波城、雷恩和图卢兹这些具有地方分离主义和贵族自治传统的城市爆发了骚乱。在多菲内，贵族和第三等级一起非法恢复古老的省三级会议；在布列塔尼，他们团结一致抗议政府的"专制统治"。在格勒诺布尔，由律师手下的职员们发起，得到城镇居民和进城的农民支持的大规模骚乱，使中止了权力的法官们没有离开这座城市达五天之久。在雷恩，贵族们通过煽动手段利用民众对粮食自由买卖造成的物价高涨，地方长官和军事长官在街上受到攻击，并被围困在家中。

面对这样的团结一致的反抗，政府再度被迫作出让步：许诺在1789年5月召开全国三级会议，由内克尔取代布里安，拉穆瓦尼翁的司法改革中止实行，高等法院很快就被召回。在巴黎，人们听到这一消息后又立即在多菲内广场和其他通向法院的地方举行庆祝。点燃起篝火，乘坐马车通过新桥的人被迫向亨利四世的塑像鞠躬并高喊"打倒拉穆瓦尼翁！"然而有一个新的因素使这些骚动超出前些年的规模和限度。由于严重歉收，长期稳定在9个苏的4磅一个的面包的价格在8月17日上涨到9.5个苏，20日上涨到10个苏，9月2日涨到10.5个苏，9月7日涨到11个苏。在这种情况的推动下，郊区民众加入了两天前由高等法院职员发动的骚乱，并完全改变了骚乱的性质：骚乱扩展到市场区和大学区，一直持续到9月底（其间有短暂的间歇），并造成严重伤亡和大肆逮捕，受害者主要是散布在各区的雇佣劳动者和工匠。巴黎的无套裤汉同布列塔尼和多菲内的农民一样加入了这场运动；但他们还只是特权阶层的小伙伴。真正的革命危机还没有到来。

1788—1789年之交的冬季，这种形势进一步发展，并引起各种力量的根本性重新组合。这一过程中的决定性因素是日益深化的经济危机和为召开全国三级会议进行的准备。拉布鲁斯教授的研究工作的重要功绩之一就在于非常生动地说明了大革命前夕造成法国不同社会阶级不满的普遍原因和特殊原因。对包括自耕农、工业家、商人和佃农在内的许多人来说，18世纪的大部分时间是经济发展和繁荣的时期：1733—1778年，工农业产品的价格稳定上升，如前所述，经济方面不满情绪的爆发，很大程度上仅限于雇佣劳动者和小消费者——以及难以驾驭的法官们。1778年以后，部分是由于美国独立战争的结果，有10年时间物价不断下降——大多数工业品和农产品的价格是逐渐下降的，但葡萄酒和纺织品价格的下降则达到了危机的程度。在这一时期，由于沉重和持续的赋税，什一税以及封建领主的盘剥，小佃农、自耕农、葡萄种植者和其他分成佃农的净收益的下降往往远超过价格下跌的幅度，而大土地所有者能够利用封建赋税来缓和收入的下降。在这种"革命前的不适"之上,又突然降临了1787—1789年更大的灾难:表现为连续的坏收成,随之而来的粮食短缺,由于政府实行自由贸易政策变得更加严峻,不出两年小麦价格在北方主要产区翻了一番,1789年仲夏32个财政区中有27个小麦价格达到创纪录的水平。① 在巴黎地区,1788年7月的一场反常的冰雹使粮食产量进一步下降。在巴黎地区,4磅一个的面包价格在11月8日上升到12个苏,28日涨到13个苏,12月11日涨到14个苏,最后,在1789年2月1日涨到14.5个苏;这一价格一直保持到巴士底狱陷落之后。与此同时,自从美国独立战争以来已经在不断发展的工业危机,由于农产品价格的急剧上涨,以及1786年的英法商约所造成的来自英格兰的竞争而进一步加剧。结果,这年冬天在每一个纺织业中心都有成千上万的人失业。根据工业检查官对1788年9月至1789年1月情况的报告,在亚眠有4.6万人失业,在鲁昂有1万人,在法莱有8000人,在卡尔卡松附近有3万人,在里昂有2.5万人。而在特鲁瓦和色当有一半织机停开。在巴黎本地,据报道12月有8万人失业,还有成千上万的人从贫困的农村涌入。这样,积累起来的经济病症和社会不满为当时开始进行的召开全国三级会议的准备工作带来十分不祥的兆头。

就是在这样的背景下,迄今一直不参与各次事件,或者仅仅在持不同政见的特权等级中起次要作用的第三等级中的各有产阶级登上了革命的舞台。引起冲突的普遍原因深深根植于旧制度之中:在这个世纪中,殖民地贸易、土地的价值和奢侈品的消费均大大增加,而资本投入和生产的发展即使在繁荣时期也由于特权公司、封建地主和专制王朝在每一关键时刻对起码的资本主义自由——雇工自由、生产和销售自由——的种种限制而受到妨碍。然而,尽管由此而造成的冲突最终之所以如此尖锐和起了决定作用是由于上述这些更深刻的对立,但是这时接着出现的资产阶级与特权等级之间的冲突,首先是在全国三级会议的代表权和表决权问题上产生的。9月25日,巴黎高等法院要求全国三级会议应按1614年那样组成——各个等级享有平等的代

---

① 拉布鲁斯:《法国经济危机》,第Ⅸ—Ⅻ页;《十八世纪法国物价及收入变迁概况》第2卷,第640—641页。

表权并分别进行表决——这样它已经开始失去其作为民众自由权利代言人的声誉。尽管巴黎高等法院后来收回了这一声明，然而损害已无可挽回。12月，皇族王公们指责第三等级的要求危及国家的安全，更加直言不讳地坚持维护特权。对于构成第三等级政治喉舌的专门职业者和产业主来说，这种做法的目的十分明显——保持特权等级在全国三级会议中的支配地位，使第三等级的作用仅限于投票表决由其他等级已批准的赋税，特别是保证他们所珍视的教士和贵族享有的免税权。巴黎高等法院的声明引起了一阵前所未有的宣传小册子浪潮，几乎毫无间歇地一直持续到次年春天。其中最著名的是1789年1月底发表的西哀士神父的小册子：《第三等级是什么？》。这本小册子大胆地宣称，"民族"是由第三等级一家构成的，否认其他等级能在其中发挥任何有益的作用。但是大多数作者的论点仅限于反对特权等级的要求，坚持第三等级在全国三级会议中应有双倍的代表权，表决则应共同进行（"按人头计算"）而不应由每个等级分别开会进行。这一观点在1788年12月27日第一次取得了胜利。当时内克尔在首先征求第二次显贵会议的意见（他们提出相反意见）后，说服御前会议同意第三等级代表的名额加倍；而表决方式问题仍暂时搁置。①

但即使是部分的胜利也造成重大后果。1月，马莱·迪庞指出，问题已经不是国王与特权等级之间在宪法问题上的冲突，而是"第三等级与其他两个等级之间的一场战争"。第三等级被承认为"民族"领袖，同时，特权等级似乎已完全失去了群众的支持。固然，多菲内高等法院继续支持民众的事业，直到1789年夏天仍得到普遍拥护；在布列塔尼，贵族与第三等级围绕内克尔的声明爆发了武装冲突；贵族也还能在雷恩的平民百姓中找到支持，这些人在1月末的面包骚乱中同时高呼："国王万岁！贵族万岁！"但这种情况只是例外，并且越来越少。更令人吃惊的是，王朝重新以民众自由的维护者的面目出现。12月27日路易十六发表声明，似乎站到了全国范围的改革和减轻经济痛苦的要求的一边，由此产生了巨大的希望（la grande espérance）：国王将亲自召集全国三级会议，以便找到矫治年深日久

---

① 然而内克尔的秘密报告表明，按照法律，仍应按等级分别表决。G. 勒费弗尔：《八九年》（巴黎，1939年），第67页。

的不满的办法。正如香槟省小岛区（Les Islettes）的一位农妇1789年7月对阿瑟·扬所说的："听说现在有些大人物要为那些穷人做一些事，但她不知道是哪些人，也不知道是怎么做，除非上帝恩赐我们好日子，因为人头税和其他赋税已经压得我们喘不过气来了。"① 与这些希望伴随而来的虽然往往是相反的情况，人们确知特权阶级将竭尽全力阻碍这些希望的实现（"贵族的阴谋"），但它们在激励小业主和城乡贫民在接着而来的春季和夏季中表现出强烈的革命干劲方面仍起了一定作用。

与此同时，1789年1月24日发布了关于选举全国三级会议代表的规定，为了表示政府的诚意，还请人民提出自己的陈情书以指导会议的审议。选举的安排就范围而言虽很广泛，但极为复杂，而且由于政府在内克尔授意下拒绝对候选人或纲领作任何指导，因此给一些寡头政治集团和有专业的资产阶级以尽量影响选举进程的可能，这对最终的结果产生了很大影响。一般说来，选区按以往的司法管辖区，即所谓的大法官辖区（bailliages）和司法总管辖区（sénéchausées）划分；但巴黎作为一个单独的选区，重新恢复的多菲内三级会议也被授予指定自己的代表的权利。代表由各等级分别选举。特权等级的成年男子均享有直接选举权；所有25岁和25岁以上的世俗贵族在他们的选举人会上均有投票权，自己参加或委托代理人均可。主教和教区神父享有同样的权利，不过公祷团成员和修道士只有权选派代表参加。第三等级的代表则在选举权受到许多限制的情况下通过更加复杂的间接选举制度产生。除在巴黎规定选举权限于每年缴纳6里弗尔人头税的人之外，所有年满25岁，名字列入纳税名单（不管缴纳多少）的法国人都有权在各自的初选会上投票，也就是说或者在自己的教区，或者在城市中自己的行会。简而言之，除了家庭佣人、无户籍者（non-domiciliés）、住在父母家中的儿子、最为贫穷的劳工和真正的贫民之外，所有男性成年平民都有选举权。但是这一等级最后当选的代表，只有经过两个、三个或者四个阶段——取决于该选区是城市选区还是农村选区以及是主要的还是次要的大法官辖区（或司法总管辖区）——才能产生出来。

---

① 《1787，1788，1789年法国旅行记》（剑桥，1929年），第173页。

不管政府的动机是什么,这种制度毫无疑问最有利于城市中有专业的资产阶级,他们在第三等级的选举人会上的讨论中和选举中处于支配地位,充分利用他们实际上垄断了文字和口头表达能力的有利地位,并拥有手段和空余时间来协调"爱国者"的共同行动、印刷通知和小册子和进行竞选活动,而乡下的工匠和农民,更不用说劳工和农村贫民,是不具备这些条件的。因此,城市资产阶级夺得了第三等级代表中的大部分席位绝非偶然:到凡尔赛去代表第三等级的 610 人中,约 25％是律师,5％是其他专业人员,13％是工厂主、商人和银行家,从事农业的最多只有 7％—9％,即使在这部分人中也只有极少数是农民。①

正是在这一竞选过程中,在宪政改革的推动者中产生了所谓的"爱国者"派。这部分人虽然主要是鼓吹第三等级的目标,但他们中间包括拉法耶特、拉罗什富科-利昂库尔公爵和孔多赛侯爵这样的富有的贵族,阿德里安·迪波尔、埃罗·德·塞舌尔和勒佩勒蒂埃·德·圣-法尔若这样著名的高等法院法官。这些人中有很多后来在大革命中发挥了杰出的作用。有些人属于共济会支部,另外一些人则属于著名的"三十人委员会",这一委员会在迪波尔家里聚会,由律师、开明贵族和教士等各式各样的人物组成(塔列朗和西哀士也是其中的成员);还有一些人,例如西哀士和米拉波,则充当委员会与奥尔良公爵之间的联系人,这位公爵在进行着他自己的独立的政治活动。这些事实使得历史学家过分强调存在着一个指导一切革命宣传鼓动的中心,并夸大了共济会和三十人委员会的作用,把它们的活动看成是一个破坏旧制度的共同"阴谋"的证据。这种看法几乎没有什么事实根据:共济会支部吸收的人具有各种各样的观点,而通信联络的发展尚不足以在一些相对而言不知名的人们中间形成有高度组织的指导中心。然而有一些证据表明,在资产阶级和开明贵族中都已经开始出现了一些领导人,他们能够在一定程度上指导全国性的讨论,并给全国各地成千上万与他们大致持相同观点的人的自发行动打上他们的性格和思想的印记。

与此同时,选民们草拟了自己的陈情书。陈情书主要有两类:一

---

① A. 科邦:《法国近代史》第 1 卷 (1957 年),第 140 页。

种是由教区或行会的初选会草拟而提交给大法官辖区的选举人会议的,另一种则是由大法官辖区选举人会草拟直接提交给全国三级会议的。直接提交给全国三级会议的这些综合性陈情书原来共有 615 份,其中 522 份保存了下来,相当均衡地分属于三个等级。① 正如人们可能预想的那样,教士和贵族的陈情书(巴黎城内的贵族的陈情书明显地属于例外)强调他们的传统特权与免税权,虽然他们也承认财产平等的原则。同时,他们同第三等级一道要求废除绝对君主制的许多更具压迫性和奢靡浪费的做法。他们直言不讳地谴责财政方面的滥用职权和奢华铺张、大臣们的独断专行、密札制度、反常而令人气愤的内地关税以及当时实行的度量衡制。在更加积极的方面,他们要求实行言论出版自由和个人自由(尽管没有要求信仰自由),并且颁布一部宪法。该宪法一方面保持君主政体的传统权力和权威,同时赋予定期召开三级会议以制定法律和就税收问题进行表决的权利。税额的估定与征收则委托选举产生的省、市议会负责。总之,在涉及政治和行政改革的问题上,三个等级有着相当程度的一致看法。

但是第三等级的综合性陈情书——几乎都是由资产阶级分子起草的——却要求的多得多。他们不仅要求言论、著述和集会自由,贸易自由和不受任意逮捕的自由,而且普遍坚持要求实现所有三个等级的完全的公民平等——也就是说,教士和贵族不仅要放弃像农奴制那样完全名誉扫地的残余物,并且还要放弃什一税、磨坊税、实物地租、狩猎权和领主司法权等沿袭已久的特权。虽然资产阶级即使不是从切身经历中,至少也是从考察农民的不满中了解到许多东西,然而农民最迫切的要求——土地——在陈情书中如果说曾经提到过的话,那也实属罕见。

要了解农民的特殊要求以及不大经常得到反映的工匠和雇佣劳动者的要求,我们必须转向大量的教区陈情书和偶尔才能看到的行会陈情书。这类陈情书中有些像第三等级的综合性陈情书一样,是(全部或者部分)以传阅的形式提出的。雇佣劳动者和比较贫穷的农民即使有权参加选举人会,也往往由于受到恐吓、必须去干活或者由于根深蒂固的屈从于雇主或社会地位高的人的处境而不能参加会议或者

---

① B. 希斯洛普:《从综合陈情书看 1789 年法国的民族主义》(纽约,1934 年),第 8 页。

第二十三章 法国大革命的爆发

默不作声。尽管如此，至少还是有足够数量的教区陈情书保存了下来，可以说明两个事实：一是这些阶级全心全意支持资产阶级对专制王朝以及在土地所有权和司法方面的封建残余所提出的批评，另一个是他们有着自己的社会要求，这些要求往往在其他方面使他们同第三等级中的城市产业主（或地主）产生尖锐的分歧。

在陈情书中，如同在这一时期整个的小册子文章中一样，很少能够听到城市雇佣劳动者的声音。在巴黎，没有像在其他一些地区那样，邀请各行会在它们自己专门召开的会议上提出初步的陈情书，而即使是允许他们这样做的地方，一般也把刚出师的工匠排除在工匠师傅们的会议之外。然而，由于当地的情况或出于偶然，在兰斯、特鲁瓦、马赛和里昂事实上还是听到了雇佣劳动者的不平。在这些地方，更多表达的与其说是工人对低工资的关切，不如说是对高物价的关切。最普遍的情况是，在政治、社会和产业问题上，他们唯雇主的马首是瞻。农民的陈情书则要直截了当得多。除了整个农村社会普遍性的不满外，我们还可以听到自耕农、分成佃农、小条耕农和短工们的特殊不满。在鲁昂地区，小麦的价格涨到每蒲式耳8里弗尔，4磅一个的面包的价格涨到16个苏，村民们要求将两者的价格都降低一半。在布列塔尼，雷恩附近的小农抱怨说，纳税和封建领主盘剥造成的沉重负担达到这样的程度：在满足了收税人和地主的要求之后，一块年产值为40里弗尔的条田的所有者所能得到的净收入仅10里弗尔。在皮埃尔维尔教区（科唐坦），自耕农直言不讳地谴责王室官员以及什一税和狩猎权，以致大法官拒绝接受他们的诉状，而是自己口述了一份陈情书！在洛林和埃诺，一些无地农民和小自耕农联合起来反对他们村镇里比较富裕的人鼓动的圈地法令和清理土地计划。在孚日，某教区的陈情书抗议说，在划分公地以后将土地分配给无地短工的做法，破坏了短工与自耕农之间迄今存在的和谐关系！总之，教区陈情书既反映了在反对王室收税官、什一税享有者和地主时将农村社会一切成员联系在一起的共同利益纽带，也反映了小消费者与大生产者、无地劳工与佃农和地主的进一步分化。这两方面的因素都将在以后的岁月里深刻地影响大革命在乡村中的进程和结果。

与此同时，小消费者并没有将他们的抗议局限于陈情书中的言辞上。作为对1788年的坏收成和粮价急剧上涨的反应，1775年以来第一次旷日持久的消费者运动于 12 月开始了。这场运动不仅一直延续到第二年秋天，而且很快便同小土地所有者反对封建狩猎权、什一税和领主赋税的运动汇合起来。随后，这两个运动又同资产阶级和市民的政治行动汇合起来，在 1789 年夏天共同达到高潮。

反对粮食短缺和物价上涨的叛乱在省督们以及代理人的报告中均有记载；泰纳在很大程度上正是依据这些资料来源描绘出他那"自发的无政府状态"的片面图景的。这场叛乱采取了传统的形式——从抢劫运粮船和粮仓，强行控制面包、面粉和小麦的价格（有时是在顺从的当局合作下进行的），袭击面包房、集市和市政厅，到攻击税务官员、商人、磨坊主和农场主，以及到处——虽然很少是不分青红皂白——毁坏财产，不一而足。12 月和 1 月，这类报道从布列塔尼、诺曼底和图赖讷传来，3 月和 4 月从勃艮第、多菲内、法兰西岛、朗格多克、尼韦奈、奥尔良、皮卡第、普瓦图、普罗旺斯和图赖讷传来，5 月和 6 月从康布雷西斯、利穆赞和里昂地区传来，7 月从香槟和诺曼底传来。这些骚乱中对社会震动最大的是 4 月底在巴黎的圣安托万郊区爆发的那一次。两个著名的制造商、巴黎第三等级受人尊敬的成员勒维荣和昂里奥的住宅遭到洗劫并被烧毁。王家轻骑兵团奉命开枪，许多暴乱者和旁观者死伤，主要是圣安托万和周围地区的工匠、学徒和雇工。尽管这场骚乱的直接原因是据认为这两个制造商要降低工资，但根本的原因是普遍存在的面包匮乏和价格昂贵。这场骚乱一个引人注目的特点是：尽管人们怀疑这场骚乱是神父们和另外一些特权等级的著名支持者挑起的，目的是在全国三级会议召开前夕败坏第三等级的声誉，然而据报道说骚乱者曾高呼当时的"爱国"口号："国王万岁！内克尔万岁！第三等级万岁！"

在 1788 年后几个月，巴黎地区偷猎和攻击猎场看守人的事件时有发生。到了春天，这类行动发展成更加普遍的反对狩猎法以及王室和贵族的狩猎权的运动。在孔蒂亲王位于塞日、蓬图瓦斯、亚当岛和博蒙的庄园——这些地区都曾在 1775 年发生粮食骚乱——自耕农和雇农由于雹灾颗粒无收，于是在 12 月开始捕杀他们田地里的兔子。这一活动在春天扩展到孔夫朗－圣奥诺里讷和附近的村庄，结果同骑警发生冲突。在科尔贝尔和沙图发生了暴力冲突。首都以南和以西的所有村庄由于许多年来受王家猎场的掠夺而采取行动。6 月间以非法进入国王的森林和贵族的保留地的罪名而被缴械。2月,多菲内的农民拒绝向地主缴纳传统的免役地税,3月他们暴力袭击被指控囤积粮食的教士和贵族。3月,在马诺斯克人们向塞内主教提出同样的指控。在布列塔尼,农民冲进市场,高喊"贵族和高官们是乔装打扮的粮商"。与此同时,在阿图瓦的瓦西,十几个村子的农民成群结伙地杀灭瓦西伯爵的猎物,并且拒绝今后再向他缴纳传统的农产品什一税(soyeté 或称 terrage)。3月从普罗旺斯,4月从加普,5月从皮卡第、布列塔尼和康布雷西斯,7月从佛兰德都传来农民反抗王家赋税、什一税和封建领主的各种捐税的消息,这一运动接着又引起7月底和8月间规模更大得多的运动,蔓延的地区远至阿尔萨斯、诺曼底、埃诺、马孔奈和弗朗什孔泰。骚乱过后到处是被破坏的城堡和被毁坏的庄园的地租账册。

因此,由国王于1789年5月5日在凡尔赛正式宣布开幕的全国三级会议,由于危机和争吵而陷于分裂,或许就不是出乎意料的事了。很自然,第三等级要充分利用自己的有利地位:它已经在使自己的代表比传统增加一倍方面赢得了重大让步;在它进一步要求实行共同表决办法方面,据知也得到教士中一个人数众多的少数派(第一等级的代表中有两百人是教区神父)和贵族中约50名开明分子组成的一个人数较少的少数派的支持。此外,巴黎就在附近,在那里"爱国者"派有着使人望而生畏的力量。在第三等级与其他等级的斗争中,他们所给予的绝不仅仅是道义上的支持。

在凡尔赛,没有一件事不伤害平民的感情或能够实现他们及早改革的强烈愿望:他们接到命令必须穿着传统的黑色服装,从旁门进入会议大厅,在一切方面都令他们不要忘记自己地位的低下,由于内克尔的政策和掌玺大臣巴伦坦的政策相互冲突而陷于分裂的国务委员会又一次缺乏坚定的领导:内克尔在三小时的发言中建议特权等级自动放弃税收方面的豁免权,同时又忠告第三等级表现出克制,不要坚持要求所有三个等级共同表决,而是由三个等级分别确定哪些问题可以共同审议和共同表决。在第三等级看来,在关键问题上国王显然是站在特权等级一边:各个等级如不联席开会,允许第三等级代表人数加倍就将证明是毫无意义的让步;没有其他等级中看法相同的代表的支持,他们将会在表决时始终被对手们联合起来的力量所击败。正是由于上述这些考虑，现在造成了在审查代表权的程序性问题上的长时间的争论。第三等级坚持要求讨论每一个代表的授权是否有效，作为召开联席会议讨论更重大问题的第一步。而其他两个等级的领导人也同样看到，在这一点上作出让步等于向接受举行联席会议的原则迈出了步子，那将实际上破坏贵族和教士的支配地位和表决实力。

三级会议最初的五个星期被用来设法解决这个似乎无法解决的难题。5月7日，第三等级拒绝审查自己的代表权或者组成一个单独的议事厅。另一方面，贵族们则于5月11日采取了完全相反的方针，于两周后郑重宣布，按等级表决是君主立宪制的一个基本原则。然而教士却由于内部分歧发生分裂。5月8日，尽管教士同意审查自己的代表权，但没有宣布自己组成一个单独的议事厅。5月27日，保守的主教们以微弱的多数阻止本等级接受第三等级的邀请，共同讨论存在争议的问题。政府寻找妥协方案的努力也以失败告终。

6月10日，第三等级在群众的支持下，决定挣脱羁绊自行其是。它邀请其他等级共同审查代表权：如果他们拒绝与会，它将在没有他们的情况下单独行事。在少数教区神父的参加下，它于14日完成了对选举结果的审查，选举了一名主席（巴伊）和两名秘书，并于17日以491对89票的多数自行宣布成立国民议会。第三等级在采取了这第一个革命行动后又发布了两项法令。一项规定，不论根据什么理由解散国民议会，都将使一切现行赋税失效。另一项规定，新宪法一旦确立，公债将加以统一，由整个民族承诺支付。6月20日，又遇到新的挑战。新成立的国民议会通常使用的会议大厅——看来是出于偶然——被关闭，代表们被拒之门外。全体代表跟随巴伊主席转到附近的一个网球场，除一人外都庄严宣誓，国民议会在宪法牢固确立之前决不解散。在此前一天，教士们以微弱多数决定站到第三等级一边，在以后的几天内他们当中的大多数人都加入了第三等级。

甚至在上述最后一个反抗行动之前，内克尔就曾敦促国王行使他的权威，打破各等级之间的僵局，采取主动行动实行立法改革。为了达到这一目的，他建议召开一次御前会议，在会上宣布像全国三级会议将来应如何组成这类问题应由联席会议讨论，而涉及每个等级的既得利益的问题则应分别审议。在国务委员会内部激烈争论之后,于6月19日作出第一项决定——大概是根据内克尔的建议——于22日召开御前会议。但此时国王像以往一样优柔寡断,又听信了其他顾问的意见。皇太子于6月初去世后,宫廷隐退到马尔利,在那里王国周围是一群以他的弟弟阿图瓦伯爵为首的廷臣,他们的看法又得到王后和特权等级领袖们的支持。国王听从这些人的话,同意撤销自封的国民议会的6月17日法令,将未来全国三级会议的组成问题交由各个等级分别讨论,并以显示武力恐吓第三等级。御前会议推迟到6月23日才召开,已被秘密同意解除职务的内克尔决定置身事外。这次又是没有一件事不伤害第三等级的感情:特权等级在大厅内就座,而让第三等级在雨中等候;大厅被军队包围着;整个会议进程充满了像国王亲自主持的高等法院会议那样的专断气氛。主要的事情是由巴伦坦宣读两项国王声明。第一项宣布国民议会的决议无效,并且在建议接受共同关心的问题共同讨论的原则的同时,明确坚持凡与第一、第二等级的特权与豁免权有关的问题应分别审议。第二项声明概述了王家委员会的立法计划,声明提出大体上将按照所有三个等级在它们各自的陈情书中所主张的方针改革旧制度的体制,但旧秩序的社会结构却原封不动。它明确表示,什一税、封建义务和庄园的税赋将视为专有的权利,没有得到有关方面的同意不得要求放弃任何财政特权。最后,命令各等级散会,次日在各自的议事厅恢复讨论。

然而宫廷派的计划未能得逞。成千上万的巴黎人冲进王宫的院子要求内克尔继续留任,由孔蒂亲王指挥的士兵拒绝服从开枪的命令,第三等级的代表在御前会议结束后拒绝解散,并受到米拉波的历史性讲演的激励。国王被迫作出让步:内克尔继续留任,不仅国民议会(现在有830名代表)继续控制着自己的议事厅,而且,到6月27日,其他等级其余的代表也接到明确的命令与之合厅议事。

与此同时,在巴黎出现了一个革命领导核心,在人民起义的帮助下马上给予凡尔赛的国民议会以坚决的支持。在此之前,首都的专门职业者阶级和商人阶级对粮食危机造成的郊区和市场区起义一触即发的状况并不同情;但是,随着最新消息从凡尔赛传来,他们开始设法引导事态的发展。没有这些引导,7月的革命几乎不可能进行到底。大约在这个时候,奥尔良公爵(他已参加新的国民议会)周围的那些小册子撰写者和新闻工作者开始在罗亚尔宫①建立永久性的指挥部，在此每夜都有成千上万的人聚集，从哈迪所说的"极端革命党"那里接受口号和指示——如果不是资金的话。也是在这个时候，巴黎第三等级的 407 名选举人——他们本来的任务是指定第三等级参加凡尔赛会议的代表——开始定期在位于首都中心的市政厅集会。这两个集团后来在 7 月的事件中发挥了不同的然而又相互补充的作用。然而在初期，只有罗亚尔宫曾给予群众运动以积极指导。当市政厅满足于起草组建市民民兵（即资产阶级民兵）的计划时，罗亚尔宫则通过宣传鼓动和任意开支等有效措施，将首都驻军的主力、原来忠于王室的王室卫队争取了过来。6 月 30 日由罗亚尔宫指挥的群众释放了 11 名由于 6 月 23 日在凡尔赛拒绝向人民开枪而被关押在修道院监狱的卫队士兵。支持第三等级观点的传单在巴黎卫戍部队中广为散发。7 月 8 日，一名试图将这类材料卖给驻扎在马尔斯广场的军官和士兵的报贩被逮捕。7 月 10 日，80 名炮兵脱离了设在残老军人院的军营，他们在罗亚尔宫和香榭里舍大街受到公众的盛大欢迎。

然而军队的不满——这是后来事态发展的一个决定性因素——并不仅仅是由于这类手段造成的，其根源在于旧制度本身深刻的社会冲突和分化。七年战争以来，曾花费了很大气力来提高军队的效能和士气，然而这些努力由于在任命和提拔军官方面的尖锐矛盾而受到致命的影响。对于外省的小贵族来说，军人生涯是在社会上出人头地的唯一途径，甚至往往是谋生的唯一手段。然而由于宫廷贵族（王族、大地主和所谓的"朝中有人的贵族"（présentés）要求垄断几乎所有的指挥岗位，从而损害了这些小贵族的利益。历届政府一直面临着一个几乎无法完成的任务：既满足这两部分贵族的要求，又要让他们的要求照顾到不得不通过向富有的资产阶级卖官鬻爵来补充国库的迫切需要的情况。同在其他领域一样，旧制度末期的"封建反动"力图使情况朝着有利于贵族的方向变化，从而加深了平民和取得贵族地位的平民（anoblis）对政府的不满。但它也加深了贵族内部的分裂。好处大部分落入宫廷贵族手中，外省的贵族愤愤不平地看到他们在宫廷

---

① 罗亚尔宫（Palais Royal）原为黎塞留所建，后归王室，称王宫（音译罗亚尔宫）。后为奥尔良公爵的府邸。此时的奥尔良公爵路易—菲力普—约瑟夫加入第三等级。宫前广场成为群众集会中心。——译者注

第二十三章 法国大革命的爆发

里的对头所占据的高级军事职务比以往任何时候都多。① 1788 年 3 月的法令正式认可了这一趋势,该法令实际上禁止小贵族升为上校军衔,而有钱的军官(由士兵擢升的资产者)则不得担任中尉以上军职。由这些和其他措施引起的不满还不仅限于小贵族和平民。实行改革的大臣——从杜尔哥到布里安——的干预也影响了宫廷贵族的忠诚;一部分军事贵族——如拉法耶特、诺阿耶、拉罗什富科-利昂库尔和路易·德·纳博讷等——或由于曾在美国服役,或由于阅读启蒙思想家的著作,也深信必须进行深刻的宪政改革。除在军官中间普遍存在的这种忧虑和对效忠产生疑感的状况,还必须加上士兵中间的不稳。造成士兵不稳的原因是腓特烈大帝的崇拜者从普鲁士引进了新式的训练方法和军纪,以及由改革派大臣组成的历届内阁几乎没完没了出台的新规章。②

这些因素结合在一起,就使革命前夜的军队成为在镇压民众骚乱时不可靠的工具。在贵族反叛期间,在布列塔尼、多菲内和其他地方命令自己的部队不要向示威者开枪、拒绝逮捕造反的法官并普遍为自己的士兵作出不服从上级指挥的榜样,而且士兵们很快就要照样去做的,主要是那些心怀不满的出身于外省贵族的军官。1788 年 12 月"国务委员会决定"第三等级在全国三级会议的代表增加一倍,此后的事态发展无疑曾使大批的、而且比例越来越大的军官回到效忠宫廷的立场,但到这个时候,军队本身已开始表达他们自己对军官及苛刻的军纪条令的不满,而"爱国者"的思想和口号开始在他们中间得到支持。2 月,内克尔曾告诉马卢埃,他自己之所以对敦促采取更果断措施犹豫不决,一个原因就是军队的不满;到 4 月中,(据斯塔尔夫人称)他忠告国王不要派军队到凡尔赛恐吓三级会议,因为如果他们公开表现出对代表们的同情,这样做将会是软弱而不是力量的表现。到了 6 月,这些担心变成了现实,当时在凡尔赛的孔蒂亲王的部队拒绝向抗议罢黜内克尔的巴黎人开枪。几天之后,在 4 月的圣—安托万骚乱中曾效忠宫廷的王室卫队在巴黎大街上游行,高呼"第三

---

① 见本书第 7 卷,原文第 179、181—182 页及本卷第 7 章,第 2 节。
② 关于上述内容,可参阅 H. 卡雷《法国史》,E. 拉维斯编,第 9 卷(1910 年),第 53—60 页;L. 哈特曼《革命前夜的王国军队军官》,载《历史评论》第 100 卷(1909 年),第 241—268 页;第 101 卷(1909 年),第 37—79 页;又见 E.G. 莱奥纳尔《18 世纪的军队及其问题》(1958 年),第 12 和 14 章,不过这些材料并没有对前引著作补充什么内容。

等级万岁！我们是民族的士兵！"与革命群众亲如兄弟，并在攻打巴士底狱时发挥了决定性作用。这种不满后来扩散到前线团队，甚至扩散到某些外籍部队（占全国军事力量的 1/4）；据称只有三个团队——其中 2/3 的人是来自塞文山脉和朗格多克地区的新教徒——完全没有受到"爱国者"思想的传染，直到 1792 年 8 月最后崩溃前一直忠于国王。①

与此同时，宫廷派试图最后一次维护国王的权威，以对抗"爱国者"在巴黎的宣传鼓动活动。6 月 26 日，六个外省团队被调到凡尔赛。7 月 1 日，又从外省招来另外十个主要由瑞士人和日耳曼人组成的团队包围首都。布罗伊元帅被任命为凡尔赛的总司令，由瑞士人贝森瓦尔负责指挥巴黎及其周围地区的军事行动。最后，7 月 11 日，国王再次被说服解除内克尔的职务，将其放逐，由王后的宠信布勒特伊男爵改组其政府。这一消息于 12 日中午传到巴黎，引起令人震惊的后果。下午，巴黎人涌入罗亚尔宫，演说家们——其中有卡米耶·德穆兰——发出拿起武器的号召。人们很快组织起游行队伍，抬着当时的英雄人物内克尔和奥尔良公爵的半身像走上大街。戏院被迫关闭，以表示哀悼。在路易十五广场，游行群众与奉命清理杜伊勒利花园的朗贝斯克亲王指挥的骑兵发生了冲突。贝森瓦尔撤到马尔斯广场。首都落入人民手中。

随着阵阵警钟，成群结队的起义者与两天前开始焚烧遭人痛恨的税卡的群众汇合到一起。这些税卡的勒索被小店主、酒商和小消费者恨之入骨，早已成为经常引起骚乱和企图走私的场所。在四天的骚乱过程中，54 个税卡有 40 个被有计划地摧毁：文件、登记簿和收据均化为灰烬，铁栅栏被推倒，办公室和家具付之一炬，税务官员被赶出宿舍。罗亚尔宫插手了这件事，而且两个据说属于奥尔良公爵的税卡安然无恙，这无疑是意味深长的。纵火者一般更感兴趣的是清算那些与食品和酒类价格大幅度上涨有关的机构，而组织者似乎更关心打破总包税人的垄断和控制武器及人员进出首都。当夜，在市北部边缘进行了一次类似的行动。武装起来的市民和王室卫队又一次在罗亚尔宫的指挥下攻入圣—拉扎尔兄弟会修道院，搜查武器，释放囚犯，并将

---

① 莱奥纳尔，前引书，第 293 页，注①。

52车粮食和面粉运到中心市场。紧接着这些活动之后，发生了当地的贫民和失业者的大规模袭击行动，抢劫了建筑物里的钱财、食物、银器和密藏的珍宝。

但是7月12—13日那夜最主要的事情是搜寻武器。首都各地区的宗教场所均被光顾，制造枪支、甲胄和马具的作坊均被查抄。这一过程的无数目击者的记事流传了下来，巴黎的枪炮制造作坊曾向国民议会提出有关他们的损失的声明，总数达115118里弗尔。他们似乎并未得到赔偿，而且应该算是大革命的次要的受害者。

13日上午，巴黎的选举人采取果断措施，力图控制形势。他们组成了一个常设委员会作为本市的临时政府，并决心制止不加区别地武装全体居民的做法。在他们看来，成群结伙的无业游民和无家可归者——他们之中一些人曾参加了袭击税卡和圣拉扎尔修道院的行动——同在凡尔赛策划阴谋的特权等级一样，对市民的安全和财产构成巨大威胁。考虑到这两种威胁，这时他们认真着手组织一支市民民兵。很明显，国王听从劝告同意在次日所采取的行动，仅仅是为了先发制人。当时巴黎被划成60个选区，各家的户主都被召去参加选区的会议。每个选区出200人（后来是800人），巴纳夫曾写道，当晚有13200名市民登记并得到装备。所有的游民、无赖、甚至大批有工资收入的定居者都被排除在这支队伍之外。随后开始解除"非正规人员"的武装。然而只要骚乱还在继续，武器就会继续落入未经许可的人手中。人群包围了市政厅，要求得到武器和弹药。商会会长、临时政府的代理首脑雅克·德·弗莱塞尔竭力限制武器的散发，打发人到军械库和加尔都西会修道院去搜寻武器，结果一无所获。这一"叛变行为"使他在第二天付出了生命。与此同时，选举人派他们当中的勒费弗尔主教去负责看守市政厅地卜室中堆放的军火，但是围聚在这所建筑周围的半武装的人群压力太大，他不得不尽快地分发弹药，也无法按希望的那样加以区别。

14日上午，搜寻武器的活动仍在继续，在河对岸的残老军人院发生了一次令人震惊的袭击。参加的有七八千市民，运走了3万支滑膛枪。正是这些人喊出了"到巴士底狱去！"的口号。其目标并不是释放囚犯（那里只有7名囚犯），而是去夺取最近从军械库运到那里的弹药。此外，这座城堡作为过去专制统治的象征为人们所普遍憎恨。据认为该城堡配备有强大的武装，其大炮——当天早上已瞄准了圣安托万大街——能给密集的房屋造成巨大破坏。此外，在夜里还传说有3万名忠于国王的部队开进圣安托万郊区，并已开始屠杀当地居民。尽管如此，起初并没有认真考虑要强攻巴士底狱，起码忙于在市政厅指挥行动的选举人委员会并无此打算。根据他们自己的记述，我们知道他们曾建议同该城堡守备司令官德洛内谈判，要他交出负责保管的火药，并将火炮撤下城堡的防御墙。德洛内接待了他们的代表，并许诺只要不受到攻击就不开炮。然而已经进入外院的群众设法放下通往内院的吊桥，德洛内认为马上将发动正面进攻，于是下令手下士兵开火，在随后的混战中，包围者有98人死亡，73人受伤。他们无比愤怒，选举人委员会失去了对行动的控制。决定性的打击来自王室卫队的两支连队，他们响应曾任正规军军士的于兰的号召，带着当天上午从残老军人院搬来的五门大炮来到城堡前。在几百名武装平民——圣安托万和周围几个区的工匠师傅、工匠和工人①——的帮助下，他们将大炮瞄准大门。德洛内先是威胁要炸掉城堡，但被手下人劝阻，放下主吊桥，向围攻者投降。他自己和100名守军中的6个人被杀，德·弗莱塞尔也遭到同样下场。巴士底狱就这样陷落了。

巴士底狱陷落本身虽然并不重要，但却造成意义深远的后果。贝森瓦尔将他的部队撤到圣克卢。国民议会至少暂时获救并且得到国王的承认。宫廷派开始分崩离析，孔代、布勒特伊和波利尼亚克亡命国外。在首都，权力无可置疑地转到选举人手中，他们建立了市政委员会，由巴伊任市长，拉法耶特任国民自卫军司令。7月17日，国王本人前往巴黎，在50名代表（包括罗伯斯庇尔在内）陪同下在市政厅内受到胜利者的接待，作为默认形势转变的象征，戴上了标志革命的红、白、蓝三色帽徽。现在，国民议会似乎可以太太平平地着手工作了。

但是，外省还没有发表自己的意见。从春天开始，由于饥饿和突然出现了平息郁积多年的不满的希望而引起的暴动此起彼伏。7月的第三周，来自巴黎的消息通过口传和代表们的书信传到了乡村和集

---

① 国家档案馆，T514，《攻占巴士底狱人员名单》（共662人的姓名）。这份积极参加攻占该城堡的人员的名单尽管不完整但很重要，因为它是唯一一份记录大多数参与其事的人员的地址、职业甚至还有民兵单位的材料。

市,给农民暴动火上加油,并使之进一步蔓延。农民暴动也推动了一系列较小城市的革命。各省的资产阶级与农民和城市小消费者不一样,他们主要是仿效巴黎和凡尔赛发生的事件。7月15日,当内克尔被解职的消息传到南锡时,有人对阿瑟·扬说:"我们是个外省市,必须等着看巴黎出现了什么情况。""城市革命"采取了不同的形式。有的地方,如沿海的佛兰德地区,原有的市自治机关扩大了其基础,采用了三色帽徽,继续执政。有的地方,如波尔多,则仿效巴黎的榜样,让位于当地的选举人大会。在更多的地方,如里尔、鲁昂、瑟堡、第戎、雷恩和里昂,旧的权力机关被推翻,由全新的机构所取代,往往承诺降低面包的价格。在几乎所有上述情况下,权力转移的同时都同巴黎一样组建了国民自卫军,以便应付贵族反攻和群众暴动这两方面的危险。与此同时,省督或者被赶走,或者销声匿迹,不论哪一种情况,都导致王权的削弱。

伴随这几个星期的食品骚乱和农民暴动而来的是一种被称为"大恐慌"的奇特现象,这种现象是经济危机和巴黎革命的产物。这一危机既增加了游民的数量,又促使农民对领主的盘剥愈加不满。贵族派在凡尔赛策划的各种阴谋,虽确有其事,但却被夸大得不着边际。他们7月14日在巴黎失败后,为首者逃亡国外,巴黎的军队溃散到农村地区。这些都使人真的相信贵族正准备在跑到农村胡作非为的散兵游勇的帮助下很快进行反攻倒算。在7月的后半月,起码有六次"大恐慌"的浪潮席卷了国内大部分地区,每次都是由当地发生的偶然事件和惊慌失措造成的。只有阿尔萨斯、布列塔尼和洛林未受影响。在许多情况下,这种浪潮对自耕农反对领主的运动产生的影响,都是进一步推动了这类运动,例如在多菲内的维里约,武装起来对付假想土匪的农民,转而攻击城堡。总之,7月和8月,在全国各地他们所到之处留下一片夷为平地的城堡,庄园的登记册被付之一炬。为首的往往是一些据说领受了国王本人的命令的人("de par le Roi"),农民似乎显然认为清算他们的领主即使不是在执行国王的具体命令,也是在实现他的愿望。①

来自外省的消息迫使国民议会立即注意封建特权问题和农民的要

---

① G. 勒费弗尔:《1789年的大恐慌》(1932年)。

求。必须做出妥协,而妥协采取了令人瞩目的方式:由开明贵族和教士的代表于著名的8月4日之夜宣布放弃他们的封建权利和免税权。然而国民议会关于"封建制度已被完全摧毁"的说法却给人以错觉:农奴制的残余,劳役和教会的什一税虽公开废除了,但是某些更繁重的特权和义务——其中包括实物地租、土地转移和出售税——后来通过个人购买行为又恢复了。地主之所以一直没有拿到钱(赔偿总数估计为40亿里弗尔)与其说是由于立法者的远见卓识或宽宏大量,不如说是由于农民经久不衰的战斗精神。最后,雅各宾派所控制的国民公会面对着既成事实,于1793年7月通过一项法令,宣布未偿还的债务一律取消。

早在7月11日,国民议会就收到了由拉法耶特提出的《人权和公民权利宣言》的第一个草案。外省的暴乱平息后,对此问题的讨论马上就继续进行,经过激烈争论,包括十七条的《宣言》于8月27日通过。同美国《独立宣言》一样,这个宣言旨在阐明这场仍在进行的革命的一般原则。宣言还以严肃而实际的形式确定了第三等级在综合性陈情书中要求的和当时法国人期望享有的权利:保护财产、信仰自由、法律面前人人平等、平等的纳税义务和担任公职的权利。制宪议会应及时使这些原则分别通过立法加以阐明。然而国王宣称宣言会鼓励进一步的动乱,拒绝加以批准,就像他拒绝批准8月4日之夜所颁布的法令一样。

国王的行动不会不鼓励代表中的少数派。这些人与宫廷结合在一起,即使不能取消革命已经取得的成果,也仍然希望制止革命的进程。这一集团(人们后来称他们为"英国派")与多数派在建立第二院和国王否决权这两个有关宪法的问题上发生了冲突。这一冲突直到首都再次爆发起义,国王和议会转回巴黎才得到解决。以平民中的穆尼埃和贵族中的拉利·托朗达尔为首的温和派主张国王应在立法问题上享有绝对的否决权,并应建立一个由选举产生的第二院。第二项建议几乎没有获得通过的可能,因为不仅议会中的左派和中派反对它,就连外省贵族也由于担心自己被排斥在上院之外而强烈地加以反对。然而关于否决权的建议却被抓住不放,从而造成了更尖锐的分歧。以罗亚尔宫为据点的巴黎"爱国者"要求彻底加以拒绝,但凡尔赛的"爱国者"代表的代言人巴纳夫却准备在主张妥协的中派帮助下进行

第二十三章　法国大革命的爆发

谈判。8月29日谈判破裂，巴黎人的地位得到加强，由圣于吕热侯爵和一批罗亚尔宫的新闻工作者发动的第一个行动是试图鼓动巴黎人向凡尔赛进军，请国王返回首都他的祖宅。这次努力没有成功，因为不仅巴纳夫和他的同事反对，而且缺少巴黎平民中的足够支持，而只有他们才能实现这一计划。

然而，由于一系列因素——向平民灌输"爱国者"的政治主张，粮食危机的加剧和宫廷的挑衅性措施——的共同作用，这一目标在五个星期之后实现了。普通巴黎人深受进步舆论潮流的影响，这一点在竞选活动期间就已经十分明显了，当时圣安托万郊区的暴动者和其他人无所顾忌地支持第三等级的权利要求而反对其对手。凡尔赛辩论的情况以惊人的速度传到罗亚尔宫里和沙滩广场上的人群中间。在8月24日，即《人权宣言》通过之前，有一个枪械工被捕后在城堡受到反复审问时，坚持"人权"赋予他公正审讯的权利。据马卢埃说，一个星期之后"可以看见轿夫们在议会外对否决权问题激动不已"。9月间，随着政治危机的深化，有报道说，沙滩广场上的雇佣劳动者和慈善工场的失业工人表示愿意随时前往凡尔赛要求王室返回巴黎。

然而，粮食危机又一次使群众骚动持续不断而且愈演愈烈。7月22日，一个4磅重的面包的价格从14.5个苏降到13.5个苏；8月8日，在市政厅前举行示威后，由于补贴，价格进一步下降到12个苏。然而随后出现的平静时期仅仅是昙花一现，收成虽不错，但是由于长期干旱，磨坊主碾不出足够的小麦，由此造成的面粉和面包短缺给投机者带来好处，却使面包房主焦虑万分，因为他们是群众报复行动的首要目标。8月和9月，在巴黎、凡尔赛和圣但尼不断发生面包骚乱，其间一名面包师和一个市政官员被愤怒的群众杀死，另有许多人受到"吊到灯杆上"的威胁。哈迪的日记中写道，从9月中开始，市场区和郊区的妇女在骚乱中起了领导作用。在10月5日向凡尔赛的大进军也是由她们首先发起并带动了她们的男人。

但是，同7月里的情况一样，最终促使首都的"爱国者"和平民起义的还是凡尔赛的事态发展。9月11日，巴纳夫说服议会敦促国王同意接受一种有权暂停某项法令实施的否决权的妥协方案，作为交换条件，国王应收回对8月法令的否决。正是由于议会坚持后面这一要求，使宫廷决心试图再次显示武力来打破僵局。9月15日，路易十六在拒绝了温和派提出的将议会迁往外省某城市的建议后，命令驻扎在杜埃的佛兰德团向凡尔赛进军。该团于9月29日抵达。10月2日王室卫队举行宴会表示欢迎。这时，作为民族象征的帽徽被扔在脚下践踏，王后和她的孩子们受到了几乎不可思议的狂热欢迎。第二天，这一事件在巴黎广为报道。"爱国者"派报刊号召进行报复。这次，巴纳夫不再反对诉诸武力，至少从他事后的评论来看是这样。丹东在科尔德利埃俱乐部通过了一项决议，敦促拉法耶特携带一份最后通牒前往凡尔赛；德穆兰重申了他对巴黎人发出要求国王返回首都的号召。10月4日星期日，在罗亚尔宫举行的会议上响应这一号召。次日清晨，中心市场和圣安托万郊区的妇女冲击市政厅，要求得到面包并搜寻武器。在市政厅外面一个在攻陷巴士底狱时表现出众的名叫斯坦尼斯拉夫·马亚尔的看门人加入她们的队伍。她们说服他带领大家前往凡尔赛向国民议会提出要求。她们排成两列，冒雨前进，（或者如人们传说的）边前进边呼喊："杀死面包房主、面包房主的老婆和徒弟。"几个小时之后，巴黎各区的2万名国民自卫军——他们迫使犹豫不决的拉法耶特带领他们——以及用滑膛枪、棍棒、长矛武装起来的各式各样的平民也跟随在她们后头。面对这声势浩大的阵容，国王不需要更多的劝说就下令向首都提供粮食，并批准了8月法令和《人权宣言》。但这些让步已不能使起义者满足了。次日，国王及其全家放弃了逃走的最后一个机会，被迫同游行示威者一道返回巴黎。十天以后，国民议会也回到巴黎。这样，法国王朝在离开祖先的发祥地一百多年后又重返故地作了短暂的逗留。

巴黎第二次挽救了国民议会，确实如巴纳夫所写的那样，它挽救了"人民的自由"。7月革命的成果曾由于凡尔赛继续存在宫廷派而岌岌可危，现在得到了巩固。10月起义将国王置于国民议会多数派、巴黎市政府和各区的监视之下，并清除了"英国派"的影响——其领导人跟着阿图瓦和布勒特伊流亡国外——从而建立了君主立宪派的支配地位，这种支配地位在巴黎表现为巴伊作为市长、拉法耶特作为国民自卫军总司令长期进行着统治。很快，通过果断措施面包危机得到控制，巴黎平民的起义精神已达到了目标，随后制定了军事管制法，对"造反"处以死刑和对激进报刊进行新闻检查，使起义精神受到限制。早在10月21日，一个名叫米歇尔·阿德里安的曾在巴士底狱服劳役的人,就因企图在圣安托万郊区煽动"叛乱"而被送上了绞架。这样,在经历了革命爆发阶段的长时间暴乱之后,有专业的资产阶级和商业资产阶级以及他们在开明贵族中的盟友——1789年的人——似乎终于可以不受干扰地着手去完成他们的立法和按照他们自己的设想制定宪法的任务了。

然而,尽管此后的18个月是一个相当平静和社会和谐的时期,但事实将证明这是一种幻象。革命连一半都没有完成。不仅王朝将证明它在和平时期如同在战争时期一样背信弃义,但不会更生,而且农民仍然顽强地表示不满;小业主不会长期接受被排除在"积极"公民行列之外的境遇;广大小消费者也将会更加有力地向商人、银行家和大生产者所设想的"市场自由"提出挑战。这些问题所引起的巨大社会动乱还在后头,并将使大革命远远超出1789年10月的范围;然而大革命是一个整体,伴随其爆发阶段而出现的各种事件、冲突和思想就已经播下了大动乱的种子。

(艾 平 译)

第二十四章
法国的改革与革命
（1789年10月—1793年2月）

　　10月危机后，国民议会继法国宫廷之后从凡尔赛返回巴黎，此时它可以尽快着手完成制定新宪法的任务了。反革命的危险再次减少，到11月首都的粮食短缺也已克服。[①] 8月的法令及时地取消了封建特权，11月3日正式颁布实施，至少暂时缓和了农民的不满，并赢得了时间，使研究封建制度的法学家们组成的委员会得以考虑所宣称的封建制度所造成的"破坏"实际上究竟总共有多大。由于现任的官员们临时继续工作，避免了司法和地方政府行政工作的间断。11月3日高等法院的活动被停止，从而消除了反革命势力在各省进行反抗可能利用的跳板。尽管10月危机促使路易十六对强加给西班牙国王卡洛斯四世的王权的种种限制提出了秘密而郑重的抗议，[②] 尽管另一方面这次危机也鼓励了比利时民主派发动反对奥地利统治尼德兰的叛乱，但这些反响都未引起欧洲对法国进行干涉的危险。大多数欧洲国家的政府都满足于认为法国在大陆的政治影响在不久的将来便会销声匿迹。法国对外关系上第一次严重的困难实际上到1790年5月才出现，到国民议会庄严宣告废弃侵略战争和领土征服而达到顶点。特别是国民议会于11月2日决定将高卢教会的地产收归国有，消除了国家即将破产的危险。

　　然而，采取这些紧急措施以进一步削弱行政机构的权力并捍卫立法机构的独立和在法律上的最高地位，表明国民议会对国王顽固保护

[①] J. 戈德肖：《1789—1804年的反革命》（巴黎，1961年），第2章。
[②] J. 肖米埃：《从瓦伦事件到路易十六被处死期间西班牙与法国的外交关系》（波尔多，1957年），第8页。

第二十四章　法国的改革与革命（1789年10月—1793年2月）

教会和贵族的封建特权是多么不满，它对国王有可能背信弃义是多么存有戒心。路易十六已被剥夺了中止或解散立法机构的权力和提出立法的权力。他拥有的暂停某项法案实施的否决权也仅仅限于一般的而不是"与宪法有关的"法令。尽管保留了世袭的和神圣不可侵犯的君权，但现在他的王位是根据宪法所规定的条款来保持的，已不是天授的权利。他不再是"法兰西和纳瓦拉国王"而是"法兰西国王"，很快就将被列入文官花名册，被称作"第一官员"。更具有严重政治后果的是，国民议会否决了米拉波的一项动议，这项动议要求允许大臣们参加议案的审议，虽然不参加表决。1789年11月7日的法令规定当届议员不得参加政府。这项法令始终未改变，因此革命的法国没有能享受到责任内阁制和议会政体的好处。① 自从10月事件起，米拉波作为在国民议会拥有议席的大臣就扮演着王朝拯救者的角色；而从现在起，由于当大臣的野心遭受了挫折，他只能指望成为受国王雇用的秘密顾问，设法用计谋破坏正在制定的宪法而不是革命。

然而，这时将主要的权力交给未来的立法议会，这不仅是由于议会对行政机构心存疑虑，或者它遵从分权的原则；同样是由于西哀士神父从重组的宪法委员会内部施加的影响。② 西哀士已经为制宪议会政治主张的形成作出了很大的贡献。现在，他继承了穆尼埃的衣钵，成为革命的宪法理论的主要倡导者。西哀士在革命前坚决反对特权，但由于废除教会的什一税受到伤害，表现出对直接民主的怀疑，并同开明贵族一起支持重农主义者关于宪法应规定由一批优秀分子进行治理的主张。他将"政治"权利与"公民"权利加以区别和将"积极"公民与"消极"公民加以区别的主张，被用来作为限制选举权的根据。他强调宪法的"代议"性质，从而使议会的决定更加倾向于使公众的政治权利仅限于行使选举权。他认为民族团结这一革命观念具有重要意义，这一点反映在他系统陈述并被法国许多近代宪法中奉为神圣的信条中，即议员所代表的不是他自己的选区，而是整个民族。

---

① R. K. 古奇：《法国的议会政治，革命的根源，1789—1791年》（纽约州伊萨卡，1960年），第127页。

② 关于这一点可参阅 P. 巴斯蒂很能说明问题的文章《西哀士与法国大革命的政治思想》，载《法国革命》（1939年），第142—165页。

西哀士的影响在为立法议会制定的新的选举办法中是十分明显的。然而,议员的间接选举,以及在初选会上对候选人、选举人和投票人的财产资格的要求,使选举功能的行使限制在比西哀士原设想的还要狭窄的社会成员范围之内。议会不顾格雷古瓦神父和罗伯斯庇尔的抗议,于1789年10月22日决议,有当选议员资格者仅限于那些缴纳直接税价值达一个银马克(约合50法郎)的人;12月22日又要求参加初选会和选举团的投票人需分别缴纳相当于三天和十天劳动价值的直接税。尽管如此,这次确定的选举权仍然比王朝复辟和七月王朝时期的选举权要开明,因为它确定的"积极"公民约有430万人,而"消极"公民为200万人。这种经常被抨击为反民主的议员间接选举制,在法国一直存在到1817年;对选举人财产资格的要求只是在1792年临时取消,直到1848年才废除。[1]

未来的立法议会被赋予独立地位和意味着保证其实际上垄断政治权力的权限。由于取消了"必要的授权",议员可不受其选民的控制和监督,他们还享有议员豁免权。每年召开会议,会议和议事程序不受约束,不得予以解散,有权提出立法并有权发表声明而不受甚至国王暂停实施法令的否决权的限制,这些就使立法机构享有空前的独立地位而不受行政机构的干涉。有权充分控制国家财政,每年对军事开支进行审查,有权设立或撤销一切国家机构,有权强迫大臣履行法律义务并密切监督外交政策,这些使立法议会拥有类似英国议会那样全面的最高权力。

虽然这样的中央集权在米拉波等批评者看来似乎有形成一种新型的一院制议会独裁的危险,但它在一定程度上由于把行政管理的责任极大地分散给广大的由选举产生的地方当局而得到弥补。[2] 在改组地方政府的体制方面,当务之急不在于填补由于地方行政长官权力的垮台而造成的真空,而在于如何规范在这年早些时候出现的那些经选举产生的革命市政机构的地位。此外,如果要合理调整旧制度下混乱的行政体制的话,还必须建立一个统一而有序的组织体系,以便新建立的宗教单位和司法单位将来能够被吸收进来。由于许多旧的市政寡头

---

[1] P. 坎贝尔:《法国的选举制度和选举,1789—1957年》(伦敦,1958年),第19页。
[2] 有关制宪议会的行政改革,在 J. 戈德肖的《大革命时期和帝国时期法国的体制》(巴黎,1951年)一书第3章中有详细论述。

统治集团已经垮台；内克尔关于改革地方三级会议的不关痛痒的方案也已被否决，但最主要的是由于8月4日废除了保留三级会议的地区的财政和自治特权，改革的道路已经被扫清了。1789年7月底，杜尔哥原来的伙伴杜邦·德·内穆尔曾第一次提出过行政分权的问题。9月29日，图雷以宪法委员会的名义向议会报告了关于将法国划分为省（department）、市（commune）① 和区（canton），以及建立由选举产生的各级地方政府的建议草案。将历史省份按几何图形划分为83个省的主张来源于西哀士；关于地方政府的组织则是图雷照搬1787年的省议会制度而来的。由于在市政府的辖区也应是教区这一点上有着共识，而且显然在这方面必须迅速采取行动，因此最初的讨论集中在市政组织的问题上，并于1789年12月14日通过法令批准实行新的制度。法令规定全法国的城镇和乡村均建立小型的市政府（corps municipaux）和协商性的议会（conseils généraux）。前者由一名市长和若干官员组成，后者由市政府和为数更多的著名人士的代表组成。代表国王参加议会，并有权就一切地方事务提出意见的是一位国王代表（procureur），其职能类似英国的市镇议会秘书。所有这些官员和议会均由市镇中缴纳相当于十天劳动价值的直接税的"积极"公民选举产生。虽然对地方上大多数重大事务的处理均需经市镇议会的同意，但掌握市镇行政实权的是市政府。这些机构除负责管理地方日常事务外，还拥有广泛的维持治安的权力，包括必要时实行戒严的责任，后来还被赋予评估和征收新的直接税的权力。

然而，组建1789年12月22日法令所规划的新的省（department）、专区（district）和区（canton）的工作，直到1790年2月26日方告完成。这是因为宪法委员会提出的原计划经过议会的许多修改，而且因为省界的划分要由那些最有资格仲裁地方纠纷的人——各有关地区的议员——根据历史条件和地理状况来确定。省和专区政府的行政体制大体与市政府相同，不过其选举制度像国民议会的选举制度一样，不是一个阶段而是分两个阶段——省的选举团由"积极"公民在区的初选会上选出。省和专区（而不是区）现在有权建立协

---

① 市（commune）为法国沿袭至今的地方基本单位，市的大小不一，有的是大城市，有的是小村镇，commune亦译为"公社"，如后面出现的"巴黎公社"。——译者注

商性的议会。前者由 36 人组成，后者由 12 人组成，任期四年，可连选连任，每两年改选半数。省议会的半数成员，专区议会 1/3 的成员可当选为省和专区的"执政官"（directory），行使行政职能。省政府有权征收直接税，建立医院、监狱和慈善工场，监督农业和商业发展的计划。专区的职责是编制"积极"公民和新的纳税人的花名册，监督国民自卫军的组建，后来又负责组织收归国有的财产的出售。在各省选举一名地方行政长官总代表（procureur-général-syndic），在专区则选举一名地方行政长官代表（procureur-syndic），作为与中央政府联络的一种方式。这些官员的基本任务是保证国民议会通过的法律在地方上实施。1791 年 3 月修改宪法时，赋予国王以废除省政府制定的与法律或内阁命令相抵触的法令以及停止其实施的权力。同样各省也被赋予向专区行使这种维护纪律的权力。但在这两种情况下，暂停地方议会权力的做法都必须经立法议会批准，立法议会亦可宣布其无效，因为只有立法议会有权解散地方议会。

到 1790 年 2 月，全国已划分成 83 个省，547 个专区，4732 个区和 43360 个市镇（commune），新的地方议会亦于 2 月至 6 月底之间选出。新的行政机制有其弱点——市政组织，特别是在首都和大城市，不必要的复杂。市镇、专区和省的议会中社会成分之间的差别导致了摩擦，而中央又缺乏有效的控制，这就使得对市镇直接民主的进展情况很少或根本就无法进行检查。[①] 不过，由于公众的要求而迫使议会实行的实质上的权力分散却给了法国一种新的民族团结意识，其明显的表现是 1790 年春季出现的地区性联盟和在攻陷巴士底狱一周年时在巴黎举行的联盟节。地方分裂主义曾使在旧制度下促进法国行政统一的一切努力遭受失败，而且在 1789 年仍然有一定势力，这时已经销声匿迹。以上所确定的地方政府体制，虽然经过修改，但一直延续到今天。

议会所面临的第二个尚未完成的任务是巨大而复杂的封建土地制度。8 月法令所宣告的"彻底废除封建制度"与地方上继续保持着某些还必须缴纳的地租，这种实际存在的矛盾即使不能证明其合理，也

[①] 对地方新政府的利弊得失的评价，见 A. 科班的文章《法国大革命时期的地方政府》，载《英国历史评论》第 58 卷（1943 年），第 13—31 页。

应加以解释。迫于农民叛乱的压力而紧急制定的一些临时解决办法，必须以最后的立法形式加以确定。1789年10月9日起，这些问题被交给议会的封建委员会处理。由著名法学家梅兰·德·杜埃和特隆歇主持的两个小组委员负责将封建权利加以分类和制定废除的办法。然而，处理这些问题的1790年3月15日和5月3日的法令却表明，尽管封建主义从法律上说现在已经消灭，但仍不准备马上彻底废除经济上的封建主义。这种对于农民决心不惜一切代价要实现的要求拒绝予以承认的做法，将会带来严重的社会和政治后果，这只能归因于中产阶级对财产权的重视；法学家们眼光短浅的保守主义；以及既得利益集团希望限制，可能的话要求挽回，他们以前在经济上遭受的损失。

8月4日夜对废除封建权利作出更详细的规定后，随之而来的一周内，人们对自身利益的考虑重新抬头，甚至连那些促成了这一被里瓦罗尔称之"财产上的圣巴托罗缪惨案"的人也重新考虑他们自己的行动是否明智。此时，那些曾被那次彻夜举行的著名会议上的动人热情所感染的贵族，仍然可能在怀疑他们的一时冲动是否会得到他们的选民的同意；一些谨慎行事的人认为，在激进的解决办法占据上风的情况下，挽救封建财产权的做法很容易受到损害。而另外一些未出席8月4日会议的人则批评由布列塔尼俱乐部"暗中进行破坏"的自由派所操纵的在议会中进行的"仓促"表决。[①] 这些看法可以说明为什么在1789年8月5日至11日有人试图对废除封建狩猎权和私人司法管辖权，对至迟到1790年7月20日前废除贵族的荣誉称号，以及对8月法令的各种限制性条款提出争议。尽管人们也明白对废除农奴制的少数残迹已不应提出质疑，想挽回或减少在来源于农奴制的各种权益方面所遭受的损失也已无能为力，但许多享有封建地租的人却相信，只要这些权益符合维护公共秩序的需要，就应予以保留。这意味着要求实行一种赎买制，这样一来将使贫苦农民摆脱这些赋税更加困难而不是更加容易。在旧制度的后期，资本主义的方法已进入农业，结果也使这类封建义务的财政收益增加了；而当利率趋于下降的时候，如何使资本的再投入能够从这种补救办法中获利，也成为一个

---

① G. 勒费弗尔：《1789年》（巴黎，1939年），第183—186页。

实际问题。①

在1790年3月15日的法令中,对封建义务进行详细分类所遵循的原则是来源于罗马法的关于封建统治权(féodalité dominante)和封建契约(féodalité contractante)之间的法律区分。据此,封建义务和采邑义务分为两类——一方面是个人义务,这种义务被认为是由封建领主非法侵占或榨取的;另一方面是实际上属契约性的地租,缴纳这种地租代表在自由或屈从的条件下的土地租用权。为了重新解释8月法令并付诸实施,议会现在解释说,封建制度的废除意味着迄今为止的封建财产今后将变成自由拥有的财产,而封建地租虽在赎买前继续保持,但将转变成经济地租。② 个人义务和契约义务的区别,虽然可使法学家们感到满意,但并不能完全应用于封建义务这个十分复杂的现象,而且在它被农民理解之前,将会被看成仅仅是法律上的诡辩而加以拒绝。③

1790年5月3日的法令规定,每一年契约性质的金钱义务应以相当于20年的收益来赎买;实物义务则应以其年收益的25倍赎买,从而确定了并非不合理的赎买率。然而实际赎买过程中附加的种种条件,往往使赎买实际上成为不可能的事。不论在什么情况下,赎买只是允许进行,而并非必须进行。赎买时,由地主与佃户个人订立协议,而不允许采用集体谈判的方式。在赎买年度义务之前,必须偿还全部剩余欠款,并偿清一切临时性义务款,即使在正常情况下大多数佃户也负担不起这些临时性的苛刻盘剥。凡以前必须集体偿付的义务,也必须在同一时间进行赎买。这样,由于有些佃户无法筹措到必需的资金,就妨碍了其他能够筹措到资金的佃户取得大家都希望得到的不受限制的所有权。

由此而导致的农民希望的破灭,由于议会的财政和经济改革对他们的影响而更加强烈。虽然1789年8月已在原则上决定无偿地废除教会的什一税;但同时又规定,在国家向被没收了财产的教士发放工资以前,什一税将继续征收。根据1790年4月20日的一项法令,教

---

① G. 勒费弗尔:《法国大革命与农民》,载《法国大革命研究》(巴黎,1954年),第256页。
② M. 加罗:《法国私人税、大革命和土地所有制通史》(巴黎,1959年),第186页。
③ 同上书,第196页。上述区别也有不能令人满意的地方,因为就封建契约关系而言,大部分写明土地转让合约的地契已经遗失或毁坏。这些地租往往不是按契约,而是按已经无法追忆的习惯数目来缴纳的。

第二十四章　法国的改革与革命（1789年10月—1793年2月）

士的工资将从1791年1月1日起发放；这样，直到那时为止，什一税的征收仍然合法，而且实际上在加重。即使在上述日期之后，废除什一税带来的好处也仅仅落入土地实际所有者的腰包。同样，议会1790年5月14日的决议规定收归国有的教会土地应通过拍卖出售给出价最高者，这也剥夺了贫苦农民扩大耕地的机会。而即使如此，他们也宁愿将他们微薄的资金用于购买这种土地，也不愿用于赎买他们现在租种的土地的契约义务。最后，按照重农主义思想所采取的使农业和贸易摆脱各种限制和垄断的措施，疏远了大多数农民，因为他们一向是深深地依赖于资本主义以前的农业的集体方法和国家对谷物贸易的管理的。议会对小的农业经营者的利益作出的唯一让步是保持对谷物出口的禁运，取消大部分食品的间接税，和保持牧场的公用权。这些措施根本不能保护农民免受由于适应大地主扩大圈占地和其他资本主义生产方式而采用的新设施所带来的经济灾难。这就是造成农村地区特有的骚乱局面的根源，而这些骚乱是立法议会在解散前夕才采取严厉措施加以平息的。①

更加悲惨的后果是旷日持久而且愈演愈烈的宗教分裂。造成这种局面是由于议会通过教士公民组织法来改造高卢教会。② 对罗马天主教会在法国与世俗当局和与教皇的关系的这一重新界定，一方面对教士陈情书中所表示的改革要求，另一方面对1789年8月4日高卢教会法人组织的遭破坏，同时也对随后发生的教会地产的收归国有都产生了重要影响。然而，迫切需要对教会组织进行这样的改革，是由于议会在1790年春季承担了将来要为公众礼拜仪式提供费用和负责偿还革命前的教士债务的义务。议会的主要目的是创立一种国教，摆脱旧制度的政治弊端和社会不平等，不受任何一种外国教会的控制，具有民主的组织形式并适合于新的地方行政制度。据辩称，这种改革将要影响教士的公民事务，但不影响其宗教事务，更非试图干涉教义或教规。由于这种改革将是世俗体制改革的组成部分，因此将不受国王否决权的影响，并普遍认为，必要时可劝说或强迫教皇予以默认。此外，人们深知，议会中教士代表的大多数，包括以很有影响的艾克斯

---

① 见后面原文第706页。
② 对这个有争论的问题的资料最丰富和看法最公允的论述之一，见J. M. 麦克曼纳斯最近的研究著作《旧制度下法国的宗教社会。对18世纪昂热的研究》（曼彻斯特，1960年）。

大主教德·布瓦热兰为首的一批开明高级教士在内,将会支持这项计划。因此,议会及其宗教委员会对政教关系问题所抱的态度虽然不是有意挑起争论,但却是过分自信了。宗教委员会方案于1790年5月底提交议会讨论,7月12日以绝大多数票通过,国王听从大臣会议中他的教士顾问——波尔多大主教、掌玺大臣尚皮翁·德·西塞和维埃纳大主教勒弗朗·德·蓬皮尼翁——的建议,于7月22日表示"接受"。

新法规的主要内容是:调整主教管区的边界使之与省界一致,废除1516年的政教协议,规定由全体在册的"积极"公民,不论其宗教信仰如何,选举主教和教区神父,由国家向高级和低级教士以及主教团成员发放合理的工资,即由法国大主教而不再由罗马教皇发给。教士公民组织法中有许多地方对低级教士具有吸引力。它向他们提供了在教阶中上升的机会,而在18世纪中,教阶的上层只限于有贵族身份的人;它使他们的收入增加一倍;它允许他们推举自己的教区神父;它完全保证了他们的财产所有权;它满足了那些支持里歇主义者关于建立主教区和大主教区宗教会议的主张的人们的要求。① 另一方面,在新制度下以前主教的声望和权威均已下降。现在除了单纯的精神和宗教方面的职能外,主教已别无其他任何作用。他们的任务严格限于驻在地,他们在自己的教区内行使管辖权必须同一个常设的教区神父—主教会议进行协商。尽管如此,他们的选举无须再由罗马教皇批准这一点无疑被许多主教认为是对他们作出的牺牲的重要补偿,和对主张主教会议权力至上的高卢主义的一种受到欢迎的让步。②

然而,尽管教士们的反对意见是慢慢地表达出来的,但事实证明教士公民组织法的规定不仅对法国大主教,而且对罗马教皇来说肯定是不能接受的。主教管区由135个减少到83个,意味着一些主教将失去主教职位,而另外一些主教的管辖权却扩大到更大的地区。而特兰托公会议的决议和圣职任命的正式手续——规定主教只能在严格划定的他的教区内行使管辖权——排除了这样转移权力的任何可能性,

---

① 关于里歇主义理论对18世纪法国低级教士的影响,见E. 普雷克兰《十八世纪的詹森主义者与教士公民组织法》(巴黎,1929年)。

② 莱维-施奈德的重要文章《旧制度末期法国主教团的行政自治》(《历史评论》第151卷[1926年],第1—33页)也许对这一点有些言过其实。

第二十四章 法国的改革与革命（1789年10月—1793年2月） 719

除非是按照正式的教规手续获得准许。① 议会甚至超过了教士陈情书中所表明的期望，因为它规定世俗人，不论是新教徒、犹太人，甚至无神论者，均可参加"拥护教士公民组织法的"教士的选举。

然而，1790年秋季爆发的教会与政府之间的实际冲突主要是由于议会毫不妥协地拒绝了布瓦热兰关于改革应提请法国教会的一个全国会议予以批准的建议。这样的步骤虽有可能为实现可以接受的妥协铺平道路，但其代价却是侵犯了国民议会的主权，而且还会引起教会将企图要求恢复其作为国家内部一个自治体的地位的风险。② 结果议会向教会提出了一份实际上的最后通牒，而把要求教廷接受其决定这一困难的谈判任务留给了政府。这一使教士公民组织法得到合乎教规的"洗礼"的替代办法在议会中甚至连激进的改革派也冷静地加以接受，因为他们认为，以兼并教皇在法国领土上的飞地——阿维尼翁和弗内森——相威胁，教皇庇护六世最终会被迫同意的。在谈判的结果如何尚不知晓之前，议会又进一步朝着宗教分裂的方向采取了一个步骤，而且这次是无法挽回的一步。1790年11月20日它强迫法国所有获得有俸圣职的教士宣誓，要求他们尽他们的一切力量拥护已成为法令的教士公民组织法，违者即被免职。这样，教士就不得不作出选择，或者接受当时受到法国许多主教谴责的教士公民组织法，或者失去他们的教职。在这次信仰危机中，主教们的行为与低级教士的行为形成明显而重要的对比——全体主教除七人外都拒绝接受，而教区神父几乎有一半人宣了誓。这样，甚至在教皇好不容易才决定谴责教士公民组织法，和1791年3月10日和4月13日将革命的政治和社会改革简要地告知法国各主教之前，教会便突然陷入了宗派分立的局面。庇护六世的行动产生的主要后果是引起已宣誓的许多教士收回了誓言，导致大多数法国主教在1791年期间流亡国外，最后使由于在宗教问题上犹豫不决而感到内疚的路易十六相信，必须逃出巴黎寻求安全，与革命决裂。

与宗教分裂相对应，在制宪议会的政治领导人中也出现了严重的

---

① 见G.皮奥罗《教会组织与对第一批拥护教士公民组织法的主教的认可》，载《法国大革命史年鉴》第28卷（1956年），第346—355页。
② J.勒弗隆：《1759—1846年的革命危机》，见A.弗利歇和V.马丹编《天主教史》第20卷，第63页；K.D.埃德曼《人民主权与教会》（科隆，1949年），第4章。

分裂。这是由于开明贵族那一派中间出现了一种保守的反应的结果。这一派人的领导人是巴纳夫、迪波尔和亚历山大·拉梅特三人集团。这个集团通过要求加快社会和政治改革的速度而于 1789 年 9 月从穆尼埃和温和派手中夺取了对爱国者派的控制。然而，到 1791 年春季，这一派人却认为已经到了阻止革命继续发展，并且趁有财产和选举权的贵族所争取到的利益还没有受到反革命和激进平均主义这两个极端派的危害之前而予以巩固的时候了。从某种意义上讲，三人集团只不过是在米拉波于 1791 年 4 月初去世后继续奉行其政策、实现其野心和承担其秘密使命而已。他们还希望修改宪法，以便加强王朝的地位并通过废除 1789 年 11 月 7 日的法令而为他们上台执政铺平道路。然而，1791 年的环境已经改变了，新的社会和经济冲突正在首都出现，政府几乎还没有从前一年秋天在南锡和布雷斯特发生的严重的陆、海军兵变中恢复过来，法国南部广大地区由于不断爆发宗教狂热和贵族反革命活动而陷入动乱之中。在这样的时候，新的温和派，即"宪政"派所扮演的只不过是"维持秩序"派的角色。

造成这种保守倾向的恐惧不安心情是由于 1790 年冬季在首都迅速出现了许多新的政治俱乐部和联谊会，和 1791 年春季出现了有组织的工人阶级运动而引起的。这些团体原来的宗旨是促进没有选举权的无产者受到公民的和政治的教育，但在马拉的鼓励下很快就变成了积极的政治压力集团。① 这些俱乐部主要由"消极"公民组成，吸收妇女参加，表现了群众对议会推行的有限制的选举制度日益强烈的不满，并提出要求不仅宪法，而且甚至连一般性立法也应交由群众批准。它们还激烈批评巴黎市政府由资产阶级组成，拉法耶特的国民自卫军实行社会歧视。在这些俱乐部中巴黎的无套裤汉第一次被承认为革命的力量而崛起，他们的政治和经济要求代表了对中产阶级精英的支配地位提出的一种新的更加强有力的挑战。② 虽然第一批群众俱乐部曾寻求并得到雅各宾俱乐部的赞助，但后来在 1791 年春季建立的一些团体实际上都是由科尔德利埃俱乐部衍生出来的。它们本身实际

---

① 关于这些俱乐部的情况，可参阅伊莎贝尔·布尔丹《大革命期间巴黎的群众团体》（巴黎，1937 年）。

② 对无套裤汉的社会和政治主张的很有新见地的论述，见 R. 科布的研究论文《1793—1794 年法国的革命意识》，载《历史杂志》第 42 卷，第 146 期（1957 年 10 月），第 181—196 页。

上是卢梭的直接民主理论的第一批鼓吹者。

标志着1791年春天首都工人运动的事件是大批失业者听到即将关闭市政当局扶持的公益性工场的消息后义愤填膺；一些打短工的木匠、制帽工人、印刷工人和钉马掌师傅们为支持最低日工资而展开大规模的宣传运动。在国民议会中的中产阶级议员看来，这些事态发展之所以表现出骚乱的特点，首先是由于工人阶级的要求得到科尔德利埃俱乐部激进分子的支持，而且该俱乐部参与了向议会提出威胁性的请愿。其次，在以前由雇主控制的行会最近被以经济自由主义的名义解散后，6月初由8万巴黎工人组成的"总联盟"扬言要通过直接施加压力、设纠察线和总罢工来实现对工资的要求。[1]

针对这些事态发展，议会于1791年春天通过了一系列法令，这清楚地表明它对激进主义日益感到担心。4月底，它禁止"消极"公民加入巴黎国民自卫军；5月7日，它以宗教自由和缓和局势为由，允许抵制教士公民组织法的神父在教区教堂中举行弥撒；5月9日通过法令禁止集体请愿冲击群众俱乐部；最后于6月14日根据勒·夏佩利埃的动议通过了一项法律，以严厉的惩罚禁止组织工会和雇工协会，禁止为提高工资举行任何形式的集体谈判，以及设立纠察线和举行罢工。[2] 与此同时，由于在5月11至15日举行的殖民地问题的重要辩论中巴纳夫为西印度群岛的种植园主的既得利益辩护，以及由于5月16日罗伯斯庇尔的自律性法令规定制宪议会的成员不得当选为下届议会的议员，因而在三人集团和罗伯斯庇尔之间出现了公开的分裂。[3] 这时三人集团显然以温和派的面目出现，而他们的政治抱负只有在巴黎的直接民主被摧毁、议会被说服修改宪法，从而使一个坚强有力的政府成为制止首都的阶级冲突和各省的内战危险的有效堡垒的情况下才会实现。

王室于1791年6月20日逃往瓦伦并于25日被押回巴黎的事件，一向被理所当然地看成是法国大革命历史的转折点，这些事件第一次使共和制的问题成为法国公众关注的中心。它们使温和派与雅各宾俱

---

[1] G. 吕代：《法国大革命中的群众》（牛津，1959年），第84页。
[2] 在法国，罢工直到1864年、工会直到1884年均属非法。
[3] 关于这次殖民地问题的辩论，见J. 布鲁哈特《马克西米利安·罗伯斯庇尔与殖民地问题》，载《马克西米利安（1758—1794年）诞生二百周年纪念论文集》，W. 马尔科夫编（柏林，1958年），第115—158页。

乐部的民主领袖之间的分裂长期存在下去；它们在人民心中引起对王室的口是心非产生新的根深蒂固的怀疑；表明甚至像法国这样大的国家在民族危急时期没有国王也能进行有效的统治；并驱使欧洲大国——特别是奥地利和俄罗斯——更加深刻地认识到必须巩固它们的王朝利益，反对革命的新秩序。

普通群众对王室逃跑事件的直接反应是：在首都，人们既表示愤怒却又漠然视之，在外省，人们惊惶不安，害怕出现反革命和外国入侵。支持建立共和国的群众示威接踵而起。斗争在巴黎是由科尔德利埃俱乐部和一些联谊会发起的；在外省则由加入雅各宾俱乐部的一些团体起而仿效。在首都，共和主义得到孔多塞"哲学上的"支持，布里索、德·博纳维尔和卡米耶·德穆兰的激进刊物上也大力加以宣扬。然而，这个运动还没有来得及获得真正的动力就陷入了困境。并非所有的激进派都公开支持建立共和国。马拉一如既往地要求实行群众专政，丹东似乎主张由奥尔良派摄政，而罗伯斯庇尔则保留他的意见而似乎又支吾其词。由托马斯·潘恩起草的一份共和宣言，受到西哀士的反对而没有起到任何作用。① 国王的返回巴黎，制宪议会公开反对任何形式的共和政体，人们普遍感到废黜路易十六很可能会使国家陷入与奥地利的战争，这些很快就使共和派丧失了采取主动行动的可能。

国王安全返回巴黎，议会便马上中止了他的权力，直到对他的命运和地位作出最后的决定。接着议会平稳地接管了行政部门的权力，采取紧急步骤号召数十万的男子志愿到边疆保卫国家，暂停新议会的选举，并开始自行对所谓的国王是被人"拐带"的详情进行调查，以设法为国王开脱。在这次危机中，决策的主动权掌握在以三人集团为首的温和派小集团手中。作为与玛丽·安托瓦内特订立的秘密协议的一部分，巴纳夫及其同伙设法使议会宣告国王和王后无罪（7月15日）。在议会和国民自卫军司令拉法耶特的支持下，温和派使用武力对付各群众俱乐部7月17日在马尔斯广场举行的要求实行共和制的请愿，以此坚持其上述决定。

---

① 关于西哀士为君主政体辩护曾有潘恩和孔多塞与之共谋的证据，见 A.O. 奥尔里奇《理性之人，托马斯·潘恩生平》（伦敦，1960年），第148页。

在国王逃跑到瓦伦的事件发生后，巴纳夫比以前更加成功地利用了议会对激进主义和外国干涉的恐惧。就这一点而言，他的主要对手——巴黎的激进派和好斗的流亡者成了他最有用的盟友。当科尔德利埃俱乐部和其他群众俱乐部强烈要求由议员们的选民，而不是由议员们来决定王朝的命运，从而藐视议会的权力时，很容易就会促使议会对共和派采取强硬的手段了。对这种公开蔑视议会的最高权力的做法，回答似乎只有一个——对马尔斯广场的示威者采取戒严手段，镇压各群众性俱乐部和迫害激进派领导人。尽管罗伯斯庇尔和雅各宾俱乐部的民主少数派与马尔斯广场的共和派示威者断绝了关系，但温和派仍然与他们原来所组织的雅各宾俱乐部分裂，建立了自己的新团体斐扬俱乐部。① 只是由于外省的分支团体保持忠诚和罗伯斯庇尔的努力，才使雅各宾俱乐部避免了由于这次分裂而完全解体。

在此关键时刻，用不着巴纳夫提醒议会也会想到：按照激进派的意愿审判或废黜国王，很可能会使国家陷入内战和外国干涉的危险。事实胜于雄辩。在王室安全地逃出巴黎前一直不愿许诺向路易十六提供任何形式的积极援助的王后之兄利奥波德二世皇帝，这时提议各大国采取联合行动保卫法国王朝的利益。在他 1791 年 7 月 6 日发给俄国沙皇和英国、普鲁士、西班牙、那不勒斯和撒丁国王的所谓帕多瓦通函中，号召必须采取协同一致的行动"维护最虔诚的基督教国王及其家庭的自由和荣誉，并制止法国大革命危险的极端行为"。他建议各大国发出措辞强烈的抗议书，由它们的大使在巴黎递交。在抗议书中它们要求毫不拖延地恢复路易十六的自由，并宣布它们拒绝承认未经国王同意的任何法国的法律或宪法。如若巴黎的极端分子不屈服于这一联合步骤，将继而采取更加强有力的措施。虽然西班牙、那不勒斯和撒丁欢迎拟议中的协同行动，但叶卡捷琳娜二世的答复持谨慎态度，英国政府则拒绝承担义务。尽管如此，7 月 25 日普鲁士和奥地利这两个一直互相猜忌的竞争对手缔结了初步的防御联盟，双方同意采取联合行动结成一个欧洲协同体以解决法国的问题，此举为未来的反法联盟奠定了主要的基础。不久，8 月 4 日利奥波德与土耳其人

---

① 关于斐扬俱乐部，参阅 G. 米雄《斐扬派历史论文集》第 12 章《阿德里安·迪波尔》（巴黎，1924 年）。

在西斯托瓦媾和，以便从东欧脱身。

与此同时，逃到比利时的路易十六的弟弟普罗旺斯伯爵于7月初在亚琛与阿图瓦伯爵和瑞典国王古斯塔夫三世相会。流亡分子在此地大张旗鼓地扬言准备用武力在法国早日恢复旧制度。由于普罗旺斯声称有权成为法国的摄政，由于边境部队的军官大批逃走而壮大了孔代在沃尔姆斯的军队，这些威胁对法国议会来说无疑比实际情况要严重。

然而，挽救路易十六，使之免于被审判和废黜，以及消除"红色"共和主义的直接危险要比通过实行和解政策和修改宪法来阻止革命容易得多。在制宪议会接近结束时，三人集团把尽快消除社会和政治冲突的希望寄托在实行一项就政治家的见地来看建立在不切实际的前提之上的计划上。这项政策首先是想通过号召流亡分子在他们的地产尚未被没收之前返回法国，和通过修改教士公民组织法来消除革命带来的深刻的政治和社会分裂。其次，三人集团希图修改宪法以便使之能为国王所接受从而为恢复王权奠定基础。第三，他们希望利用玛丽·安托瓦内特作为他们的秘密调解人，劝说奥皇勿再进一步以干涉法国事务相威胁。① 三人集团与宫廷达成协议的基石是他们试图修改宪法以加强行政部门。他们希望以此促进他们组织政府的野心的实现，并使利奥波德皇帝相信一种稳定的政治制度将在法国出现。这样，任何按照逃亡分子的意志恢复旧秩序的企图就成为多余的了。然而，他们在1791年8月和9月期间为废除关于议员不得担任政府职务和不得进入下届议会的法令所作的一切努力均告失败，他们关于赋予国王以绝对否决权和设立议会第二院的希望已化为泡影，而对现行宪法条文的修改也仅仅限于很少几处，大部分都成为幻想。② 造成这一失败的原因，一方面是由于在议会中对三人集团政治野心的怀疑由来已久，一方面是由于右翼议员拒绝合作。

虽然玛丽·安托瓦内特和神圣罗马帝国皇帝都不愿意屈从于流亡

---

① 《玛丽·安托瓦内特与巴纳夫的秘密通信（1791年7月—1792年1月）》，A.索德尔海姆编（巴黎，1934年），第54—61页。

② 两处主要的修改是：从宪法中删去了教士公民组织法，以及选举制度的改变。前者的目的是为了便于新的立法议会修改教会法，以便消除宗教冲突。而由于在新的议会中掀起了反教权的新浪潮，这种可能不复存在。见后面原文第697—698页。增加对选举人资格的限制也帮不了温和派的忙，因为立法议会议员的选举，仍按1789年制宪议会所制定的选举权规定进行。

第二十四章 法国的改革与革命（1789年10月—1793年2月）

分子，但他们不愿完全接受巴纳夫所鼓吹的和解与共存的政策又各有其理由。王后拒绝与拉法耶特有任何接触，她视宪法，即使是修改后的宪法为"怪物"。她对瞒着三人集团继续请求利奥波德结成大国武装联盟以武力恢复王朝的权力也毫无悔意。利奥波德虽然承认法国王室的安全受到斐扬派的保护，但认为法国的政治形势得到恢复主要是由于他自己采取主动发出了帕多瓦通函。这位皇帝生性谨慎，又对叶卡捷琳娜在波兰的侵略阴谋心存疑虑，因此认为不推翻三人集团是明智的。不过他决定保持恫吓和虚张声势的政策，认为这样既能够惩戒法国的极端分子，又可以不介入流亡分子所主张的武装干涉。正是由于采取了这种骑墙态度，他于1791年8月20日向斐扬派保证，只要修改后的法国宪法能够自由地为路易十六所接受，他将予以承认，并在8月27日与普鲁士国王密商后发表了著名的皮尔尼茨宣言。在宣言中皇帝和国王承认在法国恢复秩序是欧洲所有君主共同关心的事，因此邀请各国与他们一起帮助路易十六恢复一种既可维护君主的权利，又符合法兰西民族的福利的君主制度。如各国一致同意这一政策，缔约国将立即采取步骤予以实施。由于利奥波德从对帕多瓦通函的答复中已经知道上述条件是不可能实现的，因此皮尔尼茨宣言绝不可能使他承担武装干涉的义务。然而，由于阿图瓦伯爵和他的政治顾问卡洛纳同时出现在皮尔尼茨，因而流亡分子强调宣言在反对革命方面的重要意义，这只会加深法国人对利奥波德皇帝的战争意图的恐惧。

在这样的情况下，路易十六在1791年9月13日接受修改后的宪法，并颁布政治赦免令释放巴黎激进派和共和派分子，这丝毫也未能挽救制宪议会越来越不得人心的局面。尽管制宪议会在建设性改革方面取得了很大成就，但由于它只关心中产阶级贵族的狭隘利益并追随斐扬派的政治指导，因而长期丧失了群众的支持。它已成为一个精疲力竭和名声扫地的议会，于9月底关门大吉。

做准备以待1791年10月1日召开立法议会，即使对最有经验的政治家来说，也是使他们感到畏惧的十分严重的任务。它面临的问题大部分是制宪议会遗留下来的，都关系到国内的行政和一部尚未实行的宪法的实际运作。从一开始，它的成员便面对着不断恶化的财政形势，愈来愈加深的宗教分裂，外省日益严重的骚乱和圣多明各的黑人起义,以及与一个令人怀疑的行政部门之间的紧张关系问题。然而,更加紧迫和难办的是一个新的问题——在皮尔尼茨宣言造成的紧张局势下法国与欧洲各专制国家之间的关系问题。在正常时期这个问题也许已经分别地加以解决了,而在现在的局势下,这些问题也许不可避免地应看成是不可分割的了,因为它们即使不是由于即将发生的反革命行动所造成的,也都受到这种反革命行动的影响。新一代的革命议员对待这些问题的态度可以用布里索派演说家伊斯纳尔的话来加以说明。他说:"我们的前辈利用哲学原则和群众起义的手段获得了自由;我们的任务是利用外交和武力的手段来巩固它。"①

立法议会的成员是依比制宪议会成员限制更严的选举权规定选出的。他们在知识上不如前辈知名,也不如前辈富有。他们主要来自专业阶层,大部分是律师、新闻工作者、医生、军人和商人,不过也有少数开明贵族和"拥护教士公民组织法的"教士,这使得这届议会的社会构成多样化。成员中的绝大多数——在总数745人中约有350人——形成一个中间集团,这个集团最初独立于由264名斐扬俱乐部支持者组成的右翼,以及由136名雅各宾俱乐部和科尔德利埃俱乐部成员组成的左翼之外。中派持温和观点,主要关心的是拥护宪法,既反对斐扬派,又反对左翼雅各宾派极端分子。因为前者不会反对巴纳夫所主张的那种对宪法的修改。而后者开始看风使舵转向谨慎的共和主义。但立法议会很快便显示出同时分裂成右的和左的派别的倾向。1791年12月,听命于拉法耶特的斐扬集团中的"自由"派与布里索派结成一个以利害关系为基础的秘密联盟,这时,其余的斐扬派分子和雅各宾派便在政治上降低到软弱无力的地位。这是可以说明立法议会之所以表现出好战倾向的事态发展之一。因为遭到挫败的两派都批评战争政策,而主张中立的中派最后则转而支持战争政策。遭到失败的两派均由以前的制宪议会成员从议会外面给予领导——比较反动的斐扬派由三人集团领导,雅各宾少数派则由罗伯斯庇尔领导。相反,最终在政治上取得支配地位的一派则是由布里索在议会内部给予坚强的领导。后者被其同时代人通称之为布里索派,后世人则称之为吉伦

---

① 《议会档案》,第1辑,第37卷,第545页。

特派。①

　　立法议会第一次会议开会不到几个星期，便把注意力转向反革命活动的两个方面——拒绝拥护教士公民组织法的神父在旺代省和奥弗涅省煽动的暴乱和流亡分子在莱茵兰和尼德兰发动的敌对性示威。主要是在以布里索为首的一批雅各宾派政治家的唆使下，11月9日通过了针对流亡分子的镇压措施，29日通过了针对反抗的神父的镇压措施。虽然承认聚集在沃尔姆斯和科布伦茨的流亡者仅仅对国家的安全造成潜在的军事威胁，但上述行动所针对的正是这些敌人而不是一般而论的流亡者。然而，此项法令的背后还有另外的原因。例如，存在着要填补因忠于王室的军官逃往国外而空缺的1.2万个职位的实际问题。此外，在指券开始贬值的时候，议会也不能忽视制止流亡分子的收入从法国外流的问题。11月9日的法令规定，一切加入法国境外的武装集团和在1792年1月1日前未回国的流亡者，均将以叛国罪论处——没收其财产，一旦捕获即处以死刑。针对反抗的神父的立法则花费了很长时间才通过。由让桑纳建议、弗朗索瓦·德·纳夫夏托作为议案提出的原草案，包括考虑得很周到的和解内容，本来很可能会缓和宗教分裂的激烈程度。② 不幸的是，11月29日通过的法令的最后文本，其条款几乎完全是镇压性的。不过，现在要求那些拒绝按1790年11月27日规定的誓言进行宣誓的人进行新的公民宣誓，目的不在于使之在宗教良心上承担义务，而是对一切因拒绝宣誓而表现不忠的人的处罚相应地更加严厉了。法令宣布这些"被怀疑"有叛国意图的人，均将剥夺其由制宪议会发给的教士年金，可将其逐出家门，如判定曾犯有煽动公民骚乱的罪行，可判处二年监禁。

　　当国王根据三人集团的意见否决了上述两个法令后，行政部门与立法部门的紧张关系更加尖锐，接着不可避免地出现了政府危机。现有的政府一直是由满足于听从巴纳夫及其同伙的指挥的一些无足轻重的人组成，但在11月底和12月初，由于受到议会的强烈抨击，其组成人员发生了变化，三人集团的影响减弱，而议会中布里索派的影响

---

　　① M.J.西德纳姆的《吉伦特派》（伦敦，1961年）对这一派别的来历、性质和政治作用作了很有价值的说明。
　　② 按照让桑纳的草案，教士的选举制度和宗教宣誓方式将予以修改。它也将使教士不再承担进行公民身份登记的义务。参阅A.弗利歇和V.马丹编《宗教史》第20卷（巴黎，1949年），第91页J.勒弗隆的文章《1789—1846年的革命危机》。

加强了。主要的变化是在政治舞台上刚刚崭露头角的路易·德·纳博讷伯爵于12月7日取代迪波泰尔任陆军大臣。① 纳博讷虽然缺乏国王的信任，但由于他采取有力措施使陆军适应战争的需要，由于他与议会建立了融洽的关系，而且凭着他的人格力量，很快就在政府中获得了堪与首席大臣相比的优势地位。

12月下半月，纳博讷及其支持者与布里索达成了秘密协议，以便联合当时要求对奥地利开战的力量。由于陆军大臣与议会保持着密切关系，很顺利地便获得必要的信贷，用于组建三个集团军共15万人的开支。三个集团军由罗尚博、吕克内尔和拉法耶特指挥。这种联合之所以能够实现，是因为拉法耶特再次与三人集团决裂，和由于罗伯斯庇尔反对布里索的战争政策，结果在雅各宾派的队伍中出现分裂。达成谅解的基础是纳博讷转变态度，接受了布里索派的看法，即认为法国的真正敌人不是特里尔选帝侯而是神圣罗马帝国皇帝，为了准备战争，必须设法与普鲁士，可能的话还要与英国结成联盟。然而纳博讷和布里索两人内心的动机却是完全相反的。布里索之所以主战，部分是因为他认为这将会揭露宫廷与皇帝之间的秘密关系，从而可以破坏国王的影响，而纳博讷则认为这样可以实现一种军事专政，以便结束革命并恢复路易十六的权威。这个联盟的寿命不会很长，但它可以暂时挫败三人集团的调和性主张，并有助于消除罗伯斯庇尔的警告。②

直到这时为止，布里索派的雄辩家们为对奥战争提出的理由并不能说服人。他们的论点是自相矛盾的，他们弄错了外来危险真正来自何方，他们满足于激烈的雄辩、受群众欢迎的口号，而对即将发生的冲突的持续时间和其性质错误地抱有幻想。只有对一切均抱怀疑态度的罗伯斯庇尔才告诉了他们，他们与纳博讷达成的交易包含着军事独裁的危险，他们希望得到奥地利领地上"被奴役的"人民的援助也是不切实际的。他们受了像军用物资承包商和金融投机者这样一些想发战争财的人的欺骗，他们轻信了比利时、日内瓦和荷兰的流亡者杂

---

① E. 达尔：《纳博讷伯爵（1755—1813年）》（巴黎，1943年）；J. 波普朗和 G. 勒费弗尔：《纳博讷担任大臣时期的研究》，载《法国大革命历史年鉴》第19卷（1947年），第1—36、193—217、292—321页。

② 关于罗伯斯庇尔对战争政策的批评，见 G. 米雄《罗伯斯庇尔与1791—1792年的革命战争》（巴黎，1937年）。

第二十四章　法国的改革与革命（1789年10月—1793年2月）

凑起来的一些队伍表面上的保证，而这些人只不过是急于跟在法国军队屁股后面返回他们的家园。尽管如此，他们还是准确地反映出外省对不顺从的神父们策划的反革命阴谋已无法再容忍，他们对玛丽·安托瓦内特的叛国阴谋作出了真实的估计，他们充满沙文主义的夸大言辞也符合正在迅速高涨的法国民族主义精神。

然而，直到1791年12月下半月似乎才从维也纳发出严重的挑衅。在路易十六9月中旬接受了宪法并恢复行使国王的职务后，利奥波德二世不仅满足于将建立欧洲协同体的计划搁置起来，而且对玛丽·安托瓦内特向他提出的应在亚琛召开大国军事会议的建议甚至采取了嘲笑的态度。① 但12月24日法国外交大臣向立法议会转交了利奥波德的一封照会，要求恢复受到1789年8月4日法令侵犯的德意志王侯在阿尔萨斯的封建权利。一周以后，由考尼茨起草的一封日期为12月21日的外交文件，也送到了法国议会。文件在宣告皇帝和特里尔选侯将疏散流亡分子后，这位首相警告说，如果特里尔选侯受到纪律涣散的法国军队的威胁，帝国驻低地国家的将军本德尔元帅将给予军事援助。利奥波德根据对蒙斯特和约（1648年）条款的严格意义上的解释而捍卫德意志王侯在阿尔萨斯的权利，并在应该选侯要求保护的请求时，只不过是履行其作为神圣罗马帝国的元首的基本义务。他的意图肯定不会是要发动战争。然而奥地利的照会大大激怒了法国议会。关于法国政府未能阻止其军队侵犯帝国领土的说法是对法国政府缺乏权威的无理指责。文件中提到"各国君主应协同一致维护社会稳定和国君的安全和尊严"，意味着考尼茨认为他可以给法国议会下达命令。这样，12月的文件就给布里索派带来了好处，使他们的论点增加了迄今为止缺乏的说服力。它使议会中关于战和问题的公开辩论进入一个新阶段，而且使主战派占据了一切优势。从此，情况就突然滑到了深渊的边缘。尽管最好是把考尼茨后来的照会解释为他是在玩弄"战争边缘政策"，但毫无疑问，在立法议会中，大多数人的看法一直在越来越坚决地主张采取敌对行动。

在外交委员会对考尼茨的话的含义进行了考虑之后，它的报告人

---

① 利奥波德认为该计划"无用甚至有害"（J. 阿尔诺—布特卢普：《玛丽·安托瓦内特的政治作用》[巴黎，1924年]，第101页）。

让桑纳于1792年1月14日提出一项法令草案,要求国王设法从皇帝那里寻求和平的保证,保证他不参与任何行动来反对法国宪法"或法国人完全充分掌管自己政府的独立性"。法令还要求利奥波德确认,一旦法国受到攻击,他将履行他根据1756年5月签订的法奥联盟条约所承担的义务。如果这些保证不在1792年2月10日以前作出,皇帝的拒绝将被视为一种敌对行动。这些要求的目的在于为进行一场先发制人的战争铺平道路——这才是这封时限很短的最后通牒的目的。法令指责利奥波德在前一年7月与普鲁士签订预备性防御条约就已经违反了与法国的联盟;不过对他的要求首先是公开放弃建立欧洲协同体的计划。① 1月18—25日对上述要求所作的修改仅仅是:将最后通牒的时限延长到3月1日,并要求将1756年的条约不能看成是与法国国王,而是与法国民族订立的条约。

考尼茨在2月17日发出的一封急件中对上述最后通牒所作的答复,是试图重新玩弄他错误地认为在前一年夏季用以对付制宪议会时十分成功的恐吓策略。此举的目的在于坦率地要求尚未确定政策的议会核心推翻布里索少数派的支配地位,采取三人集团所鼓吹的政策。而事实上结果适得其反。因为拉梅特敦促路易十六于3月9日将纳博讷撤职后虽短时间获得胜利,但却使布里索派在第二天指责勒萨尔奉行姑息政策而向其提出弹劾,导致整个斐扬派政府的倒台。新政府以外交大臣迪穆里埃为首,布里索派提名的罗兰任内政大臣,发明指券的日内瓦人克拉维埃尔管理财政。其他大臣有:德·格拉夫替代纳博讷任陆军大臣,拉科斯特继代表国王利益的德·莫勒维尔任海军大臣。所以,尽管新政府在政治上并非一致,但由于迪穆里埃居于支配地位,在外交部和内政部对常任官员进行了清洗,这意味着该政府已由布里索派有效地加以控制。

随着拉梅特和迪波尔的政治影响的消失、利奥波德二世皇帝在1792年3月1日的逝世,以及迪穆里埃的掌权,维持岌岌可危的和平的机会已几乎等于零了。继承利奥波德统治奥地利的弗兰茨二世年轻气盛,更多地受以施皮尔曼男爵为首的奥地利主战派,而不再是年迈谨慎的考尼茨的影响。迪穆里埃在旧制度下从事秘密外交达30年

---

① H.格拉高:《法国立法议会与1791—1792年革命战争的起源》,第116页。

之后，终于看到他改造欧洲外交结构的机会。迪穆里埃是革命前法国反对与奥地利结盟的首要人物法维埃的信徒，他决心一战，并主张对尼德兰发动军事袭击。他采取了纳博讷的计划，继续与普鲁士和英国保持外交接触以孤立奥地利，并像纳博讷一样，秘密地希望通过武力行动恢复路易十六的权力。他的外交政策的基石是建立一个独立和中立的比利时共和国，认为这个解决办法将保证英国保持中立。即使在与英国和普鲁士的谈判毫无进展之时，他仍对成功抱乐观态度，在3月期间满足于仅仅与考尼茨交换最后通牒。4月20日，立法议会以仅仅7票反对通过对"波希米亚和匈牙利国王"宣战的决议，为的是希望普鲁士和神圣罗马帝国均不致卷入。①

在尼德兰轻易获得军事胜利的希望很快化为泡影；旨在孤立奥地利的外交谈判以失败告终；在法国东南部爆发了反革命运动；在战场上将军们拒不服从命令，国王也否决了保卫国家的紧急措施，向议会的权威均提出了挑战。在这样的紧张局势下，1791年的宪法已被撕得粉碎，1792年8月10日波旁王朝被首都爆发的群众起义推翻了。有四个主要因素对这次国内危机的演变产生了决定性的影响。第一，拉法耶特以武力逼迫议会修改宪法；第二，不论是行政部门还是立法部门均未能应付国内安全和国防问题；第三，以巴黎各派和外省的联盟派为代表的议会外势力介入了行政部门与立法部门之间的政治斗争。最后，罗伯斯庇尔对这些民主力量的政治领导。

路易十六暗自预料对奥战争将导致法军在军事上的失败。罗伯斯庇尔则预言它将使国家陷入军事独裁的危险。这两个预言很快都应验了。因为开战后头几个星期，进入尼德兰的法军在与奥军交战时就狼狈后撤，杀害了他们自己的一些指挥官。而拉法耶特将军则决心重新获得他由于马尔斯广场"屠杀事件"而失去的在首都的支配地位。军事挫折一部分是由于布里索派未能有效地作好充分备战，但一部分也是由于迪穆里埃坚持要在尼德兰发动攻势，而反对那些墨守旧制度时期老一套的防守战略的将军们的意见。战役刚开始，法军总司令罗尚博便提出了辞呈，而拉法耶特则与奥地利开始秘密停战谈判。拉法

---

① 利奥波德二世同时拥有"神圣罗马帝国皇帝"和"波希米亚和匈牙利国王"的称号。——译者注

耶特这时已与他的布里索派盟友决裂，最后接受了斐扬派的政治观点。提议停战的目的是使他能够将他的军队转移到首都以便实现三人集团所主张的那种宪法修改。拉法耶特这时认为法国的主要危险不是来自流亡者，也不是来自奥地利人，而是来自雅各宾派各俱乐部和各群众团体。后者已经从1791年的"三色旗恐怖"中恢复过来，必须以武力加以摧毁，尽管他向奥地利政府提出的建议遭到拒绝，他的军队也表现出并不愿意支持他进一步实现其政治野心，但拉法耶特在1792年整个夏季仍随时准备在巴黎进行干预，以支持主张恢复秩序的一派人。他实际上已经充当了军事独裁者的角色。

在此期间，不论是布里索派政府还是立法议会都没有表现出有能力和办法应付堆积如山的国内问题和每况愈下的军事形势。1792年1月和2月，由于滥发指券和前一年秋季西印度群岛叛乱造成的食糖短缺所造成的经济困难，导致在巴黎郊区的圣安托万和圣马塞尔发生抢劫食品店和按群众决定的价格出售消费品的事件。这些暴力行动均遭到严厉镇压，而对群众要求官方管制食品价格则一直置若罔闻。

法国东南部的贵族叛乱已被挫败，但并不是靠中央政府进展缓慢的措施，而是靠来自马赛的"爱国者"军队对阿尔勒和阿维尼翁采取的强有力的地方行动。甚至更加严重的是重新发生的遍及洛特、康塔尔和阿韦龙各省广大地区的焚烧城堡的行动和农民暴动。此前，国王拒绝批准进一步针对不顺从的神父的立法和在巴黎建立供两万名外省国民自卫军驻扎的军营的决定，从而造成了政治僵局。按照泰奥多尔·拉梅特和迪波尔的建议，国王于6月13日免去他的吉伦特派政府大多数人的职务，并否决了它最近采取的安全措施。不久以后迪穆里埃辞去职务，被任命为北方军的司令。

为反对由所谓的"奥地利委员会"控制的宫廷和由一些政治上不足取的人组成的斐扬派新政府，巴黎各民主郊区的无套裤汉迅即作出反应，于6月20日举行非法的武装示威游行，冲击土伊勒里宫，目的在于逼迫国王恢复吉伦特派政府并批准立法议会的法令。这次示威游行不但没有能吓倒国王，而且还给拉法耶特提供了他等待的机会。对议会来说幸运的是当这位将军在6月28日到议会要求解散雅各宾俱乐部和其他群众性俱乐部时，并没有带他的军队。次日，他也未能劝说巴黎的国民自卫军向各俱乐部进军。这位将军受到孤立和拒

第二十四章　法国的改革与革命（1789年10月—1793年2月）

绝，只好重返他已放弃的军职，但他并没有放弃他的最后目标。

由于外部危险迫在眉睫，议会又未能采取果断行动，情况越来越清楚，一旦议会外的力量组织并武装起来，再得到地方上的力量的增援，这种力量就会进行新的干预。地方上的力量拥有各省国民自卫军中态度坚决的武装部队，吉伦特派的领袖们邀请其中一些部队于7月14日参加联盟节，以此作为一种手段来阻止国王否决在巴黎设立军事营地的计划。另外一些部队则自愿在新的斐扬派政府为谨慎起见设在苏瓦松的营地服役。7月2日议会允许后者在前往目的地的行军途中穿过城市，但条件是在联盟节以后三天之内必须继续开拨。一周后这些参加联盟节的部队进入首都。这些部队与巴黎的国民自卫军不同，后者的军官在政治上是保守派或保王派，而地方上的联盟派大部分是富有战斗精神的革命分子，甚至是共和派。正是这些联盟派首先在7月17日向立法议会提出要求停止路易十六的权力。虽然在7月一个月内他们只有一些小分遣队进入巴黎，而且他们的总数始终超不过五千人，但他们却起到了一个强有力的压力集团的作用，以便扩大邀请他们的人在首都各激进区，亦即各选区的政治权力。在这各方面的压力下，议会允许各区议会从7月25日起每日开会，市政当局则在7月27日决定准备在市政厅建立一个中央通讯委员会，由48个区的代表组成。这样一来，该委员会就使巴黎公社本身转变成，起码是经过思想的传播转变成暴动的中心。

议会在7月11日采取的一项动议——宣告"祖国在危机中"——也对局势的明朗化起了推波助澜的作用，其直接效果是使首都的力量对比转而有利于民主派。① 在政治上，它引起了各区和联盟派要求废黜国王，而不仅仅是停止他的权力，并且为允许"消极"公民进入区议会和国民自卫军部队提供了论据。在这月月底，由于不伦瑞克公爵发表了威胁性宣言，② 加之来自马赛的联盟派部队高唱着其著名的进行曲开进巴黎，上述法令在加剧首都政治紧张局势和激励普通居民方面所起的作用又更进了一步。

最后还需着重说明罗伯斯庇尔在决定起义者的策略手段和政治目

---

① F. 布拉厄施：《1792年8月10日公社》（巴黎，1911年），第105、125和139页。
② 普、奥联军总司令、普鲁士将军不伦瑞克公爵以神圣罗马帝国皇帝和普鲁士国王的名义发表的宣言。——译者注

标方面所起的重要作用。是他说服联盟派，一旦宣布全国处于紧急状态，他们在联盟节过后甚至应不顾议会的命令而继续留在首都，直到宪法危机解决。作为雅各宾俱乐部的副主席，他与联盟派中央委员会制订了协同一致的行动计划，并起草了他们向立法议会的请愿书和致各省的信。特别是他7月29日在雅各宾俱乐部发表的伟大演说中阐明并系统论述了起义将要实现的政治计划。在演说中，罗伯斯庇尔放弃了他以前所扮演的1791年宪法"保卫者"的角色，对政府和议会都进行了正面的攻击。在一个激进的四点纲领中，他主张推翻王朝；以一个通过普遍选举权而选出的国民公会取代立法议会；基层议会应经常召开会议，以监督议员并清洗各省的政府、法庭和政府官员。这些要求中有些是科尔德利埃俱乐部、巴黎公社的领导人，如马尼埃尔和丹东，以及巴黎各区最初曾提出过的，但直到它们为罗伯斯庇尔所赞成并重新加以阐述才成为一致同意的起义原则。在此以前，他曾警告联盟派和各区不要采取轻率的行动，这时他意识到罢工的时刻已经来临。

由于不伦瑞克宣言所造成的影响，而且人们得知它是在国王煽动下发表的，于是巴黎48个区中除一个区外，于8月3日联合请求议会废黜路易十六。议会于8日拒绝接受对拉法耶特的控告，并无视公社提出的废黜路易十六的要求，这样，它没有采取任何行动防止据知已计划于10日举行的起义。然而，尽管立法议会这时已只不过是一个残缺不全的机构，但它对这次导致占领并部分破坏土伊勒里宫的新的民主革命的性质和后果产生了很大的影响。它不可避免地被迫承认了举行起义的新公社有采取紧急措施的权力，是该公社下达了最后攻击土伊勒里宫的命令。它被迫放弃了议会对国王的保护，同意将国王及其家属囚禁在由圣殿骑士团驻扎的寺院中。根据公社的命令，议会将召开根据成年男子普选权选举出的国民公会，以便为自己的存在确定依据。新的巴黎市政当局控制了各区、警察和国民自卫军，实际上主宰了首都的政治形势。立法议会由于承认了这个新的竞争对手，才得以暂时保持了自己的存在。即使它在首都已几乎毫无威信可言，但它仍然是全国普遍承认其权力的唯一宪政当局。

在议会中的温和分子退出后，有效的决定均由吉伦特派议员一手包办。现在他们发现自己已成为群众起义的意外受益者，尽管他们从

第二十四章　法国的改革与革命（1789年10月—1793年2月）

7月中旬起一直在设法防止这次起义。其结果是立法议会没有正式废黜国王，而仅仅是暂时停止其权力，并且建立了一个由六名被推选出的大臣组成的临时行政委员会代行国王的权力。以前的吉伦特派大臣罗兰、克拉维埃和塞尔旺重新掌权，与他们在一起的有蒙热掌管海军部、勒布伦掌管外交部、丹东掌管司法部。后者虽非正式的、但是实际上的新政府首脑，直到他9月末辞职，在指导国防方面起着推动力的作用。以前的制宪议会和立法议会的议员也可当选为国民公会成员，此项决定和间接选举制（旨在防止可能出现普遍选举权的效果）也是吉伦特派提议的产物。

从8月10日到9月20日行将就木的立法议会举行其最后会议，匆忙通过了大量立法以在平等的原则上改变法国的体制。最根本的改变有：实际上消灭封建制度的残余痕迹；改革继承法；决定将已没收的流亡者的庄园分成小块土地转让其所有权；制定公民结婚和离婚的条例。① 对不拥护教士公民组织法的教士实行自愿流亡国外或强制驱逐出境，以及将新的自由平等宣誓毫无例外地扩大到一切教士的法令，开始了反教权恐怖主义的新阶段。②

并非不重要的是王朝被推翻带来的外交和军事后果。停止路易十六的行政权力，等于自动结束了国王所接受的外国大使们的使命，并使法国驻外外交官员失去了他们的官方地位。瑞典公使离开法国，随之于8月13日外国代表开始纷纷撤离。8月17日英国大使高尔勋爵被召回，至月底，法国与荷兰共和国、西班牙、丹麦、波兰、俄国、瑞士联邦以及大多数意大利国家的一切正常外交联系均已断绝。尽管英国政府强调撤回其大使并不意味着会破坏其中立政策，但两国最终决裂的前景已令人感到为期不远了。就在此时，普军在不伦瑞克公爵指挥下越过法国边界，拉法耶特投向奥地利人一方。清洗在战场上的法国贵族出身的指挥官已势在必行，于是向法军派出特别督察员付诸实施。拉法耶特的指挥任务由迪穆里埃接替，吕克内尔则由凯勒曼取代。

---

① 1792年8月25日的一项法令，实际上把此前必须赎买的一切年度封建义务予以废除，因为不能靠提供原来的转让土地的地契作为这种义务的根据。关于出售流亡者的庄园的法令于8月14日通过，关于离婚的法令于9月20日通过。迈向政教分离的重要一步也于9月20日采取，将登记公民出生、死亡和结婚的责任由教会转交给市政当局。禁止限定继承权（substitution）的法令于8月25日通过，最后由国民公会于10月25日予以确认。

② 驱逐出境的法令于8月26日、实行新的公民宣誓的法律于9月3日通过。

23日隆维要塞叛变投降，月底凡尔登陷落在即，加之巴黎受到第五纵队活动的威胁，对这些事件的反应是9月间对巴黎的囚犯进行了屠杀。

在国民公会代表的选举中，由于文盲、恐惧和恫吓等原因，普遍选举权未能得到充分的实现。一些省份，有资格投票的人有3/4在基层议会选举中弃权，还有许多人因拒绝进行新的自由平等公民宣誓而被禁止参加选举人会议。在巴黎，所有同情保王派和斐扬派的人被剥夺了选举权，投票均需当众进行，选举人会议都掌握在雅各宾俱乐部手中。结果巴黎代表团24名成员全部是雅各宾派、忠实的共和派和支持巴黎公社的人——罗伯斯庇尔得票居首位，马拉是最后一位当选者。一些吉伦特派领导人，如布里索、佩蒂翁和孔多塞，在巴黎落选，但作为省的代表取得了席位。各省的选举人较少受到激进分子的压力，比较倾向于选举在制宪议会和立法议会中出了名的人物而不管他们属于哪一派。但雅各宾派处于不利地位，因为他们成为由内政大臣罗兰发动的一场诽谤运动的目标。这些因素以及由于实行了间接选举制，就使得国民公会的社会和职业成分接近于立法议会，并使吉伦特派在新议会中拥有能够起实际作用的优势。

国民公会第一次会议于9月20日召开——这天也正是迪穆里埃和凯勒曼在瓦尔米战役中阻止了普军继续进犯的日子。一开始，代表们中间政治上和谐一致的机遇似乎很好。瓦尔米战役后，由于普军后撤，军事上的危险减轻，巴黎公社对议会最高权力的威胁也减少了。国民公会的第一个法令——9月21日废除君主制——实际上是全体一致通过的，接着，不可避免地是宣布成立共和国。当一致同意人身和财产均应受到国家的保证和共和国应是"完整而不可分割的"时，最初可能造成雅各宾派和吉伦特派之间的分歧的根源得到了排解。巴黎公社派出的一些督察员在地方上明显地鼓吹的农村共产主义的幽灵，和吉伦特派一些人如比佐所主张的"联盟主义"的妖魔似乎都已经被驱除了。国民公会的首要任务——制定新的共和国宪法——虽然十分繁重，但似乎并非不可能完成的。

然而，很快就出现了分裂，国民公会的会议自始至终为吉伦特派代表与雅各宾俱乐部的"山岳派"代表之间激烈而不可调和的矛盾所纠缠。尽管这些集团或派别称不上是有纪律的政党，但他们所争夺的是对国民公会的控制。这些矛盾之所以如此激烈，责任在于吉伦特派。是他们使议会陷入严重的不和,并拒绝一切和解的努力。他们与雅各宾派之间的分歧,有些是来源于布里索与罗伯斯庇尔从立法会议起就存在的永无休止的个人争论。另外一些则是由于吉伦特派就8月10日和9月大屠杀事件问题进行反击而引起的。他们攻击雅各宾派是"无政府主义者",马拉、丹东和罗伯斯庇尔被诋毁成是想要建立独裁制度的"三人集团"。这些指责反而使指责者搬起石头砸了自己的脚,因为他们不但受到议会中比较温和的分子——所谓的"冷漠派"(phlegmatics)——的谴责,而且受到地方上的吉伦特派支持者的谴责。尽人皆知的卢韦与罗伯斯庇尔之间的长期争斗只能是加强了后者作为"山岳派"领导人的支配地位。比较具有实质性意义的是各派之间在首都的政治重要地位问题上的意见分歧——这是罗兰的支持者再次提出的问题。拉苏尔斯认为首都应当只发挥与其他任何省份一样的影响,这反映了吉伦特派害怕巴黎公社的权势过大和巴黎各区任意进行干涉。罗兰和比佐不顾一切地从各省调来特别警卫保护国民公会,这使反对他们的人攻击吉伦特派(即使没有根据)是"联盟主义"以破坏他们的名誉。不过,马克思主义历史学家如索布尔把这种斗争说成是阶级矛盾的组成部分。① 这种解释所强调的无疑是存在于吉伦特派与当时的金融界、军事承包商和投机商之间的联系,并且把雅各宾派与无套裤汉的利益和要求看成是一致的。虽然把吉伦特派说成是自由放任原则的捍卫者,而把山岳派说成是不得不主张国家干预的人而严格地加以区别未免言过其实,但可以当然地把吉伦特派看成是典型的有产阶级(la bourgeoisie possédante)的代表。

雅各宾派对吉伦特派进行的个人诬蔑运动的反击是审判路易十六。雅各宾派通过此举不仅希望加强共和政体,而且要使他们的政敌陷入困境并丧失威信。任何企图拖延制定对路易十六的审判程序的做法都很容易被加以曲解,而且法律上的技术问题以及比这个更大的政策问题的争论或许会使吉伦特派陷入分裂和困扰。因此,当瓦尔米战役的胜利使路易十六失去其作为政治人质可能具有的价值后,雅各宾派就马上尽最大努力促使审判早日进行。在接踵而来的政治对抗中,吉伦特派被迫依赖一些临时应付办法(这不但不能掩盖反而暴露了

---

① A.索布尔:《法国大革命简史》(巴黎,1962年),第225—226页。

他们的犹豫不决）和为了混淆主要问题而采取的转移人们注意力的做法。他们为拖延审判而作出的一切努力，由于12月20日在土伊勒里宫发现了藏有国王与流亡分子交往的不可逃避的证据的铁柜而归于徒劳。12月11日，当路易十六面对法官——国民公会的成员——接受审判时，他被控犯有重大政治罪行的罪名就已经成立了。他顽强地拒绝承认那些对他不利的证据的可靠性，引起了人们的反感。他的首席辩护人——德·塞兹——主要是根据1791年宪法规定国王是神圣不可侵犯的进行辩解，但事实证明这是救不了命的稻草。当事情已很明显国王难逃被判有罪时，吉伦特派作出两方面的努力来救他的命。其一是由萨莱在12月27日提出建议，议会的判决需经公民投票批准方可执行。然而，这等于是对国民公会的最高权力提出异议，自然就招致议会中某些派别的反对。它也起到分裂吉伦特派本身的作用——这突出表明他们缺乏一个政治团体的纪律和凝聚力。在路易十六被判死刑后，他们的最后努力是建议缓期执行，此举也宣告失败。1793年1月21日路易十六被处决，使他的许多臣民感到惊愕，使国外无数同情者感到恐惧。由于吉伦特派态度暧昧，在审判最后阶段投票反对，他们就在政治上做了许多自掘坟墓的事。他们已经不能再控制国民公会中无派别的代表。

从王朝覆灭到审判国王的最后阶段，法国外交政策很快就受到事态发展的压力。11月，外交部从8月初持谨慎的保留态度一变而成为革命宣传在国外的传声筒。12月，国民公会开始采取咄咄逼人的领土扩张的方针。由于它不断向欧洲已确立的秩序、向国际协议的尊严，以及向尼德兰的经济和军事安全提出挑战，直接导致了英国的敌视和第一次反法联盟的形成。

丹东在临时行政委员会发挥决定性影响期间，法国政府的外交政策一直采取守势。而当丹东于1792年9月底辞去其政府职务后，新的因素马上就决定着法国外交政策的演变。这些新的因素首先是由勒布伦掌管了外交部；第二是法军在新的领导指挥下取得了一连串胜利；[1]第三是产生了如何管理法军"解放"的外国领土的问题。

---

[1] 最引人注目的胜利是迪穆里埃于11月6日在热马普取得的。这次胜利使他不出几个星期就侵占了整个比利时。

第二十四章　法国的改革与革命（1789年10月—1793年2月）　739

1792年8月勒布伦被选为外交部部长后，法国外交政策就由一位革命前的新闻工作者来掌管了。他从春季起曾作为副部长负责指导法国与英、荷以及奥属尼德兰的关系。① 迪穆里埃当时任命他担任此职，是因为他与来自列日和比利时的流亡者中一批联合在一起的民主分子保持着密切的联系，这些人准备在法国的土地上建立一个独立的比利时共和国。迪穆里埃在热马普战役后迅速向尼德兰推进，使这些人的目标实现在望。然而在这时比利时的民主派面临着保守的国家主义派的东山再起。这一派的领袖范·德尔·诺特曾建议建立一个比利时王朝，由奥兰治、勃兰登堡或汉诺威三个王室中选择一位君主。正是为了对付这一新的危险，勒布伦促使法国行政委员会于1792年11月16日宣布斯海尔德河航行自由。法国外交政策的这一新起点，目的在于使安特卫普的商业利益集团相信，在法国的保护下，将来他们的经济一定能够繁荣，以此来扭转他们拥护在比利时实行君主制的倾向，并且更普遍地让比利时人相信，他们无需害怕由于法国的胜利而带给他们自己的独立。② 然而，自从1648年的蒙斯特条约以来，斯海尔德河就对除荷兰以外的一切国家关闭。宣布斯海尔德河贸易自由不仅是单方面篡改了一项重要的国际条约，而且侵犯了由英普两国于1788年共同保证的联省共和国的权利和特权。③ 为了赢得在行政委员会的同僚们的支持，勒布伦不顾国际条约而求助于自然法的原则。国民公会也正是根据这样的原则于11月20日在大声喧嚷声中批准了这项行政法令。④ 23日，法国炮舰不顾荷兰联省议会的抗议强行闯入斯海尔德河口，诡称是要攻击安特卫普要塞。对荷兰的直接威胁和最终对英国的海军威胁再也不容不闻不问了。

与此同时，为了响应来自莱茵兰的请求法国保护的各种请愿书，国民公会于11月19日在鼓掌欢呼声中通过了一项法令，许诺给予一切希望恢复其自由的人以"友谊和援助"。这一法令大大增加了皮特对所预料的来自英国激进团体的危险的担心，而直接产生的重要后果

---

① P. 米雷：《大革命期间的外交部，1787—1804年》（巴黎，1877年），第161—164页。
② P. 塔西埃：《第一次反法联盟的起源：外交部长勒布伦》，载《北方评论·纪念路易·雅各布专辑》第36卷（1954年），第263—272页。
③ 见前面第9章，原文第275页。
④ 根据是：国家间的河流作为贸易和文明的通道，按照自然法应向所有国家开放。

是英国政府放弃了已经在海牙开始的关于全面和解的非正式谈判。①皮特和保守的"忧虑人士"认为斯海尔德河的开放和友谊与援助法令是蓄意挑衅行为,旨在将英国拖入战争,并同时煽动英国国内激进分子的不满情绪。12月1日采取了动员部分民兵和加强英国海军战备的预防措施,议会也于13日复会。两天后,即12月15日,法国国民公会确定了其有关法军所征服的领土的政策,明确表明它实际上奉行兼并政策。② 这一决定首先是由于财政上的原因——为了制止法国的硬币储备外流到比利时,而迪穆里埃又已经无法靠当地的贷款来应付沉重的军费开支。根据康邦的动议,现在宣布为"解放"国外受统治人民而花费的战争开支将通过发行以没收的教会财产和贵族地产作为担保的指券来支付。在征服的领土上,教会的什一税和封建义务均将被废除,政治权利只限于非特权阶级才能享有,临时政府在法国控制下建立,通过由法国行政委员会派出的特派专员来管理。法国以前向比利时人作出的尊重他们的独立的一切保证就这样均被弃之一边了。这些决定不仅会疏远英国,而且会疏远比利时的温和派、天主教徒和反革命分子。后者如果进行抵抗,随即就进行正式的兼并。③这是"向权贵开战,对平民和平"的政策(guerre aux châteaux, paix aux chaumières)。现在,革命的新秩序将随着进行征服的法军输出到国外;解放的代价则由没收特权阶级的财产来承担。

然而,当对英战争的危险逼近时,勒布伦和吉伦特派却表现出犹豫不决。12月初,行政委员会将迪穆里埃进攻荷兰的计划搁置起来。勒布伦在与英国政府的谈判中一再就友谊与援助法令的目的作了限制性的解释,以消除英国对该法令的恐惧。④ 迪穆里埃严厉批评12月15日的法令,并尽最大努力避免在比利时付诸实施。吉伦特派由于企图推迟对国王的处决,对与欧洲其他国家发生全面战争深表忧虑。

---

① 在联省共和国议长范·德·斯皮格尔与法国驻海牙代表德·莫尔德于11月17日和19日举行的会议上,讨论了在普遍承认法兰西共和国和保证法国王室安全的基础上实现全面和解的可能性。这项建议是由英国驻海牙大使奥克兰勋爵提出,并经英国政府批准的。各海上强国也一定曾在法国与奥、普之间进行过调停(H. M. C. 第14号报告,附录:第5部分[德罗普莫尔文件],第334、339和341页)。

② 萨伏依实际上已于1792年11月27日被兼并。

③ 要想在占领的领土上防止反革命活动,兼并成为唯一可能的政策(A. 索布尔:《法国大革命简史》[巴黎,1962年],第236页)。

④ 勒布伦争辩说,该法令只适用于与法国作战的国家,而且援助并非要提供给少数不满分子,而是提供给那些正在努力摆脱外国统治而面临被镇压威胁的全体人民。

他们知道决一死战只会对无套裤汉有利,因此愈来愈表现出像以前斐扬派感到的同样的恐惧和忧虑。1793年1月底,丹东敦促国民公会通过宣布法国的"天然边界"在莱茵河、阿尔卑斯山和比利牛斯山的著名法令,其目的不是要扩大而是要限制革命的兼并。①

不幸的是,从1792年12月中旬起法国的外交政策不再由勒布伦和行政委员会掌握,而在很大程度上由国民公会决定。与欧洲的敌对行动的扩大问题,如同路易十六的命运问题一样,成为各政治派别之间争执的根源。问题越变得复杂,吉伦特派和雅各宾派双方的态度就越是模棱两可和深思熟虑,双方观点的分歧也就越来越大。罗伯斯庇尔本人并不大赞成由雅各宾分子康邦促成的12月15日的法令,对兼并政策也持批评态度。但他并未利用自己的影响来防止冲突的扩大。吉伦特派的一些人,如凯尔森,热烈鼓吹对法国的传统敌人英国开战,硬说英国的殖民帝国和财政体系很容易就会被彻底摧毁。布里索和其他负有责任的领导人担心,如果吉伦特派参与了与皮特的直到最后一刻的谈判,他们将会被反对他们的人指控为叛国和反革命,因此会失去议会中平原派的支持。② 这些就是为什么勒布伦和行政委员会未能满足英国政府关于撤销攻击性法令并充分保证荷兰的安全的要求的原因。在这样的僵局下,与英国和荷兰的战争已不可避免,对国王的处决也只会产生在法国的敌人的名单上增加西班牙的后果。③ 1793年2月1日,国民公会向英国和联省共和国宣战。3月间,法国已与除俄国和一两个斯堪的纳维亚国家之外的大部分欧洲国家进入战争状态了。

(王丽华 译)

---

① 关于法国的"天然边界"的理论,长期以来被法国历史学家如索列尔等认为在法国历史上已有很久的渊源,只不过在近期才提出来。首先发表这一主张的并不是法国人,而是莱茵兰人 J. G. 福斯特尔于1792年11月15日在劝说迈恩斯(Mayence)的居民赞成由法国兼并时提出的(G. 泽勒:《旧王朝与天然边界》,载《近代史评论》第8卷[1933年],第305—333页;P. 萨尼亚克:《大革命和帝国时期的法属莱茵》[巴黎,1917年],第80页;A. 索布尔:前引书,第236页)。
② 参阅 D. 威廉斯《1793年戴维·威廉斯和詹姆斯·蒂利·马修斯出使英格兰的使命》,载《英国历史评论》第53卷(1934年),第659页。
③ J. 肖米埃:《从瓦伦事件到路易十六被处决期间西班牙与法国的外交关系》(1957年),第15章。

附 录

18世纪欧洲和北美人口增长统计资料[①]

(参见原文第25页注)

美洲大陆殖民地	1750/2000	—	美国4000(1790年)
法国	22000(1752—1763年)	24000(约1770年)	26900(1801年)
俄国[②]	19000(1762年)	—	29000(1796年)
意大利	15484(1750年)	—	18091(1800年)
那不勒斯	3953(1765—1766年)	4450(1775—1776年)	4964(1801年)
教皇国	2189(1769年)	—	2400(1782年)
皮埃蒙特	1795(1750年)	1954(1774年)	—
西西里	1319(1747年)	—	1660(1798年)
伦巴第	1086(1768年)	—	1154(1799年)
托斯卡纳	1079(约1750年)	—	1188(约1800年)
撒丁	360(1751年)	437(1782年)	461(1821年)
威尼斯	149(1760年)	141(1776年)	137(1797年)
萨伏依	247(1756年)	—	422(1801年)
西班牙[③]	9308(1768年)	10410(1787年)	10541(1797年)
奥地利	6135(1754年)	7937(1784年)	8511(1800年)
匈牙利(内)	1718(1720年)	—	6468(1787年)
英格兰和威尔士	6140(约1750年)	7531(约1780年)	9156(1801年)
爱尔兰	3191(1754年)	4048(1781年)	4753(1791年)
苏格兰	1266(约1755年)	—	1678(1801年)

附录 18世纪欧洲和北美人口增长统计资料

续表

波兰	11000/11500（1764年）	—	—
普鲁士[④]	3617（1763年）	5015（1780年）	5844（1793年）
普鲁士某些省	2497（1752年）	3487（1778年）	3911（1789年）
荷兰	—	—	2078（1795年）
比利时	—	2273（1784年）	3000（1799—1800年）
布拉班特	445（1755年）	618（1784年）	—
葡萄牙	2100（1732年）	—	2900（1800年）
瑞典	1781（1750年）	2021（1775年）	2347（1800年）
丹麦	806（1750年）	843（1775年）	926（1800年）
挪威	591（1750年）	718（1775年）	883（1800年）
芬兰	422（1750年）	610（1775年）	833（1800年）
瑞士	1200（1700年）	—	1700（1798年）

注：① 数字单位以千计。
② 1796年的2900万不包括在叶卡捷琳娜统治时期俄国兼并的地区的人口。
③ 西班牙1797年的人口统计异常不完全。
④ 普鲁士的人口数字包括1772年扩张的领土在内。

资料来源：

美洲大陆殖民地：E. B. 格林和V. D. 哈林顿：《1790年联邦人口普查前美国的人口》（纽约，1936年），第6页。美国1790年：《联邦人口普查》。

法国：E. 勒瓦瑟：《法国人口》，I（巴黎，1889年），第213页和216及以下各页；E. 埃斯莫南：《埃克斯皮利神父和他的统计工作》，载《近代史评论》第4卷（1957年），第276页。

俄国：P. I. 利亚申科：《俄国国民经济史》（英译本，纽约，1949年），第273页。

意大利全国：K. J. 贝洛赫：《意大利人口变迁史》第3卷（柏林，1961年），第354页。皮埃蒙特：贝洛赫，同上书，第3卷，第353页。那不勒斯：贝洛赫，同上书，第1卷（柏林，1937年），第230页；西西里、托斯卡纳和教皇国：同上书，第2卷（柏林，1939年），第152、237、122页。伦巴第：M. 罗马尼：《1750—1850年伦巴第的人口变迁》，载《经济与历史》杂志，第4卷（1955年），第413页。撒丁：F. 科里多雷：《1479—1901年撒丁人口资料史》（都灵，1902年），第43、47页。威尼斯：D. 贝尔特拉米：《威尼斯人口史》（帕多瓦，1954年），第59页。

萨伏依：R. 卢梭：《1861年以前萨伏依的人口》（巴黎，1960年），第220—221页。

西班牙：多明格斯·奥尔蒂斯：《18世纪的西班牙社会》（马德里，1955年），第58—59页。

奥地利（"在帝国参议院有代表的领地和王国"）：《国际统计年鉴》（海牙，1916年），第6页；A. 居特勒：《玛丽亚·特蕾西亚和约瑟夫二世时期的人口普查，1753—1790年》（因斯布鲁克，1909年）。

匈牙利：G. 蒂林：《约瑟夫二世统治时期的马札尔人》（布达佩斯，1938年），第36页；整个匈牙利，即包括特兰西瓦尼亚、克罗地亚和军事边境的人口，在1787年为9516000人（同上书，第34页）。1720年全国人口估计为2582000人，但S. 萨博（《匈牙利民族》，布达佩斯，1944年）认为最多不超过300万到350万。

英格兰和威尔士：J. 布朗利：《英格兰和威尔士出生和死亡率史》，载《公共卫生》，第29期（1915—1916年），第228页。

爱尔兰：K. H. 康内尔：《1750—1845年爱尔兰的人口》（牛津，1950年），第25页。

苏格兰：J. G. 基德：《苏格兰人口统计》，苏格兰历史学会，第3辑，第44卷（1952年），第Ⅸ页。

波兰：科尔宗：《斯坦尼斯拉夫·奥古斯特统治时期的波兰，1764—1794年：经济和行政史》第2版（克拉科夫，1897—1898年），第1卷，第63页。

普鲁士（包括1772年兼并的领土）：O. 贝尔：《关于日耳曼民族人口统计的发展》，载《公共统计档案》，第17卷（蒂宾根，1914年），第50—89页。

普鲁士各省：V. 伊纳马－施特内格和哈普克：《人口的变动》，载《简明社会科学辞典》第2卷（第4版，耶拿，1924年），第672页。

荷兰（1931年的尼德兰领土）：J. C. 拉马尔为《1815—1931年尼德兰和荷兰王国历史地图集》（海牙，1931年）所作的注解（第231—272页）。

比利时：H. 范·韦费克：《比利时历年人口密度》，载《Studi in Onere di Armando Sapori》（米兰，1957年），第1428页。布拉班特公国：A. 科泽曼斯：《17、18世纪布拉班特的人口》（布鲁塞尔，1939年），第224页。

葡萄牙：M. 赖因哈德：《世界人口史》（巴黎，1950年），第149页。

斯堪的纳维亚国家：H. 吉勒：《18世纪北欧国家人口统计史》，载《人口研究》第3卷（1949—1950年），第19页。

瑞士：W. 比克尔：《中世纪末以来瑞士人口史》（苏黎世，1947年），第49页及以下各页。

索　引

（此索引中的页码系原书页码，见本书的边码）

Adam, Robert, 亚当, 罗伯特, 英国建筑师, 111
　伊特鲁里亚风格, 106
　"亚当革命", 110
Addison, Joseph, 艾迪生, 约瑟夫, 英国作家, 69
Adler, Guido, 阿德勒, 吉多, 奥地利音乐学家, 《音乐史手册》主编, 81
　1740年发现格奥尔格·莫恩的交响曲, 82
Adolphus, Frederick, 阿道弗斯, 弗雷德里克, 瑞典国王, 他的逝世, 263
Africa, 非洲
　贸易：荷兰成为比英国更好的非洲货物集散地, 37; 非洲土著和黑白混血种人在贸易中的作用, 246; 用于交换奴隶的商品种类, 246—247; 非洲、新英格兰和西印度群岛之间的三角贸易, 514; 除奴隶外的出口, 241
　奴隶贸易：奴隶出口比其他出口更重要, 241; 废除奴隶贸易的要求, 247, 248, 249; 七年战争的影响, 241
　非洲协会, 237; 它的探险活动, 240—249
　南非, 施帕尔曼勘探开普地区, 237; 开普地区的经济和文化, 237—238; 卡菲尔战争, 238—239
　埃及：商业状况, 239; 战略重要性, 240
　北非, 240
　西非公司, 241
　开发非洲的计划, 241—242
　英国对塞内加尔的治理, 242—243
　1783年凡尔赛条约的影响, 243—244
　向内地的渗透, 244
　欧洲人与非洲人的结合, 245—246
　非洲人要求接受欧洲教育, 246
　在塞拉利昂促进殖民, 249—251
African Association, 非洲协会
　约瑟夫·班克斯爵士创建该协会, 237
　探险活动, 240, 249
Aiguillon, Emmanuel Armand de Rechelieu, duc d', 艾吉永公爵, 埃马纽埃尔·阿尔芒·德·勒舍利

厄，595，596，607

Alembert, Jean le Rond d', 达朗伯尔, 让·勒·隆德, 法国哲学家, 143

  卢梭和达朗伯尔的思想分歧，68

  《百科全书》，138

Alexander, 亚历山大, 俄国沙皇

  教育改革，152

  以反革命政策作为国际行为的准则，331

America, North, British, 英属北美

  殖民地的发展，509—510，514—516

  根据巴黎条约法国丧失的殖民地，5，230，480，509，537

  红种印第安人起义，9，481，523，537；导致禁止殖民者的政策，10，480—481，522，537

  帝国统治的加强，10—11，438：糖浆条例（1773年），481，521；惩治兵变条例（1765年），483；税收条例（1766年），456，483；印花税条例（1765年），10，438，455，482，483，520，537（1766年废止，482，483，538）；实施航海法令，10，37，38；公告令（1766年），11，438，456，482，538；根据汤森条例征收的税（1767年），483，520（废止，484）；食糖条例（1764年），10，455，481—482，537；茶叶条例（1773年），458，484，522，527（废止，497）；魁北克法（1774年），10，459，460，485，488，523，546；波士顿海港法（1774年），459，484，497；马萨诸塞政府法（1774年），438，459，484，497；驻营条例（1774年），459，484，497；司法权条例（1774年），459，484，497

  革命运动的兴起，457，458，485，521—526

  反对印花税条例大会（1765年），455，456

  第一届大陆会议（1774年），11，438，459—460，461，485

  第二届大陆会议（1775年），461，462—463，466，486，526

  富兰克林的建议，463

  波士顿茶党，438，458，484

  美国革命，108，114，161，417，421，433，439，526

  美国独立战争（1775—1783年），1：成为欧洲的榜样，440—442；最初是一次殖民地叛乱，11；法国向殖民者出口火药，141；英国海军的战略，174；需求造船用的木材，182；建立民兵的理想，203；欧洲提供的雇佣兵，297；俄国同情英国，326；阻碍英国向南扩张，371；被西班牙用来促进自己的殖民利益，372；美洲各阶级人民的参加，424；英国人的意见分歧，490；英国发动战争遇到的问题，490—491；英国的进攻，491—495，498—499，503—505；结果导致美国社会和政治的大变化，439—440，527—530；法国加入战争，12，495，496，498，499，

500，650（引起财政危机，656）；西班牙加入战争，12，371，500，501；独立宣言（1776年），11，187，516，676（宣言发表的原因，439，453；宣言的起草，463—464；对宣言的反应，489）；莱克星敦战役（1775年），461，486；占领查尔斯顿，503；邦克山战役，486—487；约克敦围城战役，490，504，505；布兰迪万河战役，493；萨拉托加战役，494，495，496，497；蒙茅斯战役，498；萨凡纳战役，499，503；凡尔赛和约，13，268，505—506（造成的困难，507—508，531；领土解决方案，530—531，532—535；西北法令，532—533）；美国革命的各个方面，516—521

政府，2：英国在殖民地实行较好的行政结构的愿望，8—9；各殖民地议会，433，438，448—450；任命英国司令为马萨诸塞总督（1774年），458；政体，510—511；向独立的过渡，530；马萨诸塞特许状（1691年），438，449

宪法：关于英国改变殖民地宪法的权利的争执，453—454，459—460；各州宪法，464—465；邦联条款（1781年），467—468，473，530—531；保守派对宪法的反应，468—469；费城联邦会议，470—472；伦道夫计划，472；帕特森计划，472—473；制宪冲突，473—475；批准宪法的斗争，475—476；权利法案，477；选举总统和国会议员，477—478；组织，478—479

立法：英国控制殖民地的立法，450—451；奥蒂斯主张只有殖民者的立法机构才能筹款，453，537；政府的立法权与司法和行政分立，450；各殖民地立法机构的影响，517

司法：新建立的全国司法机构的任务问题，474—475

免役地税、限定继承权和长子继承权，528—529

税收：殖民者抗议帝国税收，455—456，457；抵制英货的步骤，456；公告令，456；税收条例（1766年），456

贸易，521；与欧洲的贸易，34，35，37，40；与西印度群岛的贸易，39，514；与非洲的贸易，514；英国的垄断，37；美国独立的影响，37，39，507；英国的枢密令（1783年），507；英国商品的市场，42—43，45；奴隶贸易，241，514

军队的士气，501—503

海军，187，499

宗教，514，529

社会，426—427，429，431，434，511—513，514

人口的增加，28，513，514，714

加拿大，七年战争中征服加拿大，5；英国改变方针向加拿大进行殖民扩张，9（法属加拿大成为魁北克［1763年］，522）；诺思勋爵的魁北克法（1774年），10，459，460，485，488，523，546；美洲殖民主义者在独立战争中的领土要求，12（他们袭击加拿大，487—488）；在1783年凡尔赛和会上英国保持了控制权，13；上加拿大和下加拿大的分离（1791年），14；帝国效忠派联合会，489—490，528，530

America, Spanish, 西属美洲

 贸易：英国和法国的加入，34；贸易主要是制成品和天然特产的交换，35；西班牙主要港口向殖民地贸易开放，369；取消出口到美洲的羊毛商品的营业税，370；18世纪后半叶的总的发展，398—399，405；自由贸易法令（1778年），39，369；自由贸易区，401—402，406

 对基督教的政策，404；驱逐耶稣会士，404，405

 社会，406—407，426

 科学考察，404

 启蒙运动：殖民地各大学的复兴，407；新思想的传入，407—408；卢梭著作的传入，410

 起义，405

 军队的编制，404

 法国革命的影响，410

 法国革命战争，408—409

 独立战争，410—411

 独立（1810年），421

 政府：新格拉纳达总督辖区的建立，399；帝国商业制度的革新，399—400；卡洛斯三世的严厉控制，402；监督辖区制度，403—404；卡洛斯四世在位时期政府滥用职权情况再度发生，408

Amiens, Peace of（1802年），亚眠和约，419

Anglo-Dutch War（1780—1783年），英荷战争，38

 对海运的影响，38—39

Anson, George, First, Baron, 安森，乔治，第一代男爵，英国海军上将

 战略，174

 环球航行，178

Antonovich, Ivan, 安东诺维奇，伊凡，俄国沙皇（1740年），307

 死亡，308

Aranda, count of, 阿兰达伯爵，卡斯蒂利亚委员会主席（1766—1773年），361

 驱逐耶稣会士，364

 威望和权势，365

 被黜，375

Architecture, 建筑

 新古典主义，96—102：功能论，102—103，110—113

 哥特复兴式，104，105—106：与风景如画风格运动，106—107

 希腊复兴式，110

Arkwright, Sir Richard（1732—1792年），阿克赖特爵士，理查德，发明水力架的英国人，139

Armies, 陆军

 武器的发展，191—194

 战术，194；法国在美国独立战争中的战术，195；俄国的战术，

195；福拉尔的战术，195—196；纵队战术，196；吉贝尔的战术，196—198，203

战略，198—200

防御工事，200

军需，201

参谋机构，201—202

许多军事家跻身于启蒙哲学家之列，203

美国的民兵，203

军官的阶级利益，203—206；军衔，206；辅助部队，206—207；圣日耳曼对法国军官所采取的政策，207—208；军队特权革命的结果，208

征兵制，208—211

Art，艺术

浪漫主义作家，109—110

新古典主义，96—97，110—113

中国艺术，234

Asia，亚洲

发现航行，230

贸易：英国成为亚洲货物的集散地，37；中国的对英贸易，231—232；抵代税法，231；计划在基卢瓦岛建立殖民地使商人得以参与东非与西亚之间的贸易，239；在亚洲为英国货物扩大市场，563；英国的贸易殖民地，232—233

荷兰人在亚洲，233—234

对东方研究的兴趣，234—236

Astronomy，天文学，见 Science and Technology

"Atlantic Community"，"大西洋共同体"，1，3，13，16

在政治和宗教方面激进主张的鼓吹者，2

对英国"哲学"领域的不信奉国教者的支持，2

Atlantic Ocean，大西洋，33

Augustus Ⅲ，奥古斯特三世，波兰国王

着意遏制普鲁士的发展，335

在他在位期间波兰作为积极力量的衰落，337

去世，6，253，255，258，322

Aulard, François Victor Alphonse，欧拉尔，弗朗索瓦·维克托·阿尔方斯（1849—1928年），法国历史学家

人权同盟成员，642

依靠科学方法，643

研究法国革命的历史学家，643—645

与马蒂埃的分歧，646

研究泰纳的真实思想，649

Australia，澳大利亚

第一个监禁罪犯的殖民地，14

在新南威尔士的殖民，14

Austria，奥地利

七年战争结束时的国债，7

限制农民的义务，7—8，281—283

经济扩张，293

镇压政策，301，302

教皇抵制对教会的征税，8，284

社会改革，8，284—285

第四等级的觉醒，20，300—301

解散耶稣会，285

人口增长，29

军队，285
占领巴伐利亚，286
贸易：奥地利国旗插在第聂伯河口，41；奥土商业协定（1784 年），41；牺牲法国的利益而在希腊和黑海地区扩大贸易，43；约瑟夫二世的保护主义体系，291
与法国结盟，签订巴黎条约后的影响，5
奥普战争（1778—1779 年），199，270—271
对巴伐利亚提出领土要求，269
与俄国结盟（1781 年），272，327
奥土战争（1787 年），274，328
赖兴巴赫条约（1790 年），277，351
瓜分波兰，285—286，329，340，355—356
与法国的战争（1792 年），701，702
与普鲁士结盟（1791 年），694
皮尔尼茨宣言（1791 年），695，696

Bach, Carl Philipp Emanuel，巴赫，卡尔·菲利普·埃马努埃尔，德国作曲家
　海顿的主要先驱之一，85
　恢复自然的朴实无华的旋律，56
　腓特烈大帝的大键琴师，87
　在他创作的时期声乐胜过器乐，88
　海顿研究他的乐曲，89
Bach, Johann Sebastian，巴赫，约翰·塞巴斯蒂安，德国作曲家，85，93
　斯皮塔的专著，83
　风格，84
　对海顿的影响，89
　"四十八首"及其他赋格曲，90，91
　赞美诗，95，96
Bacon, Francis, Baron Verulam, Viscount St. Albans，培根，弗兰西斯，弗鲁兰姆男爵，圣奥尔本子爵，英国作家，51
Baden, Margrave of，巴登侯爵，见 Charles Frederick
Bailly, Jean-Sylvain，巴伊，让-西尔万，法国国民议会主席
　庄严宣誓在宪法制定以前不解散国民议会，668
　被选举为巴黎市长，674，679
Baltiec Sea，波罗的海，在商业上的重要地位，33，35，182
Balzac, Honoré de，巴尔扎克，奥诺雷·德，法国作家，619，639
　对法国史学的影响，623，630
Banks, Sir Joseph, F.R.S.，班克斯爵士，约瑟夫，皇家学会会员，英国科学家，鼓励研究非洲的植物生态，237
Bar, Confederation of（1768 年），巴尔同盟，259，339—340
Barfleur, Battle of（1692 年），巴夫勒尔战役，175
Barry, James（1741—1806 年），巴里，詹姆斯，英国画家，110
　一生专注于历史画，108
　模仿韦斯特的《沃尔夫将军之死》，109

索　引

对布莱克早期作品的影响，110
Barry, Madame du, 巴里夫人，法国国王路易十五的情妇
　敌视舒瓦瑟尔，257
　泰雷神父对她的朋友们的宽大，597
Basle, 巴塞尔，33
Basle, Treaty of（1795 年），巴塞尔条约，419
Batavian Republic, 巴达维亚共和国，417, 424
Bavaria, Elector of, 巴伐利亚选帝侯，见 Charles, Theodore
Bavarian Succession, War of, 巴伐利亚王位继承战争
　战争显示出奥地利军事力量的弱点，286
　俄国未支持普鲁士反对奥地利，326
Beaumarchais, Pierre-Augustin Caron, de, 博马舍，皮埃尔-奥古斯坦·卡隆·德，法国戏剧家，496
Beccaria, Cesare, 贝卡里亚，切萨雷，意大利经济学家
　反对对外贸易的完全自由，50
　叶卡捷琳娜二世研究他的《论犯罪与刑罚》，311
　他的著作成为 1864 年俄国法院改革法的基础，312
　他的著作在法理学、刑罚学、经济学和史学方面的作用，387
Bechers, Johann, 贝歇尔，约翰，德国经济学家，类似英法重商主义者学说的理论，50
Beethoven, Ludwig van, 贝多芬，路德维希·范，德国作曲家，83
　他的谐谑曲，82

雅恩对贝多芬的研究，84
英雄交响曲，87
埃马努埃尔·巴赫探讨贝多芬作曲的严肃态度，88
对维也纳的影响，92
交响曲，93
莫扎特的影响，94, 96
Benedict, XIV, Pope, 本尼狄克十四世，教皇，389, 392
Bentham, Jeremy, 边沁，杰里米，英国哲学家，最大多数人的最大幸福学说，79—80
Bezborodko, Alexander, Prince, 别兹博罗德科公爵，亚历山大，俄国总理大臣，327
　希腊计划，327
　外交政策，328, 329
Bismarck, Otto von, 俾斯麦，奥托·冯，德国政治家，297
Black, Joseph（1728—1799 年），布莱克，约瑟夫，苏格兰科学家，149
　对热的观察，118, 128
　比热，119
　潜热，119—120, 138
　发现"固定空气"，122, 125
Blanc, Louis, 勃朗，路易，法国社会主义者，法国革命史，629, 631
Bonaparte, Napoleon, 波拿巴，拿破仑，法国皇帝，宿命论观点，622；入侵伊比利亚半岛，411, 415；作为炮兵的能力，194；作为参谋军官的能力，202；征募的士兵，211；重新坚持法国在新世界的势力，419；1796 年进入米兰，437

他的加冕称帝成为反革命行动，644
教育制度，157，171；1803年恢复奴隶制，416
拿破仑的传奇，623
逆潮流而行直到18世纪末，73
承认维也纳是欧洲音乐之都，82
卡诺瓦的拿破仑雕像，102
在法国革命史研究中的地位，622，623，638，640，648

Bonifácio, José de Andrada e Silva, 博尼法西奥，若泽·德安德拉达·埃·席尔瓦，巴西独立领袖，415

Boscawen, Edward, 博斯科恩，爱德华，英国海军上将，他的战略，174

Boullée, Étienne-Louis（1728—1799年），部雷，艾蒂安-路易，法国建筑师
  作为行政官员和有理论见解的建筑师，111
  《关于艺术的论文》，112
  牛顿纪念碑，113

Boulton, Mathew, 博尔顿，马修，英国实业家
  明月社成员，136
  与詹姆斯·瓦特合作，138
  移居美国的思想，442

Bourcet, Pierre Joseph de, 布尔塞，皮埃尔·约瑟夫·德，法国军事理论家
  格勒诺布尔参谋学院院长，199
  《山地战原理》，199—200
  供应工作，201
  参谋组织，202

Brahms, Johannes, 勃拉姆斯，约翰内斯，德国作曲家
  交响曲，96
  逝世，82

Brandywine, Battle of（1777年），布兰迪万河战役，195

Breteuil, Louis Charles Auguste Le Tonnelier, baron de, 布勒特伊男爵，路易·夏尔·奥古斯特·勒·托内利埃，法国外交家
  驻维也纳大使，270：特申和会的调停人，271
  担任大臣，672
  流亡国外，674

Brienne, Loménie de, 布里安，洛梅尼·德，图卢兹大主教，法国政治家，613，670
  任命，656
  任大臣，21：财政改革，15；中止拉穆瓦农的改革，616；他关于销售和出口谷物的建议，657；财政，587，588；任皇家财政经济委员会主席，584；财政改革，589
  与卡洛纳的角逐，615
  失去权力，658

Brissot, Jacques Pierre, 布里索，雅克·皮埃尔，法国政治家，441
  对特权阶级的态度，606
  共和主义，692
  法国革命中的布里索派，697，698，699
  在国民公会中，707
  与罗伯斯庇尔的争吵，708
  战争政策，699，712

Broglie, Marshal de, 布罗伊元帅，法

国将军，672
Brown, Lancelot（"Capability"），布朗，兰斯洛特（"大地改造者"），英国园林设计师，56，106
Brunswick, dukeof（Charles William Ferdinand Brunswick-Bevern），不伦瑞克公爵（查理·威廉·费迪南德·不伦瑞克-贝弗恩），普鲁士将军，704，705，706
Bücken, Ernst，比肯，恩斯特，德国历史学家，81
Buffon, Georges-Louis Leclerc, comte de（1708—1788年），布丰伯爵，乔治-路易·勒克莱尔，法国科学家，116—117，141，148
Burgoyne, John，伯戈因，约翰，英国将军
　美国独立战争，493，494：抵达波士顿，486；在萨拉托加投降，210，494
Burke, Edmund，伯克，埃德蒙，英国政治家和政治著作家
　对法国革命的看法，21，422：《法国革命感想录》，79，559
　王室年俸管理法案，552，559
　经济改革法案，551
　《关于崇高美和秀丽美概念起源的哲学探讨》，106，108
　赞赏1791年波兰宪法，346
　对美国问题的看法，426，458，490，520：伯克作为美国在伦敦的代理人，452
Bute, John Stuart, earl of，比特伯爵，约翰·斯图尔特，英国大臣，546
　被乔治三世任命为首相，538，539

与法国媾和，539
辞职，539

Cabanis, Pierre，卡巴尼斯，皮埃尔，法国科学家，157
Calonne, Charles-Alexandre de，卡洛纳，夏尔-亚历山大·德，法国政治家
　任大臣：财政改革，15，614；改革，21，579，586，614，656；东印度公司的改革，230；财政，590，613—614；召开显贵会议，615—616
　在皮耳尼茨，696
　被免职，616，656
Camperdown, Battle of（1797年），坎珀多因之战，190
Campomanes, Pedro Rodriguez，坎波马内斯，佩德罗·罗德里格斯，西班牙政治家和经济学家，360
　经济思想，49，50：《论民间工业的发展》（1774年），45；《税务问题》，54
　在卡洛斯三世时期任大臣，363，365，368：市政会议的改革，367
　被免职，374
Canada，加拿大，见America, North, British
Cantillon, Richard，坎特龙，理查德，爱尔兰经济学家，45
Capmany y Montpalau, Antonio de，卡普马尼-蒙帕劳，安东尼奥·德，西班牙学者和政治家，49
Carli, Gian Rinaldo，卡利，吉安·里纳尔多，意大利经济学家，387

Carlyle, Thomas, 卡莱尔, 托马斯, 苏格兰作家, 法国革命史, 632, 633
Catherine Ⅱ, The Great, 叶卡捷琳娜二世, 大帝, 俄国女皇, 17, 18, 147, 163, 167, 189, 440, 695
  即位, 307
  贸易, 39, 330
  外交政策, 321—329, 331, 338, 693—694
  武装中立同盟, 501
  结盟, 255, 272, 294, 326, 338
  波兰政策, 257—258, 262, 335, 349
  对奥地利扩张的态度, 270
  扩张主义政策, 274, 294
  在欧洲遇到的困难, 275, 276
  对基督教的政策, 308—309
  编纂法典, 309—312
  教育制度, 312—313, 317—319
  地方政府, 314—317
  财政, 329—330, 331
Cavendish, Henry（1731—1810 年）, 卡文迪什, 亨利, 英国科学家
  计算地球的平均密度, 118
  对空气的研究, 122, 125; 对电学的研究, 130
Chambers, Sir William, R. A., 钱伯斯爵士, 威廉, 英国皇家艺术院院士, 皇家艺术院院长
  参与创建皇家艺术院, 105
  风格, 110; 崇尚中国式园艺, 234
Charles Ⅰ, 查理一世, 英国国王, 516, 611
Charles Ⅲ, 卡洛斯三世, 西班牙国王, 360
  开明的专制主义, 565

在西班牙实行的政策, 360—361, 397; 对耶稣会的政策, 363—364, 413; 行政机构, 365—367; 在殖民地的行政机构, 403, 406, 409; 农业, 367—369; 贸易, 369—370, 372, 373; 财政, 372, 580
  对西班牙外交政策的影响, 254, 400; 西班牙与法国的关系, 254, 266; 美国独立战争, 267, 371—372, 501
  逝世, 373, 402, 404, 408
Charles Ⅳ, 卡洛斯四世, 西班牙国王
  在位期间, 373—375
Charles Ⅵ, 查理六世, 神圣罗马帝国皇帝, 85, 278
Charles of Brunswick-Wolfenbüttel, 查理（不伦瑞克-沃尔芬比特尔的）, 297
Charles Frederick, 查理·弗里德里希, 巴登侯爵, 296
Charles, 查理, 萨克森公爵, 322
Charles Theodore, 查理·特奥多尔, 巴伐利亚选侯, 286, 301
Chateaubriand, François-Auguste vicomte de, 夏多布里昂子爵, 弗朗索瓦-奥古斯特, 法国作家, 633
  对启蒙运动的态度, 621
  关于法国革命的著作和对革命的态度, 622, 623, 624, 626, 635, 653
Chatham, Earl of, 查塔姆伯爵, 见 Pitt, William
China, trade, 对华贸易, 34, 35, 218, 230, 231, 232

索　引

Choiseul, Étienne de Choiseul-Stainville, 舒瓦瑟尔, 艾蒂安·德·舒瓦瑟尔-斯坦维尔, 法国大臣, 594—595
　巴黎条约后的政策, 594
　要求对法国在七年战争中遭受的损失进行报复, 5, 12, 183, 254, 257
　外交政策, 259, 594—595; 改革殖民地行政管理, 6; 参与援助波兰总同盟, 340; 有计划地加强与西班牙的联盟, 254; 鼓励西班牙在福克兰群岛争端中抗拒英国, 595—596; 法—西攻守同盟 (1761年), 6, 254; 反对将与奥地利结盟作为法国外交政策的基础, 270; 安排未来的路易十六与玛丽·安托瓦内特结婚以加强与奥地利的关系, 595; 忽视俄国在欧洲势力的加强及其与普鲁士的结盟, 594; 对英战争政策, 254—255, 256, 257
　改革, 214, 570; 陆军和海军改革, 6, 183—184, 254, 500, 595; 财政改革, 213; 建立测绘局, 570; 驱逐耶稣会士, 594
　未能在法国支撑皇家权力, 595
　最高法院权力的增加, 595
　在卡宴建立殖民地, 416
　被免职 (1770年), 214, 257, 595—596

Cisalpine Republic, 阿尔卑斯山南共和国, 424

Clarkson, Thomas, 克拉克森, 托马斯, 英国慈善家, 249

Clement XIII (Carlo Rezonnico) Pope, 克雷芒十三世 (卡洛·雷佐尼科), 教皇, 283, 389, 392; 去世, 391

Clement XIV (Giovanni Vincenzo Ganganelli), Pope, 克雷芒十四世 (乔瓦尼·温琴佐·甘加内利), 教皇, 19, 166, 389, 392, 394

Clinton, George, 克林顿, 乔治, 英国将军, 美国独立战争, 501, 502
　总司令, 498
　围攻查尔斯顿, 503
　在约克敦的失败, 504, 505

Clive, Robert, First Baron, 克莱武, 罗伯特, 第一代男爵, 英国政治家和军人
　在孟加拉实施"迪万尼", 即民政管理权, 219
　"双重"管理制度的变化, 220, 225
　议会调查他的问题, 234

Coalition, First European, 第一次欧洲联盟, 709

Colbert, Jean-Baptiste, marquis de Seignelay, 柯尔培尔, 让-巴蒂斯特, 塞涅莱侯爵, 法国政治家
　法国海军的"缔造者", 183, 184, 185; 认识到木材在造船方面的重要性, 181
　重商主义政策, 573
　关税同盟和关税改革, 577; 货币制度, 576
　对绘制地图感兴趣, 134; 对实用艺术感兴趣, 138

Commutation Act (1784年), 抵代税

法, 231
Condillac, abbé de, 孔狄亚克神父,
　法国哲学家, 158
　心理学论文, 155—156
Condorcet, Marie Jean Antoine Nicolas de
　Caritat, marquis de, 孔多塞侯爵,
　玛丽·让·安托万·尼古拉·德·
　卡里塔, 法国教育家和哲学家
　为法国教育制度提出的计划,
　　170—171, 173
　黑人之友社成员, 248
　关心美国, 441
　共和主义, 692
Constantine Nikolayevich, 康斯坦丁·
　尼古拉耶维奇, 俄国大公爵, 274
Continental Congress and army promo-
　tion, 大陆会议与军队军官的晋
　升, 206
Cook, James (1728—1779 年), 库
　克, 詹姆斯, 英国海军上校和探
　险家
　发现新西兰的航行, 134, 178, 183
　在七年战争中服役, 179
Coote, Sir Eyre, 库特爵士, 艾尔, 英
　国将军, 222
Corneille, Pierre, 高乃依, 皮埃尔,
　法国戏剧家, 113, 114
Cornwallis, Charles, First Marquess,
　康华理, 查尔斯, 第一代侯爵,
　英国将军
　海军战略, 174
　美国独立战争, 492, 493: 卡姆登
　　战役, 503; 约克敦失守, 13,
　　505; 南部战役, 503—505
　关心东印度公司, 234

被任命为印度总督, 225
在印度的改革, 225—228
Cort, Henry (1740—1800 年), 科特,
　亨利, 英国发明家, 140
Costa, Claudio Manuel da, 科斯塔,
　克劳迪奥·曼努埃尔·达, 巴西
　作家, 415
Cotte, Pére Louis (1740—1815 年),
　科特, 佩尔·路易, 法国科学
　家, 132
Cousin, Victor, 库辛, 维克托, 法国
　教育家和哲学家, 143
Cowper, William (1731—1800 年),
　柯珀, 威廉, 英国作家, 73
Crimea, 克里米亚, 260, 262, 264
　吞并, 272, 294
Crompton, Samuel (1753—1827 年),
　克朗普顿, 塞缪尔, 英国发明
　家, 139
Cromwell, Oliver, 克伦威尔, 奥利
　弗, 英国护国公, 516, 628

Dalrymple, Alexander, 达尔林普尔,
　亚历山大, 苏格兰探险家, 230
Danton, Georges, Jacques, 丹东, 乔
　治·雅克, 法国政治家
　性格, 646
　参加法国革命, 628, 632, 643,
　　651, 678: 腐化, 644; 主张奥
　　尔良派摄政, 692; 巴黎公社领
　　袖, 705; 司法部长, 706; 被控
　　试图实行专制, 708; 在临时执
　　行委员会中的影响, 709; 法国
　　的"天然边界", 712
Darwin, Charles Robert, 达尔文, 查

索 引

尔斯，英国生物学家，333
David, Jacques-Louis（1748—1825年），大卫，雅克-路易，法国艺术家，113，114
Davy, Humphry, First Baronet, 戴维，汉弗莱，第一代从男爵，英国化学家，128
Defoe, Daniel, 笛福，丹尼尔，英国作家，162
Denmark, 209, 264
　海运业，39，190
　贸易，231，248
　与瑞典作战，275—276
Dessalines, Jean-Jacques, 德萨利讷，让-雅克，海地革命者，420
Destutt, Antoine Louis Claude, comte de, 德斯蒂伯爵，安托万·路易·克洛德，法国哲学家，教育理论家，156，157
Diderot, Denis, 狄德罗，德尼，法国哲学家和文人，628
Dolben's Act（1788年），多尔宾法，249
Dumouriez, Charles-François, 迪穆里埃，夏尔-弗朗索瓦，法国政治家和将军
　要求在法国实行军事独裁，22
　在政治方面的影响，701；行政变革，570；进攻战略，702；辞职，703
　在法兰西战争中指挥权由拉法耶特转到他手中，706；参加瓦尔米战役，707；攻击荷兰的计划，712；在尼德兰迅速挺进，710；比利时战役，711

Dundas, 邓达斯，见 Melville
Dutch East Indies, 荷属东印度群岛，34

Economic Ideas, 经济思想，45—54
　重农主义学派，47，48，53，54；重商主义经济学派，50—52，53
Eden, Treaty of（1786年），伊登条约，54
Education, 教育
　大学，149—151
　科学院，151—153，161
　教育思想，153—160，162—166；与教育制度，160—162，166—169；在法国，169—173
Egypt, 埃及
　商业前景，239
　战略重要性，239—240
Elizabeth, 叶利扎维塔，俄国女皇，307，324
Emmerich, 埃梅里希，美因茨选帝侯，296
English East India Company, 英国东印度公司
　在印度政治中的支配地位，218—219
　从英国加以控制，219，564
　政治成为东印度公司总部中的因素，538，542，545—546
　约翰·鲁宾逊拟定的向东印度殖民的计划，553
　福克斯的东印度法案，553，554
　皮特的印度法案，223，555；抵代税法，231
　诺思的管理法案，546，548
　命令直接在美洲销售茶叶，438

对华贸易，218，231，232，234
改革措施，220—221，225
在浦那的权力斗争，221—223
Enlightened Despots，开明专制君主
  何谓开明专制，16
  欧洲君主们的实际目的，16
  重农主义者关于"合法专制主义"的观念，17
  宣传的主旨，18
  对待欧洲各大学的态度，150
  亨利·皮雷讷论专制君主的著作，565；他对这些专制君主的统治与英、法的统治所作的比较，565—566
  对贵族特权的限制，298
  政府机构的近代化，17—18
  法典的编纂，19—20
  腓特烈大帝，18，297，565：他的教育改革，168—169；《论政府的形式和君主的职责》，17；政治著作，297；鼓励移民，297；主张间接税，296；司法改革，297；腓特烈法典，19；对宗教不持偏执态度，297；宗教容忍，299；另见 Frederick th Great
  约瑟夫二世，18—19，297，565：宗教容忍，299；实行义务教育，167；行政、司法和社会制度的改革，20，288—293；另见 Joseph Ⅱ
  叶卡捷琳娜大帝，18：试图实行开明治理，331；拒绝孟德斯鸠的分权理论，17；另见 Catherine the Great
  卡洛斯三世，565：挑选开明的顾问，360；另见 Charles Ⅲ
Enlightenment，The，启蒙运动
  欧洲各种思想在美洲的传播，1—2，407，442
  政教关系日益紧张，19，389—391：驱逐耶稣会士，19，166—167，390，565
  法典的编纂，19—20；腓特烈法典，19
  舆论运动在英国的发展，20，298—301
  反对启蒙运动的表现，23，301—303
  欧洲存在新思潮的条件，55
  要求重新评价一切社会体制，55
  作为理性哲学的启蒙运动，55
  浪漫主义的兴起，55，561
  教育思想的发展，143—144：维克托·库辛与意识学派，143；与德国的先验论，143；法国教育的重建，143；新旧思想的对比，144
  启蒙思想家提出的对本体的看法，143
  莱茵河以东地区的哲学启蒙运动，144
  欧洲各大学，150
  法国百科全书派，145
  爱尔维修：《论精神》，158—159
  卢梭在教育理论方面提出的挑战，162—166：《爱弥儿》，163，165；《社会契约论》，164—165
  七年战争后新思想扩及政治领域，433
  具有启蒙主义理想的贵族加入法国

索 引

第三等级，604
夏多布里昂和塞纳克·德·梅朗鼓吹启蒙运动，621
在意大利，385：经济思想，385；改革，388—389；各种思想的传播，385—386；文化精英，386；各大学的活动力量，386；开明学者，386—387；启蒙运动的影响，388（中央政府的加强，388；司法的中央集权，388；财政改革，388；教育，389）；政教关系问题，389—391

Estaing, Charles Hector Théodat, Comte d', 德斯坦伯爵，夏尔·埃克托尔·泰奥达，法国舰队司令，184
在美国独立战争中指挥海军，174，182，500，503
战略，175

Esterházy, Prince Miklós, 埃斯泰尔哈吉亲王，米克洛什，匈牙利音乐赞助人，89，91

Estonian Trade, 爱沙尼亚贸易，35

Europe, 欧洲
"民主主义"革命，1
在中欧和东欧存在着各种不同的经济和社会结构，3：它们与西欧的比较，3—4
开明专制君主，16：专制主义的概念，16—17；行政改革，17—18；政教关系，19；法典的编纂，19—20；腓特烈法典，19
人口：迅速增加，25，433，435；人口的控制，26—28；增加缓慢的地区，29；在18世纪下半叶，

30—32；流行病及其影响，30—31；食物供应的改善及其影响，32；死亡率没有持久的下降，32
贸易：与美洲的贸易，33；与远东的贸易，34—35；与中近东的贸易，35；与波罗的海国家的贸易，35
在东方和西方的势力范围划分，265—266，274
1763年后的外交问题，252—253
巴黎和约（1763年）后对英国的担心，252
瓜分政策，334—335
革命潮流，421
社会结构，424：东欧的社会结构，425—426
社会，432—433，434—436，442，445：西欧的社会，427—429，429—431
社会冲突，433—434
美国革命的影响，440，442—443
通讯，443—444

Family Compact（1761年），家族盟约，6，254，371，594

Ferdinand, 斐迪南，那不勒斯国王，380
试图建立意大利联盟，395

Filangieri, Gaetano, 菲兰杰里，加埃塔诺，意大利经济学家，50，387，395

Finland, 芬兰，328，331，440
人口增加，25，26，28
贸易，35

Fischer, Ernst Gottfried（1754—1831

年），菲舍尔，恩斯特·戈特弗里德，德国化学家，130
Folard, Jean Charles, Chevalier de（1669—1752年），福拉尔骑士，让·夏尔，法国军人和军事著作家
 在战场上"冲击"胜于"火力"的方针，195，197
 主张使用步兵纵队，195—196
Fontainebleau, Treaty of（1785年），枫丹白露条约，274
Fontenoy, Battle of（1745年），丰特努瓦战役，194
Forbonnais, François Véron Duverger de，福尔博奈，弗朗索瓦·韦隆·迪韦尔热·德，法国经济学家，48
Fox, Charles, James，福克斯，查尔斯·詹姆斯，英国政治家，551
 福克斯—诺思联合内阁，553—554，555
 东印度法案，553—554
 要求维护议会的独立性，433
 与美国签订商约未能成功，507
 企图排斥谢尔本任首相，552
 福克斯的朋友们是"人民之友协会"的成员，559
 政治策略，560
 格拉顿试图与福克斯和解，564
France，法国
 教育，169—173
 人口增加，25，29—30，602，714：在18世纪下半叶，31
 社会，427，428，430—431，434，593，600，601—603
 1789年以前的宪法斗争，437—438；动乱，665；各种俱乐部，690—691，693，703
 贸易，33，36，40，612：与南美的贸易，34；与非洲的贸易，239—240，242，243—244；奴隶贸易，241；黑人之友社，2，248，418；需要大的商船队，39；对英贸易壁垒，36；放松垄断，39；英法商约（1786年），39；对外贸易的扩大，43—44，660；印度公司，229，243
 1789年以前的君主专制主义，592
 行政机构，568—574，612
 革命前的行政管理：舒瓦瑟尔，254，594—596（外交政策，594—595）；三人集团，596—598，607；杜尔哥，607—611；内克尔，611—613；卡洛纳，613—616；布里安，657—658
 财政，574—591，597—599，608—609，611—612，614
 1788年的司法改革，658
 经济，427，600—601，659—660：税收，578—582，597，599—600，608，612，614，657；总包税人，580—582，588，597，613，672；指券，582，588，697，703，711；1775年巴黎的谷物争论，609，657，666；经济动荡，654—655，659—660，665，677，703
 外交政策，595—596，709—713：波兰政策，258—259（1792年波兰事态发展的影响，357，358）；对奥地利扩张的态度，270（1756—

索　引

1757年法奥联盟的作用，5）；家族盟约（1761年），6，254，371，497；对东欧事物缺乏兴趣，5；英国的不满，252；兼并科西嘉（1768—1769年），256—257；法美联盟，495，496，498

军事：海军，593，690（海军事务，183—187，254）；陆军，214—215，254，593，670—671，697，703—704（战术，195，196—197；军官与特权，203—204，205—206，207—208；预备役军队，210；军饷，213）；革命的后果，216—217（国民自卫军，210—211，644，674，675，678，691，703，704，705）

战争：波兰王位继承战争，598；奥地利王位继承战争，598；七年战争，574，594，598，670；美国独立战争，184，266—267，371—372，547，586，598，611，650，656，659，660（海战，500；1783年的凡尔赛条约，268，506）；1783年与西班牙的战争，419；法国革命战争，585，641，701，702，706—707，710（瓦尔米战役，707—709；宣布斯海尔德河航行自由，710；友谊援助法令，711，712；向英国和荷兰宣战，713；遭普鲁士入侵，644，706）；拿破仑战争，570

耶稣会，565，594，596，604，656

殖民地：法属圭亚那（卡宴），416；圣多曼格，417—418（1790—1791年起义，418—419；英国的占领，419；宣布独立，420）

根据巴黎条约丧失在美国的殖民地，5，230，480，509，537

美国革命的影响，440，441

共和主义的兴起，692，697，704

革命，1，4，20—23，55，79，106，114，156，191，320，421，422—423；革命史研究，618—652；革命的起因，603—604，665—666；思想根源，604—606；类型，20；社会心理，446—447；显贵会议，614，615—616，656；贵族叛乱（1787—1788年），3，15，586，653，656，671；三级会议，23，418，422，446，572，584，614，615，616，617，626，650，656，657，660，661，662—663，667—668，669；第三等级，660，661，663，664，666，667，668，669，676，677；陈情书，663—665，689；国民议会，21，230，418，423，569，575，577，578，590，604，668，669，671，674，676—677，678，680—681，684，689，691；八月四日之夜，675，676，683，685；八月法令，676，678，680，685，686，699；巴黎高等法院，657—658，660—661；巴黎民众起义（1789年），672—674；进攻巴士底狱，21，394，641，660，673—674，684；农民革命（1789年），447，603，674—675；人权宣言，21，418，

565, 631, 643, 676, 677, 678; 向凡尔赛进军, 677—678; 十月的日子, 21—22 (群众干预的重要作用, 21—22; 九月惨案, 22, 641, 644, 650, 707, 708); 制宪议会, 206, 207, 208, 210, 212, 213, 216, 578, 579, 580, 581, 585, 588, 590, 591, 676, 681—690, 691—692, 693, 694—695, 696, 698, 701, 707; 王室逃往瓦伦, 208, 209, 210, 692, 693; 科尔德利埃俱乐部, 691, 692, 693, 696, 705; 吉伦特派, 697—699, 707, 708, 709, 712; 雅各宾派, 22, 622, 640, 691, 692, 693, 696, 697, 702, 703, 704, 707, 708, 709, 712; 政治后果, 22, 23 (自由派贵族的政策, 23); 宗教分裂, 687—690, 698, 706; 斐扬派, 693, 695, 696, 697, 701, 702, 703, 707, 712; 立法议会, 211, 213, 681—682, 683, 687, 696—699, 700, 701, 702, 703, 704, 705, 706, 707, 708; 国民公会, 588, 590, 629, 634, 676, 705, 706, 707—713; 巴黎公社, 645, 705, 708; 救国委员会, 585, 588, 591, 619, 640; 恐怖统治, 172, 619, 621, 623, 626, 629, 644, 645, 646, 647, 650, 651; 热月反动, 647; 皮尔尼茨宣言 (1791年), 695, 696 (各专制王朝的敌视, 23; 督政府, 173, 579, 628)

Francis Ⅱ, 弗兰茨二世, 神圣罗马帝国皇帝, 701
Franklin, Benjamin, 富兰克林, 本杰明, 美国政治家, 411, 526, 648
  美国驻凡尔赛使节, 2, 187, 267, 496, 497, 505
  美国哲学学会的创立, 135
  "文艺九女神" 支部成员, 147—148
  《建立一所英语学校的计划》 (1751年), 161
  他的著作的影响, 440
  北美殖民地派往伦敦的代理人, 452
  向奥尔巴尼大会提交的计划, 453, 516
  皮特就北美殖民地的争端与富兰克林协商, 461
  加入殖民者与议会的斗争, 457, 462, 463, 510
  对制宪会议第一次会期的影响, 471
  在美国建立邮局, 478
  安抚帕克斯顿暴动青年, 524
Frederick Ⅱ, The Great, 弗里德里希二世 (腓特烈大帝), 普鲁士国王, 235, 565
  重商主义经济学派的政策正好与他自己的政策相符, 53
  著作, 17
  卡尔·菲利普·埃马努埃尔·巴赫担任他的古钢琴师, 87
  支持柏林皇家科学和文学院, 151, 152
  在普鲁士的统治: 对贵族有利, 434; 试图保护农奴免受贵族过度的苛捐杂税之苦, 3 (拒绝削弱封建统治，18）；教育，主张在教区学校实行义务教育，168；财政，7，252；税收，297（推崇总包税制，580）；改革，297；外交政策（对波兰的态度，256，338；瓜分波兰，262，324，335；与俄国结盟（1764 年），255，258，323；巴伐利亚问题，269，274，286，294，326）

七年战争后对英国的态度，5：对纽芬兰的捕鳕业缺少兴趣，5；要求普鲁士摆脱大西洋斗争，6

军事战术，214，252：仿效法国，671；使用马拉炮，193；缺少参谋机构，202

去世，275

Frederick Augustus IV, 弗里德里希·奥古斯特四世，萨克森选帝侯，296

Frederick William II, 弗里德里希·威廉二世（腓特烈大帝），普鲁士国王，275，302，353，355，357

奥地利的利奥波德二世与他接近，以改善两国关系，277

与波兰缔结防守同盟（1790 年），328

瓜分波兰，353，357：从华沙撤退，355

French East India Company, 法国东印度公司，229—230

Frend, Sigmund, 弗洛伊德，西格蒙德，奥地利心理学家，67，98

Gainsborough, Thomas（1727—1788 年），庚斯博罗，托马斯，英国画家，107

Galiani, Ferdinando, 加利亚尼，费尔迪南多，意大利经济学家，387

Galicia, 加利西亚，282

Galvani, Luigi（1737—1798 年），伽伐尼，路易吉，意大利科学家，131，386

Gálvez, José de, 加尔韦斯，何塞·德，西班牙政治家，400，403

Geneva, Republic of, 日内瓦共和国，58，59，60，64，68

争取政治和经济解放的斗争（1768—1789 年），1，431

立法议会受到的民主压力，2

贵族政变（1782 年），3

Genovesi, Antonio, 杰诺韦西，安东尼奥，意大利经济学家，45，50

George III, 乔治三世，英国国王，15，92，300，448，453，518

比特内阁，538—539

格伦维尔内阁，540

罗金厄姆内阁，541，552

查塔姆内阁，542—543

格拉夫顿内阁，543—544

诺斯内阁，544—552

谢尔本内阁，553

福克斯 诺斯联合内阁，553 554，555

皮特内阁，554—564

皇家艺术院的建立，107

对本杰明·韦斯特的支持，108

对军械厂感兴趣，135

要求与奥地利结盟，255

在凡尔赛条约中有关直布罗陀的争论，268

要求扩充海军（1791年），352
意图征服美洲殖民者，488
美国独立战争，505
要求对宾夕法尼亚采取直接控制，510
George Ⅳ，乔治四世，英国国王，564
Germain, Lord George，杰曼勋爵，乔治，殖民地事务国务大臣，491，493
Germany，441
开明专制主义的影响，20
人口，25
贸易，33，35，40，41；汉堡的重要地位，38；不来梅成为对美国贸易的集散地，37—38；德意志成为单一的关税区，39；法国到德国的转口，43；18世纪末扩大市场，563
Glorious Revolution（1688年），光荣革命，511，559
Gluck, Christoph Willibald，格鲁克，克里斯托夫·维利巴尔德，德国作曲家，82，85，89
《奥菲欧与欧律狄刻》（1762年），86，91
莫扎特追随他的歌剧风格，93，94
Godoy, Manuel, Duke of Alcudia，戈多伊，曼努埃尔，阿尔库迪亚公爵，西班牙首席大臣，373，374，375
Goethe, Johann Wolfgang von，歌德，约翰·沃尔夫冈·冯，德国作家，73，85，89，90，92
《少年维特之烦恼》，57
他的诗学和美学与音乐的关系，81，93
对民歌的热情，86
对教育的兴趣，168
Goya y Lucientes, Francisco，戈雅·伊·卢西恩特斯，弗朗西斯科，西班牙画家，373
Grafton, Augustus Henry Fitzroy, Third Duke of，格拉夫顿，奥古斯塔斯·亨利·菲茨罗伊，第三代公爵，英国大臣，542，553
内阁，543—544
Grasse, François Joseph Paul, comte de，格拉斯伯爵，弗朗索瓦·约瑟夫·保罗，法国海军司令，504，505
Grattan, Henry，格拉顿，亨利，爱尔兰政治家，564
给予爱尔兰以立法独立，14，551
Great Britain，英国
1763年以后在与北美殖民地的关系中的财政考虑，8—9
对待印第安红种人，9
对殖民者实行的限制性政策，10，480—481，522，537
北美殖民地的行政管理，451—453
加强对北美的殖民控制，10，11，437—438，438，454—455；航海法令，10，517，521，549；魁北克法，485，523，546；食糖条例，10，455，481—482，537；惩治兵变条例（1765年），483；印花税条例（1765年），10，438，455，482，537，541（1766年废止，10—11，456，482，483，538，541）；税收条例

（1766年），483；公告令（1766年），11，438，456，482，538，541；茶叶条例（1773年），458，484；马萨诸塞政府法（1774年），438；和平请愿书，438；第一届大陆会议，459—460，461

美国独立战争（1775—1783年），11—13，174，238，326，371—372，424，439，490—495，498—500，503—505，546，547，552；独立宣言（1776年），439，463—464，489；武装中立同盟，501；法国加入该同盟，499，547，650；西班牙加入该同盟，500；联合省加入该同盟，501，550；凡尔赛条约，13，505—506，507—508

军事：海战——在美国独立战争期间，174—175，215，499—500；战略，175—176；海军，176—181；陆军，208，209，215；战术，194；民兵，210；作战条件，212，213

战争：七年战争的结果，480，538；与西班牙的战争（1761年），371；法国革命战争，409，443，559，564（宣布斯海尔德河航行自由，710—711）；拿破仑战争，564

外交政策：外交孤立，5；失去对东欧事务的兴趣，5；拟议中的英俄联盟，255—256；与西班牙在福克兰群岛问题上的争执（1770年），6，257，371，398，545，596；英普荷条约（1788年），275；第一个英帝国的分裂，5，480

贸易，35—36，40，401，562—563；工业和商业的发展，1，41—43；管理法案不完善，14；美国革命的影响，37，564（枢密院敕令，507）；转口贸易，38；奴隶贸易，241，243，556（要求废除奴隶贸易的团体，2，248）；对英国各殖民地的贸易垄断，37；英国在殖民地贸易中的突出地位，15，377；针对法国的贸易壁垒，36；东印度公司，14，218—229（在中国，231—232；在埃及，239—240；在非洲，241—242，248；在塞拉利昂的殖民，249—251）；与西印度群岛的贸易，34；与北美的贸易，34，42—43，507；与南美的贸易，34，409；与印度的贸易，34—35；与波罗的海国家的贸易，35；要求与波兰进行贸易，277，351；英俄商约（1766年），255，322；英荷战争（1780—1783年），38—39；英法商约（1786年），39；与葡萄牙的商约（1793年），378

社会和政治上的不满（18世纪90年代），445—446

经济，15，436，562；英格兰银行，7，538，546，563；国债，8，557；财政，5，49—50，556—557，563；1763年以后的财政困难，538，549；财政管理，557—559，564，565—566；工业革命的根源，15—16；通讯，15；发

展工厂制度，16；技术革新，15；伊登条约（1786 年），54；要求"经济改革"，550—551，552

人口：增加，25，26，714；流行病，31

社会，430，431，434—435

对法国革命的态度，559

宗教，545，560—561：福音派教会的复兴，561—562，564

政治，440；郡县"联合"运动（1770—1780 年），1；不信奉国教的新教徒与宗教考查法和市镇机关法（1787—1790 年），1，432，440，549，556，559，561，562；改革运动，13，443，556，560；罗金厄姆派辉格党人，13，541，544，546，547，550；乔治三世时期的历届内阁，538—564；米德尔塞克斯选举，543—544，550；诺思的管理法，546；皮特的印度法（1784 年），555

Greece，希腊，324

贸易，43

Greece, Ancient，古希腊，98，99，203

Grenville, George，格伦维尔，乔治，英国大臣，538

内阁，540；对北美殖民地的政策，10，481—482，517，518，520，537，540；加强殖民地控制，454—455；印花税条例，456；禁止在阿勒格尼山以西建立殖民点，9，480；坚持要殖民者支付他们的驻军的军饷，523

Grenville, William Wyndham, First Baron，格伦维尔，威廉·温德姆，第一代男爵，英国政治家，555

Grey, Charles, Second Earl，格雷，查尔斯，第二代伯爵，英国政治家，560

Gribeauval, Jean-Baptiste Vaquette de，格里博弗尔，让-巴蒂斯特·瓦凯特·德，法国将军，194

统率法国炮兵，193

训练炮兵军官，201，206

Guibert, Jacques Antoine Hyppolite, comte de，吉贝尔伯爵，雅克·安托万·伊波利特，法国将军和军事著作家，195，199，203

战争理论，200，216，217

《战术总论》（1772 年），196，203

进攻战线的机动性，196—197

骑兵仿效俄国，197

利用步兵冲锋战术，197

1791 年操典采用了他的方法，198

军需供应的组织，201

加强士兵军纪的方针，212

他的军事委员会实行的改革，215

Gustavus Ⅲ，古斯塔夫三世，瑞典国王

即位，263

推翻 1720 年宪法，263

恢复君主专制制度，322

未经参议院同意不能与列强达成协议，263

国内的严重不满情绪，275

反对特权阶级的革命，421

军队中的哗变，275

进攻俄国，275—276，328

与法国流亡贵族合作，694

Halifax, George Montagu Dunk, Second Earl of, 哈利法克斯伯爵（第二代），乔治·蒙塔古·邓克，英国政治家，451

Hamann, Johann, Georg, 哈曼，约翰·格奥尔格，德国作家，74

Handel, George Frederic, 韩德尔，格奥尔格·弗里德里希，德国作曲家，91
  克里赞德尔的研究文章，83
  风格，84，87，94
  歌剧，85
  对格鲁克作品的评论，86
  清唱剧，89；它们的影响，89
  在大斋期间演奏协奏曲，95

Hanover, 汉诺威，255

Hardy, Thomas, 哈代，托马斯，伦敦通讯学会的创始人，445

Hargreaves, James, 哈格里夫斯，詹姆斯，英国发明家，他的"多轴纺纱机"，139

Harrison, John（1693—1776年），哈里森，约翰，英国科学家，他的航海天文钟，118，183

Hastings, Warren, 黑斯廷斯，沃伦，印度总督
  孟加拉总督，545
  在印度的统治，221；未能使改革的影响对东印度公司起作用，220；给予东印度公司的贸易特权，225；拒绝帮助莫卧儿皇帝，222；处理司法问题，221，226
  建议出版《薄伽梵歌》，235，236
  被召回英国，223；议会调查，234；

受到弹劾，224

Hatzfeld, Karl Friedrich, count, 哈茨费尔德伯爵，卡尔·弗里德里希，奥地利政治家，7，279—280

Haugwitz, Ludwig von, Count, 豪格维茨伯爵，路德维希·冯，波希米亚和奥地利首相，279，293

Hawke, Edward, First Baron, 霍克，爱德华，第一代男爵，英国海军上将，174

Haydn, Joseph, 海顿，约瑟夫，奥地利作曲家，81，87，88
  对他的作品的研究，83，84
  主要的前辈，85
  生平，88—89
  音乐生涯，89
  器乐作品，89；交响曲，82，89—90；弦乐四重奏，90—91，95；"八十三首四重奏"，90
  声乐作品，91
  名望，91—92
  伦敦之行，91
  海顿对莫扎特四重奏的影响，94

Helvétius, Claude, Adrien, 爱尔维修，克洛德·阿德里安，法国哲学家，158—159，162

Helvetic Republic, 海尔维第共和国，424

Hemmer, Johann, Jacob, 黑默尔，约翰·雅各布，德国气象学家，132

Henri IV, 亨利四世，法国国王，648，659

Herder, Johann, Gottfried, 赫尔德，约翰·戈特弗里德，德国哲学家和历史学家，81，86

接受路德派教会牧师职位，71
新柏拉图派哲学，72
泛神论，73
Herschel, Sir, William, 赫歇尔爵士，威廉，德国天文学家，116
Holbach, Paul-Henrid', 霍尔巴赫，保罗-亨利·德，法国哲学家，68
Holland, 荷兰，见 Netherlands
Holland, Henry Richard Vassall Fox, Third Baron, 霍兰男爵（第三代），亨利·理查德·瓦萨尔·福克斯，英国政治家，539
　在议会中攻击桑威奇勋爵，180
　任财政部主计官时获取的利益，557
Holy Roman Empire and Febronianism, 神圣罗马帝国与费布朗尼乌主义，19
Howe, Richard, First Earl, 豪伯爵（第一代），理查德，英国海军上将，采用的信号系统由拉布尔多内设计的信号簿改编而成，176
　拒绝在桑威奇领导下服役，180
　拒绝接受米德尔顿关于调查收费和滥用权力情况的建议，181
　美国独立战争：英国舰队司令，492；殖民地海军无法与之抗拒，499；在桑迪胡克的法国舰队舰只数超过英国舰队，500；援救直布罗陀，505
　皮特内阁的成员，554
Howe, William, fifth Viscount, 豪子爵（第五代），威廉，英国将军，美国独立战争，492；抵达波士顿援助盖奇，486；占领布里德山，487；杰曼赋予他自行处置权，491，493；侵犯宾夕法尼亚，493；占领费城，493—494
Hubertusburg, Treaty of（1763年），胡柏图斯堡条约，252，322
Hugues, Victor, 于格，维克托，法国军人，在拿破仑战争中保卫了法属圭亚那，416
Humboldt, Alexander von, 洪堡，亚历山大·冯，德国科学家，411
　穿越南美北部、古巴和墨西哥进行植物考察，404，407
Hume, David, 休谟，戴维，苏格兰哲学家，108
　哲学理论，146
　攻击归纳逻辑的基础，155
Hungary, 匈牙利，195，275，441
　贵族抵制纳税（1764年），7，280—281，437
　玛丽亚·特蕾西亚调整农民的劳役，7，281
　第四等级的觉醒，20
　人口普查（1784年），288
　叛乱（1790年），423
Hutcheson, Francis, 哈奇森，弗朗西斯，苏格兰哲学家，46
Hutton, James, 赫顿，詹姆斯，苏格兰地质学家，134

India, 印度，548
　法国丧失在印度的殖民地，5
　英法冲突，238
　国王和东印度公司之间的分权，564
　马拉特战争，222，548
　沃伦·黑斯廷斯任总督，220，221，

222，225，226，545

克莱武的"双重"管理制，219，538

康华理勋爵任总督，225—228

在浦那的权力斗争，222—223；萨尔拜条约（1782年），222

孟加拉的柴明达尔，220—221，224—225，227—228

贸易，231：与英国的贸易，34；东印度公司，218—221，538

诺思的管理法案，220

福克斯的东印度法案，553—554

皮特的印度法案（1784年），555

另见 India Act

India Act（1784年），印度法案，555，730

条款，14，227

建立常设的督察委员会，223，224

加强孟加拉政府的权力，223

Industrial Revolution，产业革命，15—16，563，564

Ireland，爱尔兰

承认爱尔兰议会的立法独立，14，440，551，552

爱尔兰属地法（1719年），450

议会改革，564

人身保护法案（1781年），551

在美国独立战争期间的状况，548，550

志愿兵运动，548—549

起义（1798年），423

公告令仿效为爱尔兰发布的同样法令的模式，456

爱尔兰议会的地位，537

爱尔兰移民激化了争取在英国就业的斗争，564

贸易，555

拟议中的与英国的商业条约，564

合并问题，564

人口增加，25，26，28，32，714

宗教，561

Italy，意大利

"政治上的"詹森主义的扩散加强了王权至上论的各种要求，19

政教关系问题，389：教廷不敌视启蒙思想，389；妨碍经济发展的诸因素，389；庇护六世作出的变革，389—390；在那不勒斯和威尼斯的政教冲突，390；开明思潮的新趋势，390；反对教皇权力所采取的步骤，390；那不勒斯和帕尔马镇压耶稣会（1767年），391，392，393

意大利的詹森主义，392：对它的影响言过其实，392；在教会内部的影响，392；它的影响在罗马日益衰落，393；詹森主义的保护者，393；皮斯托亚的宗教会议，393，394；詹森主义者志趣各异，394

意大利各国的比较，378—380

政治：立法权掌握在少数人手中，380；意大利的政治制度支离破碎，380；停滞不变的政治结构，381

经济：各城邦仍以"城邦经济"占统治地位，381；关税壁垒增加了走私活动，384（关税制度的改革，388；与公司和行会的改革，388；与法律制度的改革，

388）；向区域经济的转变，389

社会结构，384—385，428

贸易，33；在国际贸易中的地位，381；工业，381；粮食贸易，383—384；关税政策妨碍贸易，383

农业：产品，381—382；落后状况，382；歉收，382；贫瘠的土地，382；生产方法，383；分散状态，383；各使用各的货币，383

教育，389

人口增加，25，29，381，714

秘密会社"费城人"，441

启蒙运动：新思想的传播，385—386（改革，388—389）；文化精英，386；各大学的力量，386；开明的学者，386—387；启蒙运动的影响，388（中央政府的加强，388；司法的中央集权，388；财政改革，388；教育，389）；改革的步子缓慢，394—395

法国大革命，395—396

James, Ⅰ & Ⅵ，詹姆斯一世和六世，英国国王，515

James Ⅱ，詹姆斯二世，英国国王，453

Jankovic，扬科维茨，塞尔维亚教育家，318

Jansenism，詹森主义，19

在法国高等法院的影响，605

在意大利，19，392：影响不大，392；在教会内部，392：在罗马的影响日渐衰落，393；皮斯托亚的宗教会议，393，394；詹森主义者志趣各异，394

在西班牙，362—363

约瑟夫二世和利奥波德二世的保护，393

Jassy, Treaty of（1792年），雅西条约，328

Jaurès, Auguste Marie Joseph，饶勒斯，奥古斯特·玛丽·约瑟夫，历史学家和政治家，645，653

《社会主义史》（1901—1905年），645，646

和平主义政策，645—646

对历史的解释，646

敦促政府公布有关经济史的文献，647

强调新兴的资产阶级创造的繁荣革命，648—649，651

Jefferson, Thomas，杰斐逊，托马斯，美国政治家

驻凡尔赛宫廷的使节，2：他促使法国在美国独立战争中成为交战国的努力未取得成功，497；萨拉托加战役后法国态度的改变，497

起草美国独立宣言，463，517：宣言与他的小册子《英属美洲权利概述》的相似之处，464

华盛顿就银行法案是否合乎宪法征求他的意见，479

选择尼姆的方形大厅作为在里士满建造州议会大厦的模型，114

"蒙蒂塞洛"作为文化中心，515

对通讯情况表示不满，516

对政府的看法，530

对西北部的关注，532：1784年关

索 引

于西部地区的报告，469；为此提出的计划，532

Jenkinson, Charles, 詹金森, 查尔斯, 英国政治家, 554
 1778年继巴林顿任陆军驻议会代表, 547
 已不可能指望在1779和1780年形成新的印度殖民地, 548
 任商务部长（1786年）, 555

Jesuits, 耶稣会, 宗教团体
 被逐出西班牙, 364, 565
 解散, 19, 166—167, 390, 565
 政教关系的危机涉及耶稣会, 390
 在那不勒斯和帕尔马遭镇压（1767年）, 391, 392, 393
 路易十五同意将该会驱逐出法国, 8, 594

João V, 若昂五世, 葡萄牙国王, 412

Johnson, Samuel, 约翰逊, 塞缪尔, 英国作家, 108

Jones, John Paul, 琼斯, 约翰·保罗, 美国海军军官
 "阿尔弗雷德"导旗舰海军上尉, 187
 作为商船袭击者的重要作用, 188
 在黑海服役, 189
 参加美国独立战争, 499

José I, 若泽一世, 葡萄牙国王, 376, 413
 逝世, 377

Joseph II, 约瑟夫二世, 神圣罗马帝国皇帝
 开明专制主义, 18—19, 565；所奉行的政策与重商主义经济学家的政策相一致, 53, 291；作为唯一的统治者的政策, 286；改革, 3, 20, 387：封建制——玛丽亚·特蕾西亚的计划被约瑟夫所放弃, 283；试图改变农民的封建负担, 4, 289, 426；教会——教会基金的世俗化, 167；修道院的土地和建筑物, 292；打击教会特权, 391；约瑟夫支持詹森主义, 393；干涉宗教活动, 20；宗教宽容, 290—291；对教会的政策, 291；重新划分教区, 292；教育新的牧师, 292；建立地方上的总神学院, 293；庇护六世到维也纳试图修改新的立法, 293；教皇强制接受约瑟夫选择的米兰大主教, 390；教育——试图实行义务教育, 167；统一语言, 167；世俗教育, 168；经济——需要实行严格节约, 287；在教育方面, 287；财政集中, 287；减少国债, 7, 280；保护主义制度, 291；有关行会的立法, 291；与摩洛哥、土耳其、俄国和美国的贸易协定, 291；税收, 287；负担应平均分配, 287—288；在完整登记基础上的统一土地税, 288（预期能获得的利益, 288）；约瑟夫下令在匈牙利进行人口普查, 288；汇编土地登记, 288—289；确定土地税（1789年）, 289, 580；被看作是经济发展的手段, 290

外交政策, 293—296：巴伐利亚的野心, 269, 273—274, 294；企

图重新开放斯海尔德河，272—274，294；欧洲的困难，275；与俄国结盟（1781年），272，326；签订奥土密约（1771年），261

军队，214：军事的改进，285；巴伐利亚王位继承战争中暴露出的弱点，286；哈布斯堡各领地的弱点显而易见，278

决心在德意志维护哈布斯堡的领导权，252

成为神圣罗马帝国皇帝（1765年），261

命令军队执行测量哈布斯堡帝国的土地，202

向叶卡捷琳娜二世推荐扬科维茨，318

向特权让步，302—303

试图实行君主制改革以反对特权阶级，421

反对他的统治的叛乱，3；马扎尔贵族的叛乱，3，423；比利时保守阶层的叛乱，3；布拉班特的起义（1789年），168；他在伦巴第的改革引起的反应，388

逝世，277，303，394

Jovellanos, Gaspar Melchior de, 霍韦利亚诺斯，加斯帕·梅尔奇奥尔·德，西班牙经济学家，49，50

Justi, Johann Heinrich Gottlob von, 尤斯蒂，约翰·海因里希·戈特洛布·冯，德国重商主义经济学著作家，51，53，567

Kaffir wars, 卡菲尔战争，238—239

Kant, Immanuel（1724—1804年），康德，伊曼努尔，德国哲学家，73

先验论哲学，24

调和理性主义和经验主义，24，74—75，153

他的同胞 J. G. 哈曼，74

严格的理想主义，80

哲学，76—79，435

对赫尔德和歌德的著作的重要影响，81

卢梭的影响，163，165

支持德国教育的进步运动，168

Karl-Theodor of Sulzbach, 祖尔茨巴赫的卡尔-特奥多尔，巴伐利亚选帝侯，132，269，273，274

Kaunitz, Wenzel Anton, Prince von, 考尼茨亲王，文策尔·安东，奥地利政治家

行政，279：对耶稣会采取温和政策，67；关于与罗马教廷进行旷日持久的谈判的报告（1768年），284；鼓励约瑟夫选举自己的主教，293

外交政策：希望看到遏制俄国在土耳其的前进（1771年），261；企图获得巴伐利亚选帝侯领地，269；与俄国和解以应付将来与普鲁士的进一步冲突（1780年），327；利奥波德与普鲁士和解的行动（1790年）使他感到失望，277；支持利奥波德的和平政策，303；起草致法国议会的外交文件（1791年），699，700；与迪穆里埃交换最后通牒，701

Kellermann, François Christophe de,

duke, of Valmy，克勒曼，弗朗索瓦·克里斯托弗·德，瓦尔米公爵，法国元帅，707

Keppel, Augustus, first Viscount，凯佩尔，奥古斯特，第一代子爵，英国海军上将，美国独立战争

在乌桑特岛附近决战未胜，174，500

被指控未能保持舰队行列，175

攻击桑威奇，180

Khan, Muhammad Reza，汗，穆罕默德·里萨，印度人代表，219，220，221，226

Kleeman, Nikolaus, Ernst，克勒曼，尼古劳斯·恩斯特，奥地利商人，41

Kollar, Adam，科拉尔，亚当，匈牙利学者，280，285，298

Kosciuszko, Thaddeus，柯斯丘什科，塔代乌斯，波兰爱国者和将军，356，443

反对在波兰的俄国人的起义（1794年），354

腊茨瓦维采战役，354

普鲁士人与俄罗斯人联合，354

华沙投降，355

波瓦涅茨宣言，356—357

间接援助了法国革命者，357

访问巴黎，358；未得到法国援助的承诺而返回，358

Kutchuk-Kainardji, Treaty of（1774年），凯纳甲湖条约，6—7，265，325，326，328

La Fayette, Marie-Joseph Gilbert du Motier, Marquis de，拉法耶特侯爵，玛丽-约瑟夫·吉尔贝·迪莫蒂埃，法国将军，626

美国独立战争，203；德·格拉斯到达切萨皮克湾协助他，504

黑人之友协会会员，248

建议召开三级会议，656；希望进行政府改革，658；深信必须进行宪法改革，671；"爱国者派"成员，663

在法国大革命中的作用：巴黎国民自卫军司令，674，679，691；《人权和公民权利宣言》初稿，676；科尔德利埃俱乐部敦促他携带最后通牒前往凡尔赛，678；皇后断绝与他的一切往来，695；斐扬派领袖，697；要求解散雅各宾俱乐部和群众性俱乐部，703；立法议会拒绝支持反对他的举措，705；与奥地利进行秘密谈判，702；指挥革命军，698；解除他的指挥权，706

Lagrange, Joseph-Louis（1736—1813年），拉格朗日，约瑟夫-路易，法国数学家，115，134

Lamartine, Alphonse de，拉马丁，阿尔方斯·德，作为法国历史学家，629

Lansdowne, Marquess of，兰斯多恩侯爵，见 Shelburne

Laplace, Pierre-Simon（1749—1827年），拉普拉斯，皮埃尔-西蒙，法国数学家，140

在《天体力学》中详述了他的力学体系，115，116

接受拉瓦锡的新化学，126；他与
　　拉瓦锡一起进行的呼吸作用的实
　　验，128—129
Lavoisier, Antoine-Laurent（1743—
　　1794年），拉瓦锡，安托万－洛
　　朗，法国科学家，140，578
　　对锻烧和燃烧的研究，123—125
　　根据物质的化学构成对其命名的原
　　则，126
　　《初等化学概论》，127，128
　　物质不灭定律，127
　　对元素的研究，127—128
　　对呼吸作用的研究，128—129
　　被任命为火药专卖局四总监之
　　一，141
　　"文艺九女神"支部的成员，148
　　给巴黎科学院的津贴，151—152
Law, John，劳，约翰，苏格兰银行
　　家，584
League of Armed Neutrality（1780年），
　　武装中立同盟，13，182，190，
　　266，326，501
Lebrun Tondu, Pierre Henri Héléne Ma-
　　rie，勒布伦·通迪，皮埃尔·亨
　　利·埃莱娜·玛丽，法国外交部
　　长（1792年），706
　　他在法国外交政策演变中的作
　　用，710
　　设法减轻英国对《友谊与援助法
　　令》的恐惧，712
　　未能满足英国政府取消该法令的要
　　求，713
Leclerc, Jacques，勒克莱尔，雅克，
　　法国将军，419，420
Ledoux, Claude-Nicolas（1736—1806
年），勒杜，克洛德－尼古拉斯，
　　法国建筑师
　　存留的作品，111
　　被任命为皇家盐矿监督官，112；
　　在阿尔克—塞南的建筑物，112；
　　为肖城设计的理想城市规划，
　　112；巴黎的收税关卡，112，113
　　《从艺术、风俗和法规来考虑建筑》
　　一书的出版，112
Lefebvre, Georges，勒费弗尔，乔治，
　　法国历史学家，653
　　《法国大革命时期的北部农民》，648
　　在大革命史研究中的地位，650
　　对丹东和罗伯斯庇尔的重新评
　　价，651
Leibniz, Gottfried Wilhelm, Baron von,
　　莱布尼兹男爵，戈特弗里德·威
　　廉，德国哲学家，153—154，312
Leipzig，莱比锡，贸易中心，33
Leopold Ⅱ, Emperor（Grand Duke of
　　Tuscany），利奥波德二世，神圣
　　罗马帝国皇帝（托斯卡纳大公
　　爵），296
　　在托斯卡纳的统治：限制庇护权，
　　390，391；限制交付罗马的钱，
　　391；支持詹森主义，393；参照
　　弗吉尼亚宪法为托斯卡纳宪法作
　　准备，440；迁居维也纳（1790
　　年），394
　　受重农主义君主制主张的影响，17
　　在位期间约瑟夫纲领的某些方面仍
　　然保留，168
　　国内政策：废除有关土地税的二月
　　特许令；代替劳役制；关闭总神
　　学院，303；设法结束君主政府

在国内的孤立状况，303（利用农民的要求来缓和地主的要求，303；鼓励匈牙利反对马扎尔贵族的人，304）；匈牙利接受某些改革，304；废除约瑟夫刑法典的一部分，304；让最高法院监督警察部，304（警察改革，304）；宪政改革问题，305；恢复大学中已削弱的天主教权威，出版检查似乎削弱了教会的威信，302

外交政策：使奥地利退出对土耳其的战争（1790年），303，353；与普鲁士谈判并签订赖兴巴赫条约，277，303，353；提议列强采取联合行动保护法国君主政权的利益，693；普奥缔结防御同盟预备条约以解决法国问题，694；结果利奥波德在西斯托瓦摆脱了东欧问题，694；发出帕多瓦通函，695；与法国的三人集团妥协，695；皮尔尼茨宣言，695，696；布里索派认为神圣罗马帝国皇帝是法国的主要敌人，698—699；奥地利外交文件，发给法国议会，699—700

匈牙利的叛乱，423

逝世，305，701

Le Roy, Pierre（1717—1785年），勒鲁瓦，皮埃尔，法国科学家，118

Lessing, Gotthold Ephraim，莱辛，戈特霍尔德·埃弗赖姆，德国作家，299，300

Leszczynski, Stanislas，莱什琴斯基，斯坦尼斯拉夫，波兰国王，440，648

瑞典的官吏，337

Liechtenstein, Prince，列支敦士登亲王，193

Ligurian Republic，利古里亚共和国，424

Lisboa, António Francisco，利斯博阿，安东尼奥·弗朗西斯科，巴西建筑师，415

Literature，文学

卢梭的著作和哲学：《论科学和艺术》，61；为第戎科学院写的论文概述了他的哲学，61—62，64；《爱弥儿》，63，67，68，69；政治学说与《社会契约论》，64—65，66，67，78；《论政治经济学》，65；《关于波兰政府机构的几点设想》，66—67；《科西嘉宪法草案》，67；《新爱洛绮丝》，67；《论道德的书信》，68

卫斯理教派的著作：约翰·卫斯理的著作，69，70；查尔斯·卫斯理的著作，69

莪相诗歌，70

前浪漫主义的著作，70

尤斯图斯·默泽尔的《奥斯纳布吕克史》，70 71

狂飙突进运动，71—73，74

伊曼努尔·康德的著作和哲学：《纯粹理性批判》，74，77；《实践理性批判》，77，78；理性主义和经验主义的调和，24，74—75，153；哲学，76—79，435；对赫尔德和歌德的作品的重要影响，81；卢梭的影响，81

埃德蒙·伯克的著作：《法国革命感想录》，79

杰里米·边沁的《道德和立法原则概述》，79—80

歌德的《少年维特之烦恼》，57，72

Lithuania，立陶宛，341，346，348，354

政体，343，344

Livonian trade，立窝尼亚贸易，35

Locke, John，洛克，约翰，英国哲学家，155，516

契约论，17

关于常识的理论，144；关于认识发展的理论，154

他的影响在德国不甚大，153

他的理论被开普殖民地的爱国运动所引用，238

他的著作在葡萄牙遭禁，377

Louis XIV，路易十四，法国国王，205，215，606，641，653

Louis, XV，路易十五，法国国王

外交政策：秘密外交，6，594；英国在福克兰群岛的胜利由于路易十五地位的软弱而引起争论，257；不打算让法国在瑞典承担新的义务，263；舒瓦瑟尔告诫他在任何反对英国的战争中都应支持卡洛斯三世，254

国内政策：开明的官僚政治，592—593；推行改革失败，422；他的政府实行的委员会体制，568；削减内阁提出的财政改革，8；和公众一样对法国财政的稳定失去信心，583；宫廷，640；同情宗教正统观念，605；驱逐耶稣会，8；在巴黎高等法院鞭笞法庭开庭时

肯定绝对统治权，437

舒瓦瑟尔政府，594—596；驱逐耶稣会，594；认识到需为七年战争付出代价，594；外交政策，259，594—595（忽视俄国在欧洲日益加强的影响以及俄国与普鲁士的联盟，594；安排未来的路易十六与玛丽·安托瓦内特的婚姻以加强与奥地利的关系，595；在福克兰群岛争端中支持西班牙，595—596）；未能在法国保持王家的权威，595；改善陆海军，6，183—184，254，500，595；高等法院的权力增加，595；倒台，214，257，595—596

三人集团的统治，596；流放法官，596；莫普改革司法制度，596，597；泰雷试图进行的财政改革，597—598

逝世，606，632

Louis XVI，路易十六，法国国王

即位，568

恢复原有的高等法院，437

他的财政大臣杜尔哥，141

本人对航海事业感兴趣，185—186

政府不稳定，593

主要大臣们受自由贸易学说的温和观点的影响，216

婚姻，595

同情严格的宗教正统观点，605

认识到法国受俄国和普鲁士的威胁，593

叶卡捷琳娜指责他对革命软弱，320

韦尔热讷告诫路易十六在互相结盟中奥地利所获大于法国，270

法美联盟，496，497

美洲战争对财政的影响，598

法国大革命：路易十六没有能力引导革命，617；1788年12月27日的国王宣言，661；路易十六被迫召集三级会议，422，667；1789年6月23日的御前会议失败，668—669；路易十六拒绝同意人权宣言，676；宫廷从凡尔赛迁至巴黎，677—678；路易十六向西班牙的卡洛斯四世提出秘密抗议，680；对路易十六宪法权力的限制，680—681；接受教士的公民组织法，688；他决定逃出巴黎，690；逃往瓦伦成为一个转折点，692—693；接受修改的宪法，696；国王否决反对流亡贵族和反抗的教士的法令，698；迪穆里埃的恢复国王权威的计划，701；路易十六支持对奥战争的理由，702；土伊勒里宫的群众示威未能使路易十六屈服，703；联盟派要求停止国王权力并将其废黜，704；路易十六对不伦瑞克宣言应负的责任，705；攻击土伊勒里宫并停止国王的行政权力，705；废除君主制，707；审判并处决路易十六，708—709；对英法关系的影响，713

Louis XVIII, 路易十八，法国国王，621

Lowth, Robert, 洛思，罗伯特，英国圣公会主教和学者，70，71

Lunéville, Treaty of（1801年），吕内维尔条约，209

Macpheson, James, 麦克弗森，詹姆斯，莪相诗歌的作者，70

Malouet, Victor Pierre, 马卢，维克托·皮埃尔，法属圭亚那总督，416

Malthus, Thomas Robert, 马尔萨斯，托马斯·罗伯特，英国经济学家，26，33，52

关于人口问题的论文，27

Mansfield, William Murray, First Earl of, 曼斯菲尔德，威廉·默里，第一代伯爵，英国首席法官，221，449，517

Marat, Jean-Paul, 马拉，让-保罗，法国革命的新闻工作者，690，692，707，708

Maria I, 玛丽亚一世，葡萄牙女王，376，377—378

Maria Amalia of Saxony, 萨克森的玛丽亚·阿玛利亚，西班牙王后，360

Maria Carolina, 玛丽亚·卡罗莱娜，那不勒斯国王费迪南德的妻子，380

Maria Luisa of Parma, 玛丽亚·路易莎（帕尔马的），313

Maria Theresa, 玛丽亚·特蕾西亚，神圣罗马帝国皇后，431

税收：对世俗贵族和教士的征税，7，280；试图在匈牙利增税并对贵族征收更多的税，437

规定农民的劳役，4，7，425

其政策与重商主义经济学家的政策相一致，53

约瑟夫主义是玛丽亚·特蕾西亚的
  遗产, 19, 284—285
哈布斯堡各领地的弱点, 278
希望和平, 261
反对俄国的扩张, 261—262
敦促土耳其与俄国和解, 262
瓜分波兰, 262, 338
巴伐利亚问题, 269
七年战争的后果, 252
访问埃斯泰尔哈吉城堡, 91
莫扎特为她演奏, 92
哈茨费尔德的财政管理, 279
蓬佩奥·内里帮助她改革伦巴第地
  方政府, 386
逝世, 272, 286
Marie Antoinette, 玛丽·安托瓦内特,
  法国王后
嫁给法国国王路易十六, 595
在政治上没有责任感, 607
1784年底维护法奥关系的努力, 273
她的影响导致杜尔哥的被撤职, 611
巴纳夫为她和国王开脱, 693
与利奥波德皇帝秘密会谈, 694, 699
断绝与拉法耶特的一切联系, 695
Maritz, Jean de (1680—1743年), 马
  里茨, 让·德, 瑞士发明家, 对
  火炮的改进, 192—193
Martine, George, the younger, 马丁
  (小), 乔治, 苏格兰医生, 119,
  121
Marx, Karl Heinrich, 马克思, 卡尔·
  海因里希, 德国社会主义者和哲
  学家, 619, 628, 637
无神论和唯物主义, 72
他的历史研究方法的影响, 653

Maskelyne, Nevil (1732—1811年),
  马斯基林, 内维尔, 英国皇家天
  文学家
创刊《航海年鉴》(1766年), 116
测定地球的平均密度, 117—118
Mathematics, 数学, 见 Science and
  Technology
Mathiez, Albert, 马蒂埃, 阿尔贝,
  法国历史学家
法国大革命史, 646
与欧拉尔的分歧, 646; 对政治腐
  败的研究, 647; 恐怖统治的经
  济背景, 647
Maupeou, René-Nicolas-Charles-Augus-
  tin de, 莫普, 勒内-尼古拉-夏
  尔-奥古斯丁·德, 法国大法官
激烈的司法改革, 8, 596, 597; 压
  制地方高等法院的计划, 596;
  打击高层地方行政官吏的权力获
  得成功, 596; 设法使整个司法
  程序具有人性, 597
启蒙哲学家们不喜欢他的专制统治
  形式, 597
舒瓦瑟尔企图推翻他, 595
他的失权, 607
Maurepas, Jean-Frédéric, Phelypeaux,
  comte de, 莫尔帕伯爵, 让-弗
  雷德里克·菲利波, 法国政治家
路易十六的政治导师, 607
杜尔哥认识到与他的友谊的重要
  性, 608
莫尔帕对杜尔哥的政策提出批
  评, 610
反对路易十六支持六条法令, 611
迫使内克尔辞职, 613

逝世，613
Maximilian-Joseph，马克西米连－约瑟夫，巴伐利亚选帝侯，逝世，269
Mediterranean Sea，地中海，商业上的重要地位，33，35
Melville, Henry Dundas, First Viscount，梅尔维尔，亨利·邓达斯，第一代子爵，英国政治家，555
  弹劾沃伦·黑斯廷斯，223，224
  谢尔本内阁的成员，553
  支持乔治三世，554
  邓达斯进行的财政变革，557
Mengs, Anton Raffael（1728—1779年），孟斯，安东·拉法埃尔，德国艺术家，100—101，102，109
Methodism，卫斯理派教义，见 Religion
Michelangelo（Michelagniolo Buonarroti Simoni），米开朗琪罗（米凯拉尼奥洛·博纳罗蒂·西莫尼），意大利艺术家，98，110
Michelet, Jules，米什莱，朱尔，法国历史学家，636，637，639，643
  法国大革命史，629，631—632
  《人民》，630；人民的概念，630，633，641，644，647；历史哲学，630—631
  开始第一次严肃的法国大革命文献的编集工作，634
Middleton, Sir Charles, Baronet，米德尔顿从男爵，查尔斯，英国海军审计官，216
Mignet, François, Auguste Marie，米涅，弗朗索瓦·奥古斯特·玛丽，

法国历史学家，629，636，644
  史学理论，627
  被指责为宿命论，622
  在著作中申述政治目的，625
  希望成为历史学家，625
  法国大革命史，626
  对《人权宣言》的态度，631
Mill, John Stuart，穆勒，约翰·斯图尔特，英国哲学家，156
Mirabeau, the elder，老米拉波，法国重农主义者
  《人类之友》，49
  社会学理论，567
  他的著作的影响，604
Mirabeau, Honoré Gabriel de Riquetti, comte，米拉波伯爵，奥诺雷·加布里埃尔·德·里凯蒂，法国政治家
  黑人之友社成员，248
  密切关注关于美国政府的讨论，441
  日内瓦的合作者，2
  梯也尔和米涅赞赏他的思想，626
  改革政府的愿望，658
  作为三十人委员会与奥尔良公爵之间的联系，663
  第三等级代表由于他的讲演而集合在他的周围，669
  制宪议会拒绝他提出的允许大臣们参加议会审议的动议，681
  他对将权力集中于立宪议会的看法，682
  在十月事件后成为秘密的保皇派，22，681
  逝世，690
Miromesnil, Armand-Thomas Hue de,

米罗梅斯尼尔·阿尔芒－托马·于埃·德，法国掌玺大臣，613，614，615

Moñino, José, count of Florida Blanca, 莫尼诺，何塞，佛罗里达布兰卡伯爵，西班牙政治家

　西班牙驻罗马的主要代表，364

　首席国务大臣（1776年），361，365

　鼓励内阁同僚更经常地集会，366

　致力于专制君主制，373

　对法国大革命的态度，373—374

　被免职，374

Monn, George Matthias, 莫恩，格奥尔格·马蒂亚斯，奥地利作曲家，82，85

Montesquieu, Charles Louis de Secondat, Baron de la Bréde et de, 孟德斯鸠，夏尔·路易·德·塞康达，拉布雷德和孟德斯鸠男爵，法国哲学家，45，441，619，636

　关于已经确立其地位的君主应如何行事的教导，307

　叶卡捷琳娜拒绝他关于分权的原则，17

　《论法的精神》，311

Moravia, 摩拉维亚，8，282

Möser, Justus, 默泽尔，尤斯图斯，德国作家，70

Mozart, Wolfgang Amadeus, 莫扎特，沃尔夫岗·阿马多伊斯，奥地利作曲家，81，82，83，84，89

　生平，92

　奥托·雅恩的专论文章，83

　米兰对他的教育有重要影响，85

　格鲁克的《奥菲欧与欧律狄刻》对他的影响，87

　在他的作品中声乐和器乐同样多，88

　与海顿的友谊，91

　他的写作由于约瑟夫二世的节约行动而受到损害，287

　与萨尔茨堡大主教的决裂，92

　与出版商打交道，92

　在促进风格变化中的地位，93

　歌剧，94，95；《克里特国王伊多梅纽斯》，93；《唐·乔万尼》，95，96；《魔笛》，95；《狄托的仁慈》，93

　新音乐剧《皮格马利翁》，93

　交响曲，94，96

　模仿其他作品，94

　协奏曲，94，95

　在大斋期间的演出，95

　小步舞曲，95

Mughal Empire, 莫卧儿帝国，218

　衰落，219

Münster, Treaty of（1648年），蒙斯特条约，272

Muratori, Ludovico, Antonio, 穆拉托里，卢多维科·安东尼奥，意大利学者，386

Music, 音乐

　音乐的历史、理论和专论，81—84

　海顿以前的主要音乐家的作品：佩格莱西，85；卢梭，86；格鲁克，86—87

　海顿的生平和作品，88—92

　莫扎特的生平和作品，92—96

Mutis, José Celestino, 穆蒂斯，何塞·塞莱斯蒂诺，西班牙植物学

家，404

Napoleon Ⅲ，拿破仑三世，法国皇帝，632，634
Napoleonic Wars，拿破仑战争，141，192，409，416
Narbonne, Louis, comte de，纳博讷伯爵，路易，法国将军
  反对革命和实行军事独裁的计划，22，699，701
  转向布里索派论点，认为皇帝是法国的主要敌人，698
Naval Discipline Act（1749年），海军军纪法，178
Naval power; navies，海上力量；海军战略，175—176
  英国海军：征募制度，176—177；状况，177—179；军官，179；官职恩赐制度，179—180；海军部，180—181
  木材缺乏，181—183
  法国海军：改革，183—185；征募制度，185；与英国海军的比较，185—186
  美国海军，187—188；私掠巡航，188—189
  俄国海军，189
Navigation Acts（1673—1696年），航海条例，10，176
Necker, Jacques，内克尔，雅克，日内瓦金融家和法国大臣，579，609—616，624，648
  鼓吹和平，216
  财政大臣，570，584，587，612：发表1781年《财政报告书》，586，590；称赞地方的督察官，571；改革与节约，612—613；取消财政督察官，573；命令所有财政官员每月向国库提交简报，589；只能推测出政府各部门雇员的数目，591
  抛弃旧政权的许多观念，615
  意识到军队的不满情绪，671
  三级会议：说服御前会议将第三等级的代表增加一倍，661；拒绝对候选人或纲领提供指导，662；演讲，667；敦促国王打破各等级之间的僵局，668；他关于改革地方三级会议的方案遭到拒绝，682—683；替代布里安，658；巴黎人要求恢复他的职务，669
  倒台，588，653，672，675
Nelson, Horatio, first viscount，纳尔逊，霍雷肖，第一代子爵，英国海军上将，176，179
Neri Pompeo，内里·蓬佩奥，佛罗伦萨行政官员，386
Netherlands, Austrian，奥属尼德兰，269，270，294，303
  法国放弃了侵略奥属尼德兰的企图（1756—1757年），5
  比利时民主派的反叛（1789—1792年），1，423，680，710，711
  约瑟夫二世企图重新开放斯海尔德河，272
  法国革命战争，702；宣布斯海尔德河航行自由，710
Netherlands, United Provinces，尼德兰联合省

荷兰爱国运动（1784—1787 年），
　　1，3，423，440
立法议会受到的民主压力，2
中立政策的发展，5
社会，430，431
贸易，35，37，40，218；航运的衰
　　退，38；英—荷战争（1780—
　　1783 年），38—39，268；荷兰东
　　印度公司，231，233—234；在印
　　度的贸易，229；在南非的贸易，
　　237—238
加入美国独立战争，501
凡尔赛条约，268，506
殖民地：荷属圭亚那（苏里南），
　　416；埃塞奎博，416；德梅拉拉，
　　416；伯比斯，417
海军，190
约瑟夫二世企图重新开放斯海尔德
　　河，272
恢复执政的权力，275
英—普—荷条约（1788 年），275
法国革命战争：宣布斯海尔德河航
　　行自由，710—711；法国向荷兰
　　宣战，559，713
Netherlands East India Company, 荷兰
　　东印度公司
贸易：与非洲的贸易，237—238；
　　与亚洲的贸易，231—232
不顾当地的反对在亚洲保持其政治
　　权力，233
劫掠康提，233
在婆罗洲确立影响，233
英国抵代税法的影响，231
在法兰西战争中荷兰遭法国入侵时
　　公司将各领地移交给英国，233

财政状况，233—234
在税收问题上与埃塞奎博和德梅拉
　　拉的殖民者进行斗争，417
Newcastle, Thomas Pelham, duke of,
　　纽卡斯尔公爵，托马斯·佩勒
　　姆，英国政治家
利用南部事务大臣的职位任意授予
　　官职，518
国王求助于纽卡斯尔，540
纽卡斯尔决定不在内阁中任职而在
　　内阁中发挥影响，541
辞职（1762 年 5 月），538
Newton, Sir Isaac, 牛顿爵士，艾萨克，
　　英国数学家和科学家，113，155
牛顿学说的巨大影响，115
《自然科学的数学原理》成为近代
　　物理学的基础，127
万有引力定律，130
North, Frederick (Lord), 诺思，弗雷
　　德里克（勋爵），英国首相
内阁：反对派的削弱，544—545；
　　主要问题，545；关注东印度公
　　司事务，545，546；诺思的管理
　　法案，546；马拉塔战争，548；
　　在爱尔兰的困难，548—549；议
　　会改革运动，549；宗教考查法
　　和市镇机关法的废除，549；对
　　他的正统经济思想的批评，549；
　　诺思任命监督税务检查员的督察
　　官，558；税收，549—551；间接
　　税，550；伯克的经济改革法案，
　　551；美洲殖民地问题（管理法
　　案的不足，14；魁北克法表明改
　　变殖民地控制的办法，10，485，
　　546；1775 年 2 月 20 日的决议，

461；取消除茶税以外的所有汤森税，484；萨拉托加战役后对各殖民地作出让步，497；废除茶叶条例，497；与强制法案，497；1778年的和解决议，462，485，497；和解决议遭大陆会议拒绝，462，498；派卡莱尔委员会前往费城，498）；英国舆论支持他的北美政策，490；设法为战争拨款，556；对付美国独立战争的办法，546—547；军事上惨败的趋势，552；提出如法国和西班牙接受他的和平条件，便将米诺卡岛割让给俄国，326

福克斯—诺思联合内阁，553—554，555

辞职，505，552

Northern War，北方战争，25，253，307，334

Novikov, Nikolay，诺维科夫，尼古拉，俄国教育家，147，319—320，321

Orleans, duke of，奥尔良公爵，要求获得法国王位者，669，672

Orlov, Count Aleksey，奥尔洛夫伯爵，阿列克谢，俄国政治家，307

Orlov, Count Grigory，奥尔洛夫伯爵，格里戈里，俄国政治家，324，325

Ortes, Giammaria，奥尔特斯，贾马里亚，意大利经济学家，45

Ottoman Empire，奥斯曼帝国

法国对奥斯曼帝国失去兴趣，5

与俄国的战争（1768年），259—262，323—325

与俄国签订凯纳甲湖条约（1774

年），6—7，265，325

与俄国的战争（1787年），20，274—275，349

雅西条约（1792年），328

贸易：与欧洲的贸易，35；与法国的贸易，43；在埃及的贸易，239—240；奥土贸易协定（1784年），41

势力的衰退，253

Owen, Robert，欧文，罗伯特，威尔士社会主义者，159

Padua Circular，帕多瓦通函，693—694，695

Paine, Thomas，潘恩，托马斯，英国作家

宣传共和主义，2

关于美国的著作，445，463，516，520

《常识》，463，489

被选入法国国民公会，559

为法国起草共和宣言，692

Palmieri, Giuseppe，帕尔米耶里，朱塞佩，意大利行政官员，387

Panin, Nikita，帕宁，尼基塔，俄国政治家，311，326

他企图建立的"北方体系"，256，338

贵族的首领，307

希望叶卡捷琳娜把权力交给贵族会议，308

被任命为外交院主席，322

忠于与普鲁士的联盟，325

反对瓜分波兰，338

Paoli, Pasquale，保利，帕斯夸莱，科

西嘉领导人，257
Papacy, 罗马教廷
　反教皇情绪，19
　开明专制君主的法律改革与教会法律发生冲突，20
Paris, Treaty of（1763 年），巴黎和约，1，5，37，229，371，398，508，594
　直接后果，5，252
Park, Mungo, 帕克，芒戈，苏格兰探险家，240
Parthenopean Republic，帕特诺珀共和国，424
Paul, Grand Duke of Russia，保罗，俄罗斯大公，308，320，331
Pedro Ⅲ，佩德罗三世，葡萄牙女王玛丽亚一世的王夫，378
Pergolesi, Giovanni Battista，佩戈莱西，乔瓦尼·巴蒂斯塔，意大利作曲家，85，91
Peter the Great，彼得大帝，俄国沙皇，312，325，331
　圣彼得堡帝国科学院，152
　俄国海军的创建者，189
　打破常规的军队编制，194；他的官秩表，317
　要求黑海航行自由，260
　由于缺少经费或不重视，不得不放弃改革，306—307
　主张召集委员会编纂法典，309
Peter Ⅱ，彼得二世，俄国沙皇，309，314
Peter Ⅲ，彼得三世，俄国沙皇，307，314，321
Philip Ⅴ，腓力五世，西班牙国王，399

Piranesi, Giambattista（1720—1778 年），皮拉内西，詹巴蒂斯塔，意大利建筑师，98，104—105
Pitt, William, earl of Chatham，皮特，威廉，查塔姆公爵，英国首相，10，490，552
　辞职（1761 年），538，540
　声称议会无权向美洲征税，458
　提出法案，要求美洲大陆会议承认英国在立法上的最高权力，461
　使用海军压制 1763 年以后重新抬头的非法贸易，482
　拒绝在比特手下任职，539
　罗金厄姆组阁，认为皮特将会在晚些时候加入，541
　拥护威尔克斯的支持者，544
　1766 年内阁：组成，542；大刀阔斧的帝国政策，543；拟议中的与俄罗斯结盟，543；皮特的精神疾病，543；以议会干预威胁东印度公司，以便索取现金，542；汤森在下院未经授权作出承诺在北美征税，542
　辞职（1768 年），543
Pitt, William（the younger），皮特（小），威廉，英国首相，554
　谢尔本内阁成员，553
　邓达斯与弹劾沃伦·黑斯廷斯，224
　1783 年的法案将美国的船只和产品置于几乎与英国的船只和产品同样的地位，遭到否决，507
　内阁：下院的组成，554；大臣，554—555；皮特对爱尔兰实行低互惠关税的努力遭到失败，555，564；议会改革方案，555；议会

索　引

改革运动，560；担心来自法国的革命思想的蔓延，559—560；各教会统治者观点的变化，560—561；福音派教会的复兴，561—562；皮特对废除宗教考查法和市镇机关法的态度，440，561；拒绝在禁止奴隶贸易方面采取主动，556；国王不再过问政治，555—556，559；财政政策，556（1797—1798年实行新税制，556—557；确立了非个人财政大臣职务的概念，557；防止滥用公共基金，557；在英格兰银行建立官方账户，557；建立统一基金，557—558；税收部门在方法和人员方面的改变，558；抵代税，558；统一关税，558；税务检查员的变化，558；替换预付款检查官，558；军械署的改革，558；撤销无用的税收机关，559）

美国独立战争后的经济扩张，562—563；法兰西战争爆发后扩张停止，563

印度法（1784年），14，223，224，227，231，555

抵代税法（1784年），231

加拿大法，14

尽管皮特关注近东，英国的外交政策仍是孤立主义的，278

俄罗斯加强军备的失败，352

如普鲁士友好参与，有意发展英国与波兰的贸易，350

建议削减海军预算支出（1792年），190

与普鲁士结盟（1788年），276

法国革命战争，711，712

Pius Ⅵ, Pope（Giovan-Angelo Braschi），庇护六世，教皇（焦万-安杰洛·布拉斯基），393

前往维也纳以便保证约瑟夫二世的教会立法得到修改，293

希望后人把他看成是改革者和建设者，389

废除除教皇管区之外的一切国内关税，389—390

向公共工程投入资金，390

建立工业学校，390

被认为受到耶稣会的影响，391

法国议会认为以兼并教皇在法国的领地相威胁就可以加强他的支持，689

谴责法国革命的教士公民组织法以及政治和社会改革，690

Place, Francis, 普莱斯，弗朗西斯，英国激进改革家，445

Plassey, battle of（1757年），普拉西战役，224，230

Plato，柏拉图，希腊哲学家，74，76，96

Plutarch，普卢塔克，希腊作家，58

Poland，波兰，5，333—334，336

　封建制度，3

　政府，336，342—344

　边境，336—337

　宗教，338—339

　教育，341—342

　经济，346—347

　改革，351

　贸易，347—349，350；与普鲁士的

商约（1775 年），347；拟议中的
英波贸易协定（1790 年），277
外交政策，349—351
普波条约（1790 年），350
巴尔同盟，339—340，347
选王王位空缺（1763 年），6，253
第一次瓜分（1772 年），6，253，
262，285—286，335，340，346，
348，359
俄国的政策，256，258，317，323
俄土战争（1768 年），259—262
大议会（1788—1792 年），343—
346
宪法（1791 年），344—346，352，
358，426；其后果，346；外国
的态度，352—353
第二次瓜分（1793 年），328，353，
358—359：对法国的间接帮助，
357，358
起义（1794 年），354—355
第三次瓜分（1795 年），355，594
Poltava, Battle of（1709 年），波尔塔
瓦战役，194
Pombal, Sebastão José de Carvalho e
Mello, Marquis of，庞巴尔侯爵，
塞巴斯蒂昂·若泽·德·卡瓦略
-梅洛，葡萄牙政治家，
376，413
宗教政策，376
贸易，377
教育，377
辞职，377，414
去世，378
Pompadour, Jeanne Antoinette, Pois-
son, marquise de, 蓬巴杜侯爵夫
人，让娜·安托瓦内特·普瓦
松，法国国王路易十五的情妇，
92，98，594
Poniatowski, Stanislaus（Stanislaus Au-
gustus），波尼亚托夫斯基，斯坦
尼斯拉夫（斯坦尼斯拉夫·奥古
斯特），波兰国王，322，340
致法国国民议会的公开信，346
为法国所承认（1765 年），259
为土耳其所承认（1765 年），259
统治，337—338，344，348
逊位，356
Population，人口，见各有关国家条
人口的普遍增加，1
Portland, William Henry Cavendish
Bentinck, third duke of, 波特兰，
威廉·亨利·卡文迪什·本廷
克，第三代公爵，英国政治家
福克斯提名他为内阁首脑的候选
人，552
福克斯的支持者拒绝在除波特兰公
爵以外的内阁首脑手下任职
（1783 年），553
皮特支持推选他任牛津大学校
长，560
由于他继续受到福克斯的钟爱，致
使他直到 1794 年均未任公
职，560
Portugal，375—378
驱逐耶稣会，19，376，391
马德里条约（1750 年），412
贸易，39，377，521：在南美洲殖
民地，34；在非洲，239，240，
242，245—246；奴隶贸易，241
教育，377

与西班牙的条约（1793 年），378

与英国的商约（1793 年），378

美洲殖民地，411—412：采矿业，412，414；领土变化，412—413；驱逐耶稣会，413，565；庞巴尔的改革，413—414；农业，414；人口，414；社会，414—415；米纳斯吉拉斯的叛乱，415—416

Potemkin, Grigory, 波将金，格里戈里，俄国政治家，326—327

促使叶卡捷琳娜放弃她的三国联盟计划，327

1788 年在俄土战争中负责黑海战线作战，328

要求瓜分波兰，329

Priestley, Joseph Rev., 普里斯特利神父，约瑟夫，英国化学家和新教神父

对"气体"的研究，122

分离出氧气，122—123

对绿色植物呼吸作用的研究，123

会见拉瓦锡，124

《电的历史和现状》（1767 年），130

明月社成员，136

支持戴维·哈特利在教育方面的工作，156

移居国外，443

Prussia, 普鲁士，20，692

封建制度，3

七年战争中被英国背弃，5

土地信贷银行，7

货币改革，7

引进法国的税收管理制度，7

编纂法典，20

人口的增加，25，28，29，714

高压政策，301—302

军队，204—205，209

美国独立战争，195

巴伐利亚王位继承战争，326

瓜分波兰，286，329，340，355—356

与波兰的商约（1775 年），347

赖兴巴赫条约，277，351

普波条约（1790 年），350

与俄国结盟（1764 年），255，321，323，328

奥普战争（1778—1779 年），199，270—271

英—普—荷条约（1788 年），275，276

与奥地利结盟（1791 年），694

皮尔尼茨宣言（1791 年），695，696

法国革命战争，644，706；瓦尔米战役，707，709

Pugachev, Emelyan, 普加乔夫，叶梅利扬，俄国称帝者，321，440

领导 1773 年叛乱，313—314，325

Quebec, Act（1774 年），魁北克法，10，459，485，460，488，523，546

Quesnay, François, 魁奈，弗朗索瓦，法国经济学家

《经济表》（1758 年），45

自然平衡说，46

对现有经济体制持批评态度，52

农业重要性的问题，235

法国重农学派的领导，567

Raphael, Sanzio, 拉斐尔，圣齐奥，

意大利画家，101，102，114
Reformation, Protestant，新教改革运动，421，623
Regulating Act（1773年），管理法案，219，223
Reichenbach, Covention of（1790年），赖兴巴赫条约，277，303，351
Religion，宗教，432
  对理性主义的反动，56
  卫斯理派教义，69—70，161，432，561，562
  亚洲的宗教，234—235
  在北美洲，439
Reynolds, Sir Joshua，雷诺兹爵士，乔舒亚，英国画家，97
  对孟斯的看法，101
  皇家艺术院主席，107—108
  《艺术演讲录》，108
Richelieu, Armand Jean du Plessis, duc de, Cardinal，黎塞留公爵，阿尔芒·让·迪普莱西，红衣主教，法国大臣，628
Rigaud, André，里戈，安德烈，南圣多明各穆拉托人领袖，419
Robespierre, Maximilien，罗伯斯庇尔，马克西米利安，法国革命家，66，619，628，629
  在对奥战争中对国王的背叛行为加速了君主政体的崩溃，23
  他就读的巴黎路易学院在革命期间仍然开课，170
  勒佩勒蒂埃的初等学校计划受到他的赞许，171
  被指责为要使下一代人处于无知状态，172

企图通过武力实行道德革命，622
米什莱和卡莱尔贬低罗伯斯庇尔而赞扬丹东，632
对法国革命作解释的左翼分子需要在他和埃贝尔之间进行选择，645
马蒂埃和欧拉尔对他的性格持截然不同的看法，646
勒费弗尔对丹东和罗伯斯庇尔的评价，651
罗伯斯庇尔认为贵族叛乱是革命的第一声枪，653
陪同国王返回巴黎的代表之一，674
抗议议会决定将代表选举资格限于交纳相当于1银马克直接税的人，682
他与三人集团的决裂，691
在丹东鼓吹由奥尔良派摄政时他支吾其词，692
在他的努力下雅各宾俱乐部得以保持下来，693；在立法议会中领导雅各宾少数派，697；由于他反对布里索派的战争政策而分裂，698
纳博讷—布里索联盟不理会他的警告，699
他参与确定联盟派的方法和目的所起的重要作用，704
在雅各宾俱乐部发表演说抨击行政和立法机构，704—705
国民公会代表选举中在巴黎得票最多，707
与布里索的个人争吵造成国民公会的分裂，708
在法兰西战争中不完全支持法国的兼并政策，712

预言战争将导致法国实行军事独裁，702

失去权力，358

Robins, Benjamin, 罗宾斯, 本杰明, 英国数学家, 193

Robinson, John, 鲁宾逊, 约翰, 英国行政官员

国王的朋友，545，547

财政大臣，547

无法指望他提出一项可在1779和1780年解决印度问题的新方案，548

1783年的议会调查，553

熟悉印度议会和下院运行机制的重要性，554

退休，555

Rockingham, Charles Watson Wentworth, second marquess of, 罗金厄姆, 查尔斯·沃森·温特沃思, 第二代侯爵, 英国政治家

第一届内阁（1765—1766年），541：组阁的前提是设想皮特将在随后入阁，541；废除印花税条例，482，541；公告令，482，541；税收条例，483；大批解除职务引起国王不快，541；废除苹果酒税，541；保护斯皮特尔菲尔兹的丝织业，541；宣布通用逮捕状为非法，541

继续威尔克斯的事业，544

考虑重建政府，543

拒绝在格拉夫顿手下任职，543

他的追随者设法使改革运动转而对他们自己有利，550；要求实行"节约"改革，550

第二届内阁（1782年），505，552：国王不信任他，542；他坚持要国王同意削弱王室官职授予权的立法，552；对爱尔兰立法独立作出让步，14，552；伯克的王室年俸管理法案，552；克拉克的将政府的承包商排除于下院之外的法案，552

逝世，552

Rodney, George Brydges Rodney, First Baron, 罗德尼, 乔治·布里奇斯·罗德尼, 第一代男爵, 英国海军上将, 175, 179, 184

西印度群岛舰队司令（1778年），180

由于他未服从命令致使法国舰队于1781年未受到攻击即离开西印度群岛，504

在桑特群岛附近海上的胜利恢复了英国的制海权，505

Roland de la Platiére, Jean Marie, 罗兰·德拉·普拉蒂埃, 让·玛丽, 法国内政大臣, 705, 707, 708

Roman Republic, 罗马共和国, 424

Rome, Ancient, 古代罗马, 113, 203

卢梭的看法，58，59，60，61，77

皮拉内西的蚀刻版画是欧洲认识古罗马伟大成就的重要视觉因素，98

温克尔曼对古文物的研究，99

Rousseau, Jean-Jacques, 卢梭, 让-雅克, 法国哲学家, 153, 626, 631, 648

对浪漫主义的影响，56，73

对财产的看法，49

性格，56—57
人性本善的基本信念，57，58
对社会的看法，57—58
他的思想的传播，58
社会理想，58—61；理想公民，59；《论人类不平等的起源和基础》，59
受到欧洲小资产阶级的欢迎，61，68
著作，61—69：《致马尔库西的神甫德莱唐先生的信》，58；《论人类不平等的起源和基础》，59，62；《论科学和艺术》，61；《忏悔录》，61；《致博尔德先生的最后答复》，62；《爱弥儿》，63，67—68，162，163—164，165—166；《社会契约论》，64，65，66，78，164，165，640，652；《论政治经济学》，65，164；《关于波兰政府机构的几点设想》，66，165；《科西嘉宪法草案》，67；《新爱洛绮丝》，67，163；《论道德的书信》，68，76；他的著作在葡萄牙被查禁，377；对贵族的抨击，604；他的著作为克里奥尔人所阅读，410
教育理论，57，146，148：在《爱弥儿》一书中所阐明的理论，162，163—164，165；对爱尔维修的挑战，162—163；承认意志居第一位，163；他对教育的影响，163；勒佩勒蒂埃的初等学校计划颇受他的影响，172；在《新爱洛绮丝》中提出的性格发展的哲学，163；背离启蒙运动，164；在《论政治经济学》中论证公民的义务，164；《社会契约论》中论公民的责任，164—165；论教育机构的性质，165；在《关于波兰政府机构的几点设想》中主张采取国家教育，165
卫斯理的影响与卢梭的影响之比较，69
谴责暴力革命，606
亚历山大·拉季舍夫是他的门徒，321
与百科全书派的相似之处，592
给左派留下的知识遗产，628
卢梭思想成为莱茵河以东地区的青年运动，71
康德受卢梭的影响，77，78
伯克反对卢梭思想的论据，79
他的著作对赫尔德的重要影响，81；对歌德的重要影响，72，81
音乐的新风格，93，95
歌剧，85，91；《乡村占卜师》，86
埃马努埃尔·巴赫模仿卢梭，88
他的名字等于是革命文艺，97
受孔狄亚克的哲学论文的影响，155
Rowan, Archibald Hamilton, 罗恩, 阿奇博尔德·汉密尔顿, 爱尔兰民族主义者, 443
Rumford, Benjamin Thompson, Count, 拉姆福德伯爵, 本杰明·汤普森, 美洲出生的英国科学家, 121
Russia, 俄国, 5, 20
封建制度，3
人口增加，25，28，330—331，714
贸易，35，39，41，43，330
教育，147，152
海军，189，190

陆军，215；战术，194

财政，329—330，331

地方政府，314—317

哥萨克叛乱（1773年），313—314

叶卡捷琳娜的外交政策，321—329，331

在美国独立战争中同情英国，326

俄土战争（1768年），259—262，323—325

凯纳甲湖条约（1774年），6—7，263，264，325，326

雅西条约，328

与普鲁士结盟（1764年），255，323，338

与奥地利结盟（1781年），272

奥土战争（1787年），274—275，328

瓜分波兰，325，329，340，355—356

Rutherford, Daniel（1794—1819年），拉瑟福德，丹尼尔，英国化学家，122

Saints, Battle of the, 桑特海峡之战（1782年），175，176，268

Saint German, Claude Louis, comte de, 圣日耳曼伯爵，克洛德·路易，法国陆军大臣

在丹麦任陆军大臣时推行"本国化"政策，209

改革，567：采纳中小贵族的主张，207；打击贪污受贿行为，570—571；为法国革命军奠定基础，570；设立征兵站，571；改进征兵、补给和调动工作，570；用刀剑的扁平面代替鞭笞进行惩罚，212；建立士官学校，206；改革停止，214

Saint-Simon, Louis de Rouvrouy, duc de, 圣西门，法国社会主义者和作家，623，628

声称是法学家们创建并毁灭了君主政体，621

中产阶级注定要兴起的基本思想，626

St Vincent, John Jervis, First Earl, 圣文森特，约翰·杰维斯，第一代伯爵，英国海军上将，174

Salbai, Treaty of（1782年），萨尔拜条约，222

Sandwich, John Montagu, Fourth Earl of, 桑威奇，约翰·蒙塔古，第四代伯爵，英国海军大臣，181

以贪污腐化闻名，179，491

舰队司令们拒绝在他手下任职，180

对海军进行改善，180

Saratoga, Battle of（1777年），萨拉托加战役，12，210，497，503

Saxe, Maurice, comte de, 萨克森伯爵，莫里斯，法国元帅，194

Saxony, 萨克森，33，299

工业，42，44

Saxony, Prince Charles of, 萨克森查理公爵，见 Charles

Scandinavia, 斯堪的纳维亚

人口增加，25，26，28，714—715

贸易：航海业的增加，38

Scheele, Carl Wilhelm（1742—1786年），舍勒，卡尔·威廉，德国化学家

对空气组成的研究，129
发现氯的漂白作用，139
Schiller, Friedrich, 席勒，弗里德里希，德国作家，72，73
Schubert, Franz, 舒伯特，弗朗茨，奥地利作曲家，83，95
　　居住和逝世于维也纳，82
Science, 148
　　数学与力学，115—116
　　天文学，116—118
　　科学仪器的改进，118
　　自然科学，118—121：化学，121—130；电学，130—131；气象学，131—132；地质学，132—134；制图学，134—135，141
　　各种学会和出版物，135—137
Sessé, Martin, 塞塞，马丁，西班牙植物学家，404
Seven Years War（1756—1763年），七年战争，4，5，6，14，36，174，183，196，204，215，241，307，321，371，521，538
　　财政紧缩和行政改革的必要性，5
　　国内政策受战争支配，7，279，436
Sharp, Granville, 夏普，格兰维尔，英国慈善家，249
Shelburne, William Petty, Second Earl of, later marquess of Lansdowne, 谢尔本，威廉·佩蒂，第二代伯爵，后为兰斯多恩侯爵，英国政治家，2
　　对1763年国王就加拿大问题发表的声明的看法，522
　　1782年与美洲殖民地单独签和，268
　　凡尔赛条约，13，505

希望美国忠于共同的国王，462
试图与美国缔结商业联盟，507，564
福克斯企图阻止他组阁，552
内阁，553：与东印度公司妥协，542；设置了许多挂名的和无用的职位，559；处理爱尔兰问题，564
失去权力，506—507，543
不可能成为皮特的盟友，555
Sieyés, Emmanuel Joseph, Abbé, 西哀士，埃马纽埃尔·约瑟夫，神父，法国政治家，692
《什么是第三等级》的小册子，661
三十人委员会成员，663
权力赋予立法议会主要由于他的影响，681
阐明制宪议会的政治权力，681
对直接民主表示怀疑，681
对划分新的省份的主张，683
Silesia, Austrian, 奥属西里西亚，8，33，299
　　工业，42，44
　　管理法令（1771年），282
　　西里西亚的丧失，279
Sindia, Mahadji, 信迪亚，马哈吉，马拉特土邦主，230
　　在马拉特战争中同意讲和，222
　　作为履行1782年萨尔拜条约的保证人，222
　　东印度公司将他作为独立的王公对待，222
　　康华理拒绝援助他，228
　　逝世，229
Smeathman, Henry, 斯米斯曼，亨利，英国博物学家，249
Smith, Adam, 斯密，亚当，苏格兰

经济学家
 他的自然秩序学说，46
 对农业的兴趣，47；改革纲领，47—48；自由贸易，48
 西班牙经济著作家借鉴他的著作，49
 重商主义经济学家与斯密和重农主义者之间的分歧并没有他们所说的那么大，52
 他的思想的来源，52
 对现有经济体制持批评态度，52
 他的思想对皮特的影响，54
 开普地区的爱国运动在要求自由贸易时引用他的话，238
 对航海体系的攻击扩大了他的影响，549
 《国富论》，565

Sonnenfels, Josef von（1738—1817年），宗南费尔斯，约瑟夫·冯，奥地利政治作家，431
 鼓吹促进原料的出口和限制原料的进口，51
 深受自然法则思想的影响，53
 约瑟夫二世遵循他的重商主义经济政策，291
 《没有偏见的人》中的文章，298
  向玛丽亚·特蕾西亚提出的计划，300
 利奥波德按宗南费尔斯提出的计划进行警察改革，304
 他的影响，567

Sorel, Albert, 索列尔，阿尔贝，法国历史学家，637，638

Soufflot, Jacques Germain, 苏夫洛，雅克·日耳曼，法国建筑师，先贤祠的建筑，110—111

South Africa, 南非
 斯帕尔曼在开普的勘探，237
 开普地区的经济和文化，237—238
 卡菲尔战争，238—239

Spain, 西班牙，19，397
 人口增加，25，714；发展缓慢的地区，29；流行病，30
 启蒙运动，361
 改革，361—362，400
 教会，362—363
 耶稣会，19，363—364，565
 宗教法庭，364—365，374
 卡洛斯三世的治理，365—367，400
 马德里的暴乱，361—362
 经济，367
 农业，367—369
 海军，190
 海外军队，404
 殖民地，397—400，402
 贸易，240，369—370，405，521：在南美殖民地，34，369，370，399；垄断殖民地贸易，36—37，400（放松垄断，39）；自由贸易法令（1778年），36，369，402；奴隶贸易，241，402；技术委员会，400—401；自由贸易区，401—402
 与葡萄牙签订的马德里条约（1750年），412
 七年战争，230
 家族盟约（1761年），6，254，371，497
 福克兰群岛争端（1770年），6，257，266，371，398，596

美国独立战争，12，266—267，370，496，500，501，505；结局，371—372，372—373

凡尔赛条约（1783年），268，372，506，508

与葡萄牙的条约（1793年），378

与法国的战争（1793年），375，408—409，419，713

Spallanzani, Lazzaro, 斯帕兰扎尼, 拉扎罗, 意大利生物学家, 386

Spanish Succession, War of（1702—1713年），西班牙王位继承战争, 334，397

Sparta, 斯巴达, 59

Spinoza, Baruch, 斯宾诺莎, 巴吕赫, 荷兰哲学家, 67

Staïl, Mme de, 斯塔尔夫人, 法国作家, 623，634，671

"哲理派"历史学家，620

为1789年的自由思想辩护，624，635

Stamitz, Johann, 斯塔米茨, 约翰, 波希米亚作曲家, 82，87

Storm van's Gravesande, Laurens, 斯托姆·范·格拉费桑德, 劳伦斯, 荷属圭亚那的行政官员, 416

Strasbourg, 斯特拉斯堡, 33

Styria, 施蒂里亚, 8，281—282

Suarez, Karl Gottlieb, 苏亚雷斯, 卡尔·戈特利布, 西里西亚法理学家, 20

Suffren, Saint-Tropez, Pierre André de, 叙弗朗·圣特罗佩, 皮埃尔·安德烈·德, 法国海军上将, 175，184

美国独立战争：在与爱德华·休斯爵士作战中采用进攻性更加强的攻击方式，176，229；在印度洋上遇到的困难，185；对海军战术不满，186；对亭可马里的进攻，233；占领开普地区（1781年），238

Suvorov, Alexander, 苏沃洛夫, 亚历山大, 俄国将军, 332，355

普加乔夫被出卖落入他的军队手中，314

从波兰转移至多瑙河前线（1774年），325

在1787—1792年战争中夺取了伊兹梅尔的要塞，328

1796年被派前往救援奥地利，329

Sweden, 瑞典, 315

贸易，35，41，231；船舶的增加，38

人口，27，714

舍勒关于燃烧的研究工作在瑞典进行，129

势力的衰落，253

俄国和普鲁士决心维护1720年的瑞典宪法，258

法国加强瑞典君主政体的政策，263

阿道夫·弗雷德里克的逝世（1771年），263

古斯塔夫三世：即位，263；废除1720年宪法，263；恢复专制君主制，322；没有参议院的同意无法与外国达成协议，263；国内的严重不满，275；针对特权阶级的革命，421；军队中的哗变，275，进攻俄国，275—276，328

Swieten, Gerhard van, 斯威滕, 格哈

索　引

德·范，荷兰生理学家，168
Switzerland，瑞士，209
　　人口增加，25，715

Taine, Hippolyte，泰纳，伊波利特，法国历史学家，642，649
　　从1870年的战败回顾法国的历史，638
　　宿命论者，638—639
　　《当代法国的由来》，638，639，641
　　历史研究的科学方法，639—640，643
　　对革命恐怖的解释，640—641
　　对自发的无政府状态的描绘，665—666
　　欧拉尔的评论，644，645
　　马蒂埃看起来像是左派的泰纳，647
　　科尚支持泰纳，649，650
Talleyrand-Périgord, Charles Maurice de，塔列朗-佩里戈尔，夏尔·莫里斯·德，奥顿主教和法国政治家，440
　　三十人委员会成员，663
Tamburini, Pietro，坦布里尼，彼得罗，意大利神学家，392
Tandy, Napper，坦迪，纳珀，爱尔兰民族主义者，443
Tanucci, Leonardo，塔努奇，雷奥纳多，意大利行政官员，388
Technology，技术，138—140
Terray, Joseph-Marie, Abbé，泰雷神父，约瑟夫-玛丽，法国财政大臣
　　严厉的财政应急措施，8，597；撤销年金发放员和财务监督员的职位，587；改进税收方法，597；没有减少王室、陆军和海军的开支，597；缺乏财政知识，598
　　国王听信他的话，607
　　不得人心，597
　　舒瓦瑟尔设法推翻他，595
　　在西班牙与英国的福克兰群岛争端中拒绝支持西班牙，596
Teschen, Treaty of（1779年），特申条约，271，286，326，327
Thiers, Marie Joseph Louis Adolphe，梯也尔，玛丽·约瑟夫·路易·阿道夫，法国政治家，629，636，642，644
　　在他之前的一些著作家，619—620
　　被指责为宿命论者，622，626
　　第一批法国革命史历史学家之一，625
　　引起人们反感的宿命论，626，627
　　以8月10日划分革命阶段，626
　　与米涅的对比，627
　　反对教权并不同情贵族统治，627
　　将人权宣言斥之为哲学上的老生常谈，631
Thirty Years War，三十年战争，25
Thomas Aquinas, Saint，托马斯·阿奎那，圣，74，76
Tocqueville, Alexis de，托克维尔，亚历克西·德，法国政治家和历史学家，443，447，624，636，642，647，648
　　编写历史的理论，620，635
　　对革命前夕的法国的研究，634，636—637，638
　　对大革命的独到见解，636
　　从各社会集团的角度观察历史，637，

646

民主暴政的危险，650

繁荣革命，651

Tone, Theobald Wolfe, 托恩, 西奥博尔德·沃尔夫, 爱尔兰民族主义者, 443

Tordesillas, Treaty of（1494 年），托德西利亚斯条约，411

Torrigiani，托里贾尼，教廷大臣，283，284

Toussaint Louverture, Pierre-Dominique, 图桑·卢维杜尔，皮埃尔-多米尼克，海地黑人解放者，419，420

Towshend, Charles, 汤森, 查尔斯, 英国政治家

 在美洲殖民地采取的措施，11，483，484

 任皮特-格拉夫顿内阁财政大臣时的纲领，456

 反对查塔姆从东印度公司征收现金的计划，542

Trade，贸易

 水运的重要性，33

 放松限制，38—39

 贸易的趋势，40—45

 另见各有关国家条

Trafalgar, Battle of（1805 年），特拉法尔加海战，410

Turgot, Anne-Robert Jacques, 杜尔哥, 安娜-罗贝尔·雅克, 法国政治家, 215, 604, 615, 683

 经济理论，607；《关于财富的形成和分配的考察》，45；与重农主义者的联系，48，54；西班牙经济作家借鉴他的思想，49；鄙弃侵略战争，216

 巴黎高等法院抗议他的纲领，437

 改革：财政，437，438；将皇家徭役改变成所有各阶级均缴纳的赋税，437—438，610，611；废除行会特权，437，610；向国务委员会提出改革方案，即六项法令，610；六项法令受到行政官员们的指责，610；作出让步允许教士豁免缴纳代替徭役的赋税，610；六项法令提交高等法院，610—611；创立贴现银行，584，587；取消火药工厂，141；要求实行普遍教育，167

 反对援助美洲殖民地的政策，12，496

 美国独立战争后预料法国将出现财政混乱，14

 对美国新政府感兴趣，441

 计算农民的赋税负担，600

 认识到随着人口的增加无地的人数目也在增加，602

 改革使宫廷贵族的忠诚受到影响，670

 对他的政策的攻击使莫尔帕担扰，610

 内克对他的批评，610

 莫尔帕策划推翻他，611

 塔布罗·德·雷奥继续奉行他的财政政策，612

Turkey，土耳其，见 Ottoman Empire

Turkish War（1787 年），土耳其战争，20，189

Union with Scotland, Act of（1707年），与苏格兰合并法，15
United States of America，美国，13，443
 兴起，23，424，448
 海军，187—188
 步枪的发展，192
 战术，195
 陆军，203，206—207，213；军饷，213，民兵，210
 贸易，43，409：1784年后日益发展的市场，562；汉堡建立起直接联系，38；与奥地利的贸易协定，291；担心出现纠缠不清的联盟从而妨碍与英国缔结商约，507
 独立宣言（1776年），439，489，533
 美国革命后的事态发展，439—440
 联邦遇到的问题，535—536
 美国的客籍法和惩治煽动叛乱法，443
 凡尔赛条约，505
Universities，大学
 苏格兰的，149
 新世界的，149
 法国的，150
 德国的，150 151

Valmy, Battle of（1792年），瓦尔米战役，195
Vaughan Williams, Ralph，伏昂·威廉斯，拉尔夫，英国作曲家，82
Verela, Treaty of（1790年），维雷拉条约，276
Vergennes, Charles Gravier, comte de, 韦尔热讷伯爵，夏尔·格拉维埃，法国政治家
 任驻君士坦丁堡大使时的工作，259
 外交大臣，607，613；支持美洲殖民地居民，12，497；把美国改变成法国经济卫星国的希望落空，13；采取舒瓦瑟尔的计划，在美国独立战争中攻击英国，255；在战争中遇到的困难，266；设法削弱英国的特权和海上势力，267；未能在印度保持法国的利益，268；企图把美国排斥在纽芬兰渔业之外，505；支持西班牙在美洲的领土要求，505；参与斯凯尔特争端，273，294；瓜分波兰，335；鼓励叶卡捷琳娜结成武装中立同盟，501；拒绝将与哈布斯堡结盟作为法国政策的基础，270
 把测绘局和地图局改成两个行政性局，570
 促使国王同意实行分阶段改革的政策，614
 杜尔哥反对他的战争政策，496
Vernier, Théodore，韦尼埃，泰奥多尔，法国制宪议会成员，588
Vernon, Edward，弗农，爱德华，英国海军上将，174，177
Verri, Pietro，韦里，彼得罗，意大利经济学家，50，387
 在米兰取消包税制，54
 降低并简化关税，54
Versailles, Treaty of（1783年），凡尔赛条约，243，268，398，406
Vienna, Treaty of（1735年），维也纳

条约，256
Volta, Alessandro，伏打，亚历山德罗，意大利科学家，131，386
Voltaire, François Marie Arouet de，伏尔泰，弗朗索瓦·玛丽·阿鲁埃·德，法国哲学家，108，144，605，625，631
  与腓特烈大帝的友谊，17
  对印度教感兴趣，235
  与叶卡捷琳娜大帝的友谊，307，311，319
  开明君主的理想，309
  与《百科全书》的关系，68
  乌东的伏尔泰雕像，102
  科学思想通过他的著作进入一般思想领域，115
  他的著作在葡萄牙遭禁，377
  赞赏莫普的司法改革，596
  支持杜尔哥进入政府，607
  通史的编纂者利用他的著作，619
  对欧拉尔的影响，643
Von Hornigk，冯·霍尔尼克，德国经济学家，50

Wagenseil, Georg Christophi，瓦根赛尔，格奥尔格·克里斯托夫，维也纳作曲家，85，87
Wagner, Richard，瓦格纳，里夏德，德国作曲家，87
Walpole, Robert，沃波尔，罗伯特，英国首相，547，557
Warfare，军事学
  新的军事思想，191
  武器的发展，191—194
  战术，194—198，215—216；战略，198—200
  防御工事，200
  供应，201
  法国革命的影响，216—217
  关于海战，见 Naval Power；另见 Armies
Washington, George，华盛顿，乔治，美国总统，440，444，522
  在美国独立战争中领导各殖民地，13，519；对海上力量含义的理解，174；被任命为联合殖民地的将军和总司令，486；担任坎布里奇的指挥任务，486；消除军队中的弱点，487；占领多切斯特高地，487；渡河撤至曼哈顿，492；渡过特拉华河占领特伦顿要塞（1776年），493；攻占普林斯顿，493；布兰迪万河战役，493；豪占领费城，但未能赶走大陆军，494；在福吉谷扎营，495，498；对他的指挥的不满，495；华盛顿从费城追击克林顿（1778年），498；蒙茅斯战役，498；巴特勒的作战行动转移了华盛顿的注意力，499；1779—1780年保持军队一致遇到的困难，501；对西点失守的看法，502；将进攻目标从纽约改为弗吉尼亚（1781年），504
  特里尼达人对他的热情，411
  被选为费城会议第一次工作会议主席，470
  当选美国总统，477
  向国会发表总统特别咨文，478
  安排与军官的定期会议，479

在印第安条约问题上第一次与参议院发生争吵（1790年），535

Watt, James，瓦特，詹姆斯，苏格兰工程师，446

明月社成员，136

发明旋转式蒸汽机，15，138

布莱克对潜热的研究帮助了他，119，138

与马休·博尔顿合作，138；他们制造蒸汽机，138—139

发明简单复印机，140

伯明翰暴乱干扰了他的工作，443，445

考虑移居美国，442

Wedgwood, Josiah，韦奇伍德，乔赛亚，英国陶瓷工艺家，100

Weimar, Republic of，魏玛共和国，434

Werner, Abrahm Gottlob (1749—1817年)，维尔纳，亚伯拉罕·戈特洛布，德国地质学家，132—133

Wesley, Charles，卫斯理，查尔斯，英国卫斯理教派领袖和赞美诗作者，69

Wesley, John，卫斯理，约翰，英国卫斯理教派创始人，72，561，562

与英国国教的关系不像卢梭与启蒙运动分子的关系那样，69

West, Benjamin (1738—1820年), R. A.，韦斯特，本杰明，皇家艺术院院士，英国画家

受到乔治三世的慷慨赞助，108

皇家艺术院院长，108

受意大利温克尔曼-孟斯-汉密尔顿一派人的影响，109

《雷古卢斯从罗马出发》，109

《沃尔夫将军之死》，109

West Indies，西印度群岛

贸易：18世纪末的贸易扩大，40，41；与欧洲的贸易，33—34；与英国的贸易，34，563；与北美的贸易，39，514，521；与非洲的贸易，514；新英格兰多余渔产品的市场，514；自由港法令（1766年，1787年，1805年），36；英国企图将西印度群岛作为与西属殖民地贸易的转口中心，36

丹属西印度群岛：劳工政策，248

法属西印度群岛要求大量输入劳动力，248；法属殖民地未受到七年战争的损害，252

拥有土地的绅士和奴隶般的劳动力并存的严酷事实，426

美国独立战争：克林顿派军队到西印度群岛，498；多米尼加、圣文森特和格林纳达落入法国之手，500；德斯坦前往西印度群岛，500

1790年和1791年的起义，418—420，703

Wilberforce, William，威尔伯福斯，威廉，英国慈善家

皮特受威尔伯福斯的影响注意采取行动反对奴隶贸易，556

议会中安立甘宗福音派的代表，562

Wilkes, John，威尔克斯，约翰，英国鼓动家和改革家，545，560

论证重新征服美国已不可能，490

在报纸上攻击比特，539

格伦维尔不愿在对付威尔克斯上屈
  服，540
《北不列颠人》报第 45 号的出版，
  540
他挑起的争论把查塔姆的追随者赶
  出政府，并使格拉夫顿倒台，543
米德尔塞克斯郡的选举，543—544，
  547
Winkelmann, Johann Joachim（1717—
  1768 年），温克尔曼，约翰·约
  阿希姆，德国作家和艺术家，114
详细论述以罗马为中心的新美学理
  论，97，98
《希腊绘画雕塑沉思录》，98—99，
  748
《古代艺术史》，99
纯粹新古典主义理论，99
对古代社会发现的兴趣，99—100
《帕那萨斯》是受他的影响而画成
  的，101
对本杰明·韦斯特的影响，109
Wood, Robert, 伍德, 罗伯特, 英国
  作家，70，71

Yorktown, siege of（1781 年），约克
  敦围城战役，13，174，175，
  225，490，504，505
Young, Arthur, 扬, 阿瑟, 英国农业
  改革家，572，661，675

Zola, Giuseppe, 左拉, 朱塞佩, 意大
  利神学家，392
Zubov, Platon, 祖博夫, 普拉东, 俄
  国女沙皇叶卡捷琳娜二世的宠信
  成为宠信，320，327
  害怕政治组织，320
  革命思想的传播，321
  策划自己的征服君士坦丁堡的计
    划，329
  在叶卡捷琳娜制定反革命政策方面
    所发挥的影响，331
Zurich, 苏黎世，33
Zweibrücken-Birkenfeld, duke of, 茨韦
  布吕肯－比肯菲尔德公爵，269，
  270，273